中国老龄工作年鉴

（2015）

全国老龄工作委员会办公室　编

华龄出版社

责任编辑　潘笑竹　高雅婧
责任印刷　李未圻

图书在版编目（CIP）数据

中国老龄工作年鉴．2015/全国老龄工作委员会办公室编．—北京：华龄出版社，2016.1
ISBN 978-7-5169-0658-3

Ⅰ.①中…　Ⅱ.①全…　Ⅲ.①老年人—工作—中国—2015—年鉴　Ⅳ.①D669.6-54

中国版本图书馆 CIP 数据核字（2015）第 317573 号

书　　名：中国老龄工作年鉴（2015）
作　　者：全国老龄工作委员会办公室　编
出版发行：华龄出版社（北京西城区鼓楼西大街 41 号，邮编：100009）
印　　刷：环球东方（北京）印务有限公司
版　　次：2015 年 12 月第 1 版　　2015 年 12 月第 1 次印刷
开　　本：787×1092　1/16　　**印　张**：34.75
定　　价：220 元

协办单位：中国红十字会总会事业发展中心/中国人寿保险股份有限公司/北京市老龄工作委员会办公室/中国社会福利基金会/甘肃省老龄工作委员会办公室/华龄智能养老产业发展中心

中国老龄工作年鉴（2015）

2014 年 5 月 20 日，全国老龄工作委员会在京召开全体会议，总结老龄事业发展“十二五”规划实施情况，部署 2014 年及今后一个时期的重点工作。中共中央委员、国务委员、全国老龄工作委员会主任王勇作重要讲话。

2014 年 7 月 21 日，全国老龄工作会议在京召开。全国老龄委副主任、民政部部长、全国老龄办主任李立国作重要讲话，全国老龄委副主任、民政部副部长窦玉沛传达了全国老龄委第十六次全会的主要精神，全国老龄办党组书记、中国老龄协会会长邹铭主持会议。

第三部分　法规、文件选编

2014年11月19日，由全国老龄工作委员会办公室主办的首届全国敬老文化论坛在京隆重开幕。论坛的主题是“传承中华美德，创新敬老文化”。第十届全国人大常委会副委员长、中国关心下一代工作委员会主任顾秀莲出席开幕式，全国老龄办党组书记、常务副主任邹铭出席并致辞。

2014 年 11 月 19 日，中央宣传部、全国老龄工作委员会办公室 20 日通过中国网络电视台向全社会公开发布 17 位“最美老有所为人物”的先进事迹。这 17 位“最美老有所为人物”集中展现了当代老年人的良好精神风貌，成为践行社会主义核心价值观的楷

目

第一部分　特　　载

第二部分　重要讲话、报告

第四部分 老龄工作综述

第五部分　调查报告

第一部分

特　　载

在全国老龄工作委员会第十六次全体会议上的讲话

国务委员　王勇

（2014 年 5 月 20 日）

今天，我们在这里召开全国老龄工作委员会（以下简称全国老龄委）全体会议，主要任务是：深入贯彻落实党的十八大和十八届二中、三中全会精神，总结《中国老龄事业发展“十二五”规划》（以下简称《规划》）实施情况，分析老龄工作面临的新形势，安排部署当前及今后一个时期的重点工作。

刚才，李立国同志代表全国老龄委全面总结了《规划》实施以来的工作情况，提出了今后《规划》实施的主要建议；发展改革委、民政部、财政部、人力资源社会保障部、住房城乡建设部、卫生计生委等部门的同志作了发言，讲得都很好。全国老龄办要把大家的意见、建议总结吸收好，落实到今后的工作中。下面我讲三点意见：

一、对《规划》实施取得的成绩应予充分肯定

《规划》实施三年以来，在党中央、国务院的正确领导下，各地区、各有关部门精心部署，周密安排，狠抓落实，《规划》确定的各项重点工作进展顺利，主要发展目标及指标完成情况总体好于预期，《规划》实施取得了明显成效。突出表现在以下几个方面：

一是老龄法规政策更加完善。老年人权益保障法完成修订，无障碍环境建设条例、加快发展养老服务业意见、促进健康服务业发展的意见等一系列法规政策先后出台，各地区、各有关部门相继制定了医疗卫生服务、养老服务、老年人优待等方面的配套法规和政策措施，为促进老龄事业发展和改善老年人民生提供了有力的法规和制度保障。

二是老年社会保障更加全面。城乡居民基本养老保险制度实现了全覆盖，参保人数达到 8.2 亿人，保障水平不断提高。95%以上城乡居民享有基本医疗保险，报销比例和最高支付限额逐年提升，提前完成《规划》目标。公布了社会救助暂行办法，对符合条件的老年人实行应救尽救。19 个省（区、市）建立了高龄津贴制度，22 个省（区、市）对经济困难老年人给予养老服务补贴。

三是老龄服务发展更加迅速。以居家为基础、社区为依托、机构为支撑的社会养老服务体系基本建立，养老床位数较“十一五”末增长了 50.7%，达到了 474.6 万张。老年医疗卫生服务机构建设、健康管理范围、老年慢性病防控等工作都取得了很大进展，服务水平逐步提高，老年人群健康水平明显提升。住房保障、文化教育、司法保护等基本公共服务惠及更多老年人。

四是老年群众工作更加活跃。老年群众组织建设进一步加强，全国已建成基层老年协会 48 万个。老年精神文化产品日益丰富，老年群众性文体活动蓬勃开展，老年人已成为基层社区文化体育活动的主力军。老年人权益保障机制进一步健全，基层老年法律援助覆盖面超过 95%。“敬老月”活动和“敬老文明号”创建活动广泛开展，老年人优待活动普遍推开，全社会孝亲敬老的文化氛围更加浓厚。

这些成绩的取得，是党中央、国务院正确领导的结果，是各级政府、各级老龄委、各有关部门共同努力的结果，是社会各界积极参与、大力支持的结果。借此机会，我代表国务院和全国老龄委，向老龄委各成员单位、向各级政府及有关部门和老龄战线广大干部职工表示诚挚的感谢！

在充分肯定成绩的同时，我们也要清醒认识到，当前我国老龄事业发展面临的形势仍很严峻。一是人口老龄化快速发展。截至 2013 年底，我国 60 岁以上老年人口已达 2.02 亿，已占到总人口的 1/7。据预测，今后 20 年我国老年人口将以年均 1000 万的规模持续增长，到 2033 年将达约 4 亿，届时将占到总人口的 1/4 左右。农村老龄化发展形势更加严峻，预计到 2033 年农村老年人口约 1.7 亿，占到农村总人口的 1/3 左右，老龄化水平将高出城镇 12.6 个百分点左右。二是老龄问题发展呈现新趋势。当前我国正处在发展关键期、改革攻坚期和矛盾多发期，伴随家庭小型化、少子化和老年人权利多元化、诉求多样化，老龄问题更加凸显，由个体、家庭的问题向群体、社会问题转变，由社会领域问题向经济、社会、文化等多领域问题转变。三是应对人口老龄化准备仍有不足。人口老龄化背景下实现经济社会可持续发展，对老龄事业和产业发展、推进城乡一体化和基本公共服务均等化等都提出了更高的要求。目前，我们在物质基础、政策储备、社会参与、管理服务等方面的准备还有许多需要完善的地方。

党中央、国务院高度重视老龄工作。党的十八大和十八届三中全会提出"积极应对人口老龄化"、"大力发展老年服务事业和产业"。今年元旦前夕，习近平总书记在走访北京四季青敬老院时指出："尊老敬老是中华民族的传统美德，爱老助老是全社会的共同责任"，"要完善制度、改进工作，推动养老事业多元化、多样化发展，让所有老年人都能老有所养、老有所依、老有所乐、老有所安"。李克强总理在今年的《政府工作报告》中明确要求："发展老龄事业"，"让每一个身处困境者都能得到社会关爱和温暖"。我们要深入学习领会党中央、国务院的决策部署和中央领导同志的重要指示精神，准确把握老龄工作面临的形势和任务，认真谋划，扎实工作，推动我国老龄事业加快发展。

二、突出重点，扎实做好当前及今后一个时期的老龄工作

2014 年是贯彻落实党的十八届三中全会精神的开局之年，也是贯彻落实《规划》承上启下的关键一年。刚才，李立国同志就进一步推进《规划》实施谈了五个方面的意见，发展改革委等有关部门也谈了下一步的打算，我都同意。下面，我再强调几点：

（一）确保《规划》目标任务如期完成。落实《规划》目标，越是接近终点，越是不能松懈。各地区、各有关部门要高度重视，集中力量，攻坚克难，狠抓落实，确保圆满完成各项任务。目前，有些任务进度与《规划》目标还有一定的差距。比如，《规划》要求养老床位数量要达到每千名老年人 30 张，目前刚刚接近 25 张；要求城市街道和社区基本实现居家养老服务网络全覆盖，目前仅完成约 50%；要求 50%以上农村社区建立包括老龄服务在内的社区综合服务设施和站点，目前看仅完成约 20%；要求地级以上城市至少有一所专业性养老护理机构，目前仅建成 135 所，还不到一半。对于这些任务进度完成差距还比较大的有关部门要抓紧采取有力措施，加大投入力度，集中力量攻坚，确保如期完成《规划》目标。

（二）加快发展养老服务业。去年印发的《国务院关于加快发展养老服务业的若干意见》（国发〔2013〕35 号，以下简称《意见》），是积极应对人口老龄化、保障和改善老年人民生、填补服务业发展短板、拉动消费、扩大就业的重要举措。各有关部门要抓紧对照重点任务分工，各司其职，加强配合，按时间节点要求，加快推动落实。一要抓紧完善配套政策。目前，2013 年的 26 项重点任务已基本完成，2014 年还有 25 项需要完成或持续实施的重点任务。各有关部门要切实增强紧迫感，加快工作进度，确保年底前形成比较完备的配套政策体系。二要加大投入力度。目前我国城乡老龄事业发展差异较大，农村社会养老保障和服务还存在不少薄弱环节。要将农村和基层作为养老服务体系建设投入的重点，进一步完善相关政策措施，发挥好财政资金的引领作用，千方百计地调动民间资本投入养老服务业的积极性，加强农村老年人公共服务体系建设。三要抓好试点工作。《意见》提出了进行综合改革试点的任务，要积极推动，加强统筹协调，鼓励试点地区先行先试，积极探索长期护理保障制度、推动公办养老机构改革，创新融资方式，培育产业集群，以重点领域、关键环节的制度和政策创新，带动养老服务业整体发展。四要加强督促检查。做好《意见》贯彻实施情况的跟踪评估，发现和推广典型经验和成功做法，及时协调解决《意见》实施过程中出现的新问题。下半年，国务院办公厅将会同有关部门组织专项检查。

（三）深入贯彻老年人权益保障法。新修订的老年人权益保障法是保障老年人合法权益、推动老龄事业发展的基本遵循。各地区、各有关部门在贯彻落实过程中，一要加快修订配套法规政策。深化细化老年人权益保障法的各项规定和要求，进一步健全老龄法规政策体系，加快我国老龄事业法制化进程。二要加强普法宣传教育。采取多种形式，利用各种渠道，广为宣传老年人权益保障法，扩大社会知晓率和影响力，营造全社会关心、支持、参与老龄事业发展的良好氛围。三要切实做好老年维权工作。加强对老年人的法律服务、法律援助和司法救助，依法及时受理涉及侵害老年人合法权益的申诉、控告和检举，严厉打击侵害老年人人身、财产安全的各种违法犯罪活动。四要弘扬孝亲敬老文化。深入开展敬老爱老助老主题教育、"敬老文明号"创建和"敬老月"系列活动，进一步营造依法维护老年人合法权益的良好社会环境。

（四）积极做好"十三五"规划预研工作。"十三五"时期是全面建成小康社会的关键时期，各有关部门要先行一步，抓紧启动老龄事业发展"十三五"规划的预研工作，为明年规划起草工作打下扎实基础。

一要组织实施好第四次中国城乡老年人口状况抽样调查。2000年以来，全国老龄办每5年组织开展一次城乡老年人口状况抽样调查，这对于准确掌握我国老年人和老龄事业发展基础数据、促进科学决策起到很大作用。全国老龄办要会同有关方面，在前三次抽样调查的基础上，认真组织实施好第四次中国城乡老年人口状况抽样调查，为编制“十三五”规划打下坚实基础。二要组织开展好重点课题前瞻性研究工作。全国老龄办要组织专门力量，就收入保障体系、健康支持体系、养老服务体系、宜居环境体系和老年群众工作体系等领域的重要政策创制、制度创新等进行前瞻性研究，为“十三五”规划的编制提供有力支撑。三要积极开展专项规划预研。全国老龄委各成员单位要按照职责分工，围绕积极应对人口老龄化战略部署，对相关专项规划提前谋划，早作布局，抓紧预研。

三、完善机制，积极构建推动老龄事业持续健康发展大格局健全体制机制是做好老龄工作的重要保障。全国老龄委各成员单位要按照党的十八届三中全会关于全面深化改革的总体部署，进一步加大改革力度，落实各项改革要求，在完善体制机制上下更大功夫，为促进老龄事业和产业发展提供重要支撑。

一要着力健全老龄工作推进机制。要积极发挥政府在制定规划、出台政策、引导投入、规范市场、营造环境等方面的主导作用，建立完善以公共政策为引导的多元化投入机制，形成互利共赢的老龄事业和产业投融资格局。一些地方把老龄事业关键指标纳入政府目标管理考核，取得良好效果。要及时总结推广这些好经验好做法，推动地方各级政府把老年社会保障、健康支持、养老服务、老年宜居环境建设等纳入目标管理考核，更好地促进老龄工作。

二要着力创新老龄事业发展机制。要充分调动社会各类主体的参与积极性，形成多元主体办产业、多种方式促发展的格局，不断满足老年人多层次、多样化、差异化的养老服务需求。要通过转移政府职能和购买服务等方式，引导和鼓励各类社会组织参与提供养老服务、开展公益慈善项目、组织老年文体活动等，成为推动老龄事业发展的重要力量。

三要着力拓展老年人社会参与机制。当前“老有所为”还缺乏有效的途径和平台，老年人力资源的保护开发还没有引起足够重视。要加快完善依托社区、功能健全的基层社会管理服务网络，发挥老年群众组织在自我教育、自我管理、自我服务等方面的积极作用，为广大老年人在更大程度、更宽领域参与经济社会发展搭建平台、提供便利，为维护改革发展稳定大局凝聚力量。

四要着力完善老龄委统筹协调机制。刚才，卫生计生委的同志介绍，通过成立老龄工作领导小组，整合了全委各业务司局的工作力量，统筹加强了老龄工作，这是完善创新老龄工作体制的积极探索，值得肯定。老龄办作为老龄委的办事机构，要进一步加强自身建设、完善工作机制、改进工作方法，切实履行好综合协调、参谋助手和督促检查的职责，为老龄委科学决策服务、为各成员单位履行职责服务、为老年人维护权益服务，最大限度调动一切积极因素，为老龄事业发展凝聚合力、激发活力、增强动力。

希望大家认真贯彻落实好党中央、国务院的决策部署和习近平总书记、李克强总理等中央领导同志的指示精神，按照这次会议提出的要求，齐心合力，扎实工作，进一步推动老龄事业迈上新台阶，取得新成就，为推动经济社会持续健康发展做出新贡献。

第二部分

重要讲话、报告

致全国公安机关离退休干部的新年慰问信

国务委员　公安部部长　郭声琨

（2014 年 1 月 1 日）

尊敬的全国公安机关离退休老同志：

盛世迎春来，万象始更新。值此 2014 年新年来临之际，我谨代表公安部党委，向全国公安机关离退休老同志致以节日的祝福和亲切的慰问！

刚刚过去的 2013 年，是全面贯彻党的十八大精神的开局之年。面对错综复杂的国际形势和艰巨繁重的国内改革发展稳定任务，以习近平同志为总书记的党中央团结带领全国各族人民，坚持稳中求进工作总基调，沉着应对各种风险和挑战，推动党和国家各项工作取得新进展。一年来，全国公安机关和广大公安民警在党中央、国务院和地方各级党委、政府的坚强领导下，紧紧围绕全面建成小康社会总目标，牢牢把握维护国家安全和社会稳定总要求，坚持以党和国家工作大局为重、以最广大人民利益为念，牢记使命、忠于职守，稳中求进、开拓创新，有力维护了全国社会大局持续稳定。这些成绩的取得，是党中央、国务院和地方各级党委、政府高度重视、坚强领导的结果，是全国公安机关和广大公安民警顽强拼搏、无私奉献的结果，同时也是与广大离退休老同志的关心、支持和帮助密不可分的。

老同志是党和人民的有功之臣，是党和国家的宝贵财富。在革命、建设和改革开放不同时期，广大离退休老同志忠诚使命、艰苦奋斗，披肝沥胆、呕心沥血，为民族独立解放、祖国繁荣富强、人民公安事业发展壮大，作出了不可磨灭的巨大贡献，留下了彪炳史册的不朽功勋。回望历史，我们深深感到，没有包括广大离退休老同志在内的一代又一代共产党人的长期英勇奋斗，就没有今天党和人民事业蓬勃发展的大好局面，就没有公安事业的美好明天。老同志的历史功绩和巨大贡献，我们要永远铭记；老同志的优良传统和高尚品质，我们要时刻秉承。

尊重老同志就是尊重我们的光荣历史，关心老同志就是关心我们的美好未来。各级公安机关要着眼于党的事业薪火相传，切实做好服务离退休老干部工作，始终坚持政治上尊重、思想上关心、生活上照顾、精神上关怀，多为老同志办实事、做好事、解难事，全面落实好老同志的政治和生活待遇，努力为老同志颐养天年创造更好的条件。

2014 年，是贯彻落实党的十八届三中全会精神、全面深化改革的第一年。新的一年，应该有新的奋斗、新的收获。面对新形势新任务对公安工作的新要求，面对人民群众对公安工作的新期待，全国公安机关和广大公安民警要更加紧密地团结在以习近平同志为总书记的党中央周围，坚定信心、振奋精神，锐意进取、扎实工作，努力在新的历史起点上开创公安工作新局面。我们殷切希望广大离退休老同志一如既往地关心、支持公安工作，为公安工作献计献策、贡献智慧。

最后，祝全国公安机关离退休老同志在新的一年里，身体健康、阖家幸福、万事如意！

在中央国家机关离退休干部基层党组织建设经验交流会上的讲话

中央国家机关工委副书记　陈存根

（2014 年 7 月 11 日）

今天，我们在这里交流离退休干部基层党组织建设工作的经验。首先，我代表中央国家机关工委，代表杨晶、智勇同志，向大家多年以来对离退休干部基层党组织建设做出的积极贡献表示衷心感谢！

刚才，史辉同志代表中组部老干部局，充分肯定了中央国家机关离退休干部基层党组织建设取得的成绩，深刻分析了当前离退休干部党组织建设出现的新情况、新变化、新问题，提出了进一步做好离退休干部党组织建设的三点要求，我们要结合中央国家机关离退休干部基层党组织建设的实际，认真抓好贯彻落实。

6 月中旬，我们分别在公安部北洼路离退休干部党支部和交通运输部离退休干部黄寺第一党支部进行了现场观摩，留下了深刻印象；昨天，12 个党支部的同志作了大会经验交流发言，讲得很好；还有 41 个支部进行了书面材料交流，各有特色；今天上午我们分成 6 个小组进行了热烈讨论。与会同志一致认为这次会议十分重要，非常及时，会议为大家搭建了平台，交流了经验，沟通了情况，寻找了差距，明确了任务，统一了思想，增强了责任，很受教育，很有收获，会议开得很成功。总的来看，中央国家机关离退休干部基层党组织，认真贯彻落实中央的决策部署和习近平总书记系列重要讲话精神，按照工委和部门党组（党委）的要求，在部门机关党委和离退休干部部门党组织的具体领导下，不断完善组织设置，落实工作职责，丰富活动内容，创新活动方式，充分发挥了党支部的战斗堡垒作用和党员的先锋模范作用，在推动发展、服务群众、落实“六有”、凝聚人心、促进和谐中取得了明显成效。下面，我再讲几点意见。

一、中央国家机关离退休干部基层党组织建设的特点

第一，各部门党组（党委）高度重视离退休干部基层党组织建设。把离退休干部基层党组织建设作为党组的基本职责和重要任务，高度重视，充分发挥领导、组织、保障作用。许多部门“一把手”上任后的第一件事就是看望老领导，听取他们关于基层党组织建设和个人学习、生活方面的意见建议；日常工作中，经常关心、过问、听取工作汇报，定期向老同志通报中央文件和部门工作情况，重要节日都要亲临家中走访慰问。同时，不断加强组织领导，有些部门专门成立离退休干部工作领导小组，由部长或分管部领导担任组长；有些部门专门出台了离退休干部党建工作规划和老干部工作计划；有些部门建立联席会议制度，形成了机关综合部门、组织人事部门、后勤保障部门、机关党委等多部门参与，分工协作、齐抓共管的工作格局。

第二，离退休干部基层党组织领导班子建设取得明显成效。在党组（党委）的高度重视和大力支持下，坚持“三个注重”，基层党组织领导班子的干部配备、人员结构、工作制度都不断得到完善，切实发挥了“领头羊”和“主心骨”作用。一是注重选配支部书记。许多支部书记退休前是局、处级领导干部，他们党性观念强，工作经验丰富，作风民主务实，有领导能力，选配他们担任支部书记，大大增强了支部的凝聚力、号召力和战斗力。二是注重改善支部班子成员结构。不少支部班子既有德高望重、精通党务的老书记、老支委，也有刚刚退休、热心服务大家的新书记、新支委，同志们取长补短、密切配合、团结干事。三是注重加强制度建设。大部分支部都按照党章要求，根据中央精神，结合各自实际，建立健全了学习教育、组织生活、文体活动等规章制度。“盖屋离不开梁”。支部是房，班子是梁，好房子一定要大梁结实，好支部必须要有好班子引领。应当说，这些年我们离退休干部基层党组织领导班子建设确实卓有成效。

第三，离退休干部党员队伍建设得到明显加强。中央国家机关离退休干部基层党组织认真履行党章规定的教育、管理、监督和服务党员的根本职责，紧紧围绕加强和改进党员队伍建设想实招，出实力，见实效。有的党支部认真坚持“三会一课”制度，及时学习传达中央精神，引导老同志在思想上、政治上、行动上与党中央保持高度一致；有的支部组建理论研究小组、学习兴趣小组等，激发大家的学习热情，促进学习不断深入；有的支部组建“手机党校”，开设“网上党课”，利用QQ、微信等现代网络平台开展学习教育；有的支部定期开展读书会、座谈会，沟通思想，交流心得，讨论体会；有的支部利用“七一”“国庆”等重要节日，组织老同志参加过集体生日、重温入党誓词等活动，以强化党员意识。根据这些特点，一些同志总结出“离岗不离党，退休不褪色；牢记党宗旨，保持先进性”的中央国家机关离退休党员干部精神。中央国家机关离退休党员以高度的政治自觉，成为一支坚定“三个自信”的重要政治力量。

第四，离退休干部基层党组织服务能力得到明显提高。相对于在职干部基层党组织而言，由于老同志年龄、身体等原因，基层党组织的服务职责更突出，替党分忧、为老同志解困的任务更繁重。针对有些老同志高龄多病、行动不便等情况，有的支部建立电话联系制度，定期开展家访，“有事帮一帮，没事拉家常”，使老同志生活上得到关心、精神上得到慰藉；针对有些老同志空巢孤独、缺人照顾的情况，有的支部采取“一对一”“多对一”“重点对象重点帮，特殊情况及时帮”等措施，为老同志解决实际困难；针对有些老同志思想有疙瘩、家庭有矛盾的情况，有的支部及时谈心交流、耐心开导、细心化解。中央国家机关涌现出一批被老同志赞誉为“温馨港湾”“精神家园”的服务型好支部。“有话找支书，有事找支部”成了许多老同志的习惯，有的老同志说：“退休后无论是学习，还是生活，都离不开支部，外出几天就想着要回到支部这个家里来。”

第五，离退休党员干部作用得到充分发挥。中央国家机关离退休党员干部积极发挥先锋模范作用，利用政治优势、经验优势和社会威望优势，努力为实现中国梦贡献力量。许多老同志热情宣传党的路线、方针、政策，积极宣讲中国特色社会主义理论体系、中国特色社会主义道路、中国特色社会主义制度和社会主义核心价值观，引导全社会不断坚定“三个自信”，义务为机关、学校、团体和企事业单位作形势报告、辅导讲座，弘扬主旋律，传播正能量；许多老同志利用专业特长和工作经验，通过政策咨询、技术服务、专业指导等方式参与社会经济建设，帮助群众致富，促进社会发展；许多老同志十分关心青少年，通过思想教育、法制讲座、心理咨询、结对帮扶等，帮助培养下一代茁壮成长；许多老同志们热心公益事业和环保工作，每遇地震、风暴、洪水等自然灾害时，扶危济困献爱心，踊跃捐款捐物；许多老同志主动协助各级组织做好群众思想工作，及时化解社会矛盾，维护社会治安和稳定；还有许多老同志活跃在街道社区以及其他公共场所，主动担当志愿者，为群众排忧解难，受到社会的普遍赞誉。

总的讲，由于各部门党组（党委）的高度重视，机关党委、离退休干部部门的恪尽职守，支部班子的无私奉献和老同志们的积极参与，中央国家机关离退休干部基层党组织建设形成了上述五个比较突出的特点，这是我们这些年工作取得的显著成绩，应当充分肯定，并不断坚持，继续发扬。

二、中央国家机关离退休干部基层党组织建设存在的主要不足和问题

在充分肯定成绩的同时，我们应当清醒地看到中央国家机关基层党组织建设中还存在着这样或那样的问题和不足。一是有的单位思想上不够重视。有的同志认为支部建设对已经离开岗位的老同志无关紧要，可做可不做，少做不多做；有的认为支部工作本来就是一项“软”任务，没有什么“硬指标”，即使投入精力再大，做的工作再多，一时半会也看不出效果。由于思想重视程度不到位，导致对支部工作热情不高，干劲不足。二是存在“三重三轻”现象。重服务轻管理。有的同志认为老干部受党教育几十年，思想觉悟高，不用管；有的认为只要把服务工作做好了，让老同志高兴就行了；有的认为许多党员老同志在职时权高位重，现在虽然退休了，但影响大，不好管，不愿管，不敢管；也有的老同志认为已经退休了，不愿再接受党组织的约束。因此，比较而言，有的支部重服务轻管理。重文体活动轻学习教育。有的老同志认为受了一辈子教育，现在退下来了，觉得学理论没用处，受教育没必要，理想追求减弱，政治觉悟降低；有的老同志认为离职了，无职无权不会犯错误，放松了要求，满足于“晚年惟好静，万事不关心”，跟不上形势的发展；也有的只满足于有些老同志对文化娱乐活动的喜好，以老同志不愿参加政治学习为借口，以文体活动代替思想政治工作和组织生活。重一般日常运转，轻研究创新。有的同志认为老干部退下来了，不晋职务、不争位置，参加支部活动，主要就是见见面、握握手、聊聊天，满足于活动室正点开门关门，不重视调查研究和改革创新，针对新形势下老同志思想观念、生活方式、精神追求出现的新情况新变化新问题，了解掌握不多，探索研究不够，解决办法不活，习惯于老套路、老形式、老办法。三是一些支部不同程度存在“三难”问题。第一，班子选配难。在去年的调研中，我们发现离退休党支部中，90岁以上的支部书记还有5名，80～90岁的有141名。由于年龄过大，身体、精力方面的原因，导致有的支部书记难以完全承担起支部工作任务。产生这种情况，主要是因为相对年轻的老同志不愿干，年龄大的老同志退不下来。第二，活动开展难。首先是难在场地。支部组织活动一般都依托活动中心、活动站或活动室，而中央国家机关一共只有369个老同志活动中心（包括活动站、活动室），也就是说1201个支部中的多数支部没有相对固定的活动场所。我了解到，有的支部书记甚至将自己家用于支部活动。这种精神实在可嘉，令人感动，但如果连活动场所都没有，还谈什么支部建设和发展？此外，新退下来的同志分散性、流动性、自主性明显增强，还有个别支部活动经费难以保证，这些都给支部组织活动增添了难度。第三，党员管理难。除一些老同志因年龄偏大、身患疾病不能参加组织活动之外，还有少数老同志因退而未休、出国探亲、异地养老而长期脱离组织生活，有的老同志甚至成了只交党费、不参加组织活动的“挂名党员”。由于当前社会处于深刻变化的转型时期，思想观念、经济结构多元，文化需求、利益需求也多元，加上信息传播手段日益丰富，有些老同志的思想意识形态不断受到冲击，价值观渐趋世俗，理想信念淡化，组织观念淡漠，发牢骚、讲怪话、闹别扭，甚至信谣传谣、起哄抬杠，给社会添加负面能量，甚至个别老同志“再就业”后，因犯罪被判刑。尽管这些问题是少数不是普遍，是支流不是主流，但影响不好，我们断不可不以为意，掉以轻心。这些问题和不足，进一步说明了加强离退休干部基层党组织建设不仅十分重要而且完全必要。

三、凝心聚力、全面推进中央国家机关离退休干部基层服务型党组织建设

党的十八大提出了全面提高党的建设科学化水平的总要求，按照习近平总书记系列重要讲话精神，中央国家机关第二十八次党的工作会议对今年的工作作出了统一部署。离退休干部基层服务型党组织建设是机关党建工作的重要领域，是做好机关离退休干部工作的重要保障，也是工委的一项重要职责，必须高度重视，凝心聚力，切实抓好。

（一）中央国家机关离退休干部基层服务型党组织建设的指导思想。要高举中国特色社会主义伟大旗帜，以邓小平理论、“三个代表”重要思想、科学发展观为指导，以面向社会、面向基层、面向群众、面向离退休老同志，自觉自愿、量力而行为原则，以服务改革发展、服务社会民生、服务党员群众为目标，以群众满意、老党员满意为标准，进一步强化服务功能、改进服务作风、提高服务能力、完善服务保障，充分发挥党支部战斗堡垒作用和党员先锋模范作用，为实现中华民族伟大复兴的中国梦增添正能量、做出新成绩。

（二）中央国家机关离退休干部基层服务型党组织建设的目标任务。根据中央精神，结合工作实际，中央国家机关离退休干部基层服务型党组织建设的目标为“六有两好”：有领导班子。组织健全，机构完整，设置合理，按时换届；支部班子率先垂范、团结协作、热心服务、坚持教育、善于管理，受到党员群众的拥护。有人员队伍。组织身体好、有愿望、有特长的党员，充分发挥每个人的优势，打造一支信念坚定、能力过硬、作风扎实的服务队伍。有活动场地。整合各种资源，建设功能实用、设施完备、方便好用的活动场所。有经费支持。要把支部活动经费纳入行政经费预算，稳定经费来源，上级党组织和有关部门要统筹协调，支部要精打细算，管好用好经费。有制度机制。不断摸索规律、总结经验，制定适合自身特点的教育培养、组织管理、会议活动、考核激励制度。有检查监督。根据实际，制定相应的检查监督办法，以支部自我检查为主、上级组织考评为辅，把检查监督作为促进活动开展的有力抓手。活动开展好。有三条重要标准：落实思想引导，做好思想政治工作；落实教育管理，抓好基层党支部建设；落实服务主题，发挥好老同志的作用。党员群众反映好。通过活动切实使党员干部受教育，群众和老同志得实惠，促进党群关系改进、党风民风改善、社会和谐稳定。经过3至5年的努力，使离退休干部基层党组织服务意识明显增强、服务能力明显提高、服务成效明显提升。

（三）坚持“四个结合”，不断加强中央国家机关离退休干部基层服务型党组织建设

一是要把抓服务和抓教育、管理结合起来。加强基层服务型党支部建设，既要突出强调服务，又要寓教育管理于服务之中，不能因为是老同志就降低标准，放松要求。因为，我们党是政治组织，是执政党，工作有退休，但是党员身份不会变，党员色彩永远不能褪。抓教育和管理，首要的就是认真组织老同志学习党的十八大、十八届三中全会和习近平总书记系列重要讲话精神，结合支部的实际情况，该学的文件要学，该读的书要读，该开的会要

开，把老同志的思想统一到中央的决策部署上来，汇聚正能量，助推中国梦；其次，要扎实做好思想政治工作，深入了解老同志想的是什么、忧的是什么、盼的是什么，进而答疑释惑，疏导情绪，促进和谐；再次，就是要科学管理，使党的工作“能落地、到人头、有效果”。要做到这一点关键靠支部，因为支部是党组织的基本单元，最熟悉了解每名党员，最大优势就是能管到人头。“能落地”就是党支部能把党员组织起来，把支部的各项工作做起来；“到人头”就是党支部的工作要做到每个人头上；“有效果”就是党支部的工作要管用有效。只有这样，才能在离退休干部层面真正落实“党要管党、从严治党”的目标要求，实现党的工作全覆盖，实现党的基础工作扎实稳固。抓服务要紧紧围绕“老”字展开，除了要发挥老同志的优势，做好为改革开放服务、为社会服务、为人民群众服务之外，党支部要积极为老同志服务，开展喜闻乐见的活动，丰富他们的精神文化生活。尤其要高度关注空巢、失独、失能和重病等有特殊困难的老同志，实实在在为他们解决困难，为他们送去党组织的温暖，让他们感受到中国特色社会主义制度的优越性。

二是要把抓“硬件”建设和“软件”建设结合起来。场地经费等“硬件”建设是基础。支部要主动作为，充分利用驻地街道社区等资源；上级党组织和部门要在计划安排、力量配备、资源整合上加强领导和协调，特别是要设法帮助支部解决诸如经费、活动场地等自身无法解决的实际问题；工委组织部门要积极督促有关部门落实《中国共产党党和国家机关基层组织工作条例》，将党支部活动经费列入行政经费预算。同时，更要重视“软件”建设。要根据老同志的身体、年龄和居住情况，按照有利于参加组织活动、有利于发挥作用的原则，坚持统分结合、就近便利、机动灵活、注重实效，合理设置离退休干部党支部；要坚持必要的组织生活，认真开好“三会一课”，不断增强党员的组织意识、党员意识；要注重搞好调查研究，特别是针对目前有些退休干部退而不休、报而不到等较为普遍的现象，开展调查研究，摸清情况底数。他们人在哪里？在想什么？在干什么？要了解掌握他们的思想动态、实际诉求，及时发现问题、解决问题，并向上级党组织报告。

三是要把加强服务队伍建设和加强支部班子特别是支部书记队伍建设结合起来。加强服务队伍建设就是要动员组织有意愿、有专长、身体好的老党员组成各类服务小组，建立起一支带头服务、带领服务、带动服务的骨干队伍。火车跑得快，全靠车头带。要注重选好配强支部班子，特别是支部书记。各部门要推选组织能力强、民主作风好、党性观念强、有奉献精神、身体健康、相对年轻的同志担任支部班子成员，并从中选拔支部书记。

四是要把监督考评和关心支持结合起来。要本着简便易行、务实管用、自评为主的原则，按照目标要求、计划任务、组织活动、方法措施等细则，结合支部自身实际，制定评价体系和考评办法，按照支部自评、服务对象测评、组织考评的步骤进行。同时，要真心关爱班子成员。我们现在有执政资源、财政资源和人力资源，在工作条件、工作手段、工作经费上应给予人力、物力、财力支持。要多提供学习、交流、培训的机会，多关心他们的工作学习生活，特别是针对家庭有困难的同志，有条件的单位要适当补助一点工作费用，别让老同志在付出精力、体力、时间的同时，再付出自己的金钱，使他们能够愉快地、全身心地投入到支部建设之中。

同志们，离退休干部工作是一项光荣而崇高的事业，做好这项工作虽说不容易，但非常有意义。从政治上说是为党兴党，从个人角度讲是尊老敬老，做的是为党尽忠、为老尽孝的好事。做好这项工作，关键要用心用情、心到情到。人都有老的时候，我们要像对待自己的父母那样，带着孝心、爱心、耐心，为老同志服务好；要抓紧学习，既要学习理论，开拓视野，更要学习身边老同志的优良作风，提高为老服务本领；要坚持改革创新，主动作为，在吃透党的政策、上级精神的前提下，积极调查研究，努力破解长期困扰离退休干部党支部建设的难题。离退休干部工作者处在工作一线，事情多，任务重，难度大，各级党组织要切实关心他们的学习、工作和生活，切实保护好、调动好他们的工作积极性，积极为离退休干部工作者成长进步创造条件。

同志们，离退休干部基层党组织建设工作极为重要，离退休干部工作者特别是支部书记肩负的责任重大、使命光荣。希望大家再接再厉，为全面落实党的十八大和十八届三中全会精神，扎实做好离退休干部基层党组织建设工作，做出新的贡献。

关于老龄事业发展“十二五”规划实施中期检查的报告

民政部部长　李立国

（2014 年 5 月 20 日）

尊敬的王勇国务委员，各位副主任，各位委员，同志们：

为了进一步推动老龄事业发展“十二五”规划的实施，按照全国老龄委第十五次全会的部署，全国老龄办邀请全国人大、全国政协及全国老龄委部分成员单位，对老龄事业发展“十二五”规划（以下简称《规则》）实施情况组织开展了中期检查评估。这次检查评估采取自查与抽查相结合的办法，在督促各省市自查自评的同时，组成 5 个检查组抽查了部分省市，形成了中期检查评估报告，并征求了各成员单位意见。报告已经印发大家，下面我从三个方面作简要汇报。

一、“十二五”规划实施情况总体良好

在党中央、国务院高度重视和正确领导下，在全国老龄委各成员单位的大力推动下，各地区、各部门精心部署，周密安排，积极实施老龄事业发展“十二五”规划。总体看，《规划》确定的大部分指标完成情况好于预期，有些指标已全部提前完成。截至 2013 年底，城镇职工基本养老保险参保人数达 3.22 亿，提前完成规划任务；城乡居民基本养老保险参保人数达 4.98 亿，远高于规划预期；城乡最低生活保障标准年均增长率超过预期；全国基本医疗保险参保人数提前完成任务；65 岁以上老年人健康管理率达 93.6%，基层老年法律援助覆盖面达 95.4%，均提前完成规划任务。但在检查中也发现，机构养老床位数、医护型养老机构数、基层老年协会创建率、老年教育参与率等几项指标的完成情况不太理想，还需要进一步加大工作力度。

从重点任务完成情况看，《规划》确定的各项重点任务稳步推进、效果显著，老龄事业呈现出快速发展的新局面。主要体现在以下七方面：

（一）应对人口老龄化战略和政策体系初步形成。制定实施积极应对人口老龄化战略和政策体系是党中央、国务院的重大决策。党的十八大以来，以习近平为总书记的党中央高度重视老龄问题，进一步明确了“积极应对人口老龄化，大力发展老龄服务事业和产业”的战略部署。新修订的《中华人民共和国老年人权益保障法》把积极应对人口老龄化上升为国家的一项长期战略任务。“十二五”以来，国务院批准实施了老龄事业、社会保障、基本公共服务体系、社会养老服务体系、人口发展、卫生事业等“十二五”规划，各地政府也制定实施了相应的发展规划，初步形成了国家规划、地方规划和专项规划相结合的应对人口老龄化规划体系。同时，国务院还积极推动制定实施应对人口老龄化的政策措施，出台了加快发展养老服务业、促进健康服务业发展、加强老年优待工作、衔接城乡养老保险制度、加强养老服务标准化工作、养老服务设施规划建设、无障碍环境建设、开展养老服务业综合改革试点、鼓励民间资本进入养老服务领域等重大政策，在人口均衡发展、养老保险可持续性、渐进式延迟退休、养老服务综合改革、老年健康服务信息化、老年宜居环境建设等方面做出了重大制度改革和政策创新。各省市也加大了老龄政策创制力度，进一步健全工作体制，完善地方法规，制定政策措施，全面促进老龄事业发展“十二五”规划的贯彻落实。2010 年以来，全国老龄委组织相关部门研究制定国家应对人口老龄化战略，国务院第三次全国老龄工作会议对这项工作再次进行部署，要求尽快形成全方位应对人口老龄化的战略体系；各地、各部门都将这项任务作为全局性、基础性的工作统筹安排、重点推进，民政部、发展改革委、司法部、住房城乡建设部等部委单独或联合出台了相关意见、规范，卫生计生委还专门成立了老龄工作领导小组；全国大部分省市均开展了应对人口老龄化战略研究；全国各有关科研机构和大专院校，都把人口老龄化问题作为重点科研课题，从政治经济社会文化等角度进行深入的研究探讨；社会各界和普通百姓也高度关注、关心人口老龄化和养老保障问题，积极应对人口老龄化正日益成为全社会的共识。

（二）老年社会保障制度建设取得重大进展。截至2013年底，全国31个省（自治区、直辖市）已全部建立新农保和城居保制度。企业退休人员基本养老金水平逐年提高，2013年底月人均已达1900元。目前，国务院已启动新农保和城居保合并工作，建立起全国统一的城乡居民基本养老保险制度。城镇低保标准从2010年底的每人每月251元，提高到2013年底的373元。农村低保标准从2010年底的每人每年1404元，提高到2013年底的2434元。“十二五”以来，国家安排城乡医疗救助补助资金394.4亿元，用于包括困难老年人在内的困难群众医疗救助。全国已有19个省份出台了高龄津贴政策，惠及约1600万高龄老人。22个省份出台了经济困难老年人养老服务补贴政策，惠及约170万老年人；部分省市还建立了失能老年人护理补贴制度。

（三）老年医疗卫生服务水平逐步提高。“十二五”以来，医疗保障制度得到快速推进。城乡居民基本医疗保险实现全覆盖。新农合制度进一步完善，各级财政补助标准增加到人均280元。城镇居民医保和新农合报销比例与最高支付限额逐步提高。老年医疗卫生设施建设进展加快。与“十一五”末相比，截至2012年底，全国共有老年病医院119所，床位14989张，分别增加11所、1466张；老年护理院135所，床位11601张，分别增加30所、4303张；老年康复医院322所，床位30198张，分别增加54所、5529张；全国三级医院老年病专科设立率达到4.9%。老年人健康管理工作成效显著。全国大部分省份坚持每年定期为老年人进行免费体检，并建立健康档案。截至2013年3月，全国65岁以上老年人健康管理人数达1.19亿人，比“十一五”末新增2789万人。老年疾病预防工作普遍开展。在全国30个省份建有140个国家慢性病综合防控示范区。

（四）社会养老服务体系建设速度加快。“十二五”以来，养老服务业发展速度明显加快。2011—2013年，用于支持社会养老服务体系和社区服务体系建设的中央预算内资金累计达57亿元。与“十一五”末相比，截至2013年底，全国社区综合服务设施和站点25.6万个，增加8.1万个；全国各类养老服务机构4.3万个，增长7.8%；拥有床位474.6万张，增长50.7%；收住老年人294.3万人，增长21.3%。个别省份养老床位增长较快，北京、上海、浙江、江苏、安徽等地每千名老年人拥有养老床位数已达30张。农村养老服务取得新进展。河北、吉林的农村互助幸福院和辽宁农村困难家庭常年病人托管服务中心等经验得到推广。财政部、民政部印发《中央专项彩票公益金支持农村幸福院项目管理办法》，连续三年每年都安排中央专项彩票公益金10亿元，支持各地开展农村互助幸福院建设。农村养老服务设施面貌得到很大改观。

（五）老年宜居环境建设日趋规范。随着新修订的《中华人民共和国老年人权益保障法》和《无障碍环境建设条例》的颁布实施，老年宜居环境建设逐步走上了法制化、规范化轨道。无障碍市县创建活动持续推进，公共设施和养老场所无障碍率不断提升，老年人居住环境不断改善。2013年中央安排230亿元补助资金，支持全国266万贫困农户改造危房，把农村分散供养五保户、低保户、贫困老年人家庭列为重点补助对象。“老年友好型城市、老年宜居社区、老年温馨家庭”创建工作已在6个省市的13个地区进行了试点。黑龙江省的齐齐哈尔市被世界卫生组织授予“国际老年友好型城市”称号。上海、黑龙江、浙江、江苏、山东等地的多个市县，由政府出资改造老年人住宅和环境，为老年人居住、出行、休闲等提供了更多便利。

（六）老年人权益保障工作成效明显。老年法律援助服务网络进一步健全，截至2013年底，全国共有老年法律援助中心2.2万个、老年维权协调组织7.8万个、老年法律援助工作站2000个，均比“十一五”末增加了10%以上。部分省份在农村积极推进签订赡养协议书工作，妥善解决了农村家庭老年人赡养纠纷问题。老年人优待工作进一步加强。全国老龄办等24个部门联合发布《关于进一步加强老年人优待工作的意见》，全国31个省份出台了优待老年人政策，北京、湖北、广东、云南、山西、深圳等地对外埠老年人实行同等优待。广东、江苏、河北等省份完善户籍迁移政策，为老年人随赡养人迁徙提供了便利。社会敬老助老氛围更加浓厚。2011—2013年“敬老月”期间，各地共走访慰问老年人6500多万人次，发放慰问金、慰问品价值26.3亿元，组织为老志愿服务2.7亿人次。“敬老文明号”创建活动成效显著，已有全国31个省份的20多个行业、23万个单位参加创建，极大增强了全社会的尊老敬老意识。

（七）老年社会管理工作得到加强。截至2013年底，全国80%以上的县（市、区）已建立专门的老龄工作办事机构，配备基层专职老龄工作干部达8000多人。一些地方增加了老龄办内设机构和人员编制，探索实行了老龄工作经费按老年人口比例配备的办法。企业离退休人员社区化管理工作稳步推进，社区化管理率达到79.1%。老年群众组织建设进一步加强。截至2012年底，全国共有老年学校59711所、在校学习人员677.3万人；基层老年协会48万个，已覆盖城乡60%的社区和1.1亿老年人口。浙江、山东、宁夏等地覆盖率超过95%。全国老年志愿者人数达2000万，占老年人口总数的10%。广西自“十二五”以来共投入财政资金3000万元，建立起1500个村级示范性老年协会。

二、《规划》实施中面临的困难和问题

我们在中期检查评估中发现，下一阶段的《规划》实施工作仍面临一些不容忽视的困难和问题，主要有以下五方面：

（一）涉老政策法规建设有待进一步完善。主要有：老年长期护理保障制度建设还未取得突破，失能、失智老年人的护理保障日益成为家庭负担和社会问题；居家养老的社区支持政策缺失，存在服务内容单一、组织体系运转衔接不畅等问题；老年家庭支持政策尚不健全，老年人户籍迁移等政策还未破题；老龄产业发展存在体制机制障碍，产业规划、扶持政策、市场监管等还不到位；老年人社会参与支持政策不完善，老年人力资源有待进一步开发利用。

（二）社会养老服务体系建设任务仍然艰巨。突出的问题有：养老机构布局和结构不合理，存在城区一床难求与城郊、农村床位闲置的现象，养老机构床位增量滞后于《规划》目标，医护结合的康复护理机构短缺，地（市）级以上城市至少建有一所专业性护理机构的任务难以完成；居家和社区养老服务发展滞后，医疗康复、精神慰藉等专业性服务供给不足，城乡社区居家养老服务设施覆盖率偏低，若无特殊手段和措施难以完成规划任务。

（三）老年服务业发展不平衡问题仍较突出。与东部省市相比，中、西部老年服务业发展相对缓慢。与城市相比，农村老年服务供给严重不足。截至2012年底，农村社区老年服务设施覆盖率仅为6.5%，不及城市的1/10，且质量效益偏低。还有，由于重视程度不同也造成发展不均衡，如同属于东部地区的某些省份老年服务业发展水平与全国平均水平有较大差距。

（四）老年群众社会参与度仍然偏低。主要表现在：基层老年协会覆盖率偏低。目前我国城乡社区老年协会覆盖率为60%，与《规划》提出的城镇95%和农村80%的覆盖率要求差距较大；老年学校在校人数比重提升缓慢，截至2012年底仅为3.5%，比2010年末的3.3%只增长了0.2个百分点，落后于《规划》目标；老年人力资源开发仍不够充分，大量有工作经验和技能的老年人才很难参与到经济社会发展中来。

（五）老龄工作基础仍较薄弱。老龄工作体制机制不健全，不少基层老龄工作机构编制、经费严重不足，工作手段较弱。全国有将近20%的县区级政府没有专门的老龄工作机构和专职工作人员，乡镇、街道一级空白点更多。农村老龄事业发展的基础设施匮乏，留守老人缺少关爱，农村老龄问题比较突出。

三、进一步推进《规划》实施的建议

针对“十二五”规划实施中存在的问题和短板，综合分析我国经济社会发展的客观要求和人口老龄化发展的新趋势，为确保规划目标任务的如期完成，我们需要在以下五个方面加大工作力度。

（一）深化改革，向改革要动力要红利。李克强总理在今年两会政府工作报告中强调指出，改革是今年政府工作的首要任务，要向深化改革要动力。要圆满完成老龄事业发展规划确定的目标任务，必须抓好养老领域深化改革这个首要任务，向改革要动力、要红利。一是深化养老保障制度改革。建立统一的城乡居民基本养老保险制度，完善与城镇职工养老保险的衔接办法；改革机关事业单位养老保险制度；完善职工社会保险关系转移接续政策，扩大参保缴费覆盖面，适时适当降低社会保险费率，鼓励发展企业年金、职业年金和商业保险，构建多层次社会保障体系，推进职工养老保险金的全国统筹；研究制定渐进式延迟退休年龄政策；推进社会救助制度改革，落实社会救助和保障标准与物价水平挂钩联动机制；加快探索建立失能老年人长期护理保障制度的步伐。二是推进老年服务体制机制改革。加快政府职能转变，充分发挥市场对养老服务资源配置的决定性作用，营造各类所有制经济在养老服务领域平等参与、公平竞争的市场环境，政府通过购买服务、公办民营、民办公助等多种形式，逐步使社会力量成为发展养老服务业的主体。三是深化养老设施布局和服务模式改革。改变重城轻乡、重公办轻民营、重机构轻居家的发展倾向，加大对农村养老、民营养老和居家养老的资源配置力度和政策扶持力度，使养老服务业发展布局、结构更加公平合理。统筹医疗服务与养老服务资源，合理布局养老机构与老年病医院、老年护理院、康复疗养机构等，形成规模适宜、功能互补、安全便捷的健康养老服务网络。推进医疗机构与养老机构合作，加强养护型、医护型养老机构建设，提高护理床位比例，探索建立医养结合、养护结合的合作管理与运营机制。

（二）突出重点，针对薄弱环节出实招见成效。针对检查评估中发现的突出问题和薄弱环节，采取更加有力措施，真抓实干，才能有望达成目标。一是尽快制定完善家庭养老支持政策措施。从老年人家庭住宅无障碍改造、代际亲情住宅开发、子女赡养老人的个人所得税减免、老年人户籍随迁管理等方面研究制订扶持政策，为家庭成员照料老年人提供政策支持和帮助。二是全力推动社区照护服务设施和队伍建设，不断拓展社区照护服务内容，加快培养和形成一支上门包护的专业护理服务队伍，促进社区服务从生活照料向专业护理、医疗保健、辅具配置、精神慰藉、法律服务等方面拓展。三是努力抓好养老机构建设。还没有完成任务的地方，要认真分解落实今明两年的目标任务，拿出切实可行的办法，动员一切社会力量，把各类扶持政策措施尽快落实到具体区域、具体项目上，确保完成任务。四是着力推动老龄产业发展。研究制定《国家老龄产业发展规划》，完善和落实相关扶持政策和措施，制定完善老龄产业行业标准体系，加强行业管理，培育老龄产业市场。

（三）夯实根基，深入扎实抓基层打基础。一是全力加强基层老年人协会和群众组织建设。要制订计划、设立专项资金，着力推动城乡基层社区老年人协会和其他老年群众组织建设，使其真正发挥积极作用。二是加快农村老龄事业发展。加大中央和地方财政对农村老龄事业发展的扶持力度，并重点向基础设施落后、覆盖率低和人均财力不足的中西部和边远地区倾斜。加快推动农村社区养老服务设施建设步伐，大力推广普及“家院融合”的互助养老、幸福养老模式，将其纳入社会养老服务体系和社区服务体系建设规划，使农村老年人特别是留守老年人得到更多关爱。三是着力改善基层老年人生活环境。加快城乡老年活动场所和便利化设施建设，加快推动老年宜居社区和老年温馨家庭建设，促进各项惠老政策真正落实到基层。

（四）拓展领域，老年群众工作建机制求创新。一是加快发展老年教育。创新老年教育体制机制，加大财政投入和资助力度，积极支持社会力量兴办老年教育，扩大办学规模，鼓励发展社区老年文化教育。二是丰富老年人精神文化生活。加强城乡社区文化和体育健身设施建设，采取多种形式，组织和鼓励老年人开展丰富多彩的文化体育活动。三是合理开发利用老年人力资源。认真研究制定老年人参与社会的政策措施，积极搭建老年人参与社会的有效载体和平台，继续深入开展“银龄行动”。四是大力开展老年志愿服务活动。建立老年志愿服务组织，完善激励机制和权益保障机制，建立时间储蓄银行，鼓励低龄、健康老年人义务帮助和照顾高龄、失能老年人，吸引更多老年人参与各种志愿服务活动。

（五）加强领导，动员社会各界达共识做贡献。一是提高认识，列入议程。各级政府要高度重视老龄工作，把《规划》目标任务的完成提高到关系经济社会发展进步、关系群众民生福祉、关系和谐社会建设的高度来认识，从而针对问题找出差距，把没有完成的任务列入政府议事重要日程和年度计划，采取实实在在的措施抓好落实。二是健全体制，加强领导。各地各部门要围绕《规划》目标任务要求，切实建立健全老龄工作体制机制，没有专门工作机构和专职工作人员的要尽快设立和配备，特别是要加强乡镇、街道老龄机构和队伍建设。同时要按照部门职责分工建立目标责任制，把《规划》确定的重点任务列为政府目标考核的重要科目，形成齐抓共管的局面，确保任务如期完成。三是加大各级财政投入和资助力度。《规划》有几项重点目标任务完成的难度很大，各级财政要加大投入和资助力度。中央财政增加专项资金预算，重点扶持中西部和广大农村，地方各级也要增加预算，加大资助额度，调动社会资本投入老龄事业的积极性。四是加强对《规划》实施的督促检查。针对《规划》实施中的薄弱环节和关键问题，各级老龄委要充分发挥协调、督促、检查职能，完善督促检查工作制度和评估指标体系，改进督促检查工作方式方法，推动各地各有关部门加大执行力度，确保《规划》各项任务目标的顺利完成。

以上是关于老龄事业发展“十二五”规划实施中期检查情况的简要汇报，请大家审议。

全国老龄工作委员会第十六次全体会议精神传达提纲

民政部副部长　窦玉沛

（2014 年 7 月 21 日）

同志们：

5 月 20 日，全国老龄工作委员会在北京召开了第十六次全体会议。会议主要任务是，深入贯彻落实党的十八大和十八届二中、三中全会精神，总结老龄事业发展“十二五”规划实施情况，分析老龄工作面临的新形势，安排部署2014年及今后一个时期的重点工作。

会上，全国老龄委副主任、民政部部长、全国老龄办主任李立国同志作了《关于老龄事业发展“十二五”规划实施中期检查的报告》。发展改革委、民政部、财政部、人力资源社会保障部、住房城乡建设部、卫生计生委的负责同志作了交流发言。国务委员、全国老龄工作委员会主任王勇同志作了重要讲话。

一、国务委员、全国老龄工作委员会主任王勇同志重要讲话精神

王勇国务委员对《中国老龄事业发展“十二五”规划》实施取得的成绩给予充分的肯定。他指出，《规划》实施以来，各地区、各有关部门狠抓落实，各项重点工作进展顺利，主要发展目标及指标完成情况总体好于预期，有些指标提前完成。老龄法规政策更加完善，老年社会保障更加全面，老龄服务发展更加迅速，老年群众工作更加活跃，为保障和改善老年民生、提高老年人健康水平和丰富老年人精神文化生活提供了强有力的制度支撑和服务保障。

王勇国务委员指出，当前，我国人口老龄化进入快速发展阶段，老年人口将长期保持快速增长。伴随家庭小型化、少子化和老年利益多元化、诉求多样化，老龄问题日渐凸显。人口老龄化背景下实现可持续发展，对老龄事业和产业发展、推进城乡一体化、基本公共服务均等化等都提出了更高要求。面对严峻的老龄化形势，我们在物质基础、政策储备、社会参与、管理服务等方面的准备还有许多不足。我们要深刻学习领会党中央、国务院的决策部署和中央领导同志的重要指示精神，准确把握老龄工作面临的形势和任务，认真谋划，扎实工作，推动我国老龄事业加快发展。

王勇国务委员要求，要对照《规划》，认真梳理任务，集中力量，克服困难，确保老龄事业发展“十二五”规划目标任务如期完成。要切实加强农村老年人公共服务体系建设，着力解决农村高龄、失能、贫困、留守等困难老年人的生活难题。要认真贯彻落实国务院《关于加快发展养老服务业的若干意见》，抓紧完善配套措施，加大投入力度，抓好综合改革试点工作。下半年，国务院办公厅将会同有关部门组织专项检查。要深入贯彻老年人权益保障法，加快修订配套法规政策，加强普法宣传教育，切实做好老年维权工作。要积极做好老龄事业发展“十三五”规划预研工作，组织好第四次中国城乡老年人生活状况抽样调查，做好前瞻性研究和专项规划预研工作。

王勇国务委员强调，要按照党的十八届三中全会关于全面深化改革的总体部署，不断完善支撑老龄事业和产业发展的各项体制机制。健全老龄工作推进机制，推动地方各级政府把老年社会保障、健康支持、养老服务、老年宜居环境建设等纳入目标考核，形成激励与约束并举的老龄事业发展长效机制。创新老龄事业和老龄产业发展机制，积极发挥政府主导作用，充分调动和保护社会各类主体的参与积极性，形成多元主体办产业，多元方式促发展的格局。拓展老年人社会参与机制，为广大老年人在更大程度、更宽领域参与经济社会发展搭建平台，为维护改革发展稳定大局凝聚力量。加快健全依托社区、功能健全的基层社会管理服务网络，发挥老年群众组织的积极作用。完善老龄委系统统筹协调机制，老龄办要进一步加强自身建设，改进工作方法，切实履行好综合协调、参谋助手和督促检查的职责。

二、全国老龄委副主任、民政部部长、全国老龄办主任李立国同志关于老龄事业发展“十二五”规划实施中期检查报告主要精神

立国部长指出，在党中央、国务院高度重视和正确领导下，各地区、各部门精心部署，周密安排，积极实施老龄事业发展“十二五”规划。截至2013年底，城镇职工基本养老保险参保人数达到3.22亿，提前完成规划任务；城乡居民基本养老保险参保人数达到4.98亿，高于规划预期；城乡最低生活保障标准年均增长率超过预期；全国基本医疗保险参保人数提前完成，65岁以上老年人健康管理率达88.8%；基层老年法律援助覆盖面达95.4%，均提前完成规划任务。从重点任务完成情况看，《规划》确定的各项重点任务稳步推进、效果显著，老龄事业呈现出快速发展的新局面。主要体现在七个方面：应对人口老龄化战略和政策体系初步形成，老年社会保障制度建设取得重大进展，老年医疗卫生服务水平逐步提高，社会养老服务体系建设速度加快，老年宜居环境建设日趋规范，老年权益保障工作成效明显，老年社会管理工作得到加强。

立国部长强调，总体看，《规划》确定的大部分指标完成情况好于预期，有些指标已全面提前完成，但在中期检查评估中也发现了一些不容忽视的困难和问题：涉老法规政策有待进一步完善，社会养老服务体系建设任务仍然艰巨，老年服务业发展不平衡问题仍较突出，老年群众社会参与度仍然偏低，老龄工作基础仍较薄弱。

关于进一步推进《规划》实施，立国部长提出在五个方面加大工作力度。一是深化改革，向改革要动力要红利，深化养老保障制度改革，推进老年服务体制机制改革，同时深化养老设施布局和服务模式改革。二是突出重点，针对薄弱环节，尽快制定完善家庭养老支持政策措施，全面推动社区照护服务设施和队伍建设，努力抓好养老机构建设，着力推动老年产业发展。三是夯实根基，打牢基础，全力加强基层老年协会和群众组织建设，加快农村老龄事业发展，努力改善基层老年人生活环境。四是拓展领域，创新老年群众工作机制，加快发展老年教育，丰富老年人精神文化生活，合理开发利用老年人力资源并大力开展老年志愿服务活动。五是加强领导，动员社会各界达共识做贡献。要提高认识，把没有完成的任务列入政府议事重要日程和年度计划。加大各级财政投入和资助力度，调动社会资本投入老龄事业的积极性。各级老龄委要充分发挥协调、督促和检查的职能，完善督促检查工作制度和评估指标体系，确保各项任务目标顺利完成。

三、发展改革委等6部门发言主要内容

会上，发展改革委、民政部、财政部、人力资源社会保障部、住房城乡建设部、卫生计生委等6部委负责同志分别就“十二五”以来所在部门履行老龄委成员单位职能、做好今后一个时期的老龄工作，向全体会议进行了汇报。

这几个主要成员单位，发展改革委提出，继续深入贯彻落实《中国老龄事业发展“十二五”规划》，扎实做好四个方面的重点工作。一是认真落实发展政策。推动落实《国务院关于加快发展养老服务业若干意见》，做好与《中国老龄事业发展“十二五”规划》实施的衔接、配合，督促落实相关任务。二是着力加强政策储备。结合“十三五”规划前期研究，探讨应对人口老龄化的措施办法。三是继续加大投入力度。今年计划安排中央预算内投资25亿元支持社会养老服务体系建设，重点向农村地区和基层倾斜；引导社会力量参与提供服务；支持开展面向养老机构的远程医疗服务试点。四是加强收费价格指导，加快研究指导养老服务收费的管理办法，更好地发挥市场在养老服务资源配置中的决定性作用。

民政部表示，重点做好六方面工作：一是贯彻落实《国务院关于加快发展养老服务业的若干意见》，完善投融资、土地供应、税费优惠、用人等相关配套政策，充分发挥市场在资源配置中的决定性作用，逐步使社会力量成为养老服务业发展的主体。二是贯彻落实《中华人民共和国老年人权益保障法》《养老机构设立许可办法》和《养老机构管理办法》，建立健全养老服务政策法规体系，营造平等参与、公平竞争的市场环境，促进养老服务业规范发展。三是贯彻落实《中国老龄事业发展“十二五”规划》和《社会养老服务体系建设规划（2011—2015年）》，统筹发展居家养老、社区养老和机构养老，切实加强农村养老服务，促进基本养老服务均衡发展。四是建立健全城乡特困人员供养制度、高龄津贴制度、养老服务补贴制度和护理补贴制度，增加“银发消费”，释放老年人养老服务需求。五是开展养老服务业综合改革试点、公办养老机构改制试点、面向养老机构的远程医疗服务试点和国家智能养老物联网应用示范工程试点，先行先试，探索创新，激发养老服务业的内生动力和发展活力。六是推进养老服务专业化、标准化、信息化建设，改善服务质量，提高工作效率，为老年人提供方便可及、优质高效的养老服务和产品。

财政部提出，将会同有关部门从四个方面积极推进老龄事业健康持续发展。一是研究完善促进养老服务业发展的财税政策，政府向社会力量购买养老服务的政策措施和经济困难的高龄、失能等老年人的补贴制度。二是继续支持国家应对人口老龄化战略研究，全力配合全国老龄办指导各地贯彻落实《中国老龄事业发展“十二五”规划》。三是继续落实老龄机构工作经费财政保障机制，确保老龄工作机构正常运转。充分发挥财政资金的杠杆作用，推动建立多元化、多渠道的老龄事业经费投入机制。四是大力推进城乡基本养老保险制度合并实施，确保基本养老保险待遇按时足额发放。逐步提高新农合和居民医保财政补助标准，继续推动公立医院和基层医疗卫生机构综合改革。加大包括城乡低保特困人员供养、医疗救助在内的社会救助制度。

人力资源社会保障部表示，坚持“全覆盖、保基本、多层次、可持续”的基本方针，建立更加公平可持续的社会保障制度，让广大老年人共享改革发展成果。一是努力在实现全覆盖方面取得明显的成效。进一步落实城镇职工养老保险关系转移接续政策；做好中青年城乡居民参保工作。二是加快社会保障城乡统筹步伐；深化养老保险顶层设计研究，推动机关事业单位养老保险制度改革。继续推动地方整合城乡居民基本医疗保险制度。三是适时适当提高城乡居民基本养老水平。全面推进大病保险，进一步减轻大病患者的医疗费用负担。四是加强基层劳动保障工作平台建设，加快推进异地安置退休人员为重点的跨省医疗异地即时结算。

住房城乡建设部表示，着力做好七方面的工作。一是就养老服务设施规划建设和老年人家庭及公共设施无障碍改造工作开展调研，并就有关文件落实开展专项检查。二是完成涉老设施规划建设标准关键技术和标准体系研究，构建涉老设施工程建设标准体系框架。三是研究制定《城市总体规划编制审批办法》，完善和规范城市养老服务设施规划和相关规划内容。四是继续开展创建无障碍城市环境市县工作，督促各地加快无障碍设施和城市公园绿地建设步伐。五是完善老年人各项优惠政策，让老年人享受更多的实惠。六是为实现“老有所居”创造有利条件，督促地方加快已完工保障房项目的配套设施建设进度，加快改善棚户区内老龄群体居住条件，在保障房轮候、分配环节进一步落实老年人优先原则。七是继续扎实稳步推进农村危房改造，推动老年人家庭无障碍改造，指导各地开展养老服务设施建设，切实关注和解决农村贫困老人住房安全问题。

卫生计生委表示，重点做好五方面的工作。一是加强服务网络建设，推动设立老年病医院、护理院和康复院，支持有条件的养老机构设置医疗机构，推进面向养老机构远程医疗服务试点工作。二是落实老年人优待政策，与全国老龄办联合在卫生计生系统开展“敬老文明号”创建活动。三是继续做好老年人健康管理和疾病防控工作，建立社区医疗卫生机构与老年人家庭医疗契约服务关系，把老年人作为健康教育和健康促进活动重点人群予以关注。四是提高新农合保障能力，参合率继续保持在95%以上，完善筹资机制，继续提高政府补助标准。支持符合条件的养老机构内设医疗机构申请纳入新农合定点范围。五是研究探索老年长期护理保障制度建设，制订老年人家庭保健和照护工作指南，在有条件的地区开展计划生育家庭养老照护试点工作。

同志们，全国老龄工作委员会第十六次全体会议，是站在新起点上催人奋进的会议。希望各地要认真抓好会议精神的传达学习，认真落实会议部署的工作任务，以更加饱满的激情、更加务实的作风，为推进老龄事业又好又快发展做出新的更大的贡献！

在2014年全国老龄宣传工作会议上的讲话

全国老龄办常务副主任　邹铭

（2014年8月28日）

同志们：

今天，我们在长春召开全国老龄宣传工作会议，总结交流经验，研究分析问题，寻求应对措施，部署下一阶段工作。刚才八个单位的发言，我听了很受启发，特别是四家新闻媒体代表介绍的工作经验和思路，值得肯定，也值得在座的老龄工作机构的同志们学习借鉴。当前，我国已进入全面建成小康社会和全面深化改革开放的决定性阶段，老龄工作的基本理念、工作的方式方法都应该有一个更大的转变，而这个转变完全可以从老龄宣传工作入手。下面，我就做好老龄宣传工作谈三点认识和体会。

一、关于老龄宣传工作的定位问题

大家常讲，老龄工作是思想政治工作，是社会工作。老龄宣传工作是老龄工作的一个重要组成部分，是老龄事业发展的重要推动力，是聚合各种资源来宣传推动引导老龄工作的重要平台，这些都是对的。我还想强调一点，那就是老龄宣传工作的本质是群众工作，是为老年群体，进而为广大人民群众在老龄领域内的重要的服务性工作。既然是群众工作，就要继承和发扬党的群众工作的传统、经验和做法，要按照群众工作的基本规律特点来推动。

概括起来，老龄宣传工作有五个特点：

一是全局性。随着人口老龄化对政治、经济、文化和社会生活各个方面产生的影响日益加剧，老龄工作在党政中心工作中所占的份量也将越来越重，这是我国人口老龄化快速发展所带来的必然结果。老龄宣传工作必须要认清这个形势，深刻领会党中央、国务院对老龄工作的决策部署，传播树立积极老龄化和健康老龄化理念，弘扬尊老敬老传统美德，构建代际和谐的良好社会氛围，发挥老龄工作在培育和践行社会主义核心价值观方面的重要作用。同时，老龄工作机构职能特殊，主要是通过综合协调、调查研究等方式来调动和汇聚社会各方面资源，由其来实际推动老龄工作发展，这也要求老龄宣传工作必须具有全局性，不仅要宣传老龄政策方针和法规制度，还要宣传其它涉及老年人的保障措施和重大举措；不仅要做好老龄系统内部的宣传，还要做好老龄委各成员单位的宣传；不仅要宣传老龄工作自身的成绩和成就，还要宣传社会各界有利于老龄工作发展的成功经验和创新做法。换句话说，我们在做老龄宣传工作的时候，一定要时刻牢记“大老龄大宣传”的理念，任何一个部门、社会组织、企业、甚至包括个人，他只要在老龄工作、老龄事业发展中做出了应有的贡献，我们都应该把他纳入老龄宣传的实际工作范畴。

二是群众性。老龄工作本质上是群众工作，老龄宣传工作必然具有群众性。所谓的群众性就是要贴近基层，贴近老龄宣传工作的服务群体。“宣”字有“宣告、传达、传递”的意思，就必须要为老年人说话，让老年人说话，说老年人能听懂的话。当前社会上的一些涉老为老活动总是习惯把领导同志作为宣传报道的主角，这是推动工作的实际需要，但这不是最重要的方面。倾听老年人的心声，代表老年人的意愿，用他们能听得懂、能理解的方式做宣传，才是老龄宣传工作的重心，才是老龄宣传工作群众性的根本体现，也是我们日后做老龄宣传工作必须把握好的一个原则。

三是实践性。老龄宣传工作部门传递出去的信息，在所服务对象的眼中、耳中、手中一定是可感知、可学习、可重复、可验证的。比如，国家出台了老年人优待政策，提出老年人进公园景区可免门票，一定会有老年人去当地公园验证，如果你传递的是一个迟滞的、虚假的、有谬误或者不完整的信息，那就会直接导致老年人对老龄工作机构或新闻媒体的不信任。所以老龄宣传工作有别于其它领域宣传工作的一个重要特征就是实践性，要让广大老年人既有直观感觉，又能学习领悟，还可以实际操作验证。

四是时代性。随着社会的不断发展进步，我们对于人口老龄化形势的分析判断、提出的对策建议、甚至广大老年人对物质文化的需求，都已经发生了巨大变化。以前从没提过的“小老”养“老老”的问题，现在却备受关注；以前重视不够的维护老年人权益的问题，现在却放在更高更重要的位置。因此，做老龄宣传工作就必须与时俱进，使宣传内容、对象、方式、方法都具有鲜明的时代特征，在清醒认识这些变化的基础上做宣传，在准确把握这些变化规律的条件下求突破，在严格遵循这些变化要求的前提下务实效。

五是国际性。老龄宣传工作是党和国家外宣工作的一个组成部分。人口老龄化问题是国际社会共同面临的巨大挑战，是国际问题，这就决定了老龄宣传工作必须具有国际性。一方面，要借助各种国际平台来宣传、介绍中国在积极应对人口老龄化方面所做出的切实努力和取得的成绩；另一方面，要引导我国政府机构、社会组织等去学习、引进和吸收其它国家的成功经验和做法。近年来，由于在国际上人口老龄化问题跟人权问题结合紧密，因此老龄宣传工作也备受关注，国际化的特点更加显现。

二、关于老龄宣传工作的基本目标

做好老龄宣传工作，除了要找准定位，还要明确目标。当前，坚持团结稳定、鼓劲为主和传播主流价值、凝聚社会共识、增进社会认同，激发全社会实现中华民族伟大复兴中国梦的精神力量，这些都是所有宣传工作部门的共同使命，老龄宣传工作也不例外。我把老龄宣传工作的基本目标概括为三句话。第一句话是“扬正气”，就是要弘扬主旋律，传播正能量。老年人口的快速增加，势必会对政治、经济、文化和社会生活各个方面产生极大的影响，导致一些片面的、错误的、不和谐的声音渐起，老龄宣传工作要在这种环境中把握舆论引导的主导权，及时主动发声，坚持正面宣传、正确认识和正向引导，控制舆论的制高点和第一落点。第二句话是“接地气”，就是要建好桥梁、发挥作用。要充分利用老龄宣传这个平台，构建老年群体和各级党委政府、涉老组织、为老服务机构之间的桥梁。这个桥梁既是信息互通的桥梁，感情交流的桥梁，也是各级老龄工作机构开展工作的桥梁，为老年人群体服务的桥梁。只有把这个桥梁建设好，把桥梁的作用发挥好，才能真正体现老龄宣传工作的根本目的。第三句话是“领风气”，就是要引领社会风气、社会舆论。要在老年群体中广泛开展弘扬社会主义核心价值观等各类主题教育活动，引导他们主动参与、积极投身到社会建设中来。以老年殡葬问题为例，如何引导老年人正确看待遗体火化问题，直接关系到殡葬改革能否顺利推进，责任重大。这就需要我们运用宣传工作这个武器，通过政策宣讲、舆论营造等多种方式，积极引导老年人自觉贯彻执行党的政策措施，接受和弘扬社会新风尚。

三、关于如何创造性做好老龄宣传工作

全国老龄工作系统历来重视宣传工作，经过多年的努力拼搏，辛勤开拓，总结摸索出许多好经验好方法，这是我们宝贵的财富，必须继续发扬光大。同时，随着形势的发展变化，我们还要创新形式、丰富内容、改进方法，在基础工作上下更多功夫。

（一）研究需求。无论是政府机构、企事业单位，还是各类新闻媒体，只要是从事老龄宣传工作的，都要以研究需求作为前提和基础。近两年，由于老年人上当受骗案例激增，对相关科普读物的需求也迫切，所以今年“敬老月”期间，全国老龄办和公安部共同编写了《中国老年人防诈骗指南》，这就是符合市场需求和老年人需求的举措，可以预见会收到良好效果。像这样的老龄宣传工作，我们要经常做，要认真做，要下大力气做。只有肯下功夫去研究老年人的真实需求，才能给他们提供合法的、放心的服务。

（二）创新方法。刚才经验交流的代表们介绍了许多创新的思路和方法，我想这也是他们老龄宣传工作做得突出的重要原因之一。年年“重阳节”，岁岁“敬老月”，虽然其主题和宗旨不变，但表现形式可以常换常新，要不然就无法扩大影响、扩大规模、扩大成效。在创新方法的过程中，要特别注意不能脱离实际，不能为了创新而创新，巧立名目，哗众取宠，要切记创新的目的是为了进一步发展，进一步推动工作，进一步让老年人得到更多的服务和优惠，这才是创新的最大价值所在。

（三）构建阵地。在新闻宣传工作，特别是老龄宣传工作中，我们要高度重视宣传阵地的作用，无论是自有的老年媒体阵地，还是其他各级各类新闻媒体阵地，都有一个借助优势、盘活资源、整合力量、形成合力的问题。近日，民政部党组研究决定将中国老年报、中国老年杂志社和华龄出版社合并，正式组建中国老龄新闻出版集团，就是要“稳定传统阵地，开拓新的领域，引入民间资本，实现融合发展”。我认为这个决策是非常正确的，下一步的发展方向和要求也是对的，只有组成“集团军”，打出“组合拳”，才能最大限度地发挥力量和作用。大家常说要构建全方位、立体式的大老龄宣传格局，要想形成这种格局，就必须充分运用新闻宣传、理论宣传、社会宣传、文艺作品宣传各种工作载体，将网络、电视、报纸、杂志、广播甚至出版等各业态组合起来，真正做到整合力量，规模经营，共同发声，这样才能做强大宣传、构建大阵地。

（四）健全制度。中央对新闻宣传工作有明确要求和具体规定，老龄宣传工作也不能例外，必须遵循。比如，如何培养老龄工作系统自身的新闻发言人制度；如何让媒体和公众听到他们想听的、听得懂的话；如何让新闻发言人阐述清晰，避免误解；如何有效地应对突发的舆情事件，尽快地从正面引导舆论；如何建立规范的接受采访、发表意见制度等等，这些都是需要我们完善的工作内容。全国老龄办要以身作则，不断健全相关制度，尽快建立起老龄新闻宣传工作模式，引领和推动各地逐级发展。

（五）打造队伍。“人才资源是第一资源”。老龄宣传工作能否抓出成效，取决于是否有专业的、高素质的人才队伍。要想真正成为老龄宣传工作战线上的“精兵”，就要懂宣传、知策划、会沟通。懂宣传，就是要知道党和政府关于宣传工作的方针政策、规章规律，要熟知关于老龄工作的各项决策部署；知策划，就是要能站在宣传对象或者新闻媒体的角度，客观看待我们要宣传的内容和应采取的方式，善于召开策划会，学会倾听别人的声音；会沟通，就是要能和各种组织、团体、个人建立起良好关系，既交朋友也推工作，建立广泛实用的宣传工作网络。

最后，我要重点感谢今天参会的31家新闻媒体，感谢你们长期以来的关注和支持，感谢你们的辛勤付出和踏实工作。在今后的工作中，全国老龄办和各级老龄工作机构将尽全力支持涉老媒体的发展和壮大。同时，我也对你们提出三点希望：一是希望你们继续扮演好宣传员、信息员、服务员的角色，当好推动老龄工作前进、老龄事业全面发展的“生力军”；二是希望你们处理好老龄工作指导性刊物与为老服务刊物之间的关系，要看到两者定位有所不同，方式方法、经营策略、品牌战略也有差异，要学会区别对待，不要片面攀比和追求发行量；三是希望你们处理好社会效益与经济效益的关系，利润是企业追求的目标但并不是唯一目标，如何将市场与口碑并重是值得媒体深入研究探讨的重要课题。

同志们，老龄宣传工作者是老龄事业的先行者，是老年群体的代言人，任务艰巨，使命光荣。我们要坚持正确方向，踏实做好各项工作，努力寻求改革创新，共同推动老龄事业全面健康发展！

谢谢大家！

在全国老龄工作委员会第十六次全体会议上的发言

国家卫生计生委副主任　陈啸宏

（2014 年 5 月 20 日）

卫生计生委党组高度重视老龄工作，围绕贯彻落实党中央、国务院关于“积极应对人口老龄化”的战略部署，研究制定相关政策措施，扎实推进老年健康支持体系建设。按照会议安排，我汇报两方面的情况。

一、卫生计生老龄工作取得积极进展

卫生计生老龄工作涉及面宽、综合性强。为整合资源、加强协作，近日我委成立了卫生计生老龄工作领导小组，委内 15 个司局作为成员单位，共同做好卫生计生老龄工作。

（一）老年健康政策体系逐步完善。认真贯彻落实国务院系列文件精神，积极参与《国务院关于加快发展养老服务业的若干意见》《国务院关于促进健康服务业发展的若干意见》的起草和修改，研究制订重点任务分工方案，逐一推动落实。与 23 个部门联合印发《关于进一步加强老年人优待的意见》，重点制定老年人就医的优待政策和优先优惠措施。

（二）老年健康服务体系建设进一步加强。积极发展老年病医院、护理院、康复医院等医疗机构，数量稳步增长。截至 2012 年底，全国共有老年病医院 119 所，床位数 14989 张，比“十一五”末增加 11 所、1466 张；老年护理院 135 所，床位 11601 张，比“十一五”末增加 30 所、4303 张；老年康复医院 322 所，床位 30198 张，比“十一五”末增加 54 所、5529 张。大力推动综合医院设立老年病科，截至 2012 年底，全国三级医院老年病科设立率达到 4.9%。

（三）老年疾病预防和健康管理工作大力推进。加大老年慢性病防控工作力度，在全国 30 个省（区、市）建设了 140 个国家慢性病综合防控示范区，为老年高血压、糖尿病患者开展健康管理等服务。扎实开展国家基本公共卫生服务项目，为 65 岁以上老年人进行免费体检，并建立健康档案。截至 2013 年 3 月底，全国 65 岁及以上老年人健康管理人数达到 1.19 亿，占比 93.6%，比“十一五”末新增 2789 万人，增长了 30.5%。大力开展老年人健康教育，启动“健康中国行——合理用药”主题宣传活动，针对老年人等特殊人群制定核心信息，开展健康巡讲、公益广告等宣传教育活动。

（四）农村老年医疗保障水平稳步提高。2013 年底全国新农合参加人数 8 亿，参合率达 99%。各级财政人均补助标准由 2012 年的 240 元提高到 2013 年的 280 元。政策范围内住院费用报销比例达到 75% 左右。全面推进新农合门诊统筹，扩大保障范围。90%的统筹地区实现了省内异地就医及时结报。

（五）计划生育家庭老年扶助政策体系日趋完善。计划生育奖励扶助和特别扶助制度稳步实施，2013 年共惠及 700 多万人，中央财政共投入 30 亿元。2013 年底，我委联合 5 部门印发了《关于进一步做好计划生育特殊困难家庭扶助工作的通知》，将特扶标准分别提高到城镇每人每月 270 元、340 元，农村每人每月 150 元、170 元。

（六）老龄科研工作和国际交流广泛开展。将“老年病防治研究”等课题纳入“十二五”国家科技支撑计划重点项目进行研究，完成“中国人口老龄化和人口政策”重点课题研究。积极与世界卫生组织、联合国亚太经社会、联合国人口基金等开展老龄领域国际交流与合作。

二、进一步做好卫生计生老龄工作

（一）加强服务网络建设。按照分工要求，完成贯彻落实《国务院关于加快发展养老服务业的若干意见》重点任务。继续推动设立老年病医院、护理院、康复医院等，在有条件的二级以上综合医院开设老年病科，增加老年病床数量。支持有条件的养老机构设置医疗机构，探索医养结合的合作模式。推进面向养老机构的远程医疗服务试点工作。

（二）落实老年优待政策。贯彻落实《关于进一步加强老年人优待的意见》精神，开展联合督查，与全国老龄办联合在卫生计生系统内开展“敬老文明号”创建活动，切实推动老年人就医优待政策和优先优惠措施的落实。

（三）推进公共卫生服务。继续做好老年人健康管理和疾病防控工作，在基本公共卫生服务项目中扩大老年人健康管理项目内容，增加腹部黑白B超检查，加强对高血压、糖尿病等患者的健康管理。做好老年慢性病和老年期精神障碍预防控制工作。建立社区医院与老年人家庭医疗契约服务关系，注重提高服务质量，提高老年人满意度。将老年人作为健康教育和健康促进活动重点人群予以关注。

（四）提高新农合保障能力。参合率继续保持在95%以上，完善筹资机制，继续提高政府补助标准。支持符合条件的养老机构内设医疗机构申请纳入新农合定点范围。

（五）做好老年护理工作。研究探索老年长期护理保障制度，制订老年人家庭保健和照护工作指南，在有条件的地区开展家庭养老照护试点工作。

下一步，我委将继续深入开展老年医学科研工作，做好流动、留守老人健康服务，推动实现65岁及以上老年人在基层医疗机构免费使用基本药物，不断加强健康老龄化方面的国际交流与合作。我委将进一步加强与各成员单位的协调配合，认真做好卫生计生老龄工作，不断推进老年健康支持体系建设，为实现健康老龄化、积极老龄化作出贡献。

在2014年全国老年人体育协会工作会议上的讲话

国家体育总局副局长　冯建中

（2014年5月13日）

同志们：

关于老年体育工作，刘局长、晓敏同志都讲过许多次了。我认为老年体育工作现在层层不缺讲话，需要的是实干，需要把一件一件事情做实了。

我有四点想法：

一、各级体育部门要真正重视老年体育工作

我们国家发展到今天，经济社会达到了一定的阶段，与此同时，也进入了老年社会。党中央、国务院非常重视老年工作，先后发了不少文件。对老年体育工作也提出了明确的要求。亿万老年的身体健康如何，直接关系到我们国家小康社会的建设，关系到中国梦的实现。各级体育部门要把老年体育工作真正重视起来，放到一定的位置来抓。做到有规划，有政策，有布置，有检查。

二、要为老年体育工作理顺各种关系

党的十八大部署了我国今后改革发展的工作，国家新一轮的改革已经起航。国家治理的理念已经提出，这就给我们各个方面提出了一系列新的要求。特别是市场在资源配置中起决定性作用的理论判断更是使得我们过去的不少行为，决策要进行新的变化。国家下放审批权，一大批不该审批，可以由市场决定的事情放下去。社会团体的改革也在研究之中。政府做好政府该做的事，社团做好社团该做的事情。各级体育部门要为老年体育工作理顺各种关系。我们现在的改革还不到位，各个方面的规章制度还不健全，有些现实的问题还互相矛盾，政策、机制还不完善，社团的运作还有困难等，这些都需要去逐步理顺。

三、各级老体协要按照协会的要求去运行

中央在进行国家治理体系的建设，政府如何转变职能，工作方式方法如何转变是应该研究的问题。与此同时，社会组织应该如何工作也是需要研究的新问题。政府工作要做的事情和思维习惯、思维方法是一个样，社会组织的工作思维和方法又有着自己的特点。用行政思维和方法代替社团的思维和方法是不行的。希望各级老年体协逐步按照社会组织、协会的要求去进行工作。在协会的章程制定，思维方法，工作规范，工作方法，程序管理，素质提高等方面下工夫，以适应变化了的新情况。我们长期把政府和协会混在一起工作，行政思维和习惯色彩比较浓。政府要提高管理水平，在政策的制定，方向的把握，效益的考核，状态的评价，工作的界面要划清楚。社会组织应该如何承接政府职能转变之后的部分，做到无缝连接，运转顺畅也要认真研究。国家正在研究这些问题，从宏观方面国务院要求下放审批权力，财政部也下发了政府购买服务、绩效考核的文件，民政部也正在研究事业单位和社会组织的改革问题，我们要及时跟上国家的步伐。

四、各自要把事情做实

说一百句空话大话不如做一件实事。各级体育部门和老年协会要把各自的职责尽好，把事情做实。一年做一件事，几年下来就是一串实事。这些年，老年体协做了大量的工作，是比较活跃的社会组织之一。在今年的群体工作会议上我要求陆续为老年人做八件事情。发一个加强老年体育工作的决定；研制一套适合老年人使用的健身器材；编写一套适合老年人的健身锻炼指南；提出一个系统的发展老年体育的规划；把老年体育工作列入每年的全民健身条例督察内容；在老年体协的组织建设和挂牌方面提出要求；在老年体育的经费投入方面提出要求；在老年体育的场地建设方面提出要求。

总结经验　创新思路
努力为全国老年人体育健身服好务

——在2014年全国老年人体育协会工作会议上的讲话

中国老年人体育协会主席　张发强

（2014年5月13日）

各位领导、各位代表、同志们：

大会顺利完成了前三个单元的议程，下午进入最后的程序，集体总结。刚才三位小组代表的汇报发言，实际上是对会议作了很好的总结，我完全同意。

正如大家所言，这次会议主题鲜明，诉说“寻梦”；重点突出，意在“家园”；内容丰富、各有特色；经验平实、思路创新；接待热情，服务周到。代表们在婺源从溪庄园聚贤厅里开设群言堂，召开了一次高峰论坛，大会发言认真热烈，小组讨论积极踊跃，普遍反映发言和文件资料质量很高。大家有收获、很高兴、多满意，深有感触地说，这次会议是“寻梦江西，婺源启航”。现在轮到我给大家汇报了，汇报的题目是：总结经验，创新思路，努力为全国老年人体育健身服好务。

代表们，同志们，2013年是我国老年体育工作喜庆之年。我们成功举办了第二届全国老年人体育健身大会，以此隆重纪念中国老年人体育协会成立三十周年，同时热烈庆祝国家法定的节日——第一个全国老年节。这一年，把30余年来中国老年人体育健身演绎到了极致，诉说了我国老年人晚年追求健康、快乐、幸福的梦想，体现了我国党和政府对老年人体育事业的高度重视，展示了全国正在形成的尊敬爱护老年人、孝顺帮助老年人的社会新风尚。真是三十年深有感触。

2014年是我国老年人体育协会再走三十年的开局之年。我们在江西婺源召开年会，举办高层论坛大家谈，共商“建老年人健身家园、开康乐寿幸福源泉”之大计，总结经验，创新思路，努力为全国老年人体育健身服好务，可谓创新路大有可为。

一、三十年深有感触

1983年6月国务院批准成立中国老年人体育协会，30余年来老体协迅猛发展、日益壮大，特别是近十年，取得了跨越式发展。

全国各地老体协主要通过实现两个突破，带来了自身的跨越式发展。一是突破体育圈，不离体育线，在体育局的主管下，实现老年体育社会化。老年体育不再是单纯在体育圈内循环，而是走进全社会大环境里循环，健身活动不再是单纯的体育管理，而是通过社会和组织来宣传动员和组织带领全体老年人参加体育健身，倡导科学文明的生活方式，体现党和政府重民生、惠民生，不断满足老年人日益增长的对体育健身的需求，同时又发挥体育的社会功能和作用，从而迈开了老年体育社会化改革的步伐。二是突破行政化，坚持党政主导，由单一行政管理走向社会公共服务。积极争取政府给老年人体协配置适当的“家业”，购买社会公共服务，老体协逐渐提高能量，把“家业”变“产业”进而发展为“事业”。这是老年体育工作尝试走产业化道路的良好开端，是一条老年体育改革发展的必由之路。社会化和产业化正好是我国体育改革的两大方向，地方老体协正是在这两个方向上取得了突破，才实现了老年体育的跨越式发展。

老年体育跨越式发展的重要标志，集中地体现在成功举办两届全国老年人体育健身大会，两届全国大会的成功举办，又为全国老年人体育健身活动掀起新的高潮。2009 年，在长期不懈努力的基础上，我们终于创办了首届全国老年人体育健身大会。青少年的竞技场同时成为老年人的康乐园，奥林匹克精神更快更高更强转化为我国老年人的更快乐更高寿更强健，也就是中国康乐寿的福文化。首创获得成功，社会反响强烈，全国绝大多数地方党委和政府两办印发了《关于加强老年人体育工作的意见》，从而在全国掀起了老年人体育健身的新高潮。2013 年第二届全国老年人体育健身大会开始纳入国务院规划，8 月 8 日全民健身日在首都北京开幕，全国第一个老年节于重阳在深圳闭幕，十二个健身交流项目分别在十二个城市举办。国务院刘延东副总理作出重要批示，我们必将在十八届三中全会精神鼓舞下全面深化改革，继续扩大开放，大胆开拓创新，把为全国老年人体育健身出彩地服务好。

这三十年令人深有感触。一是感恩。回头看，我们深刻领会到党中央国务院卓识远见。30 年前，早在我国尚未跨进人口老龄化社会，党中央国务院就提前作出了积极应对的战略安排。成立国家老龄委，设置老龄办，批准成立中国老年人体育协会，全国各地方老体协也相继成立。30 年来，我们从无到有，从上到下，从小到大，组成全国网络，成为党和政府联系和团结老年人的可信、可用、可靠的社团组织，为我国全民健身事业的发展，为积极应对人口老龄化社会奠定了良好的基础，为进一步深化改革扩大开放，进一步促进经济社会发展，发挥积极作用。二是感激。现实告诉我们，习近平总书记指出的老干部“政治立场坚定、工作经验丰富、群众基础深厚、社会影响广泛”十分正确。1983 年前后，正值全国干部体制改革，一大批老前辈、老干部从岗位上退下来，他们积极发起成立全国老年人体育协会，老干部社会影响大，组织能力强，他们的奉献精神为我们开创了今天的大好局面，他们的长者风范值得我们敬佩和学习。我们深深地感激他们，他们是奠基人，没有他们，就没有我们的今天。三是感悟。纵观 30 年，人生有很多感悟。首先人到老年，都会共同地具有一个强烈的愿望和迫切的需求，那就是健康第一，追寻健康、快乐、幸福的梦想。“老年梦”是推动老年体育健身大发展的强大原动力。有需求就会有供给，党和政府认识到，体育不仅带给人们强健的体格，还能塑造人们良好的性格、品格和人格。同时明白关心体育就是关心群众、重视体育就是重视群众、热爱体育就是热爱群众、参与体育就是深入群众。因此制订的“党政主导、社会参与、全民关怀”的老龄工作方针，是老年体育事业健康发展的根本保证。大家都说，关心自己的健康是美德，关心老年人的健康是功德。30 年来，很多相继离退休的老同志，把志愿到老年人体协服务发挥余热当作是自己的首选。他们在身先士卒投入体育健身的同时，也积极参与宣传，发动、组织、带领更多的老年人加入全民健身的行列。事实证明高素质的老体协团队是搞好服务工作的关键。我们还注意到，榜样的力量是无穷的，我们有一批地方老体协敢想、敢干、敢闯、敢为天下先，很多难题，多是从地方先试、先行，取得成功后再全国推广。我们必须重视和发挥地方老体协的作用。30 年之感受，句句是经验之谈，值得珍惜。

二、创新路大有可为

再走 30 年，如何起步？赢得开局很重要。

目前正处关键时期，举什么旗、走什么路？党的十八大为我们作出了正确抉择，十八届三中全会更进一步明确了今后的方向：全面深化改革、继续扩大开放、大胆开拓创新。全面深化改革，我们思想上要明确、工作上要落实、方法上要保障，总体上要自强；继续扩大开放，老体协要从两层意义上考虑。一是突破体育圈，但不是形成老年体育圈，一个更狭隘的圈，是要走向社会，要把老年体育工作打开，和社会上为老年人服务的单位联合起来行动，整合资源，做到真正融入社会；大胆开拓创新，前景十分宽广，大有可为。

根据各地的经验，老年体育的大发展要强调四个大思路：体育属于大文化、积极应对老龄化、公共服务均等化、社团管理科学化。我具体提出几条建议，供大家参考。

（一）思想上要明确三个为本。

1. 以人为本。以人为本，科学发展是共产党的执政理念。也就是我们老年体协的服务理念。以人为本不是空话，而要赋予实际内容。对我们来说“以人为本”就是要“以老为本”，具体理解为四个方面：

首先要深入学习了解研究老年。老年人是特殊人群，有特殊的变化和需求，社会要对他们特殊的优待和照顾。老年人体协是一个特殊的组织，有特殊的地位和作用，所以我们要深入了解老年人，从而发挥老体协自身的作用。第二要一切围绕老年人转。工作、方向、目标、任务、方式、方法和评价标准都要以老年人为中心，都要围绕着老年人转。第三要取悦老年人，要孝顺老年人，要帮助老年人。第四要特别关爱照顾老年人中最弱势的人群。

因此我们老年体育工作方针就是：促进城市，发展农村，重在基层，面向全体。老年体育必须要坚持科学发展，发展是硬道理，硬发展没道理，科学发展才是真道理。因此以人为本，我们可以说成以老为本。以老为本的意思是不吃空老本，而是要保护老本。

2. 以健为本。体以人为本，人以体为本。健康是金，健康是老年人的第一需求，而健身是健康的基础。“老有所健”是老年人“六个老有”的基础和根本。大家都知道全民健身的重要对象是两类人，一类是青少年，另外一类是中老年。所以抓全民健身，一手抓青少年，一手抓中老年，要同时抓，要两手抓，两手都要硬。国家体育总局刘鹏同志在二届老健会的组委会上讲“老年人群是全民健身队伍的基础人群、骨干队伍、有生力量、得力助手”，而在应对老龄化社会的作用是“体育健身给老年人带来健康、给家庭增添幸福、为社会构建和谐、为党政保一方平安”。体育健身是应对人口老龄化最经济、最便捷、最有效、最具号召力、最有吸引力、最有凝聚力的一个巧手段，是具有中国特色的方法。健康与和谐是老年体育工作要始终突出的两大主题。

3. 以实为本。对待老年人我们的工作一定要讲实话、办实事、求实惠，以老年人为本，给老年人快乐，为老年人实干。老老实实是老年体育工作要始终坚守的信条。

（二）工作上要落实三个身边。思想上的明确，一定要在工作上落实。“三个身边”也叫“三个环节”。2002 年中央 8 号文件明确提出了加强体育工作必须抓住三个环节，中央文件的精神是从群众中来到群众中去。1997 年在上海闵行群体处长会上第一次提出了“三个身边”，“抓群众身边的组织，建群众身边的场地，搞群众身边的活动”，这是一个经典的总结和概括。活动是生命，场地是基础，组织是保证，这是体育工作的三个环节，体育市场的三个要素，也就是什么人、在什么地方、买卖（或服务）什么。因此我们要牢牢抓住这三个环节，同时一定要在“身边”做文章，要在“搞”“抓”“建”上面下功夫，三个环节强调的重点，排列的次序，应因时因地不同。过去我们是用开展活动促进场地建设，这次会议之后，要转化为用场地建设保证活动开展。

1. 场地建设是基础，是体育市场的本体，它承载着我们的服务。现实情况是：大型体育场馆、学校体育场馆、社会高消费体育健身娱乐场馆等如雨后春笋般的快速发展，但一些老年人的健身却造成了扰民的后果，被驱赶，产生矛盾，所以社会舆论提出了“给老年人健身腾一块地”“为老年人幸福建个家”的呼吁。我国老体协成立 30 周年了，是应该帮助老年人体育“成家立业”了。为老年人的场地建设要有一个转变，就是从单纯的体育场地建设转化为幸福家园的建设。建设老年人幸福家园应该强调“小型、分散、简便、实用”，建在身边，不求所有，但求实用。江西提供了多元的、多样的经验；福建做了“百千万”工程，“一百个家园，一千个站点，一万个社会体育指导员”，形成网络变为体系；内蒙古建设“123”工程。江西的做法有向全国普遍推广的意义，它的场地建设方法是通过规划兴建、调整划拨、政府配置、社会整合、健身专户等方式，综合利用各种社会资源进行站点建设等实现的。东部沿海发达地区在原有先行一步的基础上，身边场地建设硕果累累，今后可再有新发展、再上新台阶。

2. 活动是生命，是体育市场的客体，是买卖什么东西，或者是服务的内容。体育活动有四个问题要明确。一是老年人开展的体育是“玩“的体育，应该选择轻松、缓慢、柔和、有氧、快乐、小型、分散、自愿、多样的活动。二是个体活动不可替代、社会活动不可或缺、科学活动不可偏离，创新活动要不间断、展示活动要认真、推广活动要多样、台港澳交流要重视、国际交流活动要开辟。大小活动相结合，以小为主；集中分散相结合，以分散为主；临时经常相结合，以经常为主。创造有影响力、有感召力、有轰动效应的品牌活动。要做一些有特色的活动，加大广场公园和民间民俗的活动，要与文化、旅游、教育、科学、养生养老、休闲度假相结合，要自愿参加，志愿服务。三是经费问题。政府购买公共服务、社会参与公共服务、个人消费公共服务、组织志愿工作者队伍。这是开展老年体育活动主要的四种经费渠道。四是在争取到“家业”后，想办法提高自己的本领，把“家业”变成产业，由产业走向事业。

3. 组织是保证，是体育市场的主体，是全面协调可持续发展工作的保障。它是发展的依托，联系的纽带，社会化的关键，占领阵地争取群众的十分重要的工作。现在老体协的组织和工作状况有体制内外、线上线下、社团组织和类似人民团体这 3 种情况。目前是多元化、多样性的，下一步改革要向着有利发展的方向。体育的组织应该以体育法、老年人权益保障法、全民健身计划和社团管理条例为依据；以体育健身项目为主线，建立协会制、俱乐部制、专项委员会制；以社区乡镇为重点；以家园、站点为基础；以社会体育指导员为骨干；以属地管理自愿参加为原则；以非营利性为主体，试办老年人健身俱乐部；以法规制度为保障；年龄以不同年龄段老人分类指导为特色；以社会化产业化为方向；以体质监测体系、个人定制健身方案为亮点。通过这些原则建成纵向相对独立，横向加强联系，覆盖面广，包容量大，网络化的老年人体育组织框架。

（三）方法上要做好的三条保障。

1. 法规政策。法规政策是老年人体育工作快速、持续、健康发展的保证。要在民主和法制的前提下，依法组织体育活动。现在党和政府连续出台了一系列养老服务、健康服务和公共服务的政策法规需要我们在充分学习之后，用足、用活、用透。

2. 科学健身。科学健身不可偏离。采用适当的措施宣传科学的健身方法。对老年人体育健身项目要不断收集、挖掘、整理提高和普及推广、保护申遗，健身器材要升级，组织小分队下基层。

3. 宣传引导。不少地方老体协办的宣传报刊很有水平，发挥了十分重要的作用，我们要继续抓好这方面工作。

创新路大有“可为”变成大有“作为”，需要下功夫“吃透两头、疏通左右、加强自我、注重实效”。我们队伍的自身建设十分重要。最近福建省老体协换届，老领导袁启彤主席离任告别讲话，用心用情，十分感人，建议大家一读。

各位代表、同志们，老年体育工作有四个轮子：推广运动、传播文化、弘扬精神、开发产业。老年体育还有六个动力：社会需求源动力、社会活动生命力、社会组织保障力、社会效益凝聚力、社会地位助推力、党政主导自身建设核心力。四个轮子装上六个缸，老年体育将走上又好又快发展的轨道。

同志们，老年体育功德无量，前景宽广，要做的事情真是太多了。我相信我们再走 30 年，从江西婺源启航，顺应改革创新的大势，借助重视老年人的优势，一定能把老年人体育健身事业服务好！

在北京市老龄工作委员会 2014 年第一次全体会议暨“推进养老服务体系建设，加快养老服务业发展”议案办理工作会上的讲话

北京市副市长　戴均良

（2014 年 5 月 8 日）

同志们：

今天，我们召开市老龄委 2014 年第一次全体会议暨“推进养老服务体系建设，加快养老服务业发展”议案办理工作会，深化改革，开拓创新，为老年人谋幸福，为老龄事业谋发展，很及时，很有必要。这次会议的主要任务是：深入贯彻落实党的十八届三中全会以及市委全会、市“两会”精神，回顾总结老龄工作的成绩和经验，分析研究新的形势和任务，推动落实各项老龄工作。

刚才，万钧同志代表市老龄委总结了前一段时期的老龄工作，提出了今后工作的思路和安排；红兵同志对几项重点工作进行了说明；振宇同志通报了“推进养老服务体系建设，加快养老服务业发展”议案办理督办工作安排；各成员单位讨论通过了老龄委工作制度、成员单位职责；维林同志结合议案办理提出了具体要求。讲得都很好，我完全同意。希望各部门认真组织学习和落实今天的会议精神和要求。借此机会，我讲几点意见：

一、齐心协力推动全市老龄事业实现快速发展

近年来，在市委、市政府的坚强领导和市人大、市政协的指导监督下，在各成员单位、各区县政府和社会各界的共同努力下，我市统筹推动老龄规划、政策、制度的调整完善和落实，有力地促进了老龄事业与经济社会协调发展，老龄工作取得了显著成效。老年人养老保险、医疗保险、社会救助和社会福利水平不断提高；“9064”养老服务模式确立，“九养”政策全面落实，养老机构快速发展，社会养老服务体系逐步建立；社会敬老优待服务得到老年人普遍欢迎，老年人文化、教育、体育活动深入开展，老年人精神文化生活不断丰富。老年法律法规贯彻落实，老龄工作机构和队伍建设不断加强，老龄事业发展基层基础更加坚实。

这些工作成绩和发展进步，一是得益于中央和市委市政府的高度重视。去年 12 月 28 日，习近平

总书记深入海淀区四季青镇敬老院视察养老工作，亲切看望慰问老人，希望北京的养老事业在全国干得最好，充分体现了党中央对养老事业的高度重视和支持，是对我市养老工作的巨大鼓舞和鞭策。市委、市政府重视老龄工作，专题讨论养老保障、养老服务等老龄事业发展议题。市人大、市政协提出老龄问题重要提案、议案、建议，支持、推动了老龄事业发展。二是得益于老龄委各成员单位的共同努力。各部门主动思考，主动研究，主动安排，主动落实，形成了部门协作、上下联动、共同推进老龄事业发展的良好局面。三是得益于区县和基层老龄工作者的辛勤努力。各区县在政策、资金上对老龄工作给予重点倾斜，发挥区位优势创造性地开展工作。首都老龄工作者心系老人，勤政为民，求真务实，甘于奉献，做了大量艰苦细致的工作，把党和政府的温暖送进千家万户，为老年人谋幸福，为首都和谐稳定做出了重要贡献。在此，我代表市政府向市人大、市政协，向各成员单位和各区县，向全市老龄工作战线上的广大干部职工和社会各界表示衷心的感谢和诚挚的问候！

二、深刻认识和把握首都老龄工作面临的新形势

今年是贯彻落实党的十八届三中全会精神、全面深化改革的开局之年。首都老龄工作面临着前所未有的机遇和挑战，需要我们重点从以下三个方面来认识和把握：

（一）深刻把握全面深化改革对老龄工作的新要求。党的十八届三中全会对全面深化改革作出了战略部署，提出要让发展成果更多更公平惠及全体人民，要积极应对人口老龄化，加快建立社会养老服务体系和发展老年服务产业。这些改革要求，对深化老龄事业发展提供了指导，指明了方向。当前，首都发展正在转型升级，2013 年全市实现地区生产总值 19500.6 亿元，地方财政预算收入 3661 亿元，分别比上年增长 7.6%和 10.4%。今年 2 月 26 日，习总书记在北京市视察工作时强调，建设和管理好首都，是国家治理体系和治理能力现代化的重要内容，北京工作在全国具有示范表率作用，要明确城市战略定位，努力建成国际一流的和谐宜居之都。老龄事业涉及千家万户，关系国计民生和首都和谐稳定，是社会治理和社会事业的重要组成部分。积极发展首都老龄事业，不断提高政府公共服务能力和水平，满足老年人养老需求，让老年人生活幸福，家庭和美，代际和睦，社会和谐，是和谐宜居之都建设的重要内容，意义深远，责任重大。

（二）充分认识首都人口老龄化的严峻形势。2013 年，全市户籍老年人口 277.9 万，占户籍人口总数的 21.1%。未来 30 年，我市人口老龄化将进一步加速发展，形势非常严峻。一是老年人口数量持续攀升。预计 2020 年老年人口将超过 400 万；2030 年将超过 500 万；2040 年将超过 600 万，占总人口的比例将超过三分之一。二是老年人口的高龄化、失能化、空巢化现象并存。80 岁及以上高龄老年人口约 46.6 万，并以年均 10%的速度增长，快于老年人口增速度；失能老年人口约 18 万，占老年人口的 6%；失去独生子女的计划生育家庭老年父母约为 4500 人；空巢老年人占老年人口的一半左右。三是社会抚养负担愈发沉重。我市人口抚养系数由 2008 年的 36.7%提高到 2013 年的 45%，预计到 2020 年将达到 50%，2030 年达到 70%，2040 年前后将达到 100%。人口老龄化的深度发展，意味着老年群体在人口结构中切不可被忽视，老龄问题对于城市宜居生活环境要求、社会代际关系重大调整、社会创造力重新探索、社会潜能进一步发掘，以及对于包括养老服务业在内的新兴市场的迫切且混沌的内在要求，都将显得异常复杂艰巨。

（三）切实增强解决老龄问题的紧迫感和责任感。近几年来，“两会”涉老议案、建议、提案数量逐年增加，新闻媒体报道力度不断加大，老年人及其家庭的养老需求日益增长，社会对养老问题的关注度越来越高，市民对未来养老诸多不确定性所形成的焦虑，逐渐聚焦在政府，政府压力越来越大，需要我们认真、系统地作出回应。未来一个时期，养老保障压力持续增加，养老服务需求快速增长，社会事业和社会治理改革任务艰巨，倒逼各部门工作方式、工作内容、工作重点必须适应新时期和新形势的要求和变化。对此，我们要切实增强做好老龄工作的责任感和紧迫感，站位全局，深刻认识积极、科学应对人口老龄化的战略意义，抓紧做好应对人口老龄化的思想准备、政策准备、制度准备、组织准备和物质准备。

三、深化改革，推动首都老龄事业创新发展

做好今年和今后一段时期的老龄工作，要以邓小平理论、“三个代表”重要思想、科学发展观为指导，以贯彻落实党的十八大、十八届三中全会和习近平总书记视察北京重要讲话精神为主线，以将北京建设成为国际一流的和谐宜居之都为目标，抢抓机遇，主动作为，深化老龄工作体制机制改革，健全养老保障和养老服务制度，创新社会治理模式，完善公共服务体系，推动首都老龄事业健康科学发展。

（一）深化老龄工作体制机制改革。新形势下进一步做好老龄工作，市委、市政府有要求，社会各界有关注，老年人及其家庭有呼声，老龄工作必须顺应时代的要求，改革的要求，人民群众的要求，把改革作为主题，以更大的智慧、勇气和决心，破解思想观念、体制机制、工作方式等深层次发展难题，确保改革取得实效。

要充分发挥老龄委作用。上半年新调整的市老龄委由43个涉老部门组成，这既表明市委、市政府对老龄工作的高度重视，也说明老龄工作涉及面广、政策性强、影响面大、工作要求高，是一项复杂的系统工程，需要有关部门齐心协力。会前，市老龄办会同各成员单位根据老龄事业新的发展阶段和新的工作任务，对老龄委各项工作制度进行了完善，对成员单位职责进行了修订，提交全会进行审议。从一定意义上讲，老龄工作的好坏、老龄事业发展的快慢，很大程度上取决于老龄委及其成员单位职能作用的发挥。各单位一定要提高思想认识，破除体制机制障碍，充分挖掘潜力，既要勇于担当，又要跳出自己的一亩三分地，站在老年人和老龄社会的需求角度，主动整合内部资源，主动参与跨部门协同，主动统筹跨领域发展，形成协调配合、分工合作、齐抓共管的工作局面。区县老龄委要根据市老龄委组成及其成员单位职责调整，尽快适应新形势和新任务需要，及时将本区县老龄委组成及成员单位职责调整到位。

要强化老龄办的职责作用。老龄委决定的许多事项要靠办公室去推动和落实。老龄办要深刻把握议事协调机构的工作规律和特点，以更宽的视野审视老龄问题，以更高的站位谋划老龄工作，充分发挥参谋助手、综合协调、政策创制和督促检查作用，做好四个服务，即：当好参谋助手，为老龄委议事决策服务；做好综合协调，为成员单位推进工作服务；开展政策创制，为社会参与老龄工作服务；加强督促检查，为基层开展老龄工作服务。在机构建设方面，当前区县老龄工作机构还存在体制不顺、机制不畅、人员不齐、经费不足等问题，影响了老龄工作的开展。各区县务必引起重视，要在今年内规范区县老龄机构设置，将区县老龄工作统一划归民政局统筹管理，形成市、区职能统一，上下贯通，管理有序的老龄工作体制，健全责权利相统一、人财物相匹配的工作保障机制。

要扎实做好基层老龄工作。一方面，要做强、做实街道、乡镇老龄委及老龄工作办公室，成立社区居（村）委会下的老龄工作委员会，统筹协调民政、人力社保、卫生计生、社会建设、残联等各部门在基层的工作力量，将各项涉老政策落实到基层。另一方面，要积极推进老年群众组织建设，将老龄办与老龄协会（老年协会）职能分开，明确老龄办承担政府老龄工作行政管理职能；各级老龄协会（老年协会）为老年群众性组织，统筹整合区域养老资源，协助政府部门组织辖区企事业单位、社会组织和个人开展养老服务，充分发挥老年人特别是低龄健康老年人参与社会发展的积极性。

（二）加大老龄政策法规创制力度。完善制度就是要加大政策创制，及时将成熟的经验做法上升为制度安排，用完备的制度保障改革创新和事业发展。

按照市人大常委会2014年立法工作安排，我市今年将开展《北京市居家养老服务保障条例》（以下简称《条例》）立法工作，这是老龄事业法制化进程中的一项重大基础性工作。当前，市人大、市政府已经成立《条例》起草领导小组和工作小组，正紧锣密鼓积极推进各项工作。各有关单位要积极配合做好条例草案的起草工作，主动作为，大胆创新，积极推进养老服务理论创新，借鉴推广先进的养老服务模式，开展重大课题研究和重要制度设计，将被实践证明行之有效的成功经验和做法，进一步梳理、论证、完善，以立法形式加以固化和规范。

应该看到，我市老龄工作取得了长足的发展和进步，但在某些方面，我们暂时落在了后面。比如关于老年终身教育与发展，天津市制定了老年人教育条例；在社区养老服务方面，广州市全面推进街道家庭综合服务中心建设，通过政府购买社会服务的方式，由民办社会工作服务机构承接运营；在基层老年人协会建设方面，广西在4年内投入9000万元，扶持建设3000个示范性村级老年人协会。这些好的经验和做法，值得我们学习借鉴，需要我们坚持以人为本，回应民生诉求，注重调查研究，加强部门协作，将我市老龄政策创制工作与贯彻中央养老政策文件相结合，与深化改革、破解难题相结合，与老龄工作实际相结合，不断完善我市老龄政策法规体系。

（三）创新养老服务发展模式。当前，我市养老工作形势出现了多个变化，一是横跨了政府多部门，二是横跨了政府、社会、市场、老年人个人及其家庭等多主体，三是横跨了养老服务事业和产业等多领域。创新养老服务发展模式，就是要改变传统发展模式，按自然规律、社会规律和市场规律办事，加快推进养老服务社会化、产业化进程。

养老服务业既是一项金色事业，也是一个朝阳产业，对缓解养老供需矛盾，拉动内需，扩大就业，推进首都经济转型升级，具有重要意义。与《国务院关于加快发展养老服务业的若干意见》（以下简称《若干意见》）同步起草、同步出台、同步推动，市政府制定了《关于加快推进养老服务业发展的意见》（以下简称《意见》），市政府办公厅印发了《关于加快本市养老机构建设的实施办法》（以下简称《实施办法》）。为了切实推动各项改革任务的贯彻落实，国务院《若干意见》和市政府《意见》正文中，以“重点任务分工”的形式，分解了各有关单位的牵头任务和配合任务，明确了时间节点和完成时限，这在政府发文中是不常有的，体现了政府对推进养老服务业发展的高度重视和坚定决心。《意见》的80项重点任务和《实施办法》的45项重点任务，有不少是新的工作领域，要在各单位原有的内部职责任务中进行重新确认。任务涉及到的各有关成员单位，特别是作为牵头部门的成员单位，要结合今年市人大议案办理工作，明确本部门和配合部门的责任，积极主动作为，加强部门联动，密切跟踪部委办出台的实施细则，抓住本市经济结构调整的有利时机，做好前瞻研究和顶层设计，使市场在资源配置中起决定性作用，并更好地发挥政府作用，大力推进养老服务社会化、产业化改革。根据《意见》和《实施办法》的要求，我市将研究建立养老服务考核评价指标体系，将保障基本养老服务纳入政府绩效考核办法，将整合区域养老服务资源、满足多样化养老服务需求纳入社会评价体系。

《意见》和《实施办法》出台已经7个多月，从各方反馈的情况来看，实施动静不大，执行情况不尽如人意，有些部门还没有启动相关工作任务。会后，市发改委、民政局和老龄办会同市政府督查室，要对各项任务的落实情况进行督导，对哪些工作已经开展、进程如何，哪些任务尚未启动、原因何在、存在什么困难等问题做出统计，我要专题听取汇报，并适时向市政府报告，为5月民政部督查、9月国务院督查打好基础。

（四）提升为老服务工作能力和水平。提升服务就是把“服务创新”作为工作重点，在加大资金保障的同时，动员社会力量，注重服务供给，提高服务质量，满足群众多样化的服务需求。

着力加大老龄事业资金保障和投入。老龄问题涉及政治、经济、文化、社会和生态文明等诸多领域，关系国计民生和国家长治久安。作为党和政府的一项重要工作，我们要将老龄事业发展作为社会建设的重点领域，坚持党政主导、社会参与、全民关怀的老龄工作方针，坚持发挥财政投入的引领作用，将政府兜底保障的特殊困难老人养老资金纳入各级政府财政预算科目，建立科学增长机制。今年，老龄委成员单位承担多项市委、市政府重要实事，包括建设80个街乡镇养老照料中心，开工建设1万张养老床位，提高社会办非营利性养老机构运营补贴标准，建成200个“一刻钟社区服务圈”示范点，调整基本养老金、基础养老金和福利养老金，提高计划生育家庭老人扶助金标准，等等。这些都是今年的硬任务，各部门要切实抓紧做好，确保圆满完成，不断改善老年人的民生需求，努力实现广大老年人共享经济社会发展成果。

充分发挥社会参与养老服务的积极性。社会组织是社会治理的主体，也是承接政府转移职能的重要载体。要继续放宽社会组织发展养老服务的准入门槛，建立一套系统完善、运转有效的购买服务机制，通过制定优惠措施和扶持政策，加大购买服务力度，鼓励、扶持社会组织为老年人提供生活照料、精神慰藉、文化教育、休闲娱乐等服务，确保政府转出职能，社会组织接得住、干得好，不断提升为老服务水平。

四、高度重视，切实做好人大议案办理工作

市人代会第十四届二次会议提出“推进养老服务体系建设，加快养老服务业发展”一号议案，交由市政府办理。市政府高度重视，在4月8日召开的市政府常务会议上，安顺市长对人大代表建议和政协委员提案办理工作提出了要求。刚才维林同志通报了议案办理督办工作有关安排。我们要根据市人大和市政府要求，切实抓紧做好今年养老议案的办理工作。

（一）高度重视议案办理。办理人大代表议案、建议是政府的法定职责。此次议案办理工作已经市政府常务会议研究，并列入市政府督查事项和绩效考评范围。各单位要正确认识议案办理工作的重要意义，按照确定的任务分工和时间安排，加强领导，精心组织，周密部署，将其作为落实国务院和北京市关于加快养老服务业发展意见的契机，通过人大代表的监督推动政府工作的创新和落实。我将适时召开会议，了解各单位办理工作情况，要就一些重要问题听取专题汇报，督促议案办理工作按期高质量圆满完成。

（二）切实加强协调沟通。议案办理工作涉及单位比较多，各主办和会办单位要站位全局，统筹协调，密切配合，坚决杜绝敷衍塞责、推诿扯皮现象。要积极与代表进行沟通联系，采取主动汇报、邀请代表座谈、广泛调研、视察等多种形式，虚心听取代表的意见建议，共商解决问题的方法和途径。

（三）创新议案办理机制。议案办理工作要突出政策和制度创新，要切实改变“重答复、轻办理”现象，把办理议案与履行职能、改进工作、完善政策紧密结合起来，加强顶层设计，抓紧相关涉老、惠老政策的出台，全力推进重点工作开展，做到既办好议案，又解决实际问题，让办理工作成为政府转作风、办实事、解难题的过程，切实为百姓谋福利。

同志们，改革之年全市老龄工作任务重、责任大。我们要以习总书记视察我市养老工作为动力，以深入贯彻落实习总书记视察北京重要讲话精神为统领，深入贯彻党的十八大、十八届三中全会和市委全会精神，不断强化首都意识，始终坚持首善标准，齐心协力，携手奋进，推动首都老龄事业再上新台阶，为将北京建设成为国际一流的和谐宜居之都作出新的更大贡献！

在辽宁省老龄委第九次全体会上的讲话

辽宁省副省长　周忠轩

（2014 年 2 月 27 日）

人口老龄化是我国经济社会发展必须面对和解决好的重大课题。发展老龄事业是关系人民群众切身利益的民生工程，是我们全面建成小康社会、实现中华民族伟大复兴中国梦的重要内容，体现了中国特色社会主义制度的优越性。老龄事业发展水平，标志着社会文明进步程度。

党中央、国务院对老龄事业高度重视。去年 12 月 28 日，习近平总书记到北京市四季青敬老院慰问时明确提出，要积极推进养老事业多元化、多样化发展，让所有老年人都能老有所养、老有所依、老有所乐、老有所安。去年 8 月，李克强总理主持召开国务院常务会议，专题讨论研究老龄事业发展问题，明确提出了加快发展养老服务业的总体要求、主要任务和政策措施。

省委、省政府一直高度重视老龄工作。省委书记王珉、省长陈政高多次就此作出指示批示，特别是对老年困难群体尤为关心。今年 1 月，陈政高省长主持召开省政府常务会议，审议通过了我省关于发展养老服务业的扶持政策和发展意见。

这次省老龄委第九次会议，主要任务是认真贯彻党中央、国务院关于发展老龄事业一系列决策部署，全面落实省委、省政府关于做好老龄工作的具体要求，推动全省老龄事业不断发展，使所有的老年人都能享受改革振兴的成果。刚才，马艳竞同志作了工作报告，总结回顾了近两年工作情况，安排部署了今年工作任务；发改、民政、财政、人社等部门的负责同志作了发言，讲得很好，我表示赞成。尤其是老顾问李国忠同志、闫丰同志的讲话，对全省老龄工作给予了十分中肯的评价，提出了很好的意见，符合实际，针对性强，省老龄办和各成员单位要认真抓好落实。下面，我讲三点意见。

一、准确把握老龄工作面临的新形势

近年来，在省委、省政府的正确领导下，经过省老龄委各成员单位和全省上下的共同努力，全省老龄事业实现了长足发展，取得了显著成就。在全国老龄工作会议上，我省作为唯一全面介绍经验的省份作了交流发言，受到国家老龄办和兄弟省市的高度评价。

一是大老龄工作格局基本形成。各级党委、政府将老龄事业纳入经济社会发展规划，将老龄工作纳入了各级政府绩效考核体系。老龄机构得到了加强，老龄委各成员单位认真履行职责，形成了老龄委组织协调、成员单位支持配合、社会各界积极参与，齐心协力推动老龄事业发展的工作格局。

二是社会保障体系日益完善。城乡基本养老保险制度全面建立，全民医保基本实现，城乡基本医疗卫生制度初步建立。新型社会救助体系基本形成，符合条件的老年人全部纳入了低保范围。计划生育家庭的奖励扶持政策得到全面落实。

三是社会养老服务体系建设不断加强。积极构建以居家为基础、社区为依托、机构为支撑的社会化养老服务体系。目前，全省城乡各类养老机构达到 1673 家，农村互助幸福院 1106 个，床位总数达到 20 万张，千名老人床位数达到 27 张。

四是老年人权益保障体系进一步完善。全省城乡普遍建立了老年维权站和老年人维权接待室，困难高龄老人津贴按时发放，70 岁及以上老年人免费乘车等优惠优待政策全面落实。

这些成绩的取得，是省委、省政府高度重视的结果，凝聚着历届老龄委领导同志、各成员单位的心血和汗水。在此，我代表省政府，向为辽宁老龄事业发展做出突出贡献的老领导、各成员单位的同志，向所有关心支持老龄事业的单位和同志，致以崇高的敬意和衷心的感谢！

在肯定成绩的同时，我们要清醒地认识到，当前人口老龄化形势非常严峻，老龄事业仍然面临许多深层次矛盾和问题。到2013年年底，我国老年人口已达到2.02亿，老龄化水平达到14.8%。我省人口老龄化形势较之全国更为严峻。到2013年年底，全省60岁及以上老年人口超过了780万人，老龄化水平已达到18%。我省人口老龄化程度“稳居”全国第四位，老年人口每年净增31万，增速达到了4.35%。人口老龄化的加剧，将给经济社会发展带来重大挑战，有两个方面尤其值得重视。

一方面，社会保障难度加大。目前，全省企业退休人员达到510多万人，抚养比大大高于全国平均水平，全国是3：1，而我省是2：1。而且随着全省企业退休人员持续增加，退休人员养老金持续增长，如果没有各级财政的持续投入，养老基金将出现很大缺口。虽然去年我们加大了养老保险扩面征缴力度，参保人员大幅增加，但养老基金征缴却未实现同步增长，确保企业退休人员基本养老金按时足额发放，任务艰巨，压力很大。

另一方面，社会养老服务体系建设更加紧迫。随着小型化家庭增多，一对夫妇要同时赡养4位或更多老人，传统居家养老越来越难以承受养老的全部责任。据统计，我省空巢老人已超过老年人口的50%。虽然以居家为基础、社区为依托、机构为支撑的社会养老服务体系建设全面启动，但仍处于初级发展阶段，远不能满足老年人需求，尤其是失独家庭养老问题非常突出，推进社会养老服务体系建设的任务十分艰巨。

对此，各地区、各有关部门要进一步提高认识，充分认清人口老龄化的严峻形势，增强责任感和紧迫感，从解决老年人最直接的现实利益问题入手，抓实事、解难题、求实效，积极应对人口老龄化的挑战，努力开创全省老龄工作的新局面。

二、扎实推进老龄事业再上新台阶

省委、省政府对全省今后一个时期老龄事业发展的总体要求是：深入贯彻落实党的十八大及十八届二中、三中全会精神，按照“党政主导、社会参与、全民关怀”的工作方针，深入宣传贯彻《中华人民共和国老年人权益保障法》，全面落实老龄事业发展“十二五”规划，坚持统筹谋划、协调发展、整体推进，扎实做好老龄事业各项工作，不断提升老年人生活质量和生活水平。

（一）坚持不懈保障和改善老年人民生。要在全面工作基础上，突出抓好困难老年人尤其是农村鳏寡孤独、城市困难家庭老年人的养老、医疗等各方面保障，努力实现广大老年人共享改革发展成果。一要完善社会养老保障制度体系。依托政府、企业、社会、家庭、个人等多方面力量，逐步建立健全以社会基本保障、职业保障、家庭保障、商业保障和自我保障相结合的社会保障体系。二要有效整合保险、救助、福利、慈善资源，实现制度的衔接配套，增强制度的公平性和可持续性、可操作性。三要切实解决老年人生活中的突出矛盾和困难，进一步加大对贫困、病残、高龄、独居、空巢、失能等困难老年群体的保障力度，逐步扩大高龄津贴发放覆盖面。

（二）发挥老年人的才智和力量。老年人是社会的宝贵财富。我们要创造更好的条件和环境，发挥老年人的聪明才智，把他们积累的科学技术方面、社会管理方面、人生哲理方面的经验传承下去。发挥老年人作用，一是要根据老年人的身体状况，以保证健康为前提，量力而行；二是要尊重他们本人的意愿；三是要采取切实可行的组织方式，杜绝形式主义。

（三）努力丰富老年人的精神文化生活。老年人既需要物质保障，更需要精神上的慰藉。要办好各级各类老年大学，增加老年公共文化产品供给。大力支持老年群众组织开展各类文化、教育、体育等活动，丰富老年人的精神文化生活，实现老有所乐，提升老年人的生活品质和健康素质。

（四）大力发展老龄服务产业。要发挥政府和社会两个积极性，坚持政府主导，市场运作，推动老龄服务业发展。要按照《国务院关于加快发展养老服务业的若干意见》（国发〔2013〕35号）和《辽宁省人民政府关于加快发展养老服务业的实施意见》（辽政发〔2014〕4号）文件的要求，加快发展老龄服务产业。一是统筹规划发展城市养老服务设施，加快社区日间照料中心、托老所等养老服务设施建设。二是大力发展居家养老服务网络，实现从基本生活照料向医疗健康、专业护理、精神慰藉、心理疏导、法律服务、紧急救护等方面延伸。三是切实加强对失能老人、高龄老人生活照料和服务，大力培育居家养老服务中介组织，加快发展老年人护理康复服务。四是完善扶持政策，促进养老服务向社会化、市场化、产业化方向发展，推动养老服务与相关产业互动发展。同时，要加大对发展老龄产业优惠政策实施情况的监督力度，使真正需要支持的企业得到实惠，实现发展。

三、切实加强对老龄事业的组织领导

一要强化组织领导。首先，各级党委政府要高度重视老龄工作，坚持问题导向，及时研究解决老龄事业发展中出现的问题。其次，省老龄委副主任、委员是本部门老龄工作的第一责任人，要把老龄委的各项决策部署纳入本部门工作规划，并加强组织指导，抓好各项工作的落实。要建立健全老龄工作责任制，明确分工，明确责任人。要建立目标管理机制，各成员单位年初要制定工作计划，提出要办的实事，一件一件落实，年底要向省老龄委汇报落实情况。

二要强化机构和队伍建设。老龄办和各成员单位要认真履责。首先，要转变作风，深入实际，加强调查研究，了解不同层次的老年人需求，把握老龄事业发展的规律。其次，要全心全意为老年人谋利益，从法律、制度入手，解决具体问题。再次，不仅要解决眼前问题，更要解决长远问题。到2020年，全省老年人口将达到1000万，占人口总量的1/4，所以要未雨绸缪，加大改革力度，调动各方面的积极性、创造性，为老龄事业长远发展打好基础。要进一步加强队伍建设，配齐配强老龄工作干部，培养和造就一支政治坚定、热爱老龄事业、作风过硬、素质全面的老龄工作队伍。

三要强化对老龄事业的投入。老龄事业的发展，需要方方面面给予支持和帮助。各地区、各部门要建立老龄事业专项工作经费按人口增长比例自然增长机制，继续落实好老龄事业专项工作经费，按照每名老年人省本级不低于年均0.5元、市本级2元、县本级3元的标准拨发。积极探索养老服务业多元化、社会化的投资渠道，引导和吸纳各类社会资本参与老龄基础设施建设。

老龄工作责任重大、使命光荣。让我们在省委、省政府的正确领导下，进一步增强政治责任感和历史使命感，不辱使命，不负重托，尽职尽责，真抓实干，努力开创我省老龄事业发展的新局面。

在江苏省养老服务业推进会上的讲话（节选）

江苏省副省长　许津荣

（2014年12月5日）

一、立足经济社会发展全局，深刻认识加快发展养老服务业的重要意义

首先，加快发展养老服务业，是实施积极老龄化政策，增进老年人幸福的重要保证。按照积极老龄化的要求，老年人的“健康、参与、保障”是三个方面的基本支柱，包括了医疗保障、经济保障、服务保障、精神关爱、社会参与等方方面面的内容。当前，在老年人口快速增加的同时，家庭养老功能弱化，而老年人的需求日益多元化、多样化。各种因素叠加，给社会养老带来很大的压力。只有以改革的思维加快发展养老服务业，完善养老服务体系，实现养老服务各领域的协同并进，才能促进养老服务水平整体提升，从而增加老年人的幸福感。

其次，加快发展养老服务业，是推动经济转型升级、扩大消费和就业的有效抓手。养老服务业既是夕阳事业，也是朝阳产业。今年10月29日国务院常务会议明确要求，重点推进包括养老、健康、家政等在内的六大领域消费。当前，我省经济工作的重点是在转型升级中保持经济平稳较快发展，其中推进消费扩大和升级是重要方面。老年群体数量庞大，服务需求多层次、多样化，能够催生巨大的养老消费市场，带动上下游产业发展，有效扩大就业空间。可以说，发展养老服务业，找到了经济发展和民生改善的最佳结合点。

第三，加快发展养老服务业，是完善社会治理体制、强化政府基本公共服务职能的有力举措。江苏经济社会发展总体水平处于全国前列。国际经验表明，这一时期容易出现“中等收入陷阱”，即因经济社会发展不同步，引发一系列民生问题和社会矛盾。教育、医疗、养老是老百姓的三大主要福利。如果群众的养老服务需求得不到满足，就可能引发社会矛盾，影响社会稳定。各级政府要坚持把加强基本公共服务作为重要职责，主动顺应人民群众期待，提供更加公平高效的基本公共服务，让老年人安享晚年，让家庭更加温馨，从而在源头上提高社会治理水平，促进社会和谐。

二、充分发挥市场在资源配置中的决定性作用，努力使社会力量成为养老服务业发展主体

（一）解放思想，深刻认识市场和社会力量在发展养老服务业中的重要作用。政府的功能在于保证公平，市场的优势是实现资源的高效配置。只有在发挥政府主导作用的基础上，放开搞活，主动引入市场机制，促进社会力量参与，才能更好地在养老服务领域实现公平与效率的统一。

首先，在养老服务业中引入市场机制，吸引社会力量参与，是政府公共服务职能与市场机制有机结合的迫切需要。科斯定理告诉我们，政府代替私人提供公共服务并不一定是最好的解决方案。政府的能力是有限的，随着服务对象的拓展和服务需求的增长，政府不可能、也没有能力承担起全社会的养老服务需求。因此，要积极引进市场机制，鼓励社会力量进入养老服务业，实现政府与市场的优势结合。

其次，在养老服务业中引入市场机制，吸引社会力量参与，是建立公共事业多元投入机制的迫切需要。随着经济快速发展，我省公共财政收入有了较大幅度增长。但是满足各类公共服务需求，完全依靠财政投入还有难度。社会资本完全可以吸纳到养老服务领域，从而有效弥补政府财力不足。同时，吸引社会资本投向养老服务领域，体现了社会责任共担的原则，对于从根本上解决服务短缺的问题具有重要意义。

第三，在养老服务业中引入市场机制，吸引社会力量参与，是提高公共服务供给质量和效率的迫切需要。传统养老服务供给模式缺乏竞争机制，影响了效率。在养老服务中引入市场机制，有利于促进政府部门建立实施绩效评估机制，加强绩效管理；有利于促进各类养老服务主体展开竞争，从而获得比在政府垄断条件下更高的服务效率和更低的成本费用。

（二）转变职能，充分发挥市场在养老服务资源配置中的决定性作用。一方面，要为市场发挥作用提供条件。一要“信”。就是要真正相信市场，坚定不移地推进市场化改革，充分认识到养老服务领域的供给和需求，都可以通过市场进行资源配置。营利性特征明显的产品，彻底放开，交给市场；具有公益性质的产品，也应当引入市场机制进行运作，通过购买服务、合作、租赁、委托管理等方式，提高服务绩效。二要“放”。就是政府要简政放权，改革一切阻碍养老服务业发展的体制障碍，能放给市场的，决不攥在手里；能转移给社会组织的，坚决让渡。三要“破”。就是要突破原有制约养老服务业发展的体制机制障碍，制定系列优惠政策，吸引社会力量进入。四要“补”。根据养老服务业的种类、性质，给予适当的行业扶持政策；针对老年人购买力有限的实际，给予服务补贴。通过既补供方又补需方，挑起两头，创造供给，引领消费，拉长产业链，激发市场活力，促进养老服务业健康发展。

另一方面，要为市场发挥作用创造环境。一要尊重价值规律。市场的决定性作用体现在尊重价值规律上。要放开定价机制，除公立养老机构提供的基本服务按照政府规定的价格政策执行外，其他养老服务实行经营者自主定价，更好地发挥价格杠杆作用，实行公平竞争，优胜劣汰，从而推动养老服务业真正成为调结构、惠民生、促升级的重要力量。二要明晰产权关系。要按照产权一致原则，加强制度创新，确保投资者权益。对民办非营利性养老机构、居家养老服务组织，应赋予出资者财产所有权，并允许从年度收支结余中提取一定比例用于奖励举办人。允许出资人产（股）权份额转让、继承、赠与。三要激活社会主体。过去，政府直办直管了大量社会福利院、敬老院，社会力量举办的养老服务发展缓慢。今后，要借助国家开展养老服务业综合改革试点的契机，在土地保障、融资贷款、税费减免、财政资金支持、投资者权益保护、人才队伍建设等方面，加大扶持力度，鼓励引导企业、社会组织等社会力量进入，使之成为养老服务业的主角。

（三）改革创新，切实让社会力量成为养老服务业发展主体。一是推动公办养老机构体制改革，让社会力量参与公办养老机构经营。公办养老机构达到一定数量后，政府原则上不再投资新建。各地要积极鼓励社会资本通过委托管理等方式运营公办养老机构，也可探索将面向社会提供经营性服务的公办养老机构转制成为企业或社会组织，完善法人治理结构。对国家和集体投资建设的农村敬老院，也要探索通过委托合作方式，由社会力量来经营。要通过公建民营、民办公助、政府补贴、购买服务等多种途径，让社会资本以独资、合资、合作、联营、参股等方式参与养老服务业。

二是确保各类投资主体地位平等，让社会力量公平参与竞争。建立公平开放透明的市场规则，营造权利平等、机会平等、规则平等的投资环境，实行统一市场准入，对公办和民办、内资和外资养老机构实施同等的扶持政策，创造平等投资机会。要以县（市、区）为单位，编制社会力量兴办养老机构指南，推出一批带动性强、示范性好的优质项目，通过招投标等方式确定举办或运行养老服务业的主体。

三是简化手续、降低门槛，鼓励社会力量举办或经营养老服务业。凡是法律法规没有明令禁入的养老服务领域，都要向社会资本开放。各地要进一步规范养老机构设立许可程序，简化审批手续。有条件的地方应将养老机构设立许可纳入当地行政审批服务中心实行窗口统一受理。要降低养老机构内设医疗机构以及康复医院、老年病医院、护理院等老龄型医疗机构的门槛，简化立项、开办、执业资格、医保定点等审批手续。

四是改进基本服务供给方式，积极推进政府向社会力量购买养老服务。各地要结合当地经济社会发展状况和社会需求，因地制宜、积极推进政府向社会力量购买养老服务工作，不断创新和完善养老服务供给模式，大力发展各种类型的养老服务和产品，满足广大老年人多层次、多样化的养老服务需求。对于兜底性质的基本养老服务，也可以采用政府购买服务的方式来提供。

三、强化责任抓落实，全力推进养老服务业发展

（一）着力强化各级政府的主导责任。要将发展养老服务业纳入国民经济和社会发展规划，建立健全养老服务业发展评价与监测指标体系。加快编制养老服务设施建设专项规划，合理确定养老服务设施布局和规模。要制定好政策，各市必须在今年年底前出台贯彻落实省政府 39 号文件的具体实施意见。要加强对县（市、区）工作的指导，确保在明年 3 月底前出台本地区的具体实施办法。各级财政要持续加大养老服务业投入，增幅不能低于政府可用财力的增长幅度。各级福利彩票公益金留成部分的 50%以上要用于社会养老服务体系建设。要托住底线、保障基本，管好该管的对象，保障好困难老年人的基本生活和服务需求。要实施智慧养老服务工程，重点加强社区居家养老服务信息平台、养老机构管理信息系统建设。进一步加强养老服务队伍专业化建设，大力发展职业教育和在职培训，建立完善从业人员岗位津贴和入职补贴制度，让优秀的养老服务人才“引得进”“留得住”。要强化监督管理，健全养老服务行业准入、退出、监管机制，建立完善居家、机构、社区养老服务等方面的标准规范，实施养老机构行政许可、等级评定、评估年检制度。

（二）切实解决突出难题。一是破解土地供应难问题。各地要严格按照人均用地不少于 0.2 平方米的标准，分区分级规划设置养老服务设施。要切实保障社会力量举办养老机构用地，社会办非营利性养老机构与政府举办的养老机构享有相同的土地使用政策，可以依法使用国有划拨土地或者农民集体所有的土地；营利性养老机构按成本逼近法和收益还原法，以招拍挂方式优惠供地。对床位数分别在 200 张、500 张和 1000 张以上的社会力量举办养老服务项目，要列入县、设区市和省级服务业重点项目，优先给予用地保障。新建商品房必须按每百户 20～30 平方米的标准配套建设社区居家养老服务用房。二是破解融资难问题。各级要研究设立养老产业投资担保基金，有针对性地服务养老服务业。探索养老服务机构部分资产抵（质）押贷款。鼓励银行针对部分养老产业项目周期长、盈利水平低等特点，适当延长贷款期限。鼓励保险机构在风险可控前提下，将保险资金多方位投入养老产业；鼓励省内部分商业化运营养老机构，通过各类债券市场开展直接融资；鼓励经营状况良好的养老机构在省内股权交易市场挂牌交易；支持采取股份制、股份合作制等形式发展养老机构，探索政府和社会资本合作（PPP）建设养老机构模式。三是破解医养融合难问题。各地要贯彻落实好省民政厅等部门出台的《关于全面推进医养融合发展的意见》，科学合理统筹养老和卫生资源，更好地满足老年人的医疗和护理服务需求。要鼓励基层医疗卫生机构与养老机构密切合作。没有医疗设施的养老服务机构、城乡社区居家养老服务中心要与社区卫生服务中心、乡镇卫生院（村卫生室）签定服务协议，建立应急通道。稳步推进养老机构内设卫生设施和医疗机构。大力扶持护理院建设，取消不必要的限制条件；对社会资本投资兴办护理院的，在建设补贴、运营补贴、定点医疗等政策上予以倾斜。四是破解补助资金到位难问题。养老服务成本高，大多数老年人的支付能力有限，各级政府要给予综合补贴。今年起，各市、县（市、区）要按照养老机构的新增床位数，将一次性建设补贴发放到位。明年 6 月底前，各市、县（市、区）均要建立养老机构运营补贴，对社会力量举办或经营的养老机构发放日常运营补贴。明年年底前，要全面建立养老服务和护理补贴制度，落实补助资金，通过政府购买服务，为城市“三无”人员和农村五保对象中的老人、低收入老人、经济困难的失能、半失能老人和其他困难老人入住养老机构、接受社区居家养老服务提供资助。

（三）严格按照时序进度全面完成目标任务。省政府文件明确到 2015 年养老服务业发展的任务：城市社区居家养老服务实现全覆盖，70%的农村社区能开展居家养老服务；养老机构床位数达到每千名老年人30张以上；社会投资兴办的养老机构床位占养老床位总数的50%以上；护理型床位占养老床位总数的30%以上；全面完成农村敬老院“三有三能六达标”改造任务；养老护理人员持证上岗率达到60%以上等量化指标。同时，要建立健全并实施相关的养老服务制度，确保各项养老服务补贴发放到位。

在江西省老龄委第十次全体会议上的讲话

江西省副省长　胡幼桃

（2014年12月26日）

这次会议传达了全国老龄委第十六次全体会议精神，徐毅同志作了工作报告，省发改委、省财政厅、省人社厅、省住建厅、省卫生计生委有关负责同志发了言。会议对徐毅同志的报告和《关于我省人口老龄化形势及其应对战略报告》（以下简称《应对战略报告》）进行了审议。《应对战略报告》请省老龄办根据有关同志提出的意见和建议，作进一步修改完善后按程序上报。下面，我讲几点意见：

一、充分肯定“十二五”老龄事业发展主要成绩

老龄事业发展“十二五”规划实施近4年来，全省各地、各有关部门紧密结合贯彻落实国务院《关于加快发展养老服务业的若干意见》（以下简称《若干意见》）和我省《关于加快发展养老服务业的实施意见》（以下简称《实施意见》），加大了工作推进力度，规划多数指标任务完成较好。一是社会养老保障制度进一步完善。城镇职工养老保险覆盖面不断扩大，城乡居民社会养老保险制度实现了全省全覆盖，将符合条件的困难老年人纳入了低保范围，城乡医疗保险和重特大疾病医疗救助等制度建设扎实推进，老年人的基本生活和基本医疗得到保障。二是社会养老服务体系建设步伐进一步加快。省政府先后出台了《关于加快养老服务事业发展的若干意见》和《关于加快发展养老服务业的实施意见》等一系列文件，将社会养老服务体系建设列入了各级政府重要民生工程，资金投入逐年加大，扶持政策有效落实。三是老年人居住环境和生活条件进一步改善。城市街道、养老机构、大型商场和馆所加强了无障碍设施建设，城市交通扩大了70周岁以上老年人免费乘车线路，农村困难老人家庭危房得到改造，城镇“三无”、农村五保老人的生活供养标准不断提高。四是老年人权益保障工作进一步加强。各地认真贯彻落实国家新颁布的《中华人民共和国老年人权益保障法》，法律援助机构逐步健全，公安、司法、法院等部门加大了侵犯老年人合法权益打击力度，全省连续3年为70周岁以上老年人办理了免费乘车意外伤害保险，有10个设区市建立了80周岁以上高龄老人津贴制度。五是积极应对人口老龄化的理念进一步深化。各地将老龄事业发展纳入了当地经济社会发展规划，各涉老部门、单位和老龄工作机构认真履行职责，社会参与老龄工作、老龄事业发展的积极性不断提高。

以上成绩的取得，是各级党委、政府正确领导的结果，是各级老龄委和各有关部门共同努力的结果，是社会各界大力支持的结果。在此，我代表省政府、省老龄委表示衷心的感谢！

二、深刻认识我省人口老龄化的严峻形势

据统计，到2013年底，我省60周岁以上老年人586万，占全省总人口12.97%。从2000年、2010年两次人口普查对比分析的数据来看，我省人口老龄化具有以下特征：一是增长速度快。2000年，全省60周岁以上老年人378万人，占总人口9.36%，2010年509.77万人，占总人口11.44%，10年增加了131.77万人。二是高龄化明显。2000年，全省80周岁以上老年人33.36万人，占60周岁以上老年人8.83%，2010年58.46万人，占60周岁以上老年人11.47%，10年增加了25.1万高龄老人，年均增长5.77%。三是空巢化突出。全省单身老人户或老年夫妇单独生活的“空巢”家庭户比例，2000年为7.80%和9.10%，2010年为10.17%和11.71%，10年分别上升了2.37个百分点、2.61个百分点。随着第一代独生子女父母进入老年，“空巢化”问题将更为突出。四是发展不平衡。南昌、萍乡、新余、鹰潭、赣州、上饶6个设区市的老年人口比例高于全省平均水平，最高的萍乡市与最低的景德镇市相差1.85个百分点。人口老龄化程度农村也高于城镇。从2010年统计的数据看，农村60周岁以上老年人口高出城镇1.51个百分点。五是老龄化超前于经济发展水平。发达国家进入人口老龄化社会时，人均GDP一般在5000～10000美元之间，而我省2004年进入老龄化社会时，人均GDP刚刚突破1000美元。2013年我省人均GDP达到5100美元，经济发展仍处于较低水平，属典型的“未富先老”。

党中央、国务院和省委、省政府高度重视老龄工作、发展老龄事业。面对日益严峻的人口老龄化形势，我们还存在思想认识不到位、应对准备不充分、政策措施不完善等问题。积极应对人口老龄化是我国一项长期的战略任务，也是我省贯彻落实“发展升级、小康提速、绿色崛起、实干兴赣”16字方针，保持经济社会可持续发展的重要举措。我们要站在全局的高度，充分认识做好老龄工作、发展老龄事业的重要意义，进一步增强工作的紧迫感和责任感。

三、切实做好当前及今后一个时期的老龄工作

2015年是贯彻落实老龄事业发展规划的收官之年。要着力抓好以下几方面工作：

（一）加大推进力度，确保“十二五”规划目标任务如期完成。老龄事业发展“十二五”规划实施还有一年时间。时间紧、任务重，各地、各有关部门要针对检查评估发现的短板，进一步加大工作力度。如城乡社区居家养老服务站点目前只建了2000多个，还有近4000个任务要完成。我们要知难而上，通过采取落实目标责任、加大资金投入、充分挖掘资源、动员社会力量、加强督促检查等一系列措施，力争目标实现。一些没有具体指标衡量的任务，有关部门也要按照《省老龄委成员单位落实＜省老龄事业发展“十二五”规划＞主要任务责任分工意见》，认真加以推进。

（二）加强组织领导，加快发展养老服务业。今年11月，国务院办公厅督查组就贯彻落实《国务院关于加快发展养老服务业的若干意见》情况来我省督查，在充分肯定工作的同时，指出了我省在政策落实、机构发展、工作力度不平衡和养老队伍建设有待于加强等4个方面的不足，这些问题要引起我们高度重视。一是要积极制定具体的推进措施。按照省政府《实施意见》附件提出的责任分工和时间安排，有关单位要把所承担的任务同本部门、本系统的工作同布置、同检查、同落实。国务院《若干意见》下发以后，国家相关部委陆续出台了配套政策措施。比如教育部等国家有关部委制定下发了《关于加快推进养老服务业人才培养的意见》。对国家部委这些配套措施我们也要认真研究，切实抓好落实。二是要确保扶持政策落实到位。我省《实施意见》提出了8个方面的扶持政策。如对依法许可和登记、自建或购买用房兴办30张床位以上的非营利性养老机构以及城乡社区居家养老服务中心（站）实行奖补政策，我们一定要落实到位。有些扶持政策，比如土地供应、税费减免、贷款融资、就业用工等方面缺乏操作性，有关部门要制定实施细则。要通过落实扶持政策，使社会力量真正成为养老服务业发展的主体。三是要加强督促检查。要建立和完善养老服务业发展情况统计制度，加强绩效考核，确保责任到位、任务落实到位。省发改委、省民政厅和省老龄办要加强对省政府《实施意见》落实情况的监督检查，省政府将适时组织专项督查。

（三）完善老龄法规，切实维护老年人合法权益。要认真贯彻落实《中共江西省委关于全面推进法治江西建设的实施意见》，坚持依法维护老年人合法权益。一要抓紧修订《江西省实施老年法办法》（以下简称《实施办法》）。我省《实施办法》于2002年出台，有些条款已不适应新的形势，省民政厅和省老龄办要根据国家新修订的老年人权益保障法，加强与省政府法制办和省人大内司委沟通协调，抓紧做好我省《实施办法》的修订工作。二要做好老年优待工作。去年底，全国老龄办等24个部（委、办、局）下发了《关于进一步加强老年人优待工作的意见》，今年7月又专门召开了全国老年人优待工作视频会议。省老龄办等有关部门制定的《关于进一步加强我省老年人优待工作的意见》已经省政府办公厅转发全省各地、各部门，望认真抓好落实，使老年人真正得到实惠。70周岁以上老年人办理免费乘坐市内公交车意外伤害保险是省政府一项重大民生工程，要做好协调工作，确保各级资金拨付到位和老年人意外伤害保险赔付到位。三要积极营造维护老年人合法权益的良好社会环境。要加强老年人法律援助和司法救助工作，认真受理老年人的申诉、控告和检举，严厉打击各种侵害老年人合法权益的违法犯罪活动。要把敬老爱老助老列入践行和培育社会主义核心价值观的重要内容，广泛开展“敬老文明号”创建和“敬老月”系列活动，进一步营造浓厚的社会敬老氛围。

（四）深入调查研究，认真做好“十三五”规划预研工作。“十三五”是我省发展升级、与全国同步全面建成小康社会的关键时期。一要全面总结我省老龄事业发展“十二五”规划实施情况。2015年底，省老龄委各成员单位和全省各设区市要向省老龄委写出老龄事业发展“十二五”规划实施情况总结报告，肯定成绩，找出问题，提出今后的工作思路，为编制“十三五”规划打好基础。二要做好应对人口老龄化战略研究成果应用转化工作。我省应对人口老龄化战略研究的10个课题基本上涵盖了老龄事业发展的各个领域，在编制“十三五”规划中，要吸取一些好的意见和建议，使我省规划既达到国家要求，又切合江西实际。三要坚持开展老龄难点热点问题专题研究。要针对新时期、新形势下老龄工作和老龄事业发展出现的新情况、新问题，加强相关理论和实践研究。领导干部要带头，通过深入基层、深入实际调查研究，掌握第一手资料，为政策创制，制度创新，编制好“十三五”规划提供理论依据。

（五）建立健全机制，努力形成推动老龄事业快速发展格局。老龄事业发展涉及诸多领域和众多部门，必须齐抓共管，合力推进。一要完善老龄事业发展统筹协调机制。要建立民政部门牵头的工作协调机制，发改、财政、人社、税务、住建、质检、商务、金融、工商、国土、教育、卫生计生、食品药品监督、公安、司法等部门要各司其职，形成加快养老服务业发展齐抓共管、整体推进的工作格局。二要健全老龄事业发展推进机制。政府要在制定规划、出台政策、引导投入、规范市场、营造环境等方面起主导作用。要把老年社会保障、健康支持、养老服务、老年宜居环境建设纳入相关部门年度工作目标管理考评内容，建立健全以公共政策为引导的多元化投入机制，通过转移政府职能和购买服务等方式，充分调动社会各类主体参与老龄事业发展的积极性。三要拓展老年人参与老龄事业发展机制。要重视老年人力资源利用、保护和开发，积极搭建和拓宽老年人参与经济社会发展平台，深入开展“银龄行动”。要加强基层老年协会建设，充分发挥老年群众组织在自我教育、自我管理、自我服务等方面的积极作用。

在山东省老龄委第二十二次全体会议上的讲话

山东省副省长　孙绍骋

（2014年3月7日）

去年以来，经过各级各部门的共同努力，我省老龄事业实现了新的发展。老年文化、体育、教育等工作深入开展，老年人免费体检、免费乘车等优待政策得到有效落实，老龄宣传进一步加强，全社会敬老爱老助老的氛围日益浓厚。特别是在持续提高社会保障和救助水平、加快推进社会养老服务体系建设方面，取得显着成效。连续九年调整企业退休人员养老金，城乡低保、城镇“三无”老人和农村五保老人供养标准都有了大幅提高，高龄补贴发放范围扩大到80岁以上有困难的老人，20多万困难高龄老年人受益。新建城市社区老年人日间照料中心、农村幸福院3973处，全省新增养老床位达8.9万张，总量达44万张，千名老年人拥有养老床位27张，初步形成了以居家为基础、社区为依托、机构为支撑的社会养老服务体系。

当前，全省人口老龄化趋势日益明显。截至2013年年底，60岁以上老年人口近1700万，占全省总人口的17%，老年人口数量居全国第一位。到2015年底将达到2000万人左右，届时5个山东人中就有1个是60岁以上的老人。80岁以上的老人已达到206万。人口老龄化的迅速发展，使劳动力年龄结构、人口赡养比、代际关系发生重大变化，对养老、医疗服务体系的完善，对政府社会管理和公共服务职能的加强，对老年文化、教育、卫生、体育事业的发展，都提出了新的更高的要求。我省是在经济尚不发达的情况下进入老龄社会的，公共福利制度不够完善，社会保障水平比较低，属于“未富先老”、“未备先老”，应对老龄化的任务非常艰巨。各级各部门要正确把握老龄工作面临的严峻形势，充分认识做好老龄工作的重要意义，坚定信心，扎实工作，推动全省老龄事业再上新水平。

一、不断提高老年人生活和医疗保障水平

解决好老年人的生活和医疗保障，始终是老龄事业发展的重中之重。经过多年努力，我们已经建立了

比较完善的保障体系，保障标准逐年提高。但总体上还是低层次的，保障水平偏低。比如，目前全省城乡居民基础养老金仅65元。高龄困难老人的补贴也仅覆盖20万人，约占80岁以上老年人的10%，补助标准为每月100～300元。老年人的医疗卫生保障水平也不高，医疗费报销比例偏低，个人负担较重。客观讲，我省人均财政支出不高，社会救助制度基本是从上往下建立的，中央在分配资金补助方面，把我省列入东部7个发达省份，给我省的补助较少，各地都面临较大的资金压力。但不管资金压力多大，也要把老年人的生活和医疗保障解决好，让广大老年人安度晚年。

下一步，要继续完善社会保障制度体系，依托政府、企业、社会、家庭、个人等多方面力量，逐步建立健全社会基本保障、职业保障、家庭保障、商业保障和自我保障相结合的老年社会保障体系，并随着经济社会发展，不断提高社会保障水平。要整合保险、救助、福利、慈善资源，实现制度的衔接配套，增强制度的公平性和可持续性，有效防止和化解老年人因病因灾致贫返贫的情况发生。要特别关注困难老年群体，各项社会救助制度要对困难老年人给予适当倾斜和重点照顾。一是要优先纳入制度，二是要在标准上给予优待，三是要方便老人享受。这里，我想再强调两件事，一是要积极推进医养结合，支持有条件的养老院设置医疗机构，符合医保定点条件的，要纳入定点范围，吸引更多的老年人入住。二是要进一步抓好被征地农民社会养老保险政策落实，严格做到“先保后征”和“应保尽保”，已失地的，要尽快把养老保险资金落实到个人账户上。

二、加快推进社会化养老服务体系建设

2012年底，省政府出台了《关于加快社会养老服务体系建设的意见》（以下简称《意见》），从财政投入、土地供应、税费减免等方面提出了一系列优惠扶持政策，民政部认为是全国含金量最高的。《意见》要求省财政每年列支10亿元专项资金，去年省里还安排了5625亩用地指标，用以支持养老服务体系建设，省里已经尽力了。但我到一些地方调研时，各地还是反映补助标准偏低，希望进一步加大补助力度。在此，我想说明的是，现在的社会化养老服务政策主要是广覆盖、保基本，在目前的经济社会发展水平下，也只能是这样，政府不可能提供更高标准的救助、补助，更不可能大包大揽、完全包办，拿不出这么多钱。据国家发改委测算，每增加一张养老床位，不算土地成本，约需要6.5万元。去年我们新增养老床位8.9万张，大约花费58亿元。“十二五”期间，我们要建设25万张养老床位，大约需要160多亿元。同时，据省民政厅初步测算，入住公办养老机构的老年人，每人每年财政供养费用约为2.3万元，如果这25万张养老床位全部由政府负责运营，每年需要财政供养费用近60亿元。这是一笔非常大的支出，仅靠政府投入是远远不够的，必须充分发挥市场配置资源的决定性作用，解放思想，制定政策，使民办养老机构有利可图、有钱可赚，推动社会力量成为发展养老服务业的主体。

政府要做好自己该做的事情，最重要的是兜好底，切实保障城镇“三无”对象、农村五保对象及需要政府供养的其他老年群体。在此基础上，主要做好以下几个方面的工作。一是把养老事业规划好，科学编制养老服务建设专项规划，合理确定养老服务设施布局和规模。二是制定并落实各项优惠扶持政策，加大养老机构建设和运营补贴，鼓励各类投资主体建设不同层次的养老服务机构。三是加强监管，促进养老机构不断提高管理服务水平，为老年人提供更高质量的服务。四是培育市场，形成统一开放、竞争有序的市场环境。这个问题很重要，我想多讲几句。目前的社会化养老服务市场存在一些突出问题，但最大的问题是市场不统一、不开放，竞争无序。突出表现是：1. 条块分割碎片化。养老资源分散在各个社区、各个组织，彼此之间对外开放程度低，资源只能服务于本区域、本系统的老年人，资源利用效率不高。养老政策碎片化严重，像土地优惠政策、税收优惠政策、水电费优惠政策分别由不同的部门执行，落实起来难，相互扯皮的事也不少。2. 没有对所有主体平等开放。民办养老机构没有充分享受到公办养老机构的政策，没有做到一视同仁，一个标准。比如，在建设运营补助方面，只对非营利性养老机构给予补助，营利性养老机构没有纳入补助范围，在税费减免优惠政策方面，有些政策也仅针对非营利性养老机构，营利性养老机构不享受。3. 由于垄断导致竞争性缺失。公办养老机构由于有政府补助，收费普遍偏低，有价格竞争优势，对民办养老机构形成不公平竞争。这导致公办养老院床位紧张，想住的人挤破头，而民办养老机构却住不满，出现冷热不均的现象，影响民办养老院的发展。4. 规则不健全。现在我们的养老服务不仅缺钱、缺床，还缺规则。比如，针对养老机构运营中出现的老人摔伤、走失等事情，目前还没有相关法律法规对纠纷处理和责任认定做出明确规定，出现纠纷后，一般都要由养老机构进行赔偿。如果遇到一个大的诉讼赔偿，普通的民办养老机构可能会面临破产。针对这些问题，省里正在研究制定政策，相关部门要认真研究，将现有的法律法规政策和改革的目标相对照，从成本小、效果明显、操作性强的领域推进改革，尽快缩小负面清单，营造统一开放、竞争有序的市场环境，吸引更多的社会资本进入。今后，公办养老机构达到一定数量和水平后，政府原则上不再投资新建公办养老机构，政府通过购买服务的方式，将托底供养的老人，交由民办养老机构供养。对现有的公办养老机构，要逐步采取承包经营、委托管理、服务外包等方式，选择专业运营机构管理。这次民政部组织开展养老服务业综合改革试点，明确提出申请试点的地方，必须对公办养老机构进行改制。在这方面，我们要解放思想，积极借鉴国外的先进经验，引进国外的高水平团队来管理运营。

三、着力打造老年人宜居环境

在过去相当长时期内，我们的人居环境建设，没有充分考虑人口年龄结构变动的要求，越来越多的老年人居住、出行出现困难。比如过马路的信号灯，有的要求20秒内必须要通过马路，很多老人走得慢，20秒过不去。还有，城市老年人住老房子的较多，这些老房子大多没有电梯。农村新型社区建设在这方面考虑的也不够，我到一些社区调研，许多房屋都是五至六层的楼房，没有电梯，将来失能、高龄、患病老人的行动非常不便。我们要未雨绸缪，做有心人，以老年人的心态来考虑城市的规划建设管理。在这方面，西方发达国家有很多先进理念。比如，多年前我到巴黎参观养老院时，发现他们在一栋楼里的各个楼层，涂上了不同的颜色，老年人一旦找不到自己的房间，就可以给护理员联系，告诉楼层的颜色，护理员就知道他在哪层，可以尽快找到他。德国对独居老年人家里的水表进行监控，一旦发现水表一定时间内没变化，就会马上派人前去察看。因为老人有时身体不好，可以一天不吃饭，但总要上厕所，不可能不用水。这些做法非常值得我们学习。

去年出台的新老年法明确要求推进宜居环境建设，并从城乡规划、涉老工程建设标准、宜居社区建设等方面作出了制度安排。国务院《关于加快发展养老服务业的若干意见》明确提出，各地在制定城市总体规划、控制性详细规划时，必须按照人均用地不少于0.1平方米的标准，分区分级规划设置养老服务设施。前不久召开的全省城镇化工作会议也明确提出，城镇规划建设管理坚持以人为本，从细节出发，营造良好的居住生活环境。今后，各级政府在制定城乡规划时，要充分考虑人口老龄化发展趋势、老年人口分布和老年人的特点，统筹安排适合老年人的公共基础设施、生活服务设施、医疗卫生设施和文化体育设施建设。对已建社区，要积极推进无障碍改造，完善老年人体育、文化和娱乐等活动场所，为老年人日常生活提供安全、便利和舒适的环境。

四、充分发挥老年人的才智和力量

老年人的知识、智慧和经验，是社会的宝贵财富。现在随着物质生活和医疗水平的提高，人们普遍健康长寿，很多60岁以上的老人，身体还很硬朗，不能算老。世界上不少国家都提出了将老年人起始年龄延后的政策，比如韩国将老年人年龄标准定为65岁以上。所以，对于老年人特别是低龄健康老人，要积极支持他们参与社会发展，发挥好帮教下一代、进行文化艺术创作、维护社会治安、参与公益志愿服务等方面的积极作用。要大力倡导科学、文明、健康的生活方式，支持老年群众组织开展各类文化、教育、体育等活动，提升老年人的生活品质和健康素质，为老年人参与社会发展创造良好条件。

五、切实维护老年人合法权益

老年人随着年龄的增长，体力、精力逐渐衰退，成为社会人群的相对弱者，必须全社会共同努力，维护好老年人的合法权益。要积极做好我省老年人权益保障条例修订工作，进一步完善老年维权法规体系和工作机制。要严格落实老年人各项优待规定，积极为老年人办好事、解难题。要加强老龄工作法律法规、政策的宣传，使全社会充分了解老年人依法享有的权利，以及家庭、社会和单位对老年人应尽的义务，增强群众维护老年人权益的法律意识。要加强老年维权网络机构建设，村居（社区）和乡镇（街道）调解组织要为老年人提供及时、便捷、周到的法律服务、司法援助和社会保护，对侵害老年人合法权益案件，要依法严厉查处。要加强对青少年的道德教育，使广大青少年从小认识到老年人对社会和家庭的贡献，懂得感恩回报和奉献社会。

六、加强老龄工作组织领导

我省老龄化进程非常快。2012年底，全省80岁以上老年人约180万，到去年底就达到了206万，增长了26万。同时，我省社会化养老服务体系建设还处于起步阶段，各种养老服务制度的建立、养老服务设施的建设需要一个过程。比如，建设一个养老院，从决策、立项、规划、建设到最后的运营，需要2年左右的时间，有的甚至时间更长。如果现在不抓紧，将来肯定是来不及的。各级政府要高度重视老龄事业发展，认真落实相关任务要求，加大资金投入，研究推进加快老龄事业发展的政策措施。各级老龄工作机构要进一步完善议事规则和各项规章制度，协调和推动各成员单位分工合作。老龄委各成员单位要认真履行职责，加强协作配合，把各项涉老政策落实到基层，形成推动老龄事业发展的整体合力。

在河南省老龄委第九次全体会议上的讲话

河南省副省长　李亚

（2014年10月21日）

同志们：

刚才，冯昕同志作了工作报告，回顾了老龄委工作情况，安排部署了今后一个时期的工作任务。发展和改革委、人力资源和社会保障厅、财政厅、住房城乡建设厅、卫计委5部门的负责同志作了发言，介绍了本部门、本系统老龄工作情况和今后的打算，讲得很好，我都同意。下面，我讲几点意见。

一、认清形势，提高认识，进一步增强做好老龄工作的责任感和紧迫感

老龄工作是党和政府的一项重要工作，是社会主义事业的重要组成部分。过去的几年里，在省委、省政府的领导下，省老龄委各成员单位和各级老龄委，认真贯彻落实全省老龄委第八次全体会议精神，紧紧围绕党和政府的中心工作，紧密结合各自工作实际，积极开展老龄工作，全省老龄工作取得了新的可喜成绩和进步。对此，应该充分肯定。所有这些为我们进一步做好老龄工作奠定了良好的基础。与此同时，我们也要清醒地看到老龄工作面临的新形势、新要求，进一步把握新形势，增强做好老龄工作的责任感和紧迫感。

（一）充分认识我省人口老龄化形势。当前人口老龄化形势非常严峻，老龄事业发展还面临许多深层次矛盾和问题。全国老龄办2013年发布的《中国老龄事业发展报告》指出，2012和2013年是我国人口老龄化发展中的第一个老年人口增长高峰，全国老年人口数量已突破2亿，老龄化水平达到14.8%。我省人口老龄化形势也比较严峻，截至2013年底，全省60周岁以上老年人口达1300万，占人口总数的13.8%，据预测，2015年全省60岁及以上老年人口为1500多万人，占常住人口的15.71%，到2020年全省60岁以上老年人口将达到1700多万人，占常住人口的16.98%。人口老龄化的加剧，将给经济社会发展带来重大挑战，有两个方面尤其值得重视。一方面，社会保障难度加大。随着老年人口的增加，劳动适龄人口的赡养比不断上升，缴纳保险费的人相对减少，领取保险金的人相对增多，提高基本保障水平的任务更加艰巨。另一方面，社会养老服务体系建设更加紧迫。随着小型化家庭增多，一对夫妇要同时赡养四位或更多老人，传统居家养老越来越难以承受养老的全部责任，社会负担将进一步加重。虽然，我省“以居家为基础、社区为依托、机构为支撑”的社会养老服务体系建设已全面启动，但仍处于初级发展阶段，远不能满足老年人需求，推进社会养老服务体系建设的任务十分艰巨。我们必须清醒地认识到，老龄化带来的各种问题将深刻影响社会经济发展，也给老龄工作带来新课题、新任务。

（二）正确把握老龄事业发展的新机遇。党中央、国务院高度重视老龄事业。党的十七大提出了“老有所养”的明确目标。十八大报告中首次提出“积极应对人口老龄化，大力发展老龄服务事业和产业”“在老有所养上持续取得新进展，努力让人民过上更好生活”等有关内容。近几年，国家出台了一系列政策性文件：2006年，国务院办公厅转发《全国老龄委办公室和发展改革委等部门关于加快发展养老服务业意见的通知》（国办发〔2006〕6号）；2008年，全国老龄办等部门下发了《关于全面推进居家养老服务工作的意见》（全国老龄办发〔2008〕4号）；2011年出台了《国务院办公厅关于印发社会养老服务体系建设规划（2011—2015年）的通知》（国发〔2011〕60号）；2012年民政部下发《关于开展“社会化养老服务体系建设推进年”活动暨启动“敬老爱老助老工程”的意见》（民发〔2012〕35号）；2013年，修订了《中华人民共和国老年人权益保障法》，出台了《国务院关于加快发展养老服务业的若干意见》（国发〔2013〕35号）等，我省也相继出台了一系列的政策性文件，大力推进了我省老龄事业的发展。所以，我们应正确把握政策形势，把我省老龄工作做好，推动我省老龄事业上升一个台阶。

（三）高度关注环境形势给老龄工作带来的影响。当前，受人口老龄化加剧和国际金融危机持续蔓延的影响，给我省实体经济带来冲击，从一定程度上说，对我们老龄工作和老龄事业，带来新的压力和挑战。一方面，人民群众特别是老年人对老龄工作的要求和期望越来越高；另一方面，我们的老龄工作基础薄弱，老龄工作存在的问题可能会更加突出。从我省情况看，主要存在老年人社会保障水平较低、老龄产业发展滞后、老年服务基础设施不足、农村老龄工作薄弱等。面对当前老龄形势，我们必须保持清醒头脑，进一步增强工作的针对性和主动性，高度关注人民群众尤其是广大老年人特别关心的问题，克服困难，抓住机遇，积极应对各种困难和挑战。

二、突出重点，扎实推进老龄工作再上新台阶

2014年、2015年是贯彻落实《老龄事业发展“十二五”规划》（以下简称《规划》）的关键时期，为了扎实做好老龄事业各项工作，不断提升老年人生活质量和生活水平，我强调以下几点：

（一）确保《规划》目标任务如期完成。落实《规划》目标，越是接近终点，越是不能松懈。各省辖市、直管县（市）、各有关部门要高度重视，集中力量，攻坚克难，狠抓落实，确保圆满完成各项任务。目前，有些任务进度与《规划》目标还有一定的差距。比如，《规划》要求养老床位数量要达到每千名老年人30张，截至今年6月底只有26.84张；要求城市街道和社区基本实现居家养老服务网络全覆盖，目前覆盖率仅达到26%；要求60%以上的农村社区建立包括养老服务在内的综合设施和站点，目前覆盖率只有9.8%。所以，目前我们的任务很重，有关部门要抓紧采取有力措施，加大投入力度，集中力量功坚，确保如期完成《规划》目标。

（二）加快发展养老服务业。为认真贯彻《国务院关于加快发展养老服务业的若干意见》（国发〔2013〕35号），今年出台了《河南省人民政府关于加快发展养老服务业的意见》（豫政〔2014〕24号，以下简称《意见》），明确了发展重点和任务分工，共涉及24项任务，34个省直有关部门及各省辖市、直管县政府。今年5月份，省政府召开了“河南省加快发展养老服务业工作电视电话会议”，进一步明确了发展目标和具体任务。各有关部门要抓紧对照重点任务分工，各司其职，加强配合，按时间节点要求，加快推动落实。一要认真落实优惠政策。省政府出台的《意见》从资金、土地、信贷、税收等方面，制定出台了若干扶持社会养老服务体系建设的政策措施。有关部门要加大督导力度，确保政策兑现，落到实处。要千方百计吸引民间资本进入养老产业，积极引导社会力量兴办养老服务设施，对符合条件的民办非营利性养老机构，按有关规定给予以奖代补、建设补贴或运营补贴，建立完善政府为困难老年人购买养老服务制度。二要加大投入力度。目前我省养老服务业发展很不平衡、差异较大。省辖市、直管县（市）之间发展不平衡，有的地方有些项目已超额完成了任务，有的地方却各项工作进展缓慢。农村社会养老保障和服务与城市相比差异较大，养老服务设施匮乏。所以，各地要结合当地实际，找准本地薄弱环节，确定投入的重点，进一步完善相关政策措施，发挥好财政资金的引领作用。二是建好试点项目。近几年，争取国家养老服务体系建设试点项目49个，争取中央项目补助资金4.6亿元，建成后可增加养老床位1.3万张。争取民政部、财政部农村幸福院建设项目4000多个，争取中央彩票公益金1.2多个亿。每年争取民政部中央彩票公益金4000多万元，扶持河南养老服务机构发展。对已获国家资助的项目，各级要抓紧建设，切实起到示范引领作用。三是创新运行机制。积极推进已有公办养老机构改革，推动新建公办养老机构实施公建民营。鼓励商业保险企业、商业银行等部门开发适合老年人的理财、信贷、保险等产品，为养老机构和老年人接受养老服务提供支持。四是加强养老服务人员培训。引导高等院校特别是职业院校开展养老服务学历教育，建立养老护理员培训基地，推行职业资格认证制度，到2015年实现养老机构护理员培训率达到95%，持证上岗率达到90%以上。五要加强督促检查。做好《意见》贯彻实施情况的跟踪评估，发现和推广典型经验和成功做法，及时协调解决《意见》实施过程中出现的新问题，切实将各项工作任务完成好，经得起检查验收。

（三）大力加强社会养老保障体系建设。养老保障关系每个人的晚年幸福，是老龄工作的重中之重，要积极贯彻中央和省委、省政府加强养老保障体系建设的要求，努力在求实效、抓落实上下工夫。一是健全和完善基本养老保险制度，进一步提高基础养老金发放标准。二是健全和完善基本医疗保险制度。不断提高基本医疗保障水平，努力减轻老年人的医疗负担。扎实做好居民大病保险试点，不断扩大城乡居民大病保险范围。三是完善贫困老年人救助制度。将符合条件的贫困老年人全部纳入城乡最低生活保障范围，并要根据社会经济发展，相应提高城乡低保标准。四是鼓励倡导建立高龄津贴制度。坚持百岁老人高龄津贴，鼓励有条件的地方为80岁以上老年人发放高龄津贴，逐步扩大范围、提高标准，鼓励村集体给老年人发放多种形式的养老补贴。

（四）大力加强老年人权益保障体系建设。维护老年人的合法权益，是党委、政府和全社会的共同责任，是老龄工作的重要任务。一是加强宣传。各地利用每年开展的“敬老月”活动，大力开展新修订老年人权益保障法的宣传活动。省老龄办已报省人大，启动修订《河南省老年人保护条例》，各地、各部门要将老年法列入普法宣传内容，加强老年维权宣传教育，强化全社会依法维护老年人合法权益和老年人自我维权的意识。二是加强老年人优待工作。今年，全国老龄办等24部委联合下发了《关于进一步加强老年人优待工作的意见》，7月22日，全国老龄办在北京召开了全国老年人优待工作视频会议，会上民政部部长、全国老龄委副主任、全国老龄办主任李立国强调，要深刻认识老年人优待工作面临的新情况、新问题、新机遇，切实增强做好新形势下老年人优待工作的责任感、使命感。我省老龄办对2008年出台的《河南省委办公厅、河南省政府办公厅关于加强老年人优待工作的意见》（豫办〔2008〕5号），结合我省实际进行了修订，近期报两办公厅审核批准。各地、各有关部门要加快健全老年人优待工作的政策体系，确保2015年实现省、地、县三级老年人优待政策全覆盖。要不断创新老年人优待工作的实现形式，在充分发挥政府主导作用的同时，更加注重发挥市场的作用，运用财税政策杠杆作用，调动市场力量提升老年人优待水平；要积极推进，因地制宜，合理确定优待范围、对象和标准，立足“保基本、填空白”，稳步提高老年人优待工作的整体水平，率先在卫生保健、交通出行、商业服务、文体休闲等领域为外埠老年人提供同等优待，逐步拓展同等优待范围，着力解决老年群体迫切需要的优待问题。三要弘扬孝亲敬老文化。深入开展“河南省十大敬老楷模”评选、“敬老文明号”创建和“敬老月”系列活动，进一步营造全社会敬老爱老助老的良好社会氛围。

（五）积极做好“十三五”规划预研工作。“十三五”时期是全面建成小康社会的关键时期，各级老龄部门要先行一步，抓紧启动老龄事业发展“十三五”规划的预研工作，为明年规划起草工作打下扎实基础。配合全国老龄办实施好每5年组织开展一次的第四次城乡老年人口状况抽样调查，准确掌握我国老年人和老龄事业发展基础数据，为编制“十三五”规划打下坚实基础。针对我省实际确定有针对性的调研课题，为规划的制订提前谋划、早作布局。

三、切实加强对老龄工作的组织领导

老龄工作是一项宏大的社会系统工程，必须坚持“党政主导、社会参与、全民关怀”的工作方针。各级各部门一定要进一步加强组织领导，密切配合，把我省老龄工作做实做好。

一是要高度重视老龄工作。各级各部门要高度重视老龄工作，把老龄工作摆上重要位置，纳入党委、政府和部门工作目标管理，与其他各项工作一样统一安排，统一推进，统一考核。要切实落实好《中华人民共和国老年人权益保障法》《河南省老年人保护条例》的各项规定，完成好《河南省人民政府关于加快发展养老服务业的意见》（豫政〔2014〕24号）各项目标任务。

二是要加强沟通和协调。各级老龄委要充分发挥议事调协机构的作用，各成员单位要按照职责分工，认真修订和完善老龄工作的实施计划和措施，明确责任部门和责任人，创造性地开展工作，切实把本部门、本单位承担的老龄工作任务组织好、落实好，并不断创造新鲜经验。各部门要加强协调，互相支持，互相配合，形成齐抓共管的合力，共同把工作做好。

三要组建督导组。省要组建若干个养老政策落实督导小组，对落实养老政策不到位地方和部门，加大督导力度，尤其是在贯彻落实《河南省人民政府关于加快发展养老服务业的意见》（豫政〔2014〕24号）方面，按责任分工，逐项定期检查落实，定期向省政府报告情况，确保各项目标任务按时完成。

同志们，老龄工作责任重大、使命光荣。我们要以高度的政治责任感和历史使命感，尽职尽责，真抓实干，努力开创我省老龄工作新局面。

在广东省老龄委第十二次全体会议上的讲话

广东省副省长 邓海光

（2014年9月5日）

刚才，海军同志宣读了《关于调整省老龄工作委员组成人员的通知》，刘洪同志代表省老龄委作了一个比较全面的工作报告，回顾总结了工作成绩，提出了下一步工作安排，我都赞同。国家有关会议精神的传达提纲也印发给了大家，希望大家认真抓好贯彻落实。下面，我讲两点意见。

一、充分肯定成绩，进一步增强做好老龄工作的责任感

我们中华民族自古就有尊老、敬老的传统美德，“使老有所终，壮有所用，幼有所长，鳏寡孤独废疾者，皆有所养”，这是两千多年前古代人就向往的大同社会。中国的许多朝代，都把以孝治国，作为一个基本的原则，有的还建立了自己的养老制度。近年来，随着我国逐步进入老龄化社会，党中央、国务院对老龄工作越来越重视，并将其上升为国家的长期战略任务，出台实施一系列政策措施，推动老龄事业快速发展。我省认真贯彻落实中央有关部署要求，按照“党政主导、社会参与、全民关怀”的老龄工作方针，深入实施老龄事业发展“十二五”规划，扎实推进各项老龄工作，在社会养老保障体系、社会养老服务体系、老龄政策法规体系建设，以及老年维权优待、丰富老年人精神文化生活等方面都取得了明显成效。特别是社会养老保障水平进一步提高，在全国率先实现了养老保险关系省内无障碍转移，全面实施城镇居民基本医疗保险制度，建立了具有广东特色的新农保助困扶贫机制，符合低保条件的老人实现了应保尽保，农村五保供养率逐年提高，初步建立了符合广东省情、覆盖城乡全体居民的社会保障体系。这些成绩，是全省老龄战线广大干部职工共同努力的结果，也是各有关部门特别是老龄委成员单位认真履职、密切配合、齐抓共管的结果，值得充分肯定！

但同时，我们也要看到当前我省老龄工作还存在不足和薄弱环节，比如：老年人保障和收入水平仍比较低；涉老保障的政策法规有待完善；公益性养老服务设施和服务网络建设滞后；老龄服务市场发育不全、供给不足；基层老龄工作机构不健全、人员和经费不到位等，这些都是我们亟须解决的问题。

当前，我省与全国一样，人口老龄化都进入了快速发展阶段，老年人口将长时间保持快速增长，老龄问题将会越来越突出，我们的工作正面临着严峻挑战和更高的要求。对此，大家一定要有清醒的认识。一个是要深刻认识我省人口老龄化的严峻性。我省户籍老年人口基数大，到2013年末，全省60岁以上户籍老年人口达1134.8万，约占总户籍人口的13%，其中178.4万是80岁以上的高龄老人。预计到2015年，老年人口将达到1288万，其中高龄老人将超过200万。如何让这么多老年人的晚年生活过得更有尊严，这是我们的老龄工作面临的巨大挑战。另一个是要深刻认识我省老龄问题的特殊性。根据“六普”公布的数据，我省人口老龄化程度低于全国平均水平，但省内贫困地区老龄化程度要比发达地区高，造成经济水平与老龄化程度倒挂的现象。同时随着经济社会发展，跨省劳动力与老年人配对迁入，主要是流入经济发达的珠三角地区。这就造成广东老龄社会将会同时出现两种贫困，一类是物质型贫困，也就是说这些地方的老年人的养老金和福利很少，生活困难，主要集中在经济欠发达的粤东西北地区。另一类是参与型贫困，主要是那些跟随务工子女配对迁入的老年人，很难融入当地社会生活，感到被社会抛弃，主要集中在经济比较发达的珠三角地区。今后随着城市化进程加快，年轻劳动力向城市转移，这些矛盾和差异还会进一步加深和扩大。如何妥善解决人口老龄化程度与经济发展的不相适应问题，将是我省应对人口老龄化的一道难题。

古人说：“身体发肤，受之父母”。老年人含辛茹苦抚育后代，把自己的青春奉献给了社会。让他们安度晚年，这是我们义不容辞的责任。做好老年人工作，既是我们全面建成小康社会的客观要求，也是我们构建社会主义和谐社会的题中应有之义。各有关部门要把老龄工作摆在更加突出的位置，切实增强工作的责任感和使命感，不断推动我省老龄事业创新发展。

二、积极改革创新，合力推进我省新时期的老龄工作

党的十八届三中全会和省委十一届三次全会，以及最近召开的全国老龄委会议，都对老龄事业发展作出了部署要求，我们要认真贯彻落实，紧紧围绕“老有所养、老有所医、老有所教、老有所学、老有所乐、老有所为”这“六有”目标，理清思路，突出重点，真抓实干，将我省老龄工作推上一个新台阶。

（一）全面完成老龄事业“十二五”规划，加强老龄问题的战略研究。我多次强调，要分清省、市、县之间的职责，很多具体的工作需要各地去做，作为省级部门，尤其是老龄委，要重点抓好工作任务的督促落实和战略研究。首先，要全面落实好老龄事业“十二五”规划。目前剩下的时间只有一年多，但有些任务进度与目标相比还有不小差距。比如每千名老人拥有床位数，规划要求“十二五”期末珠三角地区要达40张以上，欠发达地区达28张以上，但目前全省平均数才18张。因此，希望各地、各有关部门，认真对照规划逐项进行梳理，按照“谁主管谁负责”和“缺什么补什么”的原则，查漏补缺，强化督查，集中资源，攻坚克难，确保如期完成各项任务。其次，要进一步摸清底数。国家决定明年开展“第四次中国城乡老年人口状况抽样调查”，这也是编制“十三五”规划的一项基础性工作。各地老龄办要组织专门力量，组织实施好这次抽样调查，了解清楚老年人数、年龄结构、区域分布、生活状况以及老龄化发展趋势等，建立数据库，做到底数清、情况明、数据准。同时要在收入保障体系、健康支持体系、养老服务体系、宜居环境体系和老年群众工作体系等领域，做好前瞻性调查研究，为党委政府决策提供支持。再有，就是要做好“十三五”规划的预研工作。老龄委各成员单位要按照职责分工，有针对性地开展专项规划预研，把涉老工作纳入本部门总体发展规划，并积极做好“十三五”规划的编制。

（二）突出工作重点，切实做好老年人的社会保障工作。一个是抓好老年人公共服务体系建设。进一步完善养老、医疗、福利和救助等制度建设，加快老年人家庭无障碍改造，尽快推动基本公共服务均等化，重点解决农村高龄、失能、贫困、留守、失独等困难老年人的生活难题。尤其是计划生育政策实施几十年后，失独老人的问题要作为重点。他们当年响应国家号召，后来由于种种意外造成失独，对这些为国家做过贡献的老人要建立全面的社会养老保障制度。这里强调一下普惠型的80岁以上高龄老人津贴制度建设，目前我省只有15个市建立了这项制度，还有6个市只是补贴给生活困难的高龄老人，有些地方补贴标准太低，有的每人每年才100元，几乎起不了什么作用。这次会议以后，省老龄委、省民政厅、省财政厅要联合推动实现高龄津贴制度在全省全覆盖。高龄津贴制度体现的是尊老敬老爱老的体现，要让老年人体会到更多社会温暖。另一个是抓好老年人权益保障。要深入贯彻国家老年人权益保障法和我省老年人优待办法，加快修订出台配套政策法规，加强普法宣传教育，强化对老年人的法律服务、法律援助和司法救助。现在社会上有些人专门诈骗老年人，把老年人的棺材本都骗走，简直是没有一点良心！各有关部门要重视这个事，媒体要先从自身做起，不做假药的广告，作为监管的工商部门要对欺骗老年人的营销高度重视，公安部门要加大打击力度，切实实现好、维护好老年人的合法权益。此外，要积极开展有利于老年人身心健康的各项文体活动，大力弘扬孝亲敬老文化，在全社会营造尊老爱老助老的良好氛围。

（三）坚持改革创新，不断完善老龄事业和产业发展的体制机制。对人口老龄化带来的新情况新问题，要用发展的眼光去看待，用改革的方法去化解，不能简单地把老龄化看成是“银发浪潮”，而应该积极改革创新，不断完善老龄事业和产业发展的体制机制，让“银发浪潮”释放“银发红利”。主要是三个“化”。一是市场化。也就是说，要充分发挥社会力量和市场机制的作用。我省老年人口规模很大，需求很多，但政府的力量毕竟很有限，因此发展老龄事业光靠政府肯定是不行的。在政府主导的前提下，必须充分调动和保护社会各类主体的参与积极性，建立健全社会资金投入激励机制，鼓励民营资本和境外资金投入老龄事业，构建政府主导、社会参与、市场运营的大老龄事业发展格局。尤其要充分挖掘老年群体蕴藏的巨大市场需求，加快发展养老服务业，改革公办养老机构，积极探索促进民办养老服务机构发展的政策和措施，加快完善规划、土地、就业、投融资、税费优惠等方面的扶持政策，促进养老服务行业的社会化、市场化。二是信息化。要在调查摸底的基础上，加快建立完善数据库，强化老龄工作信息化管理，尤其要加快居家养老信息化建设，实现子女与家里老人便捷的视频联系。目前居家养老还是占据绝大多数，对于居家养老对象，要建立电子化档案，加快信息化服务系统建设。三是社会化。这里的社会化，跟前面说到的养老服务业的社会化、市场化，还不是同一个意思，这里主要是指老年人的社会参与。因为老年人虽然从原来的劳动岗位上退下来了，但大都还有融入社会、参与社会的强烈意愿，而且老年人群体蕴藏着丰富的智慧、经验和技能，也是经济社会发展的一支重要力量。保障老年人的社会参与，不仅是社会发展和老年人安度晚年的需要，也是他们应该享有的权利。《联合国老年人原则》就把社会参与作为一条重要内容，我国的老年人权益保障法对此也有明确要求。我省目前开展的“银龄行动”，发挥老年知识分子的余热，开展对口帮扶，就是一个很好的做法。接下来要继续办好这项活动，同时积极探索拓展老年人社会参与的机制和办法，尤其在随迁老人的社会参与方面，多想办法，为老年人在更大程度、更宽领域参与经济社会发展搭建平台。

（四）认真履行职责，强化工作保障，狠抓各项任务落实。今年，我们根据实际情况，对省老龄委成员进行了调整，职责分工也印发给了大家。各有关部门要认真履行职责，加强沟通协调，齐抓共管，通力合作。要根据工作目标和任务，结合本部门实际，研究制定具体的政策措施，共同推进老龄事业发展。要积极创新工作机制，探索制定推动老龄事业科学发展的评价和考核体系，确保各项工作落实。要加大投入力度，按照中央和省的有关文件精神，建立与人口老龄化形势、与经济社会发展水平相适应的老龄事业投入保障机制和资金增长机制。要强化机构建设，特别要解决好县级老龄机构的人员编制问题，选好配强基层老龄工作干部，建设高素质的老龄工作队伍。要加强督导检查，督促各地把老龄工作列入重要议事日程，抓好各项任务落实。

同志们，做好老龄工作，是一项意义重大的德政工程、民心工程，希望大家勇挑重担，改革创新，扎实工作，共同把我省的老龄工作做好。

在重庆市老龄工作会议上的讲话（摘要）

重庆市副市长　刘强

（2014 年 9 月 3 日）

一、充分肯定老龄工作取得的成绩

各区县（自治县）、市老龄委各成员单位认真贯彻落实全市老龄委第十次会议精神，各项工作取得显著成绩。

一是老龄政策体系建设不断完善。市政府印发了《关于加快推进养老服务业发展的意见》《关于促进健康服务业发展的实施意见》等文件。市级有关部门制定出台了《主城区优待群体免费（优惠）乘坐公共交通工具办法》《重庆市社区养老服务设施建设方案》等一批配套文件，从不同方面、不同层次为发展老龄工作提供了政策制度保障。

二是老年社会保障工作持续推进。建立了覆盖机关人员、企业人员、事业单位人员、城镇居民、农村居民五大类人群的基本养老保险制度和医疗保险制度，农村养老保险实现全覆盖。企业退休人员养老待遇高于全国平均水平。建立了农村五保老人和城市“三无”老人救助办法。各区县（自治县）实行了 65 岁以上老年人免费常规体检政策，并向百岁老人发放营养补贴，28 个区县制定了高龄津补贴政策。

三是老年优待工作取得新进展。70 岁以上老年人免费乘坐公共交通工具从原来主城区扩大到全市范围。增加了住房保障、社会参与、卫生保健、商业优待、维权服务、养老保障 6 个方面的内容。进一步完善了重庆老年人优待服务体系，对 60～69 周岁、70～99 周岁、100 岁以上三个年龄段提出了有层次、有差别的优待服务内容。

四是老年社会组织作用充分发挥。市老年事业发展基金会募集资金近 2000 万元。市老年人体育协会每年举办各种体育健身活动和比赛近万项（次），去年组织参加第二届全国老年人体育健身大会，获得金牌 35 枚、银牌 7 枚。基层老年协会积极协助调解老年家庭赡养纠纷、活跃老年人精神文化生活、开展老年群体生活互助。

五是敬老助老意识不断提高。组织开展了敬老文明号创建、健康长寿老人评选、老年节庆祝大会、老年法“六进”（进机关、进乡村、进社区、进学校、进企业、进单位）等活动，营造了政府关心、社会关爱、家庭关切的良好社会氛围。

二、认清当前老龄化进程加快面临的新形势

我市人口老龄化进程加快，截至2013年年底，共有60岁以上老年人625万，占总人口18.61%，呈现出老年人口基数大、增长快、比例高、空巢和失能困难老人多的特点，老龄工作面临的形势严峻。同时必须清醒地看到，全市老龄工作在许多方面还不适应人口老龄化快速发展的形势需要，老龄工作城市与农村之间、区县之间、部门之间发展不平衡，社会养老服务供需矛盾突出，养老服务体系发展较慢，老龄工作发展水平整体来讲落后于其他社会事业。老龄问题已由家庭、个体问题向社会、群体问题转变，由原来单纯的社会领域问题向经济、文化等多领域问题转变。老龄工作具有社会性、家庭性，是保障民生和社会建设的重要内容。面对我市老龄化日益加重的情况，如果不采取有力有效措施，就会积累社会矛盾，影响经济社会发展和改革稳定大局。

下阶段全市老龄工作的主要任务是：按照党的十八届三中全会关于全面深化改革的总体部署，认真贯彻落实全国老龄委和老龄办主任会议精神，按照市委、市政府五大功能区域发展战略的总体要求，创新老龄事业和老龄产业发展机制，继续实施“十二五”规划，进一步健全老年人优待政策体系和老龄工作推进机制，扎实推进养老领域改革创新，切实加强基层老年协会建设，全面推进老年人优待工作。我们必须清醒认识老龄工作面临的新形势、新任务，进一步增强工作的责任感和紧迫感，扎扎实实做好各项重点工作。

三、扎实推进老龄事业各项工作

（一）继续抓好“十二五”规划实施工作。总体上看，“十二五”规划实施情况较好，但也存在差距。如养老床位数量规划每千名老年人30张，目前完成24.5张；基本养老服务补贴覆盖率规划达50%，目前只有7.9%。要抓紧采取有力措施，确保完成目标任务。要提前作好准备，认真做好规划终期检查评估工作。市老龄办牵头启动“十三五”规划编制工作。

（二）建立完善养老服务业发展政策法规体系。市政府出台加快推进养老服务业发展和促进健康服务业发展的实施意见，是积极应对人口老龄化、保障和改善老年人民生、填补服务业短板、拉动消费、扩大就业的重大举措。市政府有关部门要主动对接国家部委，抓紧制定相关配套文件，争取项目资金，推动重点任务落实。要积极争取综合改革试点，勇于开展重点领域和关键环节的政策制度创新。

（三）着力抓好老年人优待政策落实。老年人优待关乎民生、连接民心、影响民情。要在衣、食、住、用、行等方面创新老年人优待工作的实现形式，拓展优待内容，增加优待项目，为老年人提供标准更高、质量更好、范围更大的优待服务。市老龄办制定了老年人优待办法，并初步征求了有关部门意见。市老龄办要抓紧与财政部门研究，制定具体可行的办法。

（四）全力营造尊老敬老社会氛围。要从培育和弘扬社会主义核心价值观的高度，发扬尊老敬老的传统美德。要组织好第二届“敬老文明号”创建活动，开展好全国敬老爱老助老主题教育活动评选工作和“老年节”庆祝活动，为尊老敬老营造浓厚的社会氛围，为老年人办实事、做好事、献爱心。

（五）着力夯实老龄工作基层基础。一是开展好“老年友好城市”“老年宜居社区”“老年温馨家庭”三项活动创建工作，改善老年人生活环境，让友好、和谐、温馨理念家喻户晓、深入人心。二是发展基层老年协会。基层老年协会是党委、政府联系老年人的桥梁和纽带，要以此为依托，重点发展居家养老服务，丰富老年人精神文化生活，提升老年人互助能力，逐步建立老年人关爱体系。三是推进信息平台建设。要开展社区居家养老信息服务平台建设试点工作，通过智能化手段，将分散的服务资源整合起来，以居家养老为主体，社区养老为辅助，打造“没有围墙的敬老院”。要认真总结经验，在全市范围逐步推广。

（六）扎实推进养老领域改革创新。深化社会保障制度改革，建立城乡一体化的社会保障体系，要把工作重点放到农村，让更多的农村老年人分享改革发展成果。要深化养老服务模式改革，改变重公办轻民营、重机构轻居家、重城镇轻农村的发展倾向。要加大对民办养老、农村养老、居家养老的资源配置和扶持力度，建立医疗机构与养老机构业务协作机制，合理布局养老机构与老年病医院、老年护理院、康复疗养机构，形成规模适度、功能互补、安全便捷的健康养老服务网络。要加快政府职能转变，充分发挥市场对养老服务资源配置的决定性作用，营造平等参与、公平竞争的发展环境。通过政府购买服务、公办民营、民办公助等形式，稳步推进社会力量成为发展养老服务业的主体。要按照五大功能区的规划布局，加快发展养生养老服务产业，积极引导企业和社会资本投入，为老年人养生养老提供更多的选择。

四、切实增强老龄工作保障能力

（一）强化组织领导。各区县（自治县）要把老龄工作纳入经济社会发展全局，统筹谋划，统一实施。市、区县老龄办作为政府老龄委的办事机构，要进一步完善工作机制、改进工作方法，充分发挥职能作用。建立党政统一领导、合力推动，部门分工协作、联动配合，社会广泛参与、积极支持的工作格局。

（二）加大资金投入。要加大财政资金投入力度，鼓励民间资本投入养老服务业和健康服务业。通过政府购买服务的方式，引导和鼓励各类社会组织参与提供养老服务、公益慈善等活动。要研究制定金融业支持老龄事业发展的相关政策，拓宽老龄事业发展的资金渠道。

（三）加强督促检查。市发展改革委、市老龄办要会同有关部门对老龄工作政策落实和“十二五”规划实施情况进行督促检查，发现问题要及时研究解决，并向市政府报告。市财政、民政、审计等部门要加强老龄工作专项经费的管理和监督，对资金分配、使用、发放进行规范，严禁资金挤占挪用，确保专款专用。

在四川省老龄工作委员会第十次全体会议上的讲话

四川省副省长　老龄委主任　曲木史哈

（2014 年 10 月 9 日）

同志们：

今天，我们在这里召开省老龄工作委员会第十次全体会议。主要任务是：深入贯彻落实党的十八大和十八届二中、三中全会精神以及全国老龄委第十六次全会和全国老年人优待工作视频会议精神，总结《四川省老龄事业发展“十二五”规划》（以下简称《规划》）实施情况，分析我省老龄工作面临的新形势，安排部署当前及今后一个时期的重点工作。

刚才，越良同志传达了全国老龄委第十六次全会和全国老年人优待工作视频会议精神，明全同志代表省老龄委总结了《规划》实施以来的工作情况，提出了今后《规划》实施的主要建议，省发展改革委、民政厅、财政厅、人力资源社会保障厅、住房城乡建设厅、省卫生计生委等部门的同志作了发言，讲得都很好。这应该成为一种惯例，每年都要让不同的成员单位向老龄委全会报告职责履行情况。下面，我讲三点意见：

一、充分认识做好新形势下老龄工作的重要性和紧迫性

《规划》实施三年以来，在省委、省政府的正确领导下，各地、各有关部门精心部署，周密安排，狠抓落实，《规划》确定的各项重点工作进展顺利，主要发展目标及指标完成情况总体好于预期，《规划》实施取得了明显成效。老龄政策法规建设取得突破性进展，社会养老保障制度实现全覆盖，老年医疗卫生服务水平稳步提高，社会养老服务体系建设迅速推进，老年人权益保障工作成效明显，老年社会管理工作不断加强，老龄事业发展迈出了新步伐。这些成绩的取得，是省委、省政府正确领导的结果，是各级政府、老龄委，以及有关部门共同努力的结果，是社会各界积极参与、大力支持的结果。

在充分肯定成绩的同时，我们也要清醒认识到，当前我省老龄事业发展面临的形势仍很严峻。一是人口老龄化快速发展。截至 2013 年底，我省 60 岁以上老年人口已达 1524.44 万人，占全省常住人口的 18.8%。据预测，到 2025 年前后四川老年人口将占总人口的 24.99%，每 4 个人中就有 1 个老年人；到 2034 年前后四川老年人口将占总人口的 33.95%，每 3 个人中就有 1 个老年人。人口老龄化发展形势相当严峻。二是老龄问题发展呈现新趋势。当前我省正处在发展关键期、改革攻坚期和矛盾多发期，伴随家庭小型化、少子化和老年人权利多元化、诉求多样化，老龄问题更加凸显，由个体、家庭的问题向群体、社会问题转变，由社会领域问题向经济、社会、文化等多领域问题转变。三是应对人口老龄化准备仍有不足。人口老龄化背景下实现经济社会可持续发展，对老龄事业和产业发展、推进城乡一体化和基本公共服务均等化等都提出了更高的要求。目前，我们在物质基础、政策储备、社会参与、管理服务等方面的准备还有许多需要完善的地方。

党中央、国务院和省委、省政府高度重视老龄工作。党的十八大和十八届三中全会提出“积极应对人口老龄化”“大力发展老年服务事业和产业”。今年元旦前夕，习近平总书记在走访北京四季青敬老院时指出：“尊老敬老是中华民族的传统美德，爱老助老是全社会的共同责任”“要完善制度、改进工作，推动养老事业多元化、多样化发展，让所有老年人都能老有所养、老有所依、老有所乐、老有所安”。李克强总理在今年的政府工作报告中明确要求：“发展老龄事业”“让每一个身处困境者都能得到社会关爱和温暖”。省委、省政府高度重视老龄工作，王东明书记和魏宏省长也多次对老龄工作提出要求。我们要深入学习领会党中央、国务院的决策部署和中央领导同志的重要指示精神以及省委、省政领导的要求，准确把握老龄工作面临的形势和任务，认真谋划，扎实工作，推动我省老龄事业加快发展。

二、扎实做好当前及今后一个时期的老龄工作

2014年是贯彻落实党的十八届三中全会精神的开局之年，也是贯彻落实《规划》承上启下的关键一年。刚才，黄明全同志就进一步推进《规划》实施谈了五个方面的意见，除此之外，我认为还要做好以下几方面工作：

（一）集中力量攻坚克难，确保《规划》目标任务如期完成。落实《规划》目标，越是接近终点，越是不能松懈。各地区、各有关部门要高度重视，集中力量，攻坚克难，狠抓落实，确保圆满完成各项任务。目前，有些任务进度与《规划》目标还有一定的差距。比如，《规划》要求养老床位数量要达到每千名老年人30张，目前我省才25.41张；要求基层老年协会农村建会率达到80％，而目前我省农村建会率仅为53.28％；要求城市街道和社区基本实现居家养老服务网络全覆盖以及要求50％以上农村社区建立包括老龄服务在内的社区综合服务设施和站点，从目前来看，离这个目标任务还有较大差距；另外，全省社区和养老机构的护理人员持证上岗率仅达到15％左右，离达到60％以上的目标任务仍然差距较大。离任务进度完成差距还比较大的牵头部门要抓紧采取有力措施，确保如期完成《规划》目标。

（二）突出重点加大力度，加快发展养老服务业。今年2月印发的《四川省人民政府关于加快发展养老服务业的实施意见》，是我省积极应对人口老龄化、保障和改善老年民生、推进服务业发展、拉动消费、扩大就业的重要举措。各有关部门要抓紧对照重点任务分工，各司其职，加强配合，按时间节点要求，加快推动落实。一要抓紧完善配套政策。按照《实施意见》重点任务分工，今年一二季度要出台27项具体措施，目前这些具体措施多数出台了，一些还在进行之中，还有两项是要求第三季度出台具体措施。各有关部门要切实增强紧迫感，对照任务分工，加快工作进度，确保年底前形成比较完备的配套政策体系。二要加大保障力度。目前我省城乡老龄事业发展差异较大，农村社会养老保障和服务还存在不少薄弱环节。要将农村和基层作为养老服务体系建设投入的重点，进一步完善相关政策措施，发挥好财政资金的引领作用，千方百计地调动民间资本投入养老服务业的积极性，加强农村老年人公共服务体系建设。三要抓好试点工作。要加强统筹协调，积极推动综合改革试点，鼓励试点地区先行先试，积极探索长期护理保障制度、推动公办养老机构改革，创新融资方式，培育产业集群，以重点领域、关键环节的制度和政策创新，带动养老服务业整体发展。四要加强督促检查。做好《实施意见》贯彻情况的督查和跟踪评估，发现和推广典型经验和成功做法，及时协调解决实施过程中出现的新问题。前不久，省政府组织了6个督查组对各地实施情况进行了督查。年底前，业务部门要跟踪专项任务完成情况，搞好督促检查工作，确保年度目标的完成。

（三）深入贯彻老年人权益保障法，进一步加强老年人优待工作。新修订的《中华人民共和国老年人权益保障法》是保障老年人合法权益、推动老龄事业发展的基本遵循。各地、各有关部门要认真贯彻落实。一要加快修订配套法规政策。要结合贯彻新修订的老年人权益保障法，积极开展修订《四川省老年人合法权益保护条例》的前期调研，适时提请省人大修订《四川省老年人合法权益保护条例》，进一步健全老龄法规政策体系，加快老龄事业法治化进程。二要加强普法宣传教育。采取多种形式，利用各种渠道，广泛宣传老年人权益保障法等涉老法律法规，扩大社会知晓率和影响力，营造全社会关心、支持、参与老龄事业发展的良好氛围。三要切实做好老年维权工作。加强对老年人的法律服务、法律援助和司法救助，依法及时受理涉及侵害老年人合法权益的申诉、控告和检举，严厉打击侵害老年人人身、财产安全的各种违法犯罪活动。四要全面推进老年人优待工作。去年底，全国老龄办等24个部门印发了《关于进一步加强老年人优待工作的意见》，规定了38项优待工作任务，各地、各有关部门要紧密结合实际，认真贯彻落实。成员单位和有关部门，结合部门实际和经济社会发展状况，及时提出《四川省优待老年人规定》修订意见，反馈至省老龄办，省老龄办汇总意见和建议后抓紧形成送审稿，报省政府审定。

（四）加强老龄宣传工作，弘扬孝亲敬老文化。

最近，全国老龄办、中宣部、教育部等十部门印发了《关于培育和践行社会主义核心价值观加强老龄宣传教育工作的通知》，明确了加强老龄宣传工作的指导思想、目标任务和工作措施。各地各部门要按照通知要求，将社会主义核心价值观与敬老文化宣传教育活动结合起来，切实加强老龄宣传教育工作，积极倡导敬老文明，培育社会良好风尚。要深入开展“敬老爱老助老”主题教育活动，进一步开展“敬老文明号”创建活动，广泛开展为老志愿服务和“银龄行动”，加强老龄宣传教育作品的创作与生产，扶持打造一批优秀文化作品，充分发挥主流新闻媒体的舆论引导作用，整合宣传资源，形成宣传合力，推进老龄新闻宣传工作规范化、系列化、常态化。要认真开展“敬老月”活动。省老龄委已印发了《关于开展2014年“敬老月”活动的通知》，将今年“敬老月”活动的主题确定为“传承中华美德，弘扬敬老文化”，省老龄办将在“敬老月”期间举办四川省中老年集体舞比赛，组织开展“老有所为”先进典型人物宣传报道活动。各地各部门要积极行动起来，结合各自实际认真组织开展“敬老月”活动，让老年人在浓浓的敬老氛围中欢度老年节。

（五）认真开展“敬老模范县（市、区）”创建工作，提升老龄工作整体水平。创建“敬老模范县（市、区）”工作是我省老龄工作的一个特色和亮点。自2002年我省开展创建“敬老模范县（市、区）”工作以来，已连续开展了三轮，在社会上产生了良好的反响，也得到了全国老龄办以及兄弟省（市）的高度评价。通过开展创建“敬老模范县（市、区）”工作，各地进一步强化了老龄委各成员单位的履职能力，推进了各项涉老工作的深入开展，促进了“大老龄”工作格局的形成，推动了老龄事业又好又快发展。今年是开展第四轮创建“敬老模范县（市、区）”的关键一年，各地创建的积极性很高，第四季度省老龄办将组织市（州）老龄办进行交叉检查，互相学习，取长补短，促进创建水平的进一步提高。明年，我们还将组织省老龄委成员单位对申报创建的县（市、区）进行检查验收。此外，各地、各有关部门还要按照全国老龄委的要求认真开展“老年友好城市”“老年宜居社区”“老年温馨家庭”创建工作，并将这三个创建工作与开展“敬老模范县（市、区）”创建工作结合起来，纳入老龄事业发展“十三五”规划之中，推动老龄事业进一步的发展。

（六）加强老龄政策创制，积极做好“十三五”规划预研工作。“十三五”时期是全面建成小康社会的关键时期，各有关部门要先行一步，抓紧启动老龄事业发展“十三五”规划的预研工作，为明年规划起草工作打下扎实基础。一要认真配合开展第四次中国城乡老年人口状况抽样调查。2000年以来，全国老龄办每5年组织开展一次城乡老年人口状况抽样调查，这对于准确掌握我国老年人和老龄事业发展基础数据、促进科学决策起到很大作用。省老龄办要会同有关方面，在前三次抽样调查的基础上，认真配合好第四次中国城乡老年人口状况抽样调查，为编制“十三五”规划提供数据支持。二要组织开展好重点课题前瞻性研究工作。成员单位要组织专门力量，就收入保障体系、健康支持体系、养老服务体系、宜居环境体系和老年群众工作体系等领域的重要政策创制、制度创新等进行前瞻性研究，为“十三五”规划的编制提供有力支撑。三要积极开展专项规划预研。省老龄委各成员单位要按照职责分工，围绕积极应对人口老龄化战略部署，对相关专项规划提前谋划、布局和预研。

三、积极构建推动老龄事业持续健康发展大格局

健全体制机制是做好老龄工作的重要保障。省老龄委各成员单位要按照党的十八届三中全会关于全面深化改革的总体部署，进一步加大改革力度，落实各项改革要求，在完善体制机制上下更大功夫，为促进老龄事业和产业发展提供重要支撑。

一要着力健全老龄工作推进机制。要积极发挥政府在制定规划、出台政策、引导投入、规范市场、营造环境等方面的主导作用，建立完善以公共政策为引导的多元化投入机制，形成互利共赢的老龄事业和产业投融资格局。一些地方把老龄事业关键指标纳入政府目标管理考核，取得良好效果。要及时总结推广这些好经验好做法，推动地方各级政府把老年社会保障、健康支持、养老服务、老年宜居环境建设等纳入目标管理考核，更好地促进老龄工作。

二要着力创新老龄事业发展机制。要充分调动社会各类主体的参与积极性，形成多元主体办产业、多种方式促发展的格局，不断满足老年人多层次、多样化、差异化的养老服务需求。要通过转移政府职能和购买服务等方式，引导和鼓励各类社会组织参与提供养老服务、开展公益慈善项目、组织老年文体活动等，成为推动老龄事业发展的重要力量。

三要着力拓展老年人社会参与机制。当前“老有所为”还缺乏有效的途径和平台，老年人力资源的保护开发还没有引起足够重视。要加快完善依托社区、功能健全的基层社会管理服务网络，加强基层老年协会建设，发挥老年群众组织在自我教育、自我管理、自我服务等方面的积极作用，为广大老年人在更大程度、更宽领域参与经济社会发展搭建平台、提供便利，为维护改革发展稳定大局凝聚力量。

四要着力完善老龄委统筹协调机制。老龄办作为老龄委的办事机构，要进一步加强自身建设、完善工作机制、改进工作方法，切实履行好“综合协调、督促检查、参谋助手”职责，为老龄委科学决策服务、为各成员单位履行职责服务、为老年人维护权益服务，最大限度调动一切积极因素，为老龄事业发展凝聚合力、激发活力、增强动力。

同志们，全面完成“十二五”老龄事业发展规划的时间紧、任务重，希望大家认真贯彻落实好省委、省政府的各项部署，按照这次会议提出的要求，齐心协力，扎实工作，进一步推动老龄事业迈上新台阶，取得新成就，为推动四川经济社会持续健康发展做出新贡献。

在宁夏回族自治区农村幸福院建设推进会上的讲话

宁夏回族自治区党委常委　副主席　李锐

（2014 年 9 月 3 日）

同志们：

在全区上下深入开展“转作风、抓发展、大干150天”活动之际，今天，我们在这里召开全区农村幸福院建设推进会，总结成绩，交流经验，部署任务。刚才，泾源县、惠农区庙台乡、灵武市崇兴镇中北村分别介绍了推进农村幸福院建设的好做法、好经验；杜正彬同志通报了全区农村幸福院建设情况，提出了下一步工作的安排意见；待会，大家还要现场观摩泾源县中心敬老院和两个老年幸福院建设点。会后，请各地各部门务必抓好会议精神的贯彻落实。

自农村幸福院建设项目实施以来，各地高度重视、强化措施、落实责任，大力推进农村幸福院建设，取得了明显的社会效益。从观摩交流和平时掌握的情况看，主要有以下三个方面的特点：一是进展迅速，成效显著。各地紧密结合实际，切实加强组织领导、政策引导和资金支持，着力发挥村级组织作用，从年初正式实施以来，仅仅八个月的时间，就建成农村幸福院 354 个。特别是泾源县、灵武市政府积极安排专项资金支持，新建了一批基础设施较好的农村幸福院。二是注重结合，突出特色。各地都能从本地实际出发，把解决农村养老问题与调整产业布局、推进新农村建设、实施生态移民战略有机结合，积极探索“集中居住、分户生活、统一管理、互帮互助”和“村级主办、互助服务、群众参与、政府支持”的农村养老新路子。三是完善功能，拓展服务。通过实施项目，健全完善幸福院管理机制，给老年人提供了集中居住、相互照顾、快乐生活的自由空间，消除了老年人孤独、寂寞、精神空虚的烦恼，真正使空巢老人、留守老人、困难老人的实际困难得到有效解决，同时也解决了进城务工子女的后顾之忧，真正做到了“子女安心、老人开心、政府放心”。

在肯定成绩的同时，我们也要清醒地看到，一些地方还存在认识和重视程度不够、推进力度不大、资金投入不足、宣传不够到位、社会力量调动不充分等问题。各地、各部门一定要积极面对，在今后的工作中加以改进和完善。

下面，我讲三点意见。

一、统一思想，深刻认识农村幸福院建设的重要意义

加快农村养老服务设施建设，是中央和自治区党委、政府高度重视的一项工作。我们一定要把思想认识统一到党委、政府的决策部署上来，因地制宜建设农村幸福院，加快推进农村养老服务业发展。

第一，要从弘扬中华传统美德的高度，深刻认识农村幸福院建设的必要性。尊老养老是中华民族的传统美德，古人关于尊老养老的名言有许多，司马迁曾说过，“夫天者，人之始也；父母者，人之本也”，意思是父母给了我们生命，是人的根本，而且将父母与天地并列，指出了父母对于个体生命发展中所处的重要地位。孟子也讲过，“老吾老以及人之老”，意思是尊敬自家的长辈，推而广之也要去尊敬别人家的长辈。我们推进农村幸福院建设，为农村留守老人、失能无靠老人们建造颐养天年的乐园，就是在弘扬中华民族尊老敬老的传统美德。

第二，要从执政为民的立场出发，深刻认识农村幸福院建设的重要性。改善民生是党和政府一切工作的出发点和落脚点，是各级党委、政府践行立党为公、执政为民宗旨的具体体现。坚持立党为公、执政为民，必须从解决困难群众最需要、最迫切的问题着手。农村留守老人、失能无靠老人，有的没有劳动能力，有的没有生活来源，是农村最需要关怀和帮助的困难群体。我们推进农村幸福院建设，让农村留守老人、失能无靠老人在晚年时期感受到党和政府的尊重和关怀，就是在践行立党为公、执政为民的宗旨。

第三，要从完善社会养老体系的要求出发，深刻认识农村幸福院建设的紧迫性。我国是一个以农业人口为主的人口大国，养老服务的重点和难点在农村，突破的关键也在农村。与全国一样，目前我区不仅已步入老龄化社会，而且农村老龄化水平高于城镇1.24个百分点，农村留守老人数量已占农村老年人总数的近50%，生活照料、精神慰藉、失能无靠等问题比较突出。我们推进农村幸福院建设，推行“进院不离家”、“离家不离村”的养老模式，满足农村老年人在吃饭、住宿和精神文化等方面的需求，符合老年人生活习惯，符合我区实际，对于破解我区农村养老难题具有重要的现实意义。

总之，我们要切实增强加快农村幸福院建设的责任感和使命感，把推进农村幸福院建设这项惠民之举、利民之策落到实处，努力办成老年人满意的民生工程、实事工程。

二、明确目标，扎实推进农村幸福院建设

根据自治区安排，到2015年，50%以上的行政村要建立老年幸福院，五保集中供养率达到70%以上；到2017年，60%以上的行政村要建立老年幸福院，五保集中供养率达到80%以上。各地要紧紧围绕这一目标，抓住重点，精心实施，扎实推进。

（一）把握原则，明确总体方向。总体来讲，农村幸福院建设，还是一项崭新的工作，需要结合各地实际，在探索中推进、在实践中完善。具体工作中，要坚持三个原则：一是坚持多元投入原则。要采取“政府补一点、集体筹一点、个人掏一点、社会捐一点”的办法，建立政府、企业、社会、家庭和个人多方参与的农村养老服务发展新格局，积极吸引鼓励社会力量参与幸福院建设，确保老年人承受得起、政府兜得住。二是坚持因地制宜原则。立足对现有闲置的校舍、村委会办公场地、五保户房屋等设施的改造利用，不追求统一模式、统一标准、统一规模，做到量力而行、规模适度。三是坚持自治互助原则。村委会要在实行村民自主、自治的前提下，切实承担起农村幸福院的建设、管理责任。实施过程中，要和老人及子女签订具体服务协议，明确双方责任和义务，同时还要积极鼓励力所能及的老人们实行自我管理、互助服务。

（二）顶层设计，强化规划引领。规划是核心、是龙头。各地要将农村幸福院建设与新农村建设、村镇规划、生态环境保护、生产方式转变和产业结构调整紧密结合起来，把农村幸福院建设纳入乡镇建设规划和土地利用总体规划，纳入“美丽乡村”建设规划。在项目选址、房屋设计、功能配套上，要尊重群众意愿，突出实用性，符合老年人实际需求，确保幸福院建设布局、功能合理。要立足当前，兼顾长远，优先选择条件较好、老年人特别是留守老人较多、照料需求量大，居住相对集中、有场所和设施基础，当地村党组织、村委会积极性高的建制村或自然村，合理安排建设进度，稳步推进。

（三）以点促面，抓好示范带动。目前，我区在试点的基础上，已建成农村幸福院354个，特别是石嘴山市惠农区庙台乡、灵武市、泾源县的做法在全区具有典型示范作用，各地要积极借鉴，促进本地幸福院建设提水平、上台阶。同时，各地也要积极培育树立一批可学可比的典型，相互学习，共同促进。要充分依靠村党组织和村民委员会，加快建设步伐，确保项目当年立项、当年建成、当年使用、当年见效。在起步阶段，要坚持低水平起步、可持续发展，优先满足留守、孤寡、失能等困难老人的就餐、文化娱乐和休息住宿等基本需求；规范运营后，要逐步拓展功能，丰富内容，扩大范围，力争建成一个、带动一片，真正把农村幸福院建设成老年人的宜居家园。

（四）内外兼修，优化管理服务。良好的管理服务是农村幸福院持续发展的关键。只有把管理服务搞好了，群众才会真正感觉到幸福、快乐，才会乐于参与其中。一方面，要进一步规范农村幸福院内部运行管理，实行村民自主、自治，建立经费使用、人员聘用、就餐住宿、设备管理等一系列规章制度，并确保落到实处。要积极创新管理服务方式，广泛吸收社会工作者和志愿者参加，为幸福院规范运行提供良好管理服务。另一方面，要加强外部监督管理，明确费用负担方式，区分村集体承担和老年人自负的项目和金额，并纳入村务公开范围，自觉接受村民监督。要切实加强对幸福院服务流程、人员、价格和服务效果的检查监督，确保农村幸福院规范运行。

三、强化措施，确保农村幸福院建设取得实效

加快推进农村幸福院建设，关键在落实，最终看成效。各地、各部门要认真贯彻国务院和自治区有关养老服务业发展的新要求，切实加强组织领导，强化协调配合，落实工作措施，合力推进农村幸福院建设。

一要高度重视抓落实。各地、各部门要建立健全农村幸福院建设推进机制，将农村幸福院建设纳入市、县（区）、乡镇目标责任考核，纳入养老服务发展指标监测体系和“十二五”规划目标考核；主要领导要亲自过问，给予充分支持，分管领导要深入基层，亲自推动落实。民政部门要加强督查指导，制定考核办法，对项目实施效果好、群众满意度高的地区，在资金分配和政策扶持上予以倾斜；对截留补助资金、建设任务不落实、运营情况差、群众意见大的地方，要进行通报，酌情减少资金支持。要切实加强资金监管，做到不截留、不挤占、不挪用；对违反有关规定的，要依法依纪严肃追究责任。

二要强化协作聚合力。加快推进农村幸福院建设，是各地、各部门义不容辞的责任。自治区民政厅要在区本级彩票公益金中切块，以奖代补，支持农村幸福院健康持续发展；同时，要会同财政厅积极争取国家项目资金，制定扶持政策，督促各地落实运营补助。教育、农牧、住房城乡建设、国土资源、卫生计生、文化、扶贫等部门要强化协作配合，在政策允许的范围内，尽可能地给予大力支持。各地每年也要给予农村幸福院一定的运营补助，确保农村幸福院长效发展。要建立健全社会支持、群众参与的协同机制，有效整合各方资源，积极鼓励引导社会资金参与，形成推进农村幸福院建设的强大合力。

三要注重宣传造氛围。各地要充分发挥报刊、电视、广播、网络等各类新闻媒体的作用，开展形式多样的宣传活动。要大力宣传国家和自治区农村养老服务的方针政策，宣传农村幸福院建设的重大意义、主要内容、服务项目以及给广大老年人带来的实惠，做到家喻户晓、人尽皆知，从而赢得广大群众的理解和支持，提高全社会参与的积极性。要结合农村实际，采取入户宣传、政策宣讲等手段，大力弘扬中华民族尊老、敬老、爱老、助老的优良传统，努力营造“老有所养、老有所医、老有所为、老有所乐”的环境，为推进农村幸福院建设营造良好氛围。

同志们，农村幸福院建设是一项惠及百姓、利在社会的民生工程和幸福工程。各地、各部门要以高度负责的精神、求真务实的作风，扎实工作，确保农村幸福院建设各项目标任务顺利完成，为“开放宁夏、富裕宁夏、和谐宁夏、美丽宁夏”建设做出新的更大贡献！

在新疆维吾尔自治区老龄工作会议上的讲话

新疆维吾尔自治区党委常委　肖开提·依明

（2015 年 2 月 7 日）

同志们：

这次会议的主要任务是：深入贯彻党的十八届三中、四中全会和第二次中央新疆工作座谈会精神，全面落实自治区党委八届七次、八次全委（扩大）会议精神，总结 2014 年老龄工作，安排部署 2015 年工作，进一步把思想和行动统一到中央和自治区党委的决策部署上来，大力推进我区老龄事业发展，为维护新疆社会稳定和实现长治久安做出新贡献。

2014 年，在自治区党委的领导下，全区各级老龄工作部门主动适应新形势新任务要求，自觉把思想和行动统一到习近平总书记一系列重要讲话精神和中央要求上来，统一到自治区党委的安排部署上来，紧紧围绕社会稳定与长治久安的总目标，坚持“党政主导、社会参与、全民关怀”的老龄工作方针，充分发挥“综合协调、督促检查、参谋助手”职能作用，老龄工作扎实推进，老龄事业蓬勃发展。各地不断加大社会养老保障体系建设力度，城市社区居家养老服务工作和农村老龄服务事业有了新的进展。充分调动社会力量为老年人排忧解难，切实保障了老年人合法权益。加强老龄工作宣传，大力宣传敬老先进典型，弘扬了中华民族敬老传统美德。认真落实各项老年优待政策，积极组织开展老年文体活动，因地制宜地发展老年教育，不断丰富老年人的精神文化生活。积极拓宽“老有所为”工作领域，成功实施“银龄行动”。抓住热点难点问题开展调查研究，培训基层老龄工作干部，提高了老龄干部队伍整体素质。这些成绩的取得，得益于各级党委、政府的高度重视，得益于各老龄委成员单位和社会各界的大力支持，得益于各级老龄工作部门的辛勤努力。在这里，我代表自治区党委、自治区人民政府，向广大老龄工作者致以诚挚的问候、衷心的感谢！

2015 年，是全面深化改革的关键之年，是全面推进依法治国的开局之年，是全面完成“十二五”规划的收官之年。做好今年的老龄工作，对于建设团结和谐、繁荣富裕、文明进步、安居乐业的社会主义新疆具有重要意义。下面，我就做好今年的老龄工作讲几点意见。

一、统一思想，提高认识，增强做好老龄工作的责任感和使命感

面对新形势新任务，老龄工作的地位和作用更加重要，任务更加艰巨繁重。我们一定要把思想和行动统一到中央和自治区党委安排部署上来，深刻认识做好老龄工作的重要意义，切实增强做好老龄工作、发展老龄事业的责任感和使命感，努力为新疆社会稳定和长治久安做出应有贡献。

（一）深刻认识老龄工作的地位和作用。老龄工作是党和政府的重要工作，老龄事业是中国特色社会主义事业的重要组成部分。加快老龄事业发展，实现好、维护好、发展好老年人的根本利益，让老年人共享改革发展成果，是着力保障改善民生的重要举措，是促进社会公平正义、维护社会和谐稳定的重要保证。党中央、国务院历来高度重视老龄问题和老龄工作。党的十八大报告首次提出“积极应对人口老龄化，大力发展老龄服务事业和产业”。十八届三中全会明确提出，要“积极应对人口老龄化，加快建立社会养老服务体系和发展老年服务产业，健全农村留守老年人关爱体系”。《中华人民共和国老年人权益保障法》修订施行，国务院出台了《关于加快发展养老服务业的若干意见》。习近平总书记强调，“我国老年人口增加很快，老年服务产业发展还比较滞后，养老问题越来越突出。要完善制度、改进工作，推动养老事业多元化、多样化发展。加强养老公共服务，内容上要多样，财力上要倾斜，全社会要一起努力，把老年人安顿好、照顾好，让所有老年人都能老有所养、老有所依、老有所乐、老有所安。”中央新疆工作座谈会以来，自治区不断加大老龄工作力度，出台了一系列惠老政策，下发了《关于加快发展养老服务业的实施意见》。新农保和城镇居民基本养老保险实现全覆盖，“五七工”、家属工参加了养老保险社会统筹，解决了破产企业退休人员医保问题，80 岁以上老年人享受到了养老补贴和免费体检。张春贤书记非常关心老年人，多次要求有关部门解决好老年人的各种困难和问题，把“为千万子女尽孝，为老年人解难，为政府解忧”的思想推广到全疆，希望老年朋友继续关心时事，充分利用人生中积累的丰富社会经验和深厚知识，切实发挥智慧和作用，建设美好新疆。我们一定要站在全局和战略的高度，充分认识做好老龄工作的重要意义，更加自觉主动地做好老龄工作。

（二）准确把握老龄工作面临的形势。在党中央对新疆工作的特殊重视和对新疆各族人民的特殊关怀下，在自治区党委的坚强领导下，我区老龄工作迎来了难得的发展机遇。第二次中央新疆工作座谈会，对新疆工作又一次做出一系列重大决策部署，出台一系列力度空前的支持举措。经济、干部、人才、教育、科技等全方位对口援疆，规格之高、态度之积极、跨度时间之长、力度之大前所未有。自治区党委广泛汇集民意民智，先后召开八届七次、八次全委（扩大）会议和自治区党委经济工作会议、稳定工作会议，就贯彻落实中央精神作出全面安排部署。各级党委政府对老龄工作越来越重视，老龄工作的社会地位和影响力进一步提高，全社会对人口老龄化问题越来越关注，发展老龄事业的社会氛围日益浓厚。这些都为我们进一步做好老龄工作提供了良好机遇和条件。同时，我们也要清醒地看到，我区老龄工作仍然面临严峻复杂形势和新的挑战。我区已于 2010 年进入老龄化社会，截至目前全区 60 岁以上老年人口 253.18 万人，占总人口的 11.18%。我区的人口老龄化是在综合实力还不强、经济社会发展各项任务十分繁重的情况下到来的，短期内需要解决的问题较多、困难较大。随着人口老龄化严峻形势的不断加剧，社会养老服务需求的不断增长，养老服务工作正在发生重大的变化。在服务人群上，由过去主要服务“三无”、五保人员，拓展到了全社会的老年人。在体系布局上，由过去仅注重发展养老服务事业，拓展到养老服务事业和产业并举。在水平要求上，由过去偏重物质保障，拓展到物质保障与精神满足并重。随着城市“空巢老人”和农村“留守老人”日益增多，对社会化养老服务的需求越来越迫切。积极应对人口老龄化，是一项重要而紧迫的战略任务。目前，我区老龄工作还存在的一些突出问题，主要是不少同志包括一些党政领导对老龄工作的重要性、紧迫性认识不足，重视不够，有的甚至认为老龄工作可有可无；受经济发展、自然条件等多种因素制约，各地老龄工作发展不平衡；各级政府和社会力量对老龄事业的投入力度还需加大，支持老龄事业持续发展的资源配置体制和机制还没有完全形成；老龄工作的法规政策还不够完善，侵犯老年人权益的现象仍时有发生。机遇与挑战并存，责任与使命并重。我们必须切实增强做好老龄工作的责任感和使命感，及早谋划，统筹协调，趋利避害，在应对人口老龄化挑战中赢得主动权，实现老龄事业又好又快发展。

（三）充分认识老年群体的重要性。老年人是党和国家的宝贵财富。我区各族老年人在十分艰苦的生活环境和工作条件下，扎根边疆，无私奉献，为新疆的建设、改革、发展做出了重要贡献。没有老年人过去的奉献，就没有我们今天的美好生活。老年人是人生历程的最后阶段，他们的今天就是我们的明天，尊敬老年人、爱护老年人、善待老年人，让老年人分享改革开放和社会发展的成果，不仅是中华民族的传统美德，而且是对历史的尊重，对老年人曾经做出贡献的尊重。我们要真心尊重老年人，真诚服务老年人，切实维护好他们的权益，让他们安度晚年。老年人蕴藏着独特的经验优势和智慧优势，在经济社会发展中有着十分重要的作用。我区每年有大批老年人退休，这些老年人长期受党的教育培养，对党和人民有深厚的感情，具有丰富的实践经验，有的还有一技之长。他们在反对民族分裂、维护社会和谐稳定、促进科技发展、传播先进文化、弘扬社会公德、关心教育下一代等方面能够发挥积极的作用。要发挥好老年人的积极作用，通过他们带动千千万万家庭，凝聚起维护新疆社会稳定和实现长治久安强大力量。

（四）深入理解落实张春贤书记五项要求。张春贤书记在新年第二天的自治区党委理论学习中心组学习时提出了“善学习、讲法治、比团结、抓落实、重效果”的五项要求，这是对各级领导班子和各级领导干部的要求，同样也是老龄工作干部的要求。我们要认真学习、深刻把握、切实贯彻张春贤书记这五项要求。在善学习方面，老龄工作干部要认真学习习近平总书记系列重要讲话精神，认真学习中央和自治区重大决策部署，认真学习老龄工作业务知识。通过学习，达到“党中央的要求就是我们的任务”要求，适应复杂多变的形势，推动老龄事业不断发展。在讲法治方面，各级老龄工作部门要以法治为导向，树立法治思维，善于用法治方式思考和处理各种问题，在法治框架内推进老龄工作。要坚持“一反两讲”，强化老年群体的法制观念和秩序意识，使他们自觉维护社会稳定。在比团结方面，老龄工作干部要以身作则、率先垂范，积极教育引导老年群体包容宽容、尊重差异、互相欣赏，说有利于民族团结的话，做有利于民族团结的事，促进各民族交往交流交融，努力实现更深层次的团结，实现大团结、真团结。在抓落实方面，老龄工作干部要牢固树立宗旨意识和正确政绩观，提升理解力、执行力、落实力，用百折不挠的意志去争创一流业绩，在实际工作中做到狠抓落实、善抓落实。在重效果方面，老龄工作部门要以党中央、自治区党委的部署要求是否得到落实来检验效果；以决策部署是否符合实际、是否见到了预期目的来检验效果；以绝大多数各族人民群众是否满意作为检验标准。

二、聚力社会稳定和长治久安，大力推进老龄事业发展

社会稳定和长治久安是新疆工作的着眼点和着力点，也是新疆工作的总目标。我们一定要紧紧围绕社会稳定和长治久安总目标，统筹谋划、切实推进老龄事业发展，发挥好老龄工作在维护新疆社会稳定和实现长治久安中的作用。

（一）全面推进老龄工作法制化建设。党的十八届四中全会就全面推进依法治国作出重大部署。自治区党委八届八次全委（扩大）会议全面安排依法治疆各项任务。我们要切实把思想和行动统一到党的十八届四中全会和自治区党委八届八次全委（扩大）会议精神上来，坚持依法治疆战略，全面推进老龄工作法治化进程。要认真贯彻落实《中华人民共和国老年人权益保障法》和《新疆维吾尔自治区保护老年人合法权益条例》，充分发挥法治的引领和规范作用，构建办事依法、遇事找法、解决问题用法、化解矛盾靠法的法治环境。要坚持运用法治思维和法治方式，解决老龄事业发展中的重点难点问题，使老龄工作生机勃勃又井然有序。要切实加强法制宣传教育，筑牢老年人相信法律、依赖法律、信仰法律的思想基础，引导老年人自觉运用法律维护权益，使老年人成为社会主义法治的忠实崇尚者、自觉遵守者、坚定捍卫者。要加强对广大群众尤其是青少年的老龄法制宣传，从基层抓起，从家庭抓起，从学生抓起，大力弘扬敬老传统美德，进一步提高全社会维护老年人合法权益的法律意识。要整合法律服务资源，拓宽法律援助渠道，充分发挥基层法律服务工作者和法律服务站点的作用，大力开展法律援助，就地就近为老年人提供法律服务。要逐步健全有关职能部门为主体，社会团体、企事业单位、公益性组织等共同参与的老年维权网络，切实形成综合治理、齐抓共管的社会化大维权格局。要加强与司法、公安等有关部门的协作配合，依法查处侵害老年人合法权益的案件。

（二）搭建好老年人参与社会建设的平台。老年人在社会建设上具有独特的重要作用。要完善体制机制和相关政策措施，充分调动各族老年人参与经济发展和社会建设的积极性、主动性、创造性，有效发挥老年人的智力优势和经验优势。要加快推进基层老年协会规范化建设，增强老年人社会组织的自我教育、自我管理、自我服务功能，引导老年人通过各类老年社会组织，有序参与社会管理和开展互助服务活动。要深入开展老年教育，支持社会办好各类老年学校和老年课堂，广泛开展老年志愿服务活动，鼓励支持老年人参加“银龄行动”，在青少年教育、咨询服务、维护治安和协助调解民间纠纷等方面发挥积极作用。

（三）充分发挥老年群体在维护民族团结和社会稳定中的作用。我区各族老年人对党、对祖国、对人民有着深厚的感情，祖国统一、民族团结和社会稳定是他们的共同愿望和根本利益。确保老年群体的团结稳定，发挥老年群体在维护民族团结和社会稳定中的作用，是当前我区老龄工作的首要任务。要充分认识到没有各族老年群众的团结，就不会有各民族的大团结；没有老年群体的稳定，社会稳定就会受到很大影响。做好老年群体的民族团结工作，有利于增进各民族的大团结。解决好老年群体问题，社会稳定的基础才会更加牢固。要充分认识到老年群体不是孤立的，一位老年人身后通常都有一个大家庭，老年人有着丰富的阅历和经验，在家庭和社会中有着较高的威望和影响，可以通过老年人让他们身后的千千万万个家庭更加深刻地认识到民族团结和社会稳定的重要性，始终保持清醒头脑，自觉增进民族团结，坚决维护社会稳定。要在老年群体中大力开展民族团结宣传教育，强化“三个离不开”和“四个认同”的意识，进一步增强老年群体维护民族团结的自觉性和主动性。要把党和政府对老年人的关怀落到实处，真诚关心老年群众的疾苦，及时倾听老年群众的诉求，切实维护老年群众的合法权益，着力解决人口老龄化带来的各种矛盾和问题，坚决确保老年群体的稳定。要教育引导各族老年群众深刻认识团结稳定是福、分裂动乱是祸，主动发声亮剑，坚决同“三股势力”作斗争，凡是有利于民族团结、社会稳定的话和事就大张旗鼓地说和做，凡是不利于民族团结、社会稳定的话和事就要旗帜鲜明地加以反对，争当促进民族团结、维护社会稳定的践行者、传播者、捍卫者。要着力发挥老年人在家庭和社会上的独特作用，带动他们的家庭、他们身边的人，自觉维护祖国统一、民族团结和社会稳定。

（四）充分发挥老年群体在“去极端化”中的作用。宗教极端是“三股势力”的思想基础。我们要坚决防止宗教极端势力对老年群体的渗透，在老年群体中大力弘扬现代文化，增强老年群体抵制宗教极端思想的“免疫力”，发挥好老年群体在遏制宗教极端中的作用。要教育老年群体始终树立正确的祖国观、民族观，自觉践行社会主义核心价值观，坚持尊重差异、包容多样、相互欣赏，大力弘扬“爱国爱疆、团结奉献、勤劳互助、开放进取”的新疆精神。要在老年群体中大力倡导进步、开放、包容、文明、科学的现代文化理念和行为方式，引导他们在精神和情趣上向世俗化、现代化靠近。要教育引导老年群体正确区分宗教和宗教极端，正常宗教活动和非法宗教活动，宗教活动和民族习俗，在他们中间深入揭批宗教极端思想的罪恶本质，戳穿“圣战殉教进天堂”等歪理谬论，使他们充分认识宗教极端的本质和危害，明辨是非，提高免疫力。要教育引导老年人严密防范宗教极端思想的渗透，自觉抵制宗教极端活动，鼓励和支持老年人与宗教极端思想做斗争，使他们带动家人、亲戚、朋友远离极端、抵制极端、揭批极端。

（五）持续保障和改善老年群体的民生。民生问题与老龄事业紧密相连，实现老有所养是改善民生的重要内容。要认真落实自治区第六个“民生建设年”有关老龄事业的安排部署，坚持以人为本、群众第一，把事关老年群体的民生实事办好、办实、办出成效。要顺应老年人过上美好生活的期待，从老年人的利益和愿望出发，带着对老年人的深厚感情，时刻把老年人的冷暖挂在心上，从解决老年人最关心、最直接、最现实的实际问题入手，为广大老年人诚心诚意办实事、尽心竭力解难事。要掌握老年人的生活状况，了解他们的实际困难，弄清他们的所需、所急、所盼，尽力为他们排忧解难。各级老龄工作部门的同志都要学会换位思考，时刻想到老年人的今天就是我们的明天，把老年人的事当成自己的事来办，对涉及老年人切身利益的事情，即使再小也要竭尽全力去办，使老年人的意愿得到充分尊重、老年人的困难得到彻底解决、老年人的生活得到明显改善、老年人的积极性得到充分发挥，让广大老年人共享改革发展和现代化建设成果，健康幸福地安度晚年。

三、加强组织领导，不断提高老龄工作水平

加强老龄工作，发展老龄事业，是各级党委、政府和全社会的共同责任。各地要从全局出发，本着对党和人民高度负责的精神，切实加强对老龄工作的领导，精心组织，狠抓落实，以更大的力度、更实的举措做好各项工作，不断推进老龄事业向前发展。

（一）各级党委政府要高度重视老龄工作。做好老龄工作，党政主导是关键。只有党政领导认识到位了、真正重视了、摆上位置了，老龄工作才能顺利推进。各级党委、政府要加强领导，把老龄工作列入重要议事日程，及时研究解决老龄工作中的重大问题，在人力、物力、财力上保障老龄工作顺利开展。尤其是党政分管领导要把老龄工作作为份内之事、应尽之责，真正放在心上、抓在手上，真正把担子担起来，种好自己的"责任田"。要根据老龄工作不断出现的新情况、新问题，坚持一个问题一个问题地解决，一个环节一个环节地落实，一个步骤一个步骤地推进，一个层面一个层面地拓展。

（二）凝聚老龄工作的强大合力。老龄工作是一项综合性工作，做好老龄工作单靠一个或几个部门是远远不够的，需要社会各界、方方面面的共同努力，形成党政领导高度重视、老龄委协调有力、各成员单位尽职尽责、社会力量积极参与的强大工作合力。要进一步健全老龄工作领导体制和运行机制，建立和完善老龄工作的目标管理和量化考核制度，调动和发挥老龄委成员单位的职能作用，推动老龄工作的发展。各级老龄委成员单位要有全局意识和大局意识，认真履行各自职能，全力支持配合，主动协调跟进，抓好任务落实，扎扎实实做好老龄工作。要通过政策引导，大力宣传，策划有影响的活动，充分调动企事业单位、社会组织和社会各界关心老年人、支持老龄工作、参与发展老龄事业的积极性，充分利用社会资源为老年人办实事。要借鉴社会公益事业的成功经验，探索由老龄部门牵头、企业参与、公益组织运作的老龄工作新模式。要加大福利彩票资金对老龄事业的投入，努力拓宽筹资渠道，吸引更多社会组织投入资金，建设老年服务设施和服务网络，生产老年消费用品，为老年人提供各种社会服务和消费产品。

（三）加强自身建设。"打铁还需自身硬"，各级老龄工作部门要根据新形势新任务要求，以自身建设新成效，推动我区老龄工作再上新台阶。要增强大局意识，紧紧围绕社会稳定和长治久安总目标，做好老龄工作。要加强调查研究，做到情况清、底数明，解决好老龄工作中的重点难点问题。要加强基层老龄工作，建立健全上下联动的机制，使中央和自治区党委有关老龄工作的各项安排部署落地生根。要进一步加大综合协调工作力度，积极争取党委、政府的支持，积极寻求相关单位的配合，积极动员社会力量的参与，形成各方面共同做好老龄工作的格局。要加大宣传工作力度，提高全社会对做好老龄工作重要性的认识，进一步营造重视老龄工作、支持关心老龄事业的良好社会氛围。要始终高度重视队伍建设，按照"三严三实"和"四强干部"要求，努力培养和造就一支政治强、业务精、作风硬、讲奉献的老龄工作干部队伍。老龄工作者要热爱老龄工作，把老龄工作当作接受锻炼的大熔炉、提升能力的大课堂和施展才华的大舞台，认真钻研业务知识，不断提高工作能力和水平，努力成为老龄工作的行家里手。要敢于担当，勇于作为，充分发挥主体作用，保持锐意进取、开拓创新、奋发有为的精神状态，以自身优异工作成绩推动老龄事业发展进步。

同志们，做好新形势下的老龄工作任务艰巨，责任重大。让我们在自治区党委的坚强领导下，以更加饱满的精神状态、更加扎实的工作作风、更加有为的工作业绩，努力开创我区老龄事业的新局面，为维护新疆社会稳定和实现长治久安做出新的贡献。

在2014年厦门市老龄委全体（扩大）会议上的讲话

厦门市副市长　老龄委主任　国桂荣

（2014年4月16日）

同志们：

刚才，文晖同志代表市老龄委就今年全市老龄工作做了安排，我都同意，请各成员单位、各区以及各涉老部门按照职责分工抓好落实。

在大家的共同努力下，去年我市老龄事业继续取得较大发展。一是政策创新取得突破。市政府陆续出台了《关于加快社会养老服务体系建设的实施意见》等一系列推进养老服务业的文件。二是老年人社会保障水平不断提高。实行年满60周岁、符合领取城乡居民养老保险待遇条件的低保、五保、优抚对象，原已享受的待遇只叠加、不扣减、不冲销政策，低保、五保、优抚对象的养老保险增加200元基础养老金。三是老年优待政策进一步扩大。免费乘车年龄从70周岁提前到65周岁，受益人口达5.95万。四是社会养老服务体系不断完善。全市有养老服务机构新增5所，达到37所，新建居家养老服务站51个，达到

341个。逐步形成了以居家为基础、社区为依托、机构为支撑、信息为辅助的养老服务体系。五是老年人精神文化生活更加丰富多彩。老年文化、教育、体育事业稳步发展，通过开展中老年广场舞、金婚老年人庆典等“孝行天下”系列活动，敬老、爱老、助老的社会氛围日益浓厚。应当说，我市老龄事业有了一个较好的基础。

目前，我市老龄事业正面临挑战和机遇：一方面，随着人口老龄化形势加快，我市养老服务供给能力与广大老年人的养老服务需求之间的矛盾日益突出，老龄工作正处于挑战最为严峻的时期。2013年末，全市户籍60周岁以上老年人数达26.46万人，占全市户籍总人口的13.63％。老年人口的数量和比重呈不断上升的趋势，今后还将持续相对长的时间。更为重要的是，随着家庭小型化和“4-2-1”人口结构的变化，传统的依靠家庭养老的模式将难以为继，社会化养老已是必然趋势，社会养老服务的需求不断增长，供给缺口越来越大。因此，如果我们不能很好地应对，就会失信于民，“民生幸福”也无从谈起。另一个方面，随着国家重视、社会关注，我市老龄事业也处于发展机遇最好的时期。从国家层面讲，去年8月16日，国务院总理李克强主持召开国务院常务会议，研究确定深化改革、加快发展养老服务业的任务措施。9月6日，国务院出台了《关于加快发展养老服务业的若干意见》（国发35号文，以下简称《意见》），这是养老事业发展的重大利好。从我市层面讲，市委、市人大、市政府十分重视老龄事业和养老服务业发展。近年来市人大开展了一系列相关的执法检查活动，市政府将养老服务体系建设列入“为民办实事项目”，作为“民生幸福工程”的重要方面，有力地推动了我市老龄事业和养老服务业的发展。从社会层面来讲，养老问题已成为全社会关心关注的热点问题之一，涉及养老的人大代表建议和政协委员提案逐年增多，社会自发参与养老服务业的力量不断加强，这些都为我们发展老龄事业提供了有利条件。我们要抓住机遇、乘势而上，化压力为动力，推动养老服务业实现新的跨越式发展，回应人民群众和广大老年人的期盼。下面，我重点结合贯彻国务院《意见》精神，讲三点意见。

一、认清老龄工作面临的新形势，把养老服务业放到经济社会发展大局中谋划

我市1994年就进入老龄化社会，比全国早6年。1994年到2013年，60岁以上老龄人口比例从10％上升到13.63％，增长了3.63个百分点，老年人口呈现老龄化、高龄化、空巢化和失能化“四化”叠加的失态。加快发展养老服务业，是摆在各级党委政府面前刻不容缓的重大课题。

首先，加快发展养老服务业，是践行党的群众路线最直接、最生动的体现。家家有老人，人人都会老。老龄事业涉及千家万户、每个公民。养老与就业、教育、医疗、住房一样，是最重要的民生问题之一。我市老年人口不但基数大、增速快，而且寿龄高、空巢多。目前全市80周岁以上老年人口4.08万，90～99周岁的老年人共3872人，百岁及以上的老年人共120人。城市老人空巢率达54％，农村达48％以上。全市8.28％的老年人部分自理，4.27％的老年人失能。据此，我市户籍老年人口中约有2.19万为部分失能，有1.13万为完全失能。这些老年人有大量的照看和护理需求，亟待通过发展养老服务业加以解决。践行群众路线不是口号，需要我们实实在在为老百姓办实事、解难事。只有安排好老年人的衣食住行，解决好他们的养老、医疗等问题，才能得到人民群众真心拥护。

其次，加快发展养老服务业，是解决好养老结构性矛盾的需要。近年来，我市加快推进社会养老服务体系建设。但总体看，结构性矛盾还十分突出。一是养老床位总量不足、床位结构不合理。全市各类养老床位总数6772张，占老年人口的2.84％，但除去福利院、敬老院等民政对象供养床位外，能用以社会养老的床位还不足。在结构方面，自理型养老床位多，而真正社会需要的医疗护理型床位则“一床难求”。二是社区居家养老服务产品供给不足。居家养老在整个养老服务体系中处于基础地位。但目前我市居家养老服务站，管理主要还是依托社区，还较少委托专业的社会机构运作，且服务的项目单调，尚不能满足老年人个性化多样化的需求。三是农村老年人养老问题突出。随着城市化进程加快，农村青壮年劳动力持续向城市转移，农村“留守老人”日趋增多。相比城市，农村养老设施相对落后、服务匮乏，养老形势更加严峻，问题更加突出。

第三，加快发展养老服务业，是扩内需、增就业、促升级的需要。我国正处于经济转型升级的关键阶段，拉动内需、扩大就业，对于实现经济转型十分重要。养老服务业涉及长期照料、医疗康复、居家支持、精神慰藉以及饮食服装、营养保健、休闲旅游、文化传媒、金融地产等方方面面，蕴含着巨大商机。我们常说，老龄事业是“朝阳产业”，用工需求量大。以养老护理市场为例，仅全市26万户籍老年人，按15％计算，需要服务的老年人就有4万。按1：20配备，需要护理人员2000人，再加上提供其他生活服务的人员，人数就更多。但目前从事养老服务的人员少数还比较少，缺口约四分之三。可见，养老服务不是负担，而是经济结构转型的一次重要机遇。发展养老服务业，对于扩大内需、增加就业、推动产业转型升级潜力巨大。只要我们结合好，就能起到事半功倍的效果。

二、以贯彻国务院《意见》为契机，用新的思路和理念指导养老服务业新发展

党的十八大明确指出，要“积极应对人口老龄化，大力发展老龄服务事业和产业”。国务院《意见》贯彻党的十八大精神，兼顾了养老服务的事业属性和产业属性，既对建立健全社会养老服务体系、拓展养老服务内容提出了要求，也对开发老年产品用品、培育老年产业集群提出了思路。我们要深入学习、切实贯彻好《意见》精神，更新理念，用以指导我市养老服务业发展。

一是牢固树立积极老龄化理念。这个“积极”，体现在政府、老年人和社会三个层面。在政府层面，要认真分析、积极应对人口老龄化给经济社会带来的影响，进一步完善社会保障制度，加快完善多支柱的养老保障体系、多层次的医疗保障体系、多元化的养老服务体系，满足“为老服务”的需要。在老年人层面，要倡导积极养老的理念。提倡健康文明的生活方式，实施健康促进，开展健康教育，加强老年医疗保健和疾病防控，促进健康老龄化。扩大社会参与，支持鼓励老年人积极参与经济、政治、文化、社会生活。今年，市老龄委牵头实施的“让夕阳更美—提升老年人素质行动计划”就是倡导“积极老龄化”的具体体现。在社会层面，促进社会和谐，实现未成年人、成年人和老年人三大年龄群体之间的代际和顺，可增强文化融合和社会认同。

二是正确发挥政府的主导作用。在制定政策、保障基本和强化监管三个方面，发挥好政府主导的作用。这里，我想重点强调一下“保基本”问题。随着人口老龄化程度不断加深，以及“美丽厦门”行动计划的实施，公共财政在养老服务业方面的投入也不断增加。政府的钱一要投向养老公共基础设施，着眼提升公共服务水平，改善全社会的养老条件，使全体老年人都能享受到改革开放的成果。二要做好政府“兜底”保障，保证五保、“三无”等社会最困难老年人的基本权益。三要推行适度普惠，向失能、半失能以及低收入、重病等困难老人提供帮助，改善他们的生活质量。政府要多做雪中送炭的事，少做或不做锦上添花的事。各个部门都要精打细算，用好每一分钱，避免铺张浪费。政府开办的养老机构，要把实用摆在第一位，切不可搞面子工程、形象工程，要把反对“四风”的要求，落实到发展养老服务业的全过程。

三是充分发挥社会力量的主体作用。国务院《意见》多处明确表示，要“创新体制机制，激发社会活力，充分发挥社会力量的主体作用”。我的理解，要从三方面入手。第一，要支持社会力量办养老机构。通过减少投资审批、减少经营活动审批、减少资质资格许可、减少行政事业性收费等，在资金、场地、人员等方面进一步降低门槛、简化手续、规范程序、公开信息。行政许可和登记机关要为社会力量兴办养老机构提供便捷服务。第二，要出台措施，吸引社会资本投入。通过健全完善有利于社会资本进入养老服务业的投融资、土地供应、税费优惠、补贴支持、人才培养和就业政策等，吸引企业、民办非企业单位和个体投资养老服务。第三，要让“位”于市场，让“利”于市场。市场能做好的，让市场去做。政府要创造条件，使市场真正成为资源的调节器。要通过购买服务、合同外包、委托经营等形式，逐步将政府开办的养老服务交给社会中介组织和非营利机构去经营，最大限度地实现多层次供需对接，使社会力量真正成为养老服务业的发展主体。要积极探索引进商业保险，提高老年人抵御意外风险的能力。老年人这一群体容易发生意外伤害，我们应先从老年人意外伤害保险入手，探索适合老年人的险种，让保险成为养老的又一保障。

三、扎扎实实为老年人办实事、解难事，推动我市养老服务业再上新台阶

国务院《意见》为新时期养老服务业发展指明了方向，但要做好《意见》在我市的落实工作，还有许多具体的事情。要在广泛吸收、借鉴各地经验做法的基础上，提出我省的贯彻实施意见。当前要抓好四个重点，扎扎实实为老年人办实事、解难事。

第一，出台实施意见，促进社会资本进入养老服务业。民政部第48号令《养老机构设立许可办法》规定，床位数在10张以上，就可以办养老机构。省政府《关于加快构建社会养老服务体系的实施意见》也明确鼓励利用个人、集体空置房或空闲地，建立小型互助式老年集中居住生活区、小型托老所和幸福院等。但由于缺乏具体实施细则，一些好的政策在基层并没有得到落实。各级、各部门要从“以老为本、为老服务”的要求出发，对照国务院《意见》明确的任务要求，积极研究消除制度障碍的办法。市发改委、民政局、老龄办要对社会资本进入养老服务业存在的制度障碍进行梳理，提出具体的解决办法。

第二，搞好医养结合，提高养老护理能力。医养结合，是提高老年人护理照顾水平的必然要求，也是目前整个养老服务体系的薄弱环节。要在养老机构内部设置医疗部门以及医疗机构创办康复护理院两个方向，加大试点和推进工作力度。进一步加大社区小型养老机构建设力度，充分发挥其就近、适用的优势，为老年人提供人性化、亲情化、个性化服务，同时利用社区卫生服务中心的医疗服务资源为养老机构提供医疗保障。要继续加大老年护理的探索力度。去年，市老龄委牵头开展了失能老年人状况的调研，市委文明办、市老龄办、市老年基金会、厦门日报社联合举办了“关爱失能老人，共享生命尊严”行动，市老年基金会举办了护理人员培训班，为失能老人办了实事。下一步，要进一步探索解决老年人长期护理问题。

第三，加快农村养老服务设施建设，推动农村敬老院向区域性服务中心转变。养老服务的重点在基层，难点在农村。民政局每年200万支助农村老年活动场所建设，农村老年活动设施得到极大改善。随着社会救助制度的日益完善，五保老人的数量越来越少，富余的床位增多，农村敬老院面临转型。要将农村敬老院改为养老服务中心，在保证五保老人养老的前提下，向社会开放，收住困难的农村失能、半失能老人。要发挥敬老院的技术优势，为农村老年关爱之家、农村社区居家养老服务中心等提供人员培训、服务指导。探索以农村敬老院为母体，按照连锁经营的方式，将农村家庭护理服务监管起来，充分发挥各类方式在农村养老服务中的作用。

第四，强化居家养老，实现养老服务全覆盖。加快社区居家养老服务网络建设，推动生活照料、医疗护理、精神慰藉、紧急救援等覆盖所有居家老年人的服务。下一步，要加强社区服务设施建设，确保人均养老服务设施用地不少于0.1平方米。大力推进标准化社区居家养老服务站、农村老年人“幸福大院”等项目建设力度。建立政府补贴和购买服务制度，支持各类养老设施更好地运营。要抓紧投入使用厦门市智慧养老服务中心。通过建立多层次、多元化的养老服务体系，多措并举解决养老服务问题，回应老年人的期盼和需求。

总之，养老服务业涉及到各个部门，需要齐抓共管，形成合力。市老龄办作为市老龄委日常办事机构，要加强综合协调，调查研究和督查检查，协调市老龄委各成员单位主动担当职责，将发展老龄服务和产业纳入重要议事日程，共同推进老龄事业发展。同志们，市委、市政府把26万老年人的事务交给我们，这副担子很沉。目前各项工作千头万绪，需要我们一件件梳理、一桩桩落实。希望大家尽职履职，努力工作，不辜负市委、市政府的重托，不辜负全市老年人的期盼。

第三部分

法规、文件选编

全国老龄工作委员会关于开展 2014 年“敬老月”活动的通知

全国老龄委发〔2014〕2 号

各省、自治区、直辖市、计划单列市老龄工作委员会，新疆生产建设兵团老龄工作委员会，全国老龄工作委员会各成员单位，各全国性老年社会组织：

为深入贯彻落实党的十八大和十八届三中全会精神、中共中央办公厅《关于培育和践行社会主义核心价值观的意见》，进一步营造尊老敬老、爱老助老的良好社会氛围，全国老龄工作委员会决定开展全国第五个“敬老月”活动。现将有关事项通知如下。

一、活动宗旨

深入贯彻落实党的十八大和习近平同志系列讲话精神，以培育和践行社会主义核心价值观、实施积极应对人口老龄化战略为根本任务，以“党政主导、社会参与、全民关怀”的老龄工作方针为指引，弘扬中华民族传统美德，创新敬老文化内涵，广泛组织和动员有关部门、社会组织、企事业单位、家庭和个人，为老年人办实事、做好事、献爱心，让广大老年人共享经济社会发展成果，安度晚年幸福生活，营造尊老敬老社会氛围。

二、活动主题和时间

“敬老月”活动总主题是“关爱老人　构建和谐”。

2014 年“敬老月”活动主题是“传承中华美德　弘扬敬老文化”。

活动时间：2014 年 10 月 1 日至 10 月 31 日（“老年节”是 10 月 2 日）。

三、活动内容

（一）积极开展走访慰问和为老志愿服务活动。各地、各有关部门要以“老年节”为契机，广泛动员社会各界开展多种形式的为老年人送温暖献爱心活动。要从点滴做起，从身边小事做起，针对老年人多样化、个性化的需求，关心老年人生活，倾听老年人心声，帮助老年人解决实际困难。要通过助老助残家政服务、困难老人结对帮扶等多种形式，重点关注高龄、空巢、失独、失能、困难和灾区老年人的生活问题，切实为广大老年人做好事、办实事、解难事。要组织志愿者走进养老机构、老年社会组织和老年人家庭，提供家政、照料、护理、信息咨询、心理疏导等服务，努力营造帮贫助老、共建和谐的良好社会氛围。要发挥老年群众组织和老年志愿者的作用，积极倡导老年人开展邻里互助，鼓励健康老年人帮扶高龄病残老年人，推动老年志愿服务活动的开展。

（二）广泛开展敬老文化宣传教育活动。各地区、各有关部门要贯彻落实好中宣部、全国老龄办等 10 部门出台的《关于培育和践行社会主义核心价值观加强老龄宣传教育工作的通知》精神，开展人口老龄化基本国情宣传教育。要将社会主义核心价值观与弘扬尊老敬老的传统美德相结合，积极倡导敬老文明，培育社会良好风尚。要在党政机关、企事业单位、社会组织和居民家庭中，深入开展敬老精神文明创建活动，评选表彰敬老好组织、好单位、好家庭和好个人。继续开展“敬老爱老助老”主题教育活动，重点加强对青少年尊老敬老传统美德的宣传教育，把尊老敬老传统美德纳入青少年思想道德教育的重要内容，广泛开展尊老敬老社会实践活动。全国老龄办将紧扣今年“敬老月”活动主题，组织开展“敬老文化”论坛、敬老文化系列宣传教育活动。

（三）大力开展老年文化体育活动。各地、各有关部门要充分发挥文化馆、图书馆、博物馆、体育馆、展览馆、公园等公共场所和现有公益性群众文化单位的重要作用，增加面向老年人的特色文化服务项目。要重视老年群体的精神健康需求，立足社区和依托基层老年协会组织，积极开辟面向基层的文化广场、社区活动站等老年文化体育活动场所，鼓励支持老年人开展自发、健康的文化娱乐健身活动。要结合当地实际情况，在国庆节、重阳节、老年节等重要节日，集中组织开展一系列形式多样、内容丰富、健康有益的老年文体活动，让老年人共度欢乐祥和的节日。各级老龄工作部门要以举办第四届中国老年文化艺术节为契机，积极推动老年文化的传承与创新。

（四）深入开展老年维权优待活动。各地、各有关部门要继续深入学习、贯彻落实新修订实施的《中国人民共和国老年人权益保障法》，及时反映老年人诉求，重视老年人来信来访工作。要广泛开展老年人权益保障法进机关、进乡村、进社区、进学校、进企业、进单位的宣传教育活动，认真组织开展老年法律援助和涉老政策、法律咨询活动。要以全国老龄办等24部门出台的《关于进一步加强老年人优待工作的意见》为突破口和着力点，加大第二届“敬老文明号”创建活动的组织动员力度，加强创建质量监控，进一步扩大创建规模和范围，吸引更多行业、更多单位加入创建行列，为老年人医、食、住、用、行、娱等方面，提供相应形式的经济补贴、优先优惠和便利服务。要加强对老年群体自身的法制宣传教育，切实提高安全防范意识。全国老龄办将与公安部在“敬老月”期间推出《中国老年人防诈骗指南》。

（五）组织开展“老有所为”先进典型宣传活动。各地、各有关部门要积极引导广大老年人树立积极老龄化、健康老龄化的理念，倡导老年人终身学习、奉献社会、自尊自爱的时代风尚。要结合实现中华民族伟大复兴中国梦和社会主义核心价值观要求，注重发挥老年人在优秀传统文化和思想道德建设中的传承和引领作用。要凝聚强大精神能量，传播放大榜样作用，努力营造学习先进、宣传先进的浓厚氛围。要积极培树宣传老年人或老年团体先进典型，重点宣传其在文化教育、互助养老、维权维稳、保护环境、移风易俗、关心下一代、投身“银龄行动”等方面的感人事迹，增强典型的影响力、亲和力和感召力，扩大辐射影响范围。全国老龄办将在“敬老月”期间集中宣传“全国十大老有所为先进典型”。

四、工作要求

（一）提高认识，加强领导。各地区、各有关部门要充分认识“敬老月”活动的重要意义，把开展“敬老月”活动作为关注民生，构建和谐社会，促进社会主义精神文明建设的重要举措，围绕主题，精心组织，周密部署，有序开展。要建立“敬老月”活动的推动机制，鼓励引导更多社会力量参与其中。老龄委成员单位要充分发挥各自优势，明确责任部门，分解细化活动内容。各级老龄办要积极争取党政领导重视，继续发挥综合协调作用，加强督促检查，确保“敬老月”活动稳步推进。

（二）立足基层，务求实效。各地要充分利用“敬老月”活动开展五周年的良好契机，认真总结经验，坚持以往成功做法，查找不足和问题，因地制宜、突出主题、创新形式、注重实效。各有关部门要把“敬老月”活动重点放在基层、社区和农村，立足老年群体实际需求，运用老年群体喜闻乐见的方式，组织开展面对面、心贴心的活动，要搭建老年人便于参与的平台，切实让广大老年人感受到党和政府以及社会的关怀和温暖。

（三）加强宣传，扩大影响。各地、各有关部门要紧密结合今年“传承中华美德弘扬敬老文化”的活动主题，充分发挥中央和地方各级党报、党刊、电台、电视台的主体作用，在重点新闻网站和涉老政府部门网站开设“敬老月”活动专题和专栏，提高宣传质量，扩大宣传效果。要重视移动多媒体、网络等新兴媒体的独特优势，探索运用公益广告传播社会主流价值、引领敬老文明风尚的路径和方法。

（四）掌握情况，及时沟通。各地老龄办要全面掌握“敬老月”活动进展情况，及时总结上报好经验好做法，并于9月30日前、11月10日前分别向全国老龄办宣传部报送“敬老月”活动实施方案和活动总结。全国老龄办将通过中央主流媒体择优宣传报道各地工作情况，并在老年媒体上安排部分地方的专题宣传。

联系电话：全国老龄办宣传部 010－58122106

专用邮箱：jinglaoyue@cncaprc. gov. cn

全国老龄工作委员会

2014年7月14日

全国老龄办关于印发二〇一四年工作要点的通知

全国老龄办发〔2014〕4号

各省、自治区、直辖市老龄办及各计划单列市老龄办，新疆生产建设兵团老龄办：

现将《全国老龄工作委员会办公室二〇一四年工作要点》印发你们，请结合实际，参照执行。

全国老龄办
2014年1月15日

全国老龄工作委员会办公室二〇一四年工作要点

2014年，全国老龄工作委员会办公室以邓小平理论、“三个代表”重要思想、科学发展观为指导，深入贯彻党的十八大、十八届三中全会和中央经济工作会议精神，根据《国务院关于加快发展养老服务业的若干意见》（国发〔2013〕35号）和《国务院关于促进健康服务业发展的若干意见》（国发〔2013〕40号）的要求，加强督促检查，加快养老服务业发展，坚持改革创新，着力改善老年人民生，推动老龄事业发展“十二五”规划的全面落实。

一、落实规划任务

筹备召开全国老龄委第十六次全体会议，审议《中国老龄事业发展“十二五”规划》中期执行情况，协调各成员单位、各地如期落实规划要求的任务措施。研究编制《国家中长期老龄事业发展纲要（2013—2030年）》。开展老龄事业发展“十三五”规划内容预研究。

二、推进政策研究

会同住房城乡建设部、民政部、国家发展改革委、财政部等研究制定老年宜居社区建设政策；会同教育部、文化部等研究制定支持老年人继续教育政策；会同中组部、人力资源社会保障部、民政部、财政部等研究支持老年人参与社会发展的政策。会同有关部门研究促进老龄产业发展及促进老年旅游的政策。发布《国家应对人口老龄化战略研究》成果，扩大战略研究成果的社会影响力。组织开展创新社会治理、老年人力资源开发等方面政策调研；进一步深入开展长期护理保障制度政策研究，推动有关部门加快制度建设工作。推进老年法和老年人优待意见的贯彻落实，推动有关成员单位研究制定配套政策措施。研究探索老龄统计规范化工作。

三、深化创建活动

编制“老年友好型城市、老年宜居社区和老年温馨家庭建设指南”并开展创建活动。开展第二轮“敬老文明号”创建活动。

四、强化基层工作

启动“基层老年协会建设乐龄工程”，加大中西部地区基层老年协会扶持力度，推广交流城市社区基层老年协会建设经验。继续开展“银龄行动”。建立“老有所为”专家数据库，拓宽老年人才参与平台。继续开展居家养老信息化平台建设工作，并对已建成的居家养老服务信息化平台项目进行检查评估。

五、加强老龄宣传

突出积极老龄化宣传的主旋律，实现中央主流媒体和地方媒体的联动，加大典型宣传。继续开展2014年全国“十大老龄新闻”和“老龄新闻宣传好作品”评选活动。继续开展“敬老月”活动，将“敬老月”活动与繁荣老年文化体制建设紧密结合。组织开展第四届中国老年文化艺术节。举办老年文化论坛，探讨老年文化的发展。

六、开展国际交流与合作

积极参与国际老龄事务重要会议及活动。加强对外宣传和国外老龄政策研究，筹备承办国际助老会亚太地区会议（北京会议）和亚欧积极应对人口老龄化战略国际研讨会。加强多边和双边合作。严格执行中央外事工作要求，落实好年度因公出访计划。

七、深化“四型”机关建设

进一步深化学习型、研究型、创新型、服务型机关建设，严格落实“八项规定”和“四风”建设要求，加强党支部和党员队伍规范化建设。进一步强化干部队伍建设，严格人事制度和干部管理制度，加强干部培训和老干部工作。做好所属事业单位改革工作。

全国老龄办关于开展全国“老有所为”先进典型人物宣传活动的通知

全国老龄办发〔2014〕17号

各省、自治区、直辖市老龄办及各计划单列市老龄办，新疆生产建设兵团老龄办，全国性老年社会组织：

老年人是国家和社会的宝贵财富。积极应对人口老龄化是我国一项长期战略任务，既需要全社会积极关爱老年人，也需要老年人自强自立，老有所为。目前，在全国范围内开展“老有所为”活动的全国性老年社会组织已发展到14家，分支机构遍及全国各地。全国开展志愿服务的基层老年协会48万多个，老年志愿者人数近2000万人。老年人在积极应对人口老龄化，促进社会主义和谐社会建设等方面发挥了重要作用，谱写了“老有所为”的新篇章。为展示老年人的时代风采，树立新风，弘扬正气，全国老龄办决定开展“老有所为”先进典型人物宣传活动，现将有关事项通知如下：

一、活动宗旨

贯彻落实新修订的《中华人民共和国老年人权益保障法》和《国务院关于加快发展养老服务业的若干意见》中关于加强老有所为、老年志愿服务工作的要求，大力宣传新时代老年人老有所为、老有作为的新形象，进一步激励更多老年人树立积极老龄观，为积极应对人口老龄化，参与经济社会发展做出新贡献！

二、推荐条件

1. 重点推荐基层普通老年群众典型，年龄60周岁以上，品德高尚，有强烈的社会责任感和奉献精神。

2. 在文化教育、互助养老、维权维稳、保护环境、移风易俗、关心下一代、“银龄行动”等领域取得突出成绩。

3. 事迹生动感人，受到社会各界的广泛赞誉，有代表性和感召力。

三、活动内容

1. 推荐人选。各推荐单位按要求认真组织推荐活动，确保质量。

2. 召开座谈会。在各地推荐的基础上，组织有关专家推选出“十佳”老有所为楷模，在2014年“敬老月”期间召开“老有所为”先进典型人物座谈会。

3. 集中宣传。组织中央、地方主流媒体和老龄媒体联合开展宣传活动，在《中国老年报》《中国老年》《中国社会工作·老龄》《神州养老》、全国老龄办门户网站开设专栏进行专题宣传。

4. 结集出版。将先进典型人物事迹编辑成册，出版发行，扩大影响。

四、具体要求

1. 各地老龄办、全国老年性社会组织要认真负责，严格把关，推荐出有先进性、典型性、代表性的先进典型人物。

2. 各省、自治区、直辖市、计划单列市及新疆生产建设兵团老龄办，全国性老年社会组织各推荐“老有所为”先进典型人物2人（包括老年人物群体）。

3. 推荐材料中主要事迹不少于2000字，内容真实，能够反映被推荐人的先进事迹（可附图片、影像资料），请于6月30日之前报全国老龄办宣传部（纸质版和电子版各一份）。

邮政地址：北京市东城区安定门外大街甲57号

邮政编码：100011

电子邮箱：liweixu@cncaprc.gov.cn

电　话：010－58122109 13426286937

传　真：010－58122111

联系人：李伟旭

附件：全国“老有所为”先进典型人物推荐表（略）

全国老龄办

2014年3月14日

附件（略）

全国老龄办、中宣部等十部门关于培育和践行社会主义核心价值观加强老龄宣传教育工作的通知

全国老龄办发〔2014〕36号

各省、自治区、直辖市及新疆生产建设兵团老龄工作委员会办公室、党委宣传部、教育局、民政局、人力资源社会保障局、文化局、新闻出版广电局，工会、团委、妇联：

我国已进入人口老龄化快速发展时期，加强老龄宣传教育工作是积极应对人口老龄化的一项重要任务，也是社会主义核心价值观的一项重要内容。为深入贯彻落实党的十八大和十八届三中全会精神、中央办公厅《关于培育和践行社会主义核心价值观的意见》，切实加强老龄宣传教育工作，现就有关事项通知如下。

一、加强老龄宣传教育工作的重要意义

老龄宣传教育工作是培育和践行社会主义核心价值观的重要途径和方法，是加强社会主义精神文明建设的重要平台和渠道。加强老龄宣传教育工作，有利于弘扬中华民族传统美德，在全社会树立尊老爱老、共建共享的理念，营造家庭和睦、代际和顺、社会和谐的良好氛围，促进社会发展与文明进步。老龄宣传教育工作是老龄工作的重要组成部分，是老龄事业发展的重要保障。加强老龄宣传教育工作，有利于提升全社会积极应对人口老龄化的意识，构建“党政主导、社会参与、全民关怀”的大老龄工作格局，促进老龄事业健康快速发展。

二、加强老龄宣传教育工作的指导思想和主要目标

（一）加强老龄宣传教育工作的指导思想。高举中国特色社会主义伟大旗帜，以邓小平理论、“三个代表”重要思想、科学发展观为指导，深入贯彻落实党的十八大精神和习近平同志系列讲话精神，以培育和践行社会主义核心价值观、实施积极应对人口老龄化战略为根本任务，以全社会树立积极老龄观、营造尊老敬老社会氛围为主要目标，以老龄重点工作、重大节日、重要活动品牌为载体，弘扬主旋律，传播正能量，广泛开展内容丰富、形式多样的老龄宣传教育实践活动，着力推动老龄事业健康快速发展。

（二）加强老龄宣传教育工作的总体目标。根据国家积极应对人口老龄化的战略部署，到2020年基本形成老龄宣传教育工作的新局面。通过深化人口老龄化基本国情宣传教育，进一步提升全民人口老龄化意识，全面实施积极应对人口老龄化战略，为确保人口老龄化背景下经济社会的长期繁荣稳定奠定坚实基础；通过深化中华民族尊老敬老传统美德的宣传教育，进一步促进公民正确对待和积极接纳老年人，积极营造敬老爱老助老的社会氛围，帮助广大老年人树立终身发展理念，树立积极老龄化、健康老龄化的人生观和价值观，促进老年人参与社会发展；通过积极宣传党和国家老龄工作的法律法规和方针政策、老龄工作的进展和成就，营造良好的社会法制环境和舆论引导氛围，增加全社会应对人口老龄化的信心和决心。

三、加强老龄宣传教育工作的主要内容

（一）开展人口老龄化基本国情宣传教育。我国人口老龄化发展态势迅猛，形势严峻，是世界上人口老龄化速度最快的国家之一。要充分认识人口老龄化是贯穿我国21世纪的基本国情，积极应对人口老龄化是国家的一项长期战略任务。各地区、各有关部门要广泛开展面向全社会的人口老龄化基本国情宣传教育活动，充分开展对我国人口老龄化的基本国情，我国人口老龄化的严峻性、复杂性和特殊性，党和国家老龄工作方针政策和发展成就的宣传教育，强化全社会的人口老龄化意识和积极应对人口老龄化理念。

（二）开展尊老敬老传统美德宣传教育。尊老敬老是中华民族的传统美德，是社会主义核心价值观的重要内容，也是我国积极应对人口老龄化的重要保障。要利用春节、清明节、中秋节、重阳节、老年节等重要节日，挖掘丰富的敬老爱老宣传教育资源，设立统一的宣传主题，开展创意新、影响大、样式多的宣传教育活动，宣传社会主义核心价值观，弘扬尊老

敬老的传统美德。要重点加强对青少年尊老敬老传统美德的宣传教育，把尊老敬老传统美德列为青少年思想道德教育的重要内容，广泛开展尊老敬老社会实践活动，继续开展“敬老爱老助老”主题教育活动。

（三）开展敬老精神文明创建活动。在党政机关、企事业单位、社会组织和居民家庭中，深入开展内容丰富、形式多样的敬老精神文明创建活动，评选表彰敬老好组织、好单位、好家庭、好个人，培育选树宣传各类敬老典型，充分发挥榜样的示范影响作用。继续深入开展“敬老文明号”创建活动，推动涉老部门、为老服务组织、公共服务窗口单位提升敬老意识，提高为老服务水平，重点组织交通、教育、文化、卫生、体育等窗口单位和服务行业的集体参与创建，营造浓厚的敬老爱老社会氛围，让更多老年人得到便利和实惠。

（四）开展为老志愿服务活动。为老志愿服务活动既是培育和践行社会主义核心价值观的重要内容，也是老龄宣传教育活动的重要组成部分。各级民政、工会、共青团、妇联组织要号召广大社区居民、职工、青少年、妇女从点滴做起，从身边小事做起，本着就近就便原则开展为老志愿服务活动。团组织要因地制宜地组织青少年，特别是中小学生，职业院校学生参加为老志愿服务活动。要组织走访慰问高龄、特困、空巢、失能、功勋老年人，开展老年优待、法律援助、文化体育、为老服务等各类活动，为老年人办实事、做好事、献爱心。

（五）充分发挥老年人的积极作用。要教育广大老年人树立积极老龄化、健康老龄化的理念，倡导自尊、自爱、自立、自强，以积极的态度和行动面对老年生活。引导老年人参与社区组织的各类教育活动，用长期积累的丰富知识和经验参与社会发展，以实际行动践行社会主义核心价值观。鼓励老年人参与“银龄行动”等各类公益服务活动，在治安维稳、环境保护、社区共建、卫生绿化、关心下一代等方面发挥积极作用，要注重发挥老年人在优秀传统文化和思想道德建设中的传承和引领作用。组织老年志愿服务活动，通过养老机构定期服务、社区结对帮扶、农村邻里互助等形式，鼓励低龄健康老年人服务高龄失能老年人，传递友善关爱，缓解社会养老压力。充分发挥基层老年协会的自我管理、自我教育、自我服务功能，组织更多老年人参与经济社会发展，实现老有所为。做好新形势下老年人思想政治工作，坚定广大老年人建设中国特色社会主义，实现中华民族伟大复兴中国梦的理想信念，增强对改革开放和现代化建设的信心，引导老年人自觉贯彻执行党的路线、方针、政策，自觉遵纪守法，发挥老年人在思想道德建设和社会和谐中的重要作用。

（六）加强老龄宣传教育作品的创作与生产。各地区、各有关部门要积极引导、推动老龄宣传教育作品的健康发展，要把老年题材纳入文学艺术创作，舞台艺术生产，电影和电视剧制作，报刊、图书、音像电子与网络出版计划。鼓励推出一批反映老龄事业发展成就，倡导尊老敬老传统美德，高质量、有影响的优秀剧目、优秀图书、优秀影视片、优秀音乐作品以及老龄公益广告，营造良好的舆论氛围和社会环境。要重点规划、扶持一批体现老年主题，适应老年人需求的创作项目和文化工程，着力打造一批思想性、艺术性和观赏性相统一，深受老年群众喜爱的优秀文化作品。

（七）充分发挥新闻媒体的作用。各地区、各有关部门要加强与主流新闻媒体的协作配合，加强老龄重点工作、重点内容、重点时段宣传策划，组织记者下基层，进行深度采访报道，提高宣传质量，扩大宣传效果。中央和地方各级党报、党刊、电台、电视台要加大老龄宣传教育工作力度，办好老年人文化生活专版、专栏，经常安排刊播老年公益文化广告，重点新闻网站和涉老政府部门网站要开设老年频道、网页，及时回应社会关注和热点问题。针对移动多媒体、网络等新兴媒体的传播特点，开展专题宣传策划，探索新型宣传模式，打造覆盖广泛的老龄宣传教育平台。老年媒体是老龄宣传教育的主阵地，要按照中央文化体制改革的要求，加大改革力度，下大气力把老年媒体做强做大，使其真正面向市场，面向社会，更好地服务老年群体。

四、加强老龄宣传教育工作的组织领导

（一）提高认识，加强领导。各地区、各有关部门要充分认识加强老龄宣传教育工作的重要性，把老龄宣传教育工作作为培育和践行社会主义核心价值观的一项重要内容，把老龄宣传教育工作纳入责任目标考核体系。在制定和实施涉老政策措施、发展规划、重大项目及活动时，要同步研究部署老龄宣传教育工作。在加强老龄宣传教育工作过程中，要立足老年群体实际需求，善于运用老年群体喜闻乐见的方式，搭建老年人便于参与的平台，同时辐射社会其他群体。要更好地体现时代性、把握规律性、富于创造性，注重区分宣传教育的层次和对象，确保宣传教育工作扎实有效。

（二）齐抓共管，协力推进。各地区、各有关部门要建立健全老龄宣传教育工作协调联动机制，加强协调配合，明确任务分工，充分发挥部门优势，形成工作合力。宣传、文化、新闻出版广电等部门要把老龄宣传教育纳入宣传总体规划，加强组织协调，加大工作力度；民政、人力资源和社会保障、老龄等部门要充分发挥联系老年群体的优势，扩大宣传教育的对象和范围；教育部门要把尊老敬老传统美德相关内容纳入学校德育课程，加强未成年人思想道德建设和大学生思想政治教育工作；工会、共青团、妇联组织要组织开展敬老精神文明创建、为老志愿服务等活动。

（三）完善队伍，加大保障。各级老龄部门要加强调查研究，探索老龄宣传教育工作的新载体、新路径和新方法，推进老龄宣传教育工作创新发展。要进一步调整充实老龄宣传教育工作机构，加强老龄宣传教育工作队伍建设，加大老龄宣传教育工作的经费投入。要加强对老龄宣传教育干部的政治思想教育和职业道德教育，加大对基层老龄宣传教育工作人员的业务和技能培训力度。要充分发挥各类老年群众组织自我宣传、自我教育的功能，特别是注重培养各类老年群众组织中的老龄宣传教育骨干，将老龄宣传教育工作与老年文体活动有机结合起来。

全国老龄办　中宣部　教育部
民政部　人力资源社会保障部　文化部
国家新闻出版广电总局　全国总工会
共青团中央　全国妇联
2014 年 6 月 30 日

全国老龄办关于印发《村（居）老年协会章程（示范文本）》的通知

全国老龄办发〔2014〕63 号

各省、自治区、直辖市老龄办及计划单列市老龄办，新疆生产建设兵团老龄办：

为加强基层老年协会建设，促进基层老年协会规范发展，现将《村（居）老年协会章程（示范文本）》印发给你们，请各地结合实际，参照制订本地村（居）老年协会章程。

全国老龄办
2014 年 10 月 30 日

村（居）老年协会章程（示范文本）

第一章　总则

第一条　本协会的名称。

第二条　本协会的办公地址。

第三条　本协会是由老年人自愿组成，按照本协会章程开展活动，进行自我管理、自我教育、自我服务的公益性老年群众组织。本协会应当备案成立，符合条件的可依法登记。

第四条　本协会遵守宪法、法律、法规和国家政策，遵守社会道德风尚，依据中华人民共和国老年人权益保障法和 X 省（市）老年人权益保障条例及政府有关规定开展工作。

第五条　本协会的宗旨：代表老年人的利益，反映老年人的需求，维护老年人的合法权益，组织老年人开展各种文体娱乐活动和互助活动，带领广大老年人参与经济和社会发展，为提高老年人的生活和生命质量服务。

第六条　本协会在本村（社区）党支部、村（居）委会领导下开展工作。

第二章　业务范围

第七条　本协会的业务范围：

（一）做好老年人思想政治工作，宣传《中华人民共和国老年人权益保障法》，教育和引导老年人践行社会主义核心价值观。

（二）密切联系老年人，依法代表和维护老年人的合法权益。

（三）协助上级老龄机构和村（社区）“两委”开展老龄工作。

（四）组织开展为老服务、老年互助和有益身心健康的文体活动。

（五）承担政府购买服务。受有关机构委托，承担为老服务项目。

（六）在自愿和量力的情况下，组织老年人参与经济和社会发展，开办经济实体。

（七）其他。

第三章　会员

第八条　本协会所在辖区范围内老年人，承认老年协会章程，参加老年协会活动，均可入会。本辖区范围内其他老年文体组织可作为团体会员加入。

第九条　会员享有下列权利：

（一）本协会的选举权、被选举权和表决权；

（二）参加本协会的活动；

（三）获得本协会服务的优先权；

（四）对本协会工作的批评建议权和监督权；

（五）入会自愿、退会自由；

（六）其他。

第十条　会员履行下列义务：

（一）遵守协会章程，执行协会决议，支持协会工作；

（二）积极参加协会活动；

（三）维护协会合法权益；

（四）按协会规定交纳会费。

第四章　组织机构

第十一条　本协会的最高组织机构是会员大会。会员大会的职权是，研究和决定重大事项，制定和修改章程，选举和罢免理事。

第十二条　会员大会须有 2/3 以上的会员出席方能召开，其决议须经到会会员半数以上表决通过方能生效。会员大会每年至少召开一次。

第十三条　协会的会长、副会长、秘书长必须具备下列条件：

（一）拥护党的领导，政治素质好；

（二）热爱老龄事业，有一定的组织协调能力，身体健康，能坚持正常工作；

（三）未受过剥夺政治权利的刑事处罚的；

（四）具有完全民事行为能力；

（五）其他。

第十四条　本协会可根据工作需要设立专项工作组，按照分工，履行职责，有效地开展活动。

第五章　资产管理、使用原则

第十五条　协会经费来源：

（一）会费；

（二）政府购买服务项目；

（三）社会捐赠；

（四）依法依规开办的协会经济实体收入和其他合法收入。

第十六条　协会经费用途：

（一）开展会员文体活动、老年教育等老年公益事业；

（二）开展敬老慰问、救助活动、表彰活动；

（三）兴办和扩大老年经济实体；

（四）协会办公、活动等费用。

第十七条　协会的经费收支应严格执行财务制度，定期向会员公布，并接受拨款部门和捐赠者的监督。

第十八条　协会应设立专门的账户，应配备会计人员。会计不得兼任出纳。

第十九条　协会的资产，任何单位、个人不得侵占、私分和挪用。

第六章　终止程序及终止后的财产处理

第二十条　协会自行解散或由于分立、合并等原因需要注销的，须经会员大会表决通过。

第二十一条　协会终止前，须在有关部门指导下成立清算组织，清理债权债务，处理善后事宜。清算期间，不开展清算以外的活动。

第二十二条　协会终止后的剩余财产，按照国家有关规定，用于发展与协会宗旨相关的事业。

第七章　附则

第二十三条　本章程可根据当地情况，结合实际，制定实施细则。

住房和城乡建设部、国土资源部、民政部、全国老龄工作委员会办公室关于加强养老服务设施规划建设工作的通知

建标〔2014〕23号

各省、自治区住房城乡建设厅、国土资源厅、民政厅、老龄办，直辖市建委（建交委）、规划委、国土局（国土房管局）、民政局、老龄办，新疆生产建设兵团建设局、国土资源局、民政局、老龄办：

根据《国务院关于加快发展养老服务业的若干意见》（国发〔2013〕35号，以下简称《意见》）要求，为做好养老服务设施规划建设工作，现就有关事项通知如下：

一、提高对做好养老服务设施规划建设工作重要性的认识

养老服务设施是加快发展养老服务业的重要基础和保障，对促进经济社会科学发展，落实《中华人民共和国老年人权益保障法》，实现老有所养、老有所医、老有所教、老有所学、老有所为、老有所乐“六个老有”的工作目标具有重要意义。在养老服务设施规划建设方面，各地做了大量工作，积累了不少好的经验和做法，为推进养老服务业发展发挥了积极作用。当前，人口老龄化已进入快速发展阶段，老年人对养老服务的需求呈现多元化趋势，养老服务类型和方式不断出现，养老服务设施无论从数量上还是从质量上都急需提高。各地住房城乡建设、国土资源、民政、老龄办等主管部门应对此高度重视，各司其职，密切配合，切实做好养老服务设施规划建设工作。

二、合理确定养老服务设施建设规划

各地住房城乡建设主管部门要按照“居家养老为基础、社区养老为依托、机构养老为支撑”的要求，结合老年人口规模、养老服务需求，明确养老服务设施建设规划，并将有关内容纳入城市、镇总体规划，加强区域养老服务设施统筹协调，推进城乡养老服务一体化。要按照一定规划期城镇老年人口构成、规模等因素，合理确定养老服务设施类型、布局和规模，实现养老服务设施的均衡配置。

在编制城市控制性详细规划时，要按照城市、镇总体规划要求落实养老服务设施布局、配套建设要求，因地制宜地确定养老服务设施的服务半径和规模；编制养老设施规划应与城市人口布局规划、建设用地规划、居住区或社区规划、医疗卫生规划等相关配套设施规划进行协调和衔接，积极推进相关设施的集中布局、功能互补和集约建设，充分发挥土地综合利用效益，并合理安排建设时序和规模。

三、严格执行养老服务设施建设标准

工程建设标准和土地使用标准是养老服务设施建设活动的技术依据，严格执行上述标准是保障工程项目质量和安全、实现工程设施功能和性能、促进土地节约集约利用的前提条件。各地住房城乡建设主管部门应当加强养老服务设施建设标准宣贯培训，从2014年起，将有关养老服务设施建设标准培训纳入执业注册师继续教育培训要求，使从业人员全面掌握、正确执行标准规定，提高从业人员技术能力。工程项目建设单位、咨询机构、设计单位、施工单位、监理单位应严格执行有关标准；建设项目土地供应、城市规划行政许可、工程设计文件审查、工程质量安全监管、工程项目竣工备案等职能部门和机构，应按照法律法规和有关标准的规定把好审查关、监督关。

各地住房城乡建设、国土资源、民政主管部门可根据当地实际和工作需要，开展有关养老服务设施建设地方标准编制工作，进一步补充和细化国家标准、行业标准，提高标准的适用性和可操作性，满足实际工作需要。

四、强化养老服务设施规划审查和建设监管

在城市总体规划、控制性详细规划编制和审查过程中，城乡规划编制单位和城乡规划主管部门应严格贯彻落实《意见》所提出的人均用地不低于0.1平方米的标准，依据规划要求，确定养老服务设施布局和建设标准，分区分级规划设置养老服务设施。对于单体建设的养老服务设施，应当将其所使用的土地单独划宗、单独办理供地手续并设置国有建设用地使用权。凡新建城区和新建居住（小）区，必须按照《城市公共设施规划规范》《城镇老年人设施规划规范》《城市居住区规划设计规范》等标准要求配套建设养

老服务设施，并与住宅同步规划、同步建设。

在养老服务设施建设过程中，住房城乡建设主管部门应加强养老服务设施设计、施工、验收、备案等环节的管理，保证工程质量安全，新建居住(小)区的养老服务设施应与住宅同步验收、同步交付使用。国土资源主管部门应对建设项目依法用地和履行土地出让合同、划拨决定书的情况进行检查核验，并提出检查核验意见。

五、开展养老服务设施规划建设情况监督检查

各地住房城乡建设主管部门应加强养老服务设施规划建设情况监督检查，每年至少开展一次全面检查。养老服务设施规划建设情况监督检查主要内容包括：新建城区养老服务设施规划建设情况、新建居住（小）区养老服务设施实际配套情况、工程建设标准执行情况等。监督检查报告于当年11月底报送住房城乡建设部标准定额司。

各地住房城乡建设主管部门在城市、镇总体规划实施评估中，应加强养老服务设施规划建设情况评估，对养老服务设施规划滞后或总量不足的，应在城市、镇总体规划修编、修改时予以完善。

住房城乡建设部会同国土资源部、民政部、全国老龄办等部门，将对各地养老服务设施规划建设情况适时进行专项督查。

六、建立养老服务设施规划建设工作协作机制

各地住房城乡建设主管部门会同国土资源、民政和老龄办等部门，应按本通知要求做好沟通协调，建立协作机制，制定年度计划，明确工作任务，落实责任单位，共同推进养老服务设施建设工作，实现《意见》规定的发展目标，使符合标准的日间照料中心、老年人活动中心等服务设施覆盖所有城市社区，90%以上的乡镇和60%以上的农村社区建立包括养老服务在内的社区综合服务设施和站点。全国社会养老床位数达到每千名老年人35～40张。

各地国土资源主管部门应将养老服务设施建设用地纳入土地利用总体规划和土地利用年度计划，按照住房开发与养老服务设施同步建设的要求，对养老服务设施建设用地依法及时办理供地和用地手续。

各地民政主管部门应加强养老服务业务指导，对养老服务设施选址和布局提出建议。各地老龄办应发挥综合协调作用，对养老服务设施规划建设工作提供支持并给予指导。

七、做好养老服务设施规划建设宣传工作

各地住房城乡建设主管部门要通过多种形式大力宣传养老服务设施规划建设的重要意义和取得的成果，积极参与民政、老龄办等部门组织的涉老、为老、养老宣传活动，扩大养老服务设施规划建设工作的影响，营造全社会关心、支持、监督养老服务设施规划建设的良好氛围。

各地住房城乡建设主管部门要建立健全养老服务设施规划建设管理制度，加强养老服务设施规划建设情况统计，工作进展情况于每年3月、6月、9月和12月的15日前报送住房城乡建设部标准定额司，全年工作总结于每年12月15日前报送住房城乡建设部标准定额司。

请各地住房城乡建设主管部门确定养老服务设施规划建设工作负责处室及联系人，并填写《养老服务设施规划建设工作联系表》（见附件），于2014年2月28日前报送住房城乡建设部标准定额司。

附件：养老服务设施规划建设工作联系表（略）

联系人：余山川　邮箱：yusc@mail. cin. gov. cn

电话：010－58933319　传　真：010－58933056

邮编：100835　地　址：北京市三里河路9号

住房城乡建设部　国土资源部　民政部

全国老龄工作委员会办公室

2014年1月28日

住房和城乡建设部、民政部、财政部、中国残疾人联合会、全国老龄工作委员会办公室关于加强老年人家庭及居住区公共设施无障碍改造工作的通知

建标〔2014〕100号

各省、自治区住房城乡建设厅、民政厅、财政厅、残联、老龄办，直辖市建委（建交委）、规划委、民政

局、财政局、残联、老龄办，新疆生产建设兵团建设局、民政局、财务局、残联、老龄办：

为贯彻落实《国务院关于加快发展养老服务业的若干意见》（国发〔2013〕35号，以下简称《意见》），加强老年人家庭及居住区无障碍设施改造工作，现就有关事项通知如下：

一、提高对老年人家庭及居住区公共设施无障碍改造工作重要性的认识

为老年人提供安全、便利的无障碍设施，是改善民生、为老服务的重要举措，也是完善以居家为基础、社区为依托、机构为支撑的社会养老服务体系的重要工作。各地积极推进无障碍环境建设，促进了老年人家庭和居住区公共设施无障碍改造，无障碍环境有效改善。但与养老服务业发展目标、养老服务需求等还有较大差距。各地住房城乡建设、民政、财政、残联、老龄等主管部门要高度重视，履职尽责，加强配合，认真贯彻落实《意见》提出的“推动和扶持老年人家庭无障碍设施改造，加快推进坡道、电梯等与老年人日常生活密切相关的公共设施改造”的工作任务。

二、切实推进老年人家庭及居住区公共设施无障碍改造

按照中央和省级人民政府要求，在推进老年人家庭和居住区公共服务设施无障碍改造工作中，要加强业务指导，积极筹措资金；要加强沟通协调，畅通意见反馈渠道。无障碍改造方案应征求受助家庭和相关居民意见。

（一）老年人家庭无障碍改造。各地住房城乡建设主管部门要会同民政、财政、残联、老龄等主管部门制定年度老年人家庭无障碍改造计划，明确目标任务、工作进度、质量标准和检查验收要求，并对改造完成情况进行汇总。老年人家庭无障碍改造应体现个性化需求，并重点解决居家生活基本需要。年度改造计划制订应遵循公平、公正、公开原则，优先安排贫困、病残、高龄、独居、空巢、失能等特殊困难老年人家庭。

对纳入年度改造计划的贫困老年人家庭，县级以上地方人民政府可以给予适当补助，由民政主管部门会同财政主管部门确定资金补助标准，并明确资金监管要求，财政主管部门要对补助资金使用进行审核和监管。

各地民政、老龄主管部门要明确老年人家庭无障碍改造的申请条件、审核、公示、监管、用户反馈等工作程序以及实施要求，对拟纳入年度改造计划的老年人家庭情况进行复核。

各地残联要积极推进贫困残疾老年人家庭无障碍改造工作，并将改造完成情况纳入当地老年人家庭无障碍改造统计范围。

（二）居住区公共设施无障碍改造。各地住房城乡建设主管部门要会同民政、财政、残联、老龄等主管部门，制定年度居住区公共设施无障碍改造计划，明确责任单位、目标任务、工作进度、质量标准和检查验收要求，并对改造完成情况进行汇总。居住区公共设施无障碍改造计划可结合老（旧）居住（小）区整治、棚户区改造、建筑抗震加固等专项工作以及创建无障碍环境市县工作统筹安排。

居住区公共设施无障碍改造应严格执行无障碍设施建设相关标准规范，提高无障碍设施安全性和系统性，重点推进居住区缘石坡道、轮椅坡道、人行通道，以及建筑公共出入口、公共走道、地面、楼梯、电梯候梯厅及轿厢等设施和部位的无障碍改造。

居住区公共设施无障碍改造资金应列入地方政府财政预算，由民政主管部门会同财政主管部门确定资金补助标准，并明确资金监管要求，财政主管部门要对补助资金使用进行审核和监管。

三、加强老年人家庭及居住区公共设施无障碍改造标准规范宣贯培训和咨询服务

各地住房城乡建设主管部门要组织开展无障碍设施建设有关标准规范宣贯培训，从2014年起，将无障碍设施建设有关标准规范纳入相关专业注册执业人员继续教育培训内容，提高从业人员掌握标准和执行标准的能力；督促承担老年人家庭和居住区公共设施无障碍改造的单位与人员严格执行《无障碍设计规范》《无障碍设施施工验收及维护规范》等工程建设标准，并参照《无障碍建设指南》和《家庭无障碍建设指南》的要求，提高设施无障碍改造的实效。

各地住房城乡建设主管部门要组织有关单位或组建技术指导组，为老年人家庭和居住区公共设施无障碍改造提供技术指导、咨询和服务；可根据当地实际和工作需要，制定老年家庭和居住区公共设施无障碍改造地方标准。

四、开展老年人家庭及居住区公共设施无障碍改造情况监督检查

各地住房城乡建设主管部门要会同民政、财政、残联和老龄等主管部门，每年应至少开展一次老年人家庭和居住区公共设施无障碍改造情况全面监督检查。监督检查主要内容包括：年度改造计划执行情况、工程质量和标准实施情况、补助资金使用情况等。

住房城乡建设部将适时会同民政部、财政部、中国残联、全国老龄办，对各地老年人家庭和居住区公共设施无障碍改造情况进行抽查检查。

五、加强老年人家庭及居住区公共设施无障碍改造工作协作和宣传

各地住房城乡建设主管部门要加强与民政、财政、残联、老龄等主管部门沟通协调和工作协作，建立健全相关管理制度，并做好无障碍改造情况统计汇总。

各地民政、残联和老龄主管部门要加强老年人家庭和居住区公共设施无障碍改造的宣传，及时反映无障碍设施改造的需求、意见和建议，配合住房城乡建设主管部门做好无障碍设施改造宣贯培训、监督检查等工作，共同营造良好社会氛围。

各地住房城乡建设主管部门应将老年人家庭和居住区公共设施无障碍改造工作进展情况于每季度末、监督检查报告和全年工作总结于每年 12 月 15 日前，报送住房城乡建设部标准定额司。

联系人：余山川

电　话：010-58933319　传　真：010-58933056

邮　箱：yusc@mail. cin. gov. cn

邮　编：100835　地　址：北京市三里河路 9 号

住房和城乡建设部　民政部　财政部

中国残疾人联合会　全国老龄工作委员会办公室

2014 年 7 月 8 日

国家卫生计生委办公厅关于在卫生计生系统开展全国“敬老文明号”创建活动的通知

国卫家庭发〔2014〕23 号

各省、自治区、直辖市、计划单列市及新疆生产建设兵团卫生计生委（卫生厅局、人口计生委）、老龄办，委直属和联系单位，解放军、武警部队计划生育领导小组办公室，中直机关、中央国家机关人口计生委：

全国“敬老文明号”评选表彰是经中央批准的国家评选表彰常设项目。2011 年全国老龄委组织的第一届“敬老文明号”创建活动开展以来，卫生计生系统涉老部门、为老服务组织、公共服务窗口行业踊跃参与，积极开展老年优待服务，取得了良好的社会效益。2013 年，共有 160 个卫生计生系统单位获得全国“敬老文明号”称号。

为贯彻落实《中华人民共和国老年人权益保障法》、《国务院关于加快发展养老服务业的若干意见》（国发正〔2013〕35 号）和《关于进一步加强老年人优待工作的意见》（全国老龄办发〔2013〕97 号），动员卫生计生系统各单位开展为老服务，推动落实老年优待政策，营造文明和谐的社会氛围，国家卫生计生委和全国老龄办决定，自 2014 年 4 月起，在全国卫生计生系统广泛开展全国“敬老文明号”创建活动。现就活动有关事项通知如下：

一、活动宗旨

开展全国“敬老文明号”创建活动，旨在组织和引导卫生计生系统涉老服务的岗位或集体，立足本职岗位工作，积极为老年人提供便捷、优先、优惠的医疗卫生和保健服务，努力推进“健康老龄化”和“老有所医”，贯彻落实老年优待政策，为广大老年人提供安全、舒适、便捷的就医环境。

二、创建主题

全国“敬老文明号”创建活动的主题是“关爱老人、构建和谐”。

三、创建范围

全国卫生计生系统各级单位的涉老岗位、窗口和科室。本届全国“敬老文明号”创建活动，全国卫生计生系统将评选表彰 200 个左右先进单位。

四、创建内容

（一）严格执行《中华人民共和国老年人权益保障法》和《关于进一步加强老年人优待工作的意见》。全面执行相关法律、法规、政策和文件中有关优待、优先、优惠服务老年人的规定，认真履行优待老年人的义务。

（二）制订为老服务工作标准。参与创建的单位要结合工作特点，从惠老制度、为老服务、工作机制、群众评价等方面，制订明确的为老服务标准、创建计划和具体创建标准。要提供优待服务场所，设立老年人优待服务窗口，开辟老年就医、健康体检、健康咨询等绿色通道。

（三）公开为老服务承诺。参与创建的单位要通过网站、报刊、办事手册等多种形式全面公示服务标准和优待服务内容，公开相关政策法规、服务内容、办事流程、办结时限、办理结果。服务窗口要以展示板、电子显示屏、网络平台等方式公布承诺内容，工作人员要采取佩戴标徽、服务卡等方式明示身份，接受群众监督。

（四）开展岗位争创。积极开展尊老敬老主题教育活动，使职工熟悉和掌握为老服务的内容和条款；开展各种形式的岗位练兵、技能竞赛，不断提高业务技能；推行文明服务、诚信服务、优质服务，改进服务态度和工作作风；开展“夺旗争星”、岗位明星、服务标兵评比，形成创建活动比学赶帮的生动局面。

（五）开展志愿服务活动。动员和组织医务人员为门急诊、住院老年患者提供志愿医疗服务。组织医务人员志愿者进社区、进农村，到基层医疗卫生机构为老年患者提供服务。广泛开展主题志愿医疗服务活动，为广大老年人提供健康教育、咨询、宣传、义诊等志愿服务。重点面向高龄、贫困、独居老年人开展志愿服务。

五、创建活动安排

（一）全面部署阶段（2014 年 5 月—6 月）。各地围绕本单位中心工作开展创建活动，制订创建计划，明确创建目标和办法，落实工作内容。要有规范的为老服务制度和标准，有具体的为老服务内容和条款，有固定的为老服务窗口和场所。

（二）创建实施阶段（2014 年 7 月—2016 年 7 月）。各地结合自身特点，完善为老服务制度要求，制定措施办法，开展各类活动，掀起创建热潮。及时总结创建经验，推广典型示范，巩固创建成果，建立长效机制。

（三）评选表彰阶段（2016 年 8 月—2016 年底）。届时国家卫生计生委和全国老龄办将联合印发关于全国“敬老文明号”评选工作的通知，各级卫生计生行政部门按照单位申报、公众评议、逐级推荐的程序，组织申报推荐工作。获得全国“敬老文明号”称号的岗位或集体，由全国老龄工作委员会命名表彰。

六、创建要求

（一）高度重视，加强领导。各级卫生计生部门要把创建活动列入中心工作和总体规划之中，纳入工作目标考核范围。单位主要负责同志要亲自部署，配备得力人员专门负责。建立创建工作经费保障机制。

（二）加强宣传，扩大参与。要通过多种形式加强尊老敬老的思想教育、道德宣传，大力宣传创建活动的重要意义，及时总结报道创建活动的进展情况、成功做法和典型经验，扩大卫生计生系统“敬老文明号”的社会影响。要动员全系统职工积极参与，营造有利于老年人优待工作实施的社会环境。

（三）加强管理，规范创建。要建立监督管理机制，加强对创建过程的监控，细化、量化创建标准和考核标准，坚持创在平常，建在过程。要督促创建单位及时展示创建信息，做到创建活动的过程公开、成果公开。要组织开展好群众评议工作，积极组织动员老年群众和服务对象参加评议。全国老龄办和国家卫生计生委将不定期组织督查。

各地开展活动的情况，要及时报国家卫生计生委家庭司。

联系人：国家卫生计生委家庭司　徐航、郑春梅

联系电话：010—62030764　010—62030865

传　真：010—62030874

国家卫生计生委办公厅

2014 年 5 月 7 日

国家卫生计生委办公厅关于成立卫生计生老龄工作领导小组的通知

国卫办家庭函〔2014〕202 号

各省、自治区、直辖市、新疆生产建设兵团卫生计生委（卫生厅局、人口计生委），解放军、武警部队计划生育领导小组办公室，中直机关、中央国家机关人口计生委，委机关各司局，委直属和联系单位：

根据国务院机构改革和职能转变要求，为深入贯彻落实党中央、国务院关于“积极应对人口老龄化”的战略部署，认真做好卫生计生委相关老龄工作，切实落实各项工作任务，经研究决定，成立卫生计生老

龄工作领导小组，下设办公室，领导机构组成人员和工作职责如下：

一、领导机构组成人员

（一）卫生计生老龄工作领导小组。

组　长：王培安

成　员：办公厅、人事司、规划司、财务司、法制司、疾控局、医政医管局、基层司、监督局、指导司、家庭司、流动人口司、宣传司、科教司、国际司负责同志

（二）领导小组办公室。

主　任：王海东（兼）

成　员：办公厅、人事司、规划司、财务司、法制司、疾控局、医政医管局、基层司、监督局、指导司、家庭司、流动人口司、宣传司、科教司、国际司相关处（室）负责同志

二、领导机构工作职责

（一）领导小组工作职责。

1. 协调相关部门，统筹组织开展卫生计生老龄工作；

2. 召开领导小组会议，研究、审定卫生计生老龄工作重大事项；

3. 部署、督促、检查、指导全国卫生计生老龄工作；

4. 领导办公室工作，听取工作汇报，研究解决问题，抓好工作落实。

（二）办公室工作职责。

1. 贯彻落实领导小组指示精神，协调委机关相关单位，组织完成卫生计生老龄工作相关工作任务；

2. 制订工作计划和实施方案，指导各地做好卫生计生老龄工作，组织对各地卫生计生老龄工作的调研督查；

3. 组织开展卫生计生老龄工作课题研究，提出政策建议；

4. 组织举办卫生计生老龄工作相关会议、培训；

5. 组织开展卫生计生老龄工作的宣传倡导，在全社会营造良好的舆论氛围。

（三）领导小组成员单位工作职责。

1. 办公厅

协调办理卫生计生老龄工作重大事项，协调组织有关老龄工作重要会议。

2. 人事司

加强卫生计生老龄工作人才队伍建设，组织开展相关培训，提高为老年人卫生服务的能力。

3. 规划司

将老年医疗卫生服务纳入卫生计生事业发展规划，完善老年医疗卫生服务体系建设。

4. 财务司

做好卫生计生老龄工作经费保障工作，采取政府购买服务方式等支持卫生计生老龄工作；协调价格部门研究制订有利于老年医疗服务发展的价格政策。

5. 法制司

研究建立完善有关老年人医疗、保健、护理、康复等政策法规制度。

6. 疾控局

研究制订有关老年慢性病和老年期精，神障碍的疾病防控政策，开展老年慢性病和老年期精神障碍的预防控制工作。

7. 医政医管局

1）加强老年病医院、康复医院、护理院建设，在有条件的二级以上综合医院设立老年病科，增加老年病床的数量；

2）做好老年常见病的康复护理工作；

3）支持有条件的养老机构内设医疗机构；

4）扶持发展居家康复和护理服务；

5）推进面向养老机构的远程医疗服务试点，探索医疗机构与养老机构合作新模式；

6）加强建设，提高老年医院、护理院、康复医院和综合医院老年病科医疗服务能力；

7）研究建立老年人长期护理制度；

8）制订养老医疗服务资源配置政策及准入标准。

8. 基层司

1）巩固完善新型农村合作医疗制度，推动提高保障和管理、服务水平；

2）配合相关部门，将符合条件的养老机构内设医疗机构纳入定点范围，入住的参保老年人按规定享受相应待遇；

3）指导基层医疗卫生机构积极开展老年人医疗、护理、保健、健康管理等服务，探索为老年人提供居家康复护理服务；

4）指导基层医疗卫生机构落实国家基本公共卫生服务项目中老年人有关各项服务；

5）推动基层医疗卫生机构与老年人家庭建立医疗契约服务关系。

9. 监督局

切实加强对养老机构医疗服务行为的监督，对寄宿制养老机构等关系老年人安全和健康的重要场所依法进行监督。

10. 指导司

协助研究、制订有关计划生育家庭养老支持政策。

11. 家庭司

1）会同有关部门研究提出应对人口老龄化的政策建议；

2）推动老龄健康支持体系建设，协调拟定相关规划、规范、标准等并组织实施；

3）完善农村部分计划生育家庭奖励扶助制度和计划生育家庭特别扶助制度等家庭扶助制度；

4）以计划生育家庭为重点，完善家庭养老支持政策，建立健全家庭养老保障和照料护理服务扶持政策；

5）为老年人家庭成员提供照护专业陪训和支持，充分发挥家庭成员的照料护理、精神关爱和心理支持作用；

6）研究制订相关扶持政策措施，支持社区以多种形式为居家老年人提供上门医疗保健服务；

7）整理研究老年人口基本数据及健康信息，组织开展卫生计生老龄问题研究，为制订相关政策提供理论与评估工作。

12. 流动人口司

1）协助提供随迁老年流动人口相关数据；

2）协调开展流动老年人口卫生计生基本公共服务相关政策研究。

13. 宣传司

1）组织开展卫生计生老龄工作宣传倡导，营造良好的社会氛围；

2）指导开展老年健康教育，普及老年保健知识；增强老年人健康意识。

14. 科教司

1）在国家科技计划项目及行业专项的组织实施中对卫生计生老龄工作的相关科学研究予以支持；

2）协调有关部门研究制订相关扶持政策，鼓励医学院校及护理院校扩大人才培养规模，加快培养老年医学、康复、护理、营养、心理和社会工作等方面的专门人才。

15. 国际司

协调开展卫生计生老龄工作的国际交流合作与对外宣传工作。

附件：国家卫生计生委老龄工作领导小组及办公室成员名单

国家卫生计生委办公厅

2014 年 3 月 12 日

附件

国家卫生计生委老龄工作领导小组及办公室成员名单

组长：国家卫生计生委党组成员、副主任 王培安

领导小组成员：

办公厅副主任	熊　煌
人事司巡视员	付　伟
规划司副司长	齐贵新
财务司副司长	何锦国
法制司副司长	陈宁姗
疾控局副局长	王　斌
医政医管局副局长	周　军
基层司副司长	聂春雷
监督局副局长	何　翔
指导司副司长	郭震威
家庭司司长	王海东
流动人口司副司长	闫　宏
宣传司副司长	姚宏文
科教司副司长	金生国
国际司专员	胡宏桃

办公室主任：家庭司司长 王海东（兼）

办公室成员：

办公厅研究室主任	谭相东
人事司专业人才管理处副处长	张宁宁
规划司基建装备处处长	吴翔天
财务司财务管理处副调研员	齐剑锋
法制司政研二处处长	李坚高
疾控局慢病处处长	吴良友
医政医管局医疗与护理处处长	李大川
基层司合作医疗处副处长	丁一磊
监督局医疗监督处处长	邢路微
指导司政策协调处副处长	李　瑞
家庭司家庭处处长	蔡　菲
流动人口司综合处调研员	宋卫明
宣传司健教处处长	石　琦
科教司教育处处长	陈昕煜
国际司综合处处长	胡美奇

国家卫生计生委办公厅关于开展计划生育家庭养老照护试点工作的通知

国卫办家庭函〔2014〕834号

各省、自治区、直辖市、计划单列市及新疆生产建设兵团卫生计生委（卫生厅局、人口计生委），解放军、武警部队计划生育领导小组办公室，中直机关、中央国家机关人口计生委：

为贯彻落实《国务院关于加快发展养老服务业的若干意见》（国发正〔2013〕35号），积极应对人口老龄化，不断满足计划生育家庭老年人持续增长的居家养老服务需求，保障和改善民生，国家卫生计生委决定在全国范围开展计划生育家庭养老照护试点工作。现将有关事项通知如下：

一、工作目标

探索建立系统完整的计划生育家庭居家养老照护支持体系，保障计划生育家庭老年人能够获得所需的、适宜的健康服务，提高老年人的健康水平，改善生活质量，增强独立生活能力，延长健康预期寿命。

（一）了解试点范围内计划生育家庭特别是特殊困难家庭养老照护需求现状，摸清底数，为健康老龄化顶层制度设计提供依据。

（二）提高试点范围内计划生育家庭老年人的健康管理、健康促进和自我照护能力，有效改善老年人生活质量。

（三）提高试点范围内计划生育家庭成员对老年人身心健康水平的重视程度，提高居家照护能力和水平，为居家养老创造更适宜的家庭、社会环境，进一步促进有老年人的家庭健康、和谐发展。

（四）创新体制机制，激发社会活力，探索政府主导、社会力量参与、满足计划生育家庭养老照护多样化需求的措施和模式。

二、工作任务及时间安排

（一）制定试点方案（2014年9月至2014年10月）。每个省选出1个地级市作为试点单位，报国家卫生计生委备案。要求试点单位卫生计生工作基础好，老龄化程度较高，在计划生育家庭养老照护方面有较高积极性。各试点单位在省级指导下，以需求为导向，研究制定具体工作方案。

（二）开展需求调研（2014年11月至2014年12月）。试点地区要采取多种方式，了解现有计划生育家庭的数量、结构、居住方式、养老情况以及在居家养老照护等方面的现实困难和实际问题。

（三）组织技能培训（2015年1月至2015年12月）。以国家卫生计生委家庭司编制的《老年人家庭保健与照护指南》为基础培训教材，根据工作需要编制试点工作实施指导手册，在试点区域内开展分级培训：一是对基层卫生计生及相关工作人员进行培训，提升其开展老年家庭照护工作的能力；二是对试点区域内计划生育家庭成员进行培训，提升其为家中老年人提供照护的能力及老年人自我保健照护的生活能力。

（四）主动上门服务（2015年1月至2015年12月）。根据试点方案，组织经过培训的工作人员走进计划生育家庭，特别是计划生育特殊困难家庭及有失能老人的家庭，开展有针对性的生活照料、家庭保健、照顾护理、精神慰藉、紧急救援等活动。

（五）进行评估督查（2016年上半年）。国家层面组建专家组，研究制定评估指标体系和评估方案，组织评估督查。省级层面结合试点工作情况组织开展阶段性评估，及时发现问题、总结经验，为在全国全面推开计划生育家庭养老照护工作探索可行模式及路径。

三、工作要求

（一）提高认识，加强组织领导。当前，我国已经进入人口老龄化快速发展阶段，广大家庭特别是计划生育家庭面临着居家养老的现实困难。试点地区要将做好计划生育家庭养老照护工作纳入政府重要议事日程，成立专门机构，制订具体措施，认真抓好落实，并做好试点工作的检查和评估，确保试点工作取得实效。

（二）因地制宜，科学选定试点。各地要根据计划生育工作开展情况及计划生育家庭实际需求，综合考虑社会经济发展水平等因素，以工作积极性高、主动性强为原则，选择有特点和代表性的区域进行试点，为全国计划生育家庭养老照护工作发展提供经验。

（三）部门协作，加大保障力度。试点地区卫生计生部门要积极争取发展改革、民政、财政、人力资源社会保障、老龄委、残联等相关部门的配合，形成齐抓共管、整体推进的工作格局，探索建立推动试点工作的决策、执行、指导和监督工作协调机制。卫生计生部门要积极协调财政部门安排专项经费，确保养老照护试点工作顺利实施。

（四）广泛动员，拓宽服务网络。建立面向家庭、广泛参与、能够满足计划生育家庭老年人养老照护需求的服务网络和队伍，积极探索政府购买服务的新模式。如积极培育居家养老服务企业和机构，上门为居家老年人提供助餐、助浴、助洁、助急、助医等定制服务，为居家老年人提供规范化、个性化服务；支持企业和机构运用互联网、物联网等技术手段创新居家养老服务模式，建设居家服务网络平台，提供紧急呼叫、健康咨询等适合老年人的服务项目。

请各地尽快确定试点单位，将相关信息填写附表，于2014年10月17日前报送我委家庭司，并将试点工作方案、工作进展等相关情况及时报送我委。

联系人：家庭司　刘明、郑春梅

联系电话/传真：010－62030637、010－62030865/010－62030874

电子邮箱：familydevelop@163.com

附件：1. 计划生育家庭养老照护试点申报表（略）

2. 计划生育家庭养老照护试点联络员信息表（略）

国家卫生计委办公厅

2014年9月17日

国家卫生计生委办公厅关于印发老年健康核心信息的通知

国卫办家庭函〔2014〕885号

各省、自治区、直辖市卫生计生委，新疆生产建设兵团卫生局：

为增强老年人健康意识，进一步开展老年健康教育，营造全社会关心支持老年健康的社会氛围，提高老年人健康素养水平，我委组织专家编写了老年健康核心信息。现印发各地，供参考使用。

国家卫生计委办公厅

2014年10月7日

老年健康核心信息

1. 积极认识老龄化和衰老。老年人要不断强化自我保健意识，学习自我监护知识，掌握自我管理技能，早期发现和规范治疗疾病，对于中晚期疾病以维持功能为主。

2. 合理膳食，均衡营养。老年人饮食要定时、定量，每日食物品种应包含粮谷类、杂豆类及薯类（粗细搭配），动物性食物，蔬菜、水果，奶类及奶制品，以及坚果类等，控制烹调油和食盐摄入量。建议老年人三餐两点，一日三餐能量分配为早餐约30%，午餐约40%，晚餐约30%，上下午各加一次零食或水果。

3. 适度运动，循序渐进。老年人最好根据自身情况和爱好选择轻中度运动项目，如快走、慢跑、游泳、舞蹈、太极拳等。上午10～11点和下午3～5点为最佳运动时间，每次运动时间30～60分钟为宜。

4. 及早戒烟，限量饮酒。戒烟越早越好。如饮酒，应当限量，避免饮用45度以上烈性酒，切忌酗酒。

5. 保持良好睡眠。每天最好午休1小时左右。如果长期入睡困难或有严重的打鼾并呼吸暂停者，应当及时就医。如使用安眠药，请遵医嘱。

6. 定期自我监测血压。测前应当休息5分钟，避免情绪激动、劳累、吸烟、憋尿。每次测量两遍，间隔1分钟，取两次的平均值。高血压患者每天至少自测血压3次（早、中、晚各1次）。警惕血压晨峰现象，防止心肌梗死和脑卒中；同时应当避免血压过低，特别是由于用药不当所致的低血压。

7. 定期监测血糖。老年人应该每1～2个月监测血糖一次，不仅要监测空腹血糖，还要监测餐后2小时血糖。糖尿病患者血糖稳定时，每周至少监测1～2次血糖。老年糖尿病患者血糖控制目标应当适当放宽，空腹血糖＜7.8毫摩/升，餐后2小时血糖＜11.1毫摩/升，或糖化血红蛋白水平控制在7.0%～7.5%即可。

8. 预防心脑血管疾病。老年人应当保持健康生活方式，控制心脑血管疾病危险因素。如控制油脂、盐分的过量摄入，适度运动，保持良好睡眠，定期体检，及早发现冠心病和脑卒中的早期症状，及时治疗。

9. 关注脑卒中早期症状，及早送医。一旦发觉老年人突然出现一侧面部或肢体无力或麻木，偏盲，语言不利，眩晕伴恶心、呕吐，复视等症状，必须拨打120，紧急送到有条件的医院救治。

10. 重视视听功能下降。避免随便挖耳；少喝浓茶、咖啡；严格掌握应用耳毒性药物（如庆大霉素、链霉素等）的适应证；力求相对安静的生活环境。听力下降严重时，老年人，要及时到医疗机构检查，必要时佩戴助听器。定期检查视力，发现视力下降及时就诊。

11. 重视口腔保健。坚持饭后漱口、早晚刷牙，合理使用牙线或牙签；每隔半年进行1次口腔检查，及时修补龋齿孔洞；及时镶补缺失牙齿，尽早恢复咀嚼功能。

12. 预防跌倒。老年人90%以上的骨折由跌倒引起。平时应当保持适度运动，佩戴适当的眼镜以改善视力，避免单独外出和拥挤环境，室内规则摆放物品，增加照明，保持地面干燥及平整。

13. 预防骨关节疾病和预防骨质疏松症。注意膝关节保暖，避免过量体育锻炼，尽量少下楼梯，控制体重以减轻下肢关节压力。增加日晒时间。提倡富含钙、低盐和适量蛋白质的均衡饮食，通过步行或跑步等适度运动提高骨强度。

14. 预防压力性尿失禁。注意改变使腹压增高的行为方式和生活习惯，如长期站立、蹲位、负重、长期慢性咳嗽、便秘等。

15. 保持良好心态，学会自我疏导。一旦发觉老年人出现失眠、头痛、眼花、耳鸣等症状，并且心情压抑、郁闷、坐卧不安，提不起精神，为一点儿小事提心吊胆、紧张恐惧，对日常活动缺乏兴趣，常常自卑、自责、内疚，处处表现被动和过分依赖，感到生活没有意义等或心情烦躁、疲乏无力、胸闷、睡眠障碍、体重下降、头晕头痛等抑郁症早期症状，要及时就诊，请专科医生进行必要的心理辅导和药物治疗。

16. 预防阿尔茨海默病的发生发展。阿尔茨海默病多数起病于65岁以后，主要表现为持续进行性的记，忆、语言、视空间障碍及人格改变等。老年人一旦出现记忆力明显下降、近事遗忘突出等早期症状，要及早就诊，预防或延缓阿尔茨海默病的发生发展。

17. 合理用药。用药需严格遵守医嘱，掌握适应证、禁忌证，避免重复用药、多重用药。不滥用抗生素、镇静睡眠药、麻醉药、消炎止痛药、抗心律失常药、强心药等。不轻易采用“秘方”、“偏方”、“验方”、“新药”、“洋药”等。用药期间出现不良反应可暂时停药，及时就诊。

18. 定期体检。老年人每年至少做1次体检，积极参与由政府和大型医院等组织的普查，高度重视异常肿块、肠腔出血、体重减轻等癌症早期危险信号，一旦发现异常应当去肿瘤专科医院就诊，发现癌症要去正规医院接受规范化治疗。对于慢性疾病，早发现、早干预，降低疾病风险。保存完整病历资料。

19. 外出随身携带健康应急卡。卡上注明姓名、家庭住址、工作单位、家属联系方式等基本信息，患有哪些疾病，可能会发生何种情况及就地进行简单急救要点，必要时注明请求联系车辆、护送医院等事项。

20. 促进老年人积极进行社会参与，结合自身情况参加有益身心健康的体育健身、文化娱乐等活动，提倡科学文明健康的生活方式。注重生殖健康，避免不安全性行为。倡导全社会关爱老年人，实现老有所养、老有所医、老有所为、老有所学、老有所乐。

国家卫生计生委办公厅
2014年10月13日

国家卫生计生委办公厅关于印发《养老机构医务室基本标准（试行）》和《养老机构护理站基本标准（试行）》的通知

国卫办医发〔2014〕57号

各省、自治区、直辖市卫生计生委，新疆生产建设兵团卫生局：

为指导养老机构作好医务室、护理站的建设和管理，促进医养结合，我委根据《执业医师法》、《医疗机构管理条例》、《护士条例》等法律、法规及有关规定，组织制定了《养老机构医务室基本标准（试行）》和《养老机构护理站基本标准（试行）》。现印发给你们，请遵照执行。

国家卫生委办公厅

2014年10月31日

养老机构医务室基本标准（试行）

养老机构医务室是设置在养老机构内，为养老机构患者提供老年保健，一般常见病、多发病诊疗、护理，诊断明确的慢性病治疗，急诊救护等服务的医疗机构。

一、人员

（一）至少有1名取得执业医师资格，经注册后在医疗、保健机构中执业满5年，身体健康的临床类别执业医师或中医类别执业医师。执业医师人数≥2人的，至少应含有1名中医类别执业医师。

（二）至少有1名注册护士。养老机构床位达到100张以上时，每增加100张床位，至少增加1名注册护士。护理员按需配备。

（三）其他药学、医技人员按需配备。

二、房屋

（一）整体设计应满足无障碍设计要求

（二）建筑面积不少于40平方米。

（三）至少设有诊室、治疗室、处置室。

（四）每室独立且符合卫生学布局及流程。其中，治疗室、处置室的使用面积均不少于10平方米；如设观察室，其使用面积不少于15平方米；如设康复室，应增加相应建筑面积（增加的建筑面积不少于50平方米）。

（五）应当设医疗废物存放点，与治疗区域隔开。

三、设备

（一）基本设备。

诊桌、诊椅、诊床、诊察凳、方盘、纱布罐、听诊器、血压计、体温表、注射器、身高体重计、视力卡、视力灯箱、压舌板、药品柜、紫外线消毒灯、高压灭菌设备、处置台、器械柜、便携式心电图机、血糖测定仪、雾化吸入器、出诊箱、轮椅、输液椅、候诊椅、医用冰箱、污物桶。

设置康复室的，至少配备与康复需求相适应的运动治疗、物理治疗和作业治疗设备。

开展中医药服务的，还应当配备脉枕、针灸器具、火罐、电针仪、艾灸仪等等。

（二）急救设备。

心电监护仪、心脏氧源（氧气瓶/制氧机）、供氧设备、吸痰器、开口器、牙垫、口腔通气道、简易呼吸器。

（三）健康教育及其他设备。

健康教育宣传栏、健康教育影像设备、能连接互联网的计算机及打印设备、电话等通讯设备，健康档案管理等有关设备。

（四）有与工作需要相应的其他设备。

四、制度

具有与功能任务相适应的转诊制度、药品登记分发制度、健康教育制度等各项规章制度，以及急救流程、技术操作规范，制订人员岗位职责。

养老机构护理站基本标准（试行）

养老机构护理站是设置在养老机构内，为养老机构患者提供常见病多发病护理、慢性病护理、康复指导、心理护理、根据医嘱进行处置、消毒隔离指导、健康教育等服务的医疗机构。

一、人员

（一）至少有2名具有护士以上职称的注册护士，其中有1名具有主管护师以上职称。养老机构床位达到100张以上时，每增加100张床位，至少增加1名注册护士。

（二）至少有1名康复治疗人员。

（三）按工作需求配备护理员，注册护士与护理员之比为1∶2.5。

二、房屋

（一）整体设计应当满足无障碍设计要求。

（二）建筑面积不少于30平方米。

（三）至少设有治疗室、处置室。每室独立且符合卫生学布局及流程。

（四）应当设医疗废物存放点，与治疗区域隔开。

三、设备

（一）诊桌、诊椅、诊察凳、方盘、纱布罐、听诊器、火罐、刮痧板、血压计、体温表、身高体重计、血糖测定仪、体外除颤设备、治疗车、药品柜、紫外线消毒灯、高压灭菌设备、处置台、轮椅、输液椅、医用冰箱、污物桶。

（二）有必要的健康教育、办公和通讯联络设备，有诊疗护理记录及文件保存条件。

（三）有与工作需要相应的其他设备。

四、制度

具有与功能任务相适应的转诊制度、药品登记分发制度、健康教育制度等各项规章制度，以及急救流程、技术操作规范，制定人员岗位职责。

北京市民政局、北京市老龄工作委员会办公室关于建立北京市为老服务单位综合责任保险的通知

京民老龄发〔2014〕119号

各区县民政局，老龄办：

为贯彻落实《北京市人民政府办公厅转发市民政局市残联＜关于北京市市民居家养老（助残）服务（“九养”）办法＞的通知》（京政办发〔2009〕104号）、《北京市人民政府办公厅转发市老龄工作委员会办公室＜北京市老年人社会保障和社会优待办法＞的通知》（京政办发〔2013〕30号）及《北京市人民政府关于加快推进养老服务业发展的意见》（京政发〔2013〕32号）精神，减少为老服务单位的经营风险，充分发挥商业保险经济补偿功能，更好地为老年人提供优质服务，市民政局、老龄办与中国人寿财产保险股份有限公司北京市分公司合作建立北京市为老服务单位综合责任保险。具体事项通知如下：

一、投保单位

北京市行政辖区内为老年人提供餐饮、零售、日间照料、康复护理、医疗保健、精神关怀、家政维修、文体娱乐等服务的企事业单位及社会组织（以下简称为老服务单位）。

二、基本原则

为老服务单位综合责任保险工作遵循“政府引导、市场运作、为老服务单位自愿”的原则。

政府引导。政府通过宣传推广、出台指导性文件等措施，引导中国人寿财产保险股份有限公司北京市

分公司制订适合北京市为老服务单位的综合责任保险方案，并引导为老服务单位获得全面的责任保险保障。

市场运作。为老服务单位综合责任保险按照市场化运作方式推行，具体宣传推广、购买、理赔等具体事项均由中国人寿财产保险股份有限公司北京市分公司进行运作。

为老服务单位自愿。为老服务单位根据自身实际情况，自愿购买为老服务单位综合责任保险。

三、保险险种及投保方式

保险险种为公众责任险。

投保方式为为老服务单位自愿参保，保险费用由投保单位自行支付。

四、保险范围及期限

保险范围指为老服务单位提供服务的区域内。

保险期限以为老服务单位和保险公司签订的保险协议确定的期限为准。

五、保险责任

在为老服务单位提供服务的区域内有人员因遭遇火灾、水灾、食物中毒、突发疾病、摔伤、骨折等意外情况导致伤亡时，保险公司应按照相应标准予以赔付。

六、保险费用和赔付标准

（一）保险费用

保险费用包含必选和可选两类项目，为老服务单位根据自身实际情况和服务规模进行选择，保险费用按照所选项目确定。

（二）赔付标准

在保险期限内，保险公司根据为老服务单位选择的保险项目，给付相应赔偿金。

七、相关程序及服务保障

（一）办理程序

各区县根据自身实际情况，选择相应的办理程序。

1. 区（县）民政局、老龄办集体组织为老服务单位到指定地点集中办理投保手续。

2. 自愿投保的为老服务单位到保险公司指定的服务网点办理投保手续。

（二）赔付程序

1. 为老服务单位发生保险责任事故后，在第一时间拨打报案热线4006895519向保险公司报案，并配合保险公司对保险责任事故进行调查。

2. 为老服务单位将理赔所需材料提交保险公司审核，保险公司审核通过后进行赔付。

（三）服务保障

整个保险期间，中国人寿财产保险股份有限公司北京市分公司参照《北京市老年人意外伤害保险政府采购合同》相关要求提供一系列服务。

八、工作要求

（一）为老服务单位综合责任保险涉及全市为老服务单位和老年人的切身利益，各级部门要高度重视，切实做好宣传、指导、协调和监督工作，通过多种方法和手段，进一步提高北京市为老服务单位综合责任保险的社会知晓率，有条件的区县还可协助保险公司上门替为老服务单位办理投保手续。

（二）市老龄办要以“保险范围广、保险费用低、理赔标准高”为原则，对中国人寿财产保险股份有限公司北京市分公司专门设计针对为老服务单位的完整保险方案进行审议。同时鼓励其在服务期内根据保险实际执行情况进一步增加优惠条款。

附件：《为老服务单位综合责任险保险费用及赔付标准》

北京市民政局　北京市老龄工作委员会办公室

2014年3月19日

附件

为老服务单位综合责任险
保险费用及赔付标准

一、承保说明

本方案分为必选方案和可选方案。

（一）必选方案

	适用对象	场所分类	每一经营场所保险费（元）	备注
必选方案	老年人	餐饮服务	350.00	基础保障
必选方案	老年人	家政维修服务	350.00	基础保障
必选方案	老年人	零售服务	350.00	基础保障
必选方案	老年人	理发、美容、按摩、中医理疗等	500.00	基础保障
必选方案	老年人	医院、诊所	500.00	基础保障
必选方案	老年人	休闲娱乐场所	800.00	基础保障
必选方案	老年人	托老所	1 000.00	基础保障
必选方案	老年人	洗浴	1 000.00	基础保障
必选方案	老年人	其他	500.00	基础保障

（二）可选方案

	适用对象	场所分类	每一经营场所保险费（元）	备注
可选方案	与老年人一起的陪同人员	餐饮服务	350.00	增加保障
可选方案	与老年人一起的陪同人员	家政维修服务	350.00	增加保障
可选方案	与老年人一起的陪同人员	零售服务	350.00	增加保障
可选方案	与老年人一起的陪同人员	理发、美容、按摩、中医理疗等	500.00	增加保障
可选方案	与老年人一起的陪同人员	医院、诊所	500.00	增加保障
可选方案	与老年人一起的陪同人员	休闲娱乐场所	800.00	增加保障
可选方案	与老年人一起的陪同人员	托老所	1 000.00	增加保障
可选方案	与老年人一起的陪同人员	洗浴	1 000.00	增加保障
可选方案	与老年人一起的陪同人员	其他	500.00	增加保障

（三）公众责任险保险费用计算方式

计算公式为：为老服务单位经营场所数量×每处经营场所保险费＝总保险费

若为老服务单位有多家经营场所，可为每个场所投保一份。

二、主要承保险种

（一）承保险种信息表

序号	险种	保险金额
1	公众责任险	累计赔偿限额 1 000 000.00 元 每次事故赔偿限额 1 000 000.00 元 死亡残疾赔偿限额 100 000.00 元 其中每人医疗费用 10 000.00 元
2	特别约定	本保险必选方案所承保的第三者为北京市行政辖区内，年满 60 周岁的老年人。 本保险可选方案所承保的第三者为北京市行政辖区内，与老年人一起的陪同人员。 医疗保险范围内承担用药及治疗费用。

续表

序号	险种	保险金额
3	附加险	1. 锅炉爆炸责任条款 2. 广告及装饰装置责任条款（赔偿限额 20 000.00 元） 3. 急救费用条款（赔偿限额 3 000.00 元） 4. 食品、饮料责任条款 5. 火灾和爆炸责任条款 6. 客人财产责任条款（赔偿限额 20 000.00 元） 7. 建筑物改动责任条款（赔偿限额 20 000.00 元） 8. 救火费用条款（赔偿限额 20 000.00 元） 9. 提供物品及服务条款（赔偿限额 20 000.00 元）
4	免赔额	每次事故医疗费用免赔额为 100.00 元； 每次事故财产损失免赔额为 500.00 元。

北京市民政局
关于加强基层老年协会建设的意见

京民老龄发〔2014〕372 号

各区县民政局、老龄办：

为进一步加强基层老年协会建设，推进北京市老龄事业发展，按照党的十八届三中全会关于“创新社会治理，增强社会发展活力，提高社会治理水平”的精神，根据全国老龄办《关于加强基层老年协会建设的意见》（全国老龄办发〔2012〕1 号）及《北京市人民政府关于加快养老服务业发展的意见》（京政发〔2013〕32 号）要求，结合北京市老龄工作实际，现提出以下意见：

一、充分认识加强基层老年协会建设的重要意义

基层老年协会是在老龄工作部门的指导下，在基层党组织的领导下，由老年人自愿组成，面向全体老年人，获得政府支持并进行自我管理、自我发展、自我服务、服务社会的互益性群众组织。多年来，基层老年协会在维护老年人权益、参与社会公益事务、组织老年群众参与经济社会建设及开展文体活动等方面发挥了积极作用，但还存在组织建设不规范、功能定位不明确、整体发展不平衡、基础设施薄弱、经费来源短缺等问题，制约了基层老年协会的发展，影响了基层老年协会作用的发挥。

加强基层老年协会建设，是积极应对人口老龄化、加强和创新社会治理的重要举措，是加快发展老年社会组织、推进老年社会管理的有效措施，是扩大老年人社会参与、加强基层老龄工作的重要载体，对于推进我市老龄事业发展、建设国际一流的和谐宜居之都具有重要意义。

二、指导思想和总体目标

以服务老年人为宗旨，以推动老年群众组织开展自我管理、自我发展、自我服务和服务社会活动为重点，创新体制机制，优化发展环境，强化组织建设、制度建设和队伍建设，努力把基层老年协会建设成为组织健全、功能完善、充满活力、作用明显的老年群众组织，为推动基层老龄工作、加强老年社会管理与服务奠定组织基础。

到 2020 年底前，区（县）和街（乡镇）均成立具有独立法人资格的老年协会；居（村）要按照试点先行、典型示范、逐步推广的原则，成立和规范管理老年协会。

三、组织机构

在充分考虑和尊重老年人意愿的前提下，依据城乡社区老年人口的规模、分布，按照便于组织、服务老人的原则，建立区（县）、街（乡镇）、居（村）三级老年协会，鼓励和扶持以社会团体登记注册，探索多种形式的老年协会组织方式。

（一）规范治理结构。加强基层老年协会自身建设，健全以章程为核心的法人治理结构，明确会员代表大会、理事会、监事会的职责，建立和完善内部管理制度。

居（村）级老年协会会长经会员代表大会或理事会选举产生，由本地区具备良好政治素质、有一定的社会威望、身体健康、热心为老年人服务的人员担任。会员由辖区内的老年人、热心为老服务的个人、企事业单位、社会团体等构成。可引入社会工作者和养老（助残）员作为老年协会日常管理的骨干力量。本社区常住老年人口数量达到本社区常住总人口数量的15%以上时，可在居（村）委会中增设老龄工作委员会，居（村）委会老龄工作委员会的实体形态即为居（村）老年协会，需按照相关规定进行注册登记或备案。

区（县）、街（乡镇）级老年协会应设置会长、副会长、秘书长和理事等职务，由会员代表大会或理事会选举产生。会员由老年人、热心为老服务的人士等个人会员及街（乡镇）、居（村）级老年协会、其他社区老年社会组织、为老服务商、地区企事业单位等单位会员组成。应设置常设办事机构（如秘书处或办公室），负责老年协会日常事务的管理，由政府面向社工事务所等社会组织购买公益性岗位。

（二）鼓励社团登记注册。区（县）、街（乡镇）老年协会以及符合条件的居（村）老年协会要进行社团登记注册，纳入规范管理范围；对暂时达不到登记条件的街（乡镇）、居（村）老年协会要进行备案管理，并且成为区（县）、街（乡镇）级老年协会的单位会员，加强培育引导，促进健康发展。

探索试行适当降低基层老年协会社团登记门槛。居（村）级老年协会社团注册登记资金不低于5000元；街（乡镇）级老年协会社团注册登记资金不低于1万元；区（县）级老年协会社团注册登记资金不低于3万元。

（三）简化年检或备案手续。每年5月31日前，由街（乡镇）民政（老龄）或相关负责科室将辖区内已登记注册的居（村）级老年协会的社团年度检查报告交区县老龄办初审后，由区县老龄办统一到区县民政局办理年检手续。已备案的居（村）级老年协会每年5月31日前向居（村）委会复核后，将复核结果报街（乡镇）民政部门。依法登记的街（乡镇）级、居（村）级老年协会由支持性组织或非营利专业机构代理验资、审计服务。

（四）厘清相互关系。具备条件的老年协会均须建立党组织。居（村）级老年协会至少成立党小组，居（村）委会党组织应选派、推荐社区党员参与老年协会的前期筹备及日常管理工作。

各级老龄工作部门或民政部门、居（村）委会和党委（支部）对老年协会具有指导、服务、协调和监督职能，应为老年协会提供场地、资金、设施设备等方面支持，对老年协会的工作和活动进行日常监督管理。

区（县）级老年协会对街（乡镇）级老年协会和居（村）级老年协会具有业务指导职能。街（乡镇）级老年协会对居（村）级老年协会在业务工作、人员构成和资金使用上具有服务职能。街（乡镇）级以上老年协会承担枢纽作用，横向统筹辖区内其他涉老社会组织。

四、工作任务

基层老年协会在各级老龄、民政工作部门以及乡镇（街道）、村（居）委会的指导下，依据有关法律、法规、政策和老年协会章程，履行以下主要任务，具体内容应突出重点和特色，并根据实际情况逐渐拓展。

（一）居（村）级老年协会在本辖区内为老年人直接组织各种为老服务，具体包括：开展适合老年人的社会交往、文体娱乐、图书阅览、教育培训、知识讲座、维护权益、互助养老等活动。了解老年人生活状况和服务需求，及时向涉老工作部门反馈，参与居（村）为老服务工作的决策和监督；鼓励开展低龄老年人帮扶高龄老年人“抱团取暖”式志愿服务；参与组织助餐、助洁、助急、助行、助医、互助关怀等居家养老服务；参与社区建设，有条件的协会可承接居（村）为老服务日常事务。

（二）街（乡镇）级老年协会是区（县）级老年协会和居（村）级老年协会的连接枢纽，协助同级涉老部门做好老龄工作。传达贯彻老龄工作方针政策，参与养老服务政策落实情况的监督。具体包括：了解汇总老年人生活状况，及时反馈老年人实际需求，为政府、社会和市场组织服务和产品提供依据；开展日常膳食配送供应、服务信息咨询、老年用品和服务项目展示、教育培训、精神关怀等服务；协助组织推广老年人普遍需求和欢迎的、有辐射面、具有本地域特色的居家养老服务项目，参与政府对养老服务商表彰奖励的评定；定期组织主题知识讲座、教育培训、社区建设、法律维权、文体娱乐等活动；在场地、资金、人员等各方面，支持和引导居（村）级老年协会开展服务和活动。

（三）区（县）级老年协会在本区域老年协会建

设和发展中承担统筹协调的职责，整合统筹为老服务资源，调动本地区各类社会力量参与为老服务。具体包括：了解掌握、及时反馈老年人需求，对各项养老服务政策的落实进行监督；参与本区（县）居家养老服务工作，协调组织、管理推广具有一定规模、辐射面大、管理规范、针对老年人普遍需求的居家养老服务项目，培育和发展品牌服务项目，确定服务标准；参与区域养老服务考核评价工作，组织老年人参与养老服务社会评价，听取老年人的意见和建议，监督、改进和完善；组织本区（县）各级老年协会培训交流活动；协助同级老龄部门做好老年人权益维护工作；每年在全区（县）范围内定期组织有意义、有影响、参与人数多的教育培训、精神关怀、文体娱乐等活动。

有条件的老年协会可承接各级老龄办、各有关部门、以及社区服务中心、养老管理服务中心、养老照料中心等服务机构的为老服务事务。

五、资金来源和场所建设

（一）加大资金扶持。统筹各项资金来源，加大财政资金、福利彩票公益金及集体经济收入和社会捐赠资金对基层老年协会支持力度，通过费随事转、转移支付、政府购买服务、购买公益性重要管理工作岗位等方式，支持基层老年协会开展自我服务和服务社会活动。

要建立老年协会工作经费投入机制，给予老年协会必要的经费保障。各区县应根据本地实际，制定科学有效的老年协会规范建设评估考核体系，采取以奖代补的形式给予补贴。各级老龄工作部门要逐渐将所有能交予老年协会，也属于老年协会应接受的社会事务，以政府购买服务项目的形式交予老年协会承担。居（村）委会要充分运用公益事业专项补助资金，加强对基层老年协会的资金支持。鼓励已注册的各级老年协会依法通过向社会募集资金、老年人自筹资金、承包经济实体等形式支持协会持续有效运行。

（二）保障场所需求。各区（县）、街（乡镇）、居（村）要依托各级养老服务中心（站）、社区服务中心、社区综合服务设施、老年活动中心、星光老年之家、老年大学（学校）教学点或社会闲置场所等场地，合理规划，整合资源，保障老年协会办公和老年人群体活动的场所。各级老年协会应设专人参与或直接负责对场所的日常管理，实现资源共享，一室多用，满足老年人服务需求。

六、保障措施

（一）加强组织领导。积极争取各级党委、政府对老年群众组织建设的重视，把规范发展老年群众组织作为创新社会治理和加强老龄工作的重要内容，列入重要议事日程。把基层老年群众组织建设与基层党组织建设、社区建设、新农村建设相结合，加强对老年协会建设工作的指导和监管，逐步完善各级老年协会管理体系。各级民政部门对老年协会具有指导和统筹协调职能；各级老龄工作部门是老年协会的业务指导单位，要切实履行指导、服务、协调和监督职能，抓好建设任务落实。

（二）强化规范建设。认真研究总结基层老年协会建设存在问题以及发展规律，逐步形成符合当地实际的老年协会组织模式、运行模式和发展模式。研究制定和完善老年协会章程模板和规则，探索建立基层老年群众组织评估机制、激励机制和监督机制，加强业务指导和培训交流，引导老年协会规范管理、健康发展。

（三）加大扶持力度。坚持培育引导，激励扶持，因地制宜，采取有效措施，在登记管理、场所设施、经费保障、人员配备等方面给予必要的支持和保障，积极帮助解决协会建设发展中存在的困难，强化能力建设，保障基层老年协会持续、健康发展。各区县应根据本地实际，制定科学有效的老年协会规范建设评估考核体系，纳入年度民政和老龄工作考核范畴。

（四）加强队伍建设。发挥多方力量定期组织不同形式和不同内容的基层老年协会培训讲座，引导公共教育资源为基层老年协会提供培训指导和帮助，重点对基层老年协会骨干进行集中培训和辅导，使协会负责人熟悉老龄政策法规，明确老年协会作用，提高为老服务、服务社会的能力。鼓励推荐政治合格、群众信任、影响力大的基层老年协会负责人参选人大代表、政协委员，增加老年群体的政治影响力。

（五）营造发展氛围。要广泛宣传加强基层老年协会建设的重要意义，争取党政领导和社会各界的支持，调动老年人参与的积极性，营造有利于老年协会建设的良好社会氛围。及时通报各区（县）、街（乡镇）培育和发展老年协会的相关工作情况，深入实际，及时发现、总结、宣传和推广先进典型，充分发挥典型示范、引导和辐射作用。

北京市民政局

2014 年 9 月 19 日

北京市民政局、北京市老龄工作委员会办公室关于印发《北京市养老助残卡管理办法(试行)》的通知

京民老龄发〔2014〕459号

各区县民政局、老龄办：

按照市政府关于推进养老助残券券变卡工作的要求，决定从2015年1月1日起，在全市实行“养老（助残）券”变卡工作，原老年人使用的“养老（助残）券”（红色背面）变为养老助残卡，为了加强养老助残卡的管理，特制定《北京市养老助残卡管理办法（试行）》，现印发给你们，请遵照执行。

北京市民政局　　北京市老龄工作委员会办公室

2014年12月25日

北京市养老助残卡管理办法（试行）

第一章　总　则

第一条　为加强本市养老助残卡的管理，根据北京市人民政府《关于加快推进养老服务业发展的意见》（京政发〔2013〕32号）和《北京市市民居家养老（助残）服务（“九养”）办法》（京政办发〔2009〕104号）、《北京市市民居家养老（助残）券管理使用规定（暂行）》（京民老龄发〔2010〕188号）及其补充规定，制定本办法。

第二条　养老助残卡是由北京市民政局、北京市老龄工作委员会办公室（以下简称市老龄办）联合监制，由市民政局通过招标确定的银行（以下简称银行）制作，为符合条件的老年人免费配发集养老服务补贴额度账户、金融借记账户、电子现金账户、市政交通一卡通应用（预置计次免费乘公交车、游览公园的刷卡功能，后期实现）于一体的银行卡。

第三条　市民政局是养老助残卡的主管机关，负责养老助残卡的政策制定及行政和社会资源整合。市老龄办是养老助残卡的业务指导部门，负责持卡老年人信息的采集、养老补贴资金保障和统筹管理，负责指导银行进行养老助残卡的制作、发行工作，指导北京社区服务协会开展养老服务单位的管理服务和平台维护工作。银行负责养老助残卡的制作、发行、结算。北京市社区服务协会受市民政局委托、在市老龄办指导下负责全市养老服务单位及北京市96156小帮手养老（助残）服务平台的管理运营和日常服务。

第四条　本办法所称符合条件的人员是指具有北京市户籍的以下两类人群：根据《北京市特殊老年人养老服务补贴办法（试行）》（京民福发〔2008〕335号）享受居家养老（助残）券的人员、80周岁及以上老年人。

第二章　申请与审批

第五条　本办法实施前已享受养老助残券的人员，经重新核实无误后直接换发养老助残卡。

第六条　本办法实施后，符合条件的老年人，应提前两个月向户籍地或居住地居（村）委会提出申请，也可委托相关人员或单位代理。各级业务主管部门应通过多种渠道告知到符合条件的人员。入住养老机构的该机构所在地可视为居住地。

第七条　居（村）委会受理申请后，将申请人的身份证号输入信息管理平台，经北京市养老服务与信息管理平台比对，信息正确的，由系统自动审批并上传至街道（乡镇）。

平台显示没有此人信息的，居（村）委会按要求录入老年人相关信息并提交街镇审批，报区县老龄办备案。对有北京市身份证、没有户口本的离退休军人，居（村）委会在受理时，应要求其提供所在团以上单位出具的军队集体户口证明；对同时具有北京市身份证和户口本、但系统数据库中没有信息的，要填

写《北京市市民养老助残卡申请表》，并提供申请人的居民户口簿和身份证原件及复印件、公安机关的户籍证明；其它情况需报市龄办确定。

第三章　制卡与发放

第八条　制卡。各区县老龄办每月 20 日前将新增人员信息发送至银行，由银行协调市政交通一卡通有限公司共同进行批量制卡，银行在 40 个工作日内，将该批次养老助残卡送达街道（乡镇），同时将制卡信息反馈至各区县老龄办。

第九条　发放。银行将制作完成的养老助残卡、配件和《养老助残卡发卡清单》，以居（村）委会为单位进行封装，由对口支行交至各街道（乡镇），由街道（乡镇）负责组织发放至申请人。具体要求如下：

（一）申请人凭本人身份证原件领取，经办机构须留存其身份证复印件。申请人委托他人代领的，代领人须持申请人、代领人身份证原件领取，经办机构须留存申请人、代领人身份证复印件。申请人（代领人）须在《养老助残卡制卡清单》上签字确认。

（二）经办机构发卡时要与申请人（代领人）核实《养老助残卡制卡清单》上的信息；若清单记录的信息错误，需在《养老助残卡制卡清单》对应栏内登记正确信息。同时更新北京市养老服务与管理信息平台的相关数据。

（三）发卡完成后，各街道（乡镇）将《养老助残卡制卡清单》加盖公章与申请人（代领人）身份证复印件按居（村）委会打包，交银行保管。

第四章　充值与使用

第十条　各街道(乡镇)每月22日前通过系统审批生成下月养老服务补贴发放明细,并报送区县老龄办;区县老龄办每月24日前完成养老服务补贴用款审批手续;银行按照区县老龄办提供的养老服务补贴发放明细,于当月28日前将次月补贴金额充值到卡内。

第十一条　养老服务补贴金额从老年人提出申请且符合享受补贴条件的当月充值。

第十二条　经北京市养老服务与管理信息平台比对，发现持卡人去世的，即时终止相关服务，经人工核实后，从持卡人去世的次月起停止充值；亲属告知或群众举报持卡人去世的，经居（村）委会核实，从确认的次月停止充值；其它不符合享受补贴条件的，经核实确认后的次月停止充值。

第十三条　养老助残卡内的养老服务补贴金额在专用 POS 机上消费。

第十四条　养老助残卡内养老服务补贴额度账户，不需要激活，领卡后即可使用。养老助残卡内金融借记账户与电子现金账户按照银行相关规定执行。养老助残卡内市政交通一卡通应用按照北京市政交通一卡通相关规定使用。

第十五条　持养老助残卡的老年人可以到银行任意网点办理挂失、补卡、换卡、注销手续，有关业务按照银行和北京市政交通一卡通有关规定办理。银行受理后 2 个月内完成相关业务。

第五章　资金来源及管理

第十六条　养老服务补贴资金由市、区县两级财政按照 1∶1 比例拨付。

第十七条　各区县须在对应的区县银行开立符合财政要求的代发账户。各区县民政局、老龄办于每月 26 日前，将下月应发养老服务补贴资金划拨至银行代发账户。

第十八条　银行按照区县民政局、老龄办提供的数据发放下月应发资金，并在发放完毕后 1 周内将回单分别送达区县民政局、老龄办。

第十九条　养老助残卡内的养老服务补贴金额可跨年度累计滚存使用，不计利息、不可取现、不可转账。当年 12 月 31 日前没有使用的资金，在下年度后只能用于购买专业的养老服务，不得再用于购买日常用品。

第二十条　持卡老年人不再符合持卡条件或者去世的,持卡老年人或其亲属应及时主动告知居(村)委会。经居(村)委会核实确认3个月后,注销其卡的养老服务补贴额度账户,不再具备市政交通一卡通功能,只保留金融借记账户、电子现金账户,养老服务补贴额度账户剩余金额转移至该卡的金融借记账户。

第六章　资金结算

第二十一条　养老助残卡消费由银行负责在交易的第二天进行结算。对于提供延续性服务或预定式服务（产品）的服务单位，按照约定结算。

第七章　法律责任

第二十二条　经办机构及其工作人员滥用职权、徇私舞弊、玩忽职守，造成老年人合法权益受到损害、财政专项资金被挪作他用或流失的，视情节给予批评教育或行政处分；构成犯罪的，依法追究法律责任。

第二十三条　以伪造证件或者其他手段冒领养老

助残卡及其资金的，由区县民政局责令退还并负责追回其非法所得；涉嫌犯罪的，移送司法机关依法处理。

第二十四条　本办法自印发之日起施行，由北京市民政局、老龄办负责解释。

北京市民政局办公室
2014年12月26日

北京市民政局、北京市老龄工作委员会办公室关于印发《北京市养老助残服务单位管理办法（试行）》的通知

京民老龄发〔2014〕460号

各区县民政局、老龄办：

按照市政府关于推进养老助残券券变卡工作的要求，决定从2015年1月1日起，在全市实行“养老（助残）券”变卡工作，原老年人使用的“养老（助残）券”（红色背面）变为养老助残卡，为了适应这种新的工作要求，加强养老助残服务单位的准入和管理，特制定《北京市养老助残服务单位管理办法（试行）》，现印发给你们，请遵照执行。

北京市民政局　北京市老龄工作委员会办公室
2014年12月25日

北京市养老助残服务单位管理办法（试行）

第一章　总　则

第一条　为适应养老助残券改卡的工作需要，加强养老助残服务单位的准入和管理工作，结合海淀区试点经验和我市实际，根据北京市人民政府《关于加快推进养老服务业发展的意见》（京政发〔2013〕32号）和《北京市市民居家养老（助残）服务（“九养”）办法》（京政办发〔2009〕104号）、《北京市居家养老（助残）服务单位管理规定（暂行）》（京民老龄发〔2011〕151号），制定本办法。

第二条　本办法适用于北京市养老助残服务单位的准入与管理。

第三条　北京市老龄工作委员会办公室为北京市养老助残服务单位的业务指导部门；北京市民政局委托的北京市社区服务协会在市老龄办的指导下负责养老助残服务单位的日常管理和服务。

第四条　本规定所指养老助残服务单位是指通过自愿申请或各级业务主管部门邀请、在市民政局通过招标确定的银行（以下简称银行）开设账户并办理北京市居家养老助残卡POS机具（以下简称POS），提供各类养老助残服务的企事业单位或社会组织。

第二章　养老助残服务单位的准入

第五条　养老助残服务单位的准入条件

（一）养老助残服务单位应是依法取得资质的各类企事业单位或社会组织。具有营业执照、税务登记证、组织机构代码证、法定代表人或单位负责人身份证、信用代码证、经营场所证明等材料。

（二）需要行业许可的，还应取得行业许可证照，如经营许可、服务资质证明、卫生许可证、食品药品监督管理部门认可资质等材料。

（三）承诺针对特定服务对象（高龄老年人）提供更优惠的商品价格折扣或优惠便利服务。

（四）属于被服务人群急需但发展尚不成熟的服务或产品可不承诺相关优惠待遇。

第六条　养老助残服务单位准入程序

北京市96156小帮手养老助残服务平台为全市养

老助残服务单位统一管理系统，北京市社区服务协会负责管理运营。各类企事业单位和社会组织均可通过该系统自愿申请或接受邀请成为养老助残服务单位。

（一）申请：可通过登录 www.96156.com.cn 或拨打 24 小时北京市社区服务监督热线 96156 进行申请。

（二）邀请：各级业务主管部门可根据辖区内老年人的需要和服务单位的分布情况，邀请各类企事业单位通过北京市养老信息管理服务平台注册成为养老助残服务单位。

（三）公示：通过申请或邀请，并经北京市 96156 小帮手养老助残服务平台管理系统核查合格的单位，在 www.96156.com.cn 网站公示 7 天，没有接到群众举报的即可按照相关规定到银行办理有关手续。

第七条　养老助残服务单位的邀请与发展

区（县）、街道（乡镇）养老助残主管部门及社区（村）应根据辖区老年人生活需求合理引导和发展服务单位，积极主动邀请养老助残服务单位，保障辖区内养老助残服务单位的基本布局和基本密度，应注重发展上门服务单位。

（一）国家机关、企事业单位大院内的养老服务单位、社区医疗卫生服务机构等无法设立指定资金账户的，可根据国务院《民办非企业单位登记管理暂行条例》有关规定，到民政部门申请民办非企业养老服务机构，将本区域范围内的服务资源装载在民非组织内开展养老助残服务；或利用单位物业管理公司作为养老助残服务平台，组织区域内服务单位承接养老助残服务。同时对成立民办非企业的单位将给予政策上的优惠。

（二）已形成的一刻钟社区服务圈的社区（村），对符合资质的服务机构应邀请加入养老助残服务单位。

（三）社区（村）已建设并运营的养老照料中心承担养老服务平台的作用，可将本区域内符合老年人需要的小型服务机构纳入该平台提供服务，由养老照料中心对其进行集中管理并支付所得的服务费用。

（四）在社区（村）内的养老院，具有居家、社区养老助残服务功能的应邀请为养老助残服务单位。

（五）偏远地区因服务资源匮乏，除发展符合资质服务单位外，应根据老人的实际需要发展上门配送、订单形式的服务项目。

第八条　养老助残服务单位的服务

（一）服务单位须按照承诺向被服务对象提供服务，为其所提供的服务承担责任。按照相关行业标准或规范提供优质服务。固定场所服务单位应明示养老助残专属区域，上门服务单位应公示服务热线。价格不得高于市场同类产品价格。

（二）服务单位应能够根据营业范围为老年人提供无障碍购物环境和相应社会优待措施。鼓励并支持服务单位为行动不便或偏远地区老年人提供统一的物品配送服务。

（三）超市等综合性服务场所可设养老助残专柜或专区，明示老年专用产品目录和价格，承诺免费提供系列上门服务和价格优惠折扣，优惠幅度不得低于本单位的会员待遇。

（四）养老助残服务单位应统一悬挂标牌，服务场所内应公示服务内容和价格，自觉接受社会监督。

第九条　养老服务单位的办理与设备配置

（一）申请或应邀成为养老助残服务单位的企事业单位和社会组织，在网上或电话申报登记后，需下载《养老助残服务承诺书》和《北京市养老助残服务单位对公账户开户业务规范》。在《养老助残服务承诺书》上加盖本单位公章、法人签字后，按照规范要求，一并携带银行要求提供的其他材料到银行办理相关手续。

（二）银行根据北京市 96156 小帮手养老助残服务平台申报的数据，为申请和邀请的服务单位开设养老结算专用账户，并按照金融管理相关规定进行独立结算和收费。

（三）银行根据养老助残服务单位的需要配置 POS（兼备银行卡和北京市政交通一卡通计次免费乘坐公交及游览公园功能）。

第三章　养老助残服务单位的管理与监督

第十条　北京市养老助残服务单位应按服务承诺自觉接受社会监督、行业自律、市场监管和行政督导。北京市 96156 社区服务热线为养老助残服务单位统一监督热线，负责接收、汇总、分析、处理来自各方的监督信息。

第十一条　北京市社区服务协会负责为全市养老助残服务单位悬挂标牌，根据养老助残服务单位信息统一进行宣传。及时公布养老助残服务单位名单，定期公示养老助残服务单位服务信息，接受群众和社会监督。

第十二条　任何组织、单位或个人不得以不当利益干预或阻挠养老助残服务单位在辖区内开展服务、不得以任何形式向养老助残服务单位摊派、收取费用。

第十三条　各市场监管部门仍按《北京市居家养老（助残）服务单位管理规定（暂行）》（京民老龄发〔2011〕151号）继续加强监管工作。

第十四条　北京市社区服务协会依据北京市96156小帮手养老助残服务平台的监管数据，对违反相应规定的养老助残服务单位，采取警告、约谈整改及清退等行业管理措施，有下列情形之一的，取消服务资格，收回POS，终止结算业务，列入黑名单，向社会公众通报，五年内不得重新申请准入：

（一）不按承诺提供服务，或服务质量低于行业标准的；

（二）采取不正当竞争手段，谋取不正当利益的；

（三）以结算账户套取现金的；

（四）违规使用养老助残服务卡结算的；

（五）违反与银行签订的协议的；

（六）其他违法违规行为，扰乱养老助残卡管理秩序的。

养老助残服务单位如自愿退出，应到原申办银行提出申请，由银行办理服务单位的退出手续，银行负责在北京市96156小帮手养老助残服务平台上修改相关数据。

第四章　附　则

第十五条　本办法自印发之日起施行。

第十六条　本办法由北京市老龄工作委员会办公室负责解释。

北京市民政局、北京市财政局、北京市老龄工作委员会办公室关于印发《社会办全托型托老所床位补贴办法（暂行）》的通知

京民老龄发〔2014〕486号

各区县民政局、财政局、老龄办：

根据《北京市人民政府关于加快养老服务业发展的意见》（京政发〔2013〕32号）、《北京市人民政府办公厅印发关于加快本市养老机构建设实施办法的通知》（京政办发〔2013〕56号）等相关政策规定，为落实对社会办托老所床位补贴发放工作，引导和扶持社会力量积极参与托老服务，有效满足社区老年人的托老服务需求，现将《社会办全托型托老所床位补贴办法（暂行）》印发给你们，请认真遵照执行。

北京市民政局　北京市财政局
北京市老龄工作委员会办公室
2014年12月10日

社会办全托型托老所床位补贴办法（暂行）

根据《北京市人民政府关于加快推进养老服务业发展的意见》（京政发〔2013〕32号）、《北京市人民政府办公厅印发关于加快本市养老机构建设实施办法的通知》（京政办发〔2013〕56号）等相关政策规定，为进一步加大对社会力量投资社区托老服务领域的引导和扶持力度，完善社区托老所运营资助政策，优化资助拨付程序，制定本办法。

一、资助范围

本办法资助范围是指在北京市行政区域内，根据《关于贯彻落实〈北京市市民居家养老（助残）服务（"九养"）办法〉的意见》（京民老龄发〔2009〕504号）等文件要求设立，为老年人提供24小时托养服务的民办或公办民营的托老所中的运营床位。

民办社区托老所指在北京市行政区域内，由公

民、法人（非政府行政机关及事业单位）及其他组织兴办的，并经区县民政局（老龄办）备案在册，正式挂牌运营的，为老年人、残疾人开展短期托养服务的社区托老所。

公办民营社区托老所指北京市各级政府兴办，并采取承包、租赁、合营等方式交由社会力量负责经营的托老所。

二、资助标准

收住生活不能完全自理老年人的，按照每床每月500元予以资助；收住生活自理老年人的，按照每床每月300元予以资助。月服务时间18天以上的床位，按照一个月的运营资助标准计算。

本办法所称运营资助，是指对于社会办全托型托老所收住老年人的实际运营床位，按月给予资助支持。

本办法所称老年人是指具有本市户籍老年人和投靠其具有本市户籍法定赡养人、扶养人的外省市老年人。

评定生活不能完全自理的老年人应按照北京市民政局制定并公布的标准和程序执行。委托社会组织承接老年人自理能力评估事宜的，应严格履行本市政府购买服务的有关规定。

鼓励区县在本资助办法以外，对属地社会办全托型托老所给予额外资助，有关政策由区县自行研究制定。

三、申请条件

（一）全托型服务床位5张以上，床均使用面积5平方米以上，使用总面积不低于40平方米，有老年人临时休息场地和服务设备，配置必要的无障碍设施。

（二）配备必要的管理和服务人员，其中服务人员与服务对象比例不低于1∶5。

（三）悬挂区县主管部门核发的托老所标牌，公开服务内容、服务流程及收费标准。

（四）与服务对象开展签约服务，实行服务人员、服务对象一人一档管理，建立完整的服务记录。

（五）编制老年人营养食谱，根据入托老年人的健康状况合理配餐。

（六）建立夜间值班制度，具有老年人的夜间监护功能。

（七）制订安全应急处理预案，具有防范服务风险的制度和措施。

（八）自觉遵守北京市居家养老（助残）服务相关规定，提供优质、优惠服务，无不良记录和违法违规行为。

（九）申请资助的托老所在申请年度内无重大责任事故、社会负面影响、服务纠纷。

四、资助程序

运营资助资金每半年进行核算和拨付。托老所申请的上半年运营资助资金指自上年度10月1日至本年度3月31日期间实际运营的床位数量，按资助标准核算出的资金总数。下半年运营资助资金指自本年度4月1日至本年度9月30日期间实际运营的床位数量，按资助标准核算出的资金总数。

（一）全托型托老所分别于每年4月10日前、10月10日前向所在区县民政（老龄）部门提出上、下半年补贴申请，并提交下列材料：

1.《全托型托老所运营资助申请承诺书》（附件1）。

2.《全托型托老所运营资助申请表》（附件2）。

3.全托型托老所与服务对象签订的服务协议及收费单据。

（二）区县审查

1.区县民政（老龄）部门在接到申请15个工作日内，按本办法第三条规定对申请人资格和运营状况进行审查，符合条件的，列入补贴范围。

2.依据全托型托老所提交的服务协议、收费单据，对其服务情况进行核查。

3.区县民政（老龄）部门分别于每年4月30日、10月30日前，向市老龄办报送《全托型托老所服务情况核查意见书》（附件3）和本区县全托型运营资助汇总表（附件4）。

（三）市老龄办审批

1.市老龄办对区县上报的材料进行审核。

2.每年5月30日、11月30日前，分别对上、下半年申请运营资助的全托型托老所进行随机抽查或委托专业机构进行评估。

3.将拟发放补贴的托老所名单和补贴金额在北京民政信息网上公示，经公示无异议的，以批复（附件5）的方式反馈区县，准予发放运营资助资金。

（四）补贴资金划拨

区县民政或老龄部门根据市老龄办的审批情况，向区县财政部门提出资助资金拨付申请，将资助资金及时拨付至各托老所。

五、资金保障

根据《北京市人民政府办公厅印发关于加快本市养老机构建设实施办法的通知》（京政办发〔2013〕56号）中“对因提高补贴标准而产生的财政支出增量部分，由市级和区县按照1∶1比例负担”的规定，社会办全托型托老所运营资助所需资金，由市级养老事业发展专项资金、区县财政共同负担，纳入年度部门预算管理。社会办全托型托老所运营资助资金负担标准如下：

1. 收住生活不能完全自理老年人的，按每床每月400元的标准；收住生活自理老年人的，按每床每月300元的标准由市财政列支。由市老龄办核定市级补助资金，商市财政局通过对区县专项转移。

2. 收住生活不能完全自理老年人的，按配套每床每月100元的标准，由区县财政负担。所需资金由区县自行研究确定资金来源，并与市级专项转移支付资金做好统筹安排。

六、管理与监督

运营资助资金实行专款专用，市级资助资金年度结余部分继续用于下年度全托型托老所运营资助。资助资金须用于完善托老所经营，改善基础设施和设备条件，改善管理和服务，增强运营保障能力、改善收住服务对象生活质量等工作，不得挪作他用。

区县民政局或老龄办根据职责加强对资助资金的管理，并自觉接受财政、审计部门的监督检查。发现受助托老所有违反资助资金使用和管理行为的，责令限期整改；情节严重的，追缴资助资金，并取消下一年度申报资助资格。

建立运营资助资金审计制度。各区县民政局委托由财政或民政部门协议定点的会计师事务所统一审核托老所老年人服务量，并对审核出的问题逐一核实，按照财务制度规定妥善解决，确保运营资助资金安全拨付。委托审计所需经费纳入区县民政部门预算统筹安排。

市民政局、市财政局、老龄办将共同对资助资金进行定期、不定期的监督检查。查实有虚报、冒领、截留、挪用、骗取运营资助金的，依据《财政违法行为处罚处分条例》（国务院令第427号）对责任单位做出行政处罚，并将责任人移送有关部门处理。

七、施行时间

本办法自2015年1月1日起施行。

附件：1.《全托型托老所运营资助申请承诺书》（略）

2.《全托型托老所运营资助申请表》（略）

3.《全托型托老所服务情况核查意见书》（略）

4.《区县全托型运营资助汇总表》（略）

5.《全托型托老所运营资助批复》（略）

天津市养老服务促进条例

（2014年12月23日天津市第十六届人民代表大会常务委员会第十五次会议通过）

天津市人民代表大会常务委员会公告第二十三号：《天津市养老服务促进条例》已由天津市第十六届人民代表大会常务委员会第十五次会议于2014年12月23日通过，现予公布，自2015年2月1日起施行。

天津市人民代表大会常务委员会

2014年12月23日

第一章　总则

第一条　为了适应老年人生活服务需求，促进养老服务健康发展，根据国家有关法律、法规，结合本市实际情况，制定本条例。

第二条　本市养老服务发展应当与经济社会发展水平相适应，坚持政府主导、政策支持、社会参与、市场运作的原则，建立和完善以居家为基础、社区服务为依托、养老机构为支撑的养老服务体系，逐步满足老年人多层次、多样化的养老服务需求。

第三条　市和区县人民政府应当加强对养老服务工作的领导，制定养老服务发展规划和年度实施计划，并纳入国民经济和社会发展规划和计划；建立与人口老龄化和养老服务发展要求相适应的财政投入增长机制；制定养老服务促进政策，引导社会力量参与养老服务。

区县人民政府应当采取措施组织实施养老服务发展规划和年度计划，落实养老服务促进政策。

第四条　民政部门负责养老服务监督管理工作，规范、指导养老服务活动。

规划、建设、国土房管、卫生计生、人力社保等有关部门，按照各自职责，做好养老服务相关工作。

第五条　市和区县老龄工作机构在养老服务中应当发挥综合协调作用，加强对养老服务的督促指导。

第六条　乡镇人民政府、街道办事处应当组织实施社区养老服务工作。

居民委员会、村民委员会应当发挥各自优势，协助做好养老服务相关工作。

第七条　鼓励社会力量投入养老服务，促进养老服务发展。

鼓励机关、团体、企业事业单位以及公益慈善等社会组织和个人为老年人提供多种形式的养老服务。

第八条　新闻媒体应当加强养老服务宣传，营造养老尊老敬老的良好社会氛围。

第九条　各级人民政府及其有关部门对在养老服务中做出显著成绩的单位和个人，按照国家有关规定给予表彰或者奖励。

第二章　规划与建设

第十条　市民政部门应当会同规划部门根据经济社会发展水平、人口老龄化发展形势、老年人口分布和养老服务需求状况，制订全市养老服务设施建设规划，报市人民政府批准后组织实施。

区县民政部门会同区县规划部门依据全市养老服务设施建设规划，制订本区域的养老服务设施建设规划，报区县人民政府批准后实施。

第十一条　市和区县人民政府在制定控制性详细规划时，应当按照国家和本市养老服务设施用地标准，分区分级规划设置。

第十二条　住宅建设应当按照规划和标准要求配套建设养老服务设施，并与住宅同步规划、同步建设、同步验收交付。

已建成的居民住宅区无养老服务设施或者现有设施不能满足养老服务需要的，区县人民政府应当通过建设、购置、置换、租赁等方式设置养老服务设施，并不得挪作他用。

第十三条　区县人民政府应当根据养老服务设施建设规划的要求，整合社区老年日间照料中心等资源，以街道、乡镇为基础，综合考虑社区老年人口数量、服务半径等因素，建设若干社区老年服务中心。

第十四条　市和区县人民政府及其有关部门应当将养老服务设施建设用地纳入城镇土地利用总体规划和年度用地计划，合理安排用地。国有公益性用地没有明确用途的，可以根据养老服务设施建设规划调整为养老服务用地，纳入国有建设用地供应计划。

非营利性养老机构建设所需用地，由市或者区县人民政府按照土地划拨方式供应。

第十五条　养老机构、社区养老服务设施，应当按照国家和本市老年人设施建设规范和标准进行规划和建设。

第十六条　市和区县人民政府及其有关部门，应当推动和扶持与老年人日常生活密切相关的公共设施和无障碍设施的建设和改造。

第三章　社区养老服务

第十七条　区县人民政府建立的社区老年服务中心，应当整合社会资源为居家养老的老年人提供生活照料、家政服务、餐饮配送、便利购物、医疗保健、心理关爱、应急救助、活动场所等服务。

具备条件的社区老年服务中心可以建立老年日间照料中心，为日托老年人提供餐饮、休息、娱乐、简易护理等服务。

第十八条　社区老年服务中心由乡镇人民政府或者街道办事处负责组建和管理，其运行费用由区县人民政府承担。

第十九条　社区老年服务中心可以运用便民信息网、远程监控、无线呼叫等科技手段，提供养老服务。

第二十条　提供养老服务的单位和个人应当具备法律、法规规定的条件，并按照国家和本市规定的服务标准，诚实守信地提供服务。乡镇人民政府或者街道办事处应当根据服务满意度等情况对其服务质量定期进行评价，评价结果在社区公开。服务满意度差的单位和个人，应当退出社区老年服务中心。

第二十一条　提供养老服务的单位和个人应当与服务对象建立服务合同关系，合理收取服务费用。

第二十二条　乡镇人民政府、街道办事处和居民委员会、村民委员会应当创造条件，鼓励和组织社区老年人开展养老互助。

第二十三条　市和区县卫生行政部门应当支持有条件的二级医院开设老年病科，提高老年病人收治比例；支持社区医疗卫生机构在社区老年服务中心设立服务站点。

第二十四条　鼓励和支持利用社区公共服务设施和社会场所组织开展适合老年人的群众性文化体育娱乐活动。

第四章 机构养老服务

第二十五条 本市通过政府组织规划兴建、支持社会力量举办等多种形式，设立养老机构，提供机构养老服务。

政府兴建的养老机构可以自行运营管理，也可以通过招标等方式委托社会组织运营管理。

第二十六条 设立养老机构应当符合国家规定的条件，并应当依照规定向民政部门申请行政许可；经许可的，依法办理相应的登记。

民政、公安消防、卫生计生等部门应当加强对养老机构的日常监督管理。

第二十七条 政府投资兴办的养老机构，应当保证收住无劳动能力、无生活来源、无赡养人和扶养人或者其赡养人和扶养人确无赡养和扶养能力的老年人，并提供无偿的供养、护理服务。

第二十八条 政府投资兴办的养老机构应当以收住失能半失能老年人为主，优先安排经济困难的失能半失能、孤寡、高龄老年人。

第二十九条 申请入住政府兴办的养老机构的失能半失能老年人，由民政部门组织对其生活自理能力进行评估，对其经济困难状况进行核查。

第三十条 鼓励社会力量兴办的养老机构收住失能半失能老年人。

第三十一条 社会力量兴办非营利性养老机构收住失能半失能老年人申请政府补贴的，由民政部门组织对其收住的老年人生活自理能力进行评估。

第三十二条 养老机构变更或者终止的，应当向实施许可的民政部门提交老年人安置方案，妥善安置收住的老年人，并办理变更或者注销登记手续。

第三十三条 区县和乡镇人民政府应当调整、改造、提升现有农村五保供养机构及其设施，提高服务能力和水平，保证农村五保对象的集中供养。

农村五保供养机构在保证农村五保对象集中供养的前提下，可以向社会开放。

第三十四条 本市支持养老机构向社区延伸服务。支持医疗机构与养老机构通过延伸服务、协议合作等方式，实现医养结合，优势互补。

第五章 养老服务人员

第三十五条 市民政部门会同教育、人力社保部门组织本市高等院校、职业院校和职业培训机构，创造条件开设与养老服务相关的专业或者课程，培养养老服务专业人才。

支持社会力量举办的各类培训机构开设养老服务培训课程。

第三十六条 养老机构从业人员、社区养老服务人员应当接受养老职业培训，提高养老服务能力和水平。

养老机构和社区养老服务单位，应当建立健全专业培训制度，对养老服务人员进行职业道德教育和专业技能培训，提高其职业道德素养和服务能力。

养老服务从业人员参加职业培训，按照本市有关规定享受培训费补贴、职业技能鉴定费补贴。

第三十七条 鼓励开展养老志愿服务活动，发展社会普通志愿者和专业志愿者相结合的志愿服务队伍。

本市探索建立志愿服务激励机制。参加养老服务的志愿者需要养老服务时，可以优先享受。

第三十八条 本市营造尊重养老服务人员劳动的社会氛围，逐步改善和提高养老服务人员待遇。用人单位应当按照国家和本市有关规定为养老服务人员缴纳社会保险。本市按照规定给予用人单位缴纳部分的社会保险补贴和用工的岗位补贴。

第三十九条 从事养老服务的单位和组织应当改善养老服务人员工作条件，加强劳动保护和职业防护，对养老服务人员定期进行健康检查。

第六章 鼓励与优惠

第四十条 社会力量投资兴办养老机构或者其他养老服务设施，符合国家和本市有关规定的，由市和所在区县人民政府给予建设补贴，根据收住老年人的数量给予运营补贴，并根据收住失能半失能老年人的数量增加运营补贴。

第四十一条 利用企业厂房、商业设施和学校兴办养老机构，由市和所在区县人民政府给予建设补贴，并给予公共服务方面的政策支持。

第四十二条 养老机构、社区老年服务中心和老年日间照料中心等养老服务设施用电、用水、用气、用热，按照居民生活类价格执行。

第四十三条 鼓励养老机构投保责任保险，对投保责任保险的，由市和区县人民政府给予保费补贴。

第四十四条 经济困难需要生活照料的老年人，由本人或者其家属申请，经民政部门组织评估并审核后给予居家养老服务补贴、护理补贴。

第七章 法律责任

第四十五条 享受政府建设补贴的养老服务单位在规定期间内不再从事养老服务的，由民政部门责令改正；拒不改正的，责令退回政府补贴资金，并处政府补贴资金数额二倍的罚款。

第四十六条　有关单位或者个人骗取养老服务等补贴的，由民政部门责令退回，并处骗取养老服务补贴数额二倍的罚款；构成犯罪的，依法追究刑事责任。

第八章　附则

第四十七条　本条例所称失能半失能老年人，是指经评估确认的生活不能自理或者不能完全自理的老年人。

第四十八条　本条例自 2015 年 2 月 1 日起施行。

河北省老年人优待办法

河北省人民政府令〔2014〕第 7 号：《河北省老年人优待办法》已经 2014 年 9 月 28 日省政府第 32 次常务会议讨论通过，现予公布，自 2014 年 12 月 1 日起施行。

省　长　张庆伟

2014 年 10 月 17 日

第一条　为弘扬中华民族敬老、养老、助老的传统美德，做好老年人优待工作，保障老年人的合法权益，根据《中华人民共和国老年人权益保障法》等有关法律、法规的规定，结合本省实际，制定本办法。

第二条　本办法所称老年人，是指六十周岁以上的公民。

第三条　在本省行政区域内的老年人享受本办法规定的相关优待服务。

第四条　县级以上人民政府应当加强对老年人优待工作的领导，将该项工作及其经费分别纳入本级国民经济和社会发展规划及财政预算，逐步拓展对老年人的优待项目和优待范围，并鼓励、引导社会力量参与老年人优待工作，不断提高老年人的生活质量。

第五条　县级以上人民政府负责老龄工作的机构，负责组织、协调、指导、监督有关部门和单位做好老年人优待工作。

县级以上人民政府民政、财政、司法行政、卫生和计划生育、住房和城乡建设、交通运输、文化、体育、旅游等部门按照各自的职责分工，做好老年人优待的相关工作。

第六条　机关、团体、企业、事业单位和村（居）民委员会应当承担向老年人提供优待服务的社会责任。

县级以上人民政府及其有关部门应当鼓励、支持公民、法人或者其他组织，为老年人优待工作提供捐赠和多种形式的志愿服务活动。

第七条　县级以上人民政府及其有关部门和广播、电视、报刊、网络等媒体单位应当广泛开展敬老、养老、助老的教育活动，宣传先进单位和个人的事迹，在全社会树立尊重、关心和帮助老年人的良好风尚。

青少年组织、学校、幼儿园应当对青少年和儿童进行敬老、养老、助老的道德教育和维护老年人合法权益的法制教育。

鼓励高等院校、科研机构开展老龄科学研究。

第八条　老年人凭居民身份证等有效证件享受本办法规定的相关优待服务。

第九条　设区的市、县（市、区）人民政府按照国家和本省有关规定，并根据本地实际，对八十周岁以上老年人发放高龄津贴。其中，百岁以上老年人的高龄津贴每人每月不少于三百元。对经济困难的老年人逐步给予养老服务补贴，依法免除农村老年人兴办公益事业的筹劳义务。

第十条　符合城镇住房保障条件的老年人申请保障性住房的，在同等条件下应当优先安排。

进行农村危旧房屋改造时，应当优先安排符合条件的老年人。

第十一条　供水、供电、供暖、燃气、通信、有线电视、邮政、金融、商业、出租车运营和家政服务企业，应当建立健全为老年人提供优先、便利和优惠服务的措施，根据实际情况设置老年人优先服务窗口，并对有特殊困难、行动不便的老年人提供特需服务和上门服务。

金融机构对办理大额转账、汇款业务或者购买大额金融产品的老年人，应当提示可能发生的风险。

第十二条　县级以上人民政府及其有关部门应当鼓励、支持医疗机构和其他有关机构采取下列措施，为老年人提供卫生保健优待服务：

（一）根据本地需要建设老年病医疗机构和老年护理、康复机构，在具备条件的二级以上综合医疗机构设置老年病专科、老年人病房，并配置相关医疗设备和器具；

（二）在具备条件的养老机构内设置医疗机构，并可申请纳入城镇职工（居民）基本医疗保险和新型农村合作医疗定点范围；

（三）医疗机构与养老机构建立业务协作机制和预约就诊快速通道，逐步推进面向养老机构的远程医疗服务工作，并为老年人提供优先、便利和优惠的医疗服务；

（四）医疗机构对就医的老年人，优先安排挂号、就诊、化验、检查、收费和取药，并对需要住院的老年人优先安排床位；

（五）具备条件的医疗机构，为老年人提供导医和协助就医服务，并免费提供担架和轮椅等助老服务器具；

（六）医疗机构根据实际减免老年人的普通门诊挂号费和贫困老年人的诊疗费，并积极为老年人提供义诊服务；

（七）城镇社区和乡村的基层医疗机构为本地六十五周岁以上的常住老年人，免费建立健康档案和提供健康指导，每年提供免费体格检查，并为行动不便的老年人提供巡回医疗、上门诊疗或者开设家庭病床等服务。

第十三条　公路、铁路、水路、航空和城市公共交通的客运经营管理单位应当为老年人的交通出行提供下列优待服务：

（一）在售票区域，设置老年人购票专用窗口，并及时为老年人购票提供引导和咨询服务；

（二）在候乘场所和停靠站点，根据实际设置老年人等候专区或者老年人优先标志；

（三）在铁路、航空客运和城市轨道交通的候乘场所，根据需要配备设置升降电梯、无障碍通道和无障碍厕所等设施，并为行动不便且无人陪同的老年人提供引导、咨询和协助乘车（机）服务；

（四）在城市公共交通车辆上设置不低于坐席数量百分之十的“老幼病残孕”专用座位。

第十四条　七十周岁以上老年人乘坐城市公共交通车辆应当给予免费优待。鼓励对乘坐城市公共交通车辆的六十五周岁以上老年人给予免费优待。

具备条件的设区的市、县（市、区）应当逐步对乘坐城市公共交通车辆的全体老年人给予免费优待，并对相关客运经营单位给予适当经济补贴。

第十五条　县级以上人民政府有关部门和各类公共文化、体育设施的经营管理单位应当依照下列规定，为老年人提供优待：

（一）免费向老年人开放博物馆、美术馆、科技馆、纪念馆、公共图书馆和文化馆等公共文化设施；

（二）免费为老年人提供影视放映、文艺演出、体育赛事、图片展览和科技宣传等方面的公益性流动文化、体育服务活动；

（三）为老年人健身活动提供方便和优惠服务，并安排一定时段向老年人减免费用开放。

第十六条　旅游场所应当对老年人免费或者优惠开放，旅游场所内的观光车和缆车等代步工具对老年人予以免费或者半价以上优惠。

第十七条　司法机关和律师事务所应当依照下列规定，对维护自身合法权益的老年人提供维权服务：

（一）采用网络服务、上门服务等方式，为高龄和行动不便的老年人报案或者参与诉讼提供便利条件；

（二）对合法权益受到侵害提起诉讼需要律师帮助但无力支付律师费用的老年人提供法律援助；对老年人提出的法律援助申请，简化程序，优先受理、审查和指派律师；

（三）按照国家有关规定，对追索赡养费、扶养费、养老金、退休金、抚恤金、医疗费和人身损害赔偿金等提起诉讼但经济确有困难的老年人提供司法救助，缓缴、减缴或者免缴诉讼费；以上诉讼中因情况紧急需要先予执行的，按照国家有关规定执行。

第十八条　收费厕所应当对老年人免收费用。

鼓励道路两侧的企事业单位和商场、饭店等服务性单位，在对外经营时间内为老年人免费开放内设厕所。

第十九条　设区的市、县（市、区）人民政府有关部门和单位对有老年人去世的生活困难家庭，应当减免其基本殡葬服务费用或者给予基本殡葬服务补贴。

第二十条　县级以上人民政府负责老龄工作的机构应当会同有关部门，对本办法的实施情况进行监督检查，及时纠正和处理违法行为。

第二十一条　与老年人优待工作有关的部门和单位及其工作人员不按规定履行老年人优待服务职责的，由其上级行政机关（主管部门）或者监察机关责令改正，对直接负责的主管人员和其他责任人员依法给予处分。

第二十二条　贪污、挪用老年人优待工作经费或者其他有关资金的，由其上级行政机关（主管部门）或者监察机关责令改正，对直接负责的主管人员和其他责任人员依法给予处分；构成犯罪的，依法追究刑事责任。

第二十三条　军队离休、退休的老年人，户籍在外省（自治区、直辖市）的老年人，香港、澳门及台湾地区的老年人，外籍的老年人，凭军队离休证或者退休证、居民身份证、护照等合法证件，在我省行政区域内享受除本办法第九条、第十条和第十九条规定以外的优待服务。

第二十四条　本办法自 2014 年 12 月 1 日起施行。

山西省老龄工作委员会办公室关于建立山西省“敬老文化教育基地”的意见

晋老龄办字〔2014〕23 号

各市、省直机关老龄工作委员会办公室：

2010 年在全省各级涉老部门、公共服务窗口单位、为老服务组织开展“敬老文明号”创建活动以来，全省各地敬老活动广泛开展，敬老文化广泛传播，敬老氛围日益浓厚，代际关系进一步和谐，社会进一步稳定。在培育和建立社会主义核心价值观的新形势下，为了传承弘扬敬老文化，全面加强社会公德、职业道德、家庭美德、个人品德建设，营造家庭和睦、代际和顺、社会和谐的良好氛围，促进社会发展与文明进步，经研究决定，在全省开展“敬老文明号”创建活动的基础上，开展建立“敬老文化教育基地”建设。现就建立“山西省敬老文化教育基地”提出如下意见：

一、建立“敬老文化教育基地”的指导思想

以邓小平理论、“三个代表”重要思想和科学发展观为指导，以培育和践行社会主义核心价值观，实施积极应对人口老龄化战略为根本任务，以建立“不分年龄人人共享的社会”，营造尊老敬老的良好社会环境为主要目标，以传承尊老敬老传统美德、弘扬敬老文化为导向，以“敬老文明号”创建活动为载体，从“敬老文明号”单位中遴选宣传广泛、组织严密、举措得力、氛围浓厚、档案健全、效果显著的创建单位作为“山西省敬老文化教育基地”。

二、建立“敬老文化教育基地”的重要意义

“敬老文化教育基地”是“敬老文明号”创建活动的拓展和升华，是引领创建活动不断深化的旗帜和样板，是打造一流“敬老文明号”单位的助推器。各地要高度重视，立足建立老龄社会和谐文化的高度，充分认识建立“敬老文化教育基地”的重要意义。

（一）建立“敬老文化教育基地”是进一步传承中华民族尊老敬老传统美德，弘扬敬老文化，优化社会发展环境的需要。党的十八大明确要求“扎实推进社会主义文化强国建设”。随着人口老龄化的快速发展，敬老文化在社会主义文化建设总体布局中的地位也越来越重要，在社会主义建设和社会管理中的作用越来越凸显，切实重视和进一步加强敬老文化建设对于提升公民道德水平，构建不分年龄、人人共享老龄社会和谐文化，优化社会发展环境都具有重要的作用和意义。

（二）建立“敬老文化教育基地”是践行和培育社会主义核心价值观的需要。尊老敬老是社会主义核心价值观的重要内容。开展“敬老爱老助老”主题教育活动，加强尊老敬老传统美德的宣传教育，树立尊重老年人、关爱老年人、帮助老年人的理念，浓厚尊老敬老氛围，使广大老年人得到社会、单位、家庭和子女的关爱，使人们的道德水平与中华优秀传统文化和人类文明优秀成果相承接，与社会主义核心价值观的要求相适应，引领社会风尚，体现社会文明与进步。

（三）建立“敬老文化教育基地”是推进“敬老文明号”创建活动，促进社会和谐的需要。建立“敬老文化教育基地”就是要用先进的敬老文化教育人，用先进的敬老文化理念塑造人，用先进的敬老事迹影响人，用生动的典型、感人的事迹，现身说法教育引导全社会传承尊老敬老传统美德，传递“老吾老，以及人之老”的大爱之心，孵化更多的孝亲敬老模范单位，浓厚敬老氛围，营造敬老环境，推动和引深“敬老文明号”创建活动，促进社会主义和谐社会建设。

（四）建立“敬老文化教育基地”是在全社会树立尊老敬老、共建共享的理念，营造尊老敬老社会氛围的需要。建立“敬老文化教育基地”就是要帮助老年人树立终身发展理念，树立积极老龄化、健康老龄化的人生观和价值观，促进老年人积极参与社会发展。推动全社会提升敬老意识，开展老年优待、法律援助、文化教育、为老服务等各类活动，为老年人办实事、做好事、解难事、献爱心，使广大老年人分享经济社会发展成果。

（五）建立“敬老文化教育基地”是应对人口老龄化、发展老龄事业的需要。要以“敬老文化教育基地”为阵地，积极开展人口老龄化的国情教育，充分认识积极应对人口老龄化是国家的一项长期战略任务，倡导全社会树立积极老龄化的理念，构建“党政主导、社会参与、全民关怀”的大老龄工作格局，形成孝亲敬老的社会氛围和道德环境，为促进经济社会可持续发展提供坚强思想保证和精神动力。

三、建立“敬老文化教育基地”的范围

（一）从被命名的省级及以上“敬老文明号”单位中遴选。

（二）虽未被命名为省级及以上“敬老文明号”单位，但敬老文化氛围浓厚，具有典型的敬老道德教育意义和广泛社会影响力的单位，可以破例考虑。

四、建立“敬老文化教育基地”的基本标准

（一）严格遵照全国老龄委（办）及省老龄委（办）关于创建“敬老文明号”活动的意见和“敬老文明号”基本条件，组织严密，发动广泛，积极创建，效果显著。

（二）按照创建要求，制定符合本部门、本单位实际的具体创建目标、为老服务制度和标准、为老服务内容和条款，具有部门和单位的特点和特色。

（三）单位干部职工，严格执行老年法和老年人优待政策规定，政策观念强，服务意识好，表现出良好的职业道德和能力素质，取得了良好的社会效果。

（四）创建氛围浓厚。突出“敬老”主题，设有固定的宣传版面，公示服务承诺，设置敬老文明岗、敬老文明窗口，干部职工对老年人服务热情周到。从环境到服务处处诠释出敬老文化内涵，彰显敬老文明新风，凸显润物无声的浓郁敬老文化。

五、“敬老文化教育基地”的命名与管理

（一）“敬老文化教育基地”由市老龄办推荐，省老龄办检查验收，经省老龄办研究决定后命名并授牌。

（二）山西省“敬老文化教育基地”实行动态管理。各级老龄办要加强指导，总结经验，不断推进。各“敬老文明号”单位要适应形势，与时俱进，不断创新创建形式，丰富创建内容，使“敬老文明号”创建活动在培育和塑造社会主义核心价值观中发挥重要作用，推进社会主义精神文明建设，为实现我省转型跨越发展营造良好的社会环境。

（三）每年10月底各市负责报送“敬老文化教育基地”工作进展情况。对于没有进取、失去教育意义的敬老文化教育基地经考核确认后予以摘牌。

山西省老龄工作委员会办公室

2014年8月22日

山西省老龄工作委员会办公室关于促进老年旅游改革发展的实施意见（草案）

晋老龄办字〔2014〕28号

根据《中华人民共和国旅游法》《国民旅游休闲纲要（2013—2020年）》、国务院《关于促进旅游业改革发展的若干意见》（国发〔2014〕31号）和山西省人民政府《关于推动“美丽山西休闲游”若干措施》等法律法规和文件精神，结合我省实际，就新形势下进一步促进我省老年旅游改革发展提出如下意见：

一、充分认识老年旅游改革发展的重要性和必要性

旅游业是现代服务业的重要组成部分，带动作用大，对优化产业机构、促进经济社会转型升级具有重要作用。近年来，我省老年人口总数持续快速增长，截至2013年底，全省60岁及以上人口477万，占总人口比例达13.15%。同时，随着经济生活水平的提高，老年人出游的经济、时间等条件有了保证，旅游消费需要和欲望不断增长，老年人已成为旅游人群的一个重要组成部分，占旅游人群的比重将越来越大，对全省旅游产业的贡献也将越来越大。

积极发展老年旅游，加快老年旅游改革创新，对不断满足老年群众日益增长的旅游休闲需求、丰富老年人精神文化生活、提升老年人生活幸福指数意义重大，对于促进我省经济社会发展、培育和践行社会主义核心价值观也具有重要作用。全省各级老龄工作机构、各级旅游工作部门要充分认识老年旅游改革发展的重要性和必要性，以党的十八大、十八界三中全会精神和习近平总书记系列重要讲话精神为指针，进一步增强紧迫感和责任感，认真贯彻落实促进老年旅游改革发展的政策措施，不断健全和完善为老优待服务内容，推动我省老年旅游产业持续持续快速健康发展。

二、促进老年旅游改革发展的指导原则和基本要求

促进老年旅游改革发展要坚持立足于我省旅游行业发展实际和老年人的实际需求，尊重旅游行业发展规律，综合考虑老年人的身体状况、心理特征等基本情况；要坚持发挥市场在资源配置中的决定性作用，更好地发挥政府宏观管理、市场监管和公共服务职能，广泛动员社会力量参与；要坚持将老年旅游改革发展与敬老文化宣传教育和“敬老文明号”创建活动相结合，形成长效机制，积极营造尊重、关心和照顾老年人的良好氛围。

三、丰富老年旅游文化产品，拓展老年旅游品牌市场

要将发展老年旅游与发展养老服务业、健康服务业相结合，不断加强与当地旅游景区、养老服务企业的沟通合作，鼓励和引导开发针对老年人的多样化、多层次的的旅游项目及配套服务产品。对经过实践证明的、获得老年群众一致好评的老年旅游产品，各地老龄办、旅游部门可与该旅游景区或养老服务企业联合开展各种形式的宣传活动，扩大影响力，形成品牌效应。

四、完善老年旅游服务设施，保障老年旅游安全便利

各类旅游景区在规划建设时，应当严格执行无障碍环境建设标准，加强安全防护、消防设施和便老服务设施建设，对不适于大多数老年人参与的高风险旅游项目应当进行风险提示，对可能危及老年人人身安全的旅游设施应当进行安全检测、及时整修，为老年人提供一个安全、便捷、放心的出游环境。要进一步细化服务措施，各级旅游工作部门在规划中心城市旅游直通车及旅游集散中心时要考虑老年人的特殊需求，各旅游景区应适当配备老年轮椅、老年手杖等辅助器具，应当适当配备老年人休息椅（凳）、休息区，卫生间应当配有老年人、残疾人专用马桶（便池）。各地老龄办和旅游工作部门在执法检查时，发现当地旅游景区未完全执行无障碍环境建设标准或者在安全便老方面不达标的，要依法提出整改意见。

五、提高老年旅游优待标准，打破老年优待户籍限制

我省老年人旅游优待工作已有二十年的历史，2003年5月22日省第十届人民代表大会常务委员会第四次会议通过了《山西省实施＜中华人民共和国老年人权益保障法＞办法》，其中第二十三条第三款规定：“70周岁以上的老年人持老年优待证免费进入旅游景点”。2013年4月28日，省政府推出《关于推动“美丽山西休闲游”若干措施》，规定：“全省国有及国有控股A级景区景点对国内外年满60周岁的老年人（凭居民身份证、护照等有效证件）、残疾人（凭残疾人证）实行免头道门票优惠”，进一步扩大了老年人优待范围，对促进我省老年旅游事业发展起到了积极的作用。

全省各类旅游景区要高度重视老年旅游服务工作，严格执行老年人免费进入景区的规定，进一步提高老年旅游优待标准，优化老年旅游发展环境。一是鼓励省内集体、民营及集体民营控股、混合所有制的旅游景区对60周岁以上老年人施行门票减免；二是鼓励将非头道门票、景区小交通、观光车、缆车等票务费用优惠纳入老年旅游优待当中，不断扩大老年旅游优惠政策的辐射面；三是鼓励打破户籍地域限制，对在本省各景区旅游的外埠老年人和本省老年人施行同等优待。

六、加强老年旅游执法检查，畅通老年旅游投诉渠道，

各地老龄办、旅游工作部门和旅游行业协会要加强老年旅游市场综合执法，加强旅游行业诚信建设，加强对各项老年老年旅游优待政策执行情况的监督指导。对不执行或不完全执行老年旅游优待政策的旅游景区，应当责令其限期整改；对侵害老年人合法权益的“黑导游”和诱导、欺骗、强迫老年游客消费等行为，要依法查处，严厉打击，积极营造诚实守信的旅游环境；对老年人反映的旅游问题应当依法优先办理，进一步畅通投诉监督渠道，完善权益保护机制。

七、推进旅游景区“敬老文明号”创建活动，全面提升为老服务水平

全省各旅游景区要积极参与全省、各市、各县开展的“敬老文明号”创建活动，严格按照创建标准和要求，紧密结合各景区实际情况，扎实开展创建活动。要将景区发展与敬老宣传文化教育相结合，充分依托景区宣传栏、指示牌等载体，宣传中华民族敬老爱老助老的优秀文化传统，号召广大游客在旅行过程中主动礼让、扶助老年人，人人参与创建活动，处处体现敬老文明。要将各项惠老服务事项进行公开承诺，认真做好做实，自觉接受群众监督，尤其是老年游客的监督。各景区应当开辟老年人旅游绿色通道，为老年人购票、住宿、就餐、购物等提供便利，要加强对景区工作人员的培训教育，使敬老爱老助老观念深入每位工作人员的心中，从职业道德和专业技能两方面努力提升为老服务水平。

各级老龄工作机构、各级旅游工作部门要按照本意见的要求和部署，统一思想，提高认识，认真抓好各项政策措施的落实，促进我省老年旅游产业又好又快发展，为我省转型综改试验区建设做出新的更大贡献。

山西省老龄工作委员会办公室

2014 年 9 月 22 日

山西省老龄工作委员会办公室关于印发《村（社区）老年协会章程（示范文本）》的通知

晋老龄办字〔2014〕31 号

各市老龄工作委员会办公室：

为加强全省基层老年协会建设，促进基层老年协会规范发展，现将《村（社区）老年协会章程（示范文本）》印发给你们，请各地结合实际，参照制订本地村（社区）老年协会章程。

山西省老龄工作委员会办公室

2014 年 11 月 18 日

村（社区）老年协会章程

（示范文本）

第一章　总则

第一条　本协会的名称。

第二条　本协会的办公地址。

第三条　本协会是由老年人自愿组成，按照本协会章程开展活动，进行自我管理、自我教育、自我服务的公益性老年群众组织。本协会应当备案成立，符合条件的可依法登记。

第四条　本协会遵守宪法、法律、法规和国家政策，遵守社会道德风尚，依据中华人民共和国老年人权益保障法和《山西省实施<中华人民共和国老年人权益保障法>办法》及政府有关规定开展工作。

第五条　本协会的宗旨：代表老年人的利益，反映老年人的需求，维护老年人的合法权益，组织老年人开展各种文体娱乐活动和互助活动，带领广大老年人参与经济和社会发展，为提高老年人的生活和生命质量服务。

第六条　本协会在本村（社区）党支部、村（居）委会领导下开展工作。

第二章　业务范围

第七条　本协会的业务范围：

（一）做好老年人思想政治工作，宣传《中华人民共和国老年人权益保障法》，教育和引导老年人践行社会主义核心价值观。

（二）密切联系老年人，依法代表和维护老年人的合法权益。

（三）协助上级老龄机构和村（社区）“两委”开展老龄工作。

（四）组织开展为老服务、老年互助和有益身心健康的文体活动。

（五）承担政府购买服务。受有关机构委托，承担为老服务项目。

（六）在自愿和量力的情况下，组织老年人参与经济和社会发展，开办经济实体。

（七）其他。

第三章　会员

第八条　本协会所在辖区范围内老年人，承认老年协会章程，参加老年协会活动，均可入会。本辖区范围内其他老年文体组织可作为团体会员加入。

第九条　会员享有下列权利：

（一）本协会的选举权、被选举权和表决权；

（二）参加本协会的活动；

（三）获得本协会服务的优先权；

（四）对本协会工作的批评建议权和监督权；

（五）入会自愿、退会自由；

（六）其他。

第十条　会员履行下列义务：

（一）遵守协会章程，执行协会决议，支持协会工作；

（二）积极参加协会活动；

（三）维护协会合法权益；

（四）按协会规定交纳会费。

第四章　组织机构

第十一条　本协会的最高组织机构是会员大会。会员大会的职权是，研究和决定重大事项，制定和修改章程，选举和罢免理事。

第十二条　会员大会须有2/3以上的会员出席方能召开，其决议须经到会会员半数以上表决通过方能生效。会员大会每年至少召开一次。

第十三条　协会的会长、副会长、秘书长必须具备下列条件：

（一）拥护党的领导，政治素质好；

（二）热爱老龄事业，有一定的组织协调能力，身体健康，能坚持正常工作；

（三）未受过剥夺政治权利的刑事处罚的；

（四）具有完全民事行为能力；

（五）其他。

第十四条　本协会可根据工作需要设立专项工作组，按照分工，履行职责，有效地开展活动。

第五章　资产管理、使用原则

第十五条　协会经费来源：

（一）会费；

（二）政府购买服务项目；

（三）社会捐赠；

（四）依法依规开办的协会经济实体收入和其他合法收入。

第十六条　协会经费用途：

（一）开展会员文体活动、老年教育等老年公益事业；

（二）开展敬老慰问、救助活动、表彰活动；

（三）兴办和扩大老年经济实体；

（四）协会办公、活动等费用。

第十七条　协会的经费收支应严格执行财务制度，定期向会员公布，并接受拨款部门和捐赠者的监督。

第十八条　协会应设立专门的账户，应配备会计人员。会计不得兼任出纳。

第十九条　协会的资产，任何单位、个人不得侵占、私分和挪用。

第六章　终止程序及终止后的财产处理

第二十条　协会自行解散或由于分立、合并等原因需要注销的，须经会员大会表决通过。

第二十一条　协会终止前，须在有关部门指导下成立清算组织，清理债权债务，处理善后事宜。清算期间，不开展清算以外的活动。

第二十二条　协会终止后的剩余财产，按照国家有关规定，用于发展与协会宗旨相关的事业。

第七章　附则

第二十三条　本章程可根据当地情况，结合实际，制定实施细则。

山西省老龄办、山西省高级人民法院等二十四部门关于进一步加强老年人优待工作的实施意见

晋老龄办字〔2014〕34号

各市、县（市、区）老龄工作委员会办公室、人民法院、党委宣传部、发展和改革委员会、科技局、公安局、民政局、司法局、财政局、人力资源和社会保障局、住房和城乡建设局、交通运输局、农委（农业局）、商务局、文广新局、卫生和计划生育委员会、体育局、林业局、旅游局、文物局、总工会，太原铁路局各有关单位，省内各机场：

老年人优待是政府和社会在做好公民社会保障和基本公共服务的基础上，在医、食、住、行、娱等方面，积极为老年人提供的各种形式的经济补贴、优先优惠和便利服务。做好老年人优待工作，是践行社会主义核心价值观、增进老年人福祉的重要举措，也是社会文明进步的重要标志。根据新修订的《中华人民共和国老年人权益保障法》《山西省实施〈中华人民共和国老年人权益保障法〉办法》《中共中央、国务院关于加强老龄工作的决定》《山西省委、省政府关于加强老龄工作的意见》和全国24部门联合下发的《关于进一步加强老年人优待工作的意见》的有关规定，结合我省实际，现就加强新形势下的老年人优待工作，提出如下意见：

一、加强老年人优待工作的总体要求

（一）指导思想

以邓小平理论、“三个代表”重要思想、科学发展观为指导，立足省情和经济社会发展现状，逐步拓展优待项目和范围、创新优待工作方式、提升优待水平，让老年人更好地共享经济社会发展成果，不断提升老年人生活质量。

（二）基本原则

政府主导，社会参与。发挥政府在政策制定、督查检查、示范引领方面的主导作用，在社会保障、基本公共服务等方面积极为老年人提供优待，采取措施鼓励、引导社会力量参与优待工作。

因地制宜，积极推进。根据经济社会发展实际，合理确定优待范围、优待对象和优待标准。积极推进优待工作，坚持积极稳妥、循序渐进，稳步提升。

突出重点，适度普惠。从不同老年群体的实际需求出发，对各优待项目的服务对象进行细分，优先考虑高龄、失能等困难老年群体的特殊需要，逐步发展面向老年人的普惠性优待项目。

统筹协调，和谐共融。统筹社会优待与社会保障、优待工作与老龄事业、物质帮助与精神关爱协调发展；统筹推进城乡老年人优待工作，加快发展农村老年人优待项目；统筹不同年龄群体的利益诉求，促进代际共融与社会和谐。

（三）主要目标

2015年，实现县级以上地方人民政府全面建立老年人优待政策，社会敬老氛围更加浓厚，各项优待规定得到有效落实；2020年，实现优待工作管理进一步规范，优待项目进一步拓展，优待工作进一步提升，老年人过上更加幸福的小康生活。

二、实施老年人优待的项目和范围

优待的基本对象为60周岁以上的老年人。各地可因地制宜，在本意见基础上合理确定优待对象和优待标准，率先在卫生保健、交通出行、商业服务、文体休闲等方面，对常住本行政区域内的老年人给予同等优待，提倡市、县（市、区）为老年人提供更多、更优惠的优待项目，鼓励把优待对象的范围扩展至外埠老年人。

（一）政务服务优待

1. 各地在落实和完善社会保障制度和公共服务政策时，应对老年人予以适度倾斜。

2. 贫困、孤寡、残疾老年人要按规定纳入最低生活保障、特困救助等城乡社会救助体系，并予重点照顾。五保老人要按规定纳入财政供养，由乡镇人民政府、村民委员会或者农村集体经济组织分散或者集中供养。

3. 鼓励各市、县（市、区）建立与经济社会发展水平相适应的八十周岁以上低收入老年人高龄津贴制度，各级民政部门应从福利彩票公益金中安排一定比例的资金救助特困老年人，同时可采取社会捐赠的方法筹集老年特困救助资金。对经济困难的老年人要逐步给予养老服务补贴，对生活长期不能

自理、经济困难的老年人，应根据其失能程度给予护理补贴。百岁以上老年人长寿保健补助费由当地政府落实。

4. 政府投资兴办的养老机构，应当立足于提供基本养老服务，要在保障“三无”老年人、五保老年人服务需求的基础上，优先保障孤老优抚对象、经济困难的孤寡、失独、失能、高龄等老年人的服务需求，充分发挥托底作用。鼓励社会资本设立为失能、失智老年人提供长期护理服务的养老护理院，并为困难老年人提供费用优惠。

5. 各地在实施城镇保障性安居工程时，要照顾符合条件的老年人，并享受优先选择楼层的待遇。贫困纯老年人户优先纳入城镇保障性安居工程保障范围。

6. 各市、县（市、区）依法建立健全覆盖城乡的养老保险、最低生活保障、五保供养、社会救助等社会保障制度，根据本地区经济社会发展水平建立正常调整机制，逐步提高保障水平。人力资源和社会保障部门、民政部门应当为老年人及时、便利地申领各类社会保障金提供条件。提倡公共服务机构、社会志愿服务组织优先为老年人提供服务。

7. 政府有关部门办理老年人的房屋所有权、股权、土地承包经营权、宅基地使用权、知识产权等重要财产的权属转移、变更登记，应依法优先办理，并认真核实办理事项是否为老年人的真实意愿、代理人是否具备有效代理资格等情况。

8. 农村老年人不承担“一事一议”筹资任务，不承担兴办公益事业的劳务和出资义务。经农村集体经济组织全体成员同意，将未承包的集体所有的部分土地、山林、水面、滩涂等作为养老基地，收益供老年人养老，纳入国家和地方湿地保护体系及其自然保护区的重要湿地除外。

9. 政府有关部门要完善老年人社会参与方面的支持政策，鼓励、支持和引导老年人参与社会发展，充分发挥老年人的积极性和创造性。

10. 对具有我省常住户籍的农村五保老人、城市“三无”老人和享受低保、优抚待遇的老年人去世的，免除其基本丧葬服务费用。对有老年人去世的家庭，选择生态安葬方式的，或者在土葬改革区自愿实行火葬的，地方政府要给予补贴或奖励。

（二）卫生保健优待

1. 基层医疗卫生机构要为辖区内 65 周岁以上常住老年人免费建立健康档案，每年至少提供 1 次免费体格检查、健康指导和中医体质辨识，开展健康管理服务和中医药健康管理。定期对老年人进行健康状况评估，及时发现健康风险因素，促进老年疾病早发现、早诊断、早治疗。有条件的地方可以覆盖全体老年人。要积极开展老年疾病防治知识的宣传，开展老年性常见病、慢性病和老年期精神障碍的预防控制工作。

2. 鼓励设立老年病医院，加强老年护理院、老年康复医院建设，有条件的二级以上综合医院应设立老年病科。

3. 医疗卫生机构应为老年人就医提供方便和优先优惠服务。通过开设专用窗口或快速通道、提供导医服务等方式，为老年人，特别是高龄、重病、失能老年人诊疗提供优先挂号、优先就诊、优先转诊、优先取药、优先住院以及享受医院实行的其他优待规定。

4. 城市“三无”老人、农村五保老人和城乡贫困老年人要按规定纳入医疗救助范围。鼓励各地医疗机构减免老年人普通门诊挂号费和贫困老年人诊查费。公立医院应免收 70 周岁以上老年人普通门诊挂号费。鼓励和提倡为老年人义诊。

5. 倡导医疗卫生机构与养老机构之间建立业务协作机制，开通预约就诊绿色通道，协同做好老年人慢性病管理和康复护理，加快推进面向养老机构的远程医疗服务试点，为老年人提供便捷、优先、优惠的医疗服务。

6. 支持符合条件的养老机构内设医疗机构，申请纳入城镇职工（居民）基本医疗保险和新型农村合作医疗定点范围。

（三）交通出行优待

1. 城市公共交通、公路、铁路、水路和航空客运都要根据各自特点和老年人特殊需求为老年人出行提供便利服务。

2. 交通场所和站点应设置老年人优先标志，明示优待服务内容，设立等候专区和优待服务窗口，确保老年人优先购买车船机票，优先上下交通工具；根据需要配备升降电梯、无障碍通道、无障碍洗手间等设施。对于无人陪护、行动不便的老年人给予全面照顾。

3. 城市公共交通工具应当为 70 周岁及其以上的老年人提供免费乘坐市内公共汽（电）车服务。鼓励各地对 65 周岁以上老年人给予免费乘坐市内公共汽（电）车的优待，有条件的地方可逐步覆盖全体老年人。各地可根据实际情况，对落实老年优待任务的公交企业给予相应的财政补贴。

4. 倡导老年人投保意外伤害保险，保险公司对参保老年人应给予保险费、保险金额等方面的优惠，对出险案件应及时快速理赔。

5. 公共交通工具要设立不低于坐席数10%的“老幼病残孕”专座。铁路部门要积极创造条件，尽量为列车配备无障碍车厢和座位，对有特殊需要的老年人订票和选座位提供便利服务。

6. 严格执行《无障碍环境建设条例》《社区老年人日间照料中心建设标准》和《养老设施建筑设计规范》等建设标准，重点做好居住区、城市道路、商业网点、文化体育场馆、旅游景点等场所的无障碍设施建设，优先推进坡道、电梯等与老年人日常生活密切相关的公共设施改造，适当配备老年人出行辅助器具，为老年人提供安全、便利、舒适的生活和出行环境。电梯改造中应充分考虑需急救的老年人便于使用担架救护。

7. 公厕应配备便于老年人使用的无障碍设施，并对老年人实行免费。

（四）商业服务优待

1. 根据我省老年人口规模和消费需求，合理布局商业网点和居家养老服务网点，在有条件的商场、超市设立老年用品专柜和家政服务专柜，提供信息对接，为老年人提供助餐、助洁、助急、助医等定制服务，减收部分服务费。对行动不便的老年人提供电话预定、上门送货等服务，免收相关服务费。

2. 商业饮食服务网点、日常生活用品经销单位，以及水、电、暖气、燃气、通讯、电信、邮政等服务行业和网点，应根据行业特点为老年人提供优先、便利和优惠服务。服务窗口应设置老年人优先标志，设立休息区或配置休息座椅。有条件的地方，对行动不便的老年人可采取电话预约、上门服务等措施，满足老年人的特殊需求，免收或减收服务费。

3. 金融机构应为老年人办理业务提供便捷服务，设置老年人取款优先窗口，并提供导银服务。对有特殊困难、行动不便的老年人无法办理须由持卡人本人亲自办理的业务，各银行应做好柜台延伸服务，必要时提供上门服务。鼓励对养老金客户实施减费让利，对异地领取养老金的客户减免手续费。免除已签约开立的退休金账户年费和账户管理费（含小额账户管理费）。对于老年人办理转账、汇款业务或购买金融产品的，按照不同金融产品的类型，销售人员应进行充分的风险提示。

（五）文体休闲优待

1. 各级各类公共图书馆、文化馆、博物馆、美术馆、科技馆、纪念馆等公共文化设施向老年人免费开放，减免老年人参观文物建筑及遗址类博物馆的门票。

2. 公园、旅游景点应对老年人实行门票减免，国有及国有控股的景区对60周岁以上老年人实行免收头道门票的优待，鼓励省内集体、民营及集体、民营控股的A级景区给予同等优待。鼓励景区内的观光车、缆车等代步工具对老年人给予不低于半价以上的优惠。

3. 公共文化体育部门应对老年人优惠开放，鼓励免费为老年人提供影视放映、文艺演出、体育赛事、图片展览、科技宣传等公益性流动文化体育服务。鼓励广播电台、电视台、报刊等新闻媒体开设服务老年人的专门栏目。关注农村老年人文化体育需求，适当面向农村老年人推行“三送”：送书、送戏、送电影专场活动。

4. 公共文化体育场所应为老年人健身活动提供方便和优惠服务，安排一定时段向老年人减免费用开放，有条件的可适当增加面向老年人的特色文化体育服务项目。全省所有公共体育设施在重阳节对老年人免费有序开放。在全省城市社区建设中，重点安排适合老年人体育健身的活动场地、器材。组织健身志愿者，定期为老年人开展健身宣教活动。提倡体育机构每年为老年人进行体质测定，为老年人体育健身提供咨询、服务和指导，提高老年人科学健身水平。

5. 提倡经营性文化体育单位对老年人提供优待。鼓励影剧院、体育场馆为老年人提供优惠票价，为老年文艺体育团体优惠提供场地。

6. 老年活动场所、老年教育资源要对城乡老年人公平开放，公共教育资源应为老年人学习提供指导和帮助。老年大学要建立贫困老年人学费减免机制，为贫困老年人入学给予学费减免。

（六）维权服务优待

1. 各级人民法院对侵犯老年人合法权益的案件，要依法、优先立案受理，及时审判和执行。

2. 司法机关应开通电话、网络服务、上门服务、巡回法庭等形式，为偏远、高龄、失能等行动不便的老年人报案、参与诉讼等提供便利。

3. 对城市“三无”老人、农村五保老人、城乡享受低保的老年人、因自然灾害或者其他不可抗力等原因造成经济困难且无力支付法律服务费用的老年人提出的法律援助申请，要简化程序，优先受理、优先审核和指派。各地可根据经济社会发展水平，适度放宽老年人经济困难标准，将更多与老年人权益保护密切相关的事项纳入法律援助补充事项范围，扩大老年人法律援助覆盖面。

4. 要健全完善老年人法律援助体系，不断拓展老年人申请法律援助的渠道，科学设置基层法律援助站点，简化程序和手续，为老年人就近申请和获得法律援助提供便利条件。

5. 老年人参加诉讼，缴纳诉讼费用确有困难，符合我国《诉讼费交纳办法》有关缓交、减交、免交规定的，可以向人民法院申请缓交、减交、免交诉讼费用。

6. 老年人因追索赡养费、扶养费、养老金、退休金、抚恤金、医疗费、劳动报酬、人身伤害事故赔偿金或者因情况紧急需要先予执行的，人民法院可以根据当事人的申请，依法裁定先予执行。

7. 遭受犯罪侵害或民事侵权、无法通过诉讼获得有效

赔偿的老年人，符合我省司法救助相关条件的，可以按照规定申请司法救助金。

8. 鼓励律师事务所、公证机构、司法鉴定机构、基层法律服务所和其他社会法律服务机构，为经济困难的老年人提供免费或优惠服务。

三、落实老年人优待工作的组织实施

（一）高度重视，强化领导。各地要高度重视老年人优待工作，健全政府主导、老龄委组织协调、相关部门各司其职、企事业单位和社会团体以及志愿者积极参与的工作体制和运行机制。定期召开有关涉老职能部门的联席会议，解决优待工作中遇到的实际问题。要保障老年人优待工作经费，进一步落实各项财税优惠政策，调动社会力量积极参与。加强对老年人优待工作年度目标责任考核，确保责任到位、任务落实。县级以上地方人民政府和相关部门要结合实际制定老年人优待政策和具体实施办法。

（二）齐抓共管，协力推进。优待老年人是全社会的共同责任。国家机关、社会团体、企事业单位和其他组织，都要履行为老年人提供优待的职责义务，积极为老年人提供优待服务。各级涉老主管单位要规范服务，加强管理，督促各优待服务场所、设施和窗口设置优待标识，公布优待内容。有关部门要加强尊老敬老思想教育和道德宣传、老年维权法制教育活动，增强社会成员优待老年人的自觉性。提高老年人自我维权意识和能力。深入推进“敬老爱老助老”主题教育、“敬老文明号”和“老年人维权示范岗”活动，在全社会弘扬孝亲敬老传统美德，进一步营造尊重老年人的社会氛围。

（三）加强督查，注重落实。各级老龄工作委员会负责老年人优待工作的组织协调和监督指导，要通过开展“敬老文明号”创建、“敬老文化教育基地”建设、“老龄工作示范县（市、区）”评选活动和“十百千基层老年协会”建设等载体，推动老年优待政策的落实。各级老龄工作委员会办公室承担老年人优待工作的日常事务管理，要会同有关部门定期开展监督检查。要进一步发挥行政监督和社会监督的作用，建立健全信息反馈和监督机制，设立服务和监督热线，依法妥善解决好举报和投诉问题，对老年人优待工作中反映强烈的突出问题，要尽早发现、及时解决。对不按规定履行优待老年人义务的，由有关主管部门责令改正。

山西省老龄办　山西省高级人民法院　山西省委宣传部　山西省发展改革委　山西省科技厅　山西省公安厅　山西省民政厅　山西省司法厅　山西省财政厅　山西省人社厅　山西省住建厅　山西省交通运输厅　山西省农业厅　山西省商务厅　山西省文化厅　山西省卫生计生委　山西省新闻出版广电局　山西省体育局　山西省林业厅　山西省旅游局　山西省文物局　山西省总工会　太原铁路局　山西省民航机场管理局

二〇一四年十二月三十一日

辽宁省人民政府
关于加快发展养老服务业的实施意见

辽政发〔2014〕4 号

各市人民政府，省政府各厅委、各直属机构：

为深入贯彻落实《国务院关于加快发展养老服务业的若干意见》（国发〔2013〕35 号），推进全省养老服务业加快发展，现提出以下意见：

一、总体要求

坚持深化改革、简政放权，创新体制机制、注重

统筹发展，充分发挥政府保障基本的主导作用、市场配置资源的决定性作用、社会力量的主体作用和信息化的支撑作用，健全养老服务体系，逐步满足多样化养老服务需求，努力使养老服务业成为应对人口老龄化、保障和改善民生的重要举措，成为扩大内需、增加就业、推动经济转型升级、全面建设富庶文明幸福新辽宁的重要力量。

二、发展目标

到2020年，全面建成以居家为基础、社区为依托、机构为支撑，功能完善、规模适度、覆盖城乡的养老服务体系。全省社会养老床位数达到每千名老人35～40张；全省机构养老、居家社区生活照料护理等服务提供30万个就业岗位；基本建成集应急救助、日常生活照料、医疗护理服务于一体的养老服务信息化网络系统。养老服务业持续健康发展。

（一）服务体系更加健全。生活照料、医疗护理、精神慰藉、紧急救援等养老服务覆盖所有居家老年人。城区要建立起服务辖区内老人的居家养老信息化服务平台。符合标准的日间照料中心、老年人活动中心等服务设施覆盖所有城市社区，90%以上的乡镇和60%以上的农村社区建立包括养老服务在内的社区综合服务设施和站点。养老护理员培训率达到90%，持证上岗率达到80%。

（二）产业规模显著扩大。以面向老年人的生活照料、产品用品、健康服务、体育健身、文化娱乐、金融服务、旅游等为主的养老服务业全面发展，培育一批带动力强的龙头企业，发展一批富有创新活力的中小企业，形成一批养老服务产业集群，打造一批养老服务知名品牌。

（三）发展环境更加优化。政策法规体系建立健全，行业标准更加科学规范，监管机制更加完善，服务质量明显提高。全社会积极应对人口老龄化意识显著增强，支持和参与养老服务发展的氛围更加浓厚，养老志愿服务广泛开展，敬老、养老、助老的优良传统得到进一步弘扬。

三、主要任务

（一）统筹规划发展城市养老服务设施。加强社区服务设施建设。在制定城市总体规划、控制性详细规划时，必须按照人均用地不少于0.1平方米的标准，分区分级规划设置养老服务设施。凡新建城区和新建居住（小）区，要按标准配套建设养老服务设施，并与住宅同步规划、同步建设、同步验收、同步交付使用；凡老城区和已建成居住（小）区无养老服务设施或现有设施未达到规定要求的，要限期开辟养老服务设施。养老服务设施不得挪作他用。到2020年，全省城市社区养老服务设施达到3000个左右。城市社区每万人拥有养老服务设施面积达到200平方米以上。整合社区服务设施资源。每个县（区）修建一所多功能老年人活动中心。

整合社区公共服务设施，开发为老服务功能，加强社区养老服务设施与社区服务中心（站）及社区卫生、文化、体育等服务设施的功能衔接。整合所有涉老部门各项为老服务资源。各类具有为老服务功能的设施都要向老年人开放。

完善社区无障碍设施改造。按照无障碍设施工程建设相关标准和规范，加快推进坡道、扶手、电梯等与老年人日常生活密切相关的公共设施无障碍改造，推动和扶持老年人家庭无障碍设施改造。

（二）大力推进居家养老服务发展。建立居家养老管理服务网络。加强居家养老管理服务网络建设，完善居家养老服务体系。制定扶持政策措施，建立居家养老服务网络平台，积极培育居家养老服务企业和机构为居家老年人提供助餐、助浴、助洁、助急、助医等定制服务。大力发展面向居家老年人的家政服务。支持社区建立健全居家养老服务网点，鼓励支持社会组织和家政、物业等企业兴办或运营老年供餐、社区日间照料、托老所、老年活动中心等养老服务项目。加强社会养老服务组织和人员的培训和指导。

建立居家养老综合信息服务平台。支持企业和机构运用互联网、物联网等技术手段创新居家养老服务模式，通过整合通讯网络、智能呼叫、互联网等科技手段，大力发展老年电子商务，建立完善的养老服务智能化系统和老年人信息数据库，将各类养老机构、养老服务站点、家政服务企业、120等资源整合纳入统一的信息化服务体系，及时回应老人的求助、求医等信息。

（三）大力加强养老机构建设。支持社会力量举办养老机构。根据城乡规划布局要求，统筹考虑建设各类养老机构。在资本金、场地、人员等方面，进一步降低社会力量举办养老机构门槛，简化手续、规范程序、公开信息，为社会力量举办养老机构提供便捷服务。鼓励境外资本投资养老服务业。鼓励个人举办家庭化、小型化的养老机构，鼓励社会力量举办规模化、连锁化的养老机构。鼓励民间资本对企业厂房、商业设施及其他可利用的社会资源进行整合和改造，用于养老服务。

办好公办保障性养老机构。充分发挥公办养老机构托底作用，重点为“三无”（无生活来源、无劳动能力、无赡养人和扶养人、或者其赡养人和扶养人确无赡养和抚养能力）老人、低收入老人、经济困难的失能半失能老人、重度残疾老人提供无偿或低收费的供养、护理服务。充分发挥公办养老机构的引领示范作用。每个地级市要建有一所床位不低于500张，重点满足城市贫困家庭失能老人需求，集养护、康复、托管、临终关怀等医养服务和培训功能于一体的综合性老年人养护中心；每个县（市、区）要建有一所床位不低于300张的综合性社会福利中心。

开展公办养老机构改制试点。鼓励有条件的地方积极稳妥地把专门面向社会提供经营性服务的公办养老机构转为企业，完善法人治理结构。政府投资兴办的养老床位应逐步通过公建民营等方式管理运营，积极鼓励民间资本通过委托管理等方式，运营公有产权的养老服务设施。

（四）切实加强农村养老服务。健全服务网络。完善农村养老服务的托底政策和措施，将所有农村“三无”老人全部纳入五保供养范围，适时提高五保供养标准。支持中心敬老院、乡镇敬老院建设，健全农村五保供养机构功能，有条件的地方要积极改善设施条件，在满足农村五保对象集中供养需求的前提下，利用闲置床位向社会开放，惠及更多的农村老年群体。大力加强农村社区养老服务设施建设，结合幸福院工程、农村社区建设，充分利用和改造村集体的公共设施，在每个村建设100平方米左右的社区养老服务设施，为老年人提供日间照料等服务。到2020年，全省农村社区养老服务设施达到7000个，有条件的地方依托该设施建立居家养老服务站。整合农村党建活动室、卫生室、农家书屋、学校等资源，面向老年人开放。充分发挥村民自治功能和老年协会作用，督促家庭成员承担赡养责任，组织开展邻里互助、志愿服务，帮助解决老年人实际生活困难。

拓宽资金来源渠道。严格执行《中华人民共和国老年人权益保障法》关于农村可以将未承包的集体所有的部分土地、山林、水面、滩涂等作为养老基地，收益供老年人养老的规定。鼓励城市资金、资产和资源投向农村养老服务。鼓励社会爱心人士参与农村养老服务设施建设。各级政府用于养老服务的财政性资金应重点向农村倾斜。

建立协作服务机制。支持城市公办养老机构与农村五保供养机构等建立长期稳定的对口支援和合作机制，采取人员培训、技术指导、设备支援等方式，帮助其提高服务能力。建立跨地区养老服务协作机制，鼓励发达地区支援欠发达地区。

（五）繁荣养老服务消费市场。拓展养老服务内容。引导相关行业积极拓展适合老年人的文化娱乐、体育健身、休闲旅游、健康服务、精神慰藉、法律服务等内容，加强残障老年人专业化服务。

开发老年产品用品。围绕适合老年人的衣、食、住、行、医、文化娱乐等需要，支持企业开发康复辅具、自助设备，满足残障老年人服务需求；支持企业开发老年人食品药品、保健品、服装服饰、智能手机等老年用品用具和服务产品，引导商场、超市、批发市场设立老年用品专区专柜；引导和规范商业银行、保险公司、证券公司等金融机构开发适合老年人的理财、信贷、保险等产品。探索开发老年住宅、老年宜居社区等老年生活设施。

培育养老产业集群。鼓励发展养老服务中小企业，扶持发展龙头企业，实施品牌战略，形成一批产业链长、覆盖领域广、经济社会效益显著的产业集群。健全市场规范和行业标准，确保养老服务和产品质量，营造安全、便利、诚信的消费环境。加快规范服务项目标准和设施安全标准化。

（六）积极推进医疗卫生与养老服务相结合。推动医养融合发展。落实农村五保、城市“三无”老人相关医保政策，按照“先医治、后结算”原则予以救治。促进医疗卫生资源进入养老机构、社区和居民家庭。支持有条件的养老机构设置医疗机构。医疗机构要支持和发展养老服务，有条件的二级以上综合医院应当开设老年病科，增加老年病床数量，做好老年慢病防治和康复护理。支持二级以上综合医院与养老机构合作，创建医养结合型养老机构。医疗机构、社区卫生服务机构应为老年人建立健康档案，开展上门诊视、健康查体、保健咨询等服务。加快推进面向养老机构的远程医疗服务试点。医疗机构应为老年人就医提供优先优惠服务。

健全医疗保险机制。对于养老机构内设的医疗机构，符合城镇职工（居民）基本医疗保险和新型农村合作医疗定点条件的，应将其纳入定点范围，入住的参保老年人按规定享受相应待遇。进一步完善医保报销制度，加快推进城乡医保省内异地就医联网结算，解决老年人异地就医结算问题。鼓励老年人投保健康保险、长期护理保险、意外伤害保险等人身保险产品，鼓励和引导商业保险公司开展相关业务。

四、政策措施

（一）完善投融资政策。各级政府要逐年增加财政性资金，支持养老服务体系建设。完善扶持政策，吸引民间资本投资养老服务机构和企业。金融机构要加快金融产品和服务方式创新，拓宽信贷抵押担保物范围，积极满足养老服务业的信贷需求。积极利用财政贴息、小额贷款等方式，加大对养老服务业的有效信贷投入。加强养老服务机构信用体系建设，增强对信贷资金和民间资本的吸引力。鼓励和支持保险资金投资养老服务领域。开展老年人住房反向抵押养老保险试点。鼓励保险公司开发和完善养老机构综合责任保险险种。鼓励养老机构投保，保险公司承保责任保险。鼓励和支持养老服务龙头企业上市融资。支持符合条件的养老服务企业通过发行公司债、企业债、私募债融资。地方政府发行债券应统筹考虑养老服务需求，积极支持养老服务设施建设及无障碍改造。

（二）完善土地供应政策。将各类养老服务设施建设用地纳入城镇土地利用总体规划和年度用地计划，合理满足用地需求。可将闲置的公益性用地调整为养老服务用地。民间资本举办的非营利性养老机构与政府举办的养老机构享有相同的土地使用政策，可以依法使用国有划拨土地或者农民集体所有的土地。对营利性养老机构建设用地，按照国家对经营性用地依法办理有偿用地手续的规定，优先保障供应，并制定支持发展养老服务业的土地政策。严禁养老设施建设用地改变用途、容积率等土地使用条件搞房地产开发。

（三）完善税费优惠政策。落实好国家现行支持养老服务业的税收优惠政策，对养老机构提供的养护服务免征营业税，对非营利性养老机构的自用房产和土地免征房产税、城镇土地使用税，对符合条件的非营利性养老机构按规定免征企业所得税。对企事业单位、社会团体和个人向非营利性养老机构的捐赠，符合相关规定的，准予在计算其应纳税所得额时按税法规定比例扣除。对非营利性养老机构建设要免征有关行政事业性收费。对营利性养老机构建设要减半征收有关行政事业性收费。对养老机构提供养老服务也要适当减免行政事业性收费。养老服务机构用水、用电、用气、用热按照居民缴费标准执行，安装电话、有线（数字）电视、宽带互联网按照普通住宅用户收费标准执行。境内外资本举办养老机构享有同等的税收等优惠政策。制定和完善支持民间资本投资养老服务业的税收优惠政策。

（四）完善资金支持政策。省、市两级财政要设立养老服务设施建设项目资金专项，落实社会养老服务设施建设项目配套补助资金，根据经济社会发展情况，逐年加大对养老服务业的投入。各项养老服务业发展资金要归口管理，统筹使用，由民政部门根据养老服务业发展需要，制定年度计划，商财政、发改委、服务业委同意后执行。加快建立养老服务评估机制，探索建立城乡低保户、低保边缘户家庭中60周岁以上的失能、半失能老人和重度老年残疾人生活补贴及护理补贴制度。公办养老机构、社区养老服务设施的维护资金、所需工作人员人头费和日常工作经费应列入同级财政预算。省、市用于社会福利事业的彩票公益金，要将50%以上的资金用于支持发展养老服务业，并随老年人口的增加逐步提高投入比例。要根据经济社会发展水平和职工平均工资增长、物价上涨等情况，适时提高养老保障水平。制定政府向社会力量购买养老服务的政策措施。

省对符合条件的民办非营利性、公建民营类养老服务机构给予补助投资、贷款贴息、运营补贴；对符合条件的公办养老服务机构中的地市级综合性老年人养护中心、县（市、区）综合性社会福利中心给予建设补助；对养老机构投保综合责任保险给予适当补助，各市按一定比例进行配套。

（五）完善人才培养和就业政策。教育、人社、民政部门要支持高等院校和中等职业技术院校开展养老服务学历教育，增设养老服务相关专业和课程，加快培养老年医学、康复、护理、营养、心理和社会工作等方面的专门人才。鼓励有条件的院校开展继续教育和远程教育。省、市采取政府补贴的方式，加大养老护理人员专业培训力度。各地民政部门要抓好培训基地建设。

养老机构应当积极改善养老护理员的工作条件，加强劳动保护和职业防护，依法为其缴纳养老保险、医疗保险、人身意外伤害保险等费用，提高职工工资福利待遇。对在养老机构从事一线养老服务工作并取得相应执业资格的护理员设立岗位津贴。对在养老机构就业的专业技术人员，执行与医疗机构、福利机构相同的执业资格、注册考核政策。

（六）鼓励公益慈善组织支持养老服务。积极培育发展为老服务公益慈善组织。引导公益慈善组织参与养老机构建设、养老产品开发、养老服务提供，使公益慈善组织成为发展养老服务业的重要力量。积极扶持发展各类为老服务志愿组织，倡导社会各界爱心人士参加养老服务志愿活动，探索建立健康老人参与志愿互助服务的工作机制，建立为老志愿服务登记、服务储蓄制度。加强基层老年协会建设，保证老年协会有人员、经费、活动场地和定期活动。

五、组织领导

（一）健全工作机制。省政府成立发展养老服务业工作领导小组。领导小组负责全省养老服务业工作的组织领导，审定工作计划，统筹协调解决工作中的重大问题，定期分析养老服务业发展新形势和新情况，对我省加快发展养老服务业实施意见执行情况进行监督检查，督促各地全面完成养老服务业工作发展目标。领导小组办公室负责承担领导小组日常工作和领导小组交办的工作任务，督促协调各成员单位按照各自工作职能做好养老服务业发展工作。各地要将养老服务业发展纳入经济社会发展规划和政府重要议事日程，列为服务业重点发展领域，制定和组织实施养老服务业发展专项规划。建立完善政府主导、民政牵头、部门配合、社会参与的工作机制。民政、发改、财政、老龄工作机构要充分发挥规划建设、综合协调、规范管理和督查指导作用；其他各成员单位和部门要各司其职，及时解决养老服务业发展过程中遇到的问题，落实相关优惠政策，形成齐抓共管、整体推进的工作格局。

（二）开展综合改革试点。在国家支持下，省政府选择有特点和代表性的市、县（市、区）开展养老服务业综合改革试点。各地也要积极推进各层面的工作试点，在财政、金融、用地、税费、人才、技术及服务模式等方面进行探索创新，为全省乃至全国养老服务业发展提供经验。

（三）强化行业监管。民政部门要制定养老机构设立和管理办法，健全养老服务准入、退出、监管制度；指导养老机构完善管理规范、改善服务质量；依法查处侵害老年人人身财产权益的违法行为和安全生产责任事故。物价部门要探索建立科学合理的养老服务定价机制，依法确定适用政府定价和政府指导价的范围。有关部门要健全养老服务业标准体系，建立完善养老服务业统计制度。其他各有关部门要依照职责分工对养老服务业实施监督管理。积极培育和发展养老服务行业协会。建立养老机构信息服务管理网络，实行入住老人实名制管理。

（四）加强督促检查。加强养老服务业发展工作绩效考核。各市要结合实际抓紧制定具体实施意见。省政府相关部门要根据重点任务分工，结合实际，及时制定具体政策措施。省发展养老服务业工作领导小组要加强对本意见执行情况的监督检查和工作协调，及时向省政府报告工作。

附件：1. 辽宁省发展养老服务业工作领导小组成员名单（略）
2. 重点任务分工（略）

2014 年 1 月 30 日

辽宁省人民政府关于建立统一的城乡居民基本养老保险制度的实施意见

辽政发〔2014〕15 号

各市人民政府，省政府各厅委、各直属机构：

国务院决定，将新型农村社会养老保险（以下简称新农保）和城镇居民社会养老保险（以下简称城居保）两项制度合并实施，在全国范围内建立统一的城乡居民基本养老保险（以下简称城乡居民养老保险）制度。为深入贯彻落实国务院部署，结合我省实际，现提出如下实施意见：

一、指导思想

深入贯彻党的十八大和十八届二中、三中全会精神，全面落实党中央、国务院关于建立统筹城乡的社会保障体系的各项决策部署，按照全覆盖、保基本、有弹性、可持续的方针，以增强公平性、适应流动性、保证可持续性为重点，以促进社会公平正义、增进城乡居民福祉为落脚点，充分发挥社会保险对保障人民基本生活、调节社会收入分配、促进城乡经济社会协调发展的重要作用。

二、任务目标

坚持社会统筹与个人账户相结合的制度模式，拓宽个人缴费、集体补助、政府补贴相结合的资金筹集渠道，强化长缴多得、多缴多得的激励机制，建立基础养老金正常调整机制，完善基础养老金和个人账户养老金相结合的待遇支付政策，提高城乡居民养老保险管理水平和服务水平。

到 2014 年末，全面完成新农保和城居保制度的合并实施；到 2015 年末，全面实现城乡居民养老保险与职工基本养老保险制度相衔接；到 2020 年前，全面建成公平、统一、规范的城乡居民养老保险制度，并与社会救助、社会福利等其他社会保障政策相配套，充分发挥家庭养老等传统保障方式的积极作用，更好地保障全省城乡居民的老年基本生活。

三、参保范围

凡年满 16 周岁（不含在校学生），非国家机关和事业单位工作人员及不属于职工基本养老保险制度覆盖范围的城乡居民，可以在户籍地参加城乡居民养老保险。

四、基金筹集

城乡居民养老保险基金由个人缴费、集体补助、政府补贴构成。

（一）个人缴费。参加城乡居民养老保险的人员应当按规定缴纳养老保险费。缴费标准目前设为每年100元、200元、300元、400元、500元、600元、700元、800元、900元、1000元、1500元、2000元12个档次。省人力资源社会保障厅会同省财政厅依据国家有关调整政策适时调整缴费档次标准。参保人自主选择缴费档次，多缴多得。

（二）集体补助。有条件的村集体经济组织应当对参保人缴费给予补助，补助标准由村民委员会召开村民会议民主确定，鼓励有条件的社区将集体补助纳入社区公益事业资金筹资范围。鼓励其他社会经济组织、公益慈善组织、个人为参保人缴费提供资助。补助、资助金额不超过最高缴费档次标准。

（三）政府补贴。政府对符合领取城乡居民养老保险待遇条件的参保人全额支付基础养老金，按省政府确定的基础养老金标准，省级以上财政平均补助80%，市、县两级财政平均补助20%，其中市级财政至少承担一半。

市、县两级政府应当对参保人缴费给予补贴。按照每年100元、200元、300元、400元、500元缴费标准，对应的缴费补贴标准为每年30元、40元、50元、60元、70元。对选择600元、700元、800元、900元、1000元、1500元和2000元档次缴费的，补贴标准由各市政府确定。

对重度残疾人等缴费困难群体，市、县两级政府可为其代缴部分或全部最低标准的养老保险费。

参保人按年缴费期间出现中断缴费的，补缴时不享受政府缴费补贴。

五、建立个人账户

为每个参保人员建立终身记录的养老保险个人账户。个人缴费、政府对参保人的缴费补贴、集体补助及其他社会经济组织、公益慈善组织、个人对参保人的缴费资助，全部记入个人账户。个人账户储存额按国家规定计息。

六、养老保险待遇及调整

城乡居民养老保险待遇由基础养老金和个人账户养老金组成，支付终身。

（一）基础养老金。省政府根据国家统一规定，结合我省经济发展、物价变动等因素，建立基础养老金正常调整机制，适时调整基础养老金标准。各市政府可根据实际情况适当提高基础养老金标准；对缴费15年以上的，可适当加发基础养老金，提高和加发部分的资金由各市政府承担，具体办法由各市政府确定，并报省人力资源社会保障厅备案。

（二）个人账户养老金。个人账户养老金的月计发标准，目前为个人账户全部储存额除以139（与现行职工基本养老保险个人账户养老金计发系数相同）。参保人死亡，个人账户资金余额可以依法继承。

七、养老保险待遇领取条件

我省参加城乡居民养老保险的个人，年满60周岁、累计缴费满15年，且未领取国家规定的基本养老保障待遇的，可以按月领取城乡居民养老保险待遇。

新农保或城居保制度实施时已年满60周岁，在本意见发布之日前未领取国家规定的基本养老保障待遇的，不用缴费，自本意见实施之月起，可以按月领取城乡居民养老保险基础养老金；距规定领取年龄不足15年的，应逐年缴费，也允许补缴，累计缴费不超过15年；距规定领取年龄超过15年的，应按年缴费，累计缴费不少于15年。

城乡居民养老保险待遇领取人员死亡的，从次月起停止支付其养老金。有条件的地区可以结合本地实际，探索建立丧葬补助金制度。社会保险经办机构应每年对城乡居民养老保险待遇领取人员进行核对；村（居）民委员会要协助社会保险经办机构开展工作，在行政村（社区）范围内对参保人待遇领取资格进行公示，并与职工基本养老保险待遇等领取记录进行比对，确保不重、不漏、不错。

八、转移接续与制度衔接

我省城乡居民养老保险的参保人员，在缴费期间进行省内和省外户籍迁移、需要跨地区转移城乡居民养老保险关系的，在迁入地申请转移养老保险关系，由迁出地一次性转移个人账户全部储存额，并按迁入地规定继续参保缴费，缴费年限累计计算；已经按规定领取城乡居民养老保险待遇的，无论户籍是否迁移，其养老保险关系不转移。

城乡居民养老保险制度与职工基本养老保险、优抚安置、城乡居民最低生活保障、农村五保供养等社会保障制度以及农村部分计划生育家庭奖励扶助制度的衔接，按有关规定执行。

九、基金管理和运营

统一的城乡居民养老保险制度实施后，新农保基金和城居保基金合并为城乡居民养老保险基金，并不断完善财务管理和会计核算制度。社会保险经办机构要完善各项业务管理规章制度，将城乡居民养老保险基金纳入社会保障基金财政专户，实行收支两条线管理，单独记账、独立核算，确保政府补贴按时足额划拨至个人账户。任何地区、部门、单位和个人均不得挤占挪用、虚报冒领。省政府将在整合城乡居民养老保险制度的基础上，逐步推进城乡居民养老保险基金省级管理。

城乡居民养老保险基金按照国家统一规定投资运营，实现保值增值。

十、基金监督

各级人力资源社会保障部门要会同有关部门认真履行监管职责，建立健全内控制度和基金稽核监督制度，对基金的筹集、上解、划拨、发放、存储、管理等进行监控和检查，并按规定披露信息，接受社会监督。财政部门、审计部门按各自职责，对基金的收支、管理和投资运营情况实施监督。对虚报冒领、挤占挪用、贪污浪费等违纪违法行为，有关部门按国家有关法律法规严肃处理。要积极推进有村（居）民代表参加的社会监督的有效方式，做到基金公开透明。

十一、经办管理服务与信息化建设

各市政府要切实加强城乡居民养老保险经办能力建设，结合本地实际，科学整合现有公共服务资源和社会保险经办管理资源，充实加强基层经办力量，做到精确管理、便捷服务。要注重运用现代管理方式和政府购买服务方式，降低行政成本，提高工作效率。要加强城乡居民养老保险工作人员专业培训，不断提高公共服务水平。社会保险经办机构要认真记录参保人缴费和领取待遇情况，建立参保档案，按规定妥善保存。市、县（市）政府要为社会保险经办机构提供必要的工作场地、设施设备，并根据服务对象数量充实工作力量，确保工作经费。要加强乡（镇、街道）经办管理服务平台建设，明确城乡居民养老保险工作职责，确保专人负责，配备相关设备设施，提供必要的工作经费。有条件的地区，可根据村（社区）城乡居民养老保险工作人员完成的工作量给予一定的补贴，原则上通过政府购买服务方式，保障村（社区）城乡居民养老保险工作开展。城乡居民养老保险工作经费纳入同级财政预算，不得从城乡居民养老保险基金中开支。基层财政确有困难的地区，市级财政可给予适当补助。

要将现有新农保和城居保业务管理系统整合形成省级集中的城乡居民养老保险信息管理系统，纳入“金保工程”建设，并与其他公民信息管理系统实现信息资源共享；各市要将信息网络向基层延伸，实现省、市、县（市）、乡（镇、街道）、社区实时联网，有条件的地区可延伸到行政村；要推广全国统一的社会保障卡，大力推行社会保障卡加载金融功能，方便参保人持卡缴费、领取待遇和查询本人参保信息。

十二、加强组织领导和政策宣传

市、县（市）政府要充分认识建立统一的城乡居民养老保险制度的重要性，将其列入本地经济社会发展规划和年度目标管理考核体系，切实加强领导；要优化财政支出结构，加大财政投入力度，加强经办队伍建设，为城乡居民养老保险制度建设提供必要的财力和组织保障。各级人力资源社会保障部门要切实履行主管部门职责，会同有关部门共同做好城乡居民养老保险工作的统筹规划和政策制定、统一管理、综合协调、监督检查等工作。

各地区和有关部门要认真做好城乡居民养老保险政策宣传工作，全面准确地宣传解读政策，深入基层开展宣传活动，引导城乡居民积极参保、持续缴费、增加积累。

各市政府要根据本意见，结合本地区实际情况，制定具体实施办法，报省人力资源社会保障厅备案。

本意见自印发之日起实施，已有规定与本意见不一致的，按本意见执行。

2014年6月23日

黑龙江省人民政府办公厅关于支持民办养老产业发展的意见

黑政办发〔2014〕50号

各市（地）、县（市）人民政府（行署），省政府各直属单位：

为深入贯彻落实《国务院关于加快发展养老服务业的若干意见》（国发〔2013〕35号）和《黑龙江省人民政府关于加快发展养老服务业的实施意见》（黑政发〔2014〕9号）精神，经省政府同意，现就我省发展民办养老产业提出如下意见：

一、充分发挥社会力量的主体作用

（一）发挥政府引导作用，进一步完善市场机制，规范发展秩序，推动社会力量成为养老服务供给主体，培育专业化养老服务实体，为老年人提供方便可及、价格合理的各类养老服务和产品。

（二）制定引导和扶持养老产业发展的信贷、投资等优惠政策。引导养老机构和养老服务企业、社会组织优先满足老年人基本养老服务需求，重点扶持以老年生活照料、老年产品用品、老年健康服务、老年文化教育、老年体育健身、老年休闲旅游、老年金融服务、老年宜居住宅等为主的养老服务业发展。

（三）营造公开、透明、平等、规范的养老服务市场发展环境。凡是法律法规没有明令禁入的养老服务领域，都要向社会资本开放。

（四）推进公办养老机构改制试点，逐步把专门面向社会提供经营性服务的公办养老机构转制成为企业，通过公建民营等方式管理运营。鼓励社会资本通过委托管理等方式，运营公有产权的养老服务设施。鼓励有竞争力的养老服务企业走集团化发展道路，引导中小型养老服务企业连锁经营，加快培育一批特色鲜明、功能突出、辐射面广、带动力强的养老服务龙头企业。

（五）加大推进清理、整合各级政府及所属行政事业单位培训、接待等非办公类资产的工作力度，对清理出的资产，经专业评估机构评估后，通过拍卖、租赁等方式配置到养老、健康和休闲旅游等服务产业领域。与资产相关联的人员，由原资产占有使用单位负责妥善安置；资产盘活形成产业的，在招聘人员时，应优先录用资产关联人员，并为其妥善接续劳动关系。

（六）进一步简化和理顺养老机构准入程序，降低准入门槛。各级民政、国土资源、住建（规划）、消防、卫生计生等职能部门要加强协调，及时发布机构设置和规划布局调整等相关信息，有条件的地方应将养老机构设立、登记纳入行政审批服务中心实行窗口统一受理，为社会力量兴办养老机构做好指导和服务工作。

二、切实保障养老服务业建设用地

（一）优先安排养老服务业用地规划计划。将养老服务项目建设用地纳入土地利用总体规划和年度用地计划，并予以优先安排和重点保障。有条件的市县要开通建设用地报批“快速通道”，实行“一站式”办公，从项目选址、用地规模、计划指标、定额标准等方面为养老服务业用地单位做好服务。

（二）优先保障养老服务业用地需求。将依法处置后由政府收回的城市闲置工业用地和社会公益用地，规划用途符合要求的，可优先安排用于养老服务项目建设，对使用存量建设用地的养老服务项目，优先予以办理供地手续。对已经供应的建设用地，经批准允许改变用途用于养老服务项目建设，以增加养老服务项目用地的供应。农村集体经济组织为本集体内部成员兴办非营利性养老服务设施，经依法批准可以使用本集体所有的土地。出让经营性房地产用地，可设定条件要求配建一定规模的公益性养老服务机构用房。

（三）优先支持养老服务业土地供应。经民政部门认定的非营利性养老服务机构，其养老服务设施用地可采取划拨方式供地。民间资本兴办的非营利性养老服务机构，经民政部门认定后同意变更为营利性养老服务机构的，其养老服务设施用地报经市、县政府批准后，可以办理协议出让（租赁）土地手续，补缴土地出让金（租金）。为降低营利性养老机构的建设成本，各地可制定养老服务设施用地出租或先租后让的鼓励政策和租金标准，明确相应的权利和义务，向社会公开后执行。

（四）对营利性养老设施利用存量建设用地从事养老设施建设，涉及划拨建设用地使用权出让（租赁）或转让的，在原土地用途符合规划的前提下，可不改变土地用途，允许补缴土地出让金（租金），办理协议出让或租赁手续；在已建成的住宅小区内增加非营利性养老服务设施建筑面积的，可不增收土地价款。若后续调整为营利性养老服务设施的，应补缴相应土地价款。企事业单位、个人对城镇现有空闲的厂房、学校、社区用房等进行改造和利用，兴办养老服务机构，经规划批准临时改变建筑使用功能从事非营利性养老服务且连续经营 1 年以上的，5 年内可不增收土地年租金或土地收益差价，土地使用性质也可暂不作变更。

三、不断加大资金扶持力度

（一）支持民办非营利性养老服务业发展。对床位规模 30 张以上，符合条件、按标准建设、依规定运营的民办非营利性养老服务机构，新增床位（不含公建民营），省级财政给予每床一次性建设补贴 2000 元；按老年人实际占用床位，给予每床每月 100 元的运营补贴，省和市县各负担 50%。

（二）民办非营利性养老服务业吸纳农村五保对象和城市“三无”人员入住，可享受与公办养老服务机构同等待遇。对吸纳农村五保对象和城市“三无”人员入住的民办非营利性养老服务机构，同级财政部门要将其生活费和床位费按规定标准足额纳入预算，按时拨付。

四、积极支持融资信贷需求

（一）培育和扶持民办养老服务机构和企业发展，引导更多民间资本进入养老产业。加快金融产品和服务方式创新，拓宽信贷抵押担保物范围，积极支持民办养老服务业的信贷需求。利用财政贴息、小额贷款等方式，加大对民办养老服务业的有效信贷投入。

（二）鼓励银行业金融机构加大对养老服务机构及其建设项目信贷支持力度，按合理利率定价，满足养老服务业信贷需求。对当年新招用高校毕业生、登记失业人员、就业困难人员、复员转业退役军人等符合小额担保贷款申请人条件的人员达到机构（非劳动密集型小企业除外）现有在职职工总数 30%（超过 100 人的企业达 15%）以上，并签订 1 年以上期限劳动合同的民办养老机构（非劳动密集型小企业除外），根据招用人数，给予最高不超过 200 万元的贴息贷款，贷款期限不超过 2 年，可享受中国人民银行公布的同期限贷款基准利率 50%的贷款贴息，贴息资金由中央财政和市县财政各负担一半。

（三）银行业金融机构应不断创新金融服务品质与方式，积极改进信贷担保方式，支持养老服务业的可持续发展。允许养老机构利用有偿取得的土地使用权、产权明晰的房产等固定资产办理抵押贷款，国土资源、房产管理部门应予办理抵押登记手续。支持养老机构以包括股权融资在内的各种方式筹集建设发展资金，各级财政出资的融资性担保机构应优先为符合条件的营利性养老机构提供担保。对产权明晰、管理规范、诚信度高、偿债能力强的民办养老机构及其建设项目，银行业金融机构应通过多种方式给予信贷支持。

（四）推进民办养老服务机构信用体系建设，增强对信贷资金和民间资本的吸引力。

（五）鼓励民办养老机构投保责任保险，保险公司承保责任保险。地方政府发行债券应统筹考虑养老服务市场需求，积极支持民办养老服务设施建设及无障碍改造。

五、积极落实税费优惠政策

（一）对养老机构提供的养护服务免征营业税，对非营利性养老机构自用房产、土地免征房产税、城镇土地使用税，对符合条件的非营利性养老机构按规定免征企业所得税，养老机构占用耕地的，符合规定条件的免征耕地占用税。对企事业单位、社会团体和个人向非营利性养老机构的捐赠，符合相关规定的，准予在计算其应纳税所得额时按税法规定比例扣除。境内外资本建设养老机构享有同等的税收优惠政策。

（二）养老机构按居民用户的 80%交纳有线（数字）电视终端用户收视维护费，用水、用电、用热、燃气等执行民用价格，固定电话、宽带费用执行家庭住宅价格。

（三）各地对非营利性养老机构建设要免征有关行政事业性收费，对营利性养老机构建设要减半征收有关行政事业性收费，对养老机构提供养老服务要适当减免属于本级政府收入的行政事业性收费，具体减免办法由各地政府自行制定。

（四）工商部门登记的养老服务企业，按规定享受国家对中小企业、小型微利企业和家庭服务业的相应税费优惠政策。外资或合资养老服务企业或机构，享受相应的招商引资和养老服务优惠政策。

六、积极鼓励“医养结合”型养老模式

（一）积极推进医疗卫生与养老服务相结合，促进医疗卫生资源进入养老机构、社区和居民家庭。鼓励和支持社会力量重点发展医养结合，以收养失能、半失能、失智老年人为主，并提供长期照护服务的护理型养老机构。支持民办养老机构根据需求和规模设置医务室、护理站或独立的医疗机构，为入住老年人提供优质的医疗服务。

（二）医疗机构应积极支持和发展养老服务。鼓励医疗机构到养老机构设点，开展医疗服务。有条件的二级以上综合医院应开设老年病科，增加老年病床数量，做好老年慢性病防治和康复护理工作。

（三）鼓励闲置、效率低、床位利用率不足 50%的厂企二级医院转型为养老护理院，符合条件的纳入医保定点范围。重点鼓励引导社会资本兴办、托管和经营。各级卫生行政部门对养老机构申请的内设独立医疗机构，在符合设置条件和标准的前提下，予以批准设置，在受理医疗机构执业许可申请 20 个工作日内完成执业验收，合格的予以执业许可。

七、大力扶持老年社区和老年地产建设

鼓励民间资本参与老年社区、老年住宅等老年生活设施建设。对按照老年人居住建筑设计标准建设、有相应的护理服务团队、配有一定规模的养老护理机构的新开发老年社区和老年住宅项目，要积极保障合理用地需求，其配套的养老护理机构独立登记后享受相应的扶持政策。对老年地产涉及的物业开发、持续运营、护理服务、市场培育、资本运作等方面，给予鼓励、支持和引导。

八、积极发展夏季养老产业

（一）有条件的市县要将夏季养老产业发展纳入当地经济和社会发展的总体规划，充分利用当地生态环境、夏季气候和历史文化资源等地缘优势，积极拓展候鸟式养老、异地养生等夏季养老服务新业态。完善夏季养老宣传推广体系，采取政府购买服务等方式，逐步实现夏季养老宣传促销专业化、市场化。

（二）鼓励各地依托大型养老机构、疗养机构和闲置的政府接待服务机构建设夏季养老接待基地，整合养老、旅游、医疗康复和交通运输等公共服务资源，发展夏季养老服务联盟。根据市场需求，推出夏季养老套餐服务和特色品牌旅游线路、医疗旅游养老等特色服务产品，鼓励社会力量积极参与。

（三）搭建跨省际的异地养老协作平台，与异地养老服务实体或养老联盟组织建立“候鸟式”置换性服务的合作机制。建立异地就医结算机制，探索“候鸟”老年人就地就医、就地结算办法。为本省及外地老年人提供适合其身心特点的中长期季节性休闲旅游与康复疗养相结合的养老服务产品，促进我省夏季养老产业健康发展。

九、切实保障投资者权益

凡捐资兴办的非营利性养老机构，所有净资产归社会所有，机构停办后，由行政许可部门负责统筹，继续用于养老服务事业；其余民办非营利性养老机构、小型家庭养老服务机构，出资者拥有实际出资额（包含存续期间追加投资额）的财产所有权。

十、切实加强人才队伍建设

（一）将民办养老服务业从业人员职业技能培训纳入城乡就业培训体系，对有愿望从事养老服务业的从业人员参加就业技能培训，培训合格通过技能鉴定取得初级及以上职业资格证书，并与民办养老服务机构签订劳动合同的，按规定给予培训费补贴。

（二）按照国家职业标准提供和使用养老服务专业国家统一培训教材，指导各地统一时间、地点，统一使用国家职业技能鉴定题库为养老服务业从业人员提供考核鉴定服务，并按不同级别发放养老护理员国家职业资格证书。

（三）高校毕业生、转业退役军人、退役运动员、失业人员和农民工创办养老服务实体的，自首次注册登记之日起5年内免收各项行政事业性收费。

（四）对民办非营利性养老服务业招用就业困难人员给予职业培训和社保缴费补贴。民办非营利性养老服务机构新录用城镇登记失业人员、农村转移就业劳动者、当年高校毕业生、城乡未继续升学的应届初高中毕业生等四类人员，签订1年以上期限劳动合同，在劳动合同签订之日起6个月内开展岗前就业技能培训的，按照省人社厅、省财政厅《关于开展订单式培训促进稳定就业有关问题的通知》（黑人社发〔2014〕21号）有关规定给予职业培训补贴。民办非营利性养老服务机构招用就业困难人员，签订1年以上劳动合同并缴纳社会保险费的，按其为就业困难人员实际缴纳的基本养老保险费、基本医疗保险费和失业保险费给予全额补贴，所需资金由当地就业专项资金负担。

（五）在养老机构内从业的专业技术人员，执行与相应专业机构相同的执业资格和注册考核政策。对于到民办养老机构工作的养老从业人员，其人事关系及档案由人才服务机构免费管理，户口可依本人自愿落当地或者原籍。

黑龙江省人民政府办公厅
2014年10月17日

江苏省人民政府关于加快发展养老服务业完善养老服务体系的实施意见

苏政发〔2014〕39号

各市、县（市、区）人民政府，省各委办厅局，省各直属单位：

为贯彻落实《国务院关于加快发展养老服务业的若干意见》（国发〔2013〕35号）精神，现就推动我省养老服务业加快发展、进一步完善养老服务体系，提出如下实施意见。

一、总体思路和发展目标

（一）总体思路。深入贯彻落实党的十八大、十八届三中全会精神，以不断满足老年人日益增长的养老服务需求为出发点和落脚点，坚持从省情出发，充分发挥政府主导作用，更加注重统筹发展，强化城乡各类困难老年人托底保障工作；充分发挥市场在资源配置中的决定性作用，坚持深化体制改革、激发社会活力，使社会力量逐步成为养老服务业的发展主体；大力发展各种类型的养老服务和产品，满足多层次、多样化的养老服务需求，进一步健全具有江苏特色的养老服务体系，使养老服务业成为积极应对人口老龄化、保障和改善民生的重要举措，成为扩大内需、增加就业、推动经济转型升级的重要力量。

（二）发展目标。到 2020 年，全面建成以居家为基础、社区为依托、机构为支撑、信息为辅助，功能完善、服务优良、覆盖城乡的养老服务体系。

服务网络更加健全。生活照料、医疗护理、精神慰藉和紧急救援等养老服务覆盖城乡所有老年人。符合标准的社区居家养老服务中心覆盖所有城乡社区。养老床位总数达到每千名老年人 40 张，护理型床位占养老床位总数达到 50%以上，养老护理人员岗前培训率达到 100%、持证上岗率达到 90%以上。养老服务信息管理系统实现省到乡镇（街道）四级互联互通，居家呼叫服务和应急救援服务信息网络实现城乡全覆盖。

基本服务全面保障。加大对养老服务的投入，统筹城乡、区域养老服务资源，促进基本养老服务均衡发展。以政府为主导，充分发挥社会力量作用，面向所有老年人提供基本养老服务。建立健全经济困难老年人养老服务补贴制度，着力保障困难老年人的养老服务需求，确保人人享有基本养老服务。家庭、个人承担应尽养老责任。

产业规模显著扩大。推动以老年生活照料、老年产品用品、老年健康服务、老年体育健身、老年文化娱乐、老年教育、老年金融服务、老年旅游等为主的养老服务业全面发展，养老服务业增加值在服务业中的比重显著提升。全省机构养老、社区和居家生活照料、护理康复及相关养老服务提供 80 万个以上就业岗位。培育一批带动力强的生产老年人产品和提供养老服务的企业，形成具有一定规模连锁经营的养老服务机构和一批养老服务产业集群，打造一批养老服务知名品牌。

发展环境不断优化。建立养老服务准入、退出和监管机制，规范行业标准，健全养老服务业法规体系。鼓励企业、社会组织、个人积极参与养老服务运营和管理，广泛开展对外交流合作。全面建立为老志愿服务登记制度，鼓励和吸引更多的社会工作者、社会工作专业人才进入养老服务领域。

体制机制充满活力。进一步转变政府职能，切实做到服务及时、监管有力。不断加大政策支持和引导力度，激发各类服务主体活力，充分调动企业、社会组织、个人和其他社会力量开展养老服务的积极性。社会力量举办或经营的养老机构床位数占比达到 70%以上。

二、提升养老服务能力

（一）全面发展居家养老服务网络。建立以企业和机构为主体、社区为纽带，满足各类老年人服务需求的居家养老服务网络。大力推进城乡社区居家养老服务中心建设，做到有人员、有场地、有经费、有具体服务项目。培育发展居家养老服务企业和机构，上门为行动不便的居家老年人提供助餐、助浴、助洁、助急、助医等定制服务。引入社会组织或家政、餐饮等企业，兴办或运营虚拟养老院、城市小型托老所、老年助餐点、社区日间照料中心、老年活动中心等，为老年人提供价格合理的多样化服务和产品。到 2015 年，城市社区居家养老服务实现全覆盖，70%的农村社区能开展居家养老服务；到 2020 年，城乡社区居家养老服务实现全覆盖，标准化社区居家养老服务中心建成率分别达到 80%、40%，以县（市、区）为单位居家呼叫服务和应急救援服务信息网络全面建成。

（二）着力办好公办保障性养老机构。公办养老机构要充分发挥托底作用，重点为城乡特困老人、低收入老人、经济困难的失能半失能老人提供无偿或低收费的供养、护理服务。政府举办的养老机构要实用适用，避免铺张豪华。有条件的地区要积极稳妥地把专门面向社会提供经营性服务的公办养老机构转制成为企业或社会组织，完善法人治理结构。积极鼓励民间资本通过委托管理等方式运营公有产权的养老服务设施。开展服务项目和设施安全标准化建设，不断提高服务水平。

（三）加大对社会办养老机构的扶持力度。引导各类所有制投资主体进入养老服务领域，推动形成一批具有知名品牌和较强竞争力的养老机构。进一步降低准入门槛、简化手续，并在土地保障、规费减免、购买服务等方面给予优惠，引导鼓励社会力量参与养老服务体系建设。各地要研究制定鼓励护理型床位建设的政策措施，统一公办和其他所有制性质、以护理型床位为主的养老机构补助标准，从 2014 年起，对符合条件的以自建产权用房举办的养老机构，每张护理型床位给予不低于 1 万元的一次性建设补助；对符合条件的以租赁用房举办且租期 5 年以上的养老机构，每张护理型床位给予不低于 5000 元的一次性改造补助。鼓励各地采取发放日常运营补贴等方式，支持社会办和公建民营的养老机构提高服务质量。鼓励国外、境外企业和个人在我省设立外资养老服务机构，在政策优惠方面享有同等待遇。

（四）加快农村养老服务业发展。按照城乡一体化要求，统筹推进农村养老服务业发展。各地要充分利用农村闲置的学校、村“两委”用房、医院用房，以及民房等资源，按照村办养老院、家办托老所等形式，推进农村“老年关爱之家”建设。完善农村五保供养服务机构托底功能，在确保五保供养对象生活的前提下，拓展社会寄养、日托照料等多种功能，逐步向区域性养老服务中心转型。积极稳妥地推进农村五保供养机构改革，通过公建民营等方式，转给社会组织、企业或有能力的个人运营。对接收安置五保供养对象的养老机构，政府按规定标准转入生活、医疗、照料等费用。要充分发挥村民自治功能和老年协会作用，督促家庭成员承担赡养责任。组织开展邻里互助、志愿服务，切实解决农村老年人的实际生活困难。

（五）全面推进医疗卫生与养老服务融合发展。积极构建养老、医护、康复、临终关怀服务相互衔接的服务模式，实现老年人在养老机构和医疗卫生机构之间的卫生健康服务便捷对接。卫生行政管理部门要支持有条件的养老机构设置医疗机构。对于养老机构内设的医疗机构，符合城镇职工（居民）基本医疗保险和新型农村合作医疗定点条件的，相关部门可将其纳入定点范围，入住的参保老年人按规定享受相应待遇。支持医疗卫生资源进入养老机构、社区和居民家庭。城乡社区居家养老服务中心应与基层医疗卫生服务机构加强合作，逐步实现资源共享。二级以上综合医院应当开设老年病科，增加老年病床数量，满足老年人医疗和康复需求。基层医疗卫生服务机构应当为老年人建立健康档案，与老年人家庭建立医疗契约服务关系，广泛开展健康查体、保健咨询、上门巡视等服务。鼓励医院将闲置资源改造成康复医疗机构或增加老年病科床位，鼓励部分非建制乡镇卫生院积极开展养老服务。省民政部门要联合卫生、财政、人力资源社会保障等部门，研究出台鼓励和支持护理院（护理型养老机构）发展的具体措施。各类养老服务机构都要配备康复设备。政府为经济困难的失能半失能老人配备康复辅助器具，为家庭无障碍设施改造提供资助。到2020年，50％的城市社区和有条件的农村社区要设立适合老年人的康复场所。

（六）切实提高养老服务信息化水平。充分利用信息手段和互联网技术，整合人口管理系统等信息资源，建立省、市、县（市、区）和街道（乡镇）互通互联的养老服务信息管理系统。以“智慧社区”建设为依托，利用现代互联网、物联网技术，创新社区居家养老服务模式，发展老年电子商务，建设基层养老信息服务平台，开发老年家庭医疗监测和传感系统，为老年人提供居家生活、医疗保健、代购代缴、紧急救助等方面的服务。

三、完善养老服务制度

（一）健全养老服务监管制度。新建养老机构要按照《养老机构设立许可办法》，提交建设、消防、卫生防疫等有关部门的验收报告或审查意见书及其他必备材料；符合条件的，应及时予以办理相关手续。民政部门要完善准入、监管和退出机制，加强对养老机构的日常管理，要联合公安、卫生、人力资源社会保障和工商等部门，定期对各类养老服务机构进行检查。价格主管部门对养老服务进行价格监督和指导，除由政府主办且经营的养老机构实行政府定价和政府指导价外，其余的实行市场定价。统计部门要建立完善养老服务业统计制度。相关部门要建立健全养老服务发展评价与监测指标体系。

（二）建立养老服务调查评估制度。以县（市、区）为单位，建立养老服务调查评估制度，采取政府购买服务的方式，鼓励专业机构对养老服务需求进行调查，鼓励社会组织和养老机构开展养老服务评估。科学确定老年人服务需求类型、照料护理等级和养老服务补贴领取资格等。各地要完善评估指标体系，严格评估流程，综合利用评估结果，加强对评估工作的监督。到2015年，全面建立科学合理、运转高效的长效评估机制，实现养老服务评估科学化、常态化和专业化。

（三）建立和完善养老服务补贴制度。从2014年起，各地要建立政府购买养老服务制度，采用发放服务券等形式，为城乡低保对象等经济困难的失能、高龄等老年人入住养老机构、接受社区居家养老服务提供无偿或低收费的供养、护理服务。根据老年人或其家庭意愿到养老服务机构接受服务的，其养老服务补贴支付给相应的机构；居家接受服务的，其养老服务补贴支付给提供服务的企业、组织和个人。有条件的地区，可将养老服务补贴范围扩大到重点优抚对象和中低收入家庭中的失能半失能老人以及空巢、高龄老人。

（四）建立老年人政策性保险制度。鼓励各地按照机构投保、保险公司运作、政府支持的原则，建立养老机构综合责任保险和老年人意外伤害保险制度。鼓励老年人投保健康保险、意外伤害保险等人身保险。对符合条件的养老机构投保养老机构综合责任险，以及70周岁以上的经济困难老年人投保老年人意外伤害险，有条件的地区要给予一定补贴。支持各地探索建立老年护理保险制度，增强老年人接受护理照料的支付能力。

（五）完善老年人精神关爱制度。各地要积极开展“老年精神关爱行动”，重点实施“温暖空巢”“心灵茶吧”“舞动夕阳”“校园争辉”等老年精神关爱项目。建立老年人精神关爱服务组织，加强老年人生活和思想交流，开展心理讲座和培训，提供专业心理咨询、辅导和康复服务。到2020年，市、县（市、区）人民政府重点支持建设1至2所老年大学，强化老年教育，满足老年人的学习需要。

（六）建立专业技术人员激励制度。在养老机构就业的专业技术人员，执行与医疗机构、福利机构相同的执业资格、注册考核制度。社会办养老机构和养老服务企业在技术职称评定、继续教育、职业技能培训等方面与公办养老机构享受同等待遇。各地可根据职称、从业年限等因素，对从事养老服务业的专业技术人员给予一定补助，具体标准由各地制定。建立社会工作人才引入机制，在养老服务业中设置社会工作岗位。开展老年人长期照护者关爱行动，为社区和家庭中的长期照护者提供短期休整和疗养服务。市、县（市、区）人力资源社会保障部门和民政部门要加强协调配合，适时发布养老护理员工资指导价位，积极推动养老服务机构依法开展工资集体协商，加强对养老服务机构工资支付情况的监督检查，努力提高养老护理员的工资水平。

（七）完善养老服务教育培训制度。引导和整合高等院校、中等职业学校和职业培训机构的教育资源，加快培养老年服务管理、医疗保健、护理康复、营养调配、心理咨询等专业人才，鼓励大专院校对口专业毕业生从事养老服务工作。依托院校、养老机构和医院建立养老服务实训基地。各地要积极支持引导养老护理员参加养老护理职业技能培训，对取得国家养老护理员技师、高级工、中级工、初级工职业资格证书后，在养老机构护理岗位连续从业2年以上的人员，分别给予每人3000元、2000元、1000元、500元一次性补贴。

四、发展养老服务产业

（一）壮大养老服务产业规模。将养老服务业作为省政府《现代服务业“十百千”行动计划》的一项重要内容，按照市场化、品牌化、项目化方式，通过推进一批养老服务业重大项目、培育一批服务业集聚区和创新企业，全力推动养老服务业规模壮大、水平提升。对列入省现代服务业“十百千”行动计划的养老服务业重点项目，符合条件的由省级现代服务业发展专项引导资金给予支持。各地要引导养老服务企业和机构在优先满足老年人基本服务需求的基础上，积极开展适合老年人特点的文化娱乐、体育健身、教育培训、金融理财、休闲旅游、健康服务、精神慰藉、法律援助等服务。支持企业开展老年用品用具和服务产品的研发设计，将其纳入省扶持行业目录，制定引导和扶持发展的信贷、投资等政策。加强残障老年人专业化服务。

（二）推动养老服务业集聚区和特色产业基地建设。按照集中、集聚、集约发展的要求，合理规划布局养老服务业集聚区和养老服务特色产业基地。培育打造一批主导产业突出、产业链条完整、服务功能完善的养老服务业园区，符合条件的命名为省级现代服务业集聚区，享受省级现代服务业集聚区相关政策支持。着力培育老年产业集群，扶持连锁经营并具有一定规模的品牌养老机构，探索建设一批县（市、区）级老年服务产业园区及乡镇（街道）老年服务街区。支持有条件的地区建立老年生活用品用具和服务产品特色产业制造基地。

（三）引导养老服务业企业创新发展。对采用先进技术、创新能力强的养老服务业企业，支持其创建“现代服务业创新示范企业”。被评为省级“现代服务业创新示范企业”的，由省级现代服务业发展专项引导资金给予100万元一次性奖励。优先支持养老服务业企业品牌和标准化建设，对列入国家和省服务业标准化计划的项目，省级现代服务业发展专项引导资金给予20万元一次性奖励，对获得驰名商标的养老服务业企业给予100万元一次性奖励。支持养老服务业企业参加“服务业创新团队项目”和“服务业科技企业家”评选，并给予适当政策倾斜。

五、强化保障措施

（一）编制养老服务业规划。将发展养老服务业纳入国民经济和社会发展规划，省政府编制实施养老服务业发展规划（2014—2020年），各市、县（市）人民政府要根据省级规划和本地实际编制养老服务业发展规划和养老服务设施专项规划，并纳入城乡规划。

（二）保障养老服务设施建设用地。各市、县（市、区）人民政府要将各类养老服务设施建设用地纳入城镇土地利用总体规划和年度用地计划，合理安排用地需求。按照到2015年、2020年养老床位占老年人口总数30‰、40‰的目标，预留养老服务设施建设用地。各地在制定城市总体规划、控制性详细规划时，必须按照人均用地不少于0.2平方米的标准，分区分级规划设置养老服务设施。社会力量举办的非营利性养老机构与政府举办的养老机构享有相同的土地使用政策，可以依法使用国有划拨土地或者农民集体所有的土地。对营利性养老服务机构建设用地，按照国家对经营性用地的规定，依法办理有关用地手续，优先保障供应。对社会力量提供的床位数在200张、500张和1000张以上的养老服务，其投资项目可分别列入县、设区市和省级服务业重点项目，优先给予用地保障。鼓励利用闲置的厂房、仓储用房、学校、办公楼等存量房产和土地兴办养老服务机构，支持农村使用村级建设留用地兴办养老服务机构。严禁养老设施建设用地改变用途、容积率等土地使用条件搞房地产开发。

（三）加强基层养老服务设施建设。社区居家养老服务设施建设应纳入城乡社区配套用房建设范围，新建住宅小区按每百户20至30平方米配套建设社区居家养老服务用房，已建成的住宅区要按每百户15至20平方米的标准调剂解决。鼓励城乡社区把布局调整后的公共资源改造或建设成社区居家养老服务中心。凡老城区和已建成的住宅区无养老服务设施或现有设施未达到标准的，要在2015年前通过购买、置换、租赁等方式，按标准建成。城乡规划确定的社区居家养老服务设施用地，非经法定程序不得改变用途。

（四）加大财政金融支持力度。各级财政要不断加大对养老服务业的投入，积极支持引导养老服务业健康快速发展。省财政要整合社会养老服务体系建设有关专项资金，改进资金分配方式，充分发挥资金使用效益，根据完成省政府确定的目标任务情况和经济社会发展水平，对各地进行奖补。各地要增加福利彩票公益金的投入，落实中央关于福利彩票公益金50%以上用于养老服务的规定，体育彩票公益金要为本地区老年人配备健身器材。要通过贷款贴息、直接融资补贴、融资担保和风险补偿等办法，让更多信贷资金和社会资金投向养老服务业。积极争取国债投资等资金，支持发展养老服务项目。各金融机构要加大对养老服务机构的信贷支持，优先安排贷款资金，拓宽信贷抵押担保物范围，合理确定贷款期限，适当给予利率优惠。创新养老服务信贷产品，支持非营利性养老服务机构资产抵押贷款和优质企业信用贷款。支持养老服务企业上市融资。鼓励慈善捐赠资金投向养老服务设施建设。

（五）落实税费优惠政策。落实好国家现行支持养老服务业的税收优惠政策，对养老机构提供的养老服务免征营业税。非营利性养老机构自用房产、土地免征房产税、城镇土地使用税。非营利性养老机构符合免税条件的收入免征企业所得税。对企业事业单位、社会团体和个人通过非营利性社会团体及政府部门向非营利性养老机构的捐赠，符合相关规定的，准予在计算其应纳税所得额时按税法规定比例扣除。对非营利性养老机构建设免征有关行政事业性收费，对营利性养老机构建设减半征收有关行政事业性收费，对养老机构提供养老服务适当减免行政事业性收费，养老机构用水、用电、用气、用热按居民生活类价格执行。养老机构安装电话、有线（数字）电视、宽带互联网免收一次性接入费，有线（数字）电视基本收视维护费按当地居民用户终端收费标准减半收取，有条件的地区应当加大优惠力度。

（六）支持社会力量参与养老服务。支持企业、社会组织、个人参与管理运营养老机构和社区养老服务，开展养老教育培训、咨询评估、标准制定、质量监督及第三方认证等服务。鼓励保险机构以商业化运作模式参与养老服务机构和养老社区建设。鼓励社会力量捐资设立养老服务类非公募基金会。积极培育发展为老服务公益慈善组织。积极扶持发展各类为老服务志愿组织，开展志愿服务活动。倡导机关干部和企业事业单位职工、大中小学学生参加养老服务志愿活动。支持基层群众自治组织开展居家养老互助服务。支持老年群众组织开展自我管理、自我服务和服务社会活动。弘扬敬老、养老、助老优良传统，支持窗口行业开展“敬老文明号”创建活动。

各地、各有关部门要根据本意见精神，结合实际抓紧制定具体实施方案或实施细则。

江苏省人民政府
2014年4月2日

江苏省卫生和计划生育委员会、江苏省财政厅、江苏省人力资源和社会保障厅、江苏省民政厅关于全面推进医养融合发展的意见

苏民福〔2014〕26号

各市、县（市、区）民政局、卫生局、财政局、人力资源和社会保障局：

全面推进医疗卫生和养老服务融合发展，是积极应对人口老龄化的重要举措，也是实现广大老年人老有所养、病有所医的必要条件。为深入贯彻落实《省政府关于加快发展养老服务业　完善养老服务体系的实施意见》（苏政发〔2014〕39号），科学合理统筹养老和卫生两方面资源，更好地满足广大老年人的医疗服务需求，现结合我省实际，就全面推进医养融合发展提出如下意见：

一、指导思想

全面贯彻落实党的十八届三中全会提出的“积极应对人口老龄化，加快建立社会养老服务体系和发展养老服务产业”要求，以满足全省广大老年人日益增长的医疗护理服务需求为目标，创新运作模式、完善配套政策、加大财政投入、统筹各方资源，全面推进医疗卫生与养老服务融合发展，切实加快护理型养老机构（护理院）建设，促进医疗卫生资源与养老服务的无缝对接，努力缓解医养床位紧张和老人看病难、住院难的压力，让全省广大老年人能够及时享受到高效便捷的医疗服务，实现老有所养、病有所医的目标。

二、目标任务

到2015年，实现养老、医疗资源的充分融合，在各类养老服务机构中都能提供基本医疗服务，护理型床位占养老床位总数达30%以上；到2020年，实现养老和医疗康复资源共享，服务便捷，各类养老服务机构（护理院）医疗服务功能更加完善，与医疗机构合作更加紧密，医养融合模式更加成熟，医疗护理水平逐步提高，护理型机构床位数占养老床位总数达到50%以上。

三、具体措施

（一）鼓励基层医疗卫生机构为老年人提供便捷服务。基层医疗卫生机构应当结合实施基本公共卫生服务项目要求，建立老年人健康管理服务制度，为老年人建立健康档案，加强老年人健康指标监测和信息管理；每年为65岁以上老年人提供一次健康管理服务，开展生活方式和健康状况评估、体格检查、健康教育指导；要转变服务模式，与有意愿的老年人家庭建立医疗契约服务关系，为行动不便的老年人提供上门服务，开设家庭病床，方便老年人就医。强化社区卫生服务中心、乡镇卫生院（村卫生室）的医疗康复功能，为小型养老机构、城乡社区居家养老服务中心、“老年关爱之家”和社区老年人提供基本医疗康复服务。

（二）积极推进养老机构内设医疗卫生设施和开展医疗服务。床位数在100张以内的养老机构，应就近与医疗服务机构签订合作协议，通过医生定期上门服务，并建立应急通道，随时提供诊疗服务，有条件的可设立医务室，提供基本医疗服务；床位数100～200张的养老服务机构，应结合自身需求，在院内设立卫生室、医务室等卫生设施，配备必要的非处方药、医疗器械、康复器具等，并聘请具有职业资格的医师、护士提供基本的医疗护理服务；床位数在200张以上的养老服务机构，应设置相应的医疗机构或与临近的医疗卫生机构签订协议，为老年人提供优质便捷的医疗服务。各级卫生部门应对养老机构设立卫生室、医务室、诊所和护理院给予大力支持，积极提供便利；符合条件的，卫生部门要为其办理医疗机构执业许可证。医保主管部门对上述机构发生的医疗费用，按照老人参加的城乡基本医疗保险的规定结算。

（三）全面推行康复服务。各类养老服务机构都要配备康复设备，全面开展康复服务。床位数在100张以下的养老机构应设立康复区，100张床位以上的养老机构应设立康复中心，配备专业康复人员或引入专业的康复机构，开展专业化的康复服务。政府要为经济困难的失能半失能老年人配备康复辅助器具，为家庭无障碍设施改造提供资助。到2020年，50%的城市社区和有条件的农村社区要设立适合老年人的康

复场所。

（四）大力扶持和发展护理院和护理型养老机构建设。各地要出台扶持和发展护理院及护理型养老机构建设的政策，按照从实际出发，注重实用，可行且可持续的原则，取消不必要的限制条件。对社会资本投资兴办的护理院和护理型养老机构，在建设补贴、运营补贴、定点医疗等政策上要予以倾斜，鼓励招录公益性岗位，放开定价机制，充分发挥市场的自我调节作用。各级民政和卫生部门应对护理院和护理型养老机构给予大力支持，要积极提供便利，护理院及其医护人员应纳入卫生部门统一管理，在资格认定、职称评定、技术准入和推荐评先评优等方面，与公办医疗机构享有同等待遇。

（五）努力提高综合医院老年人服务的能力。全省各级各类医疗机构要积极为老年人提供高质量的医疗服务，要全面落实老年医疗服务优待政策，对老年人看病就医实行优先照顾，在挂号、就诊、收费、取药、住院等窗口设置“老年人优先”标志。要充分发挥医院志愿者服务作用，为行动不便的老年人提供门诊、住院陪同服务，在医疗服务中体现爱老、敬老的良好风尚。全省二级以上综合医院应开设老年病科，增加老年病床数量，提倡多学科团队合作模式，规范开展老年常见慢性病诊治，有条件的医院开设老年病门诊，满足老年人医疗和康复需求。鼓励支持二级以上公立医疗机构与养老机构建立医疗服务协作关系，通过定期巡诊义诊等方式，逐步提高养老机构医疗服务能力。

（六）加快发展为老年人服务的专业医疗机构。充分利用现有医疗服务资源，创办老年康复中心、老年医院、护理院等主要针对高龄、病残老年人的康复护理专业服务机构。鼓励社会资本举办康复医院、护理院，最大限度放宽设置规划。引导部分非建制镇卫生院建立护理院，开设医疗护理型床位或病区，鼓励乡镇卫生院、社区卫生服务中心发展老年医疗护理服务特色科室。鼓励有条件的企事业单位职工医院、门诊部向以老年康复为主的社区卫生服务机构转型，方便老年人就医。支持部分闲置床位较多的一、二级医院和专科医院发挥专业技术和人才优势，按照《护理院基本标准》，转型为老年人护理院。按照养老机构设立许可的有关规定，完善养老服务设施，符合条件的，各级民政部门应为其办理养老机构设立许可证，并依照相关规定享受护理型养老机构的建设、运营补贴。

（七）充分发挥中医药在健康养老中的作用。坚持养老与养生相结合，将中医药养生保健和“治未病”理念融入养老全过程，利用中医药技术方法全面提升老年人身心健康和生活质量。健全中医医院老年病科，增加老年病床位，提供形式多样、内容丰富的中医药健康养老服务。推动中医医院与老年病医院、老年护理院、康复疗养机构等之间的深层次合作，积极发展养生保健、康复服务。鼓励中医医疗机构举办养老康复机构，探索发展以中医药健康养老为主的养老机构。在养老机构开展融合中医药健康管理理念的老年人医疗、护理、养生、康复服务，有条件的可设立以老年病、慢性病防治为主的中医药门诊部、诊所或诊室。发展社区和居家中医药健康养老服务，引导中医医疗和预防保健机构延伸提供社区和居家养老服务。建立中医药养老服务实训基地，加强养老护理人员中医药技能培训，推广中医药健康养老知识和产品。

（八）完善基本医疗保险保障。对养老机构内设的医疗机构（诊所、卫生室、医务室）以及举办的护理院、康复医院等，符合城镇职工基本医疗保险、城镇居民基本医疗保险、新型农村合作医疗定点机构准入条件的，要优先纳入城乡医保定点范围。医疗保险经办机构要按照基本医疗保险的有关规定与护理型养老服务机构签订基本医疗保险服务范围、项目、服务质量、结算办法等内容的协议，明确双方的责任、权利和义务。参加城镇职工基本医疗保险、城镇居民基本医疗保险、新型农村合作医疗的老年人，入住护理型养老服务机构发生的符合政策范围内的医疗费用，分别按照相关规定报销结算。探索将针对特定老年人的护理费用采取包干等方式纳入医保报销范围。

（九）探索建立长期护理保险制度。支持各地探索建立长期护理保险制度，人社、卫计、民政和财政部门要积极开展长期护理保险调研，做好与医保政策的有效衔接，发挥医保基金效益，缓解失能老人护理费用支出压力。有条件的地区可先行试点，探索经验，形成个人、政府和保险公司共同承担的合力，增强失能老人护理消费能力。

四、工作要求

（一）加强组织领导。各地要全面落实社会养老服务体系建设任务，优化配置医疗卫生服务资源，引导社会资本投入，全力推进医养融合发展。各市、县（市、区）民政、财政、人力资源和社会保障、卫生部门要统一思想、提高认识，密切合作、齐抓共管，形成协调有力的推进机制。

（二）强化分工协作。各级民政、卫生部门要科学规划辖区内的养老服务机构、社区居家养老服务中心和各类医疗卫生机构，实现养老服务资源和医疗卫生资源的有效衔接，全面推进医养融合发展；各级财政部门要加大推进医养融合发展、加强护理型养老服务机构（护理院）建设的资金扶持力度；人力资源和社会保障、卫生部门要为养老机构申请设立医疗机构和申请医保、新型农村合作医疗定点提供便捷服务，优先受理、优先审核，对符合条件的，优先纳入医保定点医疗机构范围。

（三）重视人才培养。各级民政、人社和卫生部门要加大养老专业服务人才的培训力度，加强对各类养老服务机构中专业医生、执业护士、管理人员和养老护理员的培训，不断强化医养融合发展的人才保障。鼓励医疗机构内优秀的执业医师和执业护士到养老机构中轮岗服务，并给予相应的特殊岗位补贴，具体标准由各地根据当地经济社会发展状况确定。鼓励大中专院校和护士专科学校毕业生到养老服务机构和社区从事养老服务工作。养老机构内设医疗机构及其医护人员应纳入卫生部门统一管理，在资格认定、职称评定、技术准入和推荐评优等方面，与其他医疗机构同等对待。

（四）突出政策引导。各地要出台政策，促进医疗卫生资源进入养老机构、社区和居民家庭，推动医养融合发展。适当降低护理院申办门槛，鼓励社会资本投资兴办护理院，并在运营补贴、定点医疗等政策上予以倾斜。全面提高护理型养老机构（护理院）建设补贴，从2014年起，对符合条件的以自建产权用房举办的养老机构，每张护理型床位给予不低于1万元的一次性建设补助；对符合条件的以租赁用房举办且租期5年以上的养老机构，每张护理型床位给予不低于5000元的一次性改造补助。各地要积极支持引导养老护理员参加养老护理职业技能培训，对取得国家养老护理员技师、高级工、中级工、初级工职业资格证书后，在养老机构护理岗位连续从业2年以上的人员，分别给予每人3000元、2000元、1000元、500元一次性补贴。

（五）落实督促检查。各地要在对养老机构和基层卫生医疗机构进行常规指导基础上，要不定期进行检查抽查，及时发现、整改为老人提供诊疗服务过程中存在的问题，提高服务质量。针对提供医养融合服务的养老机构运营状况，要积极开展跟踪分析，对推进情况进行总结，提出完善意见。

江苏省卫生和计划生育委员会　江苏省财政厅
江苏省人力资源和社会保障厅　江苏省民政厅
2014年8月29日

江苏省财政厅、江苏省发展改革委、江苏省民政厅、江苏省老龄办关于做好政府购买养老服务工作的通知

苏财社〔2014〕216号

各市、县（市、区）财政局、发展改革委、民政局、老龄办：

为贯彻党的十八届三中全会关于推广政府购买服务的战略部署，落实《国务院关于加快发展养老服务业的若干意见》（国发〔2013〕35号）、《国务院办公厅关于政府向社会力量购买服务的指导意见》（国办发〔2013〕96号）、《省政府关于加快发展养老服务业完善养老服务体系的意见》（苏政发〔2014〕39号）和《财政部国家发展改革委员会民政部全国老龄工作委员会办公室关于做好政府购买养老服务工作的通知》（财社〔2014〕105号）要求，进一步推进我省政府购买养老服务工作，现就有关问题通知如下：

一、基本原则

（一）保基本、可持续原则。充分考虑各地经济社会发展水平，以老年人基本养老服务需求为导向，将政府购买服务与满足老年人基本养老服务需求相结合，优先保障经济困难的孤寡、失能、高龄等老年人生活照料、康复护理的服务需求，不断拓展政府购买养老服务的领域和范围，逐步惠及全体老年人。

（二）属地管理原则。政府购买养老服务实行属地化管理，资金由同级财政保障。各地要加强绩效管理，明确购买主体和承接主体的权利和义务，建立公开透明的购买服务管理制度，规范购买流程，建立评估机制和动态调整机制，增强购买服务的针对性和有效性。

（三）发挥市场配置作用原则。充分发挥市场配置资源的决定性作用，让社会力量成为承接政府购买养老服务的主体。实行政社分开，凡社会能够提供的养老服务，应交给社会力量承接。购买服务工作应符合政府采购相关政策法律的规定，各地要根据养老服务项目的采购需求特点，选择适当的采购方式确定承接主体，并严禁承接主体将养老服务转包。

二、主要目标

2015年底前，全省以县（市、区）为单位有序推开政府购买养老服务工作，完成购买服务制度建设。到2020年，基本建立比较完善的政府购买养老服务制度，促进形成与经济社会发展相适应、高效合理的养老服务资源配置机制和供给机制，支持和参与养老服务的社会氛围更加浓厚，养老服务水平和质量显著提高，功能完善、规模适度、覆盖城乡的养老服务体系基本建成。

三、购买主体、承接主体和购买内容

（一）购买主体。政府购买养老服务主体为承担养老服务的各级行政机关和参照公务员法管理、具有行政管理职能的事业单位，以及纳入行政编制管理且经费由财政负担的群团组织。

（二）承接主体。政府购买养老服务的承接主体主要为具有独立法人资格，拥有能够熟练掌握养老工作知识、方法和技能的专业团队，具备完善的内部治理结构、健全的规章制度、良好的社会公信力和养老专业服务能力的社会组织、养老机构等。具备相应能力和条件的企事业单位也可承接政府购买养老服务工作。

（三）购买内容。各地要根据养老服务的性质、对象、特点和地方实际情况，重点选取生活照料、康复护理和养老服务人员培养等方面开展政府购买服务工作。在购买居家养老服务方面，主要包括为符合政府资助条件的老年人购买助餐、助浴、助洁、助急、助医、护理等上门服务，以及养老服务网络信息建设；在购买社区养老服务方面，主要包括为老年人购买社区日间照料、老年康复文体活动等服务；在购买机构养老服务方面，主要为“三无”（无劳动能力，无生活来源，无赡养人和扶养人或者其赡养人和扶养人确无赡养和扶养能力）老人、低收入老人、经济困难的失能半失能老人购买机构供养、护理服务；在购买养老服务人员培养方面，主要包括为养老护理人员购买职业培训、职业教育和继续教育等；在养老评估方面，主要包括老年人能力评估和服务需求评估的组织实施、养老服务评价等。

各地要制订政府购买养老服务的目录，明确服务种类、性质和内容，细化目录清单，并根据实际情况变化，及时进行动态调整，与当地经济社会发展水平相适应。

四、保障措施

（一）加强组织领导。各地要高度重视政府购买养老服务的组织工作，将其列入重要议事日程，纳入政府目标管理和绩效考核，纳入政府年度重点工作和为民办实事项目，抓好责任落实，加大推进力度，确保有效落实。

（二）提供资金保障。政府购买养老服务资金在现有养老支出预算中统筹考虑。对于新增的养老服务内容，各地财政部门要在科学测算养老服务项目和补助标准的基础上，将所需资金列入同级财政预算。

（三）强化管理制度。各地要制定统一明确、操作性强、便于考核的购买养老服务管理制度。要建立完善政府购买养老服务政策体系，对购买养老服务对象、承接主体进行登记造册，建立台账档案。要积极推进养老服务评估工作，建立科学合理、运转高效的评估机制。要加强养老服务信息化建设，建立政府购买养老服务基础数据库，实现省、市、县信息共享和动态管理。要建立健全由购买主体、养老服务对象以及第三方组成的综合评审机制，加强购买养老服务项目绩效评价。

（四）健全监管机制。各地要加强政府购买养老服务的监督管理，完善事前、事中和事后监管体系，严格遵守相关财政财务管理规定，确保政府购买养老服务资金规范管理和使用，不得截留、挪用和滞留，建立健全统计报告制度和公示制度。购买主体要严格按照政府购买服务的操作规程，公平、公正、公开选择承接主体，建立健全内部监督管理制度，按规定公开购买服务相关信息，自觉接受社会监督。承接主体应健全财务制度，严格按照服务合同履行服务任务，保障服务数量、质量和效果。服务完成后，购买主体应委托第三方独立审计机构对金额较大、服务对象较多的项目进行审计，并出具审计报告。要建立统计报告制度和公示制度。

各地要高度重视政府购买养老服务工作，要建立健全政府统一领导、财政部门牵头、民政等有关职能部门协同、社会广泛参与的工作机制。财政部门和其他政府职能部门要加强对不同地区、不同项目、不同服务的分类指导工作，定期研究政府购买养老服务的重要事项，及时发现、研究和解决工作中出现的问题。同时，要充分利用各种宣传媒体，广泛宣传实施政府购买养老服务工作的重要意义、主要内容、政策措施，充分调动社会参与的积极性，为推进养老服务工作营造良好的舆论氛围。

江苏省财政厅　江苏省发展改革委
江苏省民政厅　江苏省老龄办
2014年11月27日

江苏省财政厅、江苏省民政厅、江苏省老龄办关于建立经济困难的高龄失能等老年人补贴制度的通知

苏财社〔2014〕254号

各市、县（市、区）财政局、民政局、老龄办：

为贯彻省委、省政府关于实施“民生幸福工程”的总体部署，落实《省政府关于加快发展养老服务业完善养老服务体系的实施意见》（苏政发〔2014〕39号）、《财政部民政部全国老龄工作委员会办公室关于建立健全经济困难的高龄失能等老年人补贴制度的通知》的要求，进一步推进我省社会养老服务体系建设，有效解决经济困难老年人养老服务保障问题，决定在全省建立经济困难的高龄、失能等老年人补贴制度。现就有关事项通知如下：

一、重要意义

我省1986年进入老龄化社会，比全国早13年。截止到2013年底，全省60周岁以上老年人口为1494.8万，占人口总数的19.65%；80周岁以上高龄老年人为224.5万，城乡“三无”老人为20.56万，城乡低保家庭老年人为59.1万。老年人群体呈现基数大、增长快、高龄化、空巢化的趋势，失能、半失能老人照料服务矛盾日渐突出，迫切需要社会提供多样化、多层次的养老服务。建立高龄、失能等老年人补贴制度，是细化落实“民生幸福工程”的重要举措，是惠及百姓的民心工程，对于保障经济困难老年人共享发展成果，维护社会公平正义，保持社会和谐稳定，具有十分重要的促进作用。各地各有关部门要充分认识新形势下建立高龄、失能等老年人补贴制度的重要性和必要性，进一步增强责任感和紧迫感，采取有力措施，减轻经济困难的高龄、失能等老年人的养老服务负担，推动实现基本公共服务均等化。

二、基本原则和主要目标

（一）基本原则

保基本、可持续原则。充分考虑各地经济社会发展水平，注重补贴范围、标准与其他保障制度相衔接，优先保障经济困难的高龄、失能老年人的养老服务需求，逐步惠及全体老年人。

属地管理原则。高龄、失能等老年人补贴对象以户籍为基础，实行属地化管理，资金由同级财政保障。

公开、公平、公正原则。建立公开透明的管理制度，规范操作、严格审批、加强监管，接受社会监督。

（二）主要目标

到2014年底，全省以县（市、区）为单位，在建立健全养老服务评估制度的基础上，全面建立和完善高龄、失能等老年人补贴制度。

三、补贴对象

（一）低保家庭中60周岁以上的失能老人；

（二）低保家庭和分散供养的特困对象中80周岁以上的老年人；

（三）低保和低收入家庭（低保标准2倍以内）中60周岁以上的失独老人。

四、补贴标准和方式

（一）补贴标准

1. 低保家庭中60周岁以上的失能老人，按不低于100元/月·人的标准给予护理、服务补贴。

2. 低保家庭和分散供养的特困对象中80周岁以上的老年人、低保和低收入家庭中60周岁以上的失独老人，按不低于60元/月·人的标准给予护理、服务补贴。

各地可结合实际，确定与当地经济社会发展水平相适应的补贴对象和补贴标准。

同时符合上述条件的老年人，和已享受重残补贴或特殊困难残疾人生活救助等补助的老年人，按照就高的原则，不重复享受。

（二）补贴方式

各市、县（市、区）要通过政府购买服务方式，采用发放服务券等形式，为符合条件的老年人入住养老机构、接受社区居家养老服务或者签约委托亲友、邻里服务提供支持。

根据老年人或其家庭意愿，到养老服务机构接受服务的，其补贴由当地民政部门支付给相应的养老服务机构；居家接受服务的，支付给提供服务的居家养老服务机构或组织；委托亲友、邻里提供服务的，根据政府或委托的基层养老服务组织、老年人和服务提供人三方签定的协议，支付给提供服务的对象。

五、保障措施

（一）加强组织领导。各地要高度重视高龄、失能等老年人补贴制度建设的组织工作，将其列入重要议事日程，纳入政府目标管理和绩效考核，纳入政府年度重点工作和为民办实事项目，抓好责任落实，加大推进力度，确保有效落实。

（二）加大投入力度。各级人民政府要加大对养老服务事业的投入，坚持政府主导、社会参与，建立健全资金筹集和监管机制，将高龄、失能等老年人补贴及开展养老服务需求评估所需资金列入财政预算，专款专用。

（三）健全管理制度。各地要建立完善高龄、失能等老年人补贴工作的相关制度，对补贴对象进行登记造册，建立台账档案。积极推进养老服务评估工作，落实评估机构和人员队伍，建立科学合理、运转高效的评估机制，实现养老服务评估科学化、常态化和专业化。加强养老服务信息化建设，建立发放补贴基础数据库，实现省、市、县信息共享和动态管理。建立统计报告制度和公示制度，及时报送补贴对象及补贴资金使用情况，并用适当方式定期向社会公布。

（四）营造社会氛围。围绕建设社会主义核心价值体系，大力弘扬中华民族传统美德，在全社会深入开展敬老、爱老、助老教育。要充分运用各类新闻媒体，加大相关政策宣传力度，公布高龄、失能等老年人补贴的发放范围、标准和程序，使这一优待政策家喻户晓，使老年人得到实实在在的服务。

各地要根据本意见精神，结合当地实际，制订具体实施办法。

江苏省财政厅　江苏省民政厅　江苏省老龄办
2014年12月26日

江苏省金融办、江苏省民政厅、江苏省财政厅、人民银行南京分行、江苏银监局、江苏保监局关于金融支持养老服务业发展的意见

苏金融办发〔2014〕85号

各市金融办、民政局、财政局，昆山市、泰兴市、沭阳县金融办、民政局、财政局；人民银行南京分行营业管理部、江苏省各市中心支行，各银监分局，苏州保监分局：

为贯彻落实《国务院关于加快发展养老服务业的若干意见》（国发〔2013〕35号）和《江苏省人民政府关于加快发展养老服务业完善养老服务体系的实施意见》（苏政发〔2014〕39号），满足我省养老服务业金融需求，引导和支持社会力量参与养老服务业发展，推进社会养老服务体系建设，现结合我省实际，提出以下意见。

我省于1986年进入老龄化社会，目前老年人口占总人口比重已接近20%。建设完善的社会养老服务体系，是积极应对老龄化、确保社会经济各领域健康可持续发展的重要举措。金融是现代经济的核心，通过金融手段支持养老服务业发展，是落实金融支持实体经济的重要举措。发挥金融在市场配置资源中的引导作用，逐步建立金融支持养老服务业的运作机制和政策体系。重点支持纳入省级扶持行业目录的养老服务设施建设，为老年人提供衣、食、住、行、医、文化娱乐等服务，扶持发展养老服务业龙头企业，积极培育老年生活用品用具和服务产品特色制造基地，推动养老服务机构和养老服务产业健康发展。

一、引导银行业金融机构加大养老服务业信贷投入

加大银行业金融机构对养老服务业的支持力度，提高养老服务业贷款覆盖面，保持贷款余额的合理增长。一是加快养老服务业信贷产品创新。在风险可

控、商业可持续的原则下，鼓励和支持商业银行对养老服务机构和养老服务业企业发放信用贷款。鼓励商业银行开发符合养老机构运行模式特点的信贷产品，探索向产权明晰的社会力量办养老机构发放资产（设施）抵押和应收账款质押贷款，探索对非营利性养老服务机构的非公益资产发放抵（质）押贷款，探索对农村养老服务机构发放农村土地承包经营权、农房和农村集体建设用地使用权抵押贷款。支持发放融资性担保公司担保的养老服务业贷款。二是提高金融服务水平。对于缺乏融资经验的社会力量办养老机构，银行业金融机构要主动与其对接，提供优质服务；鼓励银行业金融机构针对部分养老产业项目周期长、盈利水平低等特点，在风险可控的前提下，适当延长贷款期限；银行业金融机构要研究开发适应老年人的养老金收付服务需求的结算产品和理财产品；鼓励开展“江苏老年金融服务示范点”建设，积极提供适合老年人群需求的各类金融服务；支持境外资本投资我省养老服务业，银行业金融机构要做好配套人民币结算服务。三是加大对小微养老服务机构的信贷支持。凡符合政策条件的人员兴办的或当年吸纳应届高校毕业生并与其签订一年以上劳动合同的养老机构、居家养老服务中心、幸福院和小型托老所，可按规定申请小额担保贷款，并享受城乡居民创业贷款有关优惠政策。四是积极发挥政策引导作用。要通过贷款贴息、直接融资补贴、融资担保和风险补偿等办法，让更多信贷资金和社会资金投向养老服务业。积极争取国债投资等资金，支持发展养老服务项目。探索运用银行专项贷款风险补偿资金，对符合条件的养老服务业项目和企业贷款给予风险补偿。对支持小型、微型养老服务业力度较大且满足相关条件的金融机构，人民银行南京分行将在再贴现、再贷款等工具使用方面给予倾斜。

二、推动保险业金融机构与养老服务业深度合作

鼓励各类保险机构深入参与养老服务业发展。积极推动保险机构在风险可控的前提下，将保险资金多方位投入养老机构建设。支持保险资金通过全资、股权合作、股权投资、投资信托基金、发行类不动产投资基金产品等模式，全面参与我省重点养老服务工程建设，促进保险服务业与养老服务业融合发展。鼓励地方政府对保险机构参与投资养老机构简化各项审批手续，并提供土地、税收等多方面政策优惠。努力提高保险产品与养老服务业的结合度。鼓励各地按照机构投保、保险公司运作、政府支持的原则，建立养老机构责任险和老年人意外伤害保险制度。对符合条件的养老机构投保责任险和老年人意外伤害险，有条件的地区要给予一定补贴。支持保险机构创新养老保险产品服务，为不同群体提供个性化、差异化的养老保障。探索开展住房反向抵押养老保险、老年人护理保险和对失独老人保障的新模式，推动独生子女家庭保障计划，大力发展个人储蓄性养老保险。

三、积极运用财政手段支持养老服务业发展

各级财政要不断加大对养老服务业的投入，落实中央关于福彩公益金50%以上用于养老服务的规定，体育彩票公益金要为本地区老年人配备健身器材。省级财政进一步加大社会养老服务体系建设投入，改进完善资金分配方式，适当向经济薄弱地区倾斜，按照老龄人口数、经济社会发展水平和绩效考核情况等因素分配资金，增强各地养老服务工作的主动性、针对性和灵活性。省补资金主要用于护理型床位、农村五保供养机构、居家养老服务中心、养老服务信息化建设以及养老护理员培训、养老服务补贴等方面的社会养老服务体系建设。

四、加强养老服务机构和行业发展的规范与评价

积极引导养老机构建立并规范企业化运营模式。研究制订《江苏省养老服务机构会计制度》及《江苏省养老服务机构会计核算办法》，规范养老服务机构会计行为。鼓励有条件的养老机构转制为工商企业，并在财政补助、税费减免等优惠政策上实行工商登记和民办非企业登记的养老服务机构同等待遇。探索建立养老行业评价体系，加快制订相关配套政策。民政部门根据养老机构行业特点，结合银行业金融机构风险管理要求，牵头建立养老机构信用评级体系。依托第三方中介机构，定期组织开展评级分类工作。建立养老机构分类管理名录，及时了解机构发展情况和资金需求，有针对性地开展财务辅导和信用培植。

五、多措并举营造养老服务业良好的外部环境

民办非营利性养老机构、居家养老服务组织因债务违约、依法清算的，其资产增值部分按照规定进行处理。

拓宽养老服务企业融资渠道，支持养老服务企业上市融资，争取国债投资等资金支持发展养老服务项目。探索政府和社会资本合作（PPP）建设养老机构模式。

各级金融、民政、财政等相关部门从2015年起每年举办1至2次金融支持养老服务业发展对接会，并将支持养老服务业结果上报省金融办、省民政厅和省财政厅。

江苏省金融办　江苏省民政厅　江苏省财政厅
人民银行南京分行　江苏银监局　江苏保监局
2014年12月3日

浙江省人民政府关于加快发展养老服务业的实施意见

浙政发〔2014〕13号

各市、县（市、区）人民政府，省政府直属各单位：

为积极应对人口老龄化，加快推进全省养老服务业发展，根据《国务院关于加快发展养老服务业的若干意见》（国发〔2013〕35号）精神，结合我省实际，提出如下实施意见：

一、总体要求

（一）指导思想。以邓小平理论、“三个代表”重要思想和科学发展观为指导，全面贯彻落实党的十八届三中全会精神，把不断满足老年人日益增长的养老服务需求作为出发点和落脚点，进一步强化政府责任，激发市场活力，确保托底型养老、扩大普惠型养老、支持社会化养老，努力使养老服务业成为积极应对人口老龄化、保障和改善民生的重要举措，成为扩大内需、增加就业、促进服务业发展、推动经济转型升级的重要力量。

（二）基本原则。

1. 深化体制改革。加快转变政府职能，加大政策支持和引导力度，推进政府购买服务。充分发挥市场在资源配置中的决定性作用，激发各类服务主体活力，创新服务供给方式，提供多样化、多层次的养老服务。

2. 坚持保障基本。着力保障困难老年人的养老服务需求，确保人人享有基本养老服务。加大对基层和农村养老服务的投入，充分发挥社区基层组织和服务机构在居家养老服务中的重要作用。支持家庭、个人承担应尽责任。

3. 注重统筹发展。统筹发展居家养老、机构养老和其他多种形式的养老，实行普遍性服务和个性化服务相结合。统筹城市和农村养老，促进基本养老服务均衡发展。统筹利用各种资源，促进养老服务与医疗、家政、保险、教育、健身、旅游等相关领域互动发展。

4. 强化规范管理。加强行业监管和行业自律，构建养老服务质量监控体系，健全养老服务评估制度，完善养老服务准入、退出机制，推进养老服务标准化、规范化。

（三）发展目标。

到2020年，全面建成以居家为基础、社区为依托、机构为支撑，功能完善、布局合理、规模适度、覆盖城乡的养老服务体系；基本形成“9643”的养老服务总体格局，即96%的老年人居家接受服务，4%的老年人在养老机构接受服务；不少于3%的老年人享有养老服务补贴。

1. 服务能力大幅增强。全省城乡社区形成20分钟左右的居家养老服务圈，各类养老服务覆盖所有居家老年人。全面确立以护理型为重点、助养型为辅助、居养型为补充的养老机构发展模式，每千名老年人拥有社会养老床位达到50张，其中机构床位数不少于40张，护理型床位占机构床位比例不低于50%，民办（民营）机构床位占机构床位比例力争达到70%。省、市、县（市、区）养老服务指导中心、乡镇（街道）养老服务中心、城乡社区居家养老服务照料中心三级管理服务网络进一步健全。高龄津贴制度和护理补贴制度进一步完善。

2. 产业规模显著扩大。以老年生活照料、老年产品用品、老年健康服务、老年体育健身、老年文化娱乐、老年金融服务、老年旅游等为主的养老服务业全面发展，养老服务业增加值在服务业中的比重显著提升。培育若干规模较大的养老服务集团和连锁服务机构，形成一批富有活力的中小型养老服务机构。全省机构养老、居家养老生活照料和护理等服务提供50万个以上就业岗位。

3. 发展环境更加优化。政策法规建立健全，行业标准科学规范，监管机制更加完善，信息技术有效应用，服务质量明显提高。全社会积极应对人口老龄化意识显著增强，支持和参与养老服务的氛围更加浓厚，养老志愿服务广泛开展，敬老、养老、助老的优良传统得到进一步弘扬。

二、主要任务

（一）大力发展居家养老服务。

1. 加强居家养老服务设施建设和运营管理。按照资源整合、就近就便、功能配套、方便实用的要求，加快建设城乡社区居家养老服务设施。到2015

年，城市社区实现居家养老服务照料中心全覆盖，三分之二的农村社区建有居家养老服务照料中心，其余农村社区建有居家养老服务站。到2017年，基本实现农村社区居家养老服务照料中心全覆盖。照料中心要为有需求的老年人，特别是高龄、空巢、独居、生活困难的老年人，提供集中就餐、托养、健康、休闲和上门照护等服务，并协助做好老年人信息登记、身体状况评估等工作。符合民办非企业单位登记条件的照料中心，应当办理法人登记，其他照料中心可以通过社区服务组织备案方式进行登记管理。

2. 发挥各类服务设施的作用。加强社区养老服务设施与社区服务中心（服务站）及社区文化、体育等设施的功能衔接，切实提高社区公共服务设施的使用效益。支持社区利用社区公共服务设施和社会场所组织开展适合老年人的群众性文化体育娱乐活动。各类具有为老年人服务功能的公共设施都要向老年人免费开放。

3. 实施社区无障碍环境改造。按照无障碍设施工程建设相关标准和规范，推动和扶持老年人家庭无障碍设施改造，加快推进坡道、电梯、公厕等与老年人日常生活密切相关的公共设施改造。

4. 大力发展居家养老服务组织。通过政府补助、购买服务、协调指导、评估认证等方式，鼓励社会力量举办居家养老服务专业机构和企业，上门为居家老年人提供助餐、助浴、助洁、助急、助医等定制服务。积极引导有条件的居家养老服务企业实行规模化、网络化、品牌化经营。支持社区居家养老服务网点引入社会组织和家政、物业等企业，兴办或运营形式多样的养老服务项目。鼓励专业居家养老机构对社区养老服务组织进行业务指导和人员培训。

（二）进一步抓好养老机构建设。

1. 办好公办保障性养老机构。公办养老机构要充分发挥托底作用，重点为农村五保、城镇“三无”老人及低收入、经济困难的失能、半失能老人提供无偿或低收费的供养、护理服务。现有社会福利机构和乡镇（街道）敬老院，要完善设施、增强功能、提高服务质量，加快发展为护理型养老机构。尚未建有敬老院的乡镇（街道）原则上都要建设1所以上以护理为主的养老机构。福利院、敬老院在满足特困人员集中供养的同时，要积极为有需求的其他老年人、残疾人提供服务，并向周边社区提供居家养老服务项目。政府举办的养老机构要实用适用，避免铺张豪华。

2. 支持社会力量举办养老机构。在资本金、场地、人员等方面，进一步降低社会力量举办养老机构的门槛。要简化手续、规范程序、公开信息，为社会力量举办养老机构提供便捷服务。鼓励境外资本投资养老服务业。鼓励个人举办家庭化、小型化的养老机构，社会力量举办规模化、连锁化的养老机构。鼓励民间资本对企业厂房、商业设施及其他可利用的社会资源进行整合和改造，用于养老服务。

3. 推进公办养老机构改制工作。积极推进公办民营，原则上今后新建的公办养老机构都要通过公开招投标，以承包、委托运营、合资合作等方式，实行市场化运行。稳妥开展公办机构转制为企业的试点工作。

（三）切实加强农村养老服务。

1. 加快服务设施建设。通过改造设施、提升功能，推进已建的农村居家养老服务站、“星光老年之家”转型升级为社区居家养老服务照料中心，农村敬老院转型升级为养老服务中心。鼓励引导有条件的农村，在坚持自愿原则下开展“以宅基地换养老”等探索，通过兴建村老年公寓、幸福院及配套服务设施，实行集中居住式居家养老。

2. 建立长效运营机制。加强养老服务设施的规范化管理和运作，健全规章制度，落实运营资金。充分发挥村民自治功能，在督促家庭成员承担赡养责任的基础上，组织开展邻里互助、志愿服务。鼓励农村基层老年人协会参与照料中心的服务与管理。

3. 拓宽资金渠道。进一步贯彻落实《中华人民共和国老年人权益保障法》有关规定，可将未承包的集体所有的部分土地、山林、水面、滩涂等作为养老基地，收益供老年人养老。鼓励城市资金、资产和资源投向农村养老服务。各级政府用于养老服务的财政性资金应重点向农村倾斜。鼓励引导民间资本参与农村居家养老服务照料中心的建设和运营。

4. 建立协作机制。鼓励发达地区支援欠发达地区养老机构建设。城市公办养老机构要与农村敬老院建立长期稳定的对口支援和合作机制，采取人员培训、技术指导、设备支援等方式，帮助其提高服务能力。

（四）促进医疗卫生与养老服务相结合。

1. 推动医养融合发展。医疗机构要积极支持和发展养老服务，有条件的二级以上综合医院应当开设老年病科，增加老年病床数量，做好老年慢病防治和康复护理。鼓励部分二级医院转型为养老护理院，引导乡镇（街道）卫生院等基层医疗卫生机构开设养老护理床位。鼓励兴建老年康复医院，提高老年医疗康复水平。卫生管理部门要支持有条件的养老机构设置医疗机构。100张床位及以上的护理型养老机构应单独设置卫生所（医务室），条件具备的可申请设立医院；100 张床位以下的护理型养老机构和助养型养老机构可单独设置卫生所（医务室），也可与周边医院、社区医疗卫生服务机构合作，促进医养结合。加快推进面向养老机构的远程医疗服务试点。医疗机构应当为老年人就医提供优先优惠服务。推进养医结合服务社区化，加强社区居家养老服务照料中心与社区医疗卫生服务中心（站）的合作。社区卫生服务机构应当为老年人建立健康档案，与老年人家庭建立医疗契约服务关系，开展上门诊视、健康查体、保健咨询等服务，使老年人不出社区、不出家门就能够享受到专业的照料、护理、保健等服务。积极探索通过购买服务方式满足老年人的其他特需医疗服务。

2. 健全医疗保险机制。对于养老机构内设的医疗机构，符合城镇职工（居民）基本医疗保险和新型农村合作医疗定点条件的，可申请纳入定点范围。医保部门要按照省有关规定简化手续，缩短审批时限，同时完善医保报销制度，切实解决老年人异地就医结算问题。鼓励老年人投保健康保险、长期护理保险、意外伤害保险等人身保险产品，鼓励和引导商业保险公司开展相关业务。

（五）推进养老服务标准化信息化。

1. 制订服务标准。加快制订和完善机构养老服务、居家养老服务等相关标准，建立健全养老服务标准体系，不断提升养老服务的规范化和标准化水平。

2. 完善收费和定价机制。研究养老机构收费管理和老年产品用品定价机制，建立科学合理的定价方式，确保养老服务和产品质量，营造安全、便利、诚信的消费环境。

3. 加强信息管理。建立养老服务信息管理系统，逐步实现对老年人信息的动态管理。以县（市、区）为单位，依托社会公共服务信息平台，建设居家养老服务信息系统，对接老年人服务需求和各类社会主体服务供给，为老年人提供紧急呼叫、家政预约、健康咨询、物品代购、服务缴费等适合老年人的服务项目。有条件的地方要为高龄老人、低收入失能老人免费配置“一键通”等电子呼叫设备。推进养老机构数字化建设。

（六）繁荣养老服务消费市场。

1. 拓展养老服务内容。积极引导养老服务企业和机构优先满足老年人基本服务需求，鼓励和引导相关行业积极拓展适合老年人特点的文化娱乐、体育健身、休闲旅游、健康服务、精神慰藉、法律维权等服务。加强对残障老年人专业化服务。

2. 开发老年产品用品。围绕适合老年人的衣、食、住、行、医、文化娱乐等需要，支持企业积极开发安全有效的康复辅具、食品药品、服装服饰等老年用品用具和服务产品，引导商场、超市、批发市场设立老年用品专区专柜，鼓励有条件的地区建立老年用品一条街或专业交易市场。支持建立老年用品网络交易平台，发展老年电子商务。鼓励开发老年住宅、老年公寓等老年生活设施。引导和规范商业银行、保险公司、证券公司等金融机构开发适合老年人的理财、信贷、保险等产品。

3. 培育养老产业集群。加强规划引导，实施品牌战略，提高创新能力，积极扶持发展龙头企业，特别要发展居家养老服务企业，培育一批带动力强的龙头企业和知名度高的养老服务业品牌，形成一批产业链长、覆盖领域广、经济社会效益显著的产业集群。

三、政策措施

（一）完善投融资政策。加大信贷支持力度。金融机构要加大对养老服务机构信贷支持力度，拓宽信贷抵押担保物范围，合理利率定价，满足养老服务业的信贷需求。积极利用财政贴息、小额贷款等方式，加大对养老服务业的有效信贷投入。同时，完善配套制约机制和风险防控机制，切实保障养老服务对象的合法权益。创新金融产品。完善抵押政策，鼓励银行等金融机构开发适合民办养老机构发展需求的金融产品和担保方式。逐步放宽限制，鼓励和支持保险资金投资养老服务领域。根据国家试点方案，开展老年人住房反向抵押养老保险试点。实施养老机构政策性保险制度，降低养老机构运营风险。鼓励商业保险机构参与社会养老经办服务。各地政府发行债券应统筹考虑养老服务需求，积极支持养老服务设施建设及无障碍设施改造。

探索建立老年产业引导基金，培育和扶持社会急需、项目发展前景好的老年产业项目。

（二）完善土地供应政策。养老服务设施建设用地纳入经济社会发展规划、城乡规划、土地利用总体规划和年度用地计划。以市、县（市、区）为单位，在充分考虑当地老年人口增长速度和机构建设周期性特点的基础上，按照到 2020 年养老床位占老年人口总数 5%以上的要求和养老机构床位年增长 10%的基数，规划养老机构设置，预留和落实年度建设用地指标。各市、县（市、区）要单列养老机构（含老年活动设施）用地指标，纳入年度用地计划。对省政府确定的以划拨方式供地的非营利性养老服务设施示范项目，确需新增用地的，省在年度用地计划中重点予以保障。对民间资本参与投资并列入省重大产业项目库的示范项目，按规定给予计划指标奖励。

公办福利性机构和社会力量举办的非营利性养老

机构，可以依法使用国有划拨土地或者农民集体所有的土地。对营利性养老机构建设用地，参照成本逼近法或收益还原法进行地价评估后，采取招标拍卖挂牌出让方式供地。闲置的公益性用地可调整为养老服务用地。

（三）完善社区居家养老服务用房政策。城镇新建住宅项目应按套内建筑面积不低于项目总建筑面积的2‰且最低不少于20平方米的标准配建居家养老服务设施，并与住宅同步规划、同步建设、同步验收、同步交付使用。县（市、区）有关部门、街道办事处要充分考虑方便老年人活动、为老服务的便利性和服务半径等因素设置养老服务用房，按照社区设置进行统筹规划和调配。老城区和已建成居住（小）区无养老服务设施或现有设施没有达到规划和建设指标要求的，要限期通过购置、置换、租赁等方式开辟养老服务设施。

（四）完善税费优惠政策。落实好国家现行支持养老服务业的税收优惠政策，对养老机构提供的养护服务免征营业税，对各类非营利性养老机构自用房产、土地免征房产税、城镇土地使用税。经批准设立的养老机构内专门为老年人提供生活照顾的场所免征耕地占用税。对认定为非营利组织的养老机构，其取得符合条件的收入作为企业所得税免税收入。对企事业单位、社会团体和个人向非营利性养老机构的捐赠，符合相关规定的，准予在计算其应纳税所得额时按税法规定比例扣除。

对非营利性养老机构建设免征有关行政事业性收费，对营利性养老机构建设减半征收有关行政事业性收费。对养老机构免征水利建设基金，接纳残疾老年人达到一定比例的免征残疾人就业保障金。对养老机构提供养老服务适当减免行政事业性收费。各类养老机构免缴城市基础设施配套费、有线（数字）电视建设费（入网费），减半缴纳有线（数字）电视终端用户收视维护费，用电、用水、燃气按居民生活类价格执行，使用固定电话、宽带互联网费用执行家庭住宅价格；向城市污水集中处理设施排放达标污水、按规定缴纳污水处理费的，不再征收污水排污费。新建养老机构，适当降低车位配置标准。对经依法成立的养老服务组织和机构，按规定享受国家对中小企业、小型微利企业和家庭服务业等相应的税费优惠政策。凡我省登记失业人员、残疾人、退役士兵以及毕业2年以内的普通高校毕业生创办养老服务机构的，自其在工商部门首次注册登记之日起3年内免收管理类、登记类和证照类等有关行政事业性收费。

中小型居家养老服务企业缴纳城镇土地使用税确有困难的，可按有关规定报经当地地税行政主管部门批准，给予定期减免城镇土地使用税的照顾；因有特殊困难，不能按期缴纳税款的，可依法申请在3个月内延期缴纳；对符合条件的员工制居家养老服务企业在政策有效期内按规定给予免征营业税的支持政策。

对养老服务机构和居家养老服务企业的其他税费支持政策，按照《浙江省人民政府关于深化完善社会养老服务体系建设的意见》（浙政发〔2011〕101号）、《浙江省人民政府办公厅关于加快发展家庭服务业的实施意见》（浙政办发〔2011〕132号）执行。境内外资本举办养老机构享有同等的税费等优惠政策。

（五）完善财政支持政策。各地要加大财政性资金支持社会养老服务体系建设的力度。省级社会养老服务体系建设专项资金增加总量。省本级福利彩票公益金和各级政府用于社会福利事业的彩票公益金，要将50%以上用于支持发展养老服务业，并随老年人口的增加逐步提高投入比例。

完善养老服务补贴制度，省政府对城乡最低生活保障家庭中的失能、失智等生活不能自理的老年人给予养老服务补贴。各地要根据补贴对象的实际状况，在省定最低标准基础上适当提高补贴标准，并将经济困难的高龄、失能等老年人纳入补贴范围。

完善居家养老服务照料中心建设补贴制度，省级财政对新建的社区居家养老服务照料中心给予补助。通过落实建设补助、贷款贴息、运营补贴、购买服务等方式，支持民办养老机构建设。建立政府向登记为民办非企业法人的养老机构、社区居家养老服务照料中心、居家养老服务组织购买服务制度，并对其他居家养老服务照料中心运行给予支持。充分利用服务业发展专项资金和引导资金，支持发展居家养老服务业。中小企业发展专项资金要对符合条件的养老服务企业给予积极扶持。

实施入职奖补制度。从2013年起，进入本省福利性、非营利性养老服务机构，从事养老服务、康复护理等工作的高校和中职学校老年服务与管理、家政服务与管理、护理、康复治疗、中医护理、中医康复保健、康复技术等老年服务与管理类专业和方向的毕业生，就业满5年后按相关规定给予一次性奖补。同时，各地要进一步加大对养老服务信息系统建设的投入。

（六）完善投资权益政策。依法登记的民办非营利性养老服务机构，明确出资财产属于出资人所有。经营管理较好的，可以从收支结余中提取一定比例用于奖励举办人。投入满5年后，可以转让、继承、赠与。民办非营利性养老服务机构经依法清算后，有资产增值的，经养老服务机构决策机构同意并经审计符合规定的，可对举办人给予一次性奖励，奖励总额不超过资产增值部分的10%。

（七）完善人才培养和就业政策。支持高校和中职学校、技工院校开设老年服务与管理类专业及相关课程，扩大人才培养规模，加快培养老年医学、康复、护理、营养、心理和社会工作等方面的专门人才。拓展人才培养渠道，创新人才培养模式，推进“3+2”、五年一贯制等中高职一体化人才培养。充分发挥开放大学作用，开展继续教育和远程学历教育。

加强养老护理人员培训。依托大专院校和养老服务机构等，设立养老护理人员培训基地。对符合条件的参加养老护理职业培训和职业技能鉴定的从业人员，按规定给予补贴。进一步加大在职轮训，到2015年，全省养老机构护理人员培训率达到90%以上。到2020年实现所有养老护理人员持证上岗，持有初级及以上职业资格证书人员占比达到50%以上。

引导、鼓励高校和中职学校老年服务与管理类专业毕业生从事养老服务工作。在非营利性养老机构和社区居家养老服务照料中心开发公益性岗位，吸纳农村转移劳动力、城镇就业困难人员从事养老服务。养老机构应当科学设置专业技术岗位，重点培养和引进医生、护士、康复医师、康复治疗师、社会工作者等具有执业或职业资格的专业技术人员。对在养老机构就业的专业技术人员，执行与医疗机构相同的执业资格、注册考核政策。

定期发布养老护理员工资指导价位，建立养老服务岗位就业补贴和养老护理员特殊岗位津贴制度，提高养老护理员工资福利待遇。对养老服务机构和组织中取得职业资格证书并从事养老护理岗位工作的护理人员给予技术等级津贴。养老服务机构和组织应当依法缴纳社会保险，对单位缴纳的部分可给予社保补贴。就业困难人员以灵活就业方式从事居家养老服务的，可按规定享受灵活就业社保补贴。积极改善养老护理员工作条件，加强劳动保护和职业防护。

鼓励公益慈善组织支持养老服务。引导公益慈善组织重点参与养老机构建设、养老产品开发、养老服务提供，使公益慈善组织成为发展养老服务业的重要力量。积极培育发展为老服务公益慈善组织。积极扶持发展各类为老服务志愿组织，开展志愿服务活动。倡导机关干部和企事业单位职工、大中小学学生参加养老服务志愿活动。支持老年社会团体和老年群众组织开展自我管理、自我服务和服务社会活动。建立健康老人参与志愿互助服务的工作机制和为老志愿服务登记制度，积极推广“银龄互助”等行动。弘扬敬老、养老、助老的优良传统，支持涉老工作部门、为老服务组织、公共服务窗口开展“敬老文明号”创建活动。

四、组织领导

（一）健全工作机制。各地要将养老服务业发展作为重要内容，纳入国民经济和社会发展及城市（镇）总体规划，制订养老服务设施建设专项规划和养老服务产业发展规划，引导养老服务业科学发展。要建立完善工作协调机制，充分发挥已经建立的社会养老服务体系建设工作领导小组或联席会议制度的作用，加强政策协调，定期分析问题，研究推进措施。要加强养老服务指导中心建设，确保机构、职责、编制、人员、场地、经费“六到位”。要积极开展养老服务业综合改革试点，在要素保障和服务模式等方面进行探索创新。

（二）明确部门职责。民政部门要切实履行监督管理、行业规范、业务指导职责。发展改革部门要将养老服务业纳入经济社会发展总体规划、专项规划和区域规划，支持养老服务设施建设。商务部门要将居家养老服务纳入家庭服务业发展专项规划，扶持培育龙头企业，支持信息服务平台建设。财政部门要对养老服务业发展给予财力保障。建设部门要制订城镇居家养老服务设施配建标准，组织编制养老服务设施专项规划，指导养老服务设施有序建设。价格主管部门要建立科学合理的养老服务定价机制，依法确定适用政府定价和政府指导价的范围。统计部门要建立完善养老服务业统计制度。老龄工作机构要发挥综合协调作用，加强督促指导工作。残联等组织要充分发挥自身优势，促进养老服务业的发展。机构编制、教育、公安消防、卫生计生、国土资源、人力社保、税务、金融、质监、工商、安监、食品药品监管等部门要各司其职，按照职责分工做好促进养老服务业发展工作。同时，要积极培育和发展养老服务行业协会，发挥行业自律作用。

（三）加强督促检查。各地要加强工作绩效考核，确保责任到位、任务落实。各市、县（市、区）政府要根据本实施意见精神，结合实际抓紧制订具体实施办法。省级相关部门要根据本部门职责，制订具体政策措施。省发改委、省民政厅和省老龄办要加强对本意见执行情况的监督检查，及时向省政府报告。省政府将适时组织专项督查。

浙江省人民政府

2014年4月23日

浙江省人民政府
关于发展民办养老产业的若干意见

浙政发〔2014〕16号

各市、县（市、区）人民政府，省政府直属各单位：

根据《国务院关于加快发展养老服务业的若干意见》（国发〔2013〕35号），结合我省实际，现就发展民办养老产业提出如下意见：

一、发挥社会力量的主体作用

（一）发挥市场在养老服务领域资源配置中的决定性作用，积极鼓励引导社会力量发展养老产业，为老年人提供方便可及、价格合理的各类养老服务和产品。

（二）建立公开、透明、平等、规范的养老服务业准入制度，营造平等参与、公平竞争的市场环境。凡是法律法规没有明令禁入的养老服务领域，都要向民间资本开放。

（三）进一步规范养老机构设立许可程序，简化审批手续，及时发布机构设置和规划布局调整等信息，为社会力量兴办养老机构做好指导和服务工作。有条件的地方应将养老机构设立许可纳入当地行政审批服务中心实行窗口统一受理。

简化对养老机构内设医疗机构以及康复医院、老年病医院、护理院等老龄型医疗机构的立项、开办、执业资格、医保定点等审批手续。

（四）以县（市、区）为单位，编制社会力量兴办养老机构指南，推出一批带动性强、示范性好的优质项目。有条件的地方应采取招标等方式确定举办或运行主体。

二、切实保障民办养老机构用地

优先优惠供应民办养老机构建设用地。按国家有关规定，落实社会力量举办养老机构建设用地优惠政策。对省政府确定的以划拨方式供地的非营利性养老服务设施示范项目，确需新增用地的，省政府在年度用地计划中重点予以保障。对民间资本参与投资并列入省重大产业项目库的示范项目，按规定给予计划指标奖励。

民间资本举办的非营利性养老机构与政府举办的养老机构享有相同的土地使用政策，可以依法使用国有划拨土地或者农民集体所有的土地。对营利性养老机构建设用地，参照成本逼近法或收益还原法进行地价评估后，采取租赁、招标拍卖挂牌出让方式供地。通过招拍挂出让有偿方式取得的民办养老机构用地，可确定为商服用地——其他商服用地（养老机构用地）。原以行政划拨方式供地的，可依法办理土地出让手续，经评估确定后，以补缴土地出让金或以租赁、作价出资（入股）等方式处置。核发划拨决定书、签订租赁合同或出让合同时，应当规定或者约定建设用地使用权不得分割转让（转租），不得改变土地用途。对擅自改变养老设施用地用途、容积率等土地使用条件搞房地产开发的，由市县国土资源部门依法依约收回建设用地使用权。

鼓励社会力量对闲置的医院、学校、企业厂房、商业设施、农村集体房屋及其他可利用的社会资源，进行整合改造后用于养老服务。在符合土地利用总体规划和相关城乡规划前提下，允许利用村集体建设用地建设农村养老机构。对利用集体所有的山坡荒地或其他不影响城乡规划的建设用地建设并用于民办非营利性养老机构的，应当优先办理土地审批手续。

民办非营利性养老机构停办后，其通过行政划拨方式取得的土地使用权由政府收回或经批准后转由其他民办非营利性养老机构使用。

三、加大资金扶持力度

（一）加大财政投入和扶持力度。省财政对用房自建、床位数达到20张及以上、符合相关文件规定资质条件的民办非营利性养老机构，按核定床位一次性给予每张床位6000元补助；对租用用房且租用期3年以上、床位数达到20张及以上的民办非营利性养老机构，按核定床位给予每张床位每年1000元补助，连续补助3年。属于护理型民办养老服务机构，待其护理老人入住率达到60%及以上，在一次性床位建设补贴的基础上，按核定床位每张额外增加2000元补助；租用用房床位每张额外增加1000元补助。各地要建立财政资金扶持制度，加大社会筹资力度，配套安排相应的建设和购买服务资金，支持民办养老服务发展。

要充分利用服务业发展专项资金和引导资金，支持发展居家养老服务业。中小企业发展专项资金要对符合条件的养老服务企业给予积极扶持。

（二）建立向非营利性养老服务机构购买服务制度，省财政对服务失能、失智老年人的非营利性养老机构、居家养老服务组织，从2015年开始按一定标准购买服务。

（三）对民办养老机构接收政府购买养老服务对象、农村五保或城镇“三无”对象入住的，老年人原享受的养老服务补贴及各类补助经费应予转入。

（四）加快培育连锁化、规模化、集团化的养老服务机构。对其中的示范性机构，地方政府根据财力，可给予一次性奖励。

四、积极支持融资信贷需求

（一）进一步加大财政贴息、风险补偿等政策扶持力度，支持和鼓励银行业金融机构加大对养老服务业的信贷投入。充分利用中小企业、科技创新、创业投资等方面的扶持资金，发挥福彩公益金、医疗卫生资金投入合力，引导民间资本加速进入养老服务领域。

鼓励银行业金融机构加大对养老服务机构及其建设项目信贷支持力度，合理利率定价，满足养老服务业信贷需求。对招用毕业2年以内高校毕业生、登记失业人员、就业困难人员、城镇复退军人等符合小额担保贷款条件的人员达到机构现有在职职工总数20%（超过100人的机构达到10%）以上，并签订1年以上期限劳动合同的民办养老服务机构，根据招用人数，可给予最高不超过200万元的贴息贷款，贷款期限不超过2年，并可享受50%贷款利息的贴息，贴息所需经费从促进就业资金中列支。

拓展市场化融资渠道，支持养老服务企业上市融资。支持采取股份制、股份合作制等形式发展养老机构，探索政府和社会资本合作（PPP）建设养老机构模式。

（二）银行业金融机构应不断创新金融服务品质与方式，积极改进信贷担保方式，支持养老服务业的可持续发展。允许养老机构利用有偿取得的土地使用权、产权明晰的房产等固定资产办理抵押贷款，国土资源、房产管理部门应予办理抵押登记手续。支持养老机构以包括股权融资在内的各种方式筹集建设发展资金，各级财政出资的融资性担保机构应优先为符合条件的营利性养老机构提供担保。对产权明晰、管理规范、诚信度高、偿债能力强的民办养老机构及其建设项目，银行业金融机构应通过多种方式给予信贷支持。

五、落实税费优惠政策

（一）鼓励有条件的养老服务机构兼并重组、做大做强，对其在合并、分立、兼并等过程中发生实物资产以及与其相关联的债权、债务和劳动力一并转让涉及的不动产、土地使用权转移行为，不征收营业税。进一步落实国家扶持小微企业相关税收优惠政策，对符合条件的小型微利养老服务企业，按照《财政部、国家税务总局关于小型微利企业所得税优惠政策有关问题的通知》（财税〔2011〕117号）、《财政部、国家税务总局关于暂免征收部分小微企业增值税和营业税的通知》（财税〔2013〕52号）和《国家税务总局关于暂免征收部分小微企业增值税和营业税有关问题的公告》（国家税务总局2013年第49号）规定，给予相应扶持。

中小型居家养老服务企业缴纳城镇土地使用税确有困难的，可按有关规定报经当地地税行政主管部门批准，给予定期减免城镇土地使用税的照顾；因有特殊困难，不能按期缴纳税款的，可依法申请在3个月内延期缴纳；对符合条件的员工制居家养老服务企业在政策有效期内按规定给予免征营业税的支持政策。

（二）民办非营利性养老机构依法享有与公办养老机构同等的税费优惠政策。营利性养老机构提供养护服务取得的收入免征营业税。营利性养老机构取得的养老服务收入直接用于改善养老条件的，其后5年缴纳的税收地方留成部分由同级财政给予减半补助。

（三）企事业单位、社会团体以及个人通过具有公益性捐赠税前扣除资格的公益性社会团体或县级以上人民政府及其部门向民办非营利性养老机构的捐赠，在计算所得税应纳税所得额时按规定扣除。民办营利性养老机构通过具备公益性捐赠税前扣除资格的公益性社会团体或县级以上人民政府及其部门用于公益事业的捐赠支出，计算应纳税所得额时按规定扣除。

（四）民办养老机构免缴城市基础设施配套费。对非营利性养老机构建设免征有关行政事业性收费，对营利性养老机构建设减半征收有关行政事业性收费。对民办养老机构免征水利建设基金，接纳残疾老年人达到一定比例的免征残疾人就业保障金。民办养老机构和居家养老服务组织用电、用水、用气（燃气）等与居民用户实行同价，并免收相应的配套费；向城市污水集中处理设施排放达标污水、按规定缴纳污水处理费的，不再征收污水排污费。

除法律法规明确的收费项目外，不得对民办养老机构另行收费。凡收费标准设置上、下限的，按有利于民办养老机构发展收取。

（五）实行积极的价格政策。在统一收费项目基础上，民办非营利性养老服务机构的收费标准实行政府指导价管理，民办营利性养老服务机构的收费标准由其自主确定。

（六）对集中研发、生产养老服务用品的养老服务产业园区，经有关部门审核批准，享受相关优惠政策。

（七）居家养老服务企业、进行社区服务业登记或到社区备案的居家养老服务组织和机构，享受家庭服务业相关扶持优惠政策。

（八）境内外资本举办养老机构享有同等的税费等优惠政策。

六、确保投资者权益

（一）凡捐资举办的非营利性养老机构，所有净资产归社会所有，机构停办后，由行政许可部门负责统筹，继续用于养老服务事业；其余民办非营利性养老机构、居家养老服务组织，出资者拥有实际出资额（含存续期间追加投资额）的财产所有权。

（二）对民办非营利性养老机构、居家养老服务组织，在扣除举办成本、预留单位发展基金以及提取其他有关费用后，如当年仍有收支结余，经养老服务机构决策机构同意并经审计符合规定的，可以从收支结余中提取一定比例用于奖励举办人，年奖励总额不超过以举办人累积出资额为基数的同期银行一年期贷款基准利率2倍利息额；投入满5年后，在保证不撤资、不影响法人财产稳定的前提下，经单位决策机构同意，出资人产（股）权份额可以转让、继承、赠与。

（三）民办非营利性养老机构、居家养老服务组织经依法清算后，其资产增值部分主要以捐赠形式纳入当地政府养老发展专项基金，经养老服务机构决策机构同意并经审计符合规定的，可对举办人给予一次性奖励，奖励总额不超过资产增值部分的10%。

七、扶持老年社区和老年地产建设

鼓励社会力量参与老年住宅、老年公寓等老年生活设施建设。对按老年人居住建筑设计标准建设、有相应的护理服务团队、配有一定规模的养老护理机构的新开发老年住宅和老年公寓项目，各地要积极保障合理用地需求，并在收取城市基础设施配套费等方面给予适当优惠，其配套的养老护理机构独立登记后享受相应的扶持政策。对老年地产涉及的物业开发、持续运营、护理服务、市场培育、资本运作等方面，给予鼓励引导。

八、加强人才队伍建设和保障

（一）鼓励引导高校和中职学校老年服务与管理、老年护理等专业或专业方向的毕业生到民办养老服务机构就业。从2013年起，上述专业方向的毕业生进入非营利养老服务机构就业满5年，省财政按相关规定给予一次性入职奖补。各地财政要建立相应的入职奖补制度。

（二）将民办养老服务机构负责人、养老护理员及其他各类提供养老服务的组织从业人员纳入政府培训教育规划，在培训名额、培训经费等方面给予保障。符合条件的民办机构可认定为培训基地。

（三）探索在民办非营利性养老服务机构中设立公益性岗位，吸引有就业意愿的城乡就业困难人员从事养老服务工作。

（四）鼓励公办养老机构从业人员到民办养老机构中任职。公办养老机构正式在编在岗的从业人员经组织批准，选派到民办养老机构工作的，应签订劳动合同，人事关系及个人档案转入当地的人才服务中心。合同期满，在编制许可、岗位空缺情况下，经民政、人力社保部门批准后可重新聘用为公办养老机构正式在编人员，任职工龄予以连续计算。

（五）建立多领域的养老服务人才联动机制。鼓励专业医师到民办养老机构规范开展多点执业。将民办养老机构纳入护理类专业实习基地范围，鼓励高校和中职学校学生到民办养老机构实习实训，并按照所在地有关政策给予实习实训补贴。鼓励民办养老机构引入社会工作人才。对在民办养老机构就业的专业技术人员执行与公办机构相同的执业资格、注册考核政策。

（六）对各类民办居家养老服务机构，按现有政策给予社保补贴。各类创业孵化基地要优先吸纳居家养老服务机构，提供创业营业用房和相关政策扶持，并根据其吸纳就业情况，给予一定数额的种子资金和一定期限的房租补贴。

（七）提高养老服务从业人员的薪酬待遇。人力社保、民政部门在每年6月底前向社会公布当地护理人员职位工资指导价位，督促指导民办养老服务机构落实护理人员待遇。建立护理员特殊岗位津贴制度，对取得养老护理员职业资格证书并从事养老护理岗位工作的人员，按照初级、中级、高级、技师不同等级，由当地财政给予一次性奖励或相应补贴。

浙江省人民政府

2014年4月25日

浙江省老龄办、浙江省公安厅、浙江省文化厅、浙江省卫计委关于在全省公安文化卫生计生系统开展“敬老文明号”创建活动的通知

浙老工委办〔2014〕20号

各市、县（市、区）老龄办、公安局、文广新局、卫生计生委局（卫生局、人口计生委局）：

浙江省“敬老文明号”评选表彰是经省评比达标表彰工作领导小组批准的省级评选表彰常设项目。自2012年第一届“敬老文明号”创建活动开展以来，全省公安、文化、卫生计生系统为老服务单位、涉老工作部门和公共服务窗口踊跃参与，积极开展老年优待服务，取得了良好的社会效益，有90个单位荣获全国和省级“敬老文明号”称号。

为贯彻落实省委办公厅、省政府办公厅《关于进一步加强老龄工作的意见》（浙委办发〔2013〕11号）和全国老龄办、最高人民法院、中央宣传部等24个部门《关于进一步加强老年人优待工作的意见》（全国老龄办发〔2013〕97号），动员更多的系统（行业）、更多的单位参与到“敬老文明号”创建活动中来，推动落实老年优待政策，提升为老服务水平，营造孝亲敬老、文明和谐的社会氛围，按照省老龄委的部署，省老龄办、省公安厅、省文化厅、省卫生计生委决定，自2014年10月起，在全省公安、文化、卫生计生系统开展第二届“敬老文明号”创建活动。现将有关事项通知如下：

一、活动宗旨

“敬老文明号”创建活动以“关爱老人、构建和谐”为主题。本次创建旨在组织和引导全省公安、文化、卫生计生系统基层为老服务单位、涉老工作部门等，立足单位业务和岗位职责，进一步强化尊老敬老意识，完善助老便老措施，加大优惠优待力度，为广大老年人提供热情快捷的警务服务、优质舒适的文化享受、安全便捷的就医环境，让老年人更好地共享经济社会发展成果，不断提升生活质量和幸福指数。

二、创建范围

全省公安、文化、卫生计生系统各级与老年人生活密切相关的工作单位、科室部门和服务窗口。

三、创建内容

（一）认真落实老年人优待规定。全面执行《中华人民共和国老年人权益保障法》《关于进一步加强老年人优待工作的意见》等法律法规和政策文件中有关优待、优先、优惠服务老年人的规定，认真履行优待老年人的义务。公安系统服务窗口要在老年人办理证件、迁移户口、纠纷调解、应急救助等方面提供优先、快捷服务，对高龄、失能等行动不便的老年人要积极推行上门服务。文化系统要加大老年人公共文化服务供给力度，增加面向老年人的特色公益性文化服务项目，做好公共文化服务设施向老年人免费或优惠开放工作，促进公共文化场所为老年人开展活动提供方便和优惠服务。卫生计生系统要提升基本公共卫生服务水平，开展老年人健康管理服务和老年疾病预防知识宣传，为老年人就医提供方便和优先优惠服务，积极转变服务方式，探索“医养结合”模式，满足老年人的健康服务需求。

（二）全面提升为老服务质量和水平。一是制订为老服务工作标准。参与创建的单位要结合本单位工作特点，从惠老制度、为老服务、工作机制、群众评价等方面，制订明确的为老服务标准、创建计划和具体创建标准。提供优待服务场所，设立老年人优待服务窗口，开辟老年绿色通道。二是公开为老服务承诺。通过网站、报刊、办事手册等多种形式全面公示服务标准和优待服务内容，公开相关政策法规、服务内容、办事流程、办结时限、办理结果。服务窗口要以展示板、电子显示屏、网络平台等方式公布承诺内容，工作人员要采取佩戴标徽或服务卡等方式明示身份，接受群众监督。三是开展岗位争创。开展各种形式的岗位练兵、技能竞赛，不断提高业务技能；推行文明服务、诚信服务、优质服务，改进服务态度和工作作风；开展“夺旗争星”、岗位明星、服务标兵、敬老示范岗评比，形成争先创优的创建氛围。

（三）积极开展为老志愿服务活动。各创建单位要加强尊老敬老宣传教育，引导干部职工切实增强孝

亲敬老意识，提升职业道德素养，热心为老年人办实事、解难题。要通过评选表彰本单位敬老助老模范，进一步营造尊老敬老的良好氛围。要广泛开展志愿服务活动，动员干部职工深入基层、深入农村，为老年人，特别是高龄、空巢、独居、困难老年人提供多样化的帮扶和服务。公安系统要组织干警深入社区和老年人集居区开展防盗抢、防诈骗宣传教育，传授安全防范知识，提升老年人自我防范能力。文化系统要积极推进送文化下乡、“文化走亲”等活动，组织面向老年人的专题文化活动，丰富基层老年人的精神文化生活。卫生计生系统要动员和组织医务人员为老年人提供健康教育、咨询义诊、送医送药等志愿服务，满足老年人的实际需求。

四、创建安排

第二届浙江省“敬老文明号”创建时间为2014年至2016年。各地公安、文化、卫生计生系统主管部门和创建单位按照省老龄工作委员会《关于开展第二届浙江省“敬老文明号”创建活动的通知》（浙老工委〔2014〕1号）要求，结合自身实际，做好各阶段工作。

（一）全面部署阶段（2014年10月—12月）。各地各系统主管部门成立创建协调组织，制订创建计划，明确创建内容和任务，提出创建目标和办法。同时，通过宣传动员，明确创建单位，全面启动创建活动。

（二）创建实施阶段（2015年1月—2016年6月）。各系统主管部门根据创建计划要求，督促指导创建单位扎实开展“敬老文明号”创建活动，总结创建经验，推广创建典型，巩固创建成果，建立长效机制。

（三）评选表彰阶段（2016年7月—2016年12月）。各地创建单位对创建活动进行总结，向当地老龄办提出申请。老龄办协调系统主管部门进行考评验收，逐级推荐上报。经评选获得省“敬老文明号”称号的单位，由省老龄工作委员会命名表彰。

五、创建要求

（一）加强组织领导。各地各单位要把“敬老文明号”创建作为巩固扩大党的群众路线教育实践活动成果、深化系统行风建设、提升为民服务质量的新载体。要把创建活动列入中心工作，认真研究部署，加强协调指导，确定专人负责，给予必要经费保障，使创建活动顺利实施。

（二）广泛宣传动员。要大力宣传“敬老文明号”尊老敬老、爱岗敬业、创先争优、奉献社会的精神内涵，及时反映活动进展情况和工作成效，总结推广成功经验和典型做法，以凝聚共识，扩大影响，营造有利于“敬老文明号”创建的社会环境。

（三）紧密结合实际。要将创建活动与本单位的中心工作结合起来，与正在开展的社会主义核心价值观教育，与行风建设、优质服务窗口建设等活动结合起来，根据工作职责、发展任务设计合理的载体，提出可行的创建目标和要求。

（四）注重工作实效。要优化创建过程管理，加强创建质量监督，细化、量化创建考核标准。参与创建的单位要及时展示创建信息，做到创建活动的过程公开、成果公开。积极组织动员老年群众和服务对象参加评议，确保整个创建活动质量高、影响大、效果好，老年人受益。

浙江省老龄工作委员会办公室　浙江省公安厅
浙江省文化厅　浙江省卫生和计划生育委员会
2014年10月23日

浙江省老龄办、浙江省委宣传部等十部门关于培育和践行社会主义核心价值观加强老龄宣传文化教育工作的实施意见

浙老工委办〔2014〕22号

各市、县（市、区）老龄办、宣传部、教育局、民政局、人力社保局、文化广电、新闻出版局、总工会、团委、妇联：

为培育和践行社会主义核心价值观，加快推进老龄宣传文化教育工作，根据中央10部门《关于培育和践行社会主义核心价值观加强老龄宣传教育工作的通知》（全国老龄办发〔2014〕36号）和中央16部门《关于进一步加强老年文化建设的意见》（全国老

龄办发〔2012〕60号）的精神，结合我省实际，提出如下实施意见：

一、加强老龄宣传文化教育工作的重要意义、指导思想和总体要求

（一）重要意义。随着我省人口老龄化的快速发展，60岁以上老年人口持续快速增长，同时，随着生活水平的提升，广大老年人精神文化需求越来越丰富，参与文化活动的热情持续高涨，老龄宣传文化教育工作面临的任务日趋繁重。培育和践行社会主义核心价值观、加强老龄宣传文化教育工作，对于加强社会主义精神文明建设，弘扬中华民族传统美德，树立尊老爱老、共建共享的理念，营造家庭和睦、代际和顺、社会和谐的良好氛围；对于强化全社会积极应对人口老龄化的意识，构建"党政主导、社会参与、全民关怀"的大老龄工作格局，促进老龄事业健康快速发展；对于加快老年文化建设，满足老年人文化需求，丰富老年人精神生活，推进"两美"浙江建设，都具有重要的现实意义。

（二）指导思想。高举中国特色社会主义伟大旗帜，以邓小平理论、"三个代表"重要思想、科学发展观为指导，深入学习贯彻落实党的十八大、十八届三中四中全会精神和习近平总书记系列重要讲话精神，紧紧围绕积极应对人口老龄化这一战略任务，以老龄重点工作、重大节日、重要活动品牌和老年文化产品为载体，弘扬主旋律，传播正能量，广泛开展内容丰富、形式多样的老龄宣传文化教育实践活动，在全社会树立积极老龄观，满足老年人日益增长的精神文化需求，营造尊老敬老社会氛围，推动老龄事业健康快速发展。

（三）工作目标。根据省政府积极应对人口老龄化的战略部署，到2020年基本形成老龄宣传文化教育工作新局面。通过开展老年人特色文化活动，加大老年人公共文化服务供给，引导老年人自觉践行和弘扬社会主义核心价值观；通过深化人口老龄化基本国情宣传教育，进一步提升全民人口老龄化意识，全面实施积极应对人口老龄化战略，为确保人口老龄化背景下经济社会的长期繁荣稳定奠定坚实基础；通过深化中华民族尊老敬老传统美德的宣传教育，进一步促进公民正确对待和积极接纳老年人，积极营造敬老爱老助老的社会氛围，帮助广大老年人树立终身发展理念，树立积极老龄化、健康老龄化的人生观和价值观，促进老年人参与社会发展；通过积极宣传党和国家老龄工作的法律法规和方针政策、老龄工作的进展和成就，营造良好的社会法制环境和舆论引导氛围，增强全社会应对人口老龄化的信心和决心。

二、加强老龄宣传文化教育工作的主要内容

（一）开展人口老龄化省情教育。我省是全国较早进入人口老龄化社会且人口老龄化程度较高的省份。要充分认识人口老龄化的基本省情，积极应对人口老龄化是一项长期战略任务。各地各有关部门要广泛开展面向全社会的人口老龄化省情教育活动，全面宣传党和政府老龄工作的方针政策和发展成就，引导全社会树立积极的人口老龄观，以积极的态度、积极的政策、积极的行动应对人口老龄化。

（二）弘扬尊老敬老传统美德。尊老敬老是中华民族的传统美德，是社会主义核心价值观的重要内容，也是积极应对人口老龄化的重要保障。要在全社会深入开展社会公德、职业道德、家庭美德、个人品德建设。重点加强对青少年尊老敬老传统美德的宣传教育，把尊老敬老传统美德列为青少年思想道德建设的重要内容，广泛开展尊老敬老社会实践活动。要深入推进"敬老爱老助老"主题教育活动，挖掘丰富的敬老爱老宣传教育资源，设立统一的宣传主题，利用春节、中秋节、老年节（重阳节）等重要节日以及"敬老月"、老年文化艺术周等重要活动，宣传社会主义核心价值观，弘扬尊老敬老的传统美德。要继续做好孝老爱亲道德模范关爱工作，开展"送温暖"活动，进一步营造敬老养老助老的社会氛围。

（三）深化敬老精神文明创建活动。推进"老年友好城市"创建，开展各类主题教育活动，不断提升公民文明素质和社会文明程度。深入开展"敬老文明号"创建活动，推动涉老部门、为老服务组织、公共服务窗口单位积极践行社会主义核心价值观，提升敬老意识，强化为老服务。民政、公安、司法、交通、教育、文化、卫计、体育等系统与老年人生活密切相关的窗口单位要作为创建重点，营造浓厚的敬老爱老社会氛围，让更多老年人得到便利和实惠。

（四）开展为老志愿服务活动。要把开展志愿服务与创新社会管理结合起来，与学雷锋活动结合起来，以高龄、空巢、失能、功勋等老年群体为重点，组织开展各种形式的志愿服务活动，切实把志愿服务做到基层、做到社区、做进家庭。各级宣传、民政等部门和工会、共青团、妇联组织要号召广大社区居民、职工、青少年、妇女从点滴做起，从身边小事做起，本着就近就便原则开展为老志愿服务。团组织要因地制宜地组织青少年，特别是中小学生、职业院校学生参加为老志愿服务活动。要大力推广社区老年社会工作服务项目，通过社会工作者带志愿者的活动方式，有针对性地开展服务。广泛开展独居老人暖巢行动，为困难老人提供日常探视、生活照料和应急救助等服务。

（五）充分发挥老年人的积极作用。要教育引导老年人积极面对老年生活、保持身心健康、积极参与社会活动、提高生活品质，自觉践行和弘扬社会主义核心价值观。鼓励老年人参与“最美浙江人”主题实践、“银龄行动”、“五水共治”等公益服务活动，在环境保护、卫生绿化、社区共建、关心下一代等方面发挥积极作用，注重发挥老年人在优秀传统文化和思想道德建设中的传承和引领作用。推进基层老年人协会“乐龄工程”，充分发挥基层老年人协会的自我管理、自我教育、自我服务功能，组织更多老年人参与经济社会发展，实现老有所为。深化“银龄互助”活动，鼓励低龄健康老年人服务高龄失能老年人，传递友善关爱，缓解社会养老压力。做好新形势下老年人思想政治工作，坚定广大老年人建设中国特色社会主义、实现中华民族伟大复兴中国梦的理想信念，增强对改革开放和现代化建设的信心，引导老年人自觉贯彻执行党的路线、方针、政策，自觉遵纪守法，发挥老年人在思想道德建设和社会和谐中的重要作用。

（六）推动老年文化产品创作和特色文化活动。各地各部门要大力推动老年文化产品的创作生产，运用各类文化形式，生动具体地展现社会主义核心价值观，用高质量、高水平的作品弘扬社会主旋律、正能量。各级各类博物馆、美术馆、科技馆、公共图书馆、剧院、旅游景点等公共文化服务设施和公共场所，要向老年人免费或优惠开放。要把老年题材纳入文学艺术创作，舞台艺术生产，电影和电视剧制作，报刊、图书、音像电子与网络出版计划。鼓励推出一批反映老龄事业发展成就、倡导尊老敬老传统美德的优秀作品以及老龄公益广告，营造良好的舆论氛围。重点规划、扶持一批体现老年主题、适应老年人需求的创作项目和文化工程，着力打造一批思想性、艺术性和观赏性相统一，深受老年群众喜爱的优秀文化作品。引导老年网络文化发展，制作适合互联网和手机等移动终端传播的优秀老年文化作品。要深入开展“敬老月”和老年文化艺术周等品牌文化活动，支持各级各类演艺团体开展送戏、送书、送讲座等送文化下乡和“文化走亲”活动，将社会主义核心价值观融入老年人精神文化生活。完善老年公共文化服务体系，加强老年活动中心、农村文化礼堂等公共文化和综合性活动设施建设，搭建适合老年人的文化活动展示、演出和辅导平台，构建弘扬社会主义核心价值观文化长效机制。

（七）充分发挥新闻媒体的主渠道作用。各地各有关部门要加强与主流新闻媒体的协作，加强老龄重点工作、重点内容、重点时段的宣传策划，组织记者下基层，进行深度采访报道，提高宣传质量，扩大宣传效果。各级党报、党刊、电台、电视台要加大老龄宣传教育工作力度，办好老年人文化生活专版、专栏，经常安排刊播老年公益广告，重点新闻网站和涉老政府部门网站要开设老年频道、网页，及时回应社会关注和热点问题。针对移动多媒体、互联网络等新兴媒体的传播特点，开展专题宣传策划，探索新型宣传模式，打造覆盖广泛的老龄宣传教育平台。老年媒体是老龄宣传教育的主阵地，要按照我省文化体制改革的要求，加大改革力度，下大力气把老年媒体做强做大，使其真正面向市场、面向社会，更好地服务老年群体。

（八）大力发展老年教育。发展老年教育，是贯彻终身教育理念、提升全民素质、构建学习型社会的必然要求，是培育和践行社会主义核心价值观的重要举措。文化教育部门要把老年教育纳入终身教育和社区教育体系，加强领导，统一规划。根据老年人特点，把宣传教育工作与开展老年文化教育活动结合起来，与帮助老年人解决思想和实际问题结合起来，做到寓教于乐。要加强老年教育设施建设，推进各级老年大学（学校）、老年电视大学的健康发展。探索老年人喜闻乐见的教学内容和模式，开展适合老年特点的知识型、休闲型、保健型文化教育活动。鼓励和引导社会力量有效利用广播、电视、互联网等传媒开展老年教育，形成覆盖城乡、多层次、多形式的老年教育网络。

三、加强老龄宣传文化教育工作的组织领导

（一）提高认识，加强领导。各地各有关部门要充分认识加强老龄宣传文化教育工作的重要性，把老龄宣传文化教育工作作为培育和践行社会主义核心价值观的一项重要内容，摆上重要议事日程，常抓不懈。在制定和实施涉老政策措施、发展规划、重大项目及活动时，要同步研究部署老龄宣传文化教育工作。在加强老龄宣传文化教育工作过程中，要立足老年群体实际需求，善于运用老年群体喜闻乐见的方式，搭建老年人便于参与的平台，同时辐射社会其他群体。要注重区分宣传教育的层次和对象，确保宣传教育工作扎实有效开展。

（二）齐抓共管，协力推进。各地各有关部门要建立健全老龄宣传文化教育工作协调联动机制，加强协调配合，明确任务分工，充分发挥部门优势，形成工作合力。宣传、文化、新闻出版广电等部门要把老龄宣传文化教育纳入宣传总体规划，加强组织协调，加大工作力度；民政、人力资源和社会保障、老龄等部门要充分发挥联系老年群体的优势，扩大宣传教育的对象和范围；教育部门要把尊老敬老传统美德相关内容纳入学校德育课程，加强未成年人思想道德建设和大学生思想政治教育；文明办、民政、工会、共青团、妇联组织要组织开展敬老精神文明创建、为老志愿服务等活动。

（三）健全队伍，加大保障。各级老龄部门要加强调查研究，探索老龄宣传文化教育工作的新载体、新路径和新方法，推进老龄宣传文化教育工作创新发展。要进一步调整充实老龄宣传文化教育工作机构，加强老龄宣传文化教育工作队伍建设，加大老龄宣传文化教育工作的经费投入。要加强对老龄宣传教育干部的思想政治教育和职业道德教育，加大对基层老龄宣传文化教育工作人员的业务和技能培训力度。要充分发挥各类老年群众组织自我宣传、自我教育、自我管理的功能，特别是注重培养各类老年群众组织中的老龄宣传文化教育骨干，将老龄宣传教育工作与老年文体活动有机结合起来。

浙江省老龄工作委员会办公室　中共浙江省委宣传部　浙江省教育厅　浙江省民政厅　浙江省人力资源和社会保障厅　浙江省文化厅　浙江省新闻出版广电局　浙江省总工会　共青团浙江省委　浙江省妇女联合会

2014 年 11 月 10 日

福建省人民政府关于加快发展养老服务业的实施意见

闽政〔2014〕3 号

各市、县（区）人民政府，平潭综合实验区管委会，省人民政府各部门、各直属机构，各大企业，各高等院校：

为贯彻落实《国务院关于加快发展养老服务业的若干意见》（国发〔2013〕35 号），积极应对人口老龄化，加快我省养老服务业发展，提出如下实施意见。

一、发展目标

到 2020 年，全面建成以居家为基础、社区为依托、机构为支撑的覆盖城乡的养老服务体系。养老服务产品更加丰富，市场机制不断完善，养老服务业健康发展，实现养老服务与医疗、家政、保险、教育、健身、旅游等相关领域互动发展。

养老服务设施覆盖所有城市社区、90%以上乡镇和 60%以上村。生活照料、医疗护理、精神慰藉、紧急救援等基本养老服务覆盖所有居家老年人。

每千名老年人拥有养老床位数 35 张以上。护理型床位占养老服务机构总床位比例达到 30%以上。每个市、县有 1 所以上护理型养老服务机构。

社会力量成为养老服务供给主体，养老服务业增加值在服务业中的比重显著提升，从业人员规模不断扩大。

培育若干家养老服务龙头企业，形成一批产业链长、覆盖领域广、经济社会效益显著的产业集群。

养老服务业政策法规体系、人才培养体系、标准评价体系、管理监督体系更加完善。

建设海峡两岸养老产业合作开发示范基地，康复辅具、日用保健、服装服饰、食品等老年用品用具和服务产品生产基地，以及山水休闲老年旅游和养生目的地。

二、重点任务

（一）强化政府主导和引领作用

1. 统筹规划养老服务业发展。将养老服务业发展纳入经济和社会发展规划，列为我省服务业重点发展领域，制定和组织实施专项规划，并与经济社会发展水平、人口老龄化水平相衔接，注重统筹资源，合理布局。重点扶持老年人生活照料、产品用品、健康服务、文化教育、体育健身、休闲旅游、金融服务等养老服务业发展。

2. 建立基本养老服务制度。以满足老年人基本服务需求为目标，推进基本养老服务均等化。对城市“三无”（无劳动能力，无生活来源，无赡养人和扶养人、或者其赡养人和扶养人确无赡养和扶养能力）老人、农村五保老人，实行政府供养。对低收入、失能、失独、高龄和特殊困难老年人，由政府给予相应的福利保障。根据经济社会发展水平和职工平均工资增长、物价上涨等情况，稳步提高老年人基本养老、基本医疗、基本生活等保障水平。

3. 完善养老公共服务设施。认真做好养老公共服务设施建设的需求预测，加强前期论证，合理确定建设规模和标准。2014 年起，各地在制订城市（镇）总体规划、控制性详细规划时，必须按照人均用地不少于 0.1 平方米的标准，分区分级规划设置养老服务设施。凡新建城区和新建居住（小）区，要按标准配套建设养老服务设施，并与住宅同步规划、同步建设、同步验收、同步交付使用。新建居住（小）区养老服务设施验收合格后，由建设单位移交所在地街道办事处（镇政府）统一调配使用。凡老城区和已建成居住（小）区无养老服务设施或现有设施没有达到规划和建设指标要求的，当地政府要限期通过购置、置换、租赁等方式配备养老服务设施，不得挪作他用。农村养老服务设施要纳入农村公共服务设施统一规划、优先建设，依托行政村、较大自然村，利用农家大院、闲置校舍等，全面推进农村互助养老服务设施建设。加强社区服务中心（站）及社区卫生、文化、体育等设施与社区养老服务设施的功能衔接，充分发挥社区公共服务设施的养老服务功能，提高使用率和综合效益。2014 年起，启动社区和老年人家庭的无障碍设施改造，推进坡道、电梯等与老年人生活密切相关的公共设施改造。

4. 推进公办养老机构改革。市县社会福利中心、乡镇敬老院等公办养老服务机构要发挥托底保障作用，重点为政府供养老年人、低收入老年人、经济困难的失能老人提供无偿或低收费的供养、护理服务。政府投资兴办的养老床位应逐步通过公建民营等方式管理运营；积极鼓励民间资本通过委托管理等方式，运营公有产权的养老服务设施。支持公办养老服务机构科学合理配置生活、办公、医疗、康复、文化娱乐、教育、体育健身、安全等设施设备，完善服务功能，发挥示范引领作用。

5. 加强养老服务业队伍建设。把养老服务人才纳入我省中长期人才发展规划，制定养老服务专业人才薪酬标准。支持在省内高等院校和中等职业学校增设养老服务相关专业和课程，加快培养专业人才。鼓励大中专院校对口专业毕业生从事养老服务。建立养老服务实训基地，开展养老服务从业人员职业培训和职业技能考核鉴定，对符合条件的参加养老护理职业技能鉴定的从业人员按规定给予相关补贴；该考核鉴定证书与省公务员局颁发的机关事业单位工勤人员技能等级证书相衔接，公办养老机构持有证书人员享受与机关事业单位工勤人员同等的工资待遇。对在养老服务机构就业的专业技术人员，执行与医疗机构相同的执业资格、注册考核政策。加强闽台养老护理转诊合作，推进两地养老护理员职业资格互认。

6. 积极发展老年教育。加强老年教育是完善养老服务的重要措施。教育主管部门要把老年教育纳入终身教育体系，统一规划，有关部门要加强组织协调、各司其职，共同促进老年教育发展。进一步完善老年教育设施和场所，支持省、市、县、乡、村五级老年大学（学校）建设，充分利用部分合并撤销后符合条件的农村中小学闲置校舍，改建成老年学校。办好省、市、县（区）老年大学，大力发展城市社区和乡镇、村老年学校。有条件的学校要主动配合、积极支持老年教育。依托广播电视大学网络和党员干部现代远程教育平台发展老年远程教育。

7. 支持开展老年人体育健身活动。各地要把老年体育活动场地设施建设纳入公共配套服务设施建设规划。体育等部门要进一步做好老年体育工作，为老年人体育健身活动提供帮助和服务。各市、县（区）和有条件的乡镇（街道）要建设老年人活动中心及室外活动场地，有条件的行政村、社区要建设老年人体育活动室、站（点）。公共体育场馆应免费或优惠向老年人开放。具备开放条件的机关、学校、企事业单位和社会团体的内部体育设施优先向老年人开放。加强老年体育项目辅导员培训，推广、创新、普及体育健身项目。按照就地就近、小型多样、文体结合、科学健身的原则，最大限度地动员老年人参与体育健身活动，提高老年人体育健身人口比例。

（二）支持社会力量进入养老服务领域

1. 引导社会力量发展居家和社区养老服务。引导专业化社会组织、家政和物业等企业和机构，加盟、参与、托管社区居家养老服务，为居家老年人提供助餐、助浴、助洁、助急、助医等定制服务。培育一批政府购买服务的居家养老服务定点单位，支持其连片辐射、连锁经营、统一管理，打造特色品牌。依托规模较大的信息技术公司、家政（便民）信息服务平台、家政服务公司、养老机构和社区服务中心，建设社区居家养老服务信息网络和服务平台。建立为老志愿服务登记制度，完善志愿服务管理制度。2015 年底前完成社区老年人、服务实体以及志愿者基本信息录入，对接老年人个性化服务需求和各类社会主体服务供给。

2. 鼓励社会力量投资养老服务机构（场所）。鼓励社会力量按养老市场需求，建设满足不同需求的养老服务机构，鼓励和支持保险资金投资设立满足中高端养老服务需求的养老服务社区。鼓励社会力量对企业厂房、商业设施及其他可利用的社会资源进行整合和改造，兴办养老服务机构。扶持非营利性养老服务机构面向经济条件一般的老年群体提供养老服务，鼓励营利性养老服务机构面向经济条件好的老年群体提供中高端养老服务。鼓励包括港澳台在内的境外投资者以独资、合资、合作等方式兴办、运营养老服务机构。鼓励支持社会团体及个人兴办老年人体育健身场所和老年大学（学校），对兴办非营利性的老年人体育健身场所和老年大学（学校）的，按照国家有关规定减免相关费用。

3. 培育养老服务社会组织。培养老年产品研发联盟、养老服务行业协会、养老服务企业商会、老年学专业研究会等，开展行业标准制定、服务质量评估、服务行为监督及专业职称评定等事务。培育发展为老服务公益慈善组织，支持慈善组织重点参与养老服务机构建设、养老产品开发、养老服务提供等，打造具有福建特色的慈善品牌。支持基层群众性自治组织开展居家养老互助服务。加强基层老年协会建设，支持老年群众组织开展自我管理、自我服务和服务社会活动。进一步健全和完善省、市、县、乡、村五级老体协组织，支持成立行业老年人体育协会，努力构建老年体育健身服务体系。

（三）加强农村养老服务

1. 夯实农村机构养老基础。加强乡镇敬老院管理，进一步做好敬老院事业单位法人登记工作，将敬老院管理运行经费纳入财政预算。在满足农村五保供养对象集中供养需求的前提下，积极推进敬老院通过总体承包、分部承包、委托运营、合资合作等公建民营方式，承包、委托给社会组织、企业或有能力的个人运营；支持敬老院改善设施条件并向社会开放，接纳周边村镇散居老人，合理收费，提高运营效益，使之成为区域性养老服务中心。鼓励敬老院利用现有闲置土地、设施等，因地制宜发展种植、养殖等院办经济，其收入用于改善供养对象生活。允许村集体经依法批准使用集体所有土地，兴办农村养老机构，所有权归村集体所有。

2. 推进农村幸福院建设。支持和引导村民自治组织发挥主导作用，在老年人特别是留守老人较多、照料需求大、居住相对集中、经济条件较好、有场所设施基础的行政村或自然村优先规划建设农村幸福院，为农村老年人提供就餐等照料服务，并逐步向文化娱乐、精神慰藉等服务延伸。鼓励有条件的地方按照《社区老年人日间照料中心建设标准》（建标〔2010〕143号）建设农村幸福院。对已建达标或新建达标的农村幸福院，从省级福利彩票公益金中安排一次性补助。发挥慈善组织在支持农村幸福院建设中的积极作用。

3. 拓宽农村养老资金渠道。农村可以依法将未承包的集体所有的部分土地、山林、水面、滩涂等作为养老基地，收益供老年人养老。各级政府要建立多来源、有固定渠道的筹资长效机制，养老服务的财政性资金应重点向农村倾斜，同时整合多部门相关资金，统筹使用农村养老资金。加强城乡养老合作，鼓励城市资金、资产和资源投向农村养老服务。

（四）加快实现医养结合

1. 增强医疗服务能力。养老服务机构可依法向卫生行政部门申请设置康复医院、护理院、护理站、门诊部、诊所等医疗机构，取得医疗机构执业许可证；卫生行政部门要优先受理、优先审核；符合城镇基本医疗保险和新型农村合作医疗定点条件的，人力资源社会保障和卫生行政部门要将其纳入相应的定点医疗机构范围。规模较小的养老服务机构、城乡社区居家养老服务中心（站）、农村幸福院等可采取与周边医疗机构（医院、社区卫生服务机构、乡镇卫生院）合作的方式，为老年人提供医疗服务。各地要按照《老年养护院建设标准》（建标〔2010〕144号），加快护理型养老服务机构建设，优化养老床位结构，保障失能、失智等老年人机构养老服务需求。

2. 提升医疗机构为老服务能力。鼓励和引导基层医疗机构在结构和功能调整中，合理利用闲置的医疗资源，创造条件向老年护理院、老年康复医院转型。有条件的二级以上综合医院应当开设老年病科，增加老年病床数量，做好老年慢性病防治和康复护理。加快推进面向养老服务机构的远程医疗服务试点，落实医疗机构为老年人就医提供优先优惠服务要求。建立社区医院与老年人家庭医疗契约服务关系。

（五）促进养老服务产业发展

1. 开发老年产品用品。围绕适合老年人的衣、食、住、行、医、文化娱乐等需要，支持有相应资质的企业开发安全有效的康复辅具、食品药品、服装服饰等老年用品用具和服务产品，引导商场、超市、批发市场设立老年用品专区专柜；开发老年住宅、老年公寓等老年生活设施，提高老年人生活质量。

2. 培育养老产业集群。发挥我省独特的区位优势、生态优势，鼓励建设一批功能突出、辐射面广、带动力强的休闲养生、老年教育、老年体育、特色医疗养老服务基地，打造养老品牌。吸引国内外养老服务领域知名企业入驻，集聚上下游企业，培育养老服务产业链。鼓励竞争力强、有实力的养老服务企业走集团化发展道路，扶持中小型养老服务企业连锁经营。

3. 打造海峡两岸养老产业合作开发示范基地。发挥闽台“五缘”优势，依托具备条件的台商投资区，主动承接台湾养老服务业转移，引进台湾知名养老服务集团和连锁机构，打造海峡两岸养老产业合作开发示范区。争取民政部支持，建立海峡两岸养老康复护理技术培训交流基地。

4. 开发养老金融产品。引导和规范商业银行、保险公司、证券公司等金融机构开发适合老年人的理财、信贷、保险等产品，提升个人养老能力。引导商业保险公司积极参与企业年金、职业年金，并大力发展长期护理保险和商业养老保险，为城乡居民提供多样化保障服务。

三、政策保障

（一）优先提供养老用地

1. 保障养老用地指标。要把各类养老服务设施建设用地纳入土地利用总体规划和年度用地计划，用地计划指标优先保障养老服务设施建设用地，并向养老服务相对滞后地区倾斜。各地要做好养老服务用地储备，每年安排一定数量的储备土地用于养老服务项目建设。

2. 合理安排用地需求。挖掘现有用地潜力，将清理出来的批而未用土地或闲置土地优先安排用于养老服务项目建设。科学安排新增用地，统筹解决养老服务机构建设项目用地，允许在办理农转用和土地征收手续时单独组卷报批。对已经供应的建设用地，经审批允许改变用途用于养老服务项目建设。乡镇（村）兴办的公益性养老服务机构建设用地，经依法批准可以使用集体所有的土地；涉及使用农用地的，允许办理只转不征的农用地转用审批手续；涉及改变林地用途的，应依法办理林地审核审批手续。

3. 明确供地方式。公办养老服务机构，依法采取划拨方式供地。社会力量投资建设的非营利性养老服务机构，符合规划要求和《划拨用地目录》用地的，可参照公办养老服务机构用地政策，采取划拨方式供地；机构停办后，土地使用权由政府按原土地取得成本并对地面建筑物评估后折价收回。社会力量投资建设的营利性养老服务机构，可采取协议出让方式供地；同一宗养老服务机构用地有两个或两个以上用地者的，应采取招拍挂方式出让土地，用途界定为“商服用地—其他商服用地（营利性老年公寓、托老所等）”，为其以土地资产融资提供必要条件。探索政府以土地使用权作价入股，鼓励社会力量投资建设养老服务机构，并明确双方权利和义务。严禁以办养老服务机构为名变相进行房地产开发，严禁改变养老服务性质及服务设施用途。

4. 实行优惠地价。协议出让的养老服务机构用地价格，基准地价已覆盖的地区，按不低于出让地块所在级别相同用途基准地价的70%比例确定土地出让底价；基准地价未覆盖的地区，按不低于新增建设用地的土地有偿使用费、征地（拆迁）补偿费用以及按照国家规定应当缴纳的有关税费之和确定土地出让底价。对采取招拍挂方式出让的，可通过双向竞价、综合评标等方式，合理控制地价。

（二）分类给予税费优惠

1. 各类养老服务机构。对各类养老服务机构提供的育养服务免征营业税，提供的养老服务适当减免行政事业性收费；用电、用水、用气按居民生活类价格执行，并免收相应配套费；免收餐饮许可、卫生许可和卫生监测费；优惠或减免初次安装固定电话收取的一次性费用；优惠或减免收取通信费（国内固定电话）。

2. 非营利性养老服务机构。对非营利性养老服务机构自用的房产、土地免征房产税、城镇土地使用税；符合财政部、国家税务总局《关于非营利性组织免税资格认定管理有关问题的通知》（财税〔2009〕123号）等规定的，经财税部门认定后，对其非营利性收入免征企业所得税。对企事业单位、社会团体和个人通过慈善总会等机构向非营利性养老服务机构的捐赠，符合相关规定的，准予在计算捐赠方应纳税所得额时按税法规定比例扣除。对非营利性养老服务机构建设要免征房屋所有权登记费、环境监测服务费、防洪费、无害化净化池工程材料费、排污费（按程序报批后免征）、垃圾和粪便清运费、市政公用设施建设费、申请卫生防疫部门验审相关设施设备时的费用等有关行政事业性收费。对非营利性养老服务机构有线（数字）电视“建设费”和基本收视维护费按物价部门制定的收费标准的50%收取，主终端基本型机顶盒按基准价的50%收取，优惠部分所需经费由当地政府承担。

3. 营利性养老服务机构。对营利性养老服务机构建设减半征收前述建设非营利性养老服务机构的有关行政事业性收费。享受国家和我省扶持发展服务业的相关税费优惠政策。

（三）加大公共财政补贴力度

1. 社区居家养老服务中心（站）运营补贴。当地政府对已建成的城市社区居家养老服务中心（站），给予每个每年不低于20000元的运营补贴；对农村社区居家养老服务中心（站）给予每个每年不低于5000元的运营补贴。经费由同级财政安排。

2. 非营利性民办养老服务机构一次性开办补助和床位运营补贴。2014年起，一次性开办补助为：用房属自建、且核定床位50张及以上的，每张床位一次性补助10000元；用房属租房（租用期限5年以上）、且核定床位50张及以上的，每张床位补助5000元，分5年拨付。床位运营按年平均实际入住床位数给予每年每床不低于2000元补贴。公建民营养老服务机构享受非营利性民办养老服务机构的床位运营补贴政策。所需资金安排渠道按原有规定执行。

3. 贫困家庭失能老年人护理补贴。鼓励有条件的地方建立贫困家庭失能老年人护理补贴制度。贫困家庭失能老年人护理补贴与重度残疾人生活补贴不重复享受。

4. 提高养老护理员待遇。建立养老护理员最低工资保障制度，人力资源社会保障、民政部门联合定期向社会公布当地养老护理员的工资标准指导线。鼓励有条件的地区探索实行养老护理员特殊岗位补贴制度。

（四）拓宽投融资渠道

1. 加大政府资金投入。省级福利彩票公益金和各地用于社会福利事业的彩票公益金60%以上用于支持发展养老服务业，并随老年人口的增加逐步提高投入比例。各级政府要加大投入，安排财政性资金支持养老服务体系建设。各级政府要将老年教育、老年体育工作经费纳入同级财政预算。地方政府发行债券应统筹考虑养老服务需求，支持养老服务设施建设及无障碍改造。

2. 拓宽信贷抵押担保物范围。鼓励和引导金融机构创新金融产品和服务方式，拓宽信贷抵押担保范围，探索信用担保等方式。对利用自有房产、土地开办养老服务的机构，积极通过房产、土地抵押等各类贷款满足合理融资需求；对租用土地、房产开办养老服务的机构，积极探索租金贷款等产品。银行业金融机构在风险可控的前提下，进行抵押担保方式创新，强化与保险、信托、基金等金融同业合作，统筹各类表内外金融资源支持养老服务业发展。在条件成熟的情况下，积极探索开展住房反向抵押贷款业务，鼓励开发以子女担保或子女作为共同借款人的老年金融消费新模式。商业性担保机构为养老服务机构融资担保，享受省级融资担保风险补偿政策。各级政府出资建立的担保机构和担保中心要优先为养老服务机构提供贷款担保服务。探索开展社会养老服务机构信用等级评定工作，对信用等级评定高的养老服务机构加大支持力度，合理确定服务价格，降低养老服务机构融资成本。

3. 加大养老信贷投入。利用财政贴息、小额贷款等方式，加大养老服务企业、机构及其建设项目的有效信贷投入。各级政府在推进社会信用体系建设试点中将养老服务业纳入试点范围，整合部门信用信息资源建立养老服务机构信用档案，并实现与金融机构的交换共享，引导金融机构跟进提供各项金融服务。加强银企合作，重点加强我省康复辅具、医疗、食品药品等老年用品用具和服务产品的行业产业、老年生活设施等信贷服务。

4. 提高养老服务机构及入住老年人的保险保障水平。各地要尽快建立养老服务机构老年人意外伤害保险制度，依法确定保险责任，明确养老机构和入住老年人个人缴纳保险费的比例，促进辖区内入住老年人购买团体意外伤害保险或责任保险，农村五保老人和城市“三无”老人购买相关保险个人缴费部分由同级财政负担。各地可以根据实际情况为入住老年人购买长期护理、重大疾病、补充养老等保险产品。

（五）完善市场监管机制

1. 健全养老服务行业规范。严格执行《养老机构设立许可办法》（民政部令第48号）、《养老机构管理办法》（民政部令第49号）等相关规定。建立养老服务机构等级评定制度。健全养老服务行业准入和退出机制。逐步完善养老服务业行业标准。各地要按照属地化监管原则，强化对本地区养老机构的服务范围、服务质量和服务收支情况的日常监督和年审。

2. 建立养老服务业定价机制和考核机制。探索建立养老服务业定价机制，科学合理制定实行政府定价、政府指导价的范围及其收费标准，规范养老服务收费行为。量化养老服务业发展目标，制定科学合理的考核机制。

3. 建立养老服务业统计体系和需求评估体系。建立全省统一的养老服务业统计体系，准确、及时、全面反映养老服务业发展的规模、水平、行业结构等基本情况。充分利用电子政务网络，建立全省养老机构数据直报系统，加强养老机构信息收集、储存、统计和分析。卫生行政部门要对老年人的健康状况开展评估；依托省救助申请家庭经济状况核对中心，或委托第三方专业机构，对老年人的收入、家庭等情况进行评估。所有政府资助的养老项目和补助对象均必须进行服务质量和养老需求评估。根据评估结果确定老年人享受基本养老服务、政府支持的层级类型、轮候顺序。

各地要根据本意见要求，结合实际抓紧制定具体实施意见。省直和中央驻闽有关单位要根据本单位职责，制定具体措施。省发展改革委、民政厅和老龄办要加强对本意见执行情况的监督检查，及时向省政府报告。省政府将适时组织专项督查。

附件：重点任务分工

福建省人民政府

2014年1月19日

附件

重点任务分工

序号	工作任务	负责单位	时间进度
重点任务部分			
1	将养老服务业发展纳入经济和社会发展规划，列为我省服务业重点发展领域。制定和组织实施专项规划，并与经济社会发展水平、人口老龄化水平相衔接，注重统筹资源，合理布局。重点扶持老年人生活照料、产品用品、健康服务、文化教育、体育健身、休闲旅游、金融服务等养老服务业发展。	省发展改革委、民政厅，各设区市政府、平潭综合实验区管委会	2014年第二季度出台具体措施
2	对城市“三无”老人、农村五保老人，实行政府供养。对低收入、失能、失独、高龄和特殊困难老年人，由政府给予相应的福利保障。根据经济社会发展水平和职工平均工资增长、物价上涨等情况，稳步提高老年人基本养老、基本医疗、基本生活等保障水平。	省民政厅、财政厅，各设区市政府、平潭综合实验区管委会	持续实施
3	认真做好养老公共服务设施建设的需求预测，加强前期论证，合理确定建设规模和标准。各地在制定城市（镇）总体规划、控制性详细规划时，必须按照人均用地不少于0.1平方米的标准，分区分级规划设置养老服务设施。凡新建城区和新建居住（小）区，要按标准配套建设养老服务设施，并与住宅同步规划、同步建设、同步验收、同步交付使用。新建居住（小）区养老服务设施验收合格后，由建设单位移交所在地街道办事处（镇政府）统一调配使用。	各设区市政府、平潭综合实验区管委会，省住房和城乡建设厅、国土资源厅、民政厅、老龄办	2014年第一季度出台具体措施
4	凡老城区和已建成居住（小）区无养老服务设施或现有设施没有达到规划和建设指标要求的，当地政府要限期通过购置、置换、租赁等方式配备养老服务设施，不得挪作他用。	各设区市政府、平潭综合实验区管委会，省民政厅、住房和城乡建设厅、老龄办	2014年第一季度启动实施
5	农村地区养老服务设施要纳入农村公共服务设施统一规划、优先建设，依托行政村、较大自然村，利用农家大院、闲置校舍等，全面推进农村互助养老服务设施建设。	各设区市政府、平潭综合实验区管委会，省民政厅、住房和城乡建设厅、农业厅、财政厅、老龄办	2014年第二季度出台具体措施
6	加强社区服务中心（站）及社区卫生、文化、体育等设施与社区养老服务设施的功能衔接，充分发挥社区公共服务设施的养老服务功能，提高使用率和综合效益。	各设区市政府、平潭综合实验区管委会，省民政厅、老龄办、卫生计生委、文化厅、体育局、住房和城乡建设厅	2014年第一季度出台具体措施
7	2014年起，启动社区和老年人家庭的无障碍设施改造，推进坡道、电梯等与老年人生活密切相关的公共设施改造。	各设区市政府、平潭综合实验区管委会，省住房和城乡建设厅、民政厅、老龄办、残联	2014年启动实施

续表

序号	工作任务	负责单位	时间进度
8	积极发展老年教育。加强老年教育是完善养老服务的重要措施。教育主管部门要把老年教育纳入终身教育体系，统一规划，有关部门要加强组织协调、各司其职，共同促进老年教育发展。进一步完善老年教育设施和场所，支持省、市、县、乡、村五级老年大学（学校）建设，充分利用部分合并撤销后符合条件的农村中小学闲置校舍，改建成老年学校。办好省、市、县（区）老年大学，大力发展城市社区和乡镇、村老年学校。有条件的学校要主动配合、积极支持老年教育。依托广播电视大学网络和党员干部现代远程教育平台发展老年远程教育。	省教育厅、省委老干局、省老龄办、省委组织部，各设区市政府、平潭综合实验区管委会	2014年第一季度启动实施
9	支持开展老年人体育健身活动。各地要把老年体育活动场地设施建设纳入公共配套服务设施建设规划。体育等部门要进一步做好老年体育工作，为老年人体育健身活动提供帮助和服务。各市、县（区）和有条件的乡镇（街道）要建设老年人活动中心及室外活动场地，有条件的行政村、社区要建设老年人体育活动室、站（点）。公共体育场馆应免费或优惠向老年人开放。具备开放条件的机关、学校、企事业单位和社会团体的内部体育设施优先向老年人开放。加强老年体育项目辅导员培训，推广、创新、普及体育健身项目。按照就地就近、小型多样、文体结合、科学健身的原则，最大限度地动员老年人参与体育健身活动，提高老年人体育健身人口比例。	省体育局，各设区市政府、平潭综合实验区管委会	2014年第一季度启动实施
10	市县社会福利中心、乡镇敬老院等公办养老服务机构要发挥托底保障作用，重点为政府供养老年人、低收入老年人、经济困难的失能老人提供无偿或低收费的供养、护理服务。政府投资兴办的养老床位应逐步通过公建民营等方式管理运营；积极鼓励民间资本通过委托管理等方式，运营公有产权的养老服务设施。	省民政厅、财政厅，各设区市政府、平潭综合实验区管委会	2014年第二季度出台具体措施
11	支持养老服务机构科学合理配置生活、办公、医疗、康复、文化娱乐、教育、体育健身、安全等设施设备，完善服务功能，发挥其示范引领作用。	省民政厅、卫生计生委、文化厅、教育厅、体育局	2014年第二季度出台具体措施
12	把养老服务人才纳入我省中长期人才发展规划，制定养老服务专业人才薪酬标准。对在养老服务机构就业的专业技术人员，执行与医疗机构相同的执业资格、注册考核政策。	省人力资源和社会保障厅、民政厅、卫生计生委	2014年第二季度出台具体措施
13	支持在省内高等院校和中等职业学校增设养老服务相关专业和课程，加快培养专业人才。	省教育厅	2014年第二季度出台具体措施
14	鼓励大中专院校对口专业毕业生从事养老服务。建立养老服务实训基地，开展养老服务从业人员职业培训和职业技能考核鉴定，对符合条件的参加养老护理职业技能鉴定的从业人员按规定给予相关补贴；该考核鉴定证书与省公务员局颁发的机关事业单位工勤人员技能等级证书相衔接，公办养老机构持有证书人员享受与机关事业单位工勤人员同等的工资待遇。	省教育厅、人力资源和社会保障厅（公务员局）、财政厅、民政厅	2014年第二季度出台具体措施
15	加强闽台养老护理转诊合作，推进两地养老护理员职业资格互认。	省民政厅、卫生计生委、台办、人力资源和社会保障厅	2014年第二季度出台具体措施

续表

序号	工作任务	负责单位	时间进度
16	引导专业化社会组织、家政和物业等企业和机构加盟、参与、托管社区居家养老服务，为居家老年人提供助餐、助浴、助洁、助急、助医等定制服务。培育一批政府购买服务的居家养老服务定点单位，支持其连片辐射、连锁经营、统一管理，打造特色品牌。	省老龄办、民政厅	2014 年初启动实施
17	依托规模较大的信息技术公司、家政（便民）信息服务平台、家政服务公司、养老机构和社区服务中心，建设社区居家养老服务信息网络和服务平台。建立为老志愿服务登记制度，完善志愿服务管理制度。2015 年前完成社区老年人、服务实体以及志愿者基本信息录入，对接老年人个性化服务需求和各类社会主体服务供给。	省经济和信息化委、通信管理局、民政厅、商务厅、人力资源和社会保障厅、老龄办、团省委，各设区市政府、平潭综合实验区管委会	2014 年第一季度启动实施
18	鼓励包括港澳台在内的境外投资者以独资、合资、合作等方式兴办、运营养老服务机构。	省民政厅、发展改革委、商务厅	2014 年第一季度出台具体措施
19	将敬老院管理运行经费纳入财政预算。在满足农村五保供养对象集中供养需求的前提下，积极推进敬老院通过总体承包、分部承包、委托运营、合资合作等公建民营方式，承包、委托给社会组织、企业或有能力的个人运营；支持敬老院改善设施条件并向社会开放，接纳周边村镇散居老人，合理收费，提高运营效益，使之成为区域性养老服务中心。	各设区市政府、平潭综合实验区管委会，省财政厅、民政厅	2014 年第一季度出台具体措施
20	支持和引导村民自治组织发挥主导作用，在老年人特别是留守老人较多、照料需求大、居住相对集中、经济条件较好、有场所设施基础的行政村或自然村优先规划建设农村幸福院，为农村老年人提供就餐等照料服务，并逐步向文化娱乐、精神慰藉等服务延伸。鼓励有条件的地方按照《社区老年人日间照料中心建设标准》（建标 143-2010）建设农村幸福院。对已建达标或新建达标的农村幸福院，从省级福利彩票公益金中安排一次性补助。	省民政厅、财政厅，各设区市政府、平潭综合实验区管委会	2014 年第一季度出台具体措施
21	农村可以依法将未承包的集体所有的部分土地、山林、水面、滩涂等作为养老基地，收益供老年人养老。养老服务的财政性资金应重点向农村倾斜，各级政府要建立多来源、有固定渠道的注资长效机制，同时整合多部门相关资金，统筹使用农村养老资金。加强城乡养老合作，鼓励城市资金、资产和资源投向农村养老服务。	各设区市政府、平潭综合实验区管委会，省国土资源厅、农业厅、财政厅、民政厅	2014 年第二季度出台具体措施
22	养老服务机构可依法向卫生行政部门申请设置康复医院、护理院、护理站、门诊部、诊所等医疗机构，取得医疗机构执业许可证；卫生行政部门要优先受理、优先审核；符合城镇基本医疗保险和新型农村合作医疗定点条件的，人力资源社会保障和卫生行政部门要将其纳入相应的定点医疗机构范围。规模较小的养老服务机构、城乡社区居家养老服务中心（站）、农村幸福院等可采取与周边医疗机构（医院、社区卫生服务机构、乡镇卫生院）合作的方式，为老年人提供医疗服务。	省民政厅、卫生计生委、人力资源和社会保障厅	2014 年第二季度出台具体措施
23	各地要按照《老年养护院建设标准》（建标〔2010〕144 号），加快护理型养老服务机构建设，优化养老床位结构，保障失能、失智等老年人机构养老服务需求。	各设区市政府、平潭综合实验区管委会，省民政厅、卫生计生委	持续实施

续表

序号	工作任务	负责单位	时间进度
24	鼓励和引导基层医疗机构在结构和功能调整中，合理利用闲置的医疗资源，创造条件向老年护理院、老年康复医院转型。有条件的二级以上综合医院应当开设老年病科，增加老年病床数量，做好老年慢性病防治和康复护理。加快推进面向养老服务机构的远程医疗服务试点，落实医疗机构为老年人就医提供优先优惠服务要求。建立社区医院与老年人家庭医疗契约服务关系。	省卫生计生委、民政厅	2014 年第二季度出台具体措施
25	围绕适合老年人的衣、食、住、行、医、文化娱乐等需要，支持有相应资质的企业积极开发安全有效的康复辅具、食品药品、服装服饰等老年用品用具和服务产品，引导商场、超市、批发市场设立老年用品专区专柜；开发老年住宅、老年公寓等老年生活设施，提高老年人生活质量。	省民政厅、经济和信息化委、食品药品监管局、商务厅，各设区市政府、平潭综合实验区管委会	2014 年第二季度出台具体措施
26	引导和规范商业银行、保险公司、证券公司等金融机构开发适合老年人的理财、信贷、保险等产品。	福建银监局、保监局、证监局	2014 年第一季度启动实施
27	发挥我省区位优势、品牌优势，鼓励建设一批功能突出、辐射面广、带动力强的休闲养生、老年教育、老年体育、特色医疗养老服务基地，打造养老品牌。吸引国内外养老服务领域知名企业入驻，集聚上下游企业，打造养老服务产业链。鼓励竞争力强、有实力的养老服务企业走集团化发展道路，扶持中小型养老服务企业连锁经营。	各设区市政府、平潭综合实验区管委会	2014 年启动实施
28	发挥闽台“五缘”优势，依托具备条件的台商投资区，主动承接台湾养老服务业转移，引进台湾知名养老服务集团和连锁机构，打造海峡两岸养老产业合作开发示范区。	省商务厅、发展改革委、台办、民政厅	2014 年启动实施
	政策保障部分		
29	有关优先提供养老用地。	省国土资源厅、农业厅、林业厅、民政厅，各设区市政府、平潭综合实验区管委会	2014 年第一季度出台具体措施
30	有关给予税费优惠。	省地税局、国税局、经济和信息化委、卫生计生委、财政厅、国土资源厅、环保厅、新闻出版广电局、物价局、通信管理局，各设区市政府、平潭综合实验区管委会	2014 年第一季度出台具体措施
31	有关加大公共财政补贴力度。	各设区市政府、平潭综合实验区管委会，省财政厅、民政厅、人力资源和社会保障厅、老龄办	2014 年第二季度出台具体措施

续表

序号	工作任务	负责单位	时间进度
32	省级福利彩票公益金和各地用于社会福利事业的彩票公益金60%以上用于支持发展养老服务业，并随老年人口的增加逐步提高投入比例。各级政府要加大投入，安排财政性资金支持养老服务体系建设。各级政府要将老年教育、老年体育工作经费纳入同级财政预算。地方政府发行债券应统筹考虑养老服务需求，支持养老服务设施建设及无障碍改造。	省民政厅、财政厅，各设区市政府、平潭综合实验区管委会	2014年第二季度出台具体措施
33	有关拓宽信贷抵押担保物范围和加大养老信贷投入。	人行福州中心支行、福建银监局、省财政厅，各设区市政府、平潭综合实验区管委会	持续推进，适时出台专项政策
34	有关提高保险保障水平。	福建保监局、省财政厅、民政厅，各设区市政府、平潭综合实验区管委会	2014年第一季度出台具体措施
35	建立养老服务机构等级评定制度。	省民政厅	2014年第二季度出台具体措施
36	健全养老服务行业准入和退出机制。逐步完善养老服务业行业标准。各地要按照属地化监管原则，强化对本地区养老机构的服务范围、服务质量和服务收支情况的日常监督和年审。	省民政厅，各设区市政府、平潭综合实验区管委会	2014年第二季度出台具体措施
37	探索建立养老服务业定价机制。	省物价局、民政厅	2014年第一季度启动实施
38	建立养老服务业目标考核机制。	省民政厅，各设区市政府、平潭综合实验区管委会	2014年第三季度建立
39	建立养老服务业统计体系。	省民政厅、统计局、工商局	2014年第一季度建立
40	建立养老服务需求评估体系。	省民政厅、卫生计生委	2014年第一季度出台具体措施

福建省老龄工作委员会
关于加强基层老年协会规范化建设的意见

闽老龄委〔2014〕3号

各设区市老龄工作委员会，平潭综合实验区社会事业局：

为进一步加强和规范我省基层老年协会建设，提升老龄工作规范化水平，顺利完成《福建省老龄事业发展“十二五”规划》目标任务，经研究，决定在我省开展基层老年协会“五个有”规范化建设活动。现提出如下意见：

一、目标任务

到“十二五”末，各地要争取90%以上的行政村（社区）成立老年协会，其中规范化基层老年协会达到30%；到“十三五”末，争取95%以上的行政村（社区）成立老年协会，规范化基层老年协会达到40%。协会建设标准统一，内容规范，制度完善，基础坚实，活动经常，作用明显。

二、规范化建设“五个有”标准

（一）有组织。规范化基层老年协会须有明确的组织原则、组织架构、会员条件和入会程序。领导班子按章程规定民主选举产生，并能按期换届，与村民（社区居民）委员会换届选举保持一致。班子成员分工明确，团结协作，热心服务，凝聚力强。协会工作得到村（社区）党组织和村民（社区居民）委员会（以下简称村＜社区＞“两委”）的支持，老年人入会率达到60%以上。

（二）有制度

1. 登记备案完备

规范化基层老年协会应积极配合上级单位，做好协会的登记、备案工作。具备法人登记条件的协会，经业务主管单位县级老龄办审查同意，依照《社会团体登记管理条例》的规定，到县级民政部门申请注册登记，取得社会团体法人登记证书。不具备法人登记条件的协会，须按照《福建省民政厅关于大力培育发展社区社会组织的指导意见》（闽民管〔2014〕213号）要求，填写《福建省社区社会组织备案表》，由村（社区）“两委”初审，经乡镇人民政府（街道办事处）审核同意后备案，接受乡镇（街道）老龄委的业务指导和管理。

2. 协会章程规范

规范化基层老年协会须订立协会章程，建立健全会议制度、学习制度、活动制度、捐赠制度、财务制度、民主监督制度和走访慰问制度。组织机构、章程、制度和目标规划等情况制版上墙，并按照有关制度开展工作。严格决策议事程序，坚持重大事项“一事一议”和票决制度，实行会务公开，定期进行民主评议。协会会员对协会事务享有知情权、参与权、倡议权和监督权。

3. 档案资料健全

规范化基层老年协会档案齐全，台账及有关资料健全，建立“五簿一册”。“五簿”具体指会议记录簿、活动登记簿、财产登记簿、走访慰问登记簿和特殊困难老年人登记簿；“一册”具体指：《会员花名册》。

（三）有经费。规范化基层老年协会应有较稳定的经费来源，可采取社会捐赠、村（社区）集体经济扶持、在核准的业务范围内开展活动或服务的收入、上级有关部门资助等方式获得，满足或基本满足协会开展活动的需要，探索建立协会经费投入长效机制。要在法律允许的范围内，因地制宜地组织老年人力所能及的参与经济和社会活动，扩展经费来源渠道。争取村（社区）“两委”为协会创收提供条件，支持协会创办自己的养老基地或自有经济实体。通过社会化运作方式，面向社会筹集资金，鼓励企事业单位、社会组织等机构投入资金支持老年协会建设。

（四）有场所。规范化基层老年协会须有固定的办公场所和活动场地。通过整合社区资源，依托社区居家养老服务站、农村幸福院，利用老年学校、文化广场、星光老年之家等一室多用，作为老年人活动场所。配备多种文化娱乐设施、老年人健身运动器材和适合老年人阅读的书刊报纸，做到设施齐全、功能完善、卫生整洁、管理规范。办公场所一般不少于20平方米，室内活动场所不少于80平方米，室外活动场所不少于150平方米。

（五）有活动。规范化基层老年协会应积极做好老年人思想政治教育工作，弘扬社会正气，倡导社会主义精神文明，引导老年人遵守社会公德和行为规范。积极组织老年人开展文化娱乐、学习教育、体育健身等活动，参与关爱留守儿童、帮扶困难老年人等公益事业；对侵犯老年人合法权益的行为及时参与调解和处理，切实维护老年人的合法权益；组织志愿者和社工为社区居家养老服务站和农村幸福院的老人开展日常照料、精神关爱、应急救援等服务，形成常态化、制度化和规范化。在开展各种活动中能够有效发挥参谋助手、桥梁纽带和为老服务的作用，促进社会和谐。

三、组织领导

（一）各级老龄工作部门要把规范化基层老年协会建设作为创新社会管理和加强老龄工作的重要内容，切实摆上重要议事日程，把基层老年协会建设纳入村级组织建设范畴。努力协调相关部门支持基层老年协会建设，保证各项工作落到实处。可以采取购买服务或以奖代补等方式，支持基层老年协会开展养老服务和社会服务活动。要根据规范化建设标准，结合各地实际，制订具体的工作方案，认真组织实施，使基层老年协会规范化建设工作有序、健康发展。

（二）各级老龄办要结合各地实际，对老年协会进行必要的分类，制定分批次推进基层老年协会规范化建设规划，树立样板，典型引路。要因地制宜加强对基层老年协会规范化建设的指导，选择一批基础条件好、活动能力强的基层老年协会，建立规范化建设试点。要经常深入基层调查研究和检查协会工作开展情况，发现典型，总结经验，推广成果，充分发挥老年协会先进典型的示范作用，营造规范化建设的浓厚氛围。省老龄办将对部分规范化基层老年协会予以扶持。

附件：福建省规范化基层老年协会章程（范本）

福建省老龄工作委员会
2014 年 9 月 23 日

附件

福建省规范化基层老年协会章程（范本）

第一章　总则

第一条　本协会为：×××村（社区）老年协会。

第二条　本协会是由本村（社区）老年人自愿组成，实行自我管理、自我教育、自我服务的非营利性老年群众组织。

第三条　本协会宗旨：团结和带领广大老年人，遵守国家法律、法规，遵守社会道德风尚，围绕“六个老有”目标，组织老年人开展各种文体娱乐活动和互助活动；量力而为，参与经济、政治、文化、社会、环境建设和管理；维护老年人合法权益，促进和谐社会建设。

第四条　本协会作为本村（社区）的老年群众组织，接受县级老龄部门的业务指导和同级民政部门的监督管理。

第五条　本协会办公场所设在：福建省××市××县（市、区）×××××××。

第二章　业务范围

第六条　本协会的业务范围：

（一）组织老年人学习时事政治，宣传贯彻党和国家关于老龄工作的方针、政策，开展老年人思想政治工作；

（二）宣传贯彻《中华人民共和国老年人权益保障法》及相关法规条例，协助调解涉老纠纷，维护老年人合法权益；

（三）组织为老服务和引导低龄老年人开展互助活动；

（四）鼓励老年人参与经济社会建设和公益慈善活动；

（五）提倡科学文明健康的生活方式，开展有益身心健康的文化体育活动；

（六）承接完成政府或其他单位委托的服务。

第三章　会员

第七条　本村（社区）60 周岁及以上的男性公民、55 周岁及以上的女性公民（包括离退休回村＜社区＞居住的干部职工），拥护本协会章程，自愿申请入会，经协会理事会讨论通过，即可成为本协会会员，由本协会登记造册。

第八条　会员权利：

（一）有选举权、被选举权和表决权；

（二）有参加本协会各项活动的权利；

（三）有对本协会工作提出批评、建议和监督的权利；

（四）有优先获得本协会服务的权利；

（五）有入会自愿、退会自由的权利；

（六）在合法权益受到侵害时，有要求协会给予保护、帮助的权利。

第九条　会员应履行下列义务：

（一）遵守本协会的章程；

（二）执行本协会的决议；

（三）完成本协会交办的任务；

（四）维护本协会合法权益；

（五）向本协会反映情况，提供有关资料。

第十条　会员退会应书面告知本协会。

会员超过 1 年时间不参加本协会活动的，视为自动退会。

会员如有严重违反本章程的行为，经理事会表决通过，予以除名。

第四章　组织机构

第十一条　本协会最高权力机构是会员大会（或会员代表大会）。其职权是：

（一）研究和决定与协会相关的重大事项；

（二）审议理事会的工作报告和财务报告；

（三）制订修改本协会章程；

（四）选举和罢免本协会理事。

第十二条　会员大会（或会员代表大会）须有2/3以上的会员（或会员代表）出席方能召开，其决议须经到会会员（或会员代表）半数以上表决通过方能生效。

第十三条　会员大会（或会员代表大会）每届3年（与村民、社区居民委员会同步换届）。因特殊情况需提前或延期换届的，须由理事会表决通过，报业务主管单位审查并经社团登记管理机关批准同意。但延期换届最长不超过1年。

第十四条　本协会成立理事会，任期3年。理事会是会员大会（或会员代表大会）的执行机构，由会员大会或会员代表大会选举产生；理事按不超过会员代表的1/3比例推荐产生；在闭会期间负责本协会开展日常工作，对会员大会（或会员代表大会）负责。理事会设会长1名，副会长若干名，秘书长1名，理事若干名。理事会成员中应有女性。

第十五条　理事会的职权是：

（一）执行会员大会（或会员代表大会）的决议；

（二）选举和罢免会长、副会长、秘书长；

（三）筹备召开会员大会（或会员代表大会）；

（四）向会员大会（或会员代表大会）报告工作和财务状况；

（五）决定会员的吸收或除名；

（六）决定设立办事机构、分支机构和实体机构；

（七）决定各机构主要负责人的聘任和解聘；

（八）组织并指导本协会各机构开展工作；

（九）制定内部管理制度；

（十）决定协会其他重大事项。

第十六条　理事会须有2/3以上理事出席方能召开，其决议须经到会理事半数以上表决通过方能生效。

第十七条　理事会每半年至少召开一次理事会议；也可采用通讯形式召开。

第十八条　本协会的会长、副会长、秘书长必须具备下列条件：

（一）坚持党的路线、方针、政策，政治素质好；

（二）在本村（社区）内有较高威望、品行端正、具有公德心；

（三）最高任职年龄原则上不超过70周岁；

（四）身体健康，能坚持正常工作；

（五）未受过剥夺政治权利的刑事处罚；

（六）具有完全民事行为能力。

第十九条　本协会会长、副会长、秘书长如超过最高任职年龄的，须经理事会表决通过，报业务主管单位审查并经社团登记管理机关批准同意后，方可任职。

第二十条　本协会会长、副会长、秘书长每届任期3年，任期最长不得超过两届，因特殊情况需延长任期的，须经会员大会（或会员代表大会）2/3以上会员（或会员代表）表决通过，报业务主管单位审查并经社团登记管理机关批准同意后，方可任职。

第二十一条　本协会会长为本协会法定代表人。如特殊情况需由副会长或秘书长担任法定代表人，应报业务主管单位审查并经社团登记管理机关批准同意后，方可担任。

第二十二条　本协会会长行使下列职权：

（一）召集和主持理事会议；

（二）检查会员大会（或会员代表大会）、理事会决议的落实情况；

（三）主持本协会日常工作；

（四）代表本协会签署有关文件。

第五章　建章立制

第二十三条　本协会建立会员基本情况档案及各项规章制度，包括会员守则、例会制度、学习制度、活动制度、捐赠制度、财务制度、监督制度及走访慰问制度，做到档案齐全、台账及有关资料真实、健全、合法。

第六章　资产管理

第二十四条　本协会经费来源：

（一）社会捐赠；

（二）村（社区）集体经济扶持；

（三）在核准的业务范围内开展活动或服务的收入；

（四）上级有关部门资助；

（五）利息；

（六）其他合法收入。

第二十五条　本协会设立专门的账户，落实专人负责财务工作，主要负责人不得兼任财务人员，会计不得兼任出纳。财会人员离职时，必须与接管人员办清交接手续。

第二十六条　本协会的资产管理必须执行国家规定的财务管理制度，接受会员大会（或会员代表大会）的监督。本协会经费使用情况，每年须向会员公布一次，确保会员的知情权、监督权。资产来源属于国家拨款或者社会捐赠、资助的，必须接受国家有关部门的审计和社会的监督，并将有关情况以适当方式向会员公示。

第二十七条　本协会经费及其他财产，必须用于本协会的各项工作与活动，任何单位、个人不得侵占、私分和挪用。

第七章　章程的修改程序

第二十八条　对本协会章程的修改，须经理事会表决通过后报会员大会（或会员代表大会）审议。

第二十九条　本协会修改的章程，须经会员大会（或会员代表大会）表决通过后15日内，经业务主管单位审查同意，并报社团登记管理机关核准后生效。

第八章　终止程序及终止后的财产处理

第三十条　本协会自行解散或由于分立、合并等原因需要终止的，由理事会提出终止动议。

第三十一条　本协会终止动议须经会员大会（或会员代表大会）表决通过，并报业务主管单位审查同意。

第三十二条　本协会终止前，须在业务主管单位和村（社区）“两委”指导下成立清算小组，清理债权债务，处理善后事宜。清算期间，不开展清算以外的活动。

第三十三条　本协会经社团登记管理机关办理注销登记手续后即为终止。

第三十四条　本协会终止后的剩余财产，在业务主管单位和社团登记管理机关的监督下，按照国家有关规定，用于发展与本协会宗旨相关的事业。

第九章　附则

第三十五条　本章程经××××年××月××日会员大会（或会员代表大会）表决通过，通过之日起生效。

第三十六条　本章程的解释权属本协会的理事会。

福建省高级人民法院　福建省委宣传部　福建省发改委　福建省科技厅　福建省公安厅　福建省民政厅　福建省司法厅　福建省财政厅　福建省人力资源和社会保障厅　福建省住房和城乡建设厅　福建省交通运输厅　福建省农业厅　福建省商务厅　福建省文化厅　福建省卫生计划生育委员会　福建省新闻出版广电局　福建省体育局　福建省林业厅　福建省旅游局　福建省民航局　福建省总工会　福建省老龄工作委员会办公室

福建省老龄办、福建省高级人民法院等二十一部门关于进一步加强老年人优待工作的意见

闽老龄办综〔2014〕3号

各设区市中级人民法院、宣传部、发改委、科技局、公安局、民政局、司法局、财政局、人力资源和社会保障局、住房和城乡建设局、交通运输局（委）、农业局、商务主管部门、文化局、卫生计生委、新闻出版广电局、体育局、林业局、旅游局、工会、民航相关单位、老龄办，平潭综合实验区党工委（管委会）办公室：

为贯彻落实《关于进一步加强老年人优待工作的意见》（全国老龄办发〔2013〕97号）和《福建省人民政府关于加快发展养老服务业的实施意见》（闽政〔2014〕3号）文件精神，结合我省实际，现就进一步做好全省老年人优待工作，提出以下意见：

一、总体要求

坚持政府主导、社会参与、全民关怀的老龄工作方针，发挥政府在政策制定、督促检查、示范引领方面的作用。坚持因地制宜，积极推进；突出重点，适度普惠；统筹发展，和谐共融原则。2015年，老年人优待项目基本覆盖老年人日常生活的各个方面。2020年，实现优待工作管理进一步规范，优待项目进一步拓展，优待水平进一步提升，老年人过上更加幸福的小康生活。

二、优待对象和项目

优待服务的基本对象为本省60周岁及以上的老年人。重点为特困供养人员（无劳动能力、无生活来源且无法定赡养、抚养、扶养义务人或者其法定赡养、抚养、扶养义务人无赡养、抚养、扶养能力）中的老年人、城乡低保老年人、70周岁及以上老年人。优先考虑高龄、失能、失独等困难老年群体的特殊需要，逐步发展面向老年人的普惠性优待项目。

（一）政务服务优待

1. 各级各有关部门在建立和完善社会保障制度和公共服务政策时，应对老年人予以适度倾斜，确保

老年人所享受的社会保障、社会福利、社会服务水平与全省经济社会发展和城乡居民生活水平的提高相适应。

2. 按照属地管理原则，结合实际，逐步建立高龄津贴制度。全省 80 周岁以上老年人，可享受高龄津贴待遇。其中，百岁及以上老年人长寿营养补贴，每人每月不低于 300 元；老年节期间，省政府为百岁及以上老年人发放慰问金，每人每年 1000 元。所需资金按现行渠道解决。在核定低保、低收入等困难对象时，高龄津贴及慰问金不计入家庭收入。鼓励有条件的地区适时提高高龄津贴额度。

3. 政府投资兴办的养老机构，要在保障特困供养人员中的老年人服务需求的基础上，优先照顾经济困难的孤寡、失能、失独、高龄老年人。

4.70 周岁及以上的城镇特困供养人员中的老年人需要由社区居家养老服务中心（站）提供日间生活照料服务的，可享受政府购买服务。政府购买养老服务时，对老年人已享受的各种补贴不得冲减。

5. 推动农村互助养老，为空巢老人提供助餐服务。有条件的农村可结合“农村幸福院”建设，依托乡村老年组织，采取自愿申请、相互帮助、志愿者服务等方式，由老年人自愿搭伙，解决空巢老人等做饭难问题。已经成立农村社区居家养老服务中心（站）的，食堂设备、设施经费可从每年的运营补贴中支出，同时酌情提供水电费用补贴。

6. 有关部门在实施公共租赁住房等住房保障制度时，要照顾符合条件的老年人，优先配租配售保障性住房；进行危旧房屋改造时，优先帮助符合条件的老年人进行危房改造。

7. 政府有关部门在办理房屋权属关系变更等涉及老年人权益的重大事项时，应依法优先办理，并就办理事项是否为老年人的真实意愿进行询问，有代理人的要严格审查代理资格。

8. 免除农村老年人兴办公益事业的筹劳任务。经农村集体经济组织全体成员同意，将未承包的集体所有的部分土地、山林、水面、滩涂等作为养老基地，收益供老年人养老，纳入湿地保护体系及其自然保护区和风景名胜区的除外。

9. 政府有关部门要完善老年人社会参与方面的支持政策，充分发挥老年人参与社会发展的积极性和创造性。科技专家担任企业申报的科技计划项目负责人，年龄可放宽至 65 周岁。

10. 社区（村）老年组织应当协助社区居民委员会、村民委员会开展为老年人服务的互助和志愿活动，通过邻里守望、组织低龄健康老年人对高龄、空巢、失能老年人进行帮助。

有条件的地方，应当对基层老年组织主要负责人提供劳务补贴。

11. 特困供养人员中的老年人和城乡低保老年人去世，其殡葬基本服务费予以免除。

（二）卫生保健优待

1. 医疗卫生机构要优先为辖区内 65 周岁以上常住老年人免费建立健康档案，每年至少提供 1 次免费体格检查和健康指导，开展健康管理服务。定期对老年人进行健康状况评估，及时发现健康风险因素，促进老年疾病早发现、早诊断、早治疗，并为行动不便的老年人提供上门服务。积极开展老年疾病防控的知识宣传，开展老年慢性病和老年期精神障碍的预防控制工作。开展全科医生或乡村医生签约服务的基层医疗卫生机构，应以老年人为优先服务重点人群，为其签订服务协议。

2. 鼓励设立老年医院，加强老年护理院、老年康复医院建设，有条件的二级以上综合医院应设立老年病科。

3. 医疗机构应为老年人就医提供方便和优先优惠服务。通过完善挂号、诊疗系统管理，开设专用窗口或快速通道、提供导医服务等方式，为老年人特别是高龄、重病、失能老年人诊疗提供便利条件。

4. 鼓励各地医疗机构减免老年人普通门诊挂号费和贫困老年人诊疗费。提倡为老年人义诊。建立老年心理咨询热线的部门或单位，要创造条件为老年人提供免费心理咨询服务。

5. 倡导医疗卫生机构与养老机构之间建立业务协作机制，开通预约就诊绿色通道，协同做好老年人慢性病管理和康复护理。鼓励以多种形式探索中医医疗机构与养老机构合作的新模式，进一步发挥中医药在老年养生、预防保健、康复等方面的特色优势。探索推进面向养老机构的远程医疗服务试点，为老年人提供便捷、优先、优惠的医疗服务。

6. 支持符合条件的养老机构内设医疗机构，申请纳入城镇职工（居民）基本医疗保险和新型农村合作医疗定点范围。

7. 低保对象、特困供养人员、重度残疾人、在乡重点优抚对象、革命“五老”人员中的老年人参加新型农村合作医疗或城镇居民基本医疗保险，其个人应缴纳的资金，由医疗救助基金或政府帮助解决。

8. 有条件的村集体经济组织对参加城乡居民医疗保险的老年人应当给予资助、补助。

（三）生活服务和交通出行优待

1. 老年人在领取养老金、结算医疗费和享受其他物质帮助时，在社区领取的，各社区应当为老年人提供便利，实行一站式服务。鼓励和引导公共服务机构、社会志愿服务组织优先为老年人提供服务。

2. 鼓励专业性中介组织、社会团体或机构等社会力量积极参与居家养老服务，积极发挥其为老年人服务的作用。

3. 推广建设老年应急呼救“一拨通”服务平台的服务模式，根据老年人的需求，开展专门人员上门服务业务，逐步扩大服务的规模和范围。政府兴办或扶持的居家养老服务信息化呼叫机构，对贫困老年人免收服务费。

4. 扩大专业服务老年人范围，提升服务水平。融入社工理念与社工方法。由社工或助老服务员定期走访空巢老人、高龄老人以及患病、残疾、经济困难等特殊老人群体，缓解和疏导部分老人由于社会角色转变、生理衰老、家庭关系问题等原因引发的心理压力，帮助他们解除心理障碍，实现心理健康，并填写访视情况表进行存档。

5. 城市公共交通、公路、铁路、水路和航空客运，要为老年人提供便利服务。交通场所和站点应设置老年人优先标志，设立等候专区，根据需要配备升降电梯、无障碍通道、无障碍洗手间等设施。对于无人陪同、行动不便的老年人给予特别关照。省内各机场，应制定老年人航空出行在乘机、登机、到达、行李服务等方面优待措施。

6. 城市公共交通工具应为老年人提供票价优惠，70 岁以上老年人免费乘坐市内公交车。有条件的地方，65 岁以上老年人免费乘坐市内公交车，并逐步覆盖全体老年人。鼓励政府承保老年人免费乘车意外伤害保险。

7. 倡导老年人投保意外伤害保险，保险公司对参保老年人应给予保险费、保险金额等方面的优惠。

8. 公共交通工具要设立不低于坐席数 10% 的老幼病残孕专座，并设置明显标志。其他乘客应为他们让座。铁路部门要为列车配备无障碍车厢和座位，对有特殊需要的老年人订票和选座位提供便利服务。

9. 严格执行《无障碍环境建设条例》和《养老设施建筑设计规范》等建设标准，重点做好老年人家庭及居住区、城市道路、商业网点、文化体育场馆、旅游景点等场所的无障碍设施建设，优先推进坡道、电梯等与老年人日常生活密切相关的公共设施改造。风景名胜区、城市公园游览设施要在全面设置无障碍设施的同时，配备老年人出行辅助工具。

10. 公厕应配备便于老年人使用的无障碍设施，并对老年人实行免费。

（四）商业服务与文体休闲优待

1. 各地要根据老年人口规模和消费需求，合理布局，发展社区商业网点。鼓励社区连锁零售企业实行跨行业、跨业态资源整合，方便老年人在一家商场中能够得到多种服务。有条件的商场、超市都应设立老年用品专柜。

2. 饮食服务网点、日常生活用品经销单位，以及水、电、燃气、通讯、电信、邮政等服务行业和网点，要为老年人提供优先、便利和优惠服务。

3. 金融机构应为老年人办理业务提供便捷服务，设置老年人取款优先窗口，并提供导银服务，对有特殊困难、行动不便的老年人提供特需服务或上门服务。鼓励对养老金客户实施减费让利，对异地领取养老金的客户减免手续费。对办理转账、汇款业务或购买金融产品的老年人，应提示相应风险。

4. 新建的城区、居民小区应当将老年公寓、老年活动场所设施建设列入规划、统筹安排。旧居民小区应积极整合资源，创造条件为老年人生活、休闲、健身提供方便。

5. 常住人口在 300 人以上的行政村或自然村，都应当提供主要供老年人使用的纳凉点和晨晚练点。

6. 各级各类博物馆、美术馆、科技馆、纪念馆、公共图书馆、文化馆、老年体育中心等公共文化服务设施，向老年人免费开放。已开放文物保护单位对老年人免费或减半收费。

7. 公共文化体育部门应丰富电影放映片源，推荐一批符合老年人观看习惯、喜闻乐见的影片，制订影片服务目录，并建立评价反馈机制；将老年人群体列入农村公益电影放映重点服务范围；鼓励省内电影院线、电影院为老年人提供优惠票价；应当对老年人开展文体活动提供方便和优惠服务。在淡季，对老年文艺、体育团体组织集体活动收费优惠或免费提供场地；在非双休、节假日，对老年人参加体育锻炼给予优惠。提倡体育机构为老年人进行体质测定，为老年人体育健身提供咨询、服务和指导，提高老年人科学健身水平。

8. 进一步推进我省老年读物的出版工作力度，在老年读物创作、选题和品牌上下功夫。鼓励离退休院士、学科带头人、科技专家和民间艺术家创作原创的老年读物，突出科学性、思想性、通俗性、趣味性。

9. 公园、旅游景点应对老年人实行门票减免，鼓励景区内的观光车、缆车等代步工具对老年人给予优惠。

10. 老年活动场所、老年教育资源要对城乡老年人公平开放，公共教育资源应为老年人学习提供指导和帮助。

（五）维权服务优待

1. 各级人民法院对侵犯老年人合法权益的案件，要依法及时受理、及时审判、及时执行。对不能书写诉状且委托他人代写有困难的老年人，要为他们提供口头立案。为行动不便老年人提供上门立案。在审理老年人婚姻家庭案件中，依法关注和保护老年人的合法权益。

2. 老年人因其合法权益受到侵害提起诉讼，需要律师帮助但无力支付律师费用的，可依法获得法律援助。对老年人提出的法律援助申请，要简化程序，优先受理、优先审查和指派。各地可根据经济社会发展水平，适度放宽经济困难标准，将更多与老年人权益保护密切相关的事项纳入法律援助补充事项范围，扩大老年人法律援助覆盖面。

3. 要健全完善老年人法律援助体系，不断拓展老年人申请法律援助的渠道，科学设置基层法律援助站点，简化流程，为老年人就近申请和获得法律援助提供便利条件。

4. 老年人因追索赡养费、扶养费、养老金、退休金、抚恤金、医疗费、劳动报酬、人身伤害事故赔偿金等提起诉讼，交纳诉讼费确有困难的，可以申请司法救助，缓交、减交或者免交诉讼费。

5. 鼓励律师事务所、公证处、司法鉴定机构、基层法律服务所等法律服务机构，为经济困难的老年人提供免费或优惠服务。

三、保障措施

（一）加强领导，协力推进。各级各有关部门要高度重视老年人优待工作，健全政府主导、老龄委组织协调、相关部门各司其职、企事业单位和社会团体以及志愿者积极参与的工作体制和运行机制。要履行为老年人提供优待的职责义务，积极为老年人提供优待服务。各级涉老主管单位要规范服务，加强管理，督促各优待服务场所、设施和窗口设置优待标识，公布优待内容。有关部门要加强尊老敬老思想教育和道德宣传、老年维权法制教育活动，增强社会成员优待老年人的自觉性，提高老年人自我维权意识和能力。深入推进“敬老爱老助老”主题教育、“敬老文明号”和“老年人维权示范岗”活动，在全社会弘扬孝亲敬老传统美德，进一步营造尊重老年人的社会氛围。

（二）加大投入，落实经费。要建立和完善老年优待工作的投入保障机制，保障老年人优待工作所需经费。各级要建立公共财政补偿机制，对城市公交、殡葬服务等单位承担公益事业和完成政府指令性任务增加的支出，给予适当的经济补偿，确保优待老年人各项规定的落实。要从彩票公益金中安排一定数量的经费用于城乡老年人优待。

（三）监督检查、表彰激励。各级老龄工作委员会负责老年人优待工作的组织协调和监督指导，各级老龄工作委员会办公室承担老年人优待工作的日常事务管理，要会同有关部门定期开展监督检查。要进一步发挥行政监督和社会监督的作用，建立健全信息反馈和监督机制，设立服务和监督热线，依法解决好举报和投诉问题。对拒不执行老年人优待服务政策的单位，予以通报批评，并按规定追究相关人员责任。建立激励机制。国家机关、社会团体、企事业单位和基层群众性自治组织，对在老年人优待工作中成绩突出的单位和个人，应给予表彰或奖励。各地各部门可结合实际，制定老年人优待服务的具体实施办法。

2014 年 10 月 15 日

江西省人民政府办公厅转发省老龄办等部门关于进一步加强我省老年人优待工作意见的通知

赣府厅发〔2014〕65 号

各市、县（区）政府，省政府各部门：

省老龄办、省法院、省委宣传部、省发改委、省科技厅、省公安厅、省民政厅、省司法厅、省财政厅、省人社厅、省住房城乡建设厅、省交通运输厅、省农业厅、省商务厅、省文化厅、省卫生计生委、省新闻出版广电局、省体育局、省林业厅、省旅发委、南昌铁路局、省机场集团公司、省文物局、省总工会《关于进一步加强我省老年人优待工作的意见》已经省政府同意，现转发给你们，请结合实际，认真贯彻执行。

2014 年 12 月 16 日

关于进一步加强我省老年人优待工作的意见

老年人优待是政府和社会在做好公民社会保障和基本公共服务的基础上，在医、食、住、用、行、娱等方面，积极为老年人提供的各种形式的经济补贴、优先优惠和便利服务。做好老年人优待工作，是增进老年人福祉的重要举措，也是社会文明进步的重要标志。为贯彻落实《中华人民共和国老年人权益保障法》《国务院关于加快发展养老服务业的若干意见》（国发〔2013〕35 号）、全国老龄办等 24 个部门《关于进一步加强老年人优待工作的意见》（全国老龄办发〔2013〕97 号）、《江西省人民政府关于加快发展养老服务业的实施意见》（赣府发〔2014〕15 号），结合我省实际，现就进一步加强我省老年人优待工作提出如下意见：

一、总体要求

（一）指导思想。

立足我省经济社会发展现状，针对老年人的特殊需求，积极完善优待政策体系，逐步拓展优待项目和范围、创新优待工作方式、提升优待水平，让老年人更好地共享经济社会发展成果，不断提升老年人生活质量。

（二）基本原则。

政府主导，社会参与。发挥政府政策制定、督查检查、示范引领作用，在社会保障、基本公共服务等方面积极为全省老年人提供优待，采取措施鼓励、引导社会力量参与优待工作。

因地制宜，积极推进。根据我省经济社会发展实际，合理确定优待范围、优待对象和优待标准。积极推进优待工作，坚持积极稳妥、循序渐进，稳步提升。

突出重点，适度普惠。从不同老年群体的实际需求出发，对各优待项目的服务对象进行细分，优先考虑高龄、失能等困难老年群体的特殊需求，逐步发展面向老年人的普惠性优待项目。

统筹协调，和谐共融。统筹社会优待与社会保障、优待工作与老龄事业、物质帮助与精神关爱协调发展；统筹推进城乡老年人优待工作，加快发展农村老年人优待项目；统筹不同年龄群体的利益诉求，促进代际共融与社会和谐。

（三）主要目标。

2015 年，实现县级以上政府全面建立健全老年人优待政策，社会敬老氛围更加浓厚，各项优待规定得到有效落实；2020 年，实现优待工作管理进一步规范，优待项目进一步拓展，优待水平进一步提升，老年人过上更加幸福的小康生活。

二、优待项目和范围

优待对象为我省 60 周岁以上老年人。各地可因地制宜，在本意见基础上合理确定优待对象和优待标准，率先在卫生保健、交通出行、商业服务、文体休闲等方面实施优待，并根据本地实际情况，逐步拓展优待内容和范围。常住本行政区域内的外埠老年人享受同等优待。

（一）政务服务优待。

1. 各地在落实和完善社会保障制度和公共服务政策时，应对老年人予以适度倾斜。

2. 普遍建立 80 周岁以上老年人高龄津贴制度。补贴标准由各设区市政府根据本地经济发展状况确定。

3. 政府投资兴办的养老机构，要充分发挥托底保障作用，在保障“三无”老年人、五保老年人服务需求的基础上，优先考虑照顾经济困难的孤寡、失能、半失能、优抚对象、失独、高龄老年人入住。

4. 各地要加快建立养老服务评估制度，建立健全经济困难的高龄、失能等老年人补贴制度，通过政府购买服务等方式加大对公益性养老服务机构的支持力度，优先帮助解决生活长期不能自理且经济困难的老年人享受基本养老服务。

5. 各地在实施廉租住房、公共租赁住房等住房保障制度时，要优先照顾贫困老年人，优先配租配售保障性住房；进行危旧房屋改造时，优先帮助符合条件的老年人。

6. 政府有关部门要为老年人在领取养老金、结算医疗费等方面提供便利。鼓励和引导公共服务机构、社会志愿服务组织优先为老年人提供各种服务。

7. 政府有关部门在办理房屋权属关系变更等涉及老年人权益的重大事项时，应依法优先办理，并就办理事项是否为老年人的真实意愿进行询问，对代理的要严格审查代理人资格。

8. 农村老年人不承担兴办公益事业的筹劳义务。

9. 政府有关部门要完善老年人社会参与方面的支持政策，充分发挥老年人参与社会发展的积极性和创造性。

10. 对有老年人去世的特困家庭，减免其基本殡葬服务费用。

（二）卫生保健优待。

1. 医疗卫生机构要优先为辖区内65周岁以上常住老年人免费建立健康档案，每年至少提供1次免费体格检查和健康指导，开展健康管理服务。定期对老年人进行健康状况评估，及时发现健康风险因素，促进老年疾病早发现、早诊断、早治疗。积极开展老年疾病防控的知识宣传，开展老年慢性病和老年期精神障碍的预防控制工作。为行动不便的老年人提供上门服务或设立家庭病床。

2. 鼓励设立老年病医院，加强护理院、康复医院建设，有条件的二级以上综合医院应设立老年病科。

3. 医疗卫生机构应为老年人就医提供方便和优先优惠服务。通过完善挂号、诊疗系统管理，开设专用窗口或快速通道、提供导医服务等方式，为老年人特别是高龄、重病、失能老年人挂号（退换号）、就诊、转诊、综合诊疗提供便利条件。

4. 鼓励各地医疗机构减免老年人普通门诊挂号费和贫困老年人诊疗费。提倡为老年人义诊。

5. 倡导医疗卫生机构与养老机构之间建立业务协作机制，开通预约就诊绿色通道，协同做好老年人慢性病管理和康复护理，加快推进面向养老机构的远程医疗服务试点，为老年人提供便捷、优先、优惠的医疗服务。

6. 支持符合条件的养老机构内设医疗机构，申请纳入城镇职工（居民）基本医疗保险和新型农村合作医疗定点范围。

（三）交通出行优待。

1. 城市公共交通和公路、铁路、水路及航空客运，要为老年人提供便利服务。

2. 交通场所和站点应设置老年人优先标志，设立等候专区，根据需要配备升降电梯、无障碍通道、无障碍洗手间等设施。对于无人陪同、行动不便的老年人给予特别关照。

3. 城市公共交通工具应为老年人提供票价优惠，鼓励对65周岁以上老年人实行乘坐免费，有条件的地方可逐步覆盖全体老年人。各地可根据实际情况制定具体的优惠办法，对落实老年优待工作的公交企业要给予相应的经济补偿。

4. 各级政府要为免费乘坐市内公交车的70周岁以上老年人办理意外伤害保险。鼓励、倡导老年人自身投保其他意外伤害保险，保险公司应对参保老年人发生意外伤害按规定及时、足额理赔。

5. 公共交通工具要设立不低于坐席数10%的“老幼病残孕”专座。铁路部门要为列车配备无障碍车厢和座位，对有特殊需要的老年人订票和选座位提供便利服务。

6. 严格执行《无障碍环境建设条例》《社区老年人日间照料中心建设标准》和《养老设施建筑设计规范》等建设标准，重点做好居住区、城市道路、商业网点、文化体育场馆、旅游景点等场所的无障碍设施建设，优先推进坡道、电梯等与老年人日常生活密切相关的公共设施改造，适当配备老年人出行辅助器具，为老年人提供安全、便利、舒适的生活和出行环境。

7. 公厕应配备便于老年人使用的无障碍设施，并对老年人实行免费。

（四）商业服务优待。

1. 各地要根据老年人口规模和消费需求，合理布局商业网点，有条件的商场、超市设立老年用品专柜。

2. 商业饮食服务网点、日常生活用品经销单位，以及水、电、暖气、燃气、通讯、电信、邮政等服务行业和网点，要为老年人提供优先、便利和优惠服务。

3. 金融机构应为老年人办理业务提供便捷服务，设置老年人取款优先窗口，并提供导银服务，对有特殊困难、行动不便的老年人提供特需服务或上门服务。鼓励对养老金客户实施减费让利，对异地领取养老金的客户减免手续费。对办理转账、汇款业务或购买金融产品的老年人，应提示相应风险。

（五）文体休闲优待。

1. 各级各类博物馆、纪念馆、美术馆、科技馆、公共图书馆、文化馆等公共文化服务设施，向老年人免费开放。老年人免费参观文物建筑及遗址类博物馆。

2. 公共文化体育设施应对老年人优惠开放，免费为老年人提供公益性文化体育服务。关注农村老年人文化体育需求，适当安排面向农村老年人的专题专场公益性文化体育服务。

3. 公共文化体育场所应为老年人健身活动提供方便和优惠服务，安排一定时段向老年人减免费用开放，有条件的可适当增加面向老年人的特色文化体育服务项目。提倡体育及其他相关社会机构每年为老年人开展体质测定，为老年人体育健身提供咨询、服务和指导，提高老年人科学健身水平。

4. 提倡经营性文化体育单位对老年人提供优待。鼓励影剧院、体育场馆为老年人提供优惠票价，为老年文艺体育团体优惠提供场地。

5. 公园、旅游景点应对70周岁以上老年人实行门票免费、60～69周岁老年人实行门票优惠，鼓励景区内的观光车、缆车等代步工具对老年人给予优惠。

6. 老年活动场所、老年教育资源要对城乡老年人开放，公共教育资源应为老年人学习提供指导和帮助。贫困老年人进入老年大学（学校）学习的，给予学费减免。

（六）维权服务优待。

1. 各级法院对侵犯老年人合法权益的案件，要依法及时立案受理、及时审判和执行。有条件的基层法院可以成立老年人维权法庭（或老年人维权合议庭）审理各类涉老案件。老年人因追索赡养费、扶养费、养老金、退休金、抚恤金、医疗费、劳动报酬、人身伤害事故赔偿金等提起诉讼，交纳诉讼费确有困难的，可以申请司法救助，缓交、减交或者免交诉讼费。需要先予执行的，依法裁定先予执行。

2. 司法行政机关要健全完善法律援助工作机制，为老年人提供便捷、优质、高效的法律援助服务。要根据经济社会发展水平，适度放宽老年人经济困难标准，将更多与老年人权益保护密切相关的事项纳入法律援助补充事项范围，扩大老年人法律援助覆盖面；各级法律援助机构要科学设置基层法律援助站点，畅通12348法律服务热线，努力推行法律援助联系卡、上门服务等便民措施，简化程序和手续，为老年人就近、快捷咨询、申请和获得法律援助提供便利条件，对老年人法律援助案件，做到优先受理、优先审查、优先指派、优先办理，切实维护老年人合法权益。

3. 鼓励律师事务所、公证处、司法鉴定机构、基层法律服务所等法律服务机构，为经济困难的老年人提供免费或优惠服务。

4. 各基层派出所、司法所和村（社区）基层组织对涉老纠纷案件要共同参与调解，为老年人排忧解难。

三、组织实施

（一）加强组织领导。各地要高度重视老年人优待工作，健全政府主导、老龄委组织协调、相关部门各司其职、企事业单位和社会团体以及志愿者积极参与的工作体制和运行机制。各级政府要保障老年人优待工作经费，进一步落实各项财税优惠政策，调动社会力量积极参与。设区市、县级政府和相关部门要结合实际制定老年人优待政策和具体实施办法。

（二）推动政策落实。优待老年人是全社会的共同责任。各级机关、社会团体、企事业单位和其他组织，都要认真履行老年人优待工作的职责义务，积极为老年人提供优待服务。各级涉老主管单位要规范服务，加强管理，督促各优待服务场所、设施和窗口设置优待标识，公布优待内容，并建立老年人优待工作年度目标考核机制，确保责任落实到位、政策落实到位。要广泛开展尊老敬老思想道德和老年维权法制宣传教育活动，不断增强社会成员优待老年人的自觉性，提高老年人自我维权意识和能力。要深入推进“敬老爱老助老”主题教育、“敬老文明号”和“老年人维权示范岗”活动，每年敬老月、老年节要组织开展形式多样的敬老活动，对高龄、贫困老人进行走访慰问，在全社会大力弘扬孝亲敬老传统美德，进一步营造关心、帮助、尊重老年人的社会氛围。广大党员干部要带头关爱老年人，争做敬老、爱老模范。

（三）建立监督机制。各级老龄工作委员会负责老年人优待工作的组织协调和监督指导，各级老龄工作委员会办公室承担老年人优待工作的日常事务管理，要会同有关部门定期开展监督检查。要充分发挥行政监督和社会监督的作用，建立健全信息反馈和监督机制，各有关部门或单位应设立服务和监督热线，依法妥善解决举报和投诉问题，对老年人优待工作中反映强烈的突出问题，要做到早发现、早解决。对不按规定履行优待老年人义务的，由有关主管部门责令改正。

山东省老年人权益保障条例

（1999年12月16日山东省第九届人民代表大会常务委员会第12次会议通过，2014年9月26日山东省第十二届人民代表大会常务委员会第10次会议修订）

第一章　总则

第一条　为了保障老年人合法权益，发展老龄事业，弘扬中华民族敬老、养老、助老的传统美德，促进社会和谐发展，根据《中华人民共和国老年人权益保障法》等法律、行政法规，结合本省实际，制定本条例。

第二条　本省行政区域内老年人的家庭赡养与扶养、社会保障与服务、社会优待、宜居环境建设、参与社会发展等权益保障，适用本条例。

第三条　本条例所称老年人是指六十周岁以上的公民。

第四条　老年人享有的权益受法律保护，任何单位和个人不得侵犯。

老年人有从国家和社会获得物质帮助的权利，有享受社会服务和社会优待的权利，有参与社会发展和共享发展成果的权利。

禁止歧视、侮辱、虐待、遗弃老年人。

鼓励、支持和保障老年人依法维护自己的合法权益。

第五条　保障老年人的合法权益遵循政府主导、社会参与、全民关怀的原则。

第六条　本省建立健全老年人多层次社会保障体系和以居家为基础、社区为依托、机构为支撑的社会养老服务体系。

县级以上人民政府应当将老龄事业纳入国民经济和社会发展规划，制定本行政区域的老龄事业发展规划和年度计划，建立健全保障老年人权益和优待老年人的政策措施。

第七条　各级人民政府应当将老龄事业经费列入财政预算，建立稳定的经费保障机制，推广政府购买服务等方式，提供养老保障公共服务，使老龄事业与经济、社会协调发展。

各级社会福利彩票公益金中的本级留成公益金，应当按照一定比例用于支持养老服务业发展。

第八条　县级以上人民政府老龄工作机构负责组织、协调、指导、督促有关部门做好老年人权益保障工作。

乡镇人民政府和街道办事处应当确定人员负责老年人权益保障工作。

基层群众性自治组织和依法设立的老年人组织，应当反映老年人的要求，组织开展有益于老年人身心健康的活动，调解老年人权益纠纷，维护老年人合法权益，为老年人服务。

第九条　保障老年人的合法权益是全社会的共同责任。

国家机关、社会团体、企业事业单位和其他组织应当按照各自职责，做好老年人权益保障工作。

鼓励捐赠、资助、兴办老龄事业；鼓励义务为老年人服务。

第十条　本省加强人口老龄化省情教育，开展敬老、养老、助老的宣传教育活动，支持老龄科学研究，逐步建立老年人状况统计调查和发布制度，增强全社会积极应对人口老龄化意识。

青少年组织、学校、幼儿园和家庭应当对青少年和儿童进行敬老、养老、助老的道德教育和维护老年人合法权益的法制教育。

广播、电视、报刊、网络等应当反映老年人生活，宣传保障老年人合法权益的法律、法规和敬老、养老、助老的先进典型，谴责侵犯老年人合法权益的行为。

鼓励国家机关、社会团体、企业事业单位、基层群众性自治组织以及其他组织建立健全个人敬老诚信档案。

第十一条　各级人民政府和有关部门对维护老年人合法权益和敬老、养老、助老成绩显著的组织、家庭或者个人，以及参与社会发展做出突出贡献的老年人，按照国家规定给予表彰或者奖励。

第十二条　老年人应当遵纪守法，遵守社会公德，履行法定义务。

第十三条 每年农历九月初九为老年节。

第二章 家庭赡养与扶养

第十四条 老年人养老以居家为基础，赡养人以及其他家庭成员应当尊重、关心和照料老年人。

第十五条 赡养人应当履行对老年人经济供养、生活照料、精神慰藉的义务，保障老年人的生活水平不低于赡养人的生活水平；赡养人的配偶以及其他家庭成员应当支持、协助赡养人履行赡养义务。

赡养人不得违背老年人意愿将老年人与其配偶分开赡养。

对生活不能自理的老年人，由赡养人承担照料护理责任；不能亲自照料护理的，可以按照老年人的意愿委托他人或者养老机构等照料护理。

第十六条 家庭成员应当关心老年人的精神需求，不得忽视、冷落老年人。

与老年人分开居住的家庭成员，应当经常看望或者以电话、网络、书信等方式问候老年人。

用人单位应当按照有关规定保障赡养人探亲休假的权利。

第十七条 老年人有依法继承和接受赠与的权利，对个人的财产依法享有占有、使用、收益和处分的权利。

有独立生活能力的成年子女要求老年人经济资助的，老年人可以拒绝。

第十八条 经老年人同意，赡养人之间可以就履行赡养义务签订赡养协议；没有签订赡养协议的，赡养人可以就赡养标准、赡养方式等内容向老年人作出书面承诺。赡养协议、赡养承诺书的内容不得违反法律、法规和社会公德。

老年人对赡养内容自愿公开的，所在基层群众性自治组织、老年人组织可以以适当方式公开。

第十九条 老年人可以与集体经济组织、基层群众性自治组织、养老机构等组织或者法定继承人以外的个人签订遗赠扶养协议或者其他扶助协议。

负有扶养义务的组织或者个人履行遗赠扶养协议约定的义务，享有受遗赠的权利。

第二十条 基层群众性自治组织、老年人组织或者赡养人所在单位应当监督赡养协议、赡养承诺书以及遗赠扶养协议的履行。

第二十一条 老年人自有或者承租的住房，子女或者其他亲属不得侵占，不得擅自改变产权或者租赁关系。

赡养人对老年人自有住房有维修的义务。

老年人与子女或者其他亲属共同出资购买、建造的住房或者共有的住房在产权调换、房屋改建后，老年人依法以共有的形式实现所有权以及其他权利。

子女或者其他亲属使用老年人房屋的，约定使用期满应当及时归还；没有约定使用期限的，老年人有权随时要求归还。

第二十二条 子女以及其他亲属应当尊重老年人婚姻自由的权利，不得干涉老年人离婚、再婚及其婚后的生活。

赡养人的赡养义务不因老年人的婚姻关系变化而消除。

赡养人以及其他亲属不得以老年人婚姻关系变化为由，强占、分割老年人的财产或者限制老年人对其占有、使用、收益和处分，不得扣留老年人的有关证件。

提倡老年人对婚前财产进行书面约定。

第二十三条 老年人与配偶有相互扶养的义务。一方不履行扶养义务时，需要扶养的一方，有要求对方给付扶养费的权利。

第二十四条 由兄、姐扶养的弟、妹成年后，有负担能力的，对年老无赡养人的兄、姐有扶养的义务。弟、妹不履行扶养义务时，需要扶养的兄、姐，有要求其给付扶养费的权利。

第三章 社会保障与服务

第二十五条 各级人民政府和有关部门、基层群众性自治组织应当根据经济社会发展、人均收入增长、物价水平以及老年人的实际需要等情况，适时提高老年人所享受的社会保障和社会服务水平。

第二十六条 本省通过基本养老保险制度，保障老年人的基本生活。

鼓励用人单位为职工办理补充养老保险。

第二十七条 本省通过基本医疗保险制度，保障老年人的基本医疗需要；建立和完善大病医疗保险制度。

鼓励用人单位为职工办理补充医疗保险。

对享受最低生活保障的老年人和符合条件的低收入家庭中的老年人参加居民基本医疗保险所需个人缴费部分，由政府承担或者给予补贴。

有关部门制定医疗保险办法，应当对老年人给予照顾。

第二十八条 各级人民政府对经济困难的老年人给予基本生活、医疗、居住或者其他救助。

无劳动能力、无生活来源、无赡养人和扶养人的老年人，或者其赡养人和扶养人确无赡养能力或者扶养能力的，由各级人民政府按照有关规定给予供养或者救助。

第二十九条　医疗、急救机构应当及时接收、救治老年病人，不得拒绝诊治；急救机构配备的医疗救护员，应当适应老年病人搬运、护送的需要。

建立和完善老年人居家医疗机制。有条件的医疗机构可以开展巡回医疗、保健、护理、康复、临终关怀等服务，为老年人设立家庭病床。

有关部门应当组织医疗机构免费对辖区内六十五周岁以上常住居民，每年进行一次免费体格检查和健康指导，建立健康档案。有条件的地方可以逐步覆盖全体老年人。

第三十条　有关部门应当按照国家有关规定及时更新、增加基本医疗保险报销范围所包含的老年人常用药品、诊疗项目、医疗服务设备目录。

第三十一条　逐步建立和完善具有本省户籍的八十周岁以上老年人高龄津贴制度，具体办法由省人民政府制定。

第三十二条　各级人民政府和有关部门应当采取措施，发展城乡社区养老服务，引导、扶持专业服务机构以及其他组织和个人，为居家老年人提供生活照料、紧急救援、文化娱乐、医疗护理、精神慰藉、心理咨询、法律咨询等服务。

提倡结对帮扶、邻里互助，关心、帮助有困难的老年人。

第三十三条　各级人民政府和有关部门应当按照老年人口数量和分布情况，将养老服务设施建设纳入城乡社区配套设施建设规划，建立适应老年人需要的生活服务、文化体育活动、日间照料、疾病护理与康复等设施和网点，就近为老年人提供服务。

设区的市、县（市、区）行政区域内应当建设与辖区老年人口规模相适应的老年活动中心；乡镇、街道以及有条件的城乡社区（村、居）应当设有适合老年人的活动场所。

第三十四条　县级以上人民政府应当制定优惠政策，采取多种措施，鼓励城乡劳动者从事养老服务工作。

第三十五条　政府投资兴办的养老机构应当对无劳动能力、无生活来源、无赡养人和扶养人，或者其赡养人和扶养人确无赡养、扶养能力的老年人无偿提供供养和护理服务；优先保障经济困难的孤寡、失能、高龄等老年人的服务需求。

第三十六条　各级人民政府对经济困难的老年人，逐步给予养老服务补贴；对生活长期不能自理、经济困难的老年人，根据其失能程度等情况给予护理补贴。

有条件的地方应当逐步建立长期医疗护理保险制度。

鼓励组织和个人为老年人购买老年人商业护理保险和意外伤害保险。

第三十七条　各级人民政府应当制定奖励、扶持政策，采取购买服务、公建民营、民建公助、委托管理等多种方式，引导和支持组织和个人兴办、运营养老服务设施。

民办养老机构与公办养老机构享受同等优惠；营利性养老机构与非营利性养老机构建设、运营，享受同等的财政补助。

第三十八条　非营利性养老服务设施建设用地，可以依法使用国有划拨土地或者农民集体所有的土地；营利性养老服务设施建设用地以租赁或者出让等有偿方式优先保障供应。

非营利性养老机构，经有关部门认定同意变更为营利性养老机构的，其养老服务设施建设用地经有关人民政府批准后，可以办理协议出让、租赁土地手续，补缴土地出让金、租金，法律、法规另有规定的除外。

第三十九条　养老服务设施建设用地使用权不得分割转让和转租，非经法定程序不得改变用途；擅自改变用途的，由国土资源主管部门依法收回建设用地使用权。

养老服务设施因城市建设需要依法拆迁时，优先安排不少于原用地面积的建设用地。

第四十条　县级以上人民政府民政部门应当加强对养老机构的监督检查和综合评价，并向社会公布结果；其他有关部门依照职责分工对养老机构实施监督。

对养老机构侵犯老年人合法权益的违法行为，任何单位和个人都有权向民政部门或者其他有关部门投诉或者举报。

第四十一条　高等学校、中等职业学校和职业培训机构应当积极创造条件，设置与养老服务、养老产业等相关的专业或者培训项目，培养养老服务与管理专业人才。

第四十二条　鼓励和引导养老机构自愿投保责任保险、保险公司承保责任保险。有条件的地方，可以通过补贴保险费等方式给予支持。

第四十三条　各级人民政府应当采取措施，促进老龄产业发展，培育养老服务市场，引导相关行业拓展老年文化教育、体育健身、休闲旅游、健康养生、精神慰藉等服务，扶持和引导企业研发、生产、经营适应老年人需要的用品和提供相关的服务。

第四十四条　各级人民政府和有关部门应当为老

年人及时、便利地领取养老金、结算医疗费、户口迁移和享受其他物质帮助提供条件。

社会保险经办机构应当按时、足额向老年人支付社会保险待遇，不得克扣、拖欠。

金融机构、公用事业单位等与老年人生活密切相关的服务行业应当设置老年人优先窗口，为老年人办理业务提供便利。

第四章　社会优待

第四十五条　具有本省户籍的老年人享受下列优待：

（一）城镇低收入、住房困难的纯老年人家庭户，优先享受保障性住房待遇；

（二）经济困难的农村老年人，其住房符合农村危房改造条件的，优先获得危房改造待遇；

（三）农村老年人不承担兴办公益事业的筹劳义务；

（四）低收入老年人接受政府兴办和支持的供水、供电、供热、供气等公用事业服务，享受价格优惠；

（五）无劳动能力、无生活来源、无赡养人和扶养人的老年人，或者其赡养人和扶养人确无赡养、扶养能力的老年人，享受最低生活保障的老年人，以及属于重点优抚对象的老年人死亡的，免除基本丧葬服务费；

（六）各级人民政府规定的其他优待。

第四十六条　老年人持身份证、老年人优待证或者其他有效证件，享受下列优待：

（一）就诊、化验、检查、交费、取药优先，需要住院治疗的，优先入住；

（二）政府兴办或者支持的公园、景点免购门票，社会力量兴办的公园、景点，七十周岁以上免购门票，不满七十周岁半价购买门票；

（三）优先、优惠乘坐景区内的观光车、缆车等代步工具；

（四）免费进入公共文化馆、图书馆、博物馆、科技馆、美术馆、展览馆、纪念馆等场所；

（五）政府兴办或者支持的公共体育健身场所，按照时段免费或者半价；

（六）优先购买车船票、飞机票，优先上下车船、飞机，优先托运行李、物品；

（七）六十五周岁以上免费乘坐市内公共交通工具，不满六十五周岁按照当地有关规定免费或者半价乘坐市内公共交通工具；

（八）各级人民政府规定的其他优待。

各优待服务场所、设施和窗口应当设置优待标识，公布优待内容。

第四十七条　老年人因其合法权益受侵害提起诉讼交纳诉讼费确有困难的，可以缓交、减交或者免交；需要获得律师帮助，但是无力支付律师费用的，可以获得法律援助。

鼓励律师事务所、公证处、基层法律服务所和司法鉴定机构等法律服务机构为经济困难的老年人提供免费或者优惠服务。

第五章　宜居环境

第四十八条　各级人民政府和有关部门应当推进老年宜居环境建设，统筹规划适宜老年人的生活、卫生、文化、体育、娱乐设施建设，完善老年服务设施建设标准，为老年人提供安全、便利和舒适的生活环境。

鼓励建设老年宜居社区；引导开发老年宜居住宅和代际亲情住宅，鼓励家庭成员与老年人共同生活或者就近居住。

第四十九条　城市道路、车站、机场、公交站点、商场、居民小区以及其他公共建筑和场所，应当按照国家规定标准建设无障碍设施，方便老年人出行。推动老旧住宅的无障碍设施改造，完善公共环境指引标识。

配套建设的无障碍设施应当与新建、扩建、改建的建设项目同步设计、同步施工、同步验收、同步交付使用。

无障碍设施的所有人和管理人应当对无障碍设施进行保护，有损毁或者故障的，及时进行维修，确保无障碍设施正常使用。

第五十条　公园、城区主要街道两侧、居民小区等公共场所，应当设置老年人休息座椅；养老机构、老年人活动场所应当按照有关规定设置安全辅具。

火车站、汽车站、地铁站、港口客运站、飞机场的候车（船、机）室应当设置老年人专用坐椅，城乡公共交通工具应当设置一定数量的老人座席。

第六章　参与社会发展

第五十一条　全社会应当重视、珍惜老年人的知识、技能、经验和优良品德，发挥老年人的专长和作用，保障老年人参与经济、政治、文化和社会生活。

本省建立老年人专业人才库，为老年人参与社会发展创造条件。

第五十二条　各级人民政府应当将老年教育纳入终身教育体系，加大对老年教育的投入，支持社会办好各类老年学校，鼓励利用广播、电视、网络等形式发展老年教育。

第五十三条　制定法规、规章和公共政策，涉及老年人权益重大问题的，应当听取老年人和老年人组织的意见。

老年人和老年人组织有权向国家机关提出老年人权益保障、老龄事业发展等方面的意见和建议。

第五十四条　鼓励老年人依法从事优良传统教育、传授文化科技知识、维护社会治安、调解民间纠纷、科技开发应用、咨询服务、生产经营、社会公益等活动。

第五十五条　老年人参加劳动的合法收入受法律保护。

用工单位、赡养人以及其他家庭成员不得要求老年人从事危害其身心健康的劳动或者危险作业。

第七章　法律责任

第五十六条　老年人合法权益受到侵害的，被侵害人或者其代理人有权要求有关部门处理，或者依法向人民法院提起诉讼。人民法院和有关部门，对侵犯老年人合法权益的申诉、控告和检举，应当依法及时受理，不得推诿、拖延。

第五十七条　不履行保护老年人合法权益职责的部门或者组织，其上级主管部门应当给予批评教育，责令改正。

国家工作人员违法失职，致使老年人合法权益受到侵害的，由其所在单位或者上级机关责令改正，或者依法给予处分；构成犯罪的，依法追究刑事责任。

第五十八条　对老年人负有赡养、扶养义务而拒绝赡养、扶养，侮辱、虐待、遗弃老年人，干涉老年人婚姻自由的，由行为人的所在单位、基层群众性自治组织或者老年人组织给予批评教育；构成违反治安管理行为的，依法给予治安管理处罚；构成犯罪的，依法追究刑事责任。

第五十九条　养老机构及其工作人员侵犯老年人人身和财产权益，或者未按照约定提供服务的，依法承担民事责任；有关主管部门依法给予行政处罚；构成犯罪的，依法追究刑事责任。

第六十条　不按照规定履行优待老年人义务的，由有关主管部门责令改正。

第六十一条　涉及老年人的建设工程不符合国家规定标准或者无障碍设施所有人、管理人未尽到维护和管理职责的，由有关主管部门责令改正；造成损害的，依法承担民事责任；对有关单位、个人依法给予行政处罚；构成犯罪的，依法追究刑事责任。

第八章　附则

第六十二条　本条例自2015年1月1日起施行。

河南省人民政府
关于加快发展养老服务业的意见

豫政〔2014〕24号

各省辖市、省直管县（市）人民政府，省人民政府各部门：

为进一步发挥养老服务业在推动经济发展、促进就业、改善民生中的积极作用，健全我省社会养老服务发展机制，根据《国务院关于加快发展养老服务业的若干意见》（国发〔2013〕35号）精神，结合我省实际，现提出如下意见，请认真贯彻落实。

一、指导思想、总体目标和主要任务

（一）指导思想。以邓小平理论、“三个代表”重要思想和科学发展观为指导，深入贯彻落实党的十八大和十八届二中、三中全会精神，以满足老年人养老服务需求为目标，深化体制改革、坚持保障基本、注重统筹发展、完善市场机制，充分发挥政府主导作用和社会力量主体作用，逐步建立完善以居家为基础、以社区为依托、以机构为支撑、医养相结合的养老服务体系，积极推动投资主体多元化、服务方式多样化、服务队伍专业化、监督管理规范化，使养老服务业在扩大内需、增加就业、促进服务业发展、推动经济转型升级中发挥重要作用。

（二）总体目标。城乡社区居家养老服务体系更加健全。老年人的生活照料、家政服务、医疗康复、文化娱乐、精神慰藉、应急救助等服务全面开展；宜居养老环境明显改善；老龄产业规模显著扩大；养老服务业政策体系建立健全，行业标准科学规范，监管机制更加完善。到2020年，全省养老机构实现平均每千名老年人不少于35张床位。

（三）主要任务。

1. 健全养老服务政策体系。完善政府供养制度，保障城市“三无”（无劳动能力，无生活来源，无赡养人和扶养人或者其赡养人和扶养人确无赡养和扶养能力）、农村“五保”（保吃、保穿、保住、保医、保葬）老年人基本生活不低于当地平均生活水平。建立政府购买养老服务制度，对经评估符合条件的困难老年人，由当地政府购买居家养老或机构养老服务予以帮助。鼓励有条件的地方建立80岁以上低收入老年人高龄津贴制度和困难失能老年人护理补贴（保险）制度。

2. 加快发展居家养老服务。建立健全县（市、区）、乡镇（街道）、村（社区）三级居家养老服务网络。城市社区要以社区老年人日间照料中心为依托，采取政府购买服务、培育服务机构、招募企事业单位或个人服务商等方式，不断扩大居家养老服务组织规模，引导和鼓励社会中介组织、家政服务企业等社会力量参与居家养老服务，推动信息平台与居家养老服务实体有效结合，为老年人居家养老提供及时、便捷的服务，满足不同层次的养老需求。

3. 加快发展社区养老服务。要依托社区综合服务设施，充分整合资源，按照有关标准加强老年人日间照料中心、托老所等社区养老服务设施建设，创建一批服务设施完善、信息网络健全、管理服务规范的养老服务示范社区。进一步完善社区养老服务功能，提高服务水平，为有需求的老年人提供助餐、助浴、助洁、助急、助医等定制服务。加快实施社区无障碍环境改造。到2020年，符合标准的老年人日间照料中心、老年人活动中心等服务设施覆盖所有城市社区，90%以上的乡镇和60%以上的农村社区建设包括居家养老服务在内的社区综合服务设施和站点。完善现有社区服务中心、社区居家养老服务中心、农村互助幸福院等为老年人服务功能，不断拓展服务项目。支持县（市、区）建立老年人信息档案，开通养老服务热线和居家养老服务呼叫系统。各部门、各单位设在乡镇（街道）和村（社区）的各类具有为老年人服务功能的生活和文化体育设施要向老年人开放，满足老年人需求。

4. 加快发展养老服务机构。各地公办养老服务机构要充分发挥托底作用，重点为“三无”老人、低收入老人以及计划生育特殊困难家庭老人、失能半失能老人提供无偿或低收费的供养、护理服务。发展多种形式并存的机构养老服务，重点发展供养型、养护型、医护型养老服务机构，为半失能、失能老年人提供专业化照料服务，并辐射周边社区，发挥示范带动作用，提高社会养老服务业专业化水平。鼓励个人举办家庭化、小型化养老服务机构，鼓励社会力量举办规模化、连锁化养老服务机构，鼓励民间资本对企业厂房、商业设施及其他可利用的社会资源进行整合和改造，用于提供养老服务。开展公办养老服务机构改制试点，政府投资兴办的养老服务机构床位可通过公建民营等方式管理运营。

5. 壮大养老服务产业。要按照国家产业发展政策要求，积极引导和鼓励社会民间资本、工商资本、外来资本等以独资、合资、合作等多种形式参与投资老年产业，创新养老模式，开展老年生活服务、医疗康复、托管托养、教育娱乐、食品用品、休闲旅游、信息咨询等服务，不断满足不同老年人的物质和精神消费需求。鼓励发展养老服务中小企业，扶持发展龙头企业，实施品牌战略，形成一批产业链长、覆盖领域广、经济效益显著的产业集群。鼓励和支持金融保险行业为养老服务业提供相关服务。

二、落实加快发展养老服务业的扶持政策

（一）降低门槛，简化手续。社会力量投资建设的养老服务机构项目实行备案制，民政部门不再设置前置审批。为老年人提供集中居住和照料服务的养老服务机构实行许可制。开展其他养老服务或产品研发、生产的机构，属营利性的企业单位到工商部门直接注册登记，属非营利性的民办非企业单位可到民政部门直接注册登记。

（二）加大政策支持力度。

1. 制订养老服务业发展规划。各省辖市、县（市、区）要科学研究制订养老服务业发展规划，纳入社会发展、城乡建设和土地利用总体规划，统筹安排，科学布局。

2. 落实养老服务用地政策。各省辖市、县（市）年度用地计划要合理安排养老服务用地需求，并向社会公布。加强社区服务设施建设，要按照人均用地不少于0.1平方米的标准，分区分级规划设置养老服务设施。对新办的非营利性养老服务机构建设用地，符合国家划拨用地条件的，经有批准权的政府批准后，可采取划拨方式优先供地，也可依法使用农民集体所有的土地。对新办的营利性养老服务机构建设用地，明确用地性质，按照国家对营利性用地依法办理有偿用地手续的规定，优先保障供应。乡镇、村公益性养老服务机构的建设用地，经依法批准，可使用集体所有土地。对研发养老服务产品的生产性项目用地，采用与工业项目用地同样的供地方式。新建小区开发建设和旧城改造要将养老服务设施纳入公建配套方案同步规划、同步建设、同步竣工、同步交付使用。城乡规划确定的养老服务设施用地，非经法定程序不得改变用途；严禁将土地使用权和房产权以任何方式变相出售，对违反规定擅自改变土地用途的，民政部门将撤销养老服务机构登记，国土资源部门将依法责令其交回土地。养老服务设施因城市建设需要依法拆迁时，要优先安排同等面积的回迁或异地建设用地。

3. 落实养老服务补贴支持政策。省本级及市、县级政府用于社会福利事业的彩票公益金，要确保50%以上的比例用于支持发展养老服务业。政府举办的养老服务机构的基本建设、机构运转、人员经费和机构内集中供养对象的基本生活保障经费，纳入同级财政预算并建立动态保障机制。农村五保供养服务机构管理经费、人员工资和其他相关费用列入县级财政预算并按时拨付。对接收供养城镇“三无”和农村五保老人、计划生育特殊困难家庭老人的社会办养老服务机构，通过政府购买服务的方式，对供养对象的基本生活保障经费按政策标准给予足额安排。同时对该类养老服务机构在更新完善设施设备等方面给予补助。对新建、改（扩）建非营利性养老服务机构，依据其建设规模（含改扩建）、投资总额、土地租期等指标，由所在地政府给予一定的建设补贴；在运营期间，按照床位数、收养人数及服务对象的类别、入住率、管理服务水平、社会效益等指标，由所在地政府给予一定的运营补贴。具体补贴标准及操作细则由各地根据实际情况确定，所需经费列入同级财政预算。

4. 落实养老服务机构税费优惠政策。对养老服务机构提供的育养服务免征营业税，对非营利性养老服务机构自用房产和土地免征房产税、城镇土地使用税和水利建设专项费。各地对非营利性养老服务机构建设要免征有关行政事业性收费，对营利性养老服务机构建设要减半征收有关行政事业性收费。对养老服务机构提供养老服务要适当减免行政事业性收费，其用水、用电、用气、用暖按居民生活类价格执行。对企事业单位、社会团体和个人向非营利性养老机构的捐赠，符合相关规定的，准予在计算其应纳税所得额时按税法规定比例扣除。境内外资本举办养老服务机构享有同等的税收等优惠政策。

5. 落实养老服务人才培训和就业政策。引导支持高等院校和职业学校增设养老服务相关专业和课程，扩大人才培养规模。制定优惠政策，鼓励、吸引大中专毕业生从事养老服务工作。将加强养老服务队伍建设与促进社会就业相结合，把养老服务从业人员技能培训纳入城乡就业培训体系，符合条件的人员可按照规定申请享受职业培训补贴。持证上岗的就业困难人员符合条件的，可按照规定享受有关就业扶持政策。养老服务机构要积极改善养老护理人员工作条件，依法缴纳社会保险费，提高养老护理人员的工资待遇。鼓励有条件的地方探索建立养老护理员特殊岗位补助制度。对在养老服务机构就业的专业技术人员，执行与医疗机构、福利机构相同的执业资格、注册考核政策。

6. 落实养老服务机构医疗政策。积极推进医养结合，促进医疗卫生资源进入养老服务机构、社区和居民家庭，转变服务模式，主动为失能半失能和独居老人提供上门服务，开设家庭病床。支持有条件的养老服务机构开办医疗机构，开展护理、康复等服务。规模较小的养老服务机构可与周边医院、基层医疗卫生机构合作开展医疗服务，实现医疗资源共享。养老服务机构所办医疗机构已取得执业许可证，并符合申请城镇职工（居民）基本医疗保险和新型农村合作医疗定点医疗机构条件的，经审批可纳入定点范围。进一步优化医疗保险报销程序和结算方式，切实解决老年人异地就医结算问题。探索建立长期护理保障制度。鼓励老年人投保健康保险、长期护理保险、意外伤害保险等人身保险，鼓励和引导商业保险公司开展相关业务。

7. 落实养老服务融资政策。坚持政府引导和市场运作相结合，通过贷款贴息、直接融资补贴、融资担保等办法，使更多信贷资金和社会资金投向养老服务业。积极争取保险资金投资养老服务领域，支持保险公司探索开展住房反向抵押养老保险试点。鼓励养老服务机构投保责任保险，保险公司承保责任保险。引导和规范商业银行、保险公司、证券公司等金融机构开发适合老年人的理财、信贷、保险等产品。积极争取国债投资、国债转贷、国贷贴息等资金，支持养老服务设施建设。各地要将国家有关促进服务业发展的金融政策落实到养老服务业，增加养老服务机构及其建设项目信贷投入。金融机构要在符合市场原则的前提下，放宽贷款条件，对养老服务机构及其建设项目积极提供融资便利及实行优惠利率。财政给予非营利性养老服务机构的运营补贴，可用于资助养老服务机构投保养老服务责任保险。鼓励和引导慈善资金投向社会养老服务设施建设，用于实施养老救助项目。

三、健全养老服务业发展的体制机制

（一）加强组织领导。各级政府要高度重视养老服务业发展，把养老工作纳入政府目标管理和绩效考核内容，纳入为民办实事项目，及时研究解决养老服务业发展中遇到的重大问题，并加强督促检查。要建立政府牵头，财政、发展改革、民政、人力资源社会保障、住房城乡建设、公安、教育、商务、金融、质监、卫生、人口计生、国土资源、工商、税务、食品药品监管、老龄等部门参加的养老服务业发展协调机制，制定落实养老服务业发展规划和政策措施，加强沟通，密切协作，不断改革创新，努力形成加快养老服务业发展的整体合力，建立养老服务业发展长效机制。

（二）加强行业监管。建立健全养老服务准入、退出、监管机制，有关部门要依照职责分工，加强养老服务业监管，加大饮食卫生、消防安全、疾病防治、康复护理、服务价格等监管力度，及时查处侵害老年人人身财产权益的违法行为和安全生产责任事故。积极发挥养老服务行业协会作用，加强行业自律。探索建立养老服务纠纷调处机制，促进养老服务纠纷依法妥善解决，推动养老服务业健康有序发展。

附件：加快我省养老服务业发展重点任务分工

河南省人民政府

2014 年 3 月 9 日

附件

加快我省养老服务业发展重点任务分工

序号	工作任务	负责部门	时间进度
一、主要任务部分			
1	健全养老服务政策体系。完善政府供养制度，保障城市“三无”、农村五保老年人基本生活不低于当地平均生活水平。建立政府购买养老服务制度。鼓励有条件的地方建立 80 岁以上低收入老年人高龄津贴制度和困难失能老年人护理补贴（保险）制度。	省民政厅、发展改革委、财政厅和各省辖市、省直管县（市）政府	持续实施
2	加快发展居家养老服务。建立健全县（市、区）、乡镇（街道）、村（社区）三级居家养老服务网络。	各省辖市、省直管县（市）政府	持续实施
3	加快发展社区养老服务。依托社区综合服务设施，充分整合资源，创建一批服务设施完善、信息网络健全、管理服务规范的养老服务示范社区。到 2020 年，符合标准的老年人日间照料中心、老年人活动中心等服务设施覆盖所有城市社区，90%以上的乡镇和 60%以上的农村社区建设包括居家养老服务在内的社区综合服务设施和站点。	省民政厅会同有关部门和各省辖市、省直管县（市）政府	持续实施
4	加快发展养老服务机构。公办养老机构要充分发挥托底作用。重点发展供养型、养护型、医护型养老服务机构。鼓励个人举办家庭化、小型化养老服务机构，鼓励社会力量举办规模化、连锁化养老服务机构，鼓励民间资本对可利用的社会资源进行整合和改造，用于提供养老服务。	省民政厅会同有关部门和各省辖市、省直管县（市）政府	持续实施
5	壮大养老服务产业。积极引导和鼓励社会民间资本、工商资本、外来资本等以独资、合资、合作等多种形式参与投资老年产业，创新养老模式。鼓励发展养老服务中心企业，扶持发展龙头企业，实施品牌战略，形成一批产业链长、覆盖领域广、经济效益显著的产业集群。	省发展改革委、商务厅、民政厅、工业和信息化厅、省政府国资委、省人力资源社会保障厅和各省辖市、省直管县（市）政府	持续实施

续表

序号	工作任务	负责部门	时间进度
二、落实扶持政策部分			
6	降低门槛，简化手续。社会力量投资建设的养老服务机构项目实行备案制，民政部门不再设置前置审批。为老年人提供集中居住和照料服务的养老服务机构实行许可制。开展其他养老服务或产品研发、生产的机构，属营利性的企业单位到工商部门直接注册登记，属非营利性的民办非企业单位可到民政部门直接注册登记。	省发展改革委、民政厅、工商局和各省辖市、直管县（市）政府	持续实施
7	各省辖市、县（市、区）要科学研究制订养老服务业发展规划，纳入社会发展、城乡建设和土地利用总体规划。	各省辖市、各直管县（市）政府	持续实施
8	加强社区服务类设施建设，按照人均用地不少0.1平方米的标准，分区分级规划设置养老服务设施。新建小区开发建设和旧城改造要将养老服务设施纳入公建配套方案同步规划、同步建设、同步竣工、同步交付使用。	省住房城乡建设厅、国土资源厅、民政厅和各省辖市、省直管县（市）政府	2014年6月底前出台具体措施
9	落实养老服务用地政策。各省辖市、县（市）年度用地计划要合理安排养老服务用地需求，并向社会公布。对新办的非营利性养老服务机构建设用地，符合国家划拨用地条件的，经有批准权的政府批准后，可采取划拨方式优先供地。对新办的营利性养老服务机构建设用地，明确用地性质，按照国家依法办理有偿用地手续的规定，优先保障供应。	省国土资源厅、农业厅、民政厅和各省辖市、省直管县（市）政府	国家政策出台后3个月内制订具体措施
10	省本级及市、县级政府用于社会福利事业的彩票公益金，确保50%以上用于支持养老服务业。	省民政厅、财政厅和各省辖市、各直管县（市）政府	持续实施
11	政府举办的养老服务机构基本建设、机构运转、人员经费和机构内集中供养对象的基本生活保障经费，纳入同级财政预算并建立动态保障机制。农村五保供养服务机构管理经费、人员工资和其他相关费用列入县级财政预算并按时拨付。	各省辖市、各直管县（市）政府	持续实施
12	研究制定政府向社会购买养老服务的政策措施。	省财政厅、发展改革委、民政厅	2014年8月底前出台具体措施
13	对养老机构提供的育养服务免征营业税，对非营利性养老机构自用房产和土地免征房产税、城镇土地使用税和水利建设专项费。对企事业单位、社会团体和个人向非营利性养老机构的捐赠，符合相关规定的，准予在计算其应纳税所得额时按税法规定比例扣除。	省财政厅、地税局	持续实施
14	对非营利性养老机构建设要免征有关行政事业性收费，对营利性养老机构建设要减半征收有关行政事业性收费。对养老机构提供养老服务要适当减免行政事业性收费。	省财政厅、发展改革委、民政厅、国税局	持续实施
15	养老机构用电、用水、用气、用热按居民生活类价格执行。	省发展改革委和各省辖市、省直管县（市）政府	持续实施

续表

序号	工作任务	负责部门	时间进度
16	境内外资本举办养老机构享有同等的税收等优惠政策。	省财政厅、国税局、地税局、商务厅、民政厅	持续实施
17	引导支持高等院校和职业学校增设养老服务相关专业和课程，扩大人才培养规模，制定优惠政策，鼓励、吸引大中专毕业生从事养老服务工作。	省教育厅、人力资源社会保障厅、卫生厅、人口计生委、民政厅	2014年8月底前出台具体措施
18	将加强养老服务队伍建设与促进社会就业相结合，把养老服务从业人员技能培训纳入城乡就业培训体系，符合条件的人员可按规定申请享受职业培训补贴。鼓励有条件的地方探索建立养老护理员特殊岗位补助制度。	省人力资源社会保障厅、财政厅、民政厅和各省辖市、各直管县（市）政府	2014年8月底前出台具体措施
19	对在养老机构就业的专业技术人员，执行与医疗机构、福利机构相同的执业资格、注册考核政策。	省人力资源社会保障厅、卫生厅、人口计生委、民政厅	2014年8月底前启动实施
20	积极推进医养结合，促进医疗卫生资源进入养老服务机构、社区和居民家庭，转变服务模式，主动为失能半失能和独居老人提供上门服务，开设家庭病床。支持有条件的养老服务机构开办医疗机构，开展护理、康复等服务。	省卫生厅、人口计生委、民政厅和各省辖市、各直管县（市）政府	2014年8月底前出台具体措施
21	养老服务机构所办医疗机构已取得执业许可证，并符合申请城镇工（居民）基本医疗保险和新型农村合作医疗定点条件的，经审批可纳入定点范围。进一步优化医疗保险报销程序和结算方式，切实解决老年人异地就医结算问题。	省人力资源社会保障厅、卫生厅、人口计生委	持续实施
22	坚持政府引导和市场运作相结合，通过贷款贴息、直接融资补贴、融资担保等办法，使更多的信贷资金和社会资金投向养老服务业。	河南银监局、人行郑州中心支行、省政府金融办、省财政厅、民政厅	国家政策出台后3个月内出台具体措施
三、健全体制机制部分			
23	各级政府要高度重视养老服务业发展，把养老工作纳入政府目标管理和绩效考核内容，纳入为民办实事项目。	省辖市、省直管县（市）政府	意见下发后启动实施
24	加强督促检查。	省政府督查室、省发展改革委、民政厅	逐年落实

注：本表中“负责部门”栏内排第一位的是本项任务的牵头单位。

湖北省人民政府关于加快发展养老服务业的实施意见

鄂政发〔2014〕30号

各市、州、县人民政府，省政府各部门：

为贯彻落实《国务院关于加快发展养老服务业的

若干意见》(国发〔2013〕35号)精神,积极应对人口老龄化,加快发展我省养老服务业,现提出以下实施意见。

一、总体思路

深入贯彻党的十八大和十八届三中全会精神,按照"深化体制改革、坚持保障基本、注重统筹发展、完善市场机制"的基本原则,立足湖北省情,充分发挥政府的主导作用和社会力量的主体作用以及家庭的基础性作用,加快建立健全养老服务体系,大力发展养老服务业,不断满足日益增长的多样化、多层次的养老服务需求,积极应对人口老龄化,努力保障和改善民生,推动经济转型升级,加快建设"幸福湖北"。

二、发展目标

到2020年,全面建成以居家为基础、社区为依托、机构为支撑的,功能完善、规模适度、服务优良、运行规范、覆盖城乡的养老服务体系。养老服务覆盖所有居家老年人,符合标准的社区居家养老服务中心、老年人活动中心等服务设施覆盖所有城市社区,90%以上的乡镇建立包括养老服务在内的综合服务设施,60%以上的农村社区建立农村老年人互助照料活动中心或托老所。机构养老和社区日间照料床位新建和改扩建18万张以上,养老床位数达到每千名老年人35张。初步形成涵盖养老、医疗、家政、金融、教育、文化、体育、旅游等行业,养老产品更加丰富,市场机制不断完善,产业集群初步显现的养老服务业,提供就业岗位45万个以上。

三、主要任务

(一)统筹规划建设城市养老服务设施。

1. 科学规划建设社区养老服务设施。各地在制定完善城市总体规划和控制性详细规划时,必须按照人均用地不少于0.1平方米的标准,分区分级规划设置养老服务设施。凡新建城区和新建居住(小)区,按每百户不少于20平方米的标准建设社区居家养老服务用房,并与住宅同步规划、同步建设、同步验收、同步交付使用;凡老城区和已建成居住(小)区无养老服务设施或现有设施没有达到规划和建设指标要求的,要限期通过购置、置换、租赁等方式,开辟养老服务设施,不得挪作他用。2015年12月底前,各县(市、区)要完成《城镇养老设施空间布局规划(2015—2020年)》的编制。

2. 综合发挥多种设施作用。各地要充分整合利用各种社区公共服务设施,提升社区养老服务功能。加强社区养老服务设施与社区服务中心(服务站)、党员群众服务中心、社区卫生服务站以及文化、体育等设施的功能衔接,提高使用率。支持和引导各类社会主体参与社区综合服务设施建设、运营和管理,提供养老服务。各类具有为老年人服务功能的设施都要向老年人开放。

3. 推动社区无障碍环境改造。各地要开展老年宜居社区建设工作,按照无障碍设施工程建设相关标准和规范,推动和扶持老年人家庭无障碍设施的改造,加快推进坡道、电梯等与老年人日常生活密切相关的公共设施改造和建设。

(二)大力发展社区居家养老服务网络。

1. 发展社区居家养老服务。制订出台相关扶持政策,通过购买服务、项目委托、以奖代补等多种措施,积极培育居家养老服务企业和机构,上门为居家老年人提供助餐、助浴、助洁、助急、助医等定制服务;大力发展家政服务,为居家老年人提供规范化、个性化服务。支持社区建立健全居家养老服务网点,鼓励社会组织和家政、物业等企业兴办或运营老年供餐、社区日间照料、老年活动中心等形式多样的养老服务项目。

2. 发展老年人文体娱乐服务。支持社区利用社区公共服务设施和社会场所组织开展适合老年人的群众性文化体育娱乐活动,并发挥群众组织和个人积极性。鼓励专业养老服务企业和机构利用自身资源优势,培训和指导社区养老服务组织和人员。

3. 发展居家网络信息服务。支持企业和机构运用互联网、物联网等技术手段创新居家养老服务模式,发展老年电子商务,建设居家服务网络平台,提供紧急呼叫、家政预约、健康咨询、物品代购、服务缴费等适合老年人的服务项目。

(三)加快推进各类养老机构建设。

1. 支持社会力量兴办养老机构。各地要为社会力量举办养老机构提供便捷服务,进一步降低资本金、场地、人员等方面的门槛,简化手续、规范程序、公开信息。鼓励境外资本投资养老服务业,支持个人举办家庭托老所、社区养老院(护理院)等小型养老机构,推动社会力量兴办的养老机构走差异化竞争发展之路。鼓励民间资本对企业厂房、商业设施及其他可利用的社会资源进行整合和改造,用于养老服务。

2. 办好公办保障性养老机构。各地要加快建立公办养老机构入住评估制度,充分发挥其托底作用,重点为"三无"(无劳动能力,无生活来源,无赡养人和扶养人、或者其赡养人和扶养人确无赡养和扶养能力)老人、低收入老人、经济困难的失能半失能老人提供无偿或低收费的供养、护理服务。建设公办养老机构要因地制宜、经济适用,力戒铺张豪华。大力推进农村福利院维修改造，确保农村五保对象自愿条件下集中供养。

3. 稳妥推进公办养老机构改革。有条件的地方可以把专门面向社会提供经营性服务的公办养老机构转制成为企业，完善法人治理结构。公办养老机构或其面向社会服务的部分设施，在确保产权明晰、养老用途不改变和国有资产不流失的前提下，应积极推行公建民营，将所有权与经营权分离，通过公开招投标，将经营权以租赁经营、委托经营、合作经营等方式，择优选择社会组织或市场主体运营。鼓励引导公办养老机构员工通过登记成立民办非企业单位或公司制企业，利用专业优势承接公办养老机构日常运营和服务外包项目，实现人员分流和机制转换。

（四）切实加强农村养老服务。

1. 健全服务网络。充分发挥村民自治功能和老年协会作用，督促家庭成员依法承担赡养责任，履行对老年人经济上供养、生活上照料和精神上慰藉的义务。各地要将符合条件的农村五保老人纳入供养范围，在满足农村五保对象集中供养需求的前提下，支持乡镇五保供养机构改善设施条件并向社会开放，提高运营效益，增强护理功能，使之成为区域性养老服务中心。各地要充分利用农村闲置房产、农村中心户房屋，整合农村党建活动室、卫生室、农家书屋等资源，在留守老人较多、居住相对集中的建制村或者自然村，加快建设农村老年人互助照料活动中心，鼓励有条件的村建设具有日托或全托功能的农村幸福院。全面建立农村老年协会，充分发挥其在联络、组织老年人开展邻里互助、志愿服务、文体娱乐、精神慰藉和化解纠纷等方面的作用。

2. 拓展筹资渠道。各级政府用于养老服务的财政性资金应重点向农村倾斜。各地要进一步落实《中华人民共和国老年人权益保障法》中有关农村可以将未承包的集体所有的部分土地、山林、水面、滩涂等作为养老基地，收益供老年人养老的要求。鼓励个人捐资兴建养老服务设施（项目），捐赠额占项目投资总额 2/3 以上的，该设施（项目）可以其名命名（国家明确规定不能命名的除外）。鼓励城市资金、资产和资源投向农村养老服务。

3. 完善帮扶机制。建立公办城市养老机构与农村五保供养机构及社会办养老机构长期稳定的对口支援和合作机制，采取人员培训、互派人员进行业务指导或在岗锻炼、设备支援等方式，帮助农村五保供养机构和社会办养老机构提高管理服务水平。建立跨地区养老服务协作机制，鼓励经济发达地区支援经济欠发达地区。

（五）积极发展养老产业。

1. 开发老年产品市场。各地要鼓励和引导相关行业积极拓展适合老年人特点的文化娱乐、体育健身、休闲旅游、健康服务、精神慰藉、法律帮助等服务，加强残障、失能老年人专业化服务。支持企业积极开发安全有效的康复辅具、食品药品、服装服饰、图书音像等老年用品用具和服务产品，引导商场、超市、批发市场、电子商务行业设立老年用品专区专柜；开发老年住宅、老年公寓等老年生活设施，提高老年人生活质量。引导和规范商业银行、保险公司、证券公司等金融机构开发适合老年人的理财、信贷、保险等产品。

2. 培育养老产业集群。各地和相关行业部门要加强养老产业发展规划，鼓励发展养老服务中小企业，扶持发展龙头企业，加快形成养老产业集群。健全市场规范和行业标准，确保养老服务和产品质量，营造安全、便利、诚信的消费环境。

（六）加快推进医疗卫生与养老服务相结合。

1. 推动医养融合发展。卫生计生部门要支持有条件的养老机构设置医疗机构，为其注册登记提供便利；支持养老机构与周边医院、基层医疗卫生机构进行合作，实现资源共享；加强二级以上综合医院老年病科建设，做好老年慢病防治和康复护理；积极支持基层医疗机构向老年护理院、老年康复医院转型；支持社会力量举办老人护理院、老年康复医院和提供临终关怀服务的医疗机构。积极探索医疗机构与养老机构合作新模式，医疗机构、社区卫生服务机构应当为老年人建立健康档案，推动社区医疗机构与老年人家庭建立医疗契约服务关系，开展上门诊视、健康查体、保健咨询等服务，加快推进面向养老机构的远程医疗服务试点。医疗机构应当为老年人就医提供优先优惠服务。

2. 健全医疗保险机制。人社部门和卫生计生部门要支持将符合城镇职工（居民）基本医疗保险和新型农村合作医疗定点条件的养老机构内设医疗机构纳入定点医疗机构范围，入住的参保老年人按规定享受相应待遇。完善和落实医保报销制度，切实解决老年人异地就医结算问题。鼓励和指导老年人购买商业健康保险、长期护理保险、意外伤害保险等人身保险产品，鼓励和引导商业保险公司开展相关业务。

四、保障措施

（一）建立健全投融资政策。要通过完善扶持政策，吸引更多民间资本投资养老服务业。各级政府要根据经济发展水平和实际需求，安排包括基本建设投资在内的各类财政性资金，支持养老服务体系建设。

金融机构要加快金融产品和服务方式创新，拓宽信贷抵押担保物范围，满足养老服务业的信贷需求。各地要积极利用财政贴息、小额贷款等方式，加大对养老服务业的有效信贷投入。加强养老服务机构信用体系建设，增强对信贷资金和民间资本的吸引力。根据国家有关政策，积极支持保险机构开展养老服务保险业务试点，设计符合养老服务特点的保险产品，鼓励养老机构投保责任保险和保险公司承保责任保险。

（二）建立健全土地供应政策。各地要将各类养老服务设施建设用地纳入城镇土地利用总体规划和年度用地计划，合理安排用地需求，可将闲置的公益性用地调整为养老服务用地。因不适应城市功能定位退出的土地，在符合城市规划的前提下，优先用于发展养老机构。自有产权的养老机构因城市建设需要依法拆迁时，要优先安排不低于同等面积的回迁或异地建设用地。各级政府要合理安排养老用地，预留用地指标，保障乡镇农村福利院生产基地等养老设施项目落地。积极支持社会力量投资建设养老服务机构，民间资本举办的非营利性养老机构与政府举办的养老机构享有相同的土地使用政策，可以依法使用国有划拨用地或者农民集体所有的土地。对营利性养老机构建设用地，按照国家对经营性用地依法办理有偿用地手续的规定，优先保障供应，可采取协议出让方式供地；同一宗养老服务机构用地有两个或两个以上申请用地者的，应当以招标、拍卖或者挂牌方式供地。新建城区和居住（小）区按规定配建养老服务设施，依据规划用途可以划分为不同宗地的，应当先行分割成不同宗地，再按宗供应；不能分宗的，应当明确养老服务设施用地、社区其他用途土地的面积比例和供应方式。在符合规划的前提下，在已建成的住宅小区内增加非营利性养老服务设施建筑面积的，可不增收土地价款。新建养老服务机构项目用地涉及新增建设用地，符合土地利用总体规划和城乡规划的，应当在土地利用年度计划指标中优先予以安排。企事业单位、个人对城镇现有空闲的厂房、学校、社区用房等进行改造和利用，兴办养老服务机构，经规划批准临时改变建筑使用功能从事非营利性养老服务且连续经营一年以上的，五年内可不增收土地年租金或土地收益差价，土地使用性质也可暂不作变更。严禁养老设施建设用地改变用途、容积率等土地使用条件搞房地产开发，严禁改变养老服务性质及服务设施用途。

（三）建立健全税费优惠政策。各地要落实好国家现行支持养老服务业的税收优惠政策，对养老机构提供的养护服务免征营业税，对非营利性养老机构自用房产、土地免征房产税、城镇土地使用税，对符合条件的非营利性养老机构按规定免征企业所得税。对企事业单位、社会团体和个人向非营利性养老机构的捐赠，符合相关规定的，准予在计算其应纳税所得额时按税法规定比例扣除。对非营利性养老机构建设免征有关行政事业性收费，对营利性养老机构建设减半征收有关行政事业性收费。对所有养老服务机构提供的养老服务适当减免行政事业性收费；养老机构用电、用水、用气、用热按居民生活类价格执行。各地要对新建养老服务设施的城市基础设施配套费制定减免政策，同时要比照公益性养老机构，落实社区居家养老服务实体的优惠政策。境内外资本举办养老机构享有同等的税收等优惠政策。

（四）建立健全补贴支持政策。各地要加快建立80岁以上老人高龄津贴制度；全面建立重点针对分散居住“三无”老人、享受最低生活保障的高龄老人等经济困难老年人的养老服务补贴制度，采取向社会购买服务等方式，每人每天提供不少于1小时的服务；鼓励有条件的地方积极探索建立经济困难失能半失能老年人护理补贴制度。各地要在2015年底前，对经民政部门许可、符合相关条件的非营利性社会办养老机构，建立建设补贴和运营补贴制度，对新建机构每张床位给予不低于1000元、改造和租赁用房每张床位给予不低于500元一次性补助（每个机构最高补贴不超过500张床位），对正常运营1年以上的，按收住失能对象每人每年不低于900元、其他对象每人每年不低于600元给予运营补贴；要加快建立城乡社区居家养老服务中心建设补贴和运营补贴制度，对城市社区（街道）居家养老服务中心和农村老年人互助照料活动中心，分别给予运营补贴和一次性建设补贴。各级政府用于社会福利事业的彩票公益金，要将50%以上用于支持发展养老服务业。省级对经济困难、建立健全财政补贴制度的地区，采取“以奖代补”方式，给予养老服务体系建设补助。

（五）建立健全人才培养和就业政策。教育部门要支持高等院校和中等职业学校增设养老服务相关专业和课程，鼓励毕业生从事养老服务工作。人社部门要积极组织养老护理人员参加养老服务职业技能培训，并按规定落实培训补贴。养老机构要积极吸纳农村转移劳动力、城镇就业困难人员等从事养老服务工作。养老机构应当积极改善养老护理员工作条件，加强劳动保护和职业防护，依法缴纳养老保险费等社会保险费，提高职工工资福利待遇。本省养老机构与具有本省户籍的就业困难人员签订1年以上劳动合同，并按规定缴纳了社会保险费的，可按规定享受社会保险补贴和公益性岗位补贴。对在养老机构就业的专业技术人员，执行与医疗机构、福利机构相同的执业资格、注册考核政策。要保障养老服务从业人员工资福利待遇，对取得国家养老护理员职业资格证书、连续从业2年以上的人员，各地可给予养老护理员特殊岗位补贴或一次性奖励。

（六）建立健全公益慈善组织支持养老服务的机制。引导公益慈善组织重点参与养老机构建设、养老产品开发、养老服务提供，使公益慈善组织成为发展养老服务业的重要力量。积极培育发展为老服务公益慈善组织和志愿组织，推广“志愿服务记录”“爱心储蓄”等做法，鼓励支持社会各界人士参与养老志愿服务。支持基层社区建立老年协会等群众组织，引导其积极开展自我管理、自我服务和服务社会活动。

五、组织领导

（一）强化政府责任。各级政府要高度重视发展养老服务业，将其纳入国民经济和社会发展规划，纳入政府重要议事日程。要落实工作责任，建立联席会议制度，进一步强化工作机制，推动目标任务落实。支持武汉市、宜昌市开展养老服务业综合改革试点。民政部门要切实履行行业监管、行业规范、业务指导职责。发展改革部门要将养老服务业发展纳入经济社会发展规划、专项规划和区域规划。财政部门要在现有资金渠道内对养老服务业发展给予财力保障。商务部门要支持家政企业投资养老服务业。老龄工作机构要发挥综合协调作用。教育、公安（消防）、国土资源、卫生计生、人社、住建、商务、税务、工商、质监、物价、食品药品监管等部门及有关金融机构要各司其职，及时解决工作中遇到的问题，形成齐抓共管、整体推进的工作格局。

（二）强化行业监管。民政部门要健全养老服务的准入、退出、监管制度。价格主管部门要建立科学合理的养老服务收费定价机制，区别不同性质的养老服务机构，分别明确相关收费政策。工商和统计等部门要建立完善养老服务业统计制度。其他各有关部门要各司其职，加强对养老服务业的监督管理。要发挥养老服务行业协会行业服务和自律作用。

（三）强化督促检查。各地要加强检查督办，确保责任到位、任务落实。各市、州、县（市、区）人民政府要结合实际，制订具体的实施意见或工作措施。省有关部门要及时研究制订相关政策措施。省发展改革委、省民政厅和省老龄办要加强对本意见执行情况的监督检查并及时向省人民政府报告。省人民政府将适时对落实情况进行专项督查。

2014年06月29日

广东省老年人优待办法

广东省人民政府令(第198号)：《广东省老年人优待办法》已经2013年12月4日广东省人民政府第十二届16次常务会议通过，现予公布，自2014年3月1日起施行。

省长　朱小丹

二〇一四年一月十日

第一条　为了保障老年人的合法权益，弘扬中华民族敬老、养老、助老的美德，根据《中华人民共和国老年人权益保障法》《广东省老年人权益保障条例》等法律法规，结合本省实际，制定本办法。

第二条　本办法所称老年人是指60周岁以上的公民。

第三条　老年人优待工作坚持从老年人的实际需求出发，坚持政府主导、社会参与的原则。

县级以上人民政府及其有关部门应当加强老年人优待工作，确保老年人所享受的社会保障、社会福利和社会服务水平与本地经济社会发展水平相适应。

社区应当通过开展多种老年人文娱活动，引导老年志愿者结合自身的知识、技能和经验，发挥个人专长，帮助老年人融入社会，实现社区老年人老有所为，老有所乐。

第四条　老年人凭居民身份证或者其他有效证件进入政府投资主办或者控股的公园、风景区、文化宫、博物馆、美术馆、科技馆、纪念馆、图书馆、文化馆（站）、影剧院、展览馆、体育场馆等，享受免费待遇或者优惠待遇。提倡非政府投资主办或者控股的公园、风景名胜等旅游景区，对老年人给予适当优惠。

给予老年人免费或者优惠收费的公共服务场所，应当设置明显的标志、标识，为老年人提供安全便捷服务和符合老年人生理特点、生活习惯的设施设备，工作人员或者服务人员应当向老年人告知相关优惠规定。

第五条　城市公共交通、公路、铁路、水路和航空客运应当给予老年人优先购票、进出站、检票、上落等服务，有条件的交通工具应当设置老年人专座。

长途汽车客运站、火车站应当设立老年人候车室或者老年人专座。

老年人乘坐城市公共交通工具享受优惠的具体措施，由地级以上市人民政府制订。

第六条　提倡邮政、电信、银行、餐饮、商场、供电、供水、燃料、维修等服务行业，根据行业特点，为老年人提供优先、优惠等服务，并在营业场所设立明显的优待标志、标识。

老年人免费使用收费公共厕所。

第七条　鼓励、支持社会力量参与发展老年教育，扩大各级各类老年大学办学规模。

户籍在广东省行政区域内的贫困老年人入读老年大学，享受学费减免优惠。

加强基层老年协会建设，发挥老年协会在维护老年人权益、参与社会公益事务、组织老年人参与经济社会建设及开展文体活动等方面的作用。

第八条　各级人民政府应当在财政、税费、土地、融资等方面采取措施，鼓励、扶持企业事业单位、社会组织兴办、运营养老机构、设施，完善以居家为基础，社区为依托，机构为支撑的养老服务体系。

鼓励、扶持专业服务机构及其他组织和个人，为居家的老年人提供生活照料、紧急救援、医疗护理、精神慰藉、心理咨询等多种形式的服务。

政府投资兴办的养老机构，应当优先保障经济困难的孤寡、失能、高龄老年人的服务需求。

对户籍在本省行政区域内经济困难的老年人，县级以上人民政府应当逐步给予养老服务补贴。

第九条　鼓励与老年人日常生活密切相关的服务行业和各级人民政府及其有关部门建立关爱老年人服务和援助呼叫信息网络对接，实现区域内老年人日常生活需求和援助服务全覆盖。

第十条　各级人民政府应当建立和完善医疗救助制度，将农村五保供养老年人、享受最低生活保障的老年人，按照广东省相关规定纳入医疗救助范围。

对户籍在本省行政区域内的农村五保供养老年人、享受最低生活保障的老年人、丧失劳动能力的残疾老年人、低收入老年重病患者、低收入家庭中的老年人等参加城乡居民医疗保险的个人缴费部分，政府予以全额资助。

各级人民政府可结合实际，对户籍在辖区内的参加城乡居民医疗保险的70周岁以上老年人给予参保资助，有条件的村集体经济组织对参加城乡居民医疗保险的老年人应当给予资助、补助。

各医疗机构应当为老年人就医提供方便，逐步设立优先就医专用通道等服务。基层医疗卫生机构应当为辖区内65周岁以上老年人建立健康档案，每年免费提供1次包括生活方式和健康状况评估、体格检查、辅助检查和健康指导的健康管理服务。

第十一条　各级人民政府应当将贫困老年人纳入特殊困难群体救助范围；对户籍在本行政区域内、生活长期不能自理、经济困难的老年人，应当根据其失能程度等情况给予护理补贴。

户籍在本行政区域内的农村五保供养老年人、享受最低生活保障的老年人、生活困难的老年优抚对象，去世后遗体实行火化的，由户籍所在地人民政府免费提供殡葬基本服务。

第十二条　符合本省住房保障条件的老年人优先纳入住房保障范围。其中，对无收入或者低收入的孤寡老人租赁公租房的，免交租金。

户籍在本省行政区域内的老年人在其产权或者承租住房拆迁（征收）安置中，同等条件下可享受优先选择楼层的待遇。

第十三条　县级以上人民政府应当建立本地户籍80周岁以上高龄老人政府津贴制度。

第十四条　由驻粤部队管理的年满60周岁的离退休干部按照规定享受当地优待政策。

第十五条　违反本办法规定不履行优待老年人义务的部门或者组织，有关主管部门应当给予批评教育，责令改正。国家工作人员违法失职，致使老年人合法权益受到损害的，由其所在单位或者上级机关责令改正，依法给予处分；构成犯罪的，依法追究刑事责任。

第十六条　本办法自2014年3月1日起施行。

广西壮族自治区人民政府关于促进养老服务业加快发展的实施意见

桂政发〔2014〕58号

各市、县人民政府，自治区农垦局，自治区人民政府各组成部门、各直属机构：

为积极应对人口老龄化，满足日益增长的养老服务需求，根据《国务院关于加快发展养老服务业的若干意见》（国发〔2013〕35号）精神，结合我区实际，现提出促进我区养老服务业加快发展的实施意见。

一、目标任务

（一）总体目标。到2020年，全区建立起以居家为基础、社区为依托、机构为支撑，布局合理、功能完善、规模适度、覆盖城乡的养老服务体系。养老服务产品更加丰富，市场机制不断完善，养老服务业持续健康发展。

（二）具体目标。

1. 服务体系更加健全。城市社区建有符合标准的日间照料中心、老年活动中心等服务设施；90%以上乡镇和60%以上的农村社区建立包括养老服务在内的社区综合服务设施和站点；全区社会养老床位数达到每千名老年人35张以上，其中护理型床位数占养老床位总数的50%以上，养老护理人员岗前培训率达到100%，持证上岗率达到90%以上。

2. 产业发展明显加快。养老服务产业规模明显扩大，可提供30万个以上就业岗位。涌现一批养老服务龙头企业，形成养老服务产业集群，培育一批特色养老服务知名品牌。

3. 发展环境更加优化。养老服务业政策法规体系建立健全，行业标准科学规范，监管机制更加完善，服务质量明显提高。全社会积极应对人口老龄化意识显著增强，敬老、养老、助老的优良传统得到进一步弘扬。

二、立足保障基本，大力发展养老事业

（一）加强城市养老服务设施规划建设。各市、县（市、区）人民政府在制定城市总体规划、控制性详细规划时，必须按照人均用地不少于0.1平方米的标准，分区分级规划设置养老服务设施。凡新建城区和新建居住（小）区，必须按标准要求配套建设养老服务设施，并与住宅同步规划、同步建设、同步验收、同步交付使用；凡老城区和已建成居住（小）区无养老服务设施或现有设施没有达到标准的，要限期通过购置、置换、租赁等方式开辟养老服务设施。住房城乡建设主管部门要加强养老服务设施设计、施工、验收、备案等环节的管理，切实抓好新建居住（小）区的养老服务设施与住宅同步验收、同步交付使用。要按照无障碍设施工程建设相关标准和规范，推动和扶持老年人家庭无障碍设施的改造，加快推进坡道、电梯等与老年人日常生活密切相关的公共设施改造。

（二）大力发展居家养老服务。要宣传和引导公众履行养老责任义务，努力巩固居家养老基础地位；同时通过制定优惠扶持政策，支持建立以企业和机构为主体、社区为纽带、满足老年人各种服务需求的居家养老服务网络，大力发展居家养老便捷服务。要积极引导养老服务企业和机构，上门为居家老年人提供助餐、助洁、助浴、助急、助医等定制服务；鼓励个人利用家庭资源就近就便开展为居家老年人提供服务；建立健全社区居家养老服务网点，引入社会组织和家政、物业等企业，举办或运营老年供餐、社区日间照料、老年活动中心等形式多样的养老服务项目。

（三）切实加强农村养老服务。要切实加强农村养老服务基础设施建设，加大乡镇敬老院改造力度，争取将40%的乡镇敬老院建设成为集供养、寄养、社区照料和居家养老服务组织管理及其他社会福利功能于一体的农村综合福利中心，逐步实现敬老院向区域性养老服务中心转型。在满足农村五保对象集中供养需求的前提下，支持乡镇五保供养机构向社会开放，为有需求的农村老年人提供服务，提高农村养老服务设施的使用率。要依托行政村、较大自然村，结合农村社区建设，利用农村各类公共服务资源和闲置设施，建设农村幸福院、日间照料中心、托老所、老年活动中心等互助性养老服务设施，为农村老年人特别是农村空巢老人、五保对象、优抚对象等，提供就餐、生活照顾、日间休息、休闲娱乐等服务。要充分发挥村民自治功能、乡规民约和老年协会作用，督促家庭成员履行赡养责任，组织开展邻里互助、志愿服务，切实解决周围老年人实际生活困难。

（四）加强公办保障性养老机构建设。公办养老机构要坚持政府托底作用，重点为“三无”（无劳动能力，无生活来源，无赡养人和扶养人、或者其赡养人和扶养人确无赡养和扶养能力）老人、低收入老人、失能半失能老人提供无偿或低偿的供养、护理服务。采取新建、改建扩建、购置等方式整合现有养老资源，争取每个县（市）分别建成1所200张床位以上的以养老服务为主的综合性社会福利机构；争取各设区市建成1所500张床位以上的为失能失智老年人提供长期护理服务的专业性护养机构；自治区建设1所1000张床位以上，集生活照料、医疗康复、认证培训、文体娱乐等多功能于一体，并向周边地区提供居家养老服务项目，具有示范性作用的综合性养老机构。城市公办养老机构要与农村五保供养机构等建立长期稳定的对口支援和合作机制，采取人员培训、技术指导、设备支援等方式，帮助其提高服务能力。建立跨地区养老服务协作机制，鼓励发达地区支援欠发达地区。

（五）健全社区老年人服务功能。各城市社区和有条件的乡镇、行政村要尽快完善老年人活动中心（室）及室外活动场地；要在充分考虑和尊重老年人意愿的前提下，建立健全基层老年协会，并逐步提高组织覆盖率和老年人参与率。要充分发挥社区公共服务设施的养老服务功能，具备开放条件的机关、学校、企事业单位和社会团体的内部体育设施优先向老年人开放；公共体育场馆应免费或优惠向老年人开放。要整合资源，加强社区养老服务与社区服务中心（服务站）及社区卫生、文化、体育等设施的功能衔接，提高使用率，发挥好综合效益。支持和引导各类社会主体参与社区综合服务设施建设、运营和管理，鼓励专业机构利用资源优势，培训和指导社区养老服务组织和人员。

（六）建立法律服务与援助制度。加强老年法律援助和法律服务工作，积极组织律师、公证员、基层法律服务工作者参与服务养老产业和老年人，鼓励引导城市社区、农村乡镇法律服务机构和人员为老年人提供及时、便利的法律服务。司法部门对侵害老年人合法权益的案件，要及时受理、及时立案、及时审理、及时执行；对符合司法救助或者法律援助条件的老年人，要及时给予司法救助或法律援助。公安部门对侵害老年人人身权和财产权的不法行为，要及时采取措施妥善处理；对构成犯罪的，要依法严厉惩处。

三、发挥市场作用，促进养老产业发展

（一）培育养老服务市场主体。大力推进养老服务产业投资主体、投资方式多元化，鼓励支持企事业单位、集体组织、民间组织、慈善机构及个人等社会力量，以独资、合资、合作、联营、参股等方式兴办养老服务机构。鼓励和支持下岗失业人员创办托老所，以创业促就业，并积极提供各种服务。要按照“谁投资、谁管理、谁受益”的原则，建立公开、平等、规范的养老服务业准入制度，降低社会力量举办养老机构的门槛，简化手续、规范程序，确保社会力量申办养老服务市场主体方便快捷、公平公正。

（二）开拓养老个性化服务产业。要制定产业规划和扶持政策，支持和引导社会资本发展特色养老服务产业。按照市场需求，围绕着养老保障的衣食住行等基本生活各个环节，以及文化娱乐、体育健身、教育益智、休闲旅游、健康服务、精神慰藉、法律服务等精神文化生活各个方面，拓展适合老年人特点的个性化服务，培育个性化服务品牌，发展一批具有创新能力、专业人才、品牌优势的龙头企业，形成一批产业链长、覆盖领域广、经济社会效益显著的产业集群。开展残疾老年人专业化服务。

（三）开发老年产品用品。以企业为主体，产学研相结合，加强养老产业新技术、新产品的研发应用，围绕适合老年人的衣、食、住、行、医、游和文化娱乐等需要，开发养老、养生、养心、健身产品和服务；开发安全有效的康复辅具、食品医药、服装服饰等老年用品和服务产品，开发老年住宅、老年公寓等老年人生活设施，提高老年人生活质量。依托壮医、苗医、瑶医等民族医药资源优势，在有利于老年人机体功能康复、慢性病治疗等领域，探索开发一批具有显著效果的民族医药产品和疗法。

（四）打造特色长寿养生产业。依托我区生态优势、长寿品牌和特色资源，结合休闲旅游、民族医药、养生长寿健康等产业的布局，发展中高端休闲养生、“候鸟型”等栖息式养老模式，培育发展养生、养老、康复、教育、医疗、科研、老年产品等一体化的特色产业，推动形成北部湾滨海养老服务产业基地和桂西桂北养生长寿产业带等养老产业集聚区，打造一批养生养老长寿之乡、全国养老旅游名镇、特色养老保健服务基地等品牌，使之成为服务本地区、面向全国、辐射东南亚地区的国际化养老服务产业基地。

四、坚持深化改革，创新服务供给方式

（一）推动医养融合发展。要创新医疗卫生业态，组织医疗卫生资源有序进入养老服务业，参与机构养老、社区养老和居家养老各领域养老服务。有条件的二级及以上综合医院应当开设老年病科，增加老年病床数量，开展老年病、慢性病防治和康复护理。基层医疗机构（乡镇卫生院、社区卫生服务中心或站）应当为老年人建立健康档案。要建立社区卫生服务机构与老年人家庭医疗契约服务关系，开展上门提供家庭医生式服务。要鼓励社区卫生服务机构、基层医疗机构与社区托老所、养老机构加强合作，签订医疗服务合作协议，实现老年人在养老机构和医疗机构之间的卫生健康服务便捷对接。在符合本辖区医疗机构设置规划的原则下，卫生管理部门要支持社会资本举办护理院、康复医院和提供临终关怀服务的医疗机构，支持有条件的养老机构设置医疗机构。要研究制定医养结合工作规范标准，构建养老、照护、康复、临终关怀相互衔接的服务模式。

（二）探索公办养老机构市场化改革。积极推进养老机构公建民营和公办民营。政府投资兴办的养老床位应逐步通过公建民营等方式管理运营，积极鼓励民间资本通过委托管理等方式，运营公有产权的养老服务设施。有条件的地方可以积极稳妥地把专门面向社会提供经营性服务的公办养老机构转制成为企业。创新农村养老服务机构运行机制，通过政府购买服务、公建民营、民办公助等方式，吸引社会力量参与农村养老服务经营，发挥养老服务设施的效益。

（三）鼓励公益慈善组织参与养老服务。引导公益慈善组织重点参与养老机构建设、养老产品开发、养老服务提供，使公益慈善组织成为发展养老服务业的重要力量。大力培育发展为养老服务的公益慈善组织。积极支持发展养老服务志愿组织，开展养老志愿服务活动。倡导机关和企业单位职工、大中小学生参加养老服务志愿活动。支持老年群众开展自我管理、自我服务和服务社会活动。探索建立健康老人参与志愿互助服务的工作机制，建立志愿服务登记制度。

（四）创新居家网络信息技术服务。要支持企业和机构运用互联网、物联网等技术手段创新居家养老服务模式，发展老年电子商务，建立居家服务网络平台，提供紧急呼叫、家政预约、健康咨询、物品代购、服务缴费等适合老年人的服务项目，在政府、市场与居家老人之间，搭建一个良好的功能互动的养老服务平台，打造没有“围墙”的养老院。

五、加大扶持力度，落实完善保障政策

（一）落实土地供应政策。将各类养老服务设施建设用地纳入城镇土地利用总体规划和年度用地计划，将闲置的公益性用地优先调整为养老服务用地。民间资本举办的非营利性养老机构与政府举办的养老机构享有相同的土地使用政策，可以依法优先使用国有划拨土地或者农民集体所有的土地。对营利性养老机构建设用地，按照国家对经营性用地依法办理有偿用地手续的规定，优先保障供应，并制定支持发展养老服务业的土地政策。各地要加强对养老用地监管，严禁养老设施建设用地改变用途、容积率等土地使用条件搞房地产开发。鼓励社会力量对医院、学校、企业厂房、商业设施、农村集体房屋及各类可利用的社会资源，通过整合、改造、转换或改变用途等方式，用于发展社区日间照料服务，打造居家养老服务平台。

（二）落实税费优惠政策。对养老机构提供的养护服务收入依法免征营业税；对非营利性养老机构自用房产、土地依法免征房产税、城镇土地使用税。对符合条件的非营利性养老机构按规定免征企业所得税。对企事业单位、社会团体以及个人向非营利性养老机构的捐赠支出，符合相关规定的，准予在计算其应纳税所得额时按税法规定的比例扣除。各地对非营利性养老机构建设要免征有关行政事业性收费，对营利性养老机构建设要减半征收有关行政事业性收费，对养老机构提供养老服务也要适当减免行政事业性收费，养老机构用电、用水、用气、用热按居民生活类价格执行。境内外资本举办养老机构享有同等的税收等优惠政策。制定和完善支持民间资本投资养老服务业的税收优惠政策。

（三）落实金融投资政策。要通过完善扶持政策，吸引更多民间资本创办养老服务机构和企业要创新医疗卫生业态，组织医疗卫生资源有序进入养老服务业，参与机构养老、社区养老和居家养老各领域养老服务。要加大政府投入，安排财政性资金支持养老服务体系建设。金融机构要根据国家有关规定加大对社会办养老机构信贷支持力度，加快金融产品和服务方式创新，拓宽信贷抵押担保物范围，积极支持养老服务业的信贷需求。积极利用财政贴息、小额贷款等方式，加大对养老服务业的信贷投入。加强养老服务机构信用体系建设，增强对信贷资金和民间资本的吸引力。逐步放宽限制，鼓励和支持保险资金投资养老服务领域。鼓励保险公司探索住房反向抵押养老保险。加快建立完善养老机构责任保险制度，鼓励养老机构投保责任保险，保险公司承保责任保险。各地发行债券应统筹考虑养老服务需求，积极支持养老服务设施建设及无障碍改造。

（四）落实补贴支持政策。各地要加快建立养老服务评估机制，建立健全经济困难的高龄、失能等老年人补贴制度。根据养老服务的实际需要，推进民办公助，通过补助投资、贷款贴息、运营补贴、购买服务等方式，支持社会力量举办养老服务机构，开展养老服务。各地用于社会福利事业的彩票公益金50%以上要投入养老服务业发展，并随老年人口的增加逐步提高比例，不断加大对养老服务业的扶持力度。各级各相关部门要根据经济社会发展水平和平均工资增长、物价上涨等情况，进一步完善落实基本养老、基本医疗、最低生活保障等政策，适时提高养老保障水平。

（五）完善人才培养和就业政策。教育、人力资源社会保障、民政部门要支持高等院校和中等职业学校增设养老服务相关专业和课程，扩大人才培养规模，加快培养老年医学、康复、护理、营养、心理和社会工作等方面的专门人才；要制定优惠政策，鼓励大专院校对口专业毕业生从事养老服务工作；要充分发挥开放大学作用，开展继续教育和远程学历教育；要依托院校和养老机构建立养老服务实训基地。加强老年护理人员专业培训，对符合条件的参加养老护理职业培训和职业技能鉴定的从业人员按规定给予相关补贴，到2020年实现所有养老护理人员持证上岗，持有初级及以上职业资格证书人员占比达到50%以上。在养老机构和社区设立公益性岗位，吸纳农村转移劳动力、城镇就业困难人员等从事养老服务。养老机构应当积极改善养老护理员工作条件，加强劳动保护和职业防护，依法缴纳养老保险费等社会保险费，提高职工工资福利待遇。养老机构应当科学设置专业技术岗位，重点培养和引进医生、护士、康复医师、康复治疗师、社会工作者等具有执业或职业资格的专业技术人员。对在养老机构就业的专业技术人员，执行与医疗机构、福利机构相同的执业资格、注册考核政策。

各有关部门要按照重点任务分工要求，结合实际，抓紧制定、完善相关配套政策；各地要结合当地实际制定加快发展社会养老服务业的具体实施方案。自治区人民政府将适时对落实本意见的情况进行督查。

附件：重点任务分工

附件

重点任务分工

序号	工作任务	负责单位	时间进度
一、主要任务部分			
1	在制定城市总体规划、控制性详细规划时，按照人均用地不少于0.1平方米的标准，分区分级规划设置养老服务设施。凡新建城区和新建居住（小）区，要按标准要求配套建设养老服务设施，并与住宅同步规划、同步建设、同步验收、同步交付使用	住房城乡建设厅、国土资源厅、民政厅、老龄办和市、县（市、区）人民政府	2014年底出台具体措施
2	凡老城区和已建成居住（小）区无养老服务设施或现有设施没有达到规划和建设指标要求的，限期通过购置、置换、租赁等方式开辟养老服务设施	民政厅、住房城乡建设厅、老龄办和市、县（市、区）人民政府	2014年四季度启动实施
3	发挥社区公共服务设施的养老服务功能，加强社区养老服务设施与社区服务中心（服务站）及社区卫生、文化、体育等设施的功能衔接。支持和引导各类社会主体参与社区综合服务设施建设、运营和管理，提供养老服务	民政厅、住房城乡建设厅、发展改革委、商务厅、老龄办会同卫生计生委、文化厅、体育局等相关部门和市、县（市、区）人民政府	2014年四季度出台具体措施
4	推动和扶持老年人家庭无障碍设施的改造。加快推进坡道、电梯等与老年人日常生活密切相关的公共设施改造	住房城乡建设厅、民政厅、财政厅、残联、老龄办和市、县（市、区）人民政府	2014年四季度启动实施

续表

序号	工作任务	负责单位	时间进度
5	制定扶持政策措施，积极培育居家养老服务企业和机构，上门为居家老年人提供定制服务；大力发展家政服务，为居家老年人提供规范化、个性化服务。支持社区引入社会组织和家政、物业等企业，兴办或运营老年供餐、社区日间照料、老年活动中心等形式多样的养老服务项目	民政厅、发展改革委、商务厅、人力资源社会保障厅、卫生计生委、老龄办和市、县（市、区）人民政府	2014 年四季度出台具体措施
6	支持社区利用社区公共服务设施和社会场所，组织开展适合老年人的群众性文化体育娱乐活动，鼓励专业养老机构利用自身资源优势，培训和指导社区养老服务组织和人员	民政厅、文明办、文化厅、体育局、老龄办和市、县（市、区）人民政府	持续实施
7	支持企业和机构运用互联网、物联网等技术手段创新居家养老服务模式，发展老年电子商务，建设居家服务网络平台，提供紧急呼叫、家政预约、健康咨询、物品代购、服务缴费等适合老年人的服务项目	工业和信息化委、民政厅、发展改革委、商务厅、科技厅、老龄办和市、县（市、区）人民政府	2015 年一季度前出台具体措施
8	支持社会力量兴办养老机构。鼓励支持企事业单位、集体组织、民间组织、慈善机构及个人等社会力量，以独资、合资、合作、联营、参股等方式兴办养老服务机构。鼓励和支持下岗失业人员创办托老所，并积极提供各种服务	民政厅、发展改革委、财政厅、人力资源社会保障厅、卫生计生委、老龄办和市、县（市、区）人民政府	2015 年二季度出台具体措施
9	公办养老机构要充分发挥托底作用，重点为“三无”老人、低收入老人、经济困难的失能半失能老人提供无偿或低偿的供养、护理服务	民政厅、财政厅和市、县（市、区）人民政府	持续实施
10	有条件的地方可以积极稳妥地把专门面向社会提供经营性服务的公办养老机构转制成为企业，完善法人治理结构	民政厅、编办、人力资源社会保障厅、工商局和市、县（市、区）人民政府	2014 年四季度出台具体措施
11	大力发展农村养老服务，健全农村养老服务网络，争取将40%的乡镇敬老院建设成为农村综合福利中心	民政厅会同有关部门，市、县（市、区）人民政府	持续实施
12	依托行政村、较大自然村，充分利用农家大院等，建设日间照料中心、托老所、老年活动站等互助性养老服务设施	民政厅、住房城乡建设厅、农业厅、财政厅、老龄办	2014 年四季度出台具体措施
13	充分发挥村民自治功能和老年协会作用，督促家庭成员履行赡养责任，组织开展邻里互助、志愿服务，解决周围老年人实际生活困难	民政厅、文明办、文化厅、妇联、共青团广西区委、老龄办	2014 年四季度出台具体措施
14	有条件的农村可将未承包的集体所有的部分土地、山林、水面、滩涂等作为养老基地，收益供老年人养老。养老服务的财政资金应向农村倾斜	农业厅、林业厅、水利厅、国土资源厅和市、县（市、区）人民政府	2014 年四季度启动实施
15	城市公办养老机构要与农村五保供养机构等建立长期稳定的对口支援和合作机制，帮助其提高服务能力。建立跨地区养老服务协作机制，鼓励发达地区支援欠发达地区	民政厅、扶贫办、发展改革委、老龄办	2014 年底前出台具体措施
16	引导养老服务企业和机构优先满足老年人基本服务需求，鼓励和引导相关行业积极拓展适合老年人特点的文化娱乐、体育健身、休闲旅游、健康服务、精神慰藉、法律服务、金融保险等服务，加强残疾老年人专业化服务	民政厅、商务厅、老龄办会同有关部门	2014 年四季度启动实施
17	依托我区的生态资源和民族风情，以“候鸟型”养老为龙头，建设全方位、多层次、多保障、多渠道的养老服务产业，有条件的地方可以考虑建设养老产业园	民政厅会同有关部门，市、县（市、区）人民政府	2014 年四季度出台具体措施

续表

序号	工作任务	负责单位	时间进度
18	各地和相关行业部门要加强规划引导，在制定相关产业发展规划中，鼓励发展养老服务中小企业，扶持发展龙头企业，实施品牌战略，提高创新能力，形成一批产业链长、覆盖领域广、经济社会效益显著的产业集群	发展改革委、民政厅、商务厅、工业和信息化委、人力资源社会保障厅、国资委、老龄办和市、县（市、区）人民政府	2014 年四季度出台具体措施
19	依托壮医、苗医等传统医药资源，围绕适合老年人的衣、食、住、行、医、文化娱乐等需要，支持企业积极开发安全有效的康复辅具、食品药品、服装服饰等老年用品用具和服务产品，引导商场、超市、批发市场设立老年用品专区专柜	民政厅、商务厅、食品药品监管局、老龄办	2014 年四季度出台具体措施
20	支持有条件的养老机构设置医疗机构，有条件的二级以上综合医院应当开设老年病科，增加老年病床数量，做好老年慢性病防治和康复护理。基层医疗机构（乡镇卫生院、社区卫生服务中心或站等）应当为老年人建立健康档案，建立社区医院与老年人家庭医疗契约服务关系	卫生计生委、民政厅、住房城乡建设厅	2014 年四季度出台具体措施
21	对于养老机构内设的医疗机构，符合城镇职工（居民）基本医疗保险和新型农村合作医疗定点条件的，可申请纳入定点范围，入住的参保老年人按规定享受相应待遇	卫生计生委、人力资源社会保障厅、民政厅	持续实施
二、政策措施部分			
22	各级政府要加大政府投人，安排财政性资金支持养老服务体系建设	发展改革委、财政厅和市、县（市、区）人民政府	2014 年四季度出台具体措施
23	加快金融产品和服务方式创新，拓宽信贷抵押担保物范围，积极支持养老服务业的信贷需求。积极利用财政贴息、小额贷款等方式，加大对养老服务业的有效信贷投入	人民银行南宁中心支行、广西银监局、财政厅、民政厅、老龄办	2014 年四季度出台具体措施
24	加强养老服务机构信用体系建设，增强对信贷资金和民间资本的吸引力	人民银行南宁中心支行、民政厅、老龄办、发展改革委、商务厅	2014 年四季度出台具体措施
25	逐步放宽限制，鼓励和支持保险资金投资养老服务领域。开展老年人住房反向抵押养老保险试点，鼓励养老机构投保责任保险，保险公司承保责任保险	广西保监局、民政厅、老龄办	2014 年四季度出台具体措施
26	将各类养老服务设施建设用地纳入城镇土地利用总体规划和年度用地计划，合理安排用地需求，可将闲置的公益性用地调整为养老服务用地。对营利性养老机构建设用地，按照国家对经营性用地依法办理有偿用地手续的规定，优先保障供应，并制定支持发展养老服务业的土地政策	国土资源厅、农业厅、民政厅、老龄办和市、县（市、区）人民政府	2014 年底出台具体措施
27	对养老机构提供的养老服务收入免征营业税；对非营利性养老机构自用房产、土地免征房产税、城镇土地使用税。对符合条件的非营利性养老机构按规定免征企业所得税。对企事业单位、社会团体以及个人向非营利性养老机构的捐赠支出，符合相关规定的，准予在计算其应纳税所得额时按税法规定比例扣除	财政厅、国税局、地税局	持续实施
28	对非营利性养老机构建设要免征有关行政事业性收费，对营利性养老机构建设要减半征收有关行政事业性收费，对养老机构提供养老服务也要适当减免行政事业性收费	财政厅、发展改革委	2014 年四季度出台具休措施

续表

序号	工作任务	负责单位	时间进度
29	养老机构用电、用水、用气、用热按居民生活类价格执行	发展改革委、物价局和市、县（市、区）人民政府	2014年四季度出台具体措施
30	加快建立养老服务评估机制，建立健全经济困难的高龄、失能等老年人补贴制度	财政厅、民政厅、老龄办和市、县（市、区）人民政府	2014年四季度出台具体措施
31	各级政府用于社会福利事业的彩票公益金，要将50%以上的资金用于发展养老服务业，并随老年人口的增加逐步提高投入比例，不断加大对养老服务业的扶持力度	民政厅、财政厅	2014年四季度出台具体措施
32	制定政府向社会力量购买养老服务的有关政策措施	财政厅、发展改革委、民政厅、老龄办	2014年四季度出台具体措施
33	支持高等院校和中等职业学校增设养老服务相关专业和课程，加快培养老年服务管理、医疗保健、护理康复、营养调配、心理咨询等方面的专门人才，制定优惠政策，鼓励大专院校对口专业毕业生从事养老服务工作	教育厅、人力资源社会保障厅、卫生计生委、民政厅、老龄办	2014年四季度出台具体措施
34	充分发挥开放大学作用，开展继续教育和远程学历教育。依托院校和养老机构建立养老服务实训基地	教育厅、民政厅、老龄办、人力资源社会保障厅	2014年四季度启动实施
35	加强老年护理人员专业培训，对符合条件的参加养老护理职业培训和职业技能鉴定的从业人员按规定给予相关补贴。落实国家关于养老服务从业人员技术等级评定的相关规定	人力资源社会保障厅、财政厅、民政厅	2014年四季度启动实施
36	对在养老机构就业的专业技术人员，执行与医疗机构、福利机构相同的执业资格、注册考核政策	人力资源社会保障厅、卫生计生委、民政厅、老龄办	2014年四季度启动实施
37	探索建立健康老人参与志愿互助服务的工作机制，建立为老志愿服务登记制度	民政厅、老龄办、文明办、共青团广西区委	2014年四季度出台具体措施
38	引导公益慈善组织重点参与养老机构建设、养老产品开发、养老服务提供	民政厅、财政厅	2015年一季度出台具体措施
39	加强老年法律援助和法律服务工作，积极组织律师、公证员、基层法律服务工作者参与服务养老产业和老年人。对于符合司法救助或者法律援助条件的老年人，要及时给予司法救助或者法律援助	司法厅、公安厅、民政厅、老龄办和市、县（市、区）人民政府	持续实施
三、组织领导部分			
40	各级政府要认真履行职责，强化工作协调机制，整合各方资源，形成齐抓共管、整体推进养老服务业的工作格局	市、县（市、区）人民政府	2014年四季度出台具体措施
41	选择有特色和代表性的区域进行养老服务业综合改革试点	民政厅、发展改革委牵头会同有关部门	2014年四季度启动实施
42	加强督查，强化行业监管	民政厅、发展改革委、老龄办	逐年落实
43	建立完善养老服务业统计制度	民政厅、工商局、统计局	2014年底前出台具体措施

广西壮族自治区民政厅、中国保险监督管理委员会广西监管局、广西壮族自治区老龄办工作委员会办公室关于推进广西养老机构责任保险工作的实施意见

桂民发〔2014〕61号

各市、县（市、区）民政局，老龄办，各财产保险公司广西分公司：

根据民政部等部门《关于推进养老机构责任保险工作的指导意见》（民发〔2014〕47号）精神，现就我区推进养老机构责任保险工作提出以下意见：

一、实施目的

推进养老机构责任保险工作，以构建我区养老服务业风险分担机制、建立完善养老机构责任保险制度为目标；以引导保险公司重视社会效益，强化养老机构责任意识和保险意识，降低运营风险，维护老年人的合法权益为核心，加强养老服务环境建设，推动社会力量参与养老服务，加快广西养老服务业发展，积极应对我区人口老龄化的严峻挑战，维护社会和谐稳定。

二、基本原则

（一）政府推动、多方参与。通过政府补贴保险费等政策，在全区范围内推行养老机构责任保险项目，有效化解养老机构运行风险，为养老机构健康可持续发展提供保障。吸引保险公司、社会组织等多方参与，充分整合现有资源，形成政府部门、养老机构、保险公司各司其职、协调配合、合作共赢的良好机制，提升社会服务能力和养老保障水平。

（二）覆盖基本、统一投保。结合广西经济社会发展、养老服务水平和保险经营管理水平，实施养老机构责任保险项目以保障在养老机构接受养老服务的城镇“三无”老人、低收入家庭困难老人、光荣院老年优抚对象等群体为基本，逐步补贴全区养老机构的服务对象，实行低保费、保基本、广覆盖，涵盖养老服务面临的基本风险，确保入住养老机构的老年人人人享有基本意外风险保障。全区实行统一的保险合同、基准费率、赔付标准和服务标准，通过公开招标保险机构，使保障范围更加全面，保险内容更为规范，保险费用更趋合理，确保全区养老服务机构共同受益。

（三）市场运作、依法操作。养老机构责任保险项目充分发挥市场的力量和作用，以保险公司的市场化经营为依托，充分挖掘公司经营的主动性、积极性，通过市场运作实现养老机构意外责任风险的有效规避。恪守投保自愿和诚实守信原则。严格遵循依法合规要求，明确各方当事人权利义务，保险方案设计、保险合同订立、承保与理赔等程序均应严格依照《中华人民共和国保险法》等法律法规和操作规范要求。

（四）公益为重、强化管理。实施养老机构责任保险项目，保险公司要积极承担社会责任，坚持“安全第一、预防为主、积极赔付”，主动融入养老机构的经营活动中把控风险，提供专业的风险管理服务。养老机构要加强内部管理，强化风险教育，切实采取各项防控措施，控制消除风险隐患。

三、投保人和保险对象

凡经我区民政部门设立许可、并依法登记的养老机构均可投保养老机构责任保险，含社会福利院、托老所、光荣院、老年公寓、农村养老服务中心等养老机构。养老机构为投保人和被保险人，受益对象是养老机构和入住老年人。新成立的养老机构可在成立后及时投保。

四、保险责任

养老机构责任保险的保险条款载明的保险责任赔偿范围应当包括：

（一）人身意外伤害或身故责任。在保险期限内，与养老机构签订服务合同的服务对象，因在养老机构区域范围内依规接受养老服务活动时，发生意外事故遭受人身伤害或身故的，依照中华人民共和国法律应由养老机构承担的经济赔偿责任，由保险公司按照约定负责赔偿。

（二）法律费用。保险事故发生后，养老机构因保险事故而被提起仲裁或者诉讼的，对应由养老机构支付的仲裁或诉讼等相关费用以及事先经保险公司书面同意支付的其他必要的、合理的费用，保险公司按照约定负责给付。

五、保险费用

养老机构责任保险按养老机构投保的实际入住老

人数计算保费。养老机构中属政府保基本的服务对象的责任保险期限原则上为一年，保费按年度缴纳，由政府部门承担，纳入财政预算，专款专用。其他服务对象可以按月投保，实时缴纳保费，试行动态参保，民政部门依据养老机构符合补助条件的入住老人数及保险期限给予保费补贴。

探索建立费率浮动机制。建立与养老机构责任保险赔付率相挂钩的费率浮动机制，具体的费率浮动办法由民政部门与承保公司协商确定。

六、投保方式

为引导和鼓励养老机构运用保险工具降低运营风险，便于管理和指导，养老机构责任保险项目采取全区统一公开招标或者竞争性谈判等方式选择承保的保险公司，各养老机构作为投保人直接投保，与保险公司签订保险合同。

七、职责分工

（一）民政、老龄工作部门。民政、老龄工作部门发挥政策导向作用，加强对养老机构安全运营的业务指导和执行督管，积极引导养老机构筹资参加责任保险，督促养老机构不断加强内部管理，提升风险防范能力，保障老年人的合法权益。负责养老机构责任保险的组织工作，督促养老机构如实填写床位及入住老人情况。定期对保险方案、理赔服务进行评估，形成长效评估与退出机制。做好本年度的补贴资金预算，确保按期支付保费补贴，加强对保费使用情况的监督管理。会同保险公司开展相关保险知识的普及和培训，提高养老服务行业保险意识。

（二）保险监管部门。保险监管部门负责引导保险公司重视社会效益，充分考虑养老服务的特点，积极进行产品创新。监督、指导公司参与养老机构责任保险项目，督促公司建立规范的养老机构责任保险承保和理赔程序，切实做好养老机构责任保险承保及理赔工作。密切关注保险公司在养老机构责任保险项目中的经营情况，指导加强诚信建设，及时纠正不规范行为。指导保险公司建立承保理赔信息数据库，阶段性分析责任事故原因，定期通报行业理赔相关数据及风险管理方面的意见建议，引导保险公司加强业务管理和风险管理，充分运用专业化风险管理手段防范和化解养老机构服务风险。

（三）养老机构。养老机构负责如实申报投保信息。严格遵守保险协议约定，按期支付保险费。积极开展安全知识教育，提升在岗人员和老年人的安全意识。认真开展责任事故预防管理，加强内部管理，明确岗位责任，定期安全检查，切实采取措施消除风险隐患，接受保险公司的风险管理及安全服务改进措施建议，提升风险防范能力。加强与保险公司的沟通联系，积极进行事故善后处理，在发生事故的第一时间向保险公司报案，并配合保险公司对意外责任伤害事件进行调查和取证，提出意外责任伤害事件索赔申请后，按合同要求收集相关资料，提交保险公司审核，直至索赔兑现。引导入住老年人购买意外伤害保险等。

（四）保险公司。保险公司按照公平公正、保本微利原则，负责合理设计保险产品条款、科学厘定费率，满足多样化养老机构责任保险需求。定期对养老机构事故预防工作进行检查，对责任风险进行评估，及时指出隐患和不足，向养老机构提出风险管理及安全服务改进措施建议。定期为养老机构提供安全管理、事故防范等方面的培训，切实提升投保养老机构的事故防范能力。加强理赔工作管理，及时做好责任事故认定，建立简便快捷的理赔服务通道，提高赔付效率。强化服务意识和大局意识，协助养老机构做好事故善后处理工作。做好养老机构责任保险的定期核算，建立承保理赔信息数据库，及时将承保理赔情况向民政部门、保险监管部门反馈，定期分析事故原因并采取措施降低事故发生率。根据承保理赔情况及养老服务特点，积极进行产品和服务创新，不断丰富保障内容，完善运行机制。

八、工作要求

（一）高度重视，精心组织。民政、老龄工作部门及保险行业要高度重视养老服务机构综合责任保险的推行工作，结合属地实际情况，精心组织投保工作，做好全面推行养老机构责任保险的动员布置和情况通报工作，推动实现广西养老机构责任保险在养老机构的全覆盖。

（二）积极宣传，加强协作。民政、老龄工作部门和保险行业要积极宣传养老机构责任保险的重要意义和作用，加强相关保险知识的普及和培训，提高养老机构的保险意识和抗风险能力，鼓励和引导养老机构自愿参加责任保险。加强部门间协作，建立民政部门和保险行业间的沟通协调机制，逐步建立有效的纠纷信息通报制度和定期会商制度，协调解决项目运行过程中存在的问题，进一步促进养老服务业和保险服务业深层次合作。

（三）落实资金，强化管理。各地民政部门应按期汇总辖区养老服务机构参保信息上报自治区民政厅，便于及时核拨保费补贴，并作为下一年度财政配套资金预算依据。相关保险费用纳入专项预算管理，严格专款专用。严格审核保险赔偿金支付对象，严禁截留挪用侵占保险赔偿金。

广西壮族自治区民政厅　　　　　　　　　　广西壮族自治区老龄工作委员会办公室
中国保险监督管理委员会广西监管局　　　　　　　　2014年12月30日

海南省人民政府关于加快发展养老服务业的实施意见

琼府〔2014〕32号

各市、县、自治县人民政府，省政府直属各单位：

为贯彻落实《国务院关于加快发展养老服务业的若干意见》(国发〔2013〕35号，以下简称《意见》)精神，积极应对人口老龄化，推进社会养老服务体系建设，完善社会养老服务机制，现就加快发展我省养老服务业提出如下意见：

一、总体思路及发展目标

(一)总体思路。全面贯彻落实党的十八大、十八届三中全会和省委六届五次全会精神，按照《意见》的安排和部署，进一步健全以居家为基础、社区为依托、机构为支撑，功能完善、规模适当、覆盖城乡的养老服务体系，依托公办养老机构提供供养保障，依托社区提供基本养老服务保障，依托社会力量实现个性化养老服务；充分发挥我省养老资源独特的优势，培育和发展医疗康复、文化教育、家庭服务、旅游休闲、金融保险等海南特色突出的养老服务产业，积极开发绿色食品、保健药品、海洋产品、医疗康复器材辅具等，推动我省经济社会发展。

(二)发展目标。到2020年达到如下目标。一是农村敬老院的供养保障能力明显增强。全省农村敬老院完成事业单位法人登记，养老服务设备设施更加完善配套，供养保障水平明显提高。二是居家养老服务网络实现全省覆盖。城市社区普遍建立起社区居家养老服务中心，90%以上的乡镇和60%以上的农村社区建立起包括养老服务在内的社区综合服务设施和站点，专业服务队伍进一步健全，能够为社区老年人提供居家养老服务。三是加强养老机构建设。全省机构养老床位数达到老年人总数的35‰。失能半失能老人专业化护理水平明显提高。四是推进养老服务产业发展。积极发展健康养老服务、开发老年产品、健全养老服务市场，打造具有海南特色的养老服务产业集群。

二、主要工作任务

(一)提高农村养老服务保障水平。加强现有农村敬老院配套设施建设，抓好乡镇中心敬老院建设，对农村敬老院进行事业单位法人登记，将管理运行经费纳入市县财政预算，配备具有专业资格的养老护理人员，充分发挥其供养保障作用。农村敬老院在满足五保对象集中供养需求的前提下，可以通过改善设施条件、增强护理功能为其他老年人提供有偿养老服务，使之成为区域性养老服务中心。鼓励农村敬老院利用现有闲置的土地、设施等发展种植、养殖等院办经济，其收入用于敬老院环境改造和改善供养对象的生活。支持村民自治组织在老年人较多、居住相对集中、经济条件较好的行政村规划建设农村幸福院，为农村老年人提供互助照料、文化娱乐、精神慰藉等服务。省、市县财政应对农村幸福院建设和运行给予资金支持。鼓励各类社会组织特别是慈善组织通过项目建设、志愿服务等方式支持农村幸福院建设。在不改变土地用途的前提下，通过公开招投标等方式，可以将未发包的集体所有的部分土地、山林、水面、滩涂等进行承包和委托经营，其收益供老年人养老使用。鼓励省托老院、市县中心养老院与农村敬老院、幸福院之间以及经济较发达地区与经济欠发达地区之间建立合作机制，通过人员培训、技术指导、设备支援等方式，帮助其提高养老服务水平。要充分发挥村民自治功能和老年协会作用，督促家庭成员承担赡养责任。组织开展邻里互助服务，切实解决农村老年人的实际生活困难。

(二)建立社区居家养老服务网络。居家养老是我国传统的养老模式，是现阶段老年人养老的主要渠道。各市县要把养老服务设施建设纳入社区建设规划，与社区服务中心(服务站)及社区卫生、文化、体育等设施的功能衔接，充分发挥社区公共服务设施的养老服务功能。到2016年，在全省城市社区和乡镇建成居家养老服务网络平台。鼓励企业和社会组织加盟社区居家养老服务网络，建立健全养老服务专业团队，为老年人提供专业化的生活照料、物品代购、医疗护理、文体娱乐、信息咨询、心理慰藉、临终关怀、遗体安葬以及家政等服务。建立省、市县（区）、乡镇（街道）养老服务信息管理系统，开通养老服务热线、居家养老呼叫系统。支持企业和机构运用互联网等技术手段创新居家养老服务模式，发展老年电子商务，建立养老服务智能化系统和老年人信息数据库，及时回应老年人求助求医。健全社区志愿服务机制，鼓励医护人员、青年学生、机关干部等为社区老年人提供志愿服务。到2020年，城市社区要依托社区服务中心建立起养老服务中心，为社区居民提供居家养老服务；乡镇可依托乡镇中心敬老院，为乡镇及周边地区的老年人提供养老服务。

（三）加强社区养老服务设施建设。各市县要将社区居家养老服务设施建设纳入城乡社区配套用房建设范围，新建住宅小区要同步配套建设养老服务设施（包括社区居家养老服务用房），并与住宅同步规划、同步建设、同步验收、同步交付使用；已建成的住宅区要通过购买、租赁、置换等方式调剂解决。鼓励城乡社区把闲置的公共服务资源改造或建设成社区居家养老服务中心。各市县要按照无障碍设施工程建设相关标准和规范，对坡道、电梯等与老年人日常生活密切相关的公共设施进行无障碍改遣。新建居住区和公共服务设施，要将无障碍通道建设纳入规划。

（四）推进养老机构建设。各级政府要根据本地经济社会发展情况以及老年人口的分布状况，制定养老服务业发展专项规划，合理布局和建设养老机构。加强地方立法工作，规范养老机构的许可、登记、营运及管理，为养老机构发展提供法规政策支撑。按照《海南省养老机构管理条例》和《海南省人民政府印发关于支持社会力量兴办非营利性养老机构若干政策的通知》（琼府〔2012〕15号）要求，进一步降低门槛、简化手续，落实土地、税费、信贷、购买服务等优惠政策，引导社会力量举办养老机构。鼓励社会资本通过承包、合作、委托管理等方式营运政府投资举办的养老机构。条件成熟的地区，可以把面向社会提供经营性服务的公办养老机构转制为企业，通过完善法人治理结构提高养老服务水平。社会资本可以通过合作、租赁和购买的方式，对闲置的企业厂房、学校校舍、商业设施等进行改造，用于养老服务。支持国外、境外的企业、非政府组织和个人独资或者合资在我省举办养老机构，并享受同等待遇。

各市县要建设一所具有养老服务、业务技能培训、岗位培训等功能的公办示范性养老机构，为其他养老服务机构提供服务示范、岗位培训及人员资格认证等服务。海口、三亚、儋州等老年人口较多的地区，要各建一所为失能、失智困难老年人提供长期护理服务的社会福利院。要充分发挥公办养老机构的托底作用，为城市“三无”老人、低收入老人、经济困难的失能半失能和重度残疾老年人提供无偿或低收费的供养、护理服务。

（五）改善老年人的医疗卫生条件。推动医疗卫生资源进社区、进养老机构、进居民家庭。有条件的二级以上综合医院要开设老年病科，增加老年病床数量，做好老年慢性病防治和康复护理。支持养老机构内设医疗机构，养老服务床位数达到100张以上的可以内设卫生所、200张以上的可以内设老年病专科医疗机构。卫生管理部门要建立医疗机构与养老机构有效合作的医疗卫生服务模式，开展面向养老机构的远程医疗服务试点，组织医护人员到无内设医疗机构的养老机构开展巡诊服务。社会保障部门对养老机构内设的医疗机构或医疗站（点），符合城镇职工（居民）基本医疗保险和新型农村合作医疗定点条件的，应根据其申请纳入定点范围，入住的参保老年人按规定享受相应待遇。建立和完善异地养老医保报销制度，解决老年人异地养老就医结算困难问题。推动医养融合发展，在有条件的市县创建理疗康复、老年病医院等医疗机构，发展康复护理、老年护理、家庭护理等护理服务。

（六）建立健全老年人福利制度。按照省政府和民政部的安排部署，于2015年在全省建立起高龄津贴制度，进一步增强高龄老年人的养老保障能力。建立政府购买养老服务制度，采用发放服务券等形式，为城乡低保对象等经济困难的老年人提供无偿或低收费的社区居家养老服务。根据老年人或其家庭意愿到养老机构接受服务的，其养老服务补贴支付给相应的机构；居家接受服务的，其养老服务补贴支付给提供服务的企业、组织和个人。有条件的市县，可将养老服务补贴范围扩大到重点优抚对象和低收入家庭中的失能半失能老人以及空巢、高龄老人。建立养老机构综合责任保险和老年人意外伤害保险制度，鼓励老年人投保健康保险、意外伤害保险等人身保险。探索建立老年护理保险制度，增强老年人接受护理照料的支付能力。建立老年教育制度，海口、三亚等条件较好、老年人口集中的地区，要依托院校、养老机构开办老年大学，为老年人参加学习教育、心理辅导、文化娱乐创造条件。

（七）培育发展养老服务产业。一是发展健康养老服务。发展老年病预防医疗、康复疗养、亚健康调理服务等生命养护产业和营养保健指导、健身等健康服务产业。以澄迈、万宁获得“世界长寿之乡”称号为契机，探索建立老龄健康服务业产学研基地、世界新型医疗与健康组织常驻地和国际论坛。二是开发老年特色产品。培育发展老年产业集群，支持具有一定规模的品牌养老机构连锁经营，支持有条件的市县建立老年生活用品用具和服务产品特色产业制造基地。依托我省丰富的旅游资源，开发旅游休闲、疗养康复、文化娱乐、服装服饰等为老年人服务的产品；结合我省南药产地优势，开发老年医疗药品、绿色养身食品等健康产品。三是健全养老服务市场。建立健全老年产品市场准入机制，鼓励具备条件的商场、超市、批发市场设立老年用品专区专柜，为老年消费者提供便捷服务。积极发展多样化健康保险服务，开发商业健康保险产品，构建商业保险服务网络。培育多种服务方式和不同收费水平的养老服务行业供给主体，以满足不同层次、不同类型的老年人的养老服务需求。

三、保障措施

（一）保障养老服务设施建设用地。各市县政府要将养老服务设施建设用地纳入城镇土地利用总体规划和年度用地计划，合理安排用地需求。各市县在制定或修订城市总体规划、控制性详细规划时，要按照人均用地不少于0.1平方米的标准规划建设养老服务设施。民办非营利性养老机构建设用地，符合国家划拨用地目录的，可以使用国有划拨土地；符合农村集体建设用地流转规定的，可以使用集体建设用地。营利性养老机构建设用地按照国家相关规定办理有偿用地手续，并优先保障。严禁养老设施建设用地改变用途，擅自改变用途的，由有关部门严肃查处。

（二）加大财政金融支持力度。各级财政要加大对养老服务业的投入，积极支持养老服务业发展。省财政要整合社会养老服务体系建设有关资金，改进资金分配方式，充分发挥资金使用效益。落实中央关于福利彩票公益金50%以上用于发展养老服务业的规定，提取一定比例为社区老年人活动场所配备健身器材。要通过贷款贴息、直接融资补贴、融资担保和风险补偿等办法，引导鼓励信贷资金和社会资金投向养老服务业。积极争取国债资金支持发展养老服务项目。鼓励金融机构加大对养老服务机构的信贷支持，拓宽信贷抵押担保物范围，合理确定贷款期限，适当给予利率优惠。支持非营利性养老服务机构资产抵押贷款和优质企业信用贷款。支持符合条件的养老服务企业上市融资。鼓励慈善捐赠资金投向养老服务设施建设。

（三）落实税费优惠政策。落实好国家现行支持养老服务业的税收优惠政策，对养老机构提供的养老服务免征营业税。非营利性养老机构自用房产、土地免征房产税、城镇土地使用税。非营利性养老机构符合免税条件的收入免征企业所得税。对企事业单位、社会团体和个人通过非营利性社会团体及政府部门向非营利性养老机构的捐赠，符合相关规定的，准予在计算其应纳税所得额时按税法规定比例扣除。对非营利性养老机构建设免征有关行政事业性收费，对营利性养老机构建设减半征收有关行政事业性收费，养老机构用水、用电、用气按居民生活类价格执行。养老机构安装电话、有线（数字）电视、宽带互联网免收一次性接入费。

（四）完善人员培训和就业机制。鼓励和支持高等院校、中等职业技术学校增设养老服务相关专业，通过定向代培、设置公益岗位等方式，培养老年医学、康复、护理、营养、心理和社会工作等方面的专门人才。推进省托老院、市县中心养老院养老服务实训基地建设，为养老护理员提供岗位培训。符合条件的城镇登记失业人员、农村转移就业劳动者、高校毕业生、城乡未继续升学的应届初高中毕业生，参加家庭服务、养老服务、居家养老照料、病患陪护等职业培训，按规定享受职业培训补贴；通过职业技能鉴定并取得职业资格证书的，按规定享受技能鉴定补贴。在养老机构从业的护理人员，其工资待遇不低于当地职工平均收入水平。取得国家养老护理员技师、高级工、中级工、初级工职业资格证书，并在养老机构护理岗位就业的，养老机构应当给予技术岗位补贴。在养老服务机构就业的专业技术人员，执行与医疗机构、福利机构相同的执业资格、注册考核、职称评定等政策。养老机构应当为其从业人员办理社会保险。人力资源社会保障部门要制定养老护理员工资待遇指导标准，会同民政部门对养老机构工资支付和办理社会保险进行监督检查。

（五）支持社会力量参与养老服务。支持企业、社会组织、个人建设运营养老机构和参与社区养老服务，开发养老服务产品，开展养老教育培训、咨询评估、标准制定、质量监督及第三方认证等服务。培育发展为老服务公益慈善组织，鼓励设立养老服务类非公募基金会。扶持发展各类为老服务志愿组织，开展志愿服务活动。倡导机关干部和企业事业单位职工、大中小学学生参加养老服务志愿活动。支持基层群众自治组织开展居家养老互助服务。支持老年群众组织开展自我管理、自我服务和服务社会活动。支持养老服务行业开展爱老、敬老、助老创建活动，营造良好的社会氛围。

（六）强化组织领导。一是科学规划。各级人民政府要将发展养老服务业纳入国民经济和社会发展规划，省民政部门要组织编制养老服务业发展规划；各市县要根据省级规划和本市县城乡规划，结合本地实际组织编制市县养老服务业发展规划和养老服务设施建设专项规划。发展养老服务业，要结合各地经济社会发展水平、老年人口分布及养老服务需求等情况，统筹谋划、合理布局，确保有序健康发展。二是合力推进。民政部门要牵头组织实施并切实履行监督管理、行业规范、业务指导等职责，结合实际推进公办养老机构改革。发展改革部门要对纳入经济社会发展规划的养老服务设施建设给予支持。卫生部门要对居家和各类养老机构的老年人在医疗服务、心理疏导和紧急救援等方面完善支持体系。工业和信息化部门要加快推进养老服务信息化建设，提升公共信息服务水平，改善信息消费环境。财政部门要加大投入，建立符合养老服务体系建设需要的公共财政投入机制。国土、税务、住房城乡建设、人力资源、教育、商务、旅游、金融、工商、物价、食品药品监管等部门要各司其职，齐抓共管，合力推进。三是加强监管。建立养老服务准入、退出、监管制度，指导养老机构规范管理、优质服务。建立科学合理的养老服务价格监管制度，依法确定适用政府定价和政府指导价的范围。完善养老服务业统计制度，为养老服务业发展提供数据信息支持。积极培育和发展养老服务行业协会，发挥行业自律作用。建立责任追究制度，及时查处侵害老年人合法权益的违法行为和安全生产责任事故。

海南省人民政府关于印发《海南省城乡居民基本养老保险暂行办法》的通知

琼府〔2014〕33 号

各市、县、自治县人民政府，省政府直属各单位：

《海南省城乡居民基本养老保险暂行办法》已经六届省政府第 20 次常务会议审议通过，现印发给你们，请认真贯彻执行。

海南省人民政府

2014 年 6 月 17 日

海南省城乡居民基本养老保险暂行办法

第一章　总　则

第一条　为进一步统筹城乡发展，逐步缩小城乡差距，推进基本公共服务均等化，根据《中华人民共和国社会保险法》等法律法规，结合我省实际，制定本办法。

第二条　城乡居民基本养老保险（以下简称城乡居民养老保险）的基本方针是“全覆盖、保基本、有弹性、可持续”。以增强公平性、适应流动性、保证可持续性为重点，全面推进和不断完善覆盖全体城乡居民的基本养老保险制度，充分发挥社会保险对保障人民基本生活、调节社会收入分配、促进城乡经济社会协调发展的重要作用。

第三条　各市、县、自治县人民政府是城乡居民养老保险的责任主体，统筹组织实施城乡居民养老保险的各项工作，成立城乡居民养老保险工作领导小组，负责本市、县、自治县城乡居民养老保险工作；切实加强城乡居民养老保险经办能力建设，充实基层经办力量，保障城乡居民养老保险政策的实施。

人力资源和社会保障部门为城乡居民养老保险工作的行政主管部门，负责拟定城乡居民养老保险政策，制订各项业务管理规章制度、内控制度和基金稽核制度，对基金的筹集、上解、划拨、发放进行监控和定期检查，并定期公布城乡居民养老保险基金筹集和支付信息，做到公开透明，接受社会监督；积极探索城乡居民养老保险、城镇从业人员基本养老保险制度衔接，并逐步推进省级统筹。省、市、县、自治县城乡居民养老保险经办机构负责城乡居民养老保险政策的组织实施，并指导乡镇、农场及相关部门做好参保登记、保险费收缴、基金划拨和管理、个人账户建立与管理、待遇核定与支付、保险关系转移接续、档案管理等工作。街道（乡镇）劳动保障服务机构负责对参保人员的基本信息、缴费信息、待遇领取及关系转移等进行初审、并负责信息采集、保费征缴、受理咨询、查询和举报、政策宣传、情况公示等工作。村（居）委员会协管员负责参保登记、缴费档次选定、待遇领取、参保人员死亡当月报告、关系转移接续等业务环节所需材料的收集与上报，负责向参保人员发放有关资料，督促参保人员按时缴费等工作。

财政部门负责安排和拨付城乡居民养老保险政府补贴资金及拨付中央转移支付的基础养老金，管理城乡居民养老保险基金。

公安部门负责核实并协助提供参保人员的户口性质和个人身份信息。

民政部门负责提供城乡享受最低生活保障待遇人员、享受定期抚恤补助金的优抚对象名单。

残联组织负责提供城乡重度残疾人名单。

计生部门负责审核并协助提供城乡独生子女领证户、农村双女户（含农村少数民族三女户）家庭的参保人员名单。

审计部门要加强对城乡居民养老保险基金的筹集、管理和运行情况的审计，严禁挤占挪用，确保城乡居民养老保险基金安全。

监察部门要加强对有关政府职能部门履行职责情况的监督检查，依法对城乡居民养老保险基金管理和使用中的失职渎职、以权谋私行为进行处理。

第四条　凡具有本省行政区域内户口（包括农业户口和非农业户口），年满16周岁（不含在校学生）、非国家机关和事业单位工作人员，当期未参加城镇从业人员基本养老保险等现有社会养老保险制度，未领取城镇从业人员基本养老金及其他社会养老金的城乡居民，可以在户口所在地自愿参加城乡居民养老保险。

第二章　保费筹集

第五条　城乡居民养老保险基金由个人缴费、集体补助、政府补贴构成。有条件的村集体经济组织应当对参保人缴费给予补助，补助标准由村民委员会召开村民会议民主确定，鼓励有条件的社区将集体补助纳入社区公益事业资金筹资范围。鼓励其他社会经济组织、公益慈善组织、个人为参保人缴费提供资助。补助、资助金额合计不得超过本办法规定的最高缴费档次标准。

城乡居民养老保险缴费标准设为100元、200元、300元、400元、500元、600元、700元、800元、900元、1000元、1500元、2000元、3000元13个档次。参保人员应按年一次性缴费，并在一个缴费年度内只能选择一个缴费档次缴费。缴费标准随城乡居民收入增长等情况适时调整。

第六条　城乡居民养老保险实行政府补贴与个人缴费挂钩，多缴多补。对于选择100元缴费档次的，政府给予每人每年30元的基础补贴。所需资金由省财政与市、县、自治县财政（含洋浦经济开发区，下同）分担。其中，省财政与海口市、三亚市、洋浦经济开发区财政按4：6的比例分担，省财政与其他市、县、自治县财政按6：4的比例分担。

对选择较高档次标准缴费的，适当增加补贴金额；对选择200元及以上缴费档次的，政府除按前款规定给予基础补贴外，按每增加一个缴费档次另给予不少于10元的补贴。所需资金由市、县、自治县财政承担，具体办法由市、县、自治县人民政府自行制订。

对城乡独生子女领证户、农村双女户（含农村少数民族三女户）夫妇落实长效避孕节育措施（含结扎和上环）家庭的参保人员，政府除按本条第一款、第二款规定给予补贴外，另给予每人每年不低于10元的财政补贴。所需资金由各市、县、自治县财政承担，具体补贴标准由市、县、自治县人民政府自行制定。

按照《残疾人实用评定标准（试用）》评残达到一级或者二级伤残的残疾人，独生子女伤残（伤病残达到三级以上，含三级）或独生子女死亡家庭的父母和计划生育手术并发症参保人员，政府按每人每年100元的缴费标准为其缴纳养老保险费，所需资金由省财政与市、县、自治县财政按本条第一款规定的比例分担。

享受低保人员、五保户、享受定期抚恤补助金的优抚对象等缴费困难群体可由市、县、自治县财政为其缴纳部分或者全部最低标准的养老保险费，具体办法由市、县、自治县人民政府自行制订。

第七条　城乡居民养老保险基金实行个人账户和社会统筹账户管理。

为每位参保人员建立终身记录的养老保险个人账户，个人账户由个人缴费、集体补助及其他社会经济组织、公益慈善组织、个人对参保人的缴费资助，以及省、市、县、自治县人民政府为参保人缴纳的保费和缴费补贴组成。参保人员死亡的，其个人账户资金本息余额，可以依法继承（原被征地农民基本养老保险基金中政府缴纳的基本养老保险费和各级人民政府资助被征地农民参加城乡居民养老保险的缴费补贴除外）。

社会统筹账户由未能继承的原被征地农民基本养老保险基金中政府缴纳的基本养老保险费、各级人民政府对被征地农民的缴费补贴，从被征地农民养老保险统筹准备金提取的用于弥补基金缺口的资金，以及其他补贴资金组成。

个人账户储存额按中国人民银行公布的金融机构人民币一年期存款利率计息，国家另有规定的从其规定。经办机构每年结息一次。

第三章　养老保险待遇

第八条　参加城乡居民养老保险且年满 60 周岁的城乡居民，符合下列条件之一且未领取城镇从业人员基本养老金及其他社会养老金的，自城乡居民养老保险经办机构核定的次月起，可按月领取城乡居民养老保险待遇：

（一）制度（指我省新型农村社会养老保险制度和城镇居民社会养老保险制度，下同）施行之日，距 60 周岁 15 年以上并实际缴费累计达 15 年以上（含 15 年）的；

（二）制度施行之日，距 60 周岁不足 15 年并按年实际缴费至 60 周岁的；

（三）制度施行之日，已年满 60 周岁的。

我省城乡居民养老保险制度施行时间为：新型农村社会养老保险制度在海口市美兰区、三亚市、文昌市、保亭黎族苗族自治县施行时间为 2009 年 12 月，在其他市县施行时间为 2010 年 10 月。城镇居民社会养老保险制度在海口市、三亚市、儋州市施行时间为 2011 年 4 月，在其他市县施行时间为 2011 年 7 月。

第九条　城乡居民养老保险待遇由基础养老金和个人账户养老金组成，支付终身。

政府对符合城乡居民养老保险待遇领取条件的城乡居民全额支付基础养老金。其中，2014 年城镇居民基础养老金标准为每人每月 130 元，上半年农村居民基础养老金标准为每人每月 100 元，下半年为每人每月 120 元，以后年度逐步拉平城乡居民基础养老金。所需资金由中央财政、省财政与市、县、自治县财政分担。其中，中央财政每人每月补助 55 元（根据国家政策实时调整），其余部分由省财政与市、县、自治县财政按第六条第一款规定的比例分担。基础养老金标准随我省经济发展和物价变动等情况适时调整。

符合按月领取城乡居民养老保险待遇条件的参保人员，其累计缴费年限在满 15 年的基础上每增加一年，基础养老金每月增加 4 元。每月增加的基础养老金标准随我省经济发展和物价变动以及个人缴费年限长短等情况适时调整。所需资金由省财政与市、县、自治县财政按第六条第一款规定的比例分担。

个人账户养老金的月计发标准为个人账户全部储存额除以计发系数（与现行城镇从业人员基本养老保险个人账户养老金计发系数相同）。个人账户存储额不足支付个人账户养老金时，由城乡居民养老保险社会统筹账户基金支付。社会统筹账户基金不足支付时，由市、县、自治县财政给予弥补。

第十条　符合国家规定计算的连续工龄或者工作年限，视同城乡居民养老保险缴费年限。

已按《海南省农村社会养老保险规定》（以下简称老农保）参保的人员，自老农保参保缴费之日至我省城乡居民养老保险制度施行之日之间的年限视同城乡居民养老保险缴费年限。

第十一条　参保人员未按照本办法规定缴纳城乡居民养老保险保费，造成其达到 60 周岁时不符合按月领取城乡居民养老保险待遇条件的，可以选择一次性补缴至满 15 年（制度实施时距 60 周岁不足 15 年的参保人员可补缴欠缴年限的城乡居民养老保险保费），按月领取城乡居民养老保险待遇；也可以选择终止城乡居民养老保险关系。已经办理按月领取城乡居民养老保险待遇的人员，不得再补缴养老保险费。

参保人员补缴养老保险费，政府不给予缴费补贴。

第十二条　在同一时期内，参加两份及两份以上社会养老保险的，待其达到待遇领取年龄时，由本人与社保经办机构或城乡居民养老保险经办机构协商保留其中一个养老保险关系，其他养老保险关系应当予以清退。在不同时期内，参加两份及以上社会养老保险的，待其达到待遇领取年龄时，各项社会养老保险关系按规定转移接续。

第十三条　经城乡居民养老保险经办机构核定按月领取城乡居民养老保险待遇的人员死亡火葬后，由城乡居民养老保险经办机构按照其死亡当月基础养老金 4 个月的标准发放丧葬补助金。所需资金由市、县、自治县财政承担。

第十四条　城乡居民养老保险待遇领取人员自死亡次月起停止发放养老金。城乡居民养老保险经办机构和村（居）民委员会应每年对城乡居民养老保险待遇领取人员进行核对；村（居）民委员会要协助城乡居民养老保险经办机构开展工作，在行政村（社区）范围内对参保人待遇领取资格进行公示，并与城镇从业人员基本养老保险待遇等领取记录进行比对，确保不重、不漏、不错。

第十五条　已参加城乡居民养老保险后被判服刑的城乡居民，在服刑期间不缴纳养老保险费，服刑期满后，可以补缴养老保险费。补缴的年限按本办法第十一条规定执行。

参保人员在服刑期间达到待遇领取年龄的，待其服刑期满后可以办理待遇领取手续并按规定领取城乡居民养老保险待遇，其达到待遇领取年龄至办理待遇领取手续期间的城乡居民养老保险待遇不予补发。

已按月享受城乡居民养老保险待遇的人员在服刑期间停止发放城乡居民养老保险待遇，自其刑满释放后的下个月起按当期标准重新核发城乡居民养老保险待遇；被判处管制、有期徒刑宣告缓刑和监外执行，或处于假释期间的，可以按当期标准继续发放城乡居民养老保险待遇。在服刑期间死亡的，其个人账户储存额可以继承，遗属待遇按规定标准计发。

参加城乡居民养老保险后被判服刑的人员，被处罚前的实际缴费年限和视同缴费年限予以承认。

第十六条　按月领取城乡居民养老保险待遇的参保人员，应于每年 4 月至 6 月份到待遇领取地城乡居民养老保险经办机构或指定地点进行资格认证。居住地和待遇领取地不一致的，可在居住地进行资格认证。居住在国外或港澳台特别行政区人员，须提供中国驻外使、领馆，居住国公证机构、港澳台相关机构出具的生存证明进行认证。

城乡居民养老保险经办机构每年 7 月份对认证情况进行清理，对不按时进行资格认证人员暂停发放城乡居民养老保险待遇。待其进行资格认证或提供生存证明后，城乡居民养老保险经办机构再恢复发放并补发停发期间的城乡居民养老保险待遇。

第四章　制度衔接

第十七条　城乡居民养老保险制度施行之前，已参加了老农保，且年满 60 周岁已领取老农保养老金的参保人员，在继续享受老农保养老金的同时，享受城乡居民养老保险基础养老金待遇。

城乡居民养老保险制度施行之前，已参加老农保但未达到 60 周岁且未领取老农保养老金的参保人员，应当继续参加城乡居民养老保险，其老农保个人账户资金并入城乡居民养老保险个人账户，待其达到符合享受城乡居民养老保险待遇条件时享受城乡居民养老保险待遇。不符合享受城乡居民养老保险待遇条件时可按本办法第十一条规定执行。

第十八条　参加城乡居民养老保险的人员，在缴费期间户口迁移需要跨地区转移居民养老保险关系的，可在迁入地申请转移养老保险关系，一次性转移个人账户全部储存额，并按迁入地规定继续参保缴费，缴费年限累计计算；已经按规定领取居民养老保险待遇的，无论户口是否迁移，其养老保险关系不转移。

第五章　基金管理

第十九条　将新农保基金和城居保基金合并为城乡居民养老保险基金。城乡居民养老保险基金实行市、县级统筹管理，并逐步过渡到省级统筹管理。

城乡居民养老保险个人账户资金只能用于养老保险待遇支出，不得提前支取。

第二十条　建立健全城乡居民养老保险基金财务会计制度。城乡居民养老保险基金纳入社会保障基金财政专户，实行收支两条线管理，单独记账、独立核算，任何部门、单位和个人均不得挤占挪用、虚报冒领。

城乡居民养老保险基金按照国家统一规定投资运营，实现保值增值。

第二十一条　市、县、自治县人民政府要为经办机构提供必要的工作场地、设施设备、经费保障。城乡居民养老保险工作经费纳入同级财政预算，不得从城乡居民养老保险基金中开支。

第六章　法律责任

第二十二条　人力资源和社会保障行政部门、财政部门、城乡居民养老保险经办机构、街道（乡镇）劳动保障服务机构违反本办法规定有下列行为之一的，由其行政主管部门或相关职能部门责令限期改正，追回被挪用或者流失的城乡居民养老保险基金；对其单位主要负责人、直接责任人分别追究行政责任；构成犯罪的，依法追究刑事责任：

（一）未按规定及时足额将城乡居民养老保险基金转入基金专户的；

（二）挤占、挪用、截留、侵占城乡居民养老保险基金的；

（三）无正当理由延期或不按规定给参保人员支付养老金的；

（四）擅自减少或者增加个人账户金额的；

（五）擅自减发或者增发参保人员养老金的；

（六）违反社会保险基金运营管理规定，造成基金损失的。

各级人民政府及人力资源和社会保障行政部门、财政部门、城乡居民养老保险经办机构或街道（乡镇）劳动保障服务机构的工作人员有前款所列行为的，由有关部门追回被挪用或者流失的城乡居民养老保险基金，并依法给予行政处分；构成犯罪的，依法追究刑事责任。

第二十三条　参保人员及利害关系人以伪造证件或者其他手段多领、冒领养老保险待遇的，由市、县、自治县人力资源和社会保障部门责令退还其多领、冒领的养老金；涉嫌犯罪的，依法追究刑事责任。

建立欺诈、骗取、冒领养老金举报奖励制度。具体办法由省社会保险行政部门会同省财政部门制定。

第二十四条　参保人员在享受待遇问题上与城乡居民养老保险经办机构存在争议的，可依法申请行政复议或者提起行政诉讼。

第七章　附　则

第二十五条　本办法所称缴费年限均含视同缴费年限。

第二十六条　本办法由省人力资源和社会保障厅、省财政厅负责解释。

第二十七条　之前相关规定与本办法不一致的，以本办法为准。

第二十八条　本办法自公布之日起在全省施行。

海南省养老机构管理条例

海南省人民代表大会常务委员会公告第28号

《海南省养老机构管理条例》已由海南省第五届人民代表大会常务委员会第八次会议于2014年5月30日通过，现予公布，自2014年8月1日起施行。

海南省人民代表大会常务委员会
2014年5月30日

第一章　总　则

第一条　为了规范养老机构管理，促进养老机构健康发展，维护入住老年人和养老机构的合法权益，根据《中华人民共和国老年人权益保障法》等有关法律、行政法规，结合本省实际，制定本条例。

第二条　本省行政区域内养老机构的设立、变更与注销，服务管理，扶持与监管，适用本条例。

本条例所称的养老机构，是指为老年人提供集中食宿和照料护理服务的机构。

第三条　省和市、县、自治县民政部门负责养老机构的指导、监督和管理工作。

发改、财政、规划、国土、编制、人社、卫生、消防、价格、食品药品监督、工商行政管理等有关部门在各自职责范围内，做好养老机构的服务和监管的相关工作。

第四条　省和市、县、自治县人民政府应当将养老服务业的发展纳入国民经济和社会发展规划，加快建设以居家为基础、社区为依托、机构为支撑的功能完善、规模适度、覆盖城乡、符合海南省情的养老服务体系。

第五条　省和市、县、自治县民政部门根据本级人民政府经济社会发展规划和相关规划，会同有关部门按照本行政区域人口、公共服务资源、养老服务需求状况等因素编制养老机构发展规划，合理布局养老机构。

第六条　政府投资举办的养老机构，应当优先保障本地户籍孤老优抚对象和经济困难的孤寡、失能、高龄等老年人的服务需求。

市、县、自治县人民政府应当将农村敬老院的管理、运转经费纳入财政预算。

第七条　鼓励和支持社会力量举办养老机构或者通过委托管理等方式运营公有产权的养老机构。

鼓励公民、法人和其他组织向养老机构捐赠和提供志愿服务。

第八条　养老机构应当遵守法律、法规和其他有关规定，尊重入住老年人，保障其合法权益。

第九条　积极培育和发展养老服务行业组织。养老服务行业组织应当依照相关法律、法规的规定，制定行业规范，加强行业自律和诚信建设。

第二章　养老机构设立、变更与注销

第十条　设立养老机构，应当符合下列条件：

（一）有名称、住所、机构章程和管理制度；

（二）有符合养老机构相关规范和技术标准的基本生活用房、设施设备和活动场地；

（三）有与开展服务相适应的管理人员、专业技术人员和服务人员；

（四）有与服务内容和规模相适应的资金；

（五）床位数在10张以上；

（六）法律、法规规定的其他条件。

第十一条　有下列情形之一的，应当向省民政部门提出许可申请：

（一）境外组织和个人独资或者与境内组织和个人合资、合作设立养老机构的；

（二）省级以上政府财政资金投资兴办养老机构的。

前款规定以外组织和个人设立养老机构的，应当向养老机构所在地的市、县、自治县民政部门提出许可申请。

养老机构设立分支机构，应当依照本条第一款、第二款的规定向分支机构所在地的民政部门提出许可申请。

法律、法规规定设立养老机构还需要履行其他相关审批手续的，从其规定。

第十二条 省和市、县、自治县民政部门应当自受理申请之日起20个工作日内，依照本条例第十条规定的条件进行审查。符合条件的，颁发养老机构设立许可证；不符合条件的，应当书面通知申请人并说明理由。

第十三条 举办非营利性养老机构的，应当领取养老机构设立许可证后，再办理登记手续。经批准设置为事业单位的，依法向事业单位登记管理机关申请办理登记手续；符合民办非企业单位登记条件的，依法向民政部门申请办理登记手续。

举办营利性养老机构的，依法向工商行政管理部门申请办理登记手续后，向民政部门提出设立许可申请。法律、法规另有规定的，从其规定。

第十四条 养老机构变更名称、住所、法定代表人、服务范围等事项的，应当自变动之日起三十日内到实施许可的民政部门办理许可变更手续，并到登记管理机关依法办理登记变更手续。

第十五条 养老机构终止的，应当向实施许可的民政部门提交经入住老年人或者其代理人同意的安置方案后，按照有关规定办理许可注销手续。

第三章 服务管理

第十六条 养老机构按照服务协议为入住老年人提供生活照料、康复护理、精神慰藉、文化娱乐等服务。

养老机构提供的服务应当符合养老机构基本规范等有关国家标准、行业标准或者规范，不得擅自降低服务标准。

第十七条 鼓励有条件的养老机构利用专业设施、场地、人员等资源优势，培训和指导社区养老服务组织和人员。

鼓励养老机构上门为居家老年人提供助餐、助浴、助洁、助医等定制服务。

第十八条 养老机构应当保证其配备的管理人员、专业技术人员的数量和条件符合国家和本省的规定。

养老机构应当定期对养老机构工作人员进行职业道德教育，组织开展业务技能培训，提高其职业道德素养和业务技能。

第十九条 养老机构应当建立健全安全、消防、卫生、财务、档案管理等规章制度，制定工作流程和服务标准，并向社会公开。

养老机构应当制定突发事件应急预案，建立24小时值班制度，做好安全保障和监护工作。

第二十条 非营利性养老机构的收费，由价格主管部门依法确定适用政府定价和政府指导价；营利性养老机构的收费实行市场调节价。

养老机构应当公示各类服务项目的收费标准和收费依据。

第二十一条 养老机构应当与入住老年人或者其代理人签订服务协议。

入住老年人属于无劳动能力、无生活来源且无法定赡养、扶养义务人，或者其法定赡养、扶养义务人无赡养、扶养能力的，由入住老年人户籍所在地的乡（镇）人民政府或者街道办事处与养老机构签订服务协议。

第二十二条 服务协议应当载明下列事项：

（一）养老机构的名称、住所、法定代表人或者主要负责人、联系方式；

（二）老年人及其代理人和老年人指定的经常联系人的姓名、住址、身份证明、联系方式；

（三）服务内容和服务方式；

（四）照料护理等级；

（五）收费标准以及费用支付方式；

（六）服务期限和地点；

（七）协议变更、解除与终止的条件；

（八）暂停服务的情形以及安置义务；

（九）终止的情形以及安置义务；

（十）意外伤害责任认定；

（十一）违约和争议解决方式；

（十二）当事人的权利和义务；

（十三）当事人协商一致的其他内容。

省民政部门应当提供服务协议示范文本，供养老机构与入住老年人或者其代理人参照使用。

第二十三条 具备条件的养老机构应当根据本省老年人照料护理等级评估标准，对入住老年人的身体状况进行评估，确定照料护理等级，并实施分级分类照料护理。

入住老年人身体状况发生变化，需要变更照料护理等级的，养老机构应当重新进行评估，经入住老年人或者其代理人确认后，及时变更服务协议的相关内容。

第二十四条　养老机构应当集中提供符合食品安全卫生要求、适合老年人食用、保证基本营养的膳食，不得要求入住老年人自备膳食，老年人与工作人员的膳食制作和用餐应当分开。

第二十五条　养老机构应当做好入住老年人的住房以及相关设施、设备和用具的日常维护，定期对老年人活动场所和物品进行消毒和清洗，保证符合国家和本省规定的要求。

第二十六条　养老机构应当建立老年人健康档案，定期组织体检，做好疾病预防工作，并妥善保存相关资料，保护入住老年人的个人隐私。

养老机构在入住老年人突发危重疾病时，应当及时转送医疗机构救治并通知其代理人；发现入住老年人为疑似传染病病人或者精神障碍患者时，应当依照有关规定办理。

第二十七条　养老机构因分立、合并、改建、扩建等原因需要暂停服务的，或者因解散、被吊销许可证或营业执照等原因终止的，应当根据服务协议约定做好老年人的安置服务工作，妥善安置入住老年人。

服务协议未对安置服务事项进行约定或者约定不明确的，养老机构应当与入住老年人或者其代理人协商一致后方可实施。

民政部门应当监督养老机构安置方案的执行，并提供相应的帮助。

第四章　扶持与监管

第二十八条　各级人民政府应当将符合养老机构发展规划的养老机构建设用地纳入城镇土地利用总体规划和年度用地计划，合理安排用地需求。

养老机构建设用地，非经法定程序不得改变用途。

第二十九条　养老机构依法享受税费优惠。对非营利性养老机构自用的房产、土地免征房产税、城镇土地使用税。对非营利性养老机构建设免征行政事业性收费，对营利性养老机构建设减半征收行政事业性收费。

养老机构用水、用电、用气按居民生活类价格执行。

第三十条　设立非营利性养老机构的，可按相关规定申请小额担保贷款，并享受财政贴息。

第三十一条　县级以上人民政府按照本省有关规定对接收高龄、失能等经济困难的本地户籍老年人的非营利性养老机构给予床位建设、运营和寄养等补贴。

第三十二条　鼓励有条件的养老机构通过设立医疗机构或者采取与周边医疗机构合作的方式，为入住老年人提供医疗服务。养老机构设立的医疗机构，经批准可以对外提供医疗服务。符合条件的，可以向有关主管部门申请纳入城乡医疗保险的定点医疗机构。

第三十三条　在养老机构就业的城镇登记失业人员、农村转移就业劳动者、高校毕业生、城乡未继续升学的应届初高中毕业生，参加家庭服务、养老服务、居家养老照料、病患陪护等职业培训和职业技能鉴定的，按照本省有关规定，享受相应的补贴。

第三十四条　民政部门应当加强对养老机构设立以及日常运营管理的指导和服务，协调落实国家和本省有关养老机构扶持优惠措施。

第三十五条　民政等部门应当加强对养老机构运营、服务等情况的监督检查，及时查处侵害老年人人身财产权益的违法行为。

养老机构应当配合民政等部门的监督检查，并按照要求提供相关材料。

第三十六条　民政部门应当建立养老机构评估制度，定期组织有关方面专家或者委托第三方专业机构，对养老机构的人员配备、设施设备条件、管理水平、服务质量、社会信誉等进行综合评估，并将评估结果向社会公布。

民政部门应当建立养老机构诚信档案，记录其设立与变更、日常监督检查、违法行为查处、综合评估结果等情况，并通过政府网站等予以公开，接受社会查询；对有不良信用记录的养老机构，应当增加监督检查频次，加强整改指导。

第三十七条　民政部门应当公布统一的投诉、举报电话或者电子邮箱，受理对养老机构的投诉、举报。

民政部门对接到的投诉、举报，应当及时核实处理，并将处理结果告知投诉人、举报人。

第五章　法律责任

第三十八条　养老机构违反法律、法规规定，侵害入住老年人合法权益的，受侵害的老年人或者其家属可以要求有关行政主管部门依法处理或者依法向人民法院提起诉讼。

第三十九条　养老机构有下列行为之一的，由民政部门责令限期改正，处以5千元以上1万元以下罚款；情节严重的，处以1万元以上3万元以下罚款：

（一）未依法履行变更和终止手续的；

（二）隐瞒有关情况、提供虚假材料或者拒绝提供反映其活动情况真实材料的。

第四十条　养老机构有下列行为之一的，由民政部门责令限期改正，没收违法所得，并处违法所得1倍以上5倍以下罚款；没有违法所得的，处以3千元以上3万元以下罚款；情节严重的，吊销许可证；构成犯罪的，依法追究刑事责任：

（一）未与入住老年人签订服务协议，或者协议内容不符合规定的；

（二）歧视、侮辱、虐待或者遗弃入住老年人以及其他侵犯老年人合法权益行为的；

（三）违反规定暂停服务或者终止的；

（四）未按照国家有关标准和规范提供服务的。

第四十一条　养老机构有下列行为之一的，由有关部门停止相关的优惠措施：

（一）依照本条例第四十条规定应当处罚的行为；

（二）擅自改变主要场地或者主要设施用途的；

（三）发生责任事故，造成人员伤亡后果的；

（四）存在严重安全隐患，相关职能部门发出整改通知后拒不整改或者整改不合格的；

（五）法律、法规或者省人民政府规定的其他违法违规行为。

养老机构经整改消除前款所列违法违规行为的，经有关部门批准可以按照规定继续享受优惠措施。

第四十二条　民政等部门及其工作人员违反本条例规定，有下列行为之一的，由上级主管部门或者监察机关对直接负责的主管人员和其他直接责任人员依法给予处分；构成犯罪的，依法追究刑事责任：

（一）违反法定权限、条件和程序实施养老机构设立许可的；

（二）未依法履行监督管理职责，造成不良后果的；

（三）对接到的投诉、举报，未及时核实处理，或者未将处理结果告知投诉人、举报人的；

（四）其他玩忽职守、滥用职权、徇私舞弊行为的。

第四十三条　违反本条例规定的行为，本条例未设定处罚但有关法律、法规已有处罚规定的，依照有关法律、法规处罚。

第六章　附　则

第四十四条　本条例的具体应用问题由省人民政府负责解释。

第四十五条　本条例自2014年8月1日起施行。

重庆市人民政府关于印发重庆市2014年调整企业退休人员基本养老金办法的通知

渝府发〔2014〕7号

各区县（自治县）人民政府，市政府各部门，有关单位：

根据《人力资源社会保障部财政部关于2014年调整企业退休人员基本养老金的通知》（人社部发〔2014〕7号）规定，结合我市实际，现将《重庆市2014年调整企业退休人员基本养老金办法》印发给你们，请认真贯彻执行。

重庆市人民政府

2014年3月18日

重庆市2014年调整企业退休人员基本养老金办法

一、调整范围

（一）2013年12月31日及以前已按规定办理退休（含退职，下同）审批手续并按月领取基本养老金的企业退休人员（不含2013年12月31日及以前已死亡的人员)。

(二)2013年12月31日及以前以个人身份参加城镇企业职工基本养老保险并按规定办理退休审批手续且按月领取基本养老金的人员(不含2013年12月31日及以前已死亡的人员)。

(三)按照《重庆市对曾在我市城镇用人单位工作未参加基本养老保险超过法定退休年龄人员有关养老保险问题处理意见》(渝府发〔2008〕25号)、《重庆市2007年12月31日以前被征地农转非人员基本养老保险试行办法和重庆市2008年1月1日以后新征地农转非人员基本养老保险试行办法》(渝府发〔2008〕26号)和《重庆市人民政府办公厅关于解决我市用人单位未参保超过法定退休年龄人员基本养老保障有关遗留问题的通知》(渝办发〔2011〕272号)规定参保,纳入企业职工基本养老保险管理,并在2013年12月31日及以前按月领取养老待遇的城镇超龄人员和被征地农转非人员(不含2013年12月31日及以前死亡的人员)。建国前参加革命工作的退休老工人、两航起义退休人员、原南侨机工服务团退休人员不执行企业退休人员基本养老金调整办法。

二、调整时间

从2014年1月1日起执行。

三、调整办法及标准

(一)普调。

1.2005年12月31日及以前退休并领取基本养老金的人员,每人每月增加90元。2006年1月1日至2013年12月31日期间退休并领取基本养老金或领取养老待遇的人员,每人每月增加50元。

2.按本人缴费年限(含视同缴费年限,不含折算工龄,下同)每满1年,每人每月增加3元。再按照缴费年限分档增加待遇,即缴费年限15年及以下的,每人每月增加10元;缴费年限在16年至20年之间的,每人每月增加20元;缴费年限在21年至25年之间的,每人每月增加30元;缴费年限在26年至30年之间的,每人每月增加40元;缴费年限在31年至35年之间的,每人每月增加50元;缴费年限在36年及以上的,每人每月增加60元。

(二)倾斜。

符合本办法第一条第(一)、(二)项规定的退休人员,在普调的基础上,再按下列规定倾斜调整:

1.对1953年年底及以前参加革命工作的退休人员,在普调的基础上,每人每月再增加40元。

2.对国务院批准的艰苦边远地区(黔江区、城口县、武隆县、云阳县、奉节县、巫山县、巫溪县、石柱县、秀山县、酉阳县、彭水县)的退休人员,在普调的基础上,每人每月再增加40元。

3.对企业退休军转干部,继续按照中办发〔2003〕29号文件规定予以倾斜,确保其基本养老金不低于当地企业退休人员平均水平。

四、资金列支渠道

企业退休人员按规定调整增加的基本养老金,已参加企业职工基本养老保险的,从基本养老保险基金中列支;未参加企业职工基本养老保险的,按原渠道列支。城镇超龄人员和被征地农转非人员按规定调整增加的养老待遇,从基本养老保险基金中列支。

五、审批权限和程序

各区县(自治县)社会保险局按本办法规定确认调整对象和调整金额,经当地人力社保局、财政局审核,送市社会保险局汇总后,报市人力社保局、市财政局审批;各区县(自治县)社会保险局按市人力社保局、市财政局批准的调整对象和调整金额执行。

市人力社保局根据本办法规定制定实施意见。

重庆市人民政府关于加快推进养老服务业发展的意见

渝府发〔2014〕16号

各区县(自治县)人民政府,市政府各部门,有关单位:

为积极应对人口老龄化,根据《国务院关于加快发展养老服务业的若干意见》(国发〔2013〕35号)精神,推进我市养老服务业快速发展,现提出如下意见:

一、发展目标

到2015年,建立起以居家为基础、社区为依托、机构为支撑,规模适度、覆盖城乡的养老服务体系,全市养老服务床位达到19万张,每千名老人拥有养老床位30张。到2020年，全市养老服务床位达到25万张，每千名老人拥有养老床位35张；社区养老服务中心（站）等服务设施覆盖所有城市社区，90%以上乡镇和60%以上的农村社区建立包括养老服务在内的社区综合服务设施和站点；以老年生活照料、老年产品用品、老年健康服务、老年体育健身、老年文化娱乐、老年金融服务、老年旅游等为主的养老服务业全面发展。

二、主要任务

（一）统筹规划养老服务业发展。各区县（自治县）人民政府要将养老服务业发展纳入国民经济和社会发展规划，列为服务业发展重点内容；要制定养老服务业发展规划和养老设施建设专业规划，明确发展思路、目标任务、建设规模和设施布点，制定土地供应、资金投入等扶持政策。统筹城乡养老资源，保障基本、突出特色，发展居家养老、机构养老和其他多种形式的养老服务，促进五大功能区养老服务业协调发展。明确政府办和社会办养老机构基本功能和目标定位，建立不同形式养老机构之间的协作机制，整合社会资源，推进养老服务与医疗、家政、保险、教育、健身、旅游等相关领域的互动发展。

（二）建立和完善养老支持政策。进一步完善落实基本养老、基本医疗、最低生活保障等政策，适时提高养老保障水平。完善城乡养老服务托底措施，将城乡“三无”老人全部纳入供养范围，适时提高供养标准；城市“三无”和农村五保老人需入住养老机构的，应及时纳入养老机构供养；家庭住房困难的散居城市“三无”和农村五保老人要优先纳入廉租房（公租房）或农村危旧房改造工程保障范围。加快建立养老服务评估机制，建立经济困难失能老人养老服务补贴制度。逐步完善高龄老人津贴政策。健全老年优待政策，在医疗保健、公共交通、参观游览等方面给予老年人优先、优惠。鼓励商业保险公司开展长期医疗护理保险和养老机构综合责任保险业务，支持居民和养老机构投保。大力弘扬孝亲敬老传统美德，深入开展敬老爱老活动，营造尊老助老的社会氛围。

（三）加强养老服务设施建设。一是加强城市养老服务设施建设。新建城区和新建居住（小）区，要按标准要求配套建设养老服务设施；老城区和已建成居住（小）区无养老服务设施的，要通过购买、置换、租赁等方式建设养老服务设施。二是重视发展农村养老服务设施。将农村养老服务设施建设纳入农村公共服务设施统一规划，充分利用村级公共服务场所、农家院坝、闲置校舍等建设村级养老服务站、幸福院、托老所等养老服务设施。三是加强政府办养老机构建设。通过新建、改（扩）建区县（自治县）社会福利中心、乡镇敬老院等，增加养老机构床位，改善供养条件，保障城市“三无”和农村五保老人的养老服务需求，同时，利用剩余床位为经济困难的高龄、失能老年人提供低偿服务。四是加快推进公共交通工具、场站和居住区、城市道路、楼宇、公厕、文体场馆、商业网点、旅游景点等与老年人生活密切相关的公共基础设施无障碍改造。

（四）大力发展社会化养老服务。支持社会力量进入养老服务领域，根据养老市场需求，建设满足不同需求的养老服务机构。鼓励社会力量举办规模化、连锁化的养老机构。鼓励社会力量对企业闲置厂房、商业设施及其他可利用的社会资源进行改造，兴办养老服务机构。加大财政投入和社会筹资力度，重点支持供养型、养护型和医护型养老机构发展。各区县（自治县）要在资本金、场地、人员等方面，进一步降低社会力量举办养老机构的门槛，简化手续、规范程序、公开信息，为社会力量举办养老机构提供便捷服务。鼓励境外投资者以独资、合资、合作等方式兴办养老服务机构。

（五）积极发展社区居家养老服务。各区县（自治县）人民政府要将社区养老服务设施建设纳入重点民生工程，制订运营补贴、规费减免等优惠政策，支持建立以企业和机构为主体、社区为纽带的居家养老服务网络，满足社区居家养老服务需求。支持家政服务企业与社区、医疗、物业、养老机构合作，利用社区养老服务平台为居家老年人提供助餐、助浴、助洁、助急、助医等上门服务。支持社区充分利用公共服务设施和社会场所，组织开展适合老年人的群众性文化体育娱乐活动。机关、企事业单位内部具有为老年人服务功能的设施，应向社会老人开放。建立完善居家养老服务信息平台，发展老年电子商务，利用互联网、物联网等技术手段创新居家养老服务模式，提供紧急呼叫、家政预约、健康咨询、物品代购、服务缴费等服务项目。积极引导专业养老机构利用自身资源，培训和指导社区养老服务组织和人员，托管社区养老服务中心（站）。

（六）培育养老服务社会组织。引导建立养老服务行业协会、老龄产业协会、专业人员协会等养老服务社会组织，开展养老服务行业标准制定、服务质量评估、服务行为监督及专业职称评定等工作，发挥社会组织在行业自律、监督评估、沟通协调、服务中介、风险分担等方面的作用。逐步加大政府购买服务的力度，各区县（自治县）要制定政府向社会力量购买养老服务的政策措施。支持社会组织参与管理、运营养老机构，开展养老服务教育培训、研究交流、咨询评估和第三方认证等服务。积极培育发展为老服务公益慈善组织，支持公益慈善组织参与养老机构建设运营、养老产品开发和为困难老人提供养老服务帮助等，使公益慈善组织成为发展养老服务业的重要力量。加强基层老年协会建设，支持老年群众组织开展自我管理、自我服务和服务社会活动。

（七）推广“医养结合”的养老服务模式。通过养老院设立医院、医院举办养老院、养老院与医院联办等形式，构建养老与医疗相互融合的服务模式。符合条件的养老机构可依法设立医疗机构。对养老机构内设的医疗机构，符合城镇职工基本医疗保险和城乡居民合作医疗保险定点条件的，可申请纳入定点范围。入住养老机构的老年人，参加了医疗保险的，在上述定点医疗机构发生的医疗费用，按规定享受医疗保险相关待遇。支持社会资本开办老年护理院、康复医院和提供临终关怀服务的医疗机构。全市二级及以上综合医院要创造条件开设老年病科，增加老年病床数量，做好老年病、慢性病防治和康复护理。探索推进面向养老机构的远程医疗服务。建立社区卫生服务机构与老年人家庭医疗契约服务关系，开展上门诊视、健康查体、保健咨询、护理指导等服务。鼓励医疗机构、社区卫生服务机构与养老机构、社区养老服务中心（站）加强合作，实现老年人卫生健康服务在养老机构与医疗机构之间的便捷对接。

（八）发展养老服务消费市场。各区县（自治县）人民政府和市政府有关部门在制定相关产业发展规划中，要鼓励发展养老服务中小企业，扶持发展龙头企业，实施品牌战略，提高创新能力。要围绕适合老年人的衣、食、住、行、医、文化娱乐等需要，支持企业积极开发安全有效的康复辅具、食品药品、服装服饰等老年用品用具和服务产品，引导商场、超市、批发市场设立老年用品专区专柜。健全市场规范和行业标准，营造安全、便利、诚信的消费环境。开发老年住宅、老年公寓等老年生活设施，提高老年人生活质量。引导和规范商业银行、保险公司、证券公司等金融机构开发适合老年人的理财、信贷、保险等产品。

三、政策措施

（一）完善土地供应政策。各区县（自治县）人民政府要将各类养老服务设施建设用地纳入城乡建设总体规划和土地利用总体规划。在编制城市总体规划、控制性详细规划时，应按照国发〔2013〕35号文件“人均用地不少于0.1平方米的标准”设置养老服务设施。各区县（自治县）人民政府要编制本地养老服务设施建设专业规划，对纳入专业规划的养老设施用地，要采取多种方式保障用地需求，可将闲置的公益性用地调整为养老服务用地。规划部门应在新区建设的建设用地规划条件函中明确需配建的养老服务设施。民间资本和政府投资建设的非营利性养老设施，享有相同的土地供应政策，可依法使用国有划拨土地，如机构停办，土地使用权由政府对土地及地面建筑物评估后折价收回。营利性养老机构建设用地，按照经营性用地的规定依法办理有偿出让手续。农村养老服务设施建设，符合土地利用总体规划和城乡建设规划的，可以使用农村集体建设用地，按照乡（镇）村公共设施和公益事业建设相关要求，办理土地使用手续；配套建设的公路符合农村道路管理用地的，可按照相关规定作为农用地进行管理，不办理建设用地手续。严禁改变养老设施建设用地性质搞房地产开发，不得将养老服务设施进行分零销售。

（二）完善财政投入政策。各区县（自治县）人民政府要将养老服务体系建设经费列入年度财政预算，加大对政府办福利中心、敬老院的财政投入，完善设施设备，改善供养条件，对达不到福利院、敬老院基本建设标准和入住条件的，要限期整改，确保城乡“三无”老人得到良好照顾。加快城乡社区养老服务设施建设，市级财政对城乡社区养老服务设施建设通过以奖代补的方式给予补贴。支持社会力量举办养老机构，新建、扩建养老机构或用自有房屋改建养老机构新增床位50张以上的，市级财政对其新增床位给予每张5000元的建设补贴；租用房屋（房屋租期5年及以上）改建养老机构新增床位20张以上的，市级财政对其新增床位给予每张1000元的建设补贴。支持养老机构投保责任保险。市和区县（自治县）用于社会福利事业的彩票公益金，要将50%以上的资金用于支持发展养老服务业。各区县（自治县）要结合实际对养老机构建设和运营予以补贴。

（三）完善税费优惠政策。各区县（自治县）人民政府要落实国家现行支持养老服务业的税收优惠政策，对养老机构（含家庭服务企业、社区养老服务中心站）提供的养护服务免征营业税，对非营利性养老机构的自用房产、土地免征房产税、城镇土地使用税，对符合条件的非营利性养老机构按规定免征企业所得税。对企事业单位、社会团体和个人向非营利性养老机构的捐赠，符合相关规定的，准予在计算其应纳税所得额时按税法规定比例扣除。非营利性养老机构设施建设免征行政事业性收费，营利性养老机构设施建设减半征收行政事业性收费；养老机构提供养老服务涉及的行政事业性收费要适当减免。养老机构用水、用电、用气按居民生活类价格执行，天然气初装费降低30%收取，水电气安装工程费用适当减免。有线数字电视收视维护费执行低收入用户减免政策，电话、有线（数字）电视、宽带互联网等安装费用适当减免。境内外资本举办养老机构享有同等优惠政策。

（四）完善人才培养和就业政策。引导和整合高等院校、中等职业学校和职业培训机构的教育资源，加快培养老年服务管理、医疗保健、护理康复、营养调配、心理咨询等专业人才。鼓励社会力量举办养老服务培训机构，依托院校和养老机构建立养老服务实训基地，加快市级养老实训示范基地建设。把养老服务技能培训纳入城乡就业培训范围，对符合条件的参加养老护理职业培训和职业技能鉴定的从业人员按规定给予相关补贴。在养老机构和社区开发公益性岗位，吸纳农村转移劳动力、城镇就业困难人员等从事养老服务，按规定落实岗位补贴和社保补贴。建立养老护理员职业资格认证和持证上岗制度，加强养老机构社会工作人才队伍建设。对在养老机构就业的专业技术人员，执行与医疗、福利机构等相同的执业资格、注册考核政策。落实就业扶持政策，本市社会办养老机构（含居家养老服务组织）招用我市户籍的就业困难群体和登记失业的高校毕业生，与其签订1年以上劳动合同，并按规定缴纳了社会保险费的，可按规定享受社会保险补贴。养老机构应积极改善养老护理员工作条件，加强劳动保护和职业防护，依法缴纳养老保险等社会保险费，逐步提高从业人员收入。

（五）完善融资政策。将养老服务业作为信贷支持类行业，利用财政贴息、小额贷款等方式，加大对养老服务业的信贷投入。各金融机构要加快金融产品和服务方式创新，拓宽信贷抵押物范围，适当提高抵借率，探索养老机构设施设备抵押贷款、经营收益质押贷款等融资模式，满足养老服务业的信贷需求。加强养老服务机构评级及担保增信等信用体系建设，提升融资能力。鼓励和支持保险资金投资养老服务领域。开展老年人住房反向抵押养老保险试点。

四、组织领导

（一）健全工作机制。要高度重视老龄工作，要采取切实有力的措施加快养老服务业的发展。市政府要加强对养老服务业的统筹规划和指导管理。各区县（自治县）要将发展养老服务业纳入政府重要议事日程，强化工作协调机制，定期分析养老服务业发展情况和存在问题，研究推进养老服务业加快发展的政策措施，认真落实养老服务业发展的各项任务。老龄工作机构要发挥综合协调作用，加强督促指导。发展改革部门要将养老服务业发展纳入经济社会发展规划，支持养老服务设施建设。财政部门要对养老服务业发展给予财力保障。民政部门要履行业务监管职责，加强宏观引导、行业规范、业务指导和监督管理。教育、公安消防、人力社保、国土房管、城乡建设、规划、卫生计生、商务、税务、金融、质监、工商、食品药品监管等部门要各司其职，及时解决工作中遇到的问题，形成齐抓共管、整体推进的工作格局。

（二）开展综合改革试点。按照国家规定选择有特点和代表性的区域进行养老服务业综合改革试点，在财政、金融、用地、税费、人才、技术及服务模式等方面进行探索创新，先行先试，完善体制机制和政策措施，为我市养老服务业发展提供经验。积极开展公办养老机构改制试点，完善法人治理结构。制定社会资本运营公有产权养老服务设施监管办法，对现有的政府办养老机构，通过委托管理等方式，开展民间资本运营公有产权养老服务设施试点。

（三）加强监督管理。要强化行业管理，健全养老服务的准入、退出、监管制度，研究制定养老机构建设标准、服务管理、等级评定、护理员培训、服务质量和入住对象评估、居家养老服务标准等养老服务行业规范。要及时查处侵害老年人人身财产权益的违法行为和安全生产责任事故，加强养老机构和社区养老服务场所的消防安全工作指导和监管。要进一步研究养老机构的价格管理办法，探索建立科学合理的养老服务定价形成机制。要建立完善养老服务业统计制度。各区县（自治县）人民政府、市政府有关部门要根据本意见要求，结合本地实际和本部门职责制定贯彻实施意见，并加强对养老服务业发展情况的督促检查，确保各项政策措施落到实处。

重庆市人民政府办公厅关于完善城乡居民基本养老保险制度的通知

渝府办发〔2014〕98号

各区县（自治县）人民政府，市政府有关部门，有关单位：

按照《国务院关于建立统一的城乡居民基本养老保险制度的意见》（国发〔2014〕8号）和《重庆市人民政府关于开展城乡居民社会养老保险试点工作的通知》（渝府发〔2009〕85号）精神，经市政府同意，现就完善全市城乡居民基本养老保险制度有关事项通知如下：

一、统一制度名称

将我市现行城乡居民社会养老保险制度名称调整为“城乡居民基本养老保险”，与国家新农保和城居保合并实施后的制度名称保持一致。

二、调整中青年人员缴费档次及标准

将我市城乡居民基本养老保险中青年人员年缴费标准调整为12个档次，分别为一档100元、二档200元、三档300元、四档400元、五档500元、六档600元、七档700元、八档800元、九档900元、十档1000元、十一档1500元、十二档2000元。参保人自主选择档次缴费，多缴多得。

三、明确集体补助标准

有条件的村集体经济组织应当对参保人员缴费给予补助，补助标准由村民委员会召开村民会议民主确定。鼓励有条件的社区将集体补助纳入社区公益事业资金筹集范围。鼓励其他社会经济组织、公益慈善组织、个人为参保人员缴费提供资助。补助、资助总金额不超过我市个人最高缴费档次标准。

四、完善参保缴费政府补贴办法

政府对参保人员缴费实行梯次补贴，补贴标准分别为一档30元、二档40元、三档50元、四档60元、五档70元、六档80元、七档90元、八档100元、九档110元、十档120元、十一档130元、十二档140元。

五、建立长期缴费增发基础养老金机制

完善城乡居民基本养老保险长缴多得激励机制，对缴费年限超过15年的参保人员，在领取养老待遇时，每超过一年每月增发2元基础养老金。

六、完善个人账户计息和余额继承规定

个人账户储存额按国家规定计息。个人账户资金余额（包括政府补贴）可依法继承。参保人员在领取养老待遇前出国出境定居或死亡的，退还个人账户储存额。领保人员死亡后退还个人账户资金余额。两项金额均包括个人缴费、集体补助（社会资助）和政府补贴资金。

七、规范丧葬补助金发放范围

将领保人员死亡后发放的一次性死亡补助金统称为丧葬补助金。对在领取养老待遇前死亡的参保人员，按照我市城乡居民基本养老保险基础养老金标准，对其法定继承人或指定受益人一次性发放丧葬补助金，参保人员每缴费一年发放1个月，最多不超过12个月。

八、规范城乡居民基本养老保险关系转移接续

参保人员在本市行政区域内迁移户籍的，其城乡居民基本养老保险关系只转个人账户基础信息，不转个人账户资金。参保人员在缴费期间因跨省（区、市）迁移户籍、需转移城乡居民基本养老保险关系的，可在户籍迁入地申请转入城乡居民基本养老保险关系，一次性转移个人账户全部储存额，并按户籍迁入地规定继续参保缴费，缴费年限累计计算。已按规定领取养老待遇的，其城乡居民基本养老保险关系不予转移。

九、资金保障

对参保人员增加的政府补贴、缴费超过15年增发的基础养老金和丧葬补助金由市、区县财政按比例分担，具体比例为：主城区市级承担20%、区级承担80%，贫困区县（自治县）市级承担70%、区县级承担30%，其他区县市级和区县级各承担50%。

本通知从2015年1月1日起执行。

四川省人民政府关于加快发展养老服务业的实施意见

川府发〔2014〕8号

各市（州）人民政府，省政府各部门、各直属机构，有关单位：

为贯彻《国务院关于加快发展养老服务业的若干意见》（国发〔2013〕35号），应对人口老龄化快速发展形势，结合我省实际，现提出加快发展养老服务业的实施意见。

一、指导思想和发展目标

（一）指导思想。以邓小平理论、“三个代表”重要思想、科学发展观为指导，按照“深化体制改革，坚持保障基本，注重统筹发展，完善市场机制”的原则，充分发挥政府的主导作用和社会力量的主体作用，健全养老服务体系，满足多样化养老服务需求，努力使养老服务业成为积极应对人口老龄化、保障和改善民生的重要举措，成为扩大内需、增加就业、促进服务业发展、推动经济转型升级的重要力量。

（二）发展目标。到2020年，全面建成以居家为基础、社区为依托、机构为支撑，功能完善、规模适度、覆盖城乡的养老服务体系。养老服务覆盖所有居家老年人，养老服务设施覆盖所有城市社区，90%以上的乡镇和60%以上的农村社区建立养老服务设施和站点。养老床位数达到61万张以上，每千名老年人拥有养老床位35张以上。养老服务提供就业岗位75万个以上。养老服务业成为服务业重要组成部分。其中，到2017年，养老服务覆盖所有居家老年人，养老服务设施覆盖90%以上的城市社区，75%以上的乡镇和50%以上的农村社区建立养老服务设施和站点。养老床位数达到55万张以上，每千名老年人拥有养老床位33张以上。养老服务业提供就业岗位65万个以上。

二、主要任务

（一）加强城市养老服务设施建设。各地在制订城市总体规划、控制性详细规划时，必须按照人均用地不少于0.1平方米的标准，分区分级规划设置养老服务设施。凡新建城区和新建居住（小）区，要按照规划和标准配套建设社区养老服务设施，与住宅同步规划、同步建设、同步验收、同步交付使用，养老服务设施应位于适宜老年人活动的低层，多期开发的应在首期建设养老服务设施；老城区和已建成居住（小）区无养老服务设施或没有达到规划和标准要求的，要限期通过购置、置换、租赁等方式完成养老服务设施建设。发挥社区服务中心（服务站）和社区卫生、文化、体育及其他服务设施的养老服务功能。加快推进公共设施无障碍改造，扶持老年人家庭无障碍设施改造。

（二）重视和发展农村养老服务。健全农村五保供养机构功能，在满足农村五保对象集中供养需求的前提下向社会开放，使之成为区域性养老服务中心。按照村级主办、互助服务、群众参与、政府支持的原则，加快农村养老服务设施建设。培育农村为老服务社会组织，发挥村民自治功能和老年协会作用，督促家庭成员履行对老年人经济供养、生活照料和精神慰藉的义务，开展邻里互助、志愿服务，帮助留守、失独、经济困难老年人解决生活困难。各级政府用于养老服务的财政性资金应重点向农村倾斜。鼓励城市资金、资产和资源投向农村养老服务。城市公办养老机构要与农村五保供养机构等建立对口支援和合作机制。

（三）大力发展居家养老和社区养老服务。居家养老服务是让居家老年人获得生活照料、家政服务、康复护理、医疗保健、精神慰藉等专业化的社会服务。建立县级、乡镇（街道）、社区（村）居家养老服务网络。培育和扶持居家养老服务企业和社会组织，加快居家养老服务信息平台、老年人居家呼叫服务系统和应急救援服务网络建设，为居家老年人提供助餐、助浴、助洁、助急、助医等上门服务。

社区养老服务具有社区日间照料和居家养老支持两类功能，为家庭日间暂时无人或无力照护的社区老年人提供服务。加强老年人日间照料中心、托老所、老年活动中心（站）等社区（村）养老服务设施建设，鼓励社会组织和家政、物业等企业兴办或运营社区日间照料、老年活动中心等养老服务设施。支持社区开展老年文化体育娱乐活动。

（四）加强养老机构建设。支持社会力量发展养老服务业；鼓励民间资本整合和改造企业厂房、商业设施及其他社会资源用于养老服务，举办规模化、连锁化养老机构；鼓励境外资本投资养老服务业。在资本金、场地、人员等方面，进一步降低社会力量举办养老机构的门槛。

发挥公办养老机构托底作用，重点为城乡“三无”老人、低收入老人、失独老人、经济困难的失能半失能老人提供无偿或低收费的供养、护理服务。鼓励民间资本通过公建民营、委托管理等方式运营公有产权的养老服务设施。

（五）推进医疗卫生与养老服务相结合。推动医疗卫生资源进入养老机构、社区和居民家庭。支持有条件的养老机构设置医疗机构，符合条件的可申请纳入城镇职工（居民）基本医疗保险和新型农村合作医疗定点范围。建立医疗机构与养老机构的协作机制，加快推进面向养老机构的远程医疗服务试点。建立社区医院与老年人家庭医疗契约服务关系。有条件的二级以上综合医院应开设老年病科。鼓励医疗机构转型或增设老年护理机构。支持社会力量举办护理院、康复医院和提供临终关怀服务的医疗机构。鼓励和引导商业保险公司为老年人提供健康、意外伤害和长期护理等保险保障。

（六）大力发展养老产业。养老产业是扩大内需、增加就业、促进服务、繁荣消费、推动经济转型升级的新兴产业。鼓励相关行业拓展适合老年人的文化娱乐、体育健身、休闲旅游、健康服务、精神慰藉、法律服务、信息服务，加强残障老年人专业化服务。支持企业开发康复辅具、食品药品、服装服饰等老年产品，引导商业机构设立老年用品专区。引导和规范商业银行、保险公司、证券公司等金融机构开发适合老年人的理财、信贷、保险等产品。鼓励发展养老服务中小企业，扶持发展龙头企业，形成养老服务产业集群。健全市场规范和行业标准，确保养老服务和产品质量，营造安全、便利、诚信的消费环境。

三、政策措施

（一）投融资政策。各级政府要加大投入，安排财政性资金支持养老服务体系建设。要将国家有关促进服务业发展的金融政策落实到养老服务业，拓宽信贷抵押担保物范围，积极利用财政贴息、小额贷款等方式，加大对养老服务业的有效信贷投入。加强养老服务机构信用体系建设。鼓励保险资金投资养老服务领域。按照国家统一安排，探索开展老年人住房反向抵押养老保险试点。鼓励保险公司承保养老机构责任保险。扶持中小企业发展资金要支持养老服务业企业。政府债券应统筹考虑养老服务需求，积极支持养老服务设施建设及无障碍改造。

（二）土地供应政策。各地要将各类养老服务设施建设用地纳入城镇土地利用总体规划和年度用地计划，根据新建养老床位的工作目标和年度任务，按照养老床位建设标准和建设规模确定养老机构建设用地指标，在年度用地计划中优先安排保障养老机构建设用地，切实保障养老床位建设年度目标任务所需用地。民办的非营利性养老机构与公办的养老机构享有相同的土地使用政策，符合国家划拨用地目录的，可使用国有划拨土地；符合农村集体建设用地流转规定的，可使用集体建设用地。乡（镇）、村非营利性养老机构的建设用地，可使用集体建设用地。营利性养老机构建设用地按照国家规定优先保障供应，可采取招标等方式合理控制地价，降低养老机构建设成本。严禁养老设施建设用地改变用途、容积率等土地使用条件搞房地产开发。

（三）税费优惠政策。落实现行支持养老服务业的税收优惠政策，对养老机构提供的养护服务免征营业税，对非营利性养老机构自用房产、土地免征房产税、城镇土地使用税，对符合条件的非营利性养老机构按规定免征企业所得税。对企事业单位、社会团体和个人向非营利性养老机构的捐赠，符合相关规定的，准予在计算其应纳税所得额时按税法规定比例扣除。对非营利性养老机构建设免征有关行政事业性收费；对营利性养老机构建设，减半征收。对养老机构提供养老服务，减半征收有关行政事业性收费。养老机构用电、用水、用气，按居民生活类价格执行。境内外资本举办养老机构享有同等的税收优惠政策。

（四）补贴支持政策。各地要加快建立养老服务评估机制，建立健全经济困难的高龄、失能等老年人补贴制度。根据养老服务的实际需要，推进民办公助，选择通过补助投资、贷款贴息、运营补贴、购买服务等方式支持社会力量举办养老服务机构，开展养老服务。对社会力量举办的养老服务机构和平台给予一次性建设补贴和一定的运营补贴。对养老服务机构新增床位，原则上按每张1万元给予建设性补助，并适当补助运营费。各级福利彩票公益金，要将50%以上的资金用于发展养老服务业。要制定政府向社会力量购买养老服务的政策措施。

（五）人才培养和就业政策。高等院校和中等职业学校要增设养老服务相关专业和课程，对就读中等职业学校养老服务专业的学生免收学费，鼓励毕业生从事养老服务工作。把养老服务技能培训纳入城乡就业培训范围，落实职业培训补贴政策，在养老机构和社区开发公益性岗位，吸纳农村转移劳动力、城镇就业困难人员等从事养老服务，按规定落实岗位补贴和社保补贴。落实养老护理员职业资格和持证上岗制度，支持社会力量举办养老服务培训机构，依托院校和养老机构建立养老服务实训基地，加快省级养老实训示范基地建设。养老机构应当改善养老护理员工作条件，依法缴纳社会保险费。对在养老机构就业的专业技术人员，执行与医疗机构、福利机构相同的执业资格、注册考核政策。

（六）鼓励公益慈善组织支持养老服务。引导公益慈善组织参与养老服务和养老用品开发，培育发展为老服务公益慈善组织和志愿组织，建立为老志愿服务登记制度。

四、组织领导

（一）健全工作机制。各级政府要成立发展养老服务业工作领导小组，结合实际抓紧制订实施意见，分年度制订工作计划，明确和落实目标任务。深入开展“敬老模范县（市、区）”创建活动。民政部门要履行监督管理、行业规范、业务指导职责。发展改革部门要将养老服务业发展纳入经济社会发展规划、专项规划和区域规划。财政部门要在现有资金渠道内对养老服务业发展给予财力保障。国土资源部门要对养老服务设施建设用地统筹规划、分年安排，及时下达年度用地计划。商务部门要把养老服务业作为加快发展服务业的重要内容统筹推进。老龄工作机构要综合协调，加强督促指导。教育、公安消防、卫生、住房城乡建设、人力资源社会保障、税务、金融、质检、工商、食品药品监管等部门要各司其职，形成齐抓共管、整体推进的工作格局。

（二）依法强化行业监管。民政部门要健全养老服务的准入、退出、监管制度。价格主管部门要依法确定适用政府定价和政府指导价的范围。有关部门要建立养老服务业统计制度。其他有关部门要依照职责分工对养老服务业实施监督管理。要发挥养老服务行业协会行业自律作用。

（三）加强督促检查。各地要加强对加快发展养老服务业工作的督促检查，加强工作绩效考核，确保责任落实、工作落实，按年度完成或超额完成目标任务。省政府相关部门要根据本部门职责，制订具体政策措施。发展改革部门、民政部门和老龄工作机构要加强对本意见执行情况的监督检查，及时向省政府报告。

附件：重点任务分工

四川省人民政府

2014 年 2 月 14 日

附件

重点任务分工

序号	工作任务	负责单位	时间进度	备注
一、主要任务部分				
1	各地在制订城市总体规划、控制性详细规划时，必须按照人均用地不少于 0.1 平方米的标准，分区分级规划设置养老服务设施。凡新建城区和新建居住（小）区，要按照规划和标准配套建设社区养老服务设施，与住宅同步规划、同步建设、同步验收、同步交付使用，养老服务设施应位于适宜老年人活动的低层，多期开发的应在首期建设养老服务设施	住房城乡建设厅、国土资源厅、民政厅、省老龄办和各市（州）人民政府	2014 年一季度出台具体措施	国家 2013 年年底前出台具体措施
2	老城区和已建成居住（小）区无养老服务设施或没有达到规划和标准要求的，要限期通过购置、置换、租赁等方式完成养老服务设施建设	民政厅、住房城乡建设厅、省老龄办和各市（州）人民政府	2014 年一季度启动实施	国家 2013 年四季度启动实施

续表

序号	工作任务	负责单位	时间进度	备注
3	发挥社区服务中心（服务站）和社区卫生、文化、体育及其他服务设施的养老服务功能	民政厅、住房城乡建设厅、省发展改革委、商务厅、省老龄办会同卫生厅、文化厅、省体育局等相关部门和各市（州）人民政府	2014年一季度出台具体措施	国家2013年四季度出台具体措施
4	加快推进公共设施无障碍改造，扶持老年人家庭无障碍设施改造	住房城乡建设厅、民政厅、财政厅、省残联、省老龄办和各市（州）人民政府	2014年一季度启动实施	国家2013年年底启动实施
5	健全农村五保供养机构功能，在满足农村五保对象集中供养需求的前提下向社会开放，使之成为区域性养老服务中心	民政厅和各市（州）人民政府	2014年二季度出台具体措施	国家2014年一季度出台具体措施
6	按照村级主办、互助服务、群众参与、政府支持的原则，加快农村养老服务设施建设	民政厅、住房城乡建设厅、农业厅、财政厅、省老龄办	2014年二季度出台具体措施	国家2014年一季度出台具体措施
7	发挥村民自治功能和老年协会作用，督促家庭成员履行对老年人经济供养、生活照料和精神慰藉的义务，开展邻里互助、志愿服务，帮助留守、失独、经济困难老年人解决生活困难	民政厅、省文明办、文化厅、省妇联、团省委、省人口计生委、省老龄办	2014年二季度出台具体措施	国家2014年一季度出台具体措施
8	城市公办养老机构要与农村五保供养机构等建立对口支援和合作机制	民政厅、省扶贫移民局、省发展改革委、省老龄办	2014年一季度出台具体措施	国家2013年底前出台具体措施
9	建立县级、乡镇（街道）、社区（村）居家养老服务网络	民政厅、省老龄办和各市（州）人民政府	2014年一季度出台具体措施	
10	培育和扶持居家养老服务企业和社会组织，为居家老年人提供助餐、助浴、助洁、助急、助医等上门服务	民政厅、省发展改革委、商务厅、人力资源社会保障厅、卫生厅、省老龄办和各市（州）人民政府	2014年一季度出台具体措施	国家2013年四季度出台具体措施
11	加快居家养老服务信息平台、老年人居家呼叫服务系统和应急救援服务网络建设	省经济和信息化委、民政厅、省发展改革委、商务厅、科技厅、省老龄办和各市（州）人民政府	2014年三季度前出台具体措施	国家2014年二季度前出台具体措施

续表

序号	工作任务	负责单位	时间进度	备注
12	支持社区开展老年文化体育娱乐活动	民政厅、省文明办、文化厅、省体育局、省老龄办和各市（州）人民政府	持续实施	国家持续实施
13	支持社会力量发展养老服务业；鼓励民间资本整合和改造企业厂房、商业设施及其他社会资源用于养老服务，举办规模化、连锁化养老机构	民政厅会同有关部门和各市（州）人民政府	2014 年三季度出台具体措施	国家 2014 年二季度出台具体措施
14	在资本金、场地、人员等方面，进一步降低社会力量举办养老机构的门槛	民政厅、住房城乡建设厅、商务厅、省工商局、省国税局、省发展改革委、人力资源社会保障厅、省法制办和各市（州）人民政府	2014 年一季度出台具体措施	国家 2013 年四季度出台具体措施
15	发挥公办养老机构托底作用，重点为城乡“三无”老人、低收入老人、失独老人、经济困难的失能半失能老人提供无偿或低收费的供养、护理服务	民政厅、财政厅和各市（州）人民政府	持续实施	国家持续实施
16	鼓励民间资本通过公建民营、委托管理等方式运营公有产权的养老服务设施	民政厅、省发展改革委、财政厅和各市（州）人民政府	2014 年二季度出台具体措施	国家 2014 年一季度出台具体措施
17	支持有条件的养老机构设置医疗机构，符合条件的可申请纳入城镇职工（居民）基本医疗保险和新型农村合作医疗定点范围	卫生厅、人力资源社会保障厅、民政厅	持续实施	国家持续实施
18	加快推进面向养老机构的远程医疗服务试点	卫生厅、民政厅、省发展改革委	2014 年一季度启动试点工作	国家 2013 年年底前启动试点工作
19	建立医疗机构与养老机构的协作机制。建立社区医院与老年人家庭医疗契约服务关系。有条件的二级以上综合医院应开设老年病科。鼓励医疗机构转型或增设老年护理机构。支持社会力量举办护理院、康复医院和提供临终关怀服务的医疗机构	卫生厅、民政厅、住房城乡建设厅、商务厅	2014 年一季度出台具体措施	国家 2013 年年底前出台具体措施
20	支持企业开发康复辅具、食品药品、服装服饰等老年产品，引导商业机构设立老年用品专区	民政厅、商务厅、省食品药品监管局、省老龄办	2014 年二季度出台具体措施	国家 2014 年一季度出台具体措施
21	鼓励发展养老服务中小企业，扶持发展龙头企业，形成养老服务产业集群	省发展改革委、民政厅、商务厅、省经济和信息化委、人力资源社会保障厅、省国资委、省老龄办和各市（州）人民政府	2014 年二季度出台具体措施	国家 2014 年一季度出台具体措施

续表

序号	工作任务	负责单位	时间进度	备注
22	健全市场规范和行业标准，确保养老服务和产品质量，营造安全、便利、诚信的消费环境	民政厅、商务厅、省老龄办会同有关部门	2014年一季度底前启动实施	国家2013年年底前启动实施
二、政策措施部分				
23	各级政府要加大投入，安排财政性资金支持养老服务体系建设	省发展改革委、财政厅、商务厅和各市（州）人民政府	2014年一季度出台具体措施	国家2013年年底前出台具体措施
24	将国家有关促进服务业发展的金融政策落实到养老服务业，拓宽信贷抵押担保物范围，积极利用财政贴息、小额贷款等方式，加大对养老服务业的有效信贷投入	人行成都分行、四川银监局、财政厅、民政厅、省老龄办	2014年二季度出台具体措施	国家2014年一季度出台具体措施
25	加强养老服务机构信用体系建设	人行成都分行、民政厅、省老龄办、省发展改革委、商务厅	2014年二季度出台具体措施	国家2014年一季度出台具体措施
26	鼓励保险资金投资养老服务领域。鼓励保险公司承保养老机构责任保险	四川保监局、民政厅、省老龄办	2014年按国家统一安排出台具体措施	国家2014年一季度出台具体措施
27	扶持中小企业发展资金要支持养老服务业企业	省发展改革委、商务厅、省经济和信息化委、民政厅和各市（州）人民政府	2014年二季度出台具体措施	
28	政府债券应统筹考虑养老服务需求，积极支持养老服务设施建设及无障碍改造	财政厅、民政厅、住房城乡建设厅、省残联、省老龄办	2014年二季度出台具体措施	
29	各地要将各类养老服务设施建设用地纳入城镇土地利用总体规划和年度用地计划，根据新建养老床位的工作目标和年度任务，按照养老床位建设标准和建设规模确定养老机构建设用地指标，在年度用地计划中优先安排保障养老机构建设用地，切实保障养老床位建设年度目标任务所需用地。民办的非营利性养老机构与公办的养老机构享有相同的土地使用政策，符合国家划拨用地目录的，可使用国有划拨土地；符合农村集体建设用地流转规定的，可使用集体建设用地。乡（镇）、村非营利性养老机构的建设用地，可使用集体建设用地。营利性养老机构建设用地按照国家规定优先保障供应，可采取招标等方式合理控制地价，降低养老机构建设成本	国土资源厅、农业厅、民政厅、省老龄办和各市（州）人民政府	2014年一季度出台具体措施	国家2013年年底前出台具体措施
30	对养老机构提供的养护服务免征营业税，对非营利性养老机构自用房产、土地免征房产税、城镇土地使用税，对符合条件的非营利性养老机构按规定免征企业所得税。对企事业单位、社会团体和个人向非营利性养老机构的捐赠，符合相关规定的，准予在计算其应纳税所得额时按税法规定比例扣除	财政厅、省国税局、省地税局	持续实施	国家持续实施

续表

序号	工作任务	负责单位	时间进度	备注
31	对非营利性养老机构建设免征有关行政事业性收费；对营利性养老机构建设，减半征收。对养老机构提供养老服务，减半征收有关行政事业性收费	财政厅、省发展改革委	2014 年二季度出台具体措施	国家 2014 年一季度出台具体措施
32	养老机构用电、用水、用气，按居民生活类价格执行	省发展改革委和各市（州）人民政府	2014 年二季度出台具体措施	国家 2014 年一季度出台具体措施
33	境内外资本举办养老机构享有同等的税收优惠政策	财政厅、省发展改革委、省国税局、省地税局、商务厅、民政厅、省老龄办	持续实施	国家持续实施
34	加快建立养老服务评估机制，建立健全经济困难的高龄、失能等老年人补贴制度	财政厅、民政厅、省老龄办和各市（州）人民政府	2014 年二季度出台具体措施	国家 2014 年一季度出台具体措施
35	各级福利彩票公益金，要将 50%以上的资金用于发展养老服务业	民政厅、财政厅	2014 年一季度出台具体措施	国家 2013 年年底前出台具体措施
36	制定政府向社会力量购买养老服务的政策措施	财政厅、省发展改革委、民政厅、省老龄办	2014 年二季度出台具体措施	国家 2014 年一季度出台具体措施
37	高等院校和中等职业学校要增设养老服务相关专业和课程，对就读中等职业学校养老服务专业的学生免收学费，鼓励毕业生从事养老服务工作	教育厅、人力资源社会保障厅、卫生厅、民政厅、省老龄办	2014 年一季度出台具体措施	国家 2013 年年底前出台具体措施
38	把养老服务技能培训纳入城乡就业培训范围，落实职业培训补贴政策，在养老机构和社区开发公益性岗位，吸纳农村转移劳动力、城镇就业困难人员等从事养老服务，按规定落实岗位补贴和社保补贴	人力资源社会保障厅、财政厅、民政厅	2014 年二季度启动实施	国家 2014 年一季度启动实施
39	支持社会力量举办养老服务培训机构，依托院校和养老机构建立养老服务实训基地，加快省级养老实训示范基地建设	教育厅、民政厅、省发展改革委、财政厅、人力资源社会保障厅、省老龄办	2014 年一季度启动实施	国家 2013 年四季度启动实施
40	对在养老机构就业的专业技术人员，执行与医疗机构、福利机构相同的执业资格、注册考核政策	人力资源社会保障厅、卫生厅、民政厅、省老龄办	2014 年一季度启动实施	国家 2013 年年底前启动实施
41	培育发展为老服务公益慈善组织和志愿组织，建立为老志愿服务登记制度	民政厅、省老龄办、省文明办、团省委	2014 年一季度出台具体措施	国家 2013 年年底前出台具体措施
三、组织领导部分				
42	建立养老服务业统计制度	民政厅、省工商局、省统计局	2014 年一季度出台具体措施	国家 2013 年年底前出台具体措施
43	加强督促检查	省发展改革委、民政厅、省老龄办	逐年落实	逐年落实

云南省人民政府关于加快发展养老服务业的实施意见

云政发〔2014〕64号

为贯彻落实《国务院关于加快发展养老服务业的若干意见》（国发〔2013〕35号），加快推进全省养老服务业发展，现提出如下实施意见：

一、总体目标要求

坚持政府主导引领、深化体制改革、健全保障制度、突出保障基本、注重统筹发展、培育繁荣市场、强化监督管理的基本原则，到2020年，努力建成以居家为基础、社区为依托、机构为支撑，功能完善、规模适度、覆盖城乡的养老服务体系。居家养老服务实现全覆盖，养老服务设施和站点覆盖所有城市社区、90%以上的乡镇和60%以上的农村社区。全省社会养老床位数达21万张以上，每千名老年人拥有养老床位35张以上。社会力量成为养老服务供给主体，养老服务业增加值在服务业中的比例显著提升，提供就业岗位20万个以上。养老服务业政策法规体系、投融资保障体系、人才培养体系、标准评价体系、管理监督体系更加完善。

二、主要工作任务

（一）建立健全基本养老服务制度。对城市“三无”（无劳动能力、无生活来源、无赡养人和扶养人或者其赡养人和扶养人确无赡养和扶养能力）老人、农村五保老人，实施政府供养或特困人员救助。完善基本养老、基本医疗、社会救助保障等政策，建立与城乡居民消费指数联动的保障标准自然增长机制，不断提高老年人基本保障水平。在建设、分配保障性住房或危旧房屋改造时，优先照顾符合条件的老年人。

（二）加强社区服务设施建设。大力加强社区养老服务设施建设，各地在制定城市总体规划、控制性详细规划时，必须按照人均用地不少于0.1平方米的标准，分区分级规划设置养老服务设施。凡新建城区和新建居住（小）区要按照标准要求配套建设养老服务设施用房，将其列入土地出让合同，开发商与养老设施用房同步规划、同步建设、同步验收、同步移交县级民政部门统一调配使用；养老服务设施用房应位于适宜老年人活动的低层，多期开发的应在首期建设养老服务设施用房。老城区和已建成居住（小）区，由县级政府通过购置、置换、补助、租赁等方式完成养老服务设施用房建设。要按照无障碍设施工程建设有关标准和规范，推动和扶持社区无障碍环境改造。

（三）大力发展居家养老服务。加强居家养老服务机构（中心）建设。通过制定扶持政策措施，积极培育居家养老服务企业和机构，开展日间照料、康复护理、文体教育、心理辅导、精神慰藉、辅具配置、紧急援助、法律帮助等服务。鼓励社会组织、家政、物业等企业、机构和社会工作者、志愿者队伍为居家老年人提供助餐、助浴、助洁、助行、助医、助急、代购、代缴等上门服务。依托规模较大的信息技术公司、家政（便民）信息服务平台、家政服务公司、养老机构和社区服务中心，建设社区居家养老服务信息网络和服务平台。符合民办非企业单位登记条件的居家养老服务机构（中心），应当办理法人登记；不具备条件的，可通过社会组织备案方式进行备案管理。各部门各单位设在街道、乡镇和社区的各类具有为老年人服务功能的公共服务设施要向老年人开放，发展老年人文体娱乐服务，满足老年人健康养老服务需求。

（四）积极推进养老机构建设。各级政府和滇中产业新区管委会要将公办养老机构建设纳入当地社会公益设施基本建设计划，加大政府支持养护型和医护型养老机构建设力度。凡新建、改扩建的公办养老机构，其护理床位数不少于50%，重点为城镇“三无”老人、农村五保老人、经济困难的失能、半失能老人提供无偿或低收费的供养、护理服务。整合、利用好闲置的公共资源，发挥公办养老机构托底保障作用。各地要积极稳妥地推进公办养老机构改革，采取公建民营、参股合作和奖励补助等方式，探索市场化运作路子。鼓励民间资本通过委托管理等方式，运营公有产权的养老服务设施。

（五）切实加强农村养老服务。统筹农村公共服务设施建设，将养老服务设施作为重点建设项目。坚持区域布局、科学安排，继续大力发展适度规模的片区性乡镇中心敬老院，在满足农村五保对象供养需求的前提下，支持五保供养机构改善设施条件并向社会开放。落实好农村敬老院的事业单位法人登记工作，在确保农村敬老院有人管理、有钱运转的基础上，不断提高运营效益，增强护理功能，使之成为区域性养老服务中心，全省集中供养率接近全国平均水平。依托行政村、较大自然村，充分利用农家大院、农村医疗服务等设施，建设农村居家养老服务中心、托老所、老年活动中心（站）、农村幸福院等互助性养老服务设施，接纳周边村寨散居老年人，更好地为农村老年人服务，夯实农村养老基础。鼓励将未承包的集体所有的部分土地、山林、水面、滩涂等作为养老资源，收益供养老使用。要完善农村养老服务托底的政策措施，将所有农村“三无”老人全部纳入五保供养范围，适时提高五保供养标准，健全五保供养机构功能。充分发挥村民自治组织和老年协会的作用，组织开展邻里互助、志愿服务等活动，确保农村老年人老有所养、老有所乐。

（六）引导社会力量投资养老服务。降低门槛，简化程序，大力引导社会力量进入养老服务领域。鼓励社会力量兴办规模化、连锁化、便捷型养老机构；鼓励社会资本对企业厂房、商业设施及其他可利用的社会资源进行整合改造，用于养老服务；鼓励个人举办家庭式、小型化养老机构；鼓励境外资本开设养老服务组织和机构。将社会资本投资建设养老服务项目纳入政府财政有关专项支持范围并给予重点关注，社会资本投资建设养老服务机构享受当地给予的运营补贴和国家支持养老服务业发展的税费优惠政策。境内外资本举办养老服务组织和机构享受同等优惠政策。2015—2017年，对用自建产权用房新办民营养老机构、用租赁用房新办民营养老机构且租期5年以上的，每张床位分别给予一次性建设补助10000元、5000元。省补助50%，每年安排补助资金5000万元（省财政每年预算安排专项补助资金3000万元，省民政厅筹集、调整资金2000万元），其余50%由州、市、县、区承担。

（七）努力推进医养结合。支持有条件的养老机构申请内设医疗机构；鼓励社会资本投入兴办医养型养老服务机构；充分利用现有医疗资源，按照就近就便原则，鼓励城乡社区卫生服务机构、乡镇卫生院、医院等医疗卫生机构与养老服务机构签订医疗合作协议，由协议医疗机构为养老服务机构提供基本医疗、建立老年人健康档案、护理培训等服务；探索社区卫生服务机构、乡镇卫生院与老年人家庭的契约服务路子，开展诊疗、保健咨询等服务；有条件的二级以上综合医院应当开设老年病床、开通养老机构与医疗机构的预约就诊绿色通道、开展远程医疗服务。完善医保报销制度，将符合城镇职工（居民）基本医疗保险和新型农村合作医疗定点条件的老年病医院和养老机构内设的医疗机构纳入报销定点单位，参保老年人因疾病产生的医疗费用，纳入医保结算，按照规定享受相应待遇。探索建立老年人长期护理保障制度。

（八）促进养老服务产业发展。充分利用云南区位、气候、环境、民族文化、旅游及生物资源等优势，围绕国际、国内高端养老服务需求，开发打造一批特色养老服务机构；围绕景区建设，开发一批公寓式康体休闲养老机构；围绕发展区域经济，建设一批特色鲜明、辐射面广的养老服务基地；围绕老年人衣、食、住、行、医及文化娱乐等需要，开发老年用品和服务。引进一批有实力的企业（财团），充分利用生物医药资源，研发老年健康保健产品。引导和规范商业银行、保险公司、证券公司等金融机构开发适合老年人的理财、信贷、保险等产品。积极参加、自主举办老年产品会展、组织推介服务等活动，促进养老产业发展。

（九）培育养老服务社会组织和机构。培育一批促进养老服务业发展的行业协会、联盟、商会、科研、慈善、法律援助等社会组织和中介机构。鼓励基层老年协会通过登记或备案等方式，为其获得捐赠、开展有偿服务、解决各类纠纷等提供法律保障和便利条件。加大政府职能转移和购买养老服务类社会组织服务力度，将养老服务机构（企业）作为承接政府购买社会服务的重要主体。鼓励基层群众自治组织开展居家养老互助服务。支持老年群众组织开展自我管理、自我服务和服务社会活动。鼓励社会服务窗口行业开展“敬老文明号”创建活动。

（十）加快养老服务人才队伍建设。支持高等院校和中等职业学校增设养老服务相关专业和课程，重点培养老年医学、康复、护理、营养、心理和社会工作等方面专业人才。采取政府购买服务、保障从业人员待遇、改善工作条件等方式，鼓励吸引大专院校、中等职业技术学校养老服务与管理等专业的毕业生在养老服务机构就业。各州、市、县、区有关部门要适时发布养老护理员工资指导价位，逐步提高养老护理员工资待遇。把养老护理人员职业技能纳入城乡就业培训范围，对符合条件的参加养老护理职业培训和职业技能鉴定的人员给予适当补贴。各县、市、区要采取多种方式，为公办居家养老服务中心配备必要的养老护理人员。对在养老机构、养老服务企业就业的技术人员，执行与医疗机构、福利机构相同的执业资格、注册考核政策，民办养老机构和养老服务企业在技术职称评定、继续教育、职业技能培训等方面与公办养老机构享受同等待遇。在政府设置的公益性岗位中优先配备养老机构人员。积极推进为老年人服务志愿者队伍建设，加强志愿服务管理。

三、完善政策措施

（一）土地供应政策。各地要将各类养老服务设施建设用地纳入城镇土地利用总体规划和年度用地计划，合理安排用地需求。各类养老服务设施建设用地选址时须符合土地利用总体规划，依据新建养老床位的工作目标和年度任务，按照床位标准和建设规模确定养老机构用地规模，在年度用地计划中优先安排和保障。民办的非营利性养老机构与公办的养老机构享有相同的土地使用政策，符合国家划拨用地目录范畴的，可以划拨方式办理；符合农村集体建设用地流转规定的，可使用集体建设用地。乡镇（村）兴办的养老服务建设用地，优先使用集体建设用地，涉及使用农用地的，按照农村公益用地办理农用地转用审批手续。鼓励社会资本参与养老服务设施建设，用地可采取租赁、协议出让、招标出让等方式办理。严禁将养老设施用地变相作为商业地产开发。

（二）财政支持政策。各地要建立社会养老服务体系建设专项资金，加大对公办养老机构的投入力度；采取政府购买服务等多种方式解决公办养老机构的维护资金、工作人员薪酬和日常工作经费；制定建设、运营补贴和收费减免等优惠政策，引导和支持社会力量参与养老服务设施建设。对用自建产权用房、租赁用房新办民营养老机构的，给予建设补助，州、市、县、区财政要安排专项资金用于民办养老机构的床位运营补贴。公建民营养老机构享受民办养老服务机构的床位运营补贴。各地要加快建立养老服务评估机制，探索建立失能、半失能困难老年人长期护理服务补贴制度，完善对特困老年人养老服务补贴制度，尽快组织补贴试点及推广工作。

（三）税费优惠政策。落实好国家现行支持养老服务业的税收优惠政策，对养老机构提供的养护服务免征营业税，对非营利养老机构自用房产、土地免征房产税、城镇土地使用税，对符合条件的非营利性养老机构按照规定免征企业所得税。对企事业单位、社会团体和个人向非营利性养老机构的捐赠，按照规定准予在计算其应纳税所得额时按照税法规定比例扣除。经工商部门登记的符合条件的养老服务组织和机构可享受中小企业、小型微利企业和家庭服务业等税费优惠政策。各类养老服务机构免收有线电视入网费、安装费，有线电视收视维护费按照不高于所在地居民用户主终端的收费标准给予适当优惠。非营利性养老机构免征房屋所有权登记费、防洪费、无害化净化池工程材料费、征地管理费、水土保持设施补偿费、城市基础设施配套费、防空地下室易地建设费，排放污染物经环境保护部门核准达标后免收环境监测服务费、排污费。凡省内登记的失业人员、残疾人、退役军人以及普通高校毕业生创办养老服务机构的，享受有关优惠政策。养老机构生活用电、用水、用气、用热全部按照居民生活类阶梯价格第一档价格标准执行，使用固定电话、宽带互联网费用按照家庭住宅价格执行。

（四）投融资政策。各级人民政府和滇中产业新区管委会用于社会福利事业的彩票公益金，50％以上用于支持发展养老服务业，并随着老年人口的增加逐步提高投入比例。利用财政贴息、小额贷款、投入资本金、融资担保和风险补偿等方式，鼓励支持信贷资金和社会资金投向养老服务业。各地在发行地方债券时应将养老服务列入重点支持范围。针对不同类型的养老机构投融资需求，积极引导金融机构创新金融产品和服务方式，拓宽信贷抵押担保物范围，对利用自有房产、土地开办养老服务的机构，可通过房产、土地抵押等贷款合理融资；探索利用租用土地和房产开办养老服务机构的租金贷款等产品；探索利用金融保险和社会组织资金发展养老服务产业。对符合劳动密集型小企业条件的养老服务机构，申请小额担保贷款按规定给予贷款贴息。

四、加强组织领导

（一）健全机制，形成合力。各级人民政府和滇中产业新区管委会要加强对发展养老服务业的组织领导，将养老服务业发展纳入国民经济和社会发展规划，列为服务业和民生建设重点发展领域，建立健全推进发展养老服务业工作协调机制，切实履行统筹规划、政策扶持、资金引导、监督管理等职责，定期分析养老服务业发展的形势和存在问题，研究推进养老服务业加快发展的各项政策措施。有关部门要各司其职、齐抓共管，认真落实养老服务业发展的有关任务要求，整体推进养老服务业发展。

（二）推进改革，创新发展。加快发展养老服务业要坚持改革创新。在财政、金融、用地、税费、人才、技术及服务模式等方面进行探索创新。利用我省环境气候优势、旅游资源优势、生物医药优势，研发新技术、开发新产品，创新发展养老产业；将现代信息技术和平台运用于养老服务业，为老年人提供优质高效的服务。

（三）强化监管，规范服务。民政部门要健全养老服务的准入、退出、监管制度，严格落实规定，督促指导养老机构完善管理规范、改善服务质量；价格主管部门要探索建立科学合理的养老服务定价机制，依法确定适用政府定价和政府指导价的范围；有关部门要建立完善养老服务业统计制度。有关部门要依据有关制度和工作职责，加强对养老服务业实施监督管理。积极培育和发展养老服务行业协会，发挥行业自律作用，提升养老服务的质量和水平。

（四）加强检查，严格责任。各级政府、滇中产业新区管委会和有关部门要严格落实责任制，加强监督检查，抓好贯彻落实。省直有关部门要根据主要任务分工和自身职能，尽快制定具体政策措施；各州、市、县、区和滇中产业新区要制定加快发展养老服务业实施规划。省发展改革委、民政厅、老龄办等职能部门要加强对实施意见执行情况的监督检查，确保责任到位、任务落实。

2014 年 12 月 3 日

宁夏回族自治区人民政府关于加快发展养老服务业的实施意见

宁政发〔2014〕44 号

各市、县（区）人民政府，自治区政府各部门、直属机构：

为认真贯彻落实《国务院关于加快发展养老服务业的若干意见》（国发〔2013〕35 号）和《中共宁夏回族自治区委员会关于深化改革推动经济社会发展若干问题的决定》（宁党发〔2013〕66 号），积极应对人口老龄化，加快我区养老服务业发展，特提出如下意见：

一、总体要求和发展目标

（一）指导思想。深入贯彻落实党的十八大和十八届三中全会精神，以不断满足老年人日益增长的养老服务需求为出发点和落脚点，坚持从区情出发，充分发挥政府作用，着力创新体制机制，激发社会活力，充分发挥社会力量的主体作用，健全养老服务体系，满足多层次、多样化的养老服务需求，努力使养老服务业成为积极应对人口老龄化、保障和改善民生的重要举措，成为扩大内需、增加就业、促进服务业发展、推动经济转型升级的重要力量。

（二）基本原则。坚持深化改革。加快转变政府职能，减少行政干预，加大政策支持和引导力度，激发各类服务主体活力，创新服务供给方式，加强监督管理，提高服务质量和效率。

坚持保障基本。以政府为主导，发挥社会力量作用，着力保障特殊困难老年人的养老服务需求，确保人人享有基本养老服务。加大对基层和农村养老服务的投入，充分发挥社区基层组织和服务机构在居家养老服务中的重要作用。支持家庭、个人承担应尽责任。

坚持统筹发展。统筹发展居家养老、社区照料、机构养老和其他多种形式的养老，实行普遍性服务和个性化服务相结合。统筹城市和农村养老资源，促进基本养老服务均衡发展。统筹利用各种资源，促进养老服务与医疗、家政、保险、教育、健身、旅游等相关领域的互动发展。

坚持市场机制。充分发挥市场在资源配置中的决定性作用，逐步使社会力量成为发展养老服务业的主体，营造平等参与、公平竞争的市场环境，大力发展养老服务业，提供方便可及、价格合理的各类养老服务和产品，满足养老服务多样化、多层次需求。

（三）发展目标。到 2020 年，养老服务业政策法规体系建立健全，行业标准科学规范，监管机制更加完善，服务质量明显提高，以居家为基础、社区为依托、机构为支撑、信息为辅助，功能完善、规模适度、覆盖城乡的社会养老服务体系全面建成。

服务网络更加健全。生活照料、医疗护理、精神慰藉和紧急救援等养老服务覆盖城乡所有老年人。符合标准的社区日间照料中心、老年人活动中心等服务设施覆盖 100％的城镇社区、60％以上的农村社区，养老床位达到 4 万张以上，其中民办养老服务机构床位数达到 50％以上，每千名老年人拥有养老床位 35 张以上，养老护理员岗前培训率达到 100％、持证上岗率达到 80％以上，养老服务信息管理系统实现五级互联互通，居家呼叫服务和应急救援服务信息网络实现城乡全覆盖。

基本服务全面保障。加大对养老服务的投入，统筹城乡、区域养老资源，促进基本养老服务均衡发展。建立健全经济困难老年人养老服务补贴制度，着力保障困难老年人的养老服务需求，确保人人享有基本养老服务。

产业规模显著扩大。以老年生活照料、老年产品用品、老年健康服务、老年体育健身、老年文化娱乐、老年金融服务、老年旅游等为主的养老服务业全面发展，养老服务业增加值在服务业中的比重显著提升。培育一批提供养老服务的企业，打造一批养老服务知名品牌。

发展环境更加优化。建立养老服务准入、退出和监管机制，规范行业标准，健全养老服务业政策法规体系。鼓励企业、社会组织和个人积极参与养老服务业发展。广泛开展志愿服务，进一步弘扬敬老、养老、助老的优良传统。

体制机制充满活力。进一步转变政府职能，切实做到服务及时、监管有力。不断加大政策扶持和引导力度，充分调动企业、社会组织、个人和其他社会力量开展养老服务的积极性。

二、主要任务

（一）统筹发展城镇养老服务设施。各地在制定城市总体规划、控制性详细规划时，要按照人均用地不少于0.1平方米的标准，分区分级规划建设养老服务用房和设施。新建城区和新建居住（小）区，要根据规划要求和建设标准，配套建设养老服务设施，并与住宅同步规划、同步建设、同步验收、同步交付使用。老城区和已建成居住（小）区无养老服务设施或现有设施没有达到规划和建设指标要求的，要限期通过购置、置换、租赁等方式建设养老服务设施。充分发挥社区公共服务设施的功能，支持和引导各类社会主体参与社区综合服务设施建设、运营和管理，提供养老服务。推动和扶持老年人家庭无障碍设施改造，加快推进道路、楼宇等与老年人日常生活密切相关的公共设施改造。

（二）大力发展社区居家养老服务。按照就近就便、小型多样、功能配套的要求，对社区公共服务设施进行改造，大力推进城镇社区居家养老服务中心（站）建设，做到有人员、有场地、有经费、有服务项目。在社区居家养老服务中心（站），安排1名—2名由政府购买的公益性岗位人员，专职从事养老服务工作。要制定扶持政策，积极培育居家养老服务企业和机构，上门为居家老年人提供助餐、助浴、助洁、助急、助医等定制服务；采取协议加盟的方式，将社区周边的服务网点纳入养老服务业发展之中，为居家老年人提供规范化、个性化服务。支持社区引入社会组织和家政、物业等企业，兴办或运营老年供餐、社区日间照料、老年活动中心等形式多样的养老服务项目。开展养老服务示范社区创建活动，营造良好的养老服务环境。到2015年，全区80%以上的城镇社区建有居家养老服务设施；到2017年，全区城镇社区居家养老服务设施建设实现全覆盖。

（三）加强农村养老服务设施建设。要结合“美丽乡村”建设，依托行政村、较大自然村，充分利用农村闲置房屋，采取政府、集体、社会和个人出资的办法，建立小型老年居住生活区、小型托老所和农村幸福院等互助式养老服务设施。加大公共财政投入力度，采取新建、扩建、改造、购置和资源整合等措施，加强区域性中心敬老院建设，完善五保供养机构托底功能，在确保五保供养对象生活的前提下，拓展服务领域，为农村居家老人，特别是空巢老人、留守老人提供服务。积极稳妥地推进农村五保供养机构改革，通过公建民营等方式，转给社会组织、企业或有能力的个人运营。鼓励城市资金、资产和资源投向农村养老服务。要充分发挥村民自治功能和老年协会作用，督促家庭成员承担赡养责任。组织开展邻里互助、志愿服务，切实解决农村老年人的实际生活困难。到2015年，50%以上的行政村建立老年幸福院，五保集中供养率达到70%以上；到2017年，60%以上的行政村建立老年幸福院，五保集中供养率达到80%以上。

（四）办好公办保障性养老服务机构。公办养老服务机构要充分发挥托底作用，重点为“三无”老人、低收入老人、经济困难的失能半失能老人提供无偿或低收费的供养、护理服务，并充分发挥其示范引领、专业培训、品牌输出作用。加强护理型养老服务机构建设，支持有条件的医疗机构参与养老服务，为老年人提供护理、康复、保健等服务。公办养老服务机构要经济实用，避免铺张浪费。有条件的地区要积极稳妥地把专门面向社会提供经营性服务的公办养老服务机构转制成为企业或社会组织，完善法人治理结构。政府举办的尤其是新建的养老服务机构，应逐步通过公建民营等方式管理运营，鼓励民间资本通过委托管理等方式，运营公有产权的养老服务设施。开展养老服务项目和设施安全标准化建设，不断提高服务水平。

（五）鼓励支持社会力量参与养老服务。健全完善建设资金补贴、税费优惠、政府购买服务等扶持政策，鼓励支持社会力量举办多种形式的养老服务机构，培育多种服务方式和不同收费水平的服务行业供给主体，满足不同层次、不同类型的养老服务需求。采取政府补助、购买服务、评估认证等方式，鼓励社会力量在城镇社区举办老年人日间照料中心、托老所、老年之家、老年活动中心等养老服务设施，支持社区养老服务网点连锁发展、扩大布点，提高社区养老服务的可及性。支持社会力量参与发展老年生活服务、医疗康复、饮食服装、营养保健、休闲旅游、文化传媒、金融和房地产等养老产业。鼓励社会力量举办的养老服务机构接收安置政府供养对象，政府按照规定标准拨付相关生活、医疗、照料等费用。

（六）推进医疗卫生和养老服务融合发展。支持有条件的养老服务机构设置医疗机构，促进医疗卫生资源进入养老服务机构、社区和居民家庭；有条件的二级以上综合医院应当开设老年病科，增加老年病床，做好老年慢病防治和康复护理。鼓励社区卫生服务机构与养老服务机构合作，签订医疗服务合作协议，促进社区卫生和社区养老资源融合发展。医疗机构、社区卫生服务机构应当为老年人建立健康档案，建立社区卫生服务机构与老年人家庭医疗契约服务关系，开展上门诊视、健康查体、保健咨询等服务。

（七）切实提高养老服务信息化水平。支持企业和机构运用互联网、物联网等技术手段创新居家养老服务模式，发展老年电子商务，开发老年家庭医疗监测和传感系统，为老年人提供紧急呼叫、家政预约、健康咨询、物品代购、服务缴费等适合老年人的服务项目。加快推进智能化社区养老服务信息平台建设，自治区财政和福彩公益金每年各安排100万元，各市、县（区）根据建设进度和建设规模，一次性安排资金100万元，构建自治区、市、县（区）、乡镇（街道）、村（社区）五级养老服务信息网络，为老年人提供快速、便捷、优质的服务。到2017年，基本形成上下贯通、覆盖全区的养老服务信息网络。

（八）培育发展养老服务社会组织。各地要按照《国务院办公厅关于向社会力量购买服务的指导意见》（国办发〔2013〕96号）精神，加大政府购买服务力度，加快制定政府向社会组织购买生活照料、康复护理、辅具配置、法律服务等养老服务的具体政策。积极培育发展为老服务公益慈善组织，支持其参与养老服务机构建设、养老产品开发、养老服务提供等。支持基层群众性自治组织开展居家养老互助服务。

（九）加快养老服务制度体系建设。建立健全养老服务准入、监管、退出制度，促进养老服务业健康有序发展。制定社会养老服务评估办法，实行等级评定。完善居家养老服务中心（站）建设标准和指标评估体系。积极探索养老服务标准化管理体系，认真执行养老服务设施建设标准，健全完善老年人服务基本规范，进一步细化生活照料、康复护理、医疗保健、心理关爱等各项具体服务项目的内容和标准，规范养老服务行为。完善养老服务统计制度，建立健全养老服务发展评价与监测指标体系，科学、准确、及时地反映养老服务发展状况。加强对养老服务机构入住对象资格审查和公办养老服务机构财政专项资金使用、民办养老服务机构财政补助条件的评估、评审和检查，确保资金使用效益。

（十）培养专业养老服务人员。引导和鼓励中等职业学校和民办职业技能培训机构，加快培养老年服务管理、医疗保健、护理康复、营养调配、心理咨询等专业人才，鼓励大专院校对口专业毕业生从事养老服务工作，支持社会资本创办养老服务培训机构。依托院校、养老服务机构和医院建立养老服务实训基地。加强老年护理人员专业培训，养老服务机构从业人员培训纳入自治区培训计划。养老服务机构要按比例配备护理人员，护理员与失能失智老人的比例原则上不低于1∶3，与自理老人的比例不低于1∶10。到2015年，养老护理员岗前培训率达到50%、持证上岗率达到40%以上。到2017年，养老护理员岗前培训率达到80%、持证上岗率达到60%以上。

三、政策措施

（一）加大对公办养老服务机构投入。各级人民政府要将养老服务机构建设纳入当地国民经济和社会发展规划，并随着经济发展和社会进步，逐步加大对公办养老服务机构的投入，建立逐年增加的财政保障机制和彩票公益金投入机制。自治区财政每年统筹安排一定资金，用于公办养老服务机构建设，各市、县（区）也要积极创造条件，加大公共财政投入力度；自治区本级福彩公益金的50%以上要用于支持发展养老服务业。公办养老服务机构的正常运营费用列入财政预算。在满足城乡“三无”老人入住的前提下，鼓励公办养老服务机构利用闲置床位提供社会养老服务。

（二）支持社会力量举办养老服务机构。对按养老服务设施相关标准建设并取得养老服务机构设立许可证和民办非企业单位证书的非营利性民办养老服务机构，用房自建并投入使用的，按照核定的床位数给予每张床位8000元的一次性开办补助，其中自治区财政预算内资金和区本级福彩公益金各承担3000元，县（市）财政承担2000元，市辖区由地级市和辖区财政各承担1000元。租用房且租期5年（含）以上的，按照核定的床位数给予每张床位5000元的一次性开办补助，其中自治区财政预算内资金和区本级彩票公益金各承担2000元，县（市）财政承担1000元，市辖区由地级市和辖区财政各承担500元，分3年给予补助。民办和公建民营的养老服务机构按入住满一个月以上的老年人实际占用床位数计算全年平均数，每年由所在地市、县（区）财政给予每张床位

1800元的运营补贴，补助期限5年。民办养老服务机构安置“三无”老人的，由各级民政部门按供养标准将供养费用全额转入民办养老服务机构，不足部分由当地财政给予补助。

（三）建立和完善居家养老服务补贴制度。对按规划和标准新建的社区居家养老服务中心（站），经考核验收合格，由自治区和各市、县（区）通过“以奖代补”的形式，给予建设补助；年正常开放260天以上的，由市、县（区）每年给予运营补助，具体标准由市、县（区）政府确定。鼓励有条件的市、县（区）设立居家养老服务专项经费，为具有本地户籍的“三无”老人，低收入的高龄、独居、失能等困难老年人提供政府购买服务。

（四）建立失能老人护理补贴制度。按照统筹城乡发展，坚持因地制宜、尽力而为与量力而行的原则，建立与我区经济社会发展水平相适应的失能失智老人护理补贴制度，让失能老人共享经济社会发展成果，提高其生活质量，让其有尊严、体面地安享晚年生活。

（五）完善投融资政策。金融机构要加大对养老服务业的有效信贷支持，拓宽信贷抵押担保物范围，合理确定贷款期限，适当给予利率优惠。创新养老服务信贷产品，支持非营利性养老服务机构资产抵押贷款和优质企业信用贷款。加强养老服务机构信用体系建设，增强对信贷资金和民间资本的吸引力。逐步放宽限制，鼓励和支持保险资金投资养老服务领域。开展老年人住房反向抵押养老保险试点。

（六）完善土地供应政策。各类养老服务设施建设用地应当符合城镇土地利用总体规划，并纳入年度利用计划。各地要合理安排用地需要，可将闲置的公益性用地调整为养老服务用地。民间资本举办的非营利性养老服务机构与政府举办的养老服务机构享有相同的土地使用政策，可以依法使用国有划拨土地或者农民集体所有的土地。对营利性养老服务机构建设用地，按照国家对经营性用地依法办理有偿用地手续的规定，优先保障供应，并制定支持发展养老服务业的土地政策。严禁养老设施建设用地改变用途、容积率等土地使用条件搞房地产开发。

（七）完善税费优惠政策。落实国家现行支持养老服务业的税收优惠政策，对养老服务机构提供的养护服务免征营业税，对非营利性养老服务机构自用房产、土地、车船免征房产税、城镇土地使用税、车船使用税，对符合条件的非营利性养老服务机构按规定免征企业所得税。对企事业单位、社会团体和个人向非营利性养老服务机构的捐赠，符合相关规定的，准予在计算其应纳税所得额时按税法规定比例扣除。各地对养老服务机构建设要免征有关行政事业性收费，对养老服务机构提供养老服务也要适当减免行政事业性收费，养老服务机构用电、用水、用气、用热按居民生活类价格执行。境内外资本举办养老服务机构享有同等的税收等优惠政策。

（八）建立专业技术人员激励制度。建立养老服务机构。管理人员和护理员岗前培训、持证上岗和从业人员职业资格认证制度，工资待遇与专业技能等级、从业年限挂钩制度。对符合条件的参加养老护理职业技能培训和职业技能鉴定且取得培训合格证或国家职业资格证书的从业人员，按规定给予相关补贴。在养老服务机构就业的专业技术人员，执行与医疗机构、福利机构相同的执业资格、注册考核政策。社会办养老服务机构和养老服务企业在技术职称评定、继续教育、职业技能培训等方面与政府办养老服务机构享受同等待遇。各类养老服务机构招用就业困难人员、签订劳动合同并缴纳社会保险费的，给予社会保险补贴。市、县（区）人力资源社会保障部门和民政部门要加强协调配合，积极推动养老服务机构依法开展工资集体协商，加强对养老服务机构工资支付情况的监督检查，努力提高养老护理员的工资水平。

（九）建立老年人政策性保险制度。鼓励各地按照机构投保、保险公司运作、政府支持的原则，建立养老服务机构综合责任保险和老年人意外伤害保险制度。鼓励老年人投保健康保险、意外伤害保险等人身保险。对符合条件的养老服务机构投保养老服务机构综合责任险，以及70周岁以上的经济困难老年人投保老年人意外伤害险的，有条件的地区要给予一定补贴。要支持各地探索建立老年护理保险制度，引导商业保险公司开展适合老年人特点的养老保险、疾病保险、医疗保险业务。

四、保障措施

（一）健全工作机制。各地要将发展养老服务业纳入各级政府重要议事日程，进一步强化工作协调机制，定期分析养老服务业发展情况和存在问题，研究推进养老服务业加快发展的各项政策措施，认真落实养老服务业发展的相关任务要求。民政部门要切实履行监督管理、行业规范、业务指导职责，推动公办养老服务机构改革发展。发展改革部门要将养老服务业发展纳入经济社会发展规划，支持养老服务设施建设。财政部门要在现有资金渠道内对养老服务业发展给予财力保障。老龄工作机构要发挥综合协调作用，加强督促指导工作。教育、公安消防、卫生计生、国土资源、住房城乡建设、人力资源社会保障、商务、税务、金融、质监、工商、食品药监等部门要各司其职，及时解决工作中遇到的问题，形成齐抓共管、整体推进的工作格局。

（二）健全评价体系。明确市、县（区）政府在养老服务业发展中的主体责任和目标任务，建立区域养老服务考核评价指标体系，将保障基本养老服务纳入政府绩效考核，将整合区域养老服务资源、满足多样化养老服务需求纳入社会评价体系。建立相关部门、区（县）、行业组织和社会单位之间的信息共享机制。健全政府扶持重大项目的绩效评估制度。

（三）强化行业监管。民政部门要健全养老服务的准入、退出、监管制度，指导养老服务机构完善管理规范、改善服务质量，及时查处侵害老年人人身财产权益的违法行为和安全生产责任事故。价格主管部门要探索建立科学合理的养老服务定价机制，依法确定适用政府定价和政府指导价的范围。其他各有关部门要依照职责分工对养老服务业实施监督管理。要积极培育和发展养老服务行业协会，发挥行业自律作用。

（四）加强督促检查。各地要根据本意见要求，结合实际抓紧制定实施意见。自治区各相关部门要根据本部门职责，制定具体政策措施。民政、发展改革、财政等部门要抓紧研究提出促进民间资本参与养老服务业的具体措施和意见。民政、发展改革和老龄工作机构要加强对本意见执行情况的监督检查，及时向自治区人民政府报告。自治区将适时组织专项督查。

宁夏回族自治区人民政府

2014 年 5 月 26 日

宁夏回族自治区民办养老服务机构管理办法

第一章 总 则

第一条 为规范民办养老服务机构的管理，维护老年人及民办养老服务机构的合法权益，促进养老服务事业健康有序发展，根据《中华人民共和国老年人权益保障法》、民政部《养老机构管理办法》《养老机构设立许可办法》等相关法律法规和政策，结合我区实际，制定本办法。

第二条 本自治区行政区域内民办养老服务机构的设立、服务与监督管理，适用本办法。

第三条 本办法所称民办养老服务机构，是指由公民、法人和其他组织投资兴办的，为老年人提供集中居住和照料服务的机构。

民办养老服务机构内设医疗机构或康复医院的，按照卫生部门相关规定执行。

第四条 县级以上人民政府民政部门负责本行政区域内民办养老服务机构的指导监督管理工作。

其他相关部门按照各自职责，协助民政部门共同做好民办养老服务机构的监督管理工作。

第五条 县级以上人民政府民政部门应积极协调相关部门，根据当地老年人口比例及分布情况，将民办养老服务设施建设纳入城乡建设和社会发展总体规划。

各地养老服务机构发展规划应合理确定民办养老服务机构的设置规模、布局及发展方向。

第六条 鼓励公民、法人或其他社会组织依法兴办民办养老服务机构。

第七条 各级人民政府民政部门对作出突出贡献的民办养老服务机构和个人，应向政府推荐给予表彰和奖励。

第八条 民办养老服务机构应当依法保障老年人的合法权益，入住的老年人应遵守养老服务机构的规章制度。

第二章 设立、变更和终止

第九条 设立民办养老服务机构，应当符合当地社会养老服务体系建设规划，并符合以下条件：

（一）具有完全民事行为能力的自然人或依法成立的组织；

（二）有规范的名称；

（三）有完善的机构章程和管理制度；

（四）有符合养老服务机构相关规范和技术标准、符合国家环境保护、消防安全和卫生防疫等要求的生活用房、设施设备和活动场地；

（五）床位数在 10 张以上；

（六）在整体建筑设计符合国家相关规范的同时，老年人单人间居室使用面积不小于 12 平方米，双人间不小于 14 平方米，三人间不小于 18 平方米；

（七）有与开展服务相适应的管理人员、专业技术人员和服务人员，卫生专业技术人员应当符合卫生部门规定的资格条件；护理人员应当符合有关部门规定的健康要求；

（八）有与服务内容和规模相适应的资金。

第十条 县、不设区的市人民政府民政部门实施本行政区域内民办养老服务机构的设立许可。

设区的市人民政府民政部门实施住所在市辖区的民办养老服务机构的设立许可。

设区的市人民政府民政部门可以委托市辖区人民政府民政部门实施许可。

市、县（区）民政部门许可设立的民办养老服务机构，且规模在50张床位以上的，应在许可后的10个工作日内报自治区民政厅备案。

第十一条 外国的组织、个人独资或者与中国的组织、个人合资、合作设立的养老服务机构，自治区行政区域外及香港、澳门、台湾地区的组织和个人以及华侨独资或者与区内的组织、个人合资、合作设立的养老服务机构，由自治区民政厅许可。

第十二条 设立民办养老服务机构的，申办者应当向许可机关提出筹建申请，并提交下列材料：

（一）筹建申请书：申办民办养老服务机构基本情况、负责人登记表、申请事项等；

（二）可行性报告：申办因由和目的、投资方式、机构性质、机构规模、服务对象、服务方式、设立地址等；

（三）申请人资格证明文件：申请人为个人的，提供个人居民身份证复印件；申请人为单位的，提供法人有效的营业执照或社会组织法人登记证复印件以及法定代表人或者社会组织负责人的居民身份证复印件；

（四）资金来源证明文件：除注册资金外，民办养老服务机构平均每张床位的流动资金不低于2000元，验资报告由具有资质的会计事务所或审计事务处出具；

（五）筹建养老服务机构场所的证明文件：拟新建的，应当提交选址报告和建筑设计平面图及相关部门的规划批准文件；改扩建和租赁的，应当提交服务场所的产权证明或者房屋租赁合同，且租赁期在五年以上。

第十三条 许可机关应当自受理筹建申请之日起20个工作日内，对申报材料进行审查。同意的下发民办养老服务机构筹建通知；不同意的，应当书面通知申请人并说明理由。

第十四条 民办养老服务机构应当在2年内完成筹建。2年内不能完成筹建的，经许可机关核准，可以延长1年。在延长期内仍没有完成的，应当按照筹建批复程序，重新办理筹建手续。

筹建期内，不得以任何名义收取费用、收住老年人。

第十五条 完成筹建的民办养老服务机构在申请开业前，应当向许可机关提出设立申请，并提交下列材料：

（一）批准筹建文件；

（二）设立申请书；

（三）主要负责人的资格证明文件；

（四）机构名称、章程和管理制度；

（五）服务场所的产权证明或房屋租赁合同；

（六）验资证明和资产评估报告；

（七）建设单位的竣工验收合格证明，消防、卫生防疫等部门出具的验收报告或者审查意见，环保部门出具的环境影响评估结果；

（八）管理人员、专业技术人员、服务人员名单及有效身份证件的复印件以及工作人员的健康状况证明；

（九）与其服务内容和规模相适应的流动资金证明；

（十）依照法律、法规、规章规定，需要提供的其他材料。

第十六条 无需筹建已具备设立条件的，申办者可以向许可机关直接提出设立申请，并提交本办法第十五条第（二）至（十）项规定的材料。

第十七条 许可机关应当自受理设立申请之日起20个工作日内，对申办者提交的材料进行书面审查并实地查验。

符合条件的，核发养老机构设立许可证；不符合条件的，应当书面通知申办者并说明理由。

经卫生部门审批同意设立的医疗康复机构，如需设立民办养老服务机构的，应向所在地县级以上人民政府民政部门提出申请，并提交本办法第十五条规定的相关材料。

第十八条 设立许可证应当载明机构名称、住所、主要负责人、服务范围、有效期限等事项。

设立许可证分为正本和副本，正本和副本具有同等法律效力，设立许可证由自治区民政厅统一印制。

第十九条 设立许可证有效期5年。设立许可证有效期届满30日前，民办养老服务机构应当持设立许可证和工作报告等材料到原许可机关申请换发设立许可证。许可机关应当在有效期限届满前按照设立条件做出是否准予延续的决定，逾期未做决定的，视为准予延续。

第二十条　民办养老服务机构取得设立许可证后，应当依法办理相关登记手续。

民办养老服务机构属非营利性的，按照许可权限，在所在地县级以上人民政府民政部门办理民办非企业单位登记，未登记的，不能开展经营活动，不享受国家和自治区的相关优惠政策和补助；属营利性质的，在所在地县级以上人民政府工商行政管理部门办理登记，未登记的，不能开展经营活动。

民办养老服务机构经审核批准，取得民办非企业单位登记证书的，享受国家和自治区有关民办养老服务机构的优惠政策和补助。

第二十一条　民办养老服务机构设立分支机构，应当依照本办法第十四条规定，到分支机构所在地的县级以上人民政府民政部门办理申请设立许可手续。相关法律、行政法规对分支机构另有规定的，从其规定。

第二十二条　民办养老服务机构变更名称、主要负责人或者服务范围的，应当到原许可机关办理变更手续。

民办养老服务机构变更住所的，应当按照本办法有关规定重新办理设立许可手续。

第二十三条　民办养老服务机构自行解散，或者无法继续提供服务的，应当终止，并到原许可机关交回设立许可证，办理注销手续。

第二十四条　民办养老服务机构因分立、合并、改建、扩建等原因暂停服务的，或者因解散等原因终止服务的，应当妥善安置收住的老年人，并在终止前的60日内向原许可机关提出申请，经批准后方可实施。许可机关应当为民办养老服务机构妥善安置老年人提供帮助，并加强监管。

接受政府补贴的民办养老服务机构终止时，应当在所在地县级以上人民政府民政部门和有关单位的指导下开展清算工作。

第二十五条　许可机关应当建立健全民办养老服务机构设立许可信息管理制度，及时公布民办养老服务机构设立许可相关信息。

第三章　服务和管理

第二十六条　民办养老服务机构应当执行国家和自治区有关社会养老服务机构管理规定，按照核准的服务范围，建立健全各项规章制度，明确工作规范、服务标准，并向社会公开。

第二十七条　民办养老服务机构开展服务应当遵守下列规定：

（一）建立入院评估制度，及时做好新入住老年人健康状况评估，根据服务对象的生活自理能力和护理的等级，实施分级护理服务；

（二）制定适合老年人营养均衡的食谱，并符合民族风俗习惯；

（三）开展适合老年人特点的康复活动、文化体育等活动；

（四）建立疾病预防制度。为服务对象建立健康档案，组织定期体检；对入住后患传染病和精神病的老年人，应当及时向有关部门报告，采取必要的隔离措施，并通知其监护人转送专门的医疗机构治疗；民办养老服务机构应根据需要，为老年人提供心理咨询、情绪疏导等精神慰藉服务；

（五）民办养老服务机构的护理人员与服务对象的配备比例符合要求。服务对象生活能自理的，配备比例不低于1：10；半自理的，配备比例不低于1：5；全护理的，配备比例不低于1：3；并建立24小时值班制度，做好老年人护理工作；

（六）建立卫生消毒制度，定期对老年人使用的餐具消毒，定期清洗老年人的被褥和衣服，保持室内外整洁。

第二十八条　民办养老服务机构应当根据本机构设施设备条件、管理水平、服务质量、护理等级，报所在地物价部门核定收费价格。民办养老服务机构收费应当使用正规票据、公开收费项目和标准，实行明码标价，接受社会监督。

民办养老服务机构经批准设立的医疗康复机构开展相应服务的，执行医疗服务价格管理的有关规定，收费实行明码标价。属非营利性的，其收费项目和标准执行《宁夏回族自治区医疗服务项目价格》及相关的管理规定，实行收费许可证管理。

第二十九条　民办养老服务机构应与接受服务的老年人或者其监护人、代理人签订服务协议，明确双方的权利、义务。

服务协议应当载明下列事项：

（一）民办养老服务机构的名称、住所、法定代表人或者主要负责人、联系方式；

（二）老年人及其监护人、代理人和老年人指定的经常联系人的姓名、住址、身份证明、联系方式；

（三）服务内容和服务方式；

（四）收费标准以及费用支付方式；

（五）服务期限和地点；

（六）当事人的权利和义务；

（七）协议变更、解除与终止的条件；

（八）违约责任；

（九）意外伤害责任认定和争议解决方式；

（十）当事人协商一致的其他内容。

第三十条　民办养老服务机构应当依法与其工作人员签订劳动合同，依法为其办理各项社会保险，保障工作人员合法权益。

第三十一条　民办养老服务机构应当定期组织工作人员进行职业道德教育和业务培训，提高工作人员综合素质和业务技能。

第三十二条　民办养老服务机构应当定期对设施设备的使用情况进行检查，确保设施设备的安全。

民办养老服务机构应当依法履行消防安全职责，健全消防安全管理制度，实行消防工作责任制，配置、维护消防设施、器材，开展日常防火检查，定期组织灭火和应急疏散消防安全培训。

第三十三条　民办养老服务机构可以参加所在地养老服务行业协会。行业协会应当加强自律管理，并履行下列职责：

（一）建立民办养老服务机构自律机制，制定或参与制定并组织实施本行业的行规行约，对违反协会章程或者行规行约、损害行业整体利益的会员，采取相应的行业自律措施；

（二）有向国家机关反映涉及本行业利益事项的建议权，制定或参与制定行业发展规划、技术和服务标准，组织开展民办养老服务机构服务等级评定；

（三）开展行业统计、培训和咨询，促进国内外的交流与合作；

（四）协调或参与协调民办养老服务机构之间及民办养老服务机构提供服务过程中产生的争议；

（五）开展其他行业自律、服务、协调等活动。

民政部门应当支持行业协会依法开展业务活动，并加强对行业协会的业务指导和监督。

第四章　政策扶持

第三十四条　各级人民政府民政部门应协调相关部门落实国家自治区对民办养老服务机构的相关扶持政策。

对按标准建设并取得养老机构设立许可证和民办非企业单位登记证书的非营利性民办养老服务机构，给予床位补助和运营补贴。

用房自建且床位达到 50 张以上的，由自治区和各市、县（区）按照自治区政府制定的标准和比例给予一次性床位补助。

租用房且床位数达到 50 张以上的，按照核定的床位数和补助标准，由自治区和各市、县（区）按比例分 3 年给予补助。

自建或租用房且床位数在 50 张以下的，由各市、县（区）参照自治区政府制定的补助标准给予床位补助，具体补助标准由各市、县（区）政府自行确定。

民办养老服务机构按入住满一个月以上的老年人实际占用床位数计算全年平均数，每年由所在地市、县（区）按照自治区政府制定的标准给予运营补助，补助期限 5 年。

第三十五条　各地应积极资助民办养老服务机构建立养老床位综合责任保险制度，提高民办养老服务机构善后处置能力。

第三十六条　民办养老服务机构安置农村五保对象、城镇“三无”人员的，由各级民政部门按供养标准将供养费用全额转入民办养老服务机构，不足部分由当地财政给予补助。

第三十七条　鼓励支持公民、法人或其他社会组织向民办养老服务机构捐资、捐物或者提供无偿服务。符合相关规定的捐赠，准予在计算其应纳税所得额时按税法规定比例扣除。

第三十八条　鼓励依法利用闲置的校舍、卫生院、厂房或者其他建筑物举办民办养老服务机构。

第三十九条　民办养老服务机构用电、用水、用气、用热与居民家庭同价。电话、电视、网络的使用费，按照居民生活（住宅）类收费标准执行。

第四十条　符合条件的民办养老服务机构依法享受免征税收和行政事业性收费政策。

第四十一条　符合养老机构发展规划，批准筹建的民办养老服务机构的建设用地，按国土部门养老服务设施用地相关政策执行。

第四十二条　民办养老服务机构设立的医疗康复机构，符合基本医疗保险定点医疗机构条件的，经卫生部门审核后，作为医疗保险定点机构。

老年康复医院以及民办养老服务机构内设的医疗机构聘用的卫生技术人员，在科研立项、继续教育、职称评定等方面享受与公立医疗机构卫生技术人员同等的待遇。

第四十三条　在民办养老服务机构就业的持有就业失业登记证的人员，民政部门应协调人社部门为其免费提供养老护理等相关职业技能培训，培训后经职业技能鉴定合格的发给相应的职业资格证书。民办养老服务机构招用就业困难人员，签订劳动合同并缴纳社会保险费的，按规定享受社会保险补贴等相关就业扶持政策。

第五章 监督检查

第四十四条 各级人民政府民政部门应加强对民办养老服务机构的监管检查，民办养老服务机构应当接受和配合监督检查。

第四十五条 有下列情形之一的，许可机关或者其上级机关，根据利害关系人的请求或者依据相关规定，可以撤销许可：

（一）许可机关工作人员滥用职权、玩忽职守作出准予许可决定的；

（二）超越法定职权作出准予许可决定的；

（三）违反法定程序作出准予许可决定的；

（四）对不符合法定条件的民办养老服务机构准予许可的；

（五）依法可以撤销许可的其他情形。

许可机关发现民办养老服务机构以欺骗、贿赂等不正当手段取得许可的，应当予以撤销。

第四十六条 民办养老服务机构有下列情形之一的，许可机关应当注销其设立许可，并予以公告：

（一）设立许可有效期届满未延续的；

（二）依法终止的；

（三）设立许可被依法撤销、撤回的；

（四）被登记机关依法吊销登记证书的；

（五）因不可抗力导致设立许可事项无法实施的；

（六）法律、行政法规规定的应当注销许可的其他情形。

第四十七条 任何单位和个人对违反本办法的行为者，有权向许可机关举报，许可机关应当及时核实、处理。

第四十八条 民办养老服务机构实行信用管理制度。

县级民政部门应当为本辖区内的民办养老服务机构建立信用档案，将民办养老服务机构的检查、考评、投诉、表彰等情况及时记入信用档案。

第四十九条 民办养老服务机构实行考评定级制度。具体考评办法由自治区民政厅制定。

民办养老服务机构的考评定级工作应当根据民办养老服务机构的服务规模、质量和服务对象的满意程度，进行综合考评，并按绩效兑现政策性补贴。

民办养老服务机构考评不合格的，由所在地县级民政部门下达限期整改通知；逾期不整改或整改后仍不合格的，暂停享受有关优惠政策。

第五十条 各级人民政府民政部门应当按照实施许可权限，通过书面检查或者实地查验等方式对民办养老服务机构进行监督检查，并向社会公布检查结果。上级民政部门可以委托下级民政部门进行监督检查。

民办养老服务机构应当于每年 3 月 31 日之前向实施许可的民政部门提交上一年度的工作报告。年度工作报告内容包括服务范围、服务质量、运营管理等情况。

第五十一条 民办养老服务机构应当按照国家关于民办非企业单位的有关规定，按照属地管理的权限申请年度审验。经年度审验符合条件的，准予继续执业；不符合年度审验条件的，责令限期整改；在规定期限内未达到整改要求的，注销资格。

第六章 法律责任

第五十二条 民办养老服务机构有下列行为之一的，不再享受相关的优惠政策，并由许可部门追缴已减免的相关费用：

（一）擅自改变主要场地或主要设施用途的；

（二）违反民办养老服务机构工作规范和服务标准，侵害服务对象合法权益，服务对象投诉且查证属实的；

（三）当年发生责任事故，造成重大社会不良影响的；

（四）存在严重安全隐患，相关职能部门发出整改通知后拒不整改或整改不合格的；

（五）法律、法规、规章规定的其他违法行为。

经营时间不满 5 年的民办非企业性质的民办养老服务机构解散或者改变为企业性质的民办养老服务机构的，民政部门应当收回民办养老服务机构床位建设补贴。

第五十三条 未经许可设立民办养老服务机构的，由民政部门责令改正；符合设立条件的，依法补办相关手续；逾期达不到法定条件的，责令停办并妥善安置收住的老年人；造成人身、财产损害的，依法承担民事责任。

第五十四条 许可机关及其工作人员在民办养老服务机构设立许可申请、审批和监督管理中滥用职权、玩忽职守、徇私舞弊的，由上级民政部门责令改正；造成严重后果的，对直接负责的主管人员和其他直接责任人员给予处分；构成犯罪的，依法追究刑事责任。

第七章 附 则

第五十五条 本办法实施前设立的民办养老服务机构，符合本办法条件的，应当在本办法实施后 3 个月内，按照本办法的规定履行设立、备案等相关手续。

本办法实施前设立的民办养老服务机构，不符合设立条件的，应当在本办法实施后一年内完成整改。整改期间民政部门应当进行监督；逾期仍达不到条件的，责令停办并妥善安置收住的老年人；造成人身、财产损害的，依法承担民事责任。

第五十六条　本办法由自治区民政厅负责解释。

第五十七条　本办法自2014年7月1日起执行。

厦门市卫生局、厦门市民政局、厦门市人力资源和社会保障局、厦门市财政局关于加强养老服务机构医疗服务的实施意见

厦卫医政〔2014〕88号

各区卫生局、各区民政局、各养老服务机构：

为贯彻落实《国务院关于加快养老服务业的若干意见》（国发〔2013〕35号）和《厦门市人民政府关于印发加快社会养老服务体系建设实施意见的通知》（厦府〔2013〕112号）精神，切实加强养老服务机构的医疗保障工作，制定以下实施意见：

一、支持养老服务机构设置医疗机构

（一）设置类型

1. 养老服务机构作为设置单位，根据服务人群数量、场所规模设置卫生所（医务室）或门诊部。

2. 为切实做好养老服务机构医疗保障工作，内设的医疗机构仅对入住养老服务机构的人员提供医疗服务。

（二）审批流程

1. 养老服务机构在法定登记营业场所内设卫生所（医务室）或门诊部，其设置、执业登记由各区卫生局负责受理、审批，核发医疗机构执业许可证。各区卫生局应增强服务意识，提高办事效率，进一步简化审批流程、缩短审批时限。

2. 租用政府用房（公建民营）举办的养老服务机构，在设置医疗机构前，应与承租方签订相关协议，明确双方的权利义务及医疗机构人员设置等事项。

3. 取得《医疗执业许可证》的养老服务机构，需纳入医保服务范围的，应向市人社局提交书面申请，经市人社局验收合格后纳入医保服务范围。

（三）准入标准

1. 卫生所（医务室）基本标准，参照《卫生部关于印发<诊所基本标准>的通知》（卫医政发〔2010〕75号）执行。

2. 门诊部基本标准，执行《卫生部关于下发<医疗机构基本标准（试行）>的通知》（卫医发（1994）第30号）中关于综合门诊部基本标准的相关规定。

二、积极推进医养融合发展

养老服务机构可与一级以上（含一级）医保定点医疗机构开展医疗合作，建立互利共赢机制。双方签订合作协议后，由养老服务机构向市人力资源和社会保障局备案。医保定点医疗机构应在养老服务机构内设立医疗服务科室、配备相关的医技人员，其标准不得低于卫生所（医务室）的设置要求。

三、加强医疗服务监管

（一）养老服务机构内设医疗机构应当遵守医疗卫生相关法律法规，规范医疗服务行为，健全医疗卫生规章制度。医疗服务价格及药品价格要上墙公布；要规范医疗文书，建立入住老人的健康档案；开展的医疗服务应在核准的诊疗科目和技术准入范围内进行。

（二）做好养老服务机构内工作人员的医疗卫生知识培训。对受聘养老服务机构的护理员，应按《厦门市卫生局关于印发加强护理员管理的若干意见的通知》（厦卫医〔2009〕206号）的要求执行。要经专业机构培训，取得人力资源部门颁发的养老护理《职业资格证书》。

（三）加强医保政策宣传，落实医保管理制度。养老服务机构应加强对内设医疗机构的管理，做好基本医疗保险政策的学习和宣传，落实基本医疗保险的各项管理制度，杜绝过度检查、过度治疗、挂床套刷医保卡等违规行为。

四、落实保障措施

（一）部门配合，各司其职

认真落实市政府的各项优惠、扶持政策，妥善解决养老服务机构入住老人看病难的问题。

1. 各卫生行政部门要规范养老服务机构内设医疗机构审批程序，简化执业资格审批手续；要加强对养老服务机构内设医疗机构的行业监管，结合医疗机构校验、有效期延续、日常监督等多种形式规范其医疗行为。

2. 市民政部门要鼓励和支持各类社会力量兴办养老服务机构，加强养老服务机构的行业管理，积极鼓励具备条件的养老服务机构设置医疗机构。

3. 市人力资源和社会保障部门应及时将符合条件的养老服务机构内设医疗机构纳入医保服务范围。

4. 市财政部门要积极落实非营利性民办养老服务机构床位建设补贴、床位运营补贴、特定服务对象补贴等各项资金补助政策。

（二）医疗费用结算

1. 入住养老服务机构的本市户籍参保人员，属于生活不能完全自理、70岁以上患慢性病行动不便、重度残疾患者发生的床位费，按照基本医疗保险和《厦门市医疗服务价格》规定的普通病房床位费标准结算：入住单人间、双人间的按双人间标准结算；入住三人间的按三人间标准结算；入住四人间及四人间以上的按四人间标准结算。

2. 入住养老服务机构的本市户籍参保人员，在内设医疗机构（含医疗合作）门诊发生的、符合医保规定的医疗费用，经市社保中心审核后直接与养老服务机构按服务项目结算。对发生病情变化的入住人员，养老服务机构应及时转入定点医疗机构救治，其发生的医疗费用不纳入养老服务机构结算。

本意见自公布之日起实施，有效期5年。

厦门市卫生局　厦门市民政局

厦门市人力资源和社会保障局　厦门市财政局

2014年5月21日

第四部分

老龄工作综述

中央国家机关工委

综　　述

2014年，中央国家机关工委老龄办、老干部活动中心在杨晶同志的关心和工委领导下，认真学习贯彻党的十八大、十八届三中、四中全会和习近平总书记系列重要讲话精神，深入开展党的群众路线教育实践活动，按照工委领导年初提出的“三个三”的工作要求，加强离退休干部基层党组织建设，办好老年大学，积极开展离退休干部科普讲座、文化生活、体育健身等各项活动，突出重点，统筹发展，推动各项事业迈上了新的台阶。

一、认真学习贯彻党的十八大和十八届三中、四中全会精神，引导广大离退休干部为党的事业增添正能量

充分发挥工委老龄办的平台作用，按照中央要求和工委部署，把学习宣传贯彻党的十八大、十八届三中、四中全会和习近平总书记系列重要讲话精神作为首要政治任务抓紧抓好，把离退休干部的思想和行动统一到中央精神上来。坚持把离退休干部工作纳入到中央国家机关党的建设大格局中统筹谋划，积极推进离退休干部服务型基层党组织建设和思想政治建设，让党的优良传统与作风在老年人中延续和发扬，为弘扬社会正能量添砖加瓦。

（一）为提高离退休干部党的建设科学化水平，举办了中央国家机关离退休干部基层党组织建设经验交流会。根据中央国家机关各部门推荐，工委组织部、工委老龄办召开了专家评审会，遴选2个离退休干部党支部举办了现场观摩，12个党支部作大会交流发言，41个党支部进行书面材料交流。陈存根同志出席现场观摩和会议交流并讲话，交通运输部副部长、直属机关党委书记王昌顺出席观摩活动。有关部门离退休干部服务型党支部建设各具特色、成效显著，现场观摩和会议交流起到了良好的示范带动作用。中组部老干部局第21期《老干部工作情况交流》以“‘四个结合’不放松，汇聚筑梦正能量——中央国家机关工委大力加强离退休干部基层服务型党组织建设”为题在首篇刊载了有关情况。

（二）积极配合离退休干部基层党组织开展群众路线教育实践活动，举办了“同心共筑中国梦——老干部忆传统”征文活动。征文活动得到各部门离退休干部局的积极响应和老同志们的热情参与，共征集到300余篇稿件。工委老龄办联合中国老年报社对征文进行了评选，举办了征文活动颁奖会，陈存根同志和全国老龄办、中组部老干部局有关领导出席会议，各部门离退休干部局负责同志以及300多位老同志参加颁奖会。部分作品在《中国老年报》、紫光阁网站等媒体刊登，在加强党员干部作风建设、弘扬党的优良传统等方面产生了良好的社会影响，为各部门深入开展群众路线教育实践活动起到了积极的推动作用。

（三）围绕加强离退休干部党建工作需要，在推进中央国家机关离退休干部宣传工作与信息化建设方面取得明显成效。紧跟信息化加速发展的潮头，充分发挥传统媒体和网络平台的作用，印发《老年工作园地》8期，30余个部门离退休干部局在“老干部和老龄工作”子网站发文400余篇，涉及基层党建、群众路线教育实践活动、理论学习、文体活动等离退休干部工作的各个方面，发掘、宣传了离退休干部“双先”典型和事迹，搭建了交流的平台和展示的窗口。编辑印发了中央国家机关离退休干部工作部门通讯录，建立了短信群发平台，方便各部门离退休干部局（办、处）联系沟通工作。举办了信息员培训班，邀请有关领导、专家分别围绕新形势下老干部工作、新闻写作与技巧、新闻采编技巧以及紫光阁网信息上传方法等内容授课，来自各部门的近90名同志参加了培训班学习。

老龄办积极协调中央国家机关各离退休干部局（办、处），圆满完成中组部、全国老龄办和工委交办的各项任务。继续组织承办了中央国家机关副部级以上老同志参加党中央、国务院春节团拜会的有关工作，对中央国家机关91个部门1300多名老同志的信息进行认真核对汇总、采集照片、核发请柬车证，担负人民大会堂现场服务等工作，圆满完成了任务。

二、积极开展丰富多彩、健康适宜的文化体育活动，营造和谐发展的良好社会氛围

老同志在退出工作岗位后，生活规律、生活习惯和社会活动范围发生了变化，为引导老同志根据自己的健康状况和兴趣爱好走出家门积极参与集体活动，我们在调研基础上举办了一系列适合老同志参加的文化和体育活动，展示精神风貌，倡导健康向上的生活方式，进一步丰富老同志的精神文化生活。

（一）举办中央国家机关离退休干部庆祝新中国成立65周年“歌唱祖国”合唱歌会。积极协调各离退休干部工作联络片区和各部门离退休干部局，为老同志广泛参与合唱歌会搭建舞台，以歌声赞美来之不易的美好生活和社会主义建设的巨大成就，努力营造感恩社会、回报社会、奉献社会的和谐氛围。活动历时4个月，分5个联络片举办了5场节目遴选暨分场演出，邀请专家对42个部门的114首合唱曲目评奖，遴选出23首曲目参加汇报演出。分场演出的形式发挥了各离退休干部部门的作用和积极性，使更多的老同志参与进来。9月23日下午，来自21个部门和中央国家机关老干部合唱团的1055名老干部参加了合唱歌会汇报演出。工委领导班子及部门负责同志，来自中央国家机关有关部门的多位领导同志，离退休干部局负责同志及离退休干部代表近千人观看了演出。

（二）中央国家机关老干部合唱团加强管理，艺术水平不断提高。通过修订合唱团章程，加强内部管理，不断推进正规化、科学化建设。组织专家对团员进行年度考核，按照章程规定13人因业务考核不合格等原因退出合唱团，从合唱基础好的部门推荐人员中遴选补充了22名团员，形成了有进有出的良性循环，有力推动了队伍建设。合唱团全年训练近50场次，制作了合唱音乐光盘和宣传图册，加大宣传力度，积极参加各类演出活动，社会影响力不断扩大。在“同心共筑中国梦——老干部忆传统”征文活动颁奖会和庆祝新中国成立65周年“歌唱祖国”合唱歌会上，合唱团都进行了精彩的演出，展示了较高的艺术水平。

（三）倡导健康、文明的生活方式，举办中医药文化科普讲座和老同志适宜的体育赛事。继续联合国家中医药管理局新闻办，举办了7场全国中医药文化科普巡讲中央国家机关专场讲座，授课采取现场演示、专家义诊等更加灵活、贴近老同志需求的方式，吸引2000余人次前来听讲。与中国老年报社联合举办了“庆祝新中国成立65周年”知识竞赛活动，220个单位和300名个人获奖，其中中央国家机关30个部门和117人获奖。与工会联合会合作，发放心理健康热线电话咨询卡，利用职工心理咨询等服务热线，拓展了为老服务的新领域。与中央国家机关网球协会联合举办2014年“公仆杯”老年网球比赛，来自25个部门的86名老同志参加了比赛。

（四）开展群众性文化活动，进一步丰富离退休干部精神生活。举办了中央国家机关离退休干部京剧艺术欣赏活动，组织各部门的1000余名老同志在梅兰芳大剧院观看了京剧经典折子戏，精彩的演出深受老同志喜爱。为营造迎接新中国成立65周年的文化氛围，与《紫光阁》杂志社等单位共同举办了书画摄影展览活动。

三、开展老年教育工作调研，适当扩大办学规模，努力把老年大学打造成为老同志的精神家园

进一步摸清离退休干部的需求、愿望和中央国家机关老年教育的现状，发挥老年教育在推动离退休干部思想政治建设、占领老年思想文化阵地方面的特殊作用，积极联系各部门老年大学，加强老年教育理论研究，推动改革创新步伐，推进部门间沟通交流与资源共享，丰富教学内容，提高教学质量，办好让老同志满意的老年大学。

（一）开展老年教育调研，探索中央国家机关老年教育改革创新的新思路。为贯彻落实老龄事业发展“十二五”规划，按照工委领导指示精神，以中央国家机关老年教育及老年大学建设为主题，先后调研走访了文化部、农业部等多个部门老年大学，对1300多位离退休干部进行了问卷调查；联合有关部委老年大学调研走访了广东省、广州市及社区老年大学、老干部活动中心、社区服务中心等，重点围绕如何推动新形势下老年教育发展、康铭大厦如何实现转型等问题进行实地考察和调研。举办了“中央国家机关老年大学教学工作研讨会”，有关部门的老年大学在会上介绍了经验，中国老年大学协会会长张晓林出席并讲话，对中央国家机关老年大学教学工作给予了充分肯定，来自中央国家机关27个老年大学的有关负责同志近70人参加会议。

（二）适当扩大办学规模，提高教学管理水平，努力办好有特色和示范作用的老年大学。坚持“老有所学、老有所乐、寓教于乐”的工作方针，突出科学性、知识性、趣味性，进一步丰富教学内容，提高教学质量。适老同志所需，在广泛调研征求老同志意见基础上，全年共开设10门课程，新增瑜伽班、声乐基础班、葫芦丝班、计算机基础班、计算机提高班等5个班次，深受老同志喜爱，实现了扩大办学规模的有益探索。授老同志所宜，不断研究老年教育发展规律，与教师学员座谈征集意见建议，合理调整教案，改进教学方法。创新差异化、特色化教学模式，设计基础班、中级班、提高班分类授课，使不同基础的老同志各有所学，实现教有所长。目前，老同志学习兴趣浓厚，每周有356人次上课学习，全年达4200余人次，老年大学日益成为老同志的求知学园、健康乐园和精神家园。年底开展了“中国梦”主题创作展示活动，书画作品《祖国大吉》和《丝绸之路》等展示了老年大学教学成果，充分体现了老同志们乐观向上、老有所为的精神风貌。

（三）落实保障措施，健全安全机制，确保教学活动顺利开展。注重老年大学“软实力”建设，加强师资队伍建设，选拔优秀教师，跟踪授课成果，实现了师资管理常态化、标准化；不断完善修订老年大学日常管理制度，推进老年大学建设科学化、规范化。作为落实教育实践活动整改措施的一项任务，完成了老年大学计算机教室的恢复改造工作，增添了新的教学设备和教学器材。坚持日常巡视和定期检查相结合，对各项教学设施设备进行及时维护、检修、更新，提高了硬件保障能力。加强入学安全管理，与各部门离退休干部局保持经常沟通，对老同志健康状况做到心中有数；制定了老年大学突发事件应急预案，确保安全与应急措施到位，切实提高处置突发事件的能力；在教室准备了急救箱和常用急救药品，每逢涉及人数较多的重大活动按照预案安排专业医护人员值班，确保教学工作和各项活动的顺利开展。

重要会议和活动

【举办中央国家机关 2014“公仆杯”老年网球比赛】 2月26日，工委老龄办与中央国家机关网球协会联合举办了中央国家机关2014年“公仆杯”老年网球比赛。来自25个部门的86名老同志参加了比赛，促进了老年网球运动的开展。

【举办“同心共筑中国梦——老干部忆传统”征文活动】 4月15日，“同心共筑中国梦——老干部忆传统”征文活动颁奖会在京召开。中央国家机关工委副书记陈存根，全国老龄办副主任吴玉韶，中组部老干部局副巡视员史辉，中国老年报社社长兼总编辑李耀东、党委书记刘爱莉等领导出席会议并为获奖单位和个人颁奖。工委老龄办常务副主任王平主持会议。活动共征集300余篇稿件，其中来自中央国家机关32个部门的稿件243篇。评选出个人特别奖10名、一等奖10名、二等奖20名、三等奖20名以及优秀组织奖13名。

【举办中央国家机关离退休干部工作信息员培训班】 5月7日至9日，工委老龄办举办中央国家机关离退休干部工作信息员培训班。中组部老干部局办公室主任赵胜利、中国老年报社总编辑兼社长李耀东和新闻中心副主任蓝青、工委信息中心网络编辑处朱泓安等同志围绕新形势下老干部工作、新闻写作与技巧、新闻采编技巧以及紫光阁网信息上传方法等内容为培训班学员授课。来自中央国家机关各离退休干部部门的85名同志参加培训。

【召开中央国家机关离退休干部基层党组织建设经验交流会】 工委组织部、老龄办于6月17日和19日，分别在公安部北洼路离退休干部党支部和交通运输部离退休干部黄寺第一党支部召开了现场观摩活动。工委副书记陈存根出席会议并讲话，交通运输部副部长、直属机关党委书记王昌顺出席交通运输部离退休干部黄寺第一党支部现场观摩会。7月10日至11日，组织召开中央国家机关离退休干部基层党组织建设经验交流会，工委副书记陈存根出席会议并讲话，中组部老干部局副巡视员史辉到会指导，12个党支部作大会交流发言，41个党支部进行书面材料交流。

【举办“庆祝新中国成立65周年”知识竞赛活动】 7月至9月，工委老龄办与中国老年报社联合举办了“庆祝新中国成立65周年”知识竞赛活动，220个单位和300名个人获奖，其中中央国家机关30个部门和117人获奖。

【举办中央国家机关离退休干部庆祝新中国成立65周年“歌唱祖国”合唱歌会】 9月23日，工委老龄办在国图艺术中心音乐厅举办中央国家机关离退休干部庆祝新中国成立65周年“歌唱祖国”合唱歌会。工委常务副书记李智勇出席活动并致辞，工委副书记陈存根、俞贵麟、姚志平，工委委员常大光、刘涛，中央国家机关有关部门领导，全国老龄办、中组部老干部局有关领导，工委机关各部门和事业单位负责同志等领导出席活动。中央国家机关各离退休干部部门负责同志及离退休干部代表近千人观看演出。

【举办中央国家机关离退休干部京剧艺术欣赏活动】 11月2日，在梅兰芳大剧院组织老同志们观看了《霸王别姬》《春闺梦》《红娘》等经典京剧剧目折子戏，近1000名离退休干部观看演出，陶冶了老同志情操，提升了艺术修养。

【召开国办等7部门离退休干部工作座谈会】 12月30日，工委老龄办组织召开国办等7部门离退休干部工作座谈会。工委老龄办常务副主任王平向各部门通报了2014年工作情况，介绍了2015年工作的初步设想。国办等7部门离退休干部局（办、处）有关负责同志分别发言，充分肯定了工委老龄办的工作，对2015年的工作安排提出了意见和建议。

【开展老年教育调研】 2014年，以中央国家机关老年教育及老年大学建设为主题，先后调研走访了文化部、农业部等多个部门老年大学，对1300多位离退休干部进行了问卷调查；联合有关部委老年大学调研走访了广东省、广州市及社区老年大学、老干部活动中心、社区服务中心等，重点围绕如何推动新形势下老年教育发展等问题进行实地考察和调研。12 月 24 日，举办了中央国家机关老年大学教学工作研讨会，有关部门老年大学在会上介绍了经验，中国老年大学协会会长张晓林出席并讲话，来自中央国家机关 27 个老年大学的有关负责同志近 70 人参加会议。

教育部

综　述

2014 年，离退休干部局在部党组领导下，始终把学习贯彻党的十八大，十八届三中、四中全会和习近平总书记系列重要讲话精神作为首要政治任务，巩固拓展党的群众路线教育实践活动成果，认真贯彻落实全国离退休干部“双先”表彰大会和老干部局长会议精神，牢固树立“离退休干部工作要为党的教育事业增添正能量”的价值取向，积极履行全国老龄委成员单位职责，推动各项工作不断迈上新台阶。

一、认真学习贯彻党的十八大，十八届三中、四中全会和习近平总书记系列重要讲话精神

一是向老同志发放《中共中央关于全面推进依法治国若干重大问题的决定》《中华人民共和国宪法》《习近平谈治国理政》等 20 多种学习材料，共计 9500 多册，引导老同志认真学原文、读原著、悟原理。二是以“离退休干部大讲堂”为平台，部领导立英、卫红、蕙青同志及相关学者先后就党风廉政建设、弘扬社会主义核心价值观、考试招生制度改革、依法治国等为老同志做专题辅导报告 6 场，部机关、直属单位和直属高校离退休老同志 830 多人次听取报告，指导老同志系统地学习、理解和掌握有关精神。三是组织老同志围绕主题开展征文、座谈活动，征集汇编老同志发言和学习体会文章 40 多篇，并在老同志中组织学习交流。四是对学习情况进行认真总结，形成情况报告并及时报送直属机关党委和中组部老干部局。通过多种方式，引导老同志进一步加强对党的十八大，十八届三中全会、四中全会精神和习近平总书记系列重要讲话精神的认识和理解，引导老同志把思想和行动统一到中央精神上来，始终坚定对中国特色社会主义的理论自信、道路自信、制度自信，自觉理解改革、拥护改革、支持改革。

二、认真学习贯彻全国离退休干部“双先”表彰大会精神

一是抓好教育部先进集体和个人参评、参会工作，及时转发相关通知，组织先进材料评审并服务先进集体和先进个人到现场参会；部机关离退休干部第 28 党支部获评全国离退休干部先进集体，北京大学、山东大学、西北农林科技大学及武汉大学的 4 位老同志获评全国离退休干部先进个人，展现了离退休干部“两项建设”的重要成果。二是及时学习传达大会精神，部党组对此高度重视，大会刚刚闭幕就召开党组会议学习传达大会精神，并就下一步工作提出要求；我局在大会当天通过电话、短信、QQ、微信等方式，通知老同志及在职干部收看新闻联播中有关大会情况报道，认真学习大会精神和习近平总书记、刘云山同志等中央领导同志在大会上的重要讲话精神；结合部党组会精神，在局全体大会上进一步传达学习了“双先”表彰大会精神。三是结合实际抓好榜样示范，落实部领导批示，以部党组名义向受表彰的先进集体和先进个人发贺信，并以办公厅名义印发文件通报表扬；总结推广受表彰的部机关离退休干部第 28 党支部先进事迹，邀请支部负责同志先后在中央国家机关工委组织召开的“离退休干部基层党组织建设经验交流会”和局党委离退休干部党支部书记、委员培训班上作经验介绍。

三、完善组织和制度保障

认真做好局第五次党代会筹备工作，推选产生新一届党委候选人及党代表候选人名单；召开局党委第十六届党建会暨 2014 年度党支部书记、委员培训班，学习传达党的十八届四中全会精神，提高加强新形势下服务型党组织建设水平；深入落实《离退休干部局党委关于进一步加强新形势下离退休干部党支部建设的意见》，调整完善离退休党支部设置，选配素质过硬、相对年轻、责任心强的老同志充实离退休党支部班子；坚持每月召开局党委扩大会例会，形成例会制度；建立了局领导广泛参加离退休干部党支部组织生活制度，完善了在职干部担任离退休干部党支部联络员制度，制定了联络员工作要求。

四、丰富工作载体和形式

为每个老同志党支部征订《红旗文稿》等党报党刊和学习资料；继续推进“三位一体”信息化平台建设，通过局网页、短信平台等，向老同志推荐提供重要理论文章、书籍40多篇（部），局网页点击量达每天150多次，是去年的两倍，居各司局前列；开设局公共邮箱，方便老同志投稿，收到老同志来信投稿近40篇。以“老有所为”促进两项建设，连续第十一年开展“银龄园丁行动”，组织老同志以特殊党费形式开展捐资助学，向30名学生捐赠3万元现金，向学校捐赠价值10多万元的教学设备；以“银龄温暖工程·资源共享平台建设”为载体，大学生志愿者为老同志开设手机、电脑培训40多班次，培训老同志450多人次；老同志为大学生开展座谈会、报告会10多场，为大学生讲党课、讲传统、讲人生，促进大学生思想政治建设；支持老同志理论学习小组开展学习活动，赴国家开放大学等学习考察并组织专题学习报告。

五、扎实做好走访慰问工作

春节前夕，陪同贵仁同志及部党组成员走访慰问27位老部长、老红军、离休老同志、老专家，支持机关各司局通过茶话会、登门看望等方式为本司局离退休老同志送上温暖，我局集中走访慰问197位离休及有特殊困难的老同志，2014年春节前机关共走访慰问老同志747位，再次实现全覆盖；先后举办在京老同志春节京剧招待会及机关老同志迎新春茶话会，玉波、卫红同志分别出席并致辞。国庆节前夕，按照中组部工作安排，走访慰问了部机关部分离休老同志和烈士遗属。

六、精心组织老同志文体活动

以敬老月活动为契机，举办首届“爱在金秋·幸福久久”机关老同志金婚庆典，卫红同志代表贵仁同志出席并讲话，全国老龄办、中组部老干部局负责同志应邀出席，机关司局负责同志、离退休干部工作联络员及老同志代表100多人参加庆典，机关青年干部代表向每一对金婚夫妇敬献鲜花，共同为部机关50多对结婚50周年以上的老同志夫妇庆贺金婚，活动组织有序、气氛热烈，营造了视老同志如亲人、相亲相爱一家人的良好氛围。全年共组织服务老同志秋游500多人次，为40多位70岁以上逢五逢十的老同志组织集体生日、组织服务200多位老同志参加年度趣味运动会、服务老同志参加老年课堂、观看演出等活动1600多人次。

七、切实加强健康和安全保障

组织服务近500位老同志参加年度健康体检，认真研究分析老同志体检报告，提出加强老同志健康工作的意见建议并报部领导，贵仁、卫红同志高度重视并作出批示；为每位老同志建立专门病案，对70多位重病或久病老同志重点跟踪关注，密切联系加强探视；到活动站为老同志送医送药3000多人次，探视生病住院老同志120多人次。为43位本年度满75周岁的老同志家中分别安装“一键通”呼叫系统和卫生间扶手；经过充分调研论证，为部机关600多位老同志购买了“老年人意外伤害保险”，为老同志居家生活和外出活动等提供了一份安全保障。

八、主动作为，积极争取支持

充分发挥我局作为部机关离退休干部工作领导小组办公室的职能作用，在贵仁、卫红同志的关心指导下，不断加强与机关司局及直属单位、直属高校的联系互动，争取支持。一是牵头召开领导小组成员单位会议，议定今年共同为老同志办好6件实事并推动落实，11月份，会同机关党委举行了“朝夕相伴·心手相牵——机关司局团支部与老同志党支部共建”活动启动仪式，部机关青年干部与老同志联系沟通机制逐步完善；配合人事司，邀请退休干部卓晴君在部机关2014年度新录用公务员培训中为青年干部讲课，教育引导如何做让人民满意的公务员，取得良好效果；老年大学、远程教育网络视频系统建设工作已分别纳入部机关和国家开放大学相关大型项目总体规划有序推进。二是在充分征求各司局意见的基础上，以部离退休干部工作领导小组名义印发《关于建立密切联系老同志长效机制的暂行办法》，推进合力合为做好老干部工作，进一步营造齐抓共管的良好氛围。三是围绕“银龄温暖工程·资源共享平台建设”启动一年来的有关情况，对有关高校进行了回访座谈，就进一步加强离退休干部工作协同合作等进行了交流研商。

九、拓展思路，营造良好氛围

一是及时将工作进展完成情况向主管部领导和部长报告，听取部领导的指示，取得支持。贵仁同志先后6次、卫红同志先后8次对我局工作作出批示，部《每日快报》4次予以刊登，去年底，贵仁同志在我局签报上批示“离退休干部局今年做了几项具有创新意义的服务工作，得到老同志的肯定。要充分尊重老同志的意见建议，部重大教育改革发展稳定事项决策要多形式听取老同志意见，及时通报重大事项工作进展，并解决好老干部待遇方面反映的问题。请各司局主动支持做好老干部工作，离退休干部局及时按照老同志的要求，协调党组同志、司局负责同志出席、参与老干部活动”。二是进一步加强信息宣传，成立局信息宣传工作小组，制定完善信息宣传工作规定。中组部老干部局《老干部工作情况交流》及部机关《每日快报》多次采用编发我局信息，中国老年报、中国教育报和中国教育电视台先后播发我局工作报道十多篇（次），信息宣传工作成效突出。三是加强与相关涉老机构沟通联系，邀请中组部、全国老龄办有关负责同志出席我局重大活动，积极配合中组部老干部局开展“老同志看党的建设”专题调研，先后赴水利部、文化部等单位老干部局学习取经，接待全国妇联老干部局等单位来访交流，承办了中央国家机关“老年教育评价调研”座谈会并完成相关调研报告。我部离退休干部工作得到多方面肯定，全国老龄办负责同志评价我局相关工作“走在中央国家机关的前列”。

十、狠抓自身建设，增强内生动力

一是在全局干部职工中开展征集局“文化理念”活动，在全局开展大讨论，经广泛征集、凝练出“笃信笃行、善作善成”八字局文化理念；将局内每位干部职工的照片及服务承诺制作成公告板，与文化理念解读内容一起，在局内醒目位置公示，勉励干部职工服务奉献、爱岗敬业，同时接受老同志监督，方便老同志找人办事。二是形成重大活动、重要工作结束后集体总结制度，上下半年分别召开了专题会议，就前一阶段工作完成情况进行总结，表扬先进，查找不足，从服务宗旨、大局意识、作风转变、明晰思路、开拓创新等方面总结提高，促进工作不断迈上新台阶。三是倡导全局一盘棋，重大活动既分工又合作，统筹协调，团结一致，打造良好局风。全局干部职工始终保持昂扬向上的精神风貌，以扎实的作风推动各项工作圆满完成，并在年度部机关运动会上取得团体总分第一名的优异成绩。

十一、加强直属单位、直属高校老龄工作

3月，组织召开在京直属单位、直属高校离退休干部工作通气会，传达全国老干部局长会议精神和年度工作要点；12月，组织直属单位、直属高校离退休干部统计年报工作培训班；支持直属高校分片区召开离退休干部工作研讨交流会；及时向直属单位、直属高校转发有关通知，搭建信息报送、沟通联络的平台。服务部领导出席全国老龄委全体会议，做好会议情况报告并认真落实会议精神；参与做好第六届全国敬老爱老助老主题教育活动并出席活动表彰大会；协调有关司局参与会签并转发《关于培育和践行社会主义核心价值观加强老龄宣传教育工作的通知》等有关文件；及时报送教育部老龄工作有关信息。

公安部

综　述

2014年全国公安机关在各级党委、政府的领导下，以党的十八大和十八届三中、四中全会精神为指导，以基础信息化、警务实战化、执法规范化、队伍正规化四项建设为抓手，认真贯彻落实全国老龄工作委员会第十六次全体会议精神，认真履行职责，在老年人维权、为老服务、依法打击涉老犯罪及努力营造尊老敬老氛围方面，做了大量工作，取得了良好的社会效果。

一、强化宣传，不断提高老年人的法律意识、维权意识和安全防范意识

全国各地公安机关认真宣传贯彻《中华人民共和国老年人权益保障法》，发挥职能作用，在加强打击的同时，充分调动社会各界力量，深入、持续开展宣传工作。针对老年人信息闭塞、防范意识弱等特点，充分利用报纸、广播、电视、网络、短信以及微信、微博、QQ、网络论坛等载体，及时发送案情通报，揭露犯罪伎俩。组织各地充分发挥基层组织紧贴群众的优势，动员基层组织工作人员进社区、进乡镇、进企业、进市场，通过社区服务、楼道传媒、显示屏等资源，及时将犯罪手法与防范方法广而告之，努力提高老年人的自我防范意识。

二、立足职能，热情为老年人提供服务

各级公安机关治安管理、户政审批、出入境管理等部门不断强化尊老敬老意识，积极为老年人的户籍审批、办理身份证、出入境通关提供更优质、高效、便捷的服务。普遍在制证中心、外事窗口设立了老年人绿色通道，优先为老年人服务。出入境边防检查机关在全国所有旅检口岸设立了“特别通道”，为65岁以上老年人等需扶助人员提供快速通关的便利，提高了老年人的通关效率、优化了通关环境。出入境管理部门还积极为符合条件的老年人提供代办出入境证件服务。2014年7月又推出了出入境证件办理“绿色通道”便利政策，明确在非工作时间，因奔丧等特殊事由需要立即出国出境的，可以向公安机关出入境管理部门紧急申请相关出入境证件。全国公安交管部门认真落实老年人依法取得驾驶资格的合法权益，截至目前，全国共有60岁以上机动车驾驶人625.6万，2014年全年共有5.07万60岁以上70岁以下老年人新取得机动车驾驶证。

三、加强协作，主动为老年人分忧解难

各地公安机关特别是治安部门和基层派出所，加强与基层老龄工作部门、司法部门、人民调解组织的配合，加强对涉老纠纷的调解工作，竭尽所能地为老年人提供法律服务和司法保护。对涉老纠纷的调解，坚持调防结合、以防为主，积极开展摸情况、排重点、查隐患工作，认真研究和掌握涉老纠纷发生的原因、规律，不断提高涉老纠纷调解的成功率，增强涉老纠纷调解的社会效果。对于不属于公安机关管辖范围的申诉、求助和纠纷，各地积极同基层老龄工作部门、法律服务工作者以及律师取得联系，确保老年人能够得到相关诉讼代理、法律咨询等法律服务。在公安部治安管理局的部署下，省、市、县三级治安系统继续深入开展进四门（家门、店门、校门、厂门）、走“七类家庭”（无生活来源、无儿女依靠、依赖低保、精神失常、行为偏执、身体残疾、刑事解教）活动，结对帮扶无儿女依靠的老年人群体。

四、依法打击，全力确保老年人生命财产安全

老年人作为特殊群体需要社会关爱，涉老违法犯罪影响恶劣，危害严重，近年来，公安机关对涉老违法犯罪始终保持高压严打态势。各级治安管理部门持续开展“平安医院”建设，全面强化医疗机构安全保卫，严厉打击非法行医、“医托”行骗等违法犯罪活动，查处各类涉医案件，协助排查化解医患纠纷，深化医疗机构安全保卫，进一步整顿医疗秩序，为老年人等就医群体创造良好的就医环境。深化打击食品犯罪工作，开展“打击食品药品犯罪深化年活动”，开展多轮次集中打击，2014年一年来，共侦破食品药品案件2.1万起，保障了包括老年人群体在内的广大群众的餐桌安全、用药安全。刑事侦查部门在持续严打电信诈骗的同时，调动各界力量，深入、持续开展防范电信诈骗犯罪的宣传工作，运用各种媒体、各种途径、各种载体进行宣传，特别是组织新闻媒体制作防范电信诈骗公益广告，在中央及地方主流媒体循环播放，进行警示，取得了良好的效果。

住房和城乡建设部

综　　述

2014年，住房城乡建设部积极适应我国人口老龄化趋势，认真落实国务院关于加快发展养老服务业的决策部署，结合住房城乡建设中心工作，扎实推进养老服务设施规划建设，加强老年人家庭及居住区公共设施无障碍改造，切实保障老年人权益。

一、完善养老服务设施工程建设标准

为适应养老服务业发展需要，加强工程建设标准制订修订工作。已颁布的老年养护院、老年人日间照料中心等建设标准为固定资产投资提供了科学依据，加快了工程建设项目审批；城镇老年人设施规划规范、城市居住区规划设计规范等规划标准为养老服务设施合理布局、保障建设用地发挥了重要作用；养老设施建筑设计规范、无障碍设计规范等技术标准为养老服务设施质量、功能提供了保障。目前，住房城乡建设部正在开展“涉老设施规划建设标准关键技术和标准体系”课题研究，组织编制农村敬老院、综合社会福利院等建设标准，对城市居住区规划设计规范、城市公共服务设施规划规范、城镇老年人设施规范和老年人居住建筑设计标准等进行修订。

二、加强养老服务设施规划工作

会同国土资源部、民政部、全国老龄办于2014年1月印发《关于加强养老服务设施规划建设工作的通知》（建标〔2014〕23号），要求各地规划编制单位、审查机构严格落实《国务院关于加快发展养老服务业的若干意见》（国发〔2013〕35号）所提出的人均用地不低于0.1平方米的标准，依据规划要求，确定养老服务设施布局和建设标准，分区分级规划设置养老服务设施。开展城市生活问题专题研究、城市人口问题专题研究，进一步研究认识了人口老龄化的趋势，分析了当前涉老服务设施的规划标准、规划方法和建设模式等问题，为下一步完善相关技术政策提供支撑。

三、稳步推进养老服务设施建设

一是会同民政部、财政部、中国残联和全国老龄办印发《关于加强老年人家庭及居住区公共设施无障碍改造工作的通知》（建标〔2014〕100号），推动和扶持老年人家庭无障碍设施的改造，加快推进坡道、电梯等与老年人日常生活密切相关的公共设施改造。二是组织召开无障碍设施建设工作座谈会，部署创建无障碍环境市县检查验收工作，发挥先进城市的引领示范作用，为残疾人、老年人参与社会活动提供便利。三是大力推动城市公园绿地建设，积极拓展老年人游览健身活动空间。实施了一大批“推窗见绿、开门进园”项目，让人口高度集中区域内的老年人能够就近就便进入公园、游园。四是完善公园游园等配套设施，有针对性地提供老年人活动设施和服务，为老年人提供周到的服务和关爱。

四、推动景区园区门票优惠

加大公园游园和国家级风景名胜区门票费用减免力度。指导各地结合实际，制定出台针对老年人的公园游园优惠政策，有的地区已取消地域限制，让本省、市老年人可以充分享受本地公益性公园减免费用优惠政策。2014年，全国风景名胜区按照各地制定的优惠政策对老年人实行门票减免制度，多数景区在售票处醒目位置标明对老年人优惠的规定和条件，给予老年人热情周到的服务。其中，江西庐山、龙虎山，安徽黄山、九华山、天柱山等风景名胜区均对70岁老人实行免票；杭州西湖风景名胜区成立了老年人体育协会，合理组织和引导风景名胜区内老年朋友们更好地开展体育活动；北京市风景名胜区对本市65周岁及以上老年人免收门票（大型活动期间除外）。

五、积极实施农村老年人危房改造

2014年，中央安排230亿元补助资金，支持全国266万贫困农户改造危房，其中贫困地区105万户、边境一线15万户、建筑节能14万户；基本补助标准户均7500元，同时对贫困地区增加补助户均1000元，对边境一线和建筑节能示范户增加补助户均2500元。农村危房改造以“三最”为基本原则，帮助住房最危险、经济最贫困农户解决最基本安全住房，补助对象重点是居住在危房中的农村分散供养五保户、低保户、贫困残疾人家庭和其他贫困户。各地在推进农村危房改造过程中，优先将符合条件的农村贫困老人纳入补助对象范围，并针对农村留守老年人住房危险、生活无人照顾的实际情况，探索相对集中居住、互助养老等模式，解决农村留守老人的安全住房及养老问题。

六、抓好养老服务政策督查落实

住房城乡建设部在印发建标〔2014〕23号和建标〔2014〕100号文件后，切实抓好督查落实工作。参加了国务院对内蒙、安徽养老服务业发展政策落实情况的督查，对山西、海南、辽宁等省养老服务设施建设情况进行了调研，并举办了养老服务设施建设标准规范全国培训班。各地住房城乡建设主管部门均确定了养老服务设施规划建设责任单位和责任人，大部分省级住房城乡建设主管部门及时转发了文件。其中江苏、上海、吉林、重庆编制了专项规划，湖北、天津、黑龙江、陕西加强了地方标准的编制，北京、河北、浙江、新疆加强了竣工验收备案管理，浙江、甘肃、四川、青海加强了无障碍设施建设和改造，海南、广东、安徽、内蒙加强了标准宣传贯彻和培训。

国家卫生和计划生育委员会

综　述

一、2014年工作进展

我委专门成立由工5个司局组成的老龄工作领导小组，实现对卫生计生老龄工作齐抓共管。2014年3月和9月分别召开由委领导主持的全体成员会议，对卫生计生老龄工作进行部署和督促，夯实工作机制，积极推动卫生计生老龄工作的落实。

（一）继续推进《国务院关于加快发展养老服务业的若干意见》的贯彻落实。

开展面向养老机构的远程医疗服务试点。国家发展改革委会同我委和民政部印发《关于组织开展面向养老机构的远程医疗政策试点工作的通知》，在北京、湖北、云南组织开展面向养老机构的远程医疗政策试点。

支持有条件的养老机构设置医疗机构。印发《养老机构内设医务室基本标准》和《养老机构内设护理站基本标准》，支持有条件的养老机构设置医疗机构。

将符合条件的养老机构内设医疗机构纳入新农合定点范围。印发《国家卫生计生委办公厅关于做好新农合几项重点工作的通知》（国卫办基层发〔2014〕39号），明确要求各地将符合条件的养老机构内设医疗机构纳入新农合定点范围。

建立社区医院与老年人家庭医疗契约服务关系。根据《关于开展乡村医生签约服务试点的指导意见》（国卫办农卫发〔2013〕28号）要求，积极推进乡村医生和农村居民建立契约式服务关系，探索城市地区全科医生签约服务，各地普遍开展了以社区卫生服务机构为基础的全科医生团队或家庭医生服务模式。

（二）加强老年健康服务体系规划，努力构建健康养老服务网络。

为建立更为科学合理的老年医疗卫生服务体系，我委在已编制的《全国医疗卫生服务体系规划纲要(2015—2020年)》中专门提出有关医养结合内容：

推进医疗机构与养老机构等加强合作。推动中医药与养老结合，充分发挥中医药“治未病”和养生保健优势。建立健全医疗机构与养老机构之间的业务协作机制，鼓励开通养老机构与医疗机构的预约就诊绿色通道，协同做好老年人慢性病管理和康复护理。增强医疗机构为老年人提供便捷、优先优惠医疗服务的能力。支持有条件的医疗机构设置养老床位。推动二级以上医院与老年病医院、老年护理院、康复疗养机构、养老机构内设医疗机构等之间的转诊与合作。在养老服务中充分融入健康理念，加强医疗卫生服务支撑。支持有条件的养老机构设置医疗机构。统筹医疗服务与养老服务资源，合理布局养老机构与老年病医院、老年护理院、康复疗养机构等，研究制定老年康复、护理服务体系专项规划，形成规模适宜、功能互补、安全便捷的健康养老服务网络。

发展社区健康养老服务。提高社区卫生服务机构为老年人提供日常护理、慢性病管理、康复、健康教育和咨询、中医养生保健等服务的能力，鼓励医疗机构将护理服务延伸至居民家庭。推动开展远程服务和移动医疗，逐步丰富和完善服务内容及方式，做好上门巡诊等健康延伸服务。

（三）加大老年人健康管理和慢性病防控力度，提高老年人群健康水平。

继续实施国家基本公共卫生服务项目，由基层医疗卫生机构对辖区内65岁以上常住居民免费提供一次健康管理服务和中医药健康管理服务，包括生活方式和健康状况评估、体格检查、辅助检查和健康指导等；在中医体质辨识的基础上对不同体质老年人从情志调摄、饮食调养、起居调摄、运动保健、穴位保健等方面进行相应的中医药保健指导。

2014年度，中央转移支付地方慢性病防治项目资金投入6.3亿元，开展针对老年人等重点人群的心血管病高危人群早期筛查干预、脑卒中高危人群筛查干预、癌症早诊早治、肿瘤随访登记、慢性病综合干预等工作。疾控机构加强对基层卫生机构开展高血压、糖尿病患者规范管理的指导和监督，提高慢性病综合干预管理效果。

（四）开展“计划生育家庭养老照护试点”，推动开展医养结合工作。为探索建立系统完整的计划生育家庭居家养老照护支持体系，保障计划生育家庭老年人能够获得所需的、适宜的健康服务，我委在全国组织开展“计划生育家庭养老照护试点”工作，要求各地采取多种形式，帮助计划生育家庭解决居家养老照护方面的现实困难和实际问题。特别是针对计划生育特殊困难家庭及有失能老人的家庭，开展有针对性的生活照料、家庭保健、照顾护理、精神慰藉、紧急救援等活动，以提高老年人的健康水平，改善生活质量，增强独立生活能力，延长健康预期寿命。

（五）完善老年医疗保障政策，巩固和发展新型农村合作医疗制度。继续提高新农合筹资标准和保障水平，将各级财政对新农合人均补助标准提高到每人每年320元；加快新农合信息化建设，推动国家新农合信息平台与省级平台及大型定点医疗机构的联通和试运行，为异地居住的参合老人等就医阶段奠定了基础。

（六）开展多种形式的宣传工作，加强老年人健康教育。通过印发《全民健康素养促进行动规划(2014—2020年)》、开展“健康中国行”等系列活动，开展老年人健康教育工作；通过中央电视台“我的父亲母亲”新闻公益活动、我委官网在线访谈栏目等宣传老年人跌倒的预防和高血压、脑卒中，糖尿病等慢性病防治等知识。

（七）加强国际交流合作，引入先进理念，推动卫生计生老龄工作科学发展。2014年11月，第7届中日韩三国卫生部长会后，我方主办了“健康老龄社会论坛”，进一步明确了三方在老龄化卫生应对领域的合作意向、深化了三国官员和专家间对该议题的认识。已原则同意续签“中日韩老年人家庭保健及相关支持性公共服务合作备忘录”。与WHO合作开展中目老年健康现状与对策研究，拟于2015年发布。

二、2015年工作安排

（一）继续巩固完善新农合制度。逐步扩大保障范围，不断提高保障水平，提高补助标准，提升服务质量，使老年人享受到更多实惠的同时确保包括农村老年人在内的参合农民获得优质的医疗保障服务。

（二）继续开展国家基本公共卫生服务老年人健康管理项目和老年人疾病防控工作。发挥基层医疗卫生机构在就近解决老年人基本医疗卫生服务中的基础作用，扩大老年人健康管理服务覆盖范围。做好中央转移支付地方慢性病防治、精神疾病防治项目工作，加强心血管病高危人群筛查和干预、脑卒中高危人群筛查干预、癌症早诊早治、肿瘤随访登记等慢性病综合干预防控措施，加强老年人等重点人群口腔保健工作力度。开展流动老年人健康服务专项调查，以掌握流动老年人口的数量、健康状况和对公共卫生服务的利用情况。

（三）积极推动“医养结合”工作开展。与发展改革、民政、人力资源和社会保障、财政、国土资源等部门共同推动相关政策的制定并发布文件，指导医养结合工作的全面开展；研究制定护理员规范管理的文件，制定印发《老年病医院基本标准》和《综合医院老年病科基本标准》。

国家体育总局

综　述

2014年，党和国家先后出台了多个涉及加强老年体育的相关文件，对老年体育事业发展起到了前所未有的推动作用。中国老年人体育协会和全国各地老年人体育协会在各级政府职能部门的指导、支持下，抓住机遇、主动开拓、勤奋推动，老年体育工作取得了新成效。

中国老体协依照协会章程，根据国家体育总局的有关部署和要求，结合全国各地老体协的实际，2014年主要开展了以下工作。

一、召开了2014年全国老年人体育协会工作会

5月12日至16日协会工作会在江西省婺源县召开，会议认真学习领会党的十八届三中全会精神和刘延东副总理在第二届全国老健会总结报告上的批示精神，贯彻落实全国群体工作会议对老年体育工作的具体要求，以总结经验、创新思路、“建家立业”为主题，研究部署全国老年体育工作，十五个单位在会上交流了各自的特色做法。

中国老体协主席张发强在总结讲话中强调：老体协要突破体育圈，融入大社会；要以人为本、以健为本、以实为本；真正推动落实“三个身边”（抓群众身边的组织、建群众身边的场地、搞群众身边的活动）。要以建设老年体育健身“康乐家园”为切入点，全面推动老年体育工作。

二、举办了第三届全国老年人体育健身项目创新交流大会

5月13日至15日创新交流大会在婺源县老年健身活动中心举行，规模和水平超过往届。29个省（区、市）、计划单列市、行业体协的39支代表队近700人参加，创新交流项目多达52项次。通过交流，进一步激发了各地创新老年人体育健身项目的积极性，推进了健身项目创新工作。

三、广泛开展老年体育工作调研

（一）参加国家体育总局调研工作。今年下半年，中国老体协受邀参加由国家体育总局牵头有关部委、相关司局组成的检查调研组，分别赴吉林、浙江、上海、四川等地开展了2014年《全民健身条例》和《全民健身计划》贯彻落实情况的检查调研工作。老年人体育工作情况是本次检查调研的五项工作之一。这是总局首次将老年人体育工作列入检查调研内容，并首次邀请中国老年人体协领导参加并撰写评估报告，各省市政府、体育行政部门也第一次将老年人体育开展情况作为群众体育的重要工作做汇报。通过调研，国家体育总局进一步了解了老年体育工作情况，对加强老年体育工作发挥了积极作用。

（二）三省老年体育工作调研。三月至七月间，中国老体协领导同国家体育总局群体司领导及国家体育总局办公厅、中国体育报社、首都体育师范学院同志组成调研组赴江西省、福建省、内蒙古自治区调研老年体育工作。三个省的工作各具特色，调研组重点对三省建设老年体育健身设施的情况进行了调研，三省“政府主导、部门协调、社会参与、建设目标明确、系统推进实施”的经验有很好的示范作用。中国老体协已将《调研报告》呈送国家体育总局并在《老年体育》报上做了宣传。

四、各项交流活动圆满举行

按照“相对稳定、个别轮换”的设项原则，主办了健身球操、气排球、柔力球、健步走、门球、太极拳（剑）、网球、钓鱼、乒乓球交流活动。在各地老体协和老年体育健身爱好者的大力支持、积极参与和承办单位的精心保障下，交流活动圆满举行，取得了良好效果，推动了老年健身活动的开展。

五、努力发展示范推广项目

柔力球、气排球、健身球操和健步走运动是中国老体协示范推广的健身项目。三个专项委员会和推广委员会为项目的普及、发展做了大量工作，成效明显。柔力球项目在健身和旅游结合、社会办赛方面积极探索，收到了较好的社会效果。去年，柔力球专委会筹集社会资金 200 多万元用于柔力球事业发展。

中国老体协持续推动全国老年人健步走大联动活动，11 月 11 日，2014 年全国老年人健步走大联动活动主会场启动仪式在重庆市大足区举行，来自该区的近 5000 名健步走爱好者参加。大联动当天，全国共有 20 个省（区、市）举办了健步走大联动活动，参加人数约 350 万人，参与人数大超去年。在各地老体协的共同推动下，健步走运动已成为中老年人最喜爱和参与最广泛的项目。

六、举办了四个健身项目培训班

为推动老年体育健身项目的可持续发展，专项委员会和推广委员会与承办单位积极筹备、分别举办了全国老年人健身球操、气排球、柔力球和健步走项目教练员、裁判员等技术骨干培训班，均取得良好的效果。

健身球操培训班与全国交流活动有机结合同期先后举办，既减轻了承办单位的组织压力，也减少了技术人员的负担，在培训中现场表演，现场点评，现场讲授，提高了培训效果。

七、在国际舞台上展示中国老年体育风采

2014 年国际健康健美长寿论坛于 8 月 16 日至 17 日在莫斯科举行，来自世界二十几个国家和地区的代表围绕“健康、健美、长寿”主题进行演讲和讨论。俄罗斯联邦副总理和大会组委会主席、全国妇联原党组书记黄晴宜等出席开幕式并致辞。中国老体协主席、大会组委会常务副主席张发强主持体育与养生论坛，副主席盛志国作了《中国倡导推动全民健身取得显著多元效能》的发言。中国老体协柔力球和健身球操专委会组织的两支展演队伍现场做了展示。中国老体协和展演队伍获得“突出贡献奖”和“优秀表演奖”两项殊荣。张发强主席说：“我们展演队伍的精彩表演，把大会推向高潮。小小柔力球、健身球在本次论坛大放光彩，提升了中国老年体育在国际舞台的影响力和知名度。”

八、参与国家体育总局研制老年人健身器材和老年人科学健身指导丛书编写工作

（一）积极协助、推动老年人健身器材研制工作。2014 年 9 月 18 日，国家体育总局召开老年人健身器材研制工作座谈会。国家体育总局副局长冯建中、群体司司长刘国永、中国老体协主席张发强、副主席盛志国及健身器材研制企业的代表等参加会议。张发强主席就研制老年体育器材的意义、需求、形式、标准发表了看法、提出了要求。冯建中副局长希望企业要解放思想、放眼科技搞创新。充分考虑老年人的健身需求，研发出既科学又安全、品质好、外形美的老年健身产品。

（二）参与老年人科学健身指导丛书编写工作。协助总局群体司会同有关单位开展了前期调研、组建核心专家组、编写组、召开编写工作会等前期准备工作。目前丛书已进入编写、统稿阶段，计划 2015 年出版部分丛书。

九、探索拓宽老年体育宣传工作

在改进和加强老体协网站和老体协简报工作的同时，与负责运营《新民晚报（老年体育报）》的银龄华夏（北京）文化传播有限公司达成合作协议，以中国老体协会刊（试刊）的形式，利用《老年体育报》扩大对老年体育工作的宣传。

中华全国总工会

综　　述

2014 年以来，全国总工会各级贯彻党的十八大，十八届三中、四中全会和习近平书记系列重要讲话精神特别是关于工人阶级和工会工作的重要论述，找准工会工作的切入点和着力点，积极参与有关老龄工作政策的制定，关心离退休职工的生活，切实维护离退休职工的合法权益，涉老工作取得了积极进展。

一、完善组织机构，健全工作机制，加强工会老龄工作的组织领导和统筹协调

为贯彻落实全国老龄委第十六次全会精神，进一步做好工会老龄工作，专门成立全国工会老龄工作领导小组，制定领导小组工作方案，明确领导小组机构设置、主要职责及分工、工作方式和工作要求等，切实抓工会老龄工作，在推进老年保障体系建设、做好离退休职工服务工作等方面发挥工会应有的作用。

二、参与涉老法律法规和政策的制定，反映离退休职工的意见和要求，推动健全和完善老年社会保障制度

高度重视源头参与，围绕关系退休职工利益的养老和就医等热点问题开展调查研究，积极参与住房保障和社会保险立法及相关政策的制定，从源头上保障职工群众的社会保险权益。作为国家养老保险制度顶层设计部际研究工作小组成员单位之一，参与研究养老保险顶层设计有关重点问题，推动我国养老保险制度的完善和发展。积极参与医改工作，推动将完善职工大病保障制度纳入2014年医改重点工作，参与深化医改中有关医师多点执业、发展商业健康保险、县级公立医院综合改革效果评价、城市公立医院综合改革试点、五省医改综合试点、全国医疗卫生服务体系规划纲要（2015—2020年）等方面政策研究，提出建议。参与我国住房保障制度的立法，对《住房保障条例（征求意见稿）》提出修改意见，维护包括退休职工在内的全体职工的住房保障权益。

三、关心离退休职工的生活，扎实做好工会帮扶工作，加大对困难退休职工的帮扶救助力度

截至2014年底，全国工会共建立3515个县级以上困难职扶中心和20.1万个基层工会帮扶站点，并通过自建或联建方式，建立爱心医院1324个、爱心药店2585个、扶贫超市2645个、爱心学校1142个。各帮扶中心将困难退休职工全部纳入了工会困难职工档案，并对他们进行了相应的帮扶。2014年元旦春节期间，全国工会共筹集送温暖资金40.1亿元，慰问困难职工450.4万户。

中华全国妇女联合会

综　　述

2014年，全国妇联老龄工作在全国妇联党组、书记处的领导下，以党的十八大、十八届三中、四中全会精神和习近平总书记系列重要讲话精神为指导，按照全国老龄委第十六次全体会议的安排部署，认真履行成员单位职责，紧密结合妇联工作实际，努力推动老龄妇女工作的开展。主要做了以下几个方面的工作：

一、认真履行职能，努力维护老龄妇女合法权益

一是在参与国家法律法规政策制定中关注老龄妇女权益，主动参与推动《反家庭暴力法》《社会救助暂行办法》多部重要法律法规的修订和制定，针对老龄妇女在社会保障、医疗保障、社会福利、社会救助、老年优待等方面的特殊利益诉求提出意见建议。在推进反家暴立法、维护妇女土地权益等重点工作中关注老年妇女的特殊需求，听取老龄妇女的呼声和诉求。在推进信访代理、留守妇女互助组、妇女议事制婚姻家庭调解等维权活动中，注重发挥老年妇女志愿者的优势。二是在22个省区市妇联开展“中国妇女法律援助行动”项目，今年申请法律援助案件补贴247万元，帮助妇女、老年人、未成年人及残疾人总计1535人，挽回经济损失近8300万元，有效地维护了包括老年妇女在内弱势群体的利益。三是在指导基层维权服务中关注老年妇女特殊需求，在编写的《12338妇女维权热线工作指南》和《妇女之家维权服务指南》中，专门设计了“老年妇女的维权服务流程”和“老年妇女生活困难风险评估表”，从12个方面评估，找出存在的主要问题，要求重点关注经济困难、失能的老年妇女，对权益受损的老年妇女给予心理关爱，提供解困救难的服务。四是努力做好老年妇女信访个案服务。在修改下发的《妇联组织信访工作规定》，专门增加一条信访场所的内容，要求信访接待场所应当方便残疾人、老年人进行信访活动。在日常接待工作中，开辟老年人优先接待的绿色通道，对待困难行动不便的老年人给予特殊的照顾和关心。2014年，全国妇联信访处共办理群众信访电网上投诉10532件次，其中有近7%的信访当事人是老年人。

二、积极开展敬老助老活动、倡扬中华传统美德

2014年全国妇联认真贯彻习近平总书记在同全国妇联新一届领导班子集体谈话时提出的“注重发挥妇女在社会生活和家庭生活中的独特作用，发挥妇女在弘扬中华民族家庭美德、树立良好家风方面的独特作用”的指示和党中央祝词精神，落实中央《关于积极培育和践行社会主义核心价值观的意见》，号召家庭成员注重亲情，建设和睦家庭，开展了系列道德实践活动，将孝老爱亲内容融入其中。一是组织开展“寻找最美家庭”活动和“好家风好家训”宣传展示活动，传承夫妻和睦、尊老爱幼、科学教子、勤俭持家、邻里互助的中华民族家庭美德，以实际行动为培育和践行社会主义核心价值观贡献力量，在推选出的100个全国“最美家庭”和230户提名家庭中有许多是敬老助老家庭。与中宣部向全社会发布了任全来家庭等10户“全国孝老爱亲最美家庭”的先进事迹，这些家庭敬老爱老、奉行孝道，倾心孝顺父母公婆，倾情照顾孤寡老人，志愿服务困难群体。二是参与“寻找最美孝心少年”公益活动。今年5月，中央电视台启动2014“寻找最美孝心少年”大型公益活动，全国妇联作为重要指导单位参与其中，组织妇联系统层层推荐，通过组织参与寻找活动，引导儿童更多地发现身边的榜样，学习身边的榜样，传承和弘扬中华民族孝道文化。暑期，与中央电视台少儿频道共同开展了“请到我家来做客”特别节目制作活动，在北京精心挑选了30多户志愿者家庭的孩子，与孝心少年候选人结成爱心伙伴，共同生活，共同学习，通过这种交流，彰显社会各界的爱心和正能量，把榜样请到孩子身边，使更多的儿童加入到践行孝道的行列中。三是强化宣传，积极营造敬老爱老的社会氛围，中国妇女报策划“齐家·圆梦”大型系列主题宣传活动，开设了寻访“身边的孝星”专栏，他们的故事，感动社会，更为人们践行、传承孝老爱亲美德树立了榜样。

三、发挥优势，努力为老龄妇女做好事办实事

全国妇联从关注老龄妇女民生、服务老龄妇女需求出发，在推进家政服务、创业就业、健康检查等工作中使她们能够老有所护、老有所为、老有所乐。一是将居家养老作为巾帼家政服务工作的一项重要内容，力促“老有所护”。今年三月，在山东济南召开了“贯彻落实习近平总书记系列重要讲话精神，加快巾帼家政服务健康发展推进会”，全国人大常委会副委员长、全国妇联主席沈跃跃在讲话中指出，目前我国老龄人口超过2亿，养老问题已成为国家重要的民生问题，发展家政服务是解决这一问题的重要途径。各级妇联在家政服务培训中专门设置居家养老课程，全年培训巾帼家政服务员58万人次，提高了养老服务人员的技能和综合素质，并实行持证上岗，为空巢、失独及生活不能自理的老人提供贴心、周到的服务，帮她们解决生活中的难题。二是组织动员老年妇女参与手工编织，实现“老有所为”。手工编织具有资源消耗少、劳动强度低、便于居家操作等特点，特别适合中老年妇女和残疾妇女参与。今年五月，全国妇联在四川成都召开了发展手工编织促进妇女创业就业工作推进会，各地妇联积极落实会议精神，动员老龄妇女参加手工编织，既能做到“老有所为”，又可以陶冶情操、增加收入、促进家庭和谐。老人们感到，手工编织其乐无穷，既锻炼大脑，延缓衰老，又增加收入，何乐而不为。三是扩大“两癌”免费检查范围，提高老年妇女的健康水平。全国妇联着力推动将妇女“两癌”免费检查的范围由原来的35至59岁扩展到64岁，把老年妇女纳入免费检查范围。同时，为增强妇女特别是老年妇女的健康保健意识，今年，在浙江、福建、辽宁、河南等地先后举办女性健康知识讲座11场，发放调查问卷2400份；在北京、四川、天津等地举办“健康与美丽同行”长跑活动，组织医务工作者现场咨询。通过参加活动，使中老年妇女有效提高了自身健康意识和健康水平。此外，我们还拍摄制作了“两癌”免费检查公益广告，在中央电视台、地铁电视、公交电视等平台播出，发放健康知识宣传册，制作妇女健康知识宣传挂图、台历等，广泛宣传妇女健康知识。北京晓月苑社区妇联组织100余名60岁以上的老年妇女参加体检，她们十分感慨，在人生的夕阳时节还能得到妇联组织的温暖和关爱。

北京市

综　述

2014 年，北京市老龄工作坚持从新时期首都城市战略定位和努力破解人民群众关心的热点难点问题的高度出发，贯彻落实国务院和北京市推进养老服务业发展的意见，强化老龄工作的顶层设计，完善服务和设施，健全居家养老服务体系，落实老年人社会优待福利，保障老年人权益，全面推进居家养老服务工作，提高老年人社会优待水平，使广大老年人共享北京市经济社会发展成果。

一、强化养老服务发展顶层设计

建立跨部门协调机制，强化对老龄工作的综合协调和统筹管理。2014 年 5 月，召开了市老龄委 2014 年第一次全体会议，对原有《工作制度》进行了修订，明确了全体会议制度、专项会议制度、联络员会议制度等七项内容；明确了老龄委、老龄委成员单位、老龄办及各区县的职能定位，进一步强化市老龄委对全市老龄工作的领导。针对促进社会化、产业化发展任务中存在的主管部门不明确或管理职能交叉问题，结合 43 家成员单位编办确定职责中的涉老内容和各单位承担任务情况，修订了《市老龄委成员单位工作职责》。部署安排国务院《关于加快发展养老服务业的若干意见》（以下简称《若干意见》）和市政府《关于加快推进养老服务业发展的意见》（以下简称《意见》）贯彻落实工作，进一步明确各成员单位和区县政府在发展养老服务业中的地位和责任。

完成《北京市居家养老服务条例》立法工作。2014 年，根据新修订实施的《中华人民共和国老年人权益保障法》精神和北京市重要制度的调整，针对居家养老服务和医疗服务不足、居家养老服务设施建设不够、配套政策和标准规范不完善等问题，联合市人大内司委开展《北京市居家养老服务条例》的立法起草工作，破解制约居家养老服务发展的各种瓶颈和障碍，进一步理清政府责任和部门职责，支持家庭养老、健全社会保障、发展社会服务。

加强基层老年协会建设。经过多次研究座谈和征求意见，出台了市民政局《关于加强基层老年协会建设的意见》，以及市老龄办关于基层老年协会建设参考规范、章程文本以及政府购买服务参考目录等文件，进一步明确我市今后促进基层老年协会规范发展的总体思路和发展目标。

二、完善服务和设施，健全居家养老服务体系

推进养老照料中心建设。强化街乡级养老服务机构的枢纽作用，按照“夯实中间、带动两头”的发展思路，2014 年，全市共建设 104 个街乡镇养老照料中心，超额完成近 30%，预计新增床位 9550 张。养老照料中心以现有养老机构为主要载体，充分发挥养老机构对社区托老和居家养老的辐射和拓展作用，完善社区养老服务平台建设，提供居家助老、社区托老、机构养老、技能培训、信息管理等服务，实现机构、社区和居家三类养老服务相互依托、资源共享、协调发展。市级彩票公益金在工程建设以及设备购置方面给予资助，每家机构最高资助 450 万元。政府投入建设补助资金 2.4 亿元，撬动社会直接投资约 20 多亿元，最大限度盘活闲置学校、厂房等各类存量资源，有效缓解中心城区养老床位少、养老设施资源有限的困难。

完成“券变卡”试点工作。2014 年 7 月份在海淀区正式启动居家养老（助残）服务“券变卡”试点。由原来的纸质养老（助残）券变为充满社会关爱的打折卡，并带有银行卡功能，老年人及家人在签约服务单位消费都可享受打折服务。“券变卡”提高了政府对养老助残服务的信息化管理的精准程度。通过数据平台的建设，把政府专项资金的发放、服务对象的管理、服务提供单位的服务等各个环节统一起来，实现了政府、服务提供单位、服务对象的信息和资源共享。减少了服务单位的结算时间，降低了准入门槛，改变了对服务单位的监管模式。以“政府购买服务、委托社会组织运营”的方式，由北京市社区服务协会作为行业协会，对“券变卡”后的服务单位进行监管，发挥其直接提供服务、直接反映诉求、参与基层社会管理的积极作用。改变了老年人和残疾人享受政府养老助残补贴的形式。“券变卡”试点工作，推动了养老服务向精细化、精准化发展。

研究制定居家养老服务工作文件，推进规范化建设。调研并起草了《关于养老照料中心开展社区居家养老服务工作的意见》，制订设施建设标准和服务标

准，促进社区养老服务标准化建设，加强监督管理，规范服务市场，提高社区养老服务水平。研究制定了《北京市关于推进居家养老服务工作的意见》《北京市家庭养老护理服务单位管理办法》(试行)、《2015—2020年社区养老服务设施发展指标》《北京市城乡社区居家养老机构管理办法》《北京市托老所管理办法》(试行)。研究出台社会办全托型托老所床位补贴办法，完成2014年床位补贴资金发放工作。完成2013年度居家养老（助残）服务单位特等奖单位的评审以及2014养老（助残）服务单位奖励资金发放工作。核发2013年全市全托型托老所补贴，扶持有专业规模的养老服务商开展连锁经营，就近提供全托和居家养老服务，调动了开办全托型托老所的积极性。

开展精神关怀服务工作。起草了《关于进一步推进养老助残精神关怀服务工作的意见》。启动“弘孝工程进社区”工作。做好向社会购买老年人精神关怀服务工作。完成2013年度养老（助残）精神关怀服务单位结项评审以及2014度养老（助残）精神关怀服务项目补贴资金发放工作。

三、落实老年人社会优待福利，保障老年人权益

认真执行老年人优待政策。截至2014年12月底，共办理老年人优待卡27万张，共办理优待证11万张。开展《北京市关于进一步加强老年人优待工作的意见》前期调研，形成了初稿，目前正在征求相关部门的修改意见。结合市人保局和市卫计委的大病保险工作，做好高龄老年人医疗补贴制度的落实工作，截至2014年底，共有2758人次享受高龄老年人补助医疗费用699.95万元。

继续按照《北京市高龄老年人津贴发放办法》，指导区县采取灵活多样的核实申请办法和不同形式的发放办法，对本市90周岁以上老年人发放高龄津贴。截至2014年底，为90～99岁高龄老年人发放高龄津41万人次，总计4084万元；为100岁以上老年人发放高龄津贴7562人次，总计151万元。

推广老年人意外伤害保险。全年共承保30.39万人，总保费658.06万元，其中119万元为市财政统保资金支出，市民自愿购买及其他形式的保费收入539.06万元，受理理赔申请共计1583件，支付赔款382.99万元。北京市老年人意外伤害保险工作开展至今，老年人投诉率为零，项目运行平稳、效果良好，不但扩大了老年人意外伤害保险项目的社会知晓率和影响力，同时对增强老年人自我风险防范意识起到促进作用。

积极开展高龄特困老年人的帮扶救助工作。2014年为3333位高龄困难老年人发放199.98万元救助金，组织指导区县开展重阳节期间的慰问活动。为符合条件的空巢老年人安装了5000个紧急医疗救援呼叫器（“一按灵”），同时为符合条件的高龄老年人安装烟感报警器。为全市低保等困难老年人每人免费提供1台“小帮手”电子服务器。

四、开展北京市万名“孝星”命名活动

继续开展“孝星”命名活动。2014年是命名活动开展的第五年，以北京市老龄工作委员会名义下发文件，继续命名10000名“孝星”，经过层层筛选、推优、公示，最终以北京市人民政府名义对万名“孝星”进行命名。在北京市万名“孝星”命名活动基础上，向全国推选出姚金国等52名“全国孝亲敬老之星”，黄薇、叶如陵2名“中华孝亲敬老楷模候选人”提名。

丰富孝亲敬老先进典型的宣传形式。从2010年至2014年的5万名“孝星”中，提名了100名“孝亲敬老楷模”，实行社会化运作，推选出24名“孝亲敬老楷模”。活动委托专业媒体，多角度、多渠道宣传24名“孝亲敬老楷模”的先进事迹。建立了“我心中的24孝星”评选网站，公众可以登录网站为孝星点赞。在北京电视台《特别关注》设立“孝行京华”栏目，对点赞数量位居前列的孝星事迹进行专访并播出。与北京电视台《咱爸咱妈》节目合作，拍摄制作《孝亲敬老公益宣传情景剧》，宣传新时期“孝星”事迹。

五、加强“四型”机关建设，提高机关工作队伍的素质和能力

北京市老龄办以加强组织建设为中心，以加强班子建设和队伍建设为重点，充分发挥战斗堡垒和服务保障作用，为老龄事业发展提供了智力支持和人才保障。一是做好党的群众路线教育实践活动的整改落实。针对制定的10个方面15条整改措施，按照局党委的整体要求，分阶段分步骤，逐一进行整改落实，完成了各项整改目标。二是继续开展“四型”机关建设活动，全面提高队伍整体素质。组织开展了5期“科学讲堂·智慧论坛”活动，30多名同志登台演讲；完成了《科学与智慧》《梦想与追求》的编辑工作，142人次参加了征文活动，共征文151篇，70余万字。三是加强干部队伍建设，为事业发展提供人才保障。坚持德才兼备、任人唯贤、不拘一格的干部任用原则，提拔任用处级干部5人。组织4名同志进行挂职锻炼。四是加强干部考核工作。开展实施了干部综合积分制管理和干部日常考核工作。五是加大监督考核。纪委牵头加大对重大项目进行全过程的监督，保证各项工作的规范性。

重要会议和活动

【召开北京市老龄委 2014 年第一次全体会议暨“推进养老服务体系建设，加快养老服务业发展”议案办理工作会】5 月，召开北京市老龄委 2014 年第一次全体会议，会议部署安排国务院《关于加快发展养老服务业的若干意见》和市政府《关于加快推进养老服务业发展的意见》贯彻落实工作及“推进养老服务体系建设，加快养老服务业发展”议案办理工作。会议对近年来我市老龄工作基本情况进行总结，介绍经验成果，分析存在问题，并就 2014 年全市在加强老龄工作体制机制建设、推进养老服务社会化产业化发展、完善老龄政策法规体系和高质量办理人大议案等重点工作进行了任务说明。会议讨论通过了新修订的《北京市老龄工作委员会工作制度》和《北京市老龄工作委员会成员单位职责》，明确了老龄委全体会议制度、专项会议制度、联络员会议制度等七项内容；明确了老龄委、老龄委成员单位、老龄办及各区县的职能定位；明确了各成员单位和区县政府在发展养老服务业中的地位和责任。市老龄委委员、联络员，市人大常委会相关领导、议案督办工作组、议案领衔代表，区县人大副主任、内司委主任委员，区县主管老龄工作的副区（县）长、民政局长、老龄办主任参加会议。

【开展“敬老月”主题活动】活动以“传承中华美德、弘扬敬老文化”为主题，在全市举办 188 项活动内容，活动时间从 9 月 28 日持续到 11 月 15 日。其中，9 月 28 日，举行 2014 年度万名“孝星”命名暨庆重阳・老年题材创作节目展演活动；组织市、区县敬老宣讲团走社区、进街道进行“孝星”事迹巡回宣讲；为全市 3 万名 65 周岁及以上享受基本生活救助老年人免费配备使用一台二代“小帮手”电子服务器；各区县开展慰问一批贫困老人、看望一批百岁老人、走访一批养老机构“三个一”活动；指导北京人民广播电台举办北京市第一届“银发达人秀”评选活动。

【命名万名“孝星”暨评选 24“孝亲敬老楷模”】以北京市老龄工作委员会名义下发文件，继续命名 10000 名“孝星”。经过层层筛选、推优、公示，以北京市人民政府名义对万名“孝星”进行命名，并从 2010 年至 2014 年的 5 万名“孝星”中，推选出 100 名“孝亲敬老楷模提名”，实行社会化运作，遴选 24 名“孝亲敬老楷模”。建立了“我心中的 24 孝星”评选网站，公众通过登录网站为“孝星”点赞。与北京电视台《咱爸咱妈的美好时代》栏目合作，拍摄制作 10 集《孝星在我家》敬老公益宣传情景剧，在北京电视台生活频道和北京市地铁电视滚动播出。在北京市万名“孝星”命名活动基础上，推选出姚金国等 52 名“全国孝亲敬老之星”及黄薇、叶如陵 2 名“中华孝亲敬老楷模提名”候选人，叶如陵获得“中华孝亲敬老楷模”称号，黄薇获得“中华孝亲敬老楷模提名奖”称号，西城区民政局、朝阳区老龄办、顺义区老龄办、芙蓉温馨家政获得“全国敬老模范单位”称号。

【参加第三届中国国际养老服务业博览会】5 月 4 日至 6 日，第三届中国国际养老服务业博览会开幕式暨第三届中国养老服务业发展论坛在京举行。活动由民政部、北京市政府、全国老龄办联合主办，中国社会福利协会、中国老龄产业协会、北京市民政局、北京市老龄办共同承办。来自 20 个国家和地区，以及国内 28 个省区市的养老机构、联盟组织、老年产品研发机构等单位参展。博览会开幕式由民政部副部长窦玉沛主持，第十一届全国政协副主席张梅颖、民政部部长李立国、北京市市长王安顺出席开幕式并致辞，第十届全国人大常委会副委员长司马义・艾买提宣布博览会开幕，全国老龄工作委员会办公室副主任阎青春、北京市副市长戴均良参加开幕式。第三届中国养老服务业发展论坛以“凝智聚力、创新服务、人人共享、和谐发展”为主题，邀请国内外政府部门和专家学者，从宏观视角探讨制度建设、政策创新的经验，探索推进老年福利事业发展的路径，北京市以《全面深化改革，推动北京养老服务业健康科学发展》为主题在主论坛介绍本市养老服务业发展思路和改革重点。

【开展落实国务院养老服务业发展政策措施自查工作】6 月、11 月，按照国务院督查组和市政府要求，对照国务院《关于加快发展养老服务业的若干意见》部署的各项任务进行全面自查。根据我市落实国务院文件各项措施的任务分工逐一检查，肯定成绩，找出问题和不足，制订改进措施。将自查与落实我市《意见》、办理市人大议案相结合，促进各项工作落实。两次均顺利通过国务院督查。

【召开 2014 年全市老龄工作会】11 月 25 日至 11 月 26 日，北京市老龄办召开全市老龄工作会议，全面总结 2014 年全市老龄工作和市政府《关于加快推进养老服务业发展的意见》实施一年来的成果；通报《北京市居家养老服务条例》立法情况、2014 年市政府为群众办实事项目——养老照料中心建设完成情况和养老助残券变卡试点情况、市审计局和市财政局对 2013 年养老专项资金审计绩效评价情况；听取各区县汇报 2014 年工作亮点、政策创新及重点工作存在问题，研讨 2015 年如何结合本地区实际，推动居家、社区、机构养老融合发展形成并完善社会养老体系，提升区域为老服务能力，积极开展改革、创新、实践，全面推进老龄工作科学发展的工作思路；深入分析老龄工作面临的困难和存在的问题，研究2015年全市老龄工作重点。各区县民政局、老龄办负责同志参加会议。

【召开全市街乡镇养老照料中心培训会】11月17日，市民政局、市老龄办组织召开会议，重点讲解养老照料中心项目验收检查标准、市级建设补助资金审核拨付和使用监管要求以及中心辐射居家和社区养老服务、"医养结合"工作的指导性要求，安排布置下一阶段验收检查以及服务指导对接工作。各区县民政局主管局长、老龄办主任、福利部门负责人、养老照料中心项目所在街乡镇主管负责人以及项目运营方负责人近300人参加会议。

【召开2014年度北京市老龄宣传工作会议】5月9日，召开会议，对北京市万名"孝星"命名暨"24孝亲敬老楷模"评选活动、老年题材文艺展示选拔工作进行部署，对区县工作人员进行"孝星"命名活动网上系统使用培训。

【举办"2014北京老年题材文艺节目展示选拔活动"】5月28日至30日，北京市老龄办对各区县选送的以弘扬孝道、为老服务、倡导老有所为等题材的70个创作节目进行了展示选拔，节目形式包括合唱、独唱、舞蹈、小品、琴书、戏曲等形。9月28日，选拔的优秀节目参加了2014年度万名"孝星"命名暨庆重阳·老年题材创作节目展演。

各项业务进展

【开展《北京市居家养老服务条例》立法工作】年内，根据新修订实施的《中华人民共和国老年人权益保障法》精神和北京市重要制度的调整，北京市民政局、老龄办配合市人大开展《北京市居家养老服务条例》立法起草工作，破解制约居家养老服务发展的各种瓶颈和障碍，进一步理清政府责任和部门职责。7月7日至7月13日，《北京市居家养老服务条例（草案）》（以下简称《条例草案》）通过市人大常委会门户网站向社会公开征求意见，市民对《条例（草案）》表示基本认可，并提出了39条意见和建议，主要集中在老年人就医、就餐等方面。《条例（草案）》分别于7月下旬、9月下旬、11月下旬三次提交北京市第十四届人民代表大会常务委员会会议审议，根据审议中提出的意见进行多次调研论证并修改完善，11月28日，在市人大常委会第十五次会议上审议并原则通过了法规草案。草案共二十条，由五部分构成，确立了本市居家养老服务的基本模式，规范了居家养老服务的要求和内容，明确了居家养老中相关主体的责任，确立了居家养老服务的系列保障制度，明确了各级人民政府及其相关部门工作人员、社区养老设施的管理者、使用者等主体的法律责任。

【修订完善老龄委工作制度】5月，召开市老龄委2014年第一次全体会议，对原有工作制度进行了修订，明确了全体会议制度、专项会议制度、联络员会议制度、专项工作组制度、报告制度、督查考核制度等七项内容；结合43家成员单位编办确定职责中的涉老内容和市政府《关于加快推进养老服务业发展的意见》中各单位承担任务情况，修订了《市老龄委成员单位工作职责》，明确了市老龄委、老龄委成员单位、老龄办及各区县的职能定位，进一步强化市老龄委对全市老龄工作的领导。

【建设104个街乡镇养老照料中心】年初，将建设80个街乡镇养老照料中心列入市政府折子工程和为民办实事项目进行重点督办，先后出台《北京市2014年街乡镇养老照料中心建设工作方案》等7项具体配套政策。截至年底，全市共建设104个街乡镇养老照料中心，超额完成近30%，政府投入建设补助资金2.4亿元，撬动社会直接投资约20多亿元，新增床位9550张，提供居家助老、社区托老、机构养老、技能培训、信息管理等服务。

【完成"券变卡"试点工作】7月，在海淀区启动居家养老（助残）服务"券变卡"试点，改变了老年人和残疾人享受政府养老助残补贴的形式，将纸质养老服务券转为北京通养老服务卡。老年人通过刷卡享受为老服务，服务资金结算时间由90天缩短至2天；建设数据平台，实现了政府、服务提供单位、服务对象的信息和资源共享。以"政府购买服务、委托社会组织运营"的方式，由北京市社区服务协会作为行业协会，提供服务、反映诉求、参与基层社会管理，对"券变卡"后的服务单位进行监管。为适应养老助残券改卡的工作需要，制定出台《北京市养老助残卡管理办法（试行）》《北京市养老助残服务单位管理办法（试行）》，规范对养老助残卡的管理，加强养老助残服务单位的准入和管理工作。

【居家养老服务】出台《社会办全托型托老所床位补贴办法（暂行）》，对为老年人提供24小时托养服务的民办或公办民营的托老所中的运营床位，收住生活不能完全自理老年人的，每床每月资助500元；收住生活自理老年人的，每床每月资助300元。全年共投入以奖代补资金1500万元，推进社区养老餐桌、养老家政、康复护理等社区养老服务单位规模化、规范化发展；投入补贴资金624万元，资助社会办全托型托老所规范运营和服务。推广自助型智慧餐饮配送站，方便老年人就餐。

【老年人社会保障、救助和优待】截至年底，为90～99岁高龄老年人发放高龄津贴41万人次，总计4084万元；为100岁以上老年人发放高龄津贴7562人次，总计151万元。为3333位高龄困难老年人发放199.98万元救助金。为符合条件的空巢老年人安装了5000个紧急医疗救援呼叫器（“一按灵”），同时为符合条件的老年人试点安装2500个烟感报警器。做好高龄老年人医疗补贴制度的落实工作，共有2758人次享受高龄老年人补助医疗费用699.95万元。办理老年人优待卡27万张，优待证共办理11万张。为全市低保等困难老年人每人免费提供1台“小帮手”电子服务器。

【加强基层老年协会建设】出台了《关于加强基层老年协会建设的意见》，以及关于基层老年协会建设参考规范、章程文本以及政府购买服务参考目录等文件。加强基层老年协会建设以服务老年人为宗旨，以推动老年群众组织开展自我管理、自我发展、自我服务和服务社会活动为重点，在充分考虑和尊重老年人意愿的前提下，依据城乡社区老年人口的规模、分布，按照便于组织、服务老人的原则，建立区（县）、街（乡镇）、居（村）三级老年协会，鼓励和扶持以社会团体登记注册，探索多种形式的老年协会组织方式；到2020年底前，区（县）和街（乡镇）均成立具有独立法人资格的老年协会；居（村）按照试点先行、典型示范、逐步推广的原则，成立和规范管理老年协会。

【推广北京市老年人意外伤害保险】全年共承保30.39万人，总保费658.06万元，其中119万元为市财政统保资金支出，市民自愿购买及其他形式的保费收入539.06万元，受理理赔申请共计1583件，支付赔款382.99万元，投诉率为零。

【建立北京市为老服务单位综合责任险】市民政局、老龄办与中国人寿财产保险股份有限公司北京市分公司合作建立北京市为老服务单位综合责任保险。投保单位为北京市行政辖区内为老年人提供餐饮、零售、日间照料、康复护理、医疗保健、精神关怀、家政维修、文体娱乐等服务的企事业单位及社会组织。为老服务单位综合责任保险工作遵循“政府引导、市场运作、为老服务单位自愿”的原则。保险险种为公众责任险；投保方式为为老服务单位自愿参保，保险费用由投保单位自行支付；在为老服务单位提供服务的区域内有人员因遭遇火灾、水灾、食物中毒、突发疾病、摔伤、骨折等意外情况导致伤亡时，保险公司应按照相应标准予以赔付。

【开展精神关怀服务工作】启动“弘孝工程进社区”工作；做好向社会购买老年人精神关怀服务工作；完成2013年度养老（助残）精神关怀服务单位结项评审以及2014度养老（助残）精神关怀服务项目补贴资金发放工作，共计780万元。

【开展基本养老服务制度和经济困难高龄失能老年人补贴制度研究】组织中国人民大学人口研究所、北京市委党校人口所开展了北京市基本养老服务制度框架构建研究工作。起草完成的《基本养老服务制度框架构建研究》课题报告论文获2014年度全国老龄政策调研优秀成果二等奖。落实财政部、民政部、全国老龄办《关于建立健全经济困难的高龄失能等老年人补贴制度的通知》精神，研究制定了本市老年人能力评估、补贴工作方案，起草完成《北京市经济困难的高龄、失能老年人补贴工作方案》和北京市老年人享受基本养老服务流程图。

【发布2013年老年人口信息和老龄事业发展状况报告】连续第八年发布年度《老年人口信息和老龄事业发展状况报告》，本年度报告较往年增加了养老保障情况表，明确列出了享受各类养老保障待遇老年人的数量和待遇水平。截至2013年底，北京市60岁及以上户籍老年人口279.3万人，占总人口的21.2%；65岁及以上户籍老年人口191.8万人，占总人口的14.6%；80岁及以上户籍老年人口47.4万人，占总人口的3.6%。在60岁及以上户籍老年人口中，男性老年人口134.3万人，占48.1%，女性老年人口145万人，占51.9%；性别比为92.7。全市16个区县中，60岁及以上户籍老年人口排在前三位的是朝阳区、海淀区和西城区，分别为48.3万人、42.5万人和33.7万人。户籍老年人口比上年增幅排在前四位的是朝阳区、海淀区、西城区和丰台区，分别增加了2.9万人、2.3万人、1.8万人和1.8万人。16个区县中，60岁及以上户籍老年人口占该区县总人口比例排在前四位的是丰台区、东城区、石景山区和朝阳区，分别为25%、24.2%、24.2%和24%。

【加强老龄宣传工作】以北京市老龄工作委员会名义下发文件，继续命名10000名“孝星”。从2010—2014年评选命名的5万名“孝星”中推选出24名“孝亲敬老楷模”，建立评选网站，委托专业媒体进行多角度、多渠道宣传，举办评选活动启动仪式，人民日报、中新社、北京电视台、北京日报等13家主流媒体和网络对本次评选活动进行了报道及转载；在北京电视台《特别关注》推出“孝行京华”栏目，从9月25日到10月7日，播出11期孝亲敬老楷模候选人事迹报道，央视网、凤凰视频、乐视网、土豆、优酷、酷6等国内各大主流视频网站进行了各期节目转载。按照全国老龄有关文件要求，各区县积极推选“老有所为”典型人物27名，孙茂芳、叶如陵、邬沧萍3名“老有所为”典型人物报送全国，其中邬沧萍被中宣部和全国老龄办命名为“最美老有所为人物”，作为“老有所为”先进典型人物事迹在北京电台《老年之友》大力宣传。举办“2014北京老年题材创作节目展示选拔活动”，来自16个区县的68个团队（个人）约900余人，展演了大（小）合唱、独唱、舞蹈、小品、琴书、戏曲、曲艺等160余个创作节目，组织优秀作品参加2014年度北京市万名“孝星”命名暨庆重阳·老年题材创作节目展演活动。

【维护老年人合法权益】共办理“政风行风热线”来信、“市长信箱”来信、“局长信箱”来信、“市信访办公系统”来信及其他渠道来信205封；答复咨询（求助）电话1651多人次；接待来访20多人次，办结率100%。

天津市

综　　述

截至2014年底，60岁及以上的户籍老年人口达215.42万，占户籍总人口的21.18%，80岁及以上高龄老人30.66万，失能老人14.33万。2014年全市老龄工作总体思路是：认真学习宣传新修订的《中华人民共和国老年人权益保障法》，积极应对我市人口老龄化的发展形势；加快贯彻落实《国务院关于加快发展养老服务业的若干意见》（国发〔2013〕35号）精神，推动我市养老服务业的发展；按照全国老龄事业发展“十二五”中期检查评估的要求，有重点地推动工作任务的实施。

一、提高待遇，完善社会保障制度

2014年，我市继续调整企业退休人员基本养老金，月人均由2085元提高到2295元，人均增加210元，增幅10%，全市有164万退休职工受益，增收41亿元。自2014年1月起将参保缴费居民基础养老金由每人每月200元调整为220元，月人均增加20元；城乡老年人生活补助费由每人每月70元、80元、90元分别调整为80元、90元、100元，月人均增加10元，以上措施预计有70万城乡居民受益。自2014年7月1日起，基础养老金标准调整为235元；城乡老年人生活补助费调整为95元、105元、115元。我市享受低保的老年人有58930人，城镇最低生活保障标准640元/月，农村440元/月。农村五保供养标准由每人每年6540元调整为6960元。

2014年，我市统一居民医疗保险门诊和住院起付标准到每年500元。提高居民医保住院报销比例，各参保档次报销比例提高5个百分点。对已纳入城乡医疗救助范围人员，单亲、失独、农村五保、城市三无人员等发生的住院医疗费，由按低档次参保报销改为按高档次参保报销。建立实施城乡居民大病保险制度，对参加本市居民医保的人员，在基本医保报销后，政策内个人负担仍超过上一年度本市城乡居民年人均可支配收入的，纳入大病保险报销。对报销后仍难以负担的，实施大病保险特殊帮助。

二、建设老年福利设施，推进居家养老服务

2014年，全市新增养老床位13981张，总量达到60247张，千名老人拥有床位30张。2014年全市新增日间照料服务中心108个，累计建设完成老年日间照料服务中心（站）1011个，其中中心606个，站405个。全市新建5个区（县）级老年配餐中心，89个社区食堂，累计建设完成各类老年配餐服务中心（食堂）358个，中心城区老年人助餐服务基本实现全覆盖。

在武清区、宁河县、静海县开展农村困难老年人居家养老服务（护理）政府补贴试点工作，将农村60岁以上低保、特困救助、抚恤补助的优抚对象，80岁以上独生子女父母、失能和空巢且经济困难老年人纳入居家养老服务政府补贴范围，首批享受服务补贴的农村困难老年人约3365人，市财政拨付服务经费760万元，区县财政按照1∶1比例配比。

三、建章立制，抓好涉老政策的制定和落实

（一）积极贯彻落实国务院35号文件，出台《天津市养老服务促进条例》。2014年12月23日，天津市十六届人大常委会第十五次会议审议通过了《天津市养老服务促进条例》，2015年2月1日起施行。这是我市在全国率先出台养老服务方面的地方性法规。条例全面贯彻《国务院关于加快发展养老服务业的若干意见》精神，明确了在政府“保基本、兜底线”的基础上，注重创新，注重发挥市场活力；突出了养老服务设施的规划和建设，依法保障养老设施用地，创新推出建设社区老年服务中心；规范了社区养老服务地内容和管理等；建立了养老机构的准入、退出和运营监管制度；规范了养老服务人员的培训、社会保险、补贴等政策。条例不仅体现了与时俱进的精神，反映了广大人民群众对养老服务事业的新期待，有利于推动养老服务事业的健康发展，为积极应对人口老龄化做出了贡献。

（二）做好《天津市实施〈中华人民共和国老年人权益保障法〉办法》（以下简称《实施办法》）的修订工作。2014，市人大将修订《实施办法》列为调研项目。我市聘请法律专家和法律工作者成立修法小组，并先后组织召开了老龄方面的专家学者座谈会、老龄干部座谈会研究讨论修改《实施办法》的必要性、要重点解决的问题和要设定的关键性条款，还走访了一些老年人，征求他们的意见和想法，并形成了调研报告上报市人大法工委、内司委、市政府法制办。报告阐述了修改《实施办法》的必要性和紧迫性，并提出了修订《实施办法》要着重思考和解决的7个方面的问题：家庭养老支持政策、长期护理保障工作、建立和完善老年人福利制度、确立天津特色社会养老服务体系框架、老年人优待政策、老年宜居环境建设、老年人社会组织的法律地位。

按照新老年法的要求，做好老年维权工作。对不孝敬、不赡养老人的行为，进行说服教育，依法调解家庭和邻里纠纷，把矛盾解决在萌芽状态。认真接待处理老年人来信来访，搞好咨询服务，对老年人的咨询、投诉做到件件有答复、事事有回音。全年，市区两级老龄办共接待老年人来信来访4000余件。

为1949年出生年满65岁的老年人发放敬老卡，共计10万，累积发放敬老卡140万。

（三）制定《天津市老龄工作框架体系》。围绕“五个老有”的工作目标，参照《天津市老龄事业“十二五”发展规划评估指标体系》，制定了《天津市老龄工作框架体系》，以推动基层老龄工作规范化、制度化、精细化的发展。其内容主要包括：人口老龄化现状及趋势、老龄政策体系、养老保障事业、养老服务体系、老年医疗卫生事业、老年教育事业、老年文化体育事业、老年权益保障、老龄宣传和调研工作和老龄产业十个方面的内容。

四、做好老龄专项调查工作，为领导决策服务

（一）完成失能老年人生活状况抽样调查。与天津财经大学统计系合作进行了“2014年天津市失能老年人生活状况抽样调查”，旨在了解天津市失能老年人的基本生活状况、生活照料和护理的基本情况以及照顾者的状况，为政府和有关部门完善家庭养老支持政策、完善老年人福利制度、探索长期护理保障制度提供理论依据和政策参考。本次调查对象界定的失能老年人是指年龄在60岁及以上，调查的主要内容涉及六大方面60余个问题。调查涉及滨海新区、和平区、河西区、河北区、红桥区、北辰区、西青区、宝坻区、静海县、宁河县等10个区县，42个街镇，142个社区（村），880名失能老人。根据样本结果可估算，天津失能老年人总数约为13.35万人，占老年人口比例为7%。撰写的调查报告《2014年天津市失能老年人生活状况抽样调查》获全国老龄政策调研优秀成果二等奖，同时入编2014年度天津市政府办公厅调研报告汇编。

（二）完成“第二期全国居家养老状况调查”。2014年8月，经全国老龄办批准，由中国老龄科学研究中心、全国老龄办信息中心承办的“第二期居家养老状况调查”选择在天津、重庆、太原、福州等12个城市开展，每个城市1000份问卷。我市选择了老龄工作基础比较好、居家养老工作开展比较好、老年人口基数比较多的南开区作为调查区域，并按照好中差2∶2∶1的比例选择了向阳路街昔阳里社区、万兴街华章里社区、王顶堤街迎水里社区、学府街南大西南一社区、华苑街天华里社区参加调查。此外，还推荐20家养老企业和30家养老机构参加了企业和机构的问卷调查和座谈会。8月18日至22日，全国老龄办派出7人督导组来我市指导调查工作的开展。18日，召开启动仪式暨培训大会，按照督导组要，南开区老龄办、参与调查的街道和社区工作人员、访问员、20家养老企业和30家养老机构的负责人共计200余人参加会议。4天时间，在各方力量的积极配合和共同努力下，我们发挥社区与院校的各自优势，组建的由社区工作人员和专业院校学生相互配合的访谈员队伍，高质快速完成了1000份入户问卷的填写工作，受到督导组的高度好评。

（三）《老年教育条例》专题调研。市人大副主任苟利军拟于11月10日对我市《老年教育条例》实施情况和老年教育工作进行专项调研。我办撰写了汇报材料，全面客观地汇报了我市老年教育现状和取得的丰硕成果，也提出了加强和改进我市老年教育工作的七点建议，受到了市人大领导的好评，并就明年修改《老年教育促进条例》提出了具体要求。

五、广泛宣传老龄工作，营造尊老敬老爱老助老的社会氛围

（一）配合中央电视台财经频道录制宣传我市虚拟养老服务工作的专题片。2月19日，中央电视台财经频道之《中国财经报道》栏目组，来我市采访录制虚拟养老服务情况。栏目组对我市的虚拟养老服务中心的工作流程、服务内容、运营模式，进行了实地拍摄，并对西青区民政局领导和服务支撑单位进行了采访。3月8日，在中央电视台财经频道调查栏目《倾听2014》中进行了正面报道，长达15分钟，收到了较好的社会效益。

（二）协助央视拍摄“老有所为”先进人物专题片。按照全国老龄办《关于开展全国“老有所为”先进典型人物宣传活动的通知》要求，在全市开展“老有所为”先进典型人物评选活动。向全国老龄办推荐滑冰来、运起荣两位老同志为“老有所为”先进典型人物。我市河西区老年人协会会长、原人大法工委主任运起荣被推荐为全国十佳“老有所为”楷模，并被中宣部、全国老龄办评为最美“老有所为”人物。按照全国老龄办部署，由市老龄办配合中央电视台，于10月初完成了“忙人运起荣”宣传片的拍摄工作，该片时长17分，于10月28日在央视12频道夕阳红栏目首播。各区、县老龄办组织老协会长、老年文艺骨干等进行收看，激励他们树立积极老龄观，以更饱满的热情发挥余热，参与社会发展。

（三）开展第六届孝亲敬老之星评比工作。根据全国老龄办等七部门联合下发的《关于开展第六届全国敬老爱老助老主题教育活动评选表彰工作的通知》（全国组委会发〔2014〕1号）精神，我市在全市范围开展了敬老爱老助老主题教育活动。全国敬老爱老助老主题教育活动组委会授予张秀华等51名同志为全国“孝亲敬老之星”；天津市虚拟养老服务中心等4个单位为“全国敬老模范单位”；津南区天同医养院院长张婼婼、红桥区退休职工赵永华2人为“中华孝亲敬老楷模”。

（四）安排好“敬老月”庆祝活动，丰富老年人精神文化生活。市老龄办安排六项活。1. 在天津中老年时报上刊登了《致全市老年人的慰问信》，祝全市老年人节日愉快。2. 分两路走访慰问宝坻区、宁河县困难群众，送去慰问金8万元。3. 主办天津市第六届老年人运动会暨首届老年人奥林匹克运动会，来自北京、天津、河北等15个省市以及中华台北，希腊、俄罗斯、英国等8个国家的共5000余名老年运动员参赛。4. 主办第四届“威海杯”中老年文艺汇演成功举办，来自天津市9个区县的100个社区艺术团参加了展演。5. 承办“2014年九九重阳节万人之旅登天塔活动”，倡导老年人以健康文明的生活方式实现积极养老。6. 与市总工会等单位联合主办“津门恒大杯”第二届天津市退休职工社区戏曲大赛。

各区县老年节活动精彩纷呈。河西区老龄办与司法局法律援助中心联合开展“助老维权法律进社区”维权咨询活动中，当天为社区老年人解决法律疑难问题37件，发放宣传品200余份；滨海新区老龄办组织开展了百名老人“观看滨海，感受巨变”游览活动；滨海新区大港油田举办的大港油田离退休职工“迎国庆庆重阳”文艺演出；津南区举办了“孝行天下、爱满家园”联欢会和“庆国庆、迎重阳”老年书画摄影展。武清区举办第六届“康乐杯”老年趣味运动会，并对全区21位百岁老人进行入户慰问。

六、动员社会力量，共同参与发展老龄事业

（一）举办为老助听复明活动。市老龄办、市老年基金会和天津农商银行共同开展“九九”重阳敬老助老捐赠活动，为宁河县800名农村困难老人捐赠总价值40万元的助听器。联合市眼科医院、市口腔医院开展“助老直通车”大型社区义诊和健康咨询活动；联合爱尔眼科医院为社区老年人进行眼部疾病防控知识的宣传与筛查。

（二）开展“银龄援农行动”。与老科技工作者协会等单位合作，由老科协提供智力支持、有关单位提供资金支持，扶持宝坻区牛道口镇李三店村困难老年人家庭开展农业种植，帮助其脱贫致富。推广宁河县苗庄镇杨庄村源泰家禽养殖专业合作社助老致富的经验，帮助农村60岁以上低收入群体增收。

七、组织老龄干部培训，推动基层老龄工作规范化建设

（一）组织培训老龄干部。为提高老龄干部的业务水平，举办为期2天的老龄干部培训，围绕《国务院关于加快发展养老服务业的若干意见》（国发〔2013〕35号）、《天津市老龄工作框架体系》和调研方法的选择与调研报告的撰写进行了讲解、研讨收到了较好的效果。共培训老龄干部50名。

（二）举办老协会长培训班。我市有各级老年人协会3860个，参加人数约40万。积极推动基层老年人协会的建设，尤其是农村老年人协会的建设，提高基层老年人协会覆盖率，重点抓好组织建设、制度建设、队伍建设三个方面。今年分别在河西区、红桥区和宝坻区举办三期老协会长培训班，共培训基层老协会长700余人。

八、创新“一体两翼”办学模式，推动老年教育新发展

2014年统计数字，全市共有各类老年人大学43所，各类老年学校1108个。有448280人次参与了有组织老年教育活动，老年教育参与率达到22.32%。现有9个教学系，80多个专业，700个教学班，在校学员达到25308人。16个区县分别建立了示范性老年大学，在校学员约37000余人。近年来，我市创新“一体两翼”老年教育发展思路，即以天津市老年人大学和区、县示范性老年人大学为办学主体，发展“章鱼式”办学模式和老年远程教育学习网为腾飞两翼的办学新格局。目前，校外教学基地77个，覆盖11个区县的70个社区，开设了20余门课程，举办各类活动7000余场。目前，老年远程学习网课程增加到19门，点击率达38万人次，同时，利用有线电视播放远程专业课程，使我市200万老年人在社区、在家中就可以学习到所需课程。“天津远程老年学习网”还辐射到周边省市，北京、唐山、秦皇岛乃至境外都有人登录网站学习。

重要会议和活动

【录制“虚拟养老服务”专题片】2月19日，中央电视台财经频道之《中国财经报道》栏目组，来我市采访录制“虚拟养老服务”情况。栏目组对我市的虚拟养老服务中心的工作流程、服务内容、运营模式，进行了实地拍摄，并就西青区民政局领导和服务支撑单位进行了采访。3月8日，在中央电视台财经频道(CCTV-2)调查栏目《倾听2014》中进行了正面报道，长达15分钟，收到了较好的社会效益。

【召开“助老健康御险”推动会】2月25日，天津市“助老健康御险”推动会在市民政局召开。各区县老龄办主任、中国人寿天津市分公司各支公司负责人参加了会议。会上，宝坻区老龄办、西青区老龄办、中国人寿天津分公司东丽公司副总经理做了经验介绍，中国人寿天津市分公司城区部经理就2014年如何推动市内六区“助老健康御险”工作做了发言。

【召开年度老龄工作会议】3月12日，召开2014年度全市老龄工作会议。会议内容：1. 市老龄办总结2013年全市老龄工作，部署2014年工作重点；2. 研究讨论天津市老龄事业发展框架体系。各区县老龄办50余人参加会议。

【举办老龄干部培训班】6月10日至6月11日，举办老龄干部培训班。各区、县老龄办共60余人参加培训。培训内容：1.《国务院关于加快发展养老服务业的若干意见》(国发〔2013〕35号)解读；2.《天津市老龄事业发展框架体系》解读；3. 调研方法的选择与调研报告的撰写。

【开展失能老年人生活状况抽样调查】6月起，与天津财经大学统计系合作进行了“2014年天津市失能老年人生活状况抽样调查”，旨在了解天津市失能老年人的基本生活状况、生活照料和护理的基本情况以及照顾者的状况，为政府和有关部门完善家庭养老支持政策、完善老年人福利制度、探索长期护理保障制度提供理论依据和政策参考。本次调查的失能老年人年龄界定在60岁及以上，调查的主要内容涉及六大方面60余个问题。调查涉及滨海新区、和平区、河西区、河北区、红桥区、北辰区、西青区、宝坻区、静海县、宁河县等10个区县，42个街镇，142个社区(村)，880名失能老人。根据样本结果可估算，天津失能老年人总数约为13.35万人，占老年人口比例为7%。并撰写了《2014年天津市失能老年人生活状况调查报告》。

【召开“第二期全国居家养老状况调查”启动仪式暨培训会】8月18日，市老龄办召开“第二期全国居家养老状况调查”启动仪式暨培训大会，全国老龄办督导组、南开区老龄办、各社区工作人员、访问员、20家养老企业、30家养老机构负责人约200余人参加会议。经过一周的紧张工作圆满完成上级机关交办的任务，受到督导组的一致好评。

【开展助听复明活动】9月21日，市老龄办、市老年基金会和天津农商银行共同开展“九九”重阳敬老助老捐赠活动，为宁河县800名农村困难老人捐赠总价值40万元的助听器。联合市眼科医院、市口腔医院开展“助老直通车”大型社区义诊和健康咨询活动；联合爱尔眼科医院为社区老年人进行眼部疾病防控知识的宣传与筛查。

【开展《老年教育条例》专项调研】11月10日，市人大副主任苟利军提议对我市《老年教育条例》实施情况和老年教育工作进行专项调研。我办撰写了汇报材料，全面客观地汇报了我市老年教育现状和取得的丰硕成果，也提出了加强和改进我市老年教育工作的七点建议，受到了市人大领导的好评，并就明年修改《老年教育促进条例》提出了具体要求。

各项业务进展

【制定《天津市老龄工作框架体系》】围绕“五个老有”的工作目标，参照《天津市老龄事业“十二五”发展规划评估指标体系》，制定了《天津市老龄工作框架体系》，以推动基层老龄工作规范化、制度化、精细化的发展。其内容主要包括：人口老龄化现状及趋势、老龄政策体系、养老保障事业、养老服务体系、老年医疗卫生事业、老年教育事业、老年文化体育事业、老年权益保障、老龄宣传和调研工作和老龄产业十个方面的内容。

【养老保障工作】继续调整企业退休人员基本养老金，月人均由2085元提高到2295元，人均增加210元，增幅10%，全市有164万退休职工受益，增收41亿元。自2014年1月起将参保缴费居民基础养老金由每人每月200元调整为220元，月人均增加20元；城乡老年人生活补助费由每人每月70元、80元、90元分别调整为80元、90元、100元，月人均增加10元，以上措施预计有70万城乡居民受益。自2014年7月1日起，基础养老金标准调整为235元；城乡老年人生活补助费调整为95元、105元、115元。我市享受低保的老年人有58930人，城镇最低生活保障标准640元/月，农村440元/月。农村五保供养标准由每人每年6540元调整为6960元。

【发展养老服务业】全市新增养老床位13981张，总量达到60247张，千名老人拥有床位30张。2014年全市新增日间照料服务中心108个，累计建设完成老年日间照料服务中心（站）1011个，其中中心606个，站405个。全市新建5个区（县）级老年配餐中心，89个社区食堂，累计建设完成各类老年配餐服务中心（食堂）358个，中心城区老年人助餐服务基本实现全覆盖。

【银龄行动】与老科技工作者协会等单位合作，由老科协提供智力支持、有关单位提供资金支持，扶持宝坻区牛道口镇李三店村困难老年人家庭开展农业种植，帮助其脱贫致富。推广宁河县苗庄镇杨庄村源泰家禽养殖专业合作社助老致富的经验，帮助农村60岁以上低收入群体增收。

【宣传工作】向全国老龄办推荐滑冰来、运起荣两位老同志为“老有所为”先进典型人物。河西区老年人协会会长、原人大法工委主任运起荣被推荐为全国十佳“老有所为”楷模，并被中宣部、全国老龄办评为最美老有所为人物。在全市开展敬老爱老助老主题教育活动。全国敬老爱老助老主题教育活动组委会授予张秀华等51名同志为全国“孝亲敬老之星”；天津市虚拟养老服务中心等4个单位为“全国敬老模范单位”；津南区天同医养院院长张婼婼、红桥区退休职工赵永华2人为“中华孝亲敬老楷模”。

【老年维权工作】按照新老年法的要求，做好老年维权工作。对不孝敬、不赡养老人的行为，进行说服教育，依法调解家庭和邻里纠纷，把矛盾解决在萌芽状态。认真接待处理老年人来信来访，搞好咨询服务，对老年人的咨询、投诉做到件件有答复、事事有回音。全年，市区两级老龄办共接待老年人来信来访4000余件。

【老年优待工作】为1949年出生年满65岁的老年人发放敬老卡，共计10万，累积发放敬老卡140万。

【出台《天津市养老服务促进条例》】2014年12月23日，天津市十六届人大常委会第十五次会议审议通过了《天津市养老服务促进条例》，2015年2月1日起施行。这是天津市在养老服务方面的首部地方法规，从总则、机构养老、社区养老、居家养老、服务人员、其他规定、法规责任、附则等八个方面对养老服务业发展进行了规范，为养老服务业健康快速发展提供刚性制度支撑。

河北省

5月23日，“善行河北——关爱高龄慈爱母亲”活动走进保定市，向179名困难高龄慈爱母亲捐赠总价值35.8万元的爱心款物。

11月18日，河北省中老年才艺风采大赛颁奖典礼在石家庄市隆重举行。

综 述

目前，河北省人口老龄化发展速度进一步加快。截至2014年底，全省60岁以上老年人口已达到1116万，占全省总人口的15.1%，比上年度增加42万人，0.45个百分点。2014年，河北老龄系统在国家老龄办及河北省委、省政府、省民政厅党组的正确领导下，以党的十八大和十八届三中、四中全会精神，习近平总书记系列重要讲话精神为统领，紧紧围绕年度任务目标，立足实际，知难而进，勇于创新，扎实工作，在完善政策法规、拓展优待领域、营造敬老氛围、发展养老服务、夯实基础工作等方面取得了一系列新进展。

一、推动涉老政策创制，维护老年人权益工作实现新突破

制定出台了《河北省老年人优待办法》。省老龄办会同有关部门，多方调研论证，数次修改完善，推动这部办法以政府令颁布，并于2014年12月1日正式施行。各地积极跟进，认真落实老年优待政策，在争取高龄补贴提标扩面、老年人交通出行减免费、就医及旅游优惠等方面取得了较大成效。秦皇岛、辛集市，相继于2015年1月，制定出台了本地的老年人优待实施细则，并且在优待政策的普惠性上有了更大突破；邢台、保定等地也正积极协调，力争年内出台配套性政策文件。承德市积极争取政府财政支持，年内高龄补贴发放实现了全覆盖。石家庄市大幅提升百岁老人高龄补贴标准，由220元增加到400元，所需资金首次纳入市养老服务体系。认真组织《河北省老年人权益保障条例》立法调研。省老龄办按照省政府立法计划，认真组织老年人权益保障条例立法调研，完成了修订条例参考资料汇编、修订专题调研报告和权益保障条例（代拟稿）起草等主要工作。扎实开展老年维权优待工作。协调各地开辟老年人维权“绿色通道”，大力推广法律援助上门服务。据统计，2014年全省各级老龄工作机构协调司法部门共受理14700余名老年人法律咨询，为5900余名老年人办理法律援助案件，在助老维权中发挥了较大作用。

二、打造老龄工作品牌，尊老敬老助老活动再创新业绩

及时启动第二届“敬老文明号”创建活动。在第一届全国“敬老文明号”评选活动中，我省近万家单位参与创建，40个单位被国家评为“敬老文明号”先进集体，开启了我省敬老爱老新篇章。2014年又及时启动了第二届“敬老文明号”创建工作，制发创建工作实施方案、创建活动标准等文件，推动创建活动有条不紊开展。邯郸市在巩固首届“敬老文明号”创建工作成果基础上，深入挖掘创建典型，宣传推广创建经验，在启动第二届“敬老文明号”创建活动中走在了全省前列。精心组织“敬老月”系列活动。活动期间，省老龄办协调相关单位举办了“尊老敬老爱老”优秀书画作品暨非物质文化遗产精品展、老年书画展和全省中老年才艺风采大赛，发掘地方特色老年文化，推动了全省老年文化的传承与创新。秦皇岛市以协助中华诗词学会承办“孝行天下”全国诗文大赛颁奖盛典为契机，大力开展孝道文化宣扬。定州市邀请保健专家举办老年保健知识讲座30场次。石家庄市组织了“孝亲敬老”之星评选、亲老爱老商业企业评比、敬老文化与养老事业发展论坛，宣传表彰了一批“孝亲敬老”之星。张家口、承德、保定、唐山、邢台等地也分别开展了丰富多彩的老年文体活动。据不完全统计，“敬老月”期间，全省各级、各部门领导参加走访慰问老年人活动达1500余人次，重点走访慰问高龄、困难、百岁老人1万余人，发放慰问金、慰问品合计价值金额500余万元；约有16000余支为老服务志愿者队伍，为上百万老年人提供了各种形式的爱心服务。大力开展“善行河北——关爱困难高龄慈爱母亲”公益活动。由省老龄办、文明办、老促会等单位共同主办的这项公益活动，先后走进石家庄、保定、邢台、秦皇岛、唐山等地，投入款物合计130余万元，救助了700多位困难高龄慈母，在社会上产生了良好反响。

三、聚焦老龄事业发展，为老服务水平迈上新台阶

持续推进养老服务体系建设。继续拓展石家庄市桥西区、邯郸市、保定市、承德市双滦区等4家社区为老服务信息平台试点建设，大力推广建立居家养老呼叫服务网络。目前，全省172个县（市、区）都已建立居家养老“一键通”，受惠老人上百万。保定市社区为老服务中心建立的“12349”居家养老呼叫服务网络，受到全国老龄办好评，并以此为总部建立了全国为老服务信息产业联盟，实现了与全国居家养老服务信息联盟的数据联通。廊坊市广阳区初步建成“区级中心统筹、街道日间照料、社区服务辅助”的三级服务网络，探索了“由政府出资建设服务平台、委托服务实体经营运作”的社区居家养老新模式。扎实开展为老服务工作。持续推进“爱心护理工程”基地建设，2014年有14家养老机构被评为全国“爱心护理工程”建设基地和示范基地，累计保有国家级建设基地50家、示范基地4家，总数居全国之首。深入开展以“关爱失能老人，共享生命尊严”为主题的

"老年希望工程"，积极争取中国红十字会、中国老基会捐赠资助 200 万元，惠及全省 24 家爱心护理院。探索智能化养老模式，推动我省首个"全国智能化养老实验基地"落户邯郸。积极推进"助老健康御险"惠民工程。各级老龄办主动配合人寿保险公司做好投保工作，保定市协调财政资金 128 万元，为市内 12.8 万老年人赠购了"助老健康御险"；唐山市通过积极宣传和热情服务，全市投保人数增加到 26.7 万，实现了老年人投保率 28%，连续 4 年领跑全省。截至 2014 年 10 月，"助老健康御险"活动已覆盖全省 11 个设区市和 138 个县（市、区），投保人数达到 130 多万。

四、着力创新工作方法，老龄基础工作取得新进展

稳步推进基层老年协会建设。沧州市老龄办主动作为，精心打造了 24 个农村老年协会建设示范点；衡水市注重将基层老年协会建设与发掘传统文化相结合，协会活动开展丰富多彩、有声有色。秦皇岛市再次订购 40 台便携式音响，扶持了部分基层老年协会建设。石家庄、承德、保定、张家口等地加大协会建设力度，农村和城镇社区建会率均达到 85%以上。截至 2014 年 10 月底，全省建立城镇社区协会 2819 个，农村协会 37004 个，覆盖率均在 76%以上。大力开展老龄宣传工作。各地广泛开展"孝文化"进学校、进社区、进机关、进企业系列宣传活动。石家庄市开设的"老爸老妈"公益课堂，唐山市组织的关爱空巢老人、关爱农民工父母送健康、送文化"双送活动"，保定市组织的"关注居家养老，大爱情暖空巢"大型为老服务活动，廊坊市开展的选拔孝敬公婆好儿媳、孝敬父母好儿女，以及沧州市组织的文化下乡、邯郸市组织的丛台放歌等大型文艺宣传活动，都在社会上引起强烈反响，起到很好的教育效果。2014 年，河北电视台《金色夕阳》栏目播出 144 期，《河北老年》杂志出版 54 期，《河北老年网》发布老年信息及稿件一万多条，点击率达上亿次。保定市《夕阳周讯》、衡水晚报《金婚风雨情》、秦皇岛晚报《情暖夕阳》、唐山市电视台《晚霞》等地方媒体开辟的专刊、专栏，大力宣扬尊老爱老社会风尚、敬老助老好人好事，凝聚了孝亲敬老社会正能量。在全国老龄政务信息宣传会议上，我省作为代表介绍了经验作法。认真组织老龄工作调研、科研和信息统计。各级老龄工作机构和涉老组织，有针对性开展老龄工作调研、科研和信息统计，取得了一系列新成果。衡水市老龄办结合"走亲、访贫、问计"主题调研，深入基层农村走访老年人，拓宽了老龄工作思路。石家庄市开展民办养老机构现状问卷调研，摸清了全市民办养老机构的底数。衡水市投资 10 万元建成的高龄补贴发放暨老年人数据库信息平台，走出了老龄信息统计数字化的新尝试。在老龄政策调研活动中，形成了一批质量较高的调研报告，其中三篇专题研究报告，获得全国老龄办优秀成果奖。合力选树、培养涉老典型。通过"银龄行动"和"敬老爱老助老"主题教育，及时发掘、培育和宣传老有所为和敬老爱老先进典型，营造了争先创优的良好氛围。有 4 名老专家、教授被授予"全国老有所为楷模"称号，2 名个人获得"中华孝亲敬老楷模提名奖"，131 人获得"全国孝亲敬老之星"荣誉称号。

重要会议和活动

【"老年希望工程"走进河北】1 月 6 日，以"关爱失能老人，共享生命尊严"为主题的"老年希望工程"走进河北平山县，向全省 10 家民办养老护理院、百名一线护理员、百名居家养老有困难的失能老人捐助 100 万元人民币的护理物资、护工补贴和慰问金，并赴西柏坡举行了"老年希望工程"启动仪式。中国老龄事业发展基金会理事长李宝库，全国老龄办副主任肖才伟参加了活动。

【省长老年公寓慰问】1 月 28 日，在新春佳节即将来临之际，省委副书记、省长张庆伟来到石家庄市长安社区老年公寓开展走访慰问活动。省政府副省长秦博勇，省政府秘书长朱浩文，省民政厅主要领导陪同慰问。

【慰问老红军】2 月 5 日，省民政厅主要领导与省双拥办、省军区政治部、省老龄办有关人员来到老红军、原省军区副司令员、顾问王茂全将军家中，为王老 104 岁华诞祝寿。

【召开省老龄委成员单位联络员工作会议】3 月 4 日，省老龄委成员单位联络员工作座谈会在石家庄召开。28 个成员单位分别汇报了贯彻落实《河北省老龄工作委员会 2013 年老龄工作要点》情况，提出了 2014 年老龄工作安排意见，有关涉老协会汇报了为老服务工作情况。

【召开全省老龄工作会议】3 月 14 日，全省老龄工作会议在石家庄市召开。会议总结了 2013 年老龄工作情况，部署了 2014 年工作任务及要求。全省各设区市，定州、辛集市民政主管局长、老龄办专职副主任及各省级涉老组织负责人参加会议。

【召开助老健康御险工作推进会议】3 月 14 日，全省助老健康御险工作推进会在石家庄市召开，各设区市，辛集、定州民政主管局长、老龄办主任、人寿保险御险部经理等 80 余人参加会议。

【朱勇考察智能化养老基地】3 月 15 日，国家老龄办副主任朱勇赴河北省石家庄市考察 3 个智能化养老产业基地发展情况，听取了河北关于老年服务业的发展状况的介绍。

【朱勇到老年产业协会调研】3 月 15 日，国家老龄办副主任朱勇一行来到河北省老年产业协会调研指导工作。厅党组成员、老龄办专职副主任许祯科陪同调研。

【首届“健康之星”评选活动启动】3 月 16 日，由河北省老龄办、省文明办、省妇联、省疾病控制中心联合举办的河北省首届“健康之星”评选活动在石家庄市青园社区启动。

【中老年才艺风采大赛启动】3 月 22 日，由河北省老龄办、省文明办、省委老干部局、省文化厅、省新闻出版局联合举办的省中老年才艺风采大赛新闻发布会在石家庄市召开，标志河北省中老年才艺风采大赛正式启动。

【“老有所为”先进典型人物评选】6 月 26 日，省老龄办推荐的唐山市老科技工作者协会农业专家服务团首席专家杨守襄、燕山大学教授王益群、北京中医药大学东方学院董事长田宜春等三名同志被评为全国“老有所为”先进典型人物。

【关爱困难高龄慈爱母亲公益活动】7 月 3 日，由省老龄办、文明办、老促会等单位共同主办的“善行河北——关爱困难高龄慈爱母亲”公益活动在河北宁晋县举行。这项公益活动，先后走进石家庄、保定、邢台、秦皇岛、唐山等地，投入款物合计 130 余万元，救助了 700 多位困难高龄慈母，在社会上产生了良好反响。

【召开推进助老健康御险工作汇报研讨会】7 月 3 日，省老龄办与中国人寿保险公司河北分公司主要领导在衡水市主持召开了由衡水、保定、沧州三个设区市老龄办主任、保险分公司负责人参加的推进助老健康御险工作汇报研讨会。

【学习考察老年人优待工作】7 月 7 日至 11 日，省民政厅党组成员、省老龄办专职副主任许祯科与省法制办党组书记王桂海等一行，赴内蒙古乌兰察布、呼和浩特等市学习考察老年人优待工作。

【举行“健康之星”评选颁奖典礼】9 月 26 日，河北省首届“健康之星”评选颁奖典礼活动在石家庄举行。活动先后在石家庄、唐山、邢台、沧州等地进行了 30 场海选，12 万人参与其中，最后 30 个（含集体）60 岁以上的“健康之星”脱颖而出，为更多的老年人参与健康活动，体验健康生活树立了榜样。

【出台《河北省老年人优待办法》】9 月 28 日，在省政府召开的第 23 次常务会议上，由省老龄办负责调研、论证、起草的《河北省老年人优待办法》被讨论通过，定于 2014 年 12 月 1 日起施行。

【召开“慈善企业家”免费为老服务座谈会】10 月 6 日，省老龄办在邢台市召开了全省“慈善企业家”免费为老服务座谈调研会议。以学习邢台市威县“全国孝亲敬老”典型付宏伟事迹为牵引，深入宣扬中华民族“百善孝为先”的传统文化精髓，探索敬老助老与企业共同发展的社会主义养老新模式。

【河北优秀书画作品暨非物质文化遗产展】10 月 11 日，由省委宣传部、河北省民政厅、河北省文化厅、河北省老龄办主办的 2014 河北优秀书画作品展暨非物质文化遗产展在石家庄开幕，共展出书画作品 350 幅，非物质文化精品 500 多件，参加展览的老年人达 2 万多人，起到很好的社会效果。

【举办河北省第二届老年书画展】10 月 23 日，河北省第二届老年书画展在石家庄市举行，展出书画作品 1000 余件，充分展示了广大老年书画爱好者的精神风貌。

【中老年才艺风采大赛颁奖典礼】11 月 18 日，河北省中老年才艺风采大赛颁奖典礼在石家庄市隆重举行。大赛历时 10 个月，参与比赛人数上万人，已成为河北重要的、影响广泛的中老年文化艺术活动。省老龄委主任，省政府副省长姜德果发来贺信，向获奖的参赛团体和个人表示祝贺。

【参加“阳光热线”栏目】11 月 20 日，省民政厅党组成员、省老龄办专职副主任许祯科带队参加河北省电视台知名栏目“阳光热线”，就群众关心的老年人优待问题现场回答听众提问。

各项业务进展

【《河北省老年人优待办法》颁布施行】省政府 32 次常务会议通过的《河北省老年人优待办法》于 2014 年 12 月 1 日颁布施行。该办法主要有以下亮点：一是更具权威性，优待办法以省政府令颁布，其约束力、权威性更强；二是更具普惠性，优待办法对老年人医、食、住、用、行、娱等诸方面，都作出了比较具体的优待规定；三是更具操作性，优待办法规定了具体优待内容和责任主体。

【老年维权工作】协调各地广泛开辟老年人维权“绿色通道”，及时优先办理涉老事项，大力推广法律援助上门服务做法，积极协调各地各有关部门解决涉老优待问题，切实维护了老年人合法权益。一年间，全省各级老龄工作机构协调司法部门共计接受14700余名老年人法律咨询，为5900余名老年人办理法律援助案件，有效保护了老年人的合法权益。同时，积极协调各级政府相关部门对高龄老人津贴发放、老人交通出行减免费、旅游景点优惠等反映比较集中的问题进行有效整改，群众普遍反映良好。

【基层老年协会建设】根据《全国老龄办关于印发＜“基层老年协会建设‘乐龄工程’实施方案”＞的通知》要求，从加强基层老年协会规范化建设、提升协会“三个自我”能力素质入手，有序推进基层老年协会规范化建设。截至10月底，全省城镇社区协会数2819个，农村协会数37004个，覆盖率均达76%以上，在维护老年人权益、参与社会公益事务、组织老年人参与经济社会建设、丰富老年人精神文化生活等方面发挥的作用也日趋明显。

【养老保障工作】2014年，我省城乡居民养老保险基本实现全覆盖。城乡居民低保标准分别达到432元/月和2544元/年。连续11年调整企业退休人员基本养老金，新农合和城镇居民医疗保险年人均财政补助标准提高到320元。农村五保集中供养标准达到每人5022元，分散供养标准达到3411元。155个县（市）、区建立了80岁以上高龄老人生活补贴制度。

【老龄服务发展】以居家为基础、社区为依托、机构为支撑的社会养老服务体系基本建立。居家养老服务中心覆盖率达到70%，农村互助幸福院覆盖率达到61%，每千名老年人拥有养老床位达到28张。居家养老呼叫服务网络实现全覆盖。以保定市“12349”居家养老呼叫服务网络为总部建立了全国为老服务信息产业联盟，实现了与全国居家养老服务信息联盟的数据联通。

【爱心护理工程】持续推进“爱心护理工程”基地建设，全年有14家养老机构被评为全国“爱心护理工程”建设基地和示范基地，累计保有国家级建设基地50家、示范基地4家，总数居全国之首。

【银铃行动】组织开展了“万名科技专家讲科普”活动，组织老专家、老教授、老科技工作者深入农村进行帮扶指导。先后举办各种科普报告会800余场，创办科普示范基地10个，促进了农村经济发展，受到广大农民朋友欢迎。

【助老健康御险工作】各级老龄办主动配合人寿保险公司做好投保工作，截至去年10月，“助老健康御险”活动已覆盖全省11个设区市和138个县（市、区），投保人数达到130多万。

【“敬老文明号”创建活动】及时启动第二届全国“敬老文明号”创建工作，制发创建工作实施方案、创建活动标准等文件，推动创建活动有条不紊开展。

【老龄宣传工作】全省各地广泛开展“孝文化”进学校、进社区、进机关、进企业系列宣传活动。举办了“尊老敬老爱老”优秀书画作品暨非物质文化遗产精品展、老年书画展、全省中老年才艺风采大赛和首届“健康之星”评选活动，发掘地方特色老年文化，推动了全省老年文化的传承与创新。河北电视台《金色夕阳》栏目播出144期，《河北老年》杂志出版54期，河北老年网发布老年信息及稿件一万多条，点击率达上亿次。

山西省

综　　述

2014年，面对日趋严峻的人口老龄化形势，山西省全省各级老龄组织和广大老龄工作者，在全国老龄办的科学指导下，在省委、省政府的坚强领导下，在各成员单位和社会各界的大力支持下，围绕中心，服务大局，创新思路，奋发有为，全省老龄工作取得了新的成绩，老龄事业呈现出新的发展局面。

一、突出重点，有序推进，全面贯彻实施老龄事业发展“十二五”规划

全省各级老龄部门从人口老龄化的重要国情、省情出发，认真贯彻实施《山西省老龄事业发展“十二五”规划》，加大力度，加快步伐，推动规划目标任务的完成。

2014年，全省建立了统一的城乡居民基本养老保险制度；城镇职工医保、城镇居民医保和新农合实现应保尽保；连续10年提高企业退休人员基本养老金，月人均达到2389元；省政府出台了《关于加快发展养老服务业的意见》，通过了《关于实施财政贴息扶持养老服务业发展的意见》；新建农村老年日间照料中心1012个；全省老年人意外伤害保险参保人数达24.8万，同比增长85.56%，老年民生得到不断改善和有力保障。同时，老年文化、教育、体育事业协调发展，老龄产业不断推进，越来越多的老年人享受到了经济社会发展的丰硕成果。

二、健全机制，强化服务，全力保障老年人合法权益

（一）不断健全老年维权工作机制。全省各级老龄办和涉老部门不断完善老年人来信来访制度，建立健全老年人诉求表达机制、利益协调机制、矛盾调处机制，保障老年人合法权益。省老龄办调整省老年法律援助站工作人员，规范服务流程，提升服务水平，并与山西电视台《小郭跑腿》栏目建立合作关系，参与协调处理侵犯老年人合法权益的案例，取得了良好的社会效应。太原市建立老年维权组织2000个，专兼职律师近5000名，为做好老年人法律援助和服务工作提供了重要保证。晋中市老龄办联合市人大开展“一法一办法”执法检查，有力促进了老年法律法规的贯彻落实。阳泉市矿区在为老服务组织、服务窗口设立“老年维权示范岗”，为老年人提供优质便捷的维权服务，深受广泛好评。

（二）积极做好老年人法律法规的宣传普及工作。12月4日全国宪法日，省老龄办参加了省政法委在太原市南宫广场举行的宣传活动。省老龄办权益部干部职工、省老年法律援助站工作人员及老年志愿者代表在太原市府东街开展街头法律宣传活动，发放老年法单行本、《老龄政策法律知识问答》近万份，接待咨询近百人。太原、阳泉、临汾、太谷、怀仁、灵丘、太原市尖草坪区等市、县区在火车站、市中心广场举办老年法律法规宣传活动，促进了全社会依法维护老年人合法权益环境的形成。

（三）进一步落实老年优待政策。各级老龄办认真贯彻全国老龄办等24个部门联合下发的《关于进一步加强老年人优待工作的意见》精神，推动老年优待政策落实，在卫生保健、交通出行、商业服务、文体休闲等方面对老年人实行不同程度的优待、优先、优惠。山西省老龄办结合全省实际，会同相关部门修订了《山西省关于进一步加强老年人优待工作的实施意见》，进一步推进了全省老年优待工作。

三、重心下沉，夯实基础，切实加强基层老龄工作

加强基层老龄工作，是坚持以人为本、保障和改善民生的重要举措，是老龄工作的出发点和落脚点。2014年，各级老龄办坚持“抓基层、打基础、树品牌、创一流”的指导思想，巩固老龄工作示范县（市、区）、乡（镇）、村（社区）创建成果，总结推广创建经验。截至2014年底，省老龄办已树立30个全省老龄工作示范县（市、区），11个市共树立270个老龄工作示范乡（镇）和1745个示范村。

（一）加强老年群众组织规范化建设。截至2014年底，全省城市社区和农村老年协会覆盖率分别达到88%和78%。山西省老龄办印发《村（社区）老年协会章程（示范文本）》，对规范基层老年协会管理、提升协会工作水平具有重要作用。运城市老龄办把基层老年协会规范化建设纳入市政府目标责任考核，建立了基层老年协会建设、考评的长效机制。太原市老龄办出资10万元资助100个规范化协会，促进了其示范作用的发挥。

（二）开展“基层老年协会建设乐龄工程”。按照全国老龄办部署，山西省老龄办积极开展“基层老年协会建设乐龄工程”，先后分两批，扶持全省464个规范化老年协会，每个协会赠送一台电视机和一部音箱，丰富了基层老年群众的精神文化生活，调动了基层老年协会建设的积极性。

（三）推进“爱心护理工程”建设。2014年9月，山西省老龄办与全国老龄事业发展基金会联合在太谷县举办“第七届全国老年心理关爱研讨会”，为全国爱心护理院间相互学习交流提供了良好平台。截至2014年底，全省已有“爱心护理工程建设基地”23家，“爱心护理工程示范基地”5家，床位6150张，越来越多的老年人得到了临终关怀照料服务。

四、层层推进，广泛开展，不断引深“敬老文明号”创建活动

山西省自2010年在全国首创“敬老文明号”创建活动以来，积极组织发动全省各窗口服务行业、为老服务组织，广泛开展创建活动，取得了良好成效。2014年8月，省老龄办对第二届全省“敬老文明号”单位进行了命名表彰，并对第三届创建活动作出了安排部署。

各级各地创新形式，丰富内容，多措并举，不断引深“敬老文明号”创建活动。一是以宣传扩大创建活动影响力。各地利用报纸、广播、电视、街头LED屏等形式进行宣传，忻州市、太原市杏花岭区等在公共场所、为老服务窗口单位等醒目位置张贴“敬老文明号”宣传画，营造了浓厚的创建氛围。二是以会议推动创建活动上水平。晋城市召开市直单位创建活动现场会，交流好做法、好经验，太原、大同、朔州、寿阳等市县召开“敬老文明号”表彰会，推动创建活动不断提高水平、提升质量。三是以检查促进创建活动出成效。太原市对创建单位开展专项检查，指导创建单位引深创建活动。省直机关老龄办对已挂牌单位进行复查，推进创建活动持久开展。长治市组织创建单位进行交叉检查，互相评议，互相监督，成效显著。

五、丰富形式，拓展内容，大力加强老龄宣传工作

各级各地编印工作刊物、出版书籍、开办网站、开辟专栏，不断丰富宣传工作形式，拓展宣传工作内容。省老龄办编发《山西老龄工作》，办好山西老龄网，编印《全省老龄工作政策法规选编》，与晋中老龄办、太谷老龄办联合编印《老年与健康》，与省老龄人才资源开发协会联合编印《山西老龄人才资源开发基本经验选编》。太原、晋城、晋中、长治、安泽、壶关等市县在日报、晚报、电台、电视台开辟老年专版专栏，朔州平鲁区制作敬老专题宣传片，不断增强社会舆论引导力。

同时，全省老龄宣传队伍建设进一步加强。2014年8月12日，省老龄办举办《山西老龄工作》创刊500期座谈会，并为全省首批40名特约通讯员颁发了通讯员证，建立起了一支贯通全省老龄系统的通讯员队伍，为做好全省老龄宣传工作提供了重要的人力资源保障。

六、参与社会，发挥作用，积极开展“银龄行动”

各级老龄办充分发挥“银龄行动”的引领作用，组织引导老年人参与社会发展、发挥社会作用。

5月8日至14日，省老龄办组织山西医科大学第二附属医院的老专家、老名医组成“银龄行动”医疗服务队，赴柳林县和临县开展义诊活动，共接诊老年患者1200多人，免费发放价值8000元的老年人专用药品，并举办讲座对当地医护人员进行了诊疗技术培训。

各市老龄办也开展了各种形式的“银龄行动”。晋城市“开发式扶贫助老”活动开展到第六期，并召开全市“银龄助农、扶贫助老”观摩会，进一步提升了活动质量和水平。太原、晋中、朔州、忻州、古交、太谷、寿阳等市县开展医疗、农、林、养殖、文艺等援助活动，受到了当地政府和广大老年群众的热烈欢迎和好评。

七、完善制度，强化队伍，着力加强老龄系统内部建设

全省各级老龄部门不断巩固党的群众路线教育实践活动成果，切实加强机关建设和干部队伍建设，进一步推进了全省老龄工作的规范化。

（一）以建设学习型、服务型、研究型、创新型、数字型机关为目标，推进单位内部建设。省老龄办完善老龄工作数据统计制度，2014年初，在各市、县（市、区）老龄办统计数据基础上，编印了《山西省2013年老年人口与老龄事业发展基本情况》小册子，并形成每年年初发布上年数据的长效机制。晋中市加强县区老龄办机关规范化建设，所辖80%的县区建立了规范化的档案资料管理制度。晋城市建立工作评比制度，每月开展一次“手头工作大碰面”，每季度开展一次“敬老文明岗”大评比，每年开展一次“拿到金牌怎么办”大讨论，有效地提高了工作效能。

（二）以学习培训为途径，提高干部素质。省老龄办连续10年举办干部培训，着力提高各级老龄干部职工的思想政治水平、老龄业务水平、综合协调能力和学习调研能力，去年8月举办了全省老龄宣传干部培训班，取得了良好效果。朔州、晋中等市，灵石、榆社等县也举办了老年维权工作、基层老龄工作培训班，提高了基层一线老龄干部的工作能力。

（三）以考核评选为抓手，推进工作任务完成。省老龄办下发《2014年度全省老龄工作考核评估的通知》及考核项目表，加强对各市工作的考评。各市按照山西省老龄办要求，认真开展自查，及时报送总结报告和印证材料。山西省老龄办经过严格审核，并结合日常掌握的工作情况，评选出2014年度全省老龄工作先进单位，有力促进了全省老龄工作的稳步推进和创新发展。

重要会议和活动

【2014年全省老龄工作暨经验交流会议】8月5日，2014年全省老龄工作暨经验交流会议在省城太原召开，会议传达了全国老龄工作委员会第十六次全体会议和全国老龄办主任会议暨全国老年人优待工作（视频）会议精神，晋城、临汾、忻州、临县、灵石、临猗、阳城、和顺、太原市法律援助中心等9个单位交流了工作经验，命名表彰了121个全省第二届“敬老文明号”单位和首批24个“山西省敬老文化教育基地”，举办了扶持规范化农村老年协会设备发放仪式，会议总结了2013年以来的工作，安排部署了下半年的工作。全省各市和省直机关老龄办负责同志、综合科长、全省老龄工作示范县（市、区）老龄办负责同志、受表彰单位的代表、省城各大新闻媒体记者参加会议。

【《山西老龄工作》创刊500期座谈会暨全省老龄宣传干部培训班】8月12至13日，《山西老龄工作》创刊500期座谈会暨全省老龄宣传干部培训班在太原召开。省民政厅党组成员、省老龄委专职副主任王进龙出席开班仪式并致辞，省老龄办副主任续爱峰出席并讲话，省老龄办宣教部负责人关宇主持会议。来自全省各市、省直老龄办以及全省28个老龄工作示范县（市、区）的特约通讯员、省老龄办各部相关人员共计50余人参加了培训。会议回顾总结了《山西老龄工作》创刊500期发展历程，讨论了《山西老龄信息工作考核办法》，并征求各市县代表意见。培训班上，太原市委学校原校长、太原市人大原副主任刘新春和中国摄影家协会会员、国家高级摄影师张杰分别就通讯报道写作知识和公务活动拍摄技巧进行了授课，还为全省首批40名老龄工作特约通讯员颁发了通讯员证。

【2014年全省老龄意外伤害保险会议】7月3日上午，全省老龄意外伤害保险视频会议在太原市举行。这次会议由山西省老龄办和国寿山西分公司联合召开。会议传达了全国老龄意外伤害保险工作交流会议主要精神；对2013年老龄保险业务发展进行了总结；对2013年老龄意外伤害保险工作先进单位晋城市老龄办、大同市老龄办、吕梁市老龄办、国寿晋城分公司、大同分公司、吕梁分公司6家单位进行了表彰；晋城市老龄办、国寿长治分公司负责同志进行了大会经验交流发言。会议对2014年全省老龄意外伤害保险推进方案进行了宣导，与会人员参加了老龄意外伤害保险业务培训，并举行了国寿山西分公司向全省1000名老年人捐赠意外伤害保险仪式。会议以视频形式召开，全省各市、县（市、区）老龄办主任、国寿分公司经理及有关人员共1000人参加了会议。

【第七届全国老年心理关爱研讨会】9月10至12日，由中国老龄事业发展基金会和山西省老龄办主办的第七届全国老年心里关爱研讨会在晋中市太谷县召开。全国关心下一代工作委员会主任、第十届全国人大常务委员会副委员长顾秀莲，中国老龄事业发展基金会理事长李宝库，山西省人大常委会副主任周然，全国老龄办副主任肖才伟出席会议。中科院心理所原所长、中国心理学原会长张侃等15名专家、学者和一线工作者围绕“如何将心理健康的钥匙掌握在老年人自己手中”主题作了专题报告。代表们就如何增强老年人调节心理健康的心得体会进行了分组经验交流和理论探讨。大会收到全国各地专业论文230多篇。

【“敬老月”活动】2014年10月是全国、全省第5个“敬老月”。全省各级老龄部门紧紧围绕“关爱老人，构建和谐”活动主题，积极开展形式多样、丰富多彩的系列活动，取得了良好效果。各地广泛开展慰问高龄老人、救助特困老人活动。省老龄办为新进百岁老人颁发“寿比南山、福如东海”长寿匾，对2000名农村特困老年人进行救助，共发放救助金100万元。晋城市市、县、乡、村四级发放尊老金2365万元，惠及老年人25.6万人。晋中市慰问高龄特困老人1.33万人，发放慰问金、慰问品等价值310多万元。长治、晋城、晋中、朔州、阳城、泽州、和顺、寿阳、灵石、太谷、怀仁、柳林、清徐、稷山等市（县）党委书记、市（县）长带队慰问百岁老人、高龄老人、特困老人，送去党和政府的关怀和温暖。省老龄办举行全省“敬老月”活动启动仪式，邀请民政部原副部长、全国老龄事业发展基金会理事长李宝库作孝道文化专题讲座，组织省城老年人代表观看敬老题材大型晋剧现代戏——守护夕阳，为老年人奉上精美的文化大餐。晋中市老龄办在市主要媒体发表市委书记、市长致全市老年人的联名慰问信；太原市老龄办在《太原日报》发出尊老敬老倡议书；吕梁市老龄办与市广播电台联合推出“最美夕阳红”专题节目；朔州市老龄办联合电视台、日报社开展“寻找长寿老人”活动；河曲县老龄办在电视台黄金时段滚动播出尊老敬老宣传字幕；太谷县老龄办开展为期50天的“古、新二十四孝”展览，大力宣传“孝文化”传统美德；原平市老龄办组织老年文艺宣传队，在市中心广场表演节目宣传“敬老月”，提高了全社会对老年人的关注度，营造了浓厚的尊老敬老氛围。9月27日，省老龄办组织40多名志愿者组成的服务队伍，赴源缘圆养老院，与入住老人一起欢度节日。临汾、忻州、大同、朔州等市，太谷、灵石、和顺、高平、古交、临猗、芮城、太原万柏林区、长治城区等县（市、区）组织志愿者赴社区、敬老院为老年人清理卫生、表演节目、谈心交流，深受基层老年群众的欢迎。省老龄办组织老年文艺队，赴忻州、晋中、吕梁3个市6个县的敬老院、养老院、老年协会等进行慰问演出，为老年人送关怀、送欢乐。组织老劳模、老干部、省城各界老同志代表开展“寻访山西老企业、追忆艰苦奋斗史、畅谈创新发展路”活动，走进太重集团、山西老陈醋集团、太原双合成食品公司等单位，感悟企业创新发展巨大变化，接受艰苦奋斗和创新发展精神教育。太原、晋城、朔州、忻州、临汾、运城、高平、太谷、太原万柏林区等市、县（市、区）举办文艺展演，大同举办全国中老年书画大赛，晋城举办图片巡回展，朔州、泽州、壶关举办书画工艺作品展，太谷县举办老年象棋比赛，丰富了广大老年人的精神文化生活。

【全国法制宣传日活动】12月4日上午，在省城太原南宫广场，省老龄办副主任续爱峰带队参加了省政法委组织的全国法制宣传日活动。现场为群众宣传老龄工作方针政策，发放老年法、《山西省实施＜老年法＞办法》等普法宣传资料，并认真解答群众咨询。同时，省老龄办老年法律援助站组织15名老年志愿者在太原市府东街开展法律宣传活动，现场发放老年法单行本、《老龄政策法律知识问答》上万份，接待法律咨询近百人。

各项业务进展

【老年维权工作】山西省老龄办不断提升维权质量，健全维权制度，老年维权工作取得明显成效。一是加强政策创制，省老龄办牵头起草修订了《山西省切实加强老年人优待工作的实施意见》，并与24个相关单位联合印发。二是加强老年法律援助工作站建设，选择年富力强、经验丰富、有奉献精神的同志担任援助站站长，规范服务流程，强化服务质量，提高服务水平，并及时与省法律援助中心沟通联系，得到他们的支持和指导。三是提高工作人员业务素质，组织全体人员参加了全省民政系统法律知识竞赛，进一步增强了工作人员的执法能力和水平。

【“敬老文明号”创建活动】2014年8月，省老龄办在2015年全省老龄工作会议上，对全省121个省级“敬老文明号”单位进行了命名，对24个全省“敬老文明教育基地”进行了命名。同时，省老龄办下发了全省第三届“敬老文明号”创建活动的通知，对新一轮创建工作提出具体要求，指导各地积极开展创建活动。

【基层老年协会建设】全省各地认真贯彻落实全国老龄办《关于加强基层老年协会建设的意见》和山西省老龄办《关于加强新形势下基层老年协会建设的意见》精神，积极探索老年协会规范化建设的新模式，着力提高老年协会建设的覆盖率和老年人的参与率。各地老龄部门加强基层老龄协会组织建设、制度建设、队伍建设、场所建设，提升老年协会规范化建设水平。发挥老年协会植根基层，贯通社会，联系老年人的特点和优势，组织低龄健康老年人为高龄、空巢和失能的老年人提供帮助和服务。在居家养老服务、开办“老年食堂”、老年人日间照料等工作中，充分发挥老年协会的组织和管理作用，实现老年人自我教育、自我管理、自我服务，加强和创新老年群体的社会管理，推进和谐社会建设。

【调查研究工作】山西省老龄办推荐参加全国老龄办2014年主题政策调研活动，选送8篇调研报告，并获优秀组织奖。组织开展“老年人权益保障、尊严与责任”主题调研活动，各市和全省老龄工作示范县（市、区）老龄办积极参与，共撰写调研报告40多篇。8月14日，2010—2012年开展的“山西省应对人口老龄化战略研究”荣获“山西省第八次社会科学研究优秀成果二等奖”。10月21日，在全国老龄政务信息工作会议上，山西省老龄办续爱峰副主任作了题为《构建全方位老龄政务信息系统，推进全省老龄事业健康快速发展》的大会发言，受到与会代表的一致好评。太原、晋城、晋中、朔州、忻州、运城等市，阳城、灵石、太原杏花岭区等县（市、区）围绕老年人权益保障、基层老年协会建设、社会养老服务体系建设、农村老年人生活状况等工作开展调研，共撰写调研报告87篇，为党委政府加强老龄工作、研究制定老龄政策提供了重要依据。

【“银龄行动”】5月8日至14日，省老龄办组织山西医科大学第二附属医院中医科、心内科、普外科、妇产科等科室的8位老年医疗专家，先后深入到柳林县人民医院、石溪乡卫生院、临县刘家会镇卫生院，共计为1200多名患者进行免费诊疗，还通过讲座等形式对柳林县人民医院的医护人员进行了诊疗技术培训，提升了医护人员的专业技能。太原、晋城、晋中、朔州、忻州、古交、太谷、寿阳等市、县也组织开展了医疗、农、林、养殖、文艺等援助活动，为贫困地区经济社会发展贡献了一份应有的力量。

内蒙古自治区

综　述

截至2014年底，我区60岁及以上老年人口已经接近450万，占人口总数的比率接近18%；这一比率较2013年底全国的平均比率高出了近5个百分点。所以按照我区的老年人口具体情况，自治区老龄办根据党的十八大提出的“要积极应对人口老龄化，大力发展老龄服务事业和产业”的政策，在自治区老龄委、民政厅的正确领导和大力支持下，各项工作取得了一定成果。

一、起草了《内蒙古自治区老年人权益保障条例》

我办根据《中华人民共和国老年人权益保障法》，结合自治区实际，借鉴发达省区的经验做法，对《内蒙古自治区老年人权益保障条例》（草稿）（以下简称《条例》）的起草工作，征求了各成员单位的意见。下半年，我办随人大赴先进地区进行了专题考察学习的基础上，对条款进行分类设章，并编制了《条例》与老年法的条款内容对照材料和制定理由依据的说明。我们积极与自治区人大内司委和政府法制办沟通，完成了《条例》申请立项审议报告等前期准备工作，并与厅政策法规处密切配合，以民政厅的名誉上报法制办。另外还起草完成了《关于进一步加强老年人优待工作的实施意见》，并征求了各成员单位意见，前期工作已经完成。

二、加强机关党建工作

（一）加强党建工作，提高执法能力建设。我们老龄工作担负着全区总人口的17.6%以上比例的老年群体的工作，又是保障和维护老年人合法权益的部门。所以老龄办年初在工作计划中提出，建设“四型”机关，即：学习型、服务型、创新型、廉洁型机关，不断提高机关党建工作的科学化水平。以厅中心组学习为龙头，在第一时间组织全体干部传达学习了自治区党委九届十一次全委会议精神和其他重要文件精神，使大家能够深入学习领会习近平总书记考察内蒙古重要讲话精神，“守望相助，把祖国北部边疆这道风景线打造的更加亮丽。

（二）提高学习自觉性。支部书记带头组织学习，给大家讲学习的重要性。首先让大家明白，作为一个国家公务员，尤其是党的干部，学习是一项责任。加强党性教育、理想信念教育、形势政策教育，不断增强广大党员和干部的思想品德修养。

（三）党建工作紧紧围绕老龄工作的重点任务，把全心全意为人民服务作为工作的出发点和落脚点。把服务老年人作为第一要务，教育和引导党员干部要服从和服务于中心工作，求真务实，攻坚克难，夯实党组织的执政基础。

三、加强党风廉政建设责任制

按照民政厅系统廉政风险防控工作领导小组的有关要求，切实加强对廉政风险的防范管理，有效提高预防腐败工作的能力和水平。老龄办在廉政风险防控工作建设方面认真抓了以下方面的工作。

（一）领导重视，健全组织。我办认真贯彻落实《自治区民政廉政风险防控工作实施方案》的工作目标和任务，及时召开党员干部会议，全面部署，成立了廉政风险防控工作领导小组。同时，指定一名同志为纪委专委，建立健全了组织机构。并将党风廉政建设责任制的落实与党的群众路线教育实践活动整改工作相结合，与深入开展严肃工作纪律，整顿工作作风活动相结合，与推进为老龄服务各项工作任务相结合，努力做到“两不误、两促进、两提高”，有效地推动了办公室的重点目标任务和廉政风险防控工作的顺利实施。

（二）掌握廉政风险防控管理知识，有效地防止腐败行为发生。老龄办主要负责人认真查找本处室的制度机制风险和岗位职责风险，从领导干部到一般工作人员，每个人结合工作职责，认真查找个人的思想道德风险和岗位职责风险。在廉政风险点评估工作上，做到“三做到”：一是做到高度重视，二是做到措施有力，三是做到客观实在。

（三）严格程序，认真查找。严格按照《民政厅廉政风险防控工作实施方案》，经过逐项梳理，认真查找风险点，并在工作中加以防范，做到“风险定到岗，制度建到岗，责任落到岗”，保证实效。结合工作实际和岗位职责，制定了《老龄办职权目录》《老龄办廉政风险防控流程图》和《廉政风险防控个人（岗位）自查表》。

（四）完善措施、建立机制。在查准、查全、查深廉政风险的基础上，整合资源，建立老龄办廉政风险分析机制；完善预防廉政风险的工作机制，建立健全规章制度，制定出防范措施。制定了《会议管理制度》《财务管理制度》，进一步完善按制度管理，按规章办事的工作机制。严格按照财务管理制度办事，规范使用老龄经费、高龄老人津贴管理发放、会议费支出、项目经费等内容，严格执行党风廉政责任制，加强规范化、程序化、法制化建设。

四、高龄津贴发放管理工作

为80岁以上老年人发放高龄津贴是党委、政府惠民工程。年初，自治区党委、政府将80岁以上的城乡低保老人纳入补助范围，今年共有38.3万老年人享受到了高龄津贴，共计发放高龄津贴4.6亿元，自治区匹配3.5亿元。按时足额完成了高龄津贴发放管理工作任务。鄂尔多斯市、阿拉善盟等12个盟市建立了普惠制高龄津贴。为扎实做好“十个全覆盖”任务的落实工作，年初，我办分三个组对各地的高龄津贴申领、发放等情况进行了专项督查，准确掌握了各地工作的落实情况，找出了工作中存在的问题。高龄津贴的按时足额发放，有效提升了高龄困难老人的自尊感和幸福感。

五、开展“敬老文明号”创建活动

我办制定了《内蒙古自治区“敬老文明号”创建和管理办法》，此办法包括七章十八条，在基本条件、创建要求、创建内容、评选与保障及考核与管理方面进行了详细的规定，并与8月份印发了《关于开展内蒙古自治区第二届“敬老文明号”创建活动的通知》，随后在全区老龄工作会议上举行了启动仪式，在全区范围内深入组织开展创建活动。各地的涉老窗口单位踊跃参与，推动窗口单位尊老、扶老、助老工作向规范化、程序化、科学化稳步发展。

六、积极组织，深入开展“幸福养老大课堂”

各盟市开通了50所网校，并赠予每所网校价值2万元的点播卡一张，共计100万元。全区受益老年人有10万人次。“幸福养老大课堂”的实施，全方位地满足了广大老人的教育需求。

七、组织参加第四届全国老年文化艺术节

自治区老龄办积极组织全区各族老年人踊跃参加第四届文化节的各项活动，突出特色，坚持优中选优，报送参加了全国比赛。经过与31个省区市选送的99个团体激烈角逐，我办选送的舞蹈节目在全国108个团队比赛中获得金奖，其他节目也获得银奖、铜奖和优秀奖。在单项比赛中，我区选送的老年舞蹈、健身操、器乐合奏三项均获得奖金、合唱、舞蹈、京剧三项获银奖，三项获铜奖，充分展示了我区老年人的风采，也为我区基层老年文体活动普及和蓬勃发展储备了一批优秀带头人和传授人。

八、深入开展“敬老月”活动

“敬老月”活动期间，我办与人民日报、内蒙古日报、电视台、广播电台合作，多角度、大频次播报尊老孝老主题报道，共计播发新闻报道23条。同时，内蒙古通辽市、呼伦贝尔市、赤峰市、阿盟、满洲里市等十四个盟市举办了敬老月丰富多彩、形式多样的庆祝活动，全区近357万老年人隆重地过上了自己的节目，感受着党和政府乃至全社会给予的关怀、温暖和尊重。以“敬老月”活动为载体，广泛开展各项惠老助老活动，从老年人最迫切的需求、最关心的问题、最喜爱的活动入手，真正为老年人办实事、做好事、解难事、献爱心，促进老龄工作和老龄事业实现新跨越。

重要会议和活动

【伊金霍洛旗民政局志愿者走进敬老院】在国际志愿者日，伊金霍洛旗民政局志愿者服务队来到乌兰木伦镇敬老院，志愿者们来到老人们平时的娱乐的地方，陪他们一起打扑克、唠家常。娱乐结束后，志愿者们走进每位老人的房间中，擦玻璃、叠叠被、拖拖地，看似简单的家务活动却是志愿者们奉献爱心的最好表达。

【呼和浩特市老龄办慰问百岁老人】1月22日上午，呼和浩特市民政局副局长、老龄办主任王旺盛、市老龄办秘书长马坤、玉泉区民政局局长吴志刚及市老龄办和玉泉区民政局的工作人员一行先后来到付玉珍（女，102岁）和魏连桃（女，102岁）老人家，为老人送去鲜花、慰问品和长寿慰问金（每位老人1000元）。在百岁老人家里，慰问组一行围坐在老人周围，和老人唠起了家常，亲切地询问老人的身体状况、饮食起居以及家庭、生活情况，祝愿老人身体健康，延年益寿。呼和浩特电视台、北方新报、呼市日报的记者也参加了这次慰问活动。呼和浩特市现有20位百岁老人，每位百岁老人发放1000元长寿慰问金，共计2万元。此项工作从2003年开始，截至目前累计发放长寿慰问金14.3万元。

【自治区召开农村牧区“十个覆盖”领导小组会议部署“十个覆盖”工作任务】4月21日下午，自治区召开农村牧区“十个全覆盖”工作领导小组会议。自治区党委书记、“十个全覆盖”工作领导小组组长李佳出席会议并讲话，自治区副主席、“十个全覆盖”工作领导小组副组长王玉明主持会议。各盟市和19个厅局的领导参加会议。会上，涉及到“十个全覆盖”政策的厅局进行了发言。自治区民政厅兰恩华厅长参加会议并对“十个全覆盖”中的民政部门承担的80岁以上低收入高龄老年人享受高龄津贴情况做了详细的汇报。自治区老龄委副主任韩奇、老龄办办公室主任哈斯参加了会议。这次自治区“十个全覆盖”中把农村牧区80岁以上低保老年人全部纳入高龄津贴发放政策中，这是自治区党委、政府对底收入高龄老年人的关心和关怀，这项政策惠及全区10万低收入老年人。

【自治区老龄委韩奇主任调研指导鄂尔多斯市老龄工作】5月5日至7日，区老龄委专职副主任韩奇、市老龄委专职副主任白成英一行，以党的群众路线教育实践活动为契机，通过实地参观走访）召开座谈会等形式调研指导市老龄工作。期间，调研组一行深入东胜区、杭锦旗、鄂旗、鄂前旗针对鄂尔多斯市高龄津贴发放情况、“敬老孝星”的开展情况及老年法的宣传，老年优待办法的出台及落实情况等进行考察。在鄂旗政和园社区，旗民政局通过社会服务中心购买为老服务与日常管理，大胆创新了“为老、养老、助老”模式，受到社会好评。调研组还走访了部分基层老年活动场所，通过老年人面对面交流，了解老年文体团队运行情况存在的问题。对生活有困难的部分老人进行了入户慰问，给予慰问金。每到一处，调研组都与民政局及老龄办负责人、老年人代表、社区代表进行座谈，通过座谈，就老年人的生活情况、基层老年活动开展、老年人面临的实际困难、高龄补贴发放等方面进行深入了解。韩主任对鄂尔多斯市老龄工作的开展情况给予充分肯定，并结合工作实际给出合理化建议，为下一步市老龄工作的开展打下基础。

【自治区老龄办领导来兴安盟调研老龄工作】 5月20日，内蒙古自治区老龄办主任哈斯一行到兴安盟调研老龄工作。兴安盟民政局党组成员、副调研员梁俊鸿陪同调研。调研组抽查了乌兰浩特市、阿尔山市、扎赉特旗3个旗（县、市），分别召开了老龄工作调研座谈会，听取了旗县市民政局的工作汇报，详细了解了高龄津贴发放管理情况、各项活动开展情况和老年人权益保障法贯彻落实情况。调研组先后看望了赵桂兰（88岁）和宋桂芝（84岁）两位老人，了解老人高龄津贴发放情况，并详细询问老人的身体状况、生活起居和生活中存在的困难。自治区调研组对兴安盟的老龄工作给予了充分肯定，并在落实老龄事业专项资金方面提出了指导意见，对兴安盟老龄办今后老龄工作提出了建议和要求。

【巴彦淖尔市认真落实自治区城乡低保高龄津贴政策】 巴彦淖尔市民政局对实施城乡低保高龄津贴非常重视，及时召开会议专题安排部署，认真贯彻落实自治区党委、政府决定，将全市城乡80岁以上领取低保金的老年人纳入高龄津贴补助范围。市民政局及时制订了《巴彦淖尔市民政局实施城市农村牧区“十个全覆盖”中高龄津贴全覆盖2014年工作方案》，市老龄办制定下发了《关于做好城乡低保高龄津贴发工作的通知》，及时将自治区下拨的城乡低保高龄津贴拨付到个旗（县、区）。5月27日至6月6日，市民政局副局长苏快进带领市老龄办工作人员组成督查组赴个旗县区督查高龄津贴落实情况。

【粽子飘香人情浓】 5月29日，鄂尔多斯市东胜区老龄办全体人员和志愿者们来到泊江海子敬老院与老人们一起包粽子迎端午，同时邀请了多名擅长包粽子的志愿者阿姨手把手地教。经过志愿者阿姨的耐心指导及大家的反复练习，很快100多个粽子便新鲜出炉，活动现场洋溢着家庭般温暖的氛围。下午，志愿者又和老人们进行拔草比赛。

【鄂尔多斯市东胜区林荫街道办事处文苑社区端午前夕慰问空巢老人】 端午节文苑社区在刘玉书记的带领下看望慰问了4户空巢老人，和他们唠家常，慰问了他们的近期生活、身体状况，了解他们的实际需求，并送去慰问金2000元以及节日的祝福，拿到慰问金的老人喜悦之情，溢于言表。通过与社区居民的零距离接触，进一步了解老人们的生活和需要。也让他们真真切切感受到社区大家庭的温暖，使社区形成“爱老、敬老、助老”的良好氛围，构建美好家园。

【巴彦淖尔市基层老年协会现场观摩会在五原县召开】 8月5日上午，全市基层老年协会现场观摩会在五原县复兴镇召开。参加会议的有市民政局副局长苏快进、市老龄办副主任周志平、五原县民政局局长、老龄办主任詹美，以及各旗县区民政局分管老龄工作的副局长及老龄办主任。与会人员首先观摩了复兴镇和胜村老年协会和新公中镇永联村老年协会建设和活动情况，参观学习了他们在为老服务方面的先进经验。随后在新公中镇召开了总结会。会议主要贯彻落实全国老龄办《关于加强基层老年协会建设的意见》、全国全区《老龄事业发展“十二五”规划》以及巴彦淖尔市老龄办《关于进一步加强基层老年协会建设的通知》的文件精神。五原县民政局长高利军介绍了五原县基层老年协会建设先进典型经验。

【“大爱无疆”资助贫困老人大型公益活动分别在满洲里市和新巴尔虎右旗隆重举行】 为弘扬中华民族敬老、爱老、助老的传统美德，推动老龄慈善事业的发展，共建和谐社会，中国老龄事业发展基金会于8月7至8日分别在满洲里市和新巴尔虎右旗举办了“大爱无疆”资助贫困老人大型公益活动。中国老龄事业发展基金会副理事长章国容、中国老龄事业发展基金会副理事长兼秘书长张垒、中国老龄事业发展基金会老年文化教育委员会常务副主任武国兰、自治区老龄委专职副主任韩奇、自治区老龄委办公室主任哈斯以及呼伦贝尔市民政局、满洲里市、新巴尔虎右旗的有关领导出席此次活动，并为贫困老年人代表发放了捐赠物品。

此次活动，中国老龄事业发展基金会共为我区满洲里市和新巴尔虎右旗捐助价值20万元的棉大衣、棉被并为部分贫困老人购买意外伤害险。这种爱心义举的意义，远远不止是在物质和金钱上的援助，更重要的还在于对老人心灵和精神上的安慰和温暖，旨在呼吁全社会共同关注并帮助我国贫困老年人，为我国老年人的幸福晚年贡献一份爱心，促进和谐社会的建设。

【乌海市启动“幸福养老大课堂”进社区活动】 8月20日上午，乌海市老龄办举行“幸福养老大课堂”启动仪式，旨在推动老年教育社区进养老机构，方便老年人就地就近，老有所学，学有所教，多途径、多形式实现幸福养老。启动仪式上，市老龄办向三区和养老机构赠送了“幸福养老大课堂”课件，并对教学内容作了介绍，同时对社区工作人员进行了现场操作培训。市老龄办要求各区、镇办以社区综合服务中心为主阵地，办好“幸福养老大课堂”，有组织、有计划地设定安排教学内容，长期组织开展教学活动，并鼓励、动员辖区老年人积极参加学习活动，确保教学活动达到预期效果。同时，市老龄办聘请市樱花职业技术学校的教师从9月到11月对全市10个居家养老试点社区和3个养老机构进行为期3个月的巡回指导培训，协助试点社区和养老机构启动并长期开办“幸福养老大课堂”。

【包头市第一机械集团有限公司老龄委办公室开展了系列的离退休职工活动丰富企业文化】在包头市第一机械集团建厂60周年之际，为了丰富老年人文化生活，弘扬敬老爱老的良好社会风尚，集团决定在老年节开展庆祝老年节系列活动。大力为老年人办好事办实事，开展对孤寡老人、残疾老人、高龄老人、生活特困老人和离退休干部进行走访慰问；多层次举办座谈会、联谊会、报告会等；开展“青春携手夕阳、共建和谐一机”的青年志愿者和大手拉小手，共育接力人活动，传承敬老、助老传统美德；对老龄工作先进集体、先进个人和老有所为先进个人、敬老好儿女等进行评比表彰，广泛宣传他们的先进事迹，促进公司老龄事业的全面发展。

【内蒙古自治区精神文明办公室自治区老龄工作委员会发出通知命名第一届全区“敬老文明号”荣誉称号】在内蒙古自治区党委和政府的领导下，内蒙古自治区精神文明办公室、自治区老龄工作委员会为贯彻全国老龄工作委员会开展“敬老文明号”创建活动工作部署，自2012年以来，在全区范围内开展了“敬老文明号”创建活动。这项活动在积极应对人口老龄化，广泛动员社会各界开展为老服务，推动落实老年优待政策等方面起到了极大的促进作用，通过开展创建活动，社会敬老意识进一步增强，老年优待政策得到落实，敬老爱老助老社会氛围日趋浓厚，老年人的生活质量不断提高，涌现出一大批在尊老、敬老、爱老、助老方面的先进单位和组织，使全区的尊老敬老氛围上了新的台阶。为表彰先进、树立典型，推动全区社会主义道德进一步提升，自治区文明办、自治区老龄工作委员会决定，授予自治区、呼和浩特市、包头市、呼伦贝尔市、兴安盟、通辽市、赤峰市、锡林郭勒盟、乌兰察布市、鄂尔多斯市、巴彦淖尔市、乌海市、二连浩特市、满洲里市共147个集体第一届内蒙古自治区“敬老文明号”荣誉称号。

各项业务进展

【积极筹措资金，组织实施“乐龄工程”】根据全国老龄办《关于做好农村老年协会建设项目工作的通知》，按照《内蒙古自治区老龄事业发展“十二五”规划》的要求，年初，我办下发了《关于调查统计基层老年协会建设情况的通知》，摸清了各地基层老年协会建设情况，并制定了《自治区“基层老年人协会建设‘乐龄工程’”实施意见》。实施意见主要包括资助标准及资金来源、评选标准及资金使用要求、资助评选程序和工作要求等内容。按照公开公平、扶持发展和示范带动的原则，经各盟市逐级评选公示后，选出了138个优秀基层老年协会，每个协会扶持3万元，帮助其解决设施陈旧、活动器械不足等实际困难，以便其更好地组织老年人开展活动，进一步丰富老年人的精神文化生活。通过“乐龄工程”这个平台逐步形成老年人互助和社会力量支持相结合的自我管理服务机制，推动基层老龄协会科学健康地发展。

【老龄工作宣传】我办以开展“敬老月”活动为契机，在内蒙古电视台、内蒙古日报、北方新报等媒体上刊播相关消息30余条；依据民政厅网站管理的相关要求，更新工作动态等12个栏目，内容共计50余条，编辑印发《内蒙古老龄工作》简报4期。

【锡林郭勒盟80岁以上老年人高龄津贴资金全部下拨】2014年，蒙委、行署将实施“普惠型”80岁以上高龄津贴制度列入为民办实事内容之一，并在去年的基础上提高了补助标准，其中：80～89周岁老人每人每月100元；90～99周岁老年人由每人每月200元提高到300元；100周岁及以上老年人由每人每月500元提高到600元，全年需资金2030.88万元，4月9日锡盟老龄办会同财政部门已将自治区、盟本机全年资金下拨至各地。

【乌海市出台65岁以上老年人免费乘坐公交优待政策】按照国家24部委联合出台的《关于进一步将强老年人优待工作的意见》和自治区2014年老龄工作要点中提出的“老年人乘坐公交车应实施优待”这一要求精神，乌海市老龄办年初对全市老年人基本情况和周边盟市老年人乘坐公交优待情况等进行了调研，同时对全市老年人免费乘坐公交车所需经费等情况进行了测算，向市政府作了汇报，出台了乌海市公交优惠免费政策，从6月8日开始实施。目前，凡具有乌海市户籍65岁以上老年人和所有残疾人凭IC卡享受免费乘坐公交车优待内容。同时，全市60岁以上老年人继续享受每人每月100元的交通优待补贴。

【鄂尔多斯市康巴什新区发放高龄津贴成效显著】康巴什新区民政局于7月初在新区范围内开展了符合领取高龄津贴老人的统计工作，对各街道上报的老年人员名单进行复查，直接入户为70岁以上老人登记备案。按照公开、公正、高效、便捷的原则及“属地管理”的要求，针对去年在高龄津贴发放工作中清查出来的问题，如在不同区域重复申报高龄津贴的、户口迁出等问题进行了及时的整改，建立档案，规范运作，防止虚报作假或截留挪用，确保资金规范运行、专款专用，保证高龄生活补贴按时足额发放到高龄老人手中。

【乌兰浩特市搭建12349为老服务平台】乌兰浩特市12349社区服务信息中心，是全区首家开通的便民服务平台。中心办公面积1000平方米，内设家政服务部、失物招领部、培训就业部、中介服务部、志愿服务部和信息网络部。信息网络部设有10个电话坐席，采取政府无偿提供中介服务与服务企业市场化运作相结合的模式，24小时提供家政服务、维修服务、养老托老等10大类70多个项目的信息服务，将切实解决居民生活中的实际问题，力求实现社区“半小时服务圈”，努力提高居民生活的幸福指数。中心成立以来，一直把居家养老服务建设作为中心服务的重中之重，为老人提供“保姆式”服务。第一建立老人用户专属板块，设置了专门的信息录入版面，老人用户信息板块除了老人个人姓名、联系方式、家庭住址外，还会记录老人居住情况、健康数据、子女的联系方式、所在社区工作人员情况等信息，目前中心登记的老年用户共有1575人。第二开通“电子保姆”服务，“电子保姆”是一部专为方便老年人群使用而设计的一款集紧急救护、生活帮助、一般信息通话功能为一体的实用性手机。老人用户可以使用“电子保姆”红、绿一键通功能，快速拨打中心热线寻求帮助。自12349社区服务信息中心成立运行以来，已累计为该市老年人提供各类服务和信息咨询数8132次，发布停电、停水、老龄补助等信息336条。

【包头市开展“敬老月”活动】全市各涉老单位和部门按照“敬老月”活动主题要求，充分利用横幅、板报、宣传栏、LED显示屏、倡议书、印发宣传册等各种形式强化宣传，在为老服务、老年维权和老年文体方面举办了一系列的活动。首先，包头市离退休服务中心采取分组召开座谈会、重点入户等形式走访慰问550名已实行社会化服务的建国前参加革命工作的老干部、老工人、老党员及军转干部、劳模、特困、重病、高龄等企业离退休人员，市妇联、包钢离退休管理服务中心、中核北方核燃料元件有限公司等都举行了不同形式的慰问和探访。其次，包头市新世纪男科医院于10月28日正式启动老年人男性前列腺疾病免费筛查大型公益活动，稀土高新管委会组织152名老年人进行了免费体检。另外，开展老年维权活动，包头市离退休管理服务中心以维护退休人员权益为重点，指导市离退休人员法律援助站看展涉老政策法律咨询和法律维权宣传活动，各街道、社区确定专人接待老年人信访，发挥调解组织的作用，解决赡养、继承等家庭纠纷。最大限度维护了老年人的合法权益；也举办了形势各样的文体活动：摄影展、体育比赛和文艺汇演。

【二连浩特市“敬老月”活动】市民政局组织工作人员到福利院看望困难老人，将慰问金和祝福送到老人手中，在重阳节当天还和老人们一起庆祝老人们自己的节日。10月10日上午，市慰劳信息服务平台12349便民为老服务网点启动揭牌仪式在北疆社区和额仁社区举行。10月15日，市民政局联合市消防大队组成检查组，重点检查福利中心的用火、用电、用油、用气是否符合规范，检查人员现场进行了消防安全知识宣传，详细讲解了福利院应当履行的消防安全职责。开展形式多样的文体活动庆祝重阳节。

【兴安盟“敬老月”活动】各部门、各单位从实际出发，结合各自特点，利用板报、宣传栏等大力营造爱老敬老的舆论氛围。扎赉特旗在苏木乡镇及社区张贴敬老宣传标语40多条，印发了老年人权益保护法宣传单1000多张。各成员单位和各乡镇、社区结合实际，精心组织开展走访慰问和为老志愿服务活动，重点关注高龄、空巢、失独、困难老年人的生活问题，普及健康养生知识，传播健康理念。在“敬老月”期间，突泉县百岁以上老年人，经县委、政府决定由原先每人每月300元，提高到每人每月1000元，并将全年津贴发放到老人手中。成立了兴安盟老龄委法律援助工作站，接待老年人的来访、来信、来电，开展法律咨询服务，共接受涉老案件法律援助和受理赡养案件4起，受理老年人咨询6件，调处率达90%。

【乌海市“敬老月”活动】乌海市老年节及“敬老月”活动从9月初延续到10月底，于9月17日上午由乌海市老龄委主办的“夕阳情中国梦乌海市第十四届‘松鹤杯’书画摄影展赛”隆重开幕，为期一周的活动吸引了不少观众，同时市老龄办选送了55幅优秀书画、摄影作品，参加全国老年书画摄影大赛。发挥老年群众组织的作用，据不完全统计，各类群众文化组织举办或参加各种演出及赛事活动100多场次，营造了老年节欢乐喜庆氛围。老年节期间，海勃湾区、海南区组织为70岁老年人免费体检；市计生委为贫困老年人家庭送去了保健理疗用品和慰问品；市公交公司为方便老年人免费乘车办理IC卡；各镇办、社区纷纷组织志愿者走进老年公寓、老年人家中开展帮扶照料、清理卫生、精神关爱等志愿服务活动。9月

18日，市政府出台了《乌海市老龄事业发展五年规划（2014—2018年）》，从老年社会保障、社会养老服务、老年生活环境、教育文化、权益保障、社会管理七个方面制定了发展目标和具体措施，为实现“老有所养、老有所医、老有所学、老有所教、老有所乐”提供了政策保障。

【锡林郭勒盟“敬老月”活动】通过悬挂敬老、爱老、助老标语、出动宣传车、发放宣传资料、利用板报宣传栏、电子显示屏、电台电视台专题节目及滚动播放等多种形式用蒙、汉语广泛深入地就老年法、“敬老孝星”模范人物、敬老爱老先进等相关题材进行了宣传报道。各旗县市（区）以及苏木乡镇（社区）的涉老单位和群众团体在当地党政领导的带领下，通过举办座谈会、联谊会、文艺汇演、走访慰问，五保户、低保户、贫困老年人、残疾老人、老党员等送去慰问金和慰问品。各成员单位整合资源，结合国庆节、重阳节积极开展形式多样、内容丰富多彩的老年文体娱乐活动。正蓝旗老龄办组织的老年艺术团10月14日在安徽合肥获第四届中国老年文化艺术节器乐类金奖。多数地区的老龄办会同旗县市司法局、法律援助中心举办老年人法律讲座，开展法律咨询活动。

【巴彦淖尔市“敬老月”活动】10月10日市老龄办在《巴彦淖尔日报》专版刊登题为《创造好环境、服务老年人》的老龄工作综述，并在电视台进行报道。市老龄办在巴彦淖尔市民政网站刊登了八篇敬老月活动的系列报道。各旗县在活动期间共发放老年法宣传材料7000多份，宣传单2000份，老年优待证300本，接受政策咨询200多人次，其中乌中旗还为65岁以上老人免费义诊。10月9日至15日，市民政局局长、市老龄办主任额尔敦仓，民政局副局长苏快进带领老龄办副主任周仓平对全市的百岁老人和部分困难老人开展了“走访慰问送温暖”活动，共慰问百岁老人13人、每人慰问金1000元；困难老人22人，每人慰问金500元，500元米面粮油实物。期间，巴彦淖尔市政府决定，2014年10月18日起临河城区试行70岁以上老年人免费乘坐公交车惠民政策。10月12日至13日，巴彦淖尔市成功举办市首届老年人运动会，900名老年健身爱好者表演了佳木斯健身操、柔力球、健身秧歌、国际舞、太极拳剑扇等节目，来自各旗县区、市直单位、街道办事处的26支代表队共420名老年选手参加了6个竞技项目和5个家庭趣味项目的比赛。各旗县相继开展了形势多样的体育比赛和文艺汇演。

【乌兰察布市“敬老月”活动】9月29日，全市庆祝老年节暨创建“敬老文明号”表彰大会在市老年人活动中心召开，会议宣读了《创建“敬老文明号”尊老助老活动倡议书》，号召大家争做精神文明的建设者、做老敬老的宣传员、为老服务的排头兵。市老龄办联合晋剧团、歌剧团、歌舞团、是老年金雕艺术团等文艺团体，从10月10日开始，先后走进各旗县中心敬老院、互助幸福院进行慰问演出。市民政局聘请市中心医院保健内科、眼科、泌尿外科等6名医务人员，组成慰问医疗小组，先后深入商都县、察右中旗、四子王旗、卓资县、丰镇市、集宁区等7所光荣院，为118名建国功臣进行慰问体检，并发放2万多元的常用药品。各旗县均开展了敬老月的宣传、培训、慰问等活动。

【通辽市科尔沁区“敬老月”活动】在全区重点街道这区悬挂条幅，部署全区5个国有农牧场在内的27个单位开展结合本地实际的敬老月活动。印制和发放了新老年法手册，并在《科尔沁周讯》报上刊登和宣传了新版老年法，社区开展新老年法知识问答比赛，街道办事处召集志愿者医务进社区开展老年法以及《老年各项优待政策》宣传服务，同时开启了远程教育平台，明仁街道做起了“义务法律咨询”，由专业的法律讲解员对老年人的合法权益进行宣讲。施介街道开展了“免费为老年人体检活动”，不仅为老年人建立了健康档案，还对老年人的心里健康知识进行了宣传和指导；科尔沁区街道志愿者召集志愿者进社区，为老年人义务讲解新老年法；永清街道社区举行了老年人书画展，邀请老师免费为老年人提供培训讲解；铁路街道枫景社区食堂为老年人打折的同时还免费为老人送餐。科区民政局班子成员带队走访慰问了老年体协、老年科协、志愿军战士协会、关工委、老年大学等五个单位，送去了慰问金7000元。上门看望困难老人和百岁老人，送去了慰问金，并对照顾老人的家属给予了表扬。

【呼和浩市“敬老月”活动】市老龄办在公共场所设立宣传标语广告、标幅等，通过市人民广播电台《首付民政》栏目，共制作了四期节目，宣传高龄津贴及敬老优待相关政策。在活动期间，市老龄委、北方新报组织为老年人免费拍摄婚纱照，看望和慰问百岁老人。依托老年人协会、老年人体育协会、老艺术家协会等老年组织和涉老文化场所开展丰富的老年文体活动。开展老年维权活动，开展老年法的宣传教育活动，发挥“老年维权示范岗”“老年优待服务窗口”的作用，为老年人乘车、就医、免费开放参观点灯场所提供优待服务。

【鄂尔多斯市“敬老月”活动】结合实际拟定了《2014年“敬老月”活动实施方案》，通过各种媒体广泛宣传“敬老孝星”“敬老文明号”的典型事迹，并把为老服务活动与“创建文明城市”活动结合起来，组织志愿者在人口密集地段宣传助老美德和开展救助孤老的慈善募捐活动。市、区两级老龄办多次走访慰问了高龄、特困老人，送上慰问金和节日的祝福。组织开展老年法律援助和涉老政策、法律咨询活动，防范、依法打击侵害老人人身、财产安全的违法犯罪行为，重视老年人来信来访工作。市部分旗区老龄办对老年人组织开展了免费体检活动，由鄂尔多斯市老龄委主办的庆祝老年节大型文艺表演，在市电视台隆重播出。市老龄办主办、滨河街道康巴什新区民政局承办的首届书画展开幕。东胜区民政福利中心举办了老年书画大赛。10月15日市老龄委在东胜区老年活动中心举办了老年人羽毛球比赛。

辽宁省

综　述

2014年，在省委、省政府的正确领导和全国老龄办的精心指导下，全省老龄系统深入贯彻落实党的十八大、十八届三中、四中全会精神及习近平总书记系列重要讲话，以贯彻落实老年法、《辽宁省老年人权益保障条例》(以下简称《条例》)、《省老龄事业发展“十二五”规划》为重点，以党的群众路线教育实践活动为动力，凝心聚力、开拓进取，推动老龄工作再上新台阶，取得了老龄事业发展的新成绩。年内，全国老龄办主任、副主任等领导先后来辽调研考察，对我省老龄工作给予高度评价。

一、老龄事业发展环境不断优化

党委、政府高度重视老龄工作。省委省政府多次召开协调会议，将老龄工作列入重点民生工程。省政府把老龄工作连续三年写入省长工作报告，连续三年纳入对各市政府的绩效考评体系，定期督办老龄重点任务的完成情况。省委常委、常务副省长周忠轩在省老龄委第九次全委会上，就加快老龄事业发展进行周密部署。省人大将老龄事业作为2014年监督工作的重点内容之一，由省人大党组书记、常务副主任李峰及3位副主任分别带队，对老龄事业发展情况进行综合监督，形成了《关于进一步促进全省老龄事业发展的决议》。省政协将老龄问题列为有关民生的主要议题，由省政协主席夏德仁亲自主持召开了“积极探索多样化养老模式”的定期协商座谈会，就推动我省养老服务发展提出建议。

各市党委、政府把老龄工作摆上重要议事日程，定期听取工作汇报，专题研究部署任务，列入重点民生工程，纳入对各县（市、区）政府的绩效考评体系。各级人大、政协及时督办涉老建议和提案，并对老龄事业发展进行执法检查和深入调研。各级老龄委成员单位认真履职，在经费保障、队伍建设、政策创制、业务指导等方面给予大力支持和密切配合，为加强老龄工作、促进老龄事业发展提供保障。

二、养老保障水平进一步提升

2014年，我省企业退休人员基本养老金连续十年增长，月人均养老金达到2008元。年内，全省整合新型农村社会养老保险和城镇居民社会养老保险制度，启动建立统一的城乡居民基本养老保险制度。并从2014年7月1日起，将城乡居民养老保险中的基础养老金标准从月人均55元提高到70元。2014，全省有40万老年人享受低保待遇，其中城镇老年人月人均低保标准为456元；农村老年人年人均标准为3059元。农村集中和分散供养标准持续提高，供养标准分别为年人均5600元和3840元。

三、老龄服务业和产业取得新进展

围绕贯彻落实国务院35号文件，我省先后出台了《关于加快养老服务业发展的实施意见》和《关于加快养老服务业发展的若干政策》，在投资权益保护、土地供应、税费减免等瓶颈问题上实现重大突破，推动了城乡养老服务全面发展。至2014年末，全省城乡各类养老机构达到1679家，养老床位总数达到21.5万张，千名老年人拥有养老床位25.7张。新建和维修改造了118家国办养老机构。我省依托社区开展的居家养老服务和日间照料覆盖面不断扩大。至2014年末，全省现有街道居家养老服务中心359个，社区居家养老服务站1947个，农村互助幸福院1899个，为全省老年人提供生活照料、医疗康复、精神慰藉、法律援助和紧急救援等多样化服务。

举办老龄产业博览会。经全省各级民政、老龄工作部门积极筹措、精心布展，成功举办了我省首届国际老龄产业博览会，以实际举措推进老龄产业的社会化、市场化进程。全国老龄办副主任鲍学全出席开幕式并致辞。

积极拓展养老保障领域。根据国家及我省加快养老服务业发展的相关文件精神，按照市场化运行方式，省老龄办将金融保险业引入养老保障领域，与省人寿保险公司联合在全省开展了老年人意外伤害保险工作，减轻了老年人及其家庭由于意外伤害带来的经济负担，得到了老年人的认可和赞誉。

四、老年权益保障工作进一步加强

全省普遍加强了老年人维权网络建设，向社会公布省、市和100个县（市、区）老年人维权投诉电话，明确负责人。在立法、执法、司法、普法等各个方面，促进老年法、《条例》的贯彻实施，维护了老年人合法权益。

经省老龄办积极争取，省委省政府将“80至89周岁低收入老年人津贴按时足额发放”纳入了重点民生工程和绩效考评体系，促进了高龄津贴政策的贯彻落实，并且部分市还对高龄津贴政策持续提标扩面。经省老龄办协调沟通，省交通厅及相关市政府采取积极措施，制定政策、召开会议，使多年难以解决的老年人乘车优惠优待问题得到彻底解决。

五、基层老年协会建设进一步规范

省老龄办将基层老年协会建设作为工作重点，与省民政厅联合下发了《关于加强基层老年协会建设的通知》。与省财政厅沟通，下发了《关于开展基层老年协会建设促进工程的通知》。在省财政经费支持下，选定14个县（市、区）作为创建试点单位重点扶持。截至2014年底，全省15648个基层老年协会完成了登记、备案工作，1648个基层老年协会通过创建验收。

六、全社会敬老氛围更加浓厚

“敬老文明号”创建活动顺利实施。我省认真总结各地区各行业先进经验和做法，宣传和巩固第一届创建活动成果。同时，启动第二届创建活动。“敬老月”活动蓬勃开展。省老龄委下发了《关于开展2014年“敬老月”活动的通知》。省及各市广泛开展了老年文化艺术节、体育健身展示、老年书画展、敬老先进典型评选表彰等各项敬老活动，增强了全社会敬老意识。敬老月期间，刘强副省长等省领导带头看望了养老机构和老年大学的老年人。

老龄宣传工作取得新业绩。省老龄办把宣传工作纳入重点工作内容，建立健全了信息报送、宣传报道、评选“老龄新闻宣传好作品”等系列制度，制订宣传计划，对重点时段、涉老政策和老龄活动进行专题宣传。“老有所为”及孝亲敬老活动涌现了新典型。我省共有104人和6家单位获得国家级表彰。

七、“银龄行动”工作取得显著成效

2014年，省老龄办建立了“银龄行动”长效工作机制，成立了“银龄行动”领导小组，组建专家数据库，制定实施方案。先后召开了“银龄行动”总结会、援助项目对接会、涉老部门联席会及专家座谈会等会议，研究部署工作任务。年内，省老龄办针对辽西北旱情和医疗援助项目组织了两批次“银龄行动”。各市也结合本地区特点，自上而下组织老科技工作者开展了各项技术支援活动近千人次。

八、老龄科学研究取得丰硕成果

为应对日益严峻的人口老龄化形势，我省深入开展了老龄工作调研和老龄科学研究，为省委省政府决策提供重要参考。在全国老龄政策调研优秀成果评选活动中，我省共有6篇老龄调研报告获奖。其中，省老龄办与省委党校联合撰写的《城镇养老机构运营状况调研》的报告获一等奖。我省还分别举办了2014中韩、中日等国际性养老产业研讨会。部分市举办了老龄事业发展高峰论坛。

重要会议和活动

【全省老龄工作会议】2月27日，辽宁省老龄工作委员会第九次全体会议在沈阳召开。会议传达了全国老龄工作委员会第十五次全体会议精神，总结了近年来全省老龄工作，并就加快老龄事业发展作出安排和部署。省委常委、省政府常务副省长、省老龄委主任周忠轩出席会议并作重要讲话。省政府副秘书长、省老龄委副主任上官炜星主持会议。省老龄委副主任、省老龄办主任马艳竞作工作报告。省发改委、省民政厅、省财政厅、省人社厅等单位在会上作了经验交流。省老龄委顾问、省老龄委副主任及委员，各成员单位联络员参加了会议。

1月14日，全省老龄工作会议在沈阳召开。省老龄办主任马艳竞出席会议并作重要讲话。会议总结了2013年全省老龄工作，并安排部署2014年工作任务。沈阳、大连、鞍山、朝阳等4个市老龄办负责同志做了典型发言。各市、县（市、区）老龄办的负责同志，省老龄办机关全体同志和辽老报、省老龄产业协会的负责人等参加了会议。

8月15日，召开了全省老龄工作年中分析会议。会议传达学习了全国老龄委第十六次全体会议及全国老龄办主任暨老年人优待工作（视频）会议精神。省老龄办主任马艳竞作了报告，总结上半年全省老龄工作，部署下半年工作任务。沈阳、大连、鞍山、丹东、营口市等5个市作经验交流。

【全省“关爱老年人健康工程活动”工作会议】4月，

省老龄办召开全省“关爱老年人健康工程活动”工作会议，全面启动老年人意外伤害保险工作。

【全省维权工作和“银龄行动”工作会议】6月13日，召开了全省维权工作和“银龄行动”工作会议。会议就2014年权益保障、“银龄行动”、老年维权网络建设和基层老年协会工作情况、存在问题、经验做法及下步工作设想和建议进行了认真研究和部署。

【辽宁省首届国际老龄产业博览会】7月18至20日，在辽宁工业展览馆举办了2014辽宁省首届国际老龄产业博览会。博览会展览规模大、范围广、展品新、活动多、服务优，来自海内外的220家参展商展出了老年医疗、护理、康复辅具等产品。本届博览会得到全国老龄办的大力支持。18日，全国老龄办副主任鲍学全出席开幕式并致辞，全国老龄办主任助理、中国老龄产业协会副会长、秘书长曾琦出席开幕式。省老龄委副主任、省民政厅厅长冯韧致辞，省老龄委副主任、省政府副秘书长上官炜星宣布博览会开幕。省人大、省政协，省老龄委成员单位、省直相关厅局领导参加了开幕式。开幕式由省老龄办主任马艳竞主持。三天展会期间，实现现场交易金额230万元，协议销售额4600万元，达成项目合作意向305个。约5万人到会场参观。

【“老年希望工程”】8月27日，举行了辽宁省“老年希望工程”锦州站启动仪式。活动现场，省老年基金会向义县9423位80周岁以上老人赠送老年人意外伤害保险。省老龄办主任马艳竞、省老年基金会秘书长于书今出席活动并致辞。

10月31日，举行了“老年希望工程”沈阳站启动仪式，为沈阳市天柱山老年公寓、松蒲爱心护理院、康利爱心护理院捐赠了失能老人急需的护理床、吸氧机等用品，同时为沈阳万名居家养老的失能半失能老人免费提供老年人意外伤害保险。省老龄办主任马艳竞出席活动并致辞。

【第二届全省“敬老文明号”创建活动启动会】9月17日，召开了第二届全省“敬老文明号”创建活动启动会议。总结交流第一届“敬老文明号”创建活动经验，研究部署第二届创建工作。省老龄办宣传联络处处长郝明利主持，省老龄办副主任李雅珍参会并讲话。省老龄委各成员单位和各市老龄办负责同志参加会议，并实地考察了沈阳市司法局法律援助中心，沈阳市第二中医院创建情况。

【走访慰问活动】走访慰问老年人活动在我省已形成常态，每年两节前，各级党政领导积极参加走访慰问高龄、贫困及养老机构老年人，并在主流媒体上为全省老年人送去节日的关怀和祝福。9月26日，省政府副省长刘强走访慰问了沈阳松蒲博爱养护中心老年人和辽宁银龄艺术学校的老年学员。省老龄办主任马艳竞，省民政厅副厅长张克宇，沈阳市有关领导陪同走访。

【2014年“老年节”庆祝大会】9月29日，辽宁省2014年“老年节”庆祝大会在沈阳市南风剧场召开，近千名老年人参加活动欢庆节日。省政府副秘书长、省老龄委副主任上官炜星代表省政府致辞，为全省老年人送去节日的问候。省老龄委顾问、省老龄委各成员单位领导及相关单位领导出席了大会。会议由省老龄办主任马艳竞主持。会上，对2014年全省百名“孝亲敬老之星”进行命名表彰，并由老年文艺团体演出了精彩的文艺节目。

【“关爱老年人·阅读伴健康”活动】11月25日，与省图书馆联合开展了“关爱老年人 阅读伴健康”流动图书车进基层送阅读活动。深入到沈阳市康平县小城子中心敬老院，以流动服务的方式，为敬老院的老人们无偿提供近6000册图书的阅览服务，并赠送了1000本期刊和500本养生保健手册。

【全省老龄宣传统计培训工作会议】12月5日，在沈阳召开了全省老龄宣传统计培训工作会议。会议总结了全省宣传统计工作，部署了下一步工作任务，交流了各地工作经验和做法。全省各市、县（市区）老龄办负责同志参加会议。省老龄办副主任李雅珍出席会议并讲话。

【全省基层老年协会建设工作推进会】12月12日，在大连召开了全省基层老年协会建设工作推进会。省老龄办主任马艳竞出席会议，并作重要讲话。会议，总结部署了我省基层老年协会建设情况，有6个单位作经验介绍。会后，组织参会人员实地考察了大连市甘井子区基层老年协会建设。

各项业务进展

【老龄工作执法检查】2014年，省人大对全省老龄事业发展情况进行综合监督。由省人大党组书记、常务副主任李峰及3位副主任亲自带队，分赴11个市实地调研和执法检查；听取省政府专项工作报告；对省发改委、省老龄办等13个厅局开展专题询问；省人大常委会形成了《关于进一步促进全省老龄事业发展的决议》。此次监督检查工作力度大、范围广、效果好，强有力地推动了各级政府加强和改进老龄工作，使老龄工作取得了突破性进展。推动各级政府加强和改进老龄工作。

【老年维权工作】向社会公布省、市和100个县（市、区）老年人维权投诉电话，明确负责人。与省银监局、银行业协会联合开展了金融知识、预防金融诈骗知识进社区活动，提高老年人自我防范意识与能力。

全省10万80至89周岁低收入老年人享受月人均不低于50元的高龄津贴，朝阳等部分市、区（市、县）实现了普惠发放。全省14个市全部落实了百岁老人长寿补贴和90至99岁老人的高龄补贴政策，沈阳、大连等7市提高了补贴标准。全面落实了60至69周岁老年人半价乘车政策和70岁以上老年人免费乘车优惠优待政策。全省的文化、体育、旅游景点等公共设施和场所基本能够实现为60至69岁老年人提供优惠，给予70岁及以上老年人免费优待。县级以上公立医疗机构对70岁及以上老年人免收普通门诊挂号费。

【基层老年协会建设】省老龄办与省民政厅联合下发了《关于加强基层老年协会建设的通知》。与省财政厅沟通，下发了《关于开展基层老年协会建设促进工程的通知》。召开了全省基层老年协会建设推进会。在14个市各选取1个县（市、区）作为创建试点单位，省财政厅下拨98.8万元给予经费支持。目前，全省15648个基层老年协会完成了登记、备案工作，1648个基层老年协会通过创建验收。抚顺、阜新、辽阳等3市分别开展了星级老年协会评选和规范化社区（村）创建活动。

【敬老爱老活动】省老龄委下发了《关于开展2014年"敬老月"活动的通知》。在走访慰问活动中，刘强副省长等省领导亲自走访养老机构和老年大学。各市党政领导也主动参加走访慰问活动；在"老年节"庆祝大会上，省老龄委表彰了全省百名"孝亲敬老之星"，还为老年人呈上了一台精彩纷呈的文艺节目；在"老年希望工程"大型公益活动中，省老龄办指导省老年基金会为万名老年人捐赠意外伤害保险，向养老机构捐赠护理用品。敬老月期间，全省各地普遍举办了老年文化艺术节、老年体育健身展示、老年书画展、评选敬老先进典型、医疗助老和文化敬老行动等活动，丰富了老年人精神文化生活，提升了全社会敬老意识。

【"敬老文明号"创建】省老龄办将参创单位事迹和活动盛况结集成册，认真总结各地区各行业先进经验和做法，通过典型示范、表彰先进，宣传和巩固第一届创建活动成果，促进涉老行业提高为老服务水平。同时，加强与交通、金融、卫计等部门的密切配合，启动了第二届创建活动。部分市开展了评选创建先进单位、助老行动、经验交流等活动，助推敬老文明号创建活动深入开展。

【老龄产业】成功举办辽宁省首届国际老龄产业博览会。博览会展区面积1.2万平方米，520个展位，国内外展商220家，展品设计老年人日常生活用品、失能老年人助行助浴用品等数十种涉老新产品。

根据国务院35号文件、辽政发4号文件精神，按照市场化运行方式，省老龄办将金融保险业引入养老保障领域。省老龄办与省人寿保险公司联合印发《关于在全省开展关爱老年人健康工程活动的通知》，在全省范围内实施以"关爱老年人健康工程活动"为主题的老年人意外伤害保险工作。并为万余名困难老年人免费办理了意外伤害保险。全年全省参保老人达92.8万人，参保赔付率近60%，赔付金额700余万元。

【"银龄行动"】建立了"银龄行动"长效工作机制，研究制定实施方案。组织开展了两批次"银龄行动"。农业调研组先后深入到辽西北旱情严重的5县10余个乡村，对旱情造成的损失、水利工作建设等方面进行调研，并向省政府上报了《辽西北旱情调研分析报告》。医疗服务组到朝阳北票市、凌源市进行医疗援助，为当地医疗机构开展业务培训。各市也结合本地区特点，组织老科技工作者开展了各项技术支援活动近千人次。

【老龄调研】4月至5月，省老龄办由办领导带队，组成4个调研组深入省内各市及部分县区，围绕老龄工作进展情况，老年人维权网络、基层协会建设情况，敬老文明号创建等8个方面进行深入调研。并于5月初召开调研情况汇报会，有针对性地研究下步老龄工作。

在2014年全国老龄政策调研优秀成果评选活动中，省级及沈阳、大连、鞍山、铁岭等市有6篇老龄调研报告获奖。省老龄办与省委党校联合开展了辽宁省城镇养老机构运营状况调研。此次调查覆盖范围较广、针对性强，调查结果客观、公正地反映了我省养老机构现状及存在问题，为省委省政府制定养老服务业发展相关文件提供了重要依据。此次调研评估报告，获得了2014年度全国老龄政策调研优秀成果一等奖。

全省各地还分别举办了中韩、中日养老产业研讨会，老龄事业发展高峰论坛，拓宽了老龄事业发展国际交流合作的新领域。

【老龄宣传】省老龄办制定详细地宣传计划，对重点时段、涉老政策和老龄活动进行专题宣传。建立健全了信息报送、宣传报道、评选"老龄新闻宣传好作品"等系列制度，形成了领导重视、上下联动，共同推动老龄宣传工作健康发展的可喜局面，为老龄事业开展提供了良好的舆论环境。2014年，省级及各市级单位在国家级、省级媒体，人民网、新华网等主流网站刊发大量涉老新闻稿件。部分市创办了市级老年报纸，在电台开办了老年专栏。

【评选表彰敬老典型】在中宣部、全国老龄办联合组织开展的"最美老有所为人物"评选活动中，我省推荐的"毛主席的好工人"尉凤英老人被评为"全国十大最美老有所为人物"，先进事迹在中央电视台夕阳红栏目中播出。在全国老龄办、民政部等7部门联合举办的全国敬老爱老助老主题教育活动中，我省推荐的沈阳松浦博爱护养中心院长陈松浦被评为“全国十大中华孝亲敬老楷模”，有1人获得“中华孝亲敬老楷模提名奖”；全省有102人获得“全国孝亲敬老之星”荣誉称号，有6家单位被评为“全国敬老模范单位”。沈阳、大连、朝阳等市分别组织了“寻找最美好儿女”“寻找最美孝星”“最美老年人”等评选活动。盘锦市在辽河晚报上连续刊登孝亲敬老先进事迹，公开评选敬老人物，收到市民投票30余万张。

【老龄统计】年初，召开会议部署老龄统计工作，下发文件及填表说明，同时对老龄统计工作人员进行培训。5月，省老龄办发布《2013年辽宁省老年人口信息和老龄事业发展状况报告》。公布了我省老年人口信息、养老保障、养老服务及社区养老等方面的情况，为积极应对人口老龄化提供了科学、详实的数据。

【老年文教体育】至2014年末，全省共有市县两级老年大学（老干部大学）134所，在校人数8.1万人；各级各类老年学校4000余所，参加学习人数24.1万人。全省共有老年文艺团体近8000个，参团老年人数约为30万人；全省各类老年体育协会、团队共有4000个，参会老年人数为38万人次。

吉林省

综　述

一、2014年全省老龄工作取得新进展

2014年，在各级党委、政府的领导下，在各成员单位的共同努力及社会各界的大力支持下，全省老龄事业取得新进展。

老年社会保障政策创制力度进一步加大。省政府下发《关于建立统一的城乡居民基本养老保险制度的实施意见》《关于进城落户农民参加城镇职工基本养老保险有关问题的通知》，省人社厅与省财政厅联合下发《吉林省城乡养老保险制度衔接暂行办法》，建立起统一的城乡居民基本养老保险制度，实现了养老保险制度的城乡全覆盖。省委、省政府制定出台《关于实施特困群体救助工程的意见》，省政府出台《关于贯彻实施〈社会救助暂行办法〉的意见》《关于全面建立临时救助制度的意见》，对低保家庭中的老年人实行重点保障制度，按不低于当地50%比例增发补助金。截至2014年底，县（市、区）普遍实施高龄老人津贴发放制度，67558位老年人享受到高龄津贴，各级财政年发放高龄津贴资金6446万元，部分县（市）百岁老人的月生活津贴标准达到1000元。

养老服务设施建设不断推进。省政府出台《关于加快养老服务业发展的实施意见》，继续开展省市县乡村五级养老服务网络工程建设，启动养老服务产业“1213”工程。省民政厅、省财政厅、省住建厅等部门陆续制定出台了配套政策，加快了养老服务业改革的步伐。各级政府不断加大投入，公办养老机构设施建设进一步加强，公建民营、民办公助的养老服务运营模式得到发展。全省建设县级以上公办养老机构34个，建成590个城市社区老年人日间照料中心，改造农村社会福利服务中心106个，新建500个农村居家养老服务大院。全省城乡养老服务机构达到1731家，床位总数13.5万张，每千名老人拥有养老床位31张，高于全国平均26张的水平。

老年人合法权益得到有效维护。各地及老龄委各成员单位结合实际深入开展老年优待工作，本着因地制宜、突出重点、适度普惠、积极推进的原则，在老年人医、食、住、行等方面出台优待政策，使老年人充分享受经济社会发展成果。截至2014年底，全省累计免费向老年人发放老年人优待证123万张，约占全省老年人比例的26%；为老年人办理免费乘车证（IC卡）25.49万个，各地财政年度补贴资金5401万元。254所医疗机构对老年人实行免挂号费，79所实行半价优待。全省共有236处文化设施向老年人免费开放，118处公园园林景点对老年人实行减免门票优待。有242处收费体育设施对老年人实行免费开放，59处实行半价收费。建立老年人法律咨询服务站777个，成立维护老年人权益协调组织600个。省司法厅开展“法律援助便民服务”主题实践活动，省公安厅在窗口单位设立老年人“绿色通道”，为老年人提供便捷有效的法律服务。

老年群众组织建设进一步加强。省老龄办印发了《关于加强基层老年协会建设的意见》和《基层老年协会建设“乐龄工程”实施方案》，指导各地进一步加强和规范老年协会工作。为全省599个农村老年协会配发液晶电视机等设备。省老年发展基金会、书画

研究会、老年学学会、老年体协等组织开展一系列富有成效的全省性老年群众活动。全省建立基层老年人协会7838个、老年文艺（文化）活动组织6698个、老年体育健身活动组织6598个，基层老年群众性组织在参与当地经济社会发展、新农村建设、关心教育下一代、维护社会治安、调解邻里纠纷等方面发挥了重要作用。

敬老、爱老的社会氛围更加浓厚。以敬老爱老助老为主题，广泛开展了“敬老文明号”“全国敬老爱老助老主题教育”和“老有所为先进人物”评选活动，我省2人分别被授予全国“最美老有所为人物”和“十大中华孝亲敬老楷模”称号。省委宣传部、省新闻出版广电局发挥职能优势，通过省内主流媒体加强对老龄工作的宣传报道。省老龄办会同相关部门举办了全省首届老年人书法绘画摄影大赛、首届老年好声音大赛、首届老年人春节联欢晚会、全省老年人趣味运动会等活动。各地也纷纷开展了形式多样的文体活动，长春市组织了“第六届长春市老年文化艺术节”活动，延边州组织了“纪念延边老人节30周年”系列活动。我省承办了全国老龄宣传工作会议，我省老龄宣传工作经验得到国家老龄办及各省与会人员的认可。

在肯定工作成绩的同时，还要看到，我省老龄工作还存在社会保障水平不高、养老服务业多元需求与供给不足的矛盾还比较大、老年人优待政策落实还不到位、老龄工作基础还不够扎实等问题。当前，我省人口老龄化进入加速发展期，呈现出基数大、增速快、高龄化、空巢多的特点。截至2014年底，全省60岁以上老年人口已达到469万，占全省总人口的17%，高于全国1.5个百分点。65岁以上老年人296万，占全省总人口的10.7%，高于全国0.6个百分点。按这个增速计算，到2020年，全省老年人口所占比重将上升到21.4%。人口老龄化给经济社会发展带来的影响将会越来越大。各地、各有关部门要深刻认识我省人口老龄化的严峻形势，切实增强做好老龄工作的紧迫感、责任感和使命感，紧紧围绕全省经济社会发展大局，主动将加强老龄工作融入到推进“四个全面”的战略布局中，融入到实现我省“五大发展”的目标中，把老龄群体同步进入小康社会作为老龄事业发展的出发点和落脚点，把统筹兼顾作为发展老龄事业的根本方法，把困难老人作为发展老龄事业的重中之重，以改革的思路、法治的方式，努力推进老龄工作再上新台阶。

二、努力推进全省老龄工作实现新发展

2015年，全省老龄工作总体思路是：认真贯彻落实全国老龄委第十七次全体会议、全国老龄办主任会议和省委十届四次全会精神，以贯彻落实《中华人民共和国老年人权益保障法》和省政府《关于加快养老服务业发展的实施意见》为统领，以推进立法和政策落实为重点，进一步完善养老保障和服务体系，加大政策创制力度，加快养老服务业发展，强化基层基础工作，积极营造良好氛围，努力开创老龄事业新局面。

（一）进一步完善养老保障制度。一是深化养老保障制度改革。按照“全覆盖、保基本、多层次、可持续”的基本方针，全面落实城乡居民基本养老保险政策，不断扩大参保覆盖面。切实做好城乡养老保险关系转移接续工作。按照全国统一部署，积极推动机关事业单位养老保险制度改革，加快社会保障城乡统筹步伐，适时提高城乡居民基础养老金水平。二是推进养老医疗保障体系改革。在推进医疗卫生机构综合改革中，探索医养结合办法，研究制定老年人意外伤害保险政策，探索建立老年人长期照护保险制度，提高老年人抵御意外风险的能力。继续做好老年人健康管理和疾病防控工作，把老年人作为健康教育和健康促进活动重点人群予以关注。三是加大社会救助工作力度。继续完善社会救助制度体系，推进“救急难”试点工作，研究制定政府购买社会救助服务政策，推动各地及时制定经济困难的高龄、失能老年人补助制度的资金管理办法和具体实施方案，提升社会救助整体水平。

（二）大力推进养老服务体系建设。一是完善养老服务业发展配套政策。继续抓好省政府2014年9号文件贯彻落实工作，推动各部门尽快出台养老服务设施建设、购买养老服务、养老服务评优、医养融合发展等扶持政策和规范性文件，建立与市场经济相适应的社会养老服务发展模式、管理方式和运行机制。根据省政府9号文件确定的责任分工，尚有几个部门的配套政策没有出台，请各部门按照责任分工，尽快出台配套政策。继续推进养老服务网络工程建设、居家养老社会化改革、公办养老机构改革，为养老服务业发展创造良好政策环境。二是大力培育和发展老龄产业。进一步发挥市场机制的作用，按照5月12日国务院简政放权视频会议的要求，加快转变政府职能，营造平等参与、公平竞争的市场环境。通过进一步完善金融措施，实行政府购买服务，鼓励和支持个人、集体、企业等社会力量参与发展养老服务业。大力推进居家养老服务社会化，鼓励社会力量承接养老服务，使市场在养老服务资源配置中起到决定性作用，促进我省老龄产业发展。三是不断提升农村养老

服务水平。加大财政扶持和倾斜力度，推进500个农村养老服务大院建设，新建、改建130所农村社会福利服务中心，开展“农村留守老年人关爱计划”，探索为留守老人的养老服务提供帮助和支持的途径，使农村老年人特别是留守老年人得到更多的物质和精神关爱。

（三）认真落实老年人优待政策。一是制定出台《吉林省老年人权益保障条例》。制定出台《吉林省老年人权益保障条例》已经列入了2015年省人大立法计划，省老龄办要积极协调、配合省政府法制办、省人大，制定出台一部高质量的地方性法规，为我省老龄事业发展提供强有力的法律保障。二是进一步落实《吉林省优待老年人规定》。目前，我省还有半数以上的县（市）没有出台老年人优待政策，这是老年民生保障的一个薄弱环节。全国老龄委要求今年内实现县级以上地方人民政府全面建立和完善老年人优待政策。下半年，省政府将组织省老龄办及各涉老职能部门对各地落实老年人优待政策情况进行督查，并在全省范围内通报。各市（州）也要组织开展一次自查，督促所辖区域认真落实优待政策，没有出台老年人优待政策的要尽快出台，6月份形成自查报告报省老龄办。启动老年宜居环境建设工作，促进老年人居住环境、出行环境、公共服务环境、社会参与环境和敬老文化环境的全面改善。三是切实做好老年权益保障和法律服务工作。加大涉老法律法规的执法力度，健全执法机制，确保老龄法律法规的有效实施。建立健全老年法律服务网络，不断拓展老年维权渠道，及时受理涉及侵害老年人合法权益的申诉、控告和检举，严厉打击侵害老年人人身、财产安全等各种违法犯罪行为。

（四）切实加强基层老龄工作。基层老年协会是老龄事业发展的重要基础和组织保证。省政府高度重视基层老年协会建设，将“加强城乡基层老年协会建设，力争60%的基层老年协会达到规范化标准”列入2015年省政府重点工作目标责任制，并将全年跟踪督查。各地要以此为契机，加强基层老年协会的规范化建设。一是扩大基层老年协会组织覆盖率。针对我省基层老年协会覆盖率不高的情况，加大协调和指导力度，力争“十二五”期末实现城市社区老年协会覆盖率95%、农村老年协会覆盖率达到80%的目标。二是推进基层老年协会规范化建设。各地要按照省老龄委《关于加强基层老年协会建设的意见》提出的“设施完善、制度健全、班子得力、经费落实、作用明显”标准，制定分批次推进基层老年协会规范化建设具体工作计划，通过开展达标创建活动，有计划、有步骤地推进基层老年协会规范化建设。省老龄办将定期调度各地达标创建活动进展情况，对完成规范化建设目标的，省老龄办将安排一定资金给予支持。三是丰富基层老年人精神文化生活。支持社会力量兴办社区老年教育，重视组织老年文艺汇演、老年才艺展示、老年书画摄影展等活动，丰富老年人的精神文化生活。

（五）继续强化老龄宣传工作。充分利用广播、电视、报刊及网络等新兴媒体，加强对党和政府关于发展老龄事业的方针政策、法律法规的宣传，引导全社会正确认识和积极应对人口老龄化。要坚持开展敬老先进典型评比表彰和宣传活动，大力弘扬中华民族敬老传统美德。我省今年组织开展的“双百”评选活动，把国家部署的第二届“敬老文明号”创建活动与“吉林敬老好儿女”评选活动结合起来，既有敬老先进单位，又有敬老先进个人，各地要对这项评选活动给予足够的重视，按照评选条件，本着公开、透明的原则，把那些事迹确实过硬的敬老先进典型推荐到省里参评。各地、各部门要对“双百”评选活动以及在活动中涌现出的先进典型事迹进行大力宣传，不断营造敬老养老助老的社会氛围。还要通过创办老年人学校、广泛组织开展老年文体活动，来活跃、丰富老年人的生活，并强化对活动的宣传，造成良好的社会影响。

（六）认真做好老龄事业发展“十二五”规划收官工作和“十三五”规划编制工作。今年是老龄事业发展“十二五”规划的收官之年，也是“十三五”规划的布局之年。各地、各部门要在全面总结“十二五”规划的基础上，提早谋划“十三五”发展战略。一方面要着力做好老龄事业发展“十二五”规划收官工作。各地、各相关部门要认真对照检查“十二五”规划提出的各项目标任务，特别是要检查约束性指标到年底能否完成，差距还有多大。在此基础上，有针对性地强化工作措施，确保主要指标任务能够如期完成。今年下半年，全国老龄委要组织开展“十二五”规划实施情况的终期评估，还要到各省检查，并向国务院报告。我们要做好准备，各成员单位要先期搞好评估，并积极配合省老龄办迎接检查。另一方面要精心编制好老龄事业发展“十三五”规划。省老龄办要把编制老龄事业发展“十三五”规划作为今年工作的重要任务，集中精干力量，深入调研，周密部署；各成员单位要积极参与规划的研究编制，密切配合，通力协作，确保编制出一个高质量的老龄事业发展规划。在组织编制过程中，要正确处理好当前与长远的关系，局部与全局的关系，政府、市场与社会的关系，普惠和特惠的关系，增强规划的科学性和操作性。

（七）认真组织开展第四次老年人生活状况抽样调查工作。全国老龄委今年将组织进行第四次老年人生活状况抽样调查工作，我省已经确定了7个市（州）9个县（市、区）进行抽样调查．相关地区要高度重视，老龄办要主动加强与财政、民政、统计等相关部门的沟通、协调和配合，层层落实责任制，确保调查顺利开展。这次调查，是进一步摸清我国老龄情况、服务经济社会发展的一件大事，也是了解我省老年人状况及老龄工作的一个重要契机。各地要重视老年人状况调查和研究。省老龄办今年将建设集各类老龄信息于一体的信息化平台，各部门要配合省老龄办，采集全省老年人口基本情况，为老龄工作的分析研究、信息发布、制定政策、开展服务提供依据。省老龄办将根据抽样调查及全省信息采集的情况，适时召开新闻发布会，进一步增强各级政府和全社会应对老龄化的意识。

三、进一步完善大老龄工作格局

应对老龄化、发展老龄事业，涉及方方面面工作，不是某个部门能够承担的任务。确保今年各项老龄工作任务圆满完成，必须进一步完善大老龄工作格局，充分发挥几个方面的作用，形成推动老龄事业发展的合力。

一是发挥好老龄委的作用。各级老龄办要站在全局高度研究和谋划工作，积极争取党委、政府的支持和重视，及时提请老龄委审议老龄工作中遇到的重大问题和重要事项，通过老龄委研究解决老龄工作中存在的问题，形成政府主导、老龄办协调、各部门协同的大老龄工作格局，合力推动老龄事业发展。

二是发挥好老龄办的作用。各级老龄办要切实增强履职能力，进一步发挥好参谋助手、综合协调和督促检查的作用。通过深入实际，调查研究，及时向同级党政领导和老龄委报送工作情况和意见建议，为老龄工作决策提供参考和服务，发挥好参谋助手的作用；通过及时调度各个成员单位、各地工作的情况，进行综合分析，协调落实老龄委的决策事项和同级党委政府制定的老龄政策，推动和配合有关部门做好老龄工作，发挥好综合协调作用；协调相关部门，对重点工作进行督查、督办，确保各项工作落到实处，发挥好督促检查的作用。各级老龄办要按照中央和省委的部署，扎实开展“三严三实”教育，进一步为实现全省老龄事业新发展提供保障。

三是发挥好各部门的作用。老龄工作职能分布在各个部门，只有各个部门都履职尽责、充分发挥职能作用，老龄工作才能实现全面发展。各部门要认真履行部门职责，加强政策指导，加大投入力度，特别是要加强涉老行业相关优惠政策的制定，为老龄事业发展提供政策支持。坚持把老龄工作纳入本部门工作计划和工作部署中，纳入本部门工作目标责任制，狠抓落实，积极为老年人办好事、实事。各部门之间要加强协调、配合，努力形成推动老龄工作发展的整体合力。

重要会议和活动

【重要会议】2月18日，全省老龄办主任会议在长春召开。会议总结回顾了2013年全省老龄工作，安排部署2014年工作任务，通报表彰了全省老龄系统先进集体。长春市老龄办、延边州老龄办、梅河口市老龄办、洮南市老龄办4个单位分别从完善惠老政策、建设养老服务大院、发挥老协作用、落实老年优待政策等方面做了经验介绍。

8月28日，全国老龄宣传工作会议在长春召开。会议主要任务是：贯彻十部委加强老龄宣传教育工作文件和全国老龄办主任会议精神，研究加强和改进老龄宣传工作，安排部署2014年全国“敬老月”活动。全国老龄办党组书记、常务副主任邹铭出席会议并讲话。吉林省政府副省长隋忠诚出席会议并致辞。会议由全国老龄办副主任吴玉韶主持。全国老龄办党组成员、副主任，中国老年报社总编辑兼社长李耀东，吉林省政府副秘书长张凤春，吉林省民政厅厅长郑国君，吉林省老龄办主任潘占学出席会议。会上，全国老龄办宣传部主任刁海峰通报了2014年全国“敬老月”活动宣传工作安排。吉林、湖南、宁夏、黑龙江老龄办等8家单位代表介绍了典型经验和做法。各省、自治区、直辖市、计划单列市和新疆生产建设兵团老龄办宣传部门负责同志和中央媒体、省级老年媒体相关同志120余人出席会议。

【重要活动】7月31日，省老龄委以“吉老龄委发〔2014〕1号”文件印发了《关于开展2014年“敬老月”活动的通知》。要求各地、各部门在10月份深入开展全省第五个“敬老月”活动，并明确活动主题是“传承中华美德，弘扬敬老文化”。通知要求，全省各地、各部门要以培育和践行社会主义核心价值观、实施积极应对人口老龄化战略为根本任务，大力弘扬中华民族传统美德，创新敬老文化内涵，广泛组织和动员有关部门、社会组织、企事业单位、家庭和个人，为老年人办实事、做好事、献爱心，进一步营造敬老、养老、助老的良好社会氛围。通知具体要求，各地、各部门要积极开展走访慰问和为老志愿服务活动，特别是要关注高龄、空巢、失独、失能、困难和灾区老年人的生活问题，切实为他们办实事、解难题。

组织志愿者走进养老机构、老年社会组织和老年人家庭，提供家政、照料、护理、信息咨询、心理疏导等服务。省老龄办划拨专项资金60万，在每个县（市、区）慰问20户困难老年人，每户慰问金500元。

【扶老助困活动】元旦、春节、国庆节和重阳节期间，全省各地、各部门组织开展慰问百岁老年人、养老机构老年人和帮扶特困老年人活动，资金达993.58万元，捐赠款物折合862.11万元。

【老年文体活动】3月4日，吉林省首届老年好声音评选活动落下帷幕。进入决赛的12位老年人在“老年好声音”的舞台上，角逐出一等奖1名、二等奖2名、三等奖3名。此次评选活动是由省老龄办、省文明办、省群众艺术馆、省音乐家协会和长影集团电影频道共同组织开展的。通过各地海选到初赛、复赛至最后的决赛，历时3个月，参赛的老年选手近3000人，最长者已有93岁高龄。

5月8日上午，由省老龄办、省体育局主办，省社会体育管理中心承办的吉林省第五届老年人趣味运动会在长春市体育馆举行，副省长、省老龄委主任隋忠诚打响发令枪。本届比赛设有运球接力、双人抬球接力等5个集体项目和仿保龄球、门球射门等12个个人项目，来自全省各市（州）、省及长春市五大班子、中直企业共22支代表队的536位老年人参加了比赛。年龄最大的运动员是来自省政协办公厅代表队的蒙古族老人尼玛，今年已是86岁高龄。本届运动会遵循简单、节俭、快乐、安全的原则，取消了开闭幕式和文艺演出，将一天半的比赛时间压缩为一天，节约了开支。

6月27日，由省老龄办、省精神文明办、省群众艺术馆、长影频道共同举办的吉林省首届市民文化节“老年好声音金曲演唱会”，在长春市东北风剧院隆重举行。整场演出以红色经典歌曲为主，分为华夏儿女、火红年代、甜蜜事业、乘梦飞翔四个乐章。此次参加演出的主要有老年好声音12强选手，还邀请了省内知名老艺术家、部分老年合唱团体、艺术团体，这些老年人为观众表演了大合唱、小合唱、独唱、男生四重唱、京剧等18个精彩纷呈、激动人心、催人奋进的节目，充分展示了我省老年人历尽沧桑、勇敢顽强、同共和国一起成长的奋斗历程，以及面向未来、开拓进取、老有所为、昂扬向上的精神面貌。

【评选表彰活动】根据全国老龄办的部署，省老龄办在全省组织开展了“老有所为”先进典型人物宣传活动。省老龄办以“吉老龄办发〔2014〕25号”文件印发了《关于开展全省“老有所为”先进典型人物宣传活动的通知》，明确了活动宗旨、内容、推荐条件和具体要求。通过逐级评选推荐，各地推出了一批老有所为的突出代表，他们甘于奉献、发挥余热，在平凡的岗位上做出了不平凡的业绩，在积极应对人口老龄化，促进社会主义和谐社会建设等方面发挥了表率作用。经认真评审，省老龄办以“吉老龄办发〔2015〕2号”文件印发了《关于授予陈星旦等44位同志和辽源市老科协等2个集体“全省老有所为楷模”称号的通知》，对典型单位、人物进行表彰。

11月19日，中宣部、全国老龄办在中国网络电视台向全社会公开发布全国“最美老有所为人物”，在全国100多名推荐者中只有9位个人和一个集体获得这一称号。吉化北方公司原工会主席李贺是吉林省唯一一位获此殊荣的老人。

各项业务进展

【为老服务设施建设】 养老机构1731所，床位总数13.5万张，入住老人8.52万人。床位利用率63.1%，每千名老人拥有养老床位31张，高于全国25.43张的平均水平，列居全国第8位。其中，城市公办养老机构共61个，床位1.5万张，入住老人0.95万人，床位利用率63.3%；全省民办养老机构共1073个，床位6.4万张，床位数量占全省养老机构床位总数47%，入住老人4.07万人，床位利用率63.6%；农村社会福利服务中心597所，床位5.6万张，入住老人3.5万人，床位利用率为62.5%。各类养老机构在岗养老护理员10438人。

全省建有老年病医院（老年护理中心）99所，开设老年家庭病床7837张。

全省创办老年大学（老干部大学）83所，在校人数15115人；老年学校829所，在校人数47275人。

【居家养老服务与设施】 在城镇，推进社区居家养老服务工作，有1059个社区配备了1134个老龄专干；建立社区老年人日间照料中心1280个，配备公益性养老服务人员1765人；建老年活动室1887个，门球场532个，有文体活动器材9771件（套）。

在农村，探索建立以居家养老服务大院为辐射中心的养老服务体系，建立居家养老服务大院3558个，日间照料室有床位10642张；有老年活动室6704个（包括居家养老服务大院的活动室），门球场1282个，有文体活动器材15238件（套）。

全省为老服务志愿者、爱老义工服务组织达5946个，参加人数达141651人。

【制定和落实涉老政策】 全省各地采取有效措施，积极贯彻落实《吉林省优待老年人规定》。目前全省统一发放的老年优待证累计达到1157575个，其中，为70周岁以上老年人免费办理红证708704个，为

60至69周岁老年人免费办理绿证448871个。为老年人办免费乘车卡254906张，财政年度补贴资金5401万元。医疗机构对老年人实行免挂号费的254所，半价优待的79所。全省共有向老年人免费开放的文化设施236处，对老年人实行减免门票优待的公园园林景点118处。有242处收费体育设施对老年人实行免费，有59处实行半价。继续做好高龄老人津贴发放工作，共计向66833位百岁以下的高龄老年人发放6095万元；向725位百岁老年人发放351万元。

【老年维权工作】全省建立老年法律咨询、维权中心1400个。各地加大老年维权力度，建立困难老人法律援助绿色通道，通过落实首问责任制等信访接待制度，对涉及高龄津贴发放、家庭赡养等方面的问题提供解释、疏导和督办服务。当年接待老年信访9309件，办结2752件。

【老龄机构和老年群众组织建设、活动】全省进一步加强老龄机构建设。省老龄办及9个市（州）、长白山管委会的老龄工作机构，直属政府的5个，属民政代管的5个，民政内设的1个；63个县（市、区）老龄工作机构直属政府的20个，属民政代管的29个，属民政内设的10个，未设的4个；开发区9个，民政代管2个，其它未设。省级老龄工作机构编制17人，事业编制；吉林省老龄信息中心是省老龄办所属事业单位，类别为公益一类，编制8人，实有7人；市（州）级老龄工作机构编制64人，均为事业编制；县（市、区）级老龄工作机构编制254人，其中行政编制29人，事业编制225人；开发区6个，均为事业编制。在职人员共351人。

全省建有城镇社区老年人协会1557个，组建了老年文艺（文化）活动组织2299个，体育健身活动组织2356个；全省建有农村老年人协会6149个，组建了老年文艺（文化）活动组织4399个，老年体育健身活动组织4242个。社区老年人协会有经济实体的133个，参与的老年人7054人，年纯收入199万元；农村老年人协会有经济实体的476个，参与的老年人14245人，年纯收入298万元；农村老年人协会有生产基地的554个，参与的老年人32691人，年纯收入855.7万元。

【加强基层老年协会建设】　起草印发了《“基层老年协会建设‘乐龄工程’”实施方案》，指导各地结合实际，发挥基层老年协会作用，进一步加强和规范老年协会工作。争取全国老龄办扶助资金74万元，省老龄办又投入47万元（共计121万元），为全省559个农村老年协会配送了液晶电视机。在全省范围内开展基层老年协会建设情况的专题调研。通过下发调查表、召开座谈会、实地考察等方式，进一步摸清全省基层老年协会基本现状，查找基层老年协会在发展中存在的突出困难和问题，提出了促进老年协会发展的对策建议。

黑龙江省

综　　述

2014年是我省落实《黑龙江省老龄事业发展“十二五”规划》的关键之年，全省老龄工作紧紧围绕省委、省政府“五大规划”“十项重点民生工作”部署，以党的十八届三中、四中全会和科学发展观为统领，认真贯彻落实《国务院关于加快发展养老服务业的若干意见》和省政府《关于加快发展养老服务业的实施意见》的要求，落实全国老龄委第十六次全体会议精神，以“情系老龄、孝行龙江、构建和谐”为理念，创新工作思路，转变工作作风，加强政策创制，取得了一定的工作成绩。受到了主管老龄工作的副省长批示表扬2次，在全国老龄办主任会议和宣传会议上介绍经验，调研成果在全国表彰获一等奖，成为国家信息平台建设、“乐龄工程”支持省份。

一、发挥老龄办联络协调作用，推进形成大老龄工作合力

认真履行综合协调、参谋助手、督促检查职能，积极推进形成大老龄工作合力，呈现出三个明显变化。

各级党政领导亲自主导老龄工作的意识明显增强。省委书记王宪魁，省委副书记、省长陆昊，副省长孙永波高度重视老龄工作，并亲自参加涉老活动。春节前夕，省委书记王宪魁赴绥芬河、黑河调研，看望和慰问老年人。省委副书记、省长陆昊亲自主持省政府第64次专题会议，对全省加快发展养老服务业进行专题研究部署。孙永波副省长把老龄工作提上重要日程，亲自抓，主持召开黑龙江省社会养老服务体系建设领导小组会议、电视电话会议及养老服务业招商引资推介会专题会议。率先垂范慰问居家养老互助

点并与社区老年志愿者亲切交流。在重阳节期间，带队慰问百岁老人、民办养老机构，并出席2014年黑龙江省“敬老月”及弘扬社会主义核心价值观学子敬老活动，为全省的老年人送去节日的问候及党和政府的温暖。全省各市（地）广泛开展了“关爱老人送温暖”活动，哈尔滨市、牡丹江市、省森工总局党委书记带头在春节前夕慰问老年人，为老年人送去节日祝福。其他市（地）分管领导、各级民政部门、老龄委成员单位、老龄部门开展了不同形式的慰问活动。据不完全统计，全省2014年春节期间，共为老年人送去慰问金一百余万元。

成员单位及相关部门积极参与老龄工作力度明显加大。各级老龄委成员单位制定为老服务办实事计划，开展调查研究，加强政策创制，积极落实老龄事业发展“十二五”规划，深入开展“爱心助老1＋1”活动。省财政、民政等部门立足部门职能，先后出台养老机构建设规划、养老机构设立许可实施细则、调高民办非营利养老机构补贴标准等方面文件，不断丰富和完善我省养老服务业发展的政策体系。研究部门立足自身研究优势，开展涉老调研，为领导科学决策提供依据。省政府研究室牵头，与省发改委、民政厅和省老龄办组成联合调研组，深入齐齐哈尔、大庆等六市，就我省养老服务业发展情况开展专题调研并形成调查报告。省老龄办工作人员陪同省政府参事室深入伊春、鹤岗，开展养老服务机构服务人员建设问题调研并形成调研报告。省委老干部局、省统计局均开展了不同涉老主题调研。省老龄办先后深入省旅游局、省卫计委调研。推动省卫计委积极探索健康老龄化，下发健康龙江行动、黑龙江省食物与营养发展实施计划，并与省老龄办联合下发《关于在卫生计生系统开展全省“敬老文明号”创建活动的通知》，积极开展为老服务。精神文明办积极开展形式多样的为老志愿服务活动。

社会各界倾情助力老龄事业的行动明显增多。“两会”高度关注老龄事业发展，涉老提案数量呈快速上升趋势。省老龄办、鹤岗等市（地）共答复政协提案数十件。哈尔滨市政协组织数名政协委员历时半年开展养老服务业发展调研并撰写调研报告。新闻媒体普遍关注老龄事业发展，尤其在“敬老月”及养老服务业招商引资推介会期间，涉老报道数量和水平攀升，形成强势的老龄工作宣传氛围。省老龄办协调中国红十字会以失能老年人为重点的“曜阳关爱行动”，向巴彦县中心敬老院和海员医院的老人们赠送生活必需品、慰问金。爱心人士晁华向巴彦县中心敬老院和西集敬老院捐赠了10万元慰问金。中国人寿黑龙江分公司与省老龄办赴辽宁省沈阳市、黑龙江省齐齐哈尔市联合开展老年意外伤害保险的专项调研，并为养老服务业招商引资推介会室外广场舞展示捐助价值8万元的服装。继2013年龙江银行哈尔滨分行为哈尔滨老年人提供金融服务，设置老年人专属理财龙龄卡，并赞助240万元用作“舞动松江”老年广场舞活动经费之后，2014年营口银行哈尔滨分行赞助哈尔滨老年人广场舞活动服装及宣传费100余万元。

二、深入基层开展调查研究，推动基层老龄工作取得新突破

（一）开展调研竞赛，提升整体调研能力。以老龄事业发展中的热点、难点问题为导向，抓好面向专家、地市与省老龄办机关三个层面的调研工作。下发开展专题政策调研及优秀调研成果评选工作的通知，对市（地）老龄系统的调研课题进行了安排。对上报调研成果进行严格评审，择优参加全国老龄办组织的优秀调研成果评比，我省选送的10篇报告中，省老龄办与省民政厅联合撰写的《关于黑龙江省养老机构服务业队伍建设现状的调查报告》荣获一等奖。省政府研究室和省老龄办联合调研撰写的《关于黑龙江省养老服务业加快发展的调查报告》获二等奖。省发展研究中心撰写的《养老服务业发展中的政府定位及政策取向》获三等奖。哈尔滨、伊春、黑河上报的三篇报告获优秀奖。作为2013年我省老龄事业发展“十二五”规划评估指标体系和中期评估的后续安排，省老龄办协助专家组，完成中期评估报告和《黑龙江省养老床位发展状况研究》研究课题。2014年“敬老月”期间，省老龄办成立四个调研组，以处级干部带队分别赴七台河、鸡西等五个地市，卫计委、旅游局2个系统，走访慰问11名老人、2名敬老模范，召开座谈会5次，发现问题19个、搜集建议24个。各市（地）积极开展调研工作。哈尔滨市组织开展老龄宣传报道、老年志愿服务、老年群众文化队伍组织形式、失独老人和无子女老人政策比较等重点调研，并与黑龙江大学联合开展哈尔滨市老龄人口形势分析调研，调研报告被哈尔滨市社科联评为一等奖。齐齐哈尔市老龄办与市委党校共同开展了农村老年人养老问题专题调研，与市政协组成调研组，就实行省优待老年人服务意见执行情况进行了调研。大庆市老龄办对城乡老年人生活状况、养老意愿和护理需求等进行调研。鸡西市老龄办深入到鸡冠区对70周岁以上老年人行动能力状况进行了调查摸底，并将16000多名老年人的调查情况汇编成册。伊春市开展养老机构现状及未来5～7年养老需求方面的调研，并起草了《伊春市养老产业发展三年规划》。

（二）加大投入力度，实现基层老年协会规范化建设。在全省开展基层老年协会规范化建设，按照省老龄办统一要求的老年协会建设的各项制度和建设标准，加强老年协会规范化、制度化、常态化建设。加强对上争取工作，积极推进落实国家“乐龄工程”试点项目。完成国家下拨资金“社区为老服务”项目84万元与“爱心护理工程”项目40万元的落实和配套工作，其中社区为老服务项目农村老年协会建设资金84万元，各地匹配资金83万元，用于扶持158个农村老年协会建设。向相关市地下发了《关于做好2013年农村老年协会建设项目工作的通知》，要求试点单位加强资金监管、做到专款专用，确保资金分配与工作推进、工作落实紧密结合，对资金实行跟踪问效，发挥资金的引导推动作用。借下基层调研之机对齐齐哈尔、七台河、鸡西“乐龄”项目进行抽查验收。为进一步推动基层老年协会规范化建设，向鸡西、绥化、双鸭山、佳木斯拨付引导资金共计16万元。各市（地）对加强基层老年协会工作常抓不懈。绥化海伦市以三级老龄工作网络、“五学”的经验为抓手，基层老年协会建设取得了显著的进步。鸡西密山市通过建章立制、标准化管理加快老年协会的规范化、制度化发展步伐。

（三）加强对下指导，基层工作创新发展。“银龄行动”实现跨越式发展，有5名老年人被评为全国老有所为楷模。省老龄办召开“银龄行动”座谈会，下发2014年度“银龄行动”工作要点，落实对11个市、县基地款项11.5万资金支持。组织医学专家赴青冈，现场义诊150多人次。在行动内涵上，从单一银龄援农发展到银龄资政、银龄援医；在行动形式上，从一次性指导检查向建立长期联系工作机制发展；在运行机制上，从结果管理向包括前期核查、中期管理、后期问效的全过程管理转变。老年志愿服务工作蓬勃发展。结合中央文明委关于切实支持和发展志愿服务组织，推动学雷锋活动常态化和志愿服务制度化精神要求，积极推进我省老年志愿服务建设。各市（地）老年志愿服务呈现良好发展势头。哈尔滨市召开了老年志愿者社区服务工作经验交流会，建立市、区、街道、社区四级老年志愿者服务组织，老年志愿者人数达10万人，充分发挥老年志愿者在文明城市创建中的“城市名片”作用。双鸭山成立了百余人市级老年志愿服务队伍，广泛开展“空巢老人大走访”、“送爱心汤圆、温暖老人心”及结对帮扶送温暖系列活动。齐齐哈尔、大兴安岭开展1＋1结对子，定期上门服务。信息平台建设步入正轨。对国家支持的哈尔滨道里区、齐齐哈尔铁锋区、铁力市的信息平台项目不断进行跟踪指导。齐齐哈尔市信息服务平台入网老年人15000余人，现有入网加盟服务商2000余家，呼叫服务平台接到有效咨询救助电话38000多个。哈尔滨市老龄办与市慈善总会联合启动老年人应急救助服务项目，为全市3000位独居困难老年人配置老年人专用手机。大庆市对“一键通”老年应急服务热线进行升级换代，为市区城市户籍的三无老人、低保老人、重点优抚老人免费发放移动式大庆平安通526部，预计2015年前发放1800部。

三、加强老龄宣传工作，营造浓厚敬老氛围

省老龄办宣传工作思路实现“三转变”，即宣传重点实现由工作宣传向老龄形势、老龄问题、老龄政策宣传的转变；宣传对象实现由面向老年群体到面向社会大众的转变；宣传手段实现由老龄媒体向社会主流媒体的转变。

（一）设计载体活动，加强宣传。省老龄办联合十个厅局、部门，以20号文件出台《关于印发培育和践行社会主义核心价值观加强老龄宣传教育工作方案的通知》，孙永波副省长亲自批示，对于当前和今后一个时期的我省老龄宣传教育工作具有重要指导意义。省老龄办下发第二届全省“敬老文明号”创建活动的方案，举行全省创建活动启动会。20余家“敬老文明号”典型单位开展了“在您身边 伴您同行”大型爱心助老公益活动，为1000多位老年人提供卫生保健、商业、政务服务，发放助老爱心哨、养生图书，提供爱心理发、精神慰藉等服务。联合省委宣传部、省精神文明办、省民政厅、省教育厅、团省委，由市69中学承办，举办2014年黑龙江省“敬老月”启动仪式暨践行社会主义核心价值观学子敬老活动。在全省下发开展“敬老月”6项示范性活动的通知，并支持哈尔滨、齐齐哈尔、牡丹江、农垦总局活动经费共计16万元。各市地在“敬老月”期间广泛开展敬老文化宣传教育、走访慰问送温暖、老年文化体育及评比表彰等活动。哈尔滨市举办第七届“十大杰出老人”“十大孝星”评选，开展十四项主题活动。齐齐哈尔市、县上下联动。佳木斯与市委宣传部、市文广新局、市文联共同举办了“夕阳正红”大型文艺颁奖晚会，为全市10位具有杰出贡献的老年人授予了“十佳老人”荣誉称号。大庆市老龄办筹集资金10万元用于各县区（开发区），开展“敬老月”主题活动。绥化市与市民政局、市慈善总会等部门联合主办了传承孝德善行绥化“大爱在这里升华”迎国庆·贺重阳大型慈善表彰文艺演出，表彰了“十佳民办养老机构”“十佳孝心少年”“十佳孝心媳妇”“十佳助老义工”慈善楷模。

（二）借助重点工作，加强宣传。省老龄办成功承办了2014年黑龙江省养老服务业招商引资推介会的宣传策划及完成老年时尚风采展示的独立制作，并积极推荐二十余家口碑好、有影响力的企业参展。创意策划制作“养老宜居地 生态黑龙江”电视专题片、“招商形象”广告片、“幸福养老在龙江”公益片等15个短片。其中“南北候鸟翩翩飞”专题新闻片在10月26日中央电视台晚间《新闻联播》中作为提要新闻播出。全国老龄办信息中心出版了《老龄工作导刊》推介会专辑。《中国社会报》刊登专版、《黑龙江日报》刊登5个专版、《黑龙江经济报》刊登2个专版。东北网制作了“幸福养老在龙江”专页、《老年学习生活》杂志出版招商引资专刊。此次推介会的宣传集合所有媒体类型及新媒体力量，是对我省老龄宣传工作的整体巡礼和全面检阅。伊春市积极落实推介会精神，举办以“相互学习 资源共享 携手合作 发展共赢”为主题的伊春市首届海峡两岸养老产业研讨交流会，与台湾中华健康养老协会、杭州和睦老人公寓签订了“两岸三地候鸟养老联盟框架协议”。

（三）老年文化活动搭台，加强宣传。省老龄办联合黑龙江画报社、老年学习生活杂志社，开展“送文化到社区 关爱老人温暖赠书”系列活动，合计赠书300余册，价值5万余元。各市（地）老龄办在引导开展群众性老年文化活动、推进品牌老年文化活动、推动老年文化产品的创造生产、加强老年人文化活动基础设施建设做了大量工作。哈尔滨市推动积极老龄化、健康老龄化、大老龄化的工作理念，通过组织编创录制、召开新闻发布会、举办舞蹈培训班、举办系列老年艺术赛事，打造“舞动松江”老年文化品牌，形成独特老年文化养老生态。齐齐哈尔市开展“老年之夏”音乐会、父亲节母亲节儿女相伴系列活动，打造“梦飞鹤城 欢乐夕阳”老年文化品牌。牡丹江市与谭力心理咨询研究所联合推出老年心理咨询服务热线，组织开展送文化、送法律、送健康“三进社区”活动。大庆开展“情暖夕阳大讲堂”活动，多次深入县区举办讲座，内容包括法律维权、健康保健等。鹤岗市与老年大学举办“鹤岗市老年文化节”、与文化局举办“万名老人来唱K”，每月9日对老年人免费开放。伊春市与市诗词学会、诗社、作家协会联合举办诗词笔会。绥化市老龄办与市慈善总会联合在北林区中心敬老院举办了“弘扬正能量、百善孝为先”公益讲座活动。鸡西市、黑河市、大兴安岭地区、农垦系统均开展了丰富多彩老年文化活动。

四、宣传贯彻老年法，老年维权工作取得新进展

（一）老年法宣传贯彻在全省深入持久地开展。为纪念老年法颁布一周年，在第二届全省“敬老文明号”启动仪式上，各涉老部门、为老服务组织、公共服务窗口单位开展“在您身边 伴您同行”大型法律咨询服务。各市（地）老龄办采取举办培训班，印发宣传资料、海报、展板等形式宣传老年法。大庆市举办广场宣传活动，市委常委、副市长出席，各涉老单位、医疗机构、律师事务所共计13家在活动现场开展业务咨询、免费义诊、免费法律咨询，各县区同步开展内容丰富、形式多样的宣传报道。七台河市在《七台河日报》头版刊登宣传老年法的公益广告，在七台河电视台晚间新闻播发孝亲敬老事迹。黑河市联合市民政局、市司法局召开老年法知识讲座，邀请法律援助中心的主任、副主任对老年法进行权威解读，共120名涉老服务人员和老年人参加了培训。抚远县在春节期间，电视节目中分期播出老年法条文，并使用字幕循环播放宣传老年法的广告。

（二）积极推进我省《＜老年法＞实施条例》修订工作。省老龄办与省人大内司委、省政府法制办、省民政厅、省法律援助中心沟通协调，起草上报我省《＜实施条例＞修订流程》和《修订方案》征求立法修订意见。经过协调，目前已被省政府第三十八次常务会议正式确定为立法调研项目。目前搜集整理了国家、各省（市）47部共计25万字的老年法律法规、条例和优待办法，为修订工作积累了丰富的理论依据。赴大庆市、双城开展实地调研，并接待了湖南及安徽省法制办、民政厅、老龄办组成的老年法调研组，与他们进行了深入的座谈，不断丰富我省修订思路。

（三）老年维权示范岗作用明显。全省各市（地）以老年维权示范岗为抓手，不断释放窗口单位效能，在老年证的发放、老年信访接待、依法维权等方面发挥重要作用，确保了老年优待政策的落实，尤其在“老年维权合议庭”作用发挥上尤为显著。哈尔滨市道外区人民法院民一庭于1992年成立了全省第一个“老年维权合议庭”，专门审理双方或一方当事人为老年人的涉老案件。齐齐哈尔市中级人民法院对涉老案件建立立案优先、审理优先、执行优先“三优先”制度，推行方便诉讼制度，实行巡回审理制度。鸡西市滴道区人民法院民一庭与区妇联、区老龄委共同组建了“老年维权合议庭”，对辖区内的涉老案件实行统一管理，形成了由法院牵头，妇联、老龄委、民政局、乡政府、街道社区等相关部门参与的多层、分级维权网络。目前，哈尔滨市、齐齐哈尔市、牡丹江市、佳木斯市、鸡西市等法院在民庭中都相继成立了“老年维权合议庭”，在维护老年人合法权益、促进社会和谐中发挥了不可或缺的作用。牡丹江市老龄办与市检察院联合，发挥老检察官服务群众的专业优势，在市检察院设立了老年人法律维权站，为老年人提供了又一个便捷的法律援助平台。

重要会议和活动

【省政府领导为老龄工作批示】1月17日，副省长、老龄委主任孙永波在省老龄办报送的《关于2013年黑龙江省老龄工作情况及2014年工作安排的报告》作出批示。批示指出："2013年省老龄办工作积极，进步明显，有力推动了全省老龄工作健康发展。同意你们提出的工作安排意见。"

11月21日，副省长、省老龄工作委员会主任孙永波在省老龄委办公室主办2014年第六期《老龄工作简报》刊出的《省老龄办圆满完成全省养老服务业招商引资推介会相关工作》上做出批示："此次养老服务业招商引资推介会，老龄办同志承担与宣传部门一起做好宣传报道的组织宣传策划工作，表现出色。谢谢同志们!"

【省政府领导慰问老年人】1月27日，下午，黑龙江省副省长、老龄委主任孙永波来到哈尔滨市南岗区芦家办事处宣庆社区居家养老互助点进行慰问，向活动点的老人们送上了慰问金并祝福老人们新春快乐、身体健康。省老龄委副主任、民政厅厅长杨喜军，老龄办专职副主任杨铁生，省老龄办副主任李淑梅，哈尔滨市副市长曲磊，哈尔滨市老龄办常务副主任张伟林陪同走访慰问。

10月10日，副省长、省老龄委主任孙永波看望慰问了哈市百岁老人马遇伯，并走访了军工阳光老年公寓，给老人们送去祝福和慰问金。哈尔滨市副市长曲磊和市老龄办党组书记、常务副主任张伟林，副主任孙凤龙等参加走访慰问。

【省老龄办领导慰问老年人】1月28日，上午，黑龙江省老龄办副主任李淑梅带领机关工作人员，到哈尔滨市两户贫困老年人家中慰问，为老人们送上米、面、油、水果等慰问品和慰问金，并祝老人春节愉快。哈尔滨市老龄办副主任孙凤龙陪同走访慰问。

【召开全省"银龄行动"工作会议】3月18日，上午，省老龄办与省老科协联合召开2014年全省"银龄行动"工作会议。省老龄办副主任李淑梅参加会议并传达了全国老龄办"银龄行动"十周年座谈会主要精神，研究了2014年"银龄行动"工作，讨论了《2014年全省"银龄行动"工作要点》。省老科协副会长孙光祖、秘书长邓印祥、副秘书长单伟、省老龄办宣传处有关同志和省老科协农业分会的部分同志参加会议。

【开展老龄工作调研】4月9至10日，省老龄办副主任李淑梅带领秘书处、维权处、宣传处有关人员一行四人到大庆市调研老龄工作。9日，听取大庆市老龄工作汇报，召开相关工作部门和老年人代表座谈会，了解老年维权工作开展情况，并就《黑龙江省实施老年法条例》广泛征求意见。10日，李淑梅同志参加大庆市老年福利基金会换届大会并致辞。

11月5日，省老龄办副主任李淑梅带领宣传处4名同志赴海伦市调研慰问。先后慰问刘毅、刘桂芳、申保证三位高龄老年人，给老人送去慰问金和祝福。走访了1家民办养老机构（常莉公寓），慰问调研了2个村的老年协会建设情况（向荣乡的向荣村、海北镇的海北村）。

11月11日，省老龄办副主任李淑梅带领调研组到省老龄委成员单位——省旅游局进行调研，调研课题为"养老主题旅游"。省旅游局副局长侯伟代表省旅游局对省老龄办调研组的到来表示热烈欢迎，并组织相关处室人员召开了调研座谈会。调研组成员由秘书处、调研处、维权处、宣传处人员组成。

11月13日，省老龄办副主任李淑梅带领省民政厅社会福利和慈善事业促进处付会仁副处长及省老龄办宣传处、维权处的同志到省卫计委进行调研，调研课题为"医养结合开展情况、涉老政策的出台落实情况、敬老文明号创建情况、为老人办实事情况"。省卫计委副主任于国君率老干部处、家庭发展处、中医医政处的同志与调研组举行调研座谈会。

12月4至6日，省老龄办副主任李淑梅带队一行四人去山东考察调研，调研处处长高玉萍及调研处、秘书处各一人参加考察调研。

【召开全省市（地）老龄办主任座谈会】4月22至23日，全省市（地）老龄办主任座谈会在哈尔滨市召开。会议表彰了省级优秀老龄办和省级优秀老龄干部，开展了调查研究工作的专题培训，参观了哈尔滨市文林社区老年志愿者活动现场、抚顺社区老年人协会、上红社区智能化养老信息平台、宣庆小区养老互助点及龙江银行老年休闲驿站。各市（地）汇报交流了2013年特色工作经验、存在的问题及2014年工作的主要推进措施。省老龄办副主任李淑梅主持会议并作总结发言。全省市（地）老龄办主任、综合处（科）长及"十百千示范工程"获表彰的十强县（市、区）代表共50余人参会。哈尔滨市老龄办机关干部参加培训，受训人数达百余人。

【开展"银龄送健康"为主题义诊活动】6月12日，省老龄办、省老科协组织哈尔滨医科大学第一附属医院专家组成“银龄行动”志愿者医疗服务队，前往绥化市青冈县开展“银龄送健康”为主题义诊活动。省老龄办副主任李淑梅、省老科协医药卫生分会会长李洪涛带领哈尔滨医科大学第一附属医院专家组成的医疗服务队一行11人参加活动。

【举办我省开展第二届“敬老文明号”启动仪式】6月27日，省老龄办在哈尔滨市举办我省开展第二届“敬老文明号“启动仪式，各市地老龄办主任和负责宣传的科长（处长）参加。省老龄办副主任李淑梅参加会议并讲话。

【参加全国老龄办领导专题讲座】7月18日，省老龄办副主任及全办机关干部到黑龙江省孤儿职业学校参加全国老龄办副主任吴玉韶在全国光荣院工作人员培训班上作题为《中国老龄社会现状及发展趋势》的讲座。

12月16日，省老龄办机关全体干部和哈尔滨市老龄办处级干部到省委组织部视频会议室聆听全国老龄办副主任吴玉韶所作的《我国老龄化形势与应对策略》专题讲座，各市地老龄干部在当地组织部的视频会议室组织了收听收看。吴玉韶主任是应省老干部局邀请为全省老干部系统处级干部培训班作专题讲座的。

【组织收听收看全国老龄办老年人优待工作（视频）会议】7月22日，上午，全国老龄办召开老年人优待工作（视频）会议。会议学习传达全国老龄委第十六次全体会议精神，总结交流中国老龄事业发展“十二五”规划落实和老年人优待工作情况，部署今后一个时期工作任务。各市（地）设分会场。省老龄办全体机关干部到省民政厅视频会议室收听收看，省民政厅副厅长王国黎参加，省老龄委成员单位联络员、省法院等11家单位的有关部门领导参加会议。有条件的市（地）、县（市）组织有关部门人员收听收看。

【联合国人口基金项目评估组来我省开展评估】8月1日，联合国人口基金项目评估组来我省开展评估。评估组由中国人民大学人口与发展研究中心顾宝昌教授和全国老龄办国际部王珑璇组成。省老龄办副主任李淑梅、调研处处长高玉萍、黑龙江省项目课题组组长田苗等参加座谈并介绍情况。

【中国红十字会总会事业发展中心来我省为老年人送温暖】8月10日，中国红十字会总会事业发展中心常务副主任吴昂坪一行赴黑龙江省巴彦县中心敬老院召开黑龙江省曜阳托老所院长座谈会，并向中心敬老院老人们赠送了8台电视、20辆轮椅、10张护理床、20套床上用品、10套被褥等生活必需品，还为每位失能老人送上了慰问金。同时，向黑龙江省爱心护养院赠送了上下肢康复训练设备1套，12台电视。爱心人士晁华向巴彦县中心敬老院和西集敬老院捐赠了10万元慰问金。北京市人大常委、北京市委组织部原常务副部长、事业发展中心顾问史绍洁，中国书法家协会原常务副主席、事业发展中心顾问赵长青，中国书画院副院长翟鑫，黑龙江省老龄办副主任李淑梅，黑龙江省红十字会专职副会长鞠海洋，哈尔滨市市委宣传部副部长兰峰、哈尔滨市老年基金会理事长胡义杰、哈尔滨市红十字会专职副会长刘延刚、中国红十字会总会事业发展中心爱心大使阚丽君及当地有关单位领导出席了座谈会和捐赠仪式。事业发展中心“爱心大使”阚丽君、邓鸣璐等为敬老院老人表演了精彩节目，受到了热烈欢迎。

【全国老龄办领导来我省调研】8月29至30日，全国老龄办副主任、中国老龄科研中心主任吴玉韶带队一行6人来哈尔滨市调研居家养老状况情况，省老龄办副主任李淑梅带领调研处、维权处各1名同志陪同。

【省老龄办领导参加省政府组织召开的涉老会议】9月4日，省老龄办副主任李淑梅参加省政府组织召开的全省加快发展养老服务业招商引资工作推进会。副省长孙永波出席会议并讲话。会议着重对加快发展黑龙江省养老服务业及举办全省养老服务业招商引资推介会等工作进一步做出部署。各市（地）政府（行署），省农垦总局、森工总局，绥芬河市、抚远县政府分管负责同志、民政局长、招商局长，省直各有关单位负责人参加了会议。

10月9日，上午，按照省政府办公厅会议通知要求，省老龄办副主任李淑梅列席省政府第三十二次常务会议关于养老、健康、旅游产业招商引资推介会相关事宜议题的研究。

12月15日，副省长、省老龄委主任孙永波主持召开推进养老服务业健康发展专题会议。本次会议为贯彻落实中央经济工作会议精神，抓好2014黑龙江省养老服务业招商引资推介会相关工作落实，研究谋划和部署进一步促进我省养老服务业健康发展工作。省民政厅主要领导和分管领导、省老龄办副主任李淑梅参加会议。

12月22日，按照省政府办公厅通知，省老龄办副主任李淑梅参加省政府分管副省长召集的专题会议，会议研究明年主要任务和发展指标工作。会议由副省长孙永波主持，李淑梅代表省老龄办汇报了明年主要工作安排。调研处处长高玉萍参加汇报会。

【举办2014年黑龙江省敬老月活动启动仪式】10月10日，2014年黑龙江省敬老月活动启动仪式在哈举行。由省老龄办等单位主办、哈尔滨市第六十九中学承办的“2014年黑龙江省敬老月暨弘扬社会主义核心价值观学子敬老活动启动仪式”在哈尔滨工程大学启航活动中心举行。启动仪式由省老龄委副主任、省民政厅厅长杨喜军主持。省老龄委主任、省政府副省长孙永波同志，省老龄委副主任、省政府副秘书长王大为同志，省老龄委副主任、省委组织部常务副部长秦恩亭同志，省老龄委副主任、省人社厅厅长孙伟化同志，省老龄办副主任李淑梅同志及本次活动主办单位省委宣传部、省精神文明办、省教育厅、团省委的领导共同按动启动球，宣布2014年敬老月正式启动。哈尔滨市第六十九中学的学生志愿者代表向全省青少年发表敬老倡议书，并向全省老有所为典型代表献花致敬。学生和老人们还表演了精彩的文艺节目庆祝敬老月的启动。我省2014年敬老月活动全面启动，敬老月系列活动以“党政主导、社会参与、全民关怀”的老龄工作方针为指引，在营造社会尊老敬老氛围，培育和践行社会主义核心价值观，应对人口老龄化方面有着非常积极深远的意义。敬老月活动期间，我省将主要开展六项活动：1、广泛开展敬老文化宣传教育活动；2、深入推进养老服务业发展；3、积极开展走访慰问送温暖活动；4、扎实开展老年维权优待活动；5、大力开展为老志愿服务活动；6、组织开展老年文化体育活动。通过这一系列的活动为老年人办实事、做好事、献爱心，弘扬中华民族传统美德，创新敬老文化内涵，让广大老年人共享经济社会发展成果，安度幸福晚年。

【召开2014年黑龙江省养老服业招商引资推介新闻发布会】10月20日，2014年黑龙江省养老服务业招商引资推介新闻发布会在哈召开。省老龄委副主任、省老龄办主任、省民政厅厅长杨喜军介绍本次推介会举办的背景、意义、特点以及筹备情况。该推介会将于2014年10月27日在哈尔滨华旗饭店举办，预计参加活动的养老服务企业、机构和社会组织达到200家以上。据介绍，本届招商引资推介会活动分两大部分。第一部分为黑龙江省养老服务业招商引资推介会，由黑龙江省政府有关部门介绍黑龙江省养老服务业法规、优惠政策、可开发利用资产资源、旅游休闲养老的比较优势和发展潜力等，届时黑龙江省省长陆昊将做主旨演讲；第二部分为养老业招商引资项目对接会，由黑龙江省各市（地）、农垦和森工总局等招商代表团同相关企业和机构代表进行项目对接、洽谈。

【召开2014黑龙江省养老服务业招商引资推介会】10月27日，由省政府主办的2014黑龙江省养老服务业招商引资推介会在哈尔滨举行。省委副书记、省长陆昊出席并介绍有关情况。中国福利协会副会长兼秘书长冯晓丽，中国老龄产业协会副会长曹炳良出席会议。陆昊代表省委、省政府对各界嘉宾参会表示欢迎，介绍了黑龙江省经济社会发展情况，并对黑龙江省发展养老服务业和与会嘉宾进行了交流。省发改委、省民政厅、省旅游局、省财政厅负责同志分别介绍了黑龙江省养老机构建设三年行动方案、养老服务业优惠政策、旅游休闲养老独特优势、清理出的可用于养老服务业发展的闲置资产和资产拍卖租赁程序。来自省外200多家、省内近200家养老服务企业、机构和社会组织负责人参加推介会。省老龄办副主任李淑梅带领省老龄办全体干部参加会议。

【召开《黑龙江省实施＜中华人民共和国老年人权益保障法＞条例》立法工作推进会】10月31日，省政府法制办牵头组织召开《黑龙江省实施＜中华人民共和国老年人权益保障法＞条例》（以下简称《实施条例》）立法工作推进会。省法制办钱世民副主任主持会议并作总结讲话，省老龄办副主任李淑梅参加会议并介绍《实施条例》修订工作进展情况和提出修订建议。省政府法制办立法处朱江处长、立法处潘湘波副处长，民政厅法规处姜淮、高盛律师事务所主任张春及省老龄办维权处全体同志参加了座谈会。

【开展黑龙江省候鸟式养老产业专项课题调研】11月24至12月3日，省老龄办副主任李淑梅带领省老龄办三位同志同省政府经济发展研究中心五处四位同志赴海南、广西、湖北、山东四省七地（海口、三亚、南宁、武汉、济南、济宁、巴马）考察调研。本次考察调研是为贯彻落实陆昊省长在2014年黑龙江省养老产业招商引资推介会上的讲话精神，省老龄办与省政府经济发展研究中心联合开展的黑龙江省候鸟式养老产业专项课题研究，由调研课题组组长张兴洋（省政府经济发展研究中心五处处长）带队。调研处处长高玉萍及调研处、秘书处各一人参加考察调研。

【黑龙江省老龄办荣获“职工之家”荣誉称号】12月1日，黑龙江省直属机关工会工作委员会印发“关于表彰省直机关‘职工之家’及‘先进典型’的决定”，黑龙江省老龄办荣获“职工之家”荣誉称号。此决定刊登在《黑龙江日报》2014年12月2日第八版上。

【举办“情暖夕阳 孝行龙江”共青团敬老爱老志愿服务活动】12月24日，由团省委、省老龄办、省民政厅、黑龙江省青年志愿者协会、黑龙江工程学院、安利黑龙江省分公司、北大荒养老中心联合举办的“情暖夕阳 孝行龙江”共青团敬老爱老志愿服务活动在黑龙江工程学院培训中心隆重举行。团省委副书记王淑滨、黑龙江工程学院副校长白玉、省老龄办相关人员出席了本次活动，并为“温暖夕阳 助老爱老”服务队授牌。

各项业务进展

【老年维权工作】根据新修订的《中华人民共和国老年人权益保障法》，省老龄办积极推进《黑龙江省实施＜中华人民共和国老年人权益保障法＞条例》的修订工作。积极与省人大内司委、省法制办、省民政厅沟通协调，起草上报了我省《＜实施条例＞修订流程》《修订方案》征求意见。根据省政府法制办的文件通知要求，向省政府法制办上报了《关于启动＜黑龙江省实施＜中华人民共和国老年人权益保障法＞条例修订的说明》和回复了《关于建议＜实施条例＞列为立项调研的函》。积极协调省政府法制办牵头组织召开《黑龙江省实施＜中华人民共和国老年人权益保障法＞条例》立法工作推进会。各市（地）积极宣传和贯彻《中华人民共和国老年人权益保障法》，接待受理老年人的合理诉求，依法保护老年人合法权益。

【老年优待工作】全省各部门认真落实老年优惠政策，利用“两节”（元旦、春节）和“敬老月”由主要领导带队开展慰问老年人活动和为老年人办实事活动。哈尔滨市、牡丹江市、省森工总局党委书记带头在春节前夕慰问老年人，为老年人送去节日祝福。其他市（地）分管领导、各级民政部门、老龄委成员单位、老龄部门开展了不同形式的慰问活动。据不完全统计，全省2014年春节期间，共为老年人送去慰问金壹百余万元。

【老龄调研工作】省老龄办重视并积极开展老龄调研工作，印发了《关于在省老龄办机关开展老龄课题调研竞赛的工作方案》，在全办组织开展老龄课题调研竞赛。在全省开展优秀调研成果评比活动，下发了我省《关于2014年开展专题政策调研及优秀调研成果评选工作的通知》，对上报调研成果进行严格评审和省内表彰，并择优上报全国老龄办。2014年参加全国老龄政策调研优秀成果评比中，我省获一等奖1篇、二等奖1篇，优秀奖3篇。联合省政府研究室、省民政厅、省政府参事室、省政府发展研究中心等单位开展老龄事业发展调研。陪同省参事室深入相关市地，开展养老服务机构服务队伍建设情况调研，联合省民政厅开展全省城乡养老服务机构及服务人员状况调查，制作并向各市地发放了调查问卷，回收、整理后形成《关于黑龙江省养老机构服务队伍建设情况的调查报告》；与省政府研究室、省发改委、民政厅组成联合调研组，深入齐齐哈尔、大庆等6个市地，就我省养老服务业发展情况开展专题调研并形成《关于黑龙江省加快养老服务业发展的调查报告》。此两项调研成果分获2014年度全国老龄政策调研优秀成果一、二等奖。与省政府发展研究中心深入海南、广西、湖北、山东调研，开展关于异地养老的相关调研，形成调研报告上报政府，为我省开展异地养老事业提供了翔实的数据和理论依据。省老龄办协助专家组，完成了我省老龄事业发展“十二五”规划的中期评估报告，形成了《黑龙江省养老床位发展状况研究》课题，并上报全国老龄办。省老龄办组成多队调研组，赴全省各市地开展基层工作调研，还先后深入省旅游局、省卫计委等成员单位进行调研和工作推动。省委老干部局、省统计局也均开展了不同涉老主题的调研。

【老龄宣传工作】宣传工作取得突破性成效。我省老龄新闻喜获全国优秀奖。在2013年全国“十大老龄新闻”和“老龄新闻宣传好作品”评选活动中，宣传处推荐了一批老龄新闻宣传作品，其中有四件作品获得优秀奖，它们分别是《黑龙江日报》的《老人：“空心”比“空巢”更难熬》、哈尔滨电视台都市资讯频道《都市零距离》栏目组的《舞动松江跳出健康》、《生活报》的《来自哈市老年法律救助中心的故事（系列报道）》以及《新晚报》的《冰城候鸟族：过得挺滋润 出行最头疼》。全省养老服务业招商引资推介会引发宣传热潮。2014年10月，黑龙江养老服务业招商引资推介会在哈尔滨举行。恰逢全省第五个敬老月，省老龄办将推介会作为敬老月的一项重点工作加以部署，协调省电视台赴省内各地创意策划并拍摄“养老宜居地生态黑龙江”电视专题片、“招商形象”广告片、“幸福养老在龙江”公益片等15个短片，其中“南北候鸟翩翩飞”专题新闻片在10月26日中央电视台晚间“新闻联播”中作为提要新闻播出。《黑龙江日报》刊登了5个专版，其中包括敬老月专版，《中国社会报》刊登1个专版，《黑龙江经济报》刊登2个专版。协调《生活报》《黑龙江晨报》等百姓喜爱的都市类纸媒进行了推介会前期、中期、后期的深度报道，“敬老月”期间共刊出专题28个。协调省移动、联通、电信等新媒体发送公益短信共计1086万条，全国老龄办信息中心出版了“2014年黑龙江省养老服务业招商引资推介会专辑”、东北网制作了“幸福养老黑龙江”专页、《老年学习生活》杂志也出版了“招商引资推介”专刊。在全国范围内引发黑龙江养老宣传热潮。

【“银龄行动”】省老龄办召开“银龄行动”座谈会，下发2014年度“银龄行动”工作要点，落实对11个市、县基地款项11.5万资金支持。组织医学专家赴青冈，现场义诊150多人次。围绕省委、省政府实施“五大规划”发展战略，推动十大重点产业发展的中心工作，以普及“关爱他人、服务社会、充实自己”志愿服务理念为宗旨，以大力推进“银龄行动”志愿者服务活动为内容，整合全省老年资源，发挥老年人才作用，通过搭建“银龄行动”志愿服务活动平台，为黑龙江省经济和社会发展做出自己的贡献。

上海市

综　　述

截至2014年底，上海全市户籍人口1438.69万人，其中：60岁及以上老年人口413.98万人，占总人口的28.8%；65岁及以上老年人口270.06万人，占总人口的18.8%；70岁及以上老年人口177.03万人，占总人口的12.3%；80岁及以上高龄老年人口75.32万人，占60岁及以上老年人口的18.2%，占总人口的5.2%。上海人口预期寿命为82.29岁，其中男性80.04岁，女性84.59岁。上海人口预期寿命已经连续5年保持在82岁以上。100岁及以上老人1631人，其中男性395人，女性1236人；每10万人中拥有百岁老人数11.3人。

2014年是上海全面贯彻落实党的十八届三中全会精神、全面深化改革的第一年，是实施“十二五”规划、推进创新驱动发展的关键一年，也是上海老龄事业进入快速发展的时期。面对深度老龄化形势，上海积极贯彻落实国务院下发的《关于加快发展养老服务业的若干意见》，出台了《上海市人民政府关于加快发展养老服务业推进社会养老服务体系建设的实施意见》（沪府〔2014〕28号），提出了建设“五位一体”的社会养老服务体系，对促进养老服务格局的继续深化，促进养老服务业的全面发展，促进老龄事业与上海社会经济同步发展具有里程碑的意义。

（一）养老保障方面。一是完善养老金调整机制，切实保障各类养老金领取人员基本生活，让老年人共享社会发展成果。二是统筹城乡养老保险制度，实现“新农保”和“城居保”制度并轨。三是不断提升养老金社会化发放工作水平，实现按时足额发放。四是特困老人供养水平不断提高，保障其基本生活并随人民生活水平一起提高。五是对城镇低保家庭中的老年人实施分类施保措施。

（二）医疗保健方面。一是利用医疗护理资源构建老年护理服务网络，深入推进家庭医生服务制度，大力发展社区居家护理。2014年，全市共有1201张治疗床位转型为老年护理床位。全市共建立1700余张舒缓疗护床位。全市家庭医生服务签约居民人数达到936万，占常住人口的42%。二是促进养老机构医疗护理工作发展，支持社区养老机构医疗服务，建立与养老机构合作机制，鼓励社区卫生服务中心与社区老年人托养机构开展合作，提供基本医疗和护理服务，缓解老年护理供需矛盾突出的现状。截至2014年，全市共有353家养老机构与社区卫生服务中心或其它医疗机构签订合作协议，占养老机构总数的53.5%。

（三）养老服务方面。一是逐步完善养老服务政策法规，《上海市老年人权益保障条例》修订被列为2014年度市人大正式立法项目；出台《关于加快发展养老服务业推进社会养老服务体系建设的实施意见》；我国第一部养老机构领域的地方性法规《上海市养老机构条例》通过市人大常委会第三次审议，于6月1日起正式实施；《上海市养老机构收费管理暂行办法》《上海市养老机构统筹建设专项资金管理与使用（试行）办法》《关于推进老年宜居社区建设试点的指导意见》等相继出台。二是着力加强养老设施专项规划，编制完成《上海市养老设施布局专项规划》。三是继续加强养老机构设施建设，至2014年底，全市共有养老机构660家，床位11.49万张。四是为老服务实事项目支撑老年人社区居家养老，新设43个社区老年人助餐点、新建41家老年人日间服务中心，为29万名老年人提供居家养老服务。提高了居家养老小时补贴标准，为15万高龄老年人提供家庭互助服务（“老伙伴”计划），全年完成新建100家、改建200家老年活动室。五是探索社区嵌入式养老服务新模式，为社区老年人就近提供养护、托管等服务。六是开展老年照护统一需求评估工作。七是进一步加强养老安全管理。八是不断加强养老服务队伍建设。九是老年宜居社区建设试点产生良好示范效应，全市共有13个区县参与喘息服务项目项目，16个区县、41个街镇参与护老者培训项目，共有4个区11个街道参与电动爬楼机租赁项目。十是积极推进智慧社区建设，把“智慧养老”作为重要专项列入“智慧城市”新一轮三年行动计划。

（四）精神文化方面。全市老年教育机构总数291个。其中市级老年大学4所，市级老年大学分校与系统校、区县老年大学65所，街镇老年学校222所；居村委学习点5139个。在全市老年教育机构任职的教职工总数23452人；共开设班级25065个；学员总数达735695人，其中60周岁及以上学员总数535702人，比去年增加了13%；参加老年远程教育收视学员数为511371人，其中60岁及以上人数464745人，比去年增加了22.6%。同时，出版了一批优秀的老年人出版物，举办第九届老年教育艺术节，第八届老年文化艺术节活动，编制《上海市公共体育设施布局规划》，社区健身苑点、社区公共运动场的建设列入市政府实事项目，积极组织开展各类老年体育活动。

（五）老年维权方面。一是深入开展“银龄卫士”服务品牌建设。二是不断加强老年维权服务能力。三是开展维权志愿服务，推进心理咨询品牌。四是开展“老年普法进社区行动”。五是大力开展老年维权宣传。

江苏省

综　述

2014年，江苏省始终坚持“党政主导、社会参与、全民关怀”的工作方针，本着“以老为本，为老服务”的理念，加强政策创制，服务创优，工作创新，努力打造与我省人口老龄化相适应，与经济社会发展相协调的老龄工作新格局。2014年底，全省60岁以上户籍老年人口1579.23万人，占总人口20.57%，比上年增加了84.44万人，提高了0.92个百分点。80岁以上高龄老年人241.89万人，占老年人口总数的15.32%。百岁以上老年人4574人。60岁以上老年人口占总人口20%以上的省辖市保持7个，由高到低排序为：南通、苏州、无锡、泰州、常州、镇江、扬州，其中南通最高，达26.52%，宿迁最低，为14.74%，二地相差11.78个百分点。

一、老龄政策，创制配套

2014年4月，省政府出台《关于加快发展养老服务业完善养老服务体系的实施意见》，明确了政府、市场、社会在养老服务体系构建中的责任定位和边界。旨在建立“政策引导、政府扶持、社会参与、市场推动”的机制，发挥市场在资源配置中的决定性作用和社会组织的协同作用。省民政厅会同省财政厅、卫计委、发改委、人社厅、国土厅、金融办等有关部门，先后制定了推进“医养融合”、加强养老服务设施规划建设、财政金融支持养老服务业发展、推进养老机构责任保险、政府购买养老服务、建立经济困难的高龄失能老年人补贴制度等八个配套政策文件，全方位细化、强化加快发展养老服务业的保障措施，在养老服务用地指标、补助标准、金融支持和税费减免等方面，实现了政策上的重大突破。各省辖市以市政府名义出台了加快养老服务业发展的实施意见；南通市政府办公室转发关于银行业扶持养老服务业发展的意见；扬州市民政局、发改委联合制定鼓励民间资本参与健康与养老服务项目建设和运营的政策措施；盐城市民政局、财政局联合出台了养老机构综合保险实施办法。省、市、县三级密集出台促进养老服务业发展的政策文件，形成了地方法规、政府文件、部门制度衔接配套、相互策应的政策体系，为加快我省老龄事业发展提供了有力保障。

二、老年维权，宣讲法律

各地将学习、宣传、贯彻老年人权益保障的法律法规贯穿老龄工作的全过程，采取各种形式进行广泛宣传。无锡、盐城等市将《中华人民共和国老年人权益保障法》《江苏省老年人权益保障条例》（以下简称“一法一条例”）宣传资料发放到各村（社区）及老年活动室；南通市开展专题宣讲20余场次，发放“法律宣传服务联系卡”8000余张；连云港市老龄办与市委宣传部合作，广泛开展“百名记者下基层”活动，宣传报道贯彻落实“一法一条例”情况；扬州、淮安、徐州、宿迁等市开展广场宣传咨询活动，为老年人提供法律咨询、法律援助。省人大对全省贯彻“一法一条例”情况进行了执法检查。

三、居家养老，政府助推

2014年，江苏修订下发了社区居家养老服务中心评估指标体系，进一步规范了社区居家养老服务中心建设标准。召开了全省社区居家养老服务工作交流会议，总结交流各地引导社会力量参与居家养老服务的经验，充分发挥市场在资源配置中的决定性作用，推动更多的社会力量参与居家养老服务。南京市首开“家属照料型”居家养老新模式，开展了60场“12349”助老嘉年华活动；无锡市200多家机关和企事业单位与居家养老机构开展定期结对帮扶和慈善冠名；徐州市组建为老志愿者服务队1068支，开展结对帮扶1.03万人次；常州市建立居家养老电子地图和志愿者服务数据库，实现居家养老与信息服务同步联动；海安、海门等地开展“邻里互助”，结对帮扶空巢独居老人；镇江市将助餐服务列入年度工作重点，建立助餐服务信息管理系统；多地发动社会力量针对高龄、空巢老人开展助餐服务试点。2014年，全省新建2000个社区居家养老服务中心、25个“虚拟养老院”。苏南、苏中、苏北农村居家养老服务中心覆盖率分别达到77%、68%和60%。

四、老龄宣传，多姿多彩

2014年，省老年周报发行量达到15万份；江苏老龄网年发稿3758篇、点击总量为331万次；云媒体电视江苏老年全年共制作播出520期节目。敬老月期间，召开了江苏省老年人口信息和老龄事业发展状况报告、老龄产业博览会新闻发布会。新华日报多次大篇幅报道江苏老龄工作，中国社会报整版介绍了江苏社会力量参与居家养老工作。开展“讲好江苏老人的故事”、评选最美护理员活动，受到社会广泛关注。无锡市开通了老龄QQ群和官方微博，无锡教育电视台创办老年网站“金色晚年”；常州市开设的“俏夕阳”全天候广播频道，颇具影响；苏州开播云媒体苏州电视。

五、敬老活动，常年不断

一是开展第二届“敬老文明号”创建活动。制定完善江苏省第二届“敬老文明号创建实施方案和考核标准。二是开展第三届老年春晚海选活动。在南京、无锡、南通、徐州四个市举办老年好声音、舞蹈、综艺、戏曲专场演出，全省1500多支团队，近3万名老年朋友热情参与。三是开展第六届敬老爱老助老主题教育活动。我省有121个单位和个人分别获得“全国敬老模范单位”“全国孝亲敬老之星”“中华孝亲敬老楷模提名奖”和“中华孝亲敬老楷模”荣誉称号。四是开展全国第五个“敬老月”活动。举办了老年产业博览会、老年体育节、老年文化艺术节，开展志愿者服务、领导走访慰问等一系列活动。淮安市为近7万名65周岁以上老年人办理了免费乘车卡；扬州市举办了第六届“百寿宴”；宿迁市开展第五届“生态人瑞奖”评选活动。

六、为老服务，社会参与

在坚持政府主导、强调“保基本”的同时，突出社会化方向，积极探索公建民营、多元投入、合作经营、民建公助等多种社会化运营模式，鼓励社会组织和家政、物业、护理、保险、金融、旅游、信息、传媒等领域的企事业单位进入养老服务领域。2014年，全省民办养老床位数占比达到33.8%，社会力量举办或运营的社区居家养老服务项目接近20%。镇江市实施“黄手环公益行动”；淮安市企业冠名社区居家养老服务中心，建设10个“关爱驿站”，关爱农村“送学”老人；常州市打造“一街五园”，构建产业集群，连续两年举办养老产业招商会；南京市鼓励社会组织参与养老服务；江阴市率先引进外资投资养老设施；苏州市、宜兴市支持企业建设养老服务综合体；无锡市、太仓市引入企业推进信息化居家养老服务；盐城市、常州市鼓励企业投资建设大型养老和养生社区；钟山职业技术学院投资建设产、学、研、医、康五位一体的老年服务园区。社会力量参与养老服务已逐渐成为当前各地发展养老服务业的新常态。

重要会议和活动

【江苏省老龄产业协会成立】2014年5月，江苏省老龄产业协会第一次会员代表大会暨成立大会在南京召开，有130多名来自全省各地民政老龄部门、养老机构以及涉老企业负责人参加了会议。会议选举产生了会长、副会长、秘书长、副秘书长。原副省长、省老年学学会会长王荣炳担任协会名誉会长，省民政厅党组成员、省老龄办主任张建平当选协会会长。

【全省社区居家养老服务工作交流会】9月26日，全省社区居家养老服务工作交流会在南京召开。会议总结交流了各地引导社会力量参与社区居家养老服务的经验，分析了当前的形势，明确了下一步社区居家养老服务的发展方向。与会代表参观了南京市社区居家养老服务综合中心、建邺区泰乐城社区养老综合体、鼓楼区瑞阳托老站、玄武区万家帮娱乐养老生活馆。南京市、睢宁县、太仓市、南通市崇川区、泰州市海陵区、南京市秦淮区、江苏中大集团等七个单位作了经验介绍。

【全省养老服务业推进会】12月4至5日，省政府召开加快发展养老服务业推进会。副省长许津荣、民政部副部长窦玉沛、省政府副秘书长徐国柱、省民政厅厅长侯学元、民政部福善司司长詹成付等领导出席会议。会议提出要发挥政府主导作用，推进基本养老服务均等化，推进医养融合发展。加强政策扶持，建立政府购买服务制度，引导社会力量逐步成为养老服务业发展主体。切实破解养老服务业中土地供应难、融资难、医养融合难、补助资金到位难、税费优惠落实难等。南京市、无锡市、徐州市、南通市和省发展改革委、卫计委、金融办作了大会交流。会前，与会人员还前往太仓市海阳社区养老服务中心、常州市圩塘康乐中心、常州市金东方颐养园、南京市泰乐城护理院进行了参观考察。

【示范老年大学创建活动】全省开展示范老年大学和学校创建活动，评比出57所江苏省示范老年大学和17所江苏省示范老年学校。江苏省老年大学协会印发了《老年大学教学管理规范化实施意见》。2014年，全省参加老年学校学习的老年人290.2万人，占老年人比例的18.65%。

【老年体育节】2014年4月1日江苏省老年人体育节暨“江苏百万老年人健步走向北京迎国庆活动”启动仪式在南京五台山体育中心体育场隆重举行。省老年人体育节期间，全省参加各类活动的老年人总数达730万多人次。

【老年文化艺术节】10月12日，由江苏省老龄工作委员会办公室、江苏省老龄协会联合主办，新华报业传媒集团南京晨报和江苏广电集团江苏健康广播共同承办的“江苏省2014老年节暨老年健康文化艺术节”大型活动，在玄武湖莲花广场举行。主题是“祝福老人，圆梦老人”。现场有文艺演出、书画摄影作品展览、法律咨询、名医义诊、财富投资、优惠订报、旅游购物等贴心惠民服务。

【“老有所为”典型宣传】全省开展志愿服务的基层老年协会20502个，老年志愿者人数408.3万多人。2014年，江苏参加了与全国“老有所为”先进典型人物同步宣传的活动，其中我省被授予“全国老有所为楷模”称号的有：钮中一、俞斌、赵亚夫。

【安康关爱行动】2014年，全省承保老年人达到489.48万人，承保覆盖率达到32.75%。全年累计支付保险赔款8300万元。

各项业务进展

【养老保障】2014年末，全省企业职工基本养老保险参保人数2566.51万人，其中参保离退休人员598.11万人，比上年末增加41.86万人。参加企业职工基本养老保险的农民工人数455.35万人，比上年末增加14.49万人。2014年全省企业职工基本养老保险基金总收入1742.04亿元。全年基金总支出1406.70亿元，其中基本养老金支出（含丧葬抚恤补助费）1394.73亿元。

全省城乡居民基本养老保险参保人数1359.91万人，领取基础养老金人数987.96万人；全省城乡居民基本养老保险基础养老金最低标准调整为每人每月90元，比上年提高10元。全省城乡居民基本养老保险基金总收入211.16亿元，其中个人缴费54.29亿元。全年基金总支出172.39亿元。

全省被征地农民参加企业职工基本养老保险281.14万人，参加城乡居民基本养老保险24.54万人，享受被征地农民基本生活保障234.72万人。

全省城市低保对象16.6万人，其中老年人7.5万人，占比45.2%，全省平均保障标准536元/人·月，人均补助水平330元/人·月；全省农村低保对象119.4万人，其中老年人45.3万人，占比37.9%，全省平均保障标准465元/人·月，人均补助水平219元/人·月。

全省符合五保条件的19.8万人。其中集中供养和分散供养的五保对象分别为10.2万人和9.61万人，供养标准分别为每人每年7445元和6528元。

全省享受农村计划生育家庭奖励扶助对象105.49万人，兑现奖励扶助金10.13亿元；特扶对象6.74万人，兑现资金3.70亿元。

【医疗保障】2014年末，全省城镇职工基本医疗保险参保人数2361.81万人，比上年末增加87.11万人。其中参保退休人员576.95万人，比上年末增加33.31万人。参加城镇职工基本医疗保险的农民工人数451.19万人。

2014年，全省城镇职工基本医疗保险基金总收入698.6亿元，比上年增长14.3%。全年基金总支出586.6亿元，比上年增长18.2%，其中基本医疗保险待遇支出577.64亿元，比上年增长18.4%。

全省人口参合率继续保持在98%以上，人均筹资达到439元，其中各级财政补助347元，县、乡两级政策范围内住院费用报销比达76%。

全省城镇（乡）居民医疗保险参保人数1435.68万人，其中人社部门经办的新农合236.67万人，城镇（乡）居民医疗保险参保人数比上年末增加9.36万人。全年享受待遇人数512.88万人。城镇（乡）居民基本医疗保险财政补助标准调整为每人每年不低于320元，比上年提高40元。2014年全省城镇居民基本医疗保险基金总收入74.1亿元，基金总支出68.3亿元。

【养老服务政策创制】2014年4月，省政府出台《关于加快发展养老服务业完善养老服务体系的实施意见》之后，省民政厅会同省财政厅、卫计委、发改委、人社厅、国土厅、金融办等有关部门先后制定了8个配套文件，关于加强养老服务设施规划、全面推进医养融合、推进养老机构责任保险、建立养老服务评估制度、做好政府购买养老服务、金融支持养老服务业发展、完善城乡居民基本养老保险制度、建立经济困难的高龄失能等老年人补贴制度等等。强化政府主导作用及责任意识。托底困难群体、激活社会力量。一套立体式、多层次、广覆盖的养老服务政策网络框架初步形成。

【养老服务设施建设】2014 年，全省已建成养老服务机构 2241 家，其中公办养老机构 245 家、社会办养老机构 858 家、农村五保供养服务机构 1138 家。所有省辖市、县和县级市都建成了 1 所以上政府主办的示范性养老机构，床位数分别达到 300 张、150 张以上。全年省财政安排专项补助资金 6.2 亿元，用于城乡养老服务服务设施建设。全年各类养老床位数共计 53 万张，较去年同期增长 10.2 万张，增幅达 23.8%，每千名老人拥有养老床位数达到 33.5 张，同比增加 4.9 张。

【社区居家养老服务】2014 年，江苏修订下发了社区居家养老服务中心评估指标体系，进一步规范了社区居家养老服务中心建设标准。全省新建 2000 个社区居家养老服务中心、25 个“虚拟养老院”。苏南、苏中、苏北农村居家养老服务中心覆盖率分别达到 77%、68%和 60%。建成“12349”等居家养老服务信息平台 73 个，月均服务 26.4 万老年人。

【老龄产业】2014 年 5 月，江苏省老年产业协会成立，协会成员中包括 140 多家企业。行业协会的建立，为涉老企业搭建平台，提供服务与合作。启建了三个项目平台：1. 老年金融服务示范点。江苏银行与中国人寿江苏分公司为 60 岁以上老年客户提供专属金融产品。其特色是“放心理财＋安全”。2. 为老服务电商平台。O2O 电商生活为老服务项目，是通过电子商务运营平台，坚持文化养老理念，整合社区各类资源，为居家老年人提供安全购物、家政服务、文体娱乐和健康养身、旅游医疗等全方位服务。同时在社区建立线下 O2O 的配套服务网点。3. 新华江苏养老网络宣传平台。新华网江苏频道和江苏省《老年周报》联合共建新华网系统全国第一个专业养老频道“新华江苏养老”频道，主要定位是“关注、展示、推进江苏老年产业发展”，打造江苏老龄产业网络宣传新平台。

【老年权益维护】2014 年，全省各级法律援助机构为 5180 名老年人提供法律援助，为 15021 名老年人提供法律咨询。各地公证处为老年人办理遗嘱、遗赠抚养协议等公证减免公证费 30 余万元，为行动有困难的老年人上门办证 600 人次。

【老年学历教育】4 月 18 日，江苏开放大学举行首届老年学历继续教育新生开学典礼。这是江苏教育改革发展特别是完善终身教育体系的一次实践正式开设老年学历继续教育，这在全国尚属首创。此次老年本专科学历教育首选摄影和诗词赏析二个专业，在南京和常州二个市开展试点工作。确立了自主学习、网络教学和面授辅导相结合的“三位一体”学习方式。学校还制定了老年学历继续教育学员学费减半的优惠政策，开通了教育部“学信网”学历认证的绿色通道。

浙江省

第二届全国“敬老文明号”创建活动启动会在杭州召开。

浙江省副省长熊建平、省民政厅厅长尚清专程赴杭州市第二社会福利院看望老人。

综　　述

2014年，全省老龄工作在省委、省政府的正确领导下，各地、各成员单位加强老龄工作创新，加快推进各项制度建设，大力发展老龄事业和产业，应对人口老龄化的基础更加扎实、制度更加完善、措施更加有力。

一、养老和医疗保障水平进一步提高

截至2014年底，企业基本养老保险参保人数为2442.55万人（其中企业离退休人数为440.16万人），企业正常缴费人员月人均养老金水平为2500元。城乡居民社会养老保险参保人数1342万人，其中60周岁以上领取养老金人数为580万人，最低领取标准120元/人月。享受高龄补贴的老年人有125.92万人，月人均54.53元。标准最高为温州市，月人均102.60元；其次为绍兴市和湖州市，月人均分别为96.57元和71.70元；最低的月人均30元。建立健全基本医疗保障和医疗救助制度，全省城镇基本医疗保险总参保人数达到4847万人，其中城镇职工医保1900万人、城乡居民医保2947万人，参保率达95%以上。全省新型农村合作医疗参合率达97.7%，农村老年人基本达到应保尽保。农村五保、低保和低收入家庭的老年人参加新农合，其中个人缴费部分由当地财政负责解决。全省共计医疗救助180万人次，其中有42.86万老年人。到12月底，全省有在册低保对象60.51万人，其中老年人21.5万人，城乡低保平均标准分别为每人每月587元和每人每月487元。

二、社会养老服务体系建设加快推进

截至2014年末，全省共有各类养老机构2236家，养老床位数31.23万张（其中护理型床位11.21万张），百名老人拥有养老床位3.3张；其中民办养老机构1192家，床位16.00万张，民办养老床位占总床位的51.23%。全省已建市、县（市、区）养老服务指导中心99个，乡镇、街道养老服务中心1274个，社区居家养老服务照料中心13143个，城市居家养老服务站和具有居家养老服务功能的农村星光老年之家分别有2308个和14138个，日间照料及托老床位15.54万张，专职护理人员3.87万名；建有老年食堂7484个；建立居家养老志愿者服务队伍16980支，参与志愿者42.83万人。享受政府购买养老服务的老年人达到26.13万人，各级政府补贴总额达3.60亿元。

三、老年活动设施建设加快，管理和服务水平进一步提高

2014年省财政继续安排专项资金400万元，资助18个市、县的老年活动中心建设。“十二五”期间，省财政专项资金下拨1600万元，资助54个市、县老年活动中心和82个乡镇老年活动中心（室）建设。各地加大投入，老年活动设施覆盖面不断扩大，截至2014年底，全省共有各类老年活动中心（室）3.39万个，总建筑面积1112.56万平方米。全省进一步加强老年活动中心规范化建设，继续开展“星级老年活动中心（室）”评比活动，“四星级”“三星级”“二星级”“一星级”老年活动中心（室）分别达到44个、1163个、9621个和3422个，各级老年活动中心（室）建设和管理水平不断提高。

四、老年教育健康发展，文体活动日趋活跃

截至2014年末，全省已建立老年电大分校及教学点12795个（所），比上年同期增加1487个（所），增长13.15%。注册学员人数85.62万人，本年止累计毕（结）业学员331.35万人次。全省有老年大学179所，在校学员15.21万人；老年学校2442所，在校学员20.36万人。各类老年文艺团队1.64万个，参加活动老年人达54.48万人；老年体协3.25万个，有会员370.36万人，经常参加体育活动的老年人有578.36万人。

五、老年人依法维权意识增强，基本权益得到有效保障

2014年，各级人民法院按照涉老案件“三优先”的原则，受理涉老案件4213起，比上年同期增加85起，上升了2.06%，共审结案件4009起，占受理案件总数的95.16%；执行2244起，占审结案件总数的55.97%。全省各级已建老年法律援助中心486个，援助涉老案件2779件；已建各类老年维权机构4216个，从事老年维权工作的专兼职工作人员6383人。各级老龄办和基层老年组织收到涉老群众来信4031件，比上年增加12.82%，得到妥善处理的3179件，占总数的78.86%；接待涉老来访19400人次，比上年增加7.06%，反映问题得到妥善处理的17220人次，占总数的88.76%。2014年，全省救助经济困难老年人49.98万人（含纳入“低保”22.80万人），比上年减少0.70%，其中城镇8.58万人、农村41.39万人。救助总金额12.73亿元，比上年增加21.12%。

六、基层老年组织规范化建设进一步加强

截至2014年末，全省共有3702个社区建立了老龄工作小组，占社区总数的93.02%。有3706个社区建立了老年人协会，占社区总数的93.12%。全省社区老年人入会总人数216.53万人，占社区老年人口总数的 74.73%，入会率最高的是金华市，为 99.63%。社区老年人协会达到规范化建设标准的有 3426 个，占已建社区老年人协会总数的 92.44%。

全省行政村建立老年人协会 26714 个，其中宁波、嘉兴、绍兴、舟山等 4 个市建会率均达到 100%。老年人入会总人数 510.01 万人，占行政村老年人口总数的 83.24%。入会率最高的是宁波市，为 97.52%。依法登记和备案管理的行政村老年人协会分别有 3284 个和 14184 个，占协会总数的 12.29%和 53.10%。经各级老龄办评定，全省达到规范化建设标准的行政村老年人协会已有 23137 个，占已建老年人协会总数的 86.61%。

重要会议和活动

【孝亲敬老模范关爱工作】1 月 16 日，省老龄办下发关于做好孝亲敬老模范关爱工作的通知，要求落实孝亲敬老模范评选表彰活动、宣传孝亲敬老模范先进事迹、解决孝亲敬老实际困难等三项任务。在 2014 年春节期间，对全省孝亲敬老模范家庭的困难老人开展了一次送温暖活动。

【2014 年“银龄行动”工作座谈会】2 月 25 日，省老龄办召开 2014 年“银龄行动”工作座谈会，组织省级老科协、老卫协、老体协等老年社团开展省内“银龄行动”工作，重点为欠发达地区提供“送医、送科技、送文化体育、送老龄服务技能下乡”等服务。

【老年人参与“五水共治”行动】4 月 25 日，省老龄办制定《关于组织开展老年人参与“五水共治”行动的意见》，正式启动以“加强老协建设，服务中心工作”为主题的老年人参与“五水共治”行动。

【全省加快发展养老服务业电视电话会议】4 月 30 日上午，全省加快发展养老服务业电视电话会议召开。会议对最新出台的《关于加快发展养老服务业的实施意见》和《关于发展民办养老产业的若干意见》作了分析和部署。

【浙江省老年人口基本情况和养老服务新政策新闻发布会】5 月 15 日上午，省政府举行“浙江省老年人口基本情况和养老服务最新政策”新闻发布会。

【全省老龄办主任会议】7 月 24 日至 25 日，全省老龄办主任会议在杭州召开。会议总结交流全省老龄工作，研究部署下半年工作，讨论第二届“敬老文明号”创建活动方案、《浙江省老年友好型城市测评体系》、独居老人暖巢行动方案，介绍失独家庭老年社会工作示范项目等。

【第二届“敬老文明号”创建工作】8 月 11 日，省老龄办制定下发关于开展第二届浙江省“敬老文明号”创建活动的通知，明确创建范围、内容及创建安排。

【2014 年“敬老月”送文化下乡暨“独居老人暖巢行动”启动仪式】10 月 24 日下午，由省老龄办、省慈善总会、浙江圣奥慈善基金会、省老年事业发展基金会主办的 2014 年“敬老月”送文化下乡暨“圣奥·独居老人暖巢行动”启动仪式在安吉县举行。

【第三届浙江国际养老服务业博览会】11 月 13 日，“第三届浙江国际养老服务业博览会”（浙江国际老龄产业博览会）于在杭州和平国际会展中心举行。本届老博会包括第二届浙江养老服务业高峰论坛、浙江省养老机构公建民营招投标签约仪式、浙江省养老护理专业人才供需见面会等主要活动。

【全省老龄干部培训班】11 月 24 日至 26 日，省老龄办在杭州举办全省老龄干部培训班。来自各市、县（市区）的 70 余名新任老龄办负责人和业务骨干参加。

【全省老年宜居环境建设推进会】12 月 4 日至 5 日，全省老年宜居环境建设推进会在杭州召开。会议举行了浙江省老年宜居环境建设专家委员会委员聘书颁发仪式和首次咨询会，讨论研究了《浙江省老年友好城市测评体系》，部署了下阶段“老年友好城市”创建工作。

【全省老龄工作统计和信息员培训班】12 月 12 日，省老龄办在杭州举办全省老龄工作统计和信息员培训班，部署了 2014 年的年报统计工作，开展了政务信息培训。

各项业务进展

【老龄工作调查研究】2014 年，在全省部署开展年度老龄专题政策调研，明确调研主题，推动各地老龄办着眼于老龄事业发展的全局性、战略性问题以及现阶段的紧迫性问题开展针对性调研，推动老龄工作改革创新。协调相关部门完成了浙江省老龄产业发展课题研究，启动了阿尔茨海默症早期筛查可行性研究；推进了省计划生育特殊家庭老年社会工作专业服务示范项目，对杭州、宁波、嘉兴等市的试点工作进行了专项督查。完成了省老龄事业发展“十二五”规划中期评估扫尾工作。

【老年社会保障体系建设】2014 年底，企业基本养老保险参保人数为 2442.55 万人（其中企业离退休人数为 440.16 万人），企业正常缴费人员月人均养老金水平为 2500 元。城乡居民社会养老保险参保人数 1342 万人，其中 60 周岁以上领取养老金人数为 580 万人，最低领取标准 120 元/人・月。享受高龄补贴的老年人有 125.92 万人，月人均 54.53 元。标准最高为温州市，月人均102.60元；其次为绍兴市和湖州市，月人均分别为96.57元和71.70元；最低的月人均30元。建立健全基本医疗保障和医疗救助制度，全省城镇基本医疗保险总参保人数达到4847万人，其中城镇职工医保1900万人、城乡居民医保2947万人，参保率达95%以上。全省新型农村合作医疗参合率达97.7%，农村老年人基本达到应保尽保。资助农村五保、低保和低收入家庭的老年人参加新农合，其中个人缴费部分由当地财政负责解决。全省得到医疗救助180万人次，其中有42.86万老年人得到医疗救助。到12月底，全省有在册低保对象60.51万人，其中老年人21.5万人，城乡低保平均标准分别为每人每月587元和每人每月487元。

【社会养老服务体系建设】2014年，全省全面推进以居家为基础、社区为依托、机构为支撑的社会养老服务体系建设。全省共有各类养老机构2236家，养老床位数31.23万张（其中护理型床位11.21万张），百名老人拥有养老床位3.3张；其中民办养老机构1192家，床位16.00万张，民办养老床位占总床位的51.23%。全省已建市、县（市、区）养老服务指导中心99个，乡镇、街道养老服务中心1274个，社区居家养老服务照料中心13143个，城市居家养老服务站和具有居家养老服务功能的农村星光老年之家分别有2308个和14138个，日间照料及托老床位15.54万张，专职护理人员3.87万名；建有老年食堂7484个；建立居家养老志愿者服务队伍16980支，参与志愿者42.83万人。享受政府购买养老服务的老年人达到26.13万人，各级政府补贴总额达3.60亿元。

【老年文化体系建设】2014年，全省加快星级老年活动中心、老年电大和老年文艺团队建设，推进老年文化事业的发展。全省共有各类老年活动中心（室）3.39万个，总建筑面积1112.56万平方米。全省进一步加强老年活动中心规范化建设，继续开展“星级老年活动中心（室）”评比活动，“四星级”“三星级”“二星级”“一星级”老年活动中心（室）分别达到44个、1163个、9621个和3422个，各级老年活动中心（室）建设和管理水平不断提高。全省已建立老年电大分校及教学点12795个（所），比上年同期增加1487个（所），增长13.15%。注册学员人数85.62万人，本年止累计毕（结）业学员331.35万人次。全省有老年大学179所，在校学员15.21万人；老年学校2442所，在校学员20.36万人。各类老年文艺团队1.64万个，参加活动老年人达54.48万人；老年体协3.25万个，有会员370.36万人，经常参加体育活动的老年人有578.36万人。

【老年人权益保护工作】2014年，全省广泛开展了老年法学习宣传活动，为保障老年人权益营造了良好舆论氛围。各级人民法院按照涉老案件“三优先”的原则，受理涉老案件4213起，比上年同期增加85起，共审结案件4009起，占受理案件总数的95.16%；执行2244起，占审结案件总数的55.97%。全省各级已建老年法律援助中心486个，援助涉老案件2779件；已建各类老年维权机构4216个，从事老年维权工作的专兼职工作人员6383人。各级老龄办和基层老年组织收到涉老群众来信4031件，比上年增加12.82%，得到妥善处理的3179件，占总数的78.86%；接待涉老来访19400人次，比上年增加7.06%，反映问题得到妥善处理的17220人次，占总数的88.76%。2014年，全省救助经济困难老年人49.98万人（含纳入“低保”22.80万人），比上年减少0.70%，其中城镇8.58万人、农村41.39万人。救助总金额12.73亿元，比上年增加21.12%。

【基层老年人协会建设】2014年，省老龄办部署开展基层老年人协会建设“乐龄工程”，以多方筹集资金为主要手段、以改善协会活动设施为主要目标，加快基层老年人协会规范化建设，发挥老年人协会自我管理、自我教育、自我服务和服务社会的独特优势。截至2014年末，全省共有3706个社区建立了老年人协会，占社区总数的93.12%。全省社区老年人入会总人数216.53万人，占社区老年人口总数的74.73%。社区老年人协会达到规范化建设标准的有3426个，占已建社区老年人协会总数的92.44%。

安徽省

综　　述

2014年是贯彻落实党的十八届三中全会精神、全面深化改革的开局之年，是实施“十二五”规划的关键之年。安徽各级老龄部门履职尽责，按照年初制定的工作任务，以邓小平理论、“三个代表”重要思想、科学发展观和习近平总书记系列重要讲话精神为指导，坚持“以人为本、服务老龄”的工作理念和

“党政主导、社会参与、全民关怀”的工作方针以及“六个老有”的工作目标，围绕老年法实施办法修订、“敬老月”系列活动、福星孝星评选、银龄安康行动等重点工作，锐意进取创新，强化基层基础，圆满完成了全年工作任务。

一、加强老年人权益保障修订调研工作

2014年省人大常委会将《安徽省实施〈中华人民共和国老年人权益保障法〉办法》的修订工作列为调研类立法计划。省老龄办起草完成实施办法征求意见稿，并征求18家涉老单位的意见建议。配合省人大内司工委完成对合肥、蚌埠、淮北、芜湖、安庆等5市和黑龙江、内蒙古的实地调研，进一步修订完善征求意见稿，同时撰写调研报告报省人大内司工委审定。11月，省老龄办收集整理全省地方性涉老法规、重要文件以及兄弟省份最新出台的老年法实施条例（办法），编写印制《安徽省实施老年法办法（修订）立法参阅资料》。

8月，省老龄办会同省民政厅、省政府法制办、省财政厅、省卫计委、省交通厅、省旅游局等单位，组成3个联合督查组，对合肥、淮南、蚌埠、六安、铜陵、黄山等六市老年人优待规定落实情况进行联合督查调研，重点督查70周岁以上老年人免费乘坐市内公交车的落实情况，既敦促各地各有关单位加快落实各项为老惠老优待规定，也对各项优待规定执行中存在的问题进行调研。

二、启动第二届“敬老文明号”创建

按照全国第二届“敬老文明号”创建工作的统一要求，省老龄委于年初发布创建通知，部署继续在各涉老部门、为老服务组织、公共服务窗口单位，分省、市、县（市、区）三级开展创建工作，要求各地各有关单位严格按照“敬老文明号”六项基本条件，加强组织领导，扩大创建范围，提高服务水平，让更多的老年人直接受益。至年底，全省16个地级市已经全面启动新一轮创建工作。

全国老龄办党组成员、副主任吴玉韶来皖检查指导“敬老文明号”创建工作时，充分肯定安徽工作实绩。他强调坚持“创”在平时，“建”在日常，在第一届创建的基础上，抓好第二届创建工作。此外，省老龄办在认真总结第一届工作经验的基础上，与安徽经视“健康行天下”栏目合作完成“敬老文明号《敬老从心开始》春节特别节目”，该节目分11期在安徽经济生活频道播出，得到了老年群体及社会各界的一致好评，提升了创建活动的社会认知度和美誉度。

三、组织“敬老月”系列活动

“敬老月”期间，全省各级老龄委、成员单位、涉老单位，以中共中央办公厅《关于培育和践行社会主义核心价值观的意见》为指导，围绕“传承中华美德、弘扬敬老文化”的活动主题，创新形式，重在基层，以丰富多彩的活动为老年人办实事、做好事、解难事，强化了全社会的老龄意识和敬老意识，浓厚了关心老龄事业的良好氛围。据不完全统计，各地共组织慰问高龄、特困、空巢、失能和养老机构老年人11万人次，各级政府和社会各界筹集发放的慰问金和慰问品价值1200多万元，各类老年优待、法律援助、文化体育和志愿服务等活动惠及近百万老年人。

“敬老月”期间，省老龄办在合肥市杏花公园举行以“爱老助老、文明同行”为主题的安徽省暨合肥市“敬老月”系列活动，省政协副主席童怀伟出席活动，省老龄委副主任、省民政厅厅长、省老龄办主任吴旭军发表致辞，省民政厅党组成员、省老龄办专职副主任张文达主持活动。全省“十大福星”“十大孝星”表彰颁奖仪式，中国人寿关爱高龄困难老人捐赠仪式和安徽省第二届“敬老文明号”创建活动启动仪式，丰富了“敬老月”活动的内容。此外，省老龄办参与承办了“第四届中国老年文化艺术节”综艺大赛、服饰大赛以及闭幕与颁奖仪式暨重阳慰问演出，与省民政厅联合发起了“2014年国际减灾日主题宣传”，推进实施了“安徽老年希望工程”项目等。

四、推进养老服务体系建设

各地贯彻落实《国务院关于加快发展养老服务业的若干意见》《安徽省人民政府关于加快发展养老服务业的实施意见》和《安徽省人民政府关于加快推进养老服务体系建设的决定》等文件精神，着眼城乡统筹、创新体制机制、激发社会活力，加快建立健全以居家为基础、社区为依托、机构为支撑的社会养老服务体系，不断满足老年群体多样化的养老服务需求。

11月，国家发展改革委社会发展司巡视员苏国为组长的督查组一行来皖督查指导养老服务业发展情况，省老龄办配合做好相关工作。同时，省老龄办配合完成了省政府加快发展养老服务业实施意见的草拟工作，督促指导芜湖、淮北申报全国为老服务信息平台试点项目，联合省保监局等单位印发鼓励和支持保险资金投资养老服务领域的意见，联合省住建厅等单位制定老年人家庭及居住区公共设施无障碍改造支持政策。

五、实施“银龄安康行动”

实施“银龄安康行动”是安徽贯彻落实党中央国务院和省委省政府关于做好养老服务业工作部署的实际行动。“银龄安康行动”的保险方案是“老年人意外伤害综合保险”，60至80周岁的老年人均可参加，最低保费每份50元，意外伤害保额15000元/人，意外医疗保额6000元/人。对生活困难的低保户、五保户老年人实行优惠政策，最低保费每份40元。9月12日，省老龄办和中国人寿安徽省分公司在合肥联合召开“银龄安康行动”启动会。年底前，全省16个地级市和广德县、宿松县均已启动此项工作。“敬老月”期间，为加快实施“银龄安康行动”，由中国人寿安徽省分公司出资，安徽在全省范围内开展“关爱高龄困难老人活动”，为500位80周岁（含）以上且家庭困难的老年人发放一次性生活补助金各500元，社会反响良好。

六、开展各类评选表彰工作

组织安徽省第四届“十大福星”和第六届“十大孝星”评选表彰活动。活动自1月份开展以来，各地各有关单位积极推荐，踊跃参与，经各地初审、网络投票、专家评审、网站公示等环节，授予周敖成等10位同志“安徽省第四届十大福星”荣誉称号，夏立能等10位同志“安徽省第六届十大孝星”荣誉称号，同时授予费广霞等10位同志“安徽省第四届十大福星提名奖”荣誉称号，张玲等10位同志“安徽省第六届十大孝星提名奖”荣誉称号。

按照第六届全国敬老爱老助老主题教育评选活动全国组委会文件精神，省老龄办、省民政厅、省教育厅、省新闻出版广电局、团省委、省妇联、省关工委联合成立评选活动安徽省组委会，并严格按照规定程序推荐上报。在本次主题教育活动中，安徽省获“中华孝亲敬老楷模提名奖”3位，“全国敬老模范单位”6家，“全国孝亲敬老之星”93位。

七、举办首届中国（安徽）国际养老服务产业博览会

根据党的十八大“大力发展老龄服务事业和产业”和《安徽省老龄事业发展“十二五”规划》“办好老龄产业博览会”的工作要求，省老龄办联合省贸促会、省民政厅、省食品药品监督局、合肥市人民政府等单位，在合肥市安徽国际会展中心举办首届中国（安徽）国际养老服务产业博览会。本届博览会布展12000平方米，参展企业200家，其中安徽省143家（含养老机构22家），省外27家，台湾30家。设有养老服务机构、康复及辅助用品、健康养身产品和老年服务业等四个展区。据统计，现场成交金额1800万元，意向成交金额6000万元。参展参会机构代表和企业人士约4000人，观众总人数达3.3万人。

八、推进基层基础工作建设

全省各地贯彻落实关于加强基层老龄工作的实施意见，从老年群体根本利益出发，不断满足老年人日益增长的物质文化需求，为建设社会和谐、人民幸福的美好安徽做出新的贡献。

加强基层老年协会建设。最新统计数据显示，截止10月底，全省共建有基层老年协会13017个。年初，省老龄办争取中央福利彩票公益金78万元，对合肥、淮北、蚌埠、淮南、六安等市的78个基层农村老年人协会进行重点扶持。

开展对外考察学习。12月中下旬，省老龄办首次组织市县老龄工作负责同志赴台湾学习交流老年社会工作。应台湾中华社会福利发展协会之邀，省社工协会涉老工作成员一行14人，赴台湾学习考察老年社会工作情况。赴台期间考察了高雄市社区型多机能高龄综合服务中心——翠花园老人日间照顾中心、新北市九份仁爱之家、桃源市长庚养生文化村等养老机构。通过学习台湾的先进理念，进一步确立了加强领导促发展、用好政策谋发展，求真务实抓发展、健全队伍得发展的工作思路和方法，为做好安徽老龄工作提供了有益的借鉴。

健全机关各项工作制度。为扎实推进机关规范化、制度化建设，使各项工作职责明确、层次分明、管理科学、配合有力，省老龄办制定《安徽省老龄工作委员会办公室制度汇编》，共修订规章制度13项，新建规章制度9项，明确岗位职责16个。

推进安徽省老龄信息管理系统建设。截至11月30日，全省共采集和输（导）入老年人口信息570万条，完成全省老年人口信息输入任务的56%；部分完成老龄工作行政管理系统、人口老龄化态势监测系统、老年人生活质量跟踪调查和评估系统、老龄事业发展评估系统的信息输入任务。

做好全国百岁老人排行榜申报工作。省老龄办认真完成第七届中国十大寿星暨第五届中国十大百岁夫妻排行榜申报工作。合肥市肥东县谢运贵老人以116岁高龄位列全国寿星榜第8位，阜阳市太和县解怀银、解高氏夫妇以210岁年龄和位列百岁夫妻榜第6位。这是安徽百岁老人首次入选全国排行榜。省老龄办获得了第七届中国十大寿星排行榜优秀组织奖。

提升老龄科研水平。按照全国老龄办2014年政策调研工作要求，省老龄办组织协调全省老龄系统和相关科研院所，结合本省实际，开展调研工作。经评审推荐5篇调研成果参与全国论文评选。其中，长丰县老龄办上报的调研成果获全国评选优秀奖。

重要会议和活动

【举办首届中国（安徽）国际养老服务产业博览会】 2014 首届中国（安徽）国际养老服务产业博览会于 5 月 30 日至 6 月 1 日在合肥市安徽国际会展中心举行。本届博览会经安徽省人民政府批准同意，由安徽省老龄办、安徽省贸促会、安徽省民政厅、安徽省食品药品监督局、合肥市人民政府等单位联合举办。

本届博览会是安徽养老服务产业最具影响力和权威性的行业盛会，展品涵盖养老服务产业内顶级的产品、技术及设备，设有养老服务机构展区，康复及辅助用品展区，健康养身产品展区，老年服务业展区，旨在打造“安徽最佳适老产品专业推广平台”，创办集产品服务展示、供需产业链对接、新政策资讯发布、新理念推广四种功能为一体的产业合作交流盛会，更好地推动安徽乃至全国老龄产业的可持续发展。

台湾贸易中心、雀巢（中国）有限公司安徽分公司、江苏中进医疗器械有限公司、山东东阿阿胶股份有限公司、江阴市新盛医疗器材设备有限公司、安徽一笑堂茶业有限公司、绩溪上河颐养产业投资管理有限公司等养老产业知名品牌近 200 家企业及养老机构亮相于首届安徽老博会，向广大采购商、参展企业和老年观众展示了高端养老服务理念和产品。据统计，老博会现场成交金额 1800 万元，意向成交金额 6000 万元。参展参会机构代表和企业人士约 4000 人，观众总人数达 3.3 万人。

另外组委会精心策划的一系列配套活动也如期举行。安徽国际会展中心东广场舞台老年文艺演出精彩纷呈，很多老年人已近古稀，舞姿依旧优美；省立医院和武警医院为老年人现场免费体检、义诊，养生知识大讲堂吸引着众多老年观众前去，称“难得听得到这么浅显易懂的专为老年人的讲座”；中国诗酒文化协会果酒研究会携众多成员企业参展，现场举办国酒养生知识课堂和果酒品鉴会，带来全新的饮果酒养生健体文化，很多观众称“也洋气了一把，高端的品酒会走进了老年群体”；旗袍协会更是请来了众多“漂亮奶奶”现场旗袍走秀展现老年风采……

【召开全省老龄办主任暨老龄宣传工作会议】 9 月 11 日，2014 年全省老龄办主任暨老龄宣传工作会议在合肥召开。会议贯彻落实 2014 年全国老龄工作会议精神，总结交流 2013 年以来老龄工作成绩和经验，研究部署今后一个时期的重点工作任务。省老龄委副主任、省民政厅厅长、省老龄办主任吴旭军出席会议并讲话，省民政厅党组成员、省老龄办专职副主任张文达主持会议。

吴旭军在讲话中指出，安徽正处在老龄化快速发展时期，积极应对人口老龄化是一项长期战略任务，要以积极的态度、政策和行动对待老年人、对待老年人生活、对待老龄事业。他强调，当前全国、全省老龄事业发展正在呈现前所未有的好形势，但是仍然有诸多困难和问题需要面对和解决。各级老龄部门务必开动脑筋，克服困难，推动全省老龄事业健康快速发展。一要加强老龄委职能作用，部署、协调、检查督促一些重点、难点老龄工作。适时调整充实老龄委成员单位，吸纳更多的涉老部门融入老龄委，切实形成推动老龄事业持续发展的整体合力。二要加快民政与老龄融合发展。各级民政部门要积极支持老龄办的工作，从多方面给予配合扶持，积极推进大老龄工作格局。三要加紧老龄宣传动员工作。继续强化全社会的人口老龄化意识和积极应对人口老龄化理念，挖掘丰富的敬老爱老宣传教育资源，开展内容丰富、形式多样的敬老精神文明创建活动，加强与主流媒体和新兴媒体的协作配合，做强做大老年媒体。四要加速老龄工作者能力建设，树立大局、创新、重点、争先、调查、基层等“六个意识”，充分发挥综合协调、督促检查、参谋助手的职能。

张文达在总结讲话中指出，2013 年以来，全省各级老龄部门认真履行职责，坚持“以人为本、服务老龄”的工作理念，“党政主导、社会参与、全民关怀”的工作方针和“六个老有”的工作目标，组织领导进一步加强，养老保障制度进一步完善，老年人权益保障水平进一步提升，老龄工作品牌进一步树立，养老服务体系建设进一步发展，老龄宣传手段进一步强化，基层基础工作进一步夯实，各项老龄工作不断向纵深方向发展。他强调，在全面深化改革的历史新时期，各级老龄部门要确立积极应对老龄化的理念，确立大老龄工作理念，确立强化老龄工作队伍理念。紧紧围绕深入学习贯彻老年法，着力解决涉及广大老年群众利益的热点难点问题，高度关注“十二五”规划收官工作，高度关注学习贯彻落实省政府 60 号文件，高度关注老年人优待工作，高度关注加强老龄宣传工作，高度关注浓厚敬老助老氛围，高度关注农村老龄问题，高度关注构建老龄工作协调机制，积极推动我省老龄事业和老龄工作再上新台阶。

会议对怀远县等 102 家老龄宣传工作先进单位和黄大伟等 101 位先进个人予以了通报表彰。合肥、蚌埠、滁州、六安、马鞍山、铜陵等 6 个市老龄办主任作了典型发言。各市和广德县、宿松县、怀远县、巢湖市、铜陵县、凤台县、肥西县、长丰县、舒城县、寿县、霍邱县、霍山县、六安市裕安区、六安市金安区、合肥市包河区、繁昌县、南陵县、利辛县、蒙城县老龄办负责同志参加了会议。

【启动“银龄安康行动”】由安徽省老龄办和中国人寿安徽省分公司联合实施“银龄安康行动”，于9月12日正式启动。省民政厅党组成员、省老龄办专职副主任张文达和中国人寿安徽省分公司党委书记、总经理阮建设等领导参加启动仪式并作重要讲话，省老龄办主任助理尚林永主持会议。

张文达在讲话中指出，21世纪的中国是不可逆转的老龄社会，目前，全省60周岁以上老年人已达1103.7万。开展老年人意外伤害综合保险，实施“银龄安康行动”，是老龄部门和中国人寿安徽省分公司以前瞻主动积极的态度，共同应对人口老龄化的重要策略；是完善老年社会保障体系的重要内容；是满足老年群体多元化需求的重要举措。各级老龄办要把实施“银龄安康行动”作为重要工作任务，亲力亲为，积极推动“银龄安康行动”又快又好发展，使“银龄安康行动”成为全省“银色产业”的“金字招牌”。各级老龄工作部门要落实工作责任，结合实际制定具体的工作方案，建立领导小组和工作小组，确保工作有序开展；要把实施“银龄安康行动”纳入年度工作计划，并作为“敬老文明号”创建和为老服务的重要内容；要采取切实有效的措施积极推动，及时掌握事实情况，跟踪问效，积极解决工作中的困难和问题。

巢湖市老龄办副主任杜荣华在会议上作政策支持和组织推广表态发言。各市及部分县区老龄办负责同志、中国人寿各市分公司负责同志参加了启动会。

【承办“第四届中国老年文化艺术节”闭幕与颁奖仪式暨重阳慰问演出】“第四届中国老年文化艺术节”闭幕、颁奖仪式暨重阳慰问演出于10月18日在合肥举行并完美落幕。国家民政部原副部长、中国老龄事业发展基金会理事长李宝库、全国老龄工作委员会办公室副主任吴玉韶、安徽省原副省长、安徽省老龄事业发展基金会理事长张润霞、安徽省政协原副主席、安徽省老年基金会名誉会长李宏塔、中国老年基金会副理事长张志鑫、安徽省民政厅厅长、省老龄办主任吴旭军、安徽省民政厅党组成员、省老龄办专职副主任张文达等领导出席闭幕式。

中国老年文化艺术节由全国老龄工作委员会办公室主办，于2008年开始创办，每两年一次，面向全国2亿多老年人群体，开展具有浓郁传统文化特点公益比赛项目，彰显中国老年人风采，已经成为传播中国传统与非物质文化的重要舞台，也是目前中国老年活动中规格最高、规模最大、影响范围最广的文化盛会。

第四届中国老年艺术节分别在七个省（区、市）开展传统文化类与现代时尚相结合的十项比赛，包括合唱、舞蹈、服饰表演、综艺（器乐、曲艺、小品、绝技绝活）、书画、摄影、京剧、豫剧、黄梅戏和广场舞大赛，举办时间长达10个月，对于推动中国老年公益慈善事业快速发展，让中国老年文化艺术成果广泛传播、发扬光大有积极作用。

闭幕及颁奖仪式上，对来自全国各地的上百家艺术团体进行了评选，数十家优秀的老年艺术团体分获金、银、铜奖，可谓是精彩纷呈，丰富多彩，为现场的观众们呈现了一道道精彩的老年文化艺术大餐。

【举行“爱老助老　文明同行”安徽省暨合肥市“敬老月”系列活动】10月28日，以“爱老助老 文明同行”为主题的安徽省暨合肥市“敬老月”系列活动在合肥市杏花公园举行。省政协副主席童怀伟出席活动，省老龄委副主任、省民政厅厅长、省老龄办主任吴旭军发表致辞，省民政厅党组成员、省老龄办专职副主任张文达主持活动。

吴旭军强调，尊老敬老是中华民族的传统美德，爱老助老是全社会的共同责任。“敬老月”是敬老活动和敬老文化的一次大检阅，也是传承中华美德、强化老龄共识的大宣传。系列活动从不同侧面展示了我省近年来扎实践行积极老龄化、健康老龄化理念的丰硕成果。在全面建成小康社会和全面深化改革开放的决定性阶段，安徽老龄系统顺势而为，乘势而上，坚持强化现有老龄工作，着力研制养老惠老政策，系统整合政府、市场、社会等方面的敬老助老力量和资源，加快构建党政主导、社会参与、全民关怀的大老龄工作格局，实现了老年人福祉增进、老龄事业持续发展的双赢局面。

省教育工委常务副书记高开华，团省委副书记李国阳，省委宣传部副巡视员姜雪梅，省发展和改革委员会副巡视员许书林，省财政厅副巡视员、非税局局长李友兰，合肥市委常委、常务副市长、市老龄委主任韩冰，中国人寿安徽省分公司副总经理黄刚，合肥市政府副秘书长陈明，合肥市民政局局长、市老龄办主任张炜，合肥市庐阳区区委书记吴劲出席活动。本次系列活动由省老龄委、合肥市老龄委主办，庐阳区委区政府、合肥市民政局、中国人寿安徽省分公司协办。具体内容包括全省“十大福星”“十大孝星”表彰颁奖仪式，中国人寿关爱高龄困难老人捐赠仪式，安徽省第二届“敬老文明号”创建活动启动仪式，广场文艺演出和才艺展示，志愿者为老服务及咨询，并现场发放《中华人民共和国老年人权益保障法》宣传页和《安徽省十大孝星事迹汇编》等宣传材料。省、市、区主要领导还饶有兴致的参观了近年来老龄事业成果展，并与现场的老年人亲切交谈。

省老龄委成员单位联络员，各市及广德县、宿松县老龄办主任，全省第六届“十大孝星”和“十大孝星”提名奖的获得者参加了活动。

各项业务进展

【老年维权工作】加大老年法制宣传力度。安徽将老年法、《安徽省老年法实施办法》、民法、婚姻法、继承法等与老年人切身利益相关的法律法规纳入普法计划，坚持扩大老年人法制宣传覆盖面。据不完全统计，2014年全年共编印、发放各种法制宣传材料、音像制品500多万份，出动宣传车2.6万台次，组织开展送法下乡、法律服务咨询、法制教育展览、法律知识竞赛等活动1万多场次。

落实老年优待政策。建立全面落实老年人优待制度，尊老爱老助老的社会风尚逐步形成。免费为60周岁以上老年人办理老年人优待证，老年人持证可以免费进入公园、博物馆、纪念馆、纪念性陵园、开放文物点、美术馆、科技馆、文化宫等场所。70周岁以上老年人免费乘坐城市市内公共汽车，免费进入风景名胜区、公共文化场所。到医疗机构就诊，免收挂号费，优先就诊、取药。公共服务窗口普遍设置老年人优先标志。普遍建立普惠制高龄津贴制度，对百岁以上老年人按月发放200～300元长寿保健金。80周岁以上老人每年发放200元以上的高龄补贴。

做好法律援助工作。各级审判机关对涉及老年人的案件优先立案、优先审理、优先执行，有的地方还专门设立了老年法庭；对生活困难老年人维权诉讼交纳费用实行减、免、缓。充分发挥各级法律援助机构作用，乡镇、街道司法所均设立老年人法律援助工作站，积极主动开展为老年人援助服务，努力做到应援尽援。2014年共为老年人办理法律援助案件6753件。同时，各级老龄机构均建立健全老年信访接待制度，坚持“牢记宗旨、服务老龄”的工作理念，耐心细致地做好来访者的工作，无论是能够解决或暂时无法解决的问题，都能做到件件有着落，事事有回音，受到老年群体的广泛好评。

【老年社会保障工作】提升基本养老保险水平。城镇职工基本养老保险、城乡居民养老保险制度实现全覆盖。截至2014年底，全省城镇职工养老保险参保人数为825.5万，城乡居民养老保险参保人数为3337.19万，参保率达98.98%，其中871.77万人领取养老金。从2014年10月份开始，城乡居民养老保险基础养老金最低标准由每人每月55元提高到70元。企业退休人员养老金水平连续十一年提高，2015年企业退休人员人均增加的养老金达到196元；全面实行被征地农民养老保险制度，全省已有258.41万人纳入被征地农民养老保障，已有65.99万人领取养老金，参保率达98.1%。

完善老年医疗保障制度。进一步完善职工基本医疗保险制度，扩大城镇居民基本医疗保险、新型农村合作医疗保险覆盖范围，截至2014年底，全省职工基本医疗保险参保人数为739.74万，城镇居民基本医疗保险参保人数为1016.29万，参保率连续多年稳定在96%以上；新型农村合作医疗参保人数为5190.4万，全省筹集新农合基金201.45亿元，新农合大病保险新列入省政府民生工程，实现全省县域全覆盖。社区卫生服务体系逐步健全，免费为65周岁以上老年人提供健康管理服务，截至2014年底，全省纳入健康管理的65周岁以上老年人已达565万。

【为老服务业发展】健全养老服务业发展扶持政策。在土地政策上，分类明确养老机构建设用地、社区养老设施用地、其他养老设施用地，纳入土地利用总体规划和年度用地计划，保障养老服务业合理用地需求。其中城市按照人均用地不少于0.2平方米的标准实施，比国家要求的标准高1倍。在财政扶持上，各级财政安排专项资金，各级福彩公益金均将50%以上的资金，通过补助投资、运营补贴、购买服务补助等形式，支持养老服务业发展。在税费优惠上，落实各项税收优惠政策；对民办养老机构，服务收费全部实行市场自主定价；对公办民营非营利性养老机构，3年内免交房屋租金。在人才培养上，出台《安徽省养老服务从业人员培训实施方案》，将养老从业人员纳入公益性岗位开发范围，给予岗位补贴和社保补贴。

提高基本养老公共服务水平。农村五保供养、敬老院建设、养老服务等纳入省民生工程，截至2014年底，全省五保供养对象共有43.05万人，集中和分散供养标准分别达到月人均315元和180元；低收入老人高龄津贴和居家养老服务补贴制度基本建立。全省社区居家养老服务信息平台覆盖一半以上的市辖区，基本建立了以居家为基础、社区为依托、机构为支撑的养老服务体系。

【老年社会参与工作】开展老年文体活动。安徽省老年教育事业起步于1984年，已经建立起以老年大学为龙头，以基层老年学校或社区教育培训中心为基础，省、市、县（市、区）、乡镇（街道）四级办学网络。全省共创办老年大学（学校）3428所，在校学员47.78万，专业近百种。各地区、各系统、各单位组织老年人开展丰富多彩的文体活动，如老年合唱、老年登山、老年时装表演、老年健身操、老年观光旅游等，基本形成运转有序的“老有所学、老有所乐”工作机制。

搭建“老有所为”平台。建设老年志愿者队伍，建立基层老年协会，不断发挥基层老年协会在促进当地经济发展、维护社会稳定等方面的作用；联合省内各大医疗机构、科研单位和老年社会组织，开展“银龄行动”，注重开发老年人力、智力资源，为老年人才参与和服务经济社会发展创造条件。

福建省

综　　述

2014年，是全面深化改革的第一年，也是完成“十二五”规划的关键一年。全省各级老龄工作部门，在省委、省政府的正确领导下，紧紧围绕年初确定的目标任务，坚定不移推进贯彻落实，省级财政全年累计投入资金115亿余元，各项老龄事业取得新进展。

截至2014年底，全省60周岁及以上老年人口496万（其中：男性243万人、女性253万人），同比净增20万人，占总人口的13.03%；65周岁及以上老年人口319万，同比净增8万人，占总人口的8.38%；80周岁及以上老年人口79.38万人，同比净增6.31万人，占总人口的2.09%。全省有空巢老人109.49万人，同比增加1.8万人，占老年人口的22.07%。此外，全省健在离休干部11137人。其中，土地革命时期的（老红军）12人，抗日战争时期的1562人，解放战争时期的9563人。健在的“5·12”退休干部3962人。

一、社会养老保障

（一）城镇基本养老保险。到2014年末，全省城镇基本养老保险参保人数832.85万人，比上年增加20.03万人，增长2.46%。2014年共为91万名（不含厦门）企业退休职工调整养老金，月人均增加200元。调整后全省企业退休职工月人均养老金达到2088元，省级统筹地区月人均养老金为2063元。全省机关事业单位参保离退休人员共21.23万人，月人均养老金为3212元。2014年，全省新建立企业年金47家，基金规模新增0.55亿元，全省累计已有5029家单位建立企业年金，基金规模达到58.85亿元，参加企业年金的职工达32.2万人，已有1.6万人开始领取企业年金。

（二）城乡居民社会养老保险。2014年，全省城乡居民养老保险参保人数1472.44万人，参保率达97.64%。省级财政（含中央）共筹集城乡居民社会养老保险补助资金26.25亿元，将老年居民的基础养老金由每人每月不低于55月，提高到每人每月不低于70元。2014年，全省共有379.57万名60周岁以上的老年居民领取基础养老金。其中，52.7万名被征地农民还叠加享受被征地农民养老保障金，发放率达99%。

（三）老年人社会救助。2014年，省级财政安排8.19亿元，将省定农村最低生活保障标准从家庭年人均1900元提高到2100元；安排2.51亿元对城乡困难群众发放一次性生活补贴；安排3232万元再次调高重点优抚对象和“五老”人员抚恤和生活补助标准。全年各级财政筹集资金上亿元，为2.5万名县以上无力参保集体企业退休人员和未参保的70周岁及以上职工发放老年生活保障金。同时，将60年代精简退职老职工困难生活补贴标准由每人每月400元提高到500元。到2014年末，全省农村五保供养人数为8.47万人（其中，集中供养1.1万人，集中供养率为13%），月人均补助460元，比上年增加86元，全年共发放供养金4.75亿元。

（四）农村计划生育家庭奖励扶助。2014年，全省农村生育一子女或两女的计划生育家庭夫妇，60周岁后每年享受不低于1200元（其中低保户每年享受2400元）的奖励扶助金的家庭为67593户，兑现奖励扶助金7152.57万元。这项奖励共惠及29万人次农村老年居民。

二、社会医疗保障

2014年，我省被列入全国深化医改综合试点4个省份之一，所有市、县均被列入公立医院综合改革试点。先后制定出台县级公立医院综合改革实施方案、医药价格改革工作指导意见、医保联动十条措施、药品集中采购实施意见等医改政策文件，有序推进“三医联动”综合改革，县级公立医院综合改革实现全覆盖。医疗资源布局结构进一步优化，全省新增床位8630张，千人均床位数4.33张；新批社会办医机构42家，规划设置床位7286张。基层中医药服务能力提升工程持续推进，全省61.8%的县级中医院达到二甲水平，约90%的社区卫生服务中心、70%的乡镇卫生院、65%的社区卫生服务站、50%的村卫生室能够提供中医药服务。2014年，全省城镇居民医疗保险和新农合人员中有民政医疗救助对象142万人，受益78万人次，累计报销资金4亿元。

（一）城镇基本医疗保险。2014年，全省城镇基本医疗保险参保人数达到1292.97万人，参保率达96%以上。其中，城镇职工参保737.25万人，较去年底净增34.3万人；城镇居民参保555.72万人。城镇居民医保政府补助标准从每人每年280元提高到320元，城镇职工和城镇居民政策范围内报销比例分别为75%和70%。

（二）新型农村合作医疗保险。2014年，新农合筹资标准实际达到每人每年395元。其中，个人缴费70元，政府补助不低于320元。新农合乡级住院补偿不低于90%，县级、县级以上医保定点机构新农合住院补偿分别不低于80%和50%。全省政策范围内新农合住院报销比例稳定在75%，次均补偿达到2751元，较上年增加1.24个百分点。此外，对低收入家庭60周岁以上的老年人医保个人缴费部分给予再补助。

三、社会养老服务

（一）居家养老。2014年，地方财政为已建成的城市社区居家养老服务中心（站），给予每个每年不低于2万元的运营补贴；对农村社区居家养老服务站，给予每个每年不低于0.5万元的运营补贴。目前，全省共有城市社区居家养老服务中心（站）2219个，设有日间照料室2219个，有各类专兼职服务队伍3934支40155人。全省有居家养老服务场所的乡镇421个，建成农村幸福院2500多个、农村居家养老服务站297个、农村集中式互助颐老乐园60个，设有日间照料室1182个，有各类专兼职服务队伍1197支13491人。

（二）机构养老。2014年，省福彩公益金安排1.55亿元，用于补助100个乡镇敬老院和部分社会福利中心建设。下拨473.6万元，用于民办养老服务机构床位运营补贴。到2014年底，全省共有养老机构1930家，比上年增加269家，床位13.66万张，比上年增加3.55万张。其中：公办养老机构1663家，床位72914张，民办养老机构267家，床位47073张。此外，拥有城市日间照料床位5912张，农村日间照料床位10739张。

四、老年权益保障

（一）司法救助。全省9个设区市和84个县（市、区）全部设立法律援助中心，1104个乡镇（街道）设立法律援助站，16761个村（居）设立法律援助联络员，建立各类人民调解委员会1.89万个，形成了以法律援助机构为主导，社会团体、乡镇（街道）法律援助站积极参与上下一致，纵横协调的老年人法律援助工作服务网络。2014年，全省共受理老年人法律援助案2470件，共有5200名老年人获得法律援助。全省老龄系统共接待老年人来信来访6803人次（件），较上年增加487人次（件），办结率96.77%。2014年，公安机关共破获针对老年人的虚假信息诈骗案件164起，办理其他侵害老年人案件2982起。

（二）老年优待。2014年，全省发放福建省老年人优待证17.94万张。其中，60至69周岁老年人优待证7.91万张，70周岁及以上老年人优待证10.03万张。已开通城市公交线路的所有县（市、区）均落实70周岁及以上老年人免费乘坐市内公交车优待。其中，厦门市、大田县和尤溪县将免费乘公交车优待年龄降低到65周岁，惠安县、安溪县降低到60周岁，华安县则实行了60至69周岁老年人乘公交车半价的优待。此外，全省二级以上医疗机构开设老年人优待就诊窗口，对老年人提供挂号、就诊、取药、住院、收费等方面的优待服务；全省有110个A级旅游景区对老年人实行门票优惠。

（三）高龄津贴。到2014年末，全省84个县（市、区）均建立了高龄津（补）贴制度，实现了这项制度的全省覆盖。其中，建立80周岁及以上高龄津（补）贴制度的县（市、区）40个，建立90周岁及以上高龄津（补）贴制度的县（市、区）43个，建立95周岁及以上高龄津（补）贴制度的区1个。此外，根据省政府为百岁老人每月发放不低于200元长寿营养补贴的规定，目前为百岁老人每月发放500元长寿营养补贴的有5个县（市、区），发放400元的有2个县（区），发放300元的有28个县（市、区），发放250元的有8个县（市、区），发放200元的有40个县（市、区），只有1个县发放100元。此外，全省有2720个村（居）建立了老年人固定生活补贴制度，受惠的老年人达34.13万人。

五、老年文体活动

（一）老年文化。2014 年，省财政安排 1049 万元用于支持开展老年文化活动；安排 42.3 万元对年满 60 周岁及以上省级非物质文化遗产项目代表性传承人每人每年补助 3000 元；安排 1732.5 万元，重点扶持 18 个县级离退休干部活动学习场所建设。目前，全省已形成相对固定的激情广场群众性文化活动点近 2000 处，常年参加活动的群众性文艺队伍 2 万多支，约 180 万人。到 2014 年末，全省出版有关老年人图书 20 余种，内容涉及老年人健康养生、休闲娱乐、文学艺术等方面。在第四届中国老年文化艺术节活动中，全省共获得各类奖项 411 个，其中，特等奖 5 个、金奖 69 个、银奖 218 个、铜奖 119 个。省老年书画艺术协会全年展出书画作品 5 场次，展出各类作品 800 多件；省老科协组织科技下乡和科技扶贫 100 余次，受众 2.5 万多人；省老年学学会召开学术研究 2 次，撰写学术论文 230 篇，出版论文专辑 1 本。

（二）老年教育。全省共创办各类老年大学（学校）12152 所，较上年同期增加 861 所。其中：省级 1 所，地级市 9 所，县（市、区）级 84 所，乡镇（街道）级 1029 所，村（居）级 11005 所，部队 1 所，企事业单位 23 所。除普及到县（市、区）办学外，有 93.8 的乡镇（街道）和 67.3%的村（居）开办了老年学校。全省累计在校学员 95.4 万人，较上年同期增加 9.3 万人，占全省老年人口总数的 19.23%，建校率和老年人参学率均居全国前列。

（三）老年体育。2014 年，各级体彩公益金投入老年体育场所建设资金累计 3.07 亿元（其中，省级投入 6650 万元），新建或修缮老年人体育活动场所 297 处。目前，全省拥有老年人健身活动中心（室）9259 座（间），同比新增 203 座（间）；老年体育活动场地 17823 处，同比新增 201 处；20 人以上的纳凉点 21451 处，同比新增 9536 处。经常参加体育锻炼的老年人 285 万人。2014 年 11 月，在漳州成功举办了第九届全省老年人体育健身大会，近 1500 名老年队员参加了 15 个大项 27 个小项的展示交流。

六、老龄工作队伍

（一）老龄工作机构。截至 2014 年底，全省市、县（市、区）级共有老龄工作机构 94 个，工作人员 279 人。其中，专职人员 191 人，兼职人员 88 人。乡镇（街道）设有老龄委 1117 个（乡镇 946 个、街道 171 个），其中，配有工作人员的老龄委 1001 个，其工作人员主要以兼职和聘用退休人员担任。

（二）老年群众组织。全省有老年体育协会组织 16926 个，同比新增 1030 个。其中，省、设区市及行业系统 17 个，县（市、区）级 98 个，乡镇（街道）和村（居）老年体育协会 13772 个，机关、企事业单位 3039 个。全省有乡镇（街道）、村（居）老年协会 15094 个，会员 220.07 万人。其中，乡镇（街道）老年协会 763 个，村（居）老年协会 14331 个。其中，规范化基层老年协会 4153 个，规范化建设率达 27.51%。全省各级有老年艺术协会 57 个，会员 6000 多人，有老科学技术工作者协会 155 个，会员 3 万多人。

江西省

综　　述

2014 年，全省老龄工作坚持以党的十八届三中、四中全会和省委第十三届八次、九次会议精神为指导，按照《江西省老龄事业发展“十二五”规划》提出的目标任务，认真组织了完善老龄法规政策、推进居家养老服务、加强基层老龄和老年优待工作、开展“敬老文明号”创建和“敬老月”活动等各项任务，老龄事业得到了长足发展。

一、老年社会保障工作力度加大

（一）不断扩大社会养老保险覆盖面。全省各地以非公有制企业职工、城镇个体工商户、灵活就业人员、被征地农民和农民工为重点，不断扩大城镇职工基本养老保险覆盖面，较好地解决了 30 多万名城镇集体企业退休人员参加城镇职工养老保险问题；将国有林场、省属农场、文艺院团等单位的职工纳入了基本养老保险范围。到 2013 年底，全省城镇企业职工基本养老保险参保人数达到 754.18 万人，比 2010 年底增加 146.58 万人，城镇企业职工月人均基本养老金比 2010 年增加 501 元，增长 43%。城乡居民社会养老保险制度实现了全省全覆盖，参保人数达 1773 万人，参保率为 94%。

（二）老年医疗保障和服务工作扎实有效。截至2013年，全省城镇基本医疗保险参保人数1476.62万人，其中城镇职工基本医疗保险、城镇居民基本医疗保险参保人数分别为569.94万人和906.68万人。全省新型农村合作医疗参保人数3357.96万人、参合率达98.56%。近年来，我省新增设置老年病医院、护理院5家，新开设老年病科16个，有12家养老机构独立设置了老年病医院、护理院等老年医疗机构，有153家养老机构内设了医疗所（站、室）。社区为65岁以上老年人普遍建立了健康档案，全省累计完成白内障患者免费手术27.35万例。将困难老年人、五保户纳入了重特大疾病医疗救助范围，老年人看病难、看病贵的问题得到有效缓解。

（三）困难老年人生活保障和老年社会福利水平得到提高。在实施城乡最低生活保障制度中，各地将困难老年人家庭和困难老年人列为"常补对象"予以重点保障。全省243万城乡低保对象，其中老年人约86万人。老年社会福利水平不断提高，2011年来，全省连续4年提高了城镇"三无"、农村五保老年人供养标准，城镇"三无"人员月均供养标准达到600元，农村五保老年人集中供养标准每人每月达到275元、分散供养标准达到260元。

二、社会养老服务体系建设稳步推进

（一）公办养老机构建设得到加强。为充分发挥公办养老机构示范引领作用，各级加大了投入力度，仅2013年，中央和省级投入养老服务重大项目建设资金5.46亿元，建设和改造了一批福利院、光荣院、敬老院和农村幸福院、老年人颐养之家等养老服务机构，新增养老床位近万张。2011年省编办下发《关于农村五保供养服务机构和人员编制的意见》之后，全省共有1472所符合条件的敬老院登记为全额拨款事业单位，新增事业编制2910个。积极开展公办养老机构改革试点，全省有22家公办养老机构采取租赁、承包、合作经营等方式，实行市场化管理。通过等级评定活动，提高了敬老院管理服务水平。

（二）民办养老机构有了较快发展。省政府先后出台了《关于加快养老服务事业发展的若干意见》和《关于加快发展养老服务业的实施意见》，召开了全省推进民办养老机构建设现场会，通过采取资金扶持、税费减免、土地保障等一系列扶持政策，进一步调动了社会力量兴办养老机构的积极性。截至目前，全省民办养老服务机构发展到160家，床位2.1万张。

（三）居家养老服务工作成效明显。2009年全省开展居家养老服务试点工作以来，省级福彩公益金的投入从2010年200万元增至2014年的2500万元。各地积极出台和落实扶持政策，对居家养老服务站点分别给予2～5万元不等的建设补助和1万元不等的运营补贴。截至目前，全省共建成城乡居家养老服务中心（站）2065个，有5个设区市建立了居家养老信息化服务平台。2013年召开了全省居家养老服务工作经验交流会，认真总结了公办民营、民办公助的经验。

目前全省有各类养老机构1730家，床位数17.4万张，平均每千名老年人拥有床位数30.3张，提前实现了国家《规划》每千名老年人拥有床位数30张的目标，全省以居家为基础、社区为依托、机构为支撑的社会养老服务体系逐步形成。

三、老年生活环境持续改善

（一）加强老年宜居环境建设。为满足老年人休闲、娱乐、健身场所建设等用地需求，各地将老年人养老配套设施建设纳入了城乡规划编制。2012年以来，省级通过了4个重大养老服务项目的用地预审，供应养老服务用地54宗，面积达118公顷。全省开展了生态宜居城市（县城）创建活动和无障碍环境县（市、区）创建活动，城市公园（广场）和休闲绿地大幅度增加，无障碍环境县（市、区）达标率为70%。

（二）改善老年人居住和出行条件。2011年和2013年，全省各级财政安排补助资金1.8亿元，对12835户分散供养五保老年人家庭实施了危房改造，面积达85.8万平方米。南昌市将70周岁以上老年人免费乘坐市内公交线路由2011年23条增加到目前的123条，为老年人出行、休闲提供了便利条件。

（三）巩固家庭养老功能。2012年全省将60周岁以上农村计划生育家庭奖励标准由每人每月50元提高到100元；2013年将60周岁以上计划生育"失独家庭"老年人特别扶助金标准由每人每月170元提高到500元。农村基层组织积极开展家庭赡养协议书签订工作，有效解决和预防了赡养纠纷。

四、老年人合法权益有效保障

（一）老年法律援助服务网络进一步健全。各地依托老龄委成立老年法律援助工作站69个，乡镇（街办）、村（居）会普遍设立了法律援助工作站和联系点，为老年人法律援助提供了方便。2011年以来，全省各级法律援助机构共接待老年人来信来访8.3万多人次，办理涉老法律援助案件7500余件，受援老年人7800多人次。

（二）严厉打击侵害老年人违法行为。公安机关认真受理老年人的报警和求助，加大了对侵犯老年人的违法犯罪行为打击力度，《规划》实施以来，年均办理涉老违法案件达到1200多起。基层法院对涉老诉讼案件坚持做到优先立案、优先调解、优先审理、优先执行，并强化了对老年犯罪的缓刑适用。

（三）老年优待工作进一步加强。出台了《关于进一步加强我省老年人优待工作的意见》，有10个设区市建立了80周岁以上高龄津贴制度。2012年以来，全省采取省、市、县三级财政分担的方式，为70周岁以上老年人办理了免费乘坐城市公交车意外伤害保险。本着因地制宜、突出重点、适度普惠、积极推进的原则，各地在老年人医、食、住、用、行、娱等方面出台了优待政策，使老年人充分享受经济社会发展成果。

（四）敬老爱老助老社会氛围更加浓厚。全省以敬老爱老助老为主题，广泛开展了“敬老文明号”创建和“敬老月”系列活动。重阳节期间各地积极组织由领导干部带队的走访慰问老年人活动，给困难和高龄老年人送去慰问金和慰问品。2013年全省有35个基层单位和服务行业窗口被全国老龄委授予“敬老文明号”荣誉称号。

五、老年文化体育事业得到发展

（一）加大了老年文体设施建设的投入。2008年以来，省财政坚持每年列支4000万元用于县级图书馆、文化馆维修改造，并安排专项资金为社区文化室购置图书资料。全省已建设426个乡镇体育健身工程、6815个村级体育健身工程。老年大学（学校）有760多所，老年学员12万多人。

（二）积极组织健康有益的老年体育活动。全省老年体育组织3万多个，覆盖90%以上的乡镇、60%以上的行政村。2012年，省政府召开了第四届全民健身运动会，各地组织老年人参加了门球、柔力球、太极拳等项目比赛。市、县、乡三级老年体协坚持不定期地开展有利于老年人身心健康的各类比赛和展示活动，丰富了老年人精神文化生活。

（三）重视开发老年旅游项目。旅游部门充分利用我省自然资源和红色资源优势，开发了一大批符合老年人特点的旅游产品。老年旅游服务市场秩序逐步规范，多数旅游景点为老年人旅游开辟了绿色通道，实行门票减免政策，为老年人旅游提供了便利。

六、老年社会管理体制比较健全

（一）充分发挥基层老年群众组织的作用。省老龄委下发《关于加强基层老年协会建设的意见》，提出了城乡社区老年协会建设目标和标准，目前农村老年协会覆盖率达到70%。2006年至2013年，省财政每年安排专项资金200万元，为900多个农村老年协会配发了文体活动器材。基层老年协会在参与当地经济社会发展、新农村建设、关心教育下一代、维护社会治安、调解邻里纠纷等方面发挥了重要作用。

（二）实行企业退休人员社区化管理。截至2013年，全省对166万名退休人员实行了社区管理，社区化管理率达89.64%，高于全国平均水平。各级在做好企业退休人员社区管理的同时，加大了困难职工帮扶力度，使退休职工队伍保持了稳定。

（三）加强老龄工作机构建设。省、市、县三级老龄委及其办公室队伍建设得到了加强。多数乡镇（街道）有领导分管老龄工作，上下贯通的老龄工作管理体系在全省逐步形成。

重要会议和活动

【召开全省老龄办主任会议】4月10日至11日，全省设区市老龄办主任会议在景德镇市召开。会议总结回顾了2014年，全省老龄工作在各级党委、政府的领导下，取得了显著成绩：一是组织检查评估，推动老龄事业发展“十二五”规划有效实施；二是加大工作力度，推动居家养老服务事业持续发展；三是坚持面向基层，推动农村老龄工作取得了新成效；四是加强综合协调，推动老年人优待政策有效落实；五是重视抓好宣传工作，推动敬老爱老助老社会风气的形成；六是认真组织协调，推动老龄政策和课题研究出成果。参加会议的有省老龄办处级领导干部、各设区市老龄办负责人，景德镇市各县（市、区）老龄办负责人列席了会议。省民政厅党组成员、省老龄办专职副主任江建中讲话，景德镇市副市长卢正大到会致词。

【取消全省老年证办理收费】4月18日，省财政厅、省发改委下达了《关于取消一批省级设立的行政事业性收费项目的通知》（赣财综〔2014〕41号），要求自2014年5月15日起，在全省范围内统一取消老年证行政事业性收费。

【开展“老年节”庆祝活动】9月28日，省老龄办联合南昌市老龄办、江西旅游广播、江西民生广播等单位，在南昌八一广场开展了以“传承中华美德 弘扬敬老文化”为主题的“老年节”庆祝活动，制作16块大型展板，重点宣传了全国老龄办等24个部委办《关于进一步加强老年人优待工作的意见》等老龄法规和老年人优待政策。

【召开省老龄委十次会议】12月26日，省老龄委在省政府召开第十次全体会议。会议传达贯彻了全国老龄委第十六次全体会议精神，审议了省老龄委工作报告和《关于我省人口老龄化形势及其应对战略报告》。省老龄委副主任、省民政厅厅长徐毅同志作《关于我省老龄事业发展“十二五”规划实施情况和2015工作安排意见的报告》，副省长胡幼桃出席会议并讲话。会上，省发改委、省财政厅、省人保厅、省住建厅、省卫生计生委等5个省老龄委成员单位的负责同志，就本单位贯彻落实《江西省老龄事业发展“十二五”规划》《江西省政府关于加快发展养老服务业的实施意见》情况和今后工作安排作了发言。

各项业务进展

【出台老龄政策文件】为贯彻落实全国老龄办等24个部门联合下发的《关于进一步加强老年人优待工作的意见》，结合我省实际，草拟了《关于进一步加强我省老年人优待工作的意见》。12月16日，省政府办公厅下发了《江西省政府办公厅转省老龄办等部门关于进一步加强我省老年人优待工作意见的通知》（赣府厅发〔2014〕65号）。

【老龄政策调研】制定了修订《江西省实施＜中华人民共和国老年人权益保障法＞办法》调研实施方案，成立了修法项目起草小组，完成了修订初稿。向各设区市老龄办下发了《关于开展老龄政策理论调研的通知》，组织全省老龄系统就老年人参与社会发展、老年人权益保障等重点难点问题开展调研，并从报送的48篇调研报告中，选送了10篇参加全国老龄政策理论研究成果评选。其中1篇获得三等奖，2篇获得优秀奖，省老龄办获优秀组织奖。

【居家养老服务】利用省级福彩公益金2500万元，在全省打造了204个省级示范点（其中城镇社区81个，农村社区123个）。通过以点带面、“以奖代补”，推动市、县两级加快了居家养老服务平台建设步伐。截至11月底，全省共建成居家养老服务中心（站）2065个（其中城镇社区740个，农村社区1325个）。同时，建立了居家养老服务中心（站）建设项目储备库，储备建设站点4745个；争取到中国老龄事业发展基金会全国爱心护理工程建设基地项目资金，全省有9家民办养老机构被挂牌确定为“全国爱心护理工程建设基地”；争取中国红十字会为省20家养老机构配发了空调、液晶彩电、洗衣机、康复护理床等器材设备；协调相关单位在南昌、赣州、宜春、吉安、九江、景德镇等市开通了12349为老服务民政公益号码；与省标准化研究院等相关单位草拟了《江西省城乡社区居家养老服务规范》。为提高居家养老服务水平，在上饶市养老服务中心和省民政学校分别举办了全省城乡居家养老服务管理人员和服务人员培训班，共有100人参加培训并经考核取得了国家认可的养老护理员证书。

【基层老龄工作】按照“设施完善、制度健全、班子有力、经费落实、作用明显”五条规范化建设标准，拟制了《江西省基层老年协会星级评定办法》，并指导各地抓好基层老年协会规范化建设。针对农村养老保障工作中出现的新情况新问题，积极推动基层组织做好家庭赡养协议书的签订工作，妥善解决赡养纠纷，确保“老有所养”。充分利用城乡老年协会活动场所，不断拓展居家养老服务功能，使社区“留守老人、空巢老人”享受到日托、送餐等服务。

【老年维权工作】认真落实省政府关于“70周岁以上老年人免费乘坐公交车意外伤害保险”的决定，与承保公司签订了协议书，协调省财政厅下达省级保险经费1100多万元，为全省157.86万70周岁以上老年人办理了意外伤害保险。全年共发生老年人乘车意外伤害事故60起，有8起得到了妥善处理，理赔经费100多万元。重阳节期间，组织江西省肿瘤医院、南昌市第九医院、律师事务所和省平安保险、省人保财险、省人保寿险等单位，为老年人开展了医疗保健、意外伤害保险、法律知识等咨询服务。通过协调，从今年5月15日起，全省实现了江西省老年人优待证免费办理。全年共发放江西省老年人优待证11万本，接待和处理老年人来信来访80件，有效维护了老年合法权益。

【老龄新闻宣传】按照省老龄委部署，组织全省服务行业、窗口单位广泛开展了“敬老文明号”创建活动。省老龄办与江西公共频道等单位组织开展了“情定瀚泽 爱在井冈”敬老活动，倡导全社会对老年人给予更多的关爱。宜春市在中心城区广泛开展了庆祝老年节敬老、助老宣传活动，市居家养老服务中心在市体育广场组织开展了法律宣传咨询、健康体检等敬老助老活动。赣州市联合人保财险赣州分公司进行了两次“为70周岁以上老年人办理免费乘车意外伤害保险”大型宣传活动，发放宣传单30000余份。全省各级广电媒体除积极做好常规宣传外，还精心策划，抓重点、树典型，利用多种形式做好宣传报道。“老年节”期间，江西广播电视台二套《都市现场》栏目、南昌电视台《每日新闻》栏目系列播出了各地开展敬老活动内容。南昌市委宣传部在其每周工作例会上向全市新闻媒体统一部署，引导媒体广泛对“敬老月”活动进行集中宣传报道。赣州市主动加强与市委宣传部的沟通协调，联合赣南日报、赣州晚报、赣州电视台、赣州人民广播电台、中国赣州网等本地新闻媒体，对“敬老月”活动进行了广泛深入的报道。新余市电台电视台、新余日报、新余新闻网等媒体跟踪报道七旬老人养家卖布鞋，爱心人士、爱心企业等支持购买“爱心鞋”送给父母、送给敬老院孤寡老人。

吉安市联合井冈山报、中国吉安网，实地拍摄和采访20位百岁老人，把他们的生活阅历、养生之道、人生智慧、家庭和社会关爱等深入挖掘出来，并作出系列报道。据不完全统计，“敬老月”期间，全省共悬挂敬老宣传横幅9000余条，张贴敬老标语1万余条，印制发放孝亲敬老倡议书、老年法宣传册等约5万份。全省在市级以上新闻媒体上发布宣传信息约500余条。在全国组织开展的敬老爱老助老主题教育活动中，我省景德镇市浮梁县浮梁镇居民汤太平、赣州市添立养生院院长李玲玲、九江市湖口县会埃乡村民葛美霞荣获“中华孝亲敬老楷模提名奖”称号，南昌市老龄办、新余市渝水区水北镇政府、上饶市养老服务中心、乐平市众埠镇政府荣获“全国敬老模范单位”称号，南昌市西湖区广润门老年人协会会长张春和等105人获“孝亲敬老之星”称号。

【老年文体活动】为庆祝“老年节”，省老龄办与江西七套红色经典频道组织开展了“江西省广场舞比赛”。“敬老月”期间，各地、各有关部门在组织为老年人做好事、献爱心的同时，围绕丰富老年人生活，组织了丰富多彩的节日庆祝活动。一是开展庆祝老年节的文艺活动。各级文化馆、图书馆、博物馆等公益性群众文化单位结合老年节、国庆节等庆祝活动，广泛组织形式多样、内容丰富、健康有益的老年文化体育活动，丰富老年人的精神文化生活。景德镇、上饶、赣州、新余、抚州等地开展了以“传承中华美德 弘扬敬老文化”为主题的庆祝“老年节”和敬老系列活动。二是开展老年体育健身活动。江西广播电视台红色频道在全省开展中老年广场舞全省巡演活动，活动为期三个月，共有30支队伍，千余人参加。鹰潭市组织了迎重阳广场舞比赛，共有12支代表队400余人参加。新余市召开第六届老年人健身体育运动会，共有32个代表团1300余名运动员参加。上饶市组织近千名市直单位老年人代表在市森林公园广场开展大型游艺活动。

山东省

2014年9月29日，山东省召开庆祝老年节大会，省四大班子领导出席会议。

2014年4月至10月，山东省老龄办与省文化厅联合主办了第三届全省银龄风采艺术节，广大老年人积极参与，展现出良好的精神风貌。

综　述

截至2014年底，山东省65岁以上老年人口达到1131.56万人，占全省总人口的11.56%，老年人口数量位居全国第一。2014年，面对严峻的人口老龄化形势，全省各级认真贯彻落实“积极应对人口老龄化，大力发展老龄服务事业和产业”的指导方针，加快推进老龄法规政策落实，全面提高养老保障水平，积极发展养老服务事业和产业，不断完善老年人权益保障机制，努力加强老年文化建设，全省老龄事业实现了较快发展，全社会尊老敬老氛围更加浓厚，老年民生状况得到进一步改善。

一、养老保障体系建设进一步完善

城乡居民基础养老金提高到每人每月75元，企业职工养老金待遇连续第十次提高，全省基本建立起统一的城乡居民基本养老保险制度。整合城镇居民基本医疗保险和新型农村合作医疗制度，提高了参保居民财政补助标准，建立了统一的城乡居民大病保险制度，老年医疗救助水平不断提高。城镇“三无”老人和农村五保老人集中和分散供养标准进一步提高，贫困老年人住房得到优先保障。开展了全省百岁老人实名统计工作，为全省 4947 名（不含青岛）百岁老人发放长寿补贴金 1200 余万元。积极推动实施“银龄安康”工程，2014 年全省投保人数达到 539.17 万人，赔付 3.9 万人，赔付金额 6921 万元，帮助很多老年家庭渡过难关；省财政拨付 200 万福彩公益金，为全省 20 万困难老年人购买了意外伤害保险。

二、养老服务业和养老产业取得新发展

更多社会力量支持养老服务事业发展，全省民办养老服务机构发展到 1000 多家。省财政拨出 1000 万元奖励扶持了 50 家优秀养老服务机构，七年来累计投入扶持资金 5400 余万元。举办了第五期优秀养老服务机构管理人员培训班，启动实施智能化养老工程，为民办老年公寓赠送了智能护理床、轮椅等老年护理用品。成功举办了第六届中国（山东）国际老龄产业博览会，吸引了来自国内外 370 家企业和养老机构参展。充分利用官方和民间平台，加强与港、澳、台及其他国家（地区）在养老、人才培养、老年文化等方面的交流与合作，举办了“中国老龄产业发展前景与构想暨中日韩老龄产业合作交流论坛”，组团赴日本等国考察了现代养老产业，赴澳大利亚、荷兰考察学习当地养老服务业。

三、老年人优待和权益保障水平得到提升

经过长期调研和专家论证，多方征求社会各方面意见，经省政府常务会议、省人大常委会多次讨论审议，新修订的《山东省老年人权益保障条例》（以下简称《条例》）于 9 月 26 日由省人大常委会议全票通过，成为新老年法颁布后，全国首个修订的省级老年人权益保障条例。《条例》在老年人免费乘坐市内公共交通工具、免费查体、高龄津贴由救济型向普惠型过渡等方面实现了新的突破。老年维权工作力度进一步加大。省老龄办创新开展了“老年普法维权大篷车进社区”公益行动，累计为老年人提供 1000 余次免费法律咨询，发放老年人法律手册 9000 余册，组织评选了“全省十大老年维权公益活动”，鼓励社会向老年人提供权益保障和法律支持。老年人维权法律援助机制更加健全。建立了各级法律援助机构、调解机构、服务机构和社会救助机构联动的老年普法维权联动机制，重视做好老年人信访工作。

四、老龄宣传工作不断加强

拍摄了《孝德传天下齐鲁重晚晴》老龄专题宣传片；启动了第二届“敬老文明号”创建活动，开展了第九届山东省“十大孝星”和第三届山东省“十大寿星”“泰山寿星”“百岁夫妻寿星”评选表彰活动。组织了 2014 年山东省十大老龄新闻和全省老龄新闻宣传好作品评选。在第六届全国敬老爱老助老主题教育活动中，山东省获奖人员和获奖单位数量均为全国最多。省老龄办与山东广播电台等多家媒体合办了“关爱夕阳”等多个老年专题节目，新华社、大众日报等媒体先后就老龄工作作了专题采访报道。发挥《山东老年》《老年生活报》等媒体的宣传作用，着力提升办刊质量。加大对“山东省十大孝星”“十佳孝敬企业”“十佳敬老企业家”等典型人物和事迹的宣传力度，全社会对老龄事业的关注程度不断提高。

五、老年文化体育事业繁荣发展

认真贯彻中组部等 16 部委下发的《关于进一步加强老年文化建设的意见》和本省实施意见，17 市都下发或转发了加强老年文化建设方面的文件。省老龄办连续两年共拿出 40 万元对开展老年文化工作较好的市及文艺团体进行了奖励补助，并为基层老年活动场所赠送了 60 余套移动影库和彩电。为带动和引领全省老年文化活动的开展，着力打造“重阳欢歌”文艺晚会、“银龄风采”艺术节、迎春音乐会、老年文艺汇演、书法美术摄影大赛等具有鲜明特色的老年文化品牌活动。17 市结合自身实际，全年都举办了3～4 个大型文体活动，活跃了老年人的精神文化生活。省老龄办与省文化厅联合举办了第三届全省“银龄风采”艺术节，与省文联等单位联合举办了第三届全省老年书法美术大赛，与省摄影家协会等联合举办了第二届全省老龄主题摄影大赛。7 月份成功举办了第三届全省老年人运动会，并在青岛世园会期间组织了“万名老人游世园”活动。

六、社会尊老敬老助老风气日益浓厚

9 月 29 日，召开了山东省庆祝老年节大会，省委书记、省长连续第三年为全省老年人和老龄工作者致慰问信；省委常委、宣传部长孙守刚、省政府特邀咨询郭兆信和省人大、省政协有关领导出席会议。开展了一系列“敬老月”主题活动，省、市两级参加活动的领导 160 余人次，县（市、区）党政领导 2000 多人次，全省各级各界走访慰问老年人 60 余万人，赠送慰问品、慰问金合计 2.76 亿元。老龄公益事业蓬勃发展，启动了“关爱失能老人·共享生命尊严”公益项目，开展了“沂蒙老功臣爱心护理工程”，组织了山东省“十佳敬老企业”和“十佳敬老企业家”

评选，举办了“致敬·抗战老兵”大型公益活动，社会爱心助老的氛围日益浓厚。积极开展长寿之乡评审工作，高密市被评为山东省第5个“全国长寿之乡”，枣庄市山亭区、东明县、金乡县被评为“山东省长寿之乡”。

七、老龄调研和科研工作水平不断提高

在全省范围开展了民办养老机构状况、全省老龄工作政策、省财政扶持民办养老机构政策、养老机构冬季取暖、失能半失能老人入住养老机构、民办养老机构收费标准等15项调研；参与了省政协“推动社会力量发展养老服务业”相关调研工作。举办了第三届老年健康与长寿理论研讨会、山东省进入人口老龄化20年座谈会。加强老年学学会建设，完成了省老年学学会换届工作，市级老年学学会增加到10个，县级增加到6个。成功申报了“我国老年福利设施绩效评估与发展方向研究”“推进山东社会养老服务体系建设研究”等多个国家级、省级社科基金课题。

重要会议和活动

【省老龄委第二十二次全体（扩大）会议】3月7日，省老龄委第二十二次全体（扩大）会议在济南召开，省老龄委主任、副省长孙绍骋出席会议并讲话。省老龄委副主任、老龄办主任丁希滨同志向大会作了工作报告，省人社厅、民政厅、司法厅、文化厅作典型发言。省政府副秘书长张斌主持会议，省老龄委全体成员、联络员和各市老龄委主任、老龄办主任参加会议。

【省老年学学会第四次会员代表大会】3月7日，山东省老年学学会第四次会员代表大会在济南召开。会议审议了第三届理事会工作报告，选举产生了第四届理事会及领导成员，省政协原副主席李德强当选为山东省老年学学会会长。省政府副省长孙绍骋出席会议并作重要讲话。

【修订《山东省老年人权益保障条例》】2013年7月，新修订的《中华人民共和国老年人权益保障法》正式实施后，山东省随即着手修订本省《条例》。上半年，省老龄办会同省人大内司委、法工委及省法制办等部门，组织人员到省内五市和省外多地开展了立法调研。在此基础上，通过专家论证、征求社会意见，经省政府常务会议及省人大常委会多次讨论和审议，9月26日，《山东省老年人权益保障条例》经山东省第十二届人民代表大会常务委员会第十次会议修订通过，自2015年1月1日起执行。

【第三届全省“银龄风采”艺术节】4月至10月，由省老龄办、省文化厅联合主办，各市老龄办和文广新局合办的第三届全省“银龄风采”艺术节在全省范围内展开，大赛历时六个多月，共有30000多名老人参与。比赛分初赛和决赛两个阶段，涵盖了声乐、舞蹈、戏曲、曲艺、器乐、服饰表演等六大类别，全省2000多个节目参加了初赛，300多个节目进入决赛阶段的比赛，展示了广大老年人积极向上的精神风貌，推动了全省老年文化建设。老年节期间，部分决赛获奖节目在济南市怡心苑作了汇报演出。

【第六届中国（山东）国际老龄产业博览会】6月10日至12日，由省老龄办、省工商联、省贸促会联合主办的第六届中国（山东）国际老龄产业博览会在济南成功举办。展会吸引了来自国内外370多家企业和养老机构参展，现场交易近千万元，签订意向协议金额2.2亿元，现场参观人数达2万人次。第六届中国山东国际老龄产业博览会（以下简称“老博会”）于6月10日至12日在济南舜耕国际会展中心举办。本届老博会共吸引了来自荷兰、韩国、瑞典、德国、日本、香港、台湾及北京、上海等全国十多个省市的参展单位近二百家，参展面积1万多平方米，现场交易额达两千余万元。

【老年普法维权大篷车公益行动】7月1日，省老龄办、济南市老龄办与联合山东新亮律师事务所启动了“老年普法维权大篷车进社区”公益行动，借助大篷车广泛开展普法宣传及法律援助，年内累计到25个基层社区和垦利、龙口、胶州等地开展普法维权活动，为老年人提供了1000余次免费法律咨询，发放《老年人法律常识手册》9000余册，老年法、《山东省老年人权益保障条例》单行本上万册。

【深入开展庆祝老年节系列活动】9月29日，召开了山东省庆祝老年节大会，省委书记、省长连续第三年为全省老年人和老龄工作者致慰问信；省四大班子领导出席了会议。“敬老月”期间，全省上下开展了一系列主题活动，参加活动的省、市两级领导达到160余人次，县（市、区）党政领导达2000多人次，全省各级各界走访慰问老年人60余万人，赠送慰问品、慰问金合计2.76亿元。

各项业务进展

【养老保障工作】加大惠老政策落实力度。2014年，省财政拨付补助资金65.6亿元，将城乡居民基本养老保险基础养老金标准提高到每人每月75元。连续十年提高全省企业退休人员基本养老金，使企业退休人员养老金月均达到2300元左右。安排11.05亿元资金支持社会养老服务体系建设。中央、省级拨付补助资金4.33亿元，帮助农村3.3万户困难老年人家庭完成危房改造。济南、淄博、枣庄、东营、济宁、威海、滨州7个市设立了按老年人数预算或定额拨付的老龄事业发展专项资金，支持老龄事业发展。统一城乡居民基本医疗保险和大病保险制度。统一城乡居民基本医疗保险制度，将政府补助标准由人均不低于280元提高到320元。制定出台了《关于开展居民大病保险工作的意见》，将大病保险筹资标准由15元提高到35元，保障范围由新农合参保居民扩大到所有城乡居民。进一步完善高龄津贴制度。在省级确立百岁以上老人和80岁及以上低保老年人高龄津贴制度的基础上，全省实现了市级层面90岁以上老年人高龄津贴全覆盖。其中，枣庄、威海、滨州对80岁以上，东营市对70岁以上老年人发放高龄津贴。提高老年人优待水平。在全省范围内实现了65岁以上老年人免费乘坐市内公共交通工具，东营、莱芜、临沂三市实现了60岁以上全覆盖。在推动65岁以上老年人免费体检、入院诊疗费用优惠、贫困老年人水电费减免、老年人免费进入公共文化场馆和旅游景点等政策落实方面都取得了积极进展。完善老年人福利制度。建立了困难失能老年人护理补贴制度，按照每人每月不低于60元的标准为“三无”、低保高龄、困难失能老年人发放护理补贴；全面落实农村五保老年人集中供养制度，省级一次性投入1.2亿元对敬老院服务能力提升给予补助，进一步改善五保老人集中供养条件。实施“银龄安康”工程。2014年，老年人意外伤害组合保险参保人数达到539万人，保额超过740亿元，共为3.9万受险人支付了6921万元赔偿金，对完善养老保障体系、降低社会风险成本、减轻家庭经济损失发挥了积极作用。

【社会养老服务体系建设】省政府出台了《关于加快发展养老服务业的意见》，明确养老服务业发展的总体目标和措施，在建设规划、土地供应、资金支持、民办公助、税费减免、价格优惠、加强农村养老服务、推进医养结合、繁荣养老服务消费市场等方面出台了一系列政策措施。省民政厅、财政厅修订完善养老服务机构建设运营相关政策，下放审批权限，简化审批流程，扩大资助范围，激发了社会力量参与养老服务设施建设的积极性，全省民办养老服务机构发展到1000多家，比上年增加了近300家。省教育厅出台了《关于推进养老服务业人才培养工作的实施意见》，初步形成养老人才培养培训体系。2014年，全省年内新增各类养老床位8万张、总量达到50万张，每千名老年人拥有床位29.4张；新增城市社区日间照料中心1237个、总量达到2504个；新增农村幸福院2869个、总量达到5745个；已建成县级养老服务信息平台55处，为老年人提供了便捷高效的养老服务；依托热心老年人家庭，建立邻里养老互助点6500余个，以居家为基础、社区为依托、机构为支撑的社会养老服务体系建设快速推进。

【老年人权益保障】修订《山东省老年人权益保障条例》。为更好地贯彻落实新老年法，省人大内司委、法工委，省法制办、省老龄办等部门，组织人员到省内五市和省外多地开展了立法调研。在调研的基础上，通过专家论证、广泛征求社会意见，经省政府常务会议和省人大常委会多次讨论和审议，对《山东省老年人权益保障条例》实施了修订。健全老年人法律援助网络。依托各级老龄办建立了137个老年人法律援助接待站。同时，在全省选取了206家律师事务所作为法律援助案件受理点。依托乡镇街道司法所、基层法律服务所等，建立法律援助工作站1503个。畅通老年人法律援助渠道。省司法厅开辟了老年人法律援助“绿色通道”，为1.5万名特困、孤寡、病残等老年人发放法律援助卡，通过预约、事前沟通开展上门援助服务，对80岁以上的老年人做到“应援尽援”，全省各级法律援助机构办理各类涉老案件7000余件。创新老年维权工作机制。省老龄办启动实施了“老年普法维权大篷车进社区”公益行动；济南市开设了老年维权热线电话，青岛市设立了老年维权调解中心和涉老案件巡回法庭，淄博市成立了“老年人法律服务联络处”和“淄博市维护老年人权益律师服务团”，济宁市在1100多个村居设立了“孝德调解室”，德州市开展了“关爱老年人法律援助在行动”，菏泽市组织市人大等部门对老年人优待政策执行情况进行了专项检查。12月，省老龄办在全省范围内评选出了“十大老年维权公益活动”，有更多的社会组织和法律援助机构为老年人提供维权保障和法律支持。

【养老服务业和养老产业】推进养老服务领域改革。潍坊、滨州两市被确定为国家级养老服务业发展综合改革试点单位，济南市市中区、潍坊市潍城区、邹城市和邹平县成为我省改革试点单位，围绕健全养老服务体系、完善养老服务发展政策、强化养老服务信息管理、培育养老服务产业集群、加强养老服务队伍建设等方面进行深入有序地探索。扶持民办养老服务机构。省财政拨出1000万元奖励扶持了50家优秀养老服务机构，有力地促进了基层和民办养老服务机构发展。省老龄办举办了第五期优秀养老服务机构管理人员培训班，启动实施了智能化养老工程，为民办老年公寓赠送了智能护理床、轮椅等老年护理用品。建立完善养老服务人才市场。烟台市润康养老服务职业培训学校、潍坊市华都养老服务职业培训学校等教学机构设立了养老服务人才教育培训基地。淄博、烟台、潍坊、莱芜等市建立了以提供居家养老服务为主要内容的呼叫系统和网络服务平台。加强养老领域的对外交流与合作。成功举办了第六届中国（山东）老龄产业博览会。充分利用官方和民间平台，深化与港、澳、台及其他国家（地区）在养老产业、人才培养、文化旅游等方面的交流与合作，举办了“中国老龄产业发展前景与构想暨中日韩老龄产业合作交流论坛”，组团赴日本、澳大利亚、新西兰等国家考察了现代养老产业，省直涉老部门选派人员到荷兰参加了养老服务专题培训。

【老年文化体育事业】繁荣老年文化体育事业。全省县级以上老年文艺团体达到了1383个，各类老年文艺骨干210700余人；各级政府投入修建老年文体活动场馆7624个，老年健身活动站点达到48800余个。打造老年文化活动品牌。省老龄办与省文化厅联合举办了第三届全省“银龄风采”艺术节，与省文联等单位联合举办了第三届全省老年书法美术大赛，与山东省摄影家协会等单位联合举办了第二届全省老龄主题摄影大赛，全省5万多名老年人参与上述活动，涌现出了一大批优秀老年文化工作者，展现出我省老年群体积极向上的精神风貌。7月份，省老龄办与省体育局、省老年体协在济宁市共同主办了第三届全省老年人运动会，青岛世园会期间组织了“万名老人游世园”活动。

【老龄宣传工作】开展系列主题活动。启动了第二届全国“敬老文明号”创建活动，开展了第九届山东省“十大孝星”和第三届山东省“十大寿星”“泰山寿星”“百岁夫妻寿星”排行活动，评选表彰了山东省十佳敬老企业、十佳敬老企业家、山东省十大老龄新闻和老龄新闻宣传好作品。弘扬爱老敬老助老精神。在12月召开的第六届全国敬老爱老助老主题教育活动总结大会上，曲阜市委书记李长胜成为“中华孝亲敬老楷模”，济南市的房泽秋和枣庄市的谢绍爱获“全国孝亲敬老楷模提名奖”，全省另有140位同志荣获“全国孝亲敬老之星”称号，济南市历下区人民政府等6个单位荣获“全国敬老模范单位”称号，获奖人员和单位数量均为全国最多。深入挖掘长寿文化。打造山东长寿之乡品牌，深入挖掘长寿之乡蕴含的经济、社会和文化价值，产生了山东省第5个“全国长寿之乡”和新一批“山东省长寿之乡”。

【老龄调研和科研工作】广泛开展政策调研。省民政厅、省老龄办等部门联合开展了民办养老服务机构状况调研。省老龄办联合省人大法工委、内司委和省政府法制办，就修订《山东省老年人权益保障条例》，先后到省内5市和外省市开展了十余次立法调研。省政协开展了“推动社会力量发展养老服务业”相关调研。省老龄办与省老龄事业发展基金会开展了全省失能老人统计工作。加强科学理论研究。省老龄办举办了第三届老年健康与长寿理论研讨会，与大众报业集团、省老年学学会联合举办了山东省进入人口老龄化20年座谈会，邀请省委、省人大、省政府、省政协和省直有关部门的领导以及部分专家，共同回顾我省人口老龄化进程，分析老龄化发展趋势，研究如何积极应对人口老龄化，形成很多具有建设性的观点和结论。加强老龄科研机构建设。4月份完成了省老年学学会换届工作，目前已有济南、临沂、济宁、菏泽等10个市建立了市级老年学学会，莱州市、单县等6个县（市）建立了县级老年学学会，基层老龄科研工作水平进一步提高。

河南省

综　　述

2014年是社会养老服务体系“十二五”规划的攻坚年。全省老龄系统以贯彻落实党的十八届三中全会、《国务院关于加快发展养老服务业的若干意见》和我省实施意见为主线，以解决养老服务业发展中的瓶颈问题为抓手，以推进城乡居家养老服务为重点，养老服务体系建设成效明显，养老服务业发展中的财政支持、规划和土地供应政策得到进一步完善，养老服务各项优惠政策得到很好的落实，社会力量参与养老服务业的积极性高涨。

一、社会养老保障水平得到新的提高

（一）养老保险服务水平有了新的提高。经省政府批准，2011年至2014年连续4年按10%的幅度提高企业退休人员基本养老金。目前，我省城镇企业退休人员养老金月人均提高到1950元，确保了企业离退休人员基本养老金按时足额发放。城乡居民社会养老保险制度实现全覆盖。

（二）医疗保险服务水平有了新的提高。各地稳步提高居民医保待遇水平，居民医保财政补助由去年每人每年 240 元提高到 280 元，相关待遇水平也稳步提高。扎实做好居民大病保险试点，不断扩大城乡居民大病保险范围。

（三）特殊困难老人的基本生活得到有效保障。城乡低保制度不断完善。农村低保人口 393 万人，城市低保人口 131 万，贫困人口基本生活得到有效保障。城镇“三无”、农村五保老人和困难老人供养水平不断提高。目前我省集中供养的五保老人，年人均供养标准 3200 元，分散供养标准 2220 元，集中供养率达 43%；高龄老人生活补贴制度逐步建立，40 万 80 岁及以上老年人享受到高龄补贴；对独生子女或农村双女户父母 60 周岁后每人每年奖励不低于 840 元，对其中的困难家庭实施救助。

二、推进养老服务业发展的政策体系建设进一步完善

全省各级认真落实《国务院关于加快发展养老服务业的若干意见》（国发〔2013〕35 号）精神，积极协调有关部门，出台了一系列的推进政策。在广泛征求省辖市、省直管县（市）、省直有关部门意见的基础上，出台了《河南省人民政府关于加快发展养老服务业的意见》（豫政〔2014〕24 号）、河南省住房和城乡建设厅、国土资源厅、民政厅、老龄办转发了住房城乡建设部等部门《关于加强养老服务设施规划建设工作的通知》（豫建设标〔2014〕25 号）；河南省住房和城乡建设厅、工业和信息化厅、民政厅、残联、老龄办联合下发了《关于成立河南省开展创建无障碍环境市县工作协调小组的通知》（豫建设标〔2014〕24 号）；河南省发展改革委、民政厅下发了《关于编报 2015 年社会养老服务体系建设储备项目建设方案的通知》（豫发改就业〔2014〕827 号）；省民政厅出台了《关于建立养老服务协作与对口支援机制的实施意见》（豫民文〔2014〕13 号）；河南省民政厅出台了《关于开展公办养老机构改革试点工作的指导意见》（豫民文〔2014〕20 号）；省老龄办等 26 部门联合转发全国老龄办等 24 部门《关于进一步加强老年人优待工作的意见》（豫老龄办〔2014〕7 号）等；另外起草了《河南省关于做好政府购买养老服务工作的指导意见》（征求意见稿）。各地认真贯彻落实上级精神，出台了关于推进养老服务业发展的配套政策。

三、社会养老服务体系建设有新进展

全省各地各级多项举措，积极推进养老服务体系建设。

（一）加大资金投入，引导社会资本参与养老服务业。积极争取中央养老服务体系试点项目资金，支持我省养老机构和农村幸福院建设项目。国家发改委、民政部试点项目 12 个，申请中央投资 1.4 亿，地方政府配套 1.18 亿，总投资 2.6 亿，建成将新增养老床位 3320 张。中央彩票公益金支持农村幸福院建设项目 2034 个，资金 6102 万元。省本级福彩公益金拿出 3000 万元支持养老服务体系建设。

（二）树立典型、加强管理、提高安全意识。开展示范单位创建活动，省民政厅命名表彰了 10 个示范县（市、区）、68 个养老服务机构示范单位。

（三）积极引导和鼓励社会资本举办规模化、连锁化的养老服务机构。将省级以上人民政府投资兴办的发挥实训、示范功能的养老机构设立许可和外国的组织、个人独资或者合资，涉港澳台投资的养老机构设立许可，下放省辖市、直管县（市）人民政府民政部门审批发证。降低门槛，鼓励个人举办家庭化、小型化养老服务机构。简化程序，取消开办养老服务机构的筹建审批手续，改为建成验收合格后发行政许可证的办法。

（四）大力推进养老服务信息化建设。全省对开通 12349 为老服务信息平台的，从省本级福彩公益金中以“以奖代补”形式资助 30 万元，有力地推进了养老服务信息化建设。全省已建成 1 个省级、12 个市级和 20 个县级 12349 为老服务信息平台，为居家老年人提供助餐、助浴、助急、助医、助洁等信息支持，努力打造“十分钟为老服务圈”。建立了全省养老服务信息管理直报系统。目前入网老年人已超过百万。

（五）积极申报国家养老服务业综合改革试点城市工作。各地积极申报国家养老服务业综合改革试点城市，省通过召开评审会议，确定了由洛阳、漯河、安阳、焦作、鹤壁 5 市申报国家养老服务业综合改革试点城市。国家民政部、发展改革委确定我省洛阳市和漯河市为国家养老服务业综合改革试点城市。

（六）积极组织养老护理员培训。采取集中培训与网上培训相结合的形式，积极组织养老服务人员培训，全年共组织培训了 1500 多名养老护理员、养老机构院长和行政管理干部等，持证上岗率 31.5%，比去年提高 11.7 个百分点。截至 2014 年底，全省有各类养老服务机构 4090 个，养老床位 35.2 万张，其中，公办养老机构（含敬老院、光荣院、福利院等）3310 家，26 万张床位；社会办养老机构 780 家，90928 张床位。全省每千名老人拥有床位数26.6张。目前，全省有城市社区养老服务设施（托老站）1194个，覆盖率26.6%；农村养老服务设施（幸福院）7160个，覆盖率15.3%。

四、老年文化活动丰富多彩

（一）开展了河南省第五届“十大敬老楷模”评选活动。省老龄办、民政厅联合广电厅、教育厅、妇联、团省委、关心下一代工作委员会下发了《关于开展第五届“河南省十大敬老楷模”评选活动的通知》，省评选组织工作委员会遵循公开、公正、公平的原则，经过自下而上逐级推荐、网上评选、评审委员会评选、公示等程序，命名了第五届“河南省十大敬老楷模”10人、第五届“河南省十大敬老楷模”提名奖9人、第五届“河南省敬老之星”149人，第五届“河南省敬老模范单位”24个。9月26日在郑州举办了隆重表彰大会。

（二）开展了第二届“敬老文明号”创建活动。省老龄办转发了《全国老龄办关于开展第二届全国“敬老文明号”创建活动的通知》，提出了创建要求，明确了各级创建本级“敬老文明号”的时间。

（三）组织评选、参与第四届中国老年文化艺术节活动。下发了《河南省老龄工作委员会关于承办第四届中国老年文化艺术节豫剧活动周的通知》，旨在推动河南基层老年文化活蓬勃发展，营造欢乐祥和、健康文明社会文化氛围，展现老年人风彩。本届全国豫剧大赛评选出金、银奖各10名、铜奖25名，鹤壁市老年票友侯秋喜、申红武同获金奖。

（四）开展大型老年歌唱类公益电视节目《金色好声音》活动。省老龄办与河南金色文化传媒有限公司、河南电视台联合创办了老年歌唱类电视节目《金色好声音》。河南卫视每周五晚间播出，周六上午重播。节目旨在传递“我们永远青春”的正能量。

（五）开展丰富多彩的“敬老月”系列活动。“敬老月”期间，全省各地举办了丰富多彩的活动。如省老龄办举办了全省老年舞蹈大赛、“情系老人”文艺汇演等活动，还连续两年与郑州市老龄办联合举办了老年嘉年华、慰问贫困老年人活动等；各省辖市根据全国老龄办“敬老月”活动主题，开展了激情文化广场、老年风采大赛、爱老送文化、“关爱老人”孝亲敬老征文、摄影比赛、孝亲敬老文化进学校、进家庭等活动。通过活动的开展，让广大老年朋友感受到社会的关爱、政府的关注，享受到社会进步的成果。

五、进一步建立健全老年人优待政策

省辖市、省直管县（市）普遍出台了老年人优待办法，从旅游景点、公共交通、医院、各类服务窗口等都体现了对老年人的优待。省老龄办等26部门联合转发全国老龄办等24部门《关于进一步加强老年人优待工作的意见》（豫老龄办〔2014〕7号）。推进了80岁以上高龄补贴政策出台，目前全省百岁老人高龄补助金全面落实，补贴标准从每人每月100～500元不等；10个省辖市、县（区）出台了90岁以上高龄补贴政策，标准从10～200元不等；7个省辖市、9个县（市、区）出台了80岁以上老人的高龄补贴政策，标准从10～100元不等。

六、强化老龄舆论宣传，积极营造浓厚的尊老、敬老、助老社会氛围

省老龄办高度重视老龄宣传工作，充分利用各成员单位职责，大力开展老龄宣传工作，不断扩大宣传声势。

（一）扎实开展纸媒体宣传，积极服务老年人文化新需求。一是创办《老龄周刊》。省老龄办与河南法制报联合创办的《老龄周刊》，设有河南老龄、养老天地、医疗卫生、养生保健、心灵驿站、家庭医生、书画艺术、家庭生活、旅游休闲、史海茶座等18个栏目，每周一期。二是出版老年杂志。与黑龙江省老龄办合作创办了《老年学习生活》杂志。河南省老龄办出版下半月刊。内容有纪实、情感、养生、休闲、乐活等五大板块，主要面对本省老龄系统发行，同时面向全国发行，2014年共发行12期。

（二）与广电媒体合作打造老年专题栏目，展示老年群体时代新风采。一是充分利用广播媒体，创办《老朋友》节目。省老龄办与河南人民广播电台、省委老干部局联合创办的老年广播节目《老朋友》，节目设《养生早餐》和《精彩老朋友》两个子栏目。每天早上在河南人民广播电台播出一个小时，成为老年朋友的“早餐可乐”。二是利用电视媒体，开办《金色时光》节目。省老龄办与河南电视台联合创办了《金色时光》栏目，以反映老年人生活，弘扬敬老助老风尚为主要内容。节目自2013年4月开办以来，在河南电视台公共频道已播出83期。省老龄办与省敬老助老总会合办的《金色梦舞台》，是一档展示老年人才艺梦想，展现当代老人“老有所乐、老有所为”时代风采的电视节目，每周日上午河南卫视首播，次日上午重播。每期时长48分钟。自2011年10月5日（重阳节）开播以来，已制播146期，访谈嘉宾300多人次。三是利用电影媒体，制作了全国首部养老系列电影科教片。省老龄办联合河南电影电视制作集团、河南电影制片厂，共同制作了我国首部养老系列电影科教片——《科学养老 快乐生活》，该片以通俗易懂的语言和生动形象的画面，深入浅出地介绍了我国社会养老法律法规、保障制度、养老模式、老年人照顾等内容，深入剖析了老年人情感世界，并以实际案例讲述了老年人所享有的各项权利，是一部普及养老知识的科普教材。影片共分 8 集，每集时长 20 分钟。目前该片已经国家新闻出版广电总局电影局审查批准公映。

（三）利用网络平台，建立为老服务新模式。河南老龄网正式上线以来，承担了河南老龄系统在互联网上发布政务信息和提供办事服务的综合性事务，是省老龄办实施政务公开、对外宣传和便民服务的窗口，不仅能较全面的反映河南老龄工作情况，也为申办养老服务机构等提供了方便，还从中了解学习外地老龄工作经验。截至目前，网站已发布各类信息稿件 2000 余篇。

七、普法用法，老年人维权意识进一步增强

新修订的《中华人民共和国老年人权益保障法》实施以来，全省各地通过多种形式，广泛开展老年法进机关、进乡村、进社区、进学校、进企业、进单位宣传教育活动。每年“敬老月”期间都免费发放老年法宣传册，开展涉老法律咨询，普及法律知识，增强老年人维权意识。我省基层法院普遍设立了维护老年人合法权益巡回法庭，律师事务所设立了老年人维权岗等，为维护老年人的合法权益提供专业化的法律服务。全省调解涉老纠纷 1000 余起，有效化解了矛盾，维护了社会和谐稳定。

重要会议和活动

【召开加快发展养老服务业工作电视电话会议】2014 年 5 月 21 日，河南省政府召开了“河南省加快发展养老服务业工作电视电话会议”。会议的主要任务是：总结全省养老服务业工作发展现状和存在问题，明确当前和今后一个时期工作目标、主要任务和政策措施，对加快养老服务业发展提出要求。会议明确了发展目标：到 2020 年，养老床位有较快增长，养老床位包括养老机构数达到每千名老人 35～40 张；覆盖城乡的基本养老服务体系初步建成，符合标准的老年人日间照料中心、老年人活动中心等服务设施覆盖所有城市社区，90％以上的乡镇和 60％以上的农村社区建立包括养老服务在内的社区综合服务设施和站点；专业化的培训制度和机制基本建立，养老护理员培训率达到 90％，持证上岗率达到 90％以上；产业规模显著扩大，以老年生活照料、老年产品用品、老年健康服务、老年体育健身、老年文化娱乐、老年金融服务、老年旅游等为主的养老服务产业全面发展，力争培育一批带动力强的龙头企业，打造一批养老服务知名品牌，形成一批养老服务产业集群，解决一大批养老服务业的就业岗位；发展环境更加优化：养老服务业政策法规体系建立健全，行业标准科学规范，监管机制更加健全完善，服务质量明显提高。会议提出以下要求。一是加快发展居家养老服务。要支持建立以企业和机构为主体、社区为纽带、满足老年人各种服务需求的居家养老服务网络，进一步健全县（市、区）、乡镇（街道）、村（社区）三级居家养老服务网络。二是加快发展社区养老服务。要加强老年人日间照料中心、托老所等社区养老服务设施建设，充分整合资源，依托社区综合服务设施，创建一批服务设施完善、信息网络健全、管理服务规范的养老服务示范社区。完善现有为老服务功能，不断拓展服务项目。三是积极推进医养相结合。认真落实养老服务机构医疗政策，引导、鼓励、促进医疗卫生资源进入养老服务机构、社区和居民家庭，转变服务模式，主动为失能半失能和独居老人提供上门服务，开设家庭病床。支持有条件的养老服务机构开办医疗机构，开展护理、康复等服务。要进一步优化医疗保险报销程序和结算方式，切实解决老年人异地就医结算问题。探索建立长期护理保障制度。四是加快发展养老服务机构。各地公办养老服务机构要充分发挥托底作用，重点为困难老人提供无偿或低收费的供养、护理服务。重点发展供养型、养护型、医护型养老服务机构，为半失能、失能老年人提供专业化照料服务，并辐射周边社区，发挥示范带动作用。鼓励个人举办家庭化、小型养老服务机构，鼓励社会力量举办规模化、连锁养老服务机构，鼓励民间资本对企业厂房、商业设施及其他可利用的社会资源进行整合和改造，用于提供养老服务。开展公办养老服务机构改制试点，政府投资兴办的养老服务机构床位可通过公建民营等方式管理运营。会议强调，养老服务工作涉及面宽，政策性强，关注度高，各级、各部门要进一步加强组织领导，密切配合、形成合力，为养老服务业发展提供有力支撑。

【省老龄委召开了第九次全体会议】10 月 21 日，河南省老龄工作委员会召开了第九次全体会议。会上李亚主任指出，我省人口老龄化形势严峻，推进社会养老服务体系建设的任务十分艰巨。党中央、国务院高度重视老龄事业，出台了一系列政策性文件，我省也相继出台了一系列政策性文件，大力推进了我省老龄事业的发展。面对新情况、新要求，我们一定要认清形势，切实增强做好老龄工作的责任感和紧迫感。李亚主任强调，有关部门要抓紧采取有力措施，加大投入力度，集中力量攻坚，确保如期完成老龄事业发展“十二五”规划目标；要各司其职，加强配合，认真落实优惠政策，建好试点项目，创新运行机制，加强养老服务人员培训，加强督促检查，加快发展养老服务业；要健全和完善基本养老保险制度、基本医疗保险制度、贫困老年人救助制度，鼓励倡导建立高龄津贴制度，大力加强社会养老保障体系建设；要加强宣传，认真做好老年人优待工作，弘扬孝亲敬老文化，加快老年人权益保障体系建设；要配合全国老龄办实施好第四次城乡老年人口状况抽样调查，积极做好“十三五”规划预研工作。老龄工作是一项宏大的社会系统工程，必须坚持“党政主导、社会参与、全民关怀”的工作方针。各级各部门一定要高度重视老龄工作，进一步加强组织领导，各成员单位要加强沟通协调，密切配合，把我省老龄工作做实做好。要组建养老政策落实督导组，按责任分工，逐项定期检查落实，定期向省政府报告情况，确保各项目标任务按时完成。省民政厅厅长、省老龄委副主任冯昕作关于全省老龄工作情况和近期工作意见的报告。省发展改革委、财政厅、人力资源和社会保障厅、住房和城乡建设厅、卫计委五部门负责同志作了典型发言。会议还审议通过了修订充实后的老龄委成员单位职责。

【召开了全省农村幸福院建设和城市社区养老服务工作现场会】2014 年 8 月 27 至 28 日，省民政厅在焦作市武陟县和许昌市召开了全省农村幸福院建设和城市社区养老服务工作现场会。会议的主要内容是：总结全省农村幸福院建设和城市社区养老服务工作情况、查找问题、交流经验、进一步明确我省农村幸福院建设和城市社区养老服务工作任务。武陟县、郑州市、兰考县、安阳市北关区分别介绍了本地开展农村幸福院和城市日间照料中心建设的经验，实地参观了焦作市武陟县 4 个农村慈善幸福院和许昌市社区养老服务工作 3 个工作场所。会上，常东河副厅长总结了我省农村幸福院建设情况。肯定了各地按照“突出重点、适度普惠、政府主导、群众参与、乡村主办、因地制宜、量力而行、扎实推进”的原则，调查摸底，制定计划，明确职责，强化机制，稳步推进农村幸福院建设工作的做法，并肯定其初步成效。充分肯定了武陟县在实践中求创新，把农村养老服务工作与慈善有机结合的做法，认为其探索出了可行的农村幸福院长效运行机制，深受老年人欢迎。对许昌市魏都区城市社区养老工作也给予了高度评价。许昌市 12349 为老服务平台，与智能城市融为一体，樊沟社区日间照料中心，既提供社区老年人休闲娱乐、餐饮住宿服务，也提供康复训练，长期照料护理服务，利用互联网、物联网技术导入医疗诊查、行为、心律等实时监测，功能齐全，打造一个医养结合、环境优美的老人之家。两地的工作成效，为全省农村幸福院建设和城市日间照料中心建设工作提供了经验，起到了示范引领作用。会议提出了五点要求：一是切实增强做好农村幸福院建设和城市社区养老服务工作的责任感和紧迫感；二是强化措施，抓好落实；三是加强管理，完善功能；四是加大宣传力度；五是加强资金监管，确保资金安全。

【参加省政府举办的现代服务业开放合作洽谈会，成绩显著】9 月 25 日省政府在郑州举办了“2014 年河南省现代服务业开放合作洽谈会”。此次洽谈会是一次以现代服务业为主题的大型专题洽谈招商活动。我厅负责养老服务业专题招商洽谈工作。共邀请了境内外养老服务领域重要客商近 50 余名，签约养老服务重大合作项目 18 个，涉及金融保险、投资建设、信息系统开发、老年用品研发生产、老年保健旅游等等多方面的内容，合同投资金额近 20 亿元。此次招商洽谈活动，促进了我省养老服务行业与境内外同行的广泛交流，充分展现了我省养老服务业的发展现状和广阔前景以及对养老服务产品的巨大市场需求和对投资人的所带来的重大商机。尤其是经过与银行、保险等金融机构的洽谈对接和签订战略合作协议，对引进保险资金进入我省养老服务领域和解决养老服务企业的融资贷款难题起到了积极的推动作用。

各项业务进展

【出台推进养老服务业发展的政策】全省各级认真落实《国务院关于加快发展养老服务业的若干意见》（国发〔2013〕35 号）精神，积极协调有关部门，出台了《河南省人民政府关于加快发展养老服务业的意见》（豫政〔2014〕24 号）、《关于加强养老服务设施规划建设工作的通知》（豫建设标〔2014〕25 号）、《关于成立河南省开展创建无障碍环境市县工作协调小组的通知》（豫建设标〔2014〕24 号）等一系列的推进政策。

【社会养老服务体系建设】全省各地各级采取加大资金投入、示范引领、政策扶持等多项举措，积极推进养老服务体系建设。截至 2014 年底，全省有各类养老服务机构 4090 个，养老床位 35.2 万张，其中，公办养老机构（含敬老院、光荣院、福利院等）3310 家、26 万张床位；社会办养老机构 780 家、90928 张床位。全省每千名老人拥有床位数 26.6 张。目前，全省有城市社区养老服务设施（托老站）1194 个，覆盖率 26.6%；农村养老服务设施（幸福院）7160 个，覆盖率 15.3%。全年共组织培训 1500 多名养老护理员、养老机构院长和行政管理干部等，持证上岗率31.5%，比上年提高11.7个百分点。

【老年文化活动】一是开展了河南省第五届“十大敬老楷模”评选活动。命名了第五届“河南省十大敬老楷模”10人、第五届“河南省十大敬老楷模”提名奖9人、第五届“河南省敬老之星”149人，第五届“河南省敬老模范单位”24个。二是组织评选、参与第四届中国老年文化艺术节活动。本届全国豫剧大赛评选出金、银奖各10名、铜奖25名，鹤壁市老年票友侯秋喜、申红武同获金奖。三是开展大型老年歌唱类公益电视节目《金色好声音》活动。省老龄办与河南金色文化传媒有限公司、河南电视台联合创办的老年歌唱类电视节目《金色好声音》。河南卫视每周五晚间播出，周六上午重播。节目旨在传递“我们永远青春”的正能量。四是开展丰富多彩的“敬老月”系列活动。“敬老月”期间，全省各地举办了丰富多彩的活动。如省老龄办举办了全省老年舞蹈大赛、“情系老人”文艺汇演等活动，与郑州市老龄办联合举办了老年嘉年华、慰问贫困老年人活动等；各省辖市根据全国老龄办“敬老月”活动主题，开展了激情文化广场，老年风采大赛，爱老送文化，“关爱老人”孝亲敬老征文，摄影比赛，孝亲敬老文化进学校、进家庭等活动。通过活动的开展，让广大老年朋友感受到社会的关爱、政府的关注，享受到社会进步的成果。

【老龄宣传工作】一是扎实开展纸媒体宣传，积极服务老年人文化新需求。充分利用《老龄周刊》，刊登老龄信息、养老养生、医疗保健等内容，每周一期。全年发行54期。创建《老年学习生活》杂志，内容有纪实、情感、养生、休闲、乐活等五大板块，面向全国发行全年发行12期。二是与广电媒体合作打造老年专题栏目，展示老年群体时代新风采。河南首档老年广播节目《老朋友》，每天早上在河南人民广播电台播出一个小时，成为老年朋友的“早餐可乐”。利用电视媒体，开办《金色时光》节目，以反映老年人生活，弘扬敬老助老风尚为主要内容。开办《金色梦舞台》栏目，展示老年人才艺梦想，每周日上午河南卫视首播，次日上午重播，每期时长48分钟。三是利用电影媒体，制作了全国首部养老系列电影科教片。省老龄办联合河南电影电视制作集团、河南电影制片厂，共同制作了我国首部养老系列电影科教片——《科学养老 快乐生活》，该片以通俗易懂的语言和生动形象的画面，深入浅出地介绍了我国社会养老法律法规、保障制度、养老模式、老年人照顾等内容，深入剖析了老年人情感世界，并以实际案例讲述了老年人所享有的各项权利，是一部普及养老知识的科普教材。影片共分8集，每集时长20分钟。四是利用网络平台，建立为老服务新模式。河南老龄网是省老龄办实施政务公开、对外宣传和便民服务的窗口，不仅能较全面的反映河南老龄工作情况，也为申办养老服务机构等提供了方便，还从中了解学习外地老龄工作经验。

【老年维权工作】新修订的《中华人民共和国老年人权益保障法》实施以来，全省各地通过多种形式，广泛开展老年法进机关、进乡村、进社区、进学校、进企业、进单位宣传教育活动。敬老月期间免费发放老年法宣传册，开展涉老法律咨询，普及法律知识，增强老年人维权意识。我省基层法院普遍设立了维护老年人合法权益巡回法庭，律师事务所设立了老年人维权岗等，为维护老年人的合法权益提供专业化的法律服务。全省调解涉老纠纷1000余起，有效化解了矛盾，维护了社会和谐稳定。

湖北省

综　　述

截至2014年底，湖北省全省常住人口5816万人，60岁以上993.32万人，占总人口的17.07%。2014年，全省老龄工作坚持以邓小平理论、“三个代表”重要思想和科学发展观为指导，深入贯彻党的十八大和十八届三中、四中全会以及全国老龄委第十六次全会和全国老龄办主任会议精神，坚持为民务实清廉，克难攻坚，竞进提质，认真抓好《中华人民共和国老年人权益保障法》，省委、省政府《关于进一步加强老龄工作的意见》和《湖北省老龄事业发展“十二五”规划》等老龄法规政策落实，老龄事业再上新台阶。

一、发挥参谋协调督办作用，老龄政策法规得到进一步落实

（一）深入调研，为党委政府决策老龄工作提供科学参考。围绕党的十八届三中全会决定关于“积极应对人口老龄化，加快建立社会养老服务体系和发展老年服务产业，健全农村留守老年人关爱服务体系”的总体要求，结合湖北实际，深入开展调查研究，积极为省委、省政府决策和深化老龄工作改革当好参谋。省老龄办领导班子成员分别带队，对阳新、郧西、大悟、英山、通山、宣恩等6个贫困县18个乡镇的老年人生活状况进行了调查；联合中南财经政法大学开展了全省失能老人生活状况调查；联合湖北大学开展了全省老年人力资源开发调研；联合华中科技大学开展了老年健康管理调研；联合湖北工程大学开展了孝文化研究。调研报告分别报送省委省政府领导及相关部门参阅。《我省贫困山区老年人生活状况调查报告》《大悟县农村老年人生存状况调查报告》获2014年度全国老龄政策调研成果优秀奖；孝文化研究论文获全国敬老文化论坛一等奖。围绕老龄工作的热点、难点问题，全省各地也开展了多个课题的调研活动，成果丰硕，为当地党委政府决策老龄工作、推动老龄事业发展提供了很好的参考。咸宁市《打造为老服务网络平台 推进居家养老创新发展》调研报告获得了市委书记重要批示，并通过《决策参考》印发。武汉市组织力量赴外省调研后，起草的《关于80至89周岁老年人普发高龄津贴情况的调查与建议》受到市委市政府的高度重视，推动了80岁以上老年人高龄津贴制度的全面落实。2014年，全省各地共提交调研报告75篇。

（二）发挥检查督办作用，推动老龄政策法规贯彻落实。上半年，通过调查摸底，对全省高龄津贴制度建立和发放情况进行了通报，推动各地进一步加快实施这一惠民工程。9至11月份，组织全省各地开展了老龄政策法规落实情况大检查，在各地自查的基础上，联合省老龄委部分成员单位对部分市州进行了检查，督促协调各地、各部门深入贯彻落实《中华人民共和国老年人权益保障法》《省委、省政府关于进一步加强老龄工作的意见》和《湖北省老龄事业发展“十二五”规划》。通过检查督办，推动老龄政策法规进一步贯彻落实，促进了老龄事业的健康发展。

（三）积极建言献策，加强政策创制。配合民政等相关部门，研究制定贯彻落实国务院〔2013〕35号文件的具体措施，出台了《湖北省人民政府关于加快发展养老服务业的实施意见》《关于加快发展社区养老院的意见》《关于做好养老服务设施规划建设工作的通知》《关于养老机构设立许可的指导意见》等多个加快发展养老服务业的细化配套文件，进一步完善了全省养老服务业发展的政策支撑体系。

二、推进养老服务事业发展，老年福利水平不断提高

（一）着力推进养老服务设施建设。认真贯彻落实国发〔2013〕35号文件精神，省政府印发了《关于加快发展养老服务业的实施意见》（鄂政发〔2014〕30号），将发展养老服务业提升到省委、省政府发展战略的高度，着力推进。全省各级老龄工作部门积极参与社会养老服务体系建设，结合当地实际，在为老服务方面进行了积极的探索和实践。到2014年底，全省各类养老服务机构已达2572个，养老床位总数23.6万张，建立社区居家养老服务中心1315个，农村老年人互助照料中心1941个，日间照料床位10007张，有10个市建立了居家养老服务信息平台，基本形成覆盖城乡可持续发展的社会养老服务体系。联合省住建厅、省民政厅下发了老年宜居社区建设指南，在检查、评审的基础上，对10个社区授予“老年宜居社区”。

（二）稳步推进基层老年协会建设。为全面推进基层老年协会建设，依托协会为广大老年人特别是留守老人、空巢老人做好事、办实事，2014年省老龄办认真抓了4项工作。一是联合省民政厅下发了《关于统筹推进城乡社区居家养老服务和基层老年协会“乐龄工程”建设的意见》，推动社区居家养老、农村互助式养老服务与老年协会协同发展。二是及时推广了武汉市蔡甸区蔡甸街齐联村老年协会的建设经验和用改革创新思路推进基层老年协会建设的做法。三是分别在咸宁、荆州、十堰、黄冈等市举办了5期基层老年协会会长培训班，培训会长616名，提高了基层老年协会的组织管理和为老服务能力。四是开展了先进基层老年协会和先进老年协会会长评比表彰活动，表彰先进老年协会119个、先进会长116人。各地按照“六个老有”的要求，克服困难，抓点带面，建立组织，落实阵地，健全制度，开展活动，积极抓好基层老年协会建设。到2014年底，全省已建基层老年协会1.6万个，城乡覆盖率分别达到82%和65%。武汉、孝感、咸宁、天门、潜江等地城市社区老年协会建会率已达90%以上，武汉、孝感、天门等地农村社区建会率已达85%以上。

（三）努力推动高龄津贴制度落实。各地按照省委、省政府关于全面建立80岁以上高龄老人津贴制度的要求，千方百计做工作，取得了良好效果。截至目前，全省共有96个市县区建立并实施了高龄津贴制度，覆盖率82.76%，享受高龄津贴的人数约94.49万人，年发放经费近5亿元。其中，从80岁开始发放高龄津贴的有78个市（县、区）。武汉市将80岁以上高龄津贴发放标准提高到100元每人每月，神农架林区将高龄津贴发放年龄拓宽至75岁。为规范高龄津贴发放和管理工作，提高发放效率，省老龄办下发了关于加强高龄津贴管理工作的通知，投资40万元研发了高龄津贴发放管理系统，现已在全省推广使用。

（四）积极引导老年人参与商业保险。省老龄办印发了《关于配合中国人寿湖北省分公司做好老年人意外伤害保险推进工作的通知》，要求各级老龄工作部门积极配合中国人寿湖北分公司和其他商业保险部门，共同做好老年人意外伤害保险的宣传和推介工作，引导广大老年人及其子女、基层老年人服务管理机构，积极参与支持办理老年人意外伤害保险活动，为老年人编织更加完善的生活保障安全网。目前，老年人意外伤害保险办理工作稳步推进，广大老年人投保意识不断增强，参保人数不断增加。

三、落实老年优待政策，老年人合法权益得到有效维护

（一）深入贯彻全国老龄办等24部委《关于进一步做好老年优待工作的意见》。联合省直相关部门将全国老龄办等24部门《关于进一步加强老年人优待工作的意见》转发各地、各部门贯彻落实，并结合我省实际，提出具体要求。

（二）检查督办，老年优待政策全面落实。利用全省老龄政策法规大检查契机，对各地贯彻落实情况进行检查督办。2014年仙桃市实现65周岁以上老年人免费乘坐市内公共汽车，至此我省老年优待政策在市、州层面已得到全面落实，大部分县市区落实情况也较好。全省共有免费公交线路1284条，车辆2.1万辆；免收普通门诊挂号费医院4013所；门票半价或全免景区景点318个、纪念馆204个、宗教活动场所433个。少数地方的景区、场馆门票已向65周岁以上老年人实行免费；崇阳县60周岁以上老年人均可享受免费乘车优待。全年为32万老年人免费办理了湖北省老年人优待证。

（三）扎实开展老年维权工作。坚持在湖北电台每月举办4期老年维权热线直播节目，联合司法厅开展“老年法律援助十大优秀案例”评选表彰活动，宣传涉老政策，为老年人提供法律咨询和援助服务。通过直办、转办、督办，认真做好老年信访工作。据不完全统计，全省各级老龄工作部门接待来信、来访、来电5000多人次，对每一件来信、来访、来电，严格按照《信访工作条例》，做到热心接待、耐心解答、尽心办理，切实维护老年人的合法权益。

四、加强敬老宣传教育，尊老敬老社会氛围进一步浓厚

（一）紧扣社会主义核心价值体系建设抓好老龄宣传教育。一是联合相关部门转发了全国老龄办等10部门《关于培育和践行社会主义核心价值观，加强老龄宣传教育工作的通知》，明确了老龄宣传教育的指导思想、总体目标、主要内容和具体要求。二是认真做好《湖北老龄》编撰刊发工作。对《湖北老龄》进行了改版和内容提升，增强宣传教育的针对性。全年编审文章近300篇，共计80多万字，双月刊发行5000多份。三是对“湖北老龄”网站进行了全面改版升级。网站审阅刊发全省老龄部门稿件2195篇，转发新闻资讯2200条，更新相关栏目信息1100条，点击率在全国同类网站中名列前茅。四是积极协调各主流媒体开展老龄宣传教育，做到电视有画面、广播有声音、报纸有消息，取得了良好的社会效果。

（二）大力表彰尊老敬老先进典型。联合省文明办、省民政厅等省直7个部门开展了第四届感动荆楚“十大杰出老人”和“十大敬老楷模”评选表彰活动，9月26日在湖北电视台800平方米演播厅举办了颁奖晚会。“十大杰出老人”的事迹激人奋进，“十大敬老楷模”的故事感人至深，对弘扬中华民族尊老敬老传统美德，展示广大老年人的社会价值具有积极示范作用。在全省广泛开展了尊老敬老爱老助老主题教育活动。通过层层评选申报，被全国老龄办等7部委授予“中华孝亲敬老楷模”2人、“中华孝亲敬老楷模提名奖”1人、“全国孝亲敬老之星”97人、“全国敬老模范单位”4个。表彰省级“孝亲敬老之星”85名、“敬老模范单位”52个。各市州也层层开展了形式多样的尊老敬老先进典型表彰活动，营造了浓厚的关爱老年人的社会氛围。

（三）扎实开展“敬老月”活动。根据全国老龄委的安排部署，以省老龄委名义下发了《关于开展2014年“敬老月”活动的通知》，在全省周密组织开展“敬老月”活动。“敬老月”期间，省和各市州县党政领导亲自出面走访慰问老年人，社会各界广泛开展走访慰问、尊老敬老宣传表彰、中老年文娱竞技、法律维权宣传、为老志愿服务等活动，扎扎实实为老年人做好事、办实事。据不完全统计，各级共走访慰问老年人150多万人次，为老年人做好事、办实事200多万件。

（四）广泛传播敬老文化。10月份在孝感市举办了首届湖北敬老文化论坛，300多人参加论坛活动，收集论文140多篇，全国老龄办副主任吴玉韶应邀出席论坛大会并作主旨演讲。11月份组织参加了全国敬老文化论坛，我省获组织奖，并有20篇论文获奖，其中一等奖3篇。孝感市与国际亚细亚民俗学会举办了重阳与亚洲孝道文化国际论坛暨国际亚细亚民俗学会第十五次学术大会，来自德国、英国、韩国等15个国家及海峡两岸的100多位知名学者齐聚一堂，研讨孝道文化。

五、组织老年人参与社会活动，充分展示老年人的价值和风采

（一）扎实开展“银龄行动”。全年安排专项经费60万元，开展“银龄行动”项目29个，在16个市州组织老年科技工作者开展了以“科技援农”为主题的送科技、送医疗、送文艺、助老帮扶等活动，关爱农村老年人，带动农民增产增收，丰富农村文化生活。据统计，全省开展送医送药活动80多次，义诊1.6万多人，送药价值28万元；组织农村种养殖科技培训60多次，培训技术骨干4500余人次，发放科技资料6000余册；组织文艺志愿者400余人，下乡演出60多场，观众达3万多人。

（二）认真组织第九届全省中老年人才艺大赛。为充分调动广大老年人参与文化艺术活动的积极性，丰富老年人的精神文化生活，展示当代老年人热爱生活、积极向上的精神风貌，营造欢乐祥和、健康文明的社会文化氛围，与省文化厅联合举办了第九届中老年人才艺大赛。大赛自下而上、层层展开，全省举办各类棋牌、书画、球类比赛80余场，有3万多名中老年人参与比赛。决赛评出金、银、铜奖：声乐类20名、舞蹈类19名、书法类42名、绘画类23名。

（三）广泛开展老年人读书活动。为激发广大老年人的读书热情，展示广大老年人的学习成果，不断推进“老有所学”的工作目标，根据省“全民阅读活动”精神，在全省广泛开展了老年人读书有奖征文活动，并在机关门户网站开辟专栏。广大老年人积极参与，踊跃投稿，共收到近百篇作品。经评审，共评出一等奖3篇，二等奖5篇，三等奖8篇，优秀奖13篇。

（四）广泛组织老年志愿服务活动。各级老龄工作部门广泛组织老年科技工作者、老年志愿者积极参与经济社会建设。据不完全统计，全省有4万多名老年科技工作者积极参加教学科研等活动，40多万名老年志愿者常年参加社会治安、文明创建、交通引导等社会服务活动，为“两个文明”建设做出了积极的贡献。

重要会议和活动

【全省老龄办主任会议】8月7日，全省老龄办主任会议在武汉丽江饭店召开。会议全面贯彻落实全国老龄委第十六次全体会议、全国老龄办主任会议、全国老年人优待工作会议、社区为老服务信息平台建设工作会议、第二届全国“敬老文明号”创建活动启动会等会议精神，总结分析“十二五”以来全省老龄工作形势，交流经验，研究部署今后一个时期的老龄工作。全省各市、州、直管市、神农架林区老龄办主任（部分市州民政局分管局长）和综合科科长参加了会议。省老龄办主任、党组书记刘长斗讲话，党组班子成员和机关各处、直属单位负责人出席会议。

【省领导看望慰问老人】9月28日，甘荣坤副省长率省直相关单位负责同志前往武汉市武昌区民办养老机构——大家庭·养老院、武汉大学，先后走访慰问养老院老人和湖北省第二届“十大杰出老人”萧致治、第四届“十大杰出老人”杨昌林，向他们并通过他们向全省广大老年人送去党和政府的节日问候和良好祝福。9月29日，省委书记李鸿忠，省委副书记、省长王国生，省委副书记张昌尔，省委常委、常务副省长王晓东，省委常委、省委秘书长傅德辉，省委常委、宣传部长尹汉宁分别走访慰问老干部、老战士、烈士遗属和老劳模、老先进典型。

【“十大杰出老人”“十大敬老楷模”评选表彰】4月至9月，省老龄办联合省文明办、省民政厅、省总工会、团省委、省妇联、湖北广播电视台等7个部门开展了第四届感动荆楚“十大杰出老人”和“十大敬老楷模”评选表彰活动。“十大杰出老人”的事迹激人奋进，“十大敬老楷模”的故事感人至深。9月26日在湖北电视台800平方米演播厅举办颁奖晚会，省人大副主任赵斌，省政协原副主席、省老年学学会会长胡永继，省政协原副主席、省老科协主席翁行德以及省直有关厅局领导出席晚会并为杰出老人和敬老楷模颁奖。

【敬老文化论坛】10月16日，由省老龄办主办，湖北工程学院、孝感市委宣传部、孝感市老龄办承办，中国人寿保险股份有限公司湖北省分公司协办的2014年中国（湖北）敬老文化论坛在孝感市举行。副巡视员王建楷主持，刘长斗主任致辞，全国老龄办副主任、中国老龄科学研究中心主任吴玉韶出席论坛并作主旨演讲，湖北工程学院党委书记肖波等领导，以及来自全省30多家单位的老龄专家学者、部分论文获奖者、学生代表1000多人出席本届论坛。

【基层老年协会会长培训班】根据全国老龄办《基层老年协会建设‘乐龄工程’实施方案》的通知精神和我省年度工作安排，投入经费40万元，4月至10月，分别在咸宁、荆州、十堰、黄冈等地举办了5期基层老年协会会长培训班。来自全省城乡的616名基层老年协会会长参加了培训。聘请有关专家学者和有实践工作经验的老龄工作者，采取理论讲座、视频教学、经验介绍、现身说法、讨论交流、提问解答等多种方式，从老年协会建设、老年健康保健、运动养生、老年心理等方面进行专门辅导。参加培训学习的老年协会会长纷纷表示，通过学习，进一步了解了人口老龄化的严峻形势，认识了基层老年协会的重要作用，增强了做好基层老年协会工作的信心和决心。

【省老龄委成员单位联络员会议】12月12日，省老龄委成员单位联络员会议在武汉丽江饭店召开。除因工作特殊情况未能到会外，省老龄委24个成员单位的联络员参加了会议。各成员单位联络员交流了今年以来本部门开展老龄工作的情况，对进一步做好老龄工作提出意见和建议。会议由省老龄办综合处处长孔习兰主持，副巡视员王建楷出席会议并讲话。

各项业务进展

【养老保障和养老服务体系建设】截至2014年底，享受职工养老保险待遇414.7万人，享受城乡居民养老保险待遇636万人，全部实现待遇按时足额发放。企业退休人员月人均基本养老金达到2000元。全省近400万人次享受门诊统筹待遇，城镇职工、居民医保政策范围内住院费用报销比例分别达77.8%、64.9%。新农合人均筹资水平提高到450元以上，全省平均参合率达99%以上；门诊统筹补偿比达50%以上，住院政策范围内费用平均补偿比达75%以上。城乡养老机构2572个，养老床位总数27万张，其中公办城市养老机构128家、床位3.9万余张，社会办养老机构382家、床位5.6万余张；建立城市社区居家养老服务中心1965个，农村老年人互助照料活动中心4153个。全省共有56家医疗机构开展了“医养结合”工作，床位总数4380张。每千名老年人拥有养老床位约29张。

【老龄政策法规大检查】10月下旬，由省老龄办、省民政厅、省养老保险局、省文化厅、省交通厅、省卫计委、省编办等省老龄委成员单位组成检查组，在各地自查的基础上，对襄阳、荆门、天门、黄石、黄冈、咸宁、荆州、恩施、潜江等9个市（州），麻城、武穴、大冶、嘉鱼等14个市（县、区）贯彻落实《中华人民共和国老年人权益保障法》、省委省政府《关于进一步加强老龄工作的意见》《湖北省老龄事业发展“十二五”规划》《湖北省关于老年人享受优待服务的规定》（湖北省人民政府令〔第301号〕）等情况进行了抽查，推动各项老龄政策法规在全省进一步贯彻落实。

【高龄津贴制度落实】2014年全省共有96个市县区建立并实施了高龄津贴制度，覆盖率82.76%，享受高龄津贴的人数约94.49万，年发放经费近5亿元。其中，从80岁开始发放高龄津贴的有78个市县区。武汉市将80岁以上高龄津贴发放标准提高到每人每月100元，神农架林区将高龄津贴发放年龄拓宽至75岁。由于经济发展不平衡，荆州市荆州区、沙市区、江陵县、松滋市、公安县、石首市、监利县、洪湖市，恩施州恩施市、利川市、建始县、宣恩县、巴东县、咸丰县、鹤峰县，仙桃市，天门市等地还没有建立实施80岁以上老人高龄津贴制度。

【基层老年协会建设】省老龄办联合省民政厅下发了《关于统筹推进城乡社区居家养老服务和基层老年协会“乐龄工程”建设的意见》，推动社区居家养老、农村互助式养老服务与老年协会协同发展。推广了武汉市蔡甸区蔡甸街齐联村老年协会的建设经验和用改革创新思路推进基层老年协会建设的做法。分别在咸宁、荆州、十堰、黄冈等市举办了5期基层老年协会会长培训班，培训会长616名，提高了基层老年协会的组织管理和为老服务能力。开展了先进基层老年协会和先进老年协会会长评比表彰活动，表彰先进老年协会119个、先进会长116人。2014年全省已建基层老年协会1.6万个，城乡覆盖率分别达到82%和65%。

【维护老年人合法权益】深入贯彻全国老龄办等24部委《关于进一步做好老年优待工作的意见》，老年优待政策在市、州层面已全面落实。全省共有免费公交线路1284条，车辆2.1万辆；免收普通门诊挂号费医院4013所；门票半价或全免景区景点318个、博物馆（纪念馆）204个、宗教活动场所433个。少数地方的景区、场馆门票已向65周岁以上老年人全免；崇阳县60周岁以上老年人均可享受免费乘车优待。全年为32万老年人免费办理了湖北省老年人优待证。扎实开展老年维权工作。坚持在湖北电台每月举办4期老年维权热线直播节目；联合司法厅开展“老年法律援助十大优秀案例”评选表彰活动，宣传涉老政策，为老年人提供法律咨询和援助服务。2014年全省办理老年人法律援助案件3504件，法律援助事项36.3万件；各级老龄工作部门接受老年人来信、来访、来电5000多人次，通过直办、转办、督办，维护老年人的合法权益。

【营造尊老敬老氛围】表彰尊老敬老先进典型。联合省文明办、省民政厅等省直7个部门开展了第四届感动荆楚“十大杰出老人”和“十大敬老楷模”评选表彰活动，2014年9月26日在湖北电视台800平方米演播厅举办了颁奖晚会。在全省广泛开展尊老敬老爱老助老主题教育活动，通过层层评选申报，被全国老龄办等7部委授予“中华孝亲敬老楷模”2人、“中华孝亲敬老楷模提名奖”1人、“全国孝亲敬老之星”97人、“全国敬老模范单位”4个；表彰省级“孝亲敬老之星”85名、“敬老模范单位”52个。开展“敬老月”活动。“敬老月”期间，省和各市州县党政领导亲自出面走访慰问老年人，社会各界广泛开展走访慰问、尊老敬老宣传表彰、中老年文娱竞技、法律维权宣传、为老志愿服务等活动，扎扎实实为老年人做好事、办实事。据不完全统计，各级共走访慰问老年人150多万人次，为老年人做好事、办实事200多万件。传播敬老文化。10月在孝感市举办了首届湖北敬老文化论坛，300多人参加论坛活动，收集论文140多篇，全国老龄办副主任吴玉韶应邀出席论坛大会并作主旨演讲。11月组团参加了全国敬老文化论坛，我省获组织奖，并有20篇论文获奖，其中一等奖3篇。

【组织老年人参与社会活动】开展“银龄行动”。安排专项经费60万元，开展“银龄行动”项目29个，在16个市州组织老年科技工作者开展了以“科技援农”为主题的送科技、送医疗、送文艺、助老帮扶等活动，关爱农村老年人，带动农民增产增收，丰富农村文化生活。全省开展送医送药活动80多次，义诊1.6万多人，送药价值28万元；组织农村种养殖科技培训60多次，培训技术骨干4500余人次，发放科技资料6000余册；组织文艺志愿者400余人，下乡演出60多场，观众达3万多人。组织第九届全省中老年人才艺大赛，丰富老年人的精神文化生活。大赛自下而上、层层展开，全省举办各类棋牌、书画、球类比赛80余场，3万多名中老年人参与比赛。决赛评出金、银、铜奖：声乐类20名、舞蹈类19名、书法类42名、绘画类23名。开展老年人读书活动。积极响应省“全民阅读”活动精神，在全省广泛开展了老年人读书有奖征文活动，并在省老龄办机关门户网站开辟专栏，共收到近百篇作品。经评审，评出一等奖3篇，二等奖5篇，三等奖8篇，优秀奖13篇。组织老年志愿服务活动。全省4万多名老年科技工作者积极参加教学科研等活动，40多万名老年志愿者常年参加社会治安、文明创建、交通引导等社会服务活动，为“两个文明”建设做出了积极的贡献。

【老龄问题调研】围绕党的十八届三中全会决定关于“积极应对人口老龄化，加快建立社会养老服务体系和发展老年服务产业，健全农村留守老年人关爱服务体系”的总体要求，结合湖北实际，深入开展调查研究，积极为省委、省政府决策和深化老龄工作改革当好参谋。省老龄办领导班子成员分别带队，对阳新、郧西、大悟、英山、通山、宣恩等6个贫困县18个乡镇的老年人生活状况进行了调查；联合中南财经政法大学开展了全省失能老人生活状况调查；联合湖北大学开展了全省老年人力资源开发调研；联合华中科技大学开展了老年健康管理调研；联合湖北工程大学开展了孝文化研究。调研报告分别报送省委省政府领导及相关部门参阅。《我省贫困山区老年人生活状况调查报告》《大悟县农村老年人生存状况调查报告》获2014年度全国老龄政策调研成果优秀奖；孝文化研究论文获全国敬老文化论坛一等奖。全省各地也开展了多个课题的调研活动，共提交调研报告75篇。

湖南省

综　　述

2014年，全省老龄工作以十八大和十八届三中、四中全会精神为指导，坚持“党政主导、社会参与、全民关怀”的老龄工作方针，在省委、省政府坚强领导下，以学习宣传贯彻新修订的《中华人民共和国老年人权益保障法》为契机，以全面实施《湖南省老龄事业发展“十二五”规划》为重点，深化改革，创新发展，不断推进老龄事业迈上新台阶。养老保障有新突破、老年医疗有新进展、养老服务有新作为、老年文体有新发展、老年优待有新成效，老年社会治理有新成果。

一、老年人口基本信息

（一）老年人口情况。截至2014年底，全省常住人口6737.2万人。其中，60岁及以上老年人口1126.2万人，占全省常住人口总数的16.72%，较上年度上升0.59个百分点；65岁及以上老年人口742.35万人，占全省常住人口总数的11.02%，较上年度上升0.43个百分点。80岁以上高龄老人139.12万人，90岁以上高龄老人11.54万人，分别占60岁及以上老年人口总数的12.35%和1.02%。

（二）百岁老人情况。全省有百岁及以上老人

1936人，较上年同期增加93人。其中：男性405人，女性1531人，男、女性分别占百岁及以上老人总数的20.9%和79.1%，男女比例基本体现为2∶8。年龄最长者121岁，系女性。

（三）特殊老人情况。全省有纯空巢老人340.09万，完全失能老年人106.91万，部分失能老年人129.89万，城市"三无"老人8.86万，农村五保老人48.45万，重点优抚对象30.53万，失独老人23.06万。

二、老龄事业发展状况

（一）养老保障

1. 城镇职工基本养老保险。截至2014年底，全省企业参保的离退休人员达286.8万人，比上年增加16.6万人，增长6.15%，全年累计发放基本养老金583.6亿元。为2013年底前已办理退休手续的270.2万企业退休人员增加了基本养老金，月人均增加172元，增长10.44%，达到1820元/月，顺利完成10年连调任务。

2. 城乡居民基本养老保险。2014年，城镇居民社会养老保险和新型农村社会养老保险合并实施，全省122个县市区建立了统一的城乡居民基本养老保险制度。到2014年底，城乡居民基本养老保险60周岁及以上领取养老金人数891万人（不含暂停人员），全年发放养老金65亿元。

3. 社会救助

（1）城乡最低生活保障。2014年，全省60岁以上的城乡低保对象89万人，占老年人口总数的14%。其中，城市低保老年人30万人，月低保标准为353元，月人均救助254元（不含生活补贴），比上年提高3.7%；农村低保老年人59万人，月低保标准为194元，月人均救助112元（不含生活补贴），比上年提高8.7%。

（2）农村五保供养。2014年，全省农村五保供养对象48.4万人，分散和集中供养标准分别达到2743元/年和5599元/年，比上年分别提高232元和465元。农村五保可集中供养能力达到30%。

（3）城乡医疗救助和临时救助。2014年，全省包括老年人在内的城乡医疗救助达477万人次，发放医疗救助资金12亿元。农村五保老人、城市"三无"老人、低收入家庭中的老年人全部纳入医疗救助范围。临时救助是对由于各种特殊原因造成基本生活出现暂时困难的低收入家庭给予非定期、非定量生活救助的制度，是城乡最低生活保障制度的补充。2014年，全年救助包括老年人在内的城乡困难家庭（特别是低保边缘家庭）43.8万户，救助资金达2.7亿元。

（4）老年乡村医生、教师困难补助。从10月1日起，政府对年满60周岁且符合相应条件的老年乡村医生、原中小学民办教师和代课教师，按照原从事工作的不同年限，每人每月分别发放60元、90元、120元生活困难补助。

（二）医疗保障

1. 城镇职工基本医疗保险。2014年，城镇职工基本医疗保险参保人数808万人。其中退休人员262万人，比2013年增加4.5万人。全省城镇职工医保政策范围内报销比例达到80%以上。

2. 城镇居民基本医疗保险。2014年，包括老年人在内的城镇居民基本医疗保险参保人数1493万人，比2013年减少24万人（含城乡统筹的农村居民）。全省居民医保政策范围内报销比例达到70%左右。基本医疗保险整体参保率稳定在95%左右。

3. 新型农村合作医疗。2014年，全省参加新农合的县市区达到112个（不包括长沙地区），包括老年人在内的参合人数4795.5万人，参合率达99.3%。新农合报销比例达到60.52%，统筹地区政策范围内住院补偿率为77.06%。

（三）养老服务

1. 机构养老服务。2014年，全省新建和改扩建农村敬老院169所；县级社会福利院（福利中心、老年公寓）20个。全省有敬老院2071所，五保之家1821所，床位14万张；城市公办养老机构119所，老年床位2.24万张；登记注册的各类民办养老机构181所，床位3.1万张。截至2014年底，全省老年人养老床位占有率约为22‰。

2. 社区养老服务。2014年，新建城市老年人社区日间照料中心128所，农村中心社区（村）老年人日间照料中心586所，累计服务老年人26.3万人次。社区养老服务机构为老年人提供生活照料、医疗护理、心理慰藉、娱乐休闲、法律援助等10多项养老服务。

3. 居家养老服务。2014年，全省推进居家养老服务社会化、市场化、产业化。

（1）城乡养老服务示范点。省级彩票公益金投入资金1500万元，建成省级乡镇居家养老服务示范点21个、社区示范点107个、村级示范点287个，累计服务城乡老年人140万人次；市县级财政、福彩彩票金共投入资金2161万元，建成市县级乡镇示范点102个、村级示范点246个、社区示范点173个，累计服务老年人300万人次。

（2）农村互助幸福院。2014年中央专项彩票公益金投入5280万元，建成农村幸福院1760所，养老床位8800张。省级财政留存彩票公益金投入3000万元，建成农村幸福院1000所，养老床位5000张。截至年底，全省共建成农村幸福院4683所，养老床位23415张。

4. 医疗卫生服务。2014年底，全省医疗机构总数61571个，其中医院922个，乡镇卫生院2298个，村卫生室44669个，社区卫生服务机构666个，老年病医院（康复医院、疗养院、颐养院等）38个，全省二、三级综合医院开设了老年病门诊或老年特色门诊。为650万老年人建立健康档案，占全省65岁以上老年人口总数87.6%；为515.4万老年人免费健康体检，占全省65岁以上老年人口总数的69.4%。

5. 基本养老服务补贴。2014年，根据《湖南省老龄工作委员会湖南省民政厅关于建立湖南省基本养老服务补贴制度的实施意见》（湘老龄发〔2014〕3号）精神，我省以县市区为单位，全面建立基本养老服务补贴制度，对年满65周岁及以上、低保对象、部分失能或完全失能的城乡老年人，采取政府补贴的形式提供基本养老服务。省委省政府将基本养老服务补贴覆盖率列入湖南省县市区全面建成小康社会考评指标体系，并在《2014年全省基本公共服务清单》中明确要求："2014年全省95个以上县市区发放基本养老服务补贴，覆盖目标人群40%以上。"截至2014年底，全省已有118个县市区发放基本养老服务补贴，覆盖目标人群60.5%，平均补贴标准每人每月43.9元。14个市州覆盖率都达到40%以上，其中有11个市州覆盖率在50%以上（最高的是郴州市82.2%）。

6. 老年人意外伤害险。2014年5月，省老龄办与中国人寿湖南分公司联合下发《关于共同推进老年人意外伤害保险工作的意见》，在全省落实老年人意外伤害保险工作。截至年底，全省参保老年人达80.1万，保额超过2400万元，其中参保的五类特殊困难老年人28.2万，政府企业分别为五类特殊困难老人参保出资845.5万元和519.96万元。

（四）老年优待维权

1. 社会优待服务。2014年，发放老年人优待证57万本。全省认真贯彻落实省委办公厅、省政府办公厅《关于进一步加强老年人优待工作的意见》（湘办发〔2009〕67号）精神，所有县市区均落实65岁以上老年人免费乘坐城区公交车的规定；石门县、嘉禾县开通城乡公交线路，65岁以上老年人可免费乘车。118个县市区落实了城乡贫困老人、五保老人、"三无"老人和百岁老人丧葬费用减免规定；97%以上的县市区免费为特困老人办理公安系统证件、减免特殊老人的电话和宽带安装费；99%的公益性文化设施、风景名胜区和自然保护区等景点为老年人提供减免优待；98%的文化体育场馆为老年人提供优惠服务。

2. 高龄老人生活补贴。2014年，全省有13个市州110个县市区提高了百岁老人长寿保健补助费标准。其中：攸县、湘乡市、东安县达到600元/人·月；长沙县、天元区、韶山市达到500元/人·月；常德市、益阳市、郴州市、永州市达到400元/人·月。全省为百岁老人发放长寿保健补助费834.6万元。

全省有11个市州103个县市区建立高龄补贴制度。其中：长沙、湘潭、常德、张家界等地90～99岁无固定收入老年人补贴标准为100元/人·月，长沙、湘潭、常德、郴州等地80～89岁低保老人补贴标准为50元/人·月。全年为31.9万80～99岁高龄老人发放高龄补贴1.5亿元。

3. 独生子女父母（老年人）奖励。(1) 城镇独生子女父母奖励。2014年，我省新建城镇独生子女父母（老年人）奖励制度。截至年底，全省享受奖励金的城镇独生子女父母（老年人）达103.02万人，每人每月发放奖励金80元（或一次性奖励5000元），全年共计发放奖励扶助金11.27亿元。(2) 农村部分计划生育家庭奖励扶助。2014年，全省农村计划生育家庭享受奖励扶助金的老年人达到35.69万人，标准不低于960元/年，全年共计发放奖励扶助金3.78亿元。

4. 残疾老人护理补贴。2014年，省政府办公厅印发《湖南省重度残疾人护理补贴制度实施办法》，自本年度5月1日起对全省包括老年人在内的重度残疾人发放护理补贴，最低标准为每人每月50元。

5. 老年人法律援助。2014年，新增各级法律援助站171个。目前，全省有法律援助中心140个，法律援助站4197个（其中依托老龄委设立法律援助站81个）。继续依托各级法律援助机构开展老年人法律援助工作，对涉老案件遵循"三优先"原则，即优先受理、优先审查、优先指派。各级法律援助机构接待老年人来信来访7453件（次），来信答复率99%以上；共办理涉老法律援助案件2727起，同比增长5%，占全省法律援助案件总数的8%，为老年人优惠减免法律服务费用1200多万元。

（五）老年群众工作和社会治理

1. 文教体活动。老年文化。2014年，结合"文化志愿服务推进年"活动，开展"精彩生活 幸福使者""邻里守望 文化暖心"等9个主题文化志愿服务活动，组织老年人健康讲座4100多场，老年文艺节目5200多个。继续举办了“欢乐潇湘”大型群众文艺汇演，全省1900多个老年文艺团队参加演出，参演节目4700多个，51个老年文艺节目获优秀节目。我省老年合唱团参加文化部“永远的辉煌”第十六届中国老年合唱节，荣获铜奖。截至年底，全省有各类老年合唱团、艺术团3823个，常年参加活动的老年团员25.1万人。老年教育。2014年，全省新建、改建老年大学23所，乡镇（街道）、村（社区）新增基层老年学校214所，新增学员3.02万人；截至年底，全省共有老年（老干部）大学277所，在校学员25.44万人（其中，全省市州级老干部党校11所、县市区级80所，开办率分别为78.6%和64%）；老年学校1409所，在校学员24.57万人；老年教育网站和网页31个，老年教育电视栏目5个。老年体育。2014年，湖南省举办了老年人气排球赛、乒乓球赛、门球赛、广场舞大赛等15个单项运动会，老年参赛选手达5250人。目前，全省有县级及以上老年体育协会141个，乡镇级及以上老年体育协会2000个。全省有各类体育活动场地11058个，经常性参加体育活动的老年人500多万人次。

2. 老年社会参与。2014年，全省老龄系统继续组织开展“银龄行动”，组织老年人在建言献策、调查研究、科技攻关、服务“三农”、科学普及等方面老有所为，为我省经济建设、社会治理、环境保护以及关心下一代工作做出了积极贡献。据统计，全年参与“银龄行动”的老年知识分子26万人，投身公益事业的老年人超过40万人，参与经济建设的老年人超过139万人。

3. 基层老年协会。截至2014年底，全省共建立农村村级老年协会33513个，占全省行政村总数的81.3%，拥有老年会员数336万；城市社区老年协会3640个，占城市社区总数的87.1%，拥有老年会员数115.2万，对维护老年人权益，参与社会公益事务，组织老年群众参与经济社会建设及开展文体活动做出积极贡献。

重要会议和活动

【《湖南省老年法实施办法》修订草案专家论证会召开】6月26日，省老龄办联合省法制办在省民政厅召开《湖南省老年法实施办法》（以下简称《实施办法》）修订草案专家论证会，来自湖南省法制办、省民政厅、省老龄办、湖南大学、中南大学、湖南师范大学、湖南省社科院、长沙民政学院的13名法学、社会学专家，学者齐聚一堂，共同商讨修订草案的可行性和可操作性。

论证会上，与会专家听取了湖南省老龄办关于《实施办法》出台的背景、历程和主要内容的介绍，经过研讨，最终达成统一意见。认为《实施办法》草案中有许多亮点，贴切我省的省情，突出特色和亮点。从法律条文的内容而言，细化型规定和操作性强的规定比较多，是对《中华人民共和国老年人权益保障法》的细化补充，但是希望在《实施办法》中体现政府重视老龄科学研究，设置专项课题等内容。并就草案的合法性、合理性、可行性提出了精辟的论证意见，具有很强的针对性和指导性。

【湖南省老龄办召开老龄工作媒体通气会】2014年7月25日，湖南省老龄办召开2013年老龄事业发展统计公报发布暨当前开展的主要工作媒体通气会。省民政厅党组成员、省老龄办主任陈毅华，省委宣传部部务会成员、副巡视员李颖和省委宣传部、省直机关工委、省民政厅、省教育厅、省广电局、省文明办、省妇联、省关工委等单位的负责同志参加此次媒体通气会。

省老龄办在会上发布《2013年湖南省老龄事业统计公报》，向媒体通报了2013年湖南省老年人口基本信息，老龄事业发展基本情况以及全省当前开展的主要工作，重点介绍了基本养老服务补贴工作。湖南省在全国率先将基本养老服务补贴工作列入全面小康社会建设的重要内容，率先将基本养老服务补贴覆盖率纳入全省（县、市）区全面建成小康社会考评指标体系。通过及时动员部署、加强指导监督、搭建交流平台、开展统计监测等手段，有力推动了基本养老服务补贴工作的开展，力争到年底实现“启动基本养老服务补贴的县市区达到95个以上，基本养老服务补贴覆盖率达到40%以上”的目标。

湖南经视、湖南日报、三湘都市报、潇湘晨报、中国社会报、快乐老人报、当代商报、《孝行天下》、湖南广播电台红网、华声在线等省内主流媒体参加了新闻发布会并做了相关报道。

【2014年全省老龄办主任会议暨老龄工作培训会议召开】2014年8月7至8日，2014年度全省老龄办主任会议暨老龄业务培训班在长沙举办，各市州分管老龄副局长、各县市区老龄办主任会议近两百人参加。湖南省老龄委常务副主任、省民政厅厅长段林毅出席会议并发表重要讲话，省民政厅党组成员、省老龄办主任陈毅华回顾了今明两年工作并对今后一个阶段我省重点工作进行部署安排，湖南省人寿保险公司副总经理蔡郁青女士就老年人意外伤害保险介绍了保险系统的相关安排和部署。省民政厅社会福利和慈善事业促进处处长、省老龄办副主任就养老服务示范点、基

本养老服务补贴、“敬老月”活动、老年意外伤害保险等工作进行现场培训。

【全省老龄重点工作促进会在长沙召开】 10月23日，湖南省老龄重点工作促进会在长沙召开，各市、州老龄办主任和部分县市区老龄办主任参会。会上，省民政厅党组成员、省老龄办主任陈毅华对全省老龄重点工作情况进行了总体分析，对部分县、市、区工作中存在的问题、存在的疑惑逐个进行了点评与解答。陈毅华表示，省政府22号文件要求，到2020年，全省90%以上的乡镇和60%以上的农村社区建立包括养老服务在内的社区综合服务设施和站点、基本养老服务补贴覆盖率达到70%以上，100%的城镇社区、90%以上的农村社区（行政村）建立老年协会，建成养老服务信息平台150个以上。根据前期摸底，6月31日，我省建立了省级养老服务示范点（老年福利服务中心）564个。基层老年协会36513个，农村覆盖率为75.1%，城市社区覆盖率为83.3%。启动了基本养老服务补贴工作的县市区为81个，其中县市区养老服务补贴覆盖目标人群达40%以上有56个。从各项指标看，我省老龄系统工作任重道远。同时，各地区要充分发挥商业保险的重要补充作用，推动建立健全多层次的养老保障体系，对于减轻政府和家庭负担，提高老年人生活质量具有重要意义。在推进工作过程中，要把握重点，落实好城乡低保老人、农村五保和城市“三无”老人、重点优抚对象中的老人和失独老年人这五类人的政府投保和企业捐赠，为这部分老年人争取实惠。

【2014年湖南省第五届“敬老月”系列活动在长沙启动】 2014年9月29日，由湖南省老龄工作委员会、长沙市人民政府主办，省图书馆、长沙市老龄办、中国人寿保险股份有限公司长沙市分公司承办的湖南省第五届“敬老月”活动、第二届“敬老文明号”创建活动暨长沙市庆祝“老人节”系列活动启动仪式在省图书馆举行。

启动仪式上，省委常委、省政府常务副省长陈肇雄宣布湖南省“敬老月”系列活动、第二届“敬老文明号”创建活动暨长沙市庆祝“老年节”系列活动正式启动。省老龄委常务副主任、省民政厅厅长段林毅致辞，号召全省在敬老月活动中，传承中华文明，践行社会主义核心价值观，凝聚发展老龄事业的正能量。省政府副秘书长、省老龄委副主任虢正贵发表讲话，号召全社会为老年人办实事、做好事、献爱心，促进全省老龄工作和老龄事业健康发展，让更多老年朋友共享经济社会发展成果，安享幸福晚年。长沙市交通局窗口单位，同时也是第二届“敬老文明号”创建单位的湖南巴士集团在启动仪式上宣读“文明驾驶，爱心驾驶”倡议书。活动由长沙市人民政府常务副市长陈泽珲主持。

【湖南省第十届关爱老年人健康周】 2014年9月29日，由湖南省老龄委、省委老干部局和省康复医学会联合举办，省马王堆疗养院承办的“2014湖南省第10届关爱老年人健康周（9月29日至10月5日）活动”开幕式在省马王堆疗养院举行。本届健康周活动主题为“敬老人，传美德，十全十美度重阳”，活动期间举办十大主题活动，包括：健康周座谈会、“寻找潇湘阳光老人”、老年广场舞大赛、康复技术家属培训班、老年病大型义诊、以及老年医疗优惠专题活动等。

湖南省“关爱老年人健康周”活动开展10年来，共举办义诊义治、送医送药、健康讲座等活动1000余场次，累计为老年群众减免医药费用2000多万元。

【中国中部国际老年产业发展高峰论坛在湘举办】 2014年10月10日，中国中部国际老年产业发展高峰论坛在长沙成功举办。来自中国、澳大利亚、日本、韩国、新加波以及中国香港、中国台湾地区30多位政府官员、政策专家、驻华领事、企业精英和养老机构负责人齐聚一堂，从老龄化对经济社会发展产生深刻影响、建立中国特色养老服务体系等多个方面阐述政策推动养老产业市场化发展新方向和国际养老产业发展新方向、新产品、新技术和新模式，共论老龄化社会面临的困境和机遇，同时对养老产业投资与成功模式进行了分享。

各项业务进展

【全面建立基本养老服务补贴制度】 2014年，我省以县市区为单位，全面建立基本养老服务补贴制度，对年满65周岁及以上、低保对象、部分失能或完全失能的城乡老年人，采取政府补贴的形式提供基本养老服务。并率先在全国将基本养老服务补贴覆盖率纳入《县、市、区全面建成小康社会考评指标体系》，明确基本养老服务补贴覆盖率和基本医疗保险覆盖率共同组成社会保障发展水平考评指标，一、二类地区指标权重为4%，三类地区为5%。省政府《2014年全省基本公共服务清单》明确要求：“2014年全省95个以上县市区发放基本养老服务补贴，覆盖目标人群的40%以上。”截至年底，全省已有118个县、市、区发放基本养老服务补贴，覆盖目标人群的60.5%，平均补贴标准每人每月43.9元。14个市、州覆盖率都达到40%以上，其中有11个市州覆盖率在50%以上（最高的是郴州市82.2%）。

【全省启动老年人意外伤害保险工作】 2014年5月，湖南省老龄办与中国人寿湖南分公司联合下发《关于共同推进老年人意外伤害保险工作的意见》，在全省开展老年人意外伤害保险工作。协调中国人寿湖南省分公司根据省委省政府《关于分类指导加快推进全面建成小康社会的意见》中明确的中心城市城区和长株潭经济强县市（共27个）、城乡复合发展县、市、区（共47个）、扶贫开发县、市、区（共48个）等三类县市区情况，分别按10%、30%、50%的比例为五类特殊困难老年人（城市“三无”老人、农村五保老人、城乡低保老人、重点优抚对象和失独老人）投保进行捐助。截至年底，全省参保老年人达80.1万，保额超过2400万元，其中参保的五类特殊困难老年人28.2万，政府企业分别为五类特殊困难老人参保出资845.5万元和519.96万元。

【开展老龄调研和信息宣传工作评比】 2014年，全省继续组织开展老龄问题的政策调研工作，形成并上报有效调研报告及论文52篇；积极开展涉老信息的宣传报道，在网络和报纸、期刊等平面媒体上发布涉老信息近千余条。9月，我省报送6篇调研报告参加全国老龄政策调研优秀成果评比，有两篇报告分获2014年度全国老龄政策调研成果三等奖和优秀奖。

在全省的调研和宣传评比中，郴州市、株洲市、邵阳市、常德市老龄办被授予老龄调研报告优秀组织单位奖《政府在养老服务体系建设中的职能研究》等24篇调研报告分获一、二、三等奖。长沙市、郴州市、益阳市、湘潭市老龄办被评为老龄信息宣传工作优秀单位，鲁文倩等15名同志被评为老龄信息宣传工作先进个人。

【进一步夯实老年群众工作基础】 一是按照全国老龄办“乐龄工程”建设要求，结合湖南省基本养老服务补贴工作，通过政府向老年协会购买养老服务的方式，支持开展示范性基层老年协会建设。2014年，省级彩票公益金共投入300万元，建成149个省级示范性基层老年协会。二是把基层老年协会建设与老年宜居社区、城乡养老服务示范点、农村幸福院等建设结合起来，重点抓好老年协会的组织建设、制度建设、队伍建设、场所建设，着力搭建好基层老龄工作平台，增强协会发展活力。三是着力提升基层老年协会养老服务能力。一方面充分发挥基层老年协会在城市社区和农村村级养老服务示范点建设、农村幸福院建设中的指导作用，另一方面推动基层老年协会面向社会老人提供养老服务，弥补偏远农村养老服务资源的不足。截至2014年底，湖南省建立农村社区（行政村）老年协会33130个，建会率达80.3%，城市社区老年协会4118个，建会率达83.2%。

广东省

广东省政府副省长、省老龄委主任邓海光和广东省民政厅厅长、省老龄委副主任刘洪陪同民政部原部长李学举参观在广州举办的首届中国国际老龄产业博览会。

由广东省民政厅、省老龄办和中国人寿广东省分公司联合实施的“银龄安康行动”于2014年4月正式启动。

综　述

一年多来，在省委、省政府的正确领导下，我省各涉老工作部门坚持以邓小平理论、“三个代表”重要思想、科学发展观为指导，全面贯彻落实党的十八大，十八三中、四中全会全会精神和习近平总书记重要讲话精神，围绕“三个定位、两个率先”的总目标，按照省老龄委第十二次全会的部署要求，锐意创新，着力解决影响制约老龄事业发展的突出问题，全省老龄工作成效突出。

一、老年社会保障体系建设稳步推进

（一）老年社会保障政策不断完善。机关事业单位养老保险制度改革步伐加快。基础养老金省级统筹扎实推进。城乡居民社会养老保险制度逐步完善。截至2014年底，全省企业职工基本养老保险在职参保人数4153.8万，同比增长16.57%；缴费人数2845.9万，同比增长2.7%；城乡居保参保人数2520万，其中领取待遇856万人。职工养老保险参保率85%，城乡居保参保率稳定在99%以上。企业退休人员月平均养老金增长10.4%。截至今年7月，城乡居民基础养老金两年内连续调整，现已提高至每人每月100元，比国家统一规定的高出30元。

（二）老年医疗保障水平不断提高。城乡居民大病保险工作全面推进。部分老年慢性疾病门诊医疗费纳入统筹基金支付范围。以异地安置退休人员和异地住院费用为重点，初步实现医保省内就医及时结算。退休人员政策规定的住院费支付比例超过88%，高于职工和居民医保政策规定的住院支付比例。生育医疗待遇享受人群逐渐扩大。深圳、云浮、潮州、湛江等地基层医疗卫生机构探索为辖区内65周岁以上老年人建立健康档案并提供指导服务。

（三）特殊老年群体救助力度不断加大。对符合低保条件的城乡老年人实现应保尽保。对失独家庭年满60岁以上老年人优先安排到公办养老机构。建立对生活长期不能自理、经济困难的高龄老年人发放护理补贴制度。据统计2014年省财政安排五保供养资金补助支出8.81亿元。

二、养老服务体系建设成效显著

（一）养老服务政策措施进一步完善。省政府制订出台了《关于加快发展养老服务业的实施意见》，省直有关部门围绕土地、管理、资金、人才以及老年人权益保障等相继出台了一系列政策措施，大大地促进了我省养老服务的健康快速发展。如省民政厅、省老龄办于2014年与中国人寿广东分公司联手推出的“银龄安康行动”，将商业保险机制引进养老服务领域，让全省222.1万老人受惠。

（二）养老服务基础设施建设不断夯实。截至2014年底全省有养老床位数25万张，比上年增加5.9万张，每千名老人拥有床位21.6张，比上年提高了4.3张；全省有城乡社区养老服务设施2.5万个，城市社区养老服务覆盖率达到87%，农村达到70.6%，分别比上年提高了10.6%和11.2%。

（三）民办和医养结合养老机构发展迅速。目前全省有民办养老机构287个，养老床位数7.1万张，占全省养老床位总量的28.5%。医养结合养老机构247间，床位5.9万张。农村幸福院、社区日间照料中心等服务设施逐步得到完善。

（四）老年宜居环境明显改善。全省无障碍环境城市数量不断增多。广州、深圳、中山、惠州、东莞、江门等市成为我省“无障碍文明城市群”的试点城市。中国老龄产业协会将中国国际老龄产业博览会落户广州，大大繁荣了我省老龄服务产业。

三、老年优待和维权工作有新突破

《广东省老年人优待办法》自颁布实施后，各地迅速行动起来，珠海、汕头、湛江、肇庆、惠州、潮州、中山等地以召开政府常务会议的方式进行了传达贯彻。南方日报、老人报、《秋光》等省内多家主流媒体在主要版面进行了全方位、多角度、立体式的宣传报道。省委老干局、省财政厅、省人社厅、省卫计委等职能部门派员会同省老龄办到各地进行实地检查抓落实。从检查情况看，各地贯彻执行的措施是有力的，成效是突出的。主要表现在以下方面。

（一）高龄津贴制度推进速度明显加快。目前，全省除潮州、云浮等市正在酝酿推进中。19个地级以上市均已建立了80岁以上高龄老人津贴制度，其中进展比较慢的韶关市将从今年11月开始发放。

（二）老年交通出行和文化休闲等优待落到了实处。老年人凭有效证件基本上可以免费或优惠进入政府投资主办或控股的公园、风景区、文化宫、博物馆、美术馆、科技馆、纪念馆、图书馆、影剧院、展览馆、体育馆等休闲场所。老年人交通出行普遍能享受免费或减免的待遇，有的地方还把优待范围扩大到外埠老人。

（三）老年维权工作更加扎实深入。公安部门积极开展专项整治行动，严厉打击欺诈老年人的各种违法行为。司法法律服务部门对80岁以上老年人办理遗嘱公证予以免费，对行动不便的老年人提供上门服务。惠州市老龄部门实行干部职工轮流到法律咨询室坐班接访服务，认真做好涉老纠纷调解工作。阳江市对典型涉老案件采取公开审理、媒体曝光的形式，有力遏制了各种侵害老年人合法权益案件的发生。

（四）尊老爱老氛围越来越浓厚。河源、东莞等地经常组织社会团体给当地的老年人开展送“福袋”系列活动。惠州、江门、茂名、韶关、阳江、肇庆等地在节庆期间以不同方式为老年人送上慰问品和祝福。清远市把节日慰问老年人资金列入年度财政预算，实行走访慰问常态化。

四、老龄政研宣传工作有新成果

（一）老龄政策宣传有新成效。在去年全国老龄办组织的老龄宣传作品评选中，省老龄办、广州市老龄办、东莞市老龄办分别获得优秀组织奖、三等奖和优秀奖，南方日报、老人报的作品获得优秀奖。加强高龄老人津贴制度、政府全额资助困难老人参保、65周岁以上老年人每年享受一次免费体检、优先安排孤寡失能高龄老人入住公办养老机构等一系重点工作宣传报道，得到了社会各界关注和好评。

（二）老龄宣传形式不断创新。省老龄办与省老干局联合在广东电视台教育频道主办《康乐年华》栏目，惠州市制作敬老公益电视宣传片，广州、东莞、中山等地利用报纸、电视、网络、微博、微信等媒体，开辟专栏进行老龄工作宣传。

（三）老龄研究成果丰硕。广州市老龄委在继省老龄委发布《广东人口老龄化发展态势与战略研究报告》后，首个以地级以上市身份发布当地老年人口和老龄事业数据以及老龄事业发展报告，填补了当地老年人口和老龄事业基础性数据的历史空白。江门市围绕有关老年人权益保障、养老体系建设、老年人优待等专题，进行学术研究和探讨，出版《江门市老年学文选》，为当地党委、政府决策提供支持。

（四）孝亲敬老好人好事层出不穷。在去年全国老龄办等七部门联合开展的第六届全国敬老模范人物和模范单位评选是积极践行社会主义核心价值理念的公益行动，我省又有3人获“中华孝亲敬老楷模提名奖”荣誉称号，85人获“全国孝亲敬老之星”荣誉称号，5个单位获“全国敬老模范单位”荣誉称号。

五、老年精神文化生活日益丰富

近年来在各涉老部门、单位的积极推动下，我省老年文体教育事业取得长足的进步。

（一）老年教育覆盖面不断向城乡扩大延伸。广州、深圳市开通市民终身教育网，老年人只要有要求，可在开通的部分在线学习相关的课程。珠海市老年大学将办学面向社会，不论本地或外地的老年人均可报名参加。佛山市老年大学将办学规模向镇街、乡村延伸，形成市、区、镇（街）三级教育网，为老年人读书学习提供便利。如禅城区、南海区几乎所有街镇都有老年大学，顺德区65%的村居社区设有老年课堂。

（二）老年人文化生活设施得到加强。省文化部门去年下拨1亿多元资助山区文化设施建设，各地结合乡村建设利用闲置学校、村居委会会议室、旧民居屋、居家养老服务点等开设老年活动室，为当地老年人进行文化学习、体育锻炼、休闲娱乐提供活动场所，如中山市各村（社区）文化室和书屋都设有老年人活动室。

（三）老年文体活动丰富多彩。各地在节假日期间通过政府牵头搭台，企业赞助支持的方式，组织举办各种老年文艺汇演或比赛，让老年人安度幸福晚年。如省委老干局联合有关部门连续八届举办全省老年人运动会，激发老同志健康生活热情。省老年文化协会坚持让老年文化“贴近基层、贴近群众、贴近生活”，在中秋和元旦春节期间举办全省性各种主题老年文化风采大赛，让老年人健康、快乐生活。广州、珠海、东莞市连续多年举办老年文体活动，惠州市财政每年拨款32万元资助老年人开展各种有益身心健康的活动，阳江、云浮市组织老年健身、体育、歌唱队到各地巡回演出，大大促进老年人的身心健康。

（四）老年社会参与范围越来越广。各地按照政府主导，社会参与的方针，广搭平台，积极组织老年人参与各种有利身心健康的活动，践行社会主义核心价值观，传递社会正能量。如省老龄办连续十二期会同省老科联组织开展“银龄行动”，组织老教授、老专家到经济欠发达地方开展各种智力帮扶活动，帮助经济欠发达地方农民脱贫致富和提高医疗、教育水平。又如佛山市顺德区把企业退休人员社会化管理的工作职能转移到老年协会中去，让老年人自我管理，自我服务。珠海市香洲区成立老年志愿服务团队，结对帮扶社区高龄、空巢、失能等特殊老人。湛江市老年体协、关工委、老联会、老促会每年都组织老年人开展各色各样慈善公益或帮扶活动，为当地社会经济发展贡献智慧和力量，得到了广大人民群众的一致好评。

回顾过去一年多工作，做好老龄工作尤为深刻几点体会是：一要坚持“政府主导、社会参与、全民关怀”的老龄工作方针不动摇。二要坚持老龄事业与经济社会发展相适应，构建与我省经济社会发展相适应的老龄事业发展的格局不动摇。三要坚持立足当前与着眼长远相结合，切实维护好老年人合法权益的根本宗旨不动摇。四要坚持统筹兼顾与分类指导相结合，促进我省城乡老龄事业全面协调发展的方向不动摇。在肯定成绩的同时，也要清醒看到当前我省老龄工作存在的一些突出问题。一是社会养老保障体系不够完善，面临着人口老龄化的现实需求，有诸多矛盾和问题仍得不到有效解决。二是社会养老服务发展仍存在不少障碍，养老需求多元与供给方式落后矛盾以及区域发展不平衡的问题仍然突出。三是老龄社会状况调查研究力量不足，宏观数据掌握不充分，老龄社会结构调查不透彻的问题还比较突出。四是侵害老年人合法权益案件仍时有发生，老龄工作基层基础仍很薄弱。这些都需要我们今后花大力气加以重视解决。

重要会议和活动

【《广东省老年人优待办法》正式实施】《广东省老年人优待办法》已于去年省人民政府第十二届16次常务会议通过，2014年3月1日正式开始施行。

【召开广东省老龄工作会议】4月11日上午，广东省老龄工作会议在广东迎宾馆召开。省老龄委副主任、省民政厅厅长刘洪出席会议并讲话，省民政厅党组成员、巡视员叶秀仁主持会议。省老龄委委员、省老龄办主任方炎松作关于2013年全省老龄工作情况和2014年工作安排的报告。

【召开省老龄委第十二次全体会议】9月5日，省老龄委第十二次全体会议在省政府二号楼一楼迎宾厅召开，省政府副省长、省老龄委主任邓海光肯定了老龄委的工作成绩并对下阶段的工作提出了要求，省委老干局局长、省老龄委主任陈海军宣读了《关于调整省老龄工作委员会组成人员的通知》，省民政厅厅长、省老龄委副主任刘洪同志作工作报告，全面总结了2011年以来老龄委的工作，并对下阶段的工作提出意见，请全体委员审议。会议由省政府副秘书长、省老龄委常务副主任颜学亮主持，省民政厅党组成员、巡视员叶秀仁，省老龄办主任方炎松等20名省老龄委委员及成员单位联络员参加了会议。

【召开“银龄行动”十周年工作座谈会】11月14日上午，广东省“银龄行动”十周年工作座谈会在三寓宾馆召开，省民政厅党组成员、巡视员叶秀仁出席并讲话，省老龄办主任方炎松主持，阳春市、郁南县、龙门县、新丰县做经验介绍，省老科联常务副会长张孝祺作“银龄行动”十周年工作总结。

【启动“银龄安康行动”】由省民政厅、省老龄办和中国人寿广东省分公司联合实施的老年人意外伤害保险，简称“银龄安康行动”，于2014年4月11日正式启动。省民政厅党组成员、巡视员叶秀仁、省老龄办主任方炎松、中国人寿广东省分公司党委书记兼总经理陈向荣等参加启动仪式。

【检查《广东省老年人优待办法》贯彻落实情况】11月中旬至12月，省老龄办组织省老龄委部分成员单位联络员及老龄办人员分成两个调研组，赴全省各地开展《广东省老年人优待办法》贯彻落实情况的检查工作。

【举办中国国际老龄产业博览会】10月9日至11日华南地区首届规模最大的国际性老龄产业盛会——中国国际老龄产业博览会（SIC2014）在广州保利世贸博览馆开幕。广东省副省长、省老龄委主任邓海光在开幕式上致辞。省民政厅厅长刘洪、省老龄办主任方炎松出席了开幕式。本届展会由中国老龄产业协会、中国保利集团公司、广东省老龄工作委员会共同主办。

各项业务进展

【老年维权工作】《广东省老年人优待办法》自颁布实施后，各地迅速行动起来，珠海、汕头、湛江、肇庆、惠州、潮州、中山等地以召开政府常务会议的方式进行了传达贯彻。南方日报、老人报、《秋光》等省内多家主流媒体在主要版面进行了全方位、多角度、立体式的宣传报道。省委老干局、省财政厅、省人社厅、省卫计委等职能部门派员会同省老龄办到各地进行实地检查抓落实。从检查情况看，各地贯彻执行的措施是有力的，成效是突出的。一是高龄津贴制度推进速度明显加快。目前，全省除潮州、云浮等市正在酝酿推进中。19个地级以上市均已建立了80岁以上高龄老人津贴制度，其中进展比较慢的韶关市将从今年11月开始发放。二是老年交通出行和文化休闲等优待落到了实处。老年人凭有效证件基本上可以免费或优惠进入政府投资主办或控股的公园、风景区、文化宫、博物馆、美术馆、科技馆、纪念馆、图书馆、影剧院、展览馆、体育馆等休闲场所。老年人交通出行普遍能享受免费或减免优待的待遇，有的地方还把优待范围扩大到外埠老人。三是老年维权工作更加扎实深入。公安部门积极开展专项整治行动，严厉打击欺诈老年人的各种违法行为。司法法律服务部门对80岁以上老年人办理遗嘱公证予以免费，对行动不便的老年人提供上门服务。省老龄办坚持每月一次法律咨询日活动，为老年信访群众处理了50多起案件。惠州市老龄部门实行干部职工轮流到法律咨询室坐班接访服务，认真做好涉老纠纷调解工作。阳江市对典型涉老案件采取公开审理、媒体曝光的形式，有力遏制了各种侵害老年人合法权益案件的发生。四是尊老爱老氛围越来越浓厚。河源、东莞等地经常组织社会团体给当地的老年人开展送“福袋”系列活动。惠州、江门、茂名、韶关、阳江、肇庆等地在节庆期间以不同方式为老年人送上慰问品和祝福。清远市把节日慰问老年人资金列入年度财政预算，实行走访慰问常态化。

【为老服务业发展】养老服务政策措施进一步完善。

省政府制订出台了《关于加快发展养老服务业的实施意见》，省直有关部门围绕土地、管理、资金、人才以及老年人权益保障等相继出台了一系列政策措施，大大地促进了我省养老服务的健康快速发展。如省民政厅、省老龄办于2014年与中国人寿广东分公司联手推出的“银龄安康行动”，将商业保险机制引进养老服务领域，让全省222.1万老人得到受惠。养老服务基础设施建设不断夯实。截至2014年底全省有养老床位数25万张，比上年增加5.9万张，每千名老人拥有床位21.6张，比上年提高了4.3张；全省有城乡社区养老服务设施2.5万个，城市社区养老服务覆盖率达到87%，农村达到70.6%，分别比上年提高了10.6%和11.2%。民办和医养结合养老机构发展迅速。目前全省有民办养老机构287个，养老床位数7.1万张，占全省养老床位总量的28.5%。医养结合养老机构247间，床位5.9万张。农村幸福院、社区日间照料中心等服务设施逐步得到完善。老年宜居环境明显改善。全省无障碍环境城市数量不断增多。广州、深圳、中山、惠州、东莞、江门等市成为我省“无障碍文明城市群”的试点城市。中国老龄产业协会将中国国际老龄产业博览会落户广州，大大繁荣了我省老龄服务产业。

【老龄新闻宣传】老龄政策宣传有新成效。在去年全国老龄办组织的老龄宣传作品评选中，省老龄办、广州市老龄办、东莞市老龄办分别获得优秀组织奖、三等奖和优秀奖，南方日报、老人报的作品获得优秀奖。加强高龄老人津贴制度、政府全额资助困难老人参保、65周岁以上老年人每年享受一次免费体检、优先安排孤寡失能高龄老人入住公办养老机构等一系重点工作宣传报道，得到了社会各界关注和好评。老龄宣传形式不断创新。省老龄办与省老干局联合在广东电视台教育频道主办《康乐年华》栏目，惠州市制作敬老公益电视宣传片，广州、东莞、中山等地利用报纸、电视、网络、微博、微信等媒体，开辟专栏进行老龄工作宣传。广泛开展了“敬老文明号”创建活动，积极在各新闻媒体广泛开展宣传报道，着力抓好试点和先进典型，指导并推动“敬老文明号”创建活动深入开展。各地以开展“敬老文明号”创建活动为契机，不断加大老龄工作的宣传力度，在社会营造了尊老敬老爱老的良好氛围。

【第十一期“银龄行动”】省老龄办会同省老科联组织35名老专家、老教授到龙门、郁南等地开展了第十一期“银龄行动”，进行医疗、教育、农业、科普等方面的智力帮扶，为老年人积极参与社会搭建平台，并取得了明显成效，产生积极社会反映。如龙门县通过老教授有针对性地组织师生进行高考考前培训指导，使教学质量有了明显提高，高考成绩创历史新高，第一批重点本科上线比去年增幅104.8%，创近8年最好成绩。郁南县高考升学率也创佳绩，去年云浮市高考前10名有6名是郁南县的考生。

广西壮族自治区

3月11日，广西壮族自治区2014年全区老龄委办公室主任会议在南宁召开。

5月7日，第四届中国老年文化艺术节“2014华夏保险杯舞蹈大赛”开幕式在广西百色举行。全国老龄办副主任吴玉韶出席开幕式并讲话。

综　　述

2014年，在自治区党委、政府的正确领导下，广西各级老龄工作部门认真贯彻落实党的十八大、十八届三中、四中全会精神，积极贯彻落实《中华人民共和国老年人权益保障法》以及《国务院关于加快发展养老服务业的若干意见》，创新工作思路，转变工作作风，加强政策创制，推进老龄事业科学发展。

一、老年社会保障水平不断提高

坚持"全覆盖、保基本、多层次、可持续"的方针，不断建立健全老年社会保障法规政策，老年社会保障体系日益完善。一是老年人基本生活得到有效保障。截至2014年12月底，全区城乡居民参保人数1720万人，530万名60周岁以上的老年人按时领取基本养老金。为177万名参加城镇企业职工基本养老保险的离退休人员发放基本养老金33.83亿元，月人均基本养老金水平由调整前的1698元增加到1868元。二是老年人社会救助水平明显提高。城乡最低生活保障制度不断完善，符合条件的老年人全部纳入最低生活保障范围。从2014年10月1日起，将城乡低保补助标准由每人每月205和84元，提高到每人每月260元和110元。目前全区城乡低保平均保障标准分别达每人每月338元和168元，城乡低保对象月人均补助水平分别达260元和110元。全区农村五保供养对象达28.99万人，集中供养对象月人均供养水平达329元，分散供养对象月人均供养水平达259元。

二、《广西实施老年人权益保障法办法》立法工作取得新进展

为深入贯彻落实《中华人民共和国老年人权益保障法》，2013年底，自治区人大将《广西实施〈中华人民共和国老年人权益保障法〉办法》（以下简称《实施办法》）列入五年立法规划。对此，自治区民政厅、自治区老龄办高度重视，扎实做好一系列前期准备工作。由于基础工作准备充分，2014年12月，自治区人民政府将《实施办法》列入2015年立法调查研究项目。自治区法制办、自治区老龄办、自治区民政厅共同成立了立法项目调研工作领导小组，制定了立法调研工作方案，由自治区民政厅厅长、自治区老龄委副主任韩元利亲自担任组长，自治区法制办、自治区民政厅分管领导和自治区老龄办主要负责人担任副组长，明确了立法调研工作的时间安排、主要内容和具体要求，为加快制定出台科学合理、有前瞻性、指导性、可操作性的《实施办法》奠定工作基础。

三、养老服务政策创制取得新突破

一是认真贯彻落实《国务院关于加快发展养老服务业的若干意见》精神，推动自治区人民政府出台《关于促进养老服务业加快发展的实施意见》（桂政发〔2014〕58号），明确了我区养老服务业发展的具体目标、任务要求以及保障措施，并将43项重点工作任务分解到各相关职能部门，特别是提出依托广西独特的区位、生态、长寿品牌和旅游资源等优势，完善以城乡协作、跨地区协作作为特色的养老服务体系，设立养老服务业综合改革试验区，重点打造桂西养生养老长寿示范区、桂北休闲旅游养生养老示范区、北部湾国际滨海养生健康示范区、南宁养老服务业综合改革示范区。二是积极争取基本养老服务纳入政府购买服务重要范围。2014年4月，自治区人民政府办公厅出台《关于政府购买服务的实施意见》（桂政办发〔2014〕30号，以下简称《实施意见》），将社会救助、社会福利、基本养老服务等纳入了《实施意见》重要内容。其中，12349社区为老服务信息平台提供居家养老服务、基层老年协会提供养老互助服务作为基本养老服务类被纳入试点范围。2014年，自治区财政安排资金2000万元用于开展上述政府购买民政服务项目试点。自治区民政厅、财政厅联合制定了《政府购买社会工作服务暂行办法》，自治区民政厅出台了《广西壮族自治区民政系统购买社会服务实施办法（试行）》，全面启动了试点工作，加快转变政府职能，创新社会管理，努力为民政对象特别是广大老年人提供优质高效的公共服务。

四、老年人优待工作扎实推进

各地各有关部门认真贯彻落实国家24个部委《关于进一步加强老年人优待工作的意见》以及《广西壮族自治区老年人优待规定》，不断深化老年人优待工作，提高优待服务水平。一是老年人优待证办理更加便民。自治区老龄办把加强优待工作、提高服务效率作为开展党的群众路线教育实践活动的重要内容，积极协调自治区公安厅居民身份证制作中心，改进完善制证系统，优化申办流程，不断加强老年人优待证制发管理，从2014年10月1日起，年届60周岁、70周岁的老年人可提前60日申办广西老年人优待证，以确保及时领取优待证享受优先优惠待遇。据统计，全区办理老年人优待证超过120万张。二是高龄补贴政策覆盖范围不断扩大。目前，我区所有县（市、区）均为百岁老人发放高龄补贴；93个县（市、区）为90周岁及以上老年人发放高龄补贴；南宁、柳州、桂林、梧州、防城港、钦州、玉林、河池等8个设区市以及部分县区制定出台了80周岁及以上高龄补贴政策，促进广大老年人共享经济社会发展成果。

五、基层老年协会建设成效明显

一是积极探索建立基层老年协会建设长效扶持机制。根据自治区人民政府《关于政府购买服务的实施意见》精神，2014 年，自治区财政安排资金 120 万元用于开展购买基层老年协会提供养老互助服务试点。目前，自治区老龄办正积极研究制定关于购买基层老年协会提供养老互助服务实施办法，并将于今年全面启动试点工作，探索建立财政直接投入与政府购买服务相结合的长效扶持机制。二是探索引入专业社工及文化体育团体指导基层老年协会开展活动。自治区老龄办在南宁市、象州县等地开展试点，组织老年文艺体育团体深入基层老年协会巡回演出，现场指导老年人开展形式多样、喜闻乐见的文体娱乐活动，不断满足老年人的精神文化需求。贵港市进一步建立完善五保村、农村幸福院、基层老年协会“三位一体”的农村养老服务模式，积极引入专业社会工作者和志愿者，为广大老年人提供照料、护理、康复、娱乐等专业辅导，提高基层老年协会养老互助能力。三是圆满完成基层老年协会绩效考评工作。从 2014 年起，自治区将示范性村级老年协会建设纳入绩效考评范围。全区各级老龄工作部门对此高度重视，采取积极措施，确保老年协会规范化建设工作成效。我们分批次、分区域在南宁、柳州、贵港、玉林、百色、河池市等地组织开展基层老龄工作干部及老年协会负责人培训，切实提高基层老龄工作干部行政能力和基层老年协会规范化建设水平。同时，在全区范围普遍开展基层老年协会自查、县级全面排查、市级督查、自治区抽查等多种形式的检查工作，及时发现问题，采取有效措施切实加以整改。南宁、桂林、贵港等市组成多个工作组，由老龄办领导带队对 2014 年示范性村级老年协会全面开展了专项督促检查。

六、社区为老服务信息平台建设加快发展

12349 社区为老服务信息平台是利用民政部 12349 为老服务公益热线搭建的以社区养老服务设施为依托，以信息网络技术为支撑，为居家老人提供便捷高效服务的社区为老服务建设项目，能够为广大居家老年人提供信息咨询、生活照料、家政服务、紧急救援、医疗保健、精神慰藉、预防走失等十大类百余项服务。2014 年以来，我们不断加强政策引导和资金扶持，加快平台建设发展。一是开展 12349 为老服务信息化建设试点。自治区老龄办、自治区民政厅利用 12349 社区为老服务平台在南宁、柳州、桂林市开展为老服务信息化建设试点，建立包含社区老年人姓名、家庭情况、身体状况、联系方式等基本信息的人口数据库，并完成 17 万条老年人信息收集录入，为更好推进居家养老工作奠定了坚实基础。二是努力争取将 12349 社区为老服务平台提供居家养老服务纳入了自治区人民政府购买服务项目。2014 年，安排财政资金 30 万元为南宁、柳州、桂林市共 9 万多名老年人免费发放“防走失手环”，并提供免费防走失服务，成功找回走失老年人将近 500 多人次。开通全国首条“12349 老年人防走失热线”，全国 100 多家新闻媒体对此进行深入报道，引起广泛社会关注。三是不断拓展服务功能。在为居家老年人和社区居民提供家庭生活服务基础上，12349 社区为老服务平台新增便民移车、为老志愿、医疗咨询、残疾人帮扶、社区公益等服务功能，满足广大人民群众特别是老年人的多元服务需求。目前，广西 12349 社区为老服务信息平台呼叫座席总共达到 50 个，签约服务加盟商达 1416 家，具备为 20 万名老年人提供养老服务的能力，成功打造没有围墙的虚拟养老院。

七、“银龄行动”工作深入推进

自治区老龄办联合广西老科协继续广泛开展“银龄行动”，以老年志愿者智力援助为基础，努力搭建基层老有所为服务平台，指导基层老年协会开展各种活动。一是老年志愿者智力援助取得成效。在全区 7 市部分县开展农业技术培训 433 场，培训农民 6.6 万人次，内容涉及种养、植保、家禽疾病防治等；医疗技术培训进社区 53 场，培训医务人员 7000 人次，大大提高了当地医疗部门的医疗技术水平；班主任培训 81 场，培训当地班主任 9000 人次；科普素质演讲 660 场，听众 27 万人次，内容涉及医疗保健、科学技术、环保节能等；开展《中华人民共和国老年人权益保障法》及保健养生知识万里行活动，受益群众 2000 人次。二是继续加大搭建老有所为服务平台。搭建了 756 个老有所为服务平台，为老年人开展社会公益活动提供服务。三是培训指导基层老年协会开展文化体育活动。培训基层老年协会文艺骨干 108 人，指导 40 多个老年协会近 600 人开展文化体育活动。

八、敬老爱老社会氛围日益浓厚

一是深入开展敬老爱老助老主题教育活动。根据全国敬老爱老助老主题教育活动组委会关于开展第六届全国敬老爱老助老主题教育活动评选表彰工作的要求，自治区老龄办联合教育、新闻广电、民政、团委、妇联、关工委等部门在全区范围内组织开展了敬老单位和个人评比推荐。经层层评选推荐，我区 3 人被授予“中华孝亲敬老楷模提名奖”荣誉称号；49 人被授予“全国孝亲敬老之星”荣誉称号；贵港市民政局、宜州市人民政府、桂林市叠彩区虞山社区、柳州市鱼峰区龙擎苑社区妇女之家等 4 个单位被授予

“全国敬老模范单位”荣誉称号。二是广泛开展“敬老月”活动。10月，全区各地紧紧围绕“传承中华民族美德弘扬敬老文化”的主题，认真组织开展敬老慰问、老年维权、为老志愿服务等“敬老月”活动，努力营造敬老爱老的良好社会氛围。据不完全统计，“敬老月”期间，广西各地各有关部门共走访慰问老年人8万多人次，组织大型志愿服务活动1500余次，发放慰问金（品）折合人民币600多万元。三是积极开展敬老文明号创建工作。为积极应对人口老龄化，广泛动员社会各界参与尊老敬老社会活动，根据全国统一部署，广西积极组织开展第二届“敬老文明号”创建活动，自治区老龄办印发了活动方案，广泛动员各级涉老部门、企事业单位、老年社会团体、群众组织和为老服务工作人员积极参与创建“敬老文明号”，不断拓宽为老服务项目、提高为老服务质量，大力弘扬尊老爱老的传统美德，努力营造敬老爱老良好社会氛围。

重要会议和活动

【开展农村留守老年人专题调研】按照自治区党委“关于开展全区农民工专项调查研究”的工作部署，根据《自治区民政厅办公室关于开展留守老人专题调查研究工作的通知》（桂民办电〔2014〕6号）精神，自治区老龄办组织调研组于2014年2月11日至2月13日深入南宁市宾阳县和钦州市灵山县部分村屯开展农村留守老人专题调研，实地走访部分农户了解情况，召开座谈会听取意见和建议，在深入基层调研的基础上形成了调研报告。

【2014年全区老龄委办公室主任会议】3月11日，2014年全区老龄委办公室主任会议在南宁召开。自治区老龄办主任、自治区民政厅党组成员梁丽玲对2013年全区老龄工作进行了总结，对2014年工作进行了安排。自治区民政厅厅长、自治区老龄委副主任韩元利出席会议并作重要讲话。他充分肯定了我区老龄工作和老龄事业发展取得的成绩，深刻分析了当前我区人口老龄化面临的严峻形势，强调各级老龄工作部门要进一步增强做好老龄工作的责任感和紧迫感，当前着重抓好老年人权益保障法贯彻落实，加强老年维权工作，切实保障老年人合法权益；认真贯彻落实国务院《关于加快发展养老服务业的若干意见》精神，大力推动我区养老服务业的发展；切实加强长寿品牌建设，整合长寿资源，打造我区老龄事业发展新亮点。他要求各地要切实加强对老龄工作的领导，为老龄事业发展提供强力保障，进一步完善老龄工作体系，加强工作创新，力争在老年人社会保障、社会服务、社会优待等方面取得新突破，推动我区老龄事业健康发展。

【2014年广西老龄工作业务培训班】为提高全区各级老龄工作干部队伍的业务素质和综合能力，进一步推动老龄工作开展，2014年5月、6月，自治区老龄办在南宁举办2期2014年广西老龄工作业务培训班。培训的主要内容是老龄工作业务知识、基层老年协会建设规范、社会主义核心价值观等。自治区民政厅党组成员、自治区老龄办主任梁丽玲在开班仪式上讲话并亲自为培训班学员讲授老龄工作业务知识，自治区党校教授覃翠生为学员讲授了如何结合老龄工作实际践行社会主义核心价值观。来自全区14个地级市、110个县市区、经济技术开发区及旅游管理区等地方的老龄业务工作人员共计300余人参加了本次培训。

【基层老年协会示范点绩效考评培训】2014年基层老年协会示范点扶持工作被列入自治区绩效考核范围，为做好我区基层老年协会示范点绩效考评工作，8月26日，自治区老龄办在南宁市组织举办2014年全区老龄办主任会议暨基层老年协会示范点绩效考评培训，学习传达全国老龄委第十六次全体会议、全国老龄办主任会议、全国老年人优待工作会议精神，全面总结上半年以来的老龄工作，研究部署今后一个时期的工作任务，并对基层老年协会示范点绩效考评工作进行培训。自治区老龄办主任、自治区民政厅党组成员梁丽玲出席会议并讲话。

【老年人权益保障立法调研】《广西壮族自治区实施＜中华人民共和国老年人权益保障法＞办法》已列入自治区人大五年立法规划。为做好该立法项目的调研起草工作，2014年9月1到3日，自治区老龄办主任、民政厅党组成员梁丽玲率领调研组赴山东、江苏两省开展立法调研工作，调研组一行分别与山东省老龄办、江苏省老龄办相关领导就老年人权益保障立法等工作进行了座谈。座谈会上，两省老龄办领导均就本省开展老年人权益保障立法、老年人优待、老年人意外伤害保险等工作的情况和先进经验进行了详细的介绍。调研组和两省老龄办领导还就发展老龄事业的重点工作进行了深入的探讨和交流。通过座谈，调研组深入了解了先进省份开展老年人权益保障立法和老龄工作的经验做法，为我区开展《广西壮族自治区实施＜中华人民共和国老年人权益保障法＞办法》立法和推进我区老龄事业发展提供了新思路、新做法。自治区民政厅法制处、社会福利和慈善事业促进处相关领导和工作人员参加了调研。

【2014年自治区示范性村级老年协会规范化建设检查】12月以来，自治区老龄办组成多个工作组，分

赴柳州、桂林、钦州市，对三江、柳城、全州、兴安、灌阳、浦北、灵山县获得2014年度自治区财政扶持的示范性村级老年协会规范化建设情况进行抽查，通过座谈、查阅档案资料、实地走访等方式，就示范性村级老年协会组织机构建设、章程制度建设、基础设施建设、活动开展、经费来源、作用发挥、监督管理和自治区扶持资金的到位、管理和使用等情况进行全面检查，并针对存在问题提出整改完善意见，要求各示范性村级老年协会严格按照《广西基层老年协会规范化建设实施办法》实施规范化建设，确保达到自治区绩效考核目标。

【基层老年协会规范化建设工作业务培训班】 为进一步提高我区各地基层老龄工作队伍的业务素质和综合能力，推动我区基层老年协会建设规范化发展，自2014年6月开始，自治区老龄办先后联合南宁市、柳州市、玉林市、百色市、河池市等地老龄办，分别在当地举办基层老年协会规范化建设工作业务培训班。培训的主要内容是老龄工作业务知识、基层老年协会建设规范、老年人权益保障等。五市基层老龄办负责人、自治区示范性村级老年协会负责人等共900多人参加了培训。

【自治区老龄委成员单位联络员会议】 12月25日，自治区老龄委成员单位联络员会议在南宁召开。会议学习传达全国老龄委第十六次全体会议精神，贯彻落实《国务院关于加快发展养老服务业的若干意见》和国家24个部委《关于进一步加强老年人优待工作的意见》精神，通报近期老龄工作情况。自治区老龄办主任、民政厅党组成员梁丽玲出席会议并讲话。梁丽玲强调，自治区老龄委各成员单位要认真贯彻落实国务委员王勇讲话精神，切实抓好《广西实施〈中华人民共和国老年人权益保障法〉办法》立法调研，贯彻实施好国务院、自治区人民政府发展养老服务业重大政策，进一步加强老年优待工作，认真做好老龄事业发展“十二五”规划评估检查和“十三五”规划预研编制工作，大力推进老龄事业科学发展。会上，自治区老龄委各成员单位联络员交流了老龄工作情况和2015年工作安排，并对进一步完善老龄委联席会议制度，合力推进老龄工作提出了意见和建议。

【敬老爱老助老主题教育评选表彰活动】 根据全国老龄办部署，在全区范围内开展了第六届敬老爱老助老主题教育评选表彰活动。自治区老龄办联合教育、新闻广电、民政、团委、妇联、关工委等部门在全区范围内组织开展了敬老单位和个人评比推荐。经层层评选推荐，经过认真评选并向全国组委会推荐，我区浦北县梁燕、三江县何高美、灌阳县邓爱琼荣获“中华孝亲敬老楷模提名奖”，横县覃紫芸等49人荣获“全国孝亲敬老之星”荣誉称号，宜州市人民政府、桂林市叠彩区叠彩街道办事处虞山社区、贵港市民政局、柳州市鱼峰区五里亭街道办事处龙擎苑社区妇女之家荣获“全国敬老模范单位”荣誉称号。

【第四届中国老年文化艺术节“华夏保险杯”2014舞蹈大赛】 2014年5月7日，第四届中国老年文化艺术节2014“华夏保险杯”舞蹈大赛开幕式在广西百色举行。全国老龄办副主任吴玉韶出席开幕式并讲话，本届舞蹈大赛为期5天，来自西藏、青海、新疆、甘肃、内蒙等全国31各省市自治区，99个团队的2100多位舞者身着盛装，集中演出，为全国的老年朋友献上一场魅力独特的艺术盛宴，也使革命老区百色的乡亲父老在家门口就能欣赏到来自全国各地的老年舞蹈团体的精彩演出。自治区老龄办认真组织和广泛发动各地老年艺术团体参加“第四届中国老年文化节”各项赛事，据不完全统计，广西代表队取得1金5银2铜的佳绩，展示了我区老年人良好的精神风貌。

【广西“敬老月”活动】 10月，全区各地紧紧围绕“传承中华民族美德弘扬敬老文化”的主题，认真组织开展敬老慰问、老年维权、为老志愿服务等“敬老月”活动，努力营造敬老爱老的良好社会氛围。据不完全统计，“敬老月”期间，广西各地各有关部门共走访慰问老年人8万多人次，组织大型志愿服务活动1500余次，发放慰问金（品）折合人民币600多万元，把党的温暖带给基层老年群众。

【第二届“敬老文明号”创建活动】 为积极应对人口老龄化，广泛动员社会各界参与尊老敬老社会活动，根据全国统一部署，广西积极组织开展第二届“敬老文明号”创建活动，自治区老龄办印发了活动方案，广泛动员各级涉老部门、企事业单位、老年社会团体、群众组织和为老服务工作人员积极参与创建“敬老文明号”，不断拓宽为老服务项目、提高为老服务质量，大力弘扬尊老爱老的传统美德，努力营造敬老爱老良好社会氛围。

各项业务进展

【老年人权益保障立法工作】 为深入贯彻落实老年人权益保障法，2013年底，自治区人大将《广西实施〈中华人民共和国老年人权益保障法〉办法》（以下简称《实施办法》）列入五年立法规划。对此，自治区民政厅、自治区老龄办高度重视，扎实做好一系列前期准备工作。由于基础工作准备充分，2014年12月，自治区人民政府将《实施办法》列入2015年立法调查研究项目。自治区法制办、自治区老龄办、自治区民政厅共同成立了立法项目调研工作领导小组，制定了立法调研工作方案，由自治区民政厅厅长、自治区老龄委副主任韩元利亲自担任组长，自治区法制办、自治区民政厅分管领导和自治区老龄办主要负责人担任副组长，明确了立法调研工作的时间安排、主要内容和具体要求，为加快制定出台科学合理、有前瞻性、指导性、可操作性的《实施办法》奠定工作基础。

【养老保障工作】不断建立健全老年社会保障法规政策，老年社会保障体系日益完善。截至2014年12月底，全区城乡居民参保人数1720万人，530万名60周岁以上的老年人按时领取基本养老金。为177万名参加城镇企业职工基本养老保险的离退休人员发放基本养老金33.83亿元，月人均基本养老金水平由调整前的1698元增加到1868元。

【养老服务政策创制】认真贯彻落实《国务院关于加快发展养老服务业的若干意见》精神，推动自治区人民政府出台《关于促进养老服务业加快发展的实施意见》（桂政发〔2014〕58号），明确了我区养老服务业发展的具体目标、任务要求以及保障措施，并将43项重点工作任务分解到各相关职能部门，特别是提出依托广西独特的区位、生态、长寿品牌和旅游资源等优势，完善以城乡协作、跨地区协作作为特色的养老服务体系，设立养老服务业综合改革试验区，重点打造桂西养生养老长寿示范区、桂北休闲旅游养生养老示范区、北部湾国际滨海养生健康示范区、南宁养老服务业综合改革示范区。同时积极争取基本养老服务纳入政府购买服务重要范围。2014年4月，自治区人民政府办公厅出台《关于政府购买服务的实施意见》（桂政办发〔2014〕30号，以下简称《实施意见》），将社会救助、社会福利、基本养老服务等纳入了《实施意见》重要内容。其中，12349社区为老服务信息平台提供居家养老服务、基层老年协会提供养老互助服务作为基本养老服务类被纳入试点范围。2014年，自治区财政安排资金2000万元用于开展上述政府购买民政服务项目试点。自治区民政厅、财政厅联合制定了《政府购买社会工作服务暂行办法》，自治区民政厅出台了《广西壮族自治区民政系统购买社会服务实施办法（试行）》，全面启动了试点工作，加快转变政府职能，创新社会管理，努力为民政对象特别是广大老年人提供优质高效的公共服务。

【老年人优待工作】各地各有关部门认真贯彻落实国家24个部委《关于进一步加强老年人优待工作的意见》以及《广西壮族自治区老年人优待规定》，不断深化老年人优待工作，提高优待服务水平。一是老年人优待证办理更加便民。自治区老龄办把加强优待工作、提高服务效率作为开展党的群众路线教育实践活动的重要内容，积极协调自治区公安厅居民身份证制作中心，改进完善制证系统，优化申办流程，不断加强老年人优待证制发管理，从2014年10月1日起，年届60周岁、70周岁的老年人可提前60日申办广西老年人优待证，以确保及时领取优待证享受优先优惠待遇。据统计，全区办理老年人优待证超过120万张。二是高龄补贴政策覆盖范围不断扩大。目前，我区所有县（市、区）均为百岁老人发放高龄补贴；93个县（市、区）为90周岁及以上老年人发放高龄补贴；南宁、柳州、桂林、梧州、防城港、钦州、玉林、河池等8个设区市以及部分县区制定出台了80周岁及以上高龄补贴政策，促进广大老年人共享经济社会发展成果。

【基层老年协会规范化建设】一是积极探索建立基层老年协会建设长效扶持机制。根据自治区人民政府《关于政府购买服务的实施意见》精神，2014年，自治区财政安排资金120万元用于开展购买基层老年协会提供养老互助服务试点。目前，自治区老龄办正积极研究制定关于购买基层老年协会提供养老互助服务实施办法，并将于今年全面启动试点工作，探索建立财政直接投入与政府购买服务相结合的长效扶持机制。二是探索引入专业社工及文化体育团体指导基层老年协会开展活动。自治区老龄办在南宁市、象州县等地开展试点，组织老年文艺体育团体深入基层老年协会巡回演出，现场指导老年人开展形式多样、喜闻乐见的文体娱乐活动，不断满足老年人的精神文化需求。贵港市进一步建立完善五保村、农村幸福院、基层老年协会"三位一体"的农村养老服务模式，积极引入专业社会工作者和志愿者，为广大老年人提供照料、护理、康复、娱乐等专业辅导，提高基层老年协会养老互助能力。三是圆满完成基层老年协会绩效考评工作。从2014年起，自治区将示范性村级老年协会建设纳入绩效考评范围。全区各级老龄工作部门对此高度重视，采取积极措施，确保老年协会规范化建设工作成效。我们分批次、分区域在南宁、柳州、贵港、玉林、百色、河池市等地组织开展基层老龄工作干部及老年协会负责人培训，切实提高基层老龄工作干部行政能力和基层老年协会规范化建设水平。同时，在全区范围普遍开展基层老年协会自查、县级全面排查、市级督查、自治区抽查等多种形式的检查工作，及时发现问题，采取有效措施切实加以整改。南宁、桂林、贵港等市组成多个工作组，由老龄办领导带队对2014年示范性村级老年协会全面开展了专项督促检查。

【社区为老服务信息平台建设】2014年以来，我们不断加强政策引导和资金扶持，加快12349社区为老服务信息平台建设发展。一是开展12349为老服务信息化建设试点。自治区老龄办、自治区民政厅利用12349社区为老服务平台在南宁、柳州、桂林市开展为老服务信息化建设试点，建立包含社区老年人姓名、家庭情况、身体状况、联系方式等基本信息的人口数据库，并完成17万条老年人信息收集录入，为更好推进居家养老工作奠定了坚实基础。二是努力争取将12349社区为老服务平台提供居家养老服务纳入了自治区人民政府购买服务项目。2014年，安排财政资金30万元为南宁、柳州、桂林市共9万多名老年人免费发放“防走失手环”，并提供免费防走失服务，成功找回走失老年人将近500多人次。开通全国首条“12349老年人防走失热线”，全国100多家新闻媒体对此进行深入报道，引起广泛社会关注。三是不断拓展服务功能。在为居家老年人和社区居民提供家庭生活服务基础上，12349社区为老服务平台新增便民移车、为老志愿、医疗咨询、残疾人帮扶、社区公益等服务功能，满足广大人民群众特别是老年人的多元服务需求。目前，广西12349社区为老服务信息平台呼叫座席总共达到50个，签约服务加盟商达1416家，具备为20万名老年人提供养老服务的能力，成功打造没有围墙的虚拟养老院。

【“银龄行动”】自治区老龄办联合广西老科协继续广泛开展“银龄行动”，以老年志愿者智力援助为基础，努力搭建基层老有所为服务平台，指导基层老年协会开展各种活动。一是老年志愿者智力援助取得成效。在全区7市部分县开展农业技术培训433场，培训农民6.6万人次，内容涉及种养、植保、家禽疾病防治等；医疗技术培训进社区53场，培训医务人员7000人次，大大提高了当地医疗部门的医疗技术水平；班主任培训81场，培训当地班主任9000人次；科普素质演讲660场，听众27万人次，内容涉及医疗保健、科学技术、环保节能等；开展老年人权益保障法及保健养生知识万里行活动，受益群众2000人次。二是继续加大搭建老有所为服务平台。搭建了756个老有所为服务平台，为老年人开展社会公益活动提供服务。三是培训指导基层老年协会开展文化体育活动。培训基层老年协会文艺骨干108人，指导40多个老年协会近600人开展文化体育活动。

【老龄宣传工作】一是深入开展敬老爱老助老主题教育活动。根据全国敬老爱老助老主题教育活动组委会关于开展第六届全国敬老爱老助老主题教育活动评选表彰工作的要求，自治区老龄办联合教育、新闻广电、民政、团委、妇联、关工委等部门在全区范围内组织开展了敬老单位和个人评比推荐。经层层评选推荐，我区3人被授予“中华孝亲敬老楷模提名奖”荣誉称号；49人被授予“全国孝亲敬老之星”荣誉称号；贵港市民政局、宜州市人民政府、桂林市叠彩区虞山社区、柳州市鱼峰区龙擎苑社区妇女之家等4个单位被授予“全国敬老模范单位”荣誉称号。二是广泛开展“敬老月”活动。10月，全区各地紧紧围绕“传承中华民族美德弘扬敬老文化”的主题，认真组织开展敬老慰问、老年维权、为老志愿服务等“敬老月”活动，努力营造敬老爱老的良好社会氛围。据不完全统计，“敬老月”期间，广西各地各有关部门共走访慰问老年人8万多人次，组织大型志愿服务活动1500余次，发放慰问金（品）折合人民币600多万元。三是积极开展敬老文明号创建工作。为积极应对人口老龄化，广泛动员社会各界参与尊老敬老社会活动，根据全国统一部署，广西积极组织开展第二届“敬老文明号”创建活动，自治区老龄办印发了活动方案，广泛动员各级涉老部门、企事业单位、老年社会团体、群众组织和为老服务工作人员积极参与创建“敬老文明号”，不断拓宽为老服务项目、提高为老服务质量，大力弘扬尊老爱老的传统美德，努力营造敬老爱老良好社会氛围。

海南省

综　　述

截至2014年末，全省60岁及以上户籍老年人口125.52万人，老龄化程度占全省户籍人口的13.70%，比上年度增长0.3个百分点；全省百岁及以上老年人申报享受长寿补助金达1944人，全省最年长者彭金春，女，汉族，1900年4月出生（114岁），文昌市锦山镇人。全省有19对双百夫妻老年人，其中有3对百岁夫妻在第五届“中国十大百岁夫妻排行榜”上分别列居第四、七、九位。海南每10万人中有百岁老人21.46人，海南百岁老人比例和长寿指数均位居全国前列。8月27日，国际人口老龄化长寿化专家委员会在韩国首尔召开第三届人口老龄化长寿化国际研讨会授予海南岛“世界长寿岛”匾牌和证书，和韩国济州岛一起获此殊荣。

海南省省委、省政府高度重视老龄工作，认真贯彻落实科学发展观和习近平总书记系列重要讲话精神，紧紧围绕全省经济社会发展大局，在各级党委、政府、省老龄委成员单位、社会各界的共同努力下，海南省各项涉老政策、制度不断完善和落实，有力地促进了老龄事业与经济社会协调发展，全省老龄事业取得持续健康发展。

一、积极应对人口老龄化的工作机制和政策体系初步形成

为推动老龄事业持续健康发展，2014年5月，海南省人大审议通过了《海南省养老服务机构管理条例》，以地方法规形式规范了民办养老机构准入、监管和退出机制。2014年6月，省政府出台《关于加快发展养老服务业的实施意见》，进一步明确了养老服务业的发展方向、发展目标、任务及政策措施，为养老服务业注入活力，为我省养老服务业的快速发展提供了政策支撑和遵循。省政府出台《海南省城乡居民基本养老保险暂行办法》，新办法规定，凡具有本省行政区域内户口（包括农业户口和非农业户口），年满16周岁（不含在校学生）、非国家机关和事业单位工作人员，当期未参加城镇从业人员基本养老保险等现有社会养老保险制度，未领取城镇从业人员基本养老金及其他社会养老金的城乡居民，可以在户口所在地自愿参加城乡居民养老保险。各市县、省直各涉老部门根据养老服务的法规政策，相续出台了一系列配套支持养老服务业发展的专项规划、建设规范、服务标准等，使我省养老服务业逐步走上规范化发展轨道。三亚市于2014年4月召开政府专题会议，研究通过了《三亚市申报养老服务业综合改革试点工作实施方案》，贯彻落实养老服务业综合改革试点工作所确定的八项试点任务，明确了试点目标、重大项目、保障措施和建成时间进度，为今后在全省开展养老服务机构综合改革提供有效参考依据。

二、社会养老保障制度不断完善

逐步建立了全省统一的职工养老保险、新型农村社会养老保险、城镇居民社会养老保险、失地居农民养老保险、新型农村合作医疗保险、城镇居民基本医疗保险、城乡最低生活保障、城乡医疗救助等重大制度，进一步完善了社会救助、农村五保、城镇“三无”人员、老年优待、社会福利、高龄津贴等制度，实现了社会保障制度的全覆盖。

三、社会养老服务体系建设成效明显

以居家为基础、社区为依托、机构为支撑的社会养老服务体系建设稳步推进，积极探索以“村级主办、互助服务、群众参与、政府扶持”为主要内容的新型农村互助养老模式，充分利用农村社区废弃、闲置的学校、村民住宅等设施，由政府资助村委会建设单位村民自我管理、自我服务、自我发展的互助型农村幸福院，为农村老年人提供文化娱乐、自助用餐、精神慰藉等互助养老服务，大力支持和鼓励社会力量兴办养老服务机构，从规划、土地、税收、财政、信贷、医疗、收费等给予优惠政策，激发子社会力量兴办养老服务机构的积极性，适度普惠的社会养老服务体系建设的基本框架初步形成。截至2014年底，全省共有各类养老机构274所，床位19602张，每千名老年人拥有养老床位16.4张。通过政府购买服务、提供形式，委托有资质的培训机构，培训200名养老护理员，并通过技能鉴定，持证上岗，同时鼓励和引导家政行业、医护机构、大专院校等专业性技术人才组织开展为老志愿服务活动。积极探索开展养老机构和医疗机构合作项目，加快医养融合发展的养老服务模式。

四、老龄事业宣传和老年文体活动丰富多彩

2014年，各级各部门把加强老龄事业宣传和老年文化建设作为老龄工作的重要内容，继续整合社会文化资源，倡导健康、文明的老年生活方式，不断丰富广大老年人的精神文化生活主。不断加大老龄工作的宣传力度。各级政府及相关部门通过报纸、广播、电视、网络等途径，专门设立的老龄宣传平台，加大对老年文化事业的宣传力度。进一步落实各项老年人优待制度。在城市全面落实老年人免费乘坐市内公共汽车、享受游园、参观公共文化设施、普通挂号门诊费减免等优惠政策。鼓励老有所为，为老年人提供展示自我的空间。截至2014年底，全省乡镇、农场、街道等成立老年体育协会的面已达到了98%，距发展老年体育事业“十二五”规划实施方案到2015年底实现100%的要求只差2%；全省行政村、社区（居）委会等成立老年体协机构覆盖率已达到了86%，突破了发展老年体育事业“十二五”规划实施方案到2015年底前实现70%左右的要求。老年人体育设施逐年完备，在城市和部分农村社区建立老年文娱活动队伍，城乡老年人开展健康有益的文体日趋活跃。积极组织老年群众文体活动，各地以“敬老月”

“敬老文明号”创建活动和重大节庆为契机，举办形式多样的文体活动。举行海南省第十届东西南北中老年人健身广场舞大赛等，开展送文化下乡活动，进一步营造敬老爱老助老的良好社会氛围。

五、老年人权益保障工作有效落实

随着我省老年人口的快速增长，老年维权和精神赡养问题日渐凸显，各级各部门加大对涉老法律宣传和法律援助的重视力度，有效保障老年人的合法权益。进一步加大涉老法制宣传力度。将新修订的《中华人民共和国老年人权益保障法》的宣传纳入“六五”普法教育计划、“绿岛法援—幸福夕阳”“三八”妇女维权月等活动中，将维护老年人合法权益、提升维权意识作为“法律七进”的重要内容。老年法律援助工作深入开展。全省设立了508个老年人法律援助工作站，基本建成老年人法律援助服务网络体系，并组织律师与老年人签订法律援助协议，将“法援助老”法律服务活动制度化、经常化。

六、老年人宜居环境建设稳步推进

根据住建部等部门出台的《关于加强养老服务设施规划建设工作的通知》（建标〔2014〕23号）和《海南省养老服务机构管理条例》，结合老年人口规模、养老服务需求，坚持将养老服务设施建设有关内容纳入到城镇总体规划。按照《无障碍设计规范》(GB50763—2012)、《老年人建筑设计规范》《老年人居住建筑设计标准》《疗养院建筑设计规划》等，在新建公共设施工程各个环节严格把关，强化建设项目无障碍建设监督，提高了无障碍设施建设水平。

重要会议和活动

【初级养老护理员职业技能鉴定培训班】为贯彻落实《海南省老龄事业发展“十二五”规划》，加强养老服队伍建设，提高养老服务从业人员的职业道德、业务技能和服务水平，省老龄办在海南省托老院举办全省初级养老护理员职业技能鉴定培训班。此次培训邀请海南职业工商学院教师、省托老院分管护理副院长授课，主要从养老护理员职业职守、医疗护理、康复护理、安全护理、心理护理、技能操作、老人排泄照料、精神慰藉等实操知识方面进行初步培训，有200名学员参加。通过培训学习，学员们掌握了初级养老护理员的职业技能，经职业技能鉴定考核，90%以上的学员们领取了养老护理从业资格证书，为我省进一步推行社区居家养老服务工作储备了人力资源。

【海南“世界长寿岛”工作】从2012年3月起，我省开展了“海南健康长寿岛”专题研究，邀请中国科学院地理科学与资源研究所、中国社会经济系统分析研究会人口委员会、中国老年学学会长寿研究委员会等专家学者，对海南健康长寿因素进行了全面论证研究（当时协议未明确要求课题结题时授予海南“世界长寿岛”牌匾）。2012年底，课题组形成了《海南健康长寿与地理环境的关系》的研究报告，提交了课题结题报告。经过初步调研论证，有关专家学者充分肯定了我省在创建“世界长寿岛”工作中取得的成绩，经对我省人口、环境和经济社会等因素考察分析，认为我省已具备“世界长寿岛”科学认定和争取授予“世界长寿岛”牌匾的条件。建议我省深入开展海南“世界长寿岛”专题研究，争取授予“世界长寿岛”牌匾。同时，有关专家提出，由于2012年科学认定数据采集工作时间紧，研究面尚窄，海南全省各市县区域百岁老人科研样品采集有限，为进一步提高海南“世界长寿岛”授牌工作的认可度和公信力，要求在前期调研论证的基础上，进一步补充采集一些科研检测样品，扩大百岁老人采样调研面，补充完善相关数据。2013年初，省政府及相关部门领导经与国际人口老龄化长寿化专家委员会商洽，双方就授予海南“世界长寿岛”匾牌工作达成了初步意向。根据商定计划，2013元月初，国际人口老龄化长寿化专家委员会已组织专家学者除澄迈县已采样外，在我省17个市县补充采集百岁老人科研数据计8520件，组织科研院所开展送检样品的分析测量研究工作。经过一年多的认真准备，海南“世界长寿岛”科学认定工作已基本完成，省民政厅与国际人口老龄化长寿化专家委员会签订课题委托协议，并给付“世界长寿岛”科学认定工作经费120万元。2014年5月，国际人口老龄化长寿化专家委员会向省政府提交了《海南省人口长寿的环境基础》认证报告。8月27日，第三届人口老龄化长寿化国际研讨会在韩国首尔市举行。来自中国、韩国、美国、英国、日本、印度6个国家和联合国有关人口学专家和政府官员、参加东北亚经济论坛年会的亚州青年领袖代表共80余人参加了会议。经过与会代表讨论，会议一致通过了《首尔宣言》，东北亚经济论坛主席、国际人口老龄化长寿化专家委员会理事长赵利济博士给中国海南岛、韩国济州岛颁发了“世界长寿岛”证书；联合国亚太经济与社会委员会东亚和东北亚地区办公室副社会事务官北田佑子给中国海南岛、韩国济州岛颁发了“世界长寿岛”匾牌和证书。据了解，国际人口老龄化长寿化专家委员会是东北亚经济论坛于2012年成立的专业专家委员会。其宗旨是：开展人口老龄化、区域人口健康长寿的国际性合作研究与相关交流活动，总结推广人口老龄化、区域人口健康长寿的工作经验和最新科研成果，为人类健康长寿愿望得以在更加广泛的区域中实现。国际人口老龄化长寿化专家委员会由联合国、美国、俄罗斯、日本、韩国、意大利、荷兰、德国、英国、中国等多个国际组织、多学科的专家学者自愿参加组成。其业务范围是：进行区域人口健康长寿研究，探索世界人口健康长寿区域的指标体系，提出应对人口老龄化挑战的积极策略。建立国际交流平台，开展与自身职能相关的学术研究、教育培训、开设网站、办刊物等专业性社会活动，促进和推动学术成果的普及和应用。

世界长寿岛认定标准分为几个方面：国际上对世界长寿地区认定标准。区域现存活百岁及以上老年人口占总人口的比例达到10万分之7.5以上；世界长寿区的评价指标。共有九个基础指标，即：百岁及以上老人在总人口中的占比，65岁及以上者中90岁及以上占比（%），人口预期寿命，植被指数，空气质量指数，地表水质量指数，人口平均预期寿命，人口平均受教育年限，恩格尔系数；认证报告。开展学术认证，即《海南省人口长寿的环境基础》。据第六次人口普查公布数据显示，2010年海南省存活百岁老人1163人，每十万人中有百岁老人13.4人。最新统计数据：截至2013年底，全省60岁以上老年人121.41万，占户籍总人口的13.36%。目前，全省现存活百岁老人1944人，每十万人中有百岁老人21.46人。近年来，海南省以《海南省老龄事业“十二五”发展规划》为引领，认真贯彻落实《中华人民共和国老年人权益保障法》《国务院关于加快发展养老服务业的若干意见》精神，大力发展老龄事业，切实维护老年人的合法权益，初步建立了与经济社会发展水平相适应的老年社会保障体系，实现了基本养老制度全省覆盖，老年人的卫生医疗、居住和生活条件明显改善，生态环境保护得到加强，养老服务工作上了新的台阶，有力地推动了海南“世界长寿岛”的认证工作。9月25日，海南省老龄工作委员会召开的新闻发布会，会上强调“世界长寿岛”是海南继国际旅游岛之后又一张闪亮的名片。海南岛荣获“世界长寿岛”称号后，时任海南省省长蒋定之在相关信息上作出重要批示“这是一个殊荣，对海南意义重大”。

【海南老年人“中国十大百岁夫妻”排行榜上有名】 10月10日，第五届“中国十大百岁夫妻排行榜”在北京市揭晓。此项活动由中国老年学学会主办，全国老龄办支持，经过全国筛选、户籍核实、专家评议等程序，按照百岁夫妻年龄相加之和由高向低排出了2014年中国十大百岁夫妻，得出寿星排序结果。在第五届“中国十大百岁夫妻排行榜”上，我省共有3对百岁夫妻排行榜上有名。这3对夫妻分别是吴廷亿、梁金荣夫妇（年龄和210岁），来自万宁市，黎族，列排行榜第四位；罗开明、吴关风夫妇（年龄和209岁），来自万宁市，汉族，列排行榜第七位；临高的王爱刚、王不二夫妇（年龄和207岁），来自临高县，汉族，列排行榜第九位。第五届中国十大百岁夫妻排行榜活动经过中国老年学学会和地方老龄机构一个多月的共同努力，截至6月30日，全国共推荐百岁夫妻30对，主要分布在13个省、（区、市），其中海南省10对，占总数的33.33%；河南省4对，占总数的13.33%；辽宁省和贵州省各3对，分别占总数10%；山东省2对，占总数的0.67%；安徽、甘肃、四川、江苏、广西、陕西、湖北、上海各1对，分别占总数的0.33%。在全国范围内，海南百岁老人比例和长寿指数均位居全国前列，百岁夫妻在全国范围内也占了较大的比例。这既反映了海南人居生态环境十分优良，也是体现了海南多年来经济社会持续协调发展的最好例证。

【《海南省实施＜中华人民共和国老年人权益保障法＞若干规定》修订工作】 2013年7月1日，颁布施行新修订《中华人民共和国老年人权益保障法》，根据上位法的要求，2014年4月中旬，启动《海南省实施〈中华人民共和国老年人权益保障法〉若干规定》修订工作，经过广泛调研，形成了《海南省实施〈中华人民共和国老年人权益保障法〉若干规定》修订稿（草案征求意见稿），并下发各市县老龄委、省老龄委成员单位征求意见，共收集56条意见和建议，根据意见和建议，结合我省实际情况，初步形成草案并建议更名为《海南省老年人权益保障条例》，报省政府办公厅列入公文受理程序，被列为2015年立法预研项目计划。

【海南省养老机构管理条例】 5月30日，《海南省养老机构管理条例》（以下简称《条例》）已由海南省第五届人民代表大会常务委员会第八次会议通过，自2014年8月1日起施行。《条例》细化了对养老机构的扶持优惠措施，提出各级人民政府应当将符合养老机构发展规划的养老机构建设用地纳入城镇土地利用总体规划和年度用地计划，合理安排用地需求；养老机构依法享受税费优惠，对非营利性养老机构自用的房产、土地免征房产税、城镇土地使用税。对非营利性养老机构建设免征行政事业性收费，对营利性养老机构建设减半征收行政事业性收费；养老机构用水、用电、用气按居民生活类价格执行；县级以上人民政府按照本省有关规定对接收高龄、失能等经济困难的本地户籍老年人的非营利性养老机构给予床位建设、运营和寄养等补贴。非营利性养老机构可以申请小额担保贷款；在养老机构从业的人员享受职业培训和职业技能鉴定补贴。鼓励有条件的养老机构利用专业设施、场地、人员等资源优势，培训和指导社区养老服务组织和人员。鼓励养老机构上门为居家老年人提供助餐、助浴、助洁、助医等定制服务。强调，民政部门既要加强对养老机构的监督管理，也要加强对养老机构的服务。首先，民政部门要建立养老机构评估制度和养老机构诚信档案，促进养老机构健康发展；其次，民政部门要建立健全投诉举报制度，保障养老机构和入住老年人的合法权益；最后，民政部门应当牵头协调有关部门落实国家和本省有关养老机构扶持优惠措施，切实帮助解决养老机构运营中存在的问题。同时，针对养老机构侵害入住老年人合法权益问题，草案明确，重点规范养老机构“未与收住老年人签订服务协议，或者协议内容不符合规定；歧视、侮辱、虐待或者遗弃收住老年人以及其他侵犯老年人合法权益行为；违反规定暂停服务或者终止；未按照国家有关标准和规范提供服务”等行为。对以上行为，民政部门可责令限期改正，没收违法所得，并处违法所得1倍以上5倍以下罚款；没有违法所得的，处以3千元以上3万元以下罚款；情节严重的，吊销许可证；构成犯罪的，依法追究刑事责任。规范养老机构行为的同时，还应加强对民政等有关职能部门及其工作人员行为的监督和管理，明确其违法行为的法律责任。草案还增加规定，民政等部门及其工作人员违反本条例规定，由上级主管部门或者监察机关对直接负责的主管人员和其他直接责任人员依法给予处分。对于违反法定权限、条件和程序实施养老机构设立许可的；未依法履行监督管理职责，造成不良后果等，构成犯罪的，要依法追究刑事责任。

【海南省城乡居民基本养老保险暂行办法】6月17日，《海南省城乡居民基本养老保险暂行办法》已经第六届省政府第20次常务会议审议通过。《海南省城乡居民基本养老保险暂行办法》是在《海南省新型农村社会养老保险暂行办法》和《海南省城镇居民社会养老保险暂行办法》基础上整合而成，保留了原有的制度框架，部分内容根据《加快发展养老服务业的实施意见》的相关规定和我省经济社会发展实际做了适当修改。居民可在户口所在地自愿参加城乡养老保险。新办法规定，凡具有本省行政区域内户口（包括农业户口和非农业户口），年满16周岁（不含在校学生）、非国家机关和事业单位工作人员，当期未参加城镇从业人员基本养老保险等现有社会养老保险制度，未领取城镇从业人员基本养老金及其他社会养老金的城乡居民，可以在户口所在地自愿参加城乡居民养老保险。2015年拉平城乡居民基础养老金。根据《海南省城乡居民养老保险暂行办法》规定，2014年城镇居民基础养老金标准为每人每月130元，2014年下半年，我省农村居民基础养老金标准拟增加20元，提高至每人每月120元，缩短与城镇居民基础养老金标准的差距。据记者从省人社厅获悉，我省计划明年拉平城乡居民基础养老金标准。新出台办法增加了丧葬补助金的规定。为有利于推动我省殡葬制度改革，吸引更多的农村居民选择火葬，新出台办法增加了丧葬补助金的规定，“经城乡居民养老保险经办机构核定按月领取基本养老金待遇的人员死亡火葬后，由城乡居民养老保险经办机构按照其死亡当月基础养老金4个月的标准发放丧葬补助金。未缴满15年的可补缴。新出台办法规定，删除了城镇居民须取得我省非农业户籍5年或10年才能领取养老待遇的规定。参保人员未按照规定缴纳城乡居民养老保险保费，造成其达到60周岁时不符合按月领取城乡居民养老保险待遇条件的，可以选择一次性补缴至满15年（制度实施时距60周岁不足15年的参保人员可补缴欠缴年限的城乡居民养老保险保费），按月领取城乡居民养老保险待遇；也可以选择终止城乡居民养老保险关系。最高缴费档次提高为3000元。我省修改了城乡居民养老保险缴费档次和集体补助、他人资助的最高金额，将城乡居民养老保险最高缴费档次由新农保的1000元、城居保的2000元提高为3000元。据省人社厅有关部门负责人解释，国家城乡居民养老保险意见设置了100元至2000元12个缴费档次，同时指出各省可以根据实际情况增设缴费档次，但最高缴费档次标准不得高于当地灵活就业人员参加职工养老保险的年缴费额。我省灵活就业人员年缴费额最低为4807元。因此，我省和国家保持一致，设定12个缴费档次，同时增加3000元缴费档次，在符合国家相关要求的基础上为参保人提供更多的缴费选择。缴费年限越长基础养老金越高。《海南省城乡居民养老保险暂行办法》规定，城乡居民养老保险实行政府补贴与个人缴费挂钩，多缴多补。对于选择100元缴费档次的，政府给予每人每年30元的基础补贴。对选择较高档次标准缴费的，适当增加补贴金额；对选择200元及以上缴费档次的，政府除按前款规定给予基础补贴外，按每增加一个缴费档次另给予不少于10元的补贴。多缴多得，长缴多得。《海南省城乡居民养老保险暂行办法》修改了缴费年限超过15年后增加基础养老金的规定。即“符合按月领取基本养老金条件的参保人员，其累计缴费年限在满15年的基础上每增加一年，基础养老金每月增加4元。”增加了服刑人员参保和领取待遇的规定。我省参照《海南省城镇从业人员基本养老保险条例实施细则》第二十五条的规定，将被判服刑人员参加城镇从业人员养老保险和领取待遇的相关精神引入城乡居民养老保险制度，填补城乡居民养老保险制度在此方面的空白。规定，“已参加城乡居民养老保险后被判服刑的城乡居民，在服刑期间不缴纳养老保险费，服刑期满后，可以补缴养老保险费。”

【海南省人民政府关于加快发展养老服务业的实施意见】6月18日，为贯彻落实《国务院关于加快发展养老服务业的若干意见》精神，积极应对人口老龄化的挑战，推进社会养老服务体系建设，完善社会养老服务机制，我省出台《加快发展养老服务业的实施意见》(以下简称《意见》)。《意见》明确了今后一个时期海南养老服务业发展方向、目标和措施。提出我省养老服务业发展2020年达到如下目标。一是农村敬老院的供养保障能力明显增强。全省农村敬老院完成事业单位法人登记，养老服务设备设施更加完善配套，供养保障水平明显提高。二是居家养老服务网络实现全省覆盖。城市社区普遍建立起社区居家养老服务中心，90%以上的乡镇和60%以上的农村社区建立起包括养老服务在内的社区综合服务设施和站点。三是加强养老机构建设。全省机构养老床位数达到4.2万张，千名老人拥有床位数达到35张，失能半失能专业化护理水平明显提高。为实现上述目标，《意见》提出七项工作任务。(一) 提高农村养老服务保障水平。加强现有农村敬老院配套设施建设，抓好乡镇中心敬老院建设，对农村敬老院进行事业单位法人登记，将管理运行经费纳入市县财政预算。农村敬老院在满足五保对象集中供养需求的前提下，可以通过改善设施条件、增强护理功能为其他老年人提供有偿养老服务，使之成为区域性养老服务中心。(二) 建立社区居家养老服务网络。各市县要把养老服务设施建设纳入社区建设规划，与社区服务中心（服务站）及社区卫生、文化、体育等设施的功能衔接，充分发挥社区公共服务设施的养老服务功能。到2016年，在全省城市社区和乡镇建成居家养老服务网络平台。到2020年，城市社区要依托社区服务中心建立起养老服务中心，为社区居民提供居家养老服务；乡镇可依托乡镇中心敬老院，为乡镇及周边地区的老年人提供养老服务。(三) 加强社区养老服务设施建设。各市县要将社区居家养老服务设施建设纳入城乡社区配套用房建设范围，新建住宅小区要同步配套建设社区居家养老服务用房，已建成的住宅区要通过购买、租赁、置换等方式调剂解决。各市县要按照无障碍设施工程建设相关标准和规范，对坡道、电梯等与老年人日常生活密切相关的公共设施进行无障碍改造。新建居住区和公共服务设施，要将无障碍通道建设纳入规划。(四) 推进养老机构建设。各级政府要制定养老服务业发展专项规划，合理布局和建设养老机构。鼓励社会资本通过承包、合作、委托管理等方式营运政府投资举办的养老机构。社会资本可以通过合作、租赁和购买的方式，对闲置的企业厂房、学校校舍、商业设施等进行改造，用于养老服务。支持国外、境外的企业、非政府组织和个人独资或者合资在我省举办养老机构，并享受同等待遇。(五) 改善老年人的医疗卫生条件。推动医疗卫生资源进社区、进养老机构、进居民家庭。有条件的二级以上综合医院要开设老年病科，增加老年病床数量。支持养老机构内设医疗机构，养老服务床位数达到100张以上的可以内设卫生所、200张以上的可以内设老年病专科医疗机构。社会保障部门对养老机构内设的医疗机构或医疗站（点)，符合城镇职工（居民）基本医疗保险和新型农村合作医疗定点条件的，应根据其申请纳入定点范围，入住的参保老年人按规定享受相应待遇。(六) 建立健全老年人福利制度。2015年在全省建立起高龄津贴制度，增强高龄老年人的养老保障能力。建立政府购买养老服务制度，采用发放服务券等形式，为城乡低保对象等经济困难的老年人提供无偿或低收费的社区居家养老服务。根据老年人或其家庭意愿到养老机构接受服务的，其养老服务补贴支付给相应的机构；居家接受服务的，其养老服务补贴支付给提供服务的企业、组织和个人。(七) 培育发展养老服务产业。一是发展健康养老服务。推动医养融合发展，在有条件的市县创建理疗康复、老年病医院等医疗机构。二是开发老年特色产品。培育发展老年产业集群，支持具有一定规模的品牌养老机构连锁经营，支持有条件的市县建立老年生活用品用具和服务产品特色产业制造基地。三是健全养老服务市场。建立健全老年产品市场准入机制，鼓励具备条件的商场、超市、批发市场设立老年用品专区专柜。为切实加快养老服务业发展，《意见》推出六大举措。(一) 保障养老服务设施建设用地。各市县在制定或修订城市总体规划、控制性详细规划时，必须按照人均用地不少于0.1平方米的标准规划建设养老服务设施。民办非营利性养老机构建设用地，符合国家划拨用地目录的，可以使用国有划拨土地；符合农村集体建设用地流转规定的，可使用集体建设用地。(二) 加大财政金融支持力度。省财政要整合社会养老服务体系建设有关资金，改进资金分配方式，充分发挥资金使用效益。落实中央关于福利彩票公益金50%以上用于发展养老服务业的规定，从体育彩票公益金中提取一定比例为社区老年人配备健身器材。要通过贷款贴息、直接融资补贴、融资担保和风险补偿等办法，引导鼓励信贷资金和社会资金投向养老服务业。（三）落实税费优惠政策。对养老机构提供的养老服务免征营业税。非营利性养老机构自用房产、土地免征房产税、城镇土地使用税。非营利性养老机构符合免税条件的收入免征企业所得税。对企事业单位、社会团体和个人通过非营利性社会团体及政府部门向非营利性养老机构的捐赠，符合相关规定的，准予在计算其应纳税所得额时按税法规定比例扣除。对非营利性养老机构建设免征有关行政事业性收费，对营利性养老机构建设减半征收有关行政事业性收费，养老机构用水、用电、用气按居民生活类价格执行。（四）完善人员培训和就业机制。鼓励和支持高等院校、中等职业技术学校增设养老服务相关专业，培养老年医学、康复、护理、营养、心理和社会工作等方面的专门人才。推进省托老院、市县中心养老院养老服务实训基地建设。符合条件的城镇登记失业人员、农村转移就业劳动者等，参加养老服务、病患陪护等职业培训，按规定享受职业培训补贴；通过职业技能鉴定并取得职业资格证书的，按规定享受技能鉴定补贴。取得国家养老护理员技师、高级工、中级工、初级工职业资格证书，并在养老机构护理岗位就业的，应当给予技术岗位补贴。（五）支持社会力量参与养老服务。支持企业、社会组织、个人建设运营养老机构和参与社区养老服务，开发养老服务产品，开展养老教育培训、咨询评估、标准制定、质量监督及第三方认证等服务。培育发展养老服务公益慈善组织，鼓励设立养老服务类非公募基金会。支持老年群众组织开展自我管理、自我服务和服务社会活动。（六）强化组织领导。一是科学规划。省政府和各市县政府要将发展养老服务业纳入国民经济和社会发展规划。二是合力推进。各级政府要建立联席会议制度，研究解决工作中存在的困难和问题，推动养老服务业健康发展。民政部门要切实履行监督管理、行业规范、业务指导等职责，推进公办养老机构改革。发展改革部门要对纳入经济社会发展规划的养老服务设施建设给予支持。卫生部门要对居家和各类养老机构的老年人在医疗服务、心理疏导和紧急救援等方面完善支持体系。工信部门要加快推进养老服务信息化建设，提升公共信息服务水平，改善信息消费环境。财政部门要加大投入，建立符合养老服务体系建设需要的公共财政投入机制。三是加强监管。建立养老服务准入、退出、监管制度，指导养老机构规范管理、优质服务。建立责任追究制度，及时查处侵害老年人合法权益的违法行为和安全生产责任事故。

【敬老爱老助老主题教育活动】下发《关于做好第六届全国敬老爱老助老主题教育活动评选表彰推荐工作的通知》，各市县老龄办、及相关部门，依据通知要求，精心组织，周密安排，运用多种形式，广泛动员社会力量参与，从下而上，层层推荐。在第六届全国敬老爱老助老主题教育活动评选表彰大会上，我省琼中黎族苗族自治县加钗农场中心小学教师周薇荣获“中华孝亲敬老楷模提名奖”，冯所标等15名荣获“全国孝亲敬老之星”，海南省第二人民医院、海南省交通运输厅老干部活动中心荣获“全国敬老模范单位”荣誉称号。

【“敬老月”活动】8月25日，以省老龄工作委员会名义下发《关于开展2014年“敬老月”活动的通知》，明确了“敬老月”活动的宗旨和主题及活动内容。省老龄委常务副主任、副省长何西庆带领省民政厅、省老龄办、省卫计委、省人社厅负责人和海口市政府分管领导到省托老院看望慰问老年人。各市县、各部门广泛开展了送温暖、献爱心活动。省委宣传部和海南广播电台举行以“寻找百岁长寿之旅”为主题的大型摄影展活动。由南海网策划发起的“海南省第五届中老年广场健身操（舞）大赛”，吸引不少热爱健身操（舞）中老年人参赛和支持。省老干部局开展“增添正能量·夕阳映琼崖”主题活动，联合相关部门的老专家组成医疗服务团、科技服务团、教育服务团等深入贫困地区进行智力支援。省红十字会捐助200万元为10所敬（养）老院购置养老服务设施设备，改善敬（养）老院居住环境。

【“敬老文明号”创建活动】8月20日，制定下发《关于开展第二届“敬老文明号”创建活动的通知》和《海南省“敬老文明号”创建和管理办法》，明确了创建的总体目标、基本原则、创建范围、创建内容及实施步骤，启动了我省第二届“敬老文明号”创建活动。指导各地规范有序地开展创建活动，协助和指导卫生计生委系统开展创建活动，广泛动员社会各界深入开展为老服务，推动老年人各项优待政策的落实，促进了社会的和谐稳定。

【医养结合调研活动】7月23日至27日，全国政协常委、副秘书长、农工党中央副主席兼秘书长何维率调研组一行13人就海南医养结合型养老服务模式进行调研。23日下午，在海口市迎宾馆会议举行座谈会，会议由副省长、农工党海南省委主委王路主持，省政协副主席、致公党海南省委主委林方略及省政协教科文卫体委员会专职、省民政厅、省老龄办、省发改委、省人社厅、省计卫委、省地税局、中国（海南）发展改革研究院等相关部门和民办养老机构负责人参加。何维强调，随着人口老龄化程度加快，传统单一的家庭养老模式已受到严峻的挑战，被多元化模式，尤其是社会养老模式所取代，越来越多的老人走进养老服务机构，促进了养老机构迅猛发展，但养老机构在管理过程中所暴露出的问题日渐突出，导致社会对医养结合型养老模式的需求越来越多。如何促进医疗与养老融合发展是我们当前面临的重大课题，也将是当前和今后一个时期养老服务模式的发展趋势。会后调研组先后在海南省托老院、省社区居家养老网络服务中心、海口恭和苑、海口市龙华区玉沙社区居家养老服务中心、琼海市天来泉国际养生俱乐部服务中心、嘉积镇敬老院、三亚市海棠湾六和悦城适老社区等进行医养结合型养老服务模式进行调研。详细了解海南医养结合型养老服务模式发展现状、存在问题、发展趋势等情况，对海南依托区位优势，发展健康产业，休闲养生，促进医疗与养老融合发展给予充分的肯定，希望海南用好用足国际旅游岛战略政策和区位优势，创新发展模式，探索建立一个完整的医养产业示范基地，将旅游、休闲、文化、养生、康复、医疗、养老等特色元素有机结合起来，努力培育具有区域影响力和全国知名品牌的医养产业，为老年人创造良好的养老环境，让老年人安度晚年，幸福生活。

【《海南长寿岛》微电影】8月23日，一部以中国传统孝道为题材、体现海南敬老爱老社会风气的系列公益微电影《海南长寿岛》之《椰子阿婆》，在省托老院举行开机仪式。该系列公益微电影由省老龄办、省老龄事业发展促进会和海南象形文字影业公司联合出品，第一期计划拍摄10部，23日开拍的《椰子阿婆》是其中之一。该片讲述的是一对海口青年夫妻在男方身患重病的情况下，收留了一位迷路走失的阿婆，在倾力帮其寻找亲人的过程中，几人之间产生了感人的亲情故事。其余9部微电影，虽讲述的故事各不相同，但与《椰子阿婆》一致的是，都洋溢着浓郁的海南风情，不仅故事题材、拍摄场景等均选自海南，且制片、编剧、导演、演员等主创人员也全部来自海南本土。该系列微电影意在唤起全社会对老年人关爱、对老龄事业的广泛关注，同时有利于宣传和推广“海南长寿岛”这张具有国际影响力的闪亮名片，引领观众领略海南的民俗风情、美丽风光、宜人气候、宜居环境，及浓厚的敬老社会氛围。

【《海南长寿岛》画册】为展示我省老龄工作和老龄事业前进步伐，省老龄办与省老摄影家协会共同编辑《海南长寿岛》画册。该画册以图片资料形式记载着我省老龄事业健康、持续发展的成就，及我省开展“世界长寿岛”科学认证和创建活动的喜人景象。展示我省在推动社会和谐发展过程中，注重生态环境保护，在改善民生、保障老年人合法权益和服务工作等方面的积极探索，建立起与经济社会发展相适应的老年社会保障体系，实现了基本养老保障制度全省覆盖，社会救助制度日臻完善，以居家养老为基础、社区养老为依托、机构养老为支撑的社会养老服务体系框架基本建立，全省城乡老年人的居住环境和生活条件得到了明显改善，老年人的精神文化生活丰富多彩。

各项业务进展

【老龄工作概况】2014年，全省60岁及以上户籍老年人口125.52万人，老龄化程度占全省户籍人口的13.70%，比上年度增长0.3个百分点；三沙、文昌、琼海、定安、海口、万宁、澄迈等7市县老龄化比重均超过了全省的平均增长速度，老龄化程度最高的三沙市已达到21.13%，最低的三亚市也达到10.32%。全省人均预期寿命85.36岁，全省百岁及以上老年人申报享受长寿补助金达1944人，其中男性326人，占百岁老人总数16.77%，女性1618人，占百岁老人总数83.23%；汉族1779人，黎族153人，苗族8人，壮族2人，回族和瑶族各1人。全省最年长者彭金春，女，汉族，1900年4月出生（114岁），文昌市锦山镇人。全省有19对双百夫妻老年人，其中有3对百岁夫妻在第五届“中国十大百岁夫妻排行榜”上分别列居第四、七、九位。海南每10万人中有百岁老人21.46人，海南百岁老人比例和长寿指数均位居全国前列。8月27日，国际人口老龄化长寿化专家委员会在韩国首尔召开第三届人口老龄化长寿化国际研讨会，海南岛和韩国济州岛一起获颁“世界长寿岛”匾牌和证书。年内，老年人民生保障进一步加强，老年人基本公共服务水平进一步提升，涉及老龄工作的相关领域改革进一步深化，《中华人民共和国老年人权益保障法》贯彻落实力度进一步加大，老年群众工作进一步活跃，老龄事业得到新的发展。

【养老保障】进一步落实老年人各项保障政策，城乡居民养老保险待遇不断提高。一是连续提高养老保险待遇水平。2014年连续第10年提高企业退休人员基本养老金，企业退休人员的月人均养老金在2013年基础上继续提高10%，月人均养老金达到1775元，有效保障和改善了全省企业退休人员的基本生活。二是农村居民基础养老金标准连续第4年得到提标，由制度建立之初的55元提高到120元，惠及63.28万人；城镇居民养老保险月基础养老金每人每月130元。出台《海南省城乡居民基本养老保险暂行办法》，打破城乡户籍限制，城镇居民社会养老保险和新型农村社会养老保险实现统一合并，进一步保障城乡老龄居民基本生活。

【医疗保障】2014年，全省城镇居民医疗保险参保人数195.17万人；新型农村合作医疗参合501.57万人，参合率99.57%，其中全省参合老年人受益264.97万人次，补偿金额5.87亿元，实际补偿比61.27%。实行新农合补偿即时结报，极大减轻农村老年人的医药费用负担，缓解了农村老年人“看病贵、看病难”问题，使老年疾病得到及时救治，切实解决农村老年人老有所医问题。省政府出台《海南省城镇居民基本医疗保险省级统筹实施办法》，稳步推进城乡一体化基本医疗保险制度建设，城镇居民基本医疗保险筹资标准、待遇水平实现全省统一。落实基本公共卫生服务项目，加强我省65岁及以上老年人健康管理。2014年健康管理65岁及以上老年人46.6万人，健康管理率为67.3%，达到国家“十二五”规划老年人健康管理率目标。截至2014年底，所有老年人健康管理资料均录入海南居民健康档案管理系统，初步实现了老年人健康管理信息化。完善农村三级医疗卫生服务网络和城市社区卫生服务体系，积极探索建立“家庭病床”“流动诊所”等便民医疗组织，深入开展送医下乡活动。加强老年健康教育及长寿科学研究，提高老年人自我保健能力，促进健康老龄化。加大推进异地就医结算工作力度，扩大异地医疗结算合作区域，目前共与16个省份53个统筹区签订异地就医结算合作协作关系，省内跨市县就医疗联网结算全面铺开，更加便利了参保群众，较好地解决老年患者异地就医结算问题。

【老年人社会救助】2014年底，全省城乡低保对象共有31.6万人，其中城乡老年人享受最低生活保障对象有3.24万人，城乡低保月平均保障标准分别达到370元、260元，累计支出城乡低保资金12.06亿元。全省共有五保供养对象3.13万人，集中、分散供养标准分别达到459元、380元，累计支出供养资金1.25亿元。逐步落实老年人免费体检、免费参加新农合、高龄养老补贴、百岁长寿补贴等老年优待政策措施。健全覆盖城乡居民的基本医疗保障体系和重特大疾病保障和救助机制，将所有老年人纳入医保和救助制度范围，逐步提高保障标准。新型农村合作医疗和城镇居民医疗保险补助标准从280元/人·年提高到320元/人·年，累计支出资金19.17亿元，其中中央财政补助新农合9亿元，补助城镇居民医保3.46亿元；省级补助新农合5.12亿元，补助城镇居民医保1.58亿元。全省城乡医疗救助56.7万人次，支出医疗救助资金1.98亿元。积极开展扶老助困活动，在春节、重阳节期间，由各地党政领导带队走访慰问贫困老年人，帮助解决实际困难。全省认真落实农村部分计划生育家庭年老父母奖励扶助制度，对农村只生育一个子女或两个女孩的夫妇年满60岁后的奖励扶助标准提高到准每人每年1200元，发放奖励扶助金1242.9万元。在分配保障性住房时，优先保障有孤寡老人的住房困难家庭，农村危房改造时，重点保障农村五保老人和农村重点优抚对象，缓解了困难老年人的“住房难”问题。

【老年福利服务设施建设】2014年，完善居家养老网络服务信息平台，开通12349养老服务呼叫热线，13个市县开展社区居家养老服务，海口市社区居家养老服务工作触角已向乡镇农村社区延伸。省托老院和陵水县养老服务中心开业运营，屯昌县养老院一号养护楼、澄迈县托老院、儋州市托老院、万宁市托老院、文昌市文城镇养老院、定安县托老院、琼中县养老中心养护楼已建成；屯昌县新兴镇养老服务中心、琼海市养老中心养护楼于下半年开工建设。加快老年日间照料中心建设，全省已建成社区老人日间照料中心15所。加大农村养老投入，新建296所农村幸福院、敬老院15所。2014年，全年申报养老服务体系项目20个，计划总投资8547万元，其中申请中央预算内投资4100万余，地方配套4447万元。申报专业机构类公办养老服务机构2个，分别是临高县社会养老院、五指山市养老服务中心，投入资金3117万元。据统计，全省共有各类养老机构274所，床位19602张，每千名老年人拥有养老床位16.4张。各市县都建有老年活动中心、文化广场和激情广场，配备室内外健身和活动器材，并在城市绿化带或小区安装适合老年人活动的健身器材和娱乐用具；部分市县在农村建设老年活动场所，为农村老年人开展文体活动提供方便。

【养老服务体系建设】目前，我省已基本形成了以居家养老为基础、社区养老为依托、机构养老为支撑的城乡养老服务体系，让老有所养、老有所依不只是梦想。居家养老方面，继续完善省级居家养老网络服务平台，建立辖区老年人信息库，联系养老服务和便民服务企业或组织加盟。居家老年人通过拨打居家养老服务网络平台12349服务热线，可获取助餐、助洁、助医、助急和健康咨询、物品代购、服务缴费、心理慰藉等服务。在为居家老年提供服务的同时，也可向辖区其他年龄段人群开展便民服务。对辖区“三无”

老人、低保老人、五保老人、重点优抚对象、低收入空巢老人等五类对象纳入政府购买服务范围，并免费配发和使用服务终端，实现“一键通”，确定联络员，让更多老人享受居家养老服务的便利、安全和快捷。目前，全省13个县（市、区）的社区已开展居家养老服务试点工作，其中海口、三亚、琼海、儋州、文昌、琼中等6市县实现主城区居家养老服务全覆盖。社区养老方面，加快社区老年日间照料中心建设；加大农村养老投入，发展互助养老服务，建设农村幸福院。机构养老服务方面，我省落实《关于支持社会力量兴办非营利养老机构的若干政策》，通过一次性建设补贴、床位运营补贴积极扶持社会力量参与兴办社会养老机构，加快养老服务体系建设步伐。积极采取公建民营、民办公助、政府补贴等多种方式兴办养老服务机构，鼓励、引导和支持社会力量兴建适宜老年人集中居住，具备生活、康复、临终关怀等功能的老年公寓、养老院、爱心护理院等；整合利用各种社会服务资源，通过购买服务、安排公益性岗位、互帮互助、有偿服务等形式，为辖区老年人提供便捷、优质、高效服务；通过政府购买服务、提供形式，委托有资质的培训机构，培训200名养老护理员，并通过技能鉴定，持证上岗，同时鼓励和引导家政行业、医护机构、大专院校等专业性技术人才组织开展为老志愿服务活动。探索开展养老机构和医疗机构合作项目，加快医养融合发展的养老服务模式。

【老年人优待工作】在省级发放长寿补助金制度的基础上，全省有17个市县建立了80岁及以上高龄老年人的生活津贴制度。全省农村老年人免去“一事一议”筹劳、筹资义务。在推行城乡最低生活保障制度中，采取降低进入低保门槛，提高救助标准等多种措施，对贫困老年人给予了倾斜。在实施住房保障工作中，为老年贫困户享受廉租房给予优待照顾。在安置回迁住房时，优待安排70岁以上老年人家庭。卫生保健优待方面，《海南省实施＜中华人民共和国老年人权益保障法＞若干规定》规定，医疗机构要为老年人就医提供优先、优惠服务，对70岁以上老年人减免普通门诊挂号费，每年为百岁老年人和企业退休人员进行免费体检。在实施新型农村合作医疗过程中，对老年人的特殊需求给予适当照顾。对农村70岁以上老年人给予政策优惠，对农村贫困老年人减免个人承担费用，并适当增加70岁以上老年人的医疗报销比例。在实施城镇居民医疗保险过程中，对老年居民按照高于成年人的标准给予补助。生活服务优待方面，规定长途客运、铁路、水路和航空客运等运输部门要为老年人提供购票、上下车（船、飞机）、托运行李等多项优先优待服务。市内公交为老年人提供车票减免优待优惠服务。在商业、水电、燃气、电信、通讯、邮政等行业和社区服务窗口单位要为老年人提供优质、优先、优惠和照顾服务等倡导性优待规定。文体休闲优待方面，我省规定，国家支持的各级各类公益性文化设施向老年人免费或优惠开放，公园、园林、旅游景点为老年人提供门票减免。公共体育场馆、设施为老年人健身活动提供方便和优惠服务。影剧院为老年人实行票价优惠或为老年人文艺团体优惠提供演出场地。各级各类老年大学对贫困老年人实行学费减免。维权服务优待方面，司法部门对贫困老年人实施法律援助简化程序和优先服务，对涉老案件，优先立案、优先审理、优先执行，律师事务所、公正处、基层法律服务所和其他法律服务机构对老年人减免法律咨询费。

【高龄生活津贴】海南省政府继续将百岁老人的长寿补助政策列入重点民生工程进行督察，省老龄办把发放标准、发放程序、规范长寿补贴纳入年度工作计划，加强发放管理的跟踪督查，及时向省督查办和审计部门报告情况。各级老龄部门争取当地党委、政府支持，提高高龄补贴，规范高龄补贴发放工作。至2014年底，全省除三沙市和临高县外，17个市县政府和洋浦经济开发区均安排80岁以上高龄补贴专项资金。陵水黎族自治县还把享受高龄津贴的年龄降至75岁以上。建立老年人高龄津贴制度，彰显了各级党委、政府对老年人的尊敬和关爱，有力缓解了高龄老人生活困难，加强了高龄老年人基本生活的保障，推动了各地老年人的优待工作的深入发展，产生了良好的社会效应。

【老年人维权工作】以宣传新修订《中华人民共和国老年人权益保障法》和《海南省实施＜中华人民共和国老年人权益保障法＞若干规定》为主线，做好维护老年人合法权益保障工作。一是开展“绿岛法援—幸福夕阳行动”宣传咨询活动。深入全省市县街区免费为老年人解答法律问题并现场受理法律援助申请。通过发放《海南省法律援助规定》《老年人法律援助手册》《法律援助优秀案例集》等小册子，及发放印有法律援助常识的便民拉画笔、便民折扇、春联等老年人喜闻乐见的宣传品，以及海南电视台新闻频道《说法》对“法律援助公益宣传月”活动的宣传，提高老年人法律援助知晓率。二是开展法律援助。开展“困难群众无钱打官司，法律援助免费来帮你”的法律援助指示牌“村村通”活动，全省每个村（居）委会均悬挂法律援助指示牌，让更多的老年人成为法律援助的“明白人”，有效化解了老年人打不起官司的后顾之忧。三是健全完善各项服务措施，便捷老年人申请法律援助。为方便老年人法律求助，设立功能齐全的省级12348法律援助热线和法律援助便民服务大厅，为老年人等困难群众提供接待法律咨询、案件受理审查、组织法律援助案件调解和案件质量投诉受理等一站式服务。在各市县老龄办、乡镇（街道）司法所等设立法律援助工作站，在所有村（居）委会设立法律援助联络点，积极开展老年法律援助工作，更好地满足老年人多层次、多形式的需求。全省共设立法律援助工作站508个，为老年人提供便捷的法律援助服务，为老年人权益保障撑起一片蓝天。全年全省办理老年法律援助案件814例，援助老年人814人次，12348法律援助咨询热线解答老年人法律咨询2573人次。根据上位法的要求，修订《海南省实施＜中华人民共和国老年人权益保障法＞若干规定》为《海南省老年人权益保障条例》已列入2015年立法预研项目。

【老龄宣传工作】老龄宣传工作以《中华人民共和国老年人权益保障法》和《海南省实施＜中华人民共和国老年人权益保障法＞若干规定》（以下简称“一法一规”）为主线，以活动载体，策划一系列主题宣传活动。在全省开展“敬老月”活动、“敬老文明号”创建活动、及第六届全国敬老爱老助老主题教育评选表彰活动，各地各级领导通过活动，走访慰问高龄贫困老人，各级老龄机构以宣传贯彻“一法一规”为主线，组织开展老年人文艺汇演、慰问贫困老人等活动，弘扬中华民族孝亲敬老的传统美德，营造“关爱老人、共建和谐”的良好社会氛围；省老龄办通过海南省老龄门户网站及时传递老龄工作法规政策和工作动态等信息，为社会各界关注和了解我省老龄工作动态和老龄问题搭建交流互动平台。各地充分发挥广播、电视、报刊、互联网等媒体作用，开辟专栏、设立专题访谈、电话互动咨询、在线广播解答等多种形式，宣传老龄工作政策法规，宣传尊老敬老的先进典型，推广成功经验；加强中华传统敬老美德宣传教育工作，将尊老敬老教育与中小学德育、公民道德建设、“海南文明大行动”、弘扬和践行社会主义核心价值观有机结合，不断扩大老龄工作的影响力度，老年人权益保障和服务等工作普遍得到社会各界广泛关注。

【老年人教育与文体生活】全省老年大学建设不断完善，各市县均设立老年大学，设有古典诗词、英语、书法、电脑、国画花鸟、国画山水、摄影、音乐、民族舞、国标舞、交谊舞、模特表演、保健、健美舞（操）、现代诗与散文等15个专业，丰富老年人文化教育生活。老年人体育协会建设不断健全，全省乡镇、农场、街道等成立老年体育协会的面已达到了98％，距发展老年体育事业“十二五”规划实施方案到2015年底实现100％的要求只差2％；全省行政村、社区（居）委会等成立老年体协机构覆盖率已达到了86％，突破了发展老年体育事业“十二五”规划实施方案到2015年底前实现70％左右的要求。老年人体育设施逐年完备，在城市和部分农村社区建立老年文娱活动队伍，开展健康有益的文体活动。积极组织老年群众文体活动，各地以“敬老月”活动、“敬老文明号”创建活动和重大节庆为契机，举办形式多样的文体活动。举行海南省第十届东西南北中老年人健身广场舞大赛等，开展送文化下乡活动，进一步营造敬老爱老助老的良好社会氛围。

【老年人参与社会活动】继续鼓励和支持老年人参与社会活动。一是组织老年人参与全省经济社会建设活动。各级老社团组织，积极组织老教师、老专家、老学者、老干部等参与全省经济建设、公民道德建设和社区精神文明创建等活动，弘扬和践行社会主义核心价值观。海口、三亚等市老科学工作者协会、老教授协会吸收近千名“候鸟”式度假的老年知识分子和科技人员入会，在为海口、三亚市经济社会发展计献策方面发挥重要作用。二是开展老年人参与文明生态村创建活动。发挥老年人在文明生态村创建活动中的重要作用，组织健康老年人参加修路、村容村貌整治、民房改造、垃圾清理、绿化美化、治安巡逻、便民服务等活动；在行政村建立老党员、老干部、老教师“三老”协会组织，成为村（居）党支部、村（居）委会的参谋助手。三是开展“银龄行动”。组织离退休专业技术人员志愿到海南岛中西部服务，各级涉老社团开展形式多样的主题活动，文体、卫生、科技、农业、林业、教育等部门组织老专家深入贫困市县开展文艺下乡、医疗义诊、科技帮扶、支教等活动，深受基层群众的好评。

重庆市

综　述

截至2014年底，我市60周岁及以上老年人口656.17万人，占总人口的19.45%，比去年增加了31.64万人，增长5.07%，人口老龄化规模不断扩大，老龄化态势日益加剧。2014年，在新时期、新形势、新背景下，重庆市统筹规划，认真贯彻全国老龄委第十六次全体会议和全国老龄办主任会议及市老龄委第十一次全体会议精神，不断促使全市老龄事业有力推进。

一、办好老年民生实事，养老环境进一步改善

充分发挥老龄委统筹作用和老龄委成员单位骨干作用，加强与各涉老部门的工作联系，充分发挥其职能职责，达成为老年人谋福祉的共识，形成合力共推老年民生实事的落实。一是逐步建立完善养老金正常增长制度。连续10年调整企业退休人员基本养老金，目前企业退休人员月人均养老金已在2005年基础上增长三倍。二是逐步提高老年医疗卫生服务水平。全市参加城乡基本医疗保险人数比例达到96.4%，超过国家规划的参保比例目标，老年人健康管理率达到了87.9%，38个区县（自治县）全部实行了65岁以上老年人免费体检等制度。提供老年医疗保健服务的医疗机构数（所）达到了73个。三是逐步改善适合老年人出行活动的服务设施。加强规划、市政、国土、民政、文化、老龄办等部门的密切配合，着手推进我市老龄公共设施及服务设施的建设、老旧小区电梯及楼道改造等，努力建设适合老年人居住、生活、养老的社区环境和家庭环境，不断满足老年人的养老需求，新建公共设施和养老场所无障碍率达到90%。

二、做好老年人优待工作，惠老举措进一步明确

联合市委宣传部、市发改委、市财政局、市人力社保局、市老龄办等23部门印发《关于进一步加强老年人优待工作的意见》，涵盖政务服务、卫生保健、交通出行、商业服务、文体休闲、维权服务等6个方面、33条优待内容，落实了70岁以上老年人免费乘坐城市公交车和轻轨、对65周岁以上280多万老年人实行免费体检等制度。全面建立了老年人高龄津贴制度，其中28个区县覆盖人群扩至80岁老年人。对退休人员提高了基本医疗保险政策报销比例5%～10%。，全市除南山植物园、动物园、园博园外所有收费公园、旅游景点，陈列馆、博物馆等对60岁以上老年人免费开放。仅2014年全市为3000多名老年人提供了法律咨询，全市共实施法律援助4000多件，法律援助资金近500万元。

三、支持发展养老服务业，养老服务体系建设进一步推进

以“居家养老为基础，社区为依托，机构为支撑”为统领，积极探索适合重庆发展养老服务业的新路子。一是发挥政策引领作用。将建立基本养老服务体系纳入《重庆市老龄事业发展“十二五”规划》，并先后出台了《关于扶持发展社会办养老机构的意见》《关于加快推进养老服务业发展的意见》、《关于促进健康服务业发展的实施意见》等政策文件。二是发挥社会力量作用。鼓励支持有资质、有资金的民营企业进入养老服务业，通过完善土地供应、融资信贷落实税费优惠、完善人才培养等政策优化社会资本进入养老服务业。三是发挥试点先行引路作用。大力支持推进渝中区和涪陵区建设为老服务信息平台，以向老年人提供养老服务为宗旨，不断整合养老产业的产品与服务提供商，通过标准化、专业化、智能化的手段让老年人在家就能得到生活照料、精神慰藉、医疗康复、紧急救援等方面的服务。此外指导我市多个区县加强养老产业合理布局。巴南区大力创建全国智能化养老示范区；江津区津山云燕养生养老综合体项目创建为“全国敬老工程示范基地先行先试重点工程”，进一步拓宽养老服务产业的内涵，打造医疗、商业、娱乐等配套完善的老年社区，为老年人提供形式多样、内容丰富的养生养老模式。

四、把握建设思路，基层老年协会作用进一步发挥

坚持“点面并举、数质并举”原则，结合各区县的村居个数、老年人口数、协会建设数配备经费，重点安排在沿集镇、沿公路、且有老年人的活动场地、活动形式多样的农村，确保基层老年协会真正成为老年人之家。目前，全市基层老年协会建设总数为8000多个，参加活动的人数约180万人，遍布科技、教育、种养、文化、民政、卫生等10多个领域，在开展文娱活动，以老助老、互帮互助，解决家庭纠纷、促进代际和谐，维护社会稳定方面发挥了较大作用。与此同时，各级老年社会组织加强与老年人联系，全年通过老年人体育协会、老年大学协会、老年书画协会、老摄影家协会、老科协等社会组织，组织300多万老年人参加各类活动达5000多场次。

五、拓宽工作手段，敬老社会氛围进一步浓厚。

一是市委宣传部、市教委、市民政局、市老龄办等8个部门下发了《关于培育和践行社会主义核心价值观加强老龄宣传教育工作的通知》，并在全市范围内开展了“家风润万家”主题实践活动，通过议家风、立家训、传家礼、评家庭活动，在全社会倡导勤俭持家、孝爱惜福的家庭教育。二是按照“拓点扩面、提质增效”的创建思路，明确了第二届市级敬老文明号的创建内容和创建数量，将敬老文明号的创建延伸到全市卫计委、司法局、公安局等30多个部门，公园、电信、商场等20多个服务行业，老科协等20多个涉老社会组织。三是开展了敬老爱老助老主题教育活动，在全市范围内评选了市级100名孝亲敬老之星、10名孝亲敬老楷模、10个敬老模范单位，其中，1人获得全国孝亲敬老楷模称号、1人获得全国孝亲敬老楷模提名奖、4个单位获得全国敬老模范单位称号，68人获得全国孝亲敬老之星称号。此外，我市的唐情林、林德清、钟旭秋被全国老龄办评选为“老有所为楷模”。与此同时，编印了孝亲敬老典型事迹汇编，利用报刊、电视、网络等媒体进行广泛宣传，传递正能量，号召全市市民向孝亲敬老先进典范学习。四是组织老年节庆祝活动。召开了全市老年节庆祝大会，联合市委宣传部、市精神文明办共同在鸿恩寺公园举办了全市大型的“孝行巴渝、爱涌重庆”庆祝“老年节”活动等，倡导敬老文明、敬老时尚，传递爱心、孝心、善心。

重要会议和活动

【重庆市老龄委第十一次全体会议】为传达贯彻全国老龄工作委员会第十六次全体会议和全国老龄办主任会议精神，总结交流我市老龄事业发展“十二五”规划落实和老年人优待工作情况，安排部署近期全市老龄工作任务，市政府于2014年9月3日下午在广场宾馆召开了重庆市老龄委第十一次全体会议。市委组织部、市委宣传部、市直机关工委、市发改委、市财政局等29个市老龄委成员单位的负责同志参加会议，各区县（自治县）老龄办主任（负责人）列席会议。市委宣传部、市人力社保局、市卫生计生委、万州区老龄办、云阳县老龄办、潼南县老龄办作了经验交流发言。刘强副市长在会上作了题为《抓好推动 抓好落实 积极促进全市老龄工作再上新台阶》的重要讲话，指出要进一步认清当前老龄工作面临的形势，明确发展任务，理清发展思路，创新工作方法，重点抓好六项工作：一是抓好“十二五”规划目标任务的完成；二是建立完善养老服务业发展政策体系；三是着力抓好老年人优待政策的落实；四是全力营造尊老敬老社会氛围；五是着力夯实老龄工作基础；六是扎实推进养老领域改革和创新。

【重庆市老龄办主任会议】2014年9月4日上午，全市老龄办主任会议在广场宾馆召开。参加会议的有全市38个区县（自治县）和万盛经济技术开发区（以下简称万盛经开区）老龄办主任或负责人。会议传达贯彻刘强副市长的重要讲话精神，研究讨论下一阶段工作任务，部署我市第二个老年节活动。市老龄办主任沈文彪同志作报告，提出2014年重点推进六项工作：一是全力完成老龄事业发展“十二五”规划确定的各项目标任务；二是认真抓好老年人优待措施的落实；三是加快推进老年法重庆市实施办法的修订；四是积极营造敬老助老养老的社会氛围；五是努力拓展老龄工作举措；六是大力提升老龄工作水平。此外，市老龄办副主任蒋志强同志还对我市开展老年人意外伤害保险工作进行部署。

【2014年老年节庆祝活动】2014年9月28日，为庆祝2014年老年节，表彰孝亲敬老先进集体和个人，大力弘扬敬老养老助老传统美德，营造党政关心、社会关爱、家庭关切的良好社会氛围，市委宣传部，市委组织部、重庆市委老干部局，市人力资源和社会保障局，市民政局，市老龄工作委员会办公室等5部门在雾都宾馆太阳城召开了2014年老年节庆祝活动，活动共三项议程：一是举行“老年希望工程”和“孝老安康工程”捐赠仪式；二是举行敬老爱老助老主题教育活动授牌仪式；三是市领导讲话。活动议程结束后，与会人员还观看了老年人文艺表演。

【2014年老龄干部培训】为提升全市老龄干部的业务水平和综合素质，拓宽视野，更新知识，进一步掌握做好新形势下老龄工作的新思路、新方法，市老龄办于2014年11月27日至28日组织举办了2014年老龄干部培训，全市38个区县（自治县）和万盛经开区老龄办负责人和相关科长参加了培训。培训内容包括：老龄工作新形势、新情况、新方法；我市未来发

展战略及背景；十八届四中全会决定解读；政务信息工作。

【开展敬老爱老助老主题教育活动】为积极响应全国组委会关于开展敬老爱老助老教育活动，结合我市实际，印发了开展相关评选工作实施方案，在全市范围内评选出100名“孝亲敬老之星”、10名“孝亲敬老楷模”、10个“敬老模范单位”进行表彰，同时编印了《重庆市孝亲敬老典型事迹汇编》，利用报刊、网络、电视等媒体进行广泛宣传，进一步弘扬了孝文化，传递了正能量，引领向先进典型学习的新风尚。同时向全国组委会报送参加全国“中华孝亲敬老楷模”“全国敬老模范单位”评选名单。我市选送推荐的代表有1名获得全国“中华孝亲敬老楷模”荣誉称号，1名获得全国“中华孝亲敬老楷模提名”荣誉称号。

各项业务进展

【养老保障】截至2014年末，全市城镇企业职工基本养老保险参保人数814万人，2014年全市城镇企业职工基本养老保险基金总收入673亿元，全年基金总支出569亿元。全市城乡居民社会养老保险参保人数1113万人。全市低保对象共91.22万人，其中老年人28.26万人，占31%。年满70岁以上城乡低保老人，每人每月额外享有城镇45元、农村30元的分类救助。全市全年各级财政共发放农村五保供养资金7.92亿元，农村五保集中供养年平均标准为444元/人，分散供养年平均标准为361元/人。全市38个区县（自治县）及万盛经开区全部发放了百岁老人营养补贴，发放标准为100～500元每人每月不等，28个区县对90～99岁高龄老年人发放了高龄津补贴，发放标准为17～300元每人每月不等，13个区县对80～89岁高龄老年人发放了高龄津补贴，发放标准为17～50元每人每月不等。全市奖励扶助受益对象45.33万人，农村计划生育奖扶金额53486万元。

【医疗保障】截至2014年末，全市城镇职工基本医疗保险参保人数576万人，全市城乡居民合作医疗保险参保人数2681万人。全市人均期望寿命与去年的相同，为77.81岁。全市38个区县（自治县）及万盛经开区65岁以上老人免费体检等制度，全年接受免费体检老年人301.52万人，328.98万老年人建立了健康档案。

【老年维权优待】全年发放老年优待证20万多个；落实免费乘公交车线路525条，全年新增28条；办理发放老年人乘坐公共交通工具免费卡70.71万张，全年老年人免费乘坐公共交通工具1.98亿人次。市级公园均对老年人实行优惠或免费。全市共为3000多名老年人提供了法律咨询，实施法律援助4000多件，法律援助资金近500万元。全年共发放老年优待证近20万张。

【养老服务】2014年，全市有城乡养老机构1408所，床位16.8万张，平均每千名老人拥有养老机构床位26张。其中：城镇福利院、社会福利中心、老年公寓等348所，床位5.7万张（国办73所，床位1.9万张；社会力量办275所，床位3.8万张）。农村敬老院1060所，床位9.2万张。全城市社区养老服务中心（站）建成871个。

【社会参与】目前，全市共有老年协会9114个，参加人数约194万人，涉及科技、教育、文化、民政、卫生等10多个领域。基层老年协会在维护社会和谐稳定、调节矛盾纠纷、维护老年人合法权益、关心教育下一代、丰富老年人精神文化生活、促进当地经济社会发展等方面发挥了重要作用。其中，市老年人体育协会组织全市老年人积极参加体育健身活动，举办各种体育健身活动240次，比赛11项次，全年共有3400834老年人参加。

【老年人精神文化生活】全市建有老年大学（学校）1593所，在校人数约14.84万人。农村老年远程教育覆盖了1412个村，有近40万农村老年人受益。全市共有各级老年人体育协会6222个（其中包括全市38个区县（自治县）及万盛经开区团体会员单位和8个市级行业团体会员单位），会员1696120人，建有健身辅导站点6636个，健身辅导员约20799人。

四川省

综　　述

截至2014年底，四川省60岁以上老年人口已达1582.45万多人，占全省常住人口的19.44%。其中80岁以上的高龄老年人口达212.6万，占老年人口的13%；全省百岁以上的老寿星有4942人，最高寿者达 118 岁。全省人均预期寿命超过 73 岁。纯老年人家庭人口 207 万人；各级建立老年法律援助中心 1528 个，其中涉老案件数 4304 件；维权协调组织 9922 个，老龄系统接待来信来访 43321 人（次）；全省有各类老年活动中心（站、室）24849 个，常年参与活动的老年人超过 419 万人；有 99.6 万多名老年人享受了高龄补贴；全省有老年医院 479 个，床位数 13176 张；老年临终关怀医院 56 个，床位数 2237 张；村（社区）老年人协会 32694 个，协会会员 364 万人，其他老年社团组织 36568 个，参加人数 421 万人；全省老年大学(学校)2248 个，在校学员 60 万人。

一、“双创建”工作成效显著

按照《四川省政府办公厅转发四川省老龄工作委员会〈关于开展第四轮创建敬老模范县（市、区）工作的实施意见（2012—2015 年）〉》的要求，省老龄办积极组织各地开展第四轮创建敬老模范县（市、区）工作。印发了《四川省开展第四轮创建敬老模范县（市、区）工作 2014 年实施计划》，对 2014 年创建敬老模范县（市、区）工作进行了安排部署。此外，还及时启动了我省第二届“敬老文明号”的创建活动，召开了我省第二届“敬老文明号”创建活动启动视频会议，总结交流了第一届“敬老文明号”创建活动经验，部署了第二届“敬老文明号”创建工作。各地按照要求，在各级涉老职能部门、公共服务窗口行业、基层为老服务组织中深入开展广泛创建第二届“敬老文明号”活动，取得了良好的社会效果。

二、基层老年协会创建独具特色

在全省开展创建“四川省示范性基层老年协会”活动，制定印发了“四川省示范性基层老年协会创建考评标准”，完成了 90 个省级示范性基层老年协会建设指标。扩展了基层老年协会在居家养老服务、老年文体、老年教育、老年维权等方面的作用。参与农村（社区）空巢老年人居家养老服务，广泛组织会员结对养老、协会与会员协议养老、邻里互助、助老巡访等，帮助解决农村（社区）空巢老人养老中亟需的助医、助浴、缴费等日常需求，初步探索出了新形势下符合我省实际具有四川特色的农村空巢老人居家养老服务新路子。2014 年，全省城市社区老年协会达 5081 个，占城市社区总数的 84.32%；农村行政村老年协会达 27613 个，占行政村总数的 59.41%。城乡基层老年协会净增数名列全国第二。

三、认真实施老年人优待

认真贯彻全国老龄办等 24 部门联合下发《关于进一步加强老年人优待工作的意见》，进一步加强了老年人优待工作。启动了对已实行 10 年的《四川省优待老年人规定》修订的调研工作。

对全省高龄津贴发放进行了统计。进一步扩大了优待范围，全省各级各类公园、公益性文化设施、公共体育健身场所，均做到了免费向 60 周岁以上的老年人开放；风景区和国家财政支持的文物建筑和遗址类博物馆对老年人实行了门票减免；部分老年大学（学校）为贫困老年人入校学习提供了学费减免；邮政、通讯、商业等部门都在大部分营业场所设立了老年人优先优待服务提示牌；绝大部分医疗机构都为老年人就医提供了优先或优惠服务，为百岁老人实施免费体检，市（州）、县（市、区）医院实行了挂号费减免，多数县级以上医院和部分乡、镇医院开设了老年病门诊；成都、攀枝花、泸州、绵阳、广元、宜宾、达州等市实现了 70 岁以上老年人免费乘坐城市公共交通工具。认真搞好老年人来信来访工作。2014 年，省老龄办共收到老年人来信 37 封，已全部妥善处理，接待老年人上访 61 人，接受老年人各类咨询 1000 余人（次）。

四、“敬老月”活动丰富多彩

在全国第五个“敬老月”期间，四川省围绕“传承中华美德，弘扬敬老文化”主题组织开展了一系列内容丰富、形式多样、影响广泛的活动。一是开展了孝亲敬老典型遴选推荐活动。省老龄办、民政厅、教育厅、省新闻出版广电局、团省委、省妇联、省关工委开展了推荐“全国孝亲敬老之星”“中华孝亲敬老楷模”“全国敬老模范单位”的活动。廖林被评选为全国“中华孝亲敬老楷模”，韩伦红、包天扬、付存珍获得“中华孝亲敬老楷模提名奖”，林桂珍等 168 人荣获“全国孝亲敬老之星”，乐山市民政局等 5 个单位被评为“全国敬老模范单位”。二是省老龄办、省民政厅、晚霞报社、四川老年大学、四川省老年大学协会联合举行了四川省中老年集体舞比赛，来自全省各地及省直机关的 49 支代表队、1200 余名中老年朋友参加了比赛。三是省老龄办、民政厅、省直机关工委、教育厅、文化厅、省关工委等单位共同主办了“夕阳华章——四川省十佳老有所为典型人物事迹展示活动”。活动现场通过播放十佳“老有所为”典型人物事迹短片、现场访谈、发布组委会评价、少先队员献花等形式，诠释了“老有所为”的精神之美。四是认真开展贫困老人慰问活动。“敬老月”活动前，省老龄办及时将 20 万元慰问贫困老年人专款下拨各市（州），并要求各市（州）、县（市、区）安排专项配套慰问经费，广泛开展慰问贫困老年人活动。

五、老年教育和宣传工作持续推进

省老龄办、省委老干部局、教育厅、民政厅、文化厅、省老年大学协会联合下发了《关于开展四川省老年大学（学校）第三轮评估定级有关事项的通知》，对老年大学（学校）第三轮评估定级工作进行了安排。我省现有县级以上老年大学（学校）140所，定为事业单位的占45%，有财政拨款的占83.6%。各地积极利用报刊、广播电台、电视台、网络等媒体，大力宣传人口老龄化的紧迫形势，宣传老龄工作方针政策，宣传老龄事业的发展成就，宣传敬老爱老助老典型人物，宣传开展老龄工作和发展老龄事业的好经验好做法。《晚霞报》的老龄宣传主渠道作用明显。编辑《四川老龄工作简报》24期、《四川老龄》杂志6期、四川老龄网信息千余条，还在省级以上和全国媒体刊发新闻稿200多条（件）。

六、老龄调研工作成绩卓著

省老龄办制发了《关于进一步加强调研研究工作的意见》，建立了调研联系点制度，推进了老龄调研工作“常态化”。召开了全省老龄问题理论研讨会，邀请省社科院、西南财经大学等科研院校的专家教授就当前老龄热点问题进行研讨，进一步加强了与高校科研院所的合作。开展了全省优秀调研成果评选活动，收到各地上报的调研报告近百篇，编印了《四川省老龄政策调研优秀成果选编（2014）》600册。2014年，省老龄办开展专题调研10余次，撰写调研文章10余篇，其中有3篇文章入选《中国社会保障创新与发展》丛书，1篇文章获得全国老龄办2014年优秀调研成果一等奖，3篇文章获得优秀奖。《四川省老年人优待工作调研报告》得到了省政府副省长曲木史哈和省政府副秘书长陈越良的肯定性批示，一些调研成果已陆续转化为政府文件。

七、“银龄行动”硕果累累

继续支持“银龄助教”活动。通过支持“银龄助教志愿服务团”活动，使得80多名退休人才，在老年大学的教学岗位上“老有所为”，同时实现了老年人才的开发和利用。2014年是浙川银龄行动项目实施的第8年，也是浙川银龄行动第二阶段（2011年——2014年）实施的最后一年。截至2014年底，乐山市示范种植面积达12000多亩，育种中茶良种茶苗可达5400万株，成为中茶102、108、302等三个良种全国最大的良种繁育基地，除供应本市推广发展和支持成都、宜宾、雅安等地外，还调剂输出辐射到西藏、贵州、重庆、湖南等省推广发展。同时，该行动促进了6个试点乡镇的茶叶总值从8006万元增加到25200万元，帮助受援茶农创制注册了“建和302”“银麟302”等品牌。

八、加强老龄工作队伍建设

省老龄办高度重视老龄工作队伍建设，加强了老龄干部业务培训，召开了2014年老龄工作业务培训会。扎实开展党的群众路线教育实践活动回头看和“庸懒散浮拖”问题专项治理活动，机关干部作风纪律进一步加强。认真开展老龄事业统计培训，提高了老龄事业统计人员的素质，确保了老龄事业统计数据的质量。进一步加强机关制度建设，修订下发了《省老龄办财务管理规定》，对财务管理、资产管理、现金借用管理、会议费培训费管理、公务接待费管理、办公经费管理、差旅费管理等方面进行了详细的规定，并督促机关工作人员认真遵守相关制度规定，自觉接受监督。认真执行中央八项规定，坚持厉行节约，加强了机关财务管理，2014年省老龄办本级机关压缩一般性经费和减少“三公”经费，节省“三公”经费近1.5万元，节省办公费20多万无。省老龄办获2014年度厅财务统计工作考评优秀单位。进一步加强对老龄工作干部的培养。今年，省老龄办新调进年轻干部1人，提拔正处级干部1人、副处级干部1人，下派挂职锻炼1人，老龄工作队伍建设出现新气象。

重要会议和活动

【四川省老龄委印发敬老模范县考核验收标准】 1月，省老龄工作委员会印发了《四川省第四轮敬老模范县（市、区）考核验收标准》。该验收标准共有组织领导、宣传教育、权益保障、养老保障、医疗保健、服务设施和文体活动7项内容，每个项目内容经细化分解后，共计有56个子项目。

该验收标准与前三轮相比有以下突出特点：一是吸收了新修订的《中华人民共和国老年人权益保障法》的新内容，增加了县级单位要开展“人口老龄化国情教育”，增加了养老机构管理和登记两个子项；二是突出贯彻党的十八届三中全会通过的《中共中央关于全面深化改革若干重大问题的决定》决定关于“积极应对人口老龄化”的要求，县级人民政府要以“积极的态度、积极的政策、积极的行动”，应对不断加重的人口老龄化对经济和社会发展带来的挑战，加重了农村养老工作的比重；三是根据《国务院关于加快发展养老服务业的若干意见》，提高了建立社会养老服务体系和发展老年服务产业的权重，主要是调整增加了“服务设施”及子项目的分值，同时增加了“敬老文明号”创建的子项；四是总分值为百分制，对应子项目分值作了相应的调整，将原标准的千分制调整为百分制，增加了分值的含金量；五是充分吸收了老龄委成员单位对该验收标准的意见和建议，该验收标准也与各成员单位“十二五”规划目标相衔接，同时又高于平均指标。比如千名老人的养老床位数平均要求为30张，对于敬老模范县（市、区）提高至33张，按照《中国老龄事业发展“十二五”规划》提出了城市95%的社区、农村80%的村建立有基层老年人协会的具体指标。

【四川省老龄办春节前夕慰问百岁老人和困难老人】在马年春节前夕，1月28日，省老龄办常务副主任叶路、成都市老龄办副主任舒发一行前往青羊区草堂街道慰问百岁老人和困难老人，给他们送去了慰问金，也送去了党和政府的关爱和新春的祝福。

在草堂街道送仙桥社区牧电路9号，叶路一行看望慰问了103岁的林玉成老人。老人与儿子和儿媳同住，身体非常健康，精神矍铄，思维敏捷，每天坚持进行身体锻炼。叶路向老人致以节日的祝福和亲切的问候，老人连连致谢。叶路还详细了解了老人的饮食起居和身体情况，并嘱咐其儿媳要一如既往关心照顾好老人，让老人能够健康长寿，安享晚年幸福生活。

【“金婚老人阳光行”在攀枝花市隆重举行】2月12日，来自全国各地的50对金婚老人齐聚攀枝花市，参加“金婚老人阳光行”联欢活动。全国老龄办副主任吴玉韶、中国老年学学会常务副会长赵宝华、中国人民大学社会与人口学院教授姚远、中国社会科学院社会学研究所教授潘屹、中国疾病预防控制中心营养与食品安全所研究员何丽、四川省民政厅副厅长罗平恩、四川省老龄办常务副主任叶路、攀枝花市委书记刘成鸣等参加联欢活动，并为金婚老人送上新春的祝福和问候。

【四川省2014年市（州）老龄办主任会议在西充县召开】3月5日，四川省2014年市（州）老龄办主任会议西充县召开，省老龄办常务副主任叶路在会上总结了去年、部署了今年全省老龄工作。成都、泸州、乐山、南充、宜宾、达州6市和西充县分别从不同角度汇报交流了做好老龄工作的经验。会议期间，与会代表赴西充县仁和镇大湾头村、凤鸣镇双龙桥村和莲池乡敬老院参观考察了开展“关爱空巢老人大行动”的工作情况。

会议认为，2013年是全省老龄工作取得丰硕成果的一年，第四轮敬老模范县（市、区）创建工作顺利启动，老龄事业发展“十二五”规划的各项任务得到了进一步落实，“敬老文明号”创建活动深入开展，基层老年人协会建设进一步加强，《中华人民共和国老年人权益保障法》的学习宣传贯彻活动有声有色，“敬老月”活动扎实深入开展，老龄宣传教育工作取得新进展，老龄政策研究工作有了新突破，老龄工作队伍建设进一步加强，全面完成了2013年度各项工作任务。

【四川省从8月1日起异地领养老金免收手续费】今年8月1日起，同一银行异地养老金取款前2笔（每笔不超过2500元，含2500元）将免收手续费。目前，省社保局已通知各市（州）社保经办机构，做好免收基本养老金异地取款手续费规定的落实工作。

去年，四川省参保企业离退休人员约562万，但目前尚无全省跨城市异地居住离退休人员的统计数据。“流动人口比较难统计，还有外省来四川的”，该工作人员推测，异地居住的“候鸟型”离退休人员“数量肯定不少”。

【四川省老龄办到宜宾市翠屏区调研农村老年协会建设工作】4月24日，省老龄办副主任渠崎率调研组与宜宾市老龄办及翠屏区老龄办负责同志一起，对当地农村老年协会建设工作进行了调研。

一是听取乡镇党委政府和老年协会关于贯彻落实全国老龄委《关于加强基层老年协会建设的意见》的专题汇报。汇报中，乡镇党政负责同志和老年协会会长详细介绍了近年来开展老年协会建设的具体情况，结合典型事例汇报了取得的显著成效，客观分析了存在的不足和困难，并对加强农村基层老年协会建设提出了意见和建议。二是深入老年协会了解农村基层老年协会建设的实际情况。走访了牟坪镇和群星村老年协会，参观了协会的活动场地和设施，看望了正在协会进行棋牌娱乐的农村老年人。当得知在场的89岁空巢老人杨大爷每天坚持到协会参加活动时，渠崎主动问候杨大爷，并认真听取了他对加强老年协会建设的看法。

三是同宜宾市、翠屏区老龄办交换了意见。渠崎充分肯定了当地农村基层老年协会建设工作取得的成绩，希望继续大胆探索加强农村基层老年协会建设的新思维、新路子、新办法。最后，渠崎表示，省老龄办将认真重视基层反映的问题和意见建议，促进出台加强我省基层老年协会建设的有关政策文件。

【四川省政府副秘书长陈越良到南充遂宁调研老龄工作】5月22日至23日，省政府副秘书长陈越良率省政府办公厅、省民政厅、省老龄办相关人员到南充市西充县、遂宁市船山区和经济开发区调研老龄工作。陈越良一行先后到西充县仁和镇大湾头村、船山区河沙镇玉瓶村和经济开发区明星花园社区调研了关爱农村空巢老人、互助养老幸福院建设情况和居家养老服务工作开展情况，并在两市分别召开了座谈会，听取了两市老龄工作情况汇报和基层涉老工作部门的意见建议。

陈越良指出，面对日益严峻的人口老龄化形势，做好老龄工作显得更加重要而紧迫。搞好老龄工作，要进一步创新老龄工作体制机制，进一步发挥好涉老工作部门的职能；要整合相关资源，加强部门协作，形成合力共同推进老龄工作；要选准工作突破口，突出工作重点，突破工作难点；要加强政策创制，完善相关制度，通过政策撬动老龄产业和老龄事业的发展；要把握好顶层设计和基层创新的关系，积极探索老龄工作和养老服务新模式；要鼓励基层在为老服务上大胆创新，种好“试验田”，为省委省政府制定有关老龄政策提供借鉴和参考；要加强孝文化的传承和宣传，弘扬中华民族敬老美德，在全社会进一步营造尊老、敬老、爱老、助老的浓厚氛围。

【四川省开展示范性基层老年协会创建活动】6月5日，省老龄办下发了《关于开展示范性基层老年协会创建活动的通知》（以下简称《通知》），启动了我省基层老年协会示范点建设创建活动。《通知》指出，今年底要在全省城镇社区和农村行政村（社区）建成示范性基层老年协会90个。

自2013年省老龄办出台《关于进一步加强基层老年人协会规范化建设的意见》以来，全省掀起了基层老年协会建设的新高潮，各地大胆探索具有本地特色的基层老年协会建设新路子、新办法，涌现出“船山特色”“丹棱做法”“西充经验”“金堂模式”等一大批典型、榜样。加快了全省基层老年协会建设步伐，新增了基层老龄的工作平台，发挥了基层老年协会的管理教育、养老服务等功能，提高了老年人生活的幸福指数。此次《通知》的下发，将对今后一个时期基层老年协会建设起到鼓劲加油、引领促进作用。

【四川省老龄办到金堂县调研基层老协建设试点工作】6月11日，省老龄办调研组到金堂县调研示范性基层老年协会创建和基层老年协会参与农村空巢老人居家养老服务试点工作开展情况。金堂县老龄办领导，土桥镇、三星镇有关领导一同参加了调研。

调研组首先来到金堂县土桥镇朝阳社区，就“助老巡访”“农村居家养老服务中心”“互助养老服务点”工作开展情况与社区“两委”、老年协会的负责人进行了座谈，重点听取协会组织建设、志愿者服务项目、经费来源渠道、社区养老服务中心运营、空巢老人巡访成效等方面的情况介绍，还参观了社区刚投入运营的“金博爱为老服务中心”。随后，又到三星镇天灯村查看了村老协活动场所和设施设备，仔细翻阅了文件章程、活动记录等资料，耐心倾听正在参加舞蹈锻炼的老年朋友的看法和建议。

最后调研组认为，金堂县基层老年协会建设和参与农村空巢老人居家养老工作在当地党委政府的重视下，成效显著。无论是农村基层老年协会的数量，还是协会养老服务功能质量，都走在了全省前列，经验做法值得推广。

【四川省召开第二届“敬老文明号”创建活动启动视频会议】6月19日，四川省老龄办召开第二届“敬老文明号”创建活动启动视频会议，总结交流第一届全省“敬老文明号”创建活动经验，安排了第二届全省“敬老文明号”创建活动。省老龄办常务副主任叶路出席会议并讲话，各市（州）老龄办和开通了视频会议系统的县（市、区）老龄办的负责同志也在各分会场同时参会。

2011年以来，省老龄委按照全国老龄委的要求，开展了“敬老文明号”创建活动。活动开展三年来，各级党政领导和老龄委高度重视，各地老龄工作部门精心组织，各级各类创建单位踊跃参加，全省认真落实各项惠老优待政策，创新为老服务理念，提高为老服务质量，不断完善为老服务配套设施，扎实开展敬老、爱老、助老基础工作，呈现了老龄工作受重视、敬老爱老助老的社会氛围不断提升、老年群体得到实惠的可喜局面，使创建活动逐渐成为全社会知晓的老龄工作品牌，创建活动取得了显著成绩，开启了敬老爱老新篇章。2013年省老龄委授予全省287个单位四川省第一届“敬老文明号”称号。同年，四川省有73个单位被全国老龄委授予第一届全国“敬老文明号”称号。

【四川省老龄办到广元调研老龄工作】为配合做好《四川省优待老年人规定》和《四川省老年人合法权益保护条例》的修订工作，6月23日，省老龄办副主任张晋川率调研组到广元市，对广元市利州区、苍溪县老年人优待工作开展和老年人权益保障情况进行了调研。

调研组先后来到利州区的东坝司法所、石马坝社区日间照料中心、市公交公司公交卡办理窗口、苍溪县陵江路社区了解情况，对广元市老年人维权工作、居家养老服务工作、老年人乘坐公交车优惠的执行情况进行了调研。

随后张晋川一行在利州区民政局听取了区老龄办主任费胜利关于利州区贯彻执行《四川省优待老年人规定》和《四川省老年人合法权益保护条例》情况的汇报，并听取了民政、人社、司法、卫生、文化、住建、农业、林业、公交等部门对《四川省优待老年人规定》和《四川省老年人合法权益保护条例》的修订意见。

【四川省老龄办常务副主任叶路率省政府第六督查组到达州、巴中、广元三市督查社会养老服务体系建设】为推进我省社会养老服务体系建设，加快发展养老服务业，根据省政府督查室安排，7月7日至10日，省老龄办常务副主任叶路率由省发展改革委、住房城乡建设厅和省老龄办有关人员组成的省政府第六督查组到达州、巴中、广元三市督查社会养老服务体系建设。督查组听取了当地政府的专题汇报，查阅了养老服务体系建设相关政策措施出台资料，深入三市15个公办、民办养老院和城乡日间照料中心督查新增、改造养老床位情况，并就新增改造养老床位目标任务分解落实情况、配套资金、土地供应、补贴支持、税费优惠等政策落实情况以及项目实施进展情况进行了督查。

【四川省老龄办到凉山州调研基层老协建设试点工作】7月16日至18日，省老龄办调研组到凉山州调研示范性基层老年协会创建和基层老年协会参与农村空巢老人居家养老服务试点工作开展情况。调研组先后到会东县、会理县、西昌市的部分乡镇和村（社区），实地检查当地基层老年协会组织建设、日间照料、为老志愿者服务、高龄津贴发放等落实情况，并与当地党委政府、村（社区）两委及基层老年协会负责人进行了座谈，重点听取经费来源渠道、用房用地保障等方面的经验介绍。最后，调研组还现场观摩了西昌市海河社区网格化服务管理信息系统的运行使用。据介绍，该系统集成了养老服务信息化功能，通过电脑系统查询，能全面反映出辖区老年人的个人家庭基本情况、高龄津贴发放记录、为老志愿者服务等基础信息资料。

【四川省老龄办向县（市、区）发放第二批老年人优待证办理设备】在省福彩公益金的大力支持下，省老龄办2013年向全省部分县（市、区）发放了第一批老年人优待证办理设备，获得了社会的广泛好评。为使老年人优待证进一步实现自动化、规范化办理，2014年8月26日，省老龄办向全省部分县（市、区）发放了第二批老年人优待证办理设备66套。到目前为止，省老龄办共计发放办理设备126套，预计2015年全省183个县（市、区）可全部配备老年人优待证办理设备。

【魏宏省长在成都调研时强调加快养老健康服务业发展 更好满足城乡群众养老需求】8月28日，省委副书记、省长魏宏深入成都市居家、社区，民办、公办等各类养老机构，调研前期已出台加快养老服务业发展各项政策落实情况，要求以解决目前存在的具体问题为导向，进一步统筹优化支持措施和方式，加快构建多样化服务体系，推动养老健康服务业成为四川经济新的增长点。

【四川省老龄办举办老龄事业统计培训班】为了做好老龄事业统计工作，提高老龄事业统计人员的素质，确保老龄事业统计数据的质量，9月11日，省老龄办在成都举办全省老龄事业统计培训班，对全省老龄系统统计人员进行了为期一天的培训，来自全省21个市（州）的老龄办负责统计工作人员参加了培训。省老龄办副主任张晋川作了授课讲解。

张晋川副主任在授课中，主要就统计的作用和分类、老龄事业统计工作方法、原则及重点、如何做好老龄事业统计工作、老龄事业统计软件及其应用等方面的内容进行讲解。对于老龄统计工作中存在问题提出了对策和方法，以确保老龄统计数据的科学性、权威性。参训人员就《老龄事业统计报表指标解释》进行了学习和讨论，

通过培训，参训人员普遍认为受益匪浅。纷纷表示，今后将加强业务学习，提高责任心和事业心，保证老龄事业统计的准确性和及时性。

【四川省老龄办开展志愿行动喜迎国庆和老年节】9月30日上午，省老龄办常务副主任叶路到“双报到”社区——芳邻路社区慰问了省老龄办帮扶对象、低保户、97岁高龄的赵树珍老人，为老人带去了慰问品和国庆节、老年节的祝福。

当日，省老龄办党支部还组织全体党员参加了“双报到”社区——芳邻路社区党委组织的“人人参与、清洁家园”老旧院落卫生大扫除活动。结合卫生大扫除活动，省老龄办党支部根据老龄工作性质和支部党员志愿者特点，在社区院落开展了为老年人免费理发、涉老法规咨询和为老年人赠送《中华人民共和国老年人权益保障法》《四川老龄》《晚霞报》等活动。

省老龄办形式多样、紧贴群众需求的“双报到”活动，受到社区尤其是院落居民的好评。

【四川十佳“老有所为”典型事迹展示活动引起剧烈社会反响】10月17日，由省老龄办、民政厅、省直机关工委、省委老干部局、教育厅、文化厅、省关工委等单位共同主办的四川省十佳“老有所为”典型人物事迹展示活动《夕阳华章——四川省十佳“老有所为”典型人物纪实》在成都成功举行。展示活动作为今年我省“敬老月”活动的浓墨一笔，集中反映了十名“老有所为”典型人物回馈社会、无私奉献的大爱精神和催人泪下、振奋人心的优秀事迹，四川电视

台、四川日报、全国老龄网、中新网四川频道、中国老年报、晚霞报、四川文明网、四川老龄网等各大新闻媒体纷纷进行了报道，特别是四川电视台7频道于10月31日和11月1日分上下两集在下午黄金时段播出了整台活动。节目播出后，引起观众强烈反响，很多观众朋友表示活动内容真实动人、催人泪下，传递了“老有所为”的正能量，完全体现出了我省老年人积极追求“老有所为”的思想境界和丰硕成果，并建议以后能够推出更多更好的“敬老月”活动。为了让更多的群众观赏和了解此次展示活动，省老龄办还将活动的录播视频资料上传到优酷网，供群众观看，希望更多的企事业单位、社会团体和群众了解、支持全省的老龄事业，共同关爱老人。

【四川省老龄办开展第四轮创建敬老模范县交叉检查工作】从10月下旬开始，省老龄办组织市（州）组成7个检查组对全省第四轮创建敬老模范县（市、区）工作进行交叉检查。

这次检查，各市（州）各选定一个创建县（市、区）接受检查。各检查组严格按照《四川省第四轮敬老模范县（市、区）考核验收标准》规定的项目，通过实地看、召开座谈会、听取县（市、区）专题汇报等方法，重点对创建县（市、区）党政主导老龄工作情况、老龄工作机构建设情况、为老服务设施情况、基层老年协会发展现状、在农村居家养老服务中的作用发挥和示范性基层老年协会创建工作情况进行检查，帮助各地查漏补缺，确保第四轮敬老模范县（市、区）的创建质量。

【四川省老龄办到茂县开展第四轮创建敬老模范县交叉检查工作】10月28日，省老龄办副主任张晋川一行到茂县开展第四轮创建敬老模范县交叉检查工作。县人民政府常务副县长陈军，州、县老龄办等相关单位负责人陪同。张晋川一行先后到茂县凤仪镇政府、宗渠村、雪花井社区、县老年大学等地进行实地检查。

检查结束后，由县人民政府常务副县长陈军汇报了第四轮创建敬老模范县工作推进情况。党委政府高度重视老龄工作，明确工作目标，强化工作保障，积极探索新方法，努力做好新时期老龄工作。全县以学习贯彻老年法为重点，加强敬老爱老宣传。通过开展各种活动、成立课题调研组等方法，充分发挥老同志的光和热，营造了良好的敬老爱老氛围，使茂县第四轮敬老爱老创建工作能圆满完成。

【全国老龄办政研部主任张民巍到乐山市调研老龄工作】11月3日，全国老龄办政研部主任张民巍一行到乐山市调研老年人力资源的开发和利用。省老龄办副主任张晋川、乐山市老龄办主任、市民政局副局长徐孝飞、市老科协负责人等陪同调研。

张民巍深入沐川县一枝春和五通桥区芽之春茶叶生产基地，采取实地查看、听取汇报、召开座谈会等方式，调查了解老年人力资源开发利用的主要形式和途径、政府职责职能发挥、制约老年人力资源开发利用的因素和重点领域以及促进老年人力资源开发利用的政策建议等。

通过调研，张民巍对乐山市的老龄工作给予了肯定，对沐川县、五通桥区实施的浙川“银龄行动”取得的成果给予了高度评价。张民巍要求，进一步完善相应的惠农、养老等政策，解决好贫困山区老年人老有所养等社会保障问题，搭建好平台，让老干部、老专家在科技兴农、助农增收中发挥更大作用。

【四川省2014年老龄工作业务培训暨老龄问题理论研讨会】11月18日至19日，四川省老龄办召开全省老龄系统干部业务培训暨老龄问题理论研讨会，省老龄办常务副主任叶路出席会议并讲话，各市（州）老龄办负责人、工作人员和省老龄办21个调研联系点县（市、区）老龄办的负责人参加了会议。

会议总结了全省老龄政策理论和调查研究工作，交流了调研理论成果，现场参观了成都市锦江区的社会养老服务示范点，并对当前老龄工作前沿问题进行理论研讨。省老龄办副主任张晋川作了“创新老年社会治理，拓展老年协会能力”的辅导。省老龄办还将今年全省老龄问题优秀调研成果选编成册，供大家学习交流。会上同时对获得优秀调研成果奖的28篇作者和10个获得组织奖的单位进行了表彰。

【四川省老龄办认定90个省级示范性基层老年协会】12月11日，省老龄办印发《关于认定四川省示范性基层老年协会的通知》，确定成都市金牛区九里堤北路社区老年协会等90个协会为四川省示范性基层老年协会。

我省自今年6月启动四川省示范性基层老年协会创建活动和基层老年协会参与农村空巢老人居家养老服务试点工作后，各地高度重视，紧紧围绕“加强组织建设、阵地建设，激活老年人居家养老服务功能”，积极动员城镇社区老年协会、农村行政村（社区）老年协会广泛参与，并从政策、领导、资金等方面积极支持，充分发挥老协在居家养老、文体娱乐、老年教育、老年维权等方面的服务作用，不断满足老年人，尤其是农村空巢老人亟需的各种居家养老服务需求。

各地根据实际情况，将创建活动和试点工作相互结合，相互推动，精心打造出一批特色突出、作用明显、群众满意的品牌协会，并不断扩大老协覆盖率，摸索老协参与服务农村空巢老人居家养老的新路子、新模式和新办法，涌现出“金堂模式”“兴文做法”和“昭化经验”等先进典型。

【四川省代表参加第六届全国敬老爱老助老主题教育活动表彰大会】12月27日，第六届全国敬老爱老助老主题教育活动表彰大会在北京全国政协礼堂隆重举行。会议表彰了10名“中华孝亲敬老楷模”，60名“中华孝亲敬老楷模提名奖”，2736名“全国孝亲敬老之星”和136个“全国敬老模范单位”。原全国人大副委员长司马义·艾买提和顾秀莲，全国老龄委副主任、民政部部长李立国出席了会议。

按照要求，我省成立了有关部门组成的活动组委会，组织各地积极参与。经过层层筛选，我省推荐的廖林同志被评为“中华孝亲敬老楷模”，韩伦红、包天阳和符纯珍3位同志被评为“中华孝亲敬老模范提名奖”，林桂珍等177名同志被评为“全国孝亲敬老之星”。同时，授予乐山市民政局等5个单位“全国敬老模范单位”的荣誉称号。

【四川省基层老年协会建设成效显著】今年，四川省继续加大基层老年协会建设力度，省老龄办坚持立足于提高城市社区、农村地区基层老年协会覆盖率和支持基层老年协会主动参与关爱农村（社区）空巢老人服务体系建设，以创建省级示范性基层老年协会活动、老年协会参与农村空巢老人居家养老服务试点工作为重要抓手，以参与空巢老年人居家养老服务，提高晚年幸福指数为目标，积极筹措和下拨专项工作经费共计330万元，整体推动全省基层老年协会建设向前发展，成效显著。截至12月底，全省城市社区老年协会5081个，农村行政村基层老年协会27613个，同比2013年，分别新增513个、3435个，建会率也分别提高至84.32%、59.41%。基层老年协会服务农村空巢老人居家养老功能得到进一步释放和扩大，全省基层老年协会广泛通过组织互助养老、巡访养老、日间照料等服务方式，逐步满足农村空巢老人居家养老服务需求，一定程度上缓解了农村居家养老服务压力，深得基层党组织和村（社区）委会支持和群众的欢迎。

贵州省

【省老龄委第十三次全体会议】3月13日，省老龄委召开第十三次全体会议。省委常委、省委组织部部长、省老龄委主任孙永春，副省长、省老龄委常务副主任慕德贵和全体委员出席会议。会议总结回顾了2013年全省老龄工作情况，安排部署2014年老龄工作，孙永春部长作了重要讲话。

【老龄工作机构建设及老龄事业经费投入】5月29日，省老龄委主任孙永春部长与省老龄委常务副主任慕德贵副省长致信各市（州）党政主要领导，针对全省普遍存在的老龄工作机构建设滞后和经费投入不足等问题，要求各地高度重视，采取切实有效措施加以解决。各地积极贯彻落实两位领导的指示精神。贵阳、遵义、六盘水、毕节和铜仁市均按照省老龄事业发展“十二五”规划要求足额安排老龄事业经费，列入财政预算，通过增加编制、招录遴选等方式，充实和配强工作人员；安顺市和黔南州老龄办向政府提出按“十二五”规划足额计提老龄事业发展经费和增加人员编制的意见；黔西南州政府专题研究了老龄工作机构、编制和经费问题。

【社会养老保障】2014年，我省城镇职工基本养老保险继续扩大覆盖面，年底参保人数354.58万人。年初出台了2014年企业退休人员基本养老金调整方案，惠及全省企业退休人员82.61万人，月人均基本养老金水平由调整前的1792元提高到调整后的1977.38元，增幅达10.34%。新型农村合作医疗农民参合率98.9%，城镇居民基本医疗保险政府补助资金和新型农村合作医疗补助标准从人均280元提高到320元。新农合统筹基金最高支付限额由12万元提高到15万元，新农合政策范围内住院费用报销比例达75%以上。

【老年人社会救助】全省城市居民低保对象47.9万，月平均保障标准398元，比上年提高46元，月人均补助260元，比上年提高25元，增长10.6%。农村低保对象419.5万人，年平均保障标准2125元，比上年提高284元，年人均补助1157.37元，比上年增加174.67元，增长17.8%。从2014年起，省、市、县三级财政分别按人均200元、100元、200元的标准，增加对农村五保供养资金的投入，提高五保对象的供养水平。全省现有农村五保对象12.15万人，其中分散供养9.35万人，集中供养2.8万人，集中供养率达到33.5%，全年支出农村五保供养资金2.8亿元。优抚政策进一步落实，在乡老复员军人生活补助、特困和破产企业老复员军人生活补贴比上年有所增加。

【农村计划生育家庭奖励扶助】 2014年，全省共计投入计划生育家庭“奖励、保障、救助、优惠”四项制度资金15.32亿元，惠及计生“两户”家庭162万户(次)。对农村计生“两户”年满60周岁的夫妻，兑现落实了每人每年1200元的奖励扶助金和每人每月65元的基础养老金计生补贴，同时在住房和医疗保障方面给予了一些特殊优惠政策，尤其是“失独”家庭老年夫妻的扶助金标准从原来的每人每年2000元提高到每人每年4800元。

【高龄补贴】 截至2014年底，全省共有79个县(市、区)在省级补贴的基础上建立了百岁以上老人高龄补贴制度，66个县(市、区)建立了90岁以上高龄补贴制度，5个市(州)、45个县(市、区)建立了80周岁以上高龄补贴制度，黔西南州建立了80周岁以上低收入老人高龄补贴制度。

【养老服务体系建设】 2014年，省政府印发《贵州省人民政府关于加快发展养老服务业的实施意见》(黔府发〔2014〕17号)，明确了我省养老服务业发展的总体要求、发展目标、主要任务、政策措施和组织领导。省政府召开了全省养老服务业发展大会暨招商引资推介会，副省长、省老龄委常务副主任慕德贵在会上与各市州分管领导签订了目标责任书，现场签约11个项目，签约金额30亿元。截至2014年底，全省养老床位达到11.5万张，比“十一五”期末增加9万张，每千名老人拥有养老床位达到23张，比“十一五”期末增加17.5张。贵州省养老服务行业协会成立，搭建起政府与养老服务业之间的沟通平台。

【居家养老服务工作】 全省建成城市社区居家养老服务中心(站)996个，其中社区老年人日间照料中心319个，基本实现了城市社区居家养老服务全覆盖。开展了城市社区居家养老服务示范点建设和信息平台建设工作，出台了《关于规范全省城市社区居家养老服务机构建设和管理的意见》，从建设标准、服务功能、管理运行及督促检查等方面对社区居家养老服务机构的建设管理进行规范。农村居家养老服务试点工作继续推进，注重与农村幸福院、农村老年协会和农村敬老院建设有机结合，依托现有农村幸福院、乡镇敬老院、老年活动室等开展居家养老服务项目。

【农村基层老年协会建设】 2014年，在全省范围内开展“基层老年协会建设推进年”活动，年初省级层面成立了基层老年协会建设领导小组，出台了《关于进一步加强基层老年协会建设的意见》，印发了《关于开展“基层老年协会建设推进年活动”的实施方案》。3月和9月分别在凤冈县、盘县召开了“全省基层老龄工作暨基层老年协会建设推进年会议”和“全省基层老年协会建设暨农村幸福院建设观摩会”。并组织举办全省农村幸福院和基层老年协会建设工作交流暨业务培训会，对九个市(州)分管基层老年协会建设的工作人员进行了业务培训。省老龄办争取全国老龄办项目资金75万元及省级福彩公益金200万元，补助农村老年协会建设项目。截至年底，全省成立老年协会1556个，城市社区老年协会成立率为96.5%，农村老年协会成立率为89.9%。

【农村幸福院建设】 各地高度重视农村幸福院建设工作，贵阳市、六盘水市将农村幸福院建设纳入2014年市政府实事工作中，安顺市将其列入对各县(区)政府(管委会)的目标考核。全省首批1181个农村幸福院建设项目全部完成，共计投入经费7236万元，其中中央专项福利彩票公益金3543万元，各市(州)、县(市、区)投入3693万元。幸福院新建养老床位6167张，入住老人454人，覆盖老年人数509830人。2014年度中央福彩专项资金支持我省的1247个项目已完成申报。

【老年人权益保障】 2014年，全省各级司法部门开展送法下乡活动发放有关老年法规宣传资料25000余份，接受老年人法律咨询23000人次，调解各类涉老纠纷8500件，提供法律援助600人次。公安部门开展了一系列严厉打击危害老年人生命财产安全、侵害老年人合法权益的违法犯罪活动。住建部门在城市建设规划中加强对无障碍设施建设的指导，为老年人出行安全便捷提供保障，并认真落实风景名胜区老年优待政策。旅游部门在饭店、宾馆星级评定工作中严格执行公共区域无障碍设施建设有关规定。

【第四届老年文化艺术节暨第二届贵州老龄产业博览会】 10月14至19日，省老龄办在贵阳举办了第四届贵州“福彩杯”老年文化艺术节暨第二届贵州老龄产业博览会。龙志毅、何仁仲、王思明、冉砚农、李冀峰、马文骏、谌宏昌等省级老领导出席开幕式，全国老龄办副主任鲍学全致辞，各市州近千名老年人参加了开幕式。老年文化艺术节内容包括书法、绘画、摄影、诗词楹联展和声乐舞蹈大赛。书画展共有642幅作品参展，声乐舞蹈大赛共有12支代表队36个节目参加了比赛。第二届贵州老龄产业博览会内容主要包括老龄产品展销、老年书画艺术作品展示、老年文艺演出及金婚典礼。

【“敬老月”活动】 今年我省“敬老月”主题是“传

承中华美德，弘扬敬老文化”。各地各部门认真制定活动方案，广泛开展了形式多样、内容丰富的“敬老月”活动，在全社会营造了敬老爱老助老的浓厚氛围。活动期间，省政协副主席黄康生、贵阳市政协副主席夏钢对贵阳市3名百岁老人进行了走访慰问，各市州党政领导也分别了百岁、高龄、空巢、留守、失能、失智、失独、困难老人。省老龄办举办了第四届贵州“福彩杯”老年文化艺术节和第二届贵州老龄产业博览会。各市（州）、县（市、区）、各部门、老年社会团体纷纷组织开展丰富多彩的大型老年文化展演或体育比赛。贵阳市举办了第一届老年人文艺表演大赛，安顺市西秀区组织开展了老年书画笔会，六盘水市组织开展了“敬老月”书画展，毕节市举办了2014年毕节城区“传承中华美德、弘扬敬老文化”文艺演出暨诗歌朗诵活动，威宁县举办了中老年红歌合唱大赛。各地充分发挥“敬老文明号”作用，落实各项老年优待制度，广泛开展义诊活动，提供免费医疗服务，广大志愿者深入敬老院和老年人家中，开展爱心服务，千方百计为老年人解决实际困难。

云南省

综　　述

2014年，在云南省委、省政府的正确领导下，全省老龄工作部门坚持以党的十八大、十八届三中、四中全会、省委九届九次全会、全国老龄委第十六次全会和全国老龄办主任会议精神为指导，认真贯彻落实全国、全省老龄事业发展和社会养老服务体系建设“十二五”规划，锐意进取、开拓创新，各项老龄工作有序推进，老龄事业持续发展。

一、加强政策创制，老龄法规制度体系不断完善

为认真贯彻落实国发35号文件精神、加快我省养老服务体系建设，省老龄办牵头组织人员深入开展调查研究，积极与发改、财政、民政、卫生、国土、住建、税务等部门反复沟通协商，草拟了《云南省人民政府关于加快发展养老服务业的实施意见》（以下简称《实施意见》），经多方征求意见、反复修改完善，提交省政府常务会审议通过并印发各地组织实施。《实施意见》充分借鉴外地成功经验，结合我省实际，在养老服务业的规划布局、用地保障、财税优惠、融资信贷、市场准入、人才保障等方面取得了较大的政策突破，为我省养老服务业发展提供了更有力的政策支撑。省民政厅制定出台了《云南省养老机构设立许可实施办法》和《云南省养老机构管理实施办法》，进一步规范了养老机构的设立许可和运行管理。昆明市政府出台了《关于鼓励社会力量兴办养老服务机构的实施意见》《加强养老助残救助工作实施意见》《民办养老机构规划土地政策若干规定》等政策措施；玉溪市出台了居家养老服务实施细则、居家养老服务机构规范化建设标准；红河州出台了建立健全城乡社区居家养老服务（联络）站意见、农村幸福院项目管理办法，普洱、临沧等州市也相继出台了有关养老服务机构建设、城市社区居家养老、基层老年协会建设、老年优待、老年人法律援助等政策文件，较好地促进了老龄事业健康发展。

二、加大经费投入，养老服务设施建设加快推进

省政府将加强养老服务体系建设纳入2014年度十件惠民实事，加大资金投入和督促检查力度。省老龄办建立了居家养老服务中心项目建设月报告、季通报制度，加大农村幸福院项目建设的督查力度，委托会计师事务所对132个居家养老服务中心项目建设进行绩效评估，确保项目建设稳步推进。2014年，省老龄办争取中央福彩公益金3692万元，资助1164个农村幸福院和文山、大理两州为老服务信息平台建设；协调投入1.26亿元建设302个社区居家养老服务中心；省级福彩公益金安排200万元，资助了100个农村老年协会建设。在省级的示范带动下，各地也加快了建设进度。昆明市积极组织实施“春风化雨行动”，新建42个民办养老机构，新增养老床位4454张，发放民办养老机构养老床位营运补助近70万元；曲靖市被确定为42个全国养老服务业综合改革试点地区之一，年内建成投入运营43个社区居家养老中心；红河州累计投入17984万元（中央215万元、省3352万元、州县乡三级14417万元）共建设275个城乡社区居家养老服务中心（站），已建成投入运营248个、床位2117张，提前完成了“十二五”的目标任务。楚雄、文山、西双版纳等地也加大资金投入，积极开展养老示范基地、老年活动中心等项目建设。

三、持续跟踪督查，惠老优待政策进一步落实

省老龄办积极协调省财政厅等部门再次提高高龄补贴标准，并纳入年度老龄工作目标责任考核范围，加强跟踪督查。各级老龄部门积极争取当地党委、政府的支持，克服困难、加强协调，不断提高高龄老人补贴标准，进一步规范高龄补贴审批发放工作。2014年全省有75.44万名80周岁以上老年人共领取高龄补贴4.34亿元，80～99周岁老年人的保健补贴标准达月人均47元，百岁老人的长寿补贴标准达月人均384元，玉溪、临沧、楚雄、文山、西双版纳等州市提前达到了“十二五”规划提出的高龄补贴标准，文山州及腾冲县等地的百岁老人长寿补贴标准达到了每月每人1000元，丽江市将高龄补贴覆盖到全市60周年以上老年人，城乡老年人的生活水平进一步提高。各地采取有力措施，积极协调卫生部门免费为65周岁以上老年人体检，督促公交公司、医院、旅游景点等服务窗口落实老年人免费乘车、免费进公园、免交就医普通挂号费等优待政策。全省开通市内公交车的64个县（市、区）中，已有59个县（市、区）落实了老年人免费乘坐城市市内公交车，部分地区的乡村公交车还对老年人免费开放，年内各级财政补助公交公司1.95亿元。省老龄事业发展基金会年内筹集资金769.9万元，累计投入490万元，解决100户农村“五老”住房困难，资助20个农村基层老年协会建设，在盘龙、陆良、蒙自三地开展“老年希望工程”试点工作，慰问鲁甸、巧家和景谷等地震灾区困难老人，加强云南老年之家敬老院基础设施改造。全省已有14个州市、82个县市区成立了老促会，年内共投入1259.3万元，扶持了972个农村基层老年协会的活动设施建设，进一步夯实了我省老龄事业的发展基础。

四、广泛宣传发动，全社会敬老助老氛围更加浓厚

2014年老年节前，省委书记、省长在《云南日报》头版发表致全省各族老年朋友、老龄组织和老龄工作者的节日慰问信；省老龄办协调280多万元组织开展了以“六个一”为主要内容的“彩云百岁寿星关爱行动”，省委书记、省长等领导在昆明亲自走访慰问4名百岁老人；会同省民政厅组织开展“关爱老人·灾区行”活动，代表省委、省政府走访慰问“8·3”鲁甸地震灾区部分高龄老人、养老服务机构；牵头组织评选全省老有所为先进典型，推荐上报的“陆良八老”集体被中宣部、全国老龄办命名为“最美老有所为人物”；联合省教育厅、省民政厅、团省委开展“我和我的爷爷奶奶”敬老文化主题公益活动，进一步营造了“关爱老人、共建和谐、共享和谐”的良好社会氛围。各地结合开展老年友好城市、“敬老文明号”、敬老先进村等创建活动，深入开展敬老爱老助老主题教育活动，多渠道、多领域广泛宣传老年法等涉老法规政策、老龄工作成绩和敬老助老典型事迹，积极开展“十大孝星”、敬老好儿媳、敬老好少年、健康老人等评选表彰活动，举办经常性的老年文艺演出、书画展、健康知识讲座、义务助老、法律维权等活动，老龄工作的地位和作用更加凸显，全社会的尊老敬老意识进一步增强。

五、健全工作机制，敬老文明号等创建活动扎实推进

在认真总结第一批“敬老文明号”创建活动成功经验的基础上，省老龄办全面启动第二批“敬老文明号”创建活动，得到了各地积极响应。各州市切实加强“敬老文明号”创建活动的组织领导，细化完善工作方案，安排专项工作经费，进一步明确创建工作的目标任务、内容方式和考核管理；定期、不定期深入创建单位检查指导，对照创建标准提出整改意见，指导督查创建单位及时研究解决困难和问题，确保工作落到实处；深入开展宣传发动，积极营造创建活动的浓厚氛围，形成了上下联动、部门协同的良好局面。各地深入开展基层老年协会“乐龄工程”建设，积极开展基层老年协会登记备案，加强老年协会班子建设，完善各项规章制度，组织实施“百村建设计划”完善文体活动设施，推进基层老年协会规范化建设。到2014年底，全省11578个村（社区）成立了老年协会，占全省村（社区）总数的81.2%，基层老年协会已成为基层老龄工作的重要组织载体，对促进城乡基层的社会稳定、家庭和谐发挥了重要作用。昆明、玉溪等地分别围绕创建中国宜居城市和全国老年友好城市，积极完善为老助老政策措施，加强为老公共服务设施建设，开展城市无障碍改造，有效推进了老年宜居环境建设。

六、加强部门联动，齐抓共推老龄事业发展的工作格局逐步形成

为进一步加强全省老龄工作的组织领导，充分发挥省老龄委成员单位的合力作用，省老龄办积极协调，报经省政府同意，增补了省工业和信息委、省国土资源厅、省农业厅、省商务厅、省法制办、省外办、省国家税务局、云南银监局和云南保监局等9个单位为省老龄委的成员单位。省老龄委各成员单位充分发挥部门优势，积极参与、支持老龄工作，逐步形成齐抓共推老龄事业发展的工作格局。省人大、省政协积极组织人大代表、政协委员深入各地视察养老服务业，开展养老政策调研；省司法厅与省老龄办联合下发了《关于进一步加强老年人法律援助工作的意见》，进一步建立健全老年人法律援助长效机制；省卫生厅认真组织部署全省卫生系统的“敬老文明号”创建活动；省民政厅、省政府法制办积极协助省老龄办，加强与省人大、省政协等部门的沟通协调，组织召开了立法协商会，启动《云南省老年人权益保障条例》新一轮修订工作；省发改委、财政厅积极采取措施，进一步减化城乡社区居家养老服务建设项目的立项审批程序，积极加大老龄项目的财政资金支持力度；国土、住建、税务等部门积极参与、配合省老龄办开展养老服务政策调研，为省政府出台优化发展养老服务业的规范性文件奠定了基础。省老龄办与中国人寿云南分公司组织开展了“幸福和谐晚年”老年人意外伤害保险工作；联合省老龄产业协会共同组织10余家涉老企业和部分老龄机构参加了中国老龄产业国际博览会，既展示了我省老龄产业成果，也吸收了省外的经验和做法。

七、注重统计调研，不断探索老龄工作规律

认真组织开展老龄事业发展调研统计工作，全面了解掌握各地的老年人口数量、老龄机构编制和落实、老年福利服务设施、经费投入、贫困老年人生活保障和为老服务等情况，针对性地抓好老龄工作任务的落实。根据国务院加强应对人口老龄化战略研究的部署，省老龄办结合我省实际，协调云南省社会科学院、云南财经大学的专家、教授，认真组织开展《云南省制约养老床位数增长因素深度探析》和《云南省养老服务产业中长期战略研究》两个专题研究，为我省创制老龄工作政策、推动老龄事业发展提供了决策参考意见。省老龄办抽调部分州市老龄办人员及相关专家组成5个工作组，对全省居家养老服务设施建设情况进行了深入调研；组织编撰由陈豪省长作序、张祖林副省长任编委会主任的《云南省老龄工作志》，全面总结云南省老龄委成立30周年来全省老龄工作取得的巨大成绩，为指导今后的老龄工作积累了宝贵的经验。

八、强化教育培训，老龄干部队伍的能力素质进一步提高

为积极适应新时期老龄工作新形势、新任务的要求，针对全省老龄系统队伍建设的现状，省老龄办把加强队伍能力建设作为推动工作、促进发展的重要抓手，先后委托昆明学院举办了5期共529名养老护理员培训；委托清华大学举办了全省养老机构人员管理能力提升研修班，50名州县老龄办领导参加了培训；联合省委党校干部教育学院举办“第四期全省老龄干部综合能力培训班”，培训122名各级老龄业务骨干；与省民政厅共同组织举办了“加快发展养老服务业专题培训班”，对各州市民政局、老龄办的分管领导和工作人员共65人进行了养老服务政策的专题培训；组织部分州级老龄干部学习考察台湾养老服务业。昆明、曲靖、楚雄、怒江等地也积极组织开展县乡老龄干部和成员单位联络员的业务培训。通过各类培训和组织外出学习考察，进一步拓展了各级老龄干部的视野，提高了老龄干部队伍的综合素质，推动了各级老龄工作的创新发展。

重要会议及活动

【严密组织召开全省老龄工作推进会】2014年8月8日，省老龄办召开全省老龄工作推进会，认真传达贯彻全国老龄委地十六次全会、全国老龄办主任会议和全国老年人优待工作会议精神，通报全省老龄工作目标责任考评情况，实地观摩昆明市官渡区部分养老服务机构建设与运营管理成果，昆明、红河、官渡、麒麟、祥云5个市州区县交流了经验，和向群专职副主任全面总结2013年以来全省老龄工作，进一步部署安排了我省今后阶段老龄工作主要任务。

【组织召开云南省老龄事业发展新闻发布会】2014年9月26日，省老龄办省政府新闻办、省民政厅联合举办云南省老龄事业发展新闻发布会，通报了云南省老龄事业发展状况、2014年敬老月系列活动和第二届“敬老文明号”创建活动部署情况。20多家中央驻滇和云南省及昆明市的新闻媒体的相关记者参加了发布会。

【老年节庆祝活动丰富多彩】老年节前后，省老龄办协调280多万元组织开展了以“六个一”为主要内容的“彩云百岁寿星关爱行动”；联合省民政厅组织开展“关爱老人·灾区行”活动，代表省委、省政府走访慰问“8·3”鲁甸地震灾区部分高龄老人、养老服务机构；联合省教育厅、省民政厅、团省委开展“我和我的爷爷奶奶”敬老文化主题公益活动，进一步营造了“关爱老人、共建和谐、共享和谐”的良好社会氛围。

【省委书记、省长祝贺全省老年朋友老年节快乐】2014年10月2日（农历九月初九），省委书记秦光荣、省长李纪恒在《云南日报》头版发表老年节慰问信，对云南省540多万各族老年朋友、各级老龄组织和全体老龄工作者致以老年节祝贺。

【组织实施“彩云百岁寿星关爱行动”】老年节前，省老龄办在全省组织实施以“六个一”为主要内容的“彩云百岁寿星关爱行动”：投入280多万元，为全省每一名百岁老年人赠送1张老年节贺卡、1份2000元的慰问金、1份慰问品、1次免费体检、拍1张全家福照片、建立1项志愿者为百岁寿星送温情。2014年9月28日，时任云南省委书记的秦光荣、省长李纪恒在昆明亲自走访慰问部分百岁老人，拉开了2014年“彩云百岁寿星关爱行动”序幕，“彩云百岁寿星关爱行动”惠及全省1268名100周岁以上老年人。

【“我和我的爷爷奶奶”敬老文化主题公益活动成功举办】2014年9至11月，省老龄办联合省教育厅、省民政厅、团省委在全省范围内组织开展“我和我的爷爷奶奶”敬老文化主题公益活动，以各类在校学生为重点人群，面向社会广泛征集反映敬老文化的故事、绘画、摄影原创作品，并在昆明信息港开设作品展和网络点赞互动平台。活动吸引了各州市和省属各院校1万多名学生参加，先后收到各州县两级初选推荐上报的3483件作品。2014年11月28日，在昆明举行云南省“我和我的爷爷奶奶”敬老文化主题公益活动颁奖晚会，对部分获奖者进行颁奖。活动的成功举办，进一步强化了全社会的老龄意识，丰富了孝亲敬老的文化内涵，营造了关爱老年群体的浓厚社会氛围。

【组织召开《云南省老年人权益保障条例》立法协商会】2014年11月3日，省老龄办在昆明举办《云南省老年人权益保障条例》立法协商会，正式启动《云南省老年人权益保障条例》的修订工作。民盟中央副主席、省政协副主席倪慧芳出席会议并作重要讲话。省司法厅、省民政厅、省政府法制办等部门的领导和部分省政协委员、专家、学者以及媒体记者共56人参加了立法协商会。

各项业务进展

2014年，云南省始终坚持“党政主导、社会参与、全民关怀”的方针，紧紧围绕实现“六个老有”的工作目标，以保障和改善民生为重点，真抓实干，开拓进取，务求实效，各项老龄事业呈现出持续健康发展的良好局面。

【领导高度重视老龄工作】老年节前，时任省委书记秦光荣、省长李纪恒在《云南日报》头版发表致全省各族老年朋友、老龄组织和老龄工作者的节日慰问信，并在昆明亲自走访慰问4名百岁老人。

【认真开展老龄目标责任制考核】3月上旬，省老龄办抽调各州市老龄办相关人员组成8个考核组，严格按照2013年老龄工作目标责任制考核内容及评分标准，认真检查考评各州市贯彻落实2013年度老龄工作目标管理责任制情况，并及时通报对各地的考核结果。

【加强养老服务政策创制】省老龄办牵头组织开展调研，与发改、财政、卫生、国土、住建、税务等部门反复沟通，草拟的《云南省人民政府关于加快发展养老服务业的实施意见》，经省政府常务会审议通过下发全省组织实施，在养老服务业的规划布局、用地保障、财税优惠、融资信贷、市场准入、人才保障等方面取得了较大的突破，为我省养老服务业发展提供了更有力的政策支撑。

【社区居家养老服务设施不断完善】省老龄办争取中央福彩公益金200万元，扶助文山、大理两地为老服务信息平台建设，协调省级投入1.26亿元，新建302个社区居家养老服务中心，建成后可新增床位4530张。积极建立社区居家养老服务中心项目建设月报告、季通报制度，委托会计师事务所对132个居家养老服务中心项目建设进行绩效审计，确保项目建设稳步推进。到2014年底，全省养老总床位达到99476张，全省每千名老年人拥有养老床位达到17.76张。

【农村基层养老服务设施建设加快】省老龄办争取中央福彩公益金3492万元，扶助建设1164个农村幸福院，安排省级福彩公益金200万元，扶助100个农村老年协会加强规范化建设，极大地改善了农村基层老年人的养老服务设施和文体活动条件。

【惠老优待政策落实到位】各地采取有力措施，督促相关部门在医院、旅游景点、公厕、商业网点等主要服务窗口设置老年人优先、优惠和免费的标志，全面落实了60周岁以上老年人持老年优待证免费乘坐城市市内公交车、进公园公厕和就医减免挂号费等优待政策，积极组织为65周岁以上老年人免费体验。仅老年人免费乘坐城市市内公交车一项，昆明市市级财政全年补贴公交公司1.3亿多元。

【高龄补贴政策全面落实】省老龄办将提高高龄补贴标准纳入年度老龄工作目标考核范围，积极协调省级财政部门加大经费投入，持续跟踪督促各地提高补贴标准，规范高龄补贴审批发放工作。全省有75.44万名80周岁以上老年人领取高龄补贴4.34亿元，80～99周岁老年人的保健补贴标准达月人均47元，百岁老人的长寿补贴标准达月人均384元，文山等地的长寿补贴达到每月每人1000元。

【助老工作成效明显】省老龄办把基层老促会建设纳入老龄工作目标管理责任考核内容，督促各地加快建设老龄事业发展促进会。年内，省老龄事业发展基金会安排募筹资金202万元，帮助101户“五老”解决住房困难，扶持106个基层老年协会添置活动设施，扶持农村特困老人发展种植业、养殖业、服务业项目。省敬老爱民促进会安排263万多元资助公益福利事业设施建设，帮助贫困家庭子女解决上学难等问题。

【老龄宣传工作成效显著】省老龄办先后在《云南日报》《云南政协报》《云南老年报》等报刊上开辟专版或持续性专栏，大力宣传新修订的《中华人民共和国老年人权益保障法》和我省老龄工作成绩以及敬老爱老助老模范的先进事迹，扩大我省老龄工作的社会影响，引导社会关心关爱老年人，支持老龄事业发展。

【老年节活动丰富多彩】老年节前后，省老龄办协调280多万元组织开展了以“六个一”为主要内容的“彩云百岁寿星关爱行动”；联合省民政厅组织开展“关爱老人·灾区行”活动，代表省委、省政府走访慰问“8·3”鲁甸地震灾区部分高龄老人、养老服务机构；联合省教育厅、省民政厅、团省委开展“我和我的爷爷奶奶”敬老文化主题公益活动，进一步营造了“关爱老人、共建和谐、共享和谐”的良好社会氛围。

【“陆良八老”当选全国“最美老有所为人物”】省老龄办牵头组织评选推荐全省老有所为先进典型，推荐上报的“陆良八老”集体被中央宣传部、全国老龄办命名为“最美老有所为人物”。

【“敬老文明号”等创建活动扎实推进】在认真总结第一批“敬老文明号”创建活动成功经验的基础上，省老龄办全面启动第二批“敬老文明号”创建活动，督促各地切实加强“敬老文明号”创建活动的组织领导，细化完善工作方案，安排专项工作经费，进一步明确创建工作的目标任务、内容方式和考核管理。各级老龄办加强宣传发动，定期、不定期深入创建单位检查指导，对照创建标准提出整改意见，指导督查创建单位及时研究解决困难和问题，确保工作落到实处。

【加强基层老年协会建设】加强基层老年协会“乐龄工程”建设，积极开展基层老年协会登记备案，组织实施“百村计划”完善文体活动设施，推进老年协会规范化建设，督促各地强化老年协会班子建设，完善各项规章制度，基层老年协会已成为基层老龄工作的重要组织载体。

【大老龄工作格局逐步形成】省老龄办积极协调，报经省政府同意，增补了省工业和信息委、省国土资源厅、省农业厅、省商务厅、省法制办、省外办、省国家税务局、云南银监局和云南保监局等9家单位为省老龄委的成员单位。省老龄委各成员单位充分发挥部门优势，积极参与、支持老龄工作，逐步形成齐抓共推老龄事业发展的工作格局。

【组队参加中国老龄产业国际博览会】省老龄办联合省老龄产业协会共同组织省内10余家涉老企业和部分老龄机构的主要领导，参加在广州举办的中国老龄产业国际博览会，展示我省老龄产业发展成果，学习省外的成功经验。

【扎实开展老龄事业发展情况统计】认真组织开展老龄事业发展情况统计工作，对全省各地的老年人口数量、老龄机构编制和落实、老年福利服务设施、经费投入、贫困老年人生活保障和为老服务情况等进行了全面的调查统计，为有针对性地开展老龄工作提供了详实的依据。

【深入开展老龄课题研究】省老龄办积极协调省社科院、云南财经大学的专家、教授，完成《云南省制约养老床位数增长因素深度探析》和《云南省养老服务产业中长期战略研究》两个专题研究，为我省创制老龄工作政策、推动老龄事业发展提供了重要的决策参考意见。省老龄办抽调部分州市老龄办人员及相关专家组成5个工作组，对全省居家养老服务设施建设情况进行了深入调研。

【编撰云南老龄工作志】省老龄办组织编撰了由陈豪省长作序、张祖林副省长任编委会主任的《云南省老龄工作志》，全面总结云南省老龄委成立30周年来全省老龄工作取得的巨大成绩，为指导今后的老龄工作积累了宝贵的经验。

【强化老龄干部教育培训】省老龄办先后委托昆明学院举办5期养老护理员培训，委托清华大学举办全省养老机构人员管理能力提升研修班，联合省委党校干部教育学院举办“第四期全省老龄干部综合能力培训班”，与省民政厅共同举办“加快发展养老服务业专题培训班”，累计培训各级老龄工作人员近800人；省老龄办还组织15名老龄干部赴台湾学习考察养老服务业，进一步拓展了各级老龄干部的视野，提高了老龄干部队伍的综合素质。

陕西省

综　　述

2014年末，全省60岁以上老年人口584.28万人，占人口总数的15.48%。全省老龄工作以党的十八大、十八届三中、四中全会精神为指导，深入学习贯彻习近平总书记系列重要讲话精神，认真推进完成老龄事业发展"十二五"规划目标任务、全面贯彻落实老年法，努力保障和改善老年民生，努力维护老年人合法权益，努力实现"六个老有"，全年发放高龄补贴21.14亿元，办理陕西省敬老优待证21万余张，全省基层老年协会建会率城市社区达到87.1%、农村社区（行政村）到71.7%，较2013年分别上升了19.1和16.7个百分点。

一、领导重视

各级党政领导重视老龄工作。省委赵正永书记、省政府娄勤俭省长、祝列克副省长等领导，先后在调研等工作中对老龄工作作出重要批示，提出具体要求。在修订《陕西省实施〈中华人民共和国老年人权益保障法〉办法》（以下简称《办法》）中，省人大、省政府主要领导亲自过问修订工作，召开省政府常务会议讨论《办法》修订草案，召开了三次省人大常务会议审议通过修订《办法》。召开全省老龄办主任会议，分析老龄工作面临的新形势，安排部署全年工作任务。

二、成员单位发挥职能作用

各级老龄办积极协调老龄委成员单位，进一步形成合力推动老龄事业新发展，社会养老保障体系进一步完善，养老服务体系建设进一步加强，老年文化、体育、教育和为老服务工作进一步发展。

重要会议和活动

【走访慰问活动】春节、七一、敬老月等节日期间，各级老龄办精心组织做好走访慰问活动。"敬老月"期间，由祝列克副省长及省老龄委其他领导委员带队，赴各地市走访慰问高龄老人及养老服务机构，取得良好社会效益。

【"敬老月"活动】积极开展第五个"敬老月"活动，广泛组织动员全社会力量，开展走访慰问和为老志愿服务活动；敬老文化宣传教育活动；老年文化体育活动；老年维权优待活动；"老有所为"先进典型宣传活动。举办了"首届西部老龄产业博览会""金婚庆典"等。

各项业务进展

【维护老年人合法权益】《陕西省实施〈中华人民共和国老年人权益保障法〉办法》于2014年11月27日经陕西省第十二届人民代表大会常务委员会第十四次会议修订通过，自2015年3月1日起施行，为维护好老年人合法权益提供法律保障。

【为老服务工作】申报"全国爱心护理工程建设基地""全国爱心护理工程示范基地"3家，评选"全省优秀护理员"86名。开展了社会养老服务试点工作，完成了居家养老服务试点单位、社区养老服务试点单位、机构养老服务试点单位的评定资助工作。完成了"爱心护理工程基地"护理员培训任务。

【基层老年组织建设】下发了《2014年基层老年协会工作安排》，举办了"全省基层老年协会建设培训班"，安排省级福利彩票公益金对"省级规范化基层老年协会"实施资助，争取部级福利彩票公益金对榆林市"老年信息服务平台"项目和西安市、安康市、商洛市基层老年协会建设进行了扶持。下发《关于加强和规范基层老年协会登记管理工作的通知》，推动基层老年协会登记管理工作的发展。

【老龄工作调研】根据全国老龄办主题调研工作部署，各级老龄部门从不同角度、不同层面对我省老龄工作现状等展开调研，共收集各项调研成果93篇，评出优秀以上成果奖42篇，参加全国评选11篇，获奖6篇，并获得优秀组织奖。

【老龄宣传】配合中央十余家媒体在陕开展"老年维权走基层"采访活动，宣传和解读《中华人民共和国老年人权益法》《陕西省老年人优待服务办法》，在《人民日报》等媒体发表17篇稿件。陕西广播电视台开设《孝影贤声》栏目。开展"尊老敬老助老"主题教育活动。涌现出以沈秀丽、舒永见等为代表的一批尊老敬老时代楷模。丹凤县人民政府等四单位荣获"全国尊老敬老助老"模范单位，全省107名个人荣获"全国孝亲敬老之星"。开展第二轮敬老文明号创建活动。在总结第一轮创建活动经验的基础上，扩大创建成果，加大创建力度。积极开展群众性的老年文体活动。组织参加了第四届全国老年艺术节，展示我省老年人的精神风貌。加强《陕西老年报》的全面建设。提高办报质量，扩大发行量。

【自身建设】提高老龄工作队伍的业务水平、加强自身能力建设，深入践行党的群众路线实践教育活动，积极为基层为群众办实事办好事。

甘肃省

综　述

2014年，我省老龄工作在省委、省政府和省老龄委的正确领导下，在全国老龄办的精心指导下，认真贯彻落实党的十八届三中、四中全会和全国老龄办主任会议精神，遵循“党政主导、社会参与、全民关怀”的工作方针，以实现“六个老有”为目标，以维护和保障老年人的合法权益、提高为老服务水平、强化基层工作为重点，不断完善工作机制，创新工作思路，改进工作作风，提升工作能力，统筹推进法规政策创制、服务保障、宣传引导、基层协会和自身建设等各项工作，全省老龄事业有了长足的发展和进步。

一、2014年工作完成情况

（一）不断完善老龄法规政策体系，着力提升依法行政水平。2014年是我省老龄政策法规创制、文件出台最多的一年。一是修订甘肃省老年人权益保障法实施办法。2013年7月1日新修订的《中华人民共和国老年人权益保障法》实施后，省老龄办主动谋划，组织人员着手制定我省的《实施〈中华人民共和国老年人权益保障法〉办法》，经过广泛调研、征求意见和反复修改，并与省人大内司委积极沟通协调后，我省的《实施〈中华人民共和国老年人权益保障法〉办法》已正式列入省人大立法项目，2015年将出台实施。二是出台加快发展养老服务业实施意见。国务院《关于加快发展养老服务业的若干意见》印发后，省老龄办和省民政厅组织起草，提请省人民政府出台了《关于加快发展养老服务业的实施意见》（甘政发〔2014〕50号，以下简称《实施意见》）。《实施意见》在金融扶持、土地供给、税费减免、财政投入、人才支撑和老年优待等多个方面给予政策支持，其中，财政对社会办养老机构床位补贴的标准为公益性机构每张床位补贴10000元，营利性机构每张床位补贴8000元，此项补贴标准达到了全国中等偏上水平。三是建立高龄补贴制度。省老龄办积极与财政、人社部门协调沟通，在《甘肃省城乡居民基本养老保险实施办法》中明确建立了80岁以上老年人高龄补贴制度，80～89岁、90～99岁、百岁及以上老年人每人每年分别享受300元、720元、1200元补贴，实现了高龄补贴制度对80岁以上老年人全覆盖。四是制定老年人优待工作意见。根据新修订的《中华人民共和国老年人权益保障法》和国家24部委《关于进一步加强老年人优待工作的意见》（全国老龄办发〔2013〕97号，以下简称《意见》）文件精神，立足我省省情和经济社会发展现状，针对老年人的特殊需求，省老龄办组织力量，起草了《甘肃省进一步加强老年人优待工作的意见》，从政务服务、卫生保健、交通出行、商业服务、文体休闲和维权服务6个方面为老年人提供各种形式的经济补贴、优先优惠和便利服务，全面提升老年人生活质量。《意见》已两次征求各市州和成员单位意见，即将提请省委、省政府两办印发执行。五是出台居家养老服务网络平台建设实施意见。与省民政厅联合出台了《关于加快推进全省居家养老服务网络平台建设的实施意见》，有效地推动了居家养老服务信息化、规范化建设，为构建以居家为基础的养老服务体系打下了基础。六是制定城乡社区老年人日间照料中心设备配置指导意见。与省民政厅联合出台了《关于规范城乡社区老年人日间照料中心设备配置的指导意见》，规范了各地日间照料中心内部功能划分和设施配套标准，为发挥日间照料中心服务功能提供了支撑保障。通过出台这一系列的老龄政策法规文件，为开展各项老龄工作、促进老龄事业发展和改善老年人民生提供了强有力的法规政策支持。

（二）积极协调落实老年优待政策，切实维护老年群体权益。老年优待是老龄工作的重要内容，是老年人共享经济社会发展成果的重要体现，也是判断老龄工作成效的重要标准。省老龄办将落实老年优待政策作为工作第一要务，将工作重点放在老年人关注度高、急切希望解决的问题上，集中力量、攻坚克难，逐一突破。一是政务服务方面。2014年，全省80岁以上老年人高龄津贴全部落实到位，白银、甘南、嘉峪关等市州分别提高了补贴标准或扩大了覆盖范围。全省老年人社会救助覆盖范围不断扩大，共有80.9万城市老年人和10.1万农村特困老年人分别享受了城市低保和农村低保。二是医疗服务方面。全省涉老医疗卫生服务网点进一步增多，综合医院老年病科、爱心护理院建设步伐明显加快。全面落实新型农村合作医疗制度，全省老年人参合率现已接近100%。积极开展大病医疗救助工作，逐步扩大救助病种，全省“三无”老人、五保老人、低保老人全部纳入城乡医疗救助范围；多数医院老年人普通挂号费得到减免，就医便利性得到明显提升。三是交通出行方面。全省老年人凭老年优待证在汽车站、火车站、机场均享受优先购票、乘车、登机等服务；机场、火车站、公园等公共场所的无障碍设施建设速度加快。老年人乘坐公共交通优惠政策逐步落实，嘉峪关市、金昌市60岁以上，庆阳市65岁以上，兰州市70岁以上老年人全部免费乘坐城市公交车，其他市州都为老年人乘坐公交车争取到了半价或优惠价等政策。四是法律服务方面。法院、公安等机关对涉老维权案件做到依法及时立案、及时处理、及时执行，通过多种方式为老年人维权提供便利。各级司法部门普遍建立了老年人法律援助中心、老年法律咨询服务站、涉老纠纷调解小组等老年法律服务组织。五是文体休闲方面。全省各类公园、博物馆、图书馆、纪念馆等公共文化服务设施对老年人实行免费开放。多数体育馆、影剧院、旅游景区等经营性单位也积极为老年人提供各种优惠和便利。

（三）统筹推进城乡养老均衡发展，重点突破农村养老难题。甘肃是一个农业为主的省份，农村老龄问题是我省老龄工作的重点，也是难点。2013年底，省委、省政府决定将“建设1100个城乡社区老年人日间照料中心”确定为省民政厅牵头，省老龄办、省财政厅协办的为民办实事任务。省老龄办按照省委、省政府要求，对1000个农村互助老人幸福院建设任务进行了周密安排部署，建立“一月一报告”和图像跟踪制度，确保了为民办实事任务全面完成。4月，省老龄办在酒泉市召开农村互助老人幸福院建设现场推进会议，安排部署建设任务。5月初，会同省委督察室、省政府督察室、省民政厅、省财政厅组成督查组对项目落实情况进行督查，协调解决项目建设中存在的问题，确保项目建设进度。9月中旬，会同省政府督察室、省民政厅、省财政厅组成督查组对农村互助老人幸福院建设情况进行了考核验收。今年全省农村互助老人幸福院建设共投资4054万元，建成1351所，提供床位1.25万张，超额完成了建设任务。截至目前，全省养老床位达到8.66万张，比上年增加1.36万张，每千名老年人拥有床位23.8张，已接近“十二五”规划目标任务要求。在加强基础设施建设的同时，省老龄办还要求各级老龄工作部门积极向政府建议，为农村互助老人幸福院划拨运行经费，保证其健康运营，持续发挥为老服务的作用。目前酒泉市已确定由市、县财政每年向正常运转的城市社区日间照料中心和农村互助老人幸福院分别补助4万元、2万元的运营经费，其他市州也正在积极协调，争取早日落实。

（四）加快居家养老网络平台建设，创新助推为老服务升级。2014年，省老龄办把居家养老服务网络平台建设作为构建养老服务体系的一项基础性工作来抓。在总结完善兰州、嘉峪关等地经验的基础上，与省民政厅联合印发了《关于加快推进全省居家养老服务网络平台建设的实施意见》（甘民发〔2014〕120号），提出坚持“政府引导、企业参与，市场化运作、社会化服务”原则，创新实施“12345”工程（打造一个平台，即以市州为主，依托互联网、物联网和云计算等现代信息技术建设的居家养老服务信息平台。强化两个支撑即强化线上管理和线下服务两个支撑。抓好三个关键即抓好老年人信息数据库建立、政府购买服务、加盟企业的准入退出机制。提供四项服务即重点提供生活照料、家政服务、健康管理、紧急救援等服务。生活照料包括日托照顾、代购物品、配餐送餐、助洁助急等服务；家政服务包括保姆、钟点工、搬家、管道维修等服务；健康管理包括建立老年人健康档案、开展康复护理、医疗陪护、疾病预防、心理疏导等服务；紧急救援包括老年人出现身体不适或其它情况时，帮助联系家属和相关救助机构，及时实施救援等服务。做到五个统一即统一服务系统、统一数据格式、统一呼叫流程、统一服务规范、统一结算方式），打造具有甘肃特色的居家养老服务品牌。省老龄办与省民政厅共同举办了全省居家养老服务专题培训班，并在酒泉、张掖、武威、白银、庆阳等地开展试点，截至目前，全省居家养老用户已达到13639户，接入网络平台已达到5600户，有效缓解了老年人日益增长的多层次、多样化养老服务需求。为探索老年产业发展的新路子，大力开发老年用品和服务市场，积极引导和培育养老产业转型升级，省老龄办指导兰州市老龄办主办了第二届老年产业暨健康养生博览会，展会吸引到了来自全国十几个省市100多家养老服务企业参展，商品种类涉及老年人用品、健康养生服务产品、医疗康复、养老机构、老年旅游、理财、保险等 4000 多个，涵盖了老年人生活的方方面面。

（五）广泛开展主题教育创建活动，不断丰富为老服务内容。敬老爱老助老主题教育活动是弘扬中华孝道，增强敬老意识，促进惠老优待政策落实的有效手段。省老龄办紧紧围绕和谐社会建设和社会主义精神文明建设，统筹推进主题教育活动的开展。一是“敬老文明号”创建活动。全国老龄办启动创建第二轮“敬老文明号”活动后，省老龄办积极响应，制定创建方案，召开现场推进会议，组织城建、司法、交通、教育、卫生、电信、新闻出版、旅游、体育等服务行业，联合向全社会发出开展“敬老文明号”创建活动的倡议；100 多家事业单位和企业参与了这项活动。二是积极参加全国和组织开展我省的评选表彰活动。省老龄办积极参加全国敬老爱老助老主题教育活动评选工作，同时组织开展了“甘肃省首届孝亲敬老模范”和“甘肃省首届老有所为先进个人”的评选表彰活动。马如海麦和杨红英获得全国“中华孝亲敬老楷模提名奖”荣誉称号；南明哲等 89 人获得“全国孝亲敬老之星”荣誉称号；甘南州杨格桑老人荣获中宣部等部门授予的“最美老有所为人物”荣誉称号，其先进事迹在中央电视台《夕阳红》栏目“与山结缘的老人”一期中播出；肃北县广电局等 9 家单位荣获“全国敬老模范单位”荣誉称号；南明哲等 90 人获得“甘肃省首届孝亲敬老模范”荣誉称号；杨隆骞等 34 人获得“首届甘肃省老有所为先进个人”荣誉称号。三是开展慰问活动。在“敬老月”期间，省老龄办主任带领省、市、县老龄办工作人员组成慰问组，深入养老福利机构、民办养老服务机构、老年公寓、农村互助老人幸福院和老党员、老劳模、百岁老人家中开展节前走访慰问活动，详细了解老人们的生活起居、休闲娱乐等方面情况，并为养老服务机构和农村互助老人幸福院送去慰问金；走访看望部分老干部、老党员、老劳模、百岁老人、老知识分子和困难老人，了解老人们的身体状况和生活情况，听取意见建议，并为每位老人送去慰问金和甘肃民维虚拟养老服务中心提供的手机一部。四是开展助老爱老志愿活动。为引导全社会互帮互助，省老龄办积极搭建参与助老爱老志愿服务活动的平台，鼓励志愿者积极深入社区、农村、企业、养老机构等开展法律援助、文艺表演、医疗义诊、日常护理等活动；同时，广泛开展了对特困和高龄老年人的“定点定时定人”探视救助活动。

（六）不断加强老龄宣传引导工作，营造社会支持良好氛围。老龄宣传引导是老龄工作的重要内容，老龄宣传工作越深入，社会各方面力量发挥越充分，关爱老龄事业的社会氛围就越浓厚。省老龄办在宣传工作中不断创新形式，多方位、多内容地进行宣传，最大限度地扩大老龄工作的影响力。一是抓普法宣传，重在教育引导。各级老龄工作部门充分利用各种手段，集中报道，大力宣传，努力拓宽《中华人民共和国老年人权益保障法》等老年法律政策的覆盖面和影响力，既让社会各界和有关部门明确各自在老年人维权工作中的职责，切实敬老、养老、助老，又使广大老年人了解掌握政策法规，维护自身的合法权益。二是抓活动开展，重在营造氛围。以“敬老文明号”创建活动和“敬老月”活动为契机，在甘肃日报上对“首届甘肃省孝亲敬老模范”获奖名单进行了公示，并同期刊登了“首届甘肃省老有所为先进个人”的表彰通知，大力宣传孝亲敬老感人事迹和老有所为先进事迹，用榜样的力量带动全社会尊老、敬老、爱老、助老；录制《夕阳映陇原》和《关注养老、关爱老人》系列专题片，在甘肃电视台公共频道《今日聚焦》栏目中播出；12 月，省老龄办加大宣传力度，投入 25.2 万元，在甘肃卫视新闻节目结束后的黄金时段安排推出敬老公益广告，广告主题词为“关爱今天的老人，就是关爱明天的自己”，在社会上引起了广泛好评，全社会关心、支持、参与老龄事业发展的良好氛围更加浓厚。三是抓创新方式，重在增强实效。充分发挥电视、电台、报刊、网络等媒体作用，努力做到电视上有节目、广播里有声音、报刊上有文章、网络上有信息，并建立起长效宣传机制，让更多人了解、关注、支持老龄工作。组织编写《甘肃老龄》杂志，详细全面地报道全省老龄工作、调查研究、基层工作、优待优惠等，并向老龄委成员单位和涉老组织免费赠送，不断扩大老龄事业的社会影响力和知晓度。同时加强老龄干部培训，注重培养、打造一支懂宣传、知策划、强沟通的老龄宣传队伍。

（七）着力健全基层老年协会组织，开展老年群体自我服务。老年人协会作为基层老年人自我管理、自我教育、自我服务、自我监督、自我保护的群众性组织，是基层老龄工作的组织载体，是党和政府联系广大老年人的桥梁和纽带。一是领导重视，发展迅速。全国老龄办和省老龄委高度重视基层老年协会建设，先后下发加强基层老年协会建设的意见，省老龄办积极协调相关部门，支持基层老年协会建设。目前全省已有 80％的建制村和 85％的城市社区建立了老年协会组织，在全省基本形成了规模，联成了网络。二是配强班子，规范管理。全省大多数基层老年协会会长由村支书、村长或社区负责人担任。各级基层老年协会组织都建立完善了“七有四簿三册一档案”制度，实现了规范管理。三是加大投入，发挥作用。省老龄办每年拿出100万元支持基层老年协会建设，各级政府积极协调财政安排基层老年协会建设专项经费，并通过以奖代补、转移职能、购买服务等多种形式，在完善设施建设、开展工作和活动等方面给予支持，确保其持续健康运行。基层老年协会在充当党委政府参谋助手、维护老年人合法权益和社会和谐、组织老年人文体活动、教育关心下一代和农村养老服务上发挥着积极的作用，不断延伸政府服务基层链条，拓展自助互助功能，有力地促进了社会和谐。

（八）全力实施“银龄行动”，着力拓展社会参与机制。“银龄行动”是发掘与利用老年人才资源，让老年人展示自我、参与社会发展的良好平台，满足了老年人继续服务社会、回报社会、实现老有所为的愿望。省老龄办积极为广大老年人参与经济社会发展搭建平台，提供便利，培育和发展老年知识分子中“银龄行动”的典型，使“银龄行动”学有方向、干有目标、行有方法，并通过实施“银龄行动”不断扩展老龄工作领域，提升老龄部门地位，扩大老龄工作影响。建立“银龄行动”联席会议制度，开展老年人才资源“银龄”援农、支农、文教、卫生等科技扶贫项目。目前，全省14个市州、86个县区市全部参与了“银龄行动”，新建“银龄行动”示范基地年增经济效益达到5000万元以上，形成了我省特有的“123456”的“银龄行动”工作机制，具体是：围绕一个中心（省委省政府中心工作），突出两个方面（民生保障和科技援农），依托三个领域（依托高等院校和科研院所的老年人才智力资源，促进农村经济发展；依托大中型企业的资金优势和技术力量，服务社会保障事业；依托各级党政机关和事业单位离退休老知识分子的政治优势，推动先进文化建设），树立四个标杆（企业单位学金川集团公司、兰化公司，科研院所学兰州大学，地方政府学张掖、酒泉，社会组织学省老教协、省老科协），参与五大行动（组织老年高科技人才参与科技扶贫、企业研发和科技创新活动；聘请老年专业技术人才参与重大科技项目立项、重要政策制定和决策咨询；组织老教育工作者、离退休老同志参与关心下一代活动；鼓励支持退休科技人员参与创办和领办各类经济实体；动员老年志愿者参与社区管理和帮扶活动，使“银龄行动”各有侧重、各展其才、各尽所长、各具特色，步入制度化、规范化轨道），积累六项成果（省内自援、改善民生、科技援农、典型引路、整合资源、服务大局）。我省“银龄行动”得到了全国老龄办的大力支持和肯定，被评为全国试点先进单位；练育杰等50多名老教授专家被评为全国和我省“银龄行动”先进个人。

（九）建立健全老龄工作机制，不断夯实老龄事业发展基础。按照完善工作机制、创新工作方法、改进工作作风、提高老龄干部政治素养、组织能力、调查研究能力和服务群众能力的总体思路，全面夯实老龄工作基础。

一是领导重视，领导班子和干部队伍建设进一步加强。省委、省政府和省老龄委高度重视老龄工作，省老龄委主任、省委组织部部长吴德刚同志和省老龄委常务副主任、副省长王玺玉同志多次约谈省老龄办同志，了解我省老龄工作现状，协调解决工作中存在的困难。省老龄办按照德才兼备、以德为先的标准，选优配强各处室领导干部，机关谋事干事氛围日益浓厚；积极应对新形势新任务要求，加强对干部队伍的教育管理，通过组织参加各种学习培训活动，提高老龄干部的政治素养和依法行政能力。

二是老龄事业经费全面落实。2014年，全省老年人数达到348万，占人口总数的13.5%。各级政府积极支持老龄事业发展，省、市、县财政分别按照每位老人1元、2元、3元的标准安排了老年事业发展经费，保证了老龄事业健康快速发展。

三是制度化建设进一步完善。省老龄办制定印发了《2014年老龄工作目标责任考核办法》（甘老龄办发〔2014〕11号），细化量化了工作目标任务，对各市州老龄工作进行综合评定，推动全省老龄工作均衡发展。根据新形势和新省情的需要，对省老龄办及其处室的职责进行重新划分，明确了处室职责，为各项工作的顺利开展打好基础。

四是全面做好双联工作。省老龄办将双联行动作为转作风、练队伍、聚民心的有效载体，与业务工作同安排同部署。积极开展了联村干部进村入户宣讲十八大，十八届三中、四中全会精神活动，让中央全面深化改革和推进法治建设的战略布局真正做到家喻户晓、人人皆知。严格落实干部轮流驻村蹲点制度，随时听取群众意见，协调解决突出问题。与省民政厅积极配合，修改完善联扶村年度脱贫致富计划、五年帮扶工作规划，理清发展思路，科学合理地引导调整种植、养殖结构，培育壮大支柱产业，协助改善村容村貌，帮助农户调整种养结构，帮助争取各类资源、创造各种条件，找到脱贫致富新路子。在联扶过程中使全办干部接受教育、净化思想、经受锻炼，切实做到接地气、增底气，俯下身子带着感情为群众办实事、解难题。

五是调查研究能力进一步提升。省老龄办积极鼓励各级老龄工作部门和涉老组织协会开展老龄工作调研，加强对重点、热点、难点和前瞻性问题的调查研究，共收到调研文章62篇，对其中的25篇优秀调研文章进行了嘉奖；召开了老龄工作理论研讨会，邀请获奖人员、企事业单位离退处负责人参加，探讨养老服务、老年协会建设及发展等问题，交流各地政策研究和老龄调研工作的经验、做法，进一步凝聚共识，推动工作。通过调研评优活动和召开理论研讨会，形成了“人人有课题，个个勤研究”的良好氛围。

六是统筹协调构建大老龄工作格局。省老龄办作为省老龄委的办事机构，积极履行综合协调、参谋助手和督促检查的职责，加强与省老龄委成员单位的沟通协调，不定期召开成员单位联席会议，传达省老龄委领导指示和安排部署，通报工作，修订完善法规和政策性文件，积极为老龄事业发展凝聚合力、激发活力、增强动力。

二、存在的问题

一年来，我省老龄工作不断创新发展，较好地完成了年初预定的工作目标，但与省委、省政府的要求和广大老年人的需求相比还有一定的差距，主要是：一是创新意识还不够强，推动工作的手段还不够多。二是工作开展不够平衡，特别是农村老龄工作基础仍然薄弱。三是老龄工作与老年人需求还有一定的差距，老年优待政策落实没有全面到位。四是宣传不够深入，声势还不够大，手段还不够多。在今后的工作中，我们要以改革创新的精神，正确认识，认真对待，采取措施，切实加以解决。

三、2015年工作要点

2015年，全省老龄工作要紧紧围绕省委、省政府推进养老服务业发展的部署，以维护和保障老年人合法权益为主线，以法规政策创制为支撑，全面落实老年人优待政策，强化基层老龄组织建设，推进养老服务业发展，营造孝亲敬老社会环境，不断提高老龄工作法治化和规范化水平，为构建和谐老龄社会做出贡献。

（一）着力加强老龄法规和政策创制。提请省人大出台《甘肃省实施〈中华人民共和国老年人权益保障法〉办法》；提请省委办公厅、省政府办公厅印发新修订的《关于完善老年人优待工作的意见》；制定《加强基层老年协会建设实施办法》《农村社区老年人日间照料中心管理规范》和《老年人意外伤害保险试点工作意见》，为老龄事业发展提供法规政策支持。

（二）全面完成“十二五”规划目标任务和做好“十三五”规划预研编制工作。各地、各成员单位要认真对照省委办公厅、省政府办公厅印发的《甘肃省老龄事业发展“十二五”规划》目标任务，填空白、补短板，抓紧完成未完成的任务，力争按期全面完成“十二五”各项目标任务，并做好总结评估工作。着眼老龄社会新趋势新特点，及早开展“十三五”规划的预研编制工作，科学设定“十三五”时期老龄事业发展的战略目标、主要指标、重点领域、重大任务和重要项目；把老龄事业发展纳入经济社会发展总体规划，做到多规衔接。

（三）切实落实老年优待政策。把落实老年优待政策、维护老年人合法权益作为促进社会和谐的重要抓手，抓好典型引领，重点解决老年人反响强烈、需求迫切的交通、医疗、卫生、旅游和养老服务等优待政策落实，对困难失能老年人给予护理补贴等难点工作实现突破，提高老年人生活生命质量。

（四）加快推进养老服务体系建设和老年产业发展。扎实推进农村老年人日间照料中心建设，加强指导管理，探索建立正常运营和可持续发展机制；推进居家养老服务网络平台建设，做好老年人信息收集、居家养老服务评估及监管工作。加强与有关单位合作，开展以孝亲敬老为内容的老年温馨家庭创建活动。积极引导开发老年用品和服务市场，指导兰州市举办第三届老年产业暨养生博览会，吸引更多省内外企业、社会组织参展，推进老年产业发展。

（五）积极推动基层老年协会建设。以积极老龄观为指导，把基层老年协会建设与基层组织建设、社区日间照料中心建设和“银龄行动”相结合，进一步建立健全基层老年协会组织网络，打造老年人自我管理、自我发展和互助服务的平台，确保年内协会建设普及率在城市达到95%，在农村达到90%。

（六）深入开展“敬老文明号”创建活动。落实《甘肃省第二届“敬老文明号”创建活动实施方案》，广泛开展为老志愿服务，继续抓好涉老职能部门、企事业单位、养老服务等窗口单位和服务行业的创建工作；注意培育典型，通过召开现场推进会等方式交流经验、表彰先进；在老年节期间，组织开展老年文体活动、座谈会等“敬老月”活动。

（七）继续强化调研和宣传工作。按照全国老龄办要求，认真组织，做好第四次城乡老年人生活状况抽样调查工作。组织全省老龄系统干部和专家学者围绕重点课题开展调查研究，召开全省老龄理论研讨会，推出一批优秀成果，为党和政府决策提供依据。加强老龄宣传工作，增加老龄宣传经费投入，充分利用多种媒体，通过新闻报道、法规政策宣讲、典型推介、公益广告等形式，全方位开展老龄宣传；继续办好《甘肃老龄》，实现老龄宣传常态化、规范化。

（八）不断提升老龄工作队伍综合素质和能力水平。全面加强老龄系统党风廉政建设，落实中央“八项规定”和省委“双十条”要求，严守纪律，增强廉洁从政意识和依法行政能力。适应新形势新任务要求，转变工作作风，改进工作方法，完善工作机制，提高老龄干部的政治素养、组织协调能力、调查研究能力和服务群众能力。组织开展市县两级老龄办负责同志，特别是新加入老龄系统同志的学习培训。

青海省

青海省人民政府副省长、省老龄委主任匡湧一行在老年节前慰问大通县城关敬老院。

6月26日上午，青海省人大历届老领导一行70余人，在省民政厅厅长罗松达哇等领导的陪同下，赴省老年大学东区分校检查指导工作。

综　　述

2014年以来，在青海省委、省政府的正确领导下，在各级政府、省老龄委各成员单位、社会各界的共同努力下，我省各项涉老政策、制度不断完善和落实，有力地促进了老龄事业与经济社会协调发展，全省老龄事业取得了显著的成效。主要表现在以下五个方面。积极应对人口老龄化的工作机制和政策体系初步形成。《青海省人民政府关于加快发展养老服务业的实施意见》等一批法规政策相继出台，为发展老龄事业指明了方向，注入了活力，提供了遵循。社会养老保障制度不断完善。进一步完善了社会救助、老年优待、高龄补贴等制度，实现了社会保障制度的全覆盖。社会养老服务体系建设成效明显。以“居家为基础、社区为依托、机构为支撑”的社会养老服务体系建设稳步推进，积极探索以“村级主办、互助服务、政府扶持、社会参与”为主要内容的农村互助养老服务模式，适度普惠的养老服务体系基本框架初步形成。敬老爱老助老社会氛围日益浓厚。积极开展“尊老敬老宣传月”等敬老爱老创建活动，重点关注高龄、空巢、患病老人，大力营造尊老敬老的社会氛围，有效促进了家庭和睦与社会和谐。老年人参与社会活动范围不断扩大。全省老年学校已发展到19所，建立了2982个村级和城镇社区老年协会。

可以说，我省老龄事业取得了较好的成绩，广大老年人享受到了改革开放的成果，老龄工作也积累了一些宝贵的经验，归结起来体现在“五个必须坚持”上：一是必须坚持把老龄事业纳入经济社会发展全局来统筹规划；二是必须坚持发挥党委、政府的主导作用；三是必须坚持以人为本，全心全意为老年人服务的宗旨；四是必须坚持始终把工作重点放在基层；五是必须坚持调动社会各方积极性。

宁夏回族自治区

综　　述

截至2014年底，宁夏回族自治区60周岁以上老年人口已达82.3万，占全区总人口的12.7%。预计到2020年，将达100万以上，占总人口的15%左右。针对我区人口老龄化进程加快、程度加深、高龄老人增多和空巢、留守老人的增加，老年人在生活照料、康复护理、精神文化等方面的服务需求日益凸显的现状，自治区党委、政府高度重视，优化顶层设计，加大财政投入，强化推进措施，落实优惠政策，以居家为基础、社区为依托、机构为支撑的社会养老服务体系建设取得明显成效。

一、社会保障体系日趋完善

（一）进一步完善城乡居民养老保险制度。自治区政府下发了《关于进一步完善城乡居民基本养老保险制度有关问题的通知》，其中对宁夏城乡居民养老保险制度部分内容作出调整。此次调整涉及的内容较多，在参保范围中提出，年满16周岁（不含在校学生），非国家机关和事业单位工作人员及不属于职工基本养老保险制度覆盖范围的自治区城乡居民，可在户籍地参加自治区城乡居民基本养老保险。首次明确了国家机关和事业单位工作人员不能参加城乡居民养老保险，而这部分群体只能按照相关规定参加城镇职工养老保险，避免重复参保。出台了《关于鼓励被征地农民参加养老保险的意见》，通过建立“先保后征”和政府补贴参保长效机制，提高了被征地农民年老后的养老保障水平，有效解决了城镇化、工业化进程中的征地难问题。

（二）统筹城乡医疗保险制度不断完善。出台了完善基本医疗保险制度的若干意见，建立城乡居民普惠性健康体检制度，实现了城乡居民大病保险制度全覆盖。组织开展了社会保险缴费基数和费率浮动机制研究，积极探索社会保险可持续发展的有效途径；研究制订了城乡居民医疗保险自治区级统筹实施意见，通过建立医保基金统收统支基础上的自治区级统筹制度，提高基金的抗风险和调剂能力；积极探索“五险合一”经办，通过优化经办规程、整合经办队伍，依托信息化手段，实现统一登记、统一申报和一票征缴的区集中。城居医保符合政策的医疗费用平均报销比例达到69%，最高报销限额提高到了16万，达到的医改要求的城镇居民可支付收入的6倍。截至2014年底，全区参加城镇居民基本医疗保险468.16万人，其中：老年人54.09万人，占总参保人数的1.6%。

（三）社保体系不断健全。截至10月底，全区职工“五险”参保475.2万人，城乡居民养老、医疗保险参保分别达到181.3万人、462.5万人。全区已有4500名被征地农民自愿选择参加职工养老保险，其中2750人领取养老金。全面推开城乡居民大病保险制度，全区大病保险参保461.22万人，年内享受大病保险待遇1.2万人次，总计支付大病保险资金7912万元，大病保险参保患者在正常享受基本医疗保险待遇基础上，政策范围内报比例再提高17.4%，有效缓解了城乡居民因病致贫、返贫问题。全区已组织10万名城乡居民和企业退休人员参加免费健康体检。为42.2万企业退休人员月人均调增养老金208元，同比增长10%。连续三年调整医保待遇水平，2014年政策范围内住院费用平均报销比例达到70%。建立门诊大病病种目录，起付标准线以上医保报销比例一、二、三档分别提高到50%、60%、65%。

（四）老年人社会救助制度不断完善。下发了《进一步完善社会救助和保障标准与物价上涨挂钩联动机制的意见》，对于启动物价联动机制，科学合理确定保障标准和临时物价补贴，确保困难群众基本生活不因物价上涨造成较大影响提供了政策依据。联合财政厅出台了《最低生活保障工作绩效考评办法》和《最低生活保障资金管理办法（试行）》，下发了《最低生活保障经办人员和村（居）民委员会成员近亲属享受最低生活保障备案管理办法》，有效推动社会救助工作科学化、规范化、精细化管理。大力推进农村敬老院建设，投资9388万元，开工建设10所农村敬老院，设置床位1100张。争取城市低保和医疗救助中央补助资金12.75亿元，自治区财政安排低保资金2.9亿元，五保供养资金5000万元，全区保障城乡低保对象54.9万人，农村五保供养对象13869人；实施城乡医疗救助51.4万人次，支出资金8153万元。

（五）老年医疗卫生保健体系不断健全。目前，全区医疗机构1705所，设有老年病科和康复医学的医院394家，开展康复医疗服务的乡镇卫生院和社区卫生服务中心394所，护理院5所。积极开展老年人健康管理，实施了农民健康教育与健康促进行动，老年人健康档案建档率达80%以上，65岁以上老年人健康管理率90%以上。

（六）老年人法律援助服务优质高效。2014年，全区共办理各类法律援助案件12698万余件，为10万余人提供了法律援助服务，为受援人避免和挽回经济损失约1亿元，其中涉及老年人1297人，占总人数的10.21%以上。创新服务平台，通过12348咨询专线架起与老年人的连心桥。2014年，12348法律咨询专线全年共提供法律咨询18360人次，其中涉及老年人约2000人次，占总数10.8%，群众满意率98.1%。

二、社会养老服务体系建设成效显著

（一）以政策创制引领养老服务业发展。2014年5月，自治区政府出台了《关于加快发展养老服务业的实施意见》，明确了土地供应、税费减免、投融资、民办养老机构一次性床位补助、运营管理补助和水电气热等方面的优惠政策，并将40项任务分解到相关部门，为社会养老服务体系建设提供了有力保障。同时，民政厅联合有关部门先后下发了《关于推进城镇养老服务设施建设工作的通知》《民办养老服务机构一次性床位补助资金管理办法》《民办养老服务机构管理办法》和《关于加强全区农村幸福院建设与管理工作的通知》等配套文件，有效地推进社会养老服务体系建设进程。

（二）养老设施建设大力推进。自治区政府连续几年将养老服务业发展的重点工作、重点项目纳入民生计划，采取国家专项资金、各级政府预算资金、中央和地方福彩公益金等办法多渠道筹措资金，着力推进公办养老服务设施建设。目前，全区建成各类养老服务机构109所，设置床位17024张，每千名老人拥有机构养老床位20.6张；依托城乡社区建成居家养老服务站584个，社区老年人日间照料中心53所。建设了宁夏智能化社区居家养老服务信息平台和14个县级平台，为1.7万名老年人安装了“一键式”呼叫器。采取签约、协议加盟等方式，提供45个平价收费服务项目，惠及城镇老年人。去年，我区积极争取中央专项彩票公益金12亿元，自治区政府明确批示，其中10亿元用于养老服务业发展，这将使我区养老服务业发展进入新的发展阶段。

（二）大力推进公办为老服务设施建设。在自治区发改委、财政厅的配合下，民政厅积极争取国家专项资金8000余万元，中央福利彩票公益金3580万元，自治区本级安排福彩公益金1.044亿元，五保供养经费1亿元，建设农村敬老院15所，新增床位1830张；规划在银川市、石嘴山市、固原市、陶乐幸福园建设关爱护理院4个，设置床位840张；建设农村幸福院761个。

（三）支持社会力量参与养老服务。2014年，自治区政府将民办养老服务机构一次性床位补助和运营补助由2012年的5000元、1200元，提高到8000元、1800元，极大地调动了社会力量兴办养老机构的积极性。目前，全区已建成投入使用的民办养老服务机构25家，设置床位4129张，正在建设的民办养老机构8所，设置床位2140张，全部建成后民办养老机构床位数将达到6269张。自治区老龄办联合中国平安宁夏分公司，按照“低保费、保床位、统一投保”的原则，各按50%的比例承担每年、每张床位160元的保险费，在全区5家民办养老服务机构开展了养老服务机构综合责任保险试点，取得了明显成效。

（四）整合资源拓展农村养老服务。各地立足实际，把解决农村养老问题同调整产业布局、推进新农村建设、实施生态移民战略有机结合，充分利用闲置的学校、村委会办公场所、农村闲置房屋，按照自治、自愿、自理、自助的原则，建设农村幸福院341个，探索出了“集中居住、分户生活、统一管理、互帮互助”和“村级主办、互助服务、群众参与、政府支持”的农村养老新路子，为农村老年人提供生活居住、文体娱乐、康复和托养服务。这两种模式，给老年人提供了集中居住、相互照顾、快乐生活的自由空间，解除了老年人孤独、寂寞、精神空虚的烦恼，也为子女赡养老人提供了平台，解决了进城务工子女的后顾之忧，真正做到了“子女安心，老人开心，政府放心”。

（五）养老机构管理服务日趋规范。自治区民政厅、老龄办和相关部门先后制定了《民办养老服务机构管理办法》等一系列配套文件，进一步明确了养老服务机构准入条件、登记程序和考评办法等，规范了各类养老服务机构健康发展。同时，将养老机构从业人员纳入自治区职业技能培训补贴范围，自治区民政厅、老龄办8月至10月分三期对全区各级各类养老机构的241名从业人员进行了培训。目前，我区养老服务机构从业人员持证上岗的520人，占874人的59.5%。

三、老年人权益保障得到有效维护

以贯彻落实新修订的《中华人民共和国老年人权益保障法》为重点，采取多种形式广泛深入宣传老年法，提高社会知晓率。在深入调研的基础上，完成了《宁夏回族自治区老年人权益保障条例》的修订工作。

同时，自治区老龄办协调老龄委相关成员单位采取有效措施，全面落实老年人优待政策，受到了社会各界的好评。

四、老年人精神文化生活日益丰富

一年来，各地依托市、县（区）老年活动中心、街道、乡镇、村、社区文化阵地和设施，广泛组织开展适合老年人特点的文化教育、体育健身、养生保健等活动。联合财政厅、旅游局组织开展了第五届特困老人家乡游活动，来自全区的5200余名困难老人参加了活动，老人们亲身感受到了家乡日新月异的变化，感受到了政府的关爱和温暖；组织开展了“游宝岛台湾·享中华美食”老年人旅游活动，262名老人参加了活动；举办了“清凉宁夏”专场文艺演出、庆祝中华人民共和国成立65周年老年书画展、“上陵杯”老年人才艺电视大赛等活动。一系列活动的开展，引导老年人走出家门、融入社区、参与社会活动，弘扬了中华民族优秀传统文化，彰显了老年人精神风采，推动了老年文化艺术的交流，丰富了老年人精神文化生活。

五、老龄宣传工作成效显著

为进一步加强我区老龄宣传工作，扩大老龄工作影响，发动全社会关心、关爱老年人，促推老龄事业全面发展，自治区老龄办于年初下发了《关于加强老龄宣传工作的意见》。力求充分发挥传统媒体特别是主流媒体的优势，多角度、多侧面、多形式地宣传老龄工作。在宣传工作中，各地都有好的做法、好的经验，特别是结合“三项活动”开展了多种形式的宣传，取得了良好的成效。

重要会议和活动

【全区老龄办主任会议】1月21日，第五届全区敬老爱老助老主题教育、“敬老文明号”创建活动表彰暨全区老龄办主任会议在银川召开，自治区老龄委副主任、民政厅厅长、老龄办主任杜正彬出席会议并作了重要讲话，民政厅副厅长佘瑞东主持会议，自治区老龄办常务副主任李治贵作了工作报告。会议总结了2013年老龄工作，表彰奖励了2013年度全区老龄政策研究成果和老龄工作先进单位，安排部署了2014年全区老龄工作。全区各市、县（区）老龄办主任或专职副主任、民政厅有关处室负责人参加了会议。

【“爱耳日”举办助残敬老大型义诊活动】3月3日，自治区老龄办与自治区残联联合举办了以“爱耳护耳，健康听力——预防从初级耳科保健做起”为主题的助残敬老大型义诊活动，为30名老人免费配送了助听器。

【开展第五届特困老人家乡游活动】6月26日，自治区老龄办、财政厅、旅游局联合举办的“第五届特困老人免费家乡游”公益活动在全区五市同时启动，5200余名困难老人参加了活动，老人们亲身感受到了家乡日新月异的变化，感受到了政府的关爱和温暖。

【自治区老龄办“清凉宁夏”广场文化专场文艺演出】8月1日，以“为老人服务·为夕阳增辉”为主题的自治区老龄办“清凉宁夏”专场文艺演出在银川市光明广场精彩上演，自治区民政厅巡视员张成军、老龄办常务副主任李治贵与数百名观众一同欣赏了精彩表演，自治区老龄办副主任岳秀霞为演出致开幕词。

【政协开展我区社会养老服务体系建设专题调研】8月份，自治区政协安纯人副主席带队的调研组对我区部分民办养老服务机构进行了调研，10月份，由自治区政协张学武副主席带队的调研组对加快推进我区社会养老服务体系建设情况进行了回头看。

【加强养老服务机构从业人员职业技能培训鉴定】为全面提高我区养老机构从业人员的综合素质和服务技能，更好的为老年人服务。自治区民政厅、老龄办8月至10月分三期对全区各级各类养老机构的241名从业人员进行了培训。培训对象系统学习了养老服务业发展现状与趋势，老龄工作法规政策，老年人护理知识技能，老年人急救知识及操作，老年人生理、心理特点，养老护理从业人员职业道德培养，食品、营养与健康，常见老年病康复等专业知识，有225人取得了养老护理员初级职业资格证书。

【召开全区农村幸福院建设推进会】为着力推进我区社会养老服务体系建设特别是农村幸福院建设，通过农村幸福院建设，破解农村养老难题，让广大农村老人共享经济社会发展成果，安享晚年幸福生活。9月3日，自治区政府在泾源县召开了全区农村幸福院建设推进会，自治区党委常委、副主席、老龄委主任李锐出席会议，并作了重要讲话。

【举办宁夏“上陵杯”老年人才艺电视大赛】为彰显老年人风采和魅力，倡导健康、文明、幸福的生活理念，推动老年文化艺术的交流，不断提升我区老年人精神文化生活，促进老龄事业蓬勃发展，社会和谐进步。自治区民政厅、老龄办于9月29日举办了宁夏回族自治区“上陵杯”老年人才艺电视大赛，社会反响热烈。

【开展养老服务机构综合责任保险试点】为提升我区养老服务机构的服务保障功能，提高养老服务机构发生意外责任风险时的应对能力和善后处置能力。10

月份，自治区老龄办与中国平安财产保险股份有限公司宁夏分公司经过协商，在全区范围内选择宁夏唐徕老年托护中心等5家民办养老服务机构作为养老服务机构综合责任保险试点。

【第三届“九九重阳情·健康伴我行”大型广场公益活动】 10月2日，自治区老龄办、残联与宁夏人民广播电台新闻广播频率在银川市光明广场联合举办了第三届“九九重阳情·健康伴我行”大型广场公益活动。宁夏医科大学附属医院、宁夏医科大学心脑血管医院、宁夏人民医院、宁夏中医研究院等7家公办医院共派出了呼吸内科、神经内科、妇科、口腔科、针灸理疗科等科室的14位专家，现场为千余名老年人解疑答惑，免费提供检查、诊断、治疗、咨询，讲解常见病的防治措施。自治区老龄办常务副主任李治贵，自治区广电总台负责人亲临活动现场并为老人送上了诚挚的祝福。

【国务院办公厅督查组对我区养老服务业发展政策落实情况进行了实地督查】 10月28日至31日，国务院办公厅督查室副主任李晓东带领国务院第一督查组，对我区养老服务业发展政策落实情况进行了实地督查。督查组听取了自治区人民政府及相关部门、银川市、石嘴山市和吴忠市政府的工作汇报，查阅了相关文件资料，实地查看了14家养老服务机构、养老服务组织（其中抽查4家），与13家养老机构、12家养老服务组织负责人和老年人进行了座谈和现场交流，发放调查问卷600份，并向自治区人民政府反馈了督查情况。在反馈意见中，督查组充分肯定了我区落实国务院35号文件取得的突出成效。

各项业务进展

【涉老政策和制度建设】 在广泛调研的基础上，根据国务院《关于加快发展养老服务业的若干意见》精神，提请自治区政府下发了《自治区人民政府关于加快发展养老服务业的实施意见》，联合相关部门下发了《关于推进城镇养老服务设施建设工作的通知》《关于加强全区农村幸福院建设与管理工作的通知》《宁夏回族自治区民办养老服务机构管理办法》《民办养老服务机构一次性床位补助管理办法》等文件，力求为加快推进我区社会养老服务体系建设提供政策支撑。同时在全区开展了老龄工作政策调研活动，共征集调研论文36篇，上报全国老龄办10篇，其中有2篇被全国老龄办评为二等奖和优秀奖，12篇被自治区老龄办评为一、二、三等奖和优秀奖。

【养老服务设施建设】 2014年，全区各地认真贯彻《自治区人民政府关于加快发展养老服务业的实施意见》，加大对社会参与养老服务业发展的支持力度，2014年新建民办养老机构12家，设置床位1773张。积极协调自治区财政厅等相关部门拨付6家已投入运营的养老机构一次性床位补助资金200万元。

【居家养老服务工作】 加强社区居家养老服务信息平台建设，为3000户困难老年人安装“一键式”呼叫器任务圆满完成。按照年初工作安排，2014年计划建设中卫市、盐池县、泾源县3个市、县（区）社区智能化信息服务平台，为3000户困难老人安装“一键式”呼叫器。截至目前，3个智能化社区养老服务平台已建成并投入使用，为4679户困难老人安装了“一键式”呼叫器。

【老年人权益保障】 为让广大老年人共享经济社会改革发展的新成果，银川市老龄办、民政局积极开展调研，就老年人免费乘坐公交车一事，向市委政府提交了专题报告，市委政府于2014年1月15日做出了“60～64岁老人乘坐公交车实行五折优惠，65岁以上（含65岁）老人免费乘坐公交车”的规定，成为全区的新亮点。自治区老龄办加强了与相关部门的协调合作，及时解决老年维权中发生的问题。同时，积极与自治区人大内务司法委员会沟通协调，起草了《宁夏回族自治区老年人权益保障条例》（修订草案）。全年办理老年人优待证57868本；受理来电、来信、来访280余人次；办理自治区政协十届二次会议涉及老年人养老、优惠待遇落实等问题的提案15件，有效的维护了老年人的基本权益。

【老龄宣传工作】 通过自办刊物、报纸和信息不断加大宣传力度，全年编辑《宁夏老龄工作》杂志6期、《宁夏老龄工作信息》64期，编发各种信息194条；据不完全统计，中央和自治区各媒体刊载老龄宣传稿件千余篇。组织开展老龄政策调研，收到调研论文22篇，12篇获全区优秀成果奖；择优上报全国老龄办10篇，2篇获全国优秀成果奖。为将调研成果转化为工作实效，我们将近两年的30篇获奖论文编辑成册，发放各地参阅；与民政厅联合召开了“宁夏养老服务体系建设新闻发布会”，中央驻宁夏各大媒体及宁夏各主流媒体进行了全面报道；为提高老龄系统通讯员的写作技能和水平，首次举办了老龄系统通讯员培训班，进一步加强了老龄宣传工作队伍建设。去年，自治区老龄办先后在全国老龄办主任会议、全国老龄宣传工作会议、全国老龄政务信息工作会议上作了经验交流发言。

新疆维吾尔自治区

新疆维吾尔自治区召开老龄工作会议，自治区党委、政府、领导出席会议。

新疆维吾尔自治区庆祝“老年节”夕阳无限美文艺演出。

综　述

2014年，在新疆维吾尔自治区党委、人民政府的坚强领导下，各级老龄工作部门贯彻落实第二次中央新疆工作座谈会精神和自治区党委各项决策部署，坚持“党政主导、社会参与、全民关怀”的老龄工作方针，围绕大局，服务中心，求真务实，开拓进取，扎实推进老龄工作取得新突破。

一、围绕中心，服务大局，充分发挥老龄工作的保障作用

各级老龄工作部门始终坚持同自治区党委保持高度一致，围绕自治区党委、政府“深化改革创新、聚力长治久安”的战略部署，找准老龄工作的切入点，自觉服从和服务于自治区工作大局。充分发挥老龄系统在维护社会稳定中的重要作用，积极参与“访民情惠民生聚民心”活动。调动发挥各族老年人在维护社会稳定和促进经济社会发展中的重要作用，引导广大老年人参与民主监督、社会治安、移风易俗、民事调解、著书立说、兴办实体、传授技术、关心教育下一代等各种社会活动。自治区老龄办在《老年康乐报》发出倡议书，呼吁全区各族老年人主动发声亮剑，以实际行动维护民族团结和社会稳定。

二、老龄委成员单位合力推进为老服务体系建设

自治区老龄委先后三次召开联络员专题会议，研究部署老龄工作，细化各成员单位职责，按照老龄事业发展“十二五”规划明确工作目标，督促落实年度任务。民政、发改、卫生、人社、住建等部门围绕自治区人民政府《关于加快发展养老服务业的实施意见》，结合各自实际，研究制定相关配套措施，助推为老服务体系建设。司法厅下发《关于进一步加强老年人法律服务法律援助优待工作的通知》，要求各级司法部门切实保障老年人合法权益。老龄办、工商局联合出台《关于进一步加强老年人消费维权工作的意见》，加大老龄维权力度。老龄办配合自治区人民政府参事室开展了加快发展养老服务业工作情况调研，起草《关于我区养老服务业发展情况调研报告》，自治区党委对此高度重视，责成相关部门研究提出意见。

三、加大民生保障力度，老年人生活水平不断提高

各级老龄办始终把老年民生保障作为老龄工作的基本出发点和落脚点，切实采取措施实现老有所养、老有所医。各地依托社区开展老年病预防、医疗、康复、保健工作，对全区80多万65岁以上老年人开展健康体检、咨询指导和干预服务。社区居家养老逐步实现设施覆盖、服务覆盖、平台辐射，建成老年人托养、照料、活动站点700多个，有近200个社区可提供日间照料和托老服务。新型农牧区合作医疗制度覆盖面进一步扩大，受益程度也有所提高，65岁以上老年人可享受“零起付”和补偿比例提高5个百分点的优惠待遇。老龄办、民政厅、保监会与中国人寿保险公司新疆分公司合作，出台了《关于共同推进老年人意外伤害保险工作的指导意见》，在自治区全区推出老年人综合意外伤害保险，拓宽了养老保障渠道。

四、以“敬老宣传月”为重点，加大老龄宣传力度

进一步加大老龄宣传工作力度，发挥广播、电视、报纸、网络等媒体的作用，广泛开展宣传教育，在全区评选表彰98件老龄好新闻、好栏目、好作品。《老年康乐报》通过大量有影响的报道，宣传各族老年人自觉维护民族团结和社会稳定的先进事迹，产生广泛的社会反响。不断加强信息工作，修订出台《自治区老龄政务信息管理办法》，提出各地州市和成员单位老龄政务信息43项专题收集内容并进行任务分解，全年处理信息1454条，被自治区党委、政府办公厅采用15条，全国老龄办官网等采用27条，在全国老龄政务信息工作会议上，我区老龄信息工作得到好评。认真安排部署全区组织开展“敬老宣传月”活动，向全区各族老年人发出慰问信，努力营造全社会共同关爱老年人的良好氛围。敬老月期间，全区县级以上媒体播发老龄工作内容2300多次，刊发稿件1200多篇，宣传敬老公益广告13000多次，发送敬老公益短信790多万条，组织各类老年文体活动2600多场次，参与18万多人次。

五、以活动为载体，丰富老年人的精神文化生活

全面启动了第二届“敬老文明号”创建工作，积极动员各基层单位和窗口单位参与创建。开展“敬老爱老助老主题教育活动”，94名孝亲敬老之星和6家敬老模范单位受到全国表彰。组织参加“中国十大寿星排行榜”评选活动，我区3位百岁老人上榜。自治区老龄办先后举办了庆祝“老年节”文艺演出、美术作品展、慰问高龄贫困老人等系列活动。肖开提常委、吉尔拉副主席在“老年节”当天带队走访慰问了高龄贫困老人，现场为老年人家庭解决实际困难，并责成有关部门开展经常性的帮扶解困工作。据不完全统计，敬老月期间，各级党委、政府慰问各族老年人8万多人，慰问金额近1800万元，解决老年人的各类困难8000多件，参与为老服务人数近5万人。各地因地制宜，突出特色，重在基层，以老年文化为引领，广泛开展“百日广场”等适合老年人特点的群众性文化体育活动。截至目前，全区共有各类老年艺术团体480个，成员达2.4万多人，基本实现了老年活动阵地建设规范化，老年文体活动经常化。

六、切实保障老年人合法权益，优待老年人蔚然成风

广泛开展调查研究，积极建议有关部门把《新疆维吾尔自治区保护老年人合法权益条例》纳入修法规划。各地重视老年维权工作，贯彻落实《中华人民共和国老年人权益保障法》和自治区《保护老年人合法权益条例》《优待老年人规定》等涉老法规政策，提高全社会维护老年人合法权益的法律意识。各级认真落实老年人高龄补贴和免费体检，25万多老年人受益。不断拓宽优待领域，提高优待水平，持证老年人享受到了各种优待、优惠，基本实现了持老年优待证普通门诊免挂号费、风景区门票减免、图书馆公园免费开放。各级工商、老龄部门联合在老龄办成立老年人消费维权工作站，为老年人提供便捷的维权服务。

七、加强教育引导，支持老年人参与社会发展

各地积极探索“老有所为”新途径，拓宽老年人参与社会发展渠道。“老年节”前夕，组织召开自治区“老有所为”工作座谈会，自治区各大班子分管领导出席会议，老龄委成员单位和老年群团代表交流老年人参与社会发展的经验。组织实施上海援助新疆的第十二期“银龄行动”，上海老年志愿者在喀什地区、克拉玛依市顺利开展了为期两个月的医疗志愿服务，接诊近万人，培训医护人员1260多人，产生了良好的社会效益。

八、大兴调查研究之风，不断加强基层老龄工作

大力倡导调查研究之风，针对老龄工作中亟待解决的问题，积极组织调研组赴部分地州市开展专项调研，赴部分省市学习老龄工作先进经验，组织召开各地州市老龄办负责人座谈会，认真分析老龄工作现状和存在的突出问题，研究提出加强老龄工作、发展老龄事业的新思路。确定调研课题，组织开展专题调研，各地撰写的一批针对性强、具有可操作性的优秀调研报告，为各级党委、政府加强老龄工作提供了对策建议。推进社区为老服务信息化平台建设，调研分析部分地州市为老服务信息平台建设状况，向全国老龄办专题报告，争取中央彩票公益金补助地方项目资助。对全区基层老年协会规范化建设情况进行摸底调查，对1400名老年人开展问卷调查，研究提出加强老年协会建设的对策建议，出台试行《自治区基层老年协会规范化建设标准》。积极争取全国老龄办“乐龄工程”资金66万元，争取自治区财政配套66万元，重点扶持132个基层老年协会，并为2015年基层老年协会建设争取专项经费250万元，基层老年协会建设取得突破性进展。

老龄工作正面临着前所未有的大好发展机遇。我们要在上级领导的坚强领导下，加强老龄委各成员单位的协作，提振精神，坚定信心，抢抓机遇，开拓进取，以饱满的热情和务实的作风，扎实工作，不断推进自治区老龄事业再上新台阶，为自治区社会稳定和长治久安做出新的贡献！

重要会议和活动

【自治区老龄工作会议】2015年2月7日，自治区老龄工作会议在乌鲁木齐召开，自治区党委、政府分管领导出席会议，各地州市分管老龄工作领导及老龄办负责人，自治区老龄工作委员会委员共80人参加会议。自治区老龄委副主任、老龄办常务副主任任继民作2014年工作总结和2015年工作任务报告，乌鲁木齐市等六地州做大会交流发言。自治区党委常委、自治区老龄委主任肖开提·依明作重要讲话，自治区副主席、自治区老龄委常务副主任吉尔拉·衣沙木丁作总结讲话，自治区党委副秘书长阿不利孜·阿不都热依木和自治区人民政府办公厅副主任伊力哈木·艾海提分别主持上午、下午的会议。

【自治区“敬老宣传月”和全国“敬老月”】安排部署全区开展“敬老宣传月”系列活动，以“传承中华美德、弘扬敬老文化、关爱老人、构建和谐”为主题，各地组织向老年人发出慰问信和开展文艺演出、书画摄影展、座谈会、慰问孤寡老人等一系列敬老宣传活动，努力营造全社会关爱老人的良好氛围。活动期间，县级以上媒体播发老龄工作内容2300多次，刊发稿件1200多篇，宣传敬老公益广告13000多次，发送敬老公益短信790多万条，组织各类老年文体活动2600多场次，参与18万多人次。慰问各族老年人8万多人，慰问金额近1800万元，参与为老服务人数近5万人。

【“银龄行动”】2014年，上海援助新疆的第十二期“银龄行动”顺利实施，10名上海老年志愿者在喀什地区、克拉玛依市顺利开展了为期两个月的医疗志愿服务，培训医护人员1260多人，受援地近万名群众直接受益。同时，积极开展区域内银龄援医、援农、援牧工作，为受援单位培养了大批的技术骨干，组织的银龄宣讲团在社区、学校开展宣讲120多场，充分发挥了老年人才的重要作用，产生了良好的社会效益。

【“敬老文明号”创建】2014年，启动了第二届“敬老文明号”创建工作，积极动员各基层单位和窗口单位参与创建。为配合创建活动，积极开展“敬老爱老助老主题教育活动”，94名孝亲敬老之星和6家敬老模范单位受到全国表彰。

【老龄信息宣传培训班】自治区老龄办在乌鲁木齐举办老龄信息宣传培训班，各地、州、市（县）共计60人参加培训。

【老龄统计工作培训班】自治区老龄办在乌鲁木齐举办两期老龄统计工作培训班，各地、州、市（县）共计136人参加培训。

各项业务进展

【老龄宣传】一年来，各级进一步加大老龄宣传工作力度，充分发挥广播、电视、报纸、网络等媒体的作用，广泛开展宣传教育，评选表彰了98件老龄好新闻、好栏目、好作品。《老年康乐报》通过大量有影响的报道，宣传各族老年人自觉维护民族团结和社会稳定的先进事迹，产生广泛的社会反响。不断加强信息工作，修订出台《自治区老龄政务信息管理办法》，提出各地州市和成员单位老龄政务信息43项专题收集内容并进行任务分解，全年处理信息1454条，被自治区党委、政府办公厅采用15条，全国老龄办官网等采用27条，在全国老龄政务信息工作会议上，新疆老龄信息工作经验得到好评。

【老年维权】广泛开展调查研究，积极建议有关部门把《新疆维吾尔自治区保护老年人合法权益条例》纳入修法规划。各地重视老年维权工作，贯彻落实《中华人民共和国老年人权益保障法》和自治区《保护老年人合法权益条例》《优待老年人规定》等涉老法规政策，提高全社会维护老年人合法权益的法律意识。各级工商、老龄部门联合在老龄办成立老年人消费维权工作站，为老年人提供便捷的维权服务。

【老年优待】各地始终把老年民生保障作为老龄工作的基本出发点和落脚点，切实采取措施实现老有所养、老有所医。各级老龄办认真落实老年人高龄补贴和免费体检，已为25万多老年人发放高龄津贴和免费体检。不断拓宽优待领域，提高优待水平，持证老年人享受到了各种优待、优惠，基本实现了持老年优待证普通门诊免挂号费、风景区门票减免、图书馆公园免费开放。各地依托社区开展老年病预防、医疗、康复、保健工作，对全区65岁以上老年人开展健康体检、咨询指导和干预服务。社区居家养老逐步实现设施覆盖、服务覆盖、平台辐射，建成老年人托养、照料、活动站点700多个，有近200个社区可提供日间照料和托老服务。新型农牧区合作医疗制度扩大覆盖面和受益程度，65岁以上老年人享受到“零起付”和补偿比例提高5个百分点的优惠待遇。老龄办、民政厅、保监会与中国人寿保险公司新疆分公司合作，出台了《关于共同推进老年人意外伤害保险工作的指导意见》，在全疆推出老年人综合意外伤害保险，拓宽了养老保障渠道。

【老年教育】2014年，各地积极探索“老有所为”新途径，拓宽老年人参与社会发展渠道。“老年节”前夕，组织召开了自治区“老有所为”工作座谈会，自治区各大班子分管领导出席会议，老龄委成员单位和老年群团代表交流老年人参与社会发展的经验，肖开提·依明常委发表重要讲话，号召全社会共同努力为老年人参与社会发展创造条件。各级认真贯彻落实自治区人民政府《关于加强老年教育工作的意见》，稳步推进老年大学规范化建设，全区80多所县级以上老年大学在校学员达6万多人，老年大学已成为老年人学习教育的重要阵地和精神文化生活的乐园。

【老龄工作调研】组织对全区各地村（居）委会老年协会规范化建设情况进行了摸底调查，参加了自治区人民政府参事室组织的“各地加快发展养老服务业工作情况”的调研，通过调研，解决了2015年度项目建设专项资金，有力推动了全疆老年协会规范化建设。组织开展优秀调研报告评选活动，在各地报送的46篇调研报告中，向全国推荐了8篇优秀调研报告，其中2篇在全国获奖。

【老年文化】2014年，各级因地制宜，突出特色，重在基层，以老年文化为引领，广泛开展“百日广场”等适合老年人特点的群众性文化体育活动，自治区老龄办先后举办了庆祝“老年节”文艺演出、书画美术作品展等系列活动。截至目前，全区共有各类老年艺术团体480个，成员达2.4万多人，基本实现了老年文体活动经常化。

【3人入选中国十大寿星】2014年，积极组织参加“中国十大寿星排行榜”评选活动，通过层层选拔，上报全国的8位百岁老人中，有3位入选十大寿星。

新疆生产建设兵团

综　　述

2014年，兵团老龄办根据《国务院关于加快发展养老服务业的若干意见》（国发〔2013〕35号）的要求，以保障和改善老年民生为主线，以推进老龄政策落实、推动养老服务业发展、保障老年人合法权益、加强基层老年协会建设为重点，开拓创新、狠抓落实，老龄工作稳步发展。

一、基本情况

新疆生产建设兵团共有14个师，176个农牧团场。截至2014年底，兵、师、团三级建有各类养老机构108所，床位数11285张，总投资63961万元，每千名老年人拥有养老机构床位数为24.5张。

兵团历史的特殊性决定了人口老龄化比全国来得早，速度快，老年人口基数大，呈现出“三个加快”的显著特点。一是老年人口增速加快。兵团现有人口270.14万人，占新疆总人口的11.9%，60岁以上老年人口47.5万人，占兵团总人口的17.6%，人均期望寿命76.8岁。到2015年末，兵团老年人口将达到近50万人，占人口总数18%左右，老龄化速度在未来十年中将呈现持续加快的态势。二是高龄老人、失能半失能老人增速加快。截至2014年底，兵团80周岁以上的老年人有4.64万人，约占老年人口的9.8%。高龄人群失能或半失能生活不能自理的老人所占比重较大，他们对社会养老服务要求将越来越高。三是空巢老人增速加快。兵团驻守着祖国2019公里的边境线，沿线建立了纵深10公里到30公里的边境团场带，驻地条件艰苦，经济发展相对滞后，自身解决子女就业的能力弱，造成了兵团青壮年离开父母外出就业、异地安居的现实情况，这些原因加快了兵团空巢老人的增速。

二、创新工作思路，发展养老服务事业

（一）领导重视，适时出台养老政策。兵团党委高度重视老龄事业，始终把涉老工作摆上重要议事日程，并把社区服务中心、养老服务机构、社区日间照料等基本建设项目投资纳入兵团总体规划中，投资金额逐年加大，有力推动了兵团老龄事业的发展。2014年，兵团出台《关于加快发展养老服务业的实施意见》（新兵发〔2014〕62号），下发《关于进一步做好老年困难群体帮扶工作的通知》《关于提高离休干部护理费标准的通知》《关于调整离退休干部活动费标准的通知》《关于企业和事业单位离退休干部病故一次性抚恤金有关问题的通知》。

（二）加大投入，发展社会福利工作。一是养老机构建设扎实推进。加强养老机构建设是兵团落实《国务院关于加快发展养老服务业的若干意见》（国发〔2013〕35号）的重要举措，根据兵团办公厅《关于印发兵团2014年为职工群众办“十件实事”建设方案的通知》（新兵办发〔2014〕2号）精神，投资2400万元新建重点团场养老院8个，新增床位480

张；投资6050万元新建师养老院2个，新增床位600张；安排以奖代补资金600万元，资助3个社会力量兴办的养老院，新增床位451张；投资10905万元，新建居家养老服务站71个，较好的完成了今年新增养老机构床位1000张、新增居家养老服务站70个的目标任务。二是高龄津贴发放全面落实。2014年根据兵团党委“十件实事”领导小组办公室要求，按照兵团办公厅转发自治区党委办公厅、自治区人民政府办公厅关于印发《80周岁以上老年人基本生活津贴制度通知》（新兵党办发〔2011〕54号）精神，依据80～89周岁老年人每人每月发放高龄津贴50元，90～99周岁老年人每人每月发放高龄津贴120元，100周岁以上老年人每人每月发放高龄津贴200元的规定，为兵团80周岁以上老年人发放高龄津补贴2761.61万元，惠及了兵团老年群体，提高了兵团80周岁老年人生活水平。

（三）提高素质，加强养老护理员队伍建设。2014年，兵团计划30万元彩票公益金依托兵团技师学院举办了二期养老护理员培训班，培训养老护理员150名，提高了养老护理人员的整体素质，大力推行养老护理人员职业资格认证及持证上岗制度。

三、创新工作方法，推进老龄政策研究

（一）走向基层，开展涉老调研工作。为做好老龄工作，掌握第一手资料，老龄办领导先后到南、北疆开展调研工作，了解基层老龄工作开展情况，为深化人口老龄化战略研究，掌握兵团为老服务及涉老工作动态，了解了大量的基层老龄情况，同时在全国老龄办安排部署下，还开展了老龄政策调研工作，并确定长期照护保障制度建设、老年人参与社会发展、老年宜居社区建设政策、支持老年人继续教育政策、支持老年人参与社会发展的政策、研究促进老龄产业发展及促进老年旅游的政策等结合兵团实际的调研主题，扩大了战略研究成果的社会影响力。兵团第六师老龄办邓文婷撰写的题为《第六师失能老人长期照护服务问题调查报告》荣获2014年度全国老龄政策调研优秀成果二等奖，兵团第五师老龄办丁磊撰写的题为《第五师老年人生活状况调查报告》荣获2014年度全国老龄政策调研优秀成果三等奖。

（二）关爱老人，促进老年优待工作。为推动老年优待政策落实，重点解决好老年人优待工作，老龄办按照要求，调研了兵团所属地区的老年优待工作。根据兵团实际情况，部分师（市）在2014年老年优待工作方面也有创新，如兵团第十三师党委出台文件，从2014年1月1日起全面提高80岁以上老年人基本生活补贴标准。提高标准为：80～89周岁的基本生活补贴由50元/月提高至100元/月；90～99周岁的由120元/月提高至200元/月；100周岁以上的由300元/月提高至400元/月。让老年人最大程度地享受到党和政府的关怀以及经济社会发展的新成果，在全社会营造尊老、敬老、爱老、助老的良好风尚，促进社会文明和谐，不断提高全师老年人的社会保障水平。老年优待工作在兵团已逐步引向深入，展示了兵团党委及各级老龄部门在关心关爱老年人方面所做的不懈努力。老龄委成员单位兵团卫生局依托国家基本公共卫生服务中的老年人健康管理项目，已投入4539.12万元，组织21.23万名65岁以上老年人进行免费健康体检。此项工作被列入2014年兵团为职工群众办的“十件实事”中，不仅保障了老年人的身体健康，更推动了基本公共卫生服务项目工作的深入开展，各医疗单位加大对医务人员技术培训力度，确保其掌握相关知识和技能，为老年人提供周到细致、安全优质的服务。

（三）掌握数据，做好老龄统计工作。自2014年起，兵团老龄办已将老龄统计业务列入常态化工作，每年都进行老龄人口、空巢老年人、失能老年人、失智老年人、贫困老年人、百岁老人、老年大学、基层老年协会、老年活动中心的统计工作。为兵团老龄部门有针对性地研究老龄工作奠定了坚实的基础。

四、扎实推进，强化基层老龄工作

（一）着力推进基层老年协会建设。基层老年协会建设“乐龄工程”是全国老龄办在全国实施的一项工程，启动基层老年协会建设“乐龄工程”，加大基层老年协会扶持力度，开展老年协会建设推进年活动，可以不断加强老年协会规范化、制度化、常态化建设。全国老龄办2013年彩票公益金社区为老服务建设项目补助兵团资金45万元。2014年5月6日，下发“关于拨付2013年社会福利彩票公益金的通知”（兵财社〔2014〕38号），出台了基层老年协会建设项目资金的分配方案与使用管理办法。此次共配套28.3万元基层老年协会建设项目资金。兵团第八师（市）老龄办于7月31日上午，在老年文化教育活动中心举办了团场老年协会文体器材发放仪式，共发放价值14万元的文体器材，充分体现了各级领导对团场老年人的关心和关怀，体现了对团场文化需求的支持和重视，体现了为进一步完善师市各团场老年协会基础设施，更好地为团场广大老年人服务的宗旨，体现了福利资金取之于民，用之于民的一贯政策。

（二）着力发挥社会组织引领作用。2014年，兵团老龄办积极组织参与全国老龄办举办的第四届中国老年艺术节，兵团选送的天山红服饰表演队和器乐队代表兵团参赛，分别获得金奖和铜奖，书法比赛20人获银奖，绘画比赛3人获银奖，3人获铜奖，摄影比赛2人获金奖，3人获银奖，1人获铜奖。为了提高老年人的生活质量和老龄工作的地位，丰富老年人的精神文化生活，兵团老体协、老文协、老年书画协会、老军垦合唱团等老年社团，开展了有益于老年人身心健康、不拘形式、丰富多彩的文体娱乐活动。兵团老军垦合唱团在国家文化部“永远的辉煌”中国老年合唱节比赛中荣获二等奖，兵团离退休妇女联谊会举办了手工艺作品展览，这对于繁荣兵团老年文化，丰富兵团老年人的精神文化生活，推动基层老年文化的蓬勃开展，营造欢乐祥和、健康文明的社会文化氛围产生了积极作用。

（三）拓宽“老有所为”人才参与平台。为展示兵团老年人的时代风采，树立新风，弘扬正气，我们开展了“老有所为”先进典型人物宣传活动，加强了老有所为、老年志愿服务工作的要求，大力宣传新时代老年人老有所为、老有作为的新形象，进一步激励更多老年人树立积极老龄观。2014年，评选出兵团十佳“最美老有所为”先进人物，其中兵团第六师郭光荣老人和第八师王仁斯老人荣获“全国老有所为楷模”称号。11月26日，中央召开全国离退休干部先进集体和先进个人表彰大会，兵团2个离退休干部先进党支部、4名离退休干部先进个人受到表彰。

（四）“敬老月”活动成效显著。在全国老龄办安排部署下，兵团各师（市）老龄部门积极参与敬老月活动，各单位结合实际，扎实开展助老服务活动，各级领导深入老年公寓、敬老院，看望慰问百岁老人、高龄老人、空巢老人和困难老人3万余人次，认真检查有关待遇的落实情况。采取“一帮一”结对子等措施，帮助特困老人解决实际困难，组织志愿者对老年人开展家政、照料、护理、健康咨询等助老服务活动。组织企业、社会组织和个人开展向老年人慈善捐助活动，并开展各类文体活动，老干局还举办了兵团成立60周年暨庆祝老年节文艺汇演、老年体育比赛、老兵风采展示、书画展等活动。与北京志远功臣关爱基金会共同举办关爱兵团老战士系列活动，对兵团七个师敬老院或干休所给予每个单位10万元的惠助，共70万元。活动期间还开展了“敬老文明号”单位敬老、助老、爱老的引领示范活动，进一步展示了开展“敬老文明号”创建工作所取得的成绩，为下一届创建活动的开展打下良好的基础。

五、加强宣传，营造敬老文化氛围

（一）发挥媒体宣传作用。为做好老年法的学习宣传报道及其它老龄政策法规等宣传工作，我们与兵团老年报《生活晚报》合作，连载刊登10篇荣获国家级“敬老文明号”单位的先进典型事例，还专刊报道兵团老年人在实现老有所养、老有所为、老有所乐方面的风采。针对全国老龄办安排的所有工作都有不同篇幅的宣传报道，大力推动为老服务政务信息上报工作。老龄办全年累计在国家级刊物、省级报刊报道近40篇。突出了积极老龄化宣传的主旋律，加大典型宣传力度，展现了老龄办在为老服务质量的宣传和提升、落实惠老优待政策、保障老年人合法权益中做出的成绩。

（二）提升典型宣传效果。2014年兵团老龄办配合开展了“十大老龄新闻”和“老龄新闻宣传好作品”评选活动。全兵团共上报老龄新闻宣传好作品85件。2014年兵团“老龄新闻宣传好作品”推荐活动在形式、规格、规模、影响力方面均有进一步提升，第四师报送的《刘凤君与剪贴本的故事》、第十师报送的《一件事，他已做了52年》、第十三师报送的《不能将老年人关在高科技的门外》和第十二师报送的《做职工群众身边的雷锋》荣获全国优秀奖。通过重大新闻事件、好新闻作品的评选，树立典型，表彰先进，提升兵团老龄工作的宣传水平，增强宣传效果，扩大老龄工作的社会影响力，促进社会和谐和兵团老龄事业的发展。

（三）展示主题教育成果。由全国老龄办、民政部、教育部、国家新闻出版广电总局、共青团中央、全国妇联和中国关心下一代工作委员会举办，中国老龄事业发展基金会和中国红十字会总会事业发展中心具体承办的“第六届全国敬老爱老助老主题教育活动”，经全国敬老爱老助老主题教育活动组委会评选，第二师福利中心老年公寓、第七师一三一团准噶尔社区荣获“全国敬老模范单位”称号，第二师二十二团养老院院长周国荣、北屯得仁老年公寓院长张连秀荣获“中华孝亲敬老楷模提名奖”荣誉称号，于夕根等35人荣获“中华孝亲敬老之星”光荣称号。

（四）传承发扬“老兵精神”。“老兵精神”是井冈山精神、南泥湾精神的传承，是中国精神、新疆精神的重要体现。同时，也是兵团精神的振兴源头，是兵团精神的活化石、窗口和名片，是兵团各项事业蓬勃发展的宝贵财富，是激励270万兵团人不断持续奋斗的强大动力。2014年1月，兵团党委书记、政委车俊同志在兵团党委六届十二次全委（扩大）会议上的讲话中，明确要求各单位“要精心组织开展老兵精神的学习宣传活动，激励新一代兵团人为新疆长治久安和改革发展作出更大贡献。”做好“老兵精神”的学习宣传工作，意义重大，使命光荣。为做好宣传工作，兵团老干部局在兵团《生活晚报》开辟“学习宣传老兵精神”专栏、开展“老兵精神”研讨会并编印《弘扬兵团老兵精神研讨文章选编》3000册、举办弘扬“老兵精神”系列文体活动和书法展览、征集“老兵典型事迹”或“老兵感人故事”、开展“弘扬‘老兵精神’，我为兵团做贡献”活动，创作歌曲《老兵之歌》。

重要会议和活动

【兵团出台关于加快发展养老服务业的实施意见】兵团党委高度重视养老服务业发展，特别是中央新疆工作座谈会以后，兵团将养老机构建设、高龄津贴等养老服务纳入兵团党委为职工群众办“十件实事”之中。兵团正处于人口老龄化的快速发展阶段，养老服务业发展呈现出良好势头。为贯彻落实《国务院关于加快发展养老服务业的若干意见》（国发〔2013〕35号）精神，加快推进兵团养老服务业发展，结合兵团实际，2014年12月，兵团出台“关于加快发展养老服务业的实施意见”（新兵发〔2014〕62号）。加快发展兵团养老服务业，是实现兵团“两个率先、两个力争”奋斗目标，是兵团推进社会稳定和长治久安的客观要求。

【兵团领导走访慰问】1月12日至13日，阿布力孜·尼牙孜在十四师47团调研并慰问老战士、优抚对象和低保家庭，强调要贯彻落实好习近平总书记重要批示精神和兵团主要领导指示，增强政治意识、使命意识和责任意识，加强规划审核，全力做好沙海老兵公墓的工程预算和筹划建设工作，要结合党的群众路线教育实践活动，深入基层，关注民生，关心沙海老兵的生活。

【老龄新闻好作品】全国“十大老龄新闻”和“老龄新闻宣传好作品”推荐活动已成功举办了四届，活动的开展旨在宣传党和政府对老年群体和老龄工作的高度重视，弘扬中华民族尊老敬老的传统美德，提升老龄工作的宣传水平，努力营造老龄事业发展的良好社会环境。2014年兵团“老龄新闻宣传好作品”推荐活动在形式、规格、规模、影响力方面均有进一步提升，第四师报送的《刘凤君与剪贴本的故事》、第十师报送的《一件事，他已做了52年》、第十三师报送的《不能将老年人关在高科技的门外》和第十二师报送的《做职工群众身边的雷锋》荣获全国优秀奖。通过重大新闻事件、好新闻作品的评选，树立典型，表彰先进，提升兵团老龄工作的宣传水平，增强宣传效果，扩大老龄工作的社会影响力，促进社会和谐和兵团老龄事业的发展。兵团老龄工作委员会办公室荣获优秀组织单位奖。

【老年文化艺术节】10月18日，由全国老龄办主办的第四届中国老年文化艺术节在安徽合肥圆满谢幕。兵团老龄办参加了服饰表演、器乐、书画、摄影共四个项目的比赛，兵团选送的天山红服饰表演队和器乐队代表兵团参赛，分别获得金奖和铜奖，书法比赛20人获银奖，绘画比赛3人获银奖，3人获铜奖，摄影比赛2人获金奖，3人获银奖，1人获铜奖。这对于繁荣兵团老年文化，丰富兵团老年人的精神文化生活，推动基层老年文化的蓬勃开展，营造欢乐祥和、健康文明的社会文化氛围产生了积极作用，中国老年文化艺术节已经成为展现当代中国老年人热爱生活、积极进取精神风貌的新平台，成为丰富广大老年人的精神文化生活、推动基层老年文化建设的新阵地，成为营造欢乐祥和、健康文明社会氛围的新动力，以第四届中国老年文化艺术节为载体，为广大老年人搭建了一个展示自我、娱乐身心的大舞台，极大地丰富了老年人的精神文化生活。通过老年文化艺术的交流展示，进一步推动了基层老年文化活动蓬勃开展，创作发现了一大批优秀老年文化作品，培育活跃了老年文化市场，展现了当代老年人热爱生活、积极向上的精神风貌，营造了欢乐祥和、健康文明的社会文化氛围。中国老年文化艺术节已经成为展现当代中国老年人热爱生活、积极进取精神风貌的新平台，成为丰富广大老年人的精神文化生活、推动基层老年文化建设的新阵地，成为营造欢乐祥和、健康文明社会氛围的新动力。

【敬老爱老助老主题教育活动】2014年，兵团老龄办积极参与由全国老龄办、民政部、教育部、国家新闻出版广电总局、共青团中央、全国妇联和中国关心下一代工作委员会七部门联合开展的第六届全国敬老爱老助老主题教育活动，评选出第六届敬老模范人物和敬老模范单位。第二师福利中心老年公寓、第七师一三一团准噶尔社区荣获“全国敬老模范单位”称号，第二师二十二团养老院院长周国荣、北屯得仁老年公寓院长张连秀荣获“中华孝亲敬老楷模提名奖”荣誉称号，陈明、李秀丽等35人荣获“中华孝亲敬老之星”荣誉称号，大力弘扬了中华孝道文化和中华民族传统美德，积极营造敬老爱老助老的社会氛围，提高了人们的道德意识，促进了老龄事业的发展。

【“敬老月”】“敬老月”活动是由全国老龄工作委员会组织的一项全国性敬老爱老助老社会活动，在“关爱老人 构建和谐”的主题指引下迄今已走过了五年历程。今年，全国老龄工作委员会《关于开展2014年“敬老月”活动的通知》（全国老龄委发〔2014〕2

号）下发后，兵团各单位积极响应，结合当地实际，紧紧围绕今年“敬老月”活动主题，统一行动，创新形式，以丰富多彩的活动为老年人办实事、做好事、解难事，产生了广泛的社会影响，活动取得圆满成功，取得丰硕成果。兵团各级领导深入老年公寓、敬老院，看望慰问百岁老人、高龄老人、空巢老人和困难老人，认真检查有关待遇的落实情况。采取“一帮一”结对子等措施，帮助特困老人解决实际困难。组织志愿者对老年人开展家政、照料、护理、健康咨询等助老服务活动。组织企业、社会组织和个人开展向老年人慈善捐助活动，对特困、高龄、空巢老人开展慰问和献爱心活动，并开展各类文体活动，老干局还举办了庆祝老年节文艺汇演、老年体育比赛等活动。

【兵团百岁老人】兵团老龄办在6月份开展了第七届十大寿星排行榜活动，按户籍年龄大小，不分性别排出2014年6月30日前健在的百岁老人，兵团共有108位百岁老人，位居“兵团十大寿星”排行榜首的是第六师新湖一场李月兰，女，汉族，1905年6月12日出生，109岁；第四师霍城县64团14连延塔克·艾吾提，男，维吾尔族，1906年8月3日出生，108岁；第三师红旗农场萨代提汗·萨拉木，女，维吾尔族，1907年4月8日出生，107岁；第二师库尔勒市29团2连李振华，男，汉族，1907年12月17日出生，107岁；第八师石河子市康顺养老院吴氏，女，汉族，1908年1月7日出生，106岁；第八师134团杜黄氏，女，汉族，1909年2月7日出生，105岁；第三师前进水管处隆国吉，男，汉族，1909年6月4日出生，105岁；第三师疏勒县41团刘效，男，汉族，1910年8月8日出生，104岁；第二师库尔勒库勒镇31团尚玉莲，女，汉族，1911年2月4日出生，103岁；第十二师乌鲁木齐市沙依巴克区西山路139号卜梁氏，女，汉族，1911年2月9日出生，103岁；第六师芳草湖大东沟社区一连姚树珍，女，汉族，1911年3月25日出生，103岁。百岁老人排行榜活动的开展，倡导了科学健康文明的生活方式，传播长寿经验，有序调查长寿数据，加强对长寿文化的学术研究，展示各地长寿水平，宣传寿星风范，促进健康老龄化与社会代际和谐。拓宽了兵团老龄问题的研究领域，丰富了老龄科学的研究成果，为进一步弘扬尊老敬老助老的社会风尚，推动老龄事业科学发展做出了特殊贡献。

【培育和践行社会主义核心价值观】2014年7月，兵团老龄工作委员会办公室联合宣传部、教育局、民政局、人力资源和社会保障局、文化广播电视局、新闻出版局、工会、团委、妇联十部门联合转发了《关于培育和践行社会主义核心价值观加强老龄宣传教育工作的通知》（以下简称《通知》），明确了当前和今后一个时期加强老龄宣传教育工作的主要任务，并提出要在2020年基本形成老龄宣传教育工作的新局面。这是积极培育和践行社会主义核心价值观、积极应对人口老龄化的又一重大举措，对于促进人的全面发展、引领社会全面进步，对于集聚全面建成小康社会、实现中华民族伟大复兴中国梦的强大正能量，具有重要现实意义和深远历史意义。加强老龄宣传教育工作是深入贯彻落实文化大发展大繁荣的战略部署，是培育和践行社会主义核心价值观的重要途径，是贯彻执行老龄事业发展“十二五”规划的具体行动。

【第二届“敬老文明号”创建】2011年，经中央评比达标表彰工作领导小组批准，开展了“敬老文明号”创建活动。活动开展三年来，兵团各级党政领导和老龄委高度重视，各地老龄工作部门精心组织，各类创建单位踊跃参加，创建活动取得了显著成绩。2013年全国老龄工作委员会命名表彰了兵团共10个“全国敬老文明号先进集体”，兵团老龄工作委员会命名表彰了10个“兵团敬老文明号先进集体”，敬老文明号”创建单位达到33个。2014年5月，兵团老龄办下发文件，启动了第二届全国“敬老文明号”创建活动，并下发创建办法，总结交流第一届全国“敬老文明号”创建活动经验，研究部署第二届创建工作。兵团的创建活动开展以来，有很多公共窗口服务单位加入到为老服务的行列，各创建单位以拓展服务内容、制定服务标准、完善服务制度为主要方式，充分发挥行业优势，深入开展为老服务，使惠老优待政策进一步得到落实，为老服务质量进一步提高，浓厚了全社会敬老爱老的氛围，进一步整合了社会力量参与敬老助老工作，推动了大老龄工作格局的形成。进一步优化创建过程管理，加强创建质量监督，确保创建活动取得更大实效，让更多老年人真正受益，进一步加强创建活动的宣传，扩大创建活动的影响，使创建活动成为老龄工作的新亮点、新品牌。

【老有所为和“银龄行动”】为展示兵团老年人的时代风采，树立新风，弘扬正气，我们开展了“老有所为”先进典型人物宣传活动，加强了老有所为、老年志愿服务工作的要求，大力宣传新时代老年人老有所为、老有作为的新形象，进一步激励更多老年人树立积极老龄观，为积极应对人口老龄化，参与经济社会发展做出新贡献。全兵团共推荐60周岁以上，品德高尚，有强烈的社会责任感和奉献精神，在文化教育、互助养老、维权维稳、保护环境、移风易俗、关心下一代、“银龄行动”等领域取得突出成绩的老年人 27 人，我们评选出六师郭光荣和八师王仁斯两位老人为兵团“最美老有所为”先进人物，评选出兵团“老有所为”先进人物 10 人，分别为冷绍元、李厥祥、郑志义、甘作青、胡有才、曹荣、李成耕、吴耀三、马胜业、姚漓川老人。充分发挥老年群体的主动性和创造性，最大限度地发挥老年群体的潜能，实现老有所为，既是老年人体现自我价值的重要途径，也是我国积极应对人口老龄化的必由之路。“最美老有所为人物”是老有所为的突出代表，既是老年人学习的标杆，也是值得我们全社会学习的榜样，体现了人的每一个生命阶段对社会责任的担当，在广大老年朋友中乃至全社会都有着很强的示范带动作用。要把实现“老有所为”的理想与实现中华民族伟大复兴的中国梦结合起来，通过老一辈人的示范，带动家庭和社会共同努力，实现代际和谐、社会和谐，开展老年互助服务，为老年人自身营造良好的养老环境。

各项业务进展

【老龄政策研究】为深化人口老龄化战略研究，掌握兵团为老服务及涉老工作动态，兵团老龄办安排部署老龄调研工作，确定调研主题：长期照护保障制度建设、老年人参与社会发展、老年宜居社区建设政策、支持老年人继续教育政策、支持老年人参与社会发展的政策、研究促进老龄产业发展及促进老年旅游的政策等，扩大了战略研究成果的社会影响力。通过组织开展创新社会治理、老年人力资源开发等方面政策调研，推进老年法的贯彻落实，共完成老龄调研成果 24 篇，其中六师老龄办报送的由邓文婷撰写的题为《第六师失能老人长期照护服务问题调查报告》荣获 2014 年度全国老龄政策调研优秀成果二等奖，五师老龄办报送的由丁磊撰写的题为《第五师老年人生活状况调查报告》荣获 2014 年度全国老龄政策调研优秀成果三等奖。

【老龄宣传】做好老年法的学习宣传报道及其它老龄政策法规等宣传工作。我们与生活晚报合作，连载刊登 10 篇荣获国家级“敬老文明号”单位的先进典型事例，还专刊报道兵团老年人在实现老有所养、老有所为、老有所乐方面的风采，展现了老龄办在为老服务的宣传和提升、落实惠老优待政策、保障老年人合法权益中做出的成绩，老龄办同时还大力推动为老服务政务信息上报工作，在全国级、省级报刊、工作网上已累计刊发宣传报道近 40 篇，突出了积极老龄化宣传的主旋律，实现兵团老龄办与新闻媒体的联动，加大典型宣传力度。

【兵团老年优待】在兵团党委高度重视下，有关部门履职尽责，积极参与，兵团老年人优待工作不断深入，优待政策体系更加完善，优待服务范围更加扩展，敬老优待氛围更加浓厚。在政务服务方面，建立了高龄津贴制度，出台了经济困难老年人养老服务补贴政策，失能老年人护理补贴制度和落实养老保险、社会救助、住房保障、殡葬救助等制度时，给予老年人适度倾斜与照顾。在卫生保健方面，老年医疗卫生服务网点不断增多，老年病医院、护理院、老年康复医院、综合医院老年病科建设步伐明显加快，老年人疾病预防、健康管理和健康指导普遍施行，将 65 岁以上老年人纳入健康管理体系，对老年人实行普通挂号费减免，就医开通绿色通道。在交通出行方面，城市公共交通实现 65 岁以上老年人票价普惠。在文体休闲方面，各级各类博物馆、美术馆、纪念馆等公共文化服务设施实现对所有老年人免费开放，旅游景区、健身场所、影剧院等经营性单位也积极为老年人提供优惠和便利。在法律服务方面，各级法院、公安、司法等部门对涉老维权案件做到依法及时立案、及时处理、及时执行，并通过多种方式为老年人维权提供便利，较好地保障了老年人的合法权益。

【养老机构建设】截至 2014 年底，兵、师、团三级建有各类养老机构 108 所，床位数 11285 张，每千名老年人拥有养老机构床位数为 24.5 张。其中：兵团“十件实事”实施 4 年来，新建养老院 53 所，新增床位 4711 张，使兵团每千名老年人拥有床位由 10.4 张提升至 24.5 张，为制定兵团“十三五”养老机构规划提供了重要依据。

【基层老年协会建设】基层老年协会建设“乐龄工程”是兵团老龄办实施的一项工程，启动基层老年协会建设“乐龄工程”，加大基层老年协会扶持力度，开展老年协会建设推进年活动，不断加强老年协会规范化、制度化、常态化建设，推广交流基层老年协会建设经验。2014 年兵团老龄办争取 45 万元彩票公益金，以“社区为老服务建设项目”名义补助兵团 45 个基层老年协会建设工作，各基层老年协会购买了开展文化体育活动所需的文体、电教、图书等设施设备。据统计，截至 2014 年 6 月底，兵团共有基层老年协会 495 个，城市基层老年协会 167 个，创建率 84.3%，农村基层老年协会 36 个，创建率 144%，团场基层老年协会 256 个，创建率 145%。在老年协会建设推进年活动中，许多老年协会在培养典型、宣传典型、推广典型上起到了积极的作用。

【老龄统计】研究探索老龄统计规范化工作。兵团老龄办自 2013 所起坚持每年进行一次全兵团规模的老龄统计工作。60 岁以上老年人口 47.5 万人、特殊老年群体中空巢老人6.5万人、失能老人1.51万人、失智老人0.69万人、贫困老人1.85万人、老年活动中心309个、老年大学46所。

【师（市）老龄事业】兵团第八师、石河子市老龄工作始终位于兵团其它师（市）之首。截至2014年底，已先后在全市54个社区建成了60个居家养老服务工作中心（站）及11所社区老年人日间照料站。这些以老年人为服务对象公益性质的居家养老服务机构大多设备齐全，还会不定期地组织开展各种活动。2009年，石河子市出台的《关于推进居家养老服务工作的实施意见》规定，将居住且户籍在石河子市的60周岁及以上的老年人纳入居家养老服务范围，逐步建立一个以居家养老为基础、以社区服务为依托、以养老服务机构为支撑的具有鲜明特色的养老服务体系。

【兵团社会保障】2014年，兵团已连续十年调整企业退休人员基本养老金，人均增加养老金254元/月，调整后人均月养老金水平达到2334多元，共惠及企业退休人员53.4万人。

厦门市

综　　述

2014年，全市老龄工作认真落实全国、全省老龄办各项任务要求，围绕市委、市政府“美丽厦门战略规划”，不断提升社会保障水平，健全和完善养老服务体系，加大政府扶持力度，大力推进养老服务工作，取得了一定的成绩，被民政部列为全国养老服务业综合改革试点城市。

一、着力完善政策措施，社会保障稳步提升

（一）逐步健全养老保障体系。我市已逐步建立全民基本养老、全民基本医疗、最低生活保障和医疗救助等相结合的老年社会保障体系。到2014年末，全市职工基本养老保险参保人数增长2.1%，达226.89万人。企业退休人员养老保险金继续提高，平均月养老金已达2838元，位居全省第一。14.21万名退休人员进入社会化管理，社会化管理率达到99.38%，社区管理率达到100%。6.38万名年满60周岁但未享受任何养老待遇的城乡居民每月领取230元基础养老金。被征地人员月人均退养金为1142元。年满60周岁的非国家机关、国有企事业单位的独生子女父母每人每月领取150元奖励金。城乡居民基本医疗保险参保人数达314.28万人，增长6.0%。全市公立基层医疗机构为82621人次的65岁以上老人开展体检，建立健康档案198251份，并提供老年人健康保健指导、健康干预。每个社区卫生服务中心设有2名以上的社区慢性病联络员，按片区成立全科医生团队，及时接受上级医院推送到社区的病人，并实施全程照顾。推行乡村医生签约服务，优先为65岁以上老年人提供上门访视、健康咨询和指导等便民服务。

（二）积极制定养老服务体系建设的实施意见。根据国务院相关文件精神，市民政局、市老龄办、市财政局、厦门保监局等部门，通过深入调查研究，推动出台了《厦门市关于加快发展养老服务业的实施意见》《厦门市人民政府贯彻国务院关于加快发展现代保险服务业的若干意见的实施意见》《厦门市人民政府关于印发政府购买社会工作服务试点工作实施意见的通知》等重大涉老文件，对全市社会化养老服务事业发展的总体工作目标、主要任务、政策保障措施和重点任务分解等进行明确部署，较好地促进了全市养老服务业的发展。

（三）推动实施老年人保险制度。遵循“政府引导、市场运作、企业优惠、社会参与、老人自愿”的原则，引导和促进商业保险企业开发推广适合我市老年人的保险产品，发挥商业保险的重要补充作用，提高老年人抵御意外风险的能力。市老龄办牵头制定了“厦门市老年人幸福安康险”方案，60周岁以上的参保老年人，在本市范围内因意外伤害身故、骨折、伤残医疗可获保险赔偿。市财政为本市户籍60岁以上的城乡低保老人（含城市“三无”老人）、农村五保对象、享受定期抚恤补助金的优抚对象、失独老人等困难老年人统一购买老年人意外伤害保险；本市户籍60岁以上老年人购买老年人意外伤害保险，保险推出的第一年，市财政补助1/3的保险费。该项目列为2015年市政府为民办实事项目，目前已进入招投标阶段。此外，我市正在研究建立老年人长期护理保险制度，减轻需长期护理的老年人的经济负担。

二、大力推进设施建设，全面提升养老服务水平

（一）加大社会养老服务投入。2014年全市在社会养老服务发展资金保障方面投入合计达 15310.42 万元，其中用于公办养老机构投入总额 6621.74 万元、高龄补贴投入总额 1540.34 万元、养老服务补贴投入总额 1536.65 万元；地方福彩公益金资助投入 2032.69 万元，用于公办养老机构资助总额 1390.04 万元、民办养老机构资助总额 642.65 万元；社会投入民办养老机构新建、改扩建投资额 3579 万元。

（二）推动社会化养老重点项目建设。继续加大养老机构建设力度。按照“一市一区一中心”的基本布局，建设一批规模大、质量高、设施全的公办养老机构，满足特殊困难老人养老的需要。同安、翔安区社会福利中心完成建设，开展委托招租运营工作；湖里、思明区社会福利中心项目开展前期工作。进一步完善“养老项目库”清单，明确项目地址、阶段性目标和责任单位等，有序推进市老年活动中心改扩建、市慈善总会爱鹭老年养护中心、市老年基金会爱心护理院扩建、市社会福利中心松柏医院改扩建等重点项目的前期筹备工作。全市现有养老机构 37 所，床位 7453 张，护理人员 975 人；农村敬老院 7 所，床位 145 床。老年人的养老床位占有率为 29.17‰。

（三）实施居家养老服务项目。在城区着力开展社区老年人日间照料中心建设，并制定符合我市实际的老年日间照料中心建设标准。在农村推广“幸福院”项目，由村民委员会主办和管理“幸福院”，为农村高龄独居、空巢、五保、优抚、特困老人提供就餐服务、生活照顾、日间休息、休闲娱乐等综合性日间照料公益服务。全市有社区老年人日间照料点 23 家，农村幸福院 13 所。此外，我市还调剂公房用于养老设施项目，在开展相关调剂改造用于养老服务设施可行性调研工作的基础上，制定公房调剂用于养老设施建设的租金标准，改造闲置公房，用于养老机构或老年人日间照料设施建设。

（四）推进养老机构医养护结合工作。2014 年，市卫计委、市人社局、市民政局联合出台《关于加强养老服务机构医疗服务的实施意见》，符合条件的养老服务机构可内设医疗服务科室。入住的本市户籍参保人员，属于生活不能完全自理、70 岁以上患慢性病行动不便、重度残疾患者发生的床位费，按普通病房床位费标准结算。在内设医疗机构（含医疗合作）门诊发生的、符合医保规定的医疗费用，经市社保中心审核后直接与养老服务机构按服务项目结算。目前全市有 11 家养老机构实现医养结合，纳入医保定点服务范围。

三、发展特色养老文化，开展丰富多彩文体活动

（一）实施“让夕阳更美”老年人素质提升行动。该活动面向全市老年人，旨在提高老年人思想道德素质、科学文化素质和健康素质。市老龄办邀请各类专家学者，成立“美丽夕阳”讲师团，打造“美丽夕阳”讲堂。同时，编印了《老年人文明礼仪手册》和《老年人健康保健手册》，举办了有关礼仪、健康、防骗等系列讲座；开展了家风家训评选活动；组织一系列丰富多彩的文体活动。

（二）积极打造老年文体娱乐休闲平台。一是开办“幸福老人乐园”。市老年志愿者协会在市老龄办和市政园林局的积极支持下在厦门植物园内开办“幸福老人乐园”，为老年朋友打造休闲娱乐活动健身的平台，园内除提供唱歌、跳舞、泡茶、棋牌等活动项目外，还不定期组织和举办讲古、南音以及法律咨询、保健宣传、道德讲堂、闽南话聊吧等特色活动。二是共建“美丽夕阳”文化点。在植物园百花厅广场、中山公园北门等市民游客的聚集场所，搭建文化活动点，每月组织老年文化艺术团体开展 1～2 次公益性文艺宣传活动，展现特区老人风采，提升景区的文化内涵，同时方便游客在小憩时驻足观赏，加深对老龄文化和闽台特色文化的理解。三是成立“厦门老年旅游休闲服务中心”。市老龄办积极推动，该中心以旅行社为依托，设计符合老年人特点的旅游产品，提供规范的旅游服务，并成立厦门老年旅游公益基金，为孤寡、五保户、经济困难老人提供一日游等免费旅行项目，让困难老人也能享受高品质的旅游服务。

（三）首创“老年教育云课堂”。全市有老年大学 11 所，老年学校 380 所，在校学员近 6 万人。为解决基层老年学校缺师资、缺教材的困难，让老年人就近就地享受远程优质教育，市老龄办联系北京微众公司，以市老龄办门户网站为平台，设置老年远程教育“微课程”，每节课 10～15 分钟，以普通话和闽南语相结合的方式，为老年人接受终生教育提供先进、高效的网络服务，有效缓解老年大学教育资源供不应求的矛盾。这种老年教育形式在全国尚属首创，相关课件已达近 200 节课。

四、营造敬老月活动氛围，形成大老龄工作格局

（一）推出实实在在的惠老项目。市老龄办向市老龄委成员单位、各区、各涉老部门及相关单位征集“敬老月”惠老项目，得到了全社会的积极响应和参与，形成了党政主导、老龄委协调、各部门参与、全社会努力的良好氛围。据不完全统计，各区、各系统、部门、企事业单位汇总到市老龄办的惠老项目有近 200 项。如敬老月期间，全市各公证处免费为老年人办理遗嘱公证；市卫计委组织为老年人开展免费健康体检、义诊活动；市图书馆、少儿图书馆设立老年人图书专架；厦门园博苑、同安影视城、胡里山炮台对老年人实行免费或优惠入园；日月谷温泉村、翠丰温泉公园对老年人提供优惠；市政府在市老年活动中心设立智慧健康亭供老年人自我检测；市老年活动中心推出场馆免费活动周，放映免费电影，联合科宏眼科医院免费为老人进行眼部检测等。悦华等酒店对就餐的老年人有优惠。

（二）开展多种形式的慰问活动。市四套班子领导分别带队走访慰问全市六个区的困难老年人代表；市老龄办走访慰问全市高龄、困难、重病老年人代表、老年志愿者代表、智囊团老专家代表等；市委老干部局组织慰问离休干部和“5.12”退休干部；市人社局退管中心组织慰问1500名企业困难退休人员；市总工会组织慰问离退休职工；市老年基金会向困难失能老人发放护理补助金和护理用品；市老年志愿者协会组织慰问住院老人代表；六个区也都开展慰问困难老人活动，共慰问3385人，发放慰问金217.8万元。市老龄办、市民政局、市老年志愿者协会、市旅游局下属的酒店等单位组织慰问养老服务机构的老年人。市政府为我市户籍90岁及以上老年人每人发放老年节过节费500元合计193万元，为百岁老人发放每人每月500元的当年下半年高龄津贴合计72万元。省政府为百岁老人发放每人1000元的老年节过节费。各区也都向高龄老人发放不同金额的慰问金。

（三）举办丰富多彩的文体活动。市委市政府举办老年节庆祝大会，在《厦门日报》、厦门电视台、厦门广播电台刊播致全市老年人的慰问信。市体育局老体协举办重阳节老年人登山周活动，约2万名老人参加。市人社局举办退休人员门球展示交流活动；市老体协举办1600名老年人参加的健身气功与太极拳展示活动；市人社局退管中心组织3000名企业退休人员参加贺岁雅游活动；市总工会举办祝寿大会；海峡婚姻服务中心举办首届婚姻家庭文化节暨幸福老年人集体婚典活动。市教育局举办老教师趣味运动会，气排球、乒乓球比赛，广场舞展示；思明区举办中老年书画摄影展；集美区举办老年人乒乓球赛、游园活动，老年书画作品展、敬老文化进社区文艺演出；同安区举办老年人气排球、乒乓球、台球、门球、扑克、钓鱼比赛，开展老年法宣传活动和“文艺下乡”、猜灯谜等活动，举办老年人书画展；翔安区举办老年人气排球、广场舞、腰鼓比赛。

五、普及老年法律法规，维护老年人合法权益

（一）宣传新修订的老年法。为扩大新修订的老年法的影响，各涉老单位、各社区（村）结合“敬老月”活动，邀请专家学者宣讲解析老年法，开展法律咨询，充分利用墙报、专栏、LED屏幕以及新闻媒体等宣传老年法，利用各种场合发放老年法宣传材料，宣传氛围浓厚。

（二）认真办理“两会”涉老建议、提案。近年来老龄问题越来越受到人大代表和政协委员的重视，2014年共有涉老建议提案18件，内容涉及养老服务、老年活动场所建设、老年协会建设、困难老人救助、老年志愿者队伍建设、降低免费乘车年龄、老年医疗等，通过对建议、提案的办理，推动解决了一批老年人关心、关注的民生问题和重点难点问题。

（三）切实维护老年人合法权益。全市形成了各级法院、公安部门、市长专线、各法律援助中心、各司法所、人民调解委员会、各级老龄办等多机构受理的老年人维权网。全年受理涉老案件、信访件300多件，有效地维护了老年人的合法权益。

六、借力主流媒体平台，营造敬老助老舆论氛围

（一）在主流媒体设立老年专刊。市老龄办与厦门晚报社共同主办《厦门晚报·老年周报》，支持海西晨报社开办《海西晨报·夕阳红周刊》。《厦门晚报·老年周报》每周一期，每期8版；《海西晨报·夕阳红周刊》每周一期，每期4版。此外，市老龄办还联合厦门移动电视，利用公共交通车载电视，将重大惠老政策和活动高频度及时宣传报道。多形式多版面的老龄宣传力度，为全市老龄宣传提供了广阔的平台。市老龄办还积极与媒体进行策划，围绕老年人关注的话题作深度报道。例如，在《厦门晚报》独家披露全市城乡老年人失能状况调查；开设“加快发展养老服务业专题访谈”栏目；同时，关注老年人的身边事，开展了“儿女每月给您多少零花钱”的调查，以及“两代居”之系列话题（包括家务活、婆媳关系、岳父母与女婿的关系以及女人的智慧等）探讨等。

（二）策划一系列主题宣传活动。充分利用“敬老月”、春节等有利时机，通过举办老年节庆祝大会、助老慈善感恩晚会、“情系老人·爱涌鹭岛”系列活动、敬老爱老主题教育活动、首届“十佳家风家训”评选活动、十佳养老护理员的评选表彰活动、“图说老龄”摄影大赛、长者义工助力市民文明行为示范月等系列活动，在全社会营造尊老敬老的浓厚氛围。

重要会议和活动

【迎新春助老慈善感恩晚会举办】1月12日下午，市老龄委、市民政局、市红十字会在瑞颐大酒店联合举办迎新春助老慈善感恩晚会。厦门建发等4家单位获“助老慈善特别贡献奖”，市红十字会晨露爱心服务队等20个单位、团体和个人获评“助老慈善义工”，虎溪岩寺慈善基金等31个单位和个人获“助老慈善爱心捐助奖”，厦门银行等8家单位获评“厦门市发展老年慈善事业贡献单位”，曾钦照等6人获评“厦门市助老之星”。市委副书记钟兴国致辞。市领导和市级老领导与300多名嘉宾参加晚会。

【2014年老龄工作业务培训班举办】1月14至15日，市老龄办举办全市老龄工作业务培训班。中国老龄科学研究中心副主任党俊武、市委党校政治学教研部教授尹彦分别作题为《我国人口老龄化的严峻形势和应对战略》《全面深化改革的重大战略部署》报告。市老龄办巡视员、常务副主任李文晖开班前作动员讲话。市、区、街（镇）老龄办和市老年活动中心干部职工90多人参加。

【市老龄委全体（扩大）会议】4月16日，市政府在市行政中心召开“2014年厦门市老龄工作委员会（全体）扩大会议”，市老龄委全体成员，各区政府分管领导，各区老龄办主任，有关涉老部门负责人80多人参加会议。会上，书面传达全国、省2014年老龄工作要点，副市长、市老龄委主任倪超出席会议并讲话，市老龄委副主任、市老龄办巡视员、常务副主任李文晖总结2013年工作，部署2014年工作。

【厦门“十佳”家风家训评选活动】9月10日，市老龄委、市委文明办、厦门晚报社在市老年活动中心举行厦门市首届“十佳家风家训”颁奖座谈会。市老龄办巡视员、常务副主任李文晖，市委文明办副主任林忠佺，厦门晚报社社长、总编辑唐亚强，厦门晚报社副总编宁炜，以及中信银行厦门分行副行长景琪等领导到会，并为“十佳家风家训”获奖家庭颁发纪念品。该活动由中信银行厦门分行协办，历时7个多月，收到稿件12000多份。

【召开2014年老年节庆祝大会】9月26日，2014年厦门市老年节庆祝大会在厦门小白鹭艺术中心举行。副市长、市老龄委主任倪超出席并致辞，市级老领导林源、李金龙、庄亨浩、张清钳、黄杰成、张斌生、林明鑫、汪兴裕、邵华、曾国玲、洪获生、张阳春，市老龄委成员单位分管领导，各区分管领导，市、区老龄办领导，各涉老部门负责人和社会各界老年人代表共1000多人参加会议。厦门市老年文艺团体与小白鹭民间舞艺术中心联袂奉献了精彩的文艺演出。

【市老年志愿者协会召开第一届第二次会员代表大会】11月21日上午，市老年志愿者协会第一届第二次会员代表大会暨表彰大会在市老年活动中心召开。市老龄办巡视员、常务副主任李文晖出席并讲话。市老年志愿者协会会长刘瑞文作协会工作报告。常务副会长陈子韻作《厦门市老年志愿者协会章程》修改说明。副会长李明珠作市幸福老人乐园创建工作情况汇报。副会长傅元盛宣读表彰决定。表彰老年志愿者服务先进集体3个、优秀集体5个和优秀老年志愿者26位。原市人大副主任、市志愿者联合会会长林明鑫，以及市委文明办、市红十字会、市老年基金会等单位领导出席会议。

【厦门市十佳养老护理员表彰会】12月10日上午，市老龄委、市民政局在市老年活动中心召开“厦门市十佳养老护理员表彰会”，全市各养老机构负责人参加会议，市民政局副局长李龙到会并讲话，市老龄办林刚处长主持会议。市民政局社会福利处处长于维民宣读《厦门市老龄委、厦门市民政局关于表彰厦门市十佳护理员的决定》，杨宝文、李佳等10位获评“十佳养老护理员”，方县准、张銮英等8位获“十佳养老护理员提名”。市社会福利中心杨宝文、市爱心护理院李佳、市爱欣老年公寓（集美点）金东红等三位代表分别介绍护理工作经验。

各项业务进展

【《厦门晚报·老年周报》创刊】2014年1月3日，《厦门晚报·老年周报》正式创刊，由厦门晚报社与市老龄办共同主办，宗旨为老年人说话，替老年人办事，为老年人服务。《厦门晚报·老年周报》每周一期，每期8个版面，每逢周五随《厦门晚报》发行。

【举办全市老年人元宵游园活动】2月12日上午，市老年活动中心举办老年人庆元宵游园活动，全市参与老年人3000多名。当天上午，中心所有场馆免费向全市老年人开放，市金莲陞高甲剧团应邀表演高甲折子戏。

【“让夕阳更美”老年人素质提升行动启动】5月15日上午，市老龄委在市老年活动中心举行“‘让夕阳更美’厦门老年人素质提升行动”启动仪式，市老龄委副主任、市民政局党组书记、市老龄办主任黄高棠出席并致辞，市老龄办巡视员、常务副主任李文晖主持仪式。部分市老龄委成员单位、涉老部门负责人，各区老龄办领导，区、街（镇）、社区老年学校负责人以及老年人代表共600多人参加。市老龄委向“美丽夕阳”讲师团15位老师颁发聘书，并向老年人发放《厦门市老年人文明礼仪手册》和《厦门市老年人健康保健手册》；厦门工商旅游学校陈静和讲授人际交往礼仪课。该系列活动持续到10月。

【幸福老人乐园开园】7月17日，幸福老人乐园正式开园，该园处于国家级风景名胜区万石植物园内，是市老年志愿者协会在市老龄办、市政园林局等多家单位支持下，易地重建而成。占地2000多平方米，室内面积500平方米，设有舞厅（多功能厅）、棋牌室和泡茶休闲等服务设施。乐园将定期组织老年人文艺团体举办文艺演出、健康讲座等特色活动。副市长、市老龄委主任倪超，市老年基金会会长、市政协原主席林源等领导为乐园揭牌。市老年基金会副会长蔡寿国，市老龄办巡视员、常务副主任李文晖，市老年志愿者协会会长刘瑞文为支持幸福老人乐园建设的爱心单位和个人颁发荣誉证书

【成立市老年旅游服务中心】 9月3日上午，厦门老年旅游服务中心暨老年旅游爱心基金成立仪式在市老年活动中心举行。市老年基金会会长林源、市政府办公厅副主任王跃平、市旅游局副局长陈桂林、市民政局副局长李龙等为老年旅游服务中心揭牌。中心成立后，将建成全市老年旅游休闲产品发布和咨询中心，提供高品质旅游度假产品。

【老年教育云课堂启动】 9月24日，市老龄办启动厦门老年教育云课堂。课堂以老龄办门户网站为平台，设置健身娱乐、养身保健、心理健康、亲子睦邻、防盗防骗等5个栏目"微课程"（每节课10～15分钟），首批上线课程达60多节。以普通话和闽南语相结合方式，提供先进、高效网络服务，老年人可接受终生教育。这是本省首个面向当地老年人的网络课堂。

【市老年气排球公开赛落幕】 10月15日下午，2014年厦门市老年气排球公开赛落幕，由市老龄办主办、市老年活动中心承办。26支代表队208人参赛。海沧区、集美区、思明区、集美大学、侨乡经济促进会、教育系统等代表队获男子组1～6名；思明区、教育系统、集美大学、集美区、市直机关离退联、侨乡经济促进会获女子组1～6名。

【第二届"敬老文明号"创建活动】 10月28日，市老龄委印发《关于开展第二届全国"敬老文明号"创建活动的通知》，部署第二届"敬老文明号"创建工作。创建领导小组由副市长、市老龄委主任倪超任组长，市老龄办巡视员、常务副主任李文晖任副组长。成员包括人社、卫计、公安、交通运输、邮政、总工会和团市委等单位。时间从2014年至2016年，分动员部署、创建申报、评选表彰3个阶段。

大连市

综　　述

截至2014年底，大连市户籍总人口为594.30万人，其中60周岁以上户籍老年人口129.58万人，占户籍总人口的21.8%，增速5.8%；80周岁及以上高龄老人19.08万人，占户籍总人口的3.21%。同上一年相比，老年人口净增加了7.13万人，增速是自然人口增速的2.5倍。全市人口老龄化呈现出增长速度快、高龄化显著、空巢化加剧、失能老人比例升高等特点。2014年，大连市老龄系统在市委、市政府的正确领导和上级老龄部门的指导支持下，牢固树立以人为本和积极老龄化的理念，改革创新、锐意进取，通过各级党委政府、老龄委成员单位和社会各界的共同努力，全市老龄事业和老龄工作取得了积极进展和可喜成果。

一、适应老龄化发展要求，积极做好老龄政策创制

2014年底，市政府出台了《大连市老龄事业发展规划纲要（2014—2020年）》（大政发〔2014〕53号，以下简称《规划纲要》），首次将养老服务事业纳入到全市城市发展总体规划，明确提出了大连市老龄事业发展的指导思想、基本原则、发展目标、主要任务及保障措施，为全市老龄事业中长期发展绘制了蓝图。同期还出台了《关于加快发展养老服务业的实施意见》（大政发〔2014〕55号，以下简称《实施意见》），提出了养老服务发展的具体要求、主要任务、政策措施、组织领导等，为全市养老服务业快速发展提供了政策保障。《规划纲要》和《实施意见》的出台，从政府组织领导、科学谋划布局、加快机构建设、加大优惠扶持、强化规范管理、扩大普惠群体等多方面着手，形成了较为系统的养老服务政策保障体系，成为今后一个时期推动全市老龄事业和养老服务业发展的纲领性文件。

二、社会养老保障体系制度进一步完善

一是老年群体社会保障全面展开。截至2014年底，全市所有政策类型的养老保险参保群体达到409.55万人，城镇职工基本养老保险参保人281.95万人、基本医疗保险参保人505万人（其中退休人员

95.12万人，老年居民12.23万人）。为87.47万名离退休职工发放养老金233.4亿元，为56万名城乡居民发放养老金11.85亿元。为80余万名退休老人建立信息库和健康档案，将2.37万名城乡特困老年人纳入最低生活保障范围，实现了应保尽保。

二是老年群体生活补助标准连年增长。2014年5月，市民政局和市财政局联合下发了《关于做好全市80周岁以上低保老年人和90周岁以上老年人高龄津贴发放工作的通知》（大民发〔2014〕56号），自2014年1月起，我市户籍90～99周岁的老年人和驻军部队在大连市居住的90～99周岁的离退休干部的高龄津贴标准由每人每月的100元提高到每人每月200元；连续提高百岁老人高龄生活补贴标准，最低每人每月570元，有7个县区达到了1000元以上；逐年提高企业退休人员养老金，人均每月最低2100元，位居全省首位。将城乡居民基本养老保险基础养老金由每人每月150元提高到180元，99.7%的企业退休人员实现了社会化管理。

三是老年群体生活优待范围不断拓宽。有效落实《大连市老年人优待规定》，实行异地老年人与本地老年人享受同等优待政策，60～69周岁老年人到公园、博物馆和乘坐公交车等一律享受半价优惠，70周岁以上免费，仅市、区两级财政每年承担的老年人乘车乘船等补贴就超过上亿元，得到众多异地老年人的高度赞扬。65周岁以上老年人就医免收挂号费和就诊费，老年居民住院统筹支付比例按三级医院、二级医院和一级医院分别由最初的45%、50%、55%提高到目前的65%、75%、80%，基本医疗保险年度最高支付限额由最初的5万元提高到10万元。出台了《大连市基本医疗保险家庭病床管理办法》，将家庭病床向社区卫生服务中心举办的老年养护机构延伸，保证了养护机构老人24小时医疗护理服务需求。

三、不断推进养老服务业和老龄产业发展

养老服务设施建设步伐加快。以居家养老为基础、社区服务为依托、机构养老为支撑的社会养老服务体系进一步完善，社会福利从补缺型向适度普惠型转变的速度加快。目前，全市养老福利机构320所，养老床位总数达4.1万张，每千名老人拥有床位数33张，超额完成国家确定的“十二五”末每千名老人拥有25张床位的目标。对全市已建成的261所城乡社区养老服务中心（兼具老年活动中心功能）运营加大指导力度，进一步发挥其社区居家养老服务功能。积极探索农村老年人互助养老新路子，新建农村幸福院70家。大力推进绿色适老住区建设，“大连大有百万平米环境友好低碳住区”被全国老龄办、住建部批准为全国《绿色适老住区建设指南》试点工程项目。注重搭建老龄产业发展平台，不断拓展老龄产业发展空间。大连市老龄产业联合会成立两年来，为推动老龄产业发展发挥了重要平台作用，围绕生活照料、老年产品用品、老年健康服务等六大板块，融汇形成了一批养老服务产业集群。承办了2014大连国际老龄产业博览会，吸引国内外近200个企业参展，国外参展商达47家，现场交易额500多万，其专业化、国际化、市场化程度在全国同类展会中首屈一指。市老龄办举办了大连老龄产业发展暨社区养老体系建设高峰论坛、中日合作交流会、国内外企业项目洽谈会等专场论坛，成功对接中日合作项目3个，为养老服务业发展起到了重要的促进作用。同时，引进专业服务团队，拓展社区为老服务功能，开展居家养老服务试点，为居家老年人提供助餐、助浴、助洁、助急、助医等“居家五助”规范化、个性化服务，居家养老问题得到进一步解决。

四、加大老龄宣传力度，浓厚敬老、爱老、助老氛围

充分利用各种宣传载体和场所，采取多种形式宣传党和国家老龄工作的重大决策、老龄政策法规及老龄事业的发展成就，及时解答社会各界及老年人关心的焦点和热点问题。一年以来，围绕老年法的宣传贯彻落实，积极开展普法教育，全市维护老年人合法权益的责任感和法律意识显著增强。尊老敬老蔚然成风，每年“敬老月”期间，全市广泛开展走访慰问百岁、困难、养老机构老年人及老年基层组织活动，送去党和政府及全社会的关怀和温暖。2014年“敬老月”期间，开展了“弘扬社会主义核心价值观，寻找最美孝亲敬老之星”活动，10人先后被全国、省老龄办授予“孝亲敬老之星”称号。“敬老文明号”创建活动成效显著，创建活动开展以来，全市涉老部门、为老服务组织、公共服务窗口行业踊跃参加，掀起了敬老爱老助老、优化为老服务环境的热潮，让老年人切实感受到创建活动的成果。

五、注重老年基层组织建设，老年人维权工作高效

认真贯彻落实全国老龄办《关于加强基层老年协会建设的意见》，省委办公厅、省政府办公厅《关于发展和规范社会组织的意见》精神，积极做好基层老年工作。几年来，全市城乡基层老年协会得到了长足发展，数量多，作用越来越突显，尤其是在组织引导广大老年人参与社会建设管理、维护老年人合法权益、丰富老年人晚年精神文化生活、提高老年人生活生命质量等方面发挥了重要作用。全市现有各类老年基层社会组织1万多个，社会组织成员达40多万人，其中老年人协会1754个，辖区624个城镇社区、976个农村社区（行政村）的老年自治组织覆盖率分别达到100%和86.4%。市老年学学会、老科技工作者协会、老年体育协会、老教授协会、关心下一代工作委员会等老年协会组织积极投身于经济社会发展的方方面面，参与社会管理，为建设和谐大连做出了积极贡献。城乡法律援助四级网络全覆盖，各区市县老年法律援助中心、乡镇街道法律援助工作站、村（居）民委员会法律援助联络点，积极为老年人提供全方位的法律援助。近三年来，全市共办理涉老法律援助案件4000余件，挽回经济损失300多万元，为老年人提供各类咨询近2万人次，实际受益人数达到6000多人。

六、开展老年文化活动，老年人精神生活丰富多彩

全市老年人文体娱乐生活丰富多彩，各级老年文体组织5100余个，各类老年活动中心、站、室2000余个，活动广场（点）3400余处、健身路径5200余套，球类场地1500余个，形成了覆盖全市社区的老年群众文化体育活动网。全市每年举办各类老年文体健身表演比赛几十余场，直接参演参赛老年人达10余万人。每年“敬老月”期间，都组织开展丰富多彩的老年文化活动，2014年，举办的老年文艺汇演精彩纷呈，10场大型演出，参演节目总数达226个，参演人数超过2300人，其中年龄最大的87岁。目前，已拥有以东方美老年艺术团为代表的一大批老年文艺团体，部分团体已经走出大连，登上更高的表演舞台，有的多次参加央视春晚演出，甚至代表中国参加世界老年文艺巡演，展示了大连老年人的靓丽风采。成功举办了首届大连市老年人体育健身大会，进一步扩大了老年体育事业的社会影响力。退管系统每年定期举办退休人员徒步健身大会、文艺汇演、书画展等活动，吸引50余万人次老年人参加。老体协组织我市老年人代表队参加第一届全国老年人体育健身大会，取得了11金、17银、19铜的好成绩。

重要会议和活动

【第一届大连市老年人体育健身大会】市老龄办、市体育局、市老年体协于6月至10月联合举办“第一届大连市老年人体育健身大会”。大会自始至终受到广大老年人的真诚欢迎和热情参与，上万名老年体育健身骨干参与了各项目各层次的选拔活动，钓鱼、网球、台球、气排球、柔力球、健身气功、健身球操等项目，技术水准有了新的提高，显示出较强的实力和水平，展现了全市老年人的朝气与活力。

【“敬老月”系列活动】大连市老龄办认真贯彻全国和省老龄办《关于继续开展“敬老月”活动的通知》精神，认真组织“敬老月”活动，突出了“传承中华美德 弘扬敬老文化”活动主题，使“敬老月”活动成为全面推进老龄工作的重要载体。活动期间，市委、市政府领导分别走访慰问了百岁老人、困难老人和养老服务机构，老龄办举办了大连市2014年“敬老月”老年文艺汇演。

【“敬老文明号”创建】根据全国和省老龄办的总体部署，我市组织开展了第二届大连市“敬老文明号”创建评选活动。本次活动在总结上一届创建经验的基础上，聘请第三方评估机构，采用听取汇报、查阅资料、征求服务对象意见、对申报单位进行评审等方式，对91家申报单位进行现场考核评估。本着“突出优秀、发挥示范引领作用”的原则，经大连市老龄工作委员会审议批准，大连机场集团公司大连机场客运服务分部问询处、西岗区北京街道黄河社区养老服务中心等45家单位被授予第二届大连市“敬老文明号”荣誉称号。

【“孝亲敬老之星”典型宣传】开展大连市“孝亲敬老之星”评选活动。对评选出的十大“孝亲敬老之星”进行表彰，将他们每个人的感人事迹以“寻找大连最美孝星”为题，在大连晚报专版进行连续宣传报道，引起了社会的广泛关注，为形成良好社会风尚起到了很大的推动作用。十名“孝亲敬老之星”随后又被全国、辽宁省老龄办授予“孝亲敬老之星”称号。

【2014大连国际老年产业博览会】2014年大连国际老年产业博览会于9月4至7日，在大连市星海会展中心举办。参展商家来自美国、英国、日本、新加坡、中国香港、中国台湾等10多个国家和地区近200家企业，近300个展位，展厅一万平方米，全景化、立体式展示了众多老年产品，已成为国内完全市场化、国际化、专业化的高水平展会。

【大连首届老龄事业发展高峰论坛】9月4日在星海会展中心举办了两场老龄主题的高峰论坛。一是以“发展老龄产业，探索国际间企业投资与合作”为主题的高峰论坛；二是专场中日（大连）老龄产业论坛及企业洽谈会，为政府、金融机构、老年地产、老年产品、外商等企业搭建交流平台。通过论坛，交流、探索老龄问题解答；洽谈会成功对接中日合作项目3个，为养老服务业发展起到了重要的推动作用。

各项业务进展

【老龄事业政策创制】大连市政府出台了《大连市老

龄事业发展规划纲要（2014—2020年）》（大政发〔2014〕53号）和《关于加快发展养老服务业的实施意见》（大政发〔2014〕55号），提出了全市老龄事业发展的指导思想、基本原则、发展目标、主要任务、组织领导、保障措施等，为全市老龄事业中长期发展绘制蓝图，指明了方向，是今后一个时期推动全市老龄事业和养老服务业发展的纲领性文件。

【绿色适老住区建设试点工作】“绿色适老住区建设指南研究”课题是在我国人口老龄化快速发展的大背景下，由全国老龄办、住房城乡建设部科技与产业发展中心、中国养老示范基金管理委员会联合开展的一项研究课题，目的是为贯彻落实《中国老龄事业发展“十二五”规划》和国务院35号文件精神，推动老年宜居环境建设。2014年6月26日，全国老龄办、住房城乡建设部科技与产业发展中心联合印发文件，批准“大连大有百万平米环境友好低碳住区”作为《绿色适老住区建设指南》试点工程，大有比德集团为试点工程实施单位。

宁波市

综　　述

2014全市老龄工作按照全国、省老龄委的统一部署，深入贯彻落实市委办公厅、市政府办公厅《关于进一步加强老龄工作的意见》的精神，坚持“党政主导、社会参与、全民关怀”的工作方针，以深化完善老年社会保障、老年服务和老年文体等三大体系建设为重点，顺利完成了年度工作任务与目标，各项老龄事业取得了新的进展。

一、社会养老和医疗保障覆盖面不断扩大

到年底，全市参加职工基本养老保险人数达到542.23万人，其中60周岁以上人数40.86万人；参加职工基本医疗保险参保人数361.26万人，其中60周岁以上人数51.43万人；参加城乡居民社会养老保险人数124.76万人，其中60周岁以上人数74.51万人；参加城镇居民医疗保险人数110.16万人，其中60周岁以上人数26.13万；参加被征地人员养老保障人数44.83万，其中享受人数37万。

二、各类养老保障待遇稳步提高

（一）调整提高了全市59.02万名企业退休人员及其他各类人员的基本养老金和生活待遇水平，基本养老金全市人均提高239元/月；春节前为全市企业退休人员发放1500元一次性补贴，每月发放150元的基本养老金补贴和每月100元的社区综合补贴。

（二）调整提高了全市被征地人员养老保障待遇享受水平，市辖各区目前标准为700元/月、650元/月和600元/月，其中达到60周岁的被征地人员在叠加享受城乡居保基础养老金后的待遇水平分别达到890元/月、840元/月和790元/月。

（三）调整提高了全市城乡居保基础养老金水平，其中市辖各区从170元/月提高到190元/月。我市于2011年4月起全省率先建立高龄老人生活津贴制度，针对高龄老人面广、量大、散居以及人户分离等情况对高龄津贴发放工作带来的困难和问题，今年研究出台了《关于加强高龄老人生活津贴发放管理工作的意见》（甬民发〔2014〕号），明确按“六个老有”要求健全高龄津贴发放管理体系，并对高龄津贴申领发放程序和信息核查工作，以及高龄老人亡故、户籍迁移等情况处理作出了明确规定。截至年底，全市有18.37万名高龄老人享受这一惠老政策，全年发放资金达到1.2亿元。

三、医疗保险管理水平提高。

（一）落实退休人员健康体检工作，切实保障退休人员的身体健康。2014年启动第五轮健康体检工作，截止到12月底，市辖区已完成体检近18万人。

（二）落实家庭病床、代配药制度，方便老年人治疗配药。为年龄满80周岁且行动不便的，或瘫痪等患其他符合规定疾病的参保人，在定点医疗机构设立家庭病床，由专职医生提供上门服务；为患慢性疾病且行动不便的老年参保人员办理特殊情况代配药证明，由其亲属凭此证为老年人到定点医疗机构代配药。

（三）完善异地就医管理办法，方便参保人员异地就医结算。先后与上海、杭州、台州、舟山医保经办机构签订异地就医委托报销协议并制定操作办法，切实方便老年群体异地居住期间的就医结算。

（四）落实医保综合减负政策，切实减轻老年患者医疗负担。市区共有25232名退休人员符合综合减负条件，比上年度增加13%；减负金额6224.6万元，较上年度增加15%。

四、社会养老服务体系建设加快推进

坚持政策支持和投入支撑并重，积极探索创新，加快发展养老服务事业，着力构建与人口老龄化进程相适应、与经济社会发展相协调，以居家为基础、社区为依托、机构为支撑，覆盖城乡的养老服务体系。截至2014年底，全市养老机构床位达到41996张，每百名老人拥有养老床位3.4张，超过全国、全省平均水平；各级各类居家养老服务中心（站）2122个；并在去年试点基础上，通过政府民生实事项目推动方式，在全市范围内推广建设区域性居家老服务中心，出台了《关于推进区域性居家养老服务中心建设的指导意见》，明确了区域性居家养老服务中心建设的总体要求，以及设施配置、服务提供、运营管理等具体要求，并加大对建设项目的资金支持力度，全年新建区域性居家养老服务中心16个。全市城乡共有约2万名特别困难老年人享受政府购买服务政策，另有约7万名养老服务有一定困难的居家老人享受志愿者长期结对帮扶服务，有力保障了许多困难居家老年人的基本养老生活，还有4万余户老年人家庭免费安装了“一键通”电话机，累计享受即时求助服务38万余人次。

五、基层老龄工作基础进一步夯实

认真贯彻落实全国、省老龄办关于基层老年协会建设“乐龄工程”实施方案的部署要求，指导各地注重加强基层老年协会的业务指导和扶持力度，鼓励引导基层老年协会在参与城乡居家养老服务中发挥重要作用，不断提升基层老年协会活动能力和社会效益。继续安排下拨90万元市财政资金，用于扶持奉化、宁海、象山、余姚欠发达地区的22个经济薄弱村老年活动室建设。开展了第二轮老年电大市级示范教学点创建工作，有50个教学点被评为市级示范教学点，5个被评为省级示范教学点。截至目前，全市有老年活动中心（室）4393个、基层老年协会3100多个、老年电大教学点1200多个，基本实现了老年活动设施和基层群众组织城乡社区全覆盖。

六、多措并举推进老年宜居环境建设

按照“老年宜居社区”创建活动的总体安排，成立了由市住建委、市城管局和市委老干部局等负责同志参加的考评组，对各地申报的创建对象进行了考评，145个社区获评首批“老年宜居社区”。继续深入开展“敬老文明号”创建活动，第二届“敬老文明号”创建活动方案做到早筹划、早部署，会同市委老干部局、市交通委、市卫生局、市旅游局等4部门开展各行业系统创建活动，以点带面、连线成片，发动、引导更多涉老部门、为老服务行业、窗口和社会组织参与，扩大活动影响，增强创建成效。

七、认真组织实施“敬老月”活动

“敬老月”期间，市府办转发了《“敬老月”活动实施方案》，市领导分四路对百岁老人、养老机构和居家养老服务机构进行了走访慰问。与此同时，加强与新闻媒体、社会组织等单位的合作，广泛动员社会资源，组织开展了助老济困送温暖、“文化敬老、情动乡村”慰问演出、老年人健康关爱服务、“孝亲敬老之星”主题宣传、敬老公益循环伞、独居老人暖巢行动等16项敬老系列活动。此外，认真做好全国“孝亲敬老之星”、“敬老模范单位”、“老有所为”先进典型人物等评选推荐工作，全市有11位同志获评“全国孝亲敬老之星”、2位同志被评为“全国老有所为楷模”，镇海区被评为全国孝亲敬老模范单位。

重要会议和活动

【出台首个有关老龄工作的市级指导性文件】市委办、市府办于年初印发了《关于进一步加强老龄工作的意见》，明确了今后一个时期我市老龄工作的指导思想、基本原则和主要任务。这是我市首次以市委、市政府名义下发的有关加强老龄工作的指导性文件。

【成功举办第十一届世界华人地区长期照护会议】10月30日上午，第十一届世界华人地区长期照护会议在我市隆重举行，会议健康养老模式多样化、队伍专业化、文化多元化”为主题，研讨交流世界华人地区各种类型的先进养老服务模式，市老龄委专职副主任蒋志云作主题报告。

【全面开展居家养老服务机构等级评定工作】以贯彻落实新修订《宁波市地方标准——居家养老服务机构等级规范》为契机，会同市质监局研究出台了《居家养老服务机构等级评定办法》，印发了《关于开展居家养老服务机构等级评定工作的通知》，全面实施居家养老服务机构等级评定制度，并将居家养老服务机构等级与财政资金补助标准相挂钩，促进居家养老服务机构规范提升。全市有1781个居家养老服务机构获评A级以上等级，占上年末居家养老服务机构总数的92%。

青岛市

综　述

截至2014年底，我市60周岁以上老年人达153.3万人，占总人口的19.6%。80周岁以上老年人口24.3万人，占老年人口的15.8%。2014年，在市委、市政府的正确领导和上级老龄部门的指导支持下，我市老龄工作认真贯彻落实全国老龄委第十六次全会和2014年全国老龄办主任会议精神，围绕中心，服务大局，改革创新、锐意进取，推动老龄工作和老龄事业取得新的进展。“敬老文明号”创建和老龄调研等重点工作走在了全国前列，相关经验做法在全国老龄办主任会议和第二届全国“敬老文明号”创建活动启动会上作了典型发言。

一、不断完善全市养老保障体系，老年人保障水平逐步提高

（一）社会养老保险制度日益健全。自2005年以来连续第十年调整了企业退休人员养老金。从2014年1月起，为全市61万名企业退休人员调整提高了养老金，全市企业退休人员月人均养老金增长286.9元。全年共为70.2万名企业退休人员发放养老金190亿元，同比增长21.7%；共为8.8万名机关事业离退休人员发放养老金28.5亿元，同比增长7.9%；共为94.2万名城乡居民发放养老待遇22.8亿元，同比增长4.6%。进一步完善了城乡居民养老保险政策。以国家“新农保”和“城居保”两项制度合并实施为契机，进一步完善我市居民基本养老保险政策，将个人缴费标准调整为12个档次，一般参保人的最低缴费档次由100元提高到300元，最高缴费档次由2500元提高到5000元。建立了多缴多补激励政策，对选择500元以上较高档次标准缴费的，自2015年起补贴标准最高提高至每人每年100元。截至2014年末，全市城镇职工基本养老保险参保缴费人数为237.2万人，城乡居民基本养老保险参保人数达到300万人。

（二）老年医疗保障水平进一步提高。根据国家、省有关意见和市政府具体部署，2014年1月起我市启动实施医疗保险城乡统筹工作。整合原有的城镇职工、城镇居民、新农合三个医保制度，统筹设计出台了《青岛市社会医疗保险办法》（市政府第235号令），建立了符合本市实际、统筹城乡的社会医疗保险新制度，构建起“基本医疗保险＋大病医疗保险＋大病医疗救助”三层社会医疗保障体系。在全国率先探索将制度覆盖范围扩大到农村参保居民，推行“医养康护”专业化护理模式，破解失能、半失能老人医疗护理难题，共有2.42万参保患者享受到长期护理保险待遇，支付护理保险基金3.47亿元，统筹金支付3.67亿元，目前在床1.8万人，该制度得到全市群众的广泛好评。2014年城乡居民参保人数共509万人，其中新农合参合427万人，参合率100%。城镇居民基本医疗保险政策范围内报销比例为78%。新农合住院政策补偿比为75%，门诊为58.6%；各区市新农合筹资标准均达到或超过425元/人/年，最高支付限额为28万。

（三）老年社会福利制度不断完善。我市全面落实农村部分计划生育家庭奖励扶助和计划生育家庭特别扶助制度。对农村年满60周岁符合奖励扶助条件的独生子女和双女家庭的父母，每人每月给予不少于80元奖励扶助金。自2014年1月1日起，对符合条件的独生子女死亡、伤病残家庭夫妻计划生育特别扶助金提高到每人每月500元、300元，全面完成了2014年计划指标。2014年，共为全市106517名农村部分计划生育家庭奖励扶助对象发放扶助金9223.81万元；为8853名计划生育特扶对象发放扶助金3882.77万元。圆满完成了百岁老人长寿补贴金发放工作。对80～89周岁低保老人每月发放120元高龄津贴，对90～99周岁低保老人每月发放220元高龄津贴，所有百岁老人每月发放300元。为全市25万多名80岁及以上户籍老年人每人每年发放150元体检补助。各区市也普遍建立健全高龄老人津贴制度，逐步扩大发放范围，提高发放标准。

二、加快养老服务设施建设，社会养老服务水平进一步提高

（一）养老服务设施建设突飞猛进。截至2014年底，全市养老床位总数5.2万张（含农村敬老院7872张，日间照料中心床位13177张），千名老人拥有床位数34.3张。城区养老机构175家，床位31352张，入住老人1.5万人。其中，公办机构27家，床位10370张，分别占全市养老机构数和床位数的

15%和33%；民办机构148家，床位20982张，分别占全市养老机构数和床位数的85%和67%。养老机构中设立医疗机构的71家，享受长期护理保险政策的医养结合养老机构35家。已完成四区四市社区日间照料中心覆盖70%城市社区和40%农村社区的目标，全市建有城乡社区日间照料中心996个（含农村幸福院390个），建筑面积150～1000平方米，床位4～50张，常年参与活动的老人3万多名。具有助餐功能的日间照料中心116个，助餐老人4600多人。市内三区设置社区养老互助点1820个，其功能由日间照料中心逐步替代，有1万多名老人在互助点参加活动。

（二）养老服务专业化水平进一步提高。我市制定了《关于规范养老机构管理工作的通知》《关于规范社区老年人日间照料中心和为老服务场所管理工作的通知》《关于规范社区养老互助点管理工作的通知》和《居家养老服务质量规范》；实施了《青岛市养老服务机构等级管理办法》，对养老机构实行分级分类管理。加大对居家养老服务组织培育的支持力度，在场所、人员、设施等方面给予扶持，对居家养老服务组织为失能、半失能老年人提供居家养老服务给予每年1～7万元的补助。由区、市政府为本市户籍60岁以上“三无”、低保老年人购买居家养老服务。对半失能老年人，每月服务时间不少于45小时，对失能老年人，每月服务时间不少于60小时，按照城镇每小时15元，农村每小时10元的标准给予补助。我市从事社区居家养老服务的人员5000多名，共为5万余名老人提供生活照料、精神慰藉、康复护理、送餐助餐、送奶送报等社区居家养老服务，其中为全市7788名“三无”、低保、低保边缘等困难老人提供政府购买的居家养老服务。2014年全市实现城乡困难老人居家养老服务全覆盖。

（三）老年人医疗服务水平继续提升。2014年，我市强化基层医疗卫生机构综合配套改革和基础设施建设，建成了比较完备的基层医疗和公共卫生服务体系。我市共有社区卫生服务中心（站）和镇街卫生院387家、一体化管理的规划内村卫生室4355家，其中社区卫生服务中心70家、社区卫生服务站218家、镇街卫生院99家，实现了每个镇街有1所社区卫生服务中心（镇街卫生院）、每个行政村有村卫生室的基层卫生服务体系，建成了“一刻钟”医疗服务圈，达到城乡居民基本医疗和基本公共卫生服务的全覆盖。去年在全市范围内新增了老年人肿瘤标志物（胸片、尿酸、B超）等检查，制定了统一的健康护照。2014年，全市发放健康护照近30万份，新增老年人肿瘤标志物（胸片、尿酸、B超）等检查人数累计达50万余万人。提高60岁及以上老年人健康档案建档率。截至2014年底已免费为700余万市民建立健康档案并实现信息化管理，建档率达80%以上，65岁及以上老年人健康档案建档率达到85%以上，老年人规范管理率达到85%以上。

三、扎实推进市办实事，确保老年人共享社会发展成果

2014年市政府将65周岁以上老年人免费乘车列入市办实事之一。市老龄办联合市交通运输委、市财政局以及各区市政府、红岛经济区管委等责任单位，与各公交企业以及琴岛通卡股份有限公司一起，认真研究，精心组织，大胆创新，扎实推进，仅用了两个月时间就完成了全市7800余辆公交车和42个琴岛通卡客服网点的设备改造工作，使该项政策于5月1日起正式在全市全面施行。为把好事办好，我们组织制定的65周岁以上老年人免费乘车实施方案以市政府名义下发，组织召开有关部门、各区市关于65周岁以上老年人免费乘车市办实事工作部署协调调度会议，并深入基层调查研究，克服困难，现场督查，发现问题，及时协调。我们认真借鉴吸收外地城市的经验教训，与琴岛通卡公司共同研究设置了从去年5月5日至12月31日，长达7个月的半价卡换免费卡的过渡期，有效避免了短期集中排队换卡给老年人带来的诸多不便。同时，在前期准备工作期间，我们还印制了40余万份《青岛市65周岁以上老年人乘坐公交车免费政策实施工作政策解读》宣传册和张贴画，发放到城乡居民社区，使该项政策的实施步骤和注意事项，在实施之前就已经做到家喻户晓，确保了实施过程的平稳有序。新的免费乘车政策实施后，享受免费乘车优惠的老年人由原先的60余万人增加到90余万人，惠及面扩大了50%，使广大老年人切实享受到了我市经济社会的发展成果。

四、深入开展老龄专题调研，参谋辅政水平不断提高

我们组织开展了“青岛市老龄工作调查研究深化年”活动，发动市老龄委各成员单位、各区市老龄办重点围绕人口老龄化、老年维权、精神关爱、社会化养老服务体系建设、长期照护、老年人参与社会发展等六个方面专题开展调研。收到调研报告、论文55篇，评出“十佳调研报告”10篇，“十佳调研报告提名奖”10篇，“调研报告优秀奖”15篇，编印《青岛市老龄工作调查研究深化年获奖作品集》供相关部门和人员参阅，并分别向省老龄办和全国老龄办报送优秀论文15篇、10篇。去年我市多篇调研报告、论文在省、全国获奖，分别有1篇、4篇、7篇调研报告获省老龄工作政策调研一等奖、二等奖、三等奖，获奖数量占表彰数量的三分之一，位居全省第一；分别有1篇、1篇、3篇获2014年度全国老龄政策优秀成果一等奖、三等奖和优秀奖。有1篇论文获全国首届“敬老文化论坛”论文评选优秀奖。开展农村留守老人关爱体系建设专题实地调研，对平度市明村镇埠口村、明西村211户、284位老年人的生活状况进行了摸底，对相关调查问卷进行统计分析，形成了《青岛市农村老年人口生活状况调查报告》，提出了加强我市农村老年人特别是留守老年人关爱体系建设的对策建议。开展《青岛市实施〈中华人民共和国老年人权益保障法〉若干规定》修订相关工作调研，向市老龄委成员单位及各区市书面征求修法意见，了解汇总了外省市老年法规立法及立法工作中的亮点情况，已完成修法调研报告，提出了修订青岛市实施〈中华人民共和国老年人权益保障法〉若干规定》应解决的主要问题及修法建议。委托高校对我市人口老龄化发展状况进行了分析，对未来一段时期（2015—2050年）我市老年人口发展趋势进行了预测，形成了《青岛市人口老龄化发展趋势预测报告（2015—2050年）》，为党委、政府进行应对人口老龄化战略研究、制定惠老政策措施等提供参考。

五、认真做好老年维权工作，老年人合法权益得到有效保障

（一）市老龄办联合市南区人民法院、市南区八大峡街道办事处、山东汉通律师事务所，成立了青岛市西部老年维权调解中心和老年维权岗，较好地解决了市区西部老年人维权不便的问题。

（二）市老龄办联合市中级人民法院，成立了涉老案件合议庭，通过讲座、培训、法官进社区等形式，培训基层司法骨干和人民调解员，组织典型涉老案例巡回审判，力求从源头上化解涉老纠纷。

（三）市老龄办联合市工商局、市消费者权益保护协会，开展了老年消费维权系列活动，在部分社区和企业设立老年消费者权益保护联络点，定期发布消费提醒和警示，宣讲消费知识，公布违法案例，依法打击侵害老年消费者权益的违法行为。

（四）认真做好老年人信访工作，修订出台了《青岛市老年人信访工作制度》，并在日常信访工作中严格按照制度办事，坚持有访必接，接而必办，办而必果，做到老年人信访件件有回音，事事有结果。截至2014年底，全市各级共办理各类老年信访案件1732件，其中来信146件，来访176件，来电1410件，全部办结，满意率99%。

（五）“敬老月”期间，对我市部分景点落实优待老年人规定情况进行了执法检查，对存在的问题进行协调立即整改。

六、大力开展助老惠老活动，老年人精神关爱水平进一步提高

（一）助老惠老活动丰富多彩。启动开展第二周期“敬老文明号”创建活动，推动全市“敬老文明号”创建活动向多行业、多领域、多系统、多层次深入开展，重点在养老服务、政务服务、交通服务、商业服务、维权服务、卫生健康、文体休闲、餐饮服务等8个领域。根据全国统一部署，联合市卫生计生委在全市卫生计生系统的涉老岗位、窗口和科室，广泛开展“敬老文明号”创建活动。去年又有80个单位荣获市级“敬老文明号”称号。市老龄办会同青岛日报社继续深入开展“爱心陪伴空巢老人”大型公益活动，组织举办了“海尔·爱心陪伴空巢老人”公益颁奖典礼、“爱心陪伴空巢老人”集中入户、“我陪老人看世园”、向空巢老人捐赠轮椅助行器、端午爱心粽、陪空巢老人过中秋、爱心陪伴空巢老人志愿者服务基地挂牌等活动，并结合春节、元宵节、学雷锋日、老年节、中秋节等节假日、纪念日，开展了形式多样的爱心陪伴活动。截至去年，爱心陪伴志愿者团队已达62个，志愿者人数已近8000人，爱心陪伴空巢老人2000余人次。我市举办了“致敬长者 畅游世园”系列活动。推出了65周岁及以上老年市民免费游园活动，组织了3500多名老年人参与游园活动。开展了“读敬老书、写尊老文、画助老图”美文漫画作品征集活动，征集敬老漫画和文章400多篇幅。春节和老年节向全市手机用户发送敬老短信300余万条。继续开展老年人婚介联谊活动，全年共举办13场，8000多人次参加，为单身中老年朋友电话联系约见2300多人次，牵线960多对。

（二）老年人精神关爱工作扎实有效。继续开展量贩式KTV老年人免费娱乐活动，为老年人提供KTV免费娱乐活动的场所，由17家拓展到37家，活动时间由每月一个半天，增加到两个半天。举办了首届青岛市量贩式KTV老年人免费娱乐活动“银龄欢唱K歌大赛”，有600多名老年人报名参加，其中年龄最长的84岁。“银龄欢歌大舞台”全年完成公益演出76场次，超额完成年度计划的50%，专场慰问演出63场。我市的七彩风艺术团男声合唱团、健身舞队、京剧团、舞蹈队在第四届中国老年文化艺术节上分别荣获金银奖。举办了“喜迎建国65周年全市老年人才艺大展演暨‘第三届全省银龄风采艺术节’青岛赛区参赛节目展演”活动，选送18个节目参加全省展评。举办了“欢庆世园会，丹青颂祖国”老年书画获奖作品展和“世园会精彩一刻”老年摄影获奖作品展。选派110多名优秀志愿者参与世园会场内和城市运行综合支援站点志愿服务工作，累计服务时间50000小时。继续开展老年教育工作，区（市）、镇（街道）老年学校办学率达100%，村（社区）老年学校办学率市南区、城阳区、黄岛区达100%，其他区市达45%以上。六区老年人入学率达16%以上，四市老年人入学率达13%以上。

七、加强老龄宣传教育，社会敬老爱老氛围更加浓厚

我市积极对外宣传各类先进典型，成功将黄岛区科协退休干部、“核武老人”魏世杰的先进事迹推向全国。9月下旬，我们积极配合央视《夕阳红》栏目，拍摄了全面反映魏世杰老人坚守信念、热爱科普事业、几十年如一日为科普事业默默奉献的电视专题片。11月20日，中央宣传部和全国老龄办联合在中国网络电视台，公开授予魏世杰等来自全国各地的17位老人“最美老有所为人物”荣誉称号，在全国人民面前展示了青岛老年人高尚的思想品德和良好的精神风貌。魏世杰老人也是我省唯一一位获此殊荣的老年人。策划制作了广播、电视公益宣传片，“敬老月”期间，在电视台综合频道和电台新闻频率每天播出，弘扬孝亲敬老理念。全年编发《青岛老龄》杂志6期，《青岛老龄工作》信息16期。组织策划青岛电视二台“老来乐”专题节目，播出52期。青岛老龄网每日更新信息不少于30条，成为社会公众特别是老龄工作者和老年人了解老龄政策的平台。会同青岛广播电视台开展了“青岛老人2014”系列片公益展播，从报名的数百名老年人中遴选出30名老年人代表，为每位老年人代表拍摄一集时长为15分钟的纪录片，“敬老月”期间，在青岛电视台生活服务频道，每天播出一集。

重要会议和活动

【市领导走访慰问敬老院和老年人代表】1月23日，是中华民族传统意义的小年。青岛市政府栾新副市长在市老龄办主任赵宝玲、市老龄办副主任高恒文及青岛经济技术开发区有关领导的陪同下，先后走访慰问了青岛经济技术开发区怡康敬老院和老党员薛连成，并送上慰问品和慰问金，祝老人们节日快乐、身体健康，同时通过他们向全市老年人送去节日祝福和问候。

【举办爱心陪伴空巢老人公益颁奖典礼】1月17日下午，由青岛日报社、市老龄办联合主办的“海尔·爱心陪伴空巢老人”公益颁奖典礼在青岛日报社阳光大厅举行。活动中，主办单位与参加典礼的210名空巢老人和200名志愿者共同回顾了2013年“爱心陪伴”这一品牌的成长历程，并为爱心陪伴之星（个人）和爱心陪伴之星（团体）颁奖。同时，爱心大姐志愿者服务队、36敬老爱心线路、红飘带中青车队女子巾帼班三支志愿者队伍也在颁奖典礼现场接受授旗，加入到爱心陪伴的志愿者队伍中。

【召开市老龄委全体会议】4月23日，新调整成立的市老龄委召开首次全体会议。副市长、市老龄委主任栾新出席会议并讲话，市委副秘书长、市老龄委副主任姜军建主持会议。会上，听取了市老龄委副主任、市老龄办主任赵宝玲向大会所作的老龄工作报告，市民政局、市人力资源社会保障局、市文广新局、市体育局等市老龄委成员单位就开展老龄工作情况作了交流发言。会议要求，各级党委、政府，各级老龄工作部门和老龄委成员单位，一定要统一思想，提高认识，自觉站在全市经济和社会发展大局上，站在构建和谐社会、全面建设小康社会的战略高度，切实增强做好老龄工作的责任感和使命感，增强工作的主动性和创造性，积极采取有效措施，抓紧做好应对人口老龄化的思想准备、政策准备、制度准备、组织准备和物质准备，真抓实干，开拓创新，推动老龄事业加快发展。

【“银龄欢歌大舞台”助力青岛世园会】4月18日为青岛世园会倒计时周，当天下午，由市老年服务中心、李沧区老龄办共同承办的青岛市“银龄欢歌大舞台”年度公益演出活动启动仪式暨“为世园放歌，为青岛喝彩”全市老年人喜迎世园会文艺演出在李沧区沧口公园隆重举行。整场演出为全市人民盼望已久的青岛世界园艺博览会增添了浓浓喜气。

【开展第二周期“敬老文明号”创建活动】青岛市“敬老文明号”创建活动领导小组办公室向全市发出了开展第二周期“敬老文明号”创建活动的通知，要求在巩固第一周期创建成果的基础上，扩大创建活动范围，丰富创建内容，创新创建方法，推动老年法的落实，让老年人得到更多的关爱和实惠，在全社会进一步营造尊老敬老爱老助老氛围，加快实现“老有颐养”工作目标。

【组织开展老龄工作调查研究深化年活动】日前，市老龄委下发《关于开展老龄工作调查研究深化年活动的通知》。通知要求，在全市开展“老龄工作调查研究深化年”活动，发动各级机关、企事业单位、科研院所、驻青岛单位和社会各界人士，紧紧围绕事关战略全局和长远发展的重大问题和老年人及其家庭关注的热点、难点、焦点问题，深入开展调研，提出前瞻性、全局性、战略性对策建议，为市委、市政府制定相应政策、推进老龄事业发展、实现“老有颐养”工作目标提供决策参考。

【举办老年人免费K歌活动】4月6日，由市文化市场行政执法局与市老龄办联合举办的我市首届“格莱美”杯量贩式KTV“银龄欢唱K歌大赛”正式启动，同日启动的还有2014年老年人免费娱乐活动，老年人免费K歌的次数从去年的每月一次增加到了今年的每月两次，一次至少3个小时。参与该活动的KTV数量也由去年的17家增加到了37家。首届“格莱美”杯量贩式KTV“银龄欢唱K歌大赛”有近500名选手参赛，历时一个半月，经过17场次的初赛、复赛，20名老年歌唱好手进入决赛，最终评出一等奖1名，二等奖4名，三等奖5名，其余10位选手获得了优秀歌手奖。

【在第二届全国“敬老文明号”创建活动启动会上作典型发言】5月14日，全国老龄办在杭州市召开第二届全国“敬老文明号”创建活动启动会。市老龄办副主任高恒文以及青岛交运集团纪委书记、工会主席高向荣等3名同志参加了会议。会上，总结交流了第一届全国“敬老文明号”创建活动经验，研究部署了第二届全国“敬老文明号”创建活动总体安排。8个单位介绍了创建活动的经验和做法。高向荣同志作了题为《岗位争创与志愿服务并举，推动交运服务转型升级》的典型发言，受到与会者的一致好评。

【七彩风艺术团参加第四届“老艺节”喜获四金四银】我市七彩风艺术团参加了第四届老年文化艺术节的舞蹈、广场舞、合唱、综艺四个项目的比赛，获得四金四银两铜的好成绩。七彩风男声合唱团演唱的《沁园春·雪》获得金奖，七彩风健身舞队参赛作品《一路向前》获得金奖，七彩风说唱团参赛作品山东快书《铁面佛》、相声《拼爹》分获金奖、铜奖；七彩风京剧团参加京剧票友大赛，分获得一个金奖、三个银奖、一个铜奖，七彩风舞蹈队参赛作品《齐鲁扇韵》获得银奖，为我市老年文化工作争得了荣誉。

【在卫生计生系统开展“敬老文明号”创建活动】市卫生计生委和市老龄办决定，自2014年7月起，在全市卫生计生系统广泛开展“敬老文明号”创建活动。活动要求，全市医疗卫生机构要优先为辖区内常住老年人免费建立健康档案，每年至少提供1次免费体格检查和健康指导，开展健康管理服务。为行动不便的老年人提供上门服务。鼓励设立老年病医院，加强老年护理院、老年康复医院建设，有条件的二级以上综合医院应设立老年病科。

【在全国老龄办主任会议上作典型发言】7月21日，全国老龄办在北京召开了全国老龄办主任会议。会上，我市作了题为《加强制度创新和政策创制，破解失能半失能老年人医养康护难题》的大会发言。大会发言的9个单位中，我市是唯一的副省级单位。

【长期医疗护理工作受全国老龄办主要领导肯定】7月22日，全国老龄办在北京召开了全国老年人优待（视频）工作会议。我市组织了青岛分会场的集体收看活动。市老龄委44个成员单位和市科技局、市林业局、济南铁路局青岛站、民航青岛安全监督管理局、市文物局、中国人民银行青岛市中心支行单位的分管领导，以及11个区（市）的老龄办主任在青岛分会场收看了会议实况。会上，全国老龄委副主任、民政部部长、全国老龄办主任李立国在会上发表了重要讲话，讲话中对青岛市率先探索试行长期医疗护理保险制度给予充分肯定，并对青岛市老龄办充分发挥综合协调作用，推动涉老部门开展制度创新和改革创制工作提出表扬。

【举办庆祝老年节暨“欢庆世园会，丹青颂祖国”老年书画展】由市老龄办、市文广新局共同组织举办的庆祝老年节暨“欢庆世园会，丹青颂祖国”青岛市老年书画展，于9月17至19日在市级机关会议中心一楼大厅开展。本次参展的168件作品是从面向社会征集的1100余件作品中评选出来的。参展作品以歌颂新中国成立65年来取得的丰硕成果，展现家乡举办世园会自豪感与幸福感为主旨内容，是青岛市老年书画爱好者为庆祝祖国65岁华诞、喜迎青岛世界园艺博览会的成功举办献上的一份丰厚贺礼。

【开展老年节走访慰问活动】9月23日上午，市老龄办主任赵宝玲在市北区副区长童煜的陪同下，走访慰问了青岛市百姓人家老年护理院，送去了养生保健、文学名著书籍以及鲜花、果篮等慰问品，为老年人带去了节日的祝福。市老龄办副主任高恒文、副巡视员朱书阳等陪同走访慰问。

【成立老年维权调解中心（西部）】10月11日，青岛市老年维权调解中心（西部）和老年维权岗在市南区八大峡街道台西五路社区成立。市老龄办副主任高恒文为中心和维权岗揭牌，市南区老龄办、市南区人民法院、市南区八大峡街道办事处、山东汉通律师事务所领导参加了揭牌仪式。青岛市老年维权调解中心（西部）和老年维权岗是由青岛市老龄办主办，市南区人民法院、市南区八大峡街道办事处、山东汉通律师事务所承办，山东汉通律师事务所具体承担日常涉老案件的调解工作，安排专职律师为老年人提供法律服务。

【举办中老年婚介联谊会】10月25日，由市老年服务中心、市北区喜康助老服务中心共同承办的“牵手敬老月 情暖老人心”大型婚介联谊会在市北区老年乐园举行。现场共3000余单身中老年朋友参加，通过文艺助兴、寻寻觅觅、提名相约、现场速配、对号入座、漫步交流、欢乐牵手等环节，共牵线成功400多对，为单身中老年朋友提供了一个相识与交友的平台。

各项业务进展

【养老保障工作】自2005年以来连续第十年调整了企业退休人员养老金。从2014年1月起，为全市61万名企业退休人员调整提高了养老金，全市企业退休人员月人均养老金增长286.9元。截至2014年末，全市城镇职工基本养老保险参保缴费人数为237.2万人，城乡居民基本养老保险参保人数达到300万人。2014年1月起我市启动实施医疗保险城乡统筹工作。出台了《青岛市社会医疗保险办法》（市政府第235号令），建立了符合本市实际、统筹城乡的社会医疗保险新制度，构建起“基本医疗保险＋大病医疗保险＋大病医疗救助”三层社会医疗保障体系。在全国率先探索将制度覆盖范围扩大到农村参保居民，推行“医养康护”专业化护理模式，破解失能、半失能老人医疗护理难题，共有2.42万参保患者享受到长期护理保险待遇。2014年城乡居民参保人数共509万人，其中新农合参合427万人，参合率100%。

【发展养老服务业】制定了《关于规范养老机构管理工作的通知》《关于规范社区老年人日间照料中心和为老服务场所管理工作的通知》《关于规范社区养老互助点管理工作的通知》和《居家养老服务质量规范》；实施了《青岛市养老服务机构等级管理办法》，对养老机构实行分级分类管理。加大对居家养老服务组织培育的支持力度，在场所、人员、设施等方面给予扶持，对居家养老服务组织为失能、半失能老年人提供居家养老服务给予每年1～7万元的补助。由区、市政府为本市户籍60岁以上“三无”、低保老年人购买居家养老服务。我市从事社区居家养老服务的人员5000多名，共为5万余名老人提供生活照料、精神慰藉、康复护理、送餐助餐、送奶送报等社区居家养老服务。2014年全市实现城乡困难老人居家养老服务全覆盖。

【老龄调研工作】我们组织开展了“青岛市老龄工作调查研究深化年”活动，发动市老龄委各成员单位、各区市老龄办重点围绕人口老龄化、老年维权、精神关爱、社会化养老服务体系建设、长期照护、老年人参与社会发展等六个方面专题开展调研。收到调研报告、论文55篇，评出“十佳调研报告”10篇，“十佳调研报告提名奖”10篇，“调研报告优秀奖”15篇。去年我市多篇调研报告、论文在省、全国获奖，分别有1篇、4篇、7篇调研报告获省老龄工作政策调研一等奖、二等奖、三等奖，获奖数量占表彰数量的三分之一，位居全省第一；分别有1篇、1篇、3篇获2014年度全国老龄政策优秀成果一等奖、三等奖和优秀奖。有1篇论文获全国首届“敬老文化论坛”论文评选优秀奖。

【老年维权工作】一是市老龄办联合市南区人民法院、市南区八大峡街道办事处、山东汉通律师事务所，成立了青岛市西部老年维权调解中心和老年维权岗。二是市老龄办联合市中级人民法院，成立了涉老案件合议庭，培训基层司法骨干和人民调解员，组织典型涉老案例巡回审判。三是市老龄办联合市工商局、市消费者权益保护协会，开展了老年消费维权系列活动，在部分社区和企业设立老年消费者权益保护联络点，定期发布消费提醒和警示，宣讲消费知识，公布违法案例，依法打击侵害老年消费者权益的违法行为。四是认真做好老年人信访工作，修订出台了《青岛市老年人信访工作制度》，并在日常信访工作中严格按照制度办事，坚持有访必接，接而必办，办而必果，做到老年人信访件件有回音，事事有结果。截至2014年底，全市各级共办理各类老年信访案件1732件，其中来信146件，来访176件，来电1410件，全部办结，满意率99%。五是“敬老月”期间，对我市部分景点落实优待老年人规定情况进行了执法检查，对存在的问题进行协调立即整改。

【助老惠老工作】启动开展第二周期“敬老文明号”创建活动，推动全市“敬老文明号”创建活动向多行业、多领域、多系统、多层次深入开展，重点在养老服务、政务服务、交通服务、商业服务、维权服务、卫生健康、文体休闲、餐饮服务等8个领域。有80个单位荣获市级“敬老文明号”称号。市老龄办会同青岛日报社继续深入开展“爱心陪伴空巢老人”大型公益活动，组织举办了“海尔·爱心陪伴空巢老人”公益颁奖典礼、“爱心陪伴空巢老人”集中入户、“我陪老人看世园”、向空巢老人捐赠轮椅助行器、端午爱心粽、陪空巢老人过中秋、爱心陪伴空巢老人志愿者服务基地挂牌等活动，并结合春节、元宵节、学雷锋日、老年节、中秋节等节假日、纪念日，开展了形式多样的爱心陪伴活动。截至去年，爱心陪伴志愿者团队已达62个，志愿者人数已近8000人，爱心陪伴空巢老人2000余人次。我市举办了“致敬长者 畅游世园”系列活动，组织了3500多名老年人参与游园活动。开展了“读敬老书、写尊老文、画助老图”美文漫画作品征集活动，征集敬老漫画和文章400多篇幅。春节和老年节向全市手机用户发送敬老短信300余万条。继续开展老年人婚介联谊活动，全年共举办13场，8000多人次参加。

【老年优待工作】2014年市政府将65周岁以上老年人免费乘车列入市办实事之一。市老龄办联合市交通运输委、市财政局以及各区市政府、红岛经济区管委等责任单位，与各公交企业以及琴岛通卡股份有限公司一起，认真研究，精心组织，大胆创新，扎实推进，仅用了两个月时间就完成了全市7800余辆公交车和42个琴岛通卡客服网点的设备改造工作，使该项政策于5月1日起正式在全市全面施行。我们组织制定的65周岁以上老年人免费乘车实施方案以市政府名义下发，组织召开有关部门、各区市关于65周岁以上老年人免费乘车市办实事工作部署协调调度会议，并深入基层调查研究，克服困难，现场督查，发现问题，及时协调。我们还印制了40余万份《青岛市65周岁以上老年人乘坐公交车免费政策实施工作政策解读》宣传册和张贴画，发放到城乡居民社区，使该项政策的实施步骤和注意事项，在实施之前就已经做到家喻户晓，确保了实施过程的平稳有序。新的免费乘车政策实施后，享受免费乘车优惠的老年人由原先的60余万人增加到90余万人，惠及面扩大了50%，使广大老年人切实享受到了我市经济社会的发展成果。

【老年文化教育工作】继续开展量贩式KTV老年人免费娱乐活动，为老年人提供KTV免费娱乐活动的场所拓展到37家，活动时间增加到每月两个半天。举办了首届青岛市量贩式KTV老年人免费娱乐活动“银龄欢唱K歌大赛”，有600多名老年人报名参加。“银龄欢歌大舞台”全年完成公益演出76场次。我市的七彩风艺术团男声合唱团、健身舞队、京剧团、舞蹈队在第四届中国老年文化艺术节上分别荣获金银奖。举办了“喜迎建国65周年全市老年人才艺大展演暨‘第三届全省银龄风采艺术节’青岛赛区参赛节目展演”活动。举办了“欢庆世园会，丹青颂祖国”老年书画获奖作品展和“世园会精彩一刻”老年摄影获奖作品展。区（市）、镇（街道）老年学校办学率达100%，村（社区）老年学校办学率市南区、城阳区、黄岛区达100%，其他区市达45%以上。六区老年人入学率达16%以上，四市老年人入学率达13%以上。

【老龄宣传工作】配合央视《夕阳红》栏目，拍摄了全面反映魏世杰老人坚守信念、热爱科普事业、几十年如一日为科普事业默默奉献的电视专题片。11月20日，中央宣传部和全国老龄办授予魏世杰等来自全国各地的17位老人“最美老有所为人物”荣誉称号。策划制作了广播、电视公益宣传片，“敬老月”期间，在电视台综合频道和电台新闻频率每天播出。全年编发《青岛老龄》杂志6期，《青岛老龄工作》信息16期。组织策划青岛电视二台“老来乐”专题节目，播出52期。青岛老龄网每日更新信息不少于30条，成为社会公众特别是老龄工作者和老年人了解老龄政策的平台。会同青岛广播电视台开展了“青岛老人·2014”系列片公益展播，遴选出30名老年人代表拍摄时长为15分钟的纪录片，“敬老月”期间，在青岛电视台生活服务频道播出。

深圳市

综　　述

一、积极创新敬老优待证服务

为解决敬老优待证办证时间长、无法精细管理和提供持续服务等突出问题，进一步方便老年朋友享受优待服务，为政府核算财政投入和评估完善政策提供决策参考，我们积极创新敬老优待证服务工作，在市社工委、市公安局和市科工贸信委等部门配合下，借助信息化与大数据技术，真正发挥信息共享作用，创新服务流程，在全国率先变“被动申请”为“主动服务”，送证上门，实现服务对象、管理部门、政府多方便利。2014年全年我市共办理敬老优待证6万余张。

二、做好高龄老人津贴发放工作

经市政府审议通过，从2011年1月开始，为全市80周岁以上户籍老人按月发放高龄老人津贴，2014年，市老龄办继续推进高龄老人津贴发放工作，及时指导各区解决在发放津贴时遇到的实际问题，为调整完善高龄津贴实施细则做好基础调研。同时，积极响应国家关于加强老年优待的有关精神，估计各区不断扩大优待范围和内容。目前，我市10个区已经实现70周岁户籍老人享受津贴全覆盖，全市享受高龄津贴老人数为6万多人，发放津贴款约人民币

7000多万元。

三、大力开展为老服务品牌活动

（一）在全国第二个“老年节”到来之际，市老龄办组织召开深圳市第五届“敬老月”活动启幕暨第二届老年节启动大会，市委、市政府、市人大、市老领导、各成员单位和各区老年朋友代表出席了大会，很好的营造了尊老爱老的浓厚氛围，取得了良好的社会效果。

（二）组织启动第二届全国“敬老文明号”创建活动。在2013年结束的第一届全国“敬老文明号”表彰活动中，我市有7家为老服务基层单位被评为全国“敬老文明号”，是全国计划单列市中最多的。

（三）完成“银龄行动”招投标及前期准备工作。在今年敬老月系列活动启动仪式上，举行“银龄行动”的授旗仪式，市领导、局领导将“银龄行动”旗帜分别授予“银龄行动”三个小组，为此今年的“银龄行动”正式拉开了序幕。今年，深圳“银龄行动”将派出50人的工作队，分赴全市各社区、民办中小学及中小微企业开展智力援助。

（四）组织慰问百岁老人和部分困难老人。

四、加强公益金资助“幸福老人计划”管理工作

（一）积极组织实施“幸福老人计划”，加强项目的申报和审核工作，杜绝资金使用不当现象的发生。

（二）深入区、社区工作站，通过座谈、问卷调查、研讨等方式开展“幸福老人计划”公益金资助项目创新和流程优化调研，进一步规范福彩公益基金用于老龄服务事业的分配和使用，加强幸福老人计划资助项目的流程管理，健全监督机制，提高基金使用的社会效益。

（三）积极落实市政府常务会议精神，会同市财政委、市公益金办研究推进制定《深圳市福彩公益金资助“幸福老人计划”项目资金管理办法》，引入老年人口数和社会组织数等因素法对项目资金进行更加科学、有效的分配，进一步发挥“幸福老人计划”的社会效益。

五、加强老龄信息宣传

（一）制定《2014年老龄宣传工作方案》，贯彻全国老龄办、中宣部等单位联合印发的《关于培育和践行社会主义核心价值观加强老龄宣传教育工作的通知》，积极开展老龄信息宣传和理论调研，创新形式，展示我市老龄工作、老龄事业和产业新形象，营造社会参与、全民关怀氛围。

（二）以每年一度的“敬老月”系列活动为契机，加强策划，形成《2014年度敬老月系列活动专项宣传方案》，在敬老月期间集中展示我市老龄事业发展的成果。

（三）建立老龄工作宣传信息员制度，搜集、整理老龄工作信息，探索运用互联网、新媒体等方式开展老龄主题性宣传活动。

（四）加强与上级部门的沟通汇报。积极报送我市老龄工作的新进展、新情况，积极参与全国“老有所为”先进典型人物宣传活动，并组织推荐和报送了两名基层老年先进典型人物参加全国十佳老有所为楷模的推选。

六、加强老龄工作培训提升为老服务能力

（一）2014年上半年组织全市各区基层老龄工作者参加老龄工作创新培训，培训内容涵盖了人口老龄化现状、发展趋势和对策、创新管理体制、培育发展老年社会组织等，取得了良好的效果，为全市老龄工作队伍创新工作奠定了基础。

（二）组织开展老年社会组织老龄服务与治理能力建设培训，进一步提升全市老龄工作队伍能力素质，充分发挥老年社会组织作用，有力推动老年服务体系建设。

七、老龄工作政策调研有效落实

（一）贯彻落实《中华人民共和国老年人权益保障法》、24部委《关于进一步加强老年人优待工作的意见》《广东省老年人优待办法》等精神和要求，积极开展我市老年人权益保障和老年优待调研，完成《深圳市老年人权益保障体系建设研究》等课题调研。

（二）协调推动发展老龄服务产业，积极组织成员单位开展老龄服务产业调研，其中《深圳市老龄服务中心项目前期调研报告》获得多位市领导批示肯定和支持，并直接推动了项目的申请立项工作。

（三）认真评估、推进我市老龄事业发展“十二五”规划实施。结合国家、省老龄工作有关规划精神以及市委市政府的工作部署，在全市老龄事业发展“十二五”规划中期评估的基础上，继续推进规划的落实，重点关注研究实施中出现的问题，确保“十二五”规划的顺利完成。

（四）认真回复人大政协提案。2014年“两会”期间，社会各界对老龄问题和老龄事业非常关注。市人大代表、政协委员分别就加强深圳老年优待工作、加强对非户籍老人关爱、提升敬老优待证信息化水平等方面提出意见建议，我办对提案建议高度重视，并会同有关单位一起进行调研，同时与委员们积极沟通，汇报调研情况，取得了理解与支持，并就提案建议做了认真的答复。

八、大力推进为老服务体系信息化建设

（一）协助完善老年呼援服务中心管理，开拓服

务范围，一如既往地把专业的服务、高科技的手段用于老年人服务。

（二）筹备建立我市老龄数据库，打造老年人才和养老服务信息平台，掌握养老服务的基础数据和发展动态，为政府部门制定老年政策、公众查询养老服务、行业规范化发展提供信息查询。

九、加强老龄系统自身建设

（一）巩固发展老年协会完善的组织网络和老龄事业发展基金会资源整合的作用，协调和指导各类老年社会组织的建设。

（二）充分履行老龄委议事协调的职能，加强成员单位之间的联系、沟通与协调，进一步完善工作机制。

（三）协调指导深圳市老龄服务事业产业联合会，研究开展深圳市老龄产业状况和政策调查，积极推进老龄产业发展，使之逐步形成一个扩大就业、吸引资金、促进经济平稳较快增长的新行业。

十、各区老龄工作有序开展

福田区围绕深圳市老龄事业“十二五”规划和福田区“幸福晚年计划”，继续全力打造“首善之区”建设“幸福福田”；罗湖区进一步加强民生工作的创新和质量，组织辖区60周岁以上无工作单位承担健康体检的户籍老人免费体检；南山区利用相关福利政策，采取措施，推进居家养老服务工作顺利开展；盐田区对区老龄工作委员会成员进行了调整，同时进一步明确区老龄工作委员会各成员单位的分工以及职责；宝安区以公建民营的方式进一步推进街道敬老院社会化改革工作，制定完善的实施方案，并启动场地设施建设工作；龙岗区牵头制定龙岗区养老机构建设发展中长期规划，大力推进养老机构的建设发展；光明新区支持和推动新区老年协会各项工作稳步开展；坪山新区以敬老院改革为契机，加快推进养老服务体系建设。

第五部分

调　查　报　告

老有所养　老有所为

——全国妇联离退休干部情况调查与思考

全国妇联离退休干部局

为贯彻“积极应对人口老龄化”国家战略，落实中央关于“老干部工作要为走出一条中国特色老龄事业发展道路提供可资借鉴的经验”的要求，全国妇联老龄工作协调委员会办公室于2014年3月至12月进行了专题调研。调研同时得到了全国妇联妇女研究所的大力支持和协助。

一、基本情况和主要特点

本次问卷调查共收集有效问卷319份，走访座谈236人次；查阅了跨度10年的离退休干部档案信息。

（一）人口特征。接受问卷调查的人员中71.8%为女性，平均年龄为67.6岁。离退休干部平均子女数为1.5个，61.7%的人只有一个孩子；81.1%的调查对象处于已婚状态，13.5%的人丧偶。

（二）身份特点。近7成具有大专及以上文化水平；92.2%的人是建国后参加工作的退休干部，离休干部仅占7.8%；近2/3的人在离退休前担任过处级及以上行政职务，33.6%担任过司局级领导职务，1.6%担任过副部及以上职务。

（三）健康状况。过去3年间，76.0%的老干部没有住过院；近8成离退休干部感觉自己的身体还算健康，其中1/3认为自己的身体状况在同龄人中算比较好甚至很好。但有80.4%的离退休干部表示有门诊就医经历，这一群体年均门诊就医次数为13.3次。

（四）居住情况。6.3%的人处于独居状态，12.9%的人独自与非配偶的其他家庭成员或保姆生活在一起，38.9%的人是仅与配偶生活在一起的空巢家庭，41.9%的人是与配偶共同和其他家庭成员或其他人一起生活。

二、重点关注和普遍需求

党的十八大以来，以习近平同志为总书记的党中央开新局、立新规、树新风，让广大离退休干部对党和国家的未来、对“老有所养、老有所医、老有所教、老有所学、老有所乐、老有所为”充满了期待。随着改革开放的深入，利益格局的调整，以及国家进入人口老龄化程度的加深等，离退休干部的关注和需求也呈现出新情况新变化。

（一）关注党的事业。老同志有着强烈的爱党、忧党、兴党、护党政治使命感和担当意识，希望党中央能不畏艰难，勇于解决前进中遇到的各种困难和问题，始终保持党的先进性和纯洁性，尤其把反腐倡廉、八项规定、开展群众路线教育实践活动等作风建设持之以恒地坚持下去，使从严治党成为常态。老同志对社会主义核心价值观和四中全会作出的依法治国决定寄予厚望，认为这为实现“两个一百年”奋斗目标和中国梦提供了道德和法律保障。

（二）关注敬老风气。近8成离退休干部认为媒体在老年人的宣传报道中应注重“敬老助老传统美德的传播”，59.6%的人认为媒体应注重对损害老年人合法权益的现象进行抨击，超过一半的人建议媒体应注重对老年人积极形象的塑造，如积极报道老年人在家风建设中的作用，宣传老年人互助互爱的模范人物，以及老年人热心公益事业的先进事迹等。

（三）关注老有所养。调查显示，49.5%的人希望结合社区服务进行居家养老，24.9%的人选择传统的家庭养老，25.6%的人选择机构养老，56.5%的人希望各级组织能够更多关注精神文化养老。对于养老机构的费用，选择3000元及以下的人数过半，占到调查者的61.5%；其次是3000～5000元，占33.4%。另外，43.5%的老同志表示需要他人帮助和照料，目前由子女照料的占72.5%，配偶照料的占59.5%，保姆照料的占16.8%。

（四）关注生活待遇。走访中了解到，离退休干部普遍希望能共享改革开放成果，进一步提高待遇标准，特别是对提高生活待遇有较高的心理期待。62.4%的人表达了这一愿望。数据显示，虽然离退休干部已步入晚年，但还有61.7%的人承担着上养父母下助子女的家庭负担。主要是为子女提供生活照料（37.1%）及经济支持（34.5%），对父母提供生活照料和经济支持的比例分别为21.3%和17.8%。

（五）关注身体健康。数据显示，67.5%的人患有2种及以上疾病且正在治疗，22.3%的人患1种疾病正在治疗，仅有1成左右的人表示目前没有进行疾病治疗。另外，86.3%的离退休干部感到自己就医面临困难，期待组织帮助解决。其中，64.9%的人认为挂号难，25.6%的人认为住院难，23.3%的人认为“自己负担的费用高”，19.1%的人觉得看病交通不便。55.4%的人希望能更多地“提供健康保健咨询”。

（六）关注社区服务。数据显示，56.6%的人希望社区进一步完善“老年活动场所及设施”，55.8%的人希望社区“组织休闲娱乐活动”，52.4%的人希望开办“社区托老所”。其中前2项为精神文化生活方面，体现出离退休干部对丰富精神文化生活有较强烈需求。另外，离退休干部对日常生活密切相关的服务也有较高期待，如希望“联系附近单位食堂对老年人开放”的占47.6%，“协助雇请保姆/小时工”的占46.2%，“设置家庭病床及康复指导”的占42.1%。

（七）关注新科技应用。离退休干部普遍希望增加针对新科技产品及网络应用知识的相关培训。在新科技产品及网络应用情况的调查中，大多数人只会简单操作，其中能够熟练使用手机、电脑、数码相机的仅占总体的31.8%～24.6%，尚有7.3%的人没有使用过任何一种产品。在网上购物、网上银行缴费、网上就医咨询、网上预约挂号相关调查中，有58.4%的人从未使用过任何1项，15.7%的人使用过其中1项，使用过3项及以上的仅占10.6%。

三、工作思考和建议

随着我国老龄化速度不断加快，离退休干部工作必须立足积极应对人口老龄化的视角，以“让党放心、让老干部满意”为标准，把党的离退休干部政策落细、落实，推动全社会形成敬老、爱老、为老、助老的良好社会氛围。

（一）要广泛宣传老同志的先进事迹。广大离退休干部始终心系党和国家事业发展大局，始终关心支持妇女儿童事业发展，始终紧跟时代步代，以自己的模范行动扩大党组织在群众中的影响，较好地发挥了带头作用。这次调查中，发现了很多老同志老有所为的感人事迹，要通过报纸、门户网站等媒体，采取事迹宣讲、座谈交流等形式，大力宣传老同志身体力行践行社会主义核心价值观的先进事迹，形成尊重老同志、爱护老同志、学习老同志的良好氛围。同时，继续挖掘离退休妇女干部中的先进典型，发挥好她们的示范带动作用，为党的事业增添正能量。

（二）要充分发挥老同志的重要作用。离退休干部是党执政兴国的重要资源，是国家的宝贵财富，更是妇联的宝贵财富。要积极回应老同志关注党的大政方针和妇女儿童事业发展的良好愿望，充分发挥老同志的政治优势、经验优势、威望优势，坚持自觉自愿、量力而行的原则，从老同志的实际出发，鼓励她们把经验智慧和独特优势发挥出来，把对党的事业和对妇联儿童事业发展的深厚情感释放出来，通过“展示阳光心态、体验美好生活、畅谈发展变化”，讲好中国故事、弘扬中国精神、传播中国好声音，做好坚定理想信念的领头雁，当好培育核心价值观的火炬手，传好中国精神的接力棒。

（三）要切实解决老同志的实际困难。对老同志要保持敬重之心、倾注关爱之情、多做务实之事。如针对“双高期”老同志出行困难、空巢、独居、失能、患病以及突发情况多等特点，通过健全组织关怀机制、建立联系人制度等方式，为老同志办实事、做好事、解难题，多渠道提供人文关怀和个性化服务；进一步提高特困离退休干部补助标准、扩大补助范围等；进一步健全老干部培训机制、加大对文娱活动软硬件建设投入等，充分满足老同志对继续教育、老有所为以及精神文化生活和参与社会活动的热情；主动沟通联系，解决老同志养老需求多样化、医疗保障有难点等问题。通过提高标准、扩大范围、加大投入等一系列举措，确保老干部共享社会发展的经济、政治、精神、文化成果。

（四）要积极探索服务管理新模式。针对部分老同志高龄、多病、居住分散、行动不便的特点，不断加强完善“就近学习、就近活动、就近得到关心照顾、就近发挥作用”的“四就近”服务机制。在方法手段上，把思想上解惑、精神上解闷、生活上解困结合起来，把传统手段与现代手段结合起来，如建立微信群、QQ群等为老服务网络平台，将被服务老同志纳入群中，实时了解老干部现状和需求，及时发布服务信息等；在内容上，增加网络、手机及其他数码产品应用等。同时，积极探索对接社会养老服务体系的思路。如依托老干部居住社区，探索居家、社区相结合的养老服务模式；依托敬老院、老年公寓等养老机构，探索社会化养老新渠道；依托养老金融产品，探索以房养老的新模式等，让广大离退休干部老有所养、老有所依、老有所教、老有所学、老有所为、老有所乐。

2014年天津市失能老年人生活状况调查报告

天津市老龄办、天津财经大学联合调研组

一、开展《2014年天津市失能老年人生活状况调查报告》的背景

截至2013年底，我国60岁及以上老年人口2.02亿，占总人口的14.9%。中国是世界上失能老年人口最多的国家，据统计，我国城乡部分失能和完全失能老年人约3300万，占老年人口总数的19.0%，到2015年，即“十二五”期末，失能老年人将达4000万人。我市人口老龄化程度远超全国平均值，截至2014年底，天津60岁及以上户籍老年人口已达到215.42万人，占全市户籍人口的21.18%。随着天津市人口老龄化进程的加快，失能老年人的照料和护理问题将日益凸显，成为老龄化带来的最严峻的挑战之一。

为了解我市失能老年人的基本生活状况、生活照料和护理的基本情况以及照顾者的状况，为政府和有关部门完善家庭养老支持政策、完善老年人福利制度、探索长期护理保障制度提供理论依据和政策参考，天津市老龄办与天津财经大学统计系于合作进行了“天津市失能老年人生活状况抽样调查”。

本次调查涉及滨海新区、和平区、河西区、河北区、红桥区、北辰区、西青区、宝坻区、静海县、宁河县等10个区县，42个街镇，142个社区（村），880名失能老人。

本次调查对象界定的失能老年人是指年龄在60周岁及以上，由于年老、疾病、伤残等原因，在吃饭、洗澡、穿衣、上厕所、控制大小便、室内活动等日常活动必须他人协助或者完全依赖他人的协助才能完成的老人。按照国际通行标准分析，吃饭、穿衣、上下床、上厕所、室内走动、洗澡6项指标，一到两项“做不了”的，定义为“轻度失能”，三到四项“做不了”的定义为“中度失能”，五到六项“做不了”的定义为“重度失能”。

调查采取入户调查的形式，内容包括：失能老年人的个人基本情况、经济状况、身体状况、生活照料情况以及失能老年人的家庭主要照顾者的基本情况等方面。

二、主要调查内容与调查结果

（一）我市失能老年人人数及比例的测算。根据样本结果，可估算我市失能老年人占老年人总数的比例为6.65%。可计算出，到2014年底，我市失能老年人总数约为14.33万人。且农村失能老人比例高于城市失能老人。

（二）失能老人的基本状况。调查样本中，男性占47.92%，女性占52.08%。老年人的平均年龄为79.49岁，最低年龄为60岁，最高年龄为104岁。年龄在80～89岁的老人最多，达到总体比例的43.38%，年龄在70～79岁的老人占23.08%，年龄在60～69岁的老人占19.80%，年龄在90～99岁的老人占12.99%，100岁以上的老人有6人，占总调查样本的0.76%。

受访老人和子女同住的最多，约占43.69%，其次是和配偶居住的占40.4%，独居的占11.99%，另外与孙子女同住的占比1.26%，其它占2.65%。受访老人平均子女的个数为3.3个，其中有2～4个子女的较多，约占60%。

（三）失能老人的经济收入和参加保险方面的情况。受访老人月平均养老金收入为1663元。月养老保障收入在1000元以下的，占36.95%，1001～2000元的占15.64%，2001～3000元的占30.14%，3000～5000元的占12.99%；5000元以上的占4.28%。

受访老人中有282人享有城镇职工基本养老金，152人享有事业单位离退休金，两部分人群占总调查样本的比重约为54.73%。享有无收入老年人生活补助的117人，城乡基础养老金的73人，高龄津贴的有102人，最低生活保障金的有87人，政府其他救助的有79人，农村计划生育奖励金的1人，居家养老服务补贴的46人。

受访老人中享有城镇职工基本医疗保险的人数占53.22%，享有城乡居民基本医疗保险的人数占35.44%。

（四）受访老人失能程度及患病情况。轻度失能老人占总样本的47.79%，中度失能老人占15.38%，

重度失能老人占36.82%。

受访老人的平均失能时长为7.37年。其中5～10年的最多，占25.98%；其次为10～20年，占19.55%；第三是3～5年，占18.16%；1年以下和20年以上分别占12.48%和5.55%。

受访老人中患高血压的比例最高，达到61.66%；其次是心脏病/冠心病，也已过半数(51.45%)；位列第三位的是脑血管病（含中风），占49.18%；另外患糖尿病、颈/腰椎病、关节炎、青光眼/白内障、骨质疏松及耳聋的老人比例也较高，分别占20%～30%左右。

（五）失能老人的就医情况。58.79%的受访老人表示就医不太方便，24.4%的老人说一般，16.81%的老人表示就医方便。有3.42%的老人去年使用过家庭病床服务。

受访老人2014年上半年用于医疗方面的平均支出为11368.46元，其中城镇职工基本医疗保险平均支付了5248.18元，城乡居民基本医疗保险平均支付了553.47元，子女或亲属平均支付了1784.20元，自己平均支付了3569.05元，商业医疗平均保险支付了5.06元，医疗救助平均支付了9.71元，其他来源平均支付了247.54元。

（六）失能老人对养老机构和社区养老服务方面的看法。受访老人中，93.59%的不愿意住养老机构，只有6.41%表示愿意住养老机构。

受访老人中，有1/3的老人表示需要上门护理、上门看病的服务，对上门做家务、送餐、陪同看病、聊天解闷、康复理疗、代购物等服务也有一定需求。12.23%的受访老人享有居家养老政府购买服务。

（七）照顾者情况。86.1%的老人由配偶或子女或亲属照顾。35.48%的接受访问的照顾者是被照料老人的配偶；女儿照顾的占38.16%；儿子照顾的占33.27%；儿媳照顾的占15.46%。

接受访问的老人照顾者中，有65.7%是女性；34.3%是男性；平均年龄为59.47岁。其中55～65岁的最多，有263人，约占总样本数的1/3；其次是45～55岁，有202人，占25.47%；65～75岁的照料者人数位于第三，约有134人（16.9%）；其他各年龄段人数要少一些。

照顾者每天照料老人的时间达12小时以上的比例最高，占到71.75%，有82%的照顾者表示每周照顾老人时间多于5天。

受访照顾者中，40.35%的人会经常性出现“身体疲倦、睡眠不足、体力无法负荷”等身体不适症状；37.58%的人会偶尔出现身体不适。照顾老人过程中，照料人偶尔也会心情焦虑烦躁。

问及照顾老人的原因，在接受访问的照顾者中，有87.14%表示是出于责任与义务；一半的照顾者是出于尽孝道；46.41%的照顾者是回报父母的养育之恩；28.88%的照顾者是自身有条件；20.55%的照顾者是为下一代树榜样；19.42%是由于父母希望自己照顾。

四、调查的主要结论

（一）伴随人口老龄化和高龄化的迅猛进程，未来失能老年人的数量巨大。按本次调查测算的失能老人占老年人的比例6.65%计算，到2020年，我市将有失能老人17.09万人；到2030年，我市将有失能老人21.48万人；到2050年，我市将有失能老人22.34万人。

（二）对失能老人失能程度的分析。调查样本中，轻度失能的老人最多，其次是重度失能老人，中度失能老人最少。通常随着年龄的增加失能程度有所加强；女性老人略多于男性；城镇的重度失能老人比例高于农村，轻度和中度失能老人的比例则低于农村。

（三）失能老人经济收入偏低，生活质量不高。部分受访老人表示自己生活比较困难，需要子女或亲属经济上的资助。不愿意或没有能力购买一些保险保障服务或是养老服务、保健品等，对自身健康方面的“投资”很少。

（四）主要照顾者以家庭主要成员为主，且年龄偏高。失能老人的照顾者以配偶和儿女为主。配偶在失能老人照顾中承担的重要角色，老夫妻之间相濡以沫的情感，成为支撑配偶照料的精神动力。子女在失能老人照顾中也承担了主要责任，有的子女本身也是老年人或是准老年人，从身体状况、精神状态来看也是逐年下降，使得他们在兼顾父母、工作与自己的小家方面压力巨大。

（五）失能老人对社区居家养老服务知晓率、使用率低，需求率相对较高。调查发现，失能老人对社区居家养老服务知晓率、使用率低，但需要率高。这一方面与老人不经常外出、不了解情况有关，另一方面也存在社区宣传不到位，且更多是向政府购买服务的老年人提供服务有关。

（六）失能老人入住养老机构存在困难。老人的收入低，决定了老人不可能支付太多的费用入住养老机构。在有意愿入住养老机构的老人，近一半老年人只能支付每月1000元的费用，还有近40%的老人能支付1000～2000元。以某国办养老院收费标准为例，失能老人每人每天护理费45～90元、床位费26～150（8人间、4人间、2人间、单间收费不一），伙食费19元，按失能老人最低护理标准45元/天、8人间计算，一位失能老人每月所需最低费用为2700元。社会力量办的养老机构收住一位失能老人的费用一般在4000～4500元。这与失能老人所能承担的费用差距较大。

四、对策建议

失能老年人，特别是完全失能老年人的长期照护问题不仅是老年人个人和家庭的迫切需要，在家庭规模小型化，尤其是独生子女家长进入老年以后，家庭急需社会提供有效的支持，否则，失能老人的问题将演变成为严峻的社会问题。应对这一挑战，需要家庭、社区、养老机构、社会力量、政府共同构建积极有效的社会支持网络，更全面、更系统、更深入地推动养老服务发展来破题化解。

（一）制定鼓励家庭照顾失能老年人的相关措施。失能老年父母有权利从子女那里获得的有经济、精神方面的支持以及生活方面的照料。新修订的老年法第十四条明确规定："对生活不能自理的老年人，赡养人应当承担照料责任"。子女对于失能父母的照料，也应当被视为社会化服务的一部分，对照料失能老年父母的子女提供相应的支持。

（二）充分利用社区资源，为失能老人居家养老提供必要的帮助。充分利用社区日间照料中心的设施和服务队伍，为居家养老的失能老年人提供各项服务。提倡邻里互助，邻居与失能老人家庭尤其是不与子女同住的失能老人家庭结对子，若老人发生紧急情况可获得及时的帮助。尝试建立社区志愿者时间储蓄银行制度，鼓励低龄健康老人在自愿和身体允许的情况下，为高龄失能老人提供服务，进行"储存时间"。

（三）重点扶持收住失能老人的养老机构。《天津市老龄事业发展"十二五"规划》提出："十二五"期间，我市新增养老机构床位3.9万张，养老机构床位总数达到6.9万张，平均百位老年人拥有床位3张。其中为失能老人建设的老年护养院床位不低于养老机构总床位的60%。支持社会力量兴办养老机构，引导企事业单位、社会团体和个人，以多种融资渠道和方式兴建具有一定规模的养老服务设施和具有养老、护理功能的养老机构。"《天津市养老服务促进条例》第二十八条"政府投资兴办的养老机构应当以收住失能半失能老年人为主，优先安排经济困难的失能半失能、孤寡、高龄老年人"。第三十条"鼓励社会力量兴办的养老机构收住失能半失能老年人。"第三十一条"社会力量兴办非营利性养老机构收住失能半失能老年人申请政府补贴的，由民政部门组织对其收住的老年人生活自理能力进行评估。"要研究和制定失能老人长期护理服务标准，加强服务人员的专业技能培训，提高养老机构的管理和服务水平，保证失能老人得到专业的长期照料，提高其生命生活质量。

（四）引导社会力量的参与为失能老人提供长期照顾服务。各类社会力量在构建失能老人社会支持网络中有不可替代的作用。许多职业化、专业化服务多是由各类社会力量提供。如提供服务内容、标准制定和服务介绍、引导的中介组织，提供服务的服务中心、志愿组织或社工组织，提升行业服务水平、强化监督与管理的行业组织等等。这些组织分别有自己活动的领域和范围，在为失能老年人提供服务的社会支持网络中发挥着衔接、补充、支撑的作用。

（五）构建失能老年人社会支持网络是政府不容推卸的责任。建立长期护理服务体系的制度化、规范化的社会支持网络，构筑失能老人安全网。长期护理服务体系应包括失能老人长期护理保障制度与长期照顾服务体系。新老年法的第三十条"国家逐步开展长期护理保障工作，保障老年人的护理需求。对生活长期不能自理、经济困难的老年人，地方各级人民政府应当根据其失能程度等情况给予护理补贴。"日本、德国等国家已经建立了长期护理保障制度，我们有必要借鉴国际上一些成功的做法，总结我市发放居家老人护理补贴的经验，探索适应我市市情的长期护理保障制度。

（调研组成员：郭宁、尹剑）

开发高智力老龄人才资源的政策研究

河北省老教授协会课题组

随着我国人口老龄化日益严峻，高智力老年人才队伍在迅速扩大，老龄高智力人才资源的开发问题愈发显得重要。以河北师范大学为例，截至2014年4月底，该校事业编制的离退休人员2052人，其中具有专业技术职称的1207人，占全部离退休人员的59%。具有正高级职称247人，副高级职称564人，正副高级职称人员占离退休总人数的40%；占离退休专业技术人员的67%；占全部正副高级职称人员的36.7%。未来几年所占比例仍将呈现扩展之势。这些数字说明，高校是高智力老龄人才聚集的地方。如何采取措施，大力开发老龄高智力人才资源；如何进一步贯彻落实中央和省委发挥离退休专业技术人员作用的文件精神，更加充分地发挥文件中特指的各级老科协、老教授协会的桥梁纽带作用，更好地实施科教兴冀、人才强省战略，推进老龄事业，是各级领导和所有从事离退休工作的同志以及涉老群体组织迫切需要深思和亟待解决的问题。

一、老教授老专家群体是重要的人才资源宝库

（一）党中央高度重视开发老年人才资源

2005年，中共中央办公厅、国务院办公厅转发了中央组织部、中央宣传部、中央统战部、人事部、科技部、劳动保障部、解放军总政治部、中国科协《关于进一步发挥离退休专业技术人员作用的意见》（中办发〔2005〕9号文件），要求各级党委、政府和中央各部委把开发老年人才资源，作为实施人才强国战略的重要举措。为贯彻落实中央文件精神，2007年和2009年，河北省委办公厅、省政府办公厅先后转发省委组织部、省委宣传部、省委统战部、省人事厅、省科技厅、省教育厅、省劳动保障厅、省科协《关于发挥离退休专业技术人员作用的实施意见》（冀办发〔2007〕8号文件）和《关于认真做好发挥离退休专业技术人员作用工作的通知》（冀办字〔2009〕9号文件）。中央和省的文件精神，极大地调动了老教授、老专家在保持身心健康和安度晚年的同时，继续为社会贡献经验、才智和力量的积极性；也激发了涉老社会组织发挥桥梁纽带作用的积极性，将上述文件视为“尚方宝剑”，积极搭建平台，组织老教授、老专家开展调查研究、建言献策、技术咨询、科学普及等活动，做了大量卓有成效的工作，为河北经济社会发展做出了贡献，受到各级领导的肯定和社会各界的好评。

（二）开发老教授老专家人才资源是历史赋予的重任

全面深化改革的新时期，对于人才资源的开发提出了新任务和新要求。如何有效地开发老教授、老专家这一宝贵人力资源并转化为更多的社会财富，这是历史赋予我们的重任。

首先，响应国际社会实施积极老龄化战略，在“老有所养”中大力开发老年资源。进入到21世纪，人类社会老龄化正以空前的规模和速度向前发展，到2012年底，我国60岁以上人口已占人口总数的14.4%，而全球老年人口将从世纪初的6亿增至世纪中的20亿，一个老龄化的人类社会正在逐步形成。目前，河北省老年人口已达1074万，与2010年相比增加了140万，占全省总人口的14.65%，平均每年增加近47万人、0.55%个百分点。老年人口呈大幅增长、逐年加速态势，这就是我们必须面对的现实。为应对人口老龄化的挑战，世界各国都在寻求支持鼓励老年人融入社会，积极参与社会发展的政策。联合国召开的第二届世界老龄化大会讨论并通过了面向21世纪的《老龄问题国际行动计划》，明确提出了积极老龄化战略。一是承认老年人不是社会的包袱，应是全社会、全人类的宝贵财富，同时是可持续发展的资源。二是倡导老年人自身要以积极、健康的姿态参与社会发展。目前，随着人类基因密码的破译，以及医药学的一系列重大突破，人类寿命的延长已是不争的事实。实施积极老龄化战略，为“老有所为”提供了理论依据。自2000年起，中国已进入老龄化国家的行列。而我国尚处于发展中国家，即所谓“未富先老”。目前，人口预期寿命已达73岁，北京、上海等市人口预期寿命已达75岁以上，这是民族兴旺、国运祥瑞的象征。但是老龄人口增长过快也会给作为一个发展中国家的社会带来难以适应的经济负担，只有充分发挥老年人特别是老教授、老专家的作用，使才能变财富，把老龄人口压力转换为创造社会财富的人才资源，才能减轻国家负担，提高老龄人口的生活质量，更好地促进社会各项事业的协调发展。

第二，老年人力资源的开发利用，是落实国家“人才强国”战略的需要，也是全面建成小康社会提出的要求。我国人力资源丰富，但人才资源短缺，且结构不尽合理。解决人才需求矛盾，除了抓紧培养年青人才和国外引进外，还应十分重视老年人才的开发使用。我国现在百万余离退休老教授、老专家，其中70%在70岁以下，约70%身体状况较好能承担工作，约70%愿意继续发挥作用。这是老龄人口中的一个特殊的高智力群体，他们在长期的教学、科研、医疗实践中，积累了丰富的知识与经验，练就了精深的专门才能，陶冶了高尚的道德情操，形成了广泛的社会联系，具有不可替代的独特优势。这是一笔巨大的源源不断的宝贵财富，是一笔丰厚的知识、科技含量高又能带来高附加值的人力资本。由于老年人力资本是已经进行了教育、健康等投资的结果，进入老龄

并未将这一资本用完，它具有不需要培训，成本低、拿来就可以用的明显特点，而且随着老年人口的不断增加，取之不尽，用之不竭。老教授、老专家群体这个宝藏与地下的宝藏不同，地下宝藏一时不挖掘，它还存在，但老教授、老专家这个宝藏不及时开发、利用，将随着时间的推移而自然消失，这将是最大的资源浪费。而且，开发和利用好老教授、老专家这一高智力人才资源，不仅有利于缓解我国人才供需矛盾，同时也有利于年青人才的培养成长。老教授、老专家具有的爱国情怀、崇高的职业道德、敬业精神、优秀的文化传统和科学精神，都是无形的精神财富。通过在科教实践中传、帮、带，在施教专业知识、技术与经验的同时，把这些宝贵的精神财富传给年轻的一代，必将促进青年人才更加健康的成长，对家庭的稳定和经济的繁荣也将起到重要的作用。

第三，老有所为，继续奉献，也是老教授、老专家自身的内心要求。老教授、老专家绝大多数是新中国成立后培养的。这些人与共和国一起成长，与社会主义建设同命运、共荣辱。这是一代富有理想和信仰，视国家强盛为己任、视敬业和奉献为天职的知识分子。他们在为祖国、为民族的振兴作贡献这点上是终生的任务和最大的光荣，不存在在岗不在岗，在职不在职之分。在老教授协会当中，相当一部分离退休老教授、老专家就是这样做的。他们不满足于闭门养心、怡孙之乐，而愈加热心于老有所为、回报国家。他们所追求的目的表现为：一是充实精神生活，实现人生理想；二是继续奉献社会，体现人生价值；三是增加部分经济收入，提高生活质量；四是保持大脑功能，增进身心健康。恩格斯曾经说过，无所作为是晚年的不幸。古今中外的许多科学家、艺术家在晚年时期还保持着旺盛的创造力，为人类进步做出新的贡献。近几年获得国家科技发明大奖的，多是高龄老人；而据统计，近年来诺贝尔奖得主平均年龄为59.7岁，最年长的为81岁。由此可以看出，老年人的工作和创造力是不容置疑的；老教授、老专家们的大有可为、大有作为，应该是新的历史时期里令人振奋的新景象。当然，老有所为，同时也要重视“老有所学、老有所医、老有所养、老有所教、老有所乐”，并力争做到依靠“所为”来加强“所学”，改善“所养”，减轻“所医”，增加“所乐”。强调“老有所为”，并不是主张不顾身体和家庭条件，一味地超负荷运转，而是要因人而异，区别对待，不搞“一刀切”。

（三）老教授协会是党和政府联系老教授老专家的桥梁和纽带

河北省老教授协会作为高智力老龄群体组织之一，成立于1993年，至今已走过21个年头。在主管单位省教育厅的领导和支持下，协会以其特有的凝聚力和感召力，汇集了全省4000多位老教授老专家，形成了得天独厚的人力和智力资源宝库，成为党和政府联系老教授老专家的重要桥梁和纽带。一方面，协会始终引导会员关心关注国家大事，充分发挥老教授老专家高站位、高智力的特点，为促进全国和地方经济社会发展建言献策，特别是围绕全省战略发展重点和重大发展课题，推出了一批有分量、有价值的研究成果。另一方面，协会不断开掘老教授、老专家热爱教育、经验丰富、诲人不倦的优势，为“科教兴冀”、“科教兴国”贡献力量。同时，协会通过形式多样的联谊和文化活动，为老教授老专家营造了一个“温馨之家”，并在维护老年人合法权益，积极反映老年人合理诉求上，做出了积极努力。协会的工作，着眼大处，响应了国际社会实施的积极的老龄化战略，开发了老年资源，把老龄人口压力转换成了创造社会财富的人才资源。着眼个人，为老年人继续奉献创造了平台和机会，使他们精神更加愉悦，生活更加充实，人生价值得到更加充分的体现。2005年9月、2010年10月，协会两次被中国老教授协会评为“协会先进单位”；2010年1月，被国家民政部授予“全国先进社会组织”称号。在协会的组织和引导下，老教授老专家坚持老有所为、老有所乐，既为社会做出了贡献，也使自己的价值在贡献社会中得到了更好的彰显。

二、老教授老专家群体状况及发挥作用情况

河北省老教授协会为贯彻落实中央和省委、省政府关于进一步发挥离退休专业技术人员作用的文件精神，了解和掌握老教授老专家生活状况和发挥作用情况，前期开展了“如何进一步开发高智力老龄人才资源”的专题调研。调研的总体情况如下：

（一）老教授、老专家基本情况

调查对象涵盖协会所属20多个会员单位中的523人，所从事的专业，理工农医类共412人，占79%；人文社科等共111人，占21%。

调查对象身体状况：认为身体健康的有300人，占57.4%；认为健康状况一般的有184人，占35.2%；认为体弱多病的39人，占7.5%。心理状况：认为自己心态平和、向上的503人，占被调查者的96.2%；认为有孤独、自卑倾向的20人，占3.8%。

（二）离退休后参与工作情况

在调查的523人中，有301人参与过各种形式的

工作，占 58%。工作年限：5 年以下 111 人，占 36.9%；5～10 年 123 人，占 40.9%；10 年以上 67 人，占 22.3%。参与工作的年龄：55～65 岁 198 人，占 65.7%；66～75 岁 89 人，占 29.6%；76 岁以上 14 人，占 4.7%。参与工作有报酬的 274 人，占 91%，其中每月 500～1000 元的 114 人，占 41.6%；1001～1500 元的 37 人，占 13.6%；1501～2000 元的 24 人，占 8.8%；超过 2000 元的 44 人，占 16%；500 元以下的 55 人，占 20%。无报酬的 10 人，占 3.3%，社会志愿者 17 人，占 5.6%。

参与工作的途径：由原单位返聘 189 人，占 62.8%；其它单位聘用 108 人，占 35.9%；人才市场 1 人；自办企事业 3 人。参与工作的内容一般以教育培训、科研课题、医药卫生和科技咨询为主，其次是科普宣传、服务“三农”及其它。

据不完全统计，被调查的 523 人中，离退休后出版专（译）著总计 218 部，总共字数 2902 万字；发表论文（或报告）1968 篇，总共字数 1286 万字；指导研究生总共 262 人，其中博士生 16 人，硕士生 246 人。参与工作获奖与取得专利情况：获国家级奖励 17 人；省部级奖励 38 人；省部级以下奖励 17 人。获得专利有 5 人，总共 7 项；有成果转让的 3 人，转让价值 2 项共 130 万。省老教授协会为奖励先进，宣传典型，自 2008 年起开展“两奖”评选表彰，获“科教兴冀”学术成果奖共 33 人，老教授事业贡献奖 40 人（含集体）。获中国老教授协会表彰的“老教授科教工作优秀奖”5 人。他们是协会 4000 多位会员的突出代表，事迹感人，展现了广大老教授的正气清风和时代风采，扩大了协会的社会影响力。

（三）老教授、老专家继续工作意愿

调查问卷显示，老教授老专家愿意继续工作的有 183 人，占被调查人 35%；未作打算和没有表态的占 9.4%和 55.6%。愿意继续参与的工作按比例高低依次是：教育培训占 51.4%；医疗卫生占 24%；科研课题占 20.7%；专业技术咨询占 14.2%；服务“三农”占 9.3%；科普宣传占 8.7%。从调查情况看，离退休老教授老专家大都怀有继续为国家和社会服务的愿望，但也受到各种因素的影响。

（四）老教授、老专家发挥作用的主要体现

一是建言献策，对事关国家发展大政方针提出建议。2011 年、2013 年，省老教授协会先后开展“为‘十二五’规划献一计”和“我为建成小康社会献一计”活动，共收到 9 个方面的近百条建议，62 篇建言文稿，内容涉及科教兴冀，河北经济发展方式，“三农”问题，旅游产业，宗教文化研究，党风廉政建设，民生问题等多个方面。提交省 19 个厅（局、部、委、办），受到重视并陆续收到省委宣传部、文化厅、环保厅等部门办理的答复，还曾得到两位省委常委的批示。

二是致力于教育和关心下一代。老教授、老专家积极参与教学督导、评估检查、人才培养、对青年学生进行思想品德教育等方面的工作。如河北科技大学、石家庄经济学院、邢台学院的“五大员”（校园文明督导员、教学质量督导员、政治宣讲员、大学生心理咨询员、党建巡视员）队伍，在教育教学、校园文明建设中发挥重要作用。河北大学老教授协会与校关工委共建青年心理咨询中心，成立了理论研究组和报告团，近两年为本校师生和保定军分区等单位作各种内容的报告 20 多场次。接待咨询的学生近 400 人次。

三是为科技创新和科学普及做贡献。如河北工业大学 72 岁的刘玉岭教授作为我国化学机械超精密加工领域研究的奠基人，2014 年被授予河北省科学技术突出贡献奖；燕山大学 76 岁的王益群教授带领博士生从事国家重大科研项目，1999 年、2009 年两次获得国家科技进步二等奖。石家庄经济学院年过八旬的著名地质学家杜汝霖教授被学校聘为教学督导组副组长，近年来听查课 1200 多课时，还带领年轻教师和研究生上山指导示范进行科研，完成国家和省部级项目 5 项、出版专著 4 部、论文 10 多篇。河北医科大学 85 岁的老教授李恩，作为我国中西医结合研究的创始人，目前仍在参与教学改革、从事医学科普编写和讲座。河北北方学院 78 岁的张静教授，退休后放弃回北京生活的机会，仍扎根山城带领与指导她的团队在教学科研、人才培养等方面做出了突出成绩。第 54 研究所老专家王玖珍，退休后个人创办了一个民营公司，开发出一套国内没有的天线自动测试设备，保证了我国首枚探空火箭发射成功，填补了国家空白，甚至产品打出国外。现在公司固定资产 600 多万，并有了自己的研发基地和生产工厂。唐山市委党校年近 80 岁的李权兴教授多年从事李大钊问题研究，他参编的《李大钊年谱长编》一书获河北省社科院一等奖。河北大学陈永甫教授退休至今，出版著作 19 部，其中 14 部被读者引用，2011 年在科学出版社出版的《电子工程师手册》是国内第一本电子领域的电子信息工具书，是科学出版社“十二五”规划中的重点图书之一。

四是服务“三农”。如河北农大老教授协会有专门服务“三农”的 3 位副会长，一批老教授常年奔波于基层，服务于社会。皇甫中泗教授在陕西等地培育了苹果新品种；郗荣庭教授指导核桃生产技术，被授予“中国核桃产业十大影响人物”；副会长刘树欣至今担任保定市粮食作物专家顾问组组长；边庆年教授为山区找水，解决了山区吃水用水问题且分文不取。郑均宝教授的“转基因741杨”荣获国家技术发明二等奖；闫浚杰教授的两项研究成果分获省科技进步一、二等奖。河北大学老教授协会选派附属医院专家教授到农村义诊和培训，发动会员向涞源县桑树堰村捐赠书籍1300册建图书室。唐山市农科院75岁的赵汉福研究员，退休后自筹经费继续从事玉米优良品种的选育工作，已育成国审和省、市审定推广的玉米新品种17个，估算推广面积达2000万亩以上。他研究的“茂源三号”等杂交品种，被推荐参加国家预备试验，在全国22个省市，102个试验点进行了产量鉴定。

五是热心老龄事业。省老教授协会按照中央和省有关文件精神，坚持为老教授老专家服务，组织开展适合老年人特点的文化活动，成立了老教授合唱团、老教授书画研究院，创办了《河北老教授》会刊，经常举办老教授论坛、书法绘画展、合唱音乐会、养生保健讲座，组织专家义诊等，既有益于老教授的身心健康，也增强了协会的吸引力和凝聚力。2010年协会组织老教授积极参与省首届老龄工作社会责任年会的征文活动，会员中共有12篇文章入选由河北人民出版社出版的《形势·责任·对策——河北省首届老龄工作社会责任年会文集》。

（五）影响老教授、老专家发挥作用的主要原因

第一，我省为贯彻落实中央和省委发挥离退休专业技术人员作用文件做了很多工作，特别是2009年初省领导主持召开的发挥离退休专业技术人员作用协调会，解决了很多实际问题，鼓舞了广大离退休专业技术人员及群团组织的积极性。随着形势的发展，目前还有许多工作要做。如省委文件中提出的“建立老教授协会组织的任务，各省属高校、科研院所及所属院所集中的设区市要在2009年底以前完成”的要求，还有较大差距。相关方面的政策尚待进一步明确。

第二，思想认识上存有偏差。有的领导对老教授老专家的作用认识不足，有的只是口头重视，实际支持力度很小。甚至认为上级并没有给硬任务，管与不管并不影响政绩，管还可能带来负担，增加麻烦。有人认为退休就是养老，不要与在职人员“抢饭碗”。

第三，老教授老专家发挥作用的渠道不畅，体制机制欠配套，措施不得力，组织保障不到位或者待遇偏低。有的单位把发挥老同志作用工作放在老干部部门，而该部门多属于边远部门，完成任务有些力不从心。有的老教授老专家想搞科研、报课题，但立项困难。有的对老教授、老专家参加科研不欢迎、不支持，即使参加，也只能作为课题组最后一名。有的老教授给研究生授课，每周四节，一学期20周，所得讲课费不如在职人员指导一篇论文的报酬多。

第四，个人心态、家庭或社会因素等影响积极性。离退休后社会活动交往减少，信息渠道不灵，单位领导没有引领实施，只靠“三老”协会自身力量微不足道。部分老同志随着年龄增长，心气不足，健康欠佳，自身缺乏动力，认为多一事不如少一事，退休后就歇着，什么余热不余热，作用不作用都无所谓了。

第五，老龄组织开展活动缺乏必要的经费、场所条件。不少基层协会无经费，无固定场所。一些老同志做协会工作，全是为了奉献，搭了不少时间、精力，甚至倒贴钱，如电话费、交通费、邮寄费等。

三、对进一步发挥老教授老专家作用的政策建议

（一）继续加大落实中央和省委发挥离退休专业技术人员作用文件精神力度。文件下发执行已经时隔几年，各级领导和相关部门有必要对中央和省委发挥离退休专业技术人员作用文件进行再学习、再认识、再检查、再督促。进一步健全和发挥离退休专业技术人员发挥作用的联席会议制度，定期召开会议，研究对策和建议。省老教授协会作为联席会议成员单位，应及时沟通工作情况。坚持从实际出发，在人员、经费、政策等方面创造条件，将中央和省委文件提出的各项任务落到实处，并适时出台新的政策性文件。继续推动各省属高校、科研院所及所属院所集中的设区市建立老教授协会并明确时间要求。

（二）开通省老教授协会开展高级专业技术职称评审工作的渠道。根据中央和省委关于进一步发挥离退休专业技术人员作用的文件精神，借鉴外省市老教授协会和本省老科协开展高级专业技术职称评审工作的经验，对符合规定条件、并加入老教授协会组织的离退休专业技术人员，允许他们按程序申报参加相应的高级专业技术职务任职资格的评审。这项工作有利于高智力老年人才的“二次开发”，为他们继续奉献社会创造条件；也有利于本人所在单位和社会的稳定，有利于解除部分老同志的思想负担。外省市老教授协会和本省老科协的经验证明，这是增强高智力老龄群团组织的吸引力、凝聚力和社会影响，为离退休专业技术人员所做的最大、最好的实事。

（三）适当增加省老教授协会的工作经费。根据省委〔2009〕9号文件提出的加大财政支持力度，

“从2009年开始，省财政在省教育厅部门预算中为省老教授协会安排专项活动经费。各市、县（市、区）和高等院校、科研院所也要视情为老科协、老教授协会安排一定的活动经费，并随财力的增长逐步提高”。近几年，省老教授协会会员单位和会员人数不断增加，协会活动项目也在不断扩展。由于经费紧缺，对不少老教授开展的科技开发、科学研究、咨询服务、“三下乡”活动等，协会给予的支持力度极小；一些适合老龄特点的文体活动也难以开展。为了更好地贯彻中央和省的文件精神，进一步发挥老教授老专家的作用，开展更多有利于促进河北经济社会发展和老教授事业的活动，建议适当增加省老教授协会的工作经费，改善现状，让他们活动起来“不缺钱”，不为经费紧缺而困扰。同时建议上级有关部门就基层协会的活动经费问题对各市、县（市、区）进行相应的督导。

（四）进一步明确支持和引导离退休老教授老专家发挥作用的有关政策，创造“老有所为”条件。把高智力老龄人才开发纳入到人才队伍建设的整体规划之中，积极探索新形势下高智力老龄人才开发的新思路、新机制，新办法，完善政策措施。实施退休政策时不搞“一刀切”，建议对一些确有专长、工作需要、身体健康的老教授老专家适当放宽年龄限制，在自愿的前提下，进行延聘或返聘，继续从事3～5年的教学科研工作。各级人才交流中心、人才市场、专家服务中心、人才中介机构应把离退休专业技术人员纳入服务范围，设立专门的服务窗口，举办专项的老年人才和项目交流活动。

（五）对离退休老教授老专家继续从事科研项目，与在职教授、专家的政策同等对待。在申报、立项、评奖等方面应予鼓励而不得歧视。对在单位返聘的老教授老专家，应消除在职（在编者）与退休者的鸿沟，待遇方面应按在职者对待。有关部门应采取政府购买服务的方式，为老教授老专家参与社会服务提供专项经费。对于志愿者服务也应有必要的经费支撑。对于老教授老专家申报的科研项目和研究课题，建议开通必要的渠道，提供相应的支持予以审核批准。力求在重大工程立项和重要政策咨询以及在有关人才培养、项目开发、服务咨询、青少年教育等方面承担更多的任务。

（六）高度重视发挥离退休专业技术人员社团组织的作用。根据省委〔2009〕9号文件的规定，建议明确一位省委、省政府联系老教授协会的领导同志，定期听取协会工作汇报，或适时召开由老教授老专家参加的恳谈会，听取他们的建议，及时解决工作中存在的困难和问题。希望各级领导和相关部门更加关心、支持老教授协会的工作，加强政策引导和协调协作。建议高校的老教授协会可与关工委合署办公，工作上各有侧重，各自发挥自己的职责和优势。

（七）建立老教授老专家信息库和信息网络，定期举办网上交流活动。本着“自愿、身心健康、社会需要”的基本原则，由老教授老专家自行选择适合自己的工作。如课题研究、技术服务、督导巡查、医师培训，“三下乡”、社区医疗（站）等，给予适当报酬。这样既不用增加编制，也可提高工作效率，更有利于老教授老专家发挥作用。

（八）进一步弘扬老教授、老专家的无私奉献精神。对在我国科学技术、教育事业中做出突出贡献，并在国内外有较大社会影响的老教授、老专家加大表彰奖励的力度，为进一步发挥老教授老专家作用创造良好的社会氛围和舆论环境。

（课题组成员：吴兴、高福禄、高秀芬）

新老年法实施情况和施行过程中遇到的问题及对策建议

山西省司法厅

2013年7月1日新老年法实施一年以来，我国各级党委、政府和社会各有关方面坚持“党政主导、社会参与、全民关怀”的方针，紧扣“尊老、爱老、敬老”这一主题，围绕“老有所养、老有所医、老有所教、老有所学、老有所为、老有所乐”的工作目标，采取了形式多样、内容各异的活动来宣传、推广新老年法，维护老年人权益，取得了显著的成效。但是，新老年法在实施的过程中也面临了不少现实的困难和阻力，需要引起社会的重视。

一、实施新老年法的紧迫性与必要性

新老年法的第一条规定，制定该法是“为了保障老年人合法权益，发展老龄事业，弘扬中华民族敬老、养老、助老的美德”。早在1999年，我国60岁以上的老年人占总人口的比例就已经达到了10%，跨入了老年型国家的行列。此后，我国人口老龄化发展趋势迅猛，截至2010年底，我国60岁以上的老人就达到了1.78亿，占总人口比例13.26%，成为发展中国家人口老龄化趋势最严重的国家。

随着人口老龄化的快速发展，我国的家庭结构和老年群体状况也发生了巨大的变化。一是困难老人数量庞大。目前，我国80岁以上高龄老人超过2000万，失能半失能老人约3300多万，尤其是在广大农村地区，留守老人随处可见；二是家庭养老明显弱化。其中，44.4%的老人主要由配偶照顾，由子女照顾的只占17.5%；而被遗弃无人照管的老年人约占总数的1.03%，特别是现在不少子女，事业有成之后却因为主观或者客观的因素常年顾不上父母，使这些老年人成为不折不扣的弱势群体。因此，新老年法及时修改和施行，具备极其良好的群众基础，特别是新法中所体现出来的“孝老尊老爱老”法旨主题，更是我国优良传统的有意延续和弘扬，新老年法的宣传、推广和实施，具有十分重要的意义。

二、新老年法实施过程中遇到的主要问题和原因

从总体上看，任何一部法律从诞生到实施，无论经过多么细致、繁琐的筹备工作，都无法做到“八面玲珑”，都有其固有的缺陷和不足之处，这是由理论和现实的差异所导致的，也是由“对立统一是事物发展的根本规律”这一哲学原理所决定的。具体来说，我国新老年法实施的1周年中，虽然老年人的合法权益得到了很大程度的保护和重视，但侵犯老年人合法权益的现象还时有发生，在有些地方和家庭还相当严重，这主要变现在以下几个方面：

（一）赡养问题依然存在，精神慰藉普遍缺失

新老年法第十四条明确规定：赡养人应当履行对老年人经济上供养、生活上照料和精神上慰藉的义务，照顾老年人的特殊需要。

尊老爱幼是中华民族的优良传统，几千年来，我国形成了“家庭养老”的观念体系，“养儿防老”作为一种非正式契约得到了社会的广泛认可。因此，即使是在生产力低下、物质资源极度匮乏的情况下，老年人在家庭中仍然能够得到尊重和照料。改革开放后，我国的生产力和物质文化水平大幅度提高，老年人在家庭体系中的地位却被边缘化，不赡养老人的案例却比比皆是。有些子女完全不赡养老人，将老人当成皮球在兄弟姐妹间踢来踢去，甚至经法院判决后仍然拒不执行，这些问题在农村地区表现的尤为严重。还有些子女认为只要管好父母“吃喝拉撒睡”就足够了，忽视了老年人对于精神慰藉的需求，这些问题普遍存在于空巢老人和留守老人的家庭。造成这种现象的原因，主要有以下两个方面：

1. 主观上的原因。拒绝赡养老人的儿女，往往会遭到社会和舆论的指责，但他们却不以为然，认为不赡养老人充其量是思想不好，又不犯罪。这是因为他们法律意识缺乏，他们不知道、不了解不赡养老人不仅仅是家庭问题，而是更深层次的社会问题。拒不赡养老人，情节恶劣的，构成遗弃罪，要处5年以下有期徒刑、拘役或者管制。根据刑法第二百六十一条的规定：“对于年老、年幼、患病或者其他没有独立生活能力的人，负有扶养义务而拒绝扶养，情节恶劣的，处5年以下有期徒刑、拘役或者管制。”但在处理赡养纠纷的案件时时，为了切实维护老年人的合法权益，一般都是通过调解或者判决，使子女依法履行赡养义务。还有些人受传统观念的影响，认为赡养父母是儿子的义务，与女儿无关。更有一种情况是，兄弟姐妹众多的家庭因父母财产分割不均而拒绝赡养，或者多分多养，少分少养。这种情况普遍存在于农村地区。事实上，赡养父母不是基于财产关系，而是基于身份关系给子女规定的法律义务。财产分得的多寡不是决定子女应尽多少赡养义务的标准，子女无论是否分到财产、分到多少都同样要履行赡养义务，否则将受到法律的追究。此外，很多老人也不知道子女对自己赡养是被法律规定的，或者不愿意给子女造成负面影响而没有选择及时维护自己的合法权益。

2. 客观方面的原因。首先，养老成本增加。根据第六次全国人口普查的数据，2010年我国的人口平均寿命已经达到了74.83岁，明显高于中等收入国家和地区，大大高于世界平均水平，仅比发达国家和地区的平均水平低5岁左右。相对于东汉的22岁、唐朝的27岁、宋代的30岁、清代的33岁以及民国时期的35岁，平均寿命提高了一倍以上，此外，在2010年11月全国家庭户中有65岁以上老年人生活的家庭户合计达21.89%，这意味着全国超过两成家庭户需至少赡养一位65岁以上老年人，这使得子女需要赡养的时间和成本大大赠加了。与此同时，20世纪70年代，我国开始实行计划生育，1982年定为基本国策，2001年出台了计划生育法，在极大缓解我国人口压力的同时，在40年后的今天形成了“4-2-1”的倒金字塔式的家庭成员结构，给年轻人赡养

父母带来了沉重的负担。其次，约束机制弱化。自古以来，自给自足的自然经济就是中国社会经济的基石。即使是在新中国建立之后，人们仍然在村落里生活，依靠家庭和家族为生，小农经济仍然在国民经济中占到很大比重，集市贸易非常有限。改革开放之后，我国实行了以市场化为导向的经济改革，着手建立社会主义市场经济体制。人们的价值观念发生了变化，对于大多数人来说，金钱成了人们成功与否最直接、最根本的衡量标准。对于金钱的追逐，又加大了人口的流动性，形成了大量的"农民工"人口，造成空巢老人和留守老人大量增加，这种情况的产生又导致原有的乡村组织、家庭组织的权威性下降，长久以来血缘、地缘关系形成的家庭作坊式的生活逐步瓦解，老人在家庭、家族中的作用被彻底的边缘化，以孝道为核心的价值观念也逐渐淡薄，千百年来中国社会内部存在的约束机制也就难以发挥作用了。

（二）老年人的婚姻自由权受到侵犯

新老年法第二十一条明确规定：老年人的婚姻自由受法律保护。子女或其他亲属不得干涉老年人离婚、再婚及婚后的生活。赡养人的赡养义务不因老年人的婚姻关系变化而消除。

上了年纪的老年人，丧偶或者离异的占了大多数。他们中的大多数人一般都有再婚的意愿，但被婚姻法及新老年法赋予的婚姻自由权对于想再婚的老年人而言绝不像想象的那样简单。首先是思想观念的原因。由于受到我国传统观念的影响，老年人再婚一直不被推崇。有些老年人认为自己儿孙满堂，不好意思向孩子们提起找老伴的事。加之，大多数老人和过世老伴感情深厚，怕儿女们有想法，更怕受到周围人的种种非议。儿女们也在这样的思想观念的影响下，屡屡做出阻挠老人再婚的事情来。其次，由老年人再婚所引起的人身权方面的问题。老年人再婚不仅仅是出于排遣孤独寂寞的心理，更多的是为了能在晚年相互照顾、相互扶持。许多老年人都有着不同程度的病痛，有些还是难以治愈的顽疾，这给老人的生活带来了极大的不便，严重的甚至造成其长期生活无法自理。许多缺乏感情基础的老年再婚夫妻不愿承担抚养义务，嫌弃自己病中的配偶，甚至将其遗弃。第三，由老年人再婚所引起的财产权方面的问题。按照我国的公序良俗，男方往往把财产交给女方管理。对于再婚的老人来说，一旦双方感情破裂，极易引起财产纠纷。还有的人甚至因为这个情况向老人们骗财、骗婚。这类案件的数量在近几年明显呈上升趋势。第四，由老年人再婚所引起的继承权方面的问题。我国继承法规定，夫妻互为对方的第一顺序法定继承人，再婚配偶与老人的子女享有平等的遗产继承权。在我国的实际生活中，许多老人特别是城市中的退休人员一般都有不菲的退休金或者养老金，大部分老人还拥有高价值的房产，子女往往私心作祟，因为这些财产的继承权，明里暗里反对老年人再婚。

（三）老年人的财产处分权收到干涉

新老年法第二十二条明确规定：老年人对个人的财产，依法享有占有、使用、收益和处分的权利，子女或者其他亲属不得干涉，不得以窃取、骗取、强行索取等方式侵犯老年人的财产权益。

我国老年人的个人财产来源主要直接为个人劳动所得。老年人经过一生幸苦劳作都或多或少地积攒了一些财产特别是不动产，这些为老人平安度过晚年生活奠定了经济基础。一些生活比较富裕的老人还拥有不菲的积蓄，知识界、文化界老人还有所拥有无法估量的的文化、图书资料等等无价之宝，这些有形或者无形的财产，都只有老年人本人才具有使用和处分的权利。一般情况下，有关部门在处理老年人子女或者其他亲属的代为办理涉及老年人权益的有关事项时，只要代办人持有老年人的授权证明，甚至只持有老年人的身份证件即可。但随着我国高龄、失能、失智老年群体相应增多，经常出现老年人子女或者其他亲属利用老年人对自己的信任、认知水平下降以及行为能力不足的缺陷，违背老年人意愿，擅自到有关部门办理涉及老年人重大权益的一些事项，严重侵害老年人权益。有的子女以赡养为借口分掉老人的财产；有的子女在老人的财产需要办理或变更手续时，采取欺骗的方法取得老人财产的所有权和使用权；还有在子女在老人继承自己配偶或子女的遗产时忽视或者根本不考虑老人的继承权，这些干涉老人财产处分全的案例，在再婚老人的家庭中体现的尤为明显。

（四）老年法宣传力度有待进一步加强

1991年至今，我国已进入第六个"五年普法规划"。近三十年来，国家虽然高度重视普法工作，但推广很不均衡，城乡差异巨大。个别地区，特别是一些落后地区仍未能认识到什么叫老年人权益。社会范围内，宣传、组织老年人维权也仍然处在起步阶段。有些子女侵犯了老年人权益，还固执的认为这仅仅是家务事，外人无权干涉，这些都是新老年法贯彻实施的阻力，需要引起相关部门的足够重视。

（五）原则性规定过多，相关配套规则缺乏

纵观新老年法全文，条文规定得非常全面，能够有效顾及老年人的方方面面。然而，细读全文之后，我们也很容易发现新法中有着太多原则性规定。以新老年法第十八条关于子女要"常回家看看"为例：如何界定“经常”？是每天都必须回家，还是每星期，亦或是每月？客观上，当下大多数都是独生子女家庭，子女长大成人后，或者毕业后直接留在大城市，或者外出务工，父母在老家。相隔几百里、上千里是常有的事，但是我国的假期制度又无法支持子女常常回家的需求，仅有的十一长假、春节长假又面临“一票难求”的局面，对于已经结婚的子女来说，回谁家也是一个争执的话题，这些都是子女“常回家看看”无法避免的现状。主观上，老年人通过司法途径向子女主张维护自己合法权益时往往伴随着复杂的心理。很多老人在法庭上承认仅仅是因为想让子女“常回家看看”，而这类事务常常可以通过其他方式解决，诉诸法庭不仅耽误原被告双方的时间、精力，更是对有限的司法资源的极大浪费。最后，对于主审法官来说，新老年法许多维护老年人权益的措施还仅仅停留在“大框架”范围内，缺乏必要的可量化的实施细则。这在审判中必然依赖于法官的“自由采量”，但因各地区、各民族的差异又往往导致这种标准难以统一，势必造成执法混乱，使法官无法真正的根据公序良俗做到善断良明，从而使得老年人的合法权益无法得到切实的维护。

（六）社会资源投入不足，基础设施建设滞后

新老年法在重新定位家庭养老体系的同时，用大部分的篇幅，建立了老年人监护和护理保障制度，明确了高龄津贴和独生子女家庭老人扶助制度，确立了中国特色养老服务体系框架，建立了养老机构行政许可制度，将公平正义融入老年优待政策，设专章规定了老年宜居环境建设。这些内容，在法律层面上赋予了政府机构在保障老年人生活、维护老年人权益方面的核心地位。

近年来，在党和政府的高度重视下，各地纷纷出台政策措施，不断加大资金支持力度，使我国的社会养老服务体系建设取得了长足发展。养老机构数量不断增加，服务规模不断扩大，老年人的精神文化生活日益丰富。截至2009年底，全国各类收养性养老机构已达4万个，涵盖福利院、养护院、敬老院、荣军养老机构、老年公寓等多种类型，养老床位达289万张，比1999年增长了近2倍。社区养老服务设施得到进一步改善，社区日间照料服务逐步拓展，已建成含日间照料功能的综合性社区服务中心1万个，留宿照料床位1.5万张，日间照料床位3万张。居家养老服务从无到有，从点到面，取得了较好进展，一个以保障高龄、独居、空巢、失能和低收入老人为重点，借助专业化养老服务组织，提供生活照料、家政服务、康复护理、医疗保健等服务的居家养老服务网络初步形成。但从总体来说，占据主要地位的政府地位在老龄产业的投入上依然明显不足。主要表现在：缺乏统筹规划，体系建设缺乏连续性；社区养老服务设施和养老机构床位严重不足，供需矛盾突出；设施简陋、功能单一，难以提供照料护理、医疗康复、精神慰藉等多方面服务；布局不合理，区域之间、城乡之间发展不平衡；政府投入比例少，民间投资规模有限；服务队伍专业化程度不高，行业发展缺乏后劲；国家出台的优惠政策落实难，落实不到位；服务规范、行业自律和市场监管有待进一步加强等。

三、新老年法实施过程中提升效果的应对之策

法律属于上层建筑，它具有调整、规范人们行为的作用。老年人的合法权益有两个方面的内容：一是老年人依法享有的权益，应当得到保障；一是老年人合法权益受到侵害时，受到侵害的合法权益能够得到保护。建立并完善老年法律体系，可以更好地贯彻执行有关老年人的法律法规，更好地调整老年群体与其他群体之间、老年人与老年人之间的关系，制裁侵害老年人合法权益的不法行为。法律的根本目的在于执行，只有法律的诞生而没有法律的执行，则法律将会成为“一纸空文”。新老年法施行过程中面临的困难只有从多个方面采取应对措施，才有可能使新老年法得到更好的施行，进而实现良好的立法初衷，切实维护老年人的合法权益。

（一）借鉴国外先进经验，促进老年法律法规的自我修正与完善。法律本身具有滞后性，很多条文规定的本身就存在很多漏洞或者不规范的法理定义，必须经过适时的修正和完善来满足不断发展的社会需要。当代中国的法律体系，本身就是在大陆法系的基础上，受到西方化、马克思主义以及中国传统法律思想三种因素的影响而形成的。所以，我们应进一步借鉴国外老年法律体系建设的经验，促进我国老年法律立法的进一步完善。

目前，世界上有140多个国家的法律中有涉及老年人合法权益的条款。比较突出的是美国和日本。美国颁布实施了《社会保障法》《医疗保障法》《美国老人法》《禁止歧视老人就业法》《禁止歧视老年人法》等，这些法律的特点是：内容详细，组织落实，有经费保证。日本颁布了《国民年金法》《日本老年人福利法》《日本老年人保健法》，特点是形成了劳动就业、收入保障、医疗保健以及社会保险四大对策体系。新加坡于1994年颁行了《赡养父母法》，将赡养父母的责任上升为公民必须遵守的法律。因此，我们也应该在借鉴国外先进经验的基础上，通过对老年法的不定期的修正，保证老年法在实施的过程中始终与

我国的基本国情和社会现实保持一致，真正形成一个以政府为核心，家庭为基础，社会为助力的保障老年人合法权益的体系，进一步加强整部法律的强制性与权威性，从而确保法律本身保障老年人合法权益作用的充分发挥；

（二）出台相关配套法规，健全老年法律体系建设。一般来说，每部法律的出台，都会有相应的明细及实施细则，以进一步明确该部法律的奖惩标准和措施，从而使该部法律具有真正意义上的可操作性及实践性。

由于我国幅员辽阔，不同的地方由于经济、文化等各种差异导致了老年人合法权益的保障范畴与程度也不尽相同，因此，各级地方政府应因地制宜的根据各地的实际情况制定符合本地区人文特点的老年法实施细则和规范，以切实提高该法在不同地区的可操作性和可执行性。如：充分发挥我国特有的人民调解制度的优越性和不可替代性，进一步明确基层群众自治性组织和人民调解组织在老年法中的地位和作用；进一步明确老年法中涉及的精神赡养标准等等。

（三）充分发挥公证机关作用，确保老年人财产自由支配。随着我国社会老龄化的呈现，社会经济水平的不断提高，公民法律意识的普遍增强和公民个人私有财产的日益增多，使更多的老人遗产继承案件走入我们的视野。典型的如国学大师季羡林与相声大师候耀文身后的遗产纠纷，无一不向我们说明安排好身后事的重要性。

在这种背景下，公证遗嘱作为一种有效的法律手段，开始为大多数人熟知和使用。2008年，上海的100岁老人唐先生离世之后留下遗嘱，将自己的百万家产赠与照顾他的保姆；2013年，北京的一位丧偶老人在去世后，将大部分财产分给了自己的保姆，甚至还分出10%给自己的宠物狗。而这些遗嘱，只要程序正当，格式规范，一般都会得到法院的支持。因此，我们要进一步深入宣传，打破老年人对于传统思想的顾虑，鼓励他们通过遗嘱公证这种合理又合法的方式，按照自己的意愿来分配自己的财产，完整的行使自己的财产处分权。

（四）加大宣传幅度力度，力争法治思维深入人心。改变传统老年法宣传中“来如雷霆收震怒，罢如江海凝清光”的工作方式，开大会、发传单、领导讲话强调、走个过场照照相等传统的普法方式已经明显不适应目前的形势。对于一部法律来讲，最好的推广方式，就是用一个个真实的案例，通过工作人员或者是律师深入浅出的讲解、说理，才能起到对人们的警醒甚至是威慑的作用。特别是发生在人们身边、为人们所熟知的案例，起到的效果尤为明显。同时，区分城乡区域，针对老年人群的特殊情况，在充分利用电视、互联网、手机短信等现代媒介的基础上，坚持在报纸、广播中进行宣传，并将程序法与实体法放在同等重要的位置。除了宣传新老年法外，还要宣传婚姻法、继承法、民法通则、合同法等等相关的法律法规，切实提高老年人自身的法律思想和素养，使他们依法来保护自己的再婚权、被赡养权、物权、赠与权以及其它民事权利，从根本上杜绝侵犯老年人合法权益的案件发生。

（五）加大政府投入，发展社会保障。老龄化超前于现代化，是我国老龄化进程的一个显著特征。发达国家进入老龄化社会时，人均国内生产总值一般都在5000美元至1万美元之间，而我国进入老龄化社会时，人均国内生产总值还不足1000美元，直到2010年才突破4000美元。因此，许多发达国家的社会养老保险制度都是在本国经济繁荣的时期建立和发展的。而我国在这方面略显不足，在养老保障方面特别是在农村地区，仍然存在较大的缺口。这就要求我们要继续发展经济，努力提高人民生活水平，改善人民生活尤其是农村人们的生活，从多种渠道筹集社会养老保障资金。

然而，近年来，一些老牌发达国家在发展社会养老过程中过分突出了社会福利，使政府背上了沉重的财政包袱，随着人口老龄化程度的加深引发了社会保障危机。有的发展中国家如巴西等南美国家，保护老年人权益的法律可谓是相当完备，但由于缺乏雄厚的经济基础支持，国家老年人政策中提出的许多目标不能落实。有些国家，诸如冰岛、希腊，更是因为社会的高福利给政府背上了沉重的负担从而导致政府入不敷出，濒临破产。因此，我们要做好筹划，确保老年人法律法规的内容与国家经济发展水平相适应，真正保障老年人的合法权益。

莫道桑榆晚，为霞尚满天。切实保障老年人的合法权益，是广大老年人最关心、最直接、最现实的利益问题，也是我国社会老龄化进程一道必须迈过的槛。我们相信，随着经济的发展、法制的健全、社会的进步，老人的权益将会得到各界的重视，通过政府、社会、基层的共同努力，老年人的权益将会得到应有的重视和保护。属于亿万老人的中国梦，也终将实现。

2014年辽宁省城镇养老机构运营状况调研报告

辽宁省老龄办、省委党校联合调研组

随着我国老年人口的迅速增长，老年人的养老问题日渐突出。最新统计数据显示，截至2013年末，辽宁省60岁及以上户籍老年人口为789.9万人，占全省总人口18.5%，比2012年提高了5.1个百分点。比2013年全国老年人口比例高出3.6个百分点。全省人口老龄化程度较高，并且银发浪潮仍在不断加速。

人口老龄化是把双刃剑。人口老龄化在给经济社会发展带来压力和挑战的同时，也带来了新的机遇。日益增长的社会养老服务需求，孕育着巨大的市场潜力，养老产业成为了朝阳产业。在市场需求的刺激和各种优惠政策的推动下，越来越多的民营资本投入养老机构的兴建中来。近些年来，我省养老机构也获得了较快的发展。

为贯彻实施《辽宁省人民政府关于加快发展养老服务业的实施意见》文件要求，根据省有关领导指示精神，省老龄办和省委党校组成调研组，在全省范围内开展对我省养老服务机构的运营现状、面临的问题和政策需求进行调研，为政府制定养老服务机构的发展策略、出台有关扶持养老政策提供决策依据，以促进我省养老服务机构的健康可持续发展。同时，我们也对入住养老机构中的老年人进行了抽样调查，以了解老年人的基本信息、入住费用、养老意愿等情况，这既可以反映出机构养员的实际状态，又能对机构运营数据作以印证。

一、我省养老机构运营基本概况

据调查，我省养老机构呈多元化发展趋势，高、中、低档次并存。据相关数据统计，截至2013年末，全省城乡各类养老机构达到1632家，养老机构床位18.2万张，社区养老床位1.3万张，全省养老床位总数19.5万张，千名老年人拥有养老床位达到25张。

全省共有公办养老机构781家，养老床位9.1万张，其中城市养老机构115家，养老床位2.6万张；农村敬老院666家，养老床位6.5万张。全省共有民办养老机构851家，床位9.1万张。

我们此次调研，以城镇养老机构为主，选取我省经济发展不同区域的5市50家养老机构，其中公办机构18家，民办机构30家，公建民营2家。

（一）调研总体情况

1. 调研对象范围。我们按照我省发达地区、中等发达地区和欠发达地区分类，又将我省养老机构按大、中、小不同规模进行分层，采用整群抽样的方法，选取代表性的50家养老机构以及养老机构中1000名入住老人进行问卷调查和实际走访。调查问卷设计为两种：一是辽宁省养老机构基本状况调查问卷，二是养老机构入住老人需求情况调查问卷。实际调研对象为沈阳、鞍山、本溪、朝阳、铁岭5市，每市选取10家规模、性质不同的养老机构，每家养老机构问卷调查20名养员。本调研涉及的调研对象包括养老院的管理人员、工作人员及入住老年人。这种抽样调研方式可以覆盖我省经济发展程度不同的地区，以及不同地区不同性质规模的养老机构，调查样本具有一定的代表性和针对性（农村敬老院因其性质单一，且多为政府投入或个人捐助故未纳入此次调研的范围）。

2. 调研方式。我们采取座谈交流、实地走访、发放调查表和网络收集等形式进行调研。

座谈交流：与相关市老龄办（科）、民政局负责同志及各养老机构管理人员和工作人员座谈，了解养老机构的经营模式、缴费制度、收支额度、医护人员情况等养老院软件建设情况。随机访问入住各养老院的老人了解其对所在养老院的收费、住宿、娱乐、医疗、膳食、护理服务等方面的满意程度及其心理状态。

实地走访：实地观察各养老院的硬件设施情况。包括：住宿条件、周边环境、娱乐健身设施、医疗设施、饮食情况等。

发放调查表：每个养老机构基本状况调查问卷1份，由机构负责人填写。机构入住老人调查问卷20份，由调查员随机发放，入住老人自行填写或调查员辅助填写。

3. 调研内容。其一是养老机构基本信息和具体信息两大项。基本信息涉及机构经营性质、规模，地理环境问题，具体信息重点涉及经营管理状况，包括资金运转、费用支出以及经营管理中存在的问题。目的是通过分析调查相关收入、成本等数据，科学规范计算养老机构的盈亏状况。另外还涉及养老机构所享受的优惠政策、设备设施、护理质量、入住老人的总体情况等内容。

其二是养老机构入住老年人需求情况。主要了解养老机构入住老年人基本信息数据，如：年龄、文化程度、健康情况，经济收入、家庭人口状况等，以及个人入住养老机构的费用情况、对目前入住的养老机构的满意度、对养老机构的期望和要求等等内容。

在省领导高度重视和调研对象的积极配合下，调查取得了较丰富详实的数据资料。我们将有效调研数据录入系统，对数据进行了归纳、整理和计算，并结合实地调研资料，对养老机构的运营状况进行了认真分析，得出初步结论并针对当前养老机构发展存在的问题提出了相应的对策和建议。

（二）养老机构规模情况

1. 养老机构建筑面积。所调研的50家养老机构总建筑面积为329099平米，建筑面积2000平米以下的11家，占22%，建筑面积为2000～5000平米的21家，占42%，建筑面积5000平米以上的为18家，占36%。

2. 养老机构床位。100张床位以下的有10家，占总数的20%；100～200张床位的有15家，占总数的30%；200～300张床位13家，占总数26%；300张床位以上的12家，占总数24%。总床位数13215张，其中规模最大的沈阳市养老服务中心（一期），共拥有1146张床位，最小的为鑫瑭和老年公寓，只有31张床位。

3. 养老机构老人入住人数。共入住老人8016人，根据统计数据显示，入住老人数不够50人的机构有10家，占总数的20%，入住人数达到50～100人的机构仅11家，占总数的22%，200人以上的12家，占总数的24%。

4. 养老机构平均入住率。样本机构平均入住率为63.98%，其中入住率低于60%的有20家，高于80%的有13家，入住率为100%的有3家，入住率最低只有8%，为新建养老机构。

调研中发现，各地区养老机构因地理位置、住宿条件、环境情况、服务质量等因素影响，入住率有很大的差异。但总体看来，公办养老院条件好，环境设施齐全，较受欢迎，入住率较高；民办养老机构环境设施一般，入住率不高，部分高端民营养老院因建设时间短，地处偏远，收费较高，入住率较低。以沈阳为例，各类机构差别较大。

（三）养老机构投资状况

调查中部分养老机构投资状况

序号	机构名称	土地租赁（万元）	建筑投资（万元）	设备投资（万元）	其他投资（万元）	投资总额（万元）
1	沈阳市沈河区博爱休养院	50				250
2	沈阳市大东区黎明养老院					300
3	沈阳铁西区铭善养老院	150	100			200
4	沈阳市皇姑区社会福利院		200	200	100	500
5	朝阳市星光敬老院		180	50	10	240
6	朝阳北票中心敬老院					1700
7	朝阳市燕都长寿康复院					700
8	鞍山市福乐园养老院	24	2	2	2	30
9	鞍山市博爱养老院	24	400	200	56	680
10	鞍山市源北老年公寓					650
11	鞍山市千千老年公寓	100				400
12	鞍山祥颐园老年公寓	28	512	110	250	900
合计						6550

调查显示，公办养老机构资金来源于政府，受各地政府财政状况影响，所接受资金投入数量不稳定。

民营机构的资金来源比较单一，大多依靠自筹资金（包括股份合作）。从访谈中了解到，除铭善养老院等几家机构经营用房属于自有房产，其他均为租用或改建。机构投资主要用来购买满足老人入住需求的固定资产和装修。由于前期较多的硬件投入，回收周期较长。据养老机构投资人介绍，投资回收期为6～8年。我们根据投资金额多少和经营效益好坏分析，投资回收至少也需3～5年。

（四）养老机构收费情况

养老机构的收费主要包括床位费、护理费和伙食费等，各机构按照设施条件、服务项目等自主确定收费标准。我省机构收费标准各市差距较大，跟当地经济发展水平呈正相关关系。但同一地区差距不大，差别主要体现在护理级别上。各养老机构主要按照老年人的生活自理程度差异进行不同标准的收费。调查统计显示，自理老人收费范围为500～1200元/月，半自理老人收费范围为800～2400元/月，完全不能自理和临终期的老人收费范围为1200～3500元/月。调查显示，各个地区养老机构平均收费状况与该地区经济发展水平、居民收入水平呈现正相关关系。据中档收费标准养老机构负责人介绍，他们的一般收费（完全自理）约占该地区月平均退休金的60%左右。一般情况，退休金高于平均退休金的老人住标准高收费高的房间，收入低的住标准低收费低的房间。

（五）养老机构设施情况

实地走访发现，多数养老机构能够按照规范管理要求，设置有自理区、介助区和介护区，食堂、餐厅、洗浴室、健身室、医疗室、医用电梯、图书阅览室、娱乐活动室等。

受资金、场地、房屋条件和经营理念的限制，一些机构服务功能单一、设施简陋，房间小，家具简单，床位放置过多，活动空间小；多为公共卫生间和公共浴室，有少数机构安置了呼叫铃、健身器、监控设备等；医疗服务不配套，看病、打针不方便；文娱、康复方面的设施简陋，各项设施很难满足入住老人身体、心理等方面的需求，停留在养老院、托老所满足基本住养服务的阶段，部分机构没有户外活动场所，有的甚至没有足够的活动场所提供给老人。公办养老机构相对较好，设施较为齐全。与公办养老机构相比，民办养老机构仍有很大差距，还存在许多需要整改的问题。

（六）管理及服务情况

根据样本机构数据统计，公办养老机构从业人员较多，管理及行政人员比例偏高。如某市属老年公寓入住老人为370人，有工作人员142人，其中行政管理人员80人，护理人员62人。管理人员、护理员的比例是1∶0.77。民办养老机构行政管理人员较少，一般每家机构为2～8人。

受入住自理、半自理和完全不能自理老人数量比例的影响，护理员与入住老人的比例变化幅度较大。一般公办机构护理员与入住老人的比例为1∶3～1∶6，而民办机构一般护理比一般高于公办机构，护理员与入住老人的比例为1∶5～1∶7，有的甚至达到1∶9.87，也即平均一个护理员要护理10个老人。护工和后勤人员与床位数的比例是1∶2.77。

据实地考察，在养老机构尤其是公办养老机构中，部分管理人员只是挂名，实质并未参与管理。有的管理人员基本没有接受过系统的业务培训，对行业规范了解不多，多是边干边学，自己摸索或学习借鉴其它同行经验。

总体看来，在养老机构中平均一个护工需要护理将近4个老人，护工与入住老人比例失衡，护工严重不足。由于护工劳动强度较大、工作时间长、工资待遇较低，养老机构大多通过劳务市场、熟人介绍等方式招聘护工，多为40～60岁的本地下岗女工或农村妇女。机构普遍反映护工招聘难、流动性高的忧虑，种种现实压力迫使机构无法考虑护工的培训和发展问题，由此造成护工的护理知识和技能缺乏，护理水平难以提升。

入住机构的老年人以70岁及以上的中高龄居多，生活半自理、完全不能自理和临终期的占大多数。90%以上的机构与入住老人家属签有入住协议，并能与老人家属保持经常性联系。机构主要向老年人提供照料、护理、餐饮、住宿等服务。对自理程度不同类型的老年人，机构提供相应的照料和护理服务。

（七）政策落实情况

据了解，我省凡民政部门批准的老年人社会福利机构均可申请为非企业单位，享受政策性的减免税收。凡民政部门批准的老年人社会福利机构均应享受水、电、固定电话、有线电视的收费按居民类价格执行。

调查显示，养老机构优惠政策中，税收方面的优惠政策落实得比较好，养老机构基本能够享受到和居民相同优惠的水电气价格，除了个别地区，多数养老机构能够享受到政府提供的建设补助和床位补贴。但在信贷利息、人身意外险、土地使用、通讯费方面则基本没有享受优惠。

二、我省养老机构运营盈亏分析

（一）养老机构运营成本的影响因素

调查显示，养老机构运营成本基本透明。收入与支出项目基本明确。调查数据显示，养老机构的运营成本与机构规模、运营时间尤其是入住率有关。我们选取沈阳市某一家民营养老机构，来看一下其运营情况。该机构拥有床位210张，在养老机构中属于中型养老机构。该机构建设三年来的运营情况如下：

第一年该机构入住率20%，其收入为522480元，支出为1503257元，利润为－980777元。即该机构第一年处于亏损状态。亏损约98万元。

第二年该机构入住率76%，其收支情况为：收入为2643094元，支出为2629485元，利润为13609元。即该机构第二年处于盈亏基本平衡。

第三年（1～5月）该机构入住率84%，其收支情况为：收入为1793060元，支出为1523991元，利润为269069元。预计全年盈利超过50万。

以上数据分析可以看出，新建养老机构由于初期资金投入较大，前三年是比较困难的时期。如若定位准确，经营有方，入住率保持稳定增长，则能够逐年好转。

（二）养老机构日常运营盈亏平衡点分析

从收入、支出和盈亏平衡点等几方面来分析养老机构的运营情况。

1. 养老机构的主要收入。养老机构的收入主要是营业收入和补贴收入两类，其中，营业收入与养老院本身的市场定位有关，主要包括面向入住老人收取的护理费、床位费、伙食费等，依据护理级别护理（完全自理）、半自理、完全不能自理、特级护理的不同收费不同。从调查结果来看，不同地区、不同性质养老机构服务对象有所不同，收费差别也较大。公办养老机构主要面向社会的三无老人，另一种是自费养老的老人；民办养老机构主要面向中高低收入客户群体，且入住人员中属于特级护理的人员特别少，而属于健康护理、半自理老人护理和完全不能自理的人员较多。补贴收入主要来源于政府给予的补助，包括建设补助和运营补贴。建设补助即一次性开办补助主要用于支付改、扩、新建机构用房所需费用或租赁养老服务用房所需费用。

2. 养老机构的成本构成。影响养老院成本的因素很多，所在地区、规模、服务标准等都会影响成本。基于决策需要，根据成本性态分析理论，对养老院发生的一般性的成本进行成本性态分析，将其所发生的成本按与入住人员数量的关系分为固定成本与变动成本，年成本主要包括：固定成本、维修费、暖气费、水电煤气费、入住人员餐饮费、员工工资。

3. 养老机构盈亏平衡分析。各养老机构面向顾客群的定位不同，收费标准也就不同，发生的成本也会有所差异。以鞍山市康乐园养老院为例，通过其真实数据做盈亏平衡分析。

鞍山市康乐园养老院是一家民办非企业养老机构，主要招收中低收入人群入住，设有床位100张，入住人员收费主要与护理级别相关，完全自理的老年人收费标准为1000元/月，半自理老年人收费标准为1300元/月，完全不能自理老年人收费标准为1500元/月，单独收取取暖费每人每年100元。根据调查数据，该养老院入住人员为完全自理老人5人，半自理老人17人，完全不能自理老人50人。通过计算可知，该养老院入住人数为54人时，能够保持持平的状态。通过入住率指标，可以更好地诠释盈亏分界点。入住率＝入住人数÷养老院总床位数。该养老院盈亏平衡点入住率＝54÷100＝54%，即当入住率超过54%时，养老院才可盈利。

根据我们调查样本情况统计，当养老机构入住率达到60%左右，均能达到盈利状态，这与以上盈亏平衡分析数据一致。

三、养老机构存在的问题

（一）养老机构发展不平衡，不同地区之间、公办民办机构之间存在较大差异。调查中发现，公办与民办养老机构在政策扶持上曾有的悬殊差距，造成了养老机构长期发展上的不均衡。多数公立养老院设施完善、服务齐全，地址多数在市区，价格相对便宜，但是“一床难求”。民办机构差异较大，沈阳地区民办养老机构的入住率明显高于其他地区，受到收入水平和人们观念的影响，辽西地区朝阳市养老机构的入住率则较低。

（二）扶持政策落实不到位，政策补贴存在标准偏低。调查中发现，各地区养老机构在用电、用水、用热、用气、有线电视等方面均享受民用价格。但在建设补贴和运营补贴方面存在较大差异，标准不一，沈阳地区建设补贴为4000元（分两年补），鞍山地区建设补贴为2000元，床位补贴正在试点中，朝阳地区尚未实施床位补贴。养老机构运营补贴没有全面铺开。养老机构已有的补贴，机构建设补贴、运营补贴的额度偏低，影响民营资本进入养老服务业的积极性。

在扶助政策实施过程中，还存在一刀切现象。许多养老机构建设规模、设施标准、服务水平差别较大，但在享受补贴上却是一刀切。部分机构负责人对此意见挺大。

（三）护理员与住养老人之间的比例失衡，护理员专业素质和薪金报酬都很低。调查发现，多数养老机构人员不足，护理员与住养老人之间的比例失衡，护理员专业素质普遍不高。机构住养老人对照料护理的专业化服务需求与机构中专业护理人员严重不足之间的矛盾较为明显。失能、半失能老人入住费用较高，是许多民办养老机构市场定位的主要对象。但基于成本考虑，养老机构不能为护理员提供较高的薪酬待遇，也难以招聘到护理水平较高的护理员。很多养老机构的护理员中许多是下岗女工，“40、50”人员占了相当大的比例，而且这些民办养老机构的护理员许多是由养老机构所在社区介绍来的。这些护理员一般缺乏专业的护理知识和技能，护理水平较低。护理员队伍流动性较大。

（四）民办养老机构大多盈利微薄，部分机构资金运转困难。调查显示，民办养老机构的实际投资回报水平偏低。民办养老机构除了个别经济效益较好外，大多处于微利运营的状态。资金困难是几乎所有民办机构发展面临的主要问题。一是新建养老机构一次性投入极大，但运营成本较高。二是部分机构的环境建设较差，入住养员少，床位空置较多。如果民办养老机构的入住率达到60%左右，机构应当能够盈利，但只能说是微利，如果入住率低于50%，那是要亏损的。在我们调查的民办养老机构中，老人的平均入住率为63.9%，也就是说这些民办养老机构的利润是很低的。各民办养老机构在资金运作上都非常注重精打细算、能省则省，以此来维持机构的正常运转。由于养老机构利润低，养老机构缺乏改善条件资金，养老机构的硬件条件越来越陈旧，也影响入住率，形成恶性循环。

（五）因老人安全引发的法律纠纷是机构运营最大的风险之一。在调查问卷中，“贵机构与入住老人及其家属是否发生过法律纠纷”选项几乎得到所有机构肯定的回答。机构负责人普遍反映，仅仅是工作上的劳累还不算什么，老人们的安全问题是他们面对的最大的风险之一。一旦出现法律纠纷，机构往往会通过协商或法律手段解决，老人及家属行事上较为强势的机构通常会做出一定的赔偿。这对面临运营资金困难的机构而言无异雪上加霜。

（六）部分养老机构市场定位与老人实际支付能力存在矛盾。调查发现，由于缺少法规的强制约束和评估标准的规范操作程序，加之政府资源配置的不足或缺失，许多养老机构（包括公办养老机构）在收住服务对象时更多地运用市场法则和市场定位，使得机构住养服务出现了一种与社会福利和社会公益法则悖行的现象。大量需要机构住养服务的老人因支付能力不足住不进来，特别是失能、半失能的老人更为突出。

四、关于加强我省养老机构健康可持续发展的对策建议

近年来，为了支持养老机构的建设和发展，国家和我省已经先后出台了一些鼓励和扶持的政策法规，基本涵盖了支持养老机构建设、规范机构生活照料和医疗、康复以及文化生活服务等多方面内容，为养老机构的发展提供了较好的制度保障，不断推进养老机构规范化服务与管理。但是，面对人口老龄化的严峻挑战，还须继续加大对养老机构发展的政策扶持力度，出台新的扶持政策，抓好督促检查，促进全面落实。

根据调查分析，我们认为，养老机构发展的趋势应是，以公办养老机构为样板示范，以民营养老机构为主体，以市场化为运营方式，以政府给予必要的资金补贴和相关政策为辅助。我们具体建议：

（一）各市、区可保留必要的公办养老机构。保留必要的公办养老机构，主要应发挥如下作用。一是国家兜底，确保城市“三无”人员和农村五保户老有所养。二是起到一定示范作用，规范养老机构服务和管理标准。三是起到稳定养老机构收费标准。公办养老机构也要不断改革创新，加强管理，规范入住标准，实行企业化管理，不断提高服务质量，降低成本，提高效率。但是，公办养老机构不宜过多，否则，会加大政府财政负担，同时，也不利于民办养老机构发展。

（二）给予民办新建扩建养老机构建设补贴。由于新建扩建养老机构一次性投入较大，资金回报周期较长，政府给予必要的补贴，有利于民营企业家兴办养老机构，不断改善养老机构硬件条件。沈阳市关于补贴新建养老机构的补贴办法，可以向全省推广。根据地方政府财政状况和对养老机构需求的增加，可以适当增加补贴，以鼓励兴办民办养老机构，满足不断增多的老人入住养老机构的需求。

（三）建议对低收入、失能、半失能老人给予补贴，以增加养老机构运营收入。关于对养老机构的运营补贴，可以按入住老人人数直接补贴。这样做的好处：一是养老机构直接受益，二是操作简单易行。不利因素是：由于养老机构硬件条件和服务质量不同，同一补贴标准，有损公平。另外，入住养老机构老人没有直接感受到国家政府的温暖。

如果给予入住养老机构的老人直接补贴，既使老人感受国家政府的关怀，同时会增加老人入住养老机构意愿，提高养老机构的入住率。因为，我们调研结果以表明，提高养老机构入住率，养老机构营利增加，等于间接增加养老机构收入。而且，有利于养老机构通过市场竞争，不断提高服务质量。这样做法不利因素是操作相对复杂，因为，入住养老机构的老人流动性较大。利弊比较，我们认为直接给予入住养老机构老人补贴为好，既可以使老人直接受益，又有利于养老机构发展。根据养老机构收费标准与老人养老金的相关性，我们认为，政府首先应对低收入、失能、半失能的老人与入住养老机构补贴。

（据统计，截至2013年底，我省老年人口中失能半失能老人人口数量为1058585人，占老年人口的13.4%。随着人口老龄化、高龄化的加剧，失能、半失能老年人的数量还将持续增长，照料和护理问题日益突出。失能、半失能老人入住养老机构所需费用较高，其退休金和子女都很难完全承担。）

（四）加强养老服务队伍专业培训，给予岗位工资补贴。继续推进养老机构护理人员的在职教育、岗位训练，专业培训费用由政府承担。鼓励院校开设老人护理专业，培养为老人服务的掌握专业社会工作知识和服务技能的专门人才。努力把专业社会工作者的职业资格认证制度和职称评聘体系建立起来，大幅度提升老年人福利服务事业的专业水平。给予养老机构护工岗位补贴。

（五）提高对民办养老机构的资金扶持，解决融资难的问题。由于养老服务机构属于社会福利机构，其福利性和非营利性身份直接影响其贷款融资，金融部门认为其没有还贷能力，养老机构房产多是租赁又无法抵押，而养老机构自身发展由于缺乏资金而困难重重。建议对民办养老机构，参照小微企业融资政策，解决民办机构融资难问题。养老机构可以通过融资，解决资金困难，提高改善硬件条件的能力。

（六）推进养老机构意外伤害保险补贴实施和全覆盖，保证处理法律纠纷公平公正。养老服务行业是一个高风险行业，养老服务也是一种高危服务。老年人本身多变性，养老场所人员集聚性以及各项管理服务繁杂性等决定养老服务不可预测的风险性。全省要进一步推进养老机构意外伤害保险补贴实施和全覆盖。养老机构内老人发生意外事故后，总的原则，应当从保护老年人的合法权益出发。但维护某一群体的权益，不意味着偏向一方，在运用法律、认定证据、依法裁判等方面，要公平与公正，坚持法律面前人人平等。要切实维护各方合法权益，使养老机构做到有法可依，健康发展。

江苏省农村老年人生活状况调查报告

江苏农村老年人生活状况调研组

2014年8月7日至13日，调研组，就江苏农村老年人生活状况进行专题调研。调研组先后在徐州市邳州市、淮安市盱眙县、南通市海门市三地，调查了陈楼镇院许村、桂五镇高庙村、常乐镇培育村，分别召开县、镇、村三级座谈会，走访30户老年人家庭，就66个问题做了30份问卷调查，了解老年人基本生活以及养、医、为、乐等方面的状况。现报告如下：

一、基本情况

江苏省是老年人口大省，截至2013年底，江苏省60岁以上人口1494.79万，占户籍人口的19.65%，80岁以上高龄老人达224.49万，占老年人口总数15%。2013年底，江苏农村老年人口536.62万。按老龄化程度，邳州市、盱眙县、海门市在江苏省县级城市中分别位于中、中、高等水平；按经济发展状况，分别位于中、低、高等水平。

（一）日常生活状况。通过调研发现，大多数农村老年人日常生活都很简朴。在穿着方面，以功能性选择为主，在款式、品牌方面无特别要求，大多数老年人的衣服由子女提供；在饮食方面，以自产粮食蔬菜为主，不注重营养搭配，20.7%的老年人很少吃荤菜；在居住方面，80%的老年人与子女分家单过，大多数居住在老屋、偏屋、小屋，也有老人住在外出打工子女家为子女看门，三个村的空巢率均超过50%；在出行方面，70岁以上老年人主要在住家周围进行活动，很少去城里，因购物、探亲、就医等原因需要出行的，一般由子女代劳或者陪同。

（二）经济收入状况。2013年底，江苏省农村人均年收入13598元。院许村、高庙村、培育村人均年收入分别为13216元、10000元左右、31500元，老年人年收入水平差异较大。收入主要来源：一是政府保障金。城乡居民基础养老金90元/人·月，全省应保老年人约98%享有；80～89岁、90～99岁、100岁以上老年人分别享有30～60元、100元、300元的尊老金或长寿金。农村五保老人集中供养和分散供养平均标准分别为每年7441元和6386元，邳州分别为6000元和3400元，盱眙分别为6450元和5650元，海门分别为7700元和6900元。农村符合低保条件的老人全省平均保障标准487元/人/月，70岁以上可增发10%至20%，邳州、盱眙、海门分别为每人每月230元、330元、370元。农村独生子女计划生育家庭可获80元/人·月补助，独生子女伤残、死亡家庭补助标准分别为每人每月110元和500元。二是耕地流转或种植收入。责任田出租金约200～300元/亩·年，农业补贴约100元/亩·年，种植收入约1400元/年。三是子女赡养费。子女给付赡养费数额差异较大，有的子女主动给，有的因赡养纠纷调解后按协议给付。大部分老年人说子女会按需供给，农村开销较小，一般不会向子女要钱。四是个人劳作收入。主要方式有就近务工、养殖、个体经营等，集体经济较发达村落的低龄健康老年人空闲时间会去村企务工，年收入在7000至8000元左右。此外，为避免因突发事故致贫，政府鼓励和补贴老年人自愿参保"安康关爱行动"意外伤害综合保险，目前参保率为23.3%。

（三）健康医疗状况。江苏省"六普"人口平均预期寿命为76岁，邳州、盱眙、海门分别为76.8岁、75.0岁和79.6岁。整体而言，低龄老人比较健康，高龄老人患病率高，70岁以上老年人通常患有高血压、糖尿病等慢性疾病。老年人健康自评中，认为能自理的达90%，半自理的3.3%，不能自理的6.7%。江苏省农村新农合参合率98%，三县参合率平均超过99.9%，徐州地区所有70岁以上老年人新农合参保费由政府买单。县乡两级住院费报销比例75.31%，报销上限为15万元；门诊报销比例40%至45%，报销上限为200元/人·年。困难家庭可申请不超过3.5万元的医疗救助，重点面向低保、优抚等困难民政对象老年人。江苏省自2013年开始探索实施大病保险制度，邳州、盱眙、海门均为试点县。农村老年人可以享受1年1次免费体检，基层医疗卫生机构为85%以上的农村老年人建立健康档案。县、乡镇、村三级医疗卫生网络基本建成，92.6%的受访老年人认为就医方便，对村医疗服务表示满意。

（四）养老方式。农村养老方式主要有三种：一是家庭养老。绝大部分老人依靠家庭养老，有的与子女就近单独居住，有的与子女同住，身体健康的老年人基本都选择在自己家里养老。二是社区居家养老。2009年以来，江苏省积极开展社区居家养老服务中心项目建设，目前，苏南、苏中、苏北的农村社区居家养老服务中心覆盖率分别达到71%、63%、55%。社区居家养老服务中心为老年人提供送进家门和走出家门的服务，但整体而言还在探索起步阶段，服务项目少、服务水平低。淮安市首开先河，建立"爱心驿站"，为乡镇接送孩子上下学的流动老年人提供棋牌、视频等服务，备受欢迎。三是机构养老。高龄、空巢、失能半失能的困难老年人可以就近入住村里的老年"关爱之家"，也可以选择入住镇上的养老服务机构。部分老人碍于传统思维，顾及面子，入住机构的主观意愿不强。

（五）精神文化生活。当前农村老年人文化程度普遍较低，文化活动不丰富，劳作之余，以看电视、听收音机、打牌、打麻将、听戏、散步、聊天、广场舞等为主要休闲方式。85%以上的村委会建有老年活动室。老年人活动一般是自发组织。近年来，广场舞等城市文化传入农村，参与者以中老年妇女居多。此外，部分地区信奉基督教的老年人有增多趋势，成为老年人重要精神寄托，甚至认为是缓解疾痛的良药。

（六）社会参与。近年来，江苏省积极推进省、市、县、乡（镇）、社区（村）五级老年协会网络建设，充分发挥老年人"四自"作用。目前，城乡社区（村）老年协会覆盖率达79.3%。协会参与主体以老党员、老干部、老教师等"文化人"为主，领导班子多由村委会研究决定，动员老年人参与不够，在普通农村老年人中的知晓度还比较低。农村老年人参与民主决策、民主议事和民主监督的比例较高，如培育村财务监督委员会老年人比例超过一半。大多数村委会有老年活动室，供老年人进行阅读、打球、打牌等活动。村委、老协通常会组织农村"精英老年人"开展志愿服务活动，在空巢帮扶、纠纷调解、普法宣传、关心下一代等方面发挥重要作用。但有的地方反映，由于行政村合并，距离较远，老年人参与活动不太方便，出于出行安全等考虑，子女不太支持。

（七）情感生活。江苏省孝亲敬老文化氛围较浓，大部分受访老年人对生活状况表示满意，幸福感较强。老年人幸福程度与经济条件、家庭关系、健康状况等因素相关，经济条件好、家庭和睦、身体健康的老年人幸福指数较高，反之则较低。大多数子女外出打工家庭的空巢老人，希望子女生活更好，自愿在家看房子、看孙子、看田地。与子女有赡养纠纷的老年人幸福感较差，经常感觉心烦、抑郁，赡养纠纷大多发生在多子女家庭。近年来，各级政府和村两委比较重视农村孝亲敬老氛围营造，积极开展"五好家庭"

"敬老好儿媳"等评选活动，老年人普遍反映社会敬老风气好转。农村老年人的心理健康仍值得关注，自杀现象偶有发生。

（八）权益认知。江苏省比较注重基层普法宣传，在农村普遍开展老年法、婚姻法等涉老法律政策宣传教育活动，通过24孝图、敬老歌谣戏曲等群众喜闻乐见的形式，传播孝德和法律维权知识。整体而言，农村社区法律普及程度与城市相比有较大差距。访谈发现，仅37.9%的老年人知道老年法，34.5%知道优待政策，说不出具体内容。老年人遇到困难首选找家人解决，其次找村干部调解，大部分老年人对诉讼程序、法律援助不了解。有关数据显示，2010年以来，江苏省法院共审理涉老民事案件130421件，主要为离婚、赡养、财产、继承纠纷。调研的三个县法院系统平均每年处理涉老案件20余起，其中赡养纠纷案件占80%以上，大多是多子女家庭，一般通过调节解决。涉老案件民事纠纷居多，治安、刑事案件较少。大部分老年人会遵纪守法，遵循传统道德和村规民约，调研中未发现以老年人为主体的治安、刑事案件。

二、主要问题及原因

江苏省农村老年人社会保障覆盖率和保障水平较高，精神文化生活逐渐丰富，孝亲敬老氛围日益浓厚，维权意识逐步提升，心理健康程度较好，生活幸福感较强。但同时也存在一些不容忽视的问题。

（一）收入水平低。近年来，一系列惠农政策措施实施后，农民收入水平有了显著提高。农村老年人的收入水平也有较大改善，但仍处于较低水平，其增长幅度与农村经济社会发展水平不同步。基础养老金是绝大多数农村老年人的重要经济来源。调研中，老年人普遍反映基础养老金标准较低，希望能够有所提高，以减轻劳作负担和对子女的经济依赖。在养老保险实施过程中，局部地区采取"捆绑式"缴费手段，即以所有子女参保为领取条件，从而导致一些老年人无法领取基础养老金。部分老年人是"低保边缘人"，虽然生活困难，但达不到领取低保的条件，当遇到困难需要增加支出时，也不符合救助条件。

（二）医疗负担依然不轻。新农合的实施，缓解了农民医疗费用负担，使"小病扛、大病拖"的问题得到改善。但是，农村因病致贫、返贫现象仍广泛存在，在老年人群中更为突出。当前，医疗费用是农村老年人的主要开销。主要原因一是长寿但不健康。高血压、糖尿病等慢行病患病率较高，需经常性门诊看病，并长期用药，很多老年人的养老钱都搭给了医院。二是医疗费用报销比例偏低。每年200元的门诊报销上限有可能就诊一次都不够；可报销药物范围较窄，尽管住院报销比例已达75%，但据受访老年人反映，真正报销的费用仅占所有医疗费用的40%左右；住院报销比例随医院级别提高而降低，很多重大疾病、疑难杂症往往需要异地就诊，个人负担沉重。三是经济基础薄弱。农村老年人毕生积蓄大多花在娶媳妇、盖房子上，步入老年期后，其微薄的经济能力难以承担较高的医疗费用。

（三）养老服务供需矛盾突出。从需求角度而言，一方面，农村养老服务需求快速上升。随着农村劳动力不断对外输出，空巢家庭越来越多，"老人村""空心村"也将逐渐增多，留守老年人的日常生活照料、精神慰藉等问题将日益凸显，必须依托社会服务发展加以解决。另一方面，农村老年人购买服务能力较弱，难以获取社会服务。通常能靠子女就靠子女，不能靠子女的靠自己。大多数受访老年人认为去机构养老有损颜面。从供给角度而言，农村居家养老服务体系建设尚处于起步阶段，一方面问题在于硬件短缺，农村养老服务机构总量不足、分布不均、设施简陋，在保障民政服务对象之外，难以满足社会其他老年人的服务需求；另一方面问题在于软件不足，目前已有的农村居家养老服务中心（站），许多存在管理不规范、服务人员短缺、专业性不足和运营经费无保证等问题。

（四）精神文化生活单调。整体而言，近年来农村的文化活动日趋繁荣，但老年人的生活依然比较单调。一方面，面向普通老年人的文化娱乐产品供给不足。农村老年人整体文化层次不高、观念陈旧，农家书屋、广场舞等项目只有农村少数老年人参与，对于普通老人缺乏吸引力。农村老年协会缺经费、缺场地、缺专业人手，作用发挥尚不够。另一方面，老年人参与公共文体活动的意愿不强。在农村，"劳动力"概念基本不是按年龄划分的，身体健康的老年人，甚至高龄老人，都是农务家务主力，基本无时间、无精力、无心情参加公共活动，最多是邻里间聊聊天、打打牌，自己散散步。农村传统观念中，休闲娱乐有好吃懒做之嫌，制约了老年人休闲娱乐的意愿。此外，行政村的整合扩大使得老年人参与活动路途遥远、车辆的快速发展带来的交通安全等问题，也在一定程度阻碍了老年人走出家门。

（五）农村老龄工作基础薄弱。县级以下普遍存在老龄工作基础薄弱的问题。一是县级老龄工作机构仍然存在设置不规范、性质不统一、缺编制、差经费、少专职人员等问题，在2010年江苏省机构改革中，基层老龄办系统工作机构不同程度被削弱，制约了基层老龄工作的顺利开展。二是乡村两级专兼职老龄工作人员配备不足。江苏省乡镇基本没有老龄工作专职办事机构和人员，大多都由民政专干兼任。由于基层人手少、任务重，老龄工作开展有一定难度。乡镇老龄工作尚且如此，村级老龄工作可想而知。

三、主要建议

加强农村老龄工作，加快发展农村老龄事业，对于改善和保障老年人生活水平，全面实现小康社会和现代化的宏伟目标，意义重大。要把进一步改善和保障农村老年人生活状况纳入农村经济社会发展总体规划，放到构建和谐社会、建设新农村、推进基本公共服务均等化等大的战略布局中，进行顶层设计、宏观谋划、加强领导、重点推进。

（一）提升农村养老保障水平。要进一步扩大农村养老保障对象的覆盖范围，明令禁止“捆绑式”缴费做法，真正实现基础养老金惠及所有老年人。要与经济社会发展水平相适应，逐步提高基础养老金水平。要扩大政府养老兜底面，将困难高龄的独居、低保、优抚、低保边缘老年人纳入政府养老保障范围。要加强对生活困难老年人临时性救助。

（二）完善农村医疗保障制度。提高新农合门诊就医报销比例，逐步同城市接轨；进一步提高住院报销比例，扩大药品报销范围，减轻老年人自费负担；积极研究实施农民大病保险制度。扩大医疗救助范围，将困难高龄、独居、留守、失能、半失能老年人纳入其中；从国情出发，积极研究探索面向全民的长期护理保险制度，研究制定失能等级划分标准，为失能老年人解决长期照护的经济来源问题；逐步开展针对农村老年人的心理健康教育、心理疾病的预防和干预工作。

（三）加快农村社会养老服务体系建设步伐。要研究制定农村家庭养老支持政策，鼓励和引导子女与老年人共同或就近居住，提供生活照料服务和情感慰藉；要大力推进村级居家养老服务中心建设，提供助餐、助医、看望等基本生活服务，组织开展互助服务；加大政府购买服务力度，扩大购买服务范围，充分发挥政府兜底作用；要积极推进乡镇敬老院转型改革，发挥机构养老示范和区域辐射作用，在满足五保老人养老服务需求前提下，面向农村全体老年人提供服务；要发挥市场主体作用，建设小型、方便、适用的民办养护服务机构。

（四）丰富农村老年人精神文化生活。有关部门要为农村老年人提供丰富的精神文化产品；要加大资金扶持力度，加快老年文化场地建设步伐，逐步实现老年活动场地村村有的目标；要积极组建老年人文化活动团队，发挥文艺骨干的作用，经常性开展文化娱乐活动；要举办全国农村老年文化艺术节，推动农村老年文化繁荣。

（五）切实加强农村基层老龄工作基础建设。要理顺老龄工作体制，健全县级老龄工作机构，合力配备人员编制，保障工作经费；乡镇要有专兼职老龄干部；村级要有专门负责老龄工作干部。确保老龄工作在基层有机构管，有人抓。要把农村老年协会打造成基层老龄工作的一支重要力量，成为基层老龄工作的重要抓手。加快推进基层老年协会覆盖率，加强老年协会规范化建设，充分发挥老年协会“四自”作用，组织老年人积极参与社会，发挥余热。

（调研组成员：全国老龄办王绍忠、牟新渝、李伟旭、孙娟娟，江苏省老龄办张建平、牛飚、周伟）

浙江省老龄产业发展研究报告

浙江省老龄产业发展研究课题组

2013年初，浙江省委办公厅、省政府办公厅联合出台《关于进一步加强老龄工作的意见》（浙委办发〔2013〕11号），明确要求“培育壮大老龄产业”，为浙江省老龄产业发展作出全面部署。老龄产业是老龄化背景下由老年消费市场需求增长带动而形成的新兴产业，浙江省乃至全国仍处于发展初期阶段，相关的研究不多。本课题由省老龄办、省发改委牵头，在理论研究、案例分析和政策梳理的基础上，从研究老年人消费需求和市场供给入手，基于数据统计交叉分析科学评估我省老龄产业发展水平，厘清面临的问题，探讨我省老龄产业发展重点和政策构架，力图为浙江省老龄产业率先发展提供参考。

一、浙江老龄产业市场需求分析

（一）人口老龄化发展趋势分析

中国是世界上老年人口最多的国家，未来20至30年间，将是世界上人口老龄化速度最快的国家之一。浙江是国内较早步入老龄化的省份之一，截至2012年底，老龄人口数量已达857.69万人，据预测到2040年，老龄人口比重将达40%。

现行生育政策下未来老年人口规模①

年份	老年人口总规模（万人）		老年人口增量（万人）	
	户籍人口	常住人口	户籍人口	常住人口
2010	789.03	755.86		
2011	829.4	790.68	40.37	34.82
2012	864.84	832.94	35.44	42.26
2013	905.52	873.87	40.68	40.93
2014	947.23	921.51	41.71	47.64
2015	995.42	966.53	48.19	45.02
2016	1037.49	1012.09	42.07	45.56
2017	1083.71	1064.91	46.22	52.82
2018	1134.27	1105.88	50.56	40.97
2019	1170.74	1132.98	36.47	27.1
2020	1198.08	1166.62	27.34	33.64
2021	1226.92	1185.13	28.84	18.51
2022	1239.73	1243.52	12.81	58.39
2023	1300.25	1327.66	60.52	84.14
2024	1373.88	1394.68	73.63	67.02
2025	1430.53	1465.83	56.65	71.15

数据来源：浙江省未来人口发展态势研究

（二）浙江省老龄人口收入状况分析

2013年，浙江省城镇居民人均可支配收入37851元，农村居民人均纯收入16106元，城镇、农村居民人均消费支出分别为23257和11760元；2012年底，全省企业基本养老保险参保人数达到2083万人，其中领取养老金的有321万人，年养老金额达805.5亿元。城乡居民社会养老保险参保人数达1332万人，其中领取基础养老金的老年人572万人。浙江省高龄老人补贴制度惠及128万人。全省参加城镇职工和城镇居民医疗保险的分别是1632、1088万人，参保率超95%。浙江省政府养老服务补贴范围扩大，全省已有13.9万老年人享受到政府提供的服务补贴。“十二五”以来两年间，全省共安排集中供养经费支出4.83亿元，低收入经济困难老人养老服务补贴1.33亿元。

2013年5月到8月，浙江省老龄办在全省范围内开展了浙江省老龄产业发展研究调查，调查以全省为总体，按照多阶段、分层、整群、概率比例的方法，分县、乡、村三级进行抽样，在25个县（市、区）中，抽取50个村（社区、居委会），共计对6051个60岁以上具有抽中村户籍的老年常住人口进行入户调查。抽样调查显示，浙江老年人收入基本稳定。在调查的老年家庭中，人均年收入在5千元以下的占9.7%，5千～1万元的占13.7%，1万～3万元的占48.5%，3万～5万元的占18.6%，5万～8万元的占4.1%，8万～10万元的占0.9%，10万元以上的有16人，4.3%的老人无稳定收入来源。可以看出，抽样样本中人均收入在1万～5万的老年家庭比例已达57.1%。

（三）浙江省老龄人口消费需求分析

1. 购物家政消费需求分析。根据抽样调查，2012年老年人购物消费在3千元以下的占43.6%，在3千元～5千元的占25.1%，在5千～8千元的占11.6%，在8千元～1万的占8.5%，在1万～3万的和3万～6万之间的分别占9.6%和1.5%，还有8位老人购物消费在6万以上。外出购物两三天出去一趟

① 浙江省人口计生委，浙江省未来人口发展态势，2011年。

的老年人最多，占25.5%；其次是每周出去一次占21.4%，再次是每天都出去的老人占16.4%，他们购物地点最多的是超市，占57.2，其次是便利小店占23.5%，还有是药品等连锁商店占12.7%。

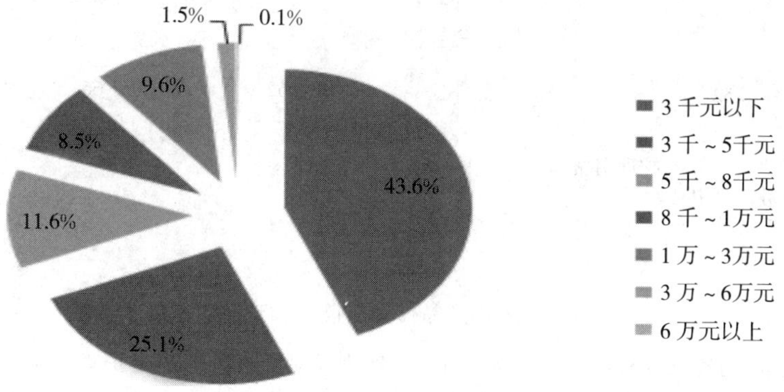

老年人2012年用于购物消费支出

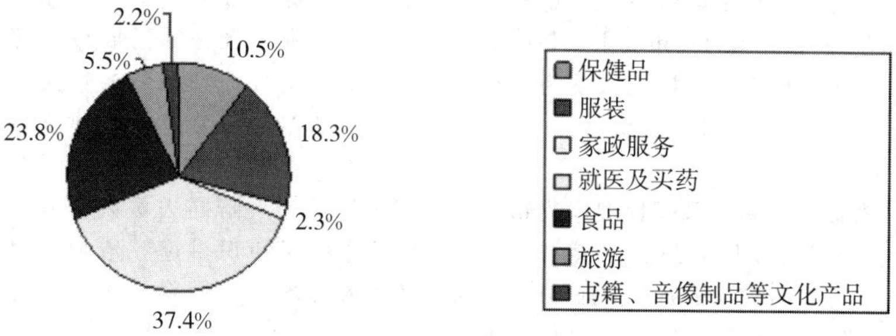

2012年老年人购买最多的物品

在2012年享受各种家政服务的老人占1/3左右。据调查，2012年享受家政服务共有2064位老人，他们每月支出的费用中50元以下占33.0%，50～100元占25.4%，100～150元占15.4%，150～200元和200元以上的各占9.9%，还有6.4%老人的费用是子女或其他亲戚朋友支付的。在这些家政服务中老人使用前三位的是家电家具修理、维修水电设施和家居清洁。

老年生活用品未能较好满足需求。调查显示，在下表所列生活用品中，老人感到最不满足的是：理疗护理用的家用治疗仪器、文教体育用品及护理用品。

生活用品的重要和不满足情况

单位：人

生活用品	合计	重要	非常重要	合计	非常不满足	不满足
家用测定仪器	2581	1890	691	978	288	690
家用治疗仪器	1273	998	275	1419	346	1073
护理用品	936	738	198	1380	361	1019
老年服饰	1326	1105	221	788	231	557
老年食品	2196	1701	495	898	288	610
助行器材	1444	1126	318	1167	341	826
便利生活用品	2301	1848	453	978	288	690
电子电器用品	2124	1744	380	841	246	595
文教体育用品	855	699	156	1551	490	1061

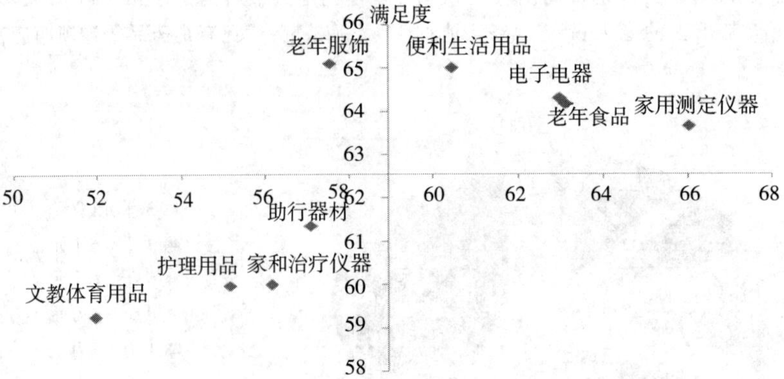

浙江省老年产品需求矩阵（2012）

根据抽样调查数据进行交叉分析可以得出浙江省老年产品需求矩阵，矩阵中的横轴为重要度，纵轴为满足度，三四象限是重点改进和发展的产品类别。调查显示，53.8%的老人购物时注重商品的质量和功能，32.6%的老人注重价格，对目前市场上出售的老年用品存在的主要问题，有 34.5%的老人认为价格昂贵，18.9%认为质量差，16.0%认为种类少和 14.8%认为对老年人不适用。

2. 医疗保健消费需求分析。医疗保健康复市场潜力巨大。假设半失能老人每天需提供 5 小时护理服务，失能老人需提供 15 小时护理服务，根据 2012 年浙江省失能老人、半失能老人 24.52 万人、48.95 万人规模推算，浙江省的老年护理服务每天就有 612.55 万小时的需求。假设浙江老年人口的长期护理服务完全市场化，以护理费每小时 25 元计算，长期护理的年产值将超过 500 亿元。

抽样调查显示，老年人对社会医疗保健服务的需求较为集中，希望加大对养老和老年人医疗保健的投入和保障，引进和开设各种类型的养老机构，特别是对临终关怀、全护理、半护理老人开放的养老机构。在调查中有 7.4%的老人对当地的医疗服务机构不满意或非常不满意，希望建立相关评估监督机构，提高服务质量。调查显示，有 61.5%的老人认为村（社区）需要设立照料老年人病后的康复护理机构，77.8%老年人要求社区卫生服务中心定期体检，为老年人建立健康档案，43.0%老年人需要有医护人员上门看病护理，27.2%老年人需要有人陪同去医院诊疗，20.3%老年人需要开办健康知识讲座，增加保健知识，11.4%的老年人要求日间照料，在老人身体不适时替他们排忧解难。

3. 文化娱乐消费需求分析。调查结果显示，有 74.2%的老人参加公园的各类活动，有 60.9%的老人参加老年活动室的活动，有 54.9%的老人参加运动健身活动，但老干部活动中心参加的人数较少，只有 32.3%的老人参加，而参加老年大学的人更少，仅 648 位老人，约占全部调查人数 1/10，96.0%老人的上课费用在 500 元以下。

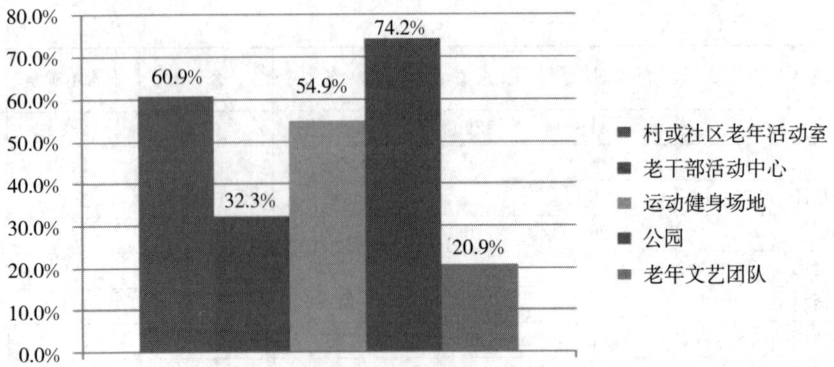

老年人选择参加活动的场所

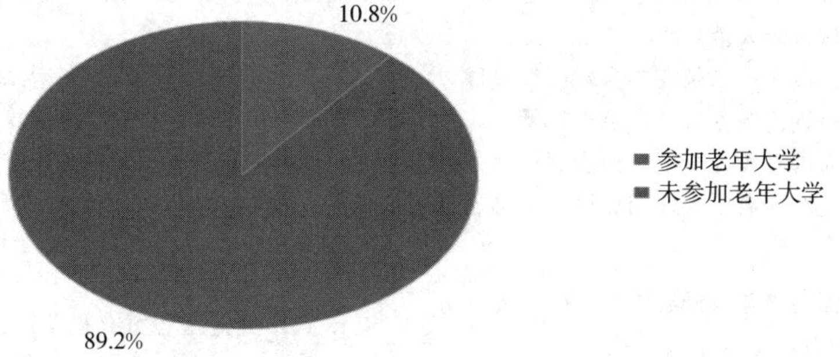

老年人2012年参加老年大学情况

老年人对公共资源整合配置力度需求较大，大多数老年人希望每个村（社区）都能建立一处集老年学校、健康咨询、运动健身、聊天娱乐、餐饮服务、电脑宽带等多种活动内容为一体的老年活动中心，使更多老年人既方便参与又可享受多项服务。调查显示，48.2％老人希望能在村(社区)范围经常能看电影听戏，34.4％老人想听健康讲座，33.1％老人能参加社区的各类活动，22.7％老人希望多建设一些体育锻炼运动健身的场所，增加一些适宜老年人活动的运动器材，可以锻炼身体，21.0％老人希望多组织旅游，15.5％老人希望增加室内老年活动室和娱乐设施，举办书法、美术、音乐、舞蹈、计算机等各种内容的老年大学。

4. 休闲旅游消费需求分析。抽样调查显示，2012年外出旅游的老年人数为2356人，占全部调查人数的38.9％，出游地点主要集中在省内。外出旅游的老人中，2012年旅游1次的人最多，占1/2以上，旅游以短途为主，一两天和三四天的分别占31.6％、29.6％，老人比较喜欢自然风景，山水观光游的占52.7％，旅游费用支出一般在3000元以下，占77.3％。

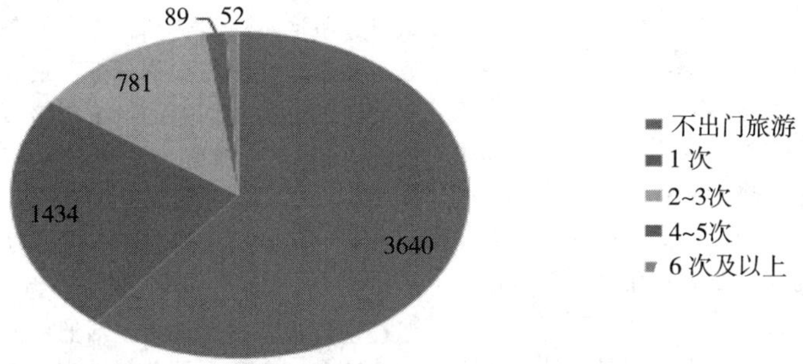

浙江省2012年老年人外出旅游人数

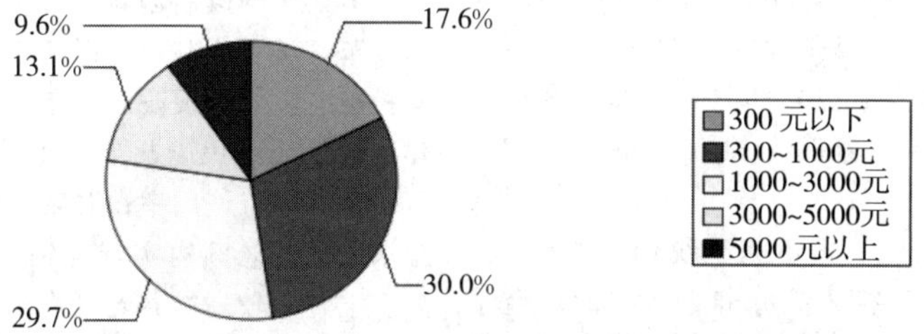

浙江省2012年老年人外出旅游的费用

据浙江省旅游局提供的数据，近五年，浙江省接待国内老年人游客人次逐年提升，但老年人游客占整体游客的百分比却有所波动，和全国老年游客在国内游客比重30％～40％相比，差距明显。这说明一方面，来浙江省旅游的游客总数上升迅速，另一方面说明老年旅游开发空间广阔。

总体来看，老年人实际消费水平总体较低，老龄产业发展相对滞后。一是老年人购物消费水平总体较低，以医疗、药品与日用产品开支为主，农村老人购物消费水平总体低于城市老人消费水平，现有生活用品未能有效满足老年人需求；二是老年人对医疗保健消费需求较大，对现有医疗服务机构满意度较低；三是老年人对文化娱乐需求有较高需求，但现有社会公共资源未能有效提供；四是老年人休闲旅游需求迅速增长，老年旅游产品有待进一步开发。

全省接待国内老年人游客统计

（65岁及以上老年人）

年度	占游客百分比	人次
2008年度	2.1%	440万人次
2009年度	9.5%	2300万人次
2010年度	6.2%	1830万人次
2011年度	7.5%	2550万人次
2012年度	6.9%	2700万人次

数据来源：浙江省旅游局，通过抽样调查统计数据推测。

二、老龄产业市场供给分析

（一）老龄产业供给现状分析

1. 老龄产业已形成一定基础。据浙江省统计局统计数据库检索，浙江目前相关单位共有1891个，其中，老年用品生产企业37个，营业收入1.97亿元；养老地产90个，投资总额为270.23亿元；老年食品、保健品、生活服务205家，营业收入50.74亿元。这个检索结果不能完整反映浙江省老龄产业的全貌，但是基本反映出浙江省老龄产业的情况：一是老龄产业在各个领域已有布局，涉及老年用品、医疗保健、生活照料、养老地产等方面；二是老龄产业规模小，企业数特别是规模企业数还很少；三是老龄产业层次比较低，养老服务体系相对完善。全省共有养老机构1969家，养老床位数24.7万张（其中护理型床位11.5万张），每百名老人拥有床位2.89张。至2012年底，城市居家养老服务站和具有居家养老服务功能的农村星光老年之家基本覆盖城市社区和60%以上的农村。

2. 民间投资较为活跃。据不完全统计，“十二五”以来，全省社会力量投入兴办养老机构的资金达22.8亿元。目前，全省民办机构床位有12万余张，占床位总数已达48%，其中温州、台州等地民办床位占比已经超过65%。全省参与养老服务领域的社会组织达到1.6万家。养老地产成为民间资本投资的热点。据不完全统计，截至2013年底，全省在册的养老地产项目总共90个，床位5.9万张，其中护理床位数1.6万张，投资总额约为270.23亿元。①

3. 产业品牌开始形成。在老龄产业的部分领域，浙江省涌现出了一些有一定知名度和影响力的企业和品牌。生活照料服务业如杭州三替服务集团，民间养老机构如温州红景天，医疗康复护理业如杭州绿康，养老地产业如万科随园嘉树养老地产等综合养老社区等。

4. 数字养老工程方兴未艾。目前，全省已有52个县（市、区）建成了养老服务信息系统。一是社会公共服务信息平台。以96345、81890为统一号码，统一标识、统一服务功能，通过这一平台实现养老服务双方有效对接。二是各地开发了个性化的养老服务信息系统。如温州全面推进居家养老“990”信息服务工作。三是省民政厅开发并已运行浙江省养老服务信息系统、浙江省社会福利网，通过网络，推进“阳光养老”，为社会公众提供有效服务。

5. 改革创新试破题。

民办养老机构融资创新。浙江省国土资源厅积极向国土资源部争取在浙江省开展“对营利性养老服务机构以招拍挂方式取得的土地使用权允许抵押”改革试点，争取将“对营利性养老服务机构以招拍挂方式取得的土地使用权允许抵押”纳入部省合作协议和国土资源部已批复同意的“亩产倍增行动计划”中，积极开展试点、探索，试图解决民办养老机构融资问题。

养老护理人员激励创新。浙江省人力社保厅正积极组织专家制定“专项职业能力考核规范”，可以不考理论，只考核对老人生活照料的实际操作技能，操作技能考试合格可以获得专项职业能力证书，解决养老护理人员不足和从业资质问题。

养老机构改制创新。浙江省民政厅在探索养老机构改革，试点改制，连锁经营。对公办机构，特别是农村敬老院，开展改制试点工作，提高绩效；探索公建民营、公办民营机制，由社会组织和企业负责运营，提高床位使用率；对鼓励经营服务较好的“一床难求”的养老机构实行连锁化经营，运营农村敬老院、空置率较高的养老机构。

民间投资权益保障创新。民间资本是发展老龄产

① 浙江省老龄办、浙江省发改委于2013年11月组织了浙江省养老地产调查，由11个地市老龄办汇总上报完成。由于对养老地产的理解和界定不同，该数据可能并不完整。

业的关键性力量，现有法律和政策规定影响和制约了社会资本对老龄产业的顾虑和积极性。温州采取了一系列政策和机制创新，完善民间资本进入退出机制，保障投资人权益等方面进行了有益的探索。

（二）老龄产业供给存在问题分析

1. 产业规模小层次低：除养老地产外，其他产业发展规模小，发展水平不高，处于探索中迈进的阶段，产品市场细分不充分，产品开发研制力度不够，不能满足不同层次、不同要求的老年人群需求，缺乏品牌意识，产品的知名度不高。

2. 产业扶持政策碎片化：省缺乏对老龄产业的顶层政策设计，全社会对老龄产业发展的重要性认识尚不到位，适应老龄产业发展的法规政策、标准规范、扶持政策缺失，呈碎片化状态，现有的优惠政策落实不到位。

3. 存在三个不平衡：一是老龄产品与养老服务不平衡；二是农村与城镇不平衡；三是养老服务日常照料与康复护理、医养结合不平衡。

4. 市场环境不完善：总体上民间社会资本进入老龄产业还是遇到诸多障碍，民间资本融资、产权分割与投资收益受制于现行法律政策。

5. 专业人才严重缺乏：从业人员总量短缺，目前全省专职养老机构护理人员 1.47 万人，居家养老护理人员 1.08 万人，尚差 15.83 万缺口；高层次人才缺乏，在国内养老机构中，具有专业护理技能、医学知识的人员仅占 8%左右。民办机构留人难。由于制度原因，民办养老护理医疗机构招医生、护士专业人才难，留人难。

三、产业发展政策构建思路

（一）科学把握发展趋势

1. 老龄产业潜在需求巨大：据预测，未来 10 年内老年需求加速释放、未来 10～20 年老年需求稳步增长，参照国外经验数据，构建模型测算 2020 年和 2030 年，我国老年产业规模有望从 2010 年近 1 万亿提升到 8 万亿和 22 万亿，老年消费占总消费的比重从 6%提高到 12%和 15%，对 GDP 的拉动作用可从 3%提高到 6%和 8%。

2. 养老服务业面临转型升级：国内养老服务业发展有三个新动向：养老模式由家庭型居家养老向社会化居家养老转型；养老需求由以经济供养为主向以身心健康为主转型；养老机构由保障型养老机构为主向新型社会化养老机构为主转型。在管理体制上，将逐步形成政府宏观管理、社会力量兴办、非营利组织自主经营的新体制。

3. 市场竞争日益激烈：老龄产业的巨大市场潜力正吸引更多市场主体关注。自 2012 年起，日本日用品厂商加快开拓亚洲老龄化市场；上海、北京等地积极主动抢抓老龄产业发展机遇，在基础设施建设、扶持政策构建等方面都取得了一些成绩。

（二）进一步明确工作重点

1. 突出市场主体地位：一是清理和消除社会资本进入老龄产业各种政策障碍和制约因素，吸引国际资本、港台资本和民间资本进入老龄产业；二是要促进养老服务业社会化发展，推进公办养老服务机构改革，发展公建民营、民办公助等模式；三是推进政府购买服务；四是明确老龄产业发展政策导向，培育老龄产业体系。

2. 明确政府三大职能：一是进一步完善老龄事业体系，推进老龄事业持续发展，为养老问题兜底，为老龄产业发展奠定基础；二是制定和完善老龄产业政策体系，构建发展平台，优化发展环境；三是规范和监督老龄企业行为，制定老龄产品、服务等标准，建立完善监督和风险管控机制。

3. 构建产业政策框架：构建以老龄产业法规、规划为指导，以土地政策、金融政策、财政政策、税收政策、人才政策等具体政策为支撑的产业政策框架。下一步，可以考虑制定鼓励老龄产业发展的地方性法规和条例，制定省地老龄产业发展中长期规划。

4. 确立重点发展领域：老年医疗康复护理、老龄文化教育产业、老年养生休闲旅游、老年用品用具器械、老年食品保健品、养老设施与养老地产。

（三）培育老龄产业市场

1. 引导老年消费新理念：在全社会范围内加强对老龄产业、老龄消费的宣传力度，树立老龄消费新观念，鼓励有条件、有经济支付能力的老人进行合理的适度的消费。

2. 培育老龄消费市场：政府要进一步重视农村养老服务体系建设，加大农村养老公共投入，推进城乡基本养老公共服务均等化；通过购买基本养老服务引导老年人和社会形成消费观念；鼓励企业开发适合老年人需求的产品和服务等。

3. 扶持龙头企业：通过土地、财政、金融等扶持政策，鼓励企业加大研发投入、创新产品与服务，培育一批老龄产业龙头企业；引进国际和港台资本、老龄产业知名品牌和企业；依托现有产业集群，建立老年产品产业园区，促进老龄产业资本、技术、人才、管理等等资源要素的集聚集群。

4. 培育知名品牌：发挥浙江沿海优势，培育一批老龄照料护理康复企业品牌，一批老龄用品用具器具设计制造品牌，抢占东南亚、国内中高端老龄服务市场和产品市场。

（四）加强老年产业创新

1. 创新人才培育模式：一是大力培育和发展老龄产品设计研发、营运推广等各类高端老龄产业人才，纳入浙江各级政府优秀人才评选和政策扶持范畴；二是加强老年服务、护理人员培养，解决“谁为老人服务”问题；三是研究制定养老护理员就业激励政策；四是制定政策鼓励医护人员参与养老服务。

2. 鼓励企业自主创新：加强对企业创新的引导，鼓励高校、科研院所和企业开展有效合作；发挥省和地方科技计划对企业自主创新的导向作用；引导企业研发、设计、生产和销售贴近老年人消费需求的老年产品；鼓励企业创建研发机构，提高自主研发能力，实现重点领域技术突破。

3. 创新管理运营模式：探索医疗机构与养老机构合作新模式，促进养老服务与医疗、家政服务、养老地产、医疗、保险、教育、文化娱乐、健身、旅游等领域互动发展，建立养老养生示范基地，推动医养融合发展；改革和创新公办养老机构运营模式，推进政府购买服务。

4. 促进产学研合作融合：促进老龄产业的产学研的融合，促进老龄产业要素集聚集群。通过老龄产业园区和养老服务业基地建设，促进学校、科研机构和企业合作模式。积极推动老龄产业的产学研的结合、融合和一体化。

（五）强化综合保障措施

1. 不断提高思想认识：把发展老龄产业视为经济结构调整、产业优化和升级、扩大社会就业的重要抓手和助推器，从全局性、战略性的高度来重视和推动老龄产业的发展，抢占未来经济社会发展新的制高点。

2. 明确组织部门保障：建议老龄事业归口民政部门负责，老龄产业归老龄办负责牵头，增加编制，加强组织、协调、决策职能。由老龄办牵头，协调好民政、卫生医疗、残联、发改委、国土、人保、税务、财政、国土、旅游等部门，从战略和全局的高度统筹规划、有序推进老龄产业的发展。

3. 加强产业政策保障：改革养老服务的社会组织（民办非企业单位）在营利性、分红、管理出资人的权益和资产处置的政策等方面的限定；建立老龄产业发展引导基金，引导民间资本进入老龄产业；制订和完善老龄产业的准入退出机制、投资人权益保障机制，消除社会资本进入障碍，畅通投资融资渠道。

4. 构建发展平台保障：组建浙江省和地市老龄产业行业协会和促进会，发挥行业协会衔接政府和企业桥梁的功能。加强政府、中介组织和企业的合作，举办老龄产业博览会；制订行业、产品和服务标准；开展老龄产业统计工作。

5. 规范产业管理保障：一是建立老龄产业市场准入制度，加强老龄产品检查认证；二是加强对民间养老机构的引导和规范管理；三是加强对养老地产的监督管理，探索建立养老地产预留金制度，防止出现资金抽逃等带来的社会风险；四是加强公共财政投入养老项目的审批、资金使用审计和监督管理，防止腐败，提高资金使用效率。

南昌地区失智症患病及机构养护现状的调查报告

江西省老龄办调研组

内容摘要：为了解南昌地区失智症患病及机构养护现状，采用整体分层抽样法，对南昌市两个社区共计1554位60岁以上老人，进行入户患病调查；另随机抽选南昌市13个养老机构，进行逐项询问查证。得知南昌地区失智症患病率为5.72%，而养老机构中失智症患病率仅次于高血压列第二位。为此，提出失智症已成为危害老年人重大疾病之一，应引起各方面的高度重视。

关键词：失智症　患病率　机构养护

当代科学技术的进步和人民生活水平的提高，人的寿命普遍延长，老年人已成为社会越来越庞大的群体，失智症的患病率也随之增加。已是继恶性肿瘤、心脏病、脑血管病之后引起老年人死亡的第四大病因，也是老年人群致残的主要因素之一。我国第二次残疾人调查的数据显示，所有致残疾病中，失智症是老年人群发生精神残疾的主要原因约占43.5%，并主要引起一级精神残疾。为便于政府和社会的应对，我们在南昌地区，开展了失智症的患病和机构养护现状调查，并提出报告如下：

一、基本情况

（一）调查对象。我们随机抽调南昌市贤士二路、上营坊两个社区，两个社区合计总人口14763人，其中60岁以上老年人1554人。老人中，男性724人，占46.6%，女性830人，占53.4%，年龄最长者为93岁。

（二）调查方法。我们采用的是整群分层抽样方法，依据辖区公安派出所的户口记录，对居住满一年、60岁以上人群，使用简易智能状态检查表（Mini-Mental State Examination，以下简称MMSE）逐户进行神经心理测验。按照文化程度的差异，进行认知能力的评定。

（三）评分标准。MMSE共有19项目、30个小题，30分满分。国际标准24分为分界值，18～24分为轻度失智，16～17分为中度失智，15分及以下为重度失智。因教育程度不同，分界值也有不同：文盲为17分以下，小学为20分以下，中学及中学以上为24分以下。我们按国家确定的分界值划分。

（四）培训调查员。在相关单位支持下，我们组织医药院校学生和医院护师，以及社区干部，集中进行有关专业知识培训。由调查负责人讲解失智症的临床表现和诊断依据。确保调查员掌握诊断知识之后上岗工作。调查员入户调查时按每两人为1组展开。

而《失智症机构养护状况调查》则是我们自行设计的表格，并随机选择南昌市50张床位以上的13个养老机构，包括4个社会福利院、7个老年公寓（托老院）、2个居家养老服务中心（附设有全托部）。这些机构中，社会福利院和其中一个居家养老服务中心为公办，另8个为民办。我们深入现场面对面与相关人员逐一进行问卷调查。

二、调查结果

在1554例被调查对象中，我们发现失智症患者达89例，患病率为5.72%，其中男性老人724人，患病者43人，患病率为5.94%，女性老人830人，患病者46人，患病率为5.54%。老人不同年龄组的患病率如下表。接受调查的人群中按文化程度不同，其患病率分别是：文盲为6.79%，小学文化者为5.55%，而中学及其以上文化者为3.97%。

不同年龄组患病率调查表

年龄（岁）	调查人数	认知障碍人数	患病率（%）
60～64	457	6	1.31
65～69	285	4	1.40
70～74	294	8	2.72
75～79	260	18	6.92
≥80	258	53	20.54

痴呆老人机构养护状况

年龄（岁）	调查人数	认知障碍人数	患病率（%）
60～64	457	6	1.31
65～69	285	4	1.40
70～74	294	8	2.72
75～79	260	18	6.92
≥80	258	53	20.54

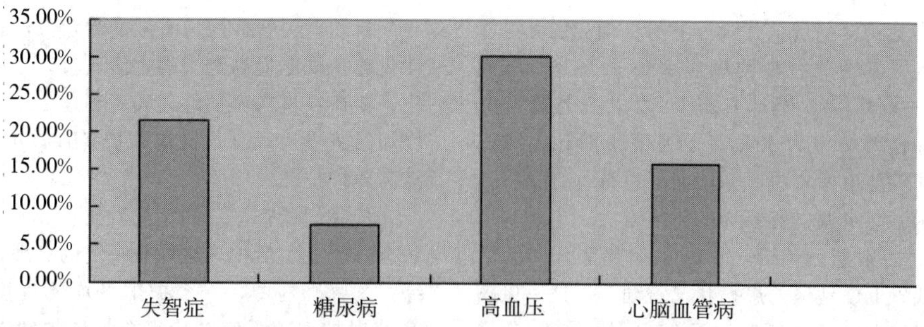

13个养护机构收住2296位老人中4种常见慢性病患病率比较

接受调查的养老机构，合计床位3768张，入住2296人。尽管13个机构中，有10个拒绝接受有活动能力的失智老人，但，如上图所示：入住老人中老年失智的患病率仍达21.6%，在老人四种常见慢性病中，仅次于高血压，列第二位。而如下表三显示了406位护工的基本状况，其中年龄在40岁以上者占

95.6%，文化程度在初中以下者占97.8%，仅少数人有从业资格证书。我们询访11名护理痴呆老人的护工，他们普遍感受精神压力太大，只有一位表示对该工作的热爱，其余从业者尽管对痴呆老人也表示同情，而选择照料这类老人的工作却是出于生活的无奈。

护工队伍状况调查

性别		年龄			文化程度		平均薪酬	特护最高薪酬
男	女	40岁以下	40～60岁	60岁以上	高初中及其以下	高中及其以上		
37	369	18	375	13	397	9	2705元	5000元

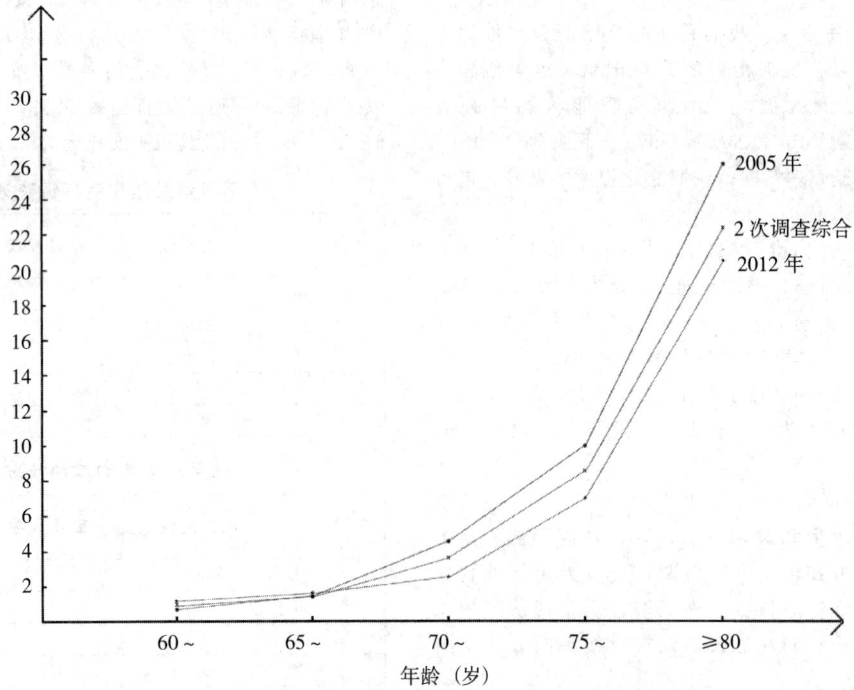

南昌市老年认知障碍2次调查不同年龄患病率曲线

三、综合分析

2005年袁也丰等调查了4个社区，计2126名60岁以上老人，发现失智症的患病率为4.19%，与我们调查叠加一起，2次合计共查60岁以上老人3680人，得出综合患病率为4.83%。为便于对比，我们将两组不同年龄患病资料，制图如下进行综合分析。

如图示：两组调查资料均随年龄增大，患病率增加，80岁之后则急剧上升，这种患病趋势，和匡学富等报告我省上饶地区的患病状况雷同。以这一患病率推算，我省有失智症患者不下25万人，全国的患病人数接近1000万。我们调查的13个养老机构中，有10个机构拒收有活动能力的早期失智老人。然而，入住老人中失智症患病率仍占老人四种常见慢性病的第二位。这些老人多是进入中晚期痴呆后入院，或者多年久住之后，在院中致病的。

目前，失智症尚无有效的治疗方法，而科学的人性化养护既能提高老人的生活质量，也可延缓病情恶化。要让在机构养护的老人达到这一效果，则有赖于增加经济投入，改善机构养护条件，增加护工人员，提高养护技能。

从我们调查显示的状况看出：13个养老机构中，只有一个在生活护理之外有一定的心理护理和康复训练。这些机构中，一个护工平均要负担5.8位老人24小时护理，既使对待完全失能失智老人，除少数家属雇用特护人员外，一个护工需照管3～4名老人。目前，护工的平均工资水平已经高出国内城市农民工的平均水平。但是，这支低水平养护队伍还是十分不稳定的，他们中多数从事本项工作是因生活所迫而无奈坚持。工作环境单调，心理常常郁闷，加上超8小时工作带来的疲惫，成为长期困扰护工的主要原因。当前，有一定文化程度的中青年人都不愿从事这一照护老年人工作，而目前的从业者多为来自农村、低文化程度、年龄偏大的进城务工者。

四、几点建议

一要认真重视失智问题。随着人口老龄化的发展，加上失智症患病率的上升，由此带来的社会问题也将日益突出，建议家庭、社会、政府都要认真重视这一现实问题，切不可把它当成仅是老年人自身或各自家庭的小问题。

二要加大干预工作力度。失智症是一个渐进发病过程，建议家庭成员要从细微处体察老人情况，耐心帮助老人提高认知。政府及其职能单位和基层医疗机构要加强失智症的科普宣传教育，做好前期相关干预工作。

三要经常开展老年文体活动。各级政府要综合社会各方力量，整合相关资源，经常举办适合老年人参与的文化体育健身活动，提高老年人社会参与度，丰富老年人晚年生活。

四要积极建设老年照护专业场所。面对失智症患者的现状、患者数量激增，各级政府要加大投入力度，在基层社区建设居家养老服务中心或社区日间照料中心，不断完善这些中心的医疗救治、康复护理等基本功能，让失智症患者立足家庭就可以获得快捷、实惠的居家养护，逐步形成社区老年失智日托专区，以解决失智老人的实际困难。同时，要制订更加优惠的政策措施，使养老机构通过努力，让入住机构的失智老人得到更加专业的心理护理和康复训练。

（调研组成员：肖守渊、王超）

关于山东省养老问题的调研报告

山东省政府政策研究室、省民政厅、省老龄办联合调研组

2013年12月下旬至2014年1月，山东省政府政策研究室会同省民政厅、省老龄办组成调研组，到济南、青岛、烟台、潍坊、德州等市对养老问题、特别是养老机构建设问题进行了专题调研。调研组召开了由民政、老龄、发改、财政、人社、国土等部门及有关养老机构参加的座谈会，并实地考察了部分公办和民营养老机构。现将调研情况报告如下：

一、山东养老机构建设的现状和主要特点

山东省早在1994年就进入人口老龄化社会。截至2012年底，全省60岁以上老年人口1682.3万人，总数居全国之首，占总人口的17.37%，远超国际上10%的标准，并且增长迅速。预计到2015年，将达到1923万人，占总人口的19.67%；2020年将达到2208万人，占总人口的22.3%。其中，80岁以上老年人口2000年为109万，2012年为206.3万，年均增长8万人；预计到2015年，将达到308万人，占老年人口的16%。人口的快速老龄化，一方面导致长期以来支撑我省经济较快发展的“人口红利”逐步减少甚至消失；另一方面导致社会养老形势紧迫，压力巨大，给家庭、社会和各级政府带来一系列严重问题，特别是养老支出大幅增加，给全省经济社会发展带来严峻挑战。

为了应对人口老龄化挑战，多年来，省委、省政府高度重视养老问题，特别是近几年来，更是把养老工作摆在了经济社会发展和民生工作优先发展的位置。2012年12月，省政府召开全省社会养老服务体系建设会议，省委书记姜异康作出批示，时任省长姜大明发表讲话，对全省社会养老工作作了总体部署和统筹安排，并相继出台了一系列支持养老服务业发展的政策措施。从这次调研看，各地认真贯彻落实国家和省里的决策部署，积极探索、创新思路、完善政策，有力促进了我省养老服务业发展。截至2013年底，全省各类养老床位已达44万张，新增8.9万张，每千名老年人拥有养老床位达到27张。

（一）公办养老机构数量发展迅速。全省各级加大资金投入力度，加强公办养老机构建设，形成了覆盖省、市、县、乡和镇（街）的公办养老机构服务网络。截至2013年，全省共有各类公办养老机构1700余处，床位34万张。在省级层面，重点加强了济南和泰安两所大规模养老服务中心建设，目前已开工建设，计划床位4000张；在市级层面，实施市级社会福利院改扩建工程，改造市级社会福利院17所；在县级层面，实施县级社会福利中心建设计划，建设

（含在建）县级社会福利中心120处，床位6万多张；在镇（街）层面，共建设农村敬老院1600多处，床位25万张，新增城市街道社区老年日间照料中心1157处。此外，全省还建设荣军医院、优抚医院80处，床位1.1万张。

（二）社会力量兴办养老机构积极性高涨。国家和省里出台的一系列扶持政策极大地激发了社会力量兴办养老机构的积极性，初步形成了养老机构投资主体多元化的格局。截至2013年底，全省有民办养老服务机构748家，总床位10万张，占全省养老床位总数的29.6%，收住老年人5.9万人。2013年，全省新增民办养老机构87家，新增养老床位近2万张。济南市有4个区市社会力量投资1亿多元，建设民办养老机构33家，新增养老床位近4000张。潍坊市正在筹建养老项目46个，计划投资100多亿元，设计床位4万多张。德州市民办申报在建养老服务项目15个，总建筑面积18万平方米，床位6000多张。民办养老机构正在成为养老服务业发展新的重要增长点。

（三）居家养老服务平台迅速发展。全省有30多个县（市、区）建立居家养老服务信息平台，为10多万老年人免费安装呼叫器，让老年人足不出户就可享受到便捷高效的养老服务。潍坊市、烟台市芝罘区、威海市环翠区结合当地实际，依托12343、12349建立居家养老信息平台，利用现代信息技术手段，联结各类养老服务组织和企业，提供紧急呼叫、家政预约、健康咨询、物品代购、服务缴费等适合老年人的服务项目，建立起没有围墙的养老院。全省建设城市社区老年人日间照料中心、老年活动中心、中介养老服务组织达1万多个，为老年人搭建起日间照料、短期托养、配餐送餐、健身娱乐、精神慰藉服务平台。潍坊市实施“十百千万”工程，构建十分钟为老服务生活圈，培育一百家品牌服务组织，培养一千名金牌养老护理员，培训一万名专兼职养老服务从业人员。

（四）运行模式呈多样化趋势。各地积极探索形成了公建民营、民办公助、医养结合、互助养老、购买服务等多种养老机构运行模式。公建民营。德州市临邑县与青岛阳光佳苑养老服务管理公司进行合作，在全国率先实行县级社会福利中心“公建民营、管办分离”运营模式，注册成立民办非企业单位临邑县阳光佳苑福利服务中心和老年病专业康复医院临邑国生医院，形成了政府统一管理、专业团队运营、职权明晰、优势互补的养老服务新模式。民办公助。青岛、烟台、潍坊等地，均根据非营利性民办养老机构投资数额、建设规模、服务人数等因素，在用地、建设、运营、税收等方面进行了优惠扶持。医养结合。潍坊市社会福利院内部建有老年护理院，潍坊市鹤翔安养中心也注册了潍坊嘉禾康复医院，都能为老年人提供及时便捷的医疗与康复服务。连锁经营。潍坊市隋和缘、华都颐年园等养老服务机构，通过注册分公司、发展特色养老项目等，实现了连锁经营。互助养老。倡导多种形式的老年人互助服务，积极组织社区、村老年人开展相互帮扶与慰藉。烟台市已发展邻里养老互助点380多处。购买服务。政府积极发挥作用，为困难老年人购买服务，妥善解决养老问题。济南市内五区利用社会组织、引进阳光大姐、大家园等专业服务组织，提供规范化、标准化养老服务。

（五）政策支持体系不断完善。省政府先后出台《老龄事业发展“十二五”规划》《社会养老服务体系建设规划（2011—2015年）》和《加快社会养老服务体系建设的意见》等文件，在资金扶持、价格优惠、土地供应、税费减免、医养结合等方面采取了一系列政策支持措施，建立健全政府供养制度、80岁以上低保老年人高龄补贴制度、养老服务补贴制度。特别是2013年到2015年，省政府每年安排不少于10亿元专项资金和5000多亩养老项目用地指标，初步形成了较为完善的政策支持体系。各市也普遍出台了贯彻意见，如，青岛市出台《关于进一步加快养老服务业发展的意见》，明确“十二五”期间发展养老服务业的具体目标、任务要求和工作措施，提出对每张新建养老床位给予12000元的一次性补助和每月200～300元的运营补助。济南市出台《关于加快发展养老服务业的意见》，对新建养老机构给予每张床位4000元建设补助，对自理、半自理和不能自理的老人每年给予1085元、1320元和1440元的运营补贴。

（六）创新力度不断加大。各地结合实际，在护理保险、异地养老、连锁经营等方面积极创新，破解发展瓶颈，为养老服务业发展注入新动力。青岛市在全国率先探索建立老年人长期医疗护理保险制度，对城镇医保范围内的失能半失能老年人，按照每人每日60元、170元、200元的标准进行补贴，不仅减轻了失能半失能老年人家庭的负担，还促进了医护型养老机构的持续发展。同时，通过财政补贴的形式购买养老机构综合险和老年人意外伤害险，降低了养老机构的运营风险。烟台、潍坊等地的养老机构还积极开展“异地养老”“候鸟式养老”等多种养老模式，加强了与省内外养老机构的合作共赢和优势互补。

二、养老机构建设存在的问题及制约因素

通过这次调研，我们感到，我省养老服务业发展特别是养老服务体系建设，虽然取得显著成绩和重要进展，但从总体上来说还处于初期阶段，还不能适应我省老龄化日趋严峻的发展趋势和多样化社会养老服务的迫切需求。突出表现在以下几个方面：

（一）设施规划不够完善与落实难并存。一是总体规划不完善。养老规划没有纳入经济社会发展的总体规划，还存在着重事业、轻产业现象，养老服务业规模小、布局散、实力弱，政府在做好基本公共服务的基础上，如何更好地鼓励引导养老服务业发展还需统筹规划。二是专项规划不具体。许多地方的养老服务体系建设规划，多是原则、笼统的目标任务，而且落实不够。市、县（市、区）各级养老设施规划布局不到位，缺乏土地预控措施，建设标准不统一，导致养老服务机构处于无序发展状态。特别是民办养老机构，在项目选址时还存在着一定的自发性，没有严格参照土地利用规划、城市总体规划，导致项目难落实。三是功能定位不合理。从我省民办养老服务机构的功能看，供养型机构占 90%以上；医养结合型机构不到 10%，数量过少，而且医疗保险政策与养老政策缺乏衔接，难以有效支持医养结合；尚无临终关怀专业机构。绝大多数民办养老机构仅能提供吃、住等简单的生活照料服务，功能单一，满足不了老年人的多样化养老需求。

（二）政策扶持不够到位与执行难并存。主要有三个方面：一是有些政策不完善。比如，目前资金扶持对象仅对非营利性养老机构，对营利性养老机构不资助；省级补助按照东中西三个标准，分别给予新建机构每张床位 4500 元、5500 元、6500 元，东部个别财力困难的县市区得不到重点补助，省财政直管县享受不到市级财政的配套补助；对养老机构贷款融资缺少具体的扶持政策。二是有些政策难执行。一些政策政出多门、交叉重叠，缺乏执行主体，有关部门推诿扯皮、执行不力；国家和省规定各类养老机构用电、用水、用暖、燃气执行居民价格，但一些民办养老机构租用的是厂房和商业用房，这项政策就很难落实。三是有些政策门槛较高。社会力量申办养老机构及申请扶持政策时，普遍反映门槛较高，手续繁琐，周期较长。特别是养老机构新建项目所需申报材料较多，大多数民办养老机构都是通过租赁房屋或改造旧房建设，基本没有立项批复、施工许可证等手续，难以享受补助。同时，我省规定只有达到 500 张床位的养老机构，才能内设诊室和卫生院，享受医保定点，而我省 500 张床位以上的养老机构屈指可数，绝大多数享受不到医保定点报销待遇。

（三）公办机构投资较大与效益低并存。近年来，各地按照国家要求建设社会福利中心。目前，全省已有 120 多所县级福利中心已经建成或正在建设，投资达 60 多亿元，建设床位 5.5 万张，床均建设成本 11 万元。济南养老服务中心计划投资 7 亿元，建设床位 2000 张，建设资金压力较大。从运营情况看，一方面，政府对公办养老机构既养机构又养老人，公办养老机构在编人员多，负担较重。另一方面，公办养老机构对社会老年人服务都实行低价收费，价格普遍低于同类民办养老机构，经营压力普遍较大，而且导致产生社会养老服务不公平现象。以德州市老年人颐养服务中心为例，2012 年收入 460 万元、支出 455 万元，基本持平。2013 年收入 510 万元、支出 520 万元，亏损 10 万元。公办养老机构需要加快改革，创新机制。

（四）民办机构经营艰难与风险高并存。据调查，全省 748 家民办养老机构，亏损的 298 家，占 40%，持平的 369 家，占 50%，盈利的仅有 81 家、占 10%，民办养老机构普遍活力不足，可持续发展能力不强。造成这种现状的主要原因，一方面是养老服务业具有资金投入大、成本回收慢、经营风险高的特点。另一方面是现有的扶持政策主要针对非营利养老机构，扶持力度小。而且，全省只有 5 家民办养老机构在工商注册，大多注册民营非企业单位。民非性质决定了民办养老机构不以营利为目的，资产属于社会所有，不能分红，不能抵押贷款，不能股份合作，严重制约了民办养老机构的持续发展。

（五）人才队伍总量不足与不稳定并存。据统计，全省养老服务机构从业人员约 3.3 万人，其中护理人员 1.9 万人，持证上岗的只有 3680 人，学历在初中以下的占 46%，40 岁以上的占 72%。调研中，养老机构普遍反映，管理和护理人才流失快，队伍不稳定，多数机构面临“招人难、留人更难”的困境。究其原因，一是工资待遇差。全省养老服务机构护理人员，平均月工资在 1000 元以下的 108 家，1000～2000 元的 385 家，平均月工资 2000 元以下的占 65.9%，没有为员工办理社会保险的 517 家，占机构总数的 69.1%，多数员工没有社会保障；二是劳动强度大，社会地位低，发展空间窄，很难吸引年轻人投身其中。

三、进一步加强养老机构建设管理的思路措施和对策建议

通过这次调研，我们认为，解决好我省养老问题，必须立足当前，着眼长远，创新体制机制，激发社会活力，撬动民间资本，加快构建社会化、市场化、产业化的养老服务业发展格局。下一步，建议紧紧围绕加强以居家为基础、社区为依托、机构为支撑的社会养老服务体系建设，在努力抓好国家和省里已有政策落实的基础上，实行“三突出”原则，即“居家养老突出加强上门服务，社区养老突出日间照料中心建设，机构养老突出公办机构改革、民办机构发展”，进一步明确发展思路，完善发展规划，优化发展环境，尽快强化和出台新的补充政策措施，加快我省养老服务业的发展步伐。为此，提出如下建议：

（一）加快转变思想观念。从调研看，各级政府在社会养老上服务投入大量资金，但如果继续走传统的老路，政府投入再多，也无法从根本上解决我省老年人的养老问题。必须进一步转变思想观念，从全局和战略的高度认识发展养老服务业的重要性，真正把养老服务业摆到经济社会发展的重要位置。必须加快转变养老服务业发展方式，由政府配置资源向市场配置资源转变，由政府为主办服务向政府引导转变。必须充分发挥社会力量的作用，推动社会力量成为养老服务业发展的主体。

（二）强化规划的引领指导。在省级层面，制定好养老总体规划，明确发展方向和目标要求。各地的养老规划，必须具体、衔接、配套，按照人均用地不少于0.1平方米的标准，分区分级规划设置养老服务设施，细化到每个小区、每宗土地，具体到养老机构规模、建设标准、供地方式和产权归属。无养老服务设施的老城区和已建成居住区，应当通过购置、置换、租赁等方式开辟养老服务设施。

（三）加快公办养老机构改革。坚持政府托底、政策引导、市场运作、社会主体的原则，以盘活存量、提高效益为目标，加快公办养老机构改革步伐。一是鼓励和引导公办养老机构采取承包经营、委托管理、服务外包等方式，选择专业机构负责运营。二是积极稳妥地推动有条件的公办养老机构改制成为企业，政府不再投资建设新的公办养老机构，面向社会的养老服务一律交由社会去办。对应由政府托底供养的老人，探索通过购买服务的方式，交由民办养老机构供养。三是明确界定政府运营的公办养老机构的托底保障功能，重点为“三无”老人、低收入老人、经济困难的失能半失能老人提供无偿或低偿服务。四是优化整合社会资源，引导公办医院、宾馆、招待所改造成养老机构。

（四）积极培育民办养老机构。养老服务业发展，必须通过改革创新和完善政策，加大扶持力度，撬动社会力量广泛参与，使民办养老机构逐步成为养老服务业的主体力量，这是今后养老服务业发展的必然趋势。一是土地政策。民办非营利性养老机构与公办养老机构享有相同的土地政策，可以依法使用国有划拨土地或者农民集体所有土地。对营利性养老机构优先供地，在地价上给予优惠。二是税费政策。落实好减免行政事业性收费政策，用电、用水、用气、用热按居民生活类执行。三是资金投入政策。应当把发展民办养老机构列为2013至2015年每年10亿元的省级社会养老服务体系建设专项资金的支持重点。提高对非营利性民办养老机构的扶持标准，加大运营补贴力度，取消或减少建设补贴，由激励多建床位，转向激励多养老人，即所谓的由“补床头”变为“补人头”。对营利性民办养老机构给予资金扶持。建立对入住民办养老机构失能失智困难老年人的护理补贴制度。四是医疗保险政策。鼓励引导医养结合型民办养老机构的发展，积极开展试点工作，建立长期医疗护理保险制度；降低内设医疗机构、享受医保定点的准入门槛，拥有200张床位以上的民办养老机构，具备条件的允许申请建立内部医疗护理机构，同时纳入医保范围。探索养老机构综合险和老年人意外伤害险。五是融资政策。设立养老服务专项基金，对符合条件的提供小额贷款担保，对贷款利息进行贴息补助。六是行业标准。建立养老机构行业协会，完善行业管理办法，制定行业规范、规定服务范围和服务标准，健全社会化养老服务评估、评审制度。

（五）提升居家和社区养老服务水平。我省90%以上的老人居家养老，居家养老在养护服务体系中仍占主体地位，是养老服务业的基础。从调查情况看，居家养老服务市场化程度比较低，服务水平不高。下一步重点，一是完善政府为老年人购买养老服务制度。二是培育居家养老服务组织和家政、物业等企业，上门为居家老年人提供助餐、助浴、助急、助医等定制服务。三是加强居家养老服务平台建设，整合社会服务资源。四是探索建立社区日间照料中心公建民营模式，突出强化对社区日间照料中心的政策支持。

（六）加快建设养老专业人才队伍。各地普遍反映，发展养老服务业必须有一支专业化的养老人才队伍，一方面，要大力加强养老专门人才的培养，把它列为高校特别是高职院校专业设置的重点，根据社会养老需求，培养大量管理人员和护理人员，实现高校培养和社会需要的对接。建议由省发改（服务办）、民政、人社、教育、老龄等部门抓紧研究编制“我省养老专业人才队伍建设专门规划”。另一方面，要努力提高养老专业人才的实际待遇和社会地位。政府在养老机构设立一定的公益性岗位，通过购买服务的方式，对养老机构和护理人员进行扶持。设立护理人员特殊岗位补贴和社会保险补贴，提高养老机构护理人员的待遇。探索建立养老护理员服务储蓄机制，对达到一定服务年限的养老护理员，将来入住养老机构换取相应的服务。加大对护理人员的评选表彰力度和舆论宣传，提高社会地位。加强护理人员的培训，提高护理人员的专业技能。

积极应对人口老龄化问题 加快推进河南养老服务业发展

河南省老龄办课题组

按国际惯例，60 岁及以上人口占总人口比例达到 10%或 65 岁及以上人口占总人口比例达到 7%，即标志着这一地区进入人口老龄化社会。人口老龄化不仅带来养老保障的压力、抚养比的增高，也给经济发展和社会进步带来影响。老龄问题涉及政治、经济、文化和社会生活等诸多领域，是关系国计民生和国家长治久安的一个重大社会问题。

一、河南省老年人口及养老服务业发展现状

河南省是人口大省，也是老年人口最多的省份之一，截至 2013 年底，全省 60 岁及以上老年人口已达 1300 万人，占常住人口的 13.8%。河南人口老龄化呈现出基数大、发展速度快、人均收入低、空巢老人多、高龄化趋势明显等特点。据预测，到 2015 年全省 60 岁及以上老年人口将达 1579.42 万人，占常住人口的 15.71%；到 2020 年全省 60 岁及以上老年人口 1735 万人，占常住人口的 16.98%；河南省人口老龄化形势日趋严峻。

目前，河南省城镇职工养老保险制度、城乡居民社会养老保险制度、城镇职工基本医疗保险制度、城镇居民基本医疗保险制度和新型农村合作医疗制度已经建立，实现了城乡居民全覆盖，保证了老年人的基本养老、医疗需求，保障了他们“老有所养、老有所医”的权益。同时，养老服务业快速发展。截至 2014 年 8 月底，全省各类养老服务机构 5240 个，养老床位 35.35 万张，每千名老人拥有床位数 27.19 张；城市日间照料中心（托老站）1061 个，覆盖率 23.61%；农村幸福院（互助家园）4893 个，覆盖率 10.42%。1 个省级、11 个市级和 20 个县级“12349”为老服务信息平台建成运营，入网老人 100 多万人。但我省养老服务仍然存在着床位供给不足、服务水平参差不齐、城乡发展不平衡等问题，尚不能满足老年人日益增长的养老服务需求。

二、河南省的要求和目标

党的十八大报告指出要积极应对人口老龄化，大力发展老龄服务事业和产业。2013 年 9 月，颁布的《关于加快发展养老服务业的若干意见》2014 年 3 月，河南省《关于加快发展养老服务业的意见》发布。给我省探索和建立公平、适度普惠、可持续发展的养老服务体系提出了明确的目标，

到 2020 年，我省养老服务业主要发展目标是：

养老床位有较快增长。养老床位达到每千名老人 35～40 张。

覆盖城乡的基本养老服务体系初步建成。符合标准的老年人日间照料中心、老年人活动中心等服务设施覆盖所有城市社区，90%以上的乡镇和 60%以上的农村社区建立包括养老服务在内的社区综合服务设施和站点。

专业化的培训制度和机制基本建立。养老护理员培训率达到 90%，持证上岗率达到 90%以上。

产业规模显著扩大。以老年生活照料、老年产品用品、老年健康服务、老年体育健身、老年文化娱乐、老年金融服务、老年旅游等为主的养老服务产业全面发展，力争培育一批带动力强的龙头企业，打造一批养老服务知名品牌，形成一批养老服务产业集群，解决一大批养老服务业的就业岗位。

发展环境更加优化。养老服务业政策法规体系建立健全，行业标准科学规范，监管机制更加健全完善，服务质量明显提高。

三、河南省养老服务业发展的四个着眼点

（一）把握好政府与市场的关系

发展养老服务业需要发挥政府主导作用与完善市场机制相结合。养老服务是一个复合型公共服务产品，兼具公益性和市场性特点。一方面，养老服务带有公益性，应当主要由政府负责提供。相比其他社会主体，政府更加有责任，而且有能力引导各方力量，建立并完善养老服务体系。政府主导作用表现在：第

一，制定相关的法规政策；第二，承担低收入和困难失能老人群体的养老服务的保障责任；第三，维护养老服务行业市场秩序，监督市场中各个体行为；第四、扶持养老服务产业的发展，完善各项补贴政策；第五、引导养老服务行业发展方向。另一方面，养老服务的市场性在于对社会企业、社会组织与社会资金的开放，具有服务的社会化、产业化特征，政府无法也不必包揽全部供给，而应该充分发挥市场在资源配置中的基础性作用，逐步使社会力量成为发展养老服务业的主体，营造平等参与、公平竞争的市场环境，合理配置有限的人力物力财力资源，提供方便可及、价格合理的各类养老服务和产品，满足养老服务多样化、多层次需求。

（二）把握好传统养老与创新模式的关系

家庭养老是我国传统的养老形式，即通过家庭自身的力量进行养老。然而，随着“4-2-1”家庭格局的形成，家庭养老功能逐渐弱化，越来越多的老人处在独自生存的“空巢”状态。传统的依赖子女照顾的家庭养老失去了基本的载体，家庭养老的作用难以发挥，以家庭养老为主的养老模式面临危机。逐步建立完善以居家为基础、以社区为依托、以机构为支撑、医养相结合的养老服务体系应运而生。在新型养老服务体系中，要注重居家养老、社区养老、养老服务机构的统筹发展，同时，重视家庭的力量，充分发挥居家养老服务的基础性作用。现阶段，居家养老服务仍然是我们优先发展的方向，是解决养老问题的主渠道，要支持建立以机构和企业为主体、社区为纽带、满足老年人各种服务需求的居家养老服务网络，进一步健全县（市、区）、乡镇（街道）、村（社区）三级居家养老服务网络。

（三）把握好简政放权与规范管理的关系

加快发展养老服务业，要充分发挥政府“保基本”的作用，通过简政放权，创新体制机制，激发社会活力，逐步使社会力量成为发展养老服务业的主体。要降低门槛，下放审批权限，简化手续，社会力量投资建设的养老服务机构项目实行备案制，民政部门不再设置前置审批。为老年人提供集中居住和照料服务的养老服务机构实行许可制。开展其他养老服务或产品研发、生产的机构，到工商部门直接注册登记，实行先照后证，凡取得许可证的，不分营利非营利，一律享受国家对养老服务机构的扶持优惠政策。但简政放权不能一放了之、放任不管，李克强总理强调：“‘放’是放活，而不是放任；‘管’要管好，而不是管死。”要切实增强监管责任意识，认真履行行业监管职能，完善养老服务准入、退出和监管制度，督促和指导养老机构规范管理、改善服务质量，严肃查处侵犯老年人人身财产权益的违法行为和安全生产责任事故，促进养老服务业持续健康发展。

（四）把握好养老事业与产业发展的关系

养老服务事业由政府举办，注重公平，养老服务产业由民间举办，注重效率，在建立完善养老服务体系过程中，应该兼顾效率与公平，养老事业与产业并重。要注意三个层次的工作目标：解决特殊困难群体养老问题以养老事业为主，提供基本公共养老服务要兼具事业、产业双重性，市场化的养老产业发展要依靠市场力量。要准确把握不同工作目标的差别，在市场化的养老产业领域要打破垄断、鼓励竞争，充分释放发展潜力，在基本公共服务的养老事业领域要保证财政支持。要积极拓宽老年产业市场，除老年人生活照料和基本医疗康复外，其他如老年人金融、旅游、保险等消费市场有待开发，老年人多层次、多样化的市场需求有待得到有效释放。

四、河南省养老服务业发展的六项推进措施

（一）从抓基础入手，加快城乡社区养老服务设施建设

人口老龄化的现状、传统的居家养老方式受到冲击以及机构养老的不足，再加上是在“未富先老”这样一个特殊的社会经济背景下，决定了我们必须在家庭养老和机构养老之间寻求新型的养老方式。社区是一个具有多种社会功能的微型社会，包含有组织服务的功能、人际情感交流的功能及邻里互助的功能等。可以说，社区是老年人晚年生活最主要的也是最理想的活动场所和交往空间。社区居家养老服务是指老年人居住在家中，以社区为中心，养老服务由以社区为依托的各种社会力量来提供的一种养老模式，由正规服务、社区志愿者及社会支持网络，为有需要的老人提供帮助和支援，使他们能在其熟悉的社区环境下维持自己的生活，避免不必要的住院或隔离，具有专业、便利和成本低廉的独特优势，在养老服务需求中占基础性地位。但由于社区居家养老服务的发展尚处于初步阶段，需要加快城乡社区养老服务设施建设。社区养老服务设施，属公益性公共服务设施，应由政府投资兴办。所以，必须坚持“政府主导、社会参与、老人受益”的原则，加大资金投入力度，加强规划、民政、国土等部门配合，充分整合社区资源，加强社区养老服务设施与社区服务中心（站）及社区卫生、文化、体育等服务设施的功能衔接，以满足居民的基本养老服务需求。

（二）从保基本入手，加强养护型、医护型养老服务设施建设，推进医养结合模式发展

医养结合养老模式是以基本养老服务为基础，在做好老年人生活照料、精神慰藉等服务的基础上，着重提高疾病诊治护理、健康检查、大病康复、临终关怀等医疗服务质量的一种服务方式。包括三种具体方式，一是由单一机构提供服务，表现为专业性医疗机构利用其医疗资源优势开办养老护理院或者由养老服务机构举办专业性医疗服务；第二种是由医疗机构和养老机构等多家机构联合举办医养结合服务；第三种是由政府或社会力量主导，将医疗服务机构、养老服务机构和其他配套设施集中在一个区域或架构内来提供医养结合养老服务。医养结合养老模式有助于同时发挥医疗服务和养老服务的优势，有利于为老年人提供更加便利、更加专业性的医疗服务，保障老年人的健康。推进医养结合模式发展的具体措施有：引导公立医院、鼓励私立医院利用其医疗资源优势举办养老护理院等养老服务机构；简化养老机构设立医疗门诊和住院床位的准入手续；出台对医养结合养老护理机构差别化医疗报销结算办法；加大对临终关怀型养老护理机构的扶持力度。

（三）从改革供给方式入手，通过政府购买养老服务，切实解决贫困老年人的养老服务需求问题，即做好政府兜底老年人群的养老服务和长期照料护理问题

对于低收入群体和城市“三无”、农村五保老人等困难老人来说，往往由于购买能力有限，不能从市场上购买到必需的养老服务，不能满足他们的基本养老服务需求；尤其是当这些老人因为疾病、高龄等原因失去或部分失去自理能力时，高昂的养老成本会压垮原本就极其单薄的家庭经济，其基本生活水平便难以维持。因此，政府应发挥兜底作用，采取政府购买服务的方式，提供福利性服务，切实解决贫困老年人的养老服务基本需求。对有一定经济能力的居家老年人，通过“个人购买服务”的形式，区别不同服务对象情况，提供有偿或低偿服务，满足不同层次的养老需求。相对于政府，养老服务企业、非营利养老服务组织等拥有更加专业的服务团队，更有效率的管理体制，因此能更好地为老年人提供服务。

（四）从抓落实入手，落实好已有优惠扶持政策，加强监管，促进社会办养老服务机构健康发展

发展养老服务事业，是各级政府的应尽职责，政府对养老服务机构的资金投入和政策扶持力度应当随着国力的增强而不断加大。政府要在制定政策、出台规划、资金支持、监督管理等方面发挥主导作用，这是推动养老服务事业健康发展的基础，也是充分发动社会力量参与养老服务的前提和保证。应进一步完善和落实对社会力量兴办养老机构的优惠扶持政策，只有将优惠扶持政策真正落实到位，才能发挥好对社会力量兴办养老机构的激励扶持作用，吸引社会资本进入养老服务业，调动全社会发展养老服务业的积极性。同时，积极稳妥地推进民办公助和公建民营。民办公助，明确具体方式和途径，建立必要的申请和审批程序，通过签订协议明确双方权利义务关系、明确社会办福利设施功能改变等相关规定，确保社会办福利机构快速健康发展。公建民营，明确社会办福利机构必须具备的资质和条件，通过签订协议明确双方权利义务关系，确保国有资产不流失，切实加强监管，推动规范管理，提升服务水平。

（五）从服务队伍建设入手，支持高校、职业技术学校开办养老护理专业课程，同时制定养老护理员政府津贴补贴制度，解决养老护理人才短缺问题，不断提升服务水平

一方面，当前我省养老服务专业人员严重不足、流动性过大，2013 年有关统计数据显示，河南省约有 1.7 万名养护人员，其中 90%以上没有执业证书，缺乏专业的护理知识，专业化技能普遍不高，同时养护人员的工资、福利待遇和社会地位偏低，致使队伍稳定性差，远远满足不了日渐增多的老年人的需求。另一方面，现今的养护对象寻求的已不仅仅是生存需要和安全需要，其要求已从寻求生活援助的低标准迈入了寻求心理援助、追求精神生活的高档次，具有需求多元化、多层次的特点。面对这些不同的需求，要求养老服务人员必须具备高尚的职业道德、宽厚的文化基础知识、过硬的专业技能、良好的心理素质。因此，加快养老服务队伍建设势在必行。在推进养老服务进程中，一是教育、民政部门要支持高等院校和中等职业技术院校等通过在校教育、继续教育和远程学历教育，开设养老服务相关的专业课程，加快培养老年医学、康复、护理、营养、心理和社会工作等方面的专门人才。帮助养老机构与相关院校建立畅通的联系渠道，依托养老机构建立老年护理工作实习、实践基地，为高校提供学生实践渠道的同时为机构提供后备人才力量。二是建立完善养老护理员岗位津（补）贴制度。对专业技术人员，执行与同类机构相同的执业资格、注册考核和职称评定政策。三是开展规范、系统的护理员专业教育和职业培训，不断提高服务队伍的专业化水平。

（六）从培育产业集群入手，对研发、生产老年用品机构、企业给予优惠扶持政策，适度布局高端养老服务机构，满足高端人群养老服务需求，推动养老服务产业发展

随着老龄化进程的进一步加深，除了养老服务机构之外，包含老年医疗服务、老年家政服务、老年用品、养老地产业、老年旅游业等相关产业在内的老龄产业逐步成为了朝阳产业。老龄相关产业的发展不仅能够为养老服务体系提供更为便捷的设施、更加便利的工具以提高服务质量，也能够从宏观上带动医疗行业、服务行业的发展，提供更多就业岗位。发展老龄产业，就要走“政府主导、社会支持、企业参与、市场推动”的产业发展之路。在发挥市场的决定性调节作用的同时，政府应积极引导并给以政策优惠，比如制订老龄产业标准、给以税收优惠、政府订单、金融支持等，鼓励发展养老服务中小企业，扶持发展龙头企业，形成一批产业链长、覆盖领域广、经济社会效益显著的产业集群。针对高给付能力的老龄群体，可适度布局高端养老服务机构，为其提供更为人性化、更加优质的养老服务，注重“养、医、乐”的结合，不仅要强调居住、娱乐、健身等多种功能，还要强调医疗配套服务和康复配套服务，满足高收入老人享受型、发展型养老服务需求。

加强养老服务工作，加快社会养老服务体系建设步伐，是积极应对人口老龄化、不断满足社会养老服务需求、依法保障老年人权益的客观要求，是功在当代、造福老人、惠及子孙的民生工程。我们将认真贯彻落实党的十八大和十八届三中全会精神，按照省委、省政府的决策部署，继续克服困难，扎实工作，努力开创我省养老服务工作的新局面，不断推动我省养老服务业健康持续发展。

湖北省贫困山区老年人生存状况调查报告

湖北省老龄办调研组

随着人口老龄化程度不断加深和城镇化进程不断加快，农村剩余劳动力的大量转移，农村人口所占比重逐年减少，但老年人口数量和占总人口的比重却呈直线上升。截至2013年底，我省城镇人口3161.03万，农村人口2637.97万，城镇老年人口418.88万，占城镇人口14.28%，农村老年人口517.28万，占农村人口17.83%。在老年人口结构上，不论从绝对数和相对数，农村都明显高于城镇，在老龄化高峰期即将到来之际（按国际标准，一个国家和地区人口老龄化达到20%和30%称之为中、重度老龄化社会，按此标准，我省城镇和农村进入中度老龄化社会将分别在2022年和2016年，进入重度老龄化社会分别在2032年和2028年），如何妥善解决好农村尤其是贫困山区老年人养老问题，事关整个社会的安全稳定及和谐社会建设。为此，省老龄办结合党的群众路线教实践活动，成立专题调研组，由办领导带队，分成三个小组，选取了集“老、库、山、边”于一体的国家或省级扶贫重点县——阳新、通山、英山、大悟、郧西、宣恩，每个县选取3个乡镇、每个乡镇选取3个村、每个村随机抽取10名老年人（共18个乡镇、54个行政村、540名老年人），研究贫困山区老年人的收入、生活、医疗、养老等方面情况，并就改善他们的生存状况提出了相应的对策建议，供省委省政府决策时参考。

一、基本情况

（一）县域情况

县	地区生产总值（亿）	农民年均纯收入	人口老龄化比重	五保老人	乡镇福利院		
					数量	床位数	入住人数
阳新	169	6362	14.56	2962	16	3440	760
通山	100	6000	13.26	2594	17	3172	658
英山	71.26	5913	14.63	1107	10	1177	323
大悟	105.3	6601	13.65	6254	19	2180	1005
郧西	52.5	4880	13.5	3278	15	2596	854
宣恩	46	5173	14.62	2936	18	2526	936

（二）调查老人的基本情况

1. 性别、民族和年龄构成

本次调查的540名贫困山区老人中，性别结构：男性占70.2%，女性占29.8%；年龄结构：60～79岁的老人占39.3%，70～79岁的老人占39.1%，80岁及以上的老人占21.6%。调查显示，80岁及以上的老人大多数还在从事家务劳动，个别的还上山劳动（如打柴、种菜园等）；而80岁以下的老人，除身体有特殊疾病者外，基本上都还在从事家务及田间劳动。一方面体现农村老人“活到老，劳作到老”的勤劳本色，另一方面，一些老人为了生计不得不在田间劳作，甚至拖着病体劳作的现状应引起各级政府的高度重视。

2. 文化程度

农村老年人文化水平普遍较低，调查对象中，文盲占了44.8%，小学学历占36%，初中学历占14.9%，高中学历占4.3%。

3. 经济状况

从收入来源看，一半以上老人靠子女和孙辈提供，约1/4的老人主要靠自己的劳动为生，而社会救助仅占17.19%，实属太少。从被调查老人的经济收入水平看，近半数老人认为“一般”，认为“困难”和“非常困难”共占了49.27%，而认为“好”者，仅占4.29%。被调查老人的支出主要用在日常生活及医疗方面，两者共占93.43%，这就不难看出，山区贫困老人生活的艰苦程度。

4. 健康状况

人到了一定年纪，好多器官已出现衰退，这是一种正常的生理现象，从这个意义上说，健康状况良好的老人是很少的。调查中，我们凭直观发现，基本能自理的占50.12%；部分能自理的占23.53%；而不能自理的占26.35%。被调查者中，一半以上的老人认为自己的身体状况一般，有6.5%的认为良好，这说明经常劳动给农村老人带来了健康，但是，认为很不好仍然占34%。调查中我们欣喜地发现，老人都参加了新型农村合作医疗，可令人遗憾的是，大多数老人（甚至是他们的赡养者）由于文化水平受限、宣传不到位等原因，对医疗报销条件、程序、比例等均一无所知，报销多或少只能“听天由命”。

5. 养老概况

从居住条件上看，63.6%的老人与子孙辈共居，27.1%的为俩老共居，但还有9.3%的独居老人。这部分老人更需要亲人和社会的关爱，这也提醒我们，在农村逐步发展机构养老事业势在必行。从老人的婚姻状况看，丧偶和未婚的占了39.73%，他们一般比较孤独，除了需要得到生活上的照顾外，精神上也急需他人的慰藉。再从子女孝敬情况看，很孝敬和一般孝敬的占大多数，达到了91%。但由于子女本身负担重和传统孝道缺失等原因，使部分子女不孝敬或很不孝敬老人。农村老人生活中的帮助首先靠儿子或儿媳，这种类型占了81.04%，其次主要靠老伴，占了11.11%，而靠外人的仅占极少数，这说明家庭养老仍然是目前和今后农村养老的主要形式，必须加以重视。

6. 主要困难

据调查，贫困山区老人的困难是多方面的，但主要是劳务繁重和精神孤独，两者共占52.7%；其次是为后代担忧与重病缠身，两者占29.9%。这就造成了农村老人精神压力大，劳务负担重，从而帮助贫困山区老人减轻思想压力和劳务负担就成了贫困山区老龄工作的又一重要内容。与此同时，也必须重视他们看病难、生活难等问题。

二、贫困山区老人生活状况分析

（一）温饱问题基本解决，但生活水平与经济社会发展水平不相适应。农村税费改革后，农民不但不用上交公粮，而且还可以享受各类粮食补贴，农民种粮积极性较高，部分老年人自己生产的粮食，基本能实现自给，但有饭没菜、菜里没有油的现象还比较普遍。通山县杨芳林乡70岁老人朱玉保，体弱多病，老伴去世多年，育有一儿一女，都在外地务工，一个人独居在近百年的老房子里，每天只吃两顿饭，且只有一碗米饭和一盘咸菜解决温饱问题。无独有偶，在阳新县田畈村78岁老人明爱，丈夫过早地离开了她，儿子在19岁那年夭折，3个女儿远嫁他乡。她那重搭的（住了几十年的房子倒塌了）10多平米的屋子被分成两间，外间有一个灶台，灶台上放着的锅刷洗得锃亮锃亮，地下打扫得一尘不染，做饭的木柴紧贴外墙码得整整齐齐。看到如此努力细致生存的老人，她吃的菜只是钵子腌制的咸菜时，我们调查人员掉下了眼泪。

（二）养老保障政策普遍得到落实，但标准低、范围小的问题突出。从调查的情况来看，虽然老人享受每人每月55元的基本养老金，但无法从根本上解决农村老年人生存问题，也就谈不上他们共享了多少改革成果。有56%的老人为了生存不得不拖着病弱的身体下地干农活，最大年龄居然达到91岁。我省从2005年起，连续10年调整企业退休、退职人员基本养老金，实现十连增，但新农保自建立起，一直没增加，还不到城镇的1/20。厦铺镇桥口村90岁高龄的夏盛龙说："年轻时，肩挑背扛大兴水利工程，流血流汗；响应国家号召，支援国家建设，积极交公粮，到老时却与城市老人相差这么大，这不公平呀!"低保的政策相对标准高一点，但能够享受的老人仅占40%，调查中不少老人最大愿意就是能够享受到低保。我省在2002年建立了五保老人供养制度以来，供养水平有所提高（分散供养和集中供养分别从800元/人年和1300元/人年提高到目前的1600元/人·年、2100元/人·年），但与我省经济社会发展水平（国内生产总值从4975.63亿元增加到24668.49亿元，地方一般预算从243.37亿元增加到入3565.10亿元）和物价不断上涨很不符。农村"女儿户"（女儿外嫁他乡且生活困难）和失独老人属于"事实五保"，承受着精神和身体双重压力，生活艰难却享受不了五保政策。在宣恩县，我们在当地了解到一件令人辛酸的事：一位老人死在家里很久却无人知晓，待人发现时，身体已经腐烂变形，老人的一只耳朵已经被老鼠啃掉了。这位老人姓黄，79岁，儿女们均已成家多年，其老伴已在一年多前去世，老人单独一人住在一间破烂的老房子中，吃粮靠救济，有病无钱医，十分悲惨。

（三）新农合实现全覆盖，但针对老年人治疗慢性病的报销比例偏低。繁重的农田耕作让老年人在年青的时候身体严重透支，加之贫困山区地理环境恶劣、土地贫瘠，老年人身体状况普遍较差。虽然国家建立了新农合制度，一定程度上解决了老年人就医难的问题，但受门诊报销比例少、药品价格高、报销药品种类的限度，报销后自付部分的费用仍然过高，老年人无力承担这些费用。据统计，老年人平均每年在门诊（医药商店）购买药品费用高达1542元，占其收入的79.3%，导致老年人"小病拖、大病扛、病危等着见阎王"。我们在宣恩县黄坪村走访时，看见一位白发苍苍的老人在田间地头耕作，上前了解得知老人叫刘泽书，今年72岁，育有一个儿子，常年在外面打工，几年没有跟家里联系，老伴70岁了，身体不好，只能在家里做点简单的农活，自己身体虽然不好，但能动。他告诉我们："在我能动的时候，在田里挣点医药费，以防万一。"

（四）农村基础设施有所改善，但缺乏基本的养老服务设施和照料服务。虽然近几年，我省部分农村在推进农村互助式养老服务中心建设试点，但对于散居、偏远的农村老人而言遥不可及。且它只能为健康、条件较好的老人服务，失能老人、困难老人根本得不到服务。每个乡镇至少有一所福利院，但只收住五保对象，将失能老人、特困老人、困难留守老人拒之门外，没有发挥其应有的"兜底"作用。因大量劳动力外出务工，导致农村人力资源严重紧缺，老年人不仅需要日常照料和精心护理，还需要更多的人文关怀，这是由他们的体能和健康状况所决定的。但从目前农村的情况看，许多地方死了人连抬棺治丧班子都难以凑齐。调查发现，有85%的农村老年人身边几乎找不到一个为其端茶端水的亲人，如遇老人生病，则将陷入绝境中，我国几千年沿袭下来的农村老年人儿孙绕膝的欢乐晚年被孤苦伶仃所取代。大悟县茶坳村翁丹银，现年62岁，早年丧妻，上要承担赡养82岁的父亲、81岁的母亲以及79岁的叔叔三位老人的重任。其子染有赌博恶习欠了许多债，实无孝心可言，经常恶语伤人，甚至大打出手，使三位高龄老人生活在无助与痛苦之中，自身难保的刘学明看在眼里痛在心上，却束手无策。调查时，81岁老人悲痛欲绝地对我们说："我想买一瓶敌敌畏喝了一死了之，可是我身上没有一分钱……"

（五）"打工经济"为农村注入活力，但留守老人逐年增多，老年孤独问题十分突出。贫困山区农村近90%的青壮年人口进入城市务工，在外出人员中当上老板的不少。虽然"打工经济"在当地非常发达，为农村注入了活力。却引发农村老龄化、少儿化、女性化"三化"并存的局面。农村老年人"空巢"问题在近几年比较突出，许多山区农村院落，过去居住6～7户农民的院子，现今只有1～2名老年人在家留守，过去那种欢声笑语、温馨和谐的家庭场景不复存在了。这种状况不仅直接表现着他们晚年孤独，更代表着农村老年人晚年生活的窘迫与困顿。部分老年人子女进入大中城市后，受外来思想的影响，价值观发生改变，子女喜欢用市场化来衡量人们在社会中的地位，老年人在家庭中的社会地位明显下降。在调查中，我们了解到有60%的老年人一年到头基本上处于独居状态，他们的精神生活更是单调贫乏；即便是子女有供养能力的家庭，他们对待老年人一般只看重老人的衣食住行，而忽视了老人的精神需求；更多的农村家庭，子女们倾巢外出后，一般一年只返家一次，许多人数年才回一次家，平时很少与老人沟通，精神慰藉不够，使许多农村老年人倍感寂寞；还有一些贫困老年人家庭连电视机都没有，即便有电视机的，也为节约电费，电视机常年处于停摆状态。当被问到现今国家领导人是谁时，有的老人回答，只知道有个毛主席，过着"不知今夕是何年"的隔绝封闭生活，基本的精神需求无法得到保障。

（六）“土地经济”快速发展，但失地老年人生活水平没有得到相应改善。以通山为例，近几年来，因大型工程建设占用了大量的土地，如核电站、高速公路、大型水库，导致老年人失去了赖以生存的土地。据国家统计局抽样调查，失地的农民有46%生活下降。这就是说，全国有2000多万农民因失地而致贫。土地被征用后，虽然给予相应的补偿金，但与城市相比相差甚远，这种“剪刀差”式的补偿对于健康水平日益下降的老年人和物价上涨速度来说杯水车薪。加之部分老年人的补偿金被子女控制，老年人很难用到。大畈镇板桥村章勋富老人因建设高速公路失地后，失去经济来源，生活水平明显下降，老人家中唯一的电器就是电饭煲。

三、启示与建议

山区经济长期处于落后状态，农民收入水平低，是这些地区老年人口贫困的根源，养老了保障机制不健全则直接导致了这些地区老年人口的贫困。此外，由于家庭结构的改变、传统孝道的缺失等原因，农村家庭养老的功能越来越弱，加剧了贫困山区老年人的贫困问题。贫困山区的老人，物质生活和文化生活均处于最低层次，这种状况短期内不可能彻底改变。因此，我们按照“保基本、托底线、促公平”的原则，提出如下对策建议：

（一）拓宽老年人经济来源渠道，解决“没钱养老”。发展是解决一切问题的关键。改善农村老年人生活状况，拓宽老年人经济来源渠道是根本，从根本上解决老年人“没钱养老”的问题。一是加快推进农村基础设施建设，改善农村投资环境，吸引成功人士回乡投资，让老年人子女在家门口创业，增加经济收入。随着老年人子女收入提高，子女给付老年人的赡养费也随之提高。二是加快农村土地流转力度，将老年人承包的土地以股份形式入股，每年获取红利。除此之外，身体条件较好的老年人还可以在家门口打工，增加老年人收益。

（二）在新农保广覆盖的前提下，探索建立多层次多样化养老保障体系。一是建立统一的基础养老保险制度。虽然新农保已实现全覆盖，但标准较低，很难解决农村老年人的基本生存问题。建议：在“十三五”期间，将新农保与城镇居民养老保险合并，统一标准，消除老年福利二元结构。二是建立多层次的农村养老保险制度。设立农民年金制度，对不同收入水平的农民设立不同标准的养老保险计划，中央和省级政府给予不同类别的补贴，鼓励农民实现养老多重保障。建立农村助老金制度，对生活仍处于贫困线的，给予一定的救助，保障老人生活不低于当地平均水平，资金来源于各级福利彩票公益金。此外，正确引导农民参与商业保险，以满足富裕农民的高层次养老需求。三是全面建立高龄津贴制度。农村80岁以上老人的子女也都进入了老年人行列，高龄老人养老的经济来源非常有限。从2012年起，省委省政府多个文件明确提出：“全面建立高龄津贴制度”。目前大部分县市区已建立了高龄津贴制度，但高龄津贴费标准不一致，主要是因为建立高龄津贴制度的资金全部是由各级地方政府承担，省级财政没有拿出一分钱，省政府应当有所作为，不能光喊口号，却把责任全部加权到地方政府。因此建议：建立高龄津贴制度所需费用由省级政府和地方各级政府按5：5的比例共同分担，全面推进高龄津贴制度建立。四是将农村失地老人全部按城镇居民对待，养老保险纳入城镇居民养老保险范畴。五是低保政策向困难老人倾斜。农村老年人属于农民群体中的“弱势群体”，农村困难高龄老人、失能老人则属于“弱势群体中的弱势群体”，将其全部纳入低保保障范畴，并适当提高保障标准，使其基本生活有所保障。六是降低五保老人核准门槛。调查中发现，农村“女儿户”特别是女儿困难的老年人和“失独”老人都属于“事实五保”老人，但受五保政策影响，将他们排除在五保政策保障之外。因此建议，修改五保条例，将这部分老人按五保老人同等对待，纳入保障范围。

（三）扩大老年人医疗保障范围，解决“老有所医”。针对老年人患慢性病比较多，老年人在医院门诊买药实行据实报销，报销比例调至90%。困难、低保、五保老人住院实行全额报销，不设门槛。提高老年人慢性病报销比例。老年人特别是困难老人住院在现行的医保政策基础上各提高5%，自费部分全部纳入大病救助范畴。

（四）拓展乡镇福利院服务功能。目前，我省每个乡镇至少有一所福利院，入住人员基本是生活基本能够自理的五保老人，50%的处于闲置状态。一方面接纳能力影响；另一方面受管理制度影响。因此建议：一是将乡镇福利院与卫生院合并，卫生院在福利院设立门诊，选派精干的全科医生驻扎福利院，拓展福利院的医疗功能。二是每个乡镇福利院至少安排10个公益性岗位，解决福利院招人难问题，拓展服务功能。三是在乡镇福利院建立失能老人照护中心，专门收入农村失能老人。农村老人经过第三方评估，确认为失能老人后，方能入住乡镇福利院，入住费用按每人每月1000元标准，所需经费由家庭和政府共同承担。四是大幅提高农村福利院运营经费标准。一方面提高五保老人供养标准。

据测算，每位老人每天20元的标准，才能保证其基本生活，因此建议将目前的标准从2100元/人·年提高至7200元/人·年；另一方面，每个乡镇福利院按照每年10万元的标准，提供管理和日常维护经费，资金主要来源为各级财政预算和福利彩票公益金。

（五）健全为老服务工作机制，合理划分政府、家庭、社会责任。完善养老服务和为老服务工作机制重点和难点均在农村。它需要在政府的主导下，合理划分政府、家庭、社会责任，统筹各种社会资源，动员全社会、多部门的力量打好农村老龄工作总体战。一是大力弘扬敬老、孝老风尚，在农村推进子女与老年人签订赡养协议书，确立子女在家庭养老中的责任。二是全面建立农村老年人协会组织，实现老年人自我管理、自我教育、自我服务的低成本、高效率的老年人组织。三是培育一支业务娴熟、作风过硬、素质优良的农村老龄工作队伍，像抓计划生育工作那样抓好老龄工作，努力使农村老龄事业走向一个良性发展的轨道。四是积极引导社会资本进入农村养老市场。

以广东为视角探析老年教育的改革与发展

广东省老龄办课题组

一、广东老年教育的概况

广东是全国进入人口老龄化社会较早的省份之一。在广东省委、省政府的坚强领导下，在省各级老龄工作部门高度重视和其他有关部门的积极配合下，我省老年教育工作经过20多年来的积极探索和开拓发展，与整个国家的老年教育事业一样，从无到有，由小到大，由弱到强，成绩斐然。据不完全统计，广东全省已有老干部大学105所，在读学员83856人，结业262409人次；老年大学107所，在读学员41826人，结业32594人次；社区老年学校484所，在读98473人，结业53939人次。

毋庸讳言，广东老年教育状况与其经济强省的地位不相称。全省老年学校在读学员共224155人。2013年末全省常住人口10644万人，老年人口（60岁以上）1135万人，60岁以上老年人入学率仅为1.97%，比全国平均数3.41%低1.44个百分点。另外，全省老年教育机构缺乏统一的领导协调，甚至办学申请也无明确的受理部门；一些老年大学教学和管理不规范；办学经费严重不足，办学场地狭小，配套设施短缺；省、市、县、乡镇、社区老年学校没有建立层级沟通机制和平台。全国老年大学普遍存在的7大问题广东几乎概莫能外，一应俱全。

广东全省老年教育的基本特点是：

（一）区域发展不平衡问题较为突出

广东各地老年教育事业发展情况参差不齐，广州、深圳等地老年教育事业走在广东乃至全国的前列，也有一些地方落后于全国的平均水平。老年教育的发展受到当地社会经济发展水平的制约。经济社会的发展是老年教育事业的基石，但经济强市不等于老年教育强市。如果领导重视，则老年教育事业发展突飞猛进；反之发展相对滞后。

从入学率看，广州市有133万老年人，目前有34所老年大学，学位7.3万个，学员入学率达到5.5%，远远高于全国3.41%的入学率。综合性多功能性的市级“广州老年大学”创办时政府从福利彩票公益金投入了521万元，2014年财政又下拨33万多元支持老年教育。

深圳市2001年成立第一所老年大学，现有20所老干部大学57所老年大学、340所社区大学，622个社区设有供老人学习的场所，老年大学几乎涵盖深圳每个街道社区，实现老年大学全覆盖，构建起区、街道、社区“三级联动”办学体系，形成了“横向到边，纵向到底，点面结合，全面开花”的良好局面。

经济强市东莞市32个镇（街）均建有社区综合服务中心及新莞人服务中心，它们承担了部分对当地老年人的晚年教育事宜。东莞市老干部大学设备一流，教室均有空调，舞蹈、太极、瑜伽课室安有墙镜，铺设专用胶地板，多媒体教室有专用音响，教学颇有特色。该校还制订了《大学章程》、《教师聘用与管理制度》、《学员守则》和《财务制度》等，依法依规治理学校。东莞市老干部大学年龄最大的学员103岁，已经大大超过了国际上第三年龄大学所规定的年轻老年人74岁的上限。东莞乡镇设有“老少活动中心”，周末开放给青少年活动，星期一到星期五用作老年教学场地。但东莞市目前只有一家老干部大学，2所社区大学，老年人入学“一位难求”，这与该市高度发达的经济极不匹配。到2015年，该市户籍60周岁以上老年人将增至28万余人，老年人上学更加困难。

佛山市下属的高明市从2005年开始实行财政包干，老年教育一直没有固定收入来源，近两年每年给老干部大学拨款5万元。基层老年学校只能依靠村（居）委会从日常经费中划拨少量经费开展活动。由于办学经费拮据，当地老年教育步履维艰。

肇庆市“老干部职工大学”每年得到财政拨款多达65万元，但除四会2013年给老干部学校下拨16万元外，各县老干部学校每年仅有3至5万元的财政拨款，只能支付课酬和日常办公经费，无法添置更新教学设备。怀集县老干部学校由于无钱购置电脑，致使许多老干部迫切想学的电脑课一直开设不了。该市老年学校大都缺乏独立的教学区域和相对固定的教室，端州、鼎湖两区由于没有教学场地至今未成立老干部学校。

（二）办学主体以党委老干部工作部门为主

广东省老干部大学是全省最大的老年学校，由省委组织部和省委老干部局直接领导。

目前各市老年教育在政策上、理论上涉及教育部门、发展和改革部门、财政部门、人力社保部门、民政部门、老龄工作部门、组织部门、老干部局等多个职能部门，但实际运作中各地实行的基本上实行“党委领导，退离休干部办学，老干部局代管”的管理体制。一些社区的老年学校例如东莞东泰社区老年大学归市文化局主管。除湛江市老干部学校由教育局和老干部局共管以外，其他地方的教育部门不管老年教育。教育部门的老年学校只面向教育系统内的老干部。

之所以形成这种管理体制，无疑是历史原因造成的。老年教育是上世纪80年代中后期才逐步发展起来的，当时主要是作为离退休干部的一种福利措施而举办的。

（三）省市老干部大学一枝独秀

省市两级老干部大学办得较早，在广东老年教育中办学相对正规化一些。广东省老干部大学作为全省级别最高最大的老年学校，教学最为规范，编制、学制、课程体系、师资、行政管理等都已经建章立制，管理有条不紊。现开设有文学书法、美术、音乐、舞蹈、外语、保健、计算机（摄影）等八个系列32个专业122个教学班，各学科分设基础、中级、高级、研修等多个层次教学班，基本形成了多学科、多形式、多层次的办学格局。

市级的老干部大学教学管理也是按部就班，有序推进。如东莞市老干部大学现开设28门课程，63个教学班，学员达到2000人；肇庆市“老干部职工大学”（该校定位为正科级事业单位，定编7人，在全省老年教育事业中开了先河）学制3年，设7个系、37个专业、73个教学班，管理得有声有色。

然而，一些基层的老干部学校、老年大学和大部分的社区老年大学明显相形见绌——教学管理不规范，无学制，无专业设置，无人员编制，无教学大纲，无教材，缺乏办学经费，严格讲来属于滥竽充数，不是正式的学校教育。例如“有班无级”即没有分年级的学制，普遍带有短期培训班性质；有的地方教学班级有名无实，如肇庆市的封开、德庆其实没有独立开班，而是将老干部活动中心老干部自发组织的活动团队直接当作班级，并在老同志中实行“能者为师”。一些社区老年大学没有相对固定的教室和教学时间，三天打鱼两天晒网，教学主观随意性太大。

其原因在于，省市老干部大学领导重视，老干部工作部门管理得力，教学管理有方，财政经费充足，学员素质高便于管理；基层老年学校设置没有规格，创办具有自发性，没有考核达标验收，经费拮据。

4. 难点在农村老年教育

我国70%老年人在农村。与全国的情况相近，我省老年教育面临的最大难题是农村老年教育。广东省珠江三角洲已经实现城乡一体化，一般无“农村老年教育”之说，只有佛山市高明区是以自然村的老年活动中心、“星光老年之家”为平台开展老人喜闻乐见的老年教育活动；肇庆市的农村则依靠乡农机站教育农民种田，与严格意义上的老年教育大异其趣。省内其他一些地方的农村老年教育有名无实，甚至子虚乌有。其原因在于：第一，有的领导认识不到位，实际上没有落实主管部门。第二，农民要么是农村留守老人，要么仍然忙于农活生计，日出而作，日落而息，没有时间、精力参加老年学校的学习。第三，一些老干部老职工退休后居住在农村，少数比较富裕的老农民，他们虽然想跨入老年大学的门槛，但由于当地乡村经济拮据和居住分散因而难圆读老年学校之梦。

综上，广东本是经济强省，老年教育理应名列各省市前茅，但从上可以看出，我省老年教育差强人意，发展很不平衡，存在“两极分化”现象，优点和缺点都很明显，老年教育事业改革和发展任重道远。

二、改革和发展老年教育的必要性

（一）时代要求——建立学习型社会的必由之路

终身教育、学习型社会是上世纪最科学的教育思潮。20世纪60年代，法国著名学者保罗·郎格郎率先提出了终身教育的理论，该理论颠覆了过去“教育期—劳动期—退休期”的人生轨迹。1972年联合国教科文组织《学会生存——教育世界的今天和明天》报告指出，学习不是少数精英分子的特权，也不是某个特定年龄阶段的专利品，而是全体国民一生中都享有的基本权利。党的十八大报告提出了要完善终身教育体系，建设学习型社会的任务目标，而老年教育正是其中不可或缺的重要环节。

人们之所以需要活到老学到老，是因为：第一，知识更新日新月异，科技进步一日千里，现有知识每年在以10%的速度更新，老年人原先掌握的知识随着年龄的增长而陈旧，知识经济时代知识更新的步伐明显加快，老年人需要不断更新知识，完善自己，以适应社会发展的新需求。第二，知识爆炸，新的科学知识和新的人文知识如雨后春笋般涌现，老年人再也不能像过去那样凭青少年时期的“十年寒窗”一劳永逸，老年人需要不断吸收新的精神食粮，掌握新的更多的知识才能融入不断发展的社会中并参与社会事务。例如，如今离开电脑、智能手机、微信、淘宝等新事物的老年人将会与社会脱节，逐渐被边缘化。“据有关专家研究，在农业经济时代，只要在7～14岁接受教育（相当于小学教育）就足以应对人一生工作所需；到工业经济时代，求学时间扩大到5～22岁；而在信息社会、知识经济时代，每时每刻都需要学习……因为，社会的竞争已经从原先的大鱼吃小鱼的时代，逐步演变为快鱼吃慢鱼，聪明鱼吃呆板鱼，创新鱼吃守旧鱼的时代”。

（二）现实考量——实现老年人受教育权的路径依赖

尊重每位老年人的受教育权是国际社会共同的价值观和发展趋势，国外老年教育理论五大理论之一——“权利理论”将开展各种老年教育活动作为实现老年人受教育权、以及保障老年人其他人权的重要渠道和手段。中国《中华人民共和国老年人权益保护法》规定“老年人有继续受教育的权利。”2014年6月17日民政部印发的《2013年社会服务发展统计公报》显示，截至2013年底，我国60岁及以上老年人口20243万人，占总人口的14.9%。老年学校5.4万个，在校学习人员692万人。由此可见，我国老年人的入学率太低，广大老年人学习的需求无法得到满足。老年学校的学位供不应求，学位严重不足是不争的事实。例如，广州地区老年教育办学规模最大的市老年干部大学年招生量达1.1万多人科，但办学场地仅7000多平方米，处于超饱和状态，要求参加学习的老年人比比皆是，很多班级报名招生高达到几十比一，一位难求。现实说明，固守现有老年教育的藩篱，不扩大老年教育的资源，实现广大老年人的受教育权就只能是天方夜谭，就只能是空头支票。

三、改革和发展老年教育之前瞻

（一）加强老年教育学研究走出三大观念误区

理论是行动的向导。近年来老年教育之所以难有突破性进展，步履维艰，原因在于老年教育学学科尚未成熟，理论尚未定型，其学科体系和学科建设诸多重大理论问题还需要同仁探赜索隐。改革和发展老年教育，前提是通过理论研究正本清源，树立科学的老年教育理念，走出三大误区：

1. 走出误区之一——教育部门不管老年教育

老年教育改革，首先应当改革的是目前老年教育的管理体制。

长期以来，我国的老年教育缺乏一个统一、有效的管理体制，政出多门。有的地方由老干部部门管理（重庆、河北、河南、山东、山西、甘肃、内蒙、宁夏、浙江、安徽、湖北、广西、云南、广东），有的由教育部门管理（上海、天津），有的由老龄部门管理（青海、新疆、江苏、四川），有的成立老年教育领导小组进行管理（贵州），有些城市的老年教育由文化部门管理（安徽省芜湖市），也有的由多个部门联合管理（如广东省湛江市由老干部局和教育局共管），还有的由政府直接管理。全国老龄办1999年《关于印发全国老龄工作委员会成员单位职责的通知》规定老年教育由政府管理，文化部门指导工作。但令人遗憾的是文化部门没有担负起主管老年教育工作的责任（当然这种将本来应由教育部门负责的工作推给文化部门，类似于外行领导内行，是强人之难）。目前老年教育各地实行的基本上是“党委领导，退离休干部办学，老干部局代管”的管理体制。国民教育体系涵盖学前教育、基础教育、职业教育、高等教育、老年教育，前四个类别已经由教育部门主管，终身教育体系的最后阶段的老年教育应该顺理成章地归口教育部门管理。

2. 走出误区之二——老年教育是休闲教育

追根溯源，中国老年教育的源头是为丰富退休老干部的文化生活而创办的老干部大学，因而老年教育最初的价值定位为丰富老年人文化生活，这也是中国老年教育实践的主导理论——康复理论的产生背景。该理论认为，老年人已经操劳忙碌了大半辈子，步入晚年后继续参加的教育活动应该以“康乐、休闲”为核心，教学内容应以组织开展轻松愉悦的文体活动为主。不少学者认为，人类的各个年龄段中，只有老年人不再从事生产劳动，通过社会提供的养老保险来享受晚年，老年教育是以不断引导老年人提高休闲的水平和质量为己任的。这就得出“老年教育是休闲教育”的观点。它直接导致了我国过去的老年教育片面强调提高老年人自身素质和个体生活质量，强调“老有所乐”忽略“老有所学”“老有所为”。近年来一些老年大学的教学内容大多是书画、曲艺、养生操等传统“老三样”，停留在为老干部和部分老职工提供休闲、娱乐和健康教育的定位上。这些写字作画、唱歌跳舞的文化活动充其量只达到满足老年人老有所乐的最低要求。这种将老年教育视为休闲教育的理论与实践同真正意义上的终身教育判若云泥。老年教育万变不离其宗，其发展需要遵从教育的一般规律，作为终身教育的终极阶段它仍然属于“教育”的范畴，本质在于教育属性，须以课堂教学为主，培养、开发学员智力。

3. 走出误区之三——老年教育属于老干部福利

老年教育确实是党的老干部工作、老龄工作的重要组成部分。过去是国家办学，贵州、湖南都成立了老教委。据2007年中组部老干部局公布的材料，在全国4000所老年大学中，属老干部系统办的占94.7%。在老干部活动中心举办老干部大学，甚至实行一套人马两块牌子，搞资源共享，有其历史的必然性，但从长远看来，老年大学应该属于教育机构，老年教育应该是终身教育中的终极教育，是正规化教育，不是一般意义上的学习活动。由于管理主体不同，产权所有人的变化、业务分离等原因，二者终将分道扬镳。

在老年大学创办初期，以离退休老干部为教育对象的老年教育，有其历史的必然性和现实的合理性。但在建立学习型社会、实现全民教育和终身教育的过程中，老年教育是党和政府为实现社会和谐，维护全体老年人合法权益的公益性行为，现在老年教育的对象已经包括老职工、老市民、老农民在内的整个老年群体，再依然如故，不对社会开放，就违背教育的公平性原则。老年教育是具有福利性和公益性的社会事业。广东许多老干部大学已经对社会开放，例如东莞市老干大学的学员现在以离退休为主，学校兼招收社会退休人员甚至外地到该市投亲靠友的老人；肇庆市老干部大学在2008年改名为“老干部职工大学”，该校学员中35%为下岗老职工；广州市老年大学2014年开设40个班，面向全市老年人，对城市供养救助对象、低保救助对象提供免费教育，具有适度普惠和政府“兜底”的特点。

（二）制度引领依法管理老年教育事业

老年大学定性不明、定位不准、职责不清，已经成为老年教育进一步发展的障碍。一些新诞生的老年学校甚至没有“出生证”，或者身份不明，没有合法身份，教育部门将其视为“另类”不愿多管“闲事”，编制部门不给编制，物价部门对其收费标准不予答复，民政部门未将其登记为独立社会组织。如果学员投诉不知道按照什么程序由什么部门来处理。

没有规矩不成方圆，教育本身有自身的发展规律。老年教育的进一步发展必须遵循自身规律。作为老年教育规律的理性反映，老年教育法在进一步引领、规范老年教育过程中不可缺乏。依法治教是教育法的根本原则，依法治国是我国的基本方略，老年教育工作必须走法制化的道路。我国老年人权益保障法第70条规定“老年人有继续受教育的权利。国家发展老年教育，把老年教育纳入终身教育体系，鼓励社会办好各类老年学校。各级人民政府对老年教育应当加强领导，统一规划，加大投入。”国务院《中国老龄事业发展十二五规划》要求“制定并公布全国老年教育条例，加强老年教育的规范化管理”。天津、上海等地已经出台地方性法规，我们建议尽快在国家层面上出台老年教育法，以便省级制定实施细则。各个老年学校也应该依据国家法律和政策制定学校各项管理规定，建章立制，使老年教育规划化、制度化、法治化。

（三）建立以政府为主导社会参与筹措办学经费的机制

老年教育是非营利性社会福利事业，需要国家各级政府和社会各界的大力支持。保障和改善民生是党的十八大提出的重点发展方向，老年教育作为重要的民生工程和公共服务项目，应成为积极财政政策给予重点倾斜支持的领域。应将老年教育经费列入各级地方政府财政预算，建立老年教育稳定的经费保障机制，使老年教育与经济社会协调发展，根据需要和可能逐步增加办学经费。

（四）按照教育的一般规律和老年教育的特点办学

老年教育需要正规化，老干部大学应真正由老干部福利机构改变为老年教育机构，做到“六有”——有学制、有课程体系、有编制和合格教师、有稳定的办学经费和场地、有基本教材、有科学的教学评价机制。当前应尽快建立具有指导意义、操作性强的老年教育成果评价机制、教师考核制度、教学成果展示管理制度及相关奖惩制度。

应大力推进建设“三库”工程——建立合格的师

资库、课程库、教材库。教材建设实行基本教材统一编写与特色课程自编讲义相结合，规范化与个性化教学相结合。建议全国老龄办、全国老干部大学协会牵头，组织全国有关专家集体编写基本教材，并正式出版。各地各校还可以从地方和学员实际需要出发自编具有地方特色的讲义。

在课程设置和教学内容上，建议在原有生命保健教育、书法舞蹈等科目的基础上，开设国际社会通行的退休前准备教育、死亡教育、科技新知识教育等课程。

（五）采用现代教学技术推进老年教育

老年教育要现代化。除了教学理念、教学内容现代化以外，特别重要的就是要实现教学手段现代化。例如，注重借助现代信息技术、多媒体技术和远程教育手段，改填鸭式的灌输教学为“自主性教学”，提高学员学习兴趣，着力解决老干部学习供需矛盾和就近上学的问题。

（六）借鉴国外通过第三年龄教育促进老年人参与社会发展的先进经验

我国的老年教育，既要坚持我国的特色，也要与国际接轨。我国老年大学作为中国式的第三年龄教育，是在不断汲取发达国家第三年龄教育成功经验的基础上逐步发展的。美国、日本、新加坡和欧洲国家的经验表明，发展“第三年龄”教育有利于实现老年人的继续社会化。“第三年龄教育”从生命和学习的角度，开发老年人的智力能力，将其纳入终身教育体系，为他们能够从事符合时代要求的社会活动提供方便。其教育宗旨在于通过老年教育，使老年人适应退休所带来的变化；提供适应社会发展、参与社会事务的新知识；提高精神生活质量，自我发展，自我完善。

我国《老年人权益保护法》第68条也明确规定“国家为老年人参与社会发展创造条件”。老年教育为老年人参与社会发展如教育下一代、梳理历史经验，利用自己丰富的工作经验做咨询服务工作等提供了“助推器”和动力。我国要通过老年学校教育消除部分老人“思想僵化、知识老化、血管硬化、等待火化”的消极情绪，克服“促进老年人参与社会发展是与年轻人争地位抢饭碗”的错误观念，注意发挥老年教育的社会功能，着力提升老年人参与社会发展的能力，促使老年人继续掌握新知识，为社会发展再做贡献。

综上所述，从广东老年教育事业的现状和存在的问题中我们可以见微知著，我国老年教育的改革和发展乃大势所趋，人心所向。而发展中国老年教育事业，无疑需要审时度势，牢固树立科学教育理念，正确把握老年教育的教育本质和社会功能，大胆走出认识误区，依法治理老年教育事业，借鉴发达国家老年教育的先进经验，从促进老年人参与社会发展的高度出发运筹帷幄，利用各地推进管理改革创新、推动基本公共服务进入社区工作的有利契机，充分发挥政府主导作用，鼓励社会力量参与办学，按照教育的一般规律和老年教育的特点办学，革故鼎新，使有中国特色的老年教育事业成为光彩照人的千秋伟业。

农村留守老人专题调研报告

广西壮族自治区老龄办调研组

按照自治区党委“关于开展全区农民工专项调查研究”的工作部署，根据《自治区民政厅办公室关于开展留守老人专题调查研究工作的通知》（桂民办电〔2014〕6号）精神，自治区老龄办组织调研组于2014年2月11日到2月13日深入南宁市宾阳县中华镇育才村兴隆、育才村民小组和钦州市灵山县佛子镇五一村佛子岭村民小组、平山镇平坡村沙尤塘村民小组等地开展农村留守老人专题调研，实地走访部分农户了解情况，召开座谈会听取意见和建议。现将调研情况报告如下：

一、留守老人基本情况

据民政部门统计，宾阳县现有留守老人17916人，占老年总人口的13.9%，其中小学及以下文化程度11208人，占62.5%，失能和半失能的老人为4754人，占26.5%，子女供养的9457人，占52.8%。

灵山县现有留守老人14453人，占老年总人口的8.1%，其中小学及以下文化程度11078人，占76.65%，失能和半失能的老人为2160人，占14.94%，子女供养的12876人，占89.09%。

统计数据显示留守老人大多数文化程度不高，其中失能和半失能生活自理有困难的老人占了一定比例，虽然我区农村养老和医疗保险制度普遍建立，但大多数留守老人仍然依赖子女供养，这些特点在我们深入村屯调研时也得到证实。

二、留守老人面临的困难与问题

通过与村干交流和走访留守老人我们发现，由于子女不在身边，加上现阶段农村社会保障水平较低，留守老人生存、生活、生产面临很多问题和困难，比较有共性的有以下几个方面：

（一）经济收入低，生活条件差。留守老人家庭经济来源主体上还是依靠养老金和外出务工子女的支持，但自己的劳动收入和亲戚援助也是不可或缺的补充。调查中发现，大多数的留守老人都在程度不同地从事着农副业生产进行自养，仅仅依靠子女外出打工的回馈无法满足基本生活需求，甚至不足以保障留守儿童的生活费用。不少耄耋老人还在炎炎烈日下，耕种着自己或儿女的土地。据调查，老人的劳动主要是种植、养殖，但因子女不在身边，许多农活要请人，成本高，收入低，劳动强度大。随着孝道观念的不断淡化及子女在外务工生活压力增大，农村老人的经济收入更是少得可怜。绝大多数留守老人的日常开支少之又少，普遍限于维持温饱、确保孙儿正常读书的基本生存消费层面。

（二）抚养教育孙辈力不从心，生活和心理负担重。从目前看，大多数外出务工人员都将子女留在农村父母身边，由父母看护小孩，带子女上学。从照顾孙辈的生活起居方面而言，是增加老人的生活压力，增加劳动强度；从对小孩教育方面而言是心理负担重，因为农村老年人大多数识字不多，无法辅导小孩学习，担心学习成绩差。其次目前农村交通、通讯得到迅速改善，电视、网吧到处有，孩子在外的时间长，担心发生一些意想不到的事情。老年人总觉得管理小孩力不从心，增加了留守老人的生活负担和精神负担。

（三）家庭氛围缺失，精神生活单调。人老了有喜静的一面，但人老了最怕孤独。留守老人普遍存在孤独感。农村老人过惯了苦日子，对物质生活往往无过高的奢求，因此来自子女的精神慰籍是老人身心健康必不可少的主要来源之一。由于子女都外出务工，家庭出现“空巢”后，家庭氛围严重缺失，老年人特别需要亲情的安慰，子女外出后，电话成了老人与子女的交流沟通的主要方式和精神慰藉，但通过调研我们发现，多数外出务工子女很少给父母打电话。加上农村精神文化生活比较单调，老人在家庭之外也很难找到精神寄托。

（四）生活缺乏照料，安全隐患多。由于子女不在身边，日常生活的一些小事，诸如理发、换电灯泡等都成为难题。特别是老人身体不好，需要子女陪同上医院看病治疗时，子女不在身边，老人更是觉得孤苦无依，感到很失落。有的老人生病了，连饭都做不了。此外，老年人发病往往具有突然性，家中无人或抢救不及时，可能会错过治疗时机，导致严重后果。随着年事渐高，一些农村老人记忆力下降，有的行动不便或身有残疾，一些日常生活行为都有可能留下安全隐患，甚至导致悲剧。

（五）看病问题较突出，健康难保障。目前留守老人的健康状况整体较差，失能和半失能老人占相当比例，其中患慢性病的比例较高，很多老人处于亚健康状态。留守老人最担心的就是生病，生病几乎可以导致一切困难：经济拮据，缺少照料，心理负担加重等等。目前我国针对农村人口的医疗保障制度主要是新型农村合作医疗制度，但是由于现阶段我国财政投入水平的限制、相关法律法规的不完善以及基层实施环节中人为因素的影响，使得新型农村合作医疗制度还未发挥出应有的作用。由于合作医疗按比例报销和封顶制度的制约，使得新型农村合作医疗制度对患大病的老年人的实质帮助非常有限。再加上子女不能在身边帮忙照顾，农村老人“小病不去看，大病自己扛”的现象很普遍。

三、留守老人希望党委、政府及社会给予帮助和关爱

作为老年这一弱势群体中特殊的一员，留守老人普遍希望党委和政府及社会给予帮助和关爱，归纳起来有几条：1. 加大对基层老年协会和幸福院设施建设的支持力度，通过互帮互助解决留守老人困难。2. 发放学生伙食补助，减轻家庭教育负担。3. 提高农村养老保障标准，扩大救助范围。4. 提高农村医疗保障水平，组织医疗队下乡免费给老年人体检。5. 组织文艺下乡，辅导老年人开展活动，丰富留守老人的精神文化生活。6. 减免养老和医疗保险个人缴纳费用。7. 发展地方经济，减少劳动力外流。

四、开展关心、关爱留守老人工作成功的经验和做法

基层干部反映，相对于留守儿童，留守老人社会关注度不高，存在的问题和困难比较多。随着大量青壮年农民进城务工，农村实际老龄化程度要高于城市，在调研中我们发现基层老年协会在新农村建设和关心、关爱留守老人甚至留守儿童方面发挥了积极的作用。例如宾阳县中华镇育才村兴隆村共有 102 户

467人，青壮劳动力大多外出打工，村子里常见的是老人和小孩。其中留守老人25名，占老年人总数的32%。该村老年协会2009年成立以来，吸收全村老年人加入协会，积极参与村公益事业，先后筹集200多万元建成了人饮工程和文化活动中心、灯光球场，硬化了村干道，群众的生产生活条件得到极大的改善，在留守老人互帮互助、清洁乡村志愿者活动、计生等工作中也发挥了积极作用，重大节假日还组织举办健身舞比赛和文艺汇演，极大地丰富了群众的文化生活。特别值得一提的是针对村里留守儿童多的问题，该村在老年活动室旁边设立了儿童活动室，指定身体健康的老年人和妇女照看家里暂时无人看管的儿童，老少同乐，其乐融融，2013年中央电视台为此还专门采访了该村的“代理妈妈”。灵山县佛子镇五一村佛子岭是水库移民村，每人只分得7分地，所以外出务工现象十分普遍，很多只有老人在家的留守家庭甚至晚上都喜欢到老年协会聊天、下棋、看报，打发孤独寂寞感，留守老人感慨成立老年协会前后变化很大。

基层老年组织在开展老年教育文体活动、维护老年人权益、组织为老服务、老年互助等方面发挥的积极作用引起了自治区党委、政府高度重视，自治区领导多次批示，强调要重视和扶持基层老年协会发展，把基层老年协会建设成为“有组织、有场地、有设施、有活动、有经费”的示范性基层群众组织，充分发挥基层老年协会在农村养老服务中的辐射作用。2012年3月，自治区人民政府将扶持农村基层老年协会建设作为创新农村养老服务体系建设的重要内容，纳入自治区新一轮扶贫开发攻坚战，出台了《广西壮族自治区创新农村养老服务体系建设工作方案》，明确提出，2012至2015年，自治区财政统筹安排资金9000万元，建设示范性村级老年协会3000个，并重点扶持边境县（市、区）和民族自治县的基层老年协会发展。为贯彻落实《广西创新农村养老服务体系建设工作方案》精神，各级民政、老龄部门把加强基层老年协会建设作为创新社会管理推动经济社会和谐发展的重要举措，积极探索政府主导、政策扶持、部门配合、社会参与的基层老年协会规范化建设新模式，全面推进基层老年协会规范化建设。有效提升了基层老年协会覆盖率和老年人参与率，提高了基层老年协会服务能力。截至2013年10月底，全区登记备案基层老年协会达12344个，比2012年增加1215个，会员人数超过180万。基层老年协会健康快速发展，切实为老年人搭建了一个“老有所乐、老有所为”的平台。在参与社会建设和管理，维护老年人合法权益，促进老年人共享社会发展成果，开展老年互助，发挥农村养老辐射作用，弘扬民族传统文化、促进民族团结进步、维护边境安定和谐等方面发挥了重要作用。2012年12月，全国基层老年协会规范化建设经验交流会在广西召开，全国老龄办常务副主任陈传书出席会议并作重要讲话。2013年3月22日至26日，全国老龄办组织新华社、人民日报、经济日报、光明日报、中国社会报、中国老年报等中央媒体到广西就农村养老工作特别是基层老年协会规范化建设工作进行深度专题采访，在全国范围宣传推广广西经验。

五、解决留守老人问题的对策和建议

随着社会的发展，大量青壮年农民进城务工，子女不在身边的农村留守老人正成为日益庞大的一个特殊群体，留守老人问题日益突显，需要政府、社会各界给予更多的关怀、支持和共同努力。我们认为，应该采取以下措施，破解留守老人难题。

（一）提高农村养老保障水平。尽快实施统一的城乡居民基本养老保险制度，缩小城乡差距，不断提高养老金标准，为农村留守老人提供生活保障。扩大农村低保救助范围，让农村60岁以上的老年人都享受最低生活保障，从经济上保证老年人达到基本生活水平。

（二）完善农村医疗保险制度。留守老人大多体弱多病，门诊费用高。按照目前农村医疗保险规定，只有住院才能得到较多的费用报销，而村级的门诊费报销比例低，因此要在逐步提高住院费报销比例的同时，提高60岁以上的农村参保老人村级门诊费的报销比例，切实解决他们看病贵的问题。

（三）建立和完善80周岁以上老年人高龄补贴政策。建立高龄津贴制度，是贯彻落实党的十八大关于保障和改善民生的重要举措，是推动我区社会福利制度由补缺型向普惠型发展、有效缓解养老矛盾的现实之需，对保障高龄老人基本生活、提高生命质量意义重大。各地要加快制定出台和完善80周岁以上高龄老人生活补贴政策，为80周岁以上高龄老人发放生活补贴，让他们安享幸福晚年。

（四）进一步扶持基层老年协会建设，为留守老人筑“新巢”。实践证明，现阶段农村老年人协会，在为留守老人提供帮助、活跃精神文化生活、排解孤独、提高幸福感等方面发挥着不可替代的作用。我区基层老年协会规范化建设虽然取得了明显的成效，但离《中国老龄事业发展“十二五”规划》提出的“十二五”期间，成立老年协会的城镇社区达到95%以上，农村社区（行政村）达到80%以上的要求还有很大差距。建议进一步加大扶持力度，继续安排财政资金，扶持村级老年协会建设，同时要积极探索政府购买服务方式，形成长效扶持机制，促进基层老年协会在养老互助、关爱留守儿童等方面充分发挥作用。

（五）建立留守老人信息数据库，组建农村老年人自愿者服务队。摸清辖区内留守老人的具体人数，基本生活状况，建立留守老人信息数据库，了解掌握留守老人基本情况。以乡镇为单位设立心理咨询机构专门为留守老人服务，组织下乡慰问留守老人活动，定期下乡主动了解老人的内心世界，发现问题及时解决。由民政、教育、共青团、妇联等部门组织牵头尽可能在各乡镇都成立农村老年人自愿者服务队，利用周末时间走访慰问农村老人，陪他们聊天、做家务，帮助他们干一些力所能及的农活，为农村留守老人提供环境卫生治理、房屋修缮、陪老人聊天等日常服务，以缓解留守老人存在的困难。

（六）兴办农村养老福利事业，走家庭化养老与社会化养老相结合之路。有条件的地方，由乡、村组织牵头，通过招商引资等多种渠道兴办养老院、托老所等，并逐步将农村老年人福利事业引向市场，对于年龄较大的留守老人、“空巢老人”，可以考虑由其子女出部分钱，搬进托老所，进行社会化养老。建议在集中收养五保老人基础上，调剂适当床位对留守老人提供代养服务。地方政府应该从转移支付的可用资金中拿出一部分作为留守老人养老补助金，为这部分特别困难的留守老人入院代养提供经费支持。

（七）加强尊老敬老爱老传统美德教育，强化家庭养老功能，为留守老人搭起亲情沟通“桥梁”。在农村社会化养老机制尚未形成之前，传统式家庭养老仍是农村养老的有效形式。加强农村年轻人的孝道教育，对在尊老爱老方面做得好的年轻人应予以大力表彰，对歧视、排斥老人等行为给予曝光、批评。教育外出务工人员要经常与自己父母保持联系，了解父母的生活状况及身体状况，按时给老人寄钱送物，加强彼此之间的沟通与联系，更要加强邻里之间要互相帮助的宣传力度，教育留守年轻人关注和帮助身边的留守老人。

（八）发展农村经济，加快城镇化进程。加大招商引资力度，安排农村富余劳动力就近就业，提高工资待遇。同时在发展农业生产上找出路，加大对农村的财力与科技投入，因地制宜发展当地的特色农业，为农民发家致富创造条件，提高农民收入，让更多有知识、有文化、有技术的劳动力留在农村，进行农业开发，减少外流，方便照顾父母。

总之，政府主导、社会关怀、齐抓共管，才能真正解决好留守老人问题，促进我区农村经济发展和社会稳定。

云南省养老服务业发展现状及对策建议

云南省老龄办课题组

随着人口老龄化形势加剧和经济社会建设持续健康发展，云南省委、省政府高度重视养老服务体系建设，把加快养老服务业发展上升到战略高位，采取积极有效措施，养老服务体系建设取得快速发展，在保障老年人权益，共享改革发展成果，拉动内需、促进就业，保障改善民生、增进社会和谐，推进经济社会持续健康发展等方面发挥了积极作用。当前，我省已进入老龄化社会快速发展阶段，截至2014年底，云南全省60周岁以上老年人口约553.3万人，约占全省总人口的11.73%，预计2020年全省老年人口将达607万人，占全省人口的12.4%。老年人群体呈基数大、寿龄高、空巢多等特点趋势，迫切需要加快养老服务业发展，为老年人提供多样化、多层次、全覆盖的养老服务。

一、云南养老服务业发展现状

长期以来，特别是“十二五”以来，云南省委、省政府高度重视养老服务业发展，认真贯彻落实党中央、国务院关于“优先发展社会养老服务”战略决策，按照规划先导，保障基本，政策扶持，统筹城乡的思路，全力推进养老事业发展，初步建立了以居家为基础、社区为依托、机构为支撑的社会养老服务体系，初步形成老年消费市场，养老服务需要得到明显改善和提高。

（一）规划牵引，养老服务业发展步入科学化新阶段。“十二五”以来，云南省委、省政府针对全省养老服务体系建设总体规划合理性差、落实推手乏力、服役设施欠账多等关键问题，于2012年制定出台了《云南省人民政府办公厅关于加快推进养老服务业发展的意见》和《云南省社会养老服务体系建设专项规划（2011—2015）》，对全省养老服务业系统性、规划化发展起到了十分重要的推动作用。2013年国务院出台《关于加快养老服务发展的若干意见》（国发〔2013〕35号）（以下简称《若干意见》）后，云南省委、省政府抢抓加快桥头堡建设和服务业发展战略契机，将养老服务业发展纳入桥头堡建设、民生建设、服务业建设战略布局，作为“调结构、惠民生、促升级”的重要力量和推手，以更加重视、更加强势、更加开放的决心和魄力，在全面梳理和认真总结国内外发达地区发展养老服务业成功经验的基础上，对本省养老服务业发展现状和存在难题进行了务实反思和深入研究，立足于云南人口老龄化形势，坚持以编织养老保障安全网，充分调动社会活力，发挥云南宜养优势，拉动内需促就业，打造经济新增长点，满足老年人服务需求为根本出发点和落脚点，出台了《云南省人民政府关于加快发展养老服务业的实施意见》（云政发〔2014〕64号）（以下简称《实施意见》），全面系统地规划设计了云南养老服务业发展中长期战略目标、任务和措施，在养老服务业的规划布局、用地保障、财政支持、税费优惠、融资信贷、市场准入、人才保障等政策方面实现了较大突破。同时，还制定出了《云南省养老机构设立许可实施办法》和《云南省养老机构管理实施办法》等一系列配套政策。标志着云南养老服务业发展进入科学化、规范化、快速发、跨越式发展新阶段，养老服务供给保障明显改善，老年人的生活将更加美好幸福。

（二）多维推动，社会养老服务设施建设全面提速。面对因人口老龄化需要养老服务设施快速增加和公共财政保障困难大的双重压力，云南省委、省政府直面问题、勇于担当，顶住压力、积极作为，加大了财政投入，加大了政策支持。同时，各地按照全省统一部署、结合实际，采取强有力措施，形成了多维推进、上下并进的良好格局，呈现出了多点开花、多层次搭配、多类型结合的发展局面。一是设立公办养老服务体系建设专项资金，公共财政和福彩公益金投入力度不断加大。2012年，云南省政府在财政压力巨大的情况下，狠下决心、及时安排资金，建立了10.8亿元的养老服务体系建设专项资金，在连续4年每年投入养老服务体系建设资金2.7亿元的基础上，2014年又追加了22592万元，建设了一大批种类多样、社会急需的养老服务机构设施，充分发挥了政府的主导作用。截至2014年底，全省共有城市公办养老机构119个，床位20455张，与“十一五”末比分别增加了67个，床位13840张；农村敬老院663所，床位45515张，与“十一五”末比床位增加了9434张；居家养老服务中心1046个，床位12540张；每千名老年人拥有养老床位达到18张，与“十一五”末比，每千名老年人拥有养老床位增加了9张。二是加大民办养老机构政府财政支持，社会力量投入明显增加。从2012年起，各级对民办养老机构建设进行了一定资金扶持，对社会力量参与养老服务体系建设起到了有效的推动作用，特别是从今年起省级将每年安排5000万元建设专项资金对新建和改扩建办民办养老机构每个床位分别给予10000元和5000元的建设补助，将有利于激发社会力量兴办养老机的热情。目前，全省民办养老机构60个，床位14800张。三是完善政策支持，创新优化发展政策环境。各级采取降低门槛、简化程序、提供土地供给、税收优惠、收费减免、金融支持、保险开发等支持，引导、鼓励各类力量以独资、合资、合作、联营、参股等方式，新建、扩建、改建了一批适宜老年人集中居住、生活、护理的养老机构和设施，营造出养老服务多元化投入、社会化发展的良好环境。目前，全省社会养老总床位近由“十一五”末的44334长增加到近10万张，比“十一五”末增长了124%。可见，“十二五”是云南养老服务设施建设发展全面提速、投入主体多元化形成、政策环境趋优的重要时期和关键时节。

（三）保障基本，城乡社会养老保障制度基本建立。云南省委、省政府始终坚持保障基本和基本保障这个根本，建立完善企业职工养老保险、新型农村养老保险、城乡最低生活保障、城镇居民基本医疗保险、新型农村合作医疗、城镇三无和农村五保老人集中供养和分散供养、高龄补贴等社会保障制度，部分地区探索实行了政府购买养老服务制度，养老服务工作逐步由补缺型向适度普惠型转变。一是扩大保障基本面提高基本保障标准。截至2014年底全省参加企业职工基本养老保险人数为397.89万人，基本养老金发放率100%，已退休人员月人均基本养老金1976元；积极城乡居民养老保险人数2160.47万人，基本养老金发放标准月人均60元虽不高、增幅也不大，但也在逐年增加。二是开拓创新，率先建立健全高龄补贴制度。2009年1月，省政府根据《云南省老年人权益保障条例》，决定在全省建立高龄老人补贴制度，要求到“十二五”末80至99周岁老年人保健补助每人每月不少于50元、百岁老人长寿补助每人每月不少于300元，截至目前全省累计发放高龄补助

17.2亿元，并建立了逐年提高的补助标准自然增长机制，切实保障了高龄老年人的合法权益。三是发挥政府托底作用，健全完善社会救助体系。2014年，出台了《云南省社会救助的实施办法》，规范了各项社会救助内容，19.17万名城镇贫困老年人和137.2万名农村贫困老年人纳入城乡最低生活保障范围，实现了“应保尽保”和“按标施保”。

（四）加强督促检查，确保目标任务落实效果。2012年以来，云南省政府连续4年将“建设一批养老服务设施”纳入了《云南省政府工作报告》的“20项重要工作”和“10件惠民实事”，组织督查组进行督促检查；省人大每年对全省落实《中华人民共和国老年人权益保障法》和《云南省老年人权益保障条例》的情况进行执法检查。同时，民政老龄部门还将加快发展养老服务业列入年度考核的重点内容，实行包保督查制度，有力地促进了养老服务业建设目标任务的完成。

二、云南养老服务业发展面临的困难问题

云南养老服务业发展虽然取得了快速发展，在许多方面也发挥了十分重要的作用，但要清醒看到当前云南养老服务业的实际现状与党和国家提出全面建成小康社会、使其成为“调结构、惠民生、促升级”重要力量、切实保障改善民生、共享受改革发展成果、构建社会保障安全网、促进社会和谐共融的目标任务要求差距不小，与云南省委、省政府确立的大力发展健康服务业、加快发展养老服务业中长期目标、充分发挥云南宜居宜养优势、打造“七彩云南·养老福地”的部署要求差距不小、任重道远。具体体现如下。

（一）规划政策措施配套不到位、高效工作机制未形成，与完成养老服务业发展目标任务需要不相适应。目前，国家和云南省本级的养老服务业发展规划已经制定，目标任务已经明确，但保障国务院《若干意见》和云南省《实施意见》目标任务实现的配套政策制订进展缓慢，省级部门出台的配套政策较少，政策的开放度不大，同时，多数州市、县市区还未制订本级加快养老服务发展的整体规划，发展养老服务业的思路不清、措施不力。加强养老服务业发展的组织领导和良好工作机制是确保养老服务发展最基本、最关键的保障，但一些地方对发展养老服务业的认识不足，还未建立起管事管用的组织机构，以常态思维、以常规方式推进养老服务业，对本地区养老服务发展的重大问题研究不深不透、解决力度速度按部就班，紧迫感、责任感、使用感有待加强，加快发展养老服务体系建设的政策环境、支持力度与养老服务需求和经济社会发展形势不完善适应。

（二）社会养老保障制度设计缺陷、保障能力水平不高，与老年人群众追求幸福生活的需要存在不小差距。一方面，保险制度设计不够合理、企业和个人承担缴费占收入比重偏高、大多数企业或单位未建立年金制度，同时，随着城镇职工领取养老金人数的快速增长和养老保障金收缴增速放缓，城镇职工保险基金储备红利释放待尽，养老基金缺口问题在不久的将来可能出现等，社会养老保障制度设计问题亟待解决。养老金发放标准不高，2014年底云南城镇职工养老金月人均标准首次突破2000元，与当前城镇养老费用支出相比的确偏低。另一方面，云南农村养老保险制度建立较晚，农村人口参加养老保险的热情不高、参保比例较低，投保能力不强和额度不高，农村养老金总量小，享受养老金的老年人群体人数规模基数大，农村养老金保障标准月人均不足100元，特别是依靠城乡最低生活保障的困难老年人的标准显得更低。第三方面，由于养老保障方式单一、网络化电子化手段运用效率不高、老年人获得保障的程序较为繁琐，导致部分老年人权益受损，与老年人群体享受养老服务，需要更放便更简化的期待也还存在较大差距。

（三）养老服务机构设施建设严重不足，与养老服务需求和发展目标任务相比缺口很大。“十二五”以来，中央和省级累计投入养老服务体系建设资金17.7997亿元，其中，省级投入12.841亿元，占总投入的72.14%。目前，全省共建成各类养老机构744所、社区居家养老服务中心1046个，每千名老年人拥有养老床位数虽达18张，但与目前全国平均每千名老年人拥有养老床位数25.43张相比还很滞后，与云南拟定的“十二五”末每千名老年人拥有养老床位数30张的规划任务相比差距不小，与国务院《若干意见》规定“社会养老床位数每千名老年人达35～40张”和云南《实施意见》规定“到2020年全省社会养老床位数每千名老年人达35张以上”的目标要求差距很大。同时，由于受长期以来公共财政投入养老服务设施重公办轻民办、重城市轻农村、重砖头轻人头观念的影响，养老机构服务设施建设出现了结构性、区域性问题。公办养老机构基本供养型床位比例高、能为全省近100多万失能半失能老年提供养老服务的医护型床位比例低；因选址不当和服务管理水平不高等原因，甚至在有的地方出现了养老床位大量闲置和有的地方却一床难求的现象；云南养老服务设施建设体系整体性差，受重视和经济发展较好的昆明、曲靖、玉溪、大理、红河等地区发较为理想，沿边、滞后地区形势很不容乐观，养老服务机构设施建设与养老服务需求、发展目标相比缺口很大、任务很重，织密织牢云南养老托底安全网的基础尚未夯实打牢。

（四）社会力量参与养老服务现状不太理想，与“逐步使社会力量成为发展养老服务业的主体”目标差距甚远。云南城市社区、农村建制村基本都建有老年协会，少部分城乡社区还成立了一批专门提供为老服务的民办非企业单位，一些企事业单位和爱心人士也开展了一些敬老爱老的志愿服务、爱心捐助等公益服务活动等，但目前基层老年协会更多的也只能是满足一些文体娱乐服务和组织少量的简便互助式养老服务，能够提供专业化、职业化、个性化的针对性为老服务的民办非企业单位等社会组织十分稀缺，服务主体的结构严重不合理，服务供给能力很弱，各类服务主体活力明显不足。一些民间资本也看准了养老服务业潜在的巨大商机和云南发展老龄产业的多种优势，对在云南投资兴办养老服务机构、拓展养老服务内容，提升服务水平、开发老年产品用品等兴趣深厚，但受土地、金融、准入、政府补助等政策制约，社会力量参与发展养老服务业表面升温、实效不大，民办养老机构数量少、规模小，与“逐步使社会力量成为发展养老服务业的主体”目标和将云南打造成为七彩云南、养老福地的愿景差距甚远。目前，我省拥有民办养老机构仅 60 所，床位 14800 张，与“十二五”规划 44000 张的目标数差距很大。

（五）老年医疗保障体系建设滞后，与老年人日益增长的养老医疗服务需要不相匹配。受医疗服务资源配置不合理、医疗技术设备保障难到位、就医信息化便利化通畅性不够、医疗康复护理和临终关怀服务供给少、医疗报销结算繁琐等影响，老年人医疗保障困难多，老年人医疗费用负担重，事关老年人养老最关心、最重要的就医难、就医贵的老大难问题尚未得到根本性解决，医疗条件较差的广大农村地区、边远山区和失能老年人半失能、困难家庭老年人医疗服务保障问题尤其突出。

（六）农村养老服务体系建设严重滞后，与城乡统筹整体发展的原则要求不相适应。云南农村大多地处山区半山区，生存条件环境普遍较差，多数行政村集体经济体量小，农村家庭自我发展能力弱，广大农村公共服务基础设施普遍不足，农村养老服务设施建设严重滞后，且因农村养老观念和设施建设水平、服务条件的影响，已建成的农村敬老院床位、居家农村服务中心设施空闲问题仍然存在，在部分地方还比较突出。同时，因大量青壮年进城务工，留守老人比例非常大、自我保障能力弱，云南农村地区是最典型的未富先老、未备先老的地区和群体，农村养老服务供给保障任务重、难度大已成为影响养老服务业整体发展的最大瓶颈和很大的社会隐忧。

三、加快云南养老服务业发展的对策建议

在经济建设新常态下，加快推进云南养老服务业，是全面建成小康社会的一项紧迫任务，将有利于增强应对人口老龄化、提高广大老年人的生活质量和幸福指数，有利于拓展服务业新领域、扩大内需和促进就业，有利于培育和践行社会主义核心价值观、弘扬中华民族敬老爱老优良传统、促进社会和谐。要实现云南《实施意见》提出的“到 2020 年，努力建成以居家为基础、社区为依托、机构为支撑，功能完善、规模适度、覆盖城乡的养老服务体系，养老床位数达 21 万张以上，每千名老年人拥有养老床位 35 张以上，养老服务设施和站点覆盖所有城市社区、90%以上的乡镇和 40%以上的农村社区”的目标任务，当前要优先从以下几方面入手。

（一）提高认识，进一步强化党政主导的作用。由于人口老龄化问题具有隐性化特征，不像经济、教育、卫生等领域的问题急切，不少政府部门和领导对人口老龄化的严峻形势认识不足，对发展养老服务业的重要性、迫切性认识不到位，甚至在思想上存在养老服务以市场运作为主体就是市场的事、政府发展养老服务业“只花钱不赚钱”等错误认识。各级党委、政府要从全面建成小康社会及构建和谐社会的高度，认真落实“优先发展社会养老服务”和基本公共服务均等化的要求，充分发挥党政主导，加大公共财政和福彩公益金的投入，尽快建立民办养老机构基础设施建设补贴和运营补贴制度，建立健全与经济社会发展相适应的老龄事业投入同步增长机制；尽快出台政府购买养老服务工作机制，建立失能、半失能老年人长期护理补贴制度，进一步发挥政府“保基本、兜底线”积极作用；尽快出台公办养老服务机构经营管理方式改革方案，全面推行经营者聘任、员工聘用、公建民营、服务功能承包经营等新的体制机制，增强内在活力和发展动力；加紧完善养老服务机构管理标准、居家养老和社区养老服务标准，进一步健全养老机构许可、等级评定和服务评估制度，加强督导检查，推动养老机构规范有序发展。

（二）明确责任，全面落实养老服务业扶持政策。国务院《若干意见》出台后，云南省政府出台了《实施意见》，对今后我省养老服务业发展做出了全面系统安排。当前，省委、省政府要进一步加大工作力度，督促省级相关部门加快研究制定出台土地规划、投资融资、资金支持、税费减免等方面的具体落实措施，进一步健全养老服务业发展的政策体系；督促指导州市政府尽快出台本地区的实施意见，政策含金量不能低于省里，着力营造统一开放、平等参与、竞争有序、充满活力的市场环境，建立健全激励机制，推动社会力量参与养老服务业发展。

（三）充分论证，科学编制养老服务和老龄产业发展“十三五”专项规划。今年是落实“十二五”规划的最后一年，也是“十三五”规划的编制之年。各地要将发展养老服务业和老龄产业发展列入党委政府的重要议事日程，纳入国民经济和社会发展规划，列入基本公共服务均等化计划，按照规划先行、城乡统筹、合理布局的原则，科学编制“十三五”全省养老服务设施建设、老龄产业发展专项规划，对“十三五”时期乃至更长一段时间全省发展养老服务业和老龄产业的总体思路、目标任务、宏观布局、资金投入、设施建设等方面进行整体安排，并严格按照规划和建设标准认真组织实施，切实维护规划的权威性、严肃性。

（四）加大投入，积极加快养老服务设施建设。要坚持政府引导、政策扶持、社会参与、市场推动的原则，以合理布局、扩大规模、强化管理、提升水平为重点，积极加快医护类养老服务设施建设，加快推进养老服务业发展。一是加强城乡社区居家养老服务中心建设。要依托和利用各类社区服务资源，加快建设城乡社区日间照料中心、社区老年人活动中心、社区老年人助餐点等，实现城市社区居家养老服务全覆盖，逐步提高农村社区居家养老服务覆盖率，解决健康老年人的生活、娱乐、精神慰藉问题。二是大力发展机构养老服务。认真落实社会力量举办养老机构的扶持政策，重点扶持建设接收失能、半失能老人的医护型、护理型养老机构，确保每个州县都要有一所综合性的养老机构。三是加强社区养老服务信息系统平台建设。依托移动通讯、互联网等现代科技手段，积极搭建社区养老服务信息平台，让广大独居老人、空巢老人、失能老人都能够得到便捷生活照料和紧急援助服务。

（五）强化培训，进一步提升养老服务的专业化水平。引导和整合高等院校、中等职业学校和职业培训机构教育资源，支持社会资本创办养老服务培训机构，加快培养老年服务管理、医疗保健、护理康复、营养调配、心理咨询等专业人才。加强老年护理人员职业培训，对参加养老护理职业培训和职业技能鉴定的从业人员按相关规定给予补贴。全面推行老服务从业人员职业资格认证制度，建立养老服务从业人员工资待遇与专业技能等级、从业年限挂钩制度，逐步提高从业人员收入。建立社会工作者人才引入机制，通过政府购买服务的方式，在养老服务行业中探索设置社会工作岗位，增加就业，推动社会经济发展。

全面提升我市居家养老服务对策调研报告

厦门市老龄委居家养老服务对策调研课题组

厦门市老龄委办公室、厦门市民政局和厦门市老年学学会组成《全面提升我市居家养老服务对策调研》课题组，历时6个月，先后到全市6区、20多个街（镇）、50多个社区（村），对居家养老服务工作开展情况进行调研，并通过各区老龄办对全市362个社区（村）居家养老服务站有关信息进行采集。课题组在分析全市居家养老服务工作基本状况和基础数据的基础上，对全面提升我市居家养老服务提出了对策建议。

厦门市已经进入人口老龄化快速发展阶段。截止2014年8月，我市户籍60岁及以上老年人口为28.53万，占全市户籍人口的14.22%。80岁及以上高龄老年人4.25万多人，占老年人数的14.9%，其中90～99岁的老年人4094人，百岁及以上老年人有116人。全市城区空巢老人约占全部老人的50%，其中丧偶独居的老年人占空巢老人的33%；农村70岁以上空巢老人更高达74%。养老服务供不应求的矛盾日益突出。为了积极应对人口老龄化，加快发展养老服务业，不断满足老年人持续增长的养老服务需求，厦门市正在加快建立以居家为基础，社区为依托，机构为支撑，资金保障与服务保障相匹配，基本服务与选择性服务相结合的社会养老服务体系，居家养老服务发展迅速。

一、居家养老服务的基本概况

居家养老服务是指政府和社会力量依托社区，为居家的老年人提供生活照料、家政服务、康复护理和精神慰藉等方面服务的一种服务形式。它是对传统家庭养老模式的补充与更新，是我国发展社区服务，建立养老服务体系的一项重要内容。2009年起，我市开展居家养老服务工作，并在社区建立居家养老服务站试点。2010年至2012年市政府连续3年将建设社区居家养老服务站列为民办实事项目，加大了建设的力度。截至2014年10月，全市已建立社区（村）居家养老服务站362个，占全市社区（村）总数的74.6％，其中省、市级财政投入建设的共341个，区财政投入建设21个。社区居家养老服务站335个，占全市社区总数的99.7％，基本实现城市社区全覆盖；村居家养老服务站27个，占全市村总数的18.1％。

（一）建立组织机构。2009年市政府成立市居家养老服务工作领导小组，分管副市长为组长，市政府办公厅分管领导、市民政局、市老龄办领导为副组长，成员单位有政府21个有关部门。各区成立相应的领导机构，街（镇）、社区成立居家养老服务工作协调小组。全市建立了市、区、街镇、社区（村）四级组织工作格局，并建立了“四级互动”的居家养老服务工作管理运作机制：市、区负责组织、协调、检查、指导，包括适时制定出台相关的政策性、规范性的文件等。街（镇）负责监管、培育、规范居家养老服务市场（含服务主体）在社区实行服务项目的有效对接和有序运行；负责组织评选、采取公开招标或议标签订协议等方式，把服务质量高、诚信好、管理规范、综合实力强的社会服务机构或专业组织确定为居家养老服务和政府购买服务的定点单位；社区（村）成立居家养老服务工作协调小组，由一位社区居委会主要负责人负总责，落实辖区内居家养老服务工作，并根据实际确定1～2名社区专职或兼职工作者从事居家养老服务工作，在社区工作站“一站式”服务大厅内设立居家养老服务工作窗口，专门承接受理辖区内居家养老服务工作。

（二）健全服务设施。截至2014年10月，全市居家养老服务场所面积达88594.78平方米。共有老年人活动室646个，老年学校343所，社区卫生服务站295个，简易日间照料室103个、床位335张，老年人应急呼叫系统或服务热线（含电话平安铃、安康通等）306部。

（三）组建服务队伍。全市共有594支助老服务队伍，其中专职人员730人、兼职人员6099人；志愿者队伍共1403支，志愿者人数33975人。

（四）提供服务项目。全市共有协议商家1563家。居家养老无偿服务对象9135人，低偿服务对象2846人，有偿服务对象18838人。为困难老人提供无偿、低偿服务主要包括家政服务、医疗服务，代购代买、配餐送餐、精神慰藉等；为空巢老人提供免费志愿服务主要包括文体娱乐活动及心理援助、法律咨询、健康讲座等，有偿服务主要包括家政服务、医疗服务、代购代买、配餐送餐等。享受各类服务的老年人合计30819人，占全市户籍老年人口数11％。

（五）投入建站经费。市、区两级政府在购买居家养老服务上的具体分工为，市级政府负责社区居家养老服务站的一次性建站经费。居家养老服务的正常运行支出以及由政府购买服务所需经费支出，由区、街（镇）财政负担。截至2013年底，省市两级财政共投入4092万元用于社区（村）居家养老服务站建站，其中省级投入1740万元，市级投入2352万元，区街也都对建站给予经费支持，如集美区区财政给予每一新建站的社区启动经费5万元，给予每一新建站的村启动经费16万元。

二、居家养老服务主要做法

各区居家养老服务主要以老年人的生活需求为重点，提供助餐、助洁、助浴、助医、助行、助急等服务；同时兼顾老年人的多种需求，提供文化娱乐、学习教育、聊天、心理咨询、代购代办等服务。目前共包括安全保障、生活照料、医疗保健、文化娱乐、精神慰藉等五大类服务。经过一段时间的摸索，我市居家养老服务工作主要特色做法。

（一）设立居家养老服务平台。思明区是全市最早开展居家养老服务的区，2007年成立区安康服务中心，负责“安康计划”工作实施。通过整合服务民生的各类资源，设立思明民生服务平台（“民生110”），以968180民生服务平台为载体，以热线（市话968180）、网站（www.968180.gov.cn）、窗口为依托，建立由相关部门共同参与的联运机制，开展各类民生项目服务。思明区还为低保低收入空巢老人以及80周岁以上的空巢老人安装智能“居家宝”系统，通过老人随身拾的紧急触发装置、安装在房子里的人体感应器、煤气探测器和主机，将老人的善及时收集、反馈给“民生110”服务中心和老人的亲属，并通过中心平台通知相关人员及时处理，构筑没有围墙的养老院。

（二）开展家政服务。各街道通过招标或议标的形式与家政公司签订协议，以家政公司为服务主体为符合无偿和低偿服务条件者上门提供家政服务。如思明区为低保生活不便的老人和百岁老人提供家政服务为每人每周不少于 3 小时。

（三）上门医疗服务。各街道普遍与辖区医疗机构签订协议，由医疗机构指派医疗服务人员上门为老人提供疾病防治、康复护理、心理卫生、临终关怀、健康教育等医疗保健服务，为辖区老人开设家庭病床，建立健康档案。思明区对符合条件的老人每周提供不少于 1 小时的上门医疗服务，还结合老年人的需求，为患病急需治疗、不属于大病重病而双无力支付医药费的老年人，每月给予 50 元的小额医疗补助。同安区通过"卡片医生"，方便老年人健康咨询。

（四）开展供餐送餐服务。各街道与辖区餐饮服务点签订协议，设立"爱心老人餐桌"，为"三无"老人等困难老人提供免费就餐服务。思明区与夏商营养餐有限公司签订协议，由该公司服务点供餐，再经家政公司指派助老服务员上门给有需求的"三无"老人。翔安区在爱心企业家的赞助下，在内厝镇连塘村建起 2 个老人之家，为本村 70 周岁以上老年人免费提供每日三餐。

（五）开展文体活动。各区利用社区（村）老人活动点、基层老年学校，组织老年人开展老年文体活动和老年教育。各街道和社区还设立了老体协组织，建立体育健身辅导站，由社会体育指导员指导老人开展健身活动，丰富老年人的精神文化生活。思明区 10 街道均开通远程教育课程，实现社区与街道老年学校资源共享。思明、湖里两区所有社区，全部设有老年活动室或活动场所。同安、翔安、集美、海沧等区积极利用农村宗祠、寺庙、旧校舍等闲置场所作为老年活动场所。

（六）开展志愿服务。建立包括亲属、邻居、社区干部、志愿者在内的服务队伍，为空巢、寡居老年人提供紧急求助和日常生活照料服务，开展公益性的助老服务志愿活动。湖里区老龄办与霞辉老年服务中心等单位联合开展"美丽湖里·微孝助老行活动"，成立由红十字会晨露爱心车队等 11 家个事业单位组成的助老志愿者联盟，为社区提供多元化助老志愿服务。海沧区在家养老"无围墙夫门槛型志愿者服务模式"，在社区搭建"幸福夕阳贴吧"服务互助平台，引导社会热心人士，投入为老志愿服务行列中，此项目获得国家民政部的表彰。

三、居家养老服务站运作中存在的主要问题

针对人口老龄化的严峻现实，我市在推进居家养老服务工作方面取得了一定的成效，但同时也存在许多的不足，面临许多的困难，具体体现在以下几方面：

（一）政府与市场机制间的分工有待进一步明确。近年来，我市各级政府在社区居家养老服务体系建设中，强化政府职能，制定政策措施、加强管理体制、增大财政投入等，发挥了一定的主导作用。但同时市场机制在社区居家养老服务方面的作用还不能充分发挥，尤其在该领域中如何保证政府与市场机制之间的合理分工与协调发展还需要进一步加强；政府和市场机制在社区居家养老服务中的功能还需要进一步厘清。政府和市场分别在哪些方面应该发挥作用；这些作用应该发挥到什么程度；如何建立政府与市场之间的有效而合理的衔接机制，这是当前困扰社区居家养老服务体系建设的一大难题，也是亟待解决的一个重大问题。

（二）社区居家养老服务站运作载体有待培育和加强。社会组织和志愿者队伍建设是社区居家养老服务的重要载体，是居民能否充分吸收各种需求和服务的关键。由于社区居家养老服务相关的社会组织及其志愿者队伍建设方面的不足，还难以为广大老年人提供多样化更加优质的公共服务，难以在公共服务领域中发挥积极作用。我市在社会组织的培养方面还处于起步阶段，不仅数量少，且主要分布在湖里、思明 2 区，岛外 4 区的数量较少，相对于购买服务的庞大需求还远远不够。社工服务机构成立时间均较短，管理经验相对缺乏，使用的专业人员素质不够高，专业服务能力有待进一步提升。而作为公共服务主要提供者的专业人才和志愿者队伍建设也有待加强，我市虽然已有 2069 名持证社会工作者，但大部分人员岗位有限，无法专门从事社会工作，从事居家养老服务工作的专门人才就更少，另外由于缺乏系统管理和继续教育机制，他们的专业能力和素质都有待进一步增强。

（三）资金不足是困扰服务体系建设的主要瓶颈。建立全方位的社区居家养老服务体系需要大量资金的投入，目前资金不足是困扰构建该服务体系的最大瓶颈之一。当前社区居家养老服务体系建设的资金主要依靠政府财政的投入，而并没有真正实现资金投入的多元化，来自于社会民间资金的投入相对不足。这种状况就导致了财政投入的快速增长，使得财政负担过于庞大；另一方面又造成社区居家养老服务体系建设跟不上居民的正常而合理需求的快速发展，从而无法做到充分满足居民的各种公共服务需求。应该制定相关政策，为社会民间资本的大量进入创造一个良好的环境。最终保证社区居家养老服务体系建设资金的多元化、充裕性。

（四）老年人消费观念有待转变。受传统观念影

响，当前老年人自费购买服务的观念尚没有形成或成熟，一部分有消费能力的老年人大都舍不得花钱购买服务或不习惯外人为自己服务。享受免费（志愿者）服务，领取居家养老补贴成为大部分老年人接受居家养老服务的主流思想。

（五）居家养老服务水平有待提高。全市统一的居家养老服务平台还未建立，养老服务信息供需资源对接不顺畅。提供服务的商家有限，没有形成竞争机制，服务人员素质普遍较差，管理也不够规范。提供服务的项目较为单一，主要集中在家政、医疗方面，远不能满足老年人个性化的需求。

（六）政策宣传不够深入。不仅全市层面的政策宣传还不够深入、不够到位，各社区的宣传手段也比较单一，宣传面不够广，许多老年人对居家养老服务不了解，不知道如何服务内容和如何获得服务，对无偿服务、低偿服务和有偿服务等还分不清。

四、推进和提升我市居家养老服务水平的对策建议

（一）制定优惠政策调动社会资本参与居家养老服务工作积极性。目前，我市在扶持机构养老方面制定了《关于支持社会力量兴办养老服务机构的实施意见》（厦府办〔2013〕69号），在养老机构床位建设补贴、床位运营补贴、床位综合责任险补贴、特定服务对象补贴等方面进行了扶持。对于居家养老服务，政府同样应在土地、运营、融资、税收和税费减免，包括城建的水电气费用优待等方面制定并落实优惠扶持政策，这样才能大大调动社会资本的积极性。此外，对养老护理员的培训和待遇等方面也应有扶持鼓励措施。扶持方式上可采取直接的财政资金补助，充分发挥政府有限资源的鼓励和引导作用，真正调动社会力量进军养老服务业的积极性。

（二）积极培育并加快发展社会工作服务机构参与居家养老服务工作。政府购买公共服务，是社会管理模式的创新，在国际上颇为流行。在传统治理模式下，公共服务通常是由政府大包大揽、直接“操刀”。但这样的结果往往是，政府不仅要投入大量的人力、物力、财力，还容易导致机构臃肿、人浮于事，从而造成服务低效和资源浪费。尤其在社会需求日益多元、利益诉求日趋复杂的今天，单靠政府直接提供公共服务，已越来越难以适应发展。而政府购买服务，就是要把一些不该管、管不好、管不了的公共服务向社会组织转移，由社会组织承担，政府职能重心由公共服务的供应者转为监督者。从这个意义上讲，政府购买服务也就是财政性资金的一种转移支付方式。发挥政府购买服务杠杆作用，一方面可以提升社会资源整合利用效益。社会组织的一个基本特征就是不仅有着从事某项公共服务的主体热情和专业知识，并且不以营利为目的，也就是说通过社会组织，民生工程建设更有可能把钱用在刀刃上。另一方面，政府购买服务本身就是加强公共服务的一种积极信号，从而有可能四两拨千斤，吸引更多的社会组织参与进来，形成公共服务供给主体多元化的新格局，从而让民生工程建设更好地服务群众。

在居家养老服务领域，如果能加快培育和发展一些服务性的社会组织和团体，让他们进来发挥主力军作用，对提升整个居家养老服务的专业化水平，具有决定性意义。具体来说，政府应该承担的公共服务可以由公益性社会组织来承担，这可充分保证这些公共服务项目的公益性；而由市场机制发挥作用的公共服务项目，可以由非公益性社会组织来扮演主要角色，但政府应出台相关政策和机制来给予有效指导和严格的监管。与此同时，应该加强相关的志愿者队伍建设，因为社会组织在公共服务提供上需要志愿者的帮助和支持。目前，我市即将出台《政府购买服务试点工作的实施意见》，试点范围涵盖了孤寡空巢高龄等特殊老年群体，同时在购买主体、承接主体、购买形成、购买程序、服务标准、购买经费和绩效评估方面给予了明确，对我市政府购买服务工作规范和发展将起到推动作用。

（三）制定和完善规划加快推进居家养老服务设施的建设。在制定城市总体规划、控制性详细规划时，要按照人均用地不少于0.1平方米的标准，分区分级规划设置养老服务设施。原则上每十万人标准街道管理单元安排一至两处“乐龄公寓”。今后，新建保障房项目和项目用地3公顷以上的商品房用地在“招拍挂”出让中考虑划出用地配套建设“乐龄公寓”，并与住宅实现“四个同步”。老城区及已建小区老养老服务设施或未达到指标要求的，市、区政府可通过购置、置换等方式建设养老服务设施，将公房等闲置场所调剂用于养老服务设施。要杜绝以办养老机构为名变相进行房地产开发，防止养老用地性质变更和养老设施改变用途。要建立养老服务机构项目库，争取每年推进1～2个养老机构项目的建设。养老服务设施可引进“公建民营”和“公办民营”的模式。

（四）以日间照料服务为重点扎实开展居家养老服务工作。社区老年人日间照料指为以生活不能完全自理、日常生活需要一定照料的半失能老年人为对象，以为日托老年人提供膳食供应、个人照顾、保健康复、娱乐和交通接送等日间服务。应对老龄问题最重要的内容就是解决失能半失能老年人的长期照护问题。居家养老服务要以日间照料服务为重点扎实开展。要整合各类为老服务资源，推行“政府主导、社会参与、市场运作”的服务模式，引导专业化社会组织和家政、物业等企业加盟、参与、托管社区居家养老服务，为居家老年人提供助餐、助浴、助洁、助急、助医等定制服务。推进社区老年人日间照料中心试点项目工作，日间照料场所要按照民政部《社区老年人日间照料中心建设标准》建设，最好设在社区老年人活动点附近，方便老年人参与活动，也方便就近托老。

（五）把发展居家养老服务的重心放到农村。目前大量农村青壮年进城务工，农村留守老人、留守儿童问题非常突出，解决农村留守老人的养老问题也成为建立社会养老服务体系的重点和难点。因此，各级政府的财政投入、政策扶持都要向农村倾斜，集中力量加快发展农村社区的养老服务。同时，要大力提倡和引导农村老年人采取全新的互助养老、幸福养老，模式，加强农村老年人协会等群众组织建设，充分发挥老年人群自我服务、自我管理、自我发展、互助养老的作用。要大力推进农村“幸福院”项目建设，岛外将建设30个，设在镇、村。它是由村民委员会主办和管理，为农村老年人提供就餐服务、生活照顾、日间休息、休闲娱乐等综合性服务。规模小一些，未来将实现全覆盖。

（六）继续推进居家养老服务信息化建设。国家发改委等12部委将我厦门市确定为信息惠民国家试点城市，厦门市应利用这一机遇，做好养老领域的信息惠民工作，建立全市统一的居家养老服务平台，建立老年人信息库，推进养老康复机构健康档案与市民健康档案信息系统资源的共享。建成后的市级养老服务信息化统一平台，将整合政府、社会、企业等各类服务资源，由用户终端、养老系统、养老服务三部分构成。同时具有如下功能优势：一是具有强大的基础数据功能。依托市级智慧养老服务中心建立老年人养老信息基础数据库，包括老年人口数量、基本信息、家庭成员情况、个人健康档案等，具有即时接收、处理老年人养老服务需求信息、求助信息，帮助挑选、对接辖区服务资源，并定期对软件进行维护升级。市、区、镇（街）、村（居）四级可根据各自权限调用，共享老年人口基本数据。二是完备的紧急救助网络。中心按照全国养老服务统一服务号码的要求，开通12349呼叫热线和网络，搭建老年人紧急呼叫救助指挥平台，与120急救中心、110救援中心等机构建立联动机制，在老年人按下手机SOS紧急救助键后，可与其亲属及120急救中心及110救援中心等机构多方通话，并及时定位老年人详细地理位置，多渠道保障老年人急救信息畅通，保护老年人生命、财产安全。三是多样化的养老服务功能。智慧养老中心将整合、对接全市各类为老服务资源，建立居家养老服务资源信息库，广泛动员服务商家加盟到居家养老服务事业中来，通过考察与鉴别，与服务质量高、服务信誉好的商家签订服务合约，并根据老年人的服务需求，组织各类服务机构（商家）开展安全保障、日间照料、生活照料、医疗保健、文化娱乐、精神慰藉等方面的服务。

（七）加快居家养老服务专业化人才队伍建设。一是要推进老年护理专业教育培训，研究厦门医高专等培训学校的护理专业设置，加快培养各类养老专业人才，计划从2015年起，利用5年时间在全市培养2300名养老护理人员，努力通过院校系统培养、上岗前的资质培训和在职岗位训练，不断提升养老服务人员的职业道德和专业素质。二是建立护理员人才激励机制，探索与完善养老护理培训补贴等政策，合理设置岗位培训补助和特岗补贴，商定行业最低工资标准，探索制定护理员职称评聘办法，并通过加强技术等级的培养认证和社会工作者专业技术职位职称制度的建立实施，不断提高养老护理人员的工资福利待遇和社会地位。三是继续开展养老护理员技能大赛，搭建护理员间的交流互动平台，提高养老服务整体水平，造就一支宏大的、专兼职与志愿服务人员相结合的养老护理服务队伍。四是探索和完善养老护理员评先表彰机制，通过开展“厦门市十佳护理员”的评选表彰等活动，扩大评选覆盖面和社会宣传力度。

（八）加强居家养老服务工作宣传。要充分运用各类媒体，充分发挥《厦门晚报·老年周报》、《海西晨报·夕阳红周刊》、厦门老龄网等老年宣传阵地的作用，策划开展居家养老服务的专题，同时加大我市对发展养老服务业措施的宣传力度，改变养老观念，培育居家养老服务的消费市场。引导更多的企业关注养老产业，拓展养老服务领域，满足老年人日益增长的各类服务需求，达到社会效益与经济效益的双赢。

宁波市老年人优待政策的调研与思考

宁波市老龄办调研组

老年人优待是政府和社会在做好公民社会保障和基本公共服务的基础上，在医、食、住、用、行、娱等方面，积极为老年人提供的各种形式的经济补贴、优先优惠和便利服务。宁波市一直高度重视老年人优待和照顾工作。2006年3月，市政府办公厅出台《宁波市优待老年人实施办法》（甬政办发〔2006〕62号），明确规定对老年人在乘车、游览、就医等多方面给予优待。2013年6月到9月，市老龄委办公室对市老龄委有关成员单位贯彻落实情况进行了总结检查，并委托第三方社会机构对各县（市、区）、各单位贯彻落实老年人优待政策情况进行了实地调查，随机访谈了约1500名老年市民，全面了解了我市以《宁波市优待老年人实施办法》为主要内容的老年人优待政策及其实施情况。

一、老年人优待政策及其实施成效

《宁波市优待老年人实施办法》出台后，各地陆续出台本辖区贯彻实施性政策文件，到2010年5月，11个县（市、区）均已出台本地优待老年人实施办法，真正实现了老年人优待政策全大市全覆盖。各地、各有关部门和单位在认真贯彻执行老年人优待办法的基础上，积极拓展、优化、完善优待政策内容，不断提高老年人优待水平，取得了初步成效。据调查组对全市38个乡镇（街道）、60个社区（村）、9个养老机构中约1500名老人的抽样调查，老年人对目前生活总体满意度达到78%。

（一）养老保障优待

1. 高龄老人生活津贴制度。2011年4月，在全省率先建立实施了高龄老人生活津贴制度，为全市80～89岁、90～99岁和100岁以上的高龄老人分别每人每月发放50元、100元和300元的生活津贴。截至2013年12月，全市每月约有17.8万多名高龄老人享受这一惠老制度，全年各级财政发放高龄津贴约1.1亿多元，平均每月发放约950万元。

2. 计划生育老年家庭奖励扶助政策。2005年，逐步推行对农村实行计划生育的农业户籍或居民户口的年满60周岁老人发放80元/人·月（2009年起提高至100元）奖励扶助金制度，鄞州、北仑、东钱湖、高新、大榭等地还实现奖扶政策城乡全覆盖。2007年，建立独生子女伤残死亡家庭扶助制度；2013年，进一步完善计划生育特殊家庭扶助政策，对实行计划生育政策后、独生子女死亡或者伤病残后未再生育（收养子女）的夫妻，如是1933年1月1日以后出生，年满60周岁后，享受城镇职工养老保险对象的特别扶助金400元/人·月，其他对象提高到800元/人·月。同时，如独生子女死亡，给予一次性补助金；如独生子女死亡后再生育，还可享受再生育补助。据统计，2005至2013年度全市共有93385人得到计划生育奖励扶助、有6028人得到特别扶助，市、县两级财政累计发放奖扶专项资金达5.4753亿元。其中2013年奖励扶助总金额为1.268亿元。

（二）医疗保障优待

1. 待遇优待：（1）基本医疗保险个人帐户月计入的比例上对退休人员的倾斜。45周岁以下的个人帐户月注入为本人缴费基数的3.7%；45周岁至退休的为本人缴费的4%；退休至70周岁的为本市上年职工月平均工资的4.5%；70周岁以上为5%。（2）基本医疗保险待遇享受上对老年人倾斜。参保人员年度内普通住院发生的医疗费，退休人员个人承担部分比职职工个人支付少5%。门诊在社区就医，退休人员个人承担8%，比在职职工支付少6%。（3）部分特殊老年群体基本医疗保险待遇给予优待。70周岁以上老年人在市属医院及各县（市）、区属医院、乡镇（街道）卫生院（社区卫生服务中心、站）看病，免收挂号费（包括急诊、复诊挂号费，不包括专家门诊挂号费及治疗费），可优先挂号、就诊、划价、配药、化验、检查、住院等；对行动不便的老年人，免费提供担架、推车和助步器等服务。享受城镇职工医保待遇的80周岁以上且行动不便的老年人按规定申请设立家庭病床后，将每周不超过3次的家庭病床巡诊费和护士上门注射服务诊疗费列入医保基金支付范围。对建国前参加革命老人等特殊贡献老年群体的门诊、住院、特殊病种医疗费中个人自负及承担部分，在享受基本医疗保险退休待遇的基础上予以减半。

(4) 退休人员住院医疗保障互助制度。2004 年起，市总工会推出退休人员住院医疗互助保障活动项目(目前仅限市辖区)。每人每年只要交一百余元（目前缴费标准为 130 元)，便能享受个人自负部分一定比例的保障金赔付。2013 年，市区有 16.3 万名退休人员参加，全年有 3.9 万人次获得互保理赔金 2110 万元。

2. 服务优待：(1) 就诊服务优待。全市二级甲等以上综合性医院开设老年病门诊，其他各级各类医疗机构积极创造条件开设老年病门诊；基层医疗机构(社区卫生服务中心、站) 应为患有慢性病或行动不便的老年人设立家庭病床，提供上门服务。70 周岁以上老年人看病可优先挂号、就诊、划价、配药、化验、检查、住院等；对行动不便的老年人，免费提供担架、推车和助步器等服务。享受城镇职工医保待遇的 80 周岁以上且行动不便的老年人按规定申请设立家庭病床后，将每周不超过 3 次的家庭病床巡诊费和护士上门注射服务诊疗费列入医保基金支付范围。目前已开设家庭病床 198 张。(2) 健康体检优待。全市建立老年人健康电子档案 99.82 万份，占户籍老人的 84%。老年人列为重点服务对象，免费体检由每两年一次改为每年一次，老年人体检经费标准 2013 年起提高至人均不低于 50 元，增加体检项目。对百岁老人定期组织巡诊，并每年至少免费体检一次。

（三）生活照护优待

1. 困难老人养老服务补贴制度。2004 年以来，8 个县（市）区出台实施了困难老人居家养老服务补贴制度。政府出资购买服务，由专兼职服务员到养老服务比较困难的老人家中提供上门服务。服务补贴对象重点针对生活自理能力较差、无子女或子女不能实施有效照顾且经济比较困难的居家老人。服务补贴对象、标准和和服务内容等，由各地根据实际情况确定，截至 2013 年底，全市城乡共有约 1.8 万名特别困难老年人享受政府购买服务政策，另有约 7 万名养老服务有一定困难的居家老人享受志愿者长期结对帮扶服务，有力保障了许多困难居家老人的基本养老生活。2012 年，建立困难老年人养老服务补贴制度。对城乡低保家庭中的失能、失智老人，政府给予养老服务补贴。补贴对象评估为重度依赖的，补贴标准与当地困难家庭重度残疾人托（安）养补助标准相同；补贴对象评估为中度依赖、轻度依赖的，补贴标准分别为当地困难家庭重度残疾人托（安）养补助标准的 80%、60%。目前，全市享受这一补贴政策的老人约 300 人。

2. 老年人家庭免费安装“一键通”电话机。为 80 岁以上高龄老人和 60 岁以上患有安全隐患性疾病、有应急求助服务需求的老人免费安装“一键通”电话机。至 2013 年底，全市安装“一键通”电话机的老年家庭 4 万余户，累计享受求助服务 26 万余人次，其中 2013 年服务 9 万余人次。

（四）文化休闲优待

1. 活动优惠。70 周岁以上老年人免费进入寺庙和政府投资主办或政府控股的公园、文化宫（馆）、图书馆、文保点、博物馆、美术馆、展览馆、纪念馆、科技馆和旅游景区（点）以及体育健身等公共场所；其他老年人享受半价优惠（其中，对市属的文保点、博物馆、纪念馆享受门票全免)。老年人在民光影城、宁波影都观看日场电影享受半价优惠。70 周岁以上老年人在全市公共图书馆办理借书证，免收工本费。

2. 节庆敬老。春节和老年节（农历重阳节）期间，各级政府和有关部门以节庆敬老惠老为主题，广泛开展各类为老年人办实事、做好事、送温暖活动，营造全民敬老良好氛围。自 1988 年起，每年把重阳节作为老人节、敬老日；自 2010 年起“扩日为月”，每年开展“敬老月”活动。

（五）政务服务优待

1. 维权服务优待。法律援助窗口为老年人开通“绿色通道”，提供“三优先”（即优先接待、优先解答、优先受理）服务，并降低老年人法律援助申请门槛。持有城市居民最低生活保障或者农村居民最低生活保障证、农村特困户救助证、农村五保供养证、在社会福利机构中由政府出资供养或者由慈善机构出资供养的材料证明，依靠政府或者单位给付抚恤金生活的证明材料的老年人，申请法律援助不受范围限制。

2. 住房保障优待。无子女或子女皆不在本市居住的 70 周岁以上老年人，如居住在国家直管公房的，可凭优待证到房管部门、物业管理部门登记，房管部门、物业管理部门将定期对其住房进行检查，并及时维修；在住房拆迁安置中，酌情优先照顾低层住房。低保和城区社会扶助的纯老年人家庭优先纳入廉租房保障范围。

3. 殡葬服务优待。2006 年的优待实施办法规定：低保老年人和享受生活补贴的建国前农村“三老”人员（农村老党员、老游击队员、老交通员）以及属于重点优抚对象的老年人去世，免普通火化炉火化费 30%。2012 年 1 月 1 日起，宁波市率先实施惠民殡葬政策，包含老年人在内的常住人口基本殡葬服务（遗体接运、停放、火化、1 年骨灰寄存、生态墓地基本建设费用）均实施免费。

（六）商业服务优待

1. 公共交通优待。全市实行70周岁以上老年人（含外埠老人）免费乘坐公共汽车的优待政策：市六区凭高龄老人公交优待IC卡免费乘坐所有公交线路（含民营）公共汽车，许多县（市）实行凭老年优待证免费乘坐。截至2011年至2013年6月，市区共办理高龄老人免费乘车公交卡127460张，免费金额达1.18亿元。同时，火车站、长途汽车站、客运码头设置老年人优先购票标志，候车（船）室及城市公交车上设置一定数量的老年人专座。

2. 通信服务优待。对持有海曙、江东、江北、镇海、北仑五区常住非农业户口的享受低保或城区社会扶助的纯老年人家庭的电信住宅固定电话，交20元月租费送10元通话费优惠（当月有效），对新装住宅固定电话减免一次性工料费50%。从2011年到2013年6月，有5422户办理享受优惠政策，累计减免一次性费用27万余元，赠送通话费32万余元。

3. 电力服务优待。对年龄均在70周岁以上的纯老年人家庭，免费进行家用电表的“一户一表”改造；对70周岁以上独居老年人，免费提供家用电表后线故障维修；对无子女或子女皆不在本市居住的70周岁以上独居老人，免费上门办理用电变更手续和交费服务手续。

4. 数字电视优待。自从宁波市有线电视网络全面数字化整转以来，对低保、低收入家庭和社会福利机构的20元/终端月基本收视维护费全免；对盲人、听力残疾人、言语残疾人、领取政府定期救济补助的特困户、领取国家定期抚恤补助金的优抚对象的用户，减半收取。

二、当前存在的主要不足与问题

（一）优待政策范围仍然偏窄

1. 区域范围偏窄。许多优待政策不是面向城乡所有老人，或不是面向全市范围。如医疗保障优待方面，主要集中在城镇职工医疗保险参保老人，对于人数更广的参保新农合或仅参加大病医疗的老年农民或城镇居民惠及不多；而2005年开始推行的计划生育老年家庭奖励扶助金制度，除了鄞州、北仑、东钱湖、高新、大榭实现城乡全覆盖外，其余地区奖励对象仅限于农业户籍人口；又如市总工会推出的退休人员住院医疗互助保障项目，以及通信服务、有线电视等方面优待政策，大多仅限市辖区范围实施，五县（市）还未开展。

2. 年龄范围偏窄。不管是医疗看病免挂号费，还是免费乘坐公交车、免费参观旅游文保景点，或是电力服务、住房保障等方面，优待政策倾斜的老年人均限定为年龄70岁以上，近些年关于降低优待年龄尤其是免费乘公交年龄的呼吁时常可闻。高龄津贴的发放对象更是限定80周岁以上。

3. 群体范围偏窄。许多政策优待老年人群限定在较小范围，如2012年建立的养老服务补贴制度，补贴对象限定为城乡低保家庭中的失能、失智老人。还有一些优待政策实施主体范围太窄，如老年人观看日场电影享受半价优惠仅限民光影城和宁波影都两家电影院，这对于一个区域面积9800多平方公里的城市而言，无异于沧海一粟。

（二）优待政策力度有待加大

1. 优待内容偏少。老年人优待政策内容仍存不少盲区，优待项目还不多，在现今实施的一些重要民生福利政策制度中，很少面向老年群体设计专门优待政策或办法，如救助保障政策，老年人享受最低生活保障等制度并没有具体的优待规定；住房保障、教育保障和就业保障等政策制度，也基本没有统一明确的老年人优待政策。尤其是随着人口老龄化、高龄化、空巢化形势的日益严峻，老龄人口的公共养老服务福利保障方面需要着重加强，相应的优待政策与举措也显得迫切而必要。

2. 优待标准偏低。现今实施的许多优待政策享受人群限定为低保、城区扶助对象的特困老人，或是70岁以上、80岁以上的高龄老人，这使得优待政策的救助色彩较浓，优待特性不显，标准水平整体偏低。比如高龄津贴仅有50元/月。

（三）优待政策落实还需强化

1. 不少优待政策没有实施到位。“老年人乘坐交通工具，凭优待证优先进站、检票、上下车（船）；在宁波栎社国际机场乘坐飞机，可以优先办理乘机手续、安检和登机”等政策，因为缺乏有效而成熟的实施条件，现实中基本没有实现。“70岁以下老年人凭优待证进入寺庙和政府投资主办或政府控股的旅游景区（点），门票享受半价优惠”这一政策并没得到全面落实，许多寺庙和公办旅游景点没有实行半价优惠。

2. 一些政策落实区域差异明显。以免费乘坐公交车为例，市辖六区实行凭高龄优待卡制度，一些县市实行凭优待证制度；一些地区农村公交也实行免费乘坐政策，而更多地区不实行。

3. 一些政策措施没有及时更新。如，根据医改“改革以药养医运行体制”安排，实行增设医疗服务费，并与挂号费用一起收费，却没有考虑70岁以上老年人挂号费减免政策的衔接，导致该项优待政策并未得到全面顺畅落实。又如，实行住房限购政策中，忽视老年人异地购房的消费需求与能力。

4. 一些优待政策已经过时淘汰。如，移动公司公益敬老卡优惠业务已停止，宁波电信老年人优惠套餐经常更新；有线电视已全面实施数字化转换，面向所有低保户实行全免月费；政府投资主办或政府控股的公园、文化宫（馆）、图书馆、文保点、博物馆、美术馆、展览馆、纪念馆、科技馆以及体育健身等公共场所，均已免费向公众开放，无需半价优惠；公共图书馆办理借书证不收工本费，无需免收。

三、加强老年人优待工作的一些思考与建议

做好老年人优待工作，是增进老年人福祉的重要举措，也是社会文明进步的重要标志。去年底，全国老龄办、国家发改委、民政部等 24 个部委联合出台《关于进一步加强老年人优待工作的意见》，要求各地应根据新修订的《中华人民共和国老年人权益保障法》的有关规定，从政务服务、卫生保健、交通出行、商业服务、文体休闲、维权服务等六方面，积极完善优待政策，拓展优待项目，进一步加强老年人优待工作，不断提升老年人优待水平和生活质量。

（一）树立老年人优待工作新理念

老年人优待工作是一项涉及老年人日常生活吃、穿、住、用、行等方方面面的系统工程，需要各部门、各行各业的参与和支持。因此，要做好老年人优待工作，必须破除局部、片面性思维，树立“大优待”工作的新理念。

1. 既要物质优待，又要精神优待。目前，包括我市在内的全国各地老年人优待政策主要集中在物质上给予老年人优待，精神上给予老年人优待的政策措施凤毛麟角。随着经济生活水平的不断提高，老年人对文化教育、健身体育、休闲旅游、精神慰藉等精神愉悦方面的优待需求日益旺盛。

2. 既要政府优待，又要社会优待。随着市场经济的发展和公民社会的成长，原来计划经济体制下政府包揽一切，凡事亲力亲为的格局已悄然变化，许多承担公共产品与服务的国有企业也快步走向市场，而各类生产和服务企业、民间社会组织或机构更是爆炸式迅猛增长，“小政府、大社会”正逐步形成。很显然，一味简单粗暴指令式的传统行政管理模式已很难奏效，单纯依靠一纸公文把老年人优待政策落实到位往往失灵。在市场经济背景下，政社共治，政府与企业机构、社会组织等民间社会力量的共同参与才是真正做好老年人优待工作的必由之路。如何保证优待政策在那些已自主经营谋生存的国有企业、以及广大提供市场产品与服务的民办企业、机构或组织中得到全面贯彻执行，成为一个新课题。比如，公交公司如何让老年人免费乘车？民营医院及景点凭什么给老年人让利？政府通过扶持引导、合作补助、协议购买等方式，调动各类公私企业、机构和社会组织的力量，将成为考量老年人优待工作成效的关键所在。

3. 既要直接优待，又要间接优待。目前各地所实施的老年人优待政策，几乎全部着眼于直接作用于老年人本身，很少考虑从间接受益于老年人的角度去设计。比如，注重适合老年人出行与活动的公共道路建设，公共为老服务设施和平台建设，便利老人的政务公共服务制度与措施，打造老年人宜居环境，积极营造全民敬老爱老助老的良好社会氛围，等。

（二）丰富和完善老年人优待政策体系

1. 构建三大政策体系。优待的受益者是老年人，优待的内容自然取决于老年人的需求。而老年人的日常养老生活需求包罗万象，涉及养老保障、养老服务、精神生活等各方面，因此，老年人优待政策也应该是一个涉及老年人养老生活各方面的综合性体系，主要包括三大方面：（1）立体式的养老保障优待体系，围绕老年人养老、医疗、住房等，从救助保障、基本保障、福利保障三个层次给予老年群体相较其他群体更加优厚的保障待遇；（2）适度普惠型的社会养老服务优待体系，围绕老年人医疗卫生服务、生活照护服务、政务公共服务（如维权服务）、日常基本生活商业服务优待（如交通出行）等，给予老年群体相较其他群体更加优厚的保障待遇；（3）安养乐养的老年宜居环境体系，围绕老年人文化休闲、体育健身、城市公共道路和公共活动场所建设、社区公共设施建设、社会舆论氛围等，给予老年群体相较其他群体更加优厚的保障待遇。

2. 着力三大提升举措。对比目前我市老年人优待政策，主要应从三方面着手丰富和完善老年人优待政策体系。（1）扩面，包含政策内容扩面和对象范围扩面。根据老年人需求和经济社会发展的实际变化，新增开发设计老年人优待政策项目，逐步扩大政策优待老年群体的范围。如结合城市地铁开通，配套出台老年人乘坐优惠优先等一揽子优待政策方案；根据家庭养老服务普遍缺位的现实，面向老年群体尤其是自理服务困难的老年群体制定优待服务政策；建立完善老年人社区健康保健优待政策。又如，随着公共交通发展逐步向农村老年人和 70 岁以下老人延伸交通出行优待政策；适时向城镇老年人扩展计划生育家庭奖励补助政策；逐步向市辖区以外的其他县（市）拓展退休人员住院医疗保障政策。（2）优化，包含删除和修改。对于不适当、已过时等不能给老年人带来优待的政策措施及时清理删除；对于现行一些不完善、不合理的老年人优待政策进行及时修正。如根据医改制度的实施，修正挂号费减免等老年人优待政策；根据公共交通资源状况和最大化效益，研究修改高峰期老年人交通出行优待政策措施。（3）提标。根据经济社会发展，适时调整提高各项老年人优待标准和水平。如调整和提高百岁老人生活津贴和医疗保障待遇水平。

（三）推进老年人优待工作制度化建设

1. 推进优待政策法制化。我市应根据24个部委《关于进一步加强老年人优待工作的意见》精神，适时修订完善我市老年人优待政策体系，并不断提升优待政策规格，启动老年人优待地方性立法前期调研，推动出台宁波市老年人优待条例或规定。

2. 推进优待实施规范化。要注重加强政策实施标准化建设。各相关部门和单位要根据老年人优待政策内容，逐个编制相应的贯彻实施办法与具体实施细则，明确具体实施规程和保障措施，保证政策实施统一规范、不走样，确保优待政策得到全面贯彻落实。尤其要大力推进全市性老年人优待政策区域之间、城乡之间"同城同待遇"的一体化进程，破除县（市）区之间的区域壁垒，规范享受条件，共享优待待遇。探索研究推动老年人优待全市"一证（卡）通"工程。如针对各地免费乘坐公交车的具体实施措施的差异与不兼容，有的凭优待证上车，有的凭高龄乘车卡上车，有的必须自费购保险，有的不需买保险，可结合市民公交卡的城市联网的推进，逐步实现一卡通。

（四）加强老年人优待工作统筹监管

1. 加强老年人优待工作宣传表彰。老年人优待工作需要政府和社会各界广泛参与，这就要求营造一个全社会积极优待老年人的社会氛围，强化政府、企事业单位和社会组织的优待老年人的自觉意识。一要靠宣传引导。二要靠表彰激励。要广泛深入宣传老年法、《老年人优待实施办法》等老年人优待政策，增强全社会老龄意识，加强孝文化建设和敬老美德教育，让优待老年人的意识深入人心。要通过开展"敬老文明号"等方式大力表彰老年人优待工作的先进和典型，探索建立老年人优待工作的长效激励机制，充分调动相关行业和单位优待老年人的积极性。

2. 加强老年人优待工作监督检查。要加强老龄委及其办事工作机构建设，强化突出其老年人优待政策统筹协调和监督检查的职能作用，加大对相关部门及单位贯彻实施优待政策情况的日常监督检查力度，建立相应的常规考核和定期通报制度，确保优待政策得到切实有效的贯彻落实。

（调研组成员：蒋志云、卢婉君、周志华、高璐）

关于将专业护理服务机构纳入长期护理保险定点管理的调研报告

青岛市社会保险事业局医疗保险处

2012年7月，我市实施长期医疗护理制度，将护理院等医疗机构纳入护理保险定点范围。我市护理服务机构特别是专门从事社区和居家护理服务的专业护理机构目前尚处于萌芽阶段，机构数量和质量均严重不足，与失能人员的巨大需求存在很大差距。因此，调查和分析我市专业护理服务机构的发展现状，培育一批规范化服务的专业护理站、护理院，并推广其服务模式，逐步在全市建立起以家庭为中心、社区为依托、机构为补充的专业医疗护理服务模式和保障体系，是积极应对老龄化形势的有效措施。

一、护理服务机构的概念

（一）护理服务机构的概念

根据《医疗机构基本标准（试行）》（卫医发〔1994〕30号）规定，护理服务机构是指由护理人员组成的，在一定社区范围内，为长期卧床患者、老人和婴幼儿、残疾人、临终患者、绝症晚期和其他需要护理服务者提供基础护理、专科护理、根据医嘱进行处置、临终护理、消毒隔离技术指导、营养指导、社区康复指导、心理咨询、卫生宣教和其他护理服务的医疗机构。

（二）护理服务机构的主要类型及基本标准

专业护理服务机构主要包括护理院和护理站。

1. 护理院：原国家卫生部在《关于印发＜护理院基本标准（2011版）＞的通知》中指出，护理院是为长期卧床患者、晚期姑息治疗患者、慢性病患者、生活不能自理的老年人以及其他需要长期护理服务的患者提供医疗护理、康复促进、临终关怀等服务的医疗机构。护理院基本要求如下。

（1）床位。住院床位总数 50 张以上。

（2）科室设置。临床科室至少设内科、康复医学科、临终关怀科。

（3）人员。至少有 1 名具有副主任医师以上专业技术职务的医师，至少有 3 名具有 5 年以上工作经验的医师。每床至少配备 0.8 名护理人员，其中，注册护士与护理员之比为 1：2～1：2.5。

（4）房屋。护理院的整体设计应当满足无障碍设计要求。病房每床净使用面积不少于 5 平方米，每床间距不少于 1 米。

（5）设备。至少配备呼叫装置、给氧装置、呼吸机、电动吸引器或吸痰装置、气垫床、心电图机、心脏除颤仪、心电监护仪、气管插管设备、呼吸器、供氧设备、抢救车等。

（6）管理。制定各项规章制度和各级各类人员岗位职责。

2. 护理站：护理站主要承担社区护理工作。社区护理是社区卫生服务的一个重要组成部分，以社区人群（主要是老人、慢性病人、妇女和儿童等）为对象，以健康为中心，以全面健康服务为宗旨。社区护理实践属于全科性质，是连续动态的过程。社区护理更着眼于满足人的需求，而非仅仅是治疗疾病。根据《医疗机构基本标准（试行）》（卫医发〔1994〕30 号）的规定，护理站的基本要求如下。

（1）人员。至少有 3 名具有护士以上职称的护士，其中有 1 名具有主管护师以上职称的护士；至少有 1 名康复治疗士；至少有 2 名护理员。

（2）房屋。建筑面积不少于 30 平方米，治疗、处置、消毒供应等活动相对隔开。

（3）设备。有业务活动所必需的护理用具及消毒灭菌设备；有三年以上治疗护理记录及文件保存条件；有必要的通讯联络设备。

（4）管理。制定各项规章制度、人员岗位责任制，有国家制定或认可的医疗护理技术操作规程，并成册可用。

（三）护理服务机构的发展方向

原国家卫生部在《关于印发 < 护理院基本标准（2011 版）> 的通知》中指出，" 大力发展护理院是深化医药卫生体制改革，进一步完善医疗服务体系的重要内容，是适应我国人口老龄化进程的必然要求，是提高医疗卫生服务连续性、协调性和整体性的重要措施。" 护理院的建设与发展对于合理分流大医院需要长期医疗护理的患者，缓解群众“看病难”问题，提高医疗卫生资源利用效率具有重要意义。与护理院相比，护理站在我国还很显陌生。目前，全国开展社区护理执业的护理站仅是个位数，但未纳入医保支付。今年六月，我市才刚刚注册了第一家真正意义上的社区护理站。

国外的社区护理已开展多年，并形成了较为科学、完善的模式。在我国，社区护理工作主要由社区卫生服务中心、社区卫生服务站的护理人员承担。由于我国目前的社区卫生工作以医疗为核心，护理工作大多从属于医疗，因此其专业性明显不足，亟待改造。

二、国外专业护理机构情况简介

在过去几十年里，发达国家根据自身条件和需求，建立了适合本国国情的社区护理体系。社区护理具有较高的独立性、自主性和综合性，并已成为这些国家促进国民健康的重要途径。各国大多由法律做保障，建立了系统和规范的社区护理机构，管理制度和管理措施严格，收费标准、服务项目明确，并形成了“医院—社区护理—家庭护理”一条龙服务，建立了“疾病护理—预防保健—生活照顾”一体的网络系统。不少国家设有社区护理专业，社区护士学历普遍为本科、硕士及以上。社区护理的服务对象多为老年人、儿童、术后恢复期病人、慢性病人、残疾人等，服务内容以慢性病干预、保健、康复护理为主。社区护士的工作不再是简单的遵医行为，具有高度的独立与自主性来决定护理对象的顺序和护理计划的措施。社区护士从业人员层次高，整体素质强。

（一）美国社区护理开展时间较长，体系相当完善

1877 年，纽约出现第一个职业家庭护士。1893 年，纽约成立了亨利街护理中心，护士们不仅家访和护理病人，同时开展预防疾病和增进健康的宣教。在美国，社区护理机构是一个独立的医疗单位，护士占 80％以上。社区健康护士一般由具有本科以上学历和临床经验丰富的注册护士承担，许多护理学院设有社区护理专业。据美国 1933 年统计，33.5％的注册护士在社区工作。

（二）德国社区护理从 20 世纪 60 年代就有了较快发展

德国在 20 世纪 90 年代初，已有约 1 万家社区护理站。约有一半护士从事社区护理工作。根据有关法律规定，执业在医院从事临床工作 5 年以上，具有丰富经验者方有资格从事社区护理工作。德国社区护理站有公立、教会、红十字等团体开办，也有私人开设。通常每 7 个护理站归 1 个总部管理，各州护理技

术监测协会定期对护理站进行考核和验收。

（三）日本的社区护理从20世纪60年代逐步走向正规、完善

社区护理机构主要由政府、民间企业和财团法人创办，也有民间组织开设的社区护理机构。各种社区护理费用均列入医疗保险或护理保险范围，老龄化社会推进了日本社区卫生事业发展。有一定临床经验的医院护士必须经过再教育才能取得社区护士执业资格。

三、青岛市专业护理服务机构的发展情况及面临的问题

青岛市机构收住式专业护理机构（主要指护理院或类似机构，即受照顾者在院接受连续不断医疗护理和生活照料）的建设，起步于上世纪90年代。2000年左右，青岛市学习荷兰等国家先进经验，引入社区卫生理念，并开始做区域社区卫生规划，逐步建立了一批社区卫生服务中心和社区卫生服务站。2006年开始，这些社区机构逐步纳入医保社区定点，承担家庭病床业务，提供上门护理。随着医保社区业务的快速发展，我市社区卫生机构的数量和质量均有较大提升。目前社区卫生中心、社区卫生站和村卫生室已覆盖全市城乡社区，主要向广大居民提供公共卫生和基本医疗服务，其中即包含一些社区护理服务内容。

（一）我市护理服务机构的形成与发展情况

在护理保险政策的扶持下，护理机构的发展驶入快车道，一定程度上满足了失能人员需求。在机构里居住的失能老人可按规定享受老年护理（简称“老护”），大多数的医保社区定点医疗机构开展了居家护理业务（简称“家护”）。从失能人员实际需求看，既需要医疗，又需要护理，其中大多数人员对护理的需求更多。因此，专业护理服务机构应是承担失能人员照料的主体。截至目前，全市老护定点机构有34家，其中以护理院命名的有8家，有370家医保定点社区医疗机构同时是定点护理机构，开展家护业务，其中有30余家医疗机构与60家未取得医保定点资质的养老机构签署了医疗护理合作协议，按“家护”模式提供医疗护理服务。

20世纪90年代初，随着我市的改革开放和国企改制，大量基层医疗机构被推向市场。其中部分基层医疗机构和养老机构在市场竞争中，选择了差别化服务的方式。一些厂企门诊部、诊所开办家庭病床，提供上门服务，或转型兴办老年护理院；一些养老机构附设医务室，为失能人员提供医疗护理服务，或专业从事临终关怀。四方红十字老年护理院、福寿乐老年护理院等就是其中的代表。他们的工作受到了社会和家庭的认可和欢迎。但由于缺乏政策支持，这些专业护理机构发展较慢，部分机构处在维持经营的困境中。2006年开始，我市社保部门鉴于老龄化城市实际，将医养结合型护理机构逐步纳入医保定点管理，并通过基本医保老年医疗护理业务，持续不断地向护理机构注入医保基金，改善了机构的生存条件，激发了机构活力，促进了机构的快速发展。2012年7月以后，随着我市长期医疗护理制度的实施，这类护理机构更呈加速发展态势。

（二）我市现有护理服务新模式

除已纳入定点的护理院外，真正的护理站类型的专业护理机构，尚未得到全面发育，难以满足城乡失能参保人的护理需求。随着老龄化社会发展的需求，近年我市不断涌出其他不同的护理服务模式。

我们现场调研了市南区某居家养老服务中心。该机构引入日本专业护理服务模式，开展社区护理服务，具有较高的专业性和规范性。营业用房使用面积约150平米，有6名护士和5名护理员，常年收住8～10名重度阿尔茨海默症病人，由经过专业培训的护理人员对其进行24小时看护和康复。该机构还为附近社区慢性病人提供家访、测血压血糖、肌肉静脉注射、管道处置和其他特殊护理操作、康复护理、压床护理及预防、辅导喂药、心理治疗、辅助洗澡、口腔清洁、辅助排泄（尿、大便）等服务。每年长期服务的病人约150人。许多病人持续接受护理服务数月至数年。该机构受到了病人和家属的欢迎。对他们的工作，我市相关管理部门和新闻媒体均给予积极肯定。但该机构仅有民政养老服务资质，并未取得医疗机构资质。机构里的护士虽然都有执业证书且护理经验非常丰富，但无法在本机构注册执业，因此无法纳入长期护理服务机构定点范围。目前，我市还有一些民营服务机构，借鉴国外经验，提供老龄专业化服务设备租赁、陪同就医和家政“呼叫”服务等专项护理和多层次生活照料类服务。

（三）专业护理服务机构发展面临的问题

我国社区护理的组织和管理基本上由地段卫生机构（基层或地段医院、社区卫生中心、社区卫生站）负责。国家卫生部门虽然颁发了有关发展社区护理的文件，但尚无具体的规章制度和实施计划。社区护理机构没有形成独立的社区护理管理体系，没有从根本上摆脱从属地位。目前，社区护理的理念还远未形成，缺乏社会认可和理解。人们对护理工作的认识还停留在单纯的技术操作以协助医生完成治疗。重临床护理，轻社区护理；重疾病护理，轻康复护理；重院内护理，轻家庭护理等现象普遍存在。社区护理基本

处于自发、无规范、无评价状态。对护士的价值，也存在偏颇理解，尤其对社区护士独立自主的护理服务持怀疑态度。护理人员绩效难以量化，也极大地挫伤了护理人员工作积极性。

目前，我市承担护理保险业务的主体仍是传统的社区医疗机构。虽然近年来从事护理保险服务的机构得到快速发展，数量和质量均有较大提升；但从总体上说，这些机构绝大多数还不是真正意义上的专业护理服务机构；特别是家护机构，全部是社区定点医疗机构，在提供家护服务的同时，还承担门诊统筹、门诊大病、双向转诊等业务。日常管理中，这些社区机构以医生为主体和重点，服务偏重于医疗，轻于护理，与大部分失能人员实际需求存在较大差距。护理队伍总体水平偏低，护理服务专业化水平不高，服务不规范。护理机构总量不足，区域分布不尽合理，一些区域照料服务机构少，基础比较薄弱，机构的数量和质量，特别是机构在专业化规范化护理方面差距很大。

四、专业护理服务机构纳入长期护理保险定点管理及相关建议

目前，护理院已按规定纳入我市长期护理保险定点。从国际经验看，社区护理站应是护理保险的主要服务载体。因此，以发展的眼光看，将社区护理站等专业护理服务机构纳入长期护理保险定点，是必然的。

（一）推动社区护理站卫生登记注册工作。人社部门应与卫生部门密切沟通，推动我市开展社区护理站登记注册工作。允许现有的社区医疗机构将其社区护理业务相对独立或剥离，设立专门的社区护理站，使护理站成为社区机构所属的独立单位，社区护理站按照自身工作特点开展社区护理执业。

（二）修订长期护理保险定点机构管理办法。人社部门应对现行护理保险定点规定进行完善，将符合条件的社区护理站纳入长期护理保险定点管理。社区护理站可作为独立的社保定点机构，依托社保一体化网络系统独立开展护理保险相关业务，并按规定结算。现有的社区定点医疗机构从事家护业务的人员要单独进行管理，以社区护理站的名义进行卫生登记注册后，纳入定点护理机构管理。社会保险经办机构对社区护理站提供的护理服务应按服务时间进行结算，以合理的价格购买适于失能人员的护理服务。

（三）引导鼓励专业护理服务机构与日间照料中心合作。通过鼓励专业护理服务机构（护理院、护理站等）与日间照料中心开展紧密合作改变目前绝大多数日间照料中心闲置的情况。有效利用日间照料中心的房屋、人员和设施设备资源，对失能、半失能老人开展社区护理和生活照护，以降低护理机构运行成本，实现服务机构、失能人员、与民政、人社等部门资（基）金等多方共赢。

（四）加强部门合作，形成政策合力。建议卫计、民政、人社、财政、发改等部门联合出台扶持政策，支持专业护理服务机构发展。坚持政府引导、社会主办、市场运作。通过孵化、扶持等措施，培育发展各类护理机构，支持其连片辐射、连锁经营、统一管理、打造品牌。建立以专业护理服务机构为主体、信息化为纽带，覆盖城乡、高效便捷的社区护理服务网络。为专业护理服务机构在卫生登记注册、医保定点时提供便利。对专业护理服务机构在房屋、用水、用电等方面，给予优惠政策。将适合社区护理的收费项目和收费标准，适时纳入护理保险支付范围。加强护士和护工队伍建设，开展社区护理系统化、规范化培训，引入先进的社区护理理念，提高社区护士实际工作技能，提高其执业水平。制定从业规范，提高待遇水平，增强护理人员的从业荣誉感和社会地位。

我市专业护理服务机构目前还缺乏系统的政策支持。加强调研，统筹协调，因势利导，大力培育发展专业护理服务机构，提早着手应对老龄化，应该成为各职能部门共同的民生工作目标。

华龄出版社

为老同志提供精神食粮是我们的责任——义不容辞

为老同志建设精神家园是我们的追求——永无止境

中国红十字会总会事业发展中心

中国红十字会总会事业发展中心主任　江丹

中国红十字会总会事业发展中心，前身是成立于2006年3月的中国红十字基金会事业发展办公室；2009年2月更名为中国红十字基金会事业发展中心。2011年5月，根据中国红十字会总会《关于申请成立中国红十字会总会事业发展中心的请示》（中红字〔2011〕30号），中央机构编制委员会办公室批复（中央编办复字〔2011〕85号），正式成立中国红十字会总会事业发展中心。

长期以来，事业发展中心以弘扬“人道、博爱、奉献”的红十字精神为宗旨，通过创办公益性实体、建立专项公益基金、开展文化交流活动等，致力于养老服务、教育助学、救助扶贫、文化宣传等公益事业。在工作中，发挥公益机构优势，调动和整合社会资源，积极探索公益性服务与市场化运作相结合的新型公益模式，得到了上级领导的充分肯定和社会各界的大力支持。

目前，事业发展中心已初步形成以曜阳老年公寓、曜阳托老所和曜阳保姆服务为主体的养老服务体系，并研究制订了“曜阳”养老标准；正组织实施面向失能老人的曜阳关爱行动；已建双语学校，践行“让每个孩子都获得成功”的“拔萃”教育理念，融入红十字文化，全面实施素质教育；力推助学计划，资助家境贫寒“红萃生”，并在贫困地区筹建公益“拔萃小学”；有效发挥已设立的仁爱基金、江上青教育基金、红十字文化发展基金三大公益基金的作用；实施好“同心·博爱”系列培训计划等，着力打造“曜阳”养老、“拔萃”教育、“博爱中国”文化三项公益品牌。

红十字事业源远流长，任重道远。中国红十字会总会事业发展中心全体同仁在总会党组的关怀和指导下，在有关方面的支持和配合下，将秉承宗旨，牢记使命，认真贯彻落实党的十八大精神，始终高举公益大旗，始终坚持改革创新，始终规范有序工作，始终抓好团队建设，扎扎实实地推进各项工作，争取为发展我国红十字事业，建设和谐美丽中国，做出应有的贡献！

曜阳养老

“曜阳养老”是事业发展中心的核心业务和重点工作，旨在秉承“心系民生、回报社会”的公益理念，在养老服务工作中发挥社会组织的作用，探索公益性服务与市场化运作相结合的新型社会养老模式。

2001年，事业发展中心开始关注和研究我国人口老龄化问题，并探索养老服务途径。2009年以后，事业发展中心先后建成了“扬州曜阳”、“北京曜阳”和“富春江曜阳”三所国际老年公寓，重点为对国家、对民族、对社会作出突出贡献的老人提供优越的养老条件，并在

十届全国政协副主席张怀西宣布福州曜阳国际老年公寓项目启动

当地开展各类公益养老活动。至2014年底，累计公益入住老人1000多人，资助失能老人1500多人。累计招募志愿者622人，开展人文关怀活动100多场；举办健康养生讲座100余场，开展义诊活动近200次，为入住老人及周边社区老人提供诊疗服务达万余人次。

2012 年，事业发展中心开始试点建设面向社区和乡镇、面向中低收入家庭、面向失能老人的“曜阳托老所”。已在北京、陕西、江西、河北、湖北、湖南、广西、黑龙江、山东和云南等 10 个省、自治区、直辖市的革命老区和特困地区，与有关机构合作共建或新建“曜阳托老所”70 家。“曜阳托老所”统一形象标识，配备专业辅助设备，培训养老护理人员，为入住老人提供全方位医疗护理和生活照料。

2013 年，事业发展中心实施了面向失能老人的“曜阳关爱行动”，以老年公寓和托老所为依托，组织护理员和志愿者将曜阳养老服务延伸到社区和家庭，为居家养老老人提供“保姆式”的生活照料、医疗护理、精神慰藉等服务，切实改善居家养老老人尤其是失能老人的生活境遇和品质。

经过多年实践和探索，曜阳养老事业已初步形成了以“曜阳老年公寓”、“曜阳托老所”和“曜阳保姆服务”为主体的曜阳养老服务体系，并相应制订了曜阳养老“建设、服务和管理”三项标准，充分体现人文关怀和医疗保障的养老特色，力求为老年人提供专业化、规范化、人性化的优质养老服务。

拔萃教育

事业发展中心发展公益教育事业，重点开展创办富有红十字教育特色的基础教育学校、实施资助贫困家庭学生学习和生活的“红苹生”计划、在贫困地区筹建公益“拔萃小学”。

1998 年和 2003 年，扬州世明双语学校和北京拔萃双语学校分别创立，校内设幼儿园部、小学部、中学部和国际部等，教学特色鲜明，办学效果显著，逐渐形成“让每个孩子都获得成功”的“拔萃”教育理念。扬州世明双语学校发展质态和教育教学质量位列扬州市区前茅；北京拔萃双语学校曾连续三年被评为“北京市朝阳区民办教育先进校”、“北京市朝阳区教学成绩先进校”。

“拔萃”教育突出红十字教育特色。两校将红十字教育纳入德育教育体系，设立校红十字会，常年坚持在校内外开展或组织师生参加募捐、义演和帮扶等公益活动。两校对家境贫寒、品学兼优的学生实施“红苹生”助学计划，截至 2014 年底， 累计资助贫困学生近 3000 人次，资助金额近 2000 万元。

2012 年，事业发展中心设立“拔萃小学”公益项目，资助老少边穷地区建设小学，目前已在湖南、安徽、江苏、青海、甘肃、云南等省筹建。此外，事业发展中心启动“正坤助学金、奖学金及奖教金资助项目”，每年资助和奖励 620 名师生。根据爱心企业的捐赠意愿，将在 2013 — 2017 年五年内资助和奖励青海省都兰县基础教育阶段家庭贫困、品学兼优学生和优秀教师 3100 人，资助金额将达 100 万元。

公益基金

发展公益事业需要公益基金作支撑。为此，事业发展中心先后设立了仁爱基金、江上青教育基金和红十字文化发展基金三项专项公益基金。

仁爱基金重点关注老少边穷贫困地区失能老人生存状况和当地医疗发展，主要资助贫困重症肌无力、脑瘫儿童、白内障、褥疮等患者。基金已援建博爱卫生院 4 所；赠送红十字远程医疗急救车 12 辆 ；组织医疗专家讲座 12 次；资助贫困患者 382 名；向乡村医生赠送近万本《新农村卫生健康手册》。事业发展中心在仁爱基金中，设立了国际合作项目“UCB 健康希望基金”。该基金先后资助举办了“同心·博爱”新疆乡村医生培训班、“同心·博爱”藏区乡村医生培训班、曜阳托老所护理员培训班和曜阳托

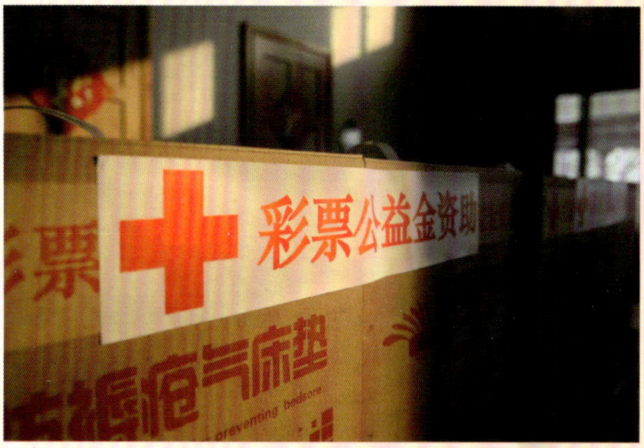

中央彩票公益金支持失能老人养老服务项目北京物资资助仪式现场

中央彩票公益金支持失能老人养老服务项目北京物资资助仪式现场

老所院长培训班，培训学员1000多人。

江上青教育基金，主要资助老少边穷地区，特别是红色革命老区的贫困学生，改善学校软硬件设施，关注青少年身心健康发展。目前，该基金已资助江苏仪征扬子学校师生440人，青海都兰县师生620名，援建了一所甘南公益拔萃小学，举办了“同心·博爱”民族地区小学校长培训班，对90名民族地区小学校长进行了系统培训。

此外，江上青教育基金与中央电视台少儿频道在黑龙江佳木斯和云南彝良分别开展了纪念毛泽东同志“向雷锋同志学习”题词50周年爱心行动，携手联想集团、北京景山学校为当地学校配置了具有远程教学平台的电教室，向留守儿童赠送了亲情手机。

红十字文化发展基金，主要通过举办“博爱中国”大型公益晚会和其他类型的红十字文化宣传公益活动，传播红十字文化，扩大红十字的社会影响，发动更多的社会力量参与公益慈善事业。

博爱文化

“博爱中国”文化是事业发展中心利用“红十字文化发展基金”重点打造的文化品牌项目，在传播红十字文化，扩大红十字社会影响，促进红十字事业发展中发挥了重要作用。

自2007年起，先后在北京、成都、梧州、扬州、苏州、德阳、南通、青岛、烟台、济南、厦门等地举办“博爱中国”大型公益晚会和其他类型的红十字文化宣传活动。很多晚会由地方卫视录播，其中，“博爱中国·走进广西”大型公益晚会在中央四套播出。公益活动中所筹善款用于特困失能老人、脑瘫儿童、重症肌无力患者等社会弱势群体开展救助工作。

感悟《道德经》咏诵会、感悟《论语》咏诵会，分别于2009年、2010年、2012年、2013年在北京、香港、巴黎成功举办，向观众们传达了《道德经》《论语》作为东方智慧之书的思想魅力和中华文明的文化魅力。事业发展中心是协办单位之一，红十字文化发展基金给予了重要支持。

未来，“博爱中国”文化活动将继续开展公益活动，筹集资金对急需帮助的弱势群体提供更多的救助，为提高红十字社会公信力，推进慈善公益事业发展，构建和谐社会做出积极贡献。

宣传工作

事业发展中心依托“一网（事业发展中心网站）、

江丹主任在济南曜阳国际老年公寓、济南槐荫区拔萃幼儿园开业典礼上致辞

一刊（《事业发展通讯》）”主要宣传阵地，全方位、多角度、深层次地弘扬红十字精神，宣传所承担工作的新举措、新经验和新业绩。

事业发展中心网站作为中心对外传播的网络平台，力图发挥互联网特性，打造成介绍中心“一老一小”工作的交流、服务和咨询平台，以数据库为基础的全国志愿者服务平台，中心接受捐赠收支公开、透明平台，从而全面提升中心品牌认知度和红十字系统公信力。

《事业发展通讯》定位于全面展示中心工作，服务中心实体单位，弘扬红十字文化。力求通过多个栏目的内容宣传，使通讯成为中心工作形象展示和公益理念传播的重要平面媒体平台。

在巩固和加强“一网、一刊”宣传平台基础上，事业发展中心还不断增进与国家重点新闻媒体人民日报、新华社、中央电视台开展广泛合作；与国家重点网络媒体人民网、新华网、中国网络电视台、中国网开展全面合作；与中国红十字报、中国红十字会网站开展密切合作，向全社会及时、准确、全面地介绍中心工作，获得了社会的广泛认可和好评。

2014 年养老工作综述

一、“关爱失能老人行动”取得重大突破

江丹主任为来自扬州大学、扬州技师学院、扬州职业大学师范学院、扬州工业职业技术学院、扬州市世明双语学校的志愿服务队授旗

2013 年事业发展中心开始实施的“关爱失能老人行动”得到中国红十字会和中央财政部的高度重视和大力支持，2014 年由中国红十字会总会申报“中央专项彩票公益金支持失能老人养老服务项目”，获批彩票公益金 1.23 亿元。中心计划用两年时间在全国资助 581 家养老机构，通过新增床位、配备设备、培训护理员和志愿者等方式，构建失能老人关爱服务体系。截至 2014 年底，已有 20 个省（自治区、直辖市）的 381 家养老机构得到资助，极大地改善了受资助养老机构失能老人护理设备，提升了养老机构的管理水平和护理技术。

二、曜阳养老体系建设进一步完善

推行社区居家养老服务。为贯彻国家“以居家养老为基础，以社区服务为依托，以机构养老为补充”的养老工作方针，扬州曜阳养老服务中心于 2014 年 5 月在扬州启动了“曜阳保姆服务”试点工作。服务依托扬州曜阳国际老年公寓、扬州曜阳康复医院，以社区为单位，通过曜阳养老网络信息平台体系，收集老人健康信息，为居家养老老人提供生活照料和医疗护理等上门服务，同时依靠健康小屋的可移动医疗检测设备，建立失能老人的健康档案。截至 2014 年底，已为 3 个试点社区的老人建立了健康档案，并为 7000 名老人开始了派单式的保姆服务。

曜阳国际老年公寓工作取得了重大的进展。2014 年，济南曜阳国际老年公寓正式落成并开始运营，银川、福州、五指山、三亚、南宁，漳州等曜阳国际老年公寓也正在积极筹建中，其中福州项目和五指山项目推进速度较快，已开工建设。中心与扬州曜阳、富春江曜阳国际老年公寓签订目标责任书，紧紧围绕如何健康有序地发展老年公寓开展工作，加强规范化科学化的管理。

曜阳养老标准化建设有序推进。为向老人提供

“曜阳关爱失能老人行动——曜阳保姆服务启动仪式”现场，经过严格选拔和系统培训的曜阳养老护理员们

专业化、规范化和人性化的养老服务，事业发展中心组织专业力量，在曜阳养老实践经验的基础上，研究制定了曜阳养老建设、管理和服务三项标准；同时，中心自己编著并正式出版了一套系统的、针对性强的养老教材，并在曜阳托老所（扬州）护理员培训班首次使用该教材；此外，为方便学员就近培训，中心依托地方高校，就近成立培训基地举办曜阳养老培训班。扬州技师学院正式作为中心的华东培训基地成功举办了两期曜阳养老培训班。

三、曜阳爱老志愿者服务取得新进展

曜阳养老服务中心志愿部联合与扬州志愿者联盟、扬州工业职业技术学院、扬州技师学院等合作，招募社会志愿者及学生志愿者 600 余名，组成了扬州志愿者联盟曜阳爱老志愿服务大队和 5 支大学生志愿者服务队，为居家养老老人特别是高龄、空巢、失能和失独老人提供读书读报、谈话谈心、表演节

目等精神慰藉服务，以及生活照料、代买代办、专业服务等形式多样的服务。志愿者小队每月都举办一次集中服务，入户为失能老人提供理发、按摩、保健、修脚、义诊、法律援助、心理咨询等专业服务;同时，在社区设立集中活动区域，针对所有老人开展宣传和志愿服务活动。

此外，在年全国法定老年节（重阳节）当天，全国近600家曜阳老年公寓、托老所等养老机构集中联动，统一活动名称、统一服务项目、统一规范管理，共同开展向高龄、空巢、失能、孤寡、贫困

曜阳爱老志愿者们在宣誓。今后，他们将成为第一批服务人员深入到扬州各个社区、深入家庭，为扬州老年人特别是失能老人提供帮助、送上温暖

老人送祝福活动；举办健康讲座、义诊送医、陪伴老人、生活服务、文艺演出等志愿服务活动，全国6000多志愿者参加活动，累计服务老人近万人。为保证志愿者的入户服务更加仔细和周全，让老人更加舒心和放心，志愿者队伍在进行了入户服务前需进行培训，并制订了志愿者管理制度及激励机制。

四、对外交流合作成效显著

为提升曜阳养老服务专业化水平，培养和造就专业化、高端化、国际化的养老护理专业人员，促进中国养老服务业与发达国家接轨，中心先后赴法国、比利时、日本等国和台湾地区，学习、考察境外先进养老经验。扬州、富春江两所老年公寓已与台湾三芝双连安养院建立姊妹院，在人员培训、高层交流和养老业务工作中加强合作。2014年，中心筹集资金与比利时鲁汶大学联合开设中欧高级养老护理人员培训班，由中心选派专业护理院校的学员到比利时免费进行培训学习，第一期培训班的12位学员圆满完成学习培训任务回国。

五、“曜阳养老”受到社会的广泛关注和普遍好评

中国红十字会总会事业发展中心主任江丹一行赴比利时考察居家养老服务工作

中国书协副主席赵长青向乡村医生和托老所赠送书画作品及3600册书籍曜阳养老工作引起了社会各界的广泛关注，得到了有关部门的充分肯定。2014年，中央党校将“曜阳养老”作为“中国养老难题如何破解”研究和教学的重要案例，组织专家、教授实地考察了江西、江苏、湖南、湖北、黑龙江和陕西等省的100多家曜阳托老所，收集了大量鲜活的一手资料。目前，课程已经在省部级和司局级领导干部培训班开讲，获得学员和党校领导的一致好评。中央党校青连斌教授在全国中文核心期刊《科学社会主义》杂志刊登调研文章《让全体人民老有所养——对中国红十字会总会曜阳养老服务体系建设的调研》。文章结合中国的养老形势，对曜阳养老服务体系做了系统的介绍和阐述，探讨了

中国书协副主席赵长青向乡村医生和托老所赠送书画作品及书籍

济南市副市长齐建中在济南曜阳国际老年公寓、济南槐荫区拔萃幼儿园开业典礼上致辞

“曜阳养老”模式的可行性。中央电视台就“曜阳关爱行动”实施情况、社会组织参与养老等专题，对事业发展中心主任江丹进行了专题访谈。此外，扬州电视台就曜阳保姆服务对中央党校青连斌教授、华山医院董竞成教授和扬州琼花观社区李华主任进行了专访，肯定了曜阳保姆服务对扬州养老事业的推动作用。

深圳市老龄工作委员会办公室

深圳市 2014 年“敬老月”活动启幕暨第二个“老年节”庆祝大会隆重召开

深圳市老龄委副主任、市民政局局长杜鹏同志致辞。

金秋时节，敬老情浓。2014 年 9 月 29 日下午，深圳市 2014 年“敬老月”活动启幕暨第二个“老年节”庆祝大会在市民中心礼堂隆重召开。这是我市“敬老月”活动的重头戏，也是全市广大老年人精神文化生活的喜事、胜事。市委副书记、市社工委主任戴北方，市人大常委会副主任蒋宇扬，市政府副秘书长朱廷峰，市民政局局长杜鹏、副巡视员郑小霞，市老领导郑良玉、邹尔康、李海东、李定、卓钦锐、王小毛等出席活动。市老龄委成员单位委员、各区老龄工作者、市民政局有关处室和下属单位有关同志，市、区老年社会组织代表、各区老年代表和部分军队离退休干部约 500 人参加。

市老龄委副主任、市民政局局长杜鹏同志首先代表市老龄委向全市广大老年朋友们致以亲切问候！向长期以来参与、关心和支持老龄工作，为老龄事业产业改革发展付出辛勤劳动的各级领导、各有关部门和社会各界朋友表示衷心感谢！

杜鹏同志在讲话中指出，“孝亲敬老”是我们中华民族的传统美德，也是构建和谐社会、践行社会主义核心价值观的重要内容。市委市政府历来高度重视老龄工作，2013 年市政府出台老龄事业产业“1+2”文件，以制度创新形成老龄事业产业的顶层设计和规划；全市养老基础设施建设也走上快车道，提前完成“十二五”养老床位规划任务；“老有所乐”“老有所学”“幸福老人计划”“银龄行动”“敬老文明号”创建等老龄工作品牌蓬勃开展；居家养老、高龄老人意外伤害及意外医疗保险、高龄老人津贴、敬老优待证、独居老人紧急呼援系统等为老服务项目建成，老年人福利和保障水平进一步提高。

杜鹏同志还指出当前老龄事业和产业发展面临难得的机遇和挑战，民政部、国家发改委正式批复同意深圳为全国养老服务业综合改革试点，民政部、全国老龄办同意深圳为全国老龄工作创新试点城市。全市各级老龄工作部门要以此为契机，加快老龄工作转型，积极推动我市老龄事业产业加快发展、创新发展。

做好老龄工作发展老龄事业是一项民心工程、绩效工程，关系到人民群众，特别是广大老年人的切身利益。杜鹏同志要求各级老龄工作者要做到使每个老人的生活都能得到很好的照料，身体都能得到很好的保健、康复，精神都能得到很好的慰藉。全社会都能够给予老人充分的尊重和友好，老人们每天都能够过得很开心、很快乐、很幸福，都能够有尊严地颐养天年。

会上，由首届全国“敬老文明号”获奖单位代表宣读主题倡议书，号召市民怀着感恩的心关心爱护老年人，积极创造条件为老年人服务，为更好地宏扬和传承传统的敬老文化，广泛动员社会力量关爱老年人。

市领导戴北方、蒋宇扬、朱廷峰同志将“银龄行动”的旗帜传递给三位老年人才代表，红旗飘扬，2014 年度“银龄行动”将再度起航！市领导还和市老领导一起为深圳“老有所为”十佳人物颁发了荣誉证书。

深圳市第二个"老年节"庆祝大会

深圳市领导和市老领导为深圳“老有所为”十佳人物颁发荣誉证书。

深圳市领导为“银龄行动”启动授旗。

青岛市老龄工作委员会

2014年7月21日，青岛市老龄办主任赵宝玲在全国老龄办主任会议上作大会发言。

2014年5月4日，青岛交运集团在第二届全国“敬老文明号”创建活动启动会上作典型发言。

2014年，青岛市老龄系统在在全国、省老龄办的指导和市委、市政府的正确领导下，围绕中心，服务大局，全面完成了年度各项工作任务。“敬老文明号”创建和老龄调研等重点工作走在了全国前列，相关经验做法在全国老龄办主任会议和第二届全国“敬老文明号”创建活动启动会上作了典型发言。市政府将65周岁以上老年人免费乘车列入市办实事之一，5月1日起在全市全面施行，享受免费乘车优惠的老年人达到90余万人。广泛开展“青岛市老龄工作调查研究深化年”活动，12篇调研报告获省老龄工作政策调研一、二、三等奖，获奖数量居全省第一；5篇分获2014年度全国老龄政策优秀成果一等奖、三等奖和优秀奖。黄岛区科协退休干部、“核武老人”魏世杰被中央宣传部和全国老龄办授予“最美老有所为人物”荣誉称号。成立了青岛市西部老年维权调解中心和老年维权岗，较好地解决了市区西部老年人维权不便的问题。联合市中级人民法院，成立了涉老案件合议庭。与市文化市场行政执法局继续联合开展量贩式KTV“老年人免费娱乐”活动，免费娱乐活动场所，由17家拓展到37家，活动时间由每月一个半天，增加到两个半天，受到老年人的欢迎。

青岛市老龄办带队深入社区检查65岁以上老年人免费乘车政策宣传工作落实情况。

2014年11月19日，黄岛区科协退休干部魏世杰（左二）被中宣部和全国老龄办授予“最美老有所为人物”称号。

太原市老龄办

太原市 2014 年敬老文明号表彰大会（一）

【太原市老龄办践行群众路线开展“六送”为老服务】2014 年，太原市老龄办把践行群众路线作为工作重点，一是上门办理老年证送便捷，深入到十县（市、区）、大型企业、社区、农村为 60 岁以上老年人免费办理老年证；二是开展保健养生讲座送健康。我办邀请营养学专家为部分社区老年人讲解养生保健知识，并发放营养健康宣传册；三是发放《中国老年》杂志送知识，市老龄办压缩办公费用，为全市养老院、老年社团、老年文艺团体订阅了《中国老年》《中国社会工作老龄》各 300 份；四是“银发安康关爱老年”送保险，全年为我市 3000 名老年人赠送了低价高保的“银发安康”意外伤害保险；五是开展慰问、志愿活动送温暖，市老龄办筹措经费在传统节日集中慰问困难老人，共发放慰问金 14 万元；六是送老年法讲座进社区，我办采取以会代训、讲座的方式积极宣传老年法。

【《中国老年》集中报道太原老龄工作】2014 年第一期，在集中采访了有关领导并实地调研了基层老龄情况后，《中国老年》围绕太原“敬老文明号”在全国创新开展的好经验和好做法，用 12 个篇幅集中报道太原老龄工作，展示了我市“大老龄工作格局”的机制优势和老龄工作成果，进一步扩大了太原老龄工作在全国的影响力。

【我市参加第二期全国居家养老状况调查】为更加全面了解全国不同地区居家养老状况，了解各类城市老人居家养老需求，由全国老龄办主办，中国老龄科学研究中心等承办的第二期全国居家养老状况调查于 8 月在包括我市的全国 12 家城市陆续展开，我市选择了 6 个城区内具有代表性、典型性的社区，共对 1200 名老年人进行了入户问卷调查，圆满完成任务。

【我市举办“夕阳情 · 中国梦”老年摄影展】10 月 20 日，由市老龄委（办）和文化局与市摄影家协会主办的太原市“夕阳情 · 中国梦”老年摄影展开幕式在太原市群众艺术馆举行。开幕式由市老龄委常务副主任郝建业主持。本次摄影展以老年人自己的视角拍摄老年人的生活，展示了现代老年人多姿多彩的幸福晚年，共收到 3600 余幅摄影作品，评选并展出一等奖作品 5 幅、二等奖 10 幅、三等奖 20 幅、优秀奖 55 幅共计 90 幅，对公众开放一周。

【我市举办“敬老文明号”表彰大会暨庆重阳文艺演出】10 月 22 日下午，我市在太原市群众艺术馆召开太原市“敬老文明号”表彰暨庆重阳文艺演出。市老龄委常务副主任郝建业，老龄委副主任赵晓颖、郭汝梅、刘新春、庞琨、常耀鸿、李瑞瑜，市委宣传部副部长、市文明办主任詹玉梅，市民政局局长任建忠，市妇联主席萧芬芬，市老龄办主任李并敏，市文明办副主任谷兰杰、市妇联副主席高燕，市老龄办副主任于兰，市群艺馆馆长常峰等出席会议；参加会议的还有市老龄委成员单位的联络员、各县（市、区）老龄办主任、大型企业离退处负责人、受表彰的“敬老文明号”单位代表、敬老助老模范个人代表、孝亲敬老好儿女代表以及新闻单位记者等。会议由太原市老龄委常务副主任郝建业主持。市委宣传部副部长、文明办主任詹玉梅宣读了“敬老文明号”表彰决定，市老龄办主任李并敏宣读了“敬老助老模范”个人、“孝亲敬老好儿女”表彰决定。受表彰的有专门为老年人提供服务的职能部门和窗口单位；有为老年人提供精神文化服务的基层为老服务组织；有视老人如父母、与老人朝夕相处的敬老院院长、主任和护理人员；有默默为老人着想、实实在在为老人办实事的社区（农村）干部，有长期悉心照料卧床患病父母长辈的好儿女、好儿媳；也有无私奉献、热情帮助老人排忧解难的企业和爱心人士。表彰大会结束后，由我市 13 个老年艺术团的老同志们为到会的嘉宾、代表和观众表演了晋剧、舞蹈、歌唱等节目。

老龄委常务副主任郝建业致开幕词

太原市 2014 年敬老文明号表彰大会（二）

老龄委办赴大寨教育基地参观学习

中国社会福利基金会老年事业基金

全国首个“安康助老站”落户四川省甘孜州石渠县石渠养老院

中国社会福利基金会老年事业基金（China Social Welfare Foundation Senior Citizens Enterprise Fund）是由中国社会福利基金会主管的全国性公募基金，专注于老年生命关怀与社会服务，老年医疗护理与康复保健、老年文化教育与人才培养三个公益领域，引导从事养老服务、医疗康复、金融保险、地产开发、生产制造、产品流通、科学研究、教育培训、文化旅游及经营管理的企事业单位、社会团体和相关专家积极参与到公益事业的行列中，构建中国专业透明的开放式公益助老平台，致力于成为中国老年事业的公益引导者、公益推动者和公益践行者。

公益愿景：引导和帮助中国老年人度过更有尊严、更有价值，更加快乐、更加健康的金色晚年。

国际老年产业博览会刘光和理事长亲临现场指导工作

国际老年产业博览会现场

中国社会福利基金会老年事业基金公益项目
安康助老工程

佛山东瑞生物科技有限公司向基金会捐赠 100 万元，用于安康助老站（佛山站）建设、运营。

珠海横琴新区知健堂生物科技有限公司向基金会捐赠 100 万元，用于安康助老站（珠海站）建设、运营。

当前，我国已进入并将长期处于人口老龄化社会，人口老龄化已经成为我国的基本国情，应对人口老龄化成为关系我国经济社会发展全局的重大战略问题。党中央、国务院历来十分重视老龄工作，关爱老年人、尊重老年人、照顾老年人是中华民族的优良传统，也是一个国家文明进步的标志。

为此，我们要弘扬中华民族尊老敬老的传统美德，大力发展老龄事业，给予老年人更多生活上的帮助和精神上的安慰，让所有老年人都能安享幸福的晚年。中国社会福利基金会老年事业基金发起的“安康助老工程”，以搭建专业、透明的开放式助老公益平台为己任，汇集全社会各界力量，旨在通过走基层、办实事，推行“敬老、爱老、助老、孝老”的中华传统美德，鼓励和引导社会力量成为推动我国养老服务业发展的主体，并为其提供政策支持、理念支持，从而构建全面、完善的养老服务体系，让更多的老年人及家庭深刻感受来自党和政府的关怀，来自社会各界的温暖。

安康助老工作站验收仪式

安康助老工作站验收仪式合影留念

中国社会福利基金会老年事业基金公益项目
关爱 1+1 圆梦计划

“关爱 1+1 圆梦计划”由中国社会福利基金会老年事业基金发起，以“中国梦”为蓝本，勾勒“老年梦”。把空巢老人、孤寡老人、失独老人、贫困老人等为重点关爱对象，联合社会上的爱心人士和企业对他们进行 1 对 1 帮扶，帮助老年人完成梦想。同时，通过对每一位圆梦老人的持续关注，让更多的社会老人拥有健康的生活方式和高品质的晚年生活，为社会传递爱的正能量。

“关爱 1+1 圆梦计划”来到陕西省蓝田县灞源镇磨岔口村小学，为磨岔口村、磨岔沟村、麻村共 16 户贫困老人和磨岔口村的留守儿童举办了一场丰富多彩的爱心捐赠活动。

“关爱 1+1 圆梦计划”的志愿者在奉节县地王广场为老人们带来了一台精彩的表演，逗乐现场的爷爷奶奶。

“关爱 1+1 圆梦计划”圆老人梦想，带着老人们来看新重庆。

“关爱 1+1 圆梦计划”来到重庆彭水县乔梓乡长寿村给老人发放棉衣、棉鞋，陪老人聊天，志愿者还给老人理发 。

“关爱 1+1 圆梦计划”志愿者招募站启动仪式。

中国社会福利基金会老年事业基金公益项目
为爱续航计划·平安云手环

为了唤起社会各界对日益严重的老年失智问题的广泛关注，帮助失智老人回家，中国社会福利基金会老年事业基金发起全国性公益项目“为爱续航计划·平安云手环”，面向全国失智老人和其他易走失老人免费发放“平安云手环”和《认知训练手册》。

这款专门定制的“平安云手环”上面印有一个专属的二维码，并且加入了微信扫描、资料建库、精准定位、隐私保密等几大功能。每个二维码都根据老人信息一对一定制，包含了老人的基本信息并关联了紧急联络人手机。只要爱心人士扫描二维码点击救助选项，后台就会收到信息并及时推送到相关紧急联络人的手机。扫描者从始至终不会接触到老人及紧急联系人的信息，同样紧急联系人也不会知道扫描者的信息。

2015年重阳节，中国社会福利基金会老年事业基金联合重庆公安局、重庆公安局九龙坡分局、宜家安软汇科技等多家单位，陆续在重庆市、重庆黔江区等多地开展了“平安云手环”的发放活动。

“平安云手环”申领办法：

（1）可通过关注“中国福基会老年事业基金”微信公众号（laonianshiye），点击导航栏公益项目－平安云手环，索取《信息登记表》进行申领；

（2）可通过来电或邮件，索取《信息登记表》进行申领，
电　　话：010-64605099
电子邮箱：ngo2012@sina.com；

（3）北京地区：可到朝阳区左家庄15号院1号楼310室，现场填写《信息登记表》进行申领；

（4）重庆地区：可以在“和平大药房”全市各门店，现场填写《信息登记表》进行申领；

（5）其他地区申领地点正在陆续补充、筹建中。

微信号：laonianshiye

对老人尽一份孝心　给社会添一份和谐

中国社会福利基金会“中国社区服务暖心工程”已成功运行四年

“中国社区服务暖心工程”是中国社会福利基金会社区发展基金品牌项目，在民政部基层政权和社区建设司的指导和支持下，在全国建立社区服务站，为在城乡社区中生活的三无、高龄、空巢等老人，提供现金资助、物资资助和丰富多样的社区养老服务，并为全体社区居民开展各类丰富多彩的便民服务和文体娱乐服务等，自2013年开始连续三年被选为中央财政支持社会组织示范项目，并获得每年100万元的中央财政资金支持。

开展4年多来，已在全国88个城市，200多个社区，为60000多老人提供了社区养老服务，项目资金累计达到1139.5583万元，其中，中央财政资金295万元，社会资金844.1583万元。

暖心工程模式图

“暖心工程”依托中央政策支持，充分发挥全国公募基金作用，搭建了一个政府、社会组织、社区、爱心企业和爱心人士的良性互动平台。参与各方在各自的角色中都发挥着积极作用，逐步形成了“变输血为造血”的创新模式。

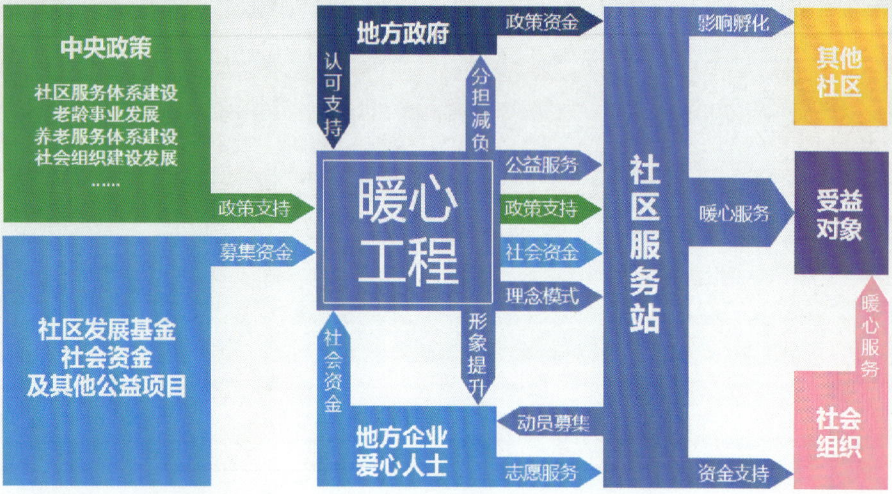

“暖心工程”获得全社会的普遍好评

“暖心工程”在民政部和各地方政府的大力支持下，经过4年的发展，形成了“政府资金引导、社会力量共建”的创新公益模式，暖心工程社区服务站提供的服务，获得了受益老年人的认可；并通过积极倡导企业在社区履行社会责任，让服务站“变输血为造血”，为各地社区居家养老服务提供了“成本小、见效快”的创新模式，有效推动养老服务业发展，获得各级领导的充分肯定，和新华社、人民日报等知名媒体的关注和报道。

关爱空巢老人千万计划

“关爱空巢老人千万计划”是由幸福9号捐资，与中国社会福利基金社会发展基金共同设立的公益项目，旨在号召全社会关爱城乡社区生活的空巢老人，通过开展健康咨询、义诊体检、精神慰藉、照护、文娱活动等一系列公益活动，让更多老年人的晚年生活更加和谐美满，过上幸福的晚年生活。

2013年10月 幸福9号向中国社会福利基金会捐款1000万元设立项目
2014年01月 向山东省茌平县韩屯镇156名空巢老人发放慰问金
2014年04月 向上海市普陀区真如镇社区共建生活服务中心支持45万元人民币
2014年11月 在上海浦东新区向5000名老年人次提供志愿服务
2014年11月 上海时间银行正式启动全国志愿者关爱空巢老人服务
2015年05月 关爱空巢老人千万计划中国行启动仪式在上海举办
2015年06月 关爱空巢老人千万计划中国行衢州城市站开展大型关爱活动
2015年07月 关爱空巢老人千万计划中国行大庆城市站开展大型关爱活动

上海时间银行用心温暖千万老人

上海时间银行于2014年10月正式成立，这是一家以邻里互助、关爱老人为目的，以时间币为媒介的互助公益银行。以时间银行这一创新的O2O互助公益模式，号召年轻人、中老年人以及身体健康的有公益心、乐于助人的老人利用闲暇时间为空巢老人提供力所能及的照顾服务。

幸福9号

幸福九号 幸福就好

幸福9号打造全球孝养老人最多的机构

幸福9号通过搭建老人乐园、居家养老服务店和网上商城3大平台，为老年人提供线上线下服务，不仅让他们可以获得物美价廉的商品，而且在精神上可以满足他们多重需求，促进老年人新的活力和生命力，大大提高晚年生活品质。

对老人尽一份孝心 给社会添一份和谐

凝智聚力 改革创新 迎接发展春天

——中国社会福利协会2014年工作回顾

2014年在民政部党组和主管部长的关怀指导下，在刘光和会长的率领下，中国社会福利协会领导班子组织带领全体工作人员，积极配合业务主管司局推进养老服务业改革创新的工作部署，以深化改革统揽全局、谋划发展，拓展业务领域，加强科学管理，促进能力提升，树立品牌形象，在社会福利事业建设中发挥了重要作用。

一、配合主管部门，推进养老服务业标准化建设。

配合民政部社会福利和慈善事业促进司、全国社会福利服务标准化技术委员会，认真履行协会行业组织的行业管理职能，建立社会福利服务领域的标准化工作机制，在养老服务标准化建设方面迈出了新步伐。

一是将已研发完成的《养老服务业标准化建设规划（2013-2017年）》《养老服务业标准体系研究》呈报上级主管部门。相关成果为民政部等五部委2014年1月正式印发的《关于加强养老服务标准化工作的指导意见》提供了重要的研究成果和文献支持。

二是认真贯彻国家五部委《关于加强养老服务标准化工作的指导意见》中关于“抓好养老服务标准”的贯彻实施。要积极探索标准宣传贯彻的新途径和新方法”的精神，全力推进协会承担的科技部“国家社会养老服务标准化体系建设及标准研究”课题成果的试点示范和宣贯工作。

2014年下半年，协会组成养老服务标准化评估专家组，赴全国15个省（市）实地考察养老服务机构标准化建设现状，研究制定了《养老服务机构标准化建设试点单位实施方案》，经专家评估初步选择了24家试点单位，先后召开了四次养老服务机构标准化试点单位建设培训会，从设施建设、设备配置、人员配置、服务提供、制度建设及质量管理五个方面对试点机构进行培训。并组织试点单位对已发布的国家标准《养老机构基本规范》，行业标准《老年人能力评估》《养老机构安全管理》进行实地应用测试。这项工作的有效推进，为国家已出台文件的贯彻实施和项目研发成果的示范应用提供了实证，也为地方养老服务机构标准化建设发挥了重要的引领作用。

三是完成了协会承担的科技部“十二五科技支撑计划”——“国家社会养老综合信息服务平台建设研究及应用示范工程”项目第二课题“国家社会养老服务标准化体系建设及标准研究”的课题约定内容。2014年，与全国社会福利服务标准化技术委员会秘书处密切合作，组织各标准编写组在广泛调研的基础上多次召开标准编写推进会，形成了国家标准《养老机构分类与命名》《社区居家养老服务基本规范》《养老机构等级划分与评定》《居家养老服务信息平台基本要求》和《养老机构服务标准体系建设指南》，行业标准《养老机构设施设备配置要求》的征求意见稿；以上各标准已正式立项，将尽快形成送审稿上报。

二、创新模式，拓宽服务领域。

（一）推进科研成果转化，为行业发展提供智力支撑

2014 年，协会积极推动 2013 年研发完成的“养老服务体系建设应用型科研项目”成果转化工作，以“养老服务与管理十大模式研究”成果为基础，组织开展了养老服务领域职业技能培训系列教材研发工作。上半年完成了《养老服务机构院长实务培训》《老年康复训练师实务培训》《老年护理师实务培训》（高级）、《老年营养师实务培训》《老年健康管理师实务培训》《老年居家照护员》（护理篇）、《老年居家照护员》（生活照料篇）、《失智老人专业照护——护理人员实务培训》《老年康复辅助器具师实务培训》等 11 本教材的研发，以“养老服务指导丛书”为载体，在“第三届中国国际养老服务业博览会”正式发行推广；下半年又着手组织研发《养老机构院长实务培训》《养老服务机构人力资源管理师实务培训》《老年中医保健师》《老年心理咨询师》《失智老人专业照护——养老机构管理者实务培训》等六本教材，拟在 2015 年“第四届中国国际养老服务业博览会”前正式出版。

（二）维护和创立品牌，提高服务效益

一是“国际养老服务业博览会”品牌效应继续提升。2014 年 5 月，协会配合政府部门成功举办了第三届中国国际养老服务业博览会和第三届中国养老服务业发展论坛，成为全国养老服务领域理念创新、实践创新、产品创新的品牌博览会。

“第三届中国国际养老服务业博览会”继续秉承“感恩·关爱·服务·发展”的宗旨，有来自美国、法国、芬兰、澳大利亚、日本、中国香港等 12 个国家和地区，以及国内 28 个省市区 300 余家专业单位参展，与第二届博览会相比，参展单位增长了 50%，参展人数近 5 万人次，专业观众比上一届增长了 150%。新华社、中央电视台、《人民日报》等 50 余家主流媒体和网络多角度、深层次进行报道，在全社会引起了广泛影响。

第三届博览会同期举办的主论坛——中国养老服务业发展论坛及各类主题研讨会，从宏观视角积极探讨政府部门对养老服务制度建设、政策创新的最新成果，得到了参会嘉宾及观众的高度赞誉。

二是“养老服务人才培训”品牌内涵更加丰富。2014 年上半年，协会圆满完成了 2013 年跨年度养老服务培训任务；下半年积极参与民政部彩票公益金专项支持人才培训项目的招投标，认真组织实施“养老服务机构院长远程培训班”“养老服务核心技术人员实务培训”“养老服务初级、中级护理员远程培训”项目。

首先，协会首次推出新研发的养老服务核心技术人员职业培训系列教材，与各教材研发合作单位建立了合作培训模式，通过整合各系统教学资源创新培训手段，组织实施了“全国老年居家照护员（专业护理）实务培训班”“全国老年康复训练师实务培训班”“全国老年健康管理师实务培训班”“全国老年营养师实务培训班”等八个核心技术人员实务培训班。培训形式新颖，全体学员学习积极性高涨，考试成绩优良。

其次，充分运用高科技手段开展培训。协会首次推出了彩票公益金支持研发的养老服务远程培训平台、养老服务机构院长远程培训课程、初中高级护理员远程培训课程，创新培训手段，与全国十二个省（市）的社会福利协会、养老服务协会、标准化试点单位签订合作协议，共同建立养老服务实训基地，共同组织远程培训项目。

（三）加强国际合作，为促进养老事业发展助力

2014 年，协会以第三届中国国际养老服务业博览会为交流平台，进一步拓展了协会与国际社会福利服务组织及企业的交流合作。博览会期间，协会与美国伊利诺伊州州政府老人部、美国南加州大学签订了战略合作框架协议。协会成立 5 年来，以“诚信、合作、互惠、共享”为宗旨，积极拓展国际合作，赢得了国际组织和企业的认可，为引进国外的智力、资金和品牌资源参与中国养老服务业发展做出了积极努力。

（四）加强福利文化建设，融合力量促和谐

一是由《福利中国》编辑部倡议，中国社会报社、中国老年报社共同参与发起的“福利文化进万家”公益活动进展良好。活动 5 月份启动以来共有 31 家社会企业积极参与，为 3000 家养老服务机构送去培训教材 3000 套共 33000 册，送去报刊、杂志 1400 套，活动收到了良好效果。

二是协会官网改版扩容，充分发挥了宣传协会、服务行业的窗口作用。2014 年协会官网在年初改版升级，在中英文双语网站的基础上，2014 年 3 月，与协会官网联动的新版中国国际养老服务业博览会官方网站——中国养老服务网正式上线运行；2014 年 11 月 1 日，养老服务英才网正式上线运行。三大网站相互联动，及时发布社会福利服务领域的动态信息，内容丰富、时效性强，针对养老服务业服务功能提升，点击率比去年大幅度增长。

河南省老龄产业协会

2014 年河南省老龄产业协会会员年会优秀养老机构工作者合影留念

河南省老龄产业协会是由从事老龄产业的养老服务、医疗康复、金融保险、生产制造、产品流通、科研教学、护理培训、文化旅游、经营管理、老年地产等企事业单位、社会团体和相关行业的专家自愿组成的全省性、行业性的非营利性社会组织。2013 年 6 月 28 日由河南省民政厅老龄工作处倡议、省内多家养老机构、老年用品生产企业和金融保险机构共同发起成立，会址设在郑州，2014 年 3 月正式运转。协会接受河南省民政厅的业务指导和监督管理。

协会聘请 30 多位省内养老行业的专家、学者组成顾问团；常设办公机构为秘书处（设综合办公室、宣传策划部、会员发展部、信息化工作部和国际交流部）。共有 12 个专业委员会：机构养老专业委员会、社区养老服务专业委员会、宜居养生专业委员会、培训咨询评估专业委员会、养老服务标准化专业委员会、老年旅游专业委员会、会展工作专业委员会、老年文化交流暨殡葬文化专业委员会、法律工作专业委员会、老年用品服务专业委员会、异地互动养老专业委员会、金融保险专业委员会。现有会员单位 478 家。

2014 年，协会先后与省民政厅、老龄委、省电视台成功举办了“老年舞蹈大赛”和“万人扶老签名”活动、第五届河南“十大敬老楷模”表彰活动；筹备成立了河南省老龄产业投资公司；承办了河南省现代服务业大会养老服务业招商洽谈活动、河南省专项资金扶持养老服务业项目评审活动和第四届中国（郑州）国际老龄博览会。

协会以“发展老龄产业、服务老年事业”为主线，以“使老龄产业成为国民经济增长和社会发展的新生力量，成为政府财政收入的支柱产业之一”为目标，重点推动我省“医养结合养老服务体系、异地互动养老联盟、老年公园公共活动场所体系、规模化连锁化养老服务机构和生态养老体系”建设，逐步形成完善的产业链，努力把协会打造成依靠政府但不依赖政府、具备一定的造血能力、引领我省老龄产业健康发展的社会组织。

协会官方网站：www.hnpsia.org.cn
办公电话（传真）：0371-86587167
地址：郑州市郑东新区正光路 22 号 B 座 14F

承办第五届“河南十大敬老楷模”颁奖晚会

举办第四届中国（郑州）国际老龄产业博览会

承办河南省现代服务业大会养老服务业招商洽谈活动

邀请日本养老服务业专家授课

江苏省福利彩票发行中心

爱心敬老进社区 江苏福彩送礼添福气

江苏“福彩进社区”爱心敬老活动是江苏福彩重点打造的品牌化公益项目，是为了改善全省养老机构服务设施和提高养老机构老年人生活水平的爱心工程。活动自2008年组织实施以来，已连续开展了七年，累计投入福彩公益金3216万元，为全省近500所养老服务机构添置生活设施，8万老年人从中获益，得到社会各界广泛赞誉。2015年，江苏“福彩进社区”爱心敬老活动加大投入力度，省本级公益金投入500万元，省市县三级联动，按照不同敬老院老人的需求，各市县加大力度投入使用配套公益金，定制各类物资，全省223所养老机构获益，受到老人们的欢迎。

全省各地的“福彩进社区”爱心敬老活动在春节前后陆续开展。常州市福彩中心走进新北区三井街道府田社区，为社区的老人发放了帽子、围巾、手套、耳罩各200个，价值2万多元。与此同时，常州市福彩中心还邀请了市德安医院的医生、护士现场为老人们测量血压等，希望他们以一个健康的身体迎接新年的到来。苏州市福彩中心投入100万元公益金，向姑苏区、高新区、工业园区、吴中区和相城区90周岁以上老人每人赠送一双健步鞋，让老人舒适行走，改善和提高老年人的生活质量。连云港福彩中心为市区7家敬老院（养老中心）送去了价值30万元的物资，让五保老人度过一个温暖、欢乐的春节。淮安市福彩中心对全市279名99周岁以上老人进行慰问。南通福彩中心投入公益金50万元，为30余家社区、养老机构和其他福利机构困难老人购买生活电器、生活用品、健身器材和食品等爱心物资。

“博爱·南京福彩”是一项助老系列活动，走进南京各个社区广场，为老年人提供了家政、情感、保健等咨询，并推出推拿、按摩、修脚等体验服务。他们在关注老年人物质生活水平提升的同时，更加注重他们的精神文化生活。此项活动正受到越来越多的人关注，南京福彩也将助老活动继续开展下去，服务更多的老年人。

博爱南京福彩助老活动现场

苏州敬老活动

扬州敬老活动

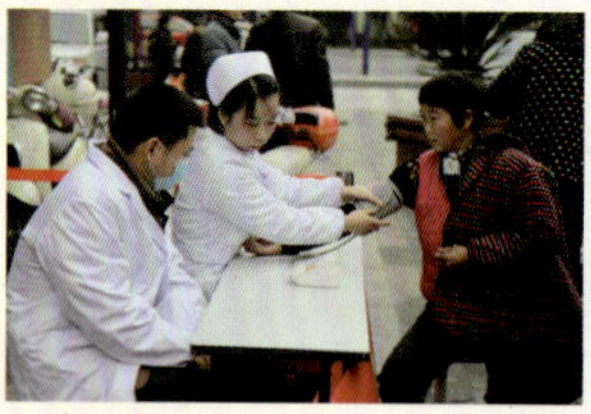

常州福彩爱心敬老进社区活动

苏州敬老活动

南通福彩进社区活动

深圳市老龄服务事业产业联合会

感怀生命，善待老年

深老联一周年生日晚会官方网站、微信平台启动仪式

第三届中国国际养老服务业博览会，民政部社会福利和慈善事业促进司王素英副司长莅临深圳展馆指导工作。

深老联第一届第二次会员大会现场

万条福袋献爱心慰问老人活动现场

深圳市老龄服务事业产业联合会（以下简称“深老联”）成立于2013年12月12日，是由从事老龄服务事业和产业的企事业单位、社会团体和有关行业的专家自愿组成的全市性、行业性的非营利性社会组织。

2014年是深老联发展的开端之年。一年来，我会积极发展会员、广泛开展会务交流；建立工作机制、打造有力团队，不断完善内部管理；制作宣传片、创办官方网站、开通微信公众平台，打造会员宣传大平台；探索消费养老、以商养会；组织会员单位参加了北京、西安、广州等地的老博会、深圳慈展会，参观了2014大连老博会，通过展会，展示了深老联以及会员单位的风采，为会员单位的发展拓宽了道路；协调发动深圳市老龄事业发展基金会、深圳市弘法寺慈善功德基金会、深圳市澳亚视传媒集团、深圳市慈善会·置富关爱基金等爱心企业与团体，先后开展了“迎新春·送吉祥”“情系夕阳，关爱老人”“万条福袋献爱心”等多场慰问活动，为老人送去了慰问和关怀，受到好评。

光阴流转，春秋一度。2014年12月12日，我会召开了第一届第二次会员大会和一周年晚会，通过了相关工作报告、新增了会员、修改了章程、表彰了先进、增选了领导班子，会议成果喜人。承前启后，深老联将在深圳市民政局的领导下、在新的领导班子的统筹下，以“感怀生命，善待老年”为使命，继续前行，努力推动深圳老龄服务事业产业不断向前发展。

培养养老服务人才的“摇篮”
钟山职业技术学院涉老专业群特色素描

首届护理专业女护士英姿

凭借钟山职业技术学院“老年服务人力资源开发园区”项目的声誉与资源，该学院的涉老专业群已经愈做愈强。

专业群设置紧贴社会需求

比全国早13年进入老龄社会的江苏省，人口老龄化程度仍在迅速攀升。如何应对老龄化、满足日益增长的养老服务需求？全省各级政府、各行各业的有识之士，都在寻求对策。

据了解，目前江苏省已建成各类养老服务机构近3000家。2014年底，全省共有各类养老床位42.8万张。这些养老机构面对的老龄人口中，有相当一部分是失能或半失能老人，还有80岁以上、大都体弱多病的高龄老人。

全省那么多养老机构、那么多养老床位，要照护那么多各式各样的老人，目前社会上最紧缺的是高素质技能型老年服务与管理方面的人才。

就是在这样的大背景下，钟山职业技术学院于2010年就开办了老年服务与管理专业；第二年又新开了社区康复、社区管理与服务专业；紧接着学院又经省教育厅和卫生厅批准，开办了康复治疗技术、护理等涉医专业，开创了江苏省民办高职院校开设医学类专业的先河。2015年又新增3个专业：营养与配餐、医疗保险、心理咨询。

养老行业专家提出，“医养结合”是养老服务业发展的必经之路。钟山职业技术学院之所以开设那么多涉老、涉医专业，目的是打造涉老专业的集群优势，在培养“医养结合”的复合型人才方面占得先机。

学校优质资源支撑专业建设

钟山职业技术学院的“老年服务人力资源开发园区”，是集人才培养、养老服务、医疗服务、社会培训、老龄研究五位一体的项目。

其中，与江苏省老龄事业发展基金会合作举办的钟山颐养园，与江苏省人民医院合作举办的钟山老年康复医院，都是高品质的学生实习实训基地及社会服务机构。

学院自建6700 ㎡的钟山老年服务人才培训中心，包括十大功能区，为涉老专业群学生的实习实训提供了良好条件，并已成为国家、省、市的老龄工作、养老服务培训基地。

设立的“钟山老龄事业发展研究院”，则为涉老专业群教学科研课题研究、教材编写等提供帮助。

校外正式签订合作协议的实习实训基地28家，为学生提供最佳的实习平台和就业渠道。

涉老专业群现有一支高水平的兼职教师队伍。其中有以国际物理医学与康复医学学会主席、江苏省人民医院康复医学中心主任励建安教授为首的国内康复医学及临床医学顶级团队，有养老行业的行家里手，还有南京医科大学、南京中医药大学、南京市中西医结合医院经验丰富的医生护士。他们指导专业建设，同时担纲专业课程教学、临床实习指导等。

已经取得令人瞩目的办学成果

以老年服务与管理专业领衔的涉老专业群，培养的学生比较“抢手”：2013届、2014届毕业生就业率分别为98.90%、100%。2014年10月，涉老专业群组织毕业学生实习就业双选会，这届学生一共毕业124人，却有60家养老机构上门“抢”人才。涉老专业群中涌现出一批就业创业典型。

涉老专业群学生组队，连续4届参加全国职业

建行养老金融服务
忠于所托 为民养老
中国建设银行
China Construction Bank

平安养老险助推养老资产保值增值

2014 年 11 月，平安养老保险股份有限公司在北京召开“千亿年金及投资产品创新汇报会”。图为平安养老董事长兼 CEO 杜永茂致辞。

中国人口的老龄化问题近年来呈现加速发展的趋势，在未来的十几年，我国将比世界上任何一个国家“老”得更快，老龄人口的绝对数量也居世界之首，解决养老问题需要多方力量参与。这其中就包括政府推动、企业推动、以及个人养老认识的提升。

近年来，在国家诸多利好政策的推动下，平安养老保险股份有限公司（以下简称“平安养老险”）肩负着改善民生保障的行业使命，助推健康和养老保障事业的发展。如《国务院关于加快发展现代保险服务业的若干意见》和《关于加快发展商业健康保险的若干意见》等政策相继出台，是国家着眼于经济社会发展全局，对保险业的一次顶层设计和全新定位，并对养老、健康医疗、资产管理等领域给予重要篇幅，浓墨重彩地勾画了未来的发展方向。平安养老险作为在上述领域的开拓者和耕耘者，迎合时代发展需要，从自身做起，履行民生福利保障参与者的角色，致力于成为中国领先的养老资产管理机构和领先的医保、民生福利保障服务商。

其中，养老资产管理，对于养老金的保值增值，起到至关重要的作用。平安养老险一直以来遵循“稳中求进、赢在持续”的投资理念，连续多年取得稳健的、好于市场的投资业绩。2014 年，平安养老险整体投资收益率大幅超越业绩基准，由此平安养老险已成为连续三年超越基准的六家

2014年5月，平安养老保险股份有限公司在北京召开以“稳中求进、赢在持续”为主题的“2014年平安养老年金投资论坛”在北京召开。图为平安养老董事长兼CEO杜永茂致辞。

投管人之一，彰显稳健投资的风格。

平安养老险拥有国内最全面的养老金产品线，包括货币、固定收益、混合、股票、优先股和信托型养老金产品，并在非年金领域发行了定期封闭式产品、货币、股票、新股申购、FOF、定增和MOM等产品类型。

优秀投资业绩得益于投资管理人对企业年金基金投资理念的深刻认识。作为市场上最大规模的企业年金基金投资管理人，平安养老险以获取超越市场的长期优秀业绩为目标，积极优化资产配置，强化投研团队、投资平台、运营风控平台建设。

在首届“沪上十大金融家”杜永茂董事长和投资总监王承炜的带领下，平安养老险建立了一支专业的百人投资团队，其中中高级投研人员占比达到50%。去年，公司凭借强大的综合实力，获颁“受托管理保险资金”和“基础设施债权投资计划创设能力”两大牌照，进一步拓展了平安养老险资产管理业务的发展空间，公司的资产整合与创新能力不断增强。此外，平安养老险搭建的投资运营风控平台是业内少有的全面自主开发的投资运营风控平台，该系统以先进运营管理理念和全面智能化风险管理体系为基础，采用业内最成熟稳定的系统框架，有力提升了公司投资运营风控管理能力，为资产安全和保值增值保驾护航。专业的投资团队、稳健的投资能力、强大的管理平台、养老行业综合实力第一的物质基础将支持平安养老险投资业绩长期向好。

平安养老险矢志成为“中国领先的养老资产管理机构”，随着投资规模扩大与投资能力的不断提升，我们将以更加优异的投资业绩与服务回报广大客户。

中国人寿老龄保险业务健康快速发展

2015 年 11 月，“安徽国寿”杯第四届老年人运动会开幕

近年来，在全国老龄委的大力支持下，中国人寿与各地老龄办密切协作，联合推广开展老年意外伤害保险项目并取得良好效果。2014 年，中国人寿老龄保险业务保费收入突破 4 亿元，2015 年上半年，全系统保费收入达 3.9 亿，老龄保险业务实现了健康快速发展。

2014 年 6 月 18 日，中国人寿与全国老龄委在北京联合召开老龄意外伤害保险工作交流会，双方既交流了经验又统一了思想，为促进老龄保险业务的深入开展奠定了基础。同时，中国人寿各级分公司积极行动，为老年人赠送保险、提供免费健康咨询，通过开展专项调研，组织业务研讨会、开展文化主题宣传活动、举办老年人才艺大赛等活动，打造了“安康关爱行动”“银龄安康活动”等一系列优质品牌活动，倡导敬老爱老的良好风尚。

中国人寿作为新中国成立后经营时间长、网点分布广、行业领先的国有控股寿险公司，始终把勇担社会责任，热心社会公益作为公司发展的重要部分。中国人寿表示，未来将继续致力于老年保险专项工作的开展，进一步做好老年人保险保障工作，发挥专业经营特长，提供高效优质服务，为全国老年人的身心健康提供有力保障，共同开创敬老爱老的社会文明新风尚。

中国人寿陕西省分公司与陕西老龄办签署战略合作协议

中国人寿山西分公司向 1000 名老龄巡视员捐赠意外伤害险

2014 年 6 月 18 日，中国人寿与全国老龄委在北京联合召开老龄意外伤害保险工作交流会，全国老龄委办公室副主任鲍学全出席会议并作重要讲话

2013 年 8 月 2 日，中国人寿保险股份有限公司河北省分公司为阜平县全县 60 岁以上老年人及优抚对象（共计 31113 位老年人）承保了老年人意外伤害保险

智能养老扬帆起航

华龄智能养老产业发展中心

华龄智能养老产业发展中心（以下简称“华龄中心”）成立于2013年11月8日，是民政部批准直接登记的全国性公益组织，业务主管单位为全国老龄工作委员会办公室。华龄中心总部设在北京。

华龄中心的使命：智能化养老理念的倡导者，智能化养老实践的探索者，智能化养老产业的奠基者。

华龄中心的宗旨：为老龄智能科技研究服务，推进中国涉老智能科技产品设备的研发研制；为老龄智能科技企业服务，促进中国涉老智能科技产品在老龄服务领域推广应用；为老龄智能科技产业服务，推动中国老龄智能产业健康可持续发展。

全国老龄委办公室批准，华龄中心统筹推进的智能化养老项目有全国智能化养老实验基地、全国智能化养老实验区、全国智能养老产业园、全国老龄大健康产业园、华龄健康365工程等。其中，全国智能化养老实验基地，由一个智能化管理平台、四大服务功能区和六大智能化系统构成，为自理、半自理和失能老人提供生活照护、康复护理和文体娱乐服务，为我国智能化养老产业发展提供引领和示范。一个智能化管理平台：运用物联网、云计算和大数据技术，构建一个承载基地运营服务的智能化管理平台。四大服务功能区：宜居区（适合生活自理的老年人和其他人群）、介助区（适合丧失部分生活自理能力的老年人）、介护区（适合丧失生活自理能力的老年人）、配套区（为老年人提供生活、健康、教育、文化等服务）。六大智能化系统包括：建筑设施智能化系统、社区管理智能化系统、健康管理智能化系统、康复照护智能化系统、生活服务智能化系统、文化服务智能化系统。

华龄中心在智能养老领域取得了丰硕成果。建立了中国智能养老网（www.cncahl.com），成为传播智能养老产业的重要平台；出版了我国首部智能养老研究专著《智能养老》，成为行业发展的理论标杆；发布了《全国智能化养老实验基地规划建设的基本要求》和《全国智能化养老实验基地智能化系统技术导则》两个标准，填补了行业空白；编撰了《中国智能养老产业发展报告蓝皮书》，开创了中国智能养老产业研究评估的先河；连续成功举办了四届全国智能化养老战略研讨会，成为了业内学术沟通、产业交流、资源共享、项目推介的重要平台。

未来，华龄中心将继续专注于推动智能养老产业发展，全面实现“互联网+养老”产业发展模式。

2013年，第二届全国智能化养老战略研讨会在江苏常熟召开，第九、十届全国人大常委会副委员长蒋正华，国务院发展研究中心副主任张来明出席并讲话。

2014年，第三届全国智能化养老战略研讨会在重庆召开。第九、十届全国人大常委会副委员长蒋正华，国务院发展研究中心副主任张来明出席并讲话。

2015年，第四届全国智能化养老战略研讨会在福州召开。第九、十届全国人大常委会副委员长蒋正华，全国老龄办常务副主任王建军出席并致辞。

2014 年 4 月 16 日，第九、十届全国大人常委会副委员长蒋正华一行到北京市四季青敬老院，实地考察华龄健康 365 工程项目——全国老年健康智能管理云平台的运行情况。

第九、十届全国人大常委会副委员长蒋正华，全国老龄办常务副主任王建军参观智能养老产业展览会。

2014 年 10 月 15 日到 22 日，全国老龄办副主任、华龄中心理事长朱勇率团赴日考察，与日本早稻田大学联合举办“中日高龄社会 ICT 对策会议”，并根据项目的实施可能性签署备忘录。

2015 年 11 月 15 日，位于怀柔区庙城镇的全国首个智能化养老实验基地瀛公馆体验中心正式亮相。

华龄中心系列成果

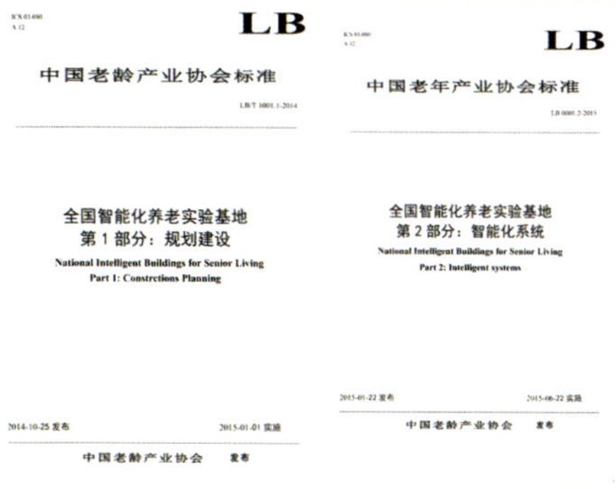

《全国智能化养老实验基地规划建设的基本要求》和《全国智能化养老实验基地智能化系统技术导则》

我国首部智能养老研究专著《智能养老》

《中国智能养老产业发展报告蓝皮书》

关注官方微信账号：智能养老

添加微信号：hualing69

或扫描右侧二维码

对老人尽一份孝心　给社会添一份和谐

官马养老产业集团

挂牌仪式

进入21世纪，世界经济形势发生了翻天覆地的变化，世界人口总体走向老龄化。人口的老龄化不仅为企业提出了新的挑战更提供了新的商机。据数据统计，2015年中国老年人口已超过1.85亿，这1.85亿已然构成了一个充满生机活力的“银发市场”。如此浩大的银发市场将对以养老地产为主的养老产业提出巨大市场需求。真正的市场、最好的市场莫过于待开发的市场，随着人口的增加，养老市场将发展成为真正的黄金产业！

官马养老产业集团顺应时势发展，以“持续地改善与创新中国老年生活方式”为企业使命，细化养老发展市场，将国际先进的养老模式与中国的传统养生文化有机结合，以规范化、标准化、集约规模化运作创造出全新的中式养生可持续健康养老社区，塑造成为具有核心竞争力和核心价值的全产业链现代养老企业集团平台。

官马养老产业集团是一个充满阳光、饱含绿色、孕育生机、蓬勃发展的产业，集投资管理、文化传媒、老年商贸、企业管理、项目开发等为一体的集团化公司。依靠“优质·创新·卓越·关怀”的品牌理念，为成就百年基业，铸造永恒品牌，不断实现跨越式发展，使企业不断做大做强。

2015年7月，官马养老产业集团旗下官马养老企业管理服务有限公司在上海股权托管交易中心成功挂牌上市，成为吉林省首家在沪挂牌的专注养老产业的集团公司，这也为集团正式对接资本市场奠定了基础。集团将以成功挂牌为契机，不断追求发展，卓越创新，让更多的老人真正的享受到老有所养、老有所医、老有所学、老有所乐的幸福晚年生活。

官马养老产业集团在四平市伊通县、长春市双阳区分别打造了集活力养老、高端医疗、生态度假、健康养生、文化旅游、宗教信仰等六大功能于一体的官马丰源国际温泉敬老生态

商业

城和官马温泉国际敬老生态城。立足当下养老人居需求，以“创造养老新生活”为开发理念，同步世界经典建筑，臻筑百万平米养老生活区，借势山体及湿地自然生态景观，规划有生态旅游、休闲度假、商业综合、文化休闲功能的万余平米养老定制会所及保健康复中心等多种健康住区配套，并首创全生命周期健康服务体系，

为业主健康生活保驾护航。

官马养老产业集团因地制宜，利用繁荣的市场、平台以及生态系统，依托成熟的管理团

官马丰源国际温泉敬老生态城

队及强大的企业文化和业务体系，与政府及一线学院力量进行合纵连横，充分发挥世界级示范宜居生态养老活力城缔造者优势，不断将自身打造成为中国最大的养老全产业化集团平台。

官马养老产业集团计划未来五年内分别在

温泉配套

北京顺义、哈尔滨、沈阳、长白山、海南等地打造具有国际领先水准和完善养老体系功能配套的国际化生态养老示范区，将养老社区、医疗服务、老年大学、生态旅游、商业中心、文化休闲、生态农业、核心商务等一系列养老与生活配套元素纳入到官马养老生态城体系当中。同时，官马养老产业集团计划在 2020 年实现全面上市，以一个平台的姿态整体注入资本运作市场，强化和提升官马养老产业集团品牌的社会影响力和市场号召力，提高官马养老产业在资本市场的话语权和活跃度，为中国养老产业的发展注入充满活力的新鲜血液。未来，官马养老产业集团将始终不改初心，秉持全产业链的广泛介入与深耕细作，贯彻集团布局全国的战略发展规划，将“官马养老”打造成为中国养老产业的领军品牌，开启中国养老的新纪元。

园区

公寓

贴心的适老化设计

全国长寿工程唱响“健康中国”

赵春山陪同原全国人大副委员长顾秀莲、彭珮云步入人民大会堂。

全国长寿工程自2001年由全国人大内司委和国家老龄委共同倡议发起，迄今，在普惠公益的旗帜下，走过了15个年头的公益事业产业化发展市场化运作的道路。

2001年7月，全国长寿工程组委会首任领导原中央组织部副部长、全国人大内司委孟连崑主任在启动大会上，明确提出“长寿工程要以‘健康中国’为活动口号”，高级顾问全国人大副委员长、两院院士吴阶平教授提出“要把‘健康中国’作为长寿工程行动准则和工作目标”。党的十八大以来，尤其是党的十八届五中全会正式把“健康中国”上升为国家战略，这更加说明长寿工程的旗帜和道路是正确的，行动目标具有预见性和远见性。

2006年中国长寿工程基金会成立；2014年经国务院批示、国家工商总局核准，于2015年经北京市工商局受理注册，成立了中慈长寿工程管理集团，承担起公益事业产业化发展市场化运作的重任；2015年11月经民政部批准成立了以民政部为主管机关的“中辰养老服务事业发展中心”。同时，把中国长寿工程基金会、中慈长寿工程管理集团纳入民政部中辰养老服务事业发展中心监管和领导，保留全国长寿工程组委会综合协调职能。

15年来，长寿工程开启了一系列“健康中国”之旅，公益活动遍布全国机关单位、城乡社区、祖国各地。

2016年长寿工程开始公益产业的谋篇布局，实施六大战略：人才战略、产品战略、项目战略、市场战略、平台战略、整合战略。向社会推荐和普惠提供优服和优品价值58亿元，引导供给侧消费改革，增强养老和健康需求。

全国长寿工程组委会成员合影留念。

2016年深入开展幸福和谐快车、百岁健康快车、家庭饮用水整水行动、蓝丝带行动、阳光行动、光明行动、科学补硒行动、公众营养干预行动、肠健康行动、慢病干预行动、社区便民普惠行动、健康万里行等系列“健康中国”公益活动，活动落地以全国长寿工程分属项目工作站形式出现。

2016年以党中央“双创”精神为指针，携手中央电视台开启“创客2020”项目，启动和深化理家课堂、京视养生堂、尚绿嘉、睡足堂、醣达标、迭利宝、存惠通、众帮养老、携程养老、生命加油站等十二个公益产业项目。

在人民大会堂全国长寿工程建设及表彰大会顾秀莲、彭珮云、杨汝岱、孟连昆、李宝库、赵宝华等领导颁奖。洪昭光、翁维健、王忠、武留信、陈静、李李等64位专家及150位全国长寿工程志愿服务者受到表彰。

15年来，长寿工程一群追梦人用知识、用爱心、用行动托起了扶贫、救助、普惠的一起起动人事迹，吹响了“健康中国”的号角。涌现出陈静、张淑萍、赵黎明、李李、蔡同一、翁维健、陈可冀、胡大一、洪昭光、郑超强、向红丁、杨文英、仝小林、付萍、王忠、杨昌林、武留信、司浩辰、王斌、蒲江、黄俊、张春健、周飙、高晓东、刘发宝、姬昕禹、董蕴琦、王丛阁、王宣明、许萍、文胜峰等百位优秀分子和健康科普工作者，受到党和政府的高度赞扬及全国中老年朋友的热烈欢迎。

15年的探索，长寿工程引起了国内外300多家媒体的广泛关注和报道。中央电视台播出“长寿工程一群追梦人”专题节目；国家老龄委主办的《中国老龄工作年鉴》连续四年收录长寿工程事迹。2016年中慈长寿工程与中央电视台创客2020栏目、中央教育电视台、中央政法委《长安杂志》、《中国老龄工作年鉴》编委会、中国老年报、中国食品报等媒体结成战略合作伙伴，支持全国长寿工程唱响“健康中国”系列活动；中央政府网、新华网、人民网、中国网、中新网、千龙网、一路一带、新浪、搜狐等50家主流媒体跟踪报道活动。长寿工程专家将走进《理家课堂》科普健康生活。

长寿工程一群追梦人站在历史的新起点，感到光荣和兴奋，同时感到压力和责任重大：健康的梦是中国梦，“健康中国”是长寿人的梦，全国长寿工程志愿服务者就是这一群追梦的人。

长寿工程一群追梦人意气风发、豪情满怀向“健康中国”高歌猛进！

中健国利（北京）医学研究院高级研究员、北京中科普尼营养医学研究院院长陈静向师父中医泰斗翁维健教授汇报科研成果并接受指导。

中慈长寿工程管理集团高层管理人员合影。

康乐年华养老产业集团

养老行业一站式解决方案提供商

康乐年华®
KANGLE NIANHUA
养老服务全国连锁

集团简介

康乐年华养老产业集团创始于2006年，系以养老机构连锁化运营为核心的中国养老行业一站式解决方案提供商。康乐年华为行业提供养老运营、养老咨询、老年用品、养老信息化等专业服务，业务之间已形成环环相扣的链条，自成系统的覆盖。康乐年华按照“专注专业、布局全国、领跑行业”的连锁战略模式，秉承“服务老人、服务政府、服务机构”的服务定位，践行“专业做养老、用心为老人”的服务理念，在突破传统养老服务经营模式，做足现代养老产业文章，培育机构自我造血功能，实现机构可持续科学发展等方面已成功走出一条养老服务与管理社会化道路。

集团旗下拥有湖南康乐年华养老服务有限公司、湖南优尔讯科技有限公司、湖南夕辅养老服务有限公司、江苏花开富贵企业咨询管理有限公司、上海晚情企业咨询管理有限公司，以及长沙市雨花区社会福利中心、无锡新区康乐年华硕放颐养园、荆州市监利县社会福利中心、永州市双牌县社会福利中心、长沙市雨花区为老服务信息平台、无锡市新区硕放护理院等10多家运营项目。

集团业务

- ◆直营服务：机构养老、日间照料、居家养老、异地养老、养老社区物业服务
- ◆加盟连锁、指导运营、委托运营、公建民营、合作运营
- ◆养老管理咨询：养老项目发展定位、建设规划方案、经营诊断、品牌提升
- ◆养老服务管理智能化：养老服务民政管理信息系统，养老服务评估系统，老年人智能家居，社区为老服务信息平台，养老机构信息系统，智能化养老设施设备销售、安装
- ◆老年人意外伤害险、养老机构责任险总代理
- ◆养老机构安防配套设施建设
- ◆养老机构管理人员、护理员专业培训
- ◆老年用品研发、生产、销售、安装

集团荣誉

- ◆全国敬老文明号
- ◆全国百家杰出养老服务机构
- ◆中国社会福利协会理事单位
- ◆全国社区为老服务信息平台试点单位
- ◆中国红十字会事业发展中心合作单位
- ◆全国优秀民办社工服务机构

联系方式
电话：400-102-6699
官网：www.klnh.net
邮箱：klnh@klnh.net

华南分公司地址：
湖南省长沙市雨花区洞井街道新城社区雨花区社会福利中心七楼（高升路）

华东分公司地址：
江苏省无锡市新区硕放街道振发路227号

康乐年华养老产业集团华东分公司——

江苏花开富贵企业管理咨询有限公司

公司简介

江苏花开富贵企业管理咨询有限公司是全国知名的养老服务品牌——康乐年华养老产业集团为适应华东养老市场养老需求而成立的分公司。公司与集团资源共享，目前江苏省内下辖无锡新区硕放颐养园、硕放护理院、宜兴市徐舍颐养园、南通市北社会福利中心和邳州市社会福利中心五家机构。

公司自成立以来，始终坚持标准化、规范化、科学化管理，并结合江苏省的本土情况，邀请养老与医疗界内专家及教授，同时结合康乐年华十年来在养老服务与管理中积累的经验，对管理体系进行进一步修订与完善，最大程度地保证公司所服务的各机构高效运转。同时，公司还与中科院西北星公司联合开发了智慧养老管理系统，已在无锡硕放颐养园投入使用，并成为全国智慧养老试点工程。未来，系统完善后将面向推广使用。

人才是公司的发展资本，公司不断引进吸收养老和医疗行业的专业人才，加强公司的规范化、标准化建设，竭诚为各类养老机构提供专业化的管理咨询服务和实效的解决方案。我们愿以专业化的服务，本着“开拓、进取、务实、高效、合作、共赢”的精神，与天下有志之士共创美好未来！

南通市北社会福利中心

邳州市社会福利中心

项目案例

宜兴市康乐年华徐舍颐养园

康乐年华硕放护理院

康乐年华硕放颐养园

积分宝消费养老

中国人口老龄化问题已经成为国家尚要解决的重要难题，政府多次提倡“多渠道解决中国养老难题”。

积分宝顺应历史趋势，响应政府号召，通过整合“消费资本论”，将消费压力转换为消费动力，创造了积分宝消费养老的全新模式，居民通过日常消费就可以零成本为明天轻松积攒养老金，不增加国家、社会与人民的负担，并且合理化帮助解决国家 13 亿老百姓的养老难题，为中国养老事业提供补充。积分宝立足第三方支付、互联网金融、电商 020，惠及全民，符合当前政府十八大提倡多渠道发展养老事业，扩大内需，促进国内消费能力的号召，具有巨大的市场价值。

浙江积分宝控股有限公司

平台网址：www.jfb315.com

公司地址：杭州市萧山区建设一路 1 号中栋国际 18 楼

服务电话：4006-999-226　　邮编：310052

自2013年5月份市场开展以来，积分宝消费养老项目已覆盖全国河南、湖南、湖北、广东、甘肃、青海、重庆、浙江、四川、山西、山东、广西、河北、安徽、江苏、云南、新疆、黑龙江、内蒙古、贵州等地区，市场范畴涉及到26个省级行政区，定点商户已突破6万家，会员突破500万人，其中县级服务中心400家，发卡点达到8000家。

积分宝平台运营原理

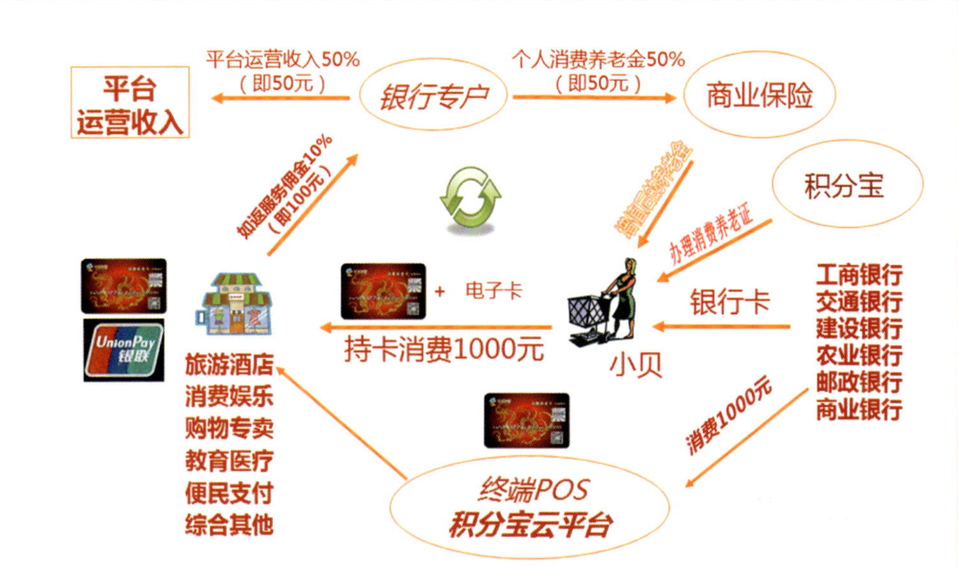

积分宝的目标：整合70多个消费行业中60万优质的定点商家，协助中国13亿人解决养老问题，在5年内至少为3亿人提供消费养老增值服务，打造中国最大的消费养老增值服务平台。

盛世天颐 SHARE SUNSHINE THANKS TO YOU

天颐养老　共襄盛举

盛世天颐集团公司简介

盛世天颐集团是中国最大的养老旅游产业投资集团之一。集团公司以养老产业为核心，融入科技、医疗、互联网等，形成独特的“养老+N”商业模式，是涵盖养老、旅游、文化、农业四大产业的综合型集团公司。

作为中国第一家专业的养老产业及养老服务业集团公司，盛世天颐成功经营自身养老产业项目，开创“四级联动”养老服务模式，形成全方位养老服务体系，积极打造中国养老服务业的第一品牌。同时也为行业内其他养老企业提供人力、管理、金融、信息等多方面系统服务。

2014年底，集团公司已投资兴建多处大型养老基地，联盟机构35家，共有养老床位20000余张，率先实践“候鸟式”旅游养老模式。投资开发国家4A级旅游景区四处，创办兴建文化产业公司三家及生态农业产业基地三个，旨在打造一家具有高度专业化、规范化、开放化、信息化管理的与国际接轨的一流企业集团。

盛世天颐集团秉承“养生、育生、厚生、重生”企业理念，把中华孝道文化贯穿于“四级联动”服务体系的每一个环节，进而实现“盛世之下，人人皆可颐养天年”的美好愿景。

盛世天颐集团2014年度大事件盘点

- 2014年3月31日，盛世天颐控股企业内蒙古恒越达公司第八届股东大会暨职工代表大会召开。
- 2014年5月22日，盛世天颐（北京）股份有限公司正式发照。
- 2014年8月2日，盛世天颐（北京）股份有限公司与湖北房县农商银行签订战略合作协议。
- 2014年7月31日，国家爱晚工程——颐乐城国家社会化养老示范基地养生园服务大楼落成仪式成功举办。
- 2014年8月24日，盛世天颐(北京)股份有限公司与湖北房县土城镇人民政府在盛世天颐总部签订战略合作协议书。
- 2014年9月15日至18日，盛世天颐集团在湖北十堰举办“南水北调源头情”北京——十堰书画艺术家联谊活动。盛世天颐旗下的晚晴亚美（北京）发展有限公司湖北十堰分公司成立。
- 2014年12月11日，“中国社会工作联合会社会养老工作委员会2014年度理事扩大会暨养老机构风险管理论坛会”在武汉召开，吕斌应邀出席并发表主旨演讲。
- 2014年12月17日，盛世天颐与湖北房县人民政府签订《关于大木厂镇景区开发暨十堰城郊生态文化游憩带旅游项目投资协议》。
- 2014年12月，盛世天颐陕西分公司老君山项目景点成功创建国家4A旅游风景区。

南海家园社区养老服务站开业

公司与湖北房县农商银行签订战略合作协议

呼和浩特颐乐城开园

盛世天颐“青城养老”项目奠基仪式

中国社会工作联合会社会养老工作委员会2014年大事纪

（中）徐瑞新（左）吕斌步入“大爱随行”公益项目

（左一）赵逢奇（右二）吕斌在援助工程启动仪式上

社会养老委员会副主任王树金

社会养老委员会副总干事赵元宝

- 《神州•养老》杂志共出刊12期。杂志内容详实，宣传、解读党和国家关于社会养老服务的方针政策。
- 新发展会员单位82家，个人会员1800位。
- 举办了老年福利机构管理人员示范培训班、老年社工示范培训班8期。
- 组织调研组到山东潍坊等地养老机构进行考察调研并把养老服务业作为养老产业发展的重点。
- 出版发行的《让晚霞更美——优秀老年社会工作案例选集》一书被民政部培训中心指定为老年福利机构社会工作介入示范培训班教材。
- 在全国养老机构中开展了“养老机构风险管理”案例征集活动。
- 在全国养老服务行业内开展了“最佳养老机构”推荐活动，共推荐出89家“最佳养老机构”。
- 举办“第四届全国老年书画大赛”，并为获奖个人及团体颁发奖品及获奖证书。
- 与中国郎圣健康产业集团和青岛海之圣生物工程有限公司，在北京京西宾馆启动了以“关注健康养老，共圆中国梦想”为主题的“全国健康养老进万家援助工程”。
- 以“社会养老基金”为平台，积极开展公益捐助活动。在全国范围内开展了“大爱随行”大型公益项目等。
- 在湖北武汉组织召开了“2014年度理事扩大会暨养老机构风险管理论坛会”。

吕斌

总干事　吕斌

- 盛世天颐(北京)股份有限公司董事长
- 中国社会工作联合会社会养老工作委员会总干事
- 中社社会工作发展基金会社会养老基金秘书长
- 内蒙古湖北商会常务会长、楚商联合会理事
- 《神州•养老》杂志　副总编

个人荣誉

- 1985、1986年两次受团中央表彰，授予“全国新长征突击手”称号
- 2009年荣获陕西省商洛市“优秀中国特色社会主义事业建设者”
- 陕西省洛南县人大代表
- 湖北省十堰市房县人大代表（现任）
- 2010—2013年连续四届，荣获中国社会联合会社会养老工作委员会先进个人

盛世天颐（北京）股份有限公司

公司地址：北京市经济技术开发区BDA国际企业大道41栋-2

电话：010-67856500

传真：010-67857872

网址：www.sstygroup.com

盛世之下　人人皆可颐养天年

北京悬壶平衡针灸研究院
国家级平衡针灸学科创立与发展的时代特征

中国老年学和老年医学学会平衡针灸专业委员会主任委员 王文远

在军队各级领导的亲切关怀下，在国家中医药管理局大力支持下、在中国老年学和老年医学学会的直接领导下，平衡针灸学科由无到有，由小到大。笔者依着沂蒙山革命老区艰苦奋斗．无私奉献的精神，凭着人民军队顽强拼搏、敢于亮剑的精神，怀着对祖国医学博大精深的无限热爱，经过50多年的临床探索与潜心研究，数万次自我针感体验，10万多部队训练伤的防治，60多万门诊病人的实践，军内外4000多家医院的临床验证，国内外3万余名针灸骨干的技术推广，成功创立了现代平衡针灸学，由两千多年黄帝内经的经络体系直接进入到现代神经体系。通过国家973重大基础理论研究，揭示了平衡针大脑中枢干预的最佳时间0.045秒，证明了针刺外周神经靶点，在大脑中枢靶轴调控，可达到病变靶位新的平衡。提出了中枢调控、基因修复、心理失衡疾病理论框架体系，为健康中国、创新中医提供了成功之路。平衡针灸学科主要产生于中西医科学技术和先进文化的交融与升华，迎合了人民军队特殊群体对现代中医创新技术的需求，适应了亿万民众对中医创新技术的期盼！

一、现代平衡针灸创新学科具有现代的科技支撑

先后开展平衡针灸创新技术900余项，获军地科技进步奖30余项，发表论文300余篇，出版专著6部，创办《平衡针灸与平衡医学杂志》《平衡针灸网站》，被授予全军中医药工作先进单位。学科被评为国家级重点专科，获国家级科研立项，并成为国家级中医药科技成果推广项目。

（一）现代平衡针灸创新技术

1. 平衡针灸创新技术特点

（1）平衡针灸三大特点

①安全　②单穴　③三秒见效

（2）平衡针灸四大优势

①不选择病人　②不选择病种　③不选择时间

④不选择条件

2. 平衡针灸创新技术核心

（1）中枢镇痛靶点：头痛穴、颈痛穴、胸痛穴、脊痛穴、肩痛穴、肘痛穴、腕痛穴、腰痛穴、腹痛穴、臀痛穴、膝痛穴、踝痛穴

（2）五脏调节靶点：心病穴、肺病穴、肝病穴、胃病穴、肾病穴

（3）三高三降靶点：降压穴、降脂穴、降糖穴

（4）提高免疫靶点：提免穴、感冒穴、过敏穴、面瘫穴、痔疮穴、痤疮穴

（5）五官修复靶点：明目穴、鼻炎穴、耳聋穴、牙痛穴、咽痛穴

（6）妇科疾病干预靶点：痛经穴、宫病穴、乳腺穴

（7）心理调节靶点：抑郁穴、失眠穴、食欲穴

（8）急救干预靶点：急救穴、醒脑穴、癫痫穴

3. 平衡针灸创新技术临床应用

（1）军队卫勤保障：部队训练伤、部队训练疲劳综合症、部队离退休老干部的“三高”、部队常见病多发病等。

（2）老百姓常见病：颈肩腰腿痛、失眠、抑郁症、高血压、糖尿病、冠心病、中风偏瘫后遗症、甲状腺增生、三叉神经痛、枕大神经痛、肋间神经痛、带状疱疹、痛风、末梢神经炎、坐骨神经痛、帕金森氏病、失智症、健忘、运动神经元损伤等。

（3）儿科：发育迟缓、消化不良、假性近视、小儿癫痫、上呼吸道感染等。

（4）妇科：不孕症、痛经、子宫肌瘤、乳腺增生等。

（5）男科：前列腺疾病、不孕症等。

（6）五官科：神经性耳聋、慢性咽炎、视神经炎、过敏性鼻炎等。

（7）针刺麻醉：腰椎间盘脱出髓核摘除术、股骨头置换术、创伤、分娩、人流等。

（8）急诊急救：心绞痛、中暑、昏迷、休克等。

（二）现代平衡针灸创新理论

通过国家973基础理论研究，正式提出了“中枢调控”“基因修复”“心理失衡疾病”理论体系和靶点、靶轴、靶位平衡针中枢干预机制。

1. 中枢调控理论

中枢调控是人类由原始脑进化为现代脑的重要标志，形成了科学的、系统的、整体的、人类自身发展的客观规律。中枢系统通过人体信息网络体系，来完成对免疫内分泌各系统各脏器的程序化管理，始终保持机体内外环境的相对平衡状态。

中枢神经系统通过消化、呼吸、循环等多个系统的参与，来完成能量物质的吸收、消化、转运、贮藏、供应等科学管理程序，保障机体能量物质的供应。

中枢调控系统通过淋巴、消化、内分泌、泌尿等多系统的参与，来完成能量转化过程中产生的各种代谢产物的排泄功能，达到机体内外环境的稳定。

人类通过亿万年形成的人类中枢调控理论，机体的不正常状态反映了大脑中枢的调控系统出现了问题。虽然疾病性质部位不同，根源均在大脑中枢神经程序调控。

2. 基因修复理论

人类本身就存在自我修复系统，许多疾病可以自愈。平衡针就是利用人体自我修复系统功能给身体一个良性信息，加速了人体的自我调整与修复。

按照生命科学规律，人类的生命可以理解为是程序化、自动化的控制系统，具有自身的调节修复功能。我认为每个人所拥有的快乐、幸福、健康、自私、嫉妒、疾病、抗病、修复和死亡的体验是与基因有关的，都是按照基因程序进行自我调节。

（1）人体是一个药物制造厂

根据人类进化进程，当机体需要时就会按照生命科学程序，制造大量的免疫物质、神经递质、激素、抗生素等来满足我们心理与生理的需求。

（2）人体是一个零件修理厂

从生命科学来讲，人类基因客观存在一个庞大的自我修复系统，这个程序是天生的、自然的、强大的，在大脑中枢神经调节下，达到全身各个脏器组织中的自我修复。

3. 心理失衡致病理论

致病原因很多，核心因素就一条：心理失衡。从两千多年的《黄帝内经》就阐明了“气生百病”的科学论断。良好的心理状态可以使人心情愉快，释放的是一种“幸福”激素。失衡的心理状态可以使人的思维进入盲区，干扰大脑的基因程序，释放的是干扰素，甚至是一种毒素；引起精神抑郁，严重时启动重大疾病的发生。一般来讲重大疾病的形成需要经过三个阶段。

（1）心理性疾病启动阶段

首先明确，人的心理活动是遗传基因的重要组成部分，人的心理定位与遗传基因程序的管理系统是联系在一起的。一个人的心理素质如何，必然影响到大脑中枢遗传基因的调控与功能修复，严重情况下，心理失衡可以启动重大疾病的发生。

（2）生理性疾病过渡阶段

临床常见生理性疾病是心理性疾病逐渐发展的一种表现。不但伴有心理失衡的症状，又有生理不正常的反应。以生理失衡、生理性疲劳、生理性过敏为主要表现，这是重大疾病发展的第二阶段，西医检查各项指标正常。

（3）病理性疾病发展阶段

病理性疾病已经发展到了不可逆阶段，从心理性精神抑郁到生理性亚健康，一般需要 10 年左右的时间，就逐渐进入病理性阶段。病理性阶段的标志主要表现“三高”，病理性疾病可以讲已经提供了客观指标和量化数据，一般需要 10 年左右时间，其中 1/3 的人脑中风、冠心病、肾病综合征等重大疾病就会形成了。

二、现代平衡针灸创新学科具有鲜明的时代特征

新中国的成立，为中医的创新与发展提供了广阔的平台，为几千年的中医赋予了新的生命与科学内涵。

1. 当代中医肩负的国医梦

中医代表着中国的传统医学，是中华民族五千年文明文化的重要组成部分。怎样当好一个国医，能够为世界人口 1/5 的中国人服好务？这就需要献身于创新中医事业的铁杆中医。1961 年笔者有幸成为国家第一批中医师承人员。随师鲁南名医刘春启先生，接诊、出诊、抄方、取药、针灸、拔罐…… 还利用三年的早晚时间熟背了十几本清朝以前的医书。从那时起，我就暗立下一辈子学好中医、干好中医、创新中医，传承中医的坚强信念。

通过不断学习、不断实践，充分感到中医伟大，中华民族能够绵延数千年，靠的是中医，因为西医传入中国才一百多年的历史。几千年国医已经形成了以文字为载体的科学技术、科学理论、科学文化。我们当代中医肩负的历史使命是什么？就是要利用现代生命科学揭示中医的科学内涵，阐明中医的科学性让更多的人了解中医，让后人少走弯路。为了国医梦想，我将半个世纪 16 万个小时用在了现代中医的临床研究与创新。

2. 当代军医肩负的强军梦

作为一名军人深知部队的重要历史使命。军人代表的是中国精神，代表的中国性格，捍卫的是国家利益。作为一名军医，特别作为一名中医，军队赋予我的历史使命是什么？那就是强军梦，只有创新中医，让几千年的中医技术为提高部队战斗力服务。在和平时期的战争条件下为广大官兵服务；在未来现代战争条件下，为减少官兵伤亡，提高部队战斗力服务。因为通过针刺神经可以调动内源性吗啡来镇痛，为伤员的后送检查抢救手术赢得宝贵时间。

1964 年有幸以政治特种兵的形式来到北京卫戍区部队，通过军医学校系统补习了西医课程，了解了神经解剖学基础，针对西医不治的小伤小病训练伤为突破口，开展了长达 5 0 多年的临床研究。通过召开干部座谈会、班长座谈会、士兵座谈会，广泛询问他们需要什么样的针灸技术。最后统一三条标准，一是安全，二是单穴，三是即时效应。最后才把治疗时间定在三秒上。选择的第一个病是投弹引起的外伤性肩周炎，当时采用传统治疗肩周炎的 20 多个穴位临床观察，三秒钟没有一个见效的，三分钟也没有。在走投无路的情况下，才想到能不能从神经上找到这个开关。于是先后从上下肢划了 20 个点，通过 6 年多的时间，才从下肢腓浅神经找到了大脑治疗肩周炎三秒见效的靶点，用在临床，三秒钟的镇痛效果出来了！又经过几十年的临床探索，终于完成了平衡针 38 个平衡靶点，可以通过中枢干预心理性、生理性、病理性疾病 900 余种。先后深入西藏、新疆、内蒙等七个战区，空军、海军、二炮、总装的 5000 多个连队为 18 万名官兵开展了训练伤防治，安全、单穴、三秒见效的平衡针创新技术受到广大官兵的欢迎和首长的高度关注！

3. 当代中国人肩负的强国梦

作为一名中国人，深知肩负的历史使命——强国梦。中华民族近几百年不断遭受外国列强的侵略与屈辱，使古老文明帝国沦为千疮百孔的东亚病夫。是共产党领导的人民军队，依靠全中国人民不怕挫折，不怕牺牲的民族精神，终于推翻了三座大山，迈入了世界民族之林，实现了当家作主的中国梦！而如今，实现强国梦，已经成为了 13 亿中国人不可推卸的历史责任。

在部队各级领导、国家中医药管理局，以及各级地方政府的大力支持下，平衡针灸团队 30 多年来深入农村、社区、革命老区、国家级贫困县、边疆地区开展平衡针灸惠民义诊活动达到千万人次以上，让社会了解了创新中医，让广大患者了解了现代平衡针灸！

作为一名中医，作为一名军医，作为一名中国人，深知没有祖国的强盛哪有我们的中医事业，没有军队的强大哪有我们工作的环境！作为一名国医永远要站在国家的高度，民族的高度，尽职尽责。只有铸造中国人的灵魂，中国人的性格，才能挺起中国人的脊梁！只有培养一个有信仰、有灵魂、有抱负、有理想、有品德、有文化、有技术的人，才能敢于亮剑，才能做一个真正有担当的中国人。

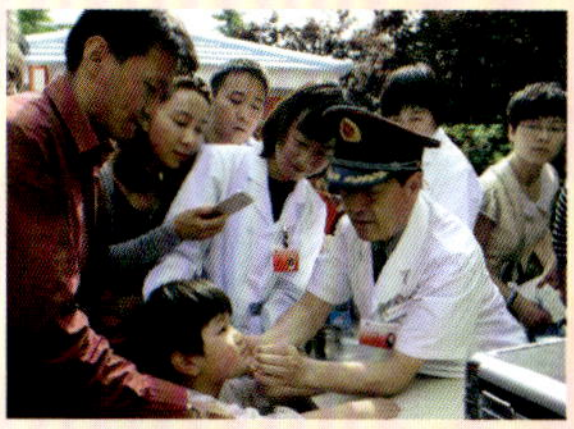

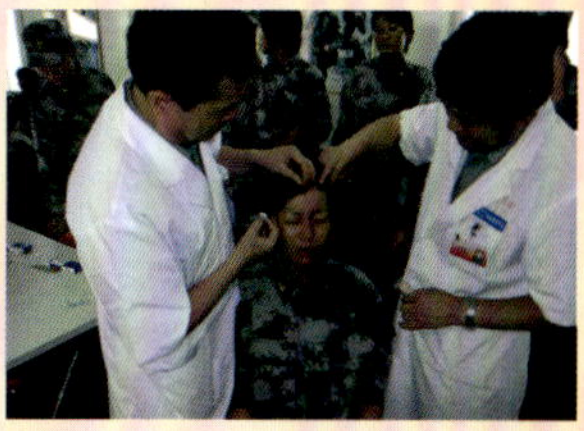

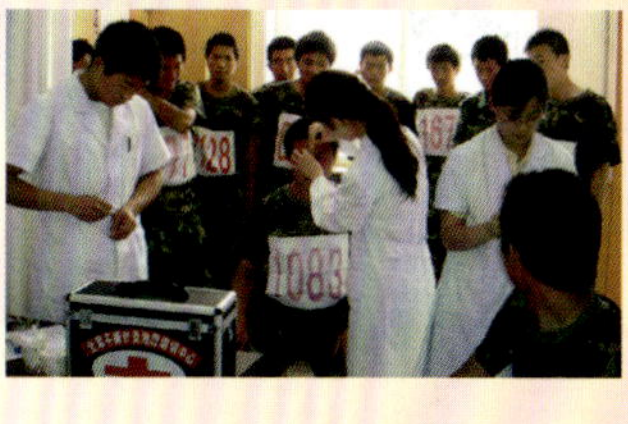

探索创新 勇于实践
安邦养老积极助推中国养老服务业发展

一、老龄工作情况

安邦保险集团与中国老龄产业协会签署战略合作框架协议

为贯彻落实《国务院关于加快发展养老服务业的若干意见》和《国务院关于促进健康服务业发展的若干意见》等文件精神， 2014年12月5日，安邦保险集团副总裁兼安邦养老董事长姚大锋、中国老龄产业协会副会长兼秘书长曾琦分别代表安邦保险集团和中国老龄产业协会在京签署战略合作协议，以加强安邦保险集团和中国老龄产业协会之间的紧密合作，推进我国养老服务业的快速发展。

根据协议，双方立足于我国养老服务业发展相对滞后的现状，以满足日益增长的社会养老服务需求为目标，以“理论研究、服务繁荣、机协共建、网络整合、医养创新、人力建设”为抓手，深入挖掘战略合作带来的协同效应，探索具有示范作用的、多形式的养老服务业创新模式，携手推进中国老龄产业综合一体化服务战略研究与发展。

中国老龄产业协会与安邦保险集团的此次合作，具有重要的标志性意义，将对老龄服务业的相关领域产生深远的影响。

二、重大活动

安邦养老“重阳”行 敬老院里送温暖

2014年重阳节前夕，安邦养老保险牵头开展了名为“安邦养老‘重阳’行，敬老院里送温暖”的爱心联盟志愿活动。安邦养老保险携手安邦保险集团旗下各子公司员工自发组成的爱心联盟志愿者团队相继走访了京津地区的寸草春晖、太阳城银龄公寓等近十家敬老院，为近千名老人送去了节日的礼物和温暖的关怀。

9月30日，爱心联盟志愿者团队来到北京海淀区翠湖敬老院，看望院里的上百位老人，为老人们送去了笔记本电脑、血压计、血糖仪以及食用油、大米、牛奶等医疗和日常生活用品，还有安邦养老保险对老人们浓浓的节日祝福。

当日的捐赠仪式上，安邦养老保险公司负责人表示，奉献爱心、关爱老人，是每个社会成员义不容辞的责任和应尽的义务，安邦养老保险希望借此绵薄之力，为老年人解决生活中的一些实际问题，未来将着力建立长效帮扶活动，努力让更多老人感受到社会的温暖和关怀。

中国老龄科学研究中心副主任、国家积极应对老龄化战略课题组秘书组副组长党俊武，中国老龄事业发展基金会副秘书长刘红尘等一同出席了敬老院的慰问活动，并对安邦养老保险积极投身公益事业的行为给予了高度肯定和赞扬。

永泰红磡养老产业投资集团有限公司

永泰红磡养老产业投资集团 “养老·中国梦”展馆亮相第九届老博会。

永泰红磡养老产业投资集团（以下简称“永泰红磡”）为中国养老行业全产业链经营标杆企业，秉承“多轮驱动、协同发展”的战略，成功布局养老社区和项目的投资、开发、运营及咨询，养老设施配置和中老年旅游旅居养老服务平台等领域。

永泰红磡以长三角、环渤海和珠三角为产业中心，辐射全国。旗下拥有中国养老设施配置领导品牌——永爱养老；聚焦中端护理型养老机构投资、开发和运营的红磡中国；中国老年旅游旅居养老服务领先品牌——徐大爷；中国养老专业人才培训标杆企业——京医福晨（与北大医学部战略合作）；中国领先的养老养生、健康旅居投资基金品牌——中俄基金（战略合作）；以及中国养老领域健康大数据系统集成领先品牌——天益明康等诸多业内领先企业。

2012 年 12 月 29 日，中共中央总书记习近平在时任广东省委书记汪洋的陪同下，考察永泰红磡旗下的永爱“幸福生活体验馆（长者）”，现场指出“展厅整体设计非常好，适老产品也很人性化。”

2014 年 5 月 20 日，永泰红磡走进“亚信峰会”，在中国国家主席习近平和俄罗斯总统普京的见证下，与中俄投资基金签署战略合作，募集 8 亿美元，用于加强中国与俄罗斯的养老及旅游基础设施建设投资。

鸿泰·乐璟会项目效果图

鸿泰·乐颐小镇项目效果图

永泰红磡为老服务

兖矿集团有限公司离退休职工管理中心

兖矿集团有限公司是以煤炭、煤化工、煤电铝及机电成套装备制造为主导产业的国有特大型企业，现有离退休职工及遗属4.45万人。兖矿离退休职工管理中心主要负责离退休职工及遗属的管理服务工作，对本企业各矿、处离退休工作部门负有政策咨询和业务指导等职能。2014年以来，随着煤炭市场的持续低迷，兖矿集团生产经营压力剧增，但他们秉持尊老敬老理念，没有因为经济困难而缩减离退休职工的政治待遇、生活待遇，解除了老干部们的后顾之忧。兖矿离退中心立足实际，准确定位，扎实实施“四心”（爱心、诚心、细心、耐心）亲情服务工程，使离退休职工思想政治建设、组织建设不断加强，政治生活待遇得到保障，精神文化生活丰富多彩。利用各级老干部活动中心、老年大学、社区文化广场等活动阵地，积极开展形式多样的老年文体活动，注重发挥老年书画研究会、太极拳协会、票友会、摄影协会等各类老年团体、老年协会的辐射延伸功能，引导老年群体弘扬主旋律，传播好声音，凝聚正能量。使老干部工作重心逐步由“物质养老”向“文化养老”转变，各项工作取得新进展。先后被中共中央组织部和山东省委授予“全国老干部工作先进集体”“全省老干部工作先进集体”“山东省敬老模范单位”“山东省省管企业老干部工作先进单位”等多项荣誉称号。

兖矿老年书会安全月活动

庆“七一”大合唱

迎新春文艺演出

兖矿集团公司董事长李希勇（右一）、总经理李伟（右三）走访慰问老干部

敬老工程——民心工程

2014 年 2 月 26 日《敬老工程与老龄社会制度建设蓝皮报告》暨示范基地先行先试新闻发布会在北京召开。

“敬老工程”是由全国老龄工作委员会办公室信息中心、中国老龄产业协会、中旭联合敬老工程投资有限公司、中旭阳光敬老工程管理有限公司及中旭老龄（北京）信息科技研究中心等共同联合发起，并以大学及国家政策研究机构作为理论体系支撑，以各产业龙头企业为科技技术支撑的敬老爱老民心工程。“敬老工程”以在全国建设的“敬老工程”示范基地为实施载体，建设以“老龄人为群体，以老养老为需求，以产业发展为核心，以老龄群体参与社会为基本方式，以提高老龄群体生活质量与养老环境为目标，以满足和提高老龄群体幸福感和尊严为准则的产业体系。“敬老工程”主张树立“以老养老”发展模式，鼓励老年人自立、自养、参与社会再创造，积极倡导实施“老年人才工程”，将老年人作为人力资源而非社会负担来看待，让老年人充分发现并发挥自身价值，实现老龄事业的可持续发展。敬老工程中的示范基地为养老敬老提供了先行先试探索性的理论依据，为敬老工程的具体实施规划奠定基础。

促进敬老工程与老龄社会制度建设，是保障我国民生大计与和谐社会的重要任务，是体现党中央国务院高瞻远瞩的一次重大方针和决策。敬老工程管理委员会是经济社会中履行社会职责，发展并建设与敬老工程相关事业的社会非政府组织机构。敬老工程对老龄人才方面的创新设计，考虑了当前老龄人才发展的整体性和系统性，充分体现出对于老龄人才运用及以点带面、统筹推进的实际要求。

作为一项事业，敬老工程示范基地的建立联接起政府与民间的通力合作，实现产业结构、就业结构、空间结构与生存方式的发展转变，达成社会公共服务普惠大众的愿望；作为一项产业，示范基地的建立将有效促进促动内需，实现现有市场的资源互补、产业崛起及升级，以“点、线、面”的战略布局建立中国养老工程体系，推动中国老龄产业健康发展，实现社会经济的共同繁荣。

敬老工程的建成并实施，是为中国老龄群体建立起一个“大宅院”，为所有老年人建立一个有归属感的“家”。它为老年人带来生命的火种，令其重新焕发生命活力。它赋予所有老龄群体价值再造的荣誉感，为中国老龄社会塑造更为人性化的发展格局。伴随着敬老工程的开拓耕耘，新时代的中国老龄社会将为广大老龄人提供腾飞的广阔天地，发挥他们雄厚的才智力量，为中国社会经济发展释放无穷能量。

东营老年乐园

东营老年乐园是国家和省政府服务业引导资金扶持项目，是市政府的“民心工程”。为适应现代养老的需求，老年乐园严格按照国家建设部老年人建筑设计规范建设，总建筑面积 1.2 万平方米，总投资 2500 余万元。现开放床位 220 张，常住老人 150 左右，标准间建筑面积分别为 29 和 38 平方米。室内宾馆化设计，配有太阳能热水器、电话、电视、空调、呼叫系统等设施，每个楼层都设有餐厅。在三楼设阅览室、娱乐室、台球室、书画室、健身广场，在五楼设老年护理区、医务室及康复保健中心。每个楼层都配有值班室，基础设施完善。整个乐园集住宿、餐饮、娱乐、休闲、康复、保健于一体，是东营市一所带有标志性、示范性的现代化养老服务机构。

老年乐园于 2004 年重阳节开业。在上级主管部门的关心、指导下，医院党委配备了高素质的领导班子和骨干队伍，并由一名院领导具体分管。老年乐园在岗人员全部持有国家民政部门颁发的中、高级养老护理员证书。多年来，班子成员主张民主管理，视老人为亲人，成立了民主管理委员会、监督委员会、党支部、团支部。“医养结合”是老年乐园发展的一大特色，2014 年 2 月被东营市人力资源和社会保障局定为首家长期医疗护理保险老年护理试点单位，为老人们提供医疗服务，护理服务，康复服务，心理服务，营养服务，生活服务，文体服务，后勤服务，善终服务等老年护理特色服务。建立了规范的规章制度、服务流程，不断摸索护理经验，提供真实可靠的护理数据。2015 年 1 月被东营市老龄委办公室定为华龄 365 工程暨“全国老年健康智能管理云平台”试点单位，该平台由健康信息采集设备，云平台数据库，健康信息管理系统，健康医疗服务团队四大板块构成。该平台是由全国老龄工作委员会办公室直接指导，华龄中心负责实施。通过健康数据和分析结果，可满足老年群体、养老服务机构，社区管理机构、医疗健康服务机构以及政府部门的不同需求。为老人们提供：1. 电子健康档案。建立动态电子健康档案。记录健康状况、生活习惯和用药信息。2. 实时健康监测。提供血压、心率、血氧、心电图等监测。3. 专家团队服务。提供健康数据解读、评估和线上咨询。提供疾病预防、慢病管理、康复保健等服务。4. 专项疾病筛查。眼底疾病、结肠癌、肝癌、肺癌等高发疾病筛查。5. 后续医疗服务。确诊、治疗、康复的完整解决方案。6. 健康养生服务。中医食疗等养生保健服务。

勤勤恳恳，兢兢业业，用“亲情和真诚”聚人心、带队伍，认真践行“代子女尽孝，为社会分忧；让老人享受，让子女放心”的服务宗旨，努力营造温馨、舒适、和谐的入住环境，让每一位老人在乐园享受生活，颐养天年。

今后，东营老年乐园还将开展家庭病床与医疗专护的业务，不断规范和拓展，使其成为东营市医、养、护服务领域的重要品牌，更好的为区域内的老年人服务。乐园的工作得到了社会各界的认可，床位利用率保持在 95% 以上，老人们对乐园各项工作的满意度一直都在 98% 以上。乐园曾先后荣获“全国模范养老机构”“ 2010 年

度全国‘细微服务，爱心护理’团队一金心奖”“省级诚信服务先进单位”“省级养老综合实力十强单位”“山东省品牌建设示范单位”“山东省先进党组织”“山东省党建工作示范点”“东营市敬老文明号”“东营市敬老模范单位”等二十多项荣誉称号，于 2014 年 9 月被东营市民政局定为“中国社会组织评估 4A 级单位”。

东营老年乐园

2015 年 7 月 15 日

温欣源托老服务中心

怀来温欣源水上人家是温欣源托老服务中心为广大顾客提供的温泉养生、生态度假的活动场所，是张家口市民政局指定托老机构之一。

温欣源水上人家是一家集温泉养生、餐饮、住宿、托老、休闲、垂钓、采摘为一体，具有田园风格的温泉度假场所。占地200亩，田园式建筑。内设绿色餐厅、田园别墅、游泳馆、室内外多功能温泉池、水上乐园、垂钓园、采摘园等。身居温欣源水上人家，可以春赏花，夏乘凉，秋摘果，冬沐浴，一年四季可以享受86℃的火山温泉水洗浴；可以品尝到当地蔬菜瓜果鲜香；可以看到桃花红、梨花白、连翘黄的美景；茶余饭后，漫步在水上人家小路上，虫叫蝉鸣，鸟语花香，使您仿佛置身于世外桃园。温欣源水上人家是您休闲度假、托老养生的最佳之选。

接待室外

康健中心室内大厅

会议室

客房标准间

贵阳市云岩区曦阳老年公寓

由贵阳市云岩区政府、云岩区民政局于2003年投资2300万元兴建的云岩曦阳老年公寓位于贵阳市新添大道南段黄山冲路38号曦阳山庄内，楼高八层，建筑面积8800平方米，共有235个床位，现居住自理及半自理不能自理老人188人。2014年8月，与黔灵镇共同打造的30个床位的日间照料中心已正式对外开放、与老年病专科医院——贵阳三医共同合作完成的康复中心于2014年12月3日启动。

公寓由老年文化娱乐中心、生活护理中心、医疗保健中心组成，硬件、管理、服务等均按三星级酒店标准打造。公寓设计细心，房内家具、床上用品齐全，拥有独立卫生间、沐浴室、呼叫系统、电视、电话、空调等，室内设有冬季取暖设施——水暖，让老人冬季不再寒冷。公寓备有呼救求助系统、安全报警系统、烟火感应器、安全电闸，消防设备完善，房内设有上网设备，大厅有免费上网电脑。曦阳老年公寓舒适安全，让入住老人乐享家居生活。

曦阳公寓自2008年7月31日开始试营业至今，得到许多在住老人与社会各界的关心和表扬。2008年度荣选"贵州高级管理人才发展促进会专项活动基地"；2009年在全国老龄委主办的"中国老龄国情与养老服务业发展论坛会"上荣获"养老服务放心机构十佳单位"荣誉称号；2010年度荣获"全国养老机构'五心服务'品牌示范基地"称号；2011年度荣获贵阳市"十佳敬老院"荣誉称号。

自公寓开业至今，公寓不断完善各项制度，从过去的亏损到现在的微利，各方面都在朝着良性发展，我们开展各种活动丰富了老人们的生活，使得他们在多姿多彩的生活中更加健康、幸福，能够在曦阳老年公寓安享晚年。为了使得公寓各项制度更加人性化，让老人们居住得更加舒适安心，我们会更加努力。

长安锦绣佳苑老年公寓

长安锦绣佳苑老年公寓自2009年创办以来，以关爱老人，构建和谐为导向，扎实开展为老服务工作，替党和政府分忧，为天下儿女尽孝。运营至今，获得老人家属和社会各界的一致好评。我们全心全意为老年人服务，在本年度的工作中，进一步提升了公寓的环境设施，规范化管理服务水平，完善各种制度及防范措施等，整体提高了公寓的综合实力，公寓整体环境焕然一新。

一、设施建设：2014年公寓扩建了三层，增加床位50张，现设置床150张。房间新增设卫生间，防滑塑胶地板。扩建了厨房，更新厨房设施，增加洗衣机、电视机、床褥、衣柜，对后花园进行重新建设布局。

二、机构管理：公寓强化内部管理，不断提升服务质量，加强各项管理制度的落实。针对公寓的实际情况，完善了相应的制度，实行责任落实到人、制度公开上墙，定期开展餐饮食品安全、消防安全、服务质量的自查自纠工作，文明优质服务，争创一流业绩，争做品牌企业。为进一步做好工作，统一思想，与时俱进。狠抓工作中的关键环节不放松，积极参加与市、区各级领导组织的各项活动，进一步加大宣传力度。

三、服务：加强护工技能培训，努力提高服务质量，微笑服务，加强安全防范意识。关注老人心理健康，不断加强精神文明建设，我公寓增添了各项设施和器材，锣鼓、音响、棋牌、麻将、书籍、报刊、文房四宝、手工用具和一些运动设施。定期组织举行社会团体开展娱乐活动为老人献爱心、送温暖；定期举行秦腔晚会、秧歌、太极拳等活动，深受老人及家属的好评。我们还积极开展“尊者为德，敬老为善，爱老为美，助老为乐”活动，感恩教育，深得人心，获得良好口碑！

四、安全：消除安全隐患，提高防范意识。1. 对所有消防器材进行年检，加强对吸烟的管理，公寓消防员定期组织全员进行消防演练。让新入住老人熟悉消防通道。2. 加强防汛、防暑措施，积极排查，建立24小时值班制度，完善安全制度，做好安全资料独立建档工作。提高安全防范意识，加强全员的安全防范意识教育，以确保公寓的安全平稳正常运行。3. 提高餐饮食品安全防范意识，严把进货质量关，保证菜品、粮、油、肉、蛋质量。饭菜煮沸，剩菜剩饭及时倒掉，杜绝食品安全事故的发生。

五、工作业绩回顾：

2009年8月荣获陕西电视台“行业先进单位”荣誉称号。

2009年12月赴京参加“第二届中国老龄国情与养老服务业发展论坛”，荣获“全国养老服务放心机构十佳单位”称号。

2010年1月5日，都市快报报道原西安风雷仪表厂退休三无人员姚文英被某医院保安遗弃停车场一事，我公寓积极行动，将老人接入公寓，养老送终，风雷仪表厂赠送感谢锦旗一面。

2010年长安锦绣佳苑老年公寓被认定为长安区居家养老试点单位。2010年12月，赴京参加2010首届全国杰出养老服务机构评选活动、颁奖盛典特荣获“全国养老服务机构．十大爱岗敬业标兵”奖。

2011年2月10日，陕西2套《周姐帮忙》“七旬老人露宿街头为哪般？”播出后，我公寓积极协同周姐、青年街社区将老人无条件接入。2月14日《周姐帮忙》栏目连载报道我公寓接纳老人的事迹。

2011年“陕西十大孝子”评选活动，院长何俞虹入选，至今十大孝子宣传事迹被各大网站竞相转载，同年11月院长事迹被载入《华夏精英荣誉档案》。

2012年12月荣获陕西省民政厅“三级老年公寓”称号。

2013年9月长安锦绣佳苑老年公寓被认定为中国福利协会会员单位。

2013年10月长安区社会组织促进会成立，我公寓为会员单位。

2013年12月荣获西安市民政局“二级老年公寓”称号。

2014年9月赴京参加首届中国失能老年人护理事业发展论坛，为全国失能老年人长期照护服务联盟（筹）031号发起单位”。

2014年9月赴山西太谷参加“第七届老年心理关爱研讨会”学习。

2014年10月荣获陕西省诚信建设办公室“陕西质量服务AAA级单位”荣誉。

2014年九九重阳节，荣获西安市长安区老龄委“百名孝亲敬老之星”荣誉奖杯。

开办至今，以超低费用接纳五保老人25名，以超低费用接纳特困家庭老人65人。

截至2015年7月公寓共收到表扬锦旗、牌匾、字幅共65件。与多所大专院校、社会团体联手建立志愿者爱心实践基地。

长安锦绣佳苑老年公寓
2015年8月11日

嘉兴逸和源湘家荡护理院

嘉兴逸和源湘家荡护理院是经浙江省嘉兴市南湖区计卫局批准设置的一所集医疗护理、康复疗养、老年关怀等服务为一体的老年护理康复医院。

为解决老人“看病难”的困惑，浙江天声集团投资3000多万元，紧邻逸和源·嘉兴湘家荡颐养中心修建护理院，以实现医养结合。2014年3月1日，嘉兴逸和源湘家荡护理院正式开业，目前对外开放床位100张，占地面积8800 m^2，院区建有庭院式花园，凉亭、鱼塘、竹林、小桥流水置于其中，四季花木常青，独具江南水乡特色。

护理院开设了内科、中医科、康复医学科、老年关怀科、检验科、放射科、体检科。配有呼叫装置、给氧装置，病室内设有独立卫生间。大型医疗设备有500mAX光机、彩色多普勒成像仪、全自动生化分析仪、心电监护仪、除颤仪、十二导心电图记录仪、心肺复苏机等先进医疗设施。引进专家顾问团，为老年朋友提供医疗保障。面向社会重点主要收治大病、重病、手术后需治疗护理的病人及失智症、糖尿病、心脑血管病、晚期肿瘤等各种慢性疾病导致丧失自理能力需要康复训练的各类病员，使他们得到及时的医疗康复和护理。2014年7月，医院被纳入嘉兴市医保定点医疗机构。

嘉兴逸和源湘家荡护理院是浙江省首家老年护理院，是逸和源探索机构养老服务的延伸，她打开了“医护养老”这一崭新的篇章。

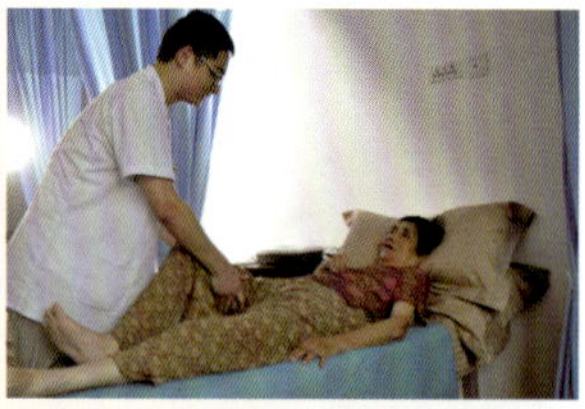
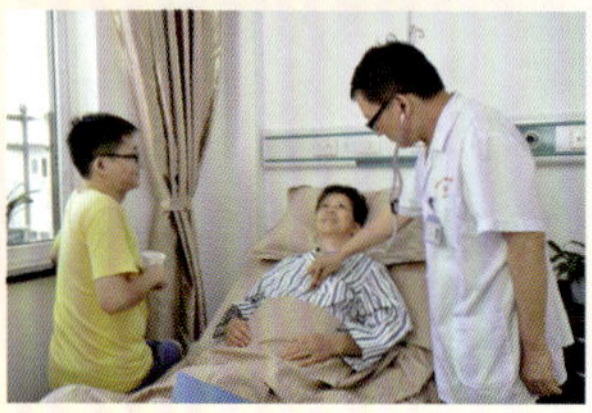

地址：浙江省嘉兴市南湖区湘家荡大道2369号
电话：0573—83918833

逸和源二维码：yiheyuan365

太陽灣 安兴 老年公寓

Apartments For The Elderly

太阳湾老年公寓外景

公寓简介

合肥安兴太阳湾老年公寓是由安徽省旅游集团联合下属子公司安徽安兴发展有限责任公司共同出资开发的。安徽省旅游集团连续六年跨入“中国旅游集团20强”行列，连续四年跻身“中国服务业500强”榜单，连续五年荣登“安徽省百强企业”排行榜。

项目秉承“养生为主旨、养老为特色、服务为核心”的理念；“代天下儿女尽孝、替世间父母分忧”的孝文化及“为党和政府分忧”的宗旨，独创集会员休闲、度假、养生、居住为一体的美好家园。

安兴太阳湾老年公寓由1098套养生住宅和130套养老公寓（共300张床位）、营养膳食中心、医疗服务中心、会员活动中心、生活服务中心和沿街商业组成。

关怀备至的健康小屋

服务内容

生活服务、贴心周到： 为会员提供必需的基础生活照料，并由营养膳食中心营养师根据老人的身体状况进行养生膳食指导及配餐，将会员从生活琐事中解脱出来，为会员解除养老后顾之忧。

健康服务、悉心呵护： 除老年公寓医务室为会员提供全面的专业健康管理及护理服务外，还引入安徽省立医院太阳湾门诊部和体检中心为会员提供高标准、专业化诊疗服务，满足会员的医疗需求，悉心呵护入住会员健康每一天。

快乐服务、倾心相伴： 针对会员的精神生活需求，设立各种主题鲜明的阳光房、八大架空层主题活动场所及大型活动中心，为会员提供休憩品茶、养生知识讲座、老年大学等多种活动，使会员的生活更加丰富精彩、充实快乐。

温馨似家的秘书服务

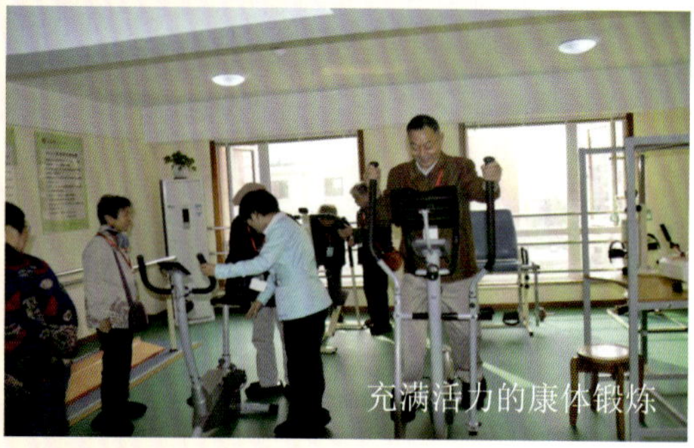

充满活力的康体锻炼

尊享服务、爱心全面： 根据会员需求，为会员提供个性化服务。300亩安兴生态园为会员日常户外专属活动基地；海口接待中心为会员提供候鸟式异地养老；利用集团资源优势在天堂寨、唐模、桃花潭等地建立养老基地并开展各类养生专线旅游，为会员提供休闲养老服务。

代天下儿女尽孝
替世间父母分忧
为党和政府分担

服务热线：（0551）62855901

公寓地址： 安徽省合肥市蜀山区樊洼路998号

云南省昆明知青老年公寓

云南省昆明知青老年公寓于2002年创建，是昆明最大的民营老年公寓，中国社会福利协会常务理事单位。占地37.28亩，共有大小标间560多间，1020多个床位。公寓分自理部和护理部，内设单人间、双人间，分档合理收费。房内设独立卫生间、呼叫系统、监控等设施，护工24小时值班轮流护理。设有餐厅、医务室、阅览室、棋牌室、娱乐室、大小礼堂、佛堂、老年大学教学点等。入住老人600多人（部分两人间被一人包间，入住率98%以上），公寓员工有110人，95%以上员工持证上岗。

交通便利，环境优美，可乘公交车4路、22路、52路、95路、100路、104路、124路、131路、Z13路到大观公园终点站下车，一百米即到小岛村1号院，距大观公园仅一墙之隔，邻水借绿，林荫散步小道，景色优美。（原2号、3号院乘131路公交车到明波路河尾村和终点站下车即到，风景迷人，是临海的花园式公寓。因政府城中村改造，已搬迁至小岛村1号院旁。）

多年来得到了社会和政府的肯定，被评为“中国养老产业标杆示范单位”“中国文化养老养生示范基地”“全国百家杰出养老服务机构”“行业优秀单位”“公益慈善先进单位”等。公寓家园化、服务亲情化、管理规范化，是获赠入住老人和家属锦旗最多的老年公寓。欢迎全国各地的老年朋友前来入住！

公寓大礼堂

地址：昆明市大观路小岛村228号（大观公园左旁）
电话：0871-68259566　68259564　68259561
传真：0871-68259561
邮编：650032
网址：www.kmzqlngy.com

微信公众平台二维码

QINLEYUAN APARTMENTS

亲乐园公寓

悠然山水 怡情逸致

38万方浙中首席山水养老社区

亲乐园公寓（南市养老中心）于 2005年经民政部门登记审批成立，位于浙江省东阳市南峰山麓，距市区约2.5公里，临宁画公路，近东永公路，就近即可到达东阳国际商贸城、著名小商品城义乌、著名影视城横店，交通十分便利。

亲乐园公寓坐落于1200亩自然山林中，依山傍水，环境幽雅，阳光充足，是理想的休养生息之所。本项目规划用地260亩，设计总建筑面积38万平方米，规划床位6000余张，总投资10亿多人民币，计划分四期完成开发。

亲乐园依托优美的自然环境，适应现代高品质养老的市场需求，凭着规模优势集中各类优质养老资源与人才，立足东阳，面向浙中，吸引长三角地区适龄老人。亲乐园养老社区以床位型养老公寓（自理和失智失能老人）、居家型养生公寓与亲和医院为主体，设有休闲疗养基地与专业护理区，集机构养老、居家养生、互动异地养老、康复护理、健身娱乐、学习休闲等于一体，养医结合，亲乐养老，打造浙中最大的养老福地。

5月21日至23日，由中国养老产业联盟、中国房地产业协会老年住区委员会联合主办，由东阳市亲乐园公寓投资有限公司、上海亲和源老年生活形态研究中心、中房协老年住区委员会上海工作站承办的2015中国养老服务业高峰论坛”于东阳市海天大酒店隆重举行。

中华医学会副会长、原总后卫生部部长白书忠，民政部社会福利与慈善事业促进司司长俞建良,中国养老产业联盟会长、中国公益研究院院长王振耀，全国老龄办副主任、中国老龄科研中心主任吴玉韶，原上海市民政局局长、上海市政协第十二届委员会常务委员马伊里，民政部北京社会管理职业学院民政政策理论研究所所长成海军，浙江省民政研究中心主任王先益，民政部社会福利与慈善事业促进司老年处处长张晓峰，市人大常委会主任施侍伟，东阳市副市长蒋银生，中国公益研究院副院长高华俊，中国房地产业协会老年住区委员会秘书长江书平，亲和源股份有限公司董事长奚志勇，东阳市亲乐园公寓投资有限公司董事长厉红等国内外养老产业企业家，以及建筑设计、网络信息、高等院校等企业/机构代表等近300位人士共同出席了本次论坛。

本届高峰论坛的主题是“医养结合的中国模式”，“医养结合”是当前政府倡导、民间全力探索的新模式，也是未来中国解决老龄化问题的重要模式。亲乐园公寓作为中国养老产业的先锋，在“医养结合”的实践中走在了前列，样板作用明显，也是此次论坛选址于此的主要原因。

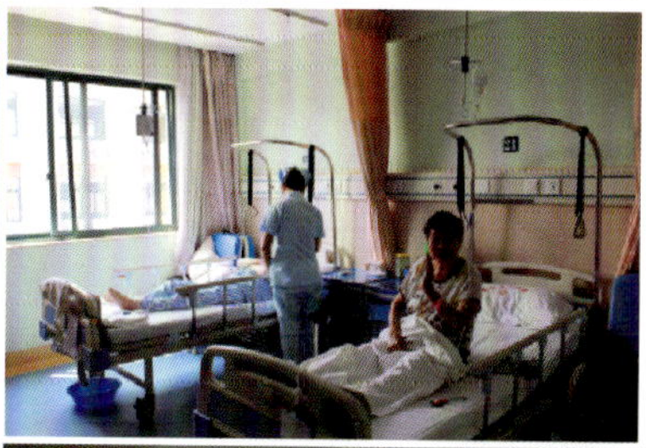

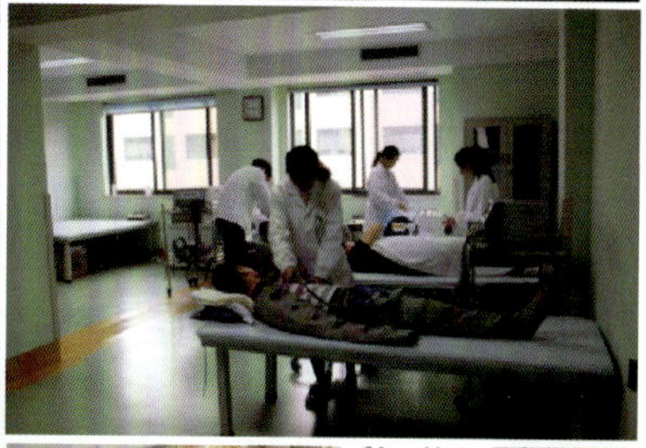

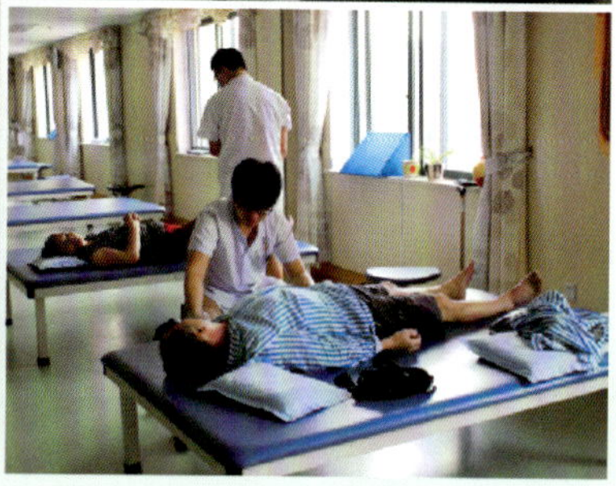

养医结合 亲乐养老

亲乐园公寓探索有自身特色的发展之路，致力于打造满足多层次需求、提供多元服务的大型综合养老社区，根据医疗、护理、疗养与休养进行功能分区，对入住者实行会员制管理，以新型的社区邻里关系取代一般养老机构的床位关系，变“养老院”为“家”；建设“东阳亲和医院”，建立自成体系的“养医结合”模式与健康管理服务，为入住人提供全方位的保障；创建“亲乐养老”文化，让入住人感受亲情，体验快乐；搭建“亲和管家”社区服务职能平台，利用移动终端与电商平台，推行菜单化选择、一键呼叫的社区上门服务……

“养医结合，乐在亲乐”是亲乐园公寓秉持的发展理念，作为中国养老产业联盟的创始成员之一，随着本次高峰论坛的举办，其将进一步确立在国内与浙中养老服务业中的地位。

QINLEYUAN APARTMENTS

亲乐园公寓

悠然山水 怡情逸致

悠然山水间，和谐养老社区

亲乐园公寓汲取养老公寓普遍被认为“无归属感”的教训，走出国门进行考察，学习德国、美国、日本等国家的先进经验，创造性地提出了“养老社区”的发展模式。

依托山清水秀的优越自然环境，亲乐园公寓着力打造一座座鸟语花香、健康快乐的家园，规划设计既体现居家的自然与放松，又考虑年长者的安全与无障碍通行，还注意了邻里之间的沟通，建设了包括亲和医院、养生餐厅、超市、大型中心会所等大规模服务配套。居住空间进行了人性化高标准装修，室外是大片的公共绿地与园林小品，打造成为兼具和谐居家与专业机构服务功能的大型社区。

自在山水，悦达人生——悦山华府。 悦山华府系亲乐园首批建成使用的养老公寓，每栋公寓充分采用无障碍设计，保障入驻老人行动方便。悦山华园精装养老公寓家电齐配，老人可拎包入驻，公寓分为单间和套间，可满足不同的养老需求。

星级装修，养老典范——悦山华园。 悦山华园秉承悦山华府的全精装理念，在悦山华府的基础上，丰富了户型，针对日益提高的养老需求，提升了居家养老的品质。

老龄工作用书

中国养老机构发展研究报告
ZHONG GUO YANG LAO JI GOU FA ZHAN YAN JIU BAO GAO
中国老龄科学研究中心 著
动态人口红利理论与实践
DONG TAI REN KOU HONG LI LI LUN YU SHI JIAN
海峡两岸农村社会保险与养老服务理论与实践研讨会论文集
中国老龄工作年鉴（1982—2002）
中国老龄工作年鉴（2003—2005）
中国老龄工作年鉴（2006）
中国老龄工作年鉴（2007）
中国老龄工作年鉴（2008—2009）
中国老龄工作年鉴（2010）
中国老龄工作年鉴（2011）
中国老龄工作年鉴（2012）
中国老龄工作年鉴（2013）
中国老龄工作年鉴（2014）
国家应对人口老龄化战略研究总报告
国家应对人口老龄化战略研究子课题总报告集
人口老龄化态势与发展战略研究
老龄事业发展指标体系研究
人口老龄化与经济可持续发展研究
人口老龄化与文化发展
养老保险制度改革与发展研究
人口老龄化与养老保障制度可持续发展研究
健康老龄化与老年健康支持体系研究
长期照料服务制度研究
农村老龄问题研究
中国城乡老年人基本状况问题与对策研究
老年妇女问题研究
国际应对人口老龄化战略研究
积极应对人口老龄化战略研讨会文集